柏木輝久 著
北川央 監修

大坂の陣 豊臣方人物事典

宮帯出版社

扉:「大坂夏の陣図屏風」(大坂城本丸部分・大阪城天守閣蔵)
※背景など、画像の一部を加工しています。

『大坂の陣 豊臣方人物事典』の刊行に寄せて

大阪城天守閣館長　北川　央

慶長十九（一六一四）年十月一日、徳川家康は諸大名に大坂攻めを命じた。大坂冬の陣の始まりである。同年十二月二十二日に豊臣家と徳川家の間で講和が成立し、冬の陣は終結するが、翌年夏の陣が起こり、五月七日に大坂城が落城。翌八日に豊臣秀頼と淀殿が自害して豊臣家は滅亡した。

この冬・夏両陣で徳川方の大軍相手に、最後まで諦めず、勝利を求めて奮戦した豊臣方の武将たち。彼らは古参の豊臣家譜代と新参の浪人衆で成り立っていたが、いずれについても、一部の有名武将を除き、これまでは不明な点が多かった。しかし、このたび柏木輝久氏の長年にわたり蓄積されてきた労作が世に出ることとなり、彼らの人名・経歴など、史料に基づく具体像が明らかになる。本事典の刊行により秀吉没後の豊臣家家臣団の構成、大坂の陣における豊臣方の陣容、また大坂の陣そのものについても飛躍的に研究が進展するに違いない。監修者として切にそれを願うとともに、画期的な内容をもち、今後は大坂の陣研究に必携となるであろう本事典の刊行に携われたことを喜びたい。

凡例

本書は、慶長十九年・二十年の大坂冬の陣・夏の陣で豊臣方について大坂城に籠城・参戦した諸士・女性らの人物につき、著者が長年にわたって調査した史料に基づいて、その事跡や出自・子孫等を明らかにする目的で立項・著述したものである。

一 本書は、大坂の陣で豊臣方についた諸士のうち、真田信繁・長宗我部盛親・毛利吉政・後藤又兵衛・明石掃部頭については「大坂城中の五人衆」として別に扱うとともに、籠城の女性は「女房衆」として最後にまとめた。

一 人物名は諸史料により異同が少なくないが、極力信頼できると思われる史料に依拠した立項名している。ただし、単一の史料でしか確認できなかった人物などはその史料の人物名を立項名としている。なお、一般的と思われる通名から本書の立項名を探すための一助として「立項名対照表」(＊)を次ページに示すこととする。

一 人物名には、史料に依拠して当時の発音に近いと思われる読みを示した。「長宗我部、友松、真木嶋、松浦、水原、毛利」の読みは、「ちょうすがめ、とうまつ、まきのしま、まつら、みわら、もり」とした。また、太郎兵衛などは、『日本切支丹宗門史』の読みに従い、『日本小文典』の基準をカッコ内に示して「たろ(う)ひょうえ」とした。「大夫」に関しては『日本小文典』では「だいふ」とあるが、『日本切支丹宗門史』の例などから「だゆう」と表記した。

一 立項した人物については、出自や父についての記述の後、本人の事跡を述べ、その後に、妻、子、子孫について記した。兄弟 姉妹や親族については適宜、注で補った。

一 史料名は、刊本を参考にしたものは『 』でくくり、未翻刻史料を参照したものは「 」で示した。

一 史料中の欠字は□で示した。

一 文中においては、冑は兜、小性は小姓に、鉄炮は鉄砲に、薙刀は長刀に、槍・鎗は鑓に、浪人は牢人に表記を統一した。また、武具や軍制にかかる用語のほか、当時の雰囲気を伝えるために、現代語として使われる機会が少ない用語もあえて使用している。次にそのおもなものを示す。

折敷（おりしく）…片膝を地面につけ、もう一方の片膝を立てて座った体勢のこと。
仮冒（かぼう）…家系図等で先祖などを偽ること。
梟首（きょうしゅ）…さらし首。
肝煎（きもいり）…斡旋、周旋。
組子（くみこ）…組に付属された与力。組下。
下知（げじ）…指図、命令。
在所（ざいしょ）…郷里、もしくは片田舎。
参覲（さんきん）…諸大名が江戸に出府して将軍に覲（まみ）えること。
撓（しない）…上に横手のない旗状の指物の一種。
諸大夫成（しょだいぶなり）…五位に叙せられること。
自身指物（じしんさしもの）…自ら装着している指物。
自分の者（じぶんのもの）…家来。
素肌者（すはだもの）…戦場に甲冑を着用せず臨む者。
出し（だし）…幟（のぼり）の先や母衣などに付ける飾り物。
致仕（ちし）…官・職から引退すること。
母衣（ほろ）…鎧（よろい）の背につける幅広の絹布製の装具。
寄せ手（よせて）…城の攻め手。

＊立項名対照表

人口に膾炙される上段の人物の通名については、極力信頼できると思われる史料に依拠して、下段の名で立項した。

おもな通名	本書での立項名
明石全登・守重	明石掃部頭
後藤基次・年房・政次	後藤又兵衛
真田幸村	真田左衛門佐信繁
毛利勝永	毛利豊前守吉政
赤座直規	赤座内膳正永成
浅井長房	浅井周防
伊木遠雄	伊木七郎右衛門常紀
井上時利	井上小右衛門定利
大谷吉胤・吉勝	大谷大学助吉治
大野治徳	大野信濃守頼直
北川宣勝	北川次郎兵衛一利
木村宗明	木村主計忠行
郡良列	郡主馬首宗保
米田是季・興季	長岡監物是季
今木正祥	今木源右衛門一政
真田幸綱・幸昌	真田大助
薄田兼相	薄田隼人正

おもな通名	本書での立項名
津川親行	津川左近将監近治
中島氏種・氏重	中島式部少輔
南部信連	北重左衛門直吉
野々村雅春	野々村伊予守吉安
速水守久	速水甲斐守守之
塙直之・直次	塙団右衛門
細川興秋	長岡与五郎興秋
細川頼範	細川讃岐守元勝
堀田正高・勝嘉・勝善	堀田図書頭
槙島重利	真木嶋玄蕃頭昭光
御宿政友	御宿越前
安井道頓	成安道頓
矢野正倫	矢野和泉守
山川賢信	山川帯刀景綱
湯浅正寿	湯浅右近将監直勝
結城勝朝	結城権佐
渡辺糺・尚	渡辺内蔵助

目次

門／岡部大学／岡平内利晴／岡村喜左衛門／岡村九郎右衛門／岡村惣左衛門／岡村百々介／岡村与助／岡本長右衛門／岡本弥次郎左衛門／小川七郎右衛門／小川次郎兵衛／小川甚左衛門正行／沖次郎右衛門／沖治郎右衛門／荻田藤五郎／荻野権之丞朝光／荻野鹿之介／荻野道喜／奥源太郎重俊／奥宮太郎左衛門定盛／奥杢之助政友／小倉監物／小倉作左衛門／小倉要盛／小河九郎右衛門／小河四郎右衛門保正／納淡路守長正／尾嶋三右衛門／尾関喜助／小瀬茂兵衛／織田有楽／織田左衛門尉／織田左門頼長／越智太左衛門／小夫助右衛門／尾池加左衛門／小畑源右衛門／折下外記吉長

か

242

海部久兵衛正治／加江蔵人助親直／柿内監物／笠井勘七郎重政／梶田兵部／柏原源左衛門／柏原権内／加島弥左衛門／柏倉勘左衛門／梶原太郎兵衛正重／片岡十右衛門／片岡清九郎経純／片岡弥太郎春之／片山角弥／片山甚右衛門／片山助兵衛／片山大助／片山六郎右衛門／勝井将監／勝田八左衛門／加藤九兵衛明友／加藤庄兵衛正方／加藤八大夫／加藤伯耆／加藤弥平太尚長／金丸小伝次信盛／金森掃部助一吉／金森左門一長／可児勘兵衛知可／鎌田兵部政貞／神尾五郎兵衛／神尾左兵衛／神奴主馬首実正／亀岡弥三郎／萱坊／萱野孫左衛門義澄／烏田作蔵通知／河合杢右衛門／川勝靱負／川北庄左衛門正勝／河毛源三郎清之／川崎和泉勝宣／川崎加右衛門／河崎忠右衛門／川崎長右衛門／川崎主水／河瀬勝大夫／河瀬助十郎／河副六兵衛重次／川田九郎左衛門基親／河辺与一左衛門悦国／川村斎宮／川村外記／川村三大夫／川村半助／川村味左衛門政保／神沢理右衛門八勝

き

267

木々田半左衛門／岸勘解由／岸新右衛門／岸新助秀道／岸田忠左衛門／岸彦大夫秀重／貴志六大夫範一／木曽左近義重／木曽長次郎義春／北川次郎兵衛一利／喜多川助之丞／喜多源兵衛忠政／北左京長能／北重左衛門直吉／北村五助正長／喜多村三右衛門政信／北村善大夫俊久／北村惣右衛門／北村八右衛門／北村平右衛門宗俊／絹川三九郎／木下家治／木下左京亮／木村右京／木村主計忠行／木村喜左衛門／木村左兵衛／木村庄左衛門／木村弾右衛門／木村長次郎／木村長門守重成／木村豊前守重宗／木村弥一右衛門秀望／木村弥左衛門重正／京極備前守／吉良右門佐

く

303

草加次郎左衛門／櫛橋伊織政重／葛岡八郎右衛門／楠宮内／久世民部信勝／国沢掃部／国島道喜／国吉五左衛門重好／窪田等因／窪大夫信満／熊谷権大夫直信／

熊谷忠大夫／熊沢久左衛門正之／久万兵右衛門俊矩／久万豊後俊朝／久万六兵衛／黒石可運／黒川但馬守／黒川安左衛門安輝／桑田新助匡種／桑田平左衛門景房／桑田弥兵衛元房／桑名掃部／桑名善兵衛／桑原左大夫／桑原勝大夫／桑山市右衛門重正／桑山七郎右衛門／桑山十兵衛重政／桑山甚左衛門重正

こ

319

小出与右衛門国政／小岩井雅楽介／小岩井蔵人／小岩井五左衛門／小岩角右衛門／甲賀権右衛門／甲田弥左衛門勝泰／郷野九郎左衛門／郡主馬首宗保／郡平次郎利宗／五鬼／小嶋三助／小嶋兵吉／小島門大夫定屋／小菅弥左衛門／五大院刑部／小寺右衛門佐／後藤左太郎正方／後藤三弥／後藤八郎常年／後藤平蔵常政／後藤又兵衛／小林三右衛門／五味／小室左兵衛／小室茂兵衛／米田九左衛門／小山佐次兵衛隆直／小山次郎左衛門氏清／近藤喜左衛門／近藤三休／近藤長兵衛正次／近能五郎左衛門／今木源右衛門一政／金万定右衛門／金万平右衛門

さ

345

斎藤加右衛門／斎藤七右衛門実勝／斎藤平吉／佐伯次郎大夫／酒井下総守吉政／坂井助右衛門／坂井忠五郎／坂井伝右衛門定氏／坂井平八／堺与右衛門／坂田庄次郎／佐方平蔵兵衛／坂本宮内／坂本左近貞幸／坂本半助／佐久間葵之助／佐久間蔵人／篠岡右京／佐崎宮内少輔信俊／佐々木兵庫頭定治／佐々木山弥二郎公宜／佐治主馬助為成／佐治頼母為重／佐治内膳／佐武六右衛門／佐々九郎右衛門／佐々十左衛門／佐々甚右衛門成直／佐々八右衛門／佐々平蔵氏成／佐々孫助／佐藤主計頭春信／佐藤才次郎方政／佐藤八左衛門／里見美作／真田采女／真田源八／真田左衛門佐信繁／真田大助／真田平六／真田与右衛門／佐野清十郎／佐野道可／佐生甚之丞／沢田新左衛門景房／三宮十助

し

373

塩川信濃貞行／塩川清右衛門／塩川清兵衛／篠原又右衛門／四宮五右衛門／渋江小平次公茂／渋谷勝五郎吉実／島田越後／島田小右衛門／清水勘平／持明院基久／下方市左衛門正弘／下河辺大掾信晟／下村山三郎勝元／重野宗玄／重野忠助／上条九郎兵衛／上条又八郎／正徳院／白井甚右衛門／白樫五左衛門／白柏左京／白樫三郎兵衛／白樫主馬助／白河八右衛門／志和又之丞正次／進越中守高清／新宮左馬助／進五郎左衛門高直／新庄惣兵衛／進帯刀／新藤治助／神保出羽守／新見主水

は　522

埴原三十郎／埴原八蔵／箸尾宮内少輔重春／箸尾九兵衛／橋爪糸目行晴／羽柴河内守秀秋／橋本十兵衛／橋本兵蔵／橋本弥右衛門／長谷織部正／長谷川大炊／長谷川吉左衛門／長谷川次郎左衛門常一／廿枝勘解由／畑覚大夫正吉／畑久大夫能重／波田野又之丞／波多兵庫／畑兵助／服部九郎兵衛有勝／塙坂孫兵衛／浜名弥五右衛門／早川九左衛門／早川主馬／早川太兵衛勝正／早坂彦左衛門／林伊兵衛／林甚右衛門正治／林甚内／林惣兵衛通春／羽山左八郎／速水甲斐守守之／速水四郎兵衛重次／早水助兵衛／速水でき／速見又十郎／速水美作守則守／原田角之丞／原田加左衛門／原田二郎兵衛／原田帯刀／原田太郎助／伴次左衛門／半田一郎兵衛秀一／塙団右衛門／伴彦大夫

ひ　553

疋田右近／疋田小左衛門／樋口淡路守／樋口次郎右衛門／土方六左衛門／日比覚左衛門／平井吉右衛門保能／平井九兵衛宗次／平井次右衛門保延／平井七兵衛／平井治部左衛門正頼／平子主膳信正／平子茂兵衛正元／平田治部右衛門倶重／平田助蔵／平塚熊之助／平塚五郎兵衛高重／平塚左介／平野勘右衛門／平野久太郎正俊／平野九郎右衛門長之／平野源大夫／平野権平長勝／平野庄助／平野甚左衛門長景／平野孫右衛門吉次／平山一郎右衛門／平山藤兵衛

ふ　568

深尾清左衛門／福島伊予守正守／福島長門／福島兵部少輔正鎮／福島武蔵守／福富兵部／福富平左衛門／福富平兵衛／福富茂左衛門／福蔵院／福田左馬／福田庄兵衛吉充／藤井一二斎／藤井左助／藤岡縫殿助／藤懸土佐守永元／布施小太郎春次／布施左京／布施太郎左衛門春行／布施伝右衛門／布施武蔵／布施弥七郎／伏屋飛騨守一盛／船津八郎兵衛／古沢四郎兵衛満興／古沢兵左衛門／古田九郎八重行／古田次郎右衛門／古田助右衛門／古田半左衛門重忠／古橋新介／不破左近重冨／不破平左衛門

へ　587

別所蔵人／別所多門／戸波又兵衛貞之

ほ　591

星野新左衛門／星野惣兵衛／星野長大夫／星野弥兵衛／細川讃岐守元勝／堀田久左衛門／堀田監物／堀田小平太／堀田作兵衛興重／堀田図書頭／堀田大学亮／堀田伝三郎／堀田武助／堀田茂助／堀内右衛門兵衛氏治／堀内大学／堀内主水氏久／堀対馬守／堀野甚平／本郷左近晴堅／本郷式部少輔長次／本郷庄右衛門胤勝／

秀吉没後の豊臣家と大坂の陣

北川　央

慶長三年（一五九八）八月十八日、戦国の世に終止符を打ち、天下統一を成し遂げた豊臣秀吉が、伏見城内で六十二年にわたる波瀾万丈の生涯を終えた。

このとき後継者の秀頼はわずか六歳。秀吉は、自らの死後に内乱が起こることを予測し、最愛の我が子の安全を図るため、伏見城よりはるかに防御力に優れた大坂城に秀頼を移すよう遺言した。そして、天下の政治は五大老筆頭の徳川家康に委ねられ、家康が伏見城で政治を行うことになったが、その際秀吉は、秀頼が「統治の任に堪える年齢に達したならば、かならずやその政権を息子（秀頼）に返してくれ」との条件を付けている（フランシスコ・パシオ「一五九八年度日本年報」）。

それから二年。秀吉の予感は的中し、慶長五年九月十五日に関ヶ原合戦が起こり、徳川家康率いる東軍が石田三成らの西軍相手に圧勝した。

家康は、大坂城で秀頼に戦勝報告を行い、しばらくは西の丸に留まって戦後処理に携わったが、慶長六年三月二十三日に伏見城に移り、再び伏見城で政治を行うこととなった。そして、慶長八年二月十二日に征夷大将軍に任官して幕府を開き、二年後の慶長十年四月十六日には、家康の嫡子秀忠が二代将軍となった。

家康の将軍任官以降も大坂城には豊臣秀頼が健在であったが、一般には、徳川幕府のもと、豊臣秀頼は摂津・河内・和泉三ヶ国を領する六十数万石の一大名に転落した、と理解されている。たしかに、徳川政権下の改易大名を年次ごとに書き上げた『廃絶録』の元和元年（＝慶長二十年、一六一五）の項には「六十五万七千四百石　摂州大坂城　摂津・河内・和泉　豊臣右大臣秀頼公　五月八日、大坂城に於て二十三歳にて自害」とあり、『徳川除封録』にも同様の記述がある。けれども、ともにはるか後世の編纂史料に過ぎず、同時代の史料からはまったく異なる秀頼の実像が浮かびあがってくる。

慶長九年の正月は、家康が将軍に就任して初めての正月であったが、京都の朝廷からは勅使以下親王・公家・諸門跡が大坂城に下向し、豊臣秀頼に年賀の礼を述べた。天皇に近侍する女官たちが書き継いだ『御湯殿の上の日記』の慶長九年正月二十七日条には「ひて《秀頼》よりへしよれい《諸礼》とて、おとこ《男》たちのこ《残》らす、大さか《坂》へ御くたり《下》有、此御所よりも、御たち《太刀》馬代しろかね《白銀》廿まい《枚》、宮の御方よりも、御たち馬代しろかね十枚まいらせらる、、てんそう《伝奏》御つかい也」と記される。大坂に下った公卿の一人西洞院時慶は、日記にその折の様子を具体的に記すが、そこには「秀頼御礼様子例年の如し」とある（『時慶卿記』同年正月二十八日条）。正月の大坂下向は、徳川幕府が成立しても何ら変わることなく、例年のとおり、ごく普通に行われたことがわかる。

　そして、この大坂下向は大坂冬の陣が勃発する慶長十九年正月まで続けられた。小槻孝亮は日記の慶長十九年正月二十二日条に「大坂秀頼公亭、明廿三日、諸家御礼也。今日より摂関以下公家衆等、大坂へ御下向也」と記し（『孝亮宿禰日次記』）、山科言緒は「公家衆、各例年の如く、秀頼公へ御礼あり」（『言緒卿記』慶長十九年正月二十三日条）と書いている。秀頼が一大名であったならば、勅使以下、親王・公家・諸門跡が、毎年、年賀の礼を述べにやって来たであろうか。

　また、年賀や歳暮、端午・八朔・重陽といった節句には、諸大名から数々の祝儀が大坂城に届けられた。毛利輝元・上杉景勝といった関ヶ原合戦の敗将だけでなく、伊達政宗をはじめとする東軍諸将からも祝儀は届いた。それらに対し、秀頼はごく簡単な礼状を送った。こんにち遺される秀頼発給文書のほとんどがそうした礼状で、書札礼という観点からも、秀頼が彼ら諸大名の上位に位置したことが確認される。

　秀頼はまた、各地の寺社を復興した。確認できるものだけでも、寺社の数で百か所を越え、堂塔社殿の数になると、それをはるかに凌ぐ厖大なものになる。その範囲も、東は信濃の善光寺から西は出雲大社にまで及び、秀頼領とされる摂津・河内・和泉を大きく上回る。そもそもこうした国家の安穏を祈願する寺社の保護は天下人に課せられた責務であるが、それを秀頼が行っている点が注目される。

　『当代記』は、徳川幕府中枢にかかわる人物がまとめた史料であるが、そこには「此二三年、国々伽藍秀頼公より建立し玉ふ事甚だしき也。定て心中に立願の儀有るか」（慶長九年五月二日条）とあり、幕府が秀頼の寺社復興事業を疑いの目で見ていたことが知られる。

　この寺社復興事業に関して、さらに興味深いのは、秀頼が現地の大名を奉行に任じていることである。たとえば、熊野本宮大社の復興にあたっては、和歌山城主の浅野幸長が奉行を務め（熊野本宮大社釣燈籠銘）、出雲大社に関しては、片桐且元とともに松江城主の堀尾吉晴が奉行に任じられた（出雲大社棟札）。豊臣秀頼が一大名であったならば、浅野幸長や堀尾吉晴とは同格だったはずであるが、両者の間には明確な上下関係が成立している。

　秀頼の所領を摂津・河内・和泉三ヶ国とすることにも疑問がある。そもそも秀頼が、家康や二代将軍となった徳川秀忠から知行を宛て行われたり、安堵されたという事実そのものがないのである。

大坂夏の陣で豊臣家が滅び、家臣の多くが滅亡したため、現在確認できる秀頼発給の知行宛行状はわずか六通に過ぎない。にもかかわらず、そこに記される村々は摂津・河内・和泉の範囲を越えて山城・近江・備中にまで広がっている。これに秀頼の直臣団である「大坂衆」の所領であることが判明している地域を加えると、その範囲はさらに大和・伊勢・美濃・信濃・丹波・讃岐・伊予にまで広がりをみせる。

こうした事実全てが、豊臣秀頼が決して一大名などではなかったことを示している。では、秀頼はどういう存在だったのであろうか。

天正十三年（一五八五）七月十一日、羽柴秀吉は従一位関白となり、同年九月九日には新たに創られた「豊臣朝臣」の氏姓を賜った。そして、秀吉は公家の家格を用いて豊臣政権下の大名をランク付けする。豊臣本家は近衛・鷹司・九条・二条・一条の五摂家に並ぶ「摂関家」となり、秀長・秀次の豊臣分家や旧主家の織田信雄、徳川家康らが摂関家に次ぐ「清華家」に列した。「清華家」は摂政・関白にこそなれないが、太政大臣にまで昇進可能な家格で、久我・転法輪三条・西園寺・徳大寺・菊亭・花山院・大炊御門の七家が「七清華」と呼ばれた。毛利輝元・上杉景勝・前田利家・小早川隆景ら豊臣政権の大老たちも家康に続いて次々と「清華家」に列した。景勝の上杉家などは室町幕府の関東管領であった上杉家を継承する誇り高き家柄であったが、その上杉家をしても「清華家」に列することなど思いもよらぬことだったので、「今又景勝は、先祖上杉氏始まりて以来、先例なき中納言に昇進せられ、清華に準ぜらる、事、当家の高運、面目なる事なれば、末代の為め之を記す」（『北越耆談』）と書き留めている。

こうした家格は秀吉没後も厳然として残り、秀頼は「摂関家」たる豊臣本家の当主で、家康はその次にランクされる「清華家」の当主に過ぎなかった。家格の上では秀頼が家康の上位に位置したのである。

「摂関家」の当主である秀頼は、いつ関白になってもおかしくない存在であった。事実、慶長七年十二月には朝廷に秀頼を関白に推す動きがあったようで、醍醐寺三宝院門跡の義演は、「秀頼卿関白宣下の事仰せ出さると云々、珍重々、江戸大納言（徳川秀忠）は将軍宣下と云々」（『義演准后日記』慶長七年十二月晦日条）と記し、毛利宗瑞（輝元）も慶長八年正月十日付の手紙で、「内府様（徳川家康）将軍に成らせられ、秀頼様関白に御成の由候。目出たき御事に候」としたためている。実際には秀頼への関白宣下はついに実現を見なかったのであるが、この記述で注目すべきは秀頼の「関白」と徳川家の「将軍」とが併存するとの認識が示されていることである。我々は「将軍」というと、徳川幕府体制が安定して以降の絶対的な権力者をイメージしがちであるが、この時期の「将軍」は決してそうではなかった。家康が「将軍」になって幕府を開こうと、そのことで秀頼の「関白」への道が閉ざされたわけではなかったのである。

慶長十九年七月、京都・東山では大仏殿（方広寺）の再建工事が着々と進み、開眼供養が間近に迫っていた。ところがそこに、徳川家康が難癖を付けた。大梵鐘に刻まれた銘文の「国家安康」「君臣豊楽」という字句は、「家康を呪詛し、豊臣家の繁栄を願うものである」というのである。豊臣秀頼は弁明の使者として片桐且元を派遣したが、懸命に釈明する片桐且元に対して、家康は条件を示した。

①秀頼が江戸に参勤する

②淀殿が人質として江戸に下る

③秀頼が大坂城を出て国替えに応じる

これら三つのうちのどれかを豊臣家が呑むならば、家康は怒りをおさめるというのである（『駿府記』）。これは要するに豊臣家も徳川幕府傘下の一大名になれ、というメッセージであった。これまでにも何度か、そうしたメッセージを家康は発していたのであるが、そのたびに豊臣家の側は断固としてこれを拒否した。そして、ついに鐘銘事件へと至った。秀頼が一大名でなかったから、大坂の陣が起ったのである。

家康も当初から豊臣家を滅ぼそうと考えていたわけではない。おとなしく豊臣家が徳川体制下の一大名になるのであれば、秀吉による旧主織田家の処遇を参考に、それ相応の措置を予定していたものと思われる。ところが家康のこうした思いに豊臣家が応じることはなく、老齢になった家康にはいよいよ死期が迫り、一方の秀頼は前途有望な青年に成長した。慶長十六年三月二十八日に京都・二条城で両者が会見した際には、家康自らたくましい体躯の秀頼を直接目にし、京都の市民は上洛した秀頼を熱狂して迎えた。太閤秀吉以来の豊臣家の威光は健在だった。

一六〇九年に平戸に商館を置き、日本との交易を開始したオランダ東インド会社は、秀頼を「日本の正当の皇帝」とみなし、「現皇帝」家康が亡くなった場合、家康の嫡子である徳川秀忠か、秀頼のいずれかが次の「帝位に即く」と考え、双方に贈り物を届けている。ポルトガルも同様の態度をとった。そして、秀頼の声望はきわめて高く、「大諸侯及び平民」の多くが「彼（秀頼）に心服」していると言い、秀頼が帝位に即くことを、「人民及び有力なる諸侯」が「輿望」（期待）していると記す（『和蘭東印度商会史』）。「統治の任に堪える年齢に達した」秀頼を天下人にと望む世論が巻き起こっていたのである。

家康は焦ったに違いない。自分の眼の黒いうちに豊臣家を潰しておかなければ、徳川家の方が危ない――家康はそうした思いにかられ、強引な手段を用いて大坂の陣を引き起こしたのであろう。

慶長十九年十月一日、家康は近江・伊勢・美濃・尾張・三河・遠江の諸大名に大坂攻めへの出陣を命じた（『駿府記』）。大坂冬の陣の始まりである。

大坂城を取り巻く徳川方の軍勢約二十万。対する大坂城には、真田信繁（幸村）・長宗我部盛親・毛利吉政（勝永）・後藤又兵衛（基次）・明石掃部頭（全登）ら浪人諸将が続々と入城を果たした。難攻不落の大坂城に籠る豊臣方も約十万に膨れ上がった。

冬の陣の真最中にイエズス会宣教師ヴァレンタイン・カルヴァリヨが記した手紙がある。「支配者（家康）が既に老齢に達して」おり、「彼（家康）が死ぬと彼の相続者・秀忠も滅びるだろう。そうでなくとも彼（秀忠）は諸侯のあいだで嫌われているので、政権を得られないであろう」と述べ、新たに「支配者になる人」は「秀頼」であると断言した（一六一四年十二月十八日付書簡）。

一六〇七年に来日し、以後国内で布教活動に従事した聖ドミニコ会の宣教師フライ・ヤシント・オルファネールは、家康が七十四歳という高齢をおして、わざわざ大坂夏の陣に出陣した理由を、「皇太子（秀忠）では勝利の見込みがないと恐れたからであった」とし、「もし皇帝（家康）が自ら出陣しなかったならば、全諸侯は父（秀吉）の偉業により秀頼に好意を寄せていたので、皇太子が決して王座につけなかったことは確実である」と断じた（『日本キリシタン教会史』）。

一般に思われているように、大坂の陣は豊臣方が最初から負けるとわかっていた戦いではなかったのである。

〈主要参考文献〉

・井上安代編著『豊臣秀頼』（自家版）
・笠谷和比古『関ヶ原合戦　家康の戦略と幕藩体制』（講談社）
・笠谷和比古『関ヶ原合戦四百年の謎』（新人物往来社）
・笠谷和比古『関ヶ原合戦と近世の国制』（思文閣出版）
・笠谷和比古『戦争と日本史一七　関ヶ原合戦と大坂の陣』（吉川弘文館）
・北川央「秀頼時代の豊臣家」（国立文楽劇場『第一〇七回文楽公演』プログラム）
・北川央「秀頼時代の豊臣家と大坂の陣」（福井市立郷土歴史博物館『平成二十四年秋季特別展　大坂の陣と越前勢』図録）
・北川央「なぜ大坂の陣は起こったのか」（『大坂の陣ゆかりの地朱印めぐり』）
・北川央「『大坂の陣』の真実」（『ＮＨＫ大河ドラマ・ストーリー真田丸　完結編』）
・北川央『大坂城と大坂の陣―その史実・伝承』（新風書房）
・北川央『なにわの事もゆめの又ゆめ―大坂城・豊臣秀吉・大坂の陣・真田幸村―』（関西大学出版部）
・木村展子「豊臣秀頼の寺社造営について」（『日本建築学会計画系論文集』四九九）
・下村信博「ある豊臣秀頼の文書」（『名古屋市博物館だより』一一〇）
・福田千鶴『豊臣秀頼』（吉川弘文館）
・矢部健太郎「豊臣『武家清華家』の創出」（『歴史学研究』七四六、のち同著『豊臣政権の支配秩序と朝廷』所収）

大坂城中の五人衆

大坂城中の五人衆について

「五人衆」という呼称は「落穂集」（享保十二年大道寺友山撰）に採録されている大野治長の家臣米村権右衛門の遺談に依拠する。それによると、慶長五年失領した旧大名やその子の中から、長宗我部盛親、毛利吉政、真田信繁が特に三人衆と称せられ、これに陪臣ながら大身《たいしん》かつ高名な後藤又兵衛と明石掃部頭を加えて五人衆と称せられたという。

この五人は、入城以前の経歴からしても誰もが首肯しうる人選であり、籠城中にはそれぞれ特筆すべき活躍をしているが、実際に五人衆という呼称が大坂城内で通用されていたかは不明である。同じく籠城した北川一利は「北川次郎兵衛筆」で、開戦に際して大坂に入城した新参牢人のうち主だった長宗我部、真田、毛利、仙石豊前、後藤、明石の六人を挙げて「新参頭」としている。

明石掃部頭　あかし　かもんのかみ

【生没年】不明〜不明

【本国】備前

【親】明石伊予守（「池家譜」）

【兄弟】姉　伊賀左衛門尉の妻（「明石全登子公儀より御尋につき書状継立」）／弟　明石八兵衛（『土屋知貞私記』）／姉妹　岡越前守の妻（「戸川家譜」、『吉備温故秘録』）／姉妹　沼本新右衛門家久の妻（『熊山町史』）

【妻】宇喜多秀家の姉妹（『十六・七世紀イエズス会日本報告集』）

【子】明石小三郎〔注1〕（『旧記雑録後編』）、次男明石内記（『続日本殉教録』）、末子ヨセフ〔注2〕（『キリシタン研究』第十七輯）、岡平内の妻〔注3〕（『吉備温故秘録』）、平野長門の妻（『田中興廃記』）、三好左馬助直政の妻（『寛政重修諸家譜』）、荻野権之丞の妻（「自得公済美録」）

【称・号】『美作古簡集註解』に、天正十二年に三郎左衛門から掃部頭に改めたとあるが、実否不明。筑前では道斎と号した（「長政公御入国より二百年町屋由緒記」）。

【諱】『難波戦記』などに全登、「烈祖成績」などに守重とあるが、本人署名では確認できない。

大坂入城以前の来歴

備前浦上家の旧臣で、後に宇喜多家に従属した明石伊予守の嫡男（「池家譜」）。

宇喜多秀家に従属し、客分として、備前国磐梨郡保木城に在城（『吉備温故秘録』）。

天正十年六月、秀吉が備中から姫路に軍を返す際、宇喜多家から人質として戸川秀安の娘と当時幼少の掃部が差し出された（「戸川家譜」）。

文禄の朝鮮戦役に渡海、転戦した（『中島本政覚書』、『美作牧山家所蔵文書』）。

慶長元年、浮田左京亮の勧誘により熟慮を重ねた末、大坂でキリスト教に入信した。霊名ジョアン。以後、敬虔な信徒として布教活動支援や慈善事業に熱心に取り組んだ。宇喜多秀家の姉妹である妻も入信し、領内には約二、三千人のキリシタンが存在した（『十六・七世紀イエズス会日本報告集』）。

十月二十日夜、浮田左京亮らとともに馬二匹を曳いて大坂の司祭館を訪れ、神父たちに秀吉からの迫害を避けるため堺へ避難するよう強く勧めた。初め神父たちは渋ったが、これを説得して馬に乗せ、祈祷書を背負って徒歩で随行し、ひとまず左京亮の邸宅に案内した。秀吉がすべてのキリスト教徒に対して迫害を加えるとの風聞に対しては、前田玄以の長男前田秀以（霊名はヴィクトル）、小笠原某（霊名はアンドレ）、大坂奉行の配下野田源助（霊名はパウロ）らと語らい教義に殉ずる決意を固めた。

十一月二十六日、京都から長崎へと連行されるキリスト教徒二十四人を播磨赤穂で手厚く迎え、片上、岡山、川辺川に至る三日間、便宜を図った（『日本二十六聖人殉教記』）。

知行は、備前国御野郡上牧石で八百八十石七斗四升、磐梨郡可真下村で九百二十六石五斗二升、同郡弥上村で四百一石四斗八升一合、同郡可真上村で五百十四石四斗二升三合、同郡佐伯南方で九百七十四石一斗七升、赤坂郡平岡本庄・新庄で二千四十石一斗五升四合、同郡佐古田村で三百七十六石八斗一升四合、同郡鳥取北方で千八百五十九石四升、児島郡沼村で二石一斗六升六合、同郡下村で五百八十三石八斗九升四合、同郡小川村で五百九十一石二斗四升二合、邑久郡奥浦で六百十三石七斗七合、同郡南北条で二千九百十四石七斗八升七合、同郡豊原で三千九百五十一石三斗一升九合、上道郡清水村で七百八十六石七升四斗六合、美作国久米南条郡福渡で二百九十六石四斗五升二合、合計一万七千七百二十五石四斗五升一合とされる（「浦上浮田両家分限帳」）。文禄三年の一万石の加増、慶長三年の千石の加増および山内分九千六百十石の加増により、自身知行は三万三千百十石（うち千石は無役）。これに、預かっている鉄砲足軽四十人の知行八百石と、無役で三星城に在番する与力明石四郎兵衛の千石を加算すると三万四千九百十石（「宇喜多家分限帳」）。

慶長四年、宇喜多家中で中村次郎兵衛と、宇喜多左京亮、戸川達安、岡越前、花房正成の対立が激化したため、秀家は中村を退去させて収拾を図ろうとしたが、中村が再三の説得に応ぜず、むしろ切腹を望んだため、事態はますます混迷した。秀家は掃部を招き寄せ、「その方、中村を諫めてとりあえず立ち退くようにさせられぬか」と相談した。掃部は「私は四人の者と一味ではありませんが、岡越前とは縁戚関係があります。それゆえ本件への関与は遠慮したいところですが、この件を内済《ないさい》にしなければ御家の為によろしくありません。よって今夜、中村を訪ね、私の存念を言い聞かせます。ついては先に御内意を中村方に通知していただきたいと存じます」と具申した。秀家は近侍の者を通じて中村方へ内意を通達した。その夜更けに掃部は中村の屋敷に行き、いろいろ諫めたが、中村が「是非にも切腹すべし」と言い張って、退去に同意しないので、掃部は「そなたは小身からだんだん御取り立てに与った。そのような厚恩を蒙ったからには、忠義を第一に心がける以外にはない人とかねがね思っていた。しかし、それとは相違して不忠不義の人であったか」と嘆息した。中村が大変不機嫌になり、そこまで言う理由を問うので、掃部は「今度の紛争が内済にならず、公儀による裁定となれば、秀家卿の御為にとっていかがなものか。この点について気付かれないのか」と説いた。しかし、中村は「さればこそである。今般、家老四人が揃って私一人を目の敵にしてとやかく言っているのだから、私が切腹してしまえば、家老もこれ以上、何の申し分もなくなるはずだ。それで事が静まれば主君の御為にもなると考え、切腹すると言っているのだ。それを不義不忠者呼ばわりされては全く心得ぬ」と反発した。掃部は重ねて、「今度の紛争は家老四人とそなた一人だけの問題ではない。家中の近習、外様の諸士数十人が談合して、そこ元と一味同心しているから、このような騒動になっているのだ。そうしたところ、そなた一人に切腹させては、そなたに組する面々が納得しようか。そなたが切腹した後、必ず家老四人を討ち果たすか、申し合わせて当家を退去し、家老四人の非義を公儀に訴える事態に発展するだろう。それゆえ、そなたの切腹は主君の御為にならず、かつ家中の知人、朋輩の迷惑にもなることは必定である。これを不義不忠と私は言っているのだ。この上さらに理屈があるなら申されよ」と顔色を変じて諭した。これには中村も一言の返答もできず、「それではそなたのお計らいに任せる」と承服した。その後、中村は宇喜多家を退去した。秀家は家老四人については、公儀による処分を願い出て、家康の裁定で、奉行の前田玄以、増田長盛への召し預けとなった。なお、この宇喜多騒動における掃部の対応については、大坂冬の陣の時、大野治長方へ夜の振舞に招かれた掃部自身が語ったもので、その場で直接聞いた治長の家臣米村権右衛門が、後にそれを浅野長治に語り、長治は自らの覚書に書き留めた(「落穂集」)。

騒動の後、秀家に強く請われて執政に就いた。

慶長五年七月より伏見城攻撃に参戦。八月、伊勢方面の仕置に出役。尾張清州に着陣した戸川達安から八月十八日付で通款勧誘の書状が到来したので、翌十九日付で以下の趣旨の返書を送った。「今般は図らずも敵味方となり是非もありません。拙子は伊勢表の仕置等のため、十日前から当地に来ています。秀家は伏見落城後に大坂へ下られ、近頃は草津表に在陣しています。内府の御先手衆が清州に到着と承っています。貴殿も先手に加わられている由、この度対戦することになると思います。内府公は去十六日に江戸を御出立の由、この度の件は西上されずには解決しないので当然でしょう。今まで西上されなかったのが不審に思えていたくらいです。合戦は内府の勝利とのことですが、そちらでそのように思われるのはもっともです。こちらでは秀頼様の勝利を確信しており、内府が西上されれば、防戦を遂げて勝利するまでです。秀家の家中につき言及されましたが、誠に各々の不覚悟により外聞を損ないました。しかし、お聞き及びでしょう、上方で名士を多数召し抱えたので存外家中は堅牢なので安心ください。浮田左京殿は安濃津に加勢として出陣されたのでしょうか。津からの迎えの者を討ち果たしたので、まだ津には到着されていないと思います。津城は厳しく取り囲んだので程なく落城と思います。御両人の事はこちらで御噂しています。近況を承らずにいたところ、書状をいただき満足に思います。貴殿は内府から厚恩を被っており、一途にその御麾下で滅亡する御覚悟はもっともです。貴殿の妻子は大和郡山に御在宅ですが、秀頼様の御存分次第なので安心ください。諸否の返事を求められましたが、只今の御書中では様子がわからないので、御内意を承るため使者を一人添えます」(『友沢清胤氏所蔵文書』)。九月十四日の杭瀬川合戦に出撃(「落穂集」)。翌十五日の関ヶ原合戦で敢闘(「北川遺書記」)。宇喜多勢の先手は敗北したが、旗本は崩れていなかったため、先手の敗残兵が旗本に加わり、一手の人数が膨らんだ。秀家はこれを率いて家康本陣への突撃を決意したが、掃部は「御決意はごもっともですが、この度大義を以て挙兵した趣意は、ひとえに秀頼公の御為である事をお忘れですか。味方が敗北した今、討ち死にされても無意味です。まずはここから退却して備前に戻り、岡山城で籠城いたしましょう。きっと家康は諸大名を率いて攻めてくるはずです。その節、手並みを見せてやり、籠城がいよいよ困難になったら、最後の一戦を遂げて自害してこそ末代までの名誉というもの。今ここで討ち死にされるのは軽率の至りです」と強く諫めた。秀家が納得したので、掃部は譜代の侍二十人ほどを集め、「しっかり御供して岡山城に帰り着くように」と指示した(「落穂集」)。

味方の軍勢が壊滅すると、掃部は不破内匠頭重正ら二十四、五人とともに討ち死にを覚悟し、敵中に突入した。激闘の末、敵陣の後方に抜けた時には十三騎が生き残っていた。そこで馬を乗り捨て、鑓を膝に置いて折敷き、最後の一戦を遂げようと待ち受けたが、敵は寄せて来なかった(『山内家史料』所載「御家中名誉」)。

この日、掃部の家来も多くが戦死し、わずかに家老の池太郎右衛門信勝、沢原《そうのはら》善兵衛、沢原仁左衛門、明石次郎兵衛、同半左衛門、同八兵衛、嶋村九兵衛、和気五郎兵衛の八騎〔注4〕が生き残った。その後の掃部の動向については、以下の諸説がある。

(一)大坂籠城中に大野治長方で掃部が語ったところによると、籠城の手配をするため、秀家より先に岡山城に到着するべく、忍んで京都に上り、大坂から船で播磨の飾磨津を経由して備前に戻った。しかし、一両日前に城番は退去し、備蓄していた兵糧、馬、大豆に至るまで、城下の町人や近在の者が侵入して略奪してしまったとの報告を受け、やむなく備中国賀陽郡足守の付近に親しい禅僧がいたので、慶長六年三月まで備中に隠れた(「落穂集」)。

(二)掃部は戦場では教義により自害できないため、徒立《かちだち》となって敵の只中を突き進んだ末、旧知の黒田長政に遭遇して保護された(『十六・七世紀イエズス会日本報告集』)。

(三)小早川秀秋の家臣斎藤与三右衛門三存に生け捕られた(『寛永諸家系図伝』)。

＊

戦後、黒田長政は筑前国に入府すると、家康に掃部の赦免を求め、筑前国下座郡小田村に居住させた。筑前では、剃髪して道斎と号した(「池家譜」)。

その後、大坂に赴き、司祭の駐在所に数日間滞在し、歓待された。

一六〇一年六月頃、長崎の司教、司祭を訪問した。当時まだ若年であったが世俗にひどく幻滅していたようで、イエズス会への入会か、せめて司祭館で遁世生活をしたいと司祭に強く願った。しかし、身分や立場が相違する上、長男がまだ十一、二歳であり、遁世はその保育を放棄することになるとの理由から、願いは認められなかった。掃部は思慮深く、理性に従う人格を備えた人物であったため、司祭の説諭をすぐに理解して気持ちを静めた。

その後は協会のミサや少年たちの祈祷集会に毎日参加したり、亡き妻が葬られた慈善院の教会や聖母の小聖堂に日参したりして約一か月を長崎で過ごした。

黒田長政はいったん家康の許可を得て掃部を保護したものの、やはり遠慮して、掃部本人に与えた給地の没収を命じた。掃部は淡々とこれを受け入れた。黒田孝高の配慮により、熱心なキリスト教徒で友人の黒田直之の庇護下に置かれた(『十六・七世紀イエズス会日本報告集』)。『関原軍記大成』によると、慶長六年に筑前へ下向した掃部は、黒田孝高父子から二千石を与えられ、客人同様に遇せられていたが、黒田家に対して、「関東への聞こえ如何あるべきか」との示唆があり、やむなく黒田家は掃部に賜暇した。掃部の願いにより家臣の沢原仁左衛門ら四人は筑前に留まり、後に黒田家から知行を与えられたという。

慶長七年十二月二十三日付で、黒田長政は明石道斎の家来に対し、筑前国下座郡内で千二百五十四石の印判状を与

えた。内訳は、下座郡小田村六百六十三石五斗八升三合、片延村内で百四十二石四斗三升四合、頓田村二百六十五石九斗六升、中寒水村百八十二石二升三合(「長政公御入国より二百年町屋由緒記」)。小田村六百六十三石五斗八升は道斎の家来衆池田太郎右衛門、沢原善兵衛、明石少右衛門の相給。片延村百八十二石六斗三升二合は道斎の家来衆嶋村九兵衛の給地。頓田村二百六十五石九斗六升は道斎の家来衆明石半左衛門の給地。中寒水村百八十二石二升三合は道斎の家来衆明石半左衛門、沢原惣太郎の相給(『慶長十二年未八月八日下座郡百姓帳』)。

慶長十年七月頃、掃部は私用のため、姉や親類がいる周防山口を訪問した。滞在中、マテウス・デ・コーロス神父の依頼により、刑死したダミアンらの最期について調査し、後に長崎で証言した(『熊谷豊前守元直』)。

その後、家来明石半左衛門、同八兵衛、和気五郎兵衛を連れて筑前を辞去、大坂に上った。なお筑前に残留した池太郎右衛門、沢原善兵衛、同仁左衛門、嶋村九兵衛は、黒田長政の家臣小河之直の与力となった(「池家譜」)。

慶長十七年三月二十一日、幕府はキリスト教を禁止し、京都のキリスト教寺院の破却を命じた(『駿府記』)。

これより先、京都の教会に匿われていた掃部に対して、イエズス会の会計から一万二千ドゥカードが支出された(『ベアト・ルイス・ソテーロ伝』)。

慶長十八年十二月十九日、幕府はキリスト教徒の追放を命じた(『駿府記』)。

大坂の陣での事跡

「北川次郎兵衛筆」によると、慶長十九年九月二十七日以前には秀頼に招聘され、大坂城に入っている。

慶長十九年、掃部は初め兵四千人を授けられた。後にさらに配下の兵を増員された(『大坂陣山口休庵咄』)。

弟の明石八兵衛(『土屋知貞私記』)、家来の和気五郎兵衛などが籠城に従った(「中野五兵衛書付」)。大坂落城の際、掃部の屋敷にいたイエズス会のバルタザル・デ・トルレス神父〔注5〕の証言によると、掃部の母モニカと長女カタリイナは、落城間際まで城内の掃部の屋敷で起居した。また、次女レジイナは人質として城中に供出され、淀殿の寵寓を得た(『十六・七世紀イエズス会日本報告集』)。

幟は黒地に白丸三つ(『大坂陣山口休庵咄』)。なお、秀頼がキリスト教に対して好意的と受け止められていたこともあり、諸国のキリスト教徒が大坂城に群集し、城内には十字架や救世主、聖ヤコブの像を描いた旗六旒《りゅう》が翻っていた(『十六・七世紀イエズス会日本報告集』)。

大野治長の遺臣米村権右衛門の談によると、治長は、後藤と明石を毛利、長宗我部、真田の三人衆と同列に加え、諸事の相談相手にしたいと考えていたが、後藤、明石は元陪臣であることから、三人衆に遠慮して実現せずにいた。その頃、城中では、「三人衆は慶長五年の戦役で関東に敵対したとはいえ、真田殿は親がかりの時の事であり、両将軍の御憎しみも軽く、その上舎兄信之、叔父信尹などは将軍家へ奉公しているので、その心底ははかりがたい。しかるにこれを真実の御味方として頼りにされるとは、秀頼公は間違われているのではないか」との取沙汰があった。真田は心外の至りと思いながらも直接反論せず、むしろ惣構えに続く小山に出丸を築き、自分の一手で関東勢を引き受け、晴れなる一戦を遂げることで人口の穢れを雪《すす》ぎたいと考えていた。この件は同席の毛利、長宗我部にも相談し、大野などにも告げた上で、縄張の詳細を定め、普請に着手した。折から後藤又兵衛は薄田隼人に面会して、「存念があって、惣構えに続く小山に出丸を築くべく縄打ちして少々資材など用意していたところ、何者かがそれらを廃棄して勝手に普請を始めようとしている。たとえ御指示によるものとしても、一応の会釈はあって然るべきであり、そうでないなら、全く以て理不尽な所業であり堪忍ならない。明日人数を連れて同所を取り返そうと思う」と不満を述べた。薄田は、「腹立ちはもっとも。この件、私が承ったからにはよろしいように取り計らうので、明日、私からの連絡があるまで軽挙は無用にされたい」と留めて登城し、急ぎ寄合で対応を協議した。その結果、掃部が呼ばれ、織田有楽、同頼長、毛利、長宗我部、大野、薄田から「その方より他に後藤に意見できる者はいない。何とかして穏便に収拾するように」と口を揃えて頼まれた。そこで掃部が後藤の小屋に行っていろいろ宥めたが、「真田の所業と承ったからには、なおさら堪忍ならない」と言って譲らなかった。これにより、秀頼の内意として掃部に北川次郎兵衛と山川帯刀を加えて、以後は後藤、掃部ともども、三人衆と同列の五人衆とすることで収拾が図られ、ようやく後藤は承服した。三人衆にも異存はなく、にわかに大野の目論見が実現した(「落穂集」)。

十月下旬、織田有楽、中島式部少輔、後藤又兵衛とともに中島方面に出張、堤を裁断して水を溢出させ、寄せ手の進路を妨げた(『武徳編年集成』)。

十月二十五日、長宗我部盛親が茶会と称して織田有楽、大野道犬ら数人を招き、惣構えの持ち口配分について、二の丸の持ち場と同じ方面を各三倍にして分担することを提案した。皆、賛同したが、大野治長は盛親の心底を疑い、長宗我部の持ち口に旗本の中軍を加えようとした。憤慨した盛親が退散する形勢だったので、掃部と湯浅右近が駆け付けて引き留め、一方で加勢の件も保留させたという(『土佐国編年紀事略』)。

真田丸の背面は山川帯刀、北川次郎兵衛が人数一万余人で守備した(『大坂陣山口休庵咄』)。その隣の八十間が掃部の持ち口(『武家事紀』)。

慶長二十年当時、組下には小倉作左衛門(「大坂濫妨人并落人改帳」、「北川次郎兵衛筆」)、伏屋飛騨守(『森家先代実録』)、塩川信濃守、荒木権之丞(「武辺咄聞書」)、伊木三郎右衛門

(「譜録」)、上田又兵衛(「大坂濫妨人并落人改帳」)、柳瀬又左衛門(『渡辺水庵覚書』付録)らが所属した。右のうち小倉は、キリスト教徒蒲生氏郷の妹婿(『氏郷記』)、または甥(『土屋知貞私記』)であり、伏屋は子がキリスト教徒(『十六・七世紀イエズス会日本報告集』)、塩川は自身がキリスト教徒である(「塩川八右衛門并娘義ニ付一条様より之御書」)。

五月六日、先手の後藤又兵衛に続き、二の備えとして長岡興秋らとともに道明寺方面に出役(「後藤合戦記」「慶長見聞書」)。兵二千人程を指揮した(『深見物語』)。

巳の下刻まで安宿郡片山村付近で戦闘が続いたが、既に後藤が戦死したため、敗残兵は後詰の掃部の備えに雪崩《なだ》れかかった。掃部の備えも大勢に押し立てられ、退却を余儀なくされた(『長沢聞書』、『豊内記』)。〈「今多清兵衛」の項参照〉掃部は鉄砲で撃たれ(『十六・七世紀イエズス会日本報告集』)、手傷を負った(『長沢聞書』)。退却の際、掃部配下の柳瀬又左衛門を水野勝成配下の牢人三人が追尾した(『渡辺水庵覚書』付録)。

真田信繁が到着し、誉田付近で伊達政宗の先手が交戦した際は、明石組の小倉作左衛門が真っ先に進んで敵を追い立てたので、大坂方は勢いづいた。

交戦が一段落すると睨み合いが続いたが、諸将は、「ここで時間を移しては何ともならない。既に敵は平野方面に進出して大坂との間を分断している。この敵を突き崩して大坂に撤収しよう」と談合し、二手に分かれて順次退却、後先は籤取《くじとり》で決めることとした。ところが真田が、「籤取はしない。弓矢八幡、私が殿《しんがり》を務めよう」と主張したため、他の者も「我も、我も」と言い出した。ややあって掃部が「そのように皆が我を張ってはよろしくない。私がまず退却しよう。真田殿はここで踏み留まられよ。私が退却するなら各々方も御異存ないだろう。御同心あれ」と調停し一決した。かくて先発する軍勢は真田の指図に従い、指定された地点まで退却した。そこから真田に使者を送ると「敵が接近している。先ほど指定した地点からさらに二町ほど退却するように」との回答があった。これを聞いた諸将は「真田は自分の武威を誇るばかりで納得できない。この上は先ほどの申し合わせに構わず、面々勝手にしよう」と反発したが、掃部が、「確かに真田は道理に合わぬ事を言う。しかし今ここで各々方が勝手に行動しては、互いに何の役にも立たない。ここは私にお任せあれ。まず私が退却しよう」と強くなだめたので、仕方なくこれに従った。その上で、再度真田に使者を送り、「一段と頃合いよし。早々に退かれよ」と伝えた。それでも真田の退却は極めて緩慢だった。そのため「真田個人の武勇はさることながら、殿様(秀頼)の御為にならない事をする人だ」と誹謗する者が多かった。真田が諸将の待つ地点まで引き揚げると、今度は諸将が真田に次の退却地点を指示した。その地点に至った真田から諸将に退却するよう使者を送ると、諸将は先ほどの真田と同じように回答して、ぐずぐずとなかなか退却しなかった。

真田から「これはどうした事か」との督促があって、ようやく諸将は退却した。その後は敵合も遠くなり、一同整斉《せいせい》と大坂に引き揚げた(「北川次郎兵衛筆」)。

五月七日、大坂方の作戦としては、寄せ手をできるだけ天王寺に引き付けて開戦し、その間に掃部が、船場から寺町筋勝曼院の下を経て茶臼山の南から段丘を上って阿倍野方面に進出して、寄せ手の背後を衝く手筈だった。大野治長は真田信繁と茶臼山で開戦の潮合を見極め、城中に戻って秀頼の出馬を促すとともに、船場の掃部にも出撃を命じた(『大坂御陣覚書』)。掃部は三百人の軍勢を率い(『元寛日記』)、天王寺の西方、段丘の陰を進んだが、既に天王寺表の味方が敗軍したため、生玉口に突出することとした(『大坂御陣覚書』)。前年に藤堂高虎が築いた生玉の築山付近へと坂を上り、鉄砲を打ちかけつつ馬を乗り入れると、寄せ手は動揺し、水野勝成の先手まで崩れかかった。この時、勝成は二人と鑓を合わせ、他の一人を突き伏せた(『水野日向守覚書』)。鑓の相手は明石の組下荒木権之丞と塩川信濃守といわれる(「武辺咄聞書」)。〈「今多清兵衛」の項参照〉

やがて掃部の軍勢も討ち取られ、残兵は桜門方面に敗走した(『大坂御陣覚書』)。掃部の郎従二人が、桜門に侵攻した本多忠政の組下菅沼定芳の手に討たれた(『譜牒余録後編』)。明石の組下伏屋飛騨守は上本町の北方、太夫殿坂より一町ほど北の横丁付近で戦死した(『森家先代実録』、『甲子夜話続編』)。

『慶長年録』によると、掃部の軍勢は生玉の坂を突進し、七組の軍勢と力を合わせて大番の高木正次組などとも交戦したというが、実否不明。

『大坂御陣覚書』に、勝成の家臣汀三右衛門(注6)が掃部を討ち取ったとあるが、これは誤りと思われる。当時、汀は京極忠高の家臣で、水野家への仕官は後年である。ただし、以下のとおり鴫野堤で掃部の一族と京極忠高勢の交戦があった模様で、後にこの戦闘で掃部が討ち取られたとする説が発生している。

忠高の家臣三田茂左衛門の覚書によると、五月七日、鴫野堤の対岸の村に明石掃部の一族百四、五十騎が屯していた。京極勢が堤に上がると大半は退却したが、残る十七、八騎が大和川を渡って攻めかかった。この時、三田は黒鎧に白い采配か扇を振っていた武者を堤上で討ち取った(「佐々木京極氏古文書」)。討ち取った武者の名前は不明であったが、畠山政信が「掃部は船場から出撃し鴫野方面で戦死した」と語っており(「慶長録考異」)、後に武功美化のため意図的にそうした説が混合された可能性がある。「京極家物語書留」、『関原軍記大成』は、三田が討ち取った武者を掃部、汀三右衛門が討ち取った武者を明石八兵衛と伝えている。

京極勢と同方面から備前島に攻め込んだ石川忠総の家臣権田五太夫が、戦場で吉光の刀と首二級を捕った。刀は京都で家康に献上された。家康は「これは秀頼が明石掃部に与えた名物。討ち取った者はどんな様子だったのか」と尋ねさせた(『石川忠総家臣大坂陣覚書』)。派遣された上使に対し五太夫は、「相手は無刀の茶湯坊主だったので助けた。その若党が例の太刀を持っていたので、それを分捕ったまで」と正直に答えた。再度、掃部の鎧の色の書付を以て「このような武者を討たなかったか」と下問があったが、「いずれも切り捨てにしたので、そのような吟味はできない」と答えた(「大坂役石川家中留守書」)。「石川家中難波落城首帳」によると、七日に権田五太夫が討ち取った首は、三十歳ほどの者と二十四、五歳の者で、分捕った金子作りの太刀は秀頼が長宗我部に賜与したもので、秀忠に献上されたという。

戦時速報では、掃部は戦死とされた。すなわち鹿苑院の昕叔顕晫は、日記の五月七日の条に戦死と記録している(『鹿苑日録』)。五月八日時点で松平正綱も板倉勝重も戦死と報じている(『左大史孝亮記』、『大日本史料』所載「徳川美術館蔵板倉勝重書状」)。五月十一日付で細川忠興も六日に戦死と報じている(『綿考輯録』)。

その後、掃部が枚岡方面に落ち延びたとの報告があり、五月十四日付で安藤直次が小林元次に対し、遠藤慶隆と連携して捜索するよう指示している(『記録御用所本古文書』)。同十四日付で毛利秀元も退去説を報じている(『萩藩閥閲録遺漏』)。一方、井伊直孝の家臣鈴木平兵衛は同十四日付の書状で、掃部の首は井伊家が討ち取ったとする説を伝えており(『大日本史料』所載「三州周来寺文書」)、情報の錯綜がうかがわれる。

六月七日付で細川忠興は、掃部の行方は依然不明で、多くの者が恐らく長崎に向かったと推定していると報じている(『松井家文書』)。

六月三十日には、奈良の寺院に掃部が潜伏しているとの情報があり、奈良奉行中坊秀政の命令で諸寺院、坊屋の捜索が展開されたが、単なる噂に過ぎなかった(『大日本史料』所載「春日社司祐範記」)。

宇喜多家旧臣の戸川達安、岡越前守、花房職則は、掃部捜索のため九州に家来四人を派遣した。四人は豊後府内まで来着し、七月十七日付で中川家から領内吟味の結果、該当者がいない旨の請状の提出を受理した(『中川氏御年譜』)。

七月二十九日、宇喜多秀家の旧臣岡越前守は、京都の妙顕寺で切腹させられた。子の岡平内は掃部の婿であり、同じく成敗された(『元和年録』)。

田中忠政の家臣平野長門が掃部の婿だったため、在京中の家康から田中家へ照会があった。田中家では吟味の結果を伏見の年寄衆に報告した(『田中興廃記』)。

一六一六年三月十五日付のイエズス会年報(マテウス・デ・コーロス神父報告)によると、掃部の次女レジイナは、落城の際に捕虜となり、身柄は家康の側室のもとに置かれた。家康が駿河に帰る際(八月四日)に父の行方や兄弟について尋問を受けた。レジイナは「父の掃部が戦っている間は、城中にいたのでその行方は知らない」とし、兄弟については、既に修道士として教義に身を捧げた長兄を除き「四人」と答えた。家康は少しも臆せぬ態度に感じ入り、キリスト教の信奉を認め、小袖と若干の銀子を与え、身柄を解放した(『キリシタン研究』第十七輯)。

元和四年一月中旬、紀伊国伊都郡下植村で掃部の婿荻野権之丞とその妻子および関係者の合計十一人が浅野家によって逮捕され、身柄は京都所司代に送致された。板倉勝重から年寄衆を通じて報告を聞いた将軍秀忠は、一段と機嫌をよくした。板倉は浅野家に対し、「掃部の息女は、大御所様が一度命をお助けになっている。女の身であるからきっと咎めはないだろう」との見解を示した(「自得公済美録」)。その後、権之丞は板倉を通じて赦免された(「先祖並御奉公之品書上」梶田彦八郎)。

落城から五年から七年が経った頃、将軍秀忠は「吉光の刀は明石掃部に与えられたと聞くので、やはり石川忠総の手に討ち取られたのが掃部だったのであろう。その後掃部の行方がわからないのも、この時戦死していたからではないか。三河筋の者は上方侍の顔を知らないので、多くの首の中に紛れてしまったのだろう」との判断を示した(『石川忠総家臣大坂陣覚書』)。

イエズス会の記録から、慶長五年の戦役以降、掃部は次第に厭世観を強める一方、ますます信仰を深めていったようである。従って掃部の籠城動機は戦乱を恋い、己が武名をあげるためではなく、幕府による禁教令が厳格化する中、豊臣家による宗門の保護を期しての再起だったと思われる。想像ではあるが、この極めて特異な籠城動機は、孤高を持する無私な姿勢となって現れ、それ故に武功に対する我欲ひしめく大坂城中でも、しばしば諸将の調停役となり得たのだろう。最終的に掃部の生死は不明であるが、豊臣家が滅亡し宗門保護の夢が潰えた時点で、掃部の人生は実質的に終幕を迎えたといえるのではないだろうか。

なお、掃部は「大坂にてはせ廻候て、殊外其時分御沙汰候つる人にて」、「其涯、日本国御尋被成たるもの」(『旧記雑録後編』)だったため、寛永年間のキリスト教取締りの過程で、各地において掃部の子が発見されると、特別に幕府へ報告され、京都所司代がその処置を担当した(『旧記雑録後編』、『伊達治家記録』)。慶安二年に大野治房の子が発見された際は、各地で治房の捜索が実施されたが、寛永期に掃部の子が発見された際は、掃部の捜索が展開されることはなかった。

〔注1〕明石小三郎は、密かに有馬から鹿児島に来住した。寛永十年九月十九日付、江戸家老伊勢貞昌の書状によると、島津家中の矢野主膳が家臣の禁教信奉を黙認していた罪科を問われた際、「実は明石掃部の子小三郎が鹿児島城下町のじゅあん又左衛門方に物書役をしている。筆記が速いので私からも写本などを依頼したことがある。年頃も一段と若いので奉公に出るよういろいろ勧めたが、本人が武家奉公はできないと固辞するので断念した」と証言したため所

在が露見した。十一月までに小三郎は捕えられ、向之島（桜島）に送致された。島津家では幕府への配慮から、小三郎が罹病、死亡しないよう細心の注意を以て取り扱った。本件は島津家久から幕閣に報告され、将軍家光の耳にも入れられた。家光は島津家の処置を了承するとともに、京都所司代板倉重宗に身柄を引き渡すよう裁決した。十一月十五日付で幕閣は板倉に身柄の受け取りと、投獄を指示した。また、家光は「今般、国元から京都に身柄を移すこととなり、島津家では自家に難儀が及ぶと心配していると思われるので、今さら小三郎に対して何の御遺恨もない由、あらあら島津家に伝え、安心するようよく談合せよ」と幕閣に指示した。島津家では幕府の内意を奉じて、京都への護送には籠を用い、道中の着物、食事なども十分に与えるよう準備し、寛永十一年には京都所司代に引き渡した（『旧記雑録後編』）。

〔注2〕一六二一年にペドロ・モレホン神父が著した記録によると、末子のヨセフは戦死して、その死によって大きな名誉と名声を受けたとされる（『芸備キリシタン史料』）。

〔注3〕一六一六年三月三日、管区長代理ジェロニモ・ロドリゲスの書簡によると、掃部の娘カタリイナは岡野宮内の妻とされることから（『キリシタン研究』第十七輯）、岡平内の妻がカタリイナの可能性もある。

〔注4〕池太郎右衛門信勝は、備前の出身で、父母は明石伊予守に仕えた。十六歳の時、伊予守に従って美作で尼子方の城を攻撃し、敵将を討ち取った。その軍功により知行百二十石を与えられた。二十三歳に至るまで十六度の功名を顕し、知行千石に累進した。伊予守の室の姪を娶り、家老に列せられた（「池家譜」）。掃部に従って朝鮮に出役した（『中島本政覚書』）。慶長五年九月、関ヶ原合戦に従軍し、戦後は掃部に従って筑前国下座郡小田に来住した。掃部が筑前を辞去した後は小河之直の与力として付属された。慶長二十年、黒田長政より後藤又兵衛暗殺の密命を受けて大坂に赴いたが、早々と落城したため目的を果たせず小田村に帰住した。元和九年に黒田長興に秋月が分与されると、夜須東小田に移住した。子の池甚太郎は、後に太郎右衛門信次を名乗った。

沢原仁左衛門は、池信勝の婿。掃部が筑前を辞去した後は沢原善兵衛らとともに小河之直の与力として付属された（「池家譜」）。仁左衛門の弟は沢原孫右衛門（『筑紫史談』第弐拾四集）。諱は勝秀（『元和九年知行高帳』）。備前国磐梨郡沢原村の出自（『常山紀談』）。筑前で小河之直に付属された。大坂落城後、駿府に召喚され掃部の行方を尋問されたが、赦されて筑前に帰った（『武家事紀』）。黒田忠之に仕え、知行二百石（『元和九年知行高帳』、『寛永知行役帳』）。

明石次郎兵衛は、備前の出身で、掃部の従兄弟。四十歳の時、掃部の勧めにより豊前小倉でキリスト教に入信した（『十六・七世紀イエズス会日本報告集』）。掃部に従って筑前小田村に来住した（「池家譜」）。元和三年二月二日、禁教信奉の罪科により筑前で処刑された。妻もキリスト教徒で、霊名はカテリーナ（『続日本殉教録』）。

島村九兵衛則貫は、家伝によると、備前の出身で、掃部に従って筑前に来住した。黒田長政より知行二百石を与えられ、小河之直の領地夜須郡東小田村に居住した。寛永十八年九月十八日に死去。享年七十四歳。葬地は正興山勝立寺（『筑紫史談』第弐拾四集）。子の島村十左衛門貫吉は、黒田長政、同忠之に仕え、知行三百石を与えられたが、牢人となり、小倉で小笠原忠真に仕え、累進して知行千石、江戸留守居家老を務めた（「黒田家家臣先祖由来記」）。

〔注5〕トルレス神父は、大坂落城の際、掃部の母モニカや娘のカタリイナおよび複数の婦人らとともに掃部の屋敷にいた。屋敷は前線に近く間もなく火に囲まれたため、モニカは掃部の部下が連れ出して城中に案内して行った。神父は同宿ミゲル、教会に奉仕していたショウアンおよび使用人一人とともに戸外に逃れ出た。それより十五日間、岸和田のキリスト教徒の家に匿われ、傷ついた足を癒した（『キリシタン研究』第十七輯）。

〔注6〕汀三右衛門は、大坂の陣で明石掃部を討ち取ったと吹聴して水野勝成に仕えたが、身勝手が多く追放された。次いで京極高和、戸田氏鉄、本多政勝に仕えた後、万治三年夏、阿部正春に知行千二百石で召し出されたが、やはり不届きな行状が多いため、寛文二年十二月二十六日、主命により誅殺された（『福山志料』、「視聴混雑録」、『御当家諸士昔事録』）。

後藤又兵衛《ごとうまたびょうえ》

〔生没年〕不明～一六一五

〔親〕小寺政識の家臣後藤新右衛門（『長政公御代御書出令条』後藤又兵衛に付申上ル条々）、後藤新左衛門（『黒田家臣伝』）、黒田識隆の家臣後藤孫兵衛基次（「後藤又兵衛尉政次伝」）、美作国勝田郡塩湯郷の領主後藤豊前守（「先祖附」後藤又蔵）など諸説がある。

〔子〕後藤左門、後藤（奥村）弥八郎、後藤左太郎正方、後藤又一郎正久、三浦治兵衛、黒田忠之の家臣野村大学の妻、池田光仲の家臣深田七郎兵衛の妻、徳川頼宣の家臣小出権大夫の妻（「中山家系」、『綿考輯録』所載「後藤又兵衛子左太郎申分」）

〔称・号〕隠岐（『黒田家臣伝』）。「先祖附」に、高野山浪居中は道是と号したとあるが、実否不明。

〔諱〕署名は正親（『大日本史料』所載「前田家所蔵文書」）。「大坂陣物語」、「慶長録考異」も正親とする。『難波戦記』などの基次が一般化しているが、本人署名では確認できない。

〔墓所〕鳥取の瑞松山景福寺

大坂入城以前の来歴

播磨の人（「後藤又兵衛尉政次伝」）。黒田孝高、同長政に仕え、九州、朝鮮、関ヶ原など各地の戦役で軍功があった。

黒田家が筑前に入封した後は、嘉穂郡大隈城に在番した（『黒田家臣伝』）。知行は一万石（『慶長七年諸役人知行割同九年知行書付』）、一万二千石（『慶長六年正月中津より筑前江御打入之節諸給人分限帳』）、一万四千石（『慶長年中士中寺社知行書付』）、一万六千石（『黒田家臣伝』）、与力知行と合わせて二万四千石（「先祖附」後藤又蔵）など諸説がある。

慶長十一年、君臣の間に隙が生じ、豊前へ退去し、細川忠興の庇護により大坂へ赴いた。その後、姫路で池田輝政の扶助を受けていたが、黒田家から池田家への故障申し入れが強く、池田利隆の代になって扶持を放たれた（『黒田家臣伝』、『綿考輯録』）。

慶長十八年から慶長十九年六月下旬にかけて、安藤直次、成瀬正成、安藤重信、本多正純、滝川忠征、三好房一らが後藤の黒田家帰参について斡旋、または斡旋に関与したが、結局不調に終わった（「芥田文書」）。

播磨の丸山九右衛門（後に太郎大夫）方に寄寓した。丸山は後藤の兄神西小助の女婿（『吉備温故秘録』所載「神西伝左衛門書上」）。あるいは播磨の芥田五郎右衛門方に寄寓した（『芥田家文書』）。あるいは高野山に浪居していたとされる（「先祖附」後藤又蔵）。「北川次郎兵衛筆」によると、慶長十九年九月二十七日以前には大坂城に入っている。

後藤の人となりは、平素怒りを表すことがなく（「後藤合戦記」）、晩年の男振りは百人の大将ほどに際立っており、総身には深浅五十三の傷があった。常々、「軍法は聖人、賢人の作法に等しく、平素から行儀作法に気を付け、また、大将たる者は臣下に慈悲深く、欲浅く、よく侍を吟味して抱え、いざ合戦のときにただちに対応できるようにしておくのがよいと伝え聞く」と語っていた（『長沢聞書』）。

大坂の陣での事跡

大坂籠城中は、兵六千人を授けられ、後にさらに配下の兵を増員された（『大坂陣山口休庵咄』）。

自身指物は黒半月（『大坂陣山口休庵咄』、「後藤合戦記」）。馬印は茜の母衣張《ほろばり》（『大坂御陣覚書』）、または大酸漿《ほおずき》提灯（『長沢聞書』）、または二重の鳥毛の上に角取紙《すみとりがみ》（「後藤合戦記」）。使番は黄色の四半。組中、家来ともに指物は黒の一本撓《しない》（『長沢聞書』）。幟は白黒段々筋（『大坂陣山口休庵咄』）。

籠城中に着用の兜は獅噛《しかみ》（「後藤合戦記」）。最期に着用の兜は頭形に五、六寸の金の牛角付（「慶長見聞書」）。具足は黒（『大坂陣山口休庵咄』）。武者羽織は裏が白地の熊皮、または玉虫色の大緞子《どんす》に背中には白糸で大紋の鉞《まさかり》をあしらったものを着用（「後藤合戦記」）。

城中では諸将から人質が徴され、後藤からは母親が差し出された。その後、姫路の正蓮寺で出家していた子の左太郎が呼び寄せられ、重ねて人質として差し出された（『綿考輯録』所載「後藤又兵衛子左太郎申分」）。

秀頼の所望により天満浦で軍事演習が行われ、後藤が秀吉、家康の陣立てを采配して自在に動かしてみせた。秀頼以下見物の諸士も感嘆して、摩利支天もかくやと目を驚かせた(『長沢聞書』)。

当初、大坂城惣構の東南方面に百間四方の出丸を構えたが(『大坂御陣覚書』、『大坂陣山口休庵咄』)、後に諸方面の遊軍を命ぜられた(『大坂御陣覚書』)。巡察の持ち口は京橋方面にあたる大坂八軒屋下から惣構えの西北今橋までの三丁(『後藤合戦記』)。

十月十四日、尼崎に配下の組衆を派遣して、大野治長組と連携して片桐且元の手勢を討滅した。配下の長沢七右衛門の組下飯田次兵衛ら十人ほどに軍功があった(『長沢聞書』)。

十月下旬、織田有楽、中島式部少輔、明石掃部とともに中島方面に出張、堤を裁断して水を溢出させ、寄せ手の進路を妨げた。

織田有楽、七組ら一万余人とともに天満に布陣して、中島方面の巡検と防備にあたった(『武徳編年集成』)。

この頃、寄せ手の進攻に備え、長柄川の張番に出向いた。その際配下に、「敵が急に川越えした場合、具足櫃、桶、面桶、弁当などは狼狽して遺棄するであろうから、無用にせよ。具足は鎧に懸けて持参し、食糧は素手で受け取れ」と指示した(『長沢聞書』)。

十一月十日夜、東成郡毛馬の大坂方番所に、播磨住人三木大介主従が駆け込み、身柄を拘束された。籠城の意志があり、後藤存知の者だったので大野治長組となり、後藤に付属された(「高松内匠武功」)。

十一月十二日、新参諸将は、寄せ手が天王寺表への布陣を完了しないうちに先制攻撃することを主張した。しかし、七組の番頭、後藤、大野治長が談合して不採用となり、諸将は残念がった(「北川次郎兵衛筆」)。

十一月二十六日、城外の銃声が激しいので、状況を視認するため天守に上ると(『大坂御陣覚書』)、秀頼から今福、鴫野方面に出撃して防戦するよう命ぜられた(「鴫野蒲生合戦覚書」)。大野治長も「又兵衛殿は老巧なので、木村重成の軍勢に異見をも加えられたい」と申し添えた(「後藤合戦記」)。よって配下の山田外記、片山助兵衛、長沢七右衛門に対して、急ぎ組中を残らず連れて京口に出撃するよう指示するとともに(『長沢聞書』)、宿所から具足を取り寄せて天満橋の橋詰で武装し、午の下刻には今福口に押し出した(『大坂御陣覚書』)。

重成に、「先ほどより御手前の衆はお働きになり、定めて疲弊しているでしょう。秀頼公が私に防戦を命令されましたので、早々に持ち場をお渡しあれ」と申し入れたが、重成は「かかる最中に軍勢を入れ替えては味方も騒ぎましょう。その上、若年の私が貴殿に持ち場を渡したとあっては後日の評判もいかがでしょう。持ち場を渡せとは大人気ない申され様。たとえ秀頼公の御意でも渡しかねます」と拒絶した。後藤はこれを諒として、手勢を木村勢の後方に控えさせた(「鴫野蒲生合戦覚書」)。折しも鴫野方面から今福口に向けて上杉景勝勢の銃撃が激しく、大坂方が難儀していたので、鉄砲足軽を指揮してこれに反撃を加え牽制した。その時、後藤の物具に五つ、六つ銃丸があたった。一発が後藤の腕を傷付けて大量に出血したが、少しも騒がずに傷口を探り、「秀頼公の御運は強し」とうそぶいたので、「後藤は一人で大坂城を背負っているつもりか」と嘲《あざけ》る者が多かった(『大坂御陣覚書』)。

後藤の組下では難波六大夫が今福口で、大場九右衛門が鴫野口で各首一級を斬獲した。後藤の家来では寺本八左衛門と吉田覚介が相討で首一級を斬獲した(「高松内匠武功」)。堤上では組下の堀太郎兵衛、赤堀五郎兵衛、山中藤大夫、三浦彦太郎、山脇三郎右衛門、田中作左衛門、仙石喜四郎が、佐竹義宣方の柵を破って鑓を合わせ、または太刀を交えた。境金左衛門、三浦将監、柏原角左衛門、山中猪兵衛も柵の外で鑓を合わせた。湯浅三郎兵衛、久世民部らも抜群の働きがあった(「鴫野蒲生合戦覚書」)。

戦闘の終了後、後藤は馬印と采配を山田外記に預けて城中に帰った。今福口は山田以下、片桐大介、林弥次右衛門、金万平右衛門、井上源兵衛、磯村八左衛門が残って守備した。

十一月二十七日、野田、福島に敵が侵攻したとの風説により城中が動揺した。このため後藤が八千人を率いて同方面に出張したが、侵攻の実態はなく、城中に引き揚げた。この一連の軍事行動は「又兵衛薩摩入」と唱えられた(『大坂御陣覚書』)。

大野治長の相談に与り、天満や船場を自ら焼き払って城内の防備を固めるように勧めた(『武徳編年集成』)。

十一月二十九日晩、今福と鴫野の守兵は小屋に火を掛け、備前島、片原町をも焼き払って城内に撤収した(『大坂御陣覚書』)。

十一月三十日、毛利吉政とともに出張して天満、船場の焼き払いを指揮した(『武徳編年集成』、『寛政重修諸家譜』)。配下の長野半右衛門、寺本八左衛門、辻仁左衛門、大野理左衛門らは船場に乗り出し、焼け残った土蔵などを焼き払った(「後藤合戦記」)。

十二月一日から二十日まで、池田利隆が天満の陣場から大筒を発射し、後藤の持ち口の櫓を攻撃した(『家中諸士家譜五音寄』鈴木加左衛門親鈴木登之助寛永廿一申ノ年書上)。

十二月二日、京橋など惣構えの橋の焼き落としを指揮した(『大坂御陣覚書』)。

十二月四日、松平忠直勢らの攻勢に対する八丁目口の防戦に加わった(『長沢聞書』)。

十二月九日夜、寄せ手は酉・亥・寅の三刻に鉄砲を一斉に撃ちかけ、鯨波《げいは》をあげた。翌十日、十一日夜、今度は城方が鉄砲を斉射し、鯨波をあげた(『当代記』)。この時の事であろうか、ある夜の五つ時分に、寄せ手が鬨《とき》の声をあげ、鐘、太鼓を鳴らして石火矢を一度に打ち立てたので、城中が大いに動揺した。後藤は常の衣類に黄なり綾の指物を差し、天満の持ち口へ出動し、使番四、五人を呼び寄せ、「これは寄せ手が城中の心労をねらったものであろう。塀を乗り越えてくることはあるまい。当方からも一切反撃してはならない」と触れ回るよう指示して帰った。果たして、寄せ手の攻撃はなかった。その後、後藤は、「当方から二度ほど一斉射撃を加えよ。これは当方が備えている鉄砲のほどを、寄せ手に思い知らせるためである」と改めて指示した（『長沢聞書』）。

和睦については賛同する意見を秀頼に具申した（『大坂御陣覚書』、『大坂陣山口休庵咄』）。

十二月二十三日、寄せ手は惣構えの堀を埋めると、大坂方が担当する二の丸、三の丸の堀の壊平《かいへい》に着手した。大坂方は分担の相違を憤り、後藤は真田とともに茶臼山の家康本陣への夜襲を企図したものの、同日に家康が帰洛したため実現しなかった（『大坂御陣覚書』）。

慶長二十年に比定できるか確証はないが、正月十四日付で年頭の祝儀を贈ってきた知人に対し、「後藤又兵へ正親」の署名により、以下の趣旨の返書を送っている。「内々こちらから連絡しようと思っていたところ、書状をいただき本望です。特に蜜柑一折をたまわり、この上ないご厚情に感謝します。御普請も近々完了すると聞き及んでいます。そうであるなら、近く御帰国となるでしょう。当地ご逗留中に一度心静かにお話ししたいものです。さて御自身の身上については、承るところによればご満足されていないようですが、まずは成り行きに任せ、我慢なさるのがよろしいかと存じます。今日の事も、明日には変わるのが浮世の習いとおもしろく思われます。まして大身だの小身だの思い巡らしても、仕方ないと申します。とかく親しい知音《ちいん》は、遠くにいる方がよいとも申します。今は遠く隔てても、互いに用事があれば必ず連絡します」（『大日本史料』所載「前田家所蔵文書」）。

慶長二十年四月初旬、後藤と旧知の佐治縫殿介為重は、藤堂高虎の手に属して淀城に出張していた。後藤は大野治長の意向を受けて佐治に二度使者を送り、大坂への籠城を勧誘した。佐治はこれに応じて大坂へ出奔し、後藤の手に属して与力二十五騎を預かった（『家中諸士家譜五音寄』佐治十左衛門親佐治縫殿介寛永廿一申ノ年書上）。

四月十三日、織田有楽は「城中は三派に分かれており、七組の番頭、大野治長、後藤が一組、木村、渡辺、真田、明石が一組、大野治房、長宗我部、毛利、仙石が一組」と家康に証言した（『駿府記』）。種々の逸話からも、実際に治長は、五人衆のうち後藤に対し最も厚い信頼を寄せていたと考えられる。

四月二十六日、大坂城内の軍評定では「天王寺表に柵を設置して、そこで一戦に及ぶべし」とする意見が大勢だった。大野治長が後藤に「この評議は適切か」と尋ねると、後藤は「平地で互いに全軍を揃えて合戦に及んだ場合、家康とまともに対抗して軍勢を指揮できる大将が味方にいるでしょうか。合戦はやり直しのきかないものです。いかに敵が大軍でも、その利を得るか否かは地形次第と私は考えます。国分越、暗峠、新庄越、竜田越は皆、険阻《けんそ》であり、これに軍勢を差し向け、地形をうまく利用し、敵の大軍が山中の細道を縦列になって進むところを攻撃すれば、先手、二の手は切り崩せます。そうなれば、続く敵の後陣は奈良口、郡山まで退却するでしょう。敵が再度押し寄せるにしても、五日、七日は手間取るはずです。そのうちに味方はまた別の手だても取り得ることでしょう。大軍を天王寺の広場に引き受ける作戦には、この又兵衛は賛同しかねます」と答えた。治長が評定の次第を秀頼に言上すると、秀頼は「又兵衛次第にせよ」と裁決した。

同日、大野治房と後藤の組下が大和に侵入し、郡山に火を放ち、城将筒井正次らを追った（『大坂御陣覚書』）。

四月二十八日夜半、敵が大和口から進攻するとの報告があり、後藤は同方面への先手に任じられ、薄田隼人、井上定利、山本左兵衛、大久保左兵衛、山川景綱、北川一利、箸尾九兵衛、古田重行、真木嶋昭光父子らとともに、大坂から二里ほど東南の東成郡平野郷に宿陣した（「北川次郎兵衛筆」、『大坂御陣覚書』）。

本多正信が相国寺の僧楊西堂を後藤の陣所に派遣し、播磨一国の宛行で内応を勧誘した。後藤は固辞して、戦死を決意した（『大坂御陣覚書』）。

五月一日、配下の山田外記、片山助兵衛、長沢七右衛門とその組下は誉田へ偵察に出張し、敵の間者二人を捕え、平野に戻った。

五月三日、秀頼は茶臼山に出御して、後藤と真田に猩々皮の武者羽織を賜与した（『長沢聞書』）。「北川次郎兵衛筆」では、五月一日に秀頼が茶臼山に出御して、天王寺表の総軍を観閲したとする。

五月五日、真田、毛利が平野の後藤の陣営を訪れ、未明までに安宿郡国分村の山を越え、亀の瀬の隘路を挟む左右の山に三将の三万が一手となって軍勢を展開させ、進攻する家康の旗本を襲撃する作戦を申し合わせた（『大坂御陣覚書』）。夜四つ時に、後藤は平野を先発した（『長沢聞書』）。大野治長は配下の組頭三浦てき庵が誉田方面の地理に詳しいことから、案内役として臨時で後藤に付属させた（「平山家文書」大坂夏御陣之時松原四郎兵衛手□之覚）。

後藤勢は松明数千を連ねて大和街道に向かって進軍し、暁に藤井寺に到着。後続を待ったが著しく遅延していたため、藤井寺を先発し、誉田八幡に至って松明を消させ、道明寺方面へと進んだ。先手の山田外記と家老古沢四郎兵衛は、夜のうちに安宿郡片山村に進出した（『大坂御陣覚書』）。

後藤勢の進路は不明ながら、『大坂御陣覚書』に大和街道に向かって進軍したとあることから、「大坂之図」（『水野記』所載）、「大坂役図」（『武家事紀』所載）、『水野日向守覚書』などを斟酌すると、平野から丹北郡長原、若林を経て小山へと大和街道（古市街道）を東南に進み、堺から国分方面へと東に延びる大和街道（長尾街道）との交差点を過《よぎ》り、道なりに志紀郡藤井寺、丹南郡野中、古市郡誉田の八幡社を経て、志紀郡道明寺付近から片山方面に至ったと想像する。

後藤勢が平野を出陣した時刻は、『長沢聞書』によると五月五日の夜四つ時分で、藤井寺到着は、『大坂御陣覚書』によると暁、開戦は『長沢聞書』によると卯の刻とされている。平野を夜四つ時分に出立すれば、藤井寺には暁九つ半頃には到着できると思われる。藤井寺で待機したが後続が来ないため先発、誉田八幡から先は灯火管制を敷いて進み、道明寺到着は『長沢聞書』によると、なお互いの顔が見えないほどの暗い時刻だったとされる。道明寺到着の時刻を暁七つ半頃と仮定すれば、藤井寺での待機は、二時間半強に及んだことになる。なお「北川次郎兵衛筆」には、大坂勢は未明に平野を出立し、三里行軍して、朝日が出る頃には先手の後藤が合戦に及んだとあり、また、史料としての信頼性は劣るが「北川覚書」では、後藤の平野出陣を丑の刻としている。後藤勢の出陣時刻や進路については、さらに検証が必要である。

五月六日の大和口方面の天気は、伊達政宗の右筆《ゆうひつ》真山助六の日記によると、前日に続いて良好だった（『伊達政宗記録事蹟考記』）。早朝に小雨が降ったともいう（『慶長日記』）。大坂方の作戦では未明までに山越えをするはずだったが、もはや夜は明け、敵も既に国分に着陣し、一部が片山村の山麓まで進出していた（『大坂御陣覚書』）。後藤は自らの手勢二千八百人のみで戦うこととし（「後藤合戦記」）、配下に「皆聞かれよ。私は牢人のまま空しく年を重ねて果てるところを、秀頼公に召し出された。誠にありがたき次第。よって今日は皆に先駆けて討ち死にし、この御恩に報いたい」との決意を披瀝した（『長沢聞書』）。

戦端は卯の刻に開かれた（『長沢聞書』、『寛政重修諸家譜』）。既に片山村の山上に進出していた後藤の先手は、山田外記が北方の稜線を、古沢四郎兵衛が南方の尾根筋を占拠しており（『大坂御陣覚書』）、夜明けとともに山上から鉄砲五、六十挺を撃ち下ろし鬨《とき》の声を揚げた（『水野日向守覚書』）。なお、前夜のうちに伊達政宗の家臣片倉重綱は、山の上下に鉄砲二百挺、弓五十張、長柄百本を埋伏させていたが、後藤の先手は伏兵の攻撃をものともせず山上に押し上った（『伊達家文書』八月十三日付片倉重綱大阪夏陣覚書、『伊達治家記録』）。

後藤も石川河原に乗り出し、先手との間を分断されないよう、山麓に迫る敵に、二度にわたり攻撃を加えて牽制した（「後藤合戦記」）。

大和組の奥田忠次が先駆して山上に攻め上ったが、先手の山田外記、同息何右衛門、佐伯次郎大夫、赤堀五郎兵衛、片山助兵衛、同息大助、寺本八左衛門、湯浅三郎兵衛、金万平右衛門、黒川安左衛門らが追い落とした。

大和組の松倉重政は、後藤の左翼牛尾久左衛門の鉄砲備えを追い立てて北側の山沿いから回り込み、後藤の旗本と石川河原の後方に控える北川一利、山川景綱らの備えとの間を分断し、後藤の手勢を孤立させた。その時、山上から津田庄兵衛、吉村治郎兵衛、鷲見安大夫、小出八兵衛、佐藤忠兵衛が松倉勢の横合いを攻撃したので、松倉勢は北に敗走し、後藤の左備えも盛り返した（『大坂御陣覚書』）。

山上では奥田勢を追い落としたものの、続いて伊達政宗や松平忠明の攻勢が激しくなったので、後藤は先手に、退却して石川河原の同勢と合流するよう使者を再三派遣した。しかし、大軍の攻撃にさらされ、山上の人数は退きかねていた。そこで後藤自らが退却を指揮するため、山上に単騎駆け上がったが（「後藤合戦記」）、四つ時分（『綿考輯録』所載「後藤又兵衛子左太郎申分」）、胸部に被弾したため、金万平右衛門に介錯をさせた。首は具足羽織に包み、田の中に隠された（『大坂御陣覚書』）。あるいは吉村武右衛門に介錯させ、首は泥中に埋められた（『難波戦記』）。あるいは後藤の首は敵に奪われたが、付近にいた後藤配下の歩行侍五十人ほどのうち、五人が追いかけて奪い返し、田の中に隠して、印に大小の鞘袋を後藤の子佐（左）太郎に持ち帰った（『長沢聞書』）。享年五十二歳（「中山家系」）、または五十六歳（「後藤又兵衛尉政次伝」）。後藤の半月指物は伊達政宗の手に奪い取られた（「伊達政宗記録事蹟考記」）。後藤の甥井上左伝次が吉村左門と退却の途中、これを見かけて鑓を入れて奪い返したという（『吉備温故秘録』）。

戦闘は巳の下刻まで続いたが（『長沢聞書』）、河原に控えていた同勢は後藤の戦死に動揺して敗走、山上の先手も敗北した（「後藤合戦記」）。左備えも山上から攻め下ろされ、ついに潰走した。前後して佐伯次郎大夫、古沢四郎兵衛、同息左源太、豊田与右衛門、津田勘三郎、宇野十兵衛入道宗味、湯浅左吉らが戦死。討ち漏らされた山田外記父子、片山助兵衛父子、中川左門らは石川河原を渡り、北川、山川の備えに収容されたが、敵の追撃によりこの口も破れ、道明寺を西へ藤井寺まで敗走した（『大坂御陣覚書』）。

後藤の手勢、与力は退却する途中、道明寺から一里ほどの地点で明石、真田の軍勢に行き遭った。両将ともに使者を以て「又兵衛は討ち死にされたようだ。我らの備えに加わられよ」と慇懃に申し入れた。特に真田からは、「手勢、与力衆はきっと又兵衛殿の弔い合戦をされるだろう。この真田がしっかり指揮を執るから、我が備えに加わられよ」と再三勧められたが、もはや退き口となり聞き入れる者はなく、我先に退却した（「後藤合戦記」）。

六日の晩には「後藤は討ち死にしたのではなく変心した」との風聞が立ち、夜中に詮議が行われた。このため人質として差し出されていた子の左太郎は本丸に堅く留め置かれ、二の丸に出ることも許されなかった（『綿考輯録』所載「後藤又兵衛子左太郎申分」）。

五月七日、敗残の後藤組は大野治長の指揮下に属することとなり、その旨を湯浅三郎兵衛が示達した（「安積文書」）。『大坂御陣覚書』に、後藤、薄田、井上、木村らの敗残兵は、まとめて大野治長組の二隊とともに天王寺口に出役したとある。しかし『長沢聞書』には、長沢九郎兵衛らの敗残兵は後藤の子佐(左)太郎に預けられ、六日の合戦で傷んだ鑓、指物などを修繕しているうちに四方が炎上したため、天王寺表には出なかったとある。また「佐治十左衛門親佐治縫殿介寛永廿一申ノ年書上」(『家中諸士家譜五音寄』所載)には、七日、後藤組は大野治長の旗下に属することとなり、佐治縫殿介も組下二、三人を連れて玉造口の堀から東に出たが、早々に城が炎上、先手も敗軍したため、敗走兵に押し立てられ退去したとある(『家中諸士家譜五音寄』)。

大坂籠城中の後藤の動向は『長沢聞書』、「後藤合戦記」が詳細に伝えている。『長沢聞書』は、大坂の陣で後藤の手に属した丹波の人長沢九郎兵衛が、籠城中に見聞した事や当時の世上の取沙汰などをまとめたもの。大坂で後藤に近侍した期間は短かったが、記述は敬慕の念に満ち溢れており、後藤の人格的厚みを彷彿とさせる。「後藤合戦記」は、寛文五年二月、宣成という者が、後藤組に所属していた長野半右衛門から直接聴取してまとめたものである。聴取当時、長野は七十三歳。また、徳川頼宣の家臣宇佐美定祐が編纂した『大坂御陣覚書』も、後藤に関する記述が比較的詳しい。紀伊徳川家では美濃に隠棲した後藤の小組頭山田外記を扶助し、その子山田何右衛門や赤堀五郎兵衛、山中藤大夫など後藤の組下を召し抱えていることから、本人または家伝の証言を参考にしている可能性もある。

真田左衛門佐信繁《さなだ さえもんのすけ のぶしげ》

〔生没年〕 不明~一六一五

〔本国〕 信濃

〔親〕 真田安房守昌幸

〔兄弟〕 兄　真田伊豆守信之／弟　真田左馬助信勝／弟　真田主計昌親

〔妻〕 大谷刑部少輔吉継の娘

〔子〕 真田大助、真田大八、すへ(石合十蔵道定の妻)、市、梅(片倉小十郎重長の妻)、あくり、しよふ、かね(「先公実録　左衛門佐君伝記稿」、「真田系譜稿」)、岩城但馬守宣隆の後室顕性院(「岩城家譜」)。

〔称・官位・号〕 弁丸。源次郎。文禄三年十一月二日、叙任従五位下左衛門佐。九度山蟄居中は好白と号した(「先公実録　左衛門佐君伝記稿」、「柳原家記録」)

〔諱〕 信繁(『信濃史料』所載「小山田文書」)。慶長二十年五月六日、誉田方面の合戦で青地牛之助に賜与した軍功証明としての板には「五月六日、真田左衛門佐信繁(花押)」と署名されている(「青地牛之助物語」)。『難波戦記』などの幸村が一般化しているが、本人署名では確認できない。

〔墓所〕 京都の大雲山龍安寺の塔頭大珠院(「先公実録　左衛門佐君伝記稿」)

大坂入城以前の来歴

信濃上田の城主真田昌幸の次男として誕生。

天正十三年、真田家が上杉景勝に従属したため、証人として春日山城に詰めた。

その後、真田家が豊臣家に直接従属したため、秀吉に出仕した（「先公実録 長国寺殿御事蹟稿」）。文禄元年、肥前名護屋城三の丸御番衆馬廻組の一番石川紀伊守光元（大谷吉継の妹婿石河光吉の長兄）組に所属した（『太閤記』）。

慶長五年九月、父の昌幸とともに上田城で徳川秀忠の軍勢と交戦し、その前進を阻んだ。戦後、父の昌幸とともに高野山に配流となり、十二月十三日、上田を離れた（『当代記』）。以後、高野山麓の九度山に蟄居。

長期にわたる逼迫した生活により、晩年は病身になることもあり、歯は抜け、髭も黒いものが少なくなったと、自嘲気味の手紙を姉婿の小山田茂誠に送っている（『信濃史料』所載「岡本文書」）。大坂城中で信繁を目撃した長沢九郎兵衛によると、小兵《こひょう》で額口に二、四寸の刀傷があり、四十四、五歳に見受けられたという（『長沢聞書』）。

信繁の人となりは、兄の真田信之が常々、「信繁は生得の行儀振舞が優れており、並みの人間と異なる点が多かった。柔和で辛抱強く、居丈高になることもない。寡黙で怒りを表さず、いわば国郡を領する誠の侍というべき者であった」と近侍の伊木定久らに述懐していたという（「先公実録 左衛門佐君伝記稿」所載「幸村君伝記」）。

大坂城には五十万石の約束で招聘され（『大坂陣山口休庵咄』）、秀頼から当座の音物《いんもつ》として黄金二百枚、銀三十貫目が賜与された（『駿府記』）。

十月九日、九度山を脱出。信州侍高梨内記の子で真田大助の家老高梨采女、采女の縁者青柳清庵、三井豊前らが随行した（「先公実録 左衛門佐君伝記稿」所載「高野山蓮花定院書上」、「見夢雑録」）。十月十三日、高野山文殊院が派遣した飛脚が三河池鯉鮒に至り、信繁の大坂入城が金地院崇伝に報告された（『本光国師日記』）。

大坂の陣での事跡

信州から大坂城には石合庄二郎道房が家僕白井藤吾、伴源六ら数人を伴い駆け付け（「諸士本系帳」）、堀田作兵衛興重ら五十騎も入城した（「先公実録 左衛門佐君伝記稿」）。また、紀州からは伊都郡学文路村の平野孫右衛門吉次、那賀郡安楽川荘下安良見村の喜多源兵衛忠政、同郡杉原の山本九郎義賢などが、信繁の催告に応じて籠城したとされる（注1）（『紀伊続風土記』、『和歌山県那賀郡誌』、「北家文書」）。

信繁は大方信州から到着した手勢百三十人のほか、兵五千人（「先公実録 左衛門佐君伝記稿」所載「幸村君伝記」）、または兵六千余人を預かった（『大坂陣山口休庵咄』）。

配下の軍勢は、具足、幟、指物、母衣など武具一式を赤く揃えた。馬印は唐人笠の上に幣付（「真武内伝」）、または金の唐人傘の上に赤熊付（「大坂夏の陣図屏風」）。あるいは金の瓢（『大坂陣山口休庵咄』）。

惣構えの東南に、真田丸と称する百間四方の出丸を受け持った（『大坂御陣覚書』）。秀頼から横目として伊木常紀が派遣された（「北川次郎兵衛筆」）。真田丸の後背には、北川次郎兵衛、山川帯刀が兵一万人ほどで控え、防備を固めた（『大坂陣山口休庵咄』）。

大野治長は信繁の心底を危ぶんでおり、このまま出丸を任せてよいか、密かに後藤又兵衛に相談した。後藤は、「武功、家柄といい、人となりといい、逆心を抱くはずがない。古来そのような逆心は、武辺ではなく栄華を好むものの所業である。籠城諸将のうち、真田は名家の将として万代に名を伝えるべく必死の謀計を考究しているところであり、その意に任せるがよろしかろう」と助言した（「後藤合戦記」）。

秀頼の家臣山口休庵によると、真田丸は玉造門の南、東八町目の東に、一段高い畑だった場所に築かれた。三方に空堀と塀一重を巡らせ、塀の外、堀の中、堀の際に三重の柵が植えられた。所々に井楼を組み、塀の腕木に幅七尺の武者走りが設置された（『大坂陣山口休庵咄』）。また、井伊直孝の手に属して出役した皆川隆庸に従って参戦した家臣桑島若狭（「皆川家記録」、「大三川志」）によると、真田丸は惣構えの堀から外に五間（百間の誤りか）四方ほど張り出して築かれた。櫓を組み、南方には一間ほどの敲土居《たたきどい》を設け、その上に柵が植えられた。南方に小節竹の揚げ戸を付けた虎口があり、出丸と惣構えの堀との間には細道があった（「幸島若狭大坂物語」）。

十二月二日、三日と寄せ手の陣が慌ただしくなり、総攻撃の予兆と判断した後藤又兵衛の進言により、城中の浮勢《うきぜい》は適宜攻撃が集中すると推定される方面へ加勢に赴いた。真田丸にも同様に加勢が配置された（『大坂陣山口休庵咄』）。

十二月四日未明、前田利常勢が挑発に乗って真田丸を強襲したが、猛射を浴び、死傷が続出した。また前田勢に遅れじと、井伊、越前松平、藤堂らの軍勢も正面攻撃に動いたが、城内からの激しい銃撃により堀底、塀際で進退が窮まり、多数が死傷した（『大坂御陣覚書』、『当代記』）。

ちなみに、十二月五日夜、京都牢人石河備前入道宗林が茶臼山に伺候して家康に拝謁し、羽織を献上した（『駿府記』）。伺候の経緯は、慶長五年の戦乱で失領して牢人となり、京都で徘徊していたが、今般大坂に籠城しなかったことを家康が話題にしたようで、これにより知人が拝謁を取り成したもの（「大坂冬陣記」）。宗林は信繁と相婿である（「青木忠右衛門一及覚書抜写」）。

十二月十四日付で本多正純は前田利常の家臣本多政重に以下の趣旨の書状を送り、信繁の調略を指示した。「真田左衛門尉殿が当方に御忠節なされるように御才覚してほしい。そのために真田隠岐守信尹殿をそちらに派遣する。詳細は隠岐殿とよくよく御相談されたい。御身上のことは私が請け負うので、そのつもりでしっかりと御忠節されるように取り計らわれたい。詳しい事は隠岐殿が御説明になるだろう。また、隠岐殿と私は特に懇意にしているので、御心おきなく御談合されたい。そのため私の自筆書状を以て申し入れる。こちらの事は少しもお気づかいは無用である。時分もよいと思うので、急ぎ着手されるようよくよくお願い申し上げる。なお、真田左衛門尉殿の御身上は私にお任せあれ。少しも疑念は無用である」（「加賀本多博物館所蔵文書」）。かくて信尹は密かに信繁を訪問した。信繁は夜中、かつ用心して遠く間隔を置いて対面した。信尹から「徳川方に帰服を了承するなら十万石を与える。本多正純より誓紙も差し入れる」と伝えられたが、信繁は「私は牢人となり、高野山で物乞い同然になっていたところを秀頼様に召し出され、一曲輪をも預けられ、その恩沢に感謝している。したがって城を出ることは決してできない」と固辞した。その後、本多正純は信尹を通じて信濃一国を提示し、再度帰服を申し入れたが、信繁は立腹して対面もしなかった（「慶長見聞書」）。

十二月二十日、和睦が成立し、徳川方の奉行松平忠明らは、大坂方が開戦にともない開削した城南の新しい堀の埋め立てから優先して着手した。十二月二十四日には平野通り八丁目口筋を埋め立て、十二月二十五日巳の刻までには南表の堀のおおむねを埋め立てた（『大日本史料』所載「子爵本多忠敬氏回答書」）。十二月二十七日までに惣構えの堀やすべて櫓は壊平《かいへい》された（『駿府記』）。この間に真田丸も破却されたものと思われる〔注2〕。

慶長二十年三月十日、信繁は姉婿の小山田茂誠とその子息小山田之知に宛て以下の趣旨の返書を送った。「遠路、御使札《しさつ》に預りました。そちらがお変わりない由を詳しく承り、満足に思います。こちらも無事なのでご安心ください。私の身の上については殿様〔注3〕（秀頼）の厚遇ひとかたならないのですが、よろず気遣う事ばかりです。一日一日と暮らしています。御目にかかってでないと詳しくは申せず、手紙では書き尽くせません。こちらの様子は使いの者が申し上げるでしょう。当年中静謐であれば、何とかお目にかかってお話を承りたいものです。お聞きしたい事が山ほどあります。定めなき浮世なので、一日先はわかりません。私のことなどは浮世にあるものと思ってくださいますな」（『信濃史料』所載「小山田文書」）。

五月五日夜、毛利吉政と平野の後藤又兵衛の陣所を訪れ、後藤が提案した大和口の険阻に拠り、敵を迎撃する作戦を確認した。後藤は夜のうちに平野を先発し、続いて毛利も天王寺を出陣した。

五月六日巳の刻下りに、真田勢は相備えの諸将以下七、八千人を率いて羽曳野の北方に現れ、誉田に布陣した（『大坂御陣覚書』）。

真田勢の進路は不明であるが、『大坂御陣覚書』に、住吉街道巴引野北より進出したとあることから、天王寺付近を出陣して下高野街道を南下、交差する大和街道（長尾街道）に入って東進し、丹北郡高見村から住吉街道に入って東南に新堂村まで進み、合流する中高野街道に入って南下、これと交差する竹内街道に入って東進し、丹南郡の埴生野を経て古市郡誉田方面に進出したと想像される。

なお、真田勢が霞のために夜明けがわからず、約束の刻限に遅れたとする説の原拠は「北川覚書」と思われる。「北川覚書」全一冊は、「若江道明寺八尾合戦之覚書」の副題があり、前半は道明寺表合戦、後半は八尾、若江表合戦について記録した作者不明の編纂物である。北川次郎兵衛の著作と混同されることがあるが、内容から見て作者は北川次郎兵衛ではない。「北川覚書」における道明寺合戦にかかる記載は『大坂御陣覚書』を底本にして文飾を加えたものであり、史料として信頼性が高いとは言い難い。

真田勢は誉田で伊達政宗勢と激しく交戦し、二度までこれを追い立てた後、未の刻には藤井寺の毛利勢といったん合流した。信繁は、「戦機に遅れ、既に後藤、薄田は討ち死にと聞く。この上は手立ても無用、ただ申し訳のため一戦するのみ。すべて手筈が相違したのも、秀頼公の御運が尽きたゆえか」と悔やみ、毛利も、「この上はともに討ち死にすべし」と決死の覚悟を申し合わせた。

かくて、毛利勢と大野治長組は藤井寺の前に布陣し、真田勢はその南方、野中村の小山に布陣した(『大坂御陣覚書』)。横十町に及ぶ大坂方の陣形の過半は真田勢で、前方に赤旗が横一列に並べられた(『深見物語』)。寄せ手は道明寺河原から西方の誉田まで備えを並べ、睨み合いとなった。

その後、八尾、若江表合戦の敗北により、藤堂高虎勢の一部が平野まで進出し、大坂への帰路を断たれかねない形勢となったため、秀頼から退却命令がもたらされ(『大坂御陣覚書』)、七つ半頃から順次退却が開始された(「幸島若狭大坂物語」)。堀直寄に従い本戦に参加した深美九一郎秀剰によると、大坂方の順次退却は八つ時過ぎとされる(『深見物語』)。この時、信繁による殿《しんがり》は衆目を驚かせた(「後藤合戦記」)。退却した大坂方はそのまま天王寺や庚申堂付近に野陣を張った(『大坂御陣覚書』)。大坂方の主な退却経路は不明であるが、古市街道を通って平野に至り、そこから奈良街道を通って天王寺方面に至ったと想像される。

五月七日、信繁は茶臼山に本陣を据え、先手の大谷大学助、渡辺内蔵助、伊木七郎右衛門、真田大助、同采女らが、茶臼山の南方からその東方庚申堂にかけて布陣した(『大坂御陣覚書』)。真田勢は五千余人、相組の人数も五千余人(「越前家大坂御陣覚書」)。真田勢は赤い幟を立て、一色赤装束だった(『大坂陣山口休庵咄』)。当日、越前松平家の先手として参戦した落合美作守重長(号は卜安)は「茶臼山を見れば真田の人数も押し出し、これがすべて赤備えなので、躑躅《つつじ》の花が咲き乱れたようだった」と、目撃した光景を語り残している(『南紀徳川史』落合卜庵物語)。落合が後に徳川頼宣に仕えたため、この光景描写は、同じ紀州家の宇佐美定祐が編纂した『大坂御陣覚書』にも引用されている。

なお、真田勢に対峙した越前の松平忠直勢は、千五百余騎、雑兵一万五千人(『越藩史略』)。先手は右翼が本多成重、中央が松平忠昌、左翼が本多富正（「松平家譜」）。天王寺表には既に本多忠朝の組下が進出していたため、松平勢はこれにつかえて横幅が取れず、全体的に縦深陣形となっていた（『南紀徳川史』落合卜庵物語）。

越前松平家では、貞享三年十一月に陶山六郎兵衛重長が公命により大坂の陣に従軍した者の記録や生存者の証言に基づき、「大坂夏御陳之覚書」を作成した。この覚書によると、茶臼山には初め白旗、白印の軍勢が控えていたが、開戦の直前に赤備えに立て替わったという（「越前家大坂御陣覚書」）。「本多富正家伝抜書」（「本多家記」所載）によると、茶臼山の真田勢の東側にも、千四百人ほどの大坂方が布陣していたが、越前勢の接近により、真田勢と陣場の交代を始め、人数、旌旗《せいき》が混乱した。そこへ越前家の先手が鉄砲を打ちかけたという。また「大坂記」によると、大坂方は初め渡辺内蔵助の配下千五百人を真田勢の右に配置していたが、渡辺自身が前日の負傷により不在だったため、真田と渡辺の備えを入れ替えようとした。ところが茶臼山の南に堀切があって兵が通行できず、いったん後方に下がってから南へ押し出そうとして陣形が乱れた。そこへ越前家の先手が鉄砲を打ちかけたという。

かくて午の下刻に開戦（『綿考輯録』所載「慶長二十年五月七日付細川忠興書状」）。信繁は家康の本陣を目指して猛攻し（『旧記雑録後編』所載「慶長二十年六月十一日付巨細条書」）、寄せ手を四、五町追いまくった（『大坂陣山口休庵咄』）。家康の旗本も斬り立てられ、一部は三里ほども敗走した（『旧記雑録後編』所載「慶長二十年六月十一日付巨細条書」）。藤堂高虎が駆け付け、真田勢の左側面から攻撃を試みたが、かえって度々突き立てられた（『元和先鋒録』）。信繁は三度の突撃の末（『旧記雑録後編』所載「慶長二十年六月十一日付巨細条書」）、安居天神の付近で戦死。首は越前家の鉄砲頭西尾仁左衛門宗次があげた（『大坂御陣覚書』）。負傷して疲労困憊のあまり休息していたところを討ち取ったので、さほどの手柄ともされなかった（『綿考輯録』所載「慶長二十年五月十五日付細川忠興書状別紙」）。

「大坂夏御陣之覚書」によると、大坂方は七日未の中刻には総敗北となり、散り散りとなった。戦い続けてきた信繁は生き残った士卒百余人とともに、堺街道で赤旗と唐人傘の馬印を立てて暫時休息していた。そこへ寄せ手二千余人が襲いかかったのでこれと交戦し、また別の寄せ手二千人が前途を遮ったので、これも馳せ破った。しかし、配下も討ちとられ、既に馬廻四、五十騎となった。さらに越前勢の数百騎に追撃され、大多数が戦死した。信繁は三町ほど退却し、道の側の高い場所で下馬して息を継いだ。追撃してきた越前勢の中から、西尾仁左衛門が信繁に向かって鑓を付け、組み伏せようとした。その時、信繁は起き上がって少しも動かず、采配を構えたまま尋常に首を討たれた。西尾は首を斬獲するとともに、功名の証拠として信繁の采配と長刀を持ち帰ったという（「越前家大坂御陣覚書」）。右の伝承をもつ采配と長刀は、越葵文庫に収蔵され、現在は福井市立郷土歴史博物館で保管されている（『平成二十四年秋季特別展図録―大坂の陣と越前勢―』）。

西尾は家康に首を披露し、拝謁を許されて勝負の模様を尋ねられたが、西尾は畏まるばかりで回答できなかった。家康は「よい首を取ったな」と声をかけ、周囲には「勝負はなかったと見える」と語った。褒美として、秀忠から黄金と熨斗目《のしめ》五重、忠直からは法成寺の作刀と金子が与えられた（「越前家大坂御陣覚書」）。

「山下秘録」（注4）には、「真田は配下の侍を一人残らず討ち死にさせた。こんな事は古来のみならず、将来にもないことだろう」、「合戦が終わった後、真田の下知を守る者は天下に一人もいなかった。皆一緒に討ち死にさせたためである」といった讃嘆の辞が綴られている。実際のところ、大坂の陣後の生存者のうち、毛利吉政、後藤又兵衛、木村重成、長宗我部盛親などの配下で組頭を務めていたという者はある程度確認できるが、これに比べて真田の配下で組頭を務めていたという者はほとんど確認できない。「山下秘録」の説も、あながち過言ではないと思われる。平素の温顔とは裏腹に、戦場で厳然と部下を死地に赴かせた統率力と、我が身もろともに一軍が玉と砕けるまで戦い抜いた姿は、大坂方諸将の中で圧倒的な光彩を放ち続けている。

なお、享年について「真武内伝」は四十九歳とし、逆算すると永禄十年の誕生となる。真田幸貫の家臣河原綱徳は「先公実録 左衛門佐君伝記稿」で、この説を採用している。一方、同稿所載の「高野山蓮花定院書上」は、午年の誕生で、慶長十九年当時は四十三歳とする。これによれば享年は四十四歳で、逆算すると元亀三年の誕生となる。ただし、同年は申年で、午年は元亀元年である。これから起算すると享年四十六歳となる。同稿所載の「長国寺過去帳」も、享年四十六歳とする。

妻は大谷吉継の娘（「先公実録 左衛門佐君伝記稿」）。あるいは吉継の姉婿で山城国乙訓郡奥海印寺村の住人高橋勘解由家平（号は自斎）の長女で、大谷大学頭嘉胤の妹（「高橋家系図」）。あるいは名を於マツといい、大谷吉継、石河宗林の妻イシ、下間頼亮の妻の妹（「青木忠右衛門一及覚書抜写」）。慶長二十年五月十九日、潜伏先の紀伊国伊都郡内で浅野長晟に捕えられ、翌二十日、本多正信に送致された。所持の黄金五十七枚と、秀頼が信繁に賜与した来国俊の脇差（注5）が押収され、褒賞として浅野家に下賜された（「浅野家旧記」、『駿府記』）。白石の功徳山当信寺の過去帳によると、慶安二年五月十八日に死去（『真田一族のすべて』）。法名は竹林院殿梅渓永春清大姉（「先公実録 左衛門佐君伝記稿」）。

娘のうち、すへは堀田興重の養女となり、石合道定に嫁ぎ、寛永十九年十月二十八日に死去（「真田系譜稿」）。惣領の市は信濃で生まれ、九度山で死去。梅は信濃で生まれ、片倉重綱に嫁いだ。あくりも信濃で生まれた。しよふ、かねは九度山で生まれた（「先公実録 左衛門佐君伝記稿」）。

「青木忠右衛門一及覚書抜写」に、信繁の娘アクリは石河宗雲に嫁いだとあり、宗雲の父石河宗林の妻については、前述のとおり大谷吉継の妹で、信繁の妻の姉とある。一方「先公実録 左衛門佐君伝記稿」、「真田系譜稿」などによる従来説では、石河備前守光吉(号は宗林)を信繁の女婿とする。しかし「尾藩諸家系譜」によると、宗林の次弟石河兵助一光は永禄九年の誕生であり、その兄の宗林が信繁の女婿となるには年齢的に違和感がある。この点について、白川亨氏は、「石河系図」に基づき、信繁の女婿は宗林の子石河宗雲と指摘している(『石田三成とその一族』)。すなわち、同系図によると、宗林の妻は大谷吉継の妹で、寛永八年七月二十四日に死去。法名は竜光院殿月舟寿泉大禅定尼。宗林の子藤右衛門重正は万治二年七月十四日に死去。法名は法岳宗雲居士。妻は真田信繁の娘で、明暦三年八月二十四日に死去。法名は真巌院殿法楽宗蓮大姉。葬地は龍安寺の塔頭大珠院。

〔注1〕「真武内伝」は、信繁が若原右京という播磨牢人を連れて籠城したとする。これは『駿府記』の、若原右京が播磨牢人を連れて籠城したとする記述を誤って伝えたものである。若原右京亮良長は姫路城主池田輝政の旧臣であるが、そもそも籠城していない。若原は冬の陣が起こると、浪居していた播磨から大坂表に駆け付け、かねて懇意だった藤堂高虎の手で牢人分として馬上二十騎を率いて先手に加わった。夏の陣では再び播磨から大坂表に駆け付けたが、早速落城したため参戦できず、京都で高虎に拝謁した。開戦とともに城に駆け込もうとする牢人と、寄せ手に陣借を志す牢人とが上方で交錯する中、誤って籠城と報ぜられたものと思われる。なお、若原は元和六年に京都で病死した(『公室年譜略』、『備陽記』)。

〔注2〕寛永三年秋、大坂城代阿部正次は、真田丸を始め前田家、越前松平家、井伊家の築山や穢多崎、博労淵、野田、福島の砦跡をさらに破却させ、真田丸の石材は町人に下げ渡したという(「難波軍記改録」)。

〔注3〕秀頼の呼称表記については、廷臣の日野輝資(『大日本史料』所載「輝資卿記」)、祠官の松梅院禅昌(『北野社家日記』)、社僧の神龍院梵舜(『舜旧記』)、家臣の片桐且元(『大阪城天守閣所蔵文書』)、大野治長、埴原八蔵(『阿波国徴古雑抄』)、安威了佐(『観心寺文書』)、今木一政(「浅井一政自記」)、新参の北川一利(「北川次郎兵衛筆」)、豊臣家所領中島の百姓(『沢田兼一氏所蔵文書』)らも、一様に「殿様」を用いている。

〔注4〕「山下秘録」五冊は、尾張大野の住人山下四郎左衛門義行が四男山下小四郎らに書き与えた秘伝書物。本項の一節は、寛文八年戊申三月十八日付の奥書がある第四冊に記載。

〔注5〕『闕所之刀脇指帳』によると、真田の脇差だった来国俊は、家康の所蔵となり、元和二年に駿府御分物として徳川頼房に賜与されている。浅野家へ下賜されたのは黄金のみであり、脇差は家康の所蔵となり、後に水戸家に賜与され、今に伝来している可能性がある。

長宗我部宮内少輔《ちょうすがめくないのしょう》盛親《もりちか》

〔生没年〕 一五七五～一六一五
〔本国〕 土佐
〔親〕 長宗我部宮内少輔元親
〔兄弟〕 兄　長宗我部信親／兄　香川親和／兄　津野親忠／弟　長宗我部右近大夫
〔妻〕 長宗我部信親の娘（『土佐国蠹簡集』）
〔称・号〕 千熊丸。右衛門太郎（『土佐物語』）。京都浪居中は幽夢と号した（『旧記雑録後編』、『慶長日件録』）。大坂籠城中は宮内少輔（『土佐物語』）。
〔墓所〕 京都の負別山蓮光寺（『京都墓所一覧』）〈墓碑写真は巻末「付録」参照〉。

大坂入城以前の来歴

天正三年に土佐の太守長宗我部元親の四男として誕生。元親の後嗣となり、父とともに朝鮮戦役に出陣、また領国の庶政を決した（『土佐物語』）。

慶長五年の戦乱では、秀頼のため二千人の軍役に対し兵五千人に鉄砲千五百挺を揃えて大坂方に参じた（『旧記雑録後編』）。伏見城、安濃津城を攻撃（『関原軍記大成』）。関ヶ原合戦では主戦場から遠く南宮山麓に布陣し、直接戦闘には加わらなかった。

戦局が決定的となった後、退却して帰国したが、土佐一国は山内一豊に与えられたため、失領した盛親は、若干の従臣とともに京都に浪居した（『土佐物語』）。

その後、烏丸通上立売上る柳図子で手習いの師匠などをしていたが、慶長十九年、土佐一国を与えるという約束で秀頼から招聘された（『大坂陣山口休庵咄』）。十月七日、京都の天候は晴天だったが、朝は時雨《しぐ》れた。同日の暁に盛親は京都を脱し、大坂に入城した（『時慶卿記』）。

大坂の陣での事跡

大坂籠城中は、兵五千人を指揮し、後に二、三千人が加えられたという。盛親、木村重成、後藤又兵衛、明石掃部、毛利吉政、七組の番頭は浮勢として交替で昼夜諸方面の巡回に当たった（『大坂陣山口休庵咄』）。木村重成組の草加次郎左衛門によると、天王寺口八町目黒門の東方に、石川康勝や盛親の持ち口があった（「草加文書」寛永廿一年九月十七日草加五郎右衛門書上）。

幟は白地に八藤（『大坂陣山口休庵咄』）、または地黄に黒餅（『元和先鋒録』、『難波戦記』）。馬印は朱の三つ提灯（『難波戦記』）。番指物は撓《しない》（『大坂陣山口休庵咄』）、または黒柄弦《えつる》（『元和先鋒録』、『武家事紀』）。

城中では諸将から人質が徴され、盛親からは家老吉田内匠重貞の次男吉田次郎左衛門（十五歳）が、秀頼の旗本宇野次郎兵衛方に差し出された（「先祖附」吉田二兵）。

慶長二十年五月五日、家康は二条城を出陣して河内国交野郡星田村に進み、秀忠は伏見を出陣して讃良郡砂村に進んだ。先鋒の藤堂高虎と井伊直孝は、大和口から道明寺方面を経由する味方との合流を目指して飯盛街道を南進、藤堂勢は高安郡千塚村に布陣し、井伊勢は楽音寺村に布陣した。

一方、大坂方は若江郡若江村の東方の河原に丑の上刻までに集結し、飯盛街道を南下する家康、秀忠を待ち受け、西から一気に横撃する作戦を立てた。しかし、勢揃いに時間を要し、木村重成が先導、盛親が後続して大坂城を出陣した頃には七つ時を告げる鐘が響いた（『大坂御陣覚書』）。なお、盛親は小姓のうち、特に幼い者を、城内の長宗我部屋敷に留め置かせて出陣した（『土佐国蠹簡集木屑』所載「安田徳友書付」）。

藤堂勢は六日早朝に千塚村を進発した。既に大坂方の出撃を察知していたが、およそ足場の悪い若江、八尾ではなく、道明寺方面に向かうものと推定していた。ところが木村勢が若江方面に向かったため、藤堂勢は南進を停止し、備を西向きに転換した。そこから四本の畦道を別々に進み、大和川の堤上で皆合流する手筈としたが、右備えの藤堂良勝と相備えの藤堂良重および中軍の一部が集合を待たず若江郡西郡、萱振村方面に突出したため、中軍の渡辺了は同郡佐堂、阿野村方面、左備えの藤堂高刑は八尾街道を西向きに地蔵堂を目指して個別に戦うこととなった。

盛親は藤堂勢の転進により若江への進出をあきらめ、八尾に留まって東向きに備えを立てなおした。また、若江を目指し既に萱振村まで進出していた先手の吉田内匠に十市縫殿助を急派し、戻って旗本と合流するよう伝達したが、先手も既に眼前に敵が迫り動けず、「単独で戦う」と回答してきた（『大坂御陣覚書』）。

かくて盛親は旗本のみで戦うことを覚悟し、「当方は小勢での戦いとなる。よって首は取らず討ち捨てにせよ。まずは稼げ」と指令した（「平山家文書」明石清左衛門覚書）。

このように、八尾は当初予定した戦場ではなかった。『元和先鋒録』は「摂戦実録」の記事に依拠して、当初から木村勢が若江、長宗我部勢が八尾へ出撃する作戦だったとするが、誤りである。この点については、当日、盛親の旗本に所属していた明石清左衛門が、自身の軍功覚書で、「盛親は八尾表へ馬上三百騎で出張し、それより若江へ向かう手筈となっていたため、先手二百騎が若江方面に進出し、旗本百騎ほどが八尾の堤上に残っていたところに、藤堂高虎勢がにわかに詰め寄せてきた」と記しており（「平山家文書」明石清左衛門覚書）、当日、重成の手に所属していた杉森市兵衛信成の軍功覚書にも、「長宗我部の手勢が久宝寺から若江へ繰り越す時」とある（「田辺家文書」）。また、当日、盛親の手に所属していた十市縫殿助は、「盛親の先手、中軍ともに木村勢の方へ進んで離れていたため、旗本だけで八尾地蔵堂付近で戦った」と証言している（『高山公実録』）。以上の史料より、当初から長宗我部勢は若江への進出を予定していたと考えられる。長宗我部の先手と中軍が木村勢と若江での合流を果たすべく急速に前進したため、八尾で回頭中の旗本との間に空隙が生じ、そうしたところに図らずも会敵したというのが実態と思われる。

なお、長宗我部勢の進路は不明ながら、木村勢に後続して玉造口を発し、猫間川の橋を越えた後、一本道の進軍による渋滞を避けるため東成郡大今里の東端でいったん木村勢と分かれ、北八尾街道を久宝寺に進み、長瀬川の橋を渡って八尾に入り、萱振を経て若江で合流する予定だったと推定される。

さて、南下から東進に転じた藤堂高刑は、長瀬川の堤上に布陣する長宗我部勢と一丁ほど隔てた八尾の西口の麦畑の畔で手勢を揃え、左手に桑名一孝組、右手に渡辺宗組を配した（『元和先鋒録』）。藤堂勢は五つ時分に攻めかかった（「平山家文書」明石清左衛門覚書）。

交戦に先立って盛親は、「敵はばらばらに進んで来るので、敵合が三、四丈になるまで引き付け、堤の上から逆落としに攻め下ろせ」と厳命した。そこで左右の馬廻は、素早く下馬して、兜を傾けて折敷き、鑓衾《やりぶすま》を作った（『大坂御陣覚書』）。この時、堤上にあった毛利安左衛門の回想によると、盛親が「采配を出すまで心を鎮め、控えていよ」と馬を乗り廻して下知したので、皆いよいよ武者震いして敵を待ち受けたという（『三川随筆』）。

藤堂高刑は敵合七、八間まで乗り出し、そこから下馬して堤に駆け寄った。桑名、渡辺も前後して鑓を入れた（『元和先鋒録』）。その時、盛親の下知により、馬廻が一斉に立ち上がり、堤上から攻め下ろしたので、藤堂勢はたちまち壊乱した（『大坂御陣覚書』）。馬廻組頭上野左近右衛門と小姓組頭上野采女の親子が一番鑓を入れ、左近右衛門は兜付の首を取った（『土佐国蠹簡集木屑』所載「安田徳友書付」）。藤堂勢の部将は多数が死傷し、藤堂高刑は中内弥五左衛門に討たれ（『高山公実録』）、桑名一孝は近藤長兵衛に討たれた。渡辺宗は負傷して退却し、旗本先手から左備えの鑓脇を詰めるため駆け付けた藤堂氏勝は、八尾の北口で長宗我部主水らの支隊と衝突して戦死した（『元和先鋒録』、『公室年譜略』）。藤堂勢は頭分九人が討たれ敗走し、さらに追撃を受け、侍六十三騎、雑兵二百余人が戦死、残る兵は小池を越えて八尾の東方に逃げ散った（『大坂御陣覚書』）。上野采女は鑓を合わせ、逃げる藤堂勢を八尾の土橋まで追い詰めた（『土佐国蠹簡集木屑』所載「安田徳友書付」）。明石清左衛門は、味方の長宗我部内膳を斬った敵を突き伏せ、敗走する藤堂勢を一町ほど追いかけ、引き揚げる際には味方の指物六本を回収した（「平山家文書」明石清左衛門覚書）。

盛親は朝の合戦に勝利したので、早速藤堂高刑ら大将分の首三級をはじめ、兜付の首多数を城中に送った。首は実検の後、三の丸西大手に並べられた（『大坂陣山口休庵咄』）。

二度目の合戦では、藤堂勢の母衣《ほろ》武者が八尾地蔵の北方から押し寄せたので、明石清左衛門は一番に進み出て、先駆する母衣武者を突き伏せ、首を取った。そのうちに敵味方双方から大勢が迫り合い激闘となった。ここでも藤堂勢が敗走したので、明石は地蔵堂の東まで追いかけ、本陣に引き揚げた（「平山家文書」明石清左衛門覚書）。なお、『元和先鋒録』によると、藤堂勢の中軍藤堂高吉が、藤堂高刑の後詰として八尾の西口に駆け付け、勝ちに乗って追撃する長宗我部勢に攻めかかった。激闘の末、双方疲弊して長宗我部勢は堤上に、藤堂勢は八尾村中に引き揚げた。この時、藤堂家の赤母衣の士津田数馬が戦死している。明石のいう二度目の合戦とはこの戦闘のことと推定される。

三度目の合戦は、再び藤堂勢が最初の合戦場へ押し寄せたので、長宗我部勢も繰り出して戦闘となった。ほどなく藤堂勢が敗軍したので、明石は八尾の在所のうちまで追いかけ、鑓を付け、首を取って本陣に引き揚げた（「平山家文書」明石清左衛門覚書）。なお、『元和先鋒録』によると、藤堂高清が萱振から駆け付け、渡辺了父子も馳せ集まって防戦した。長宗我部勢も旗本に集結し、堤上に足軽を並べて鉄砲を連射するとともに、近寄る敵には鑓を入れて討ち取った。明石のいう三度目の合戦とはこの戦闘のことと推定される。

その後は、敵との距離が離れたため合戦にならず（「平山家文書」明石清左衛門覚書）、膠着状態となった（『元和先鋒録』）。睨み合いは二時《ふたとき》あまりも続いた（『渡辺水庵覚書』）。この間に盛親は二町ほど後方に退き、朝から戦闘を続けてきた旗本の先手は休息させるため、後方に控えていた者と交替させた。明石も交替となり、一町ほど退いて休息した。

ところが、交替した旗本の先手が敗軍して崩れ立ったので、明石は高田五左衛門とともに敗走兵を押し分けつつ、先備えに駆け付けた。そこで踏み留まっていた侍八人と合流すると、敗走兵もそこかしこに集まって持ち堪えた。しかし、盛親から先手は退却するよう下知があったため、明石と高田が殿《しんがり》を務めながら久宝寺まで四町ほど退却した（「平山家文書」明石清左衛門覚書）。旗本の先手が敗軍した原因は、北方から迂回した梅原武政が堤を乗り越えて川原に進出し、後方から鉄砲を打ちかけたためと思われる。長宗我部勢は困憊《こんぱい》して次第に堤の裏に降り、やがて旗指物をすべて堤の陰に立て置いたまま、順次久宝寺の築地内に後退し、門扉を閉ざした。藤堂勢は久宝寺の北方に火を放ち、門内に攻め入った（『元和先鋒録』）。

これより先、盛親は児小姓衆らとともに久宝寺へ退き（『土佐国蠹簡集木屑』所載「安田徳友書付」）、大坂からの加勢を待っていたが、そのうちに藤堂勢が二方面から攻め寄せたため、大坂への撤退を決心した（「平山家文書」明石清左衛門覚書）。

長宗我部勢の退却は、未の刻に始まった。初めは大崩れにはならず、物頭が交替で後方に下がり、人数をまとめて久宝寺から平野郷方面に退却した（『元和先鋒録』）。平野郷からは盛親自身が殿《しんがり》となり、明石ら侍五人がこれに供して退却した（「平山家文書」明石清左衛門覚書）。

やがて長宗我部勢は、平野郷から天王寺方面河堀口、舎利寺岡山道にかけて次第に散り散りになり、そこを追撃され、ついに潰走《かいそう》した。晩になり、斎藤出雲、南部太郎左衛門が殿《しんがり》となり、上野左近右衛門、同采女、戸波雅楽、三宮十助らはさらにその後《あと》から退いた(『土佐国蠹簡集木屑』所載「安田徳友書付」)。

長宗我部勢を追撃した渡辺了は、平野郷の北二十町ほどまで進んで三百余級を斬獲し、さらに平野に戻り、道明寺方面からの敗走兵を五、六町南に追い払った。渡辺は平野を拠点として、道明寺方面から退却する大坂方を攻撃することを主張したが、高虎はこれを容れず、再三にわたり八尾への撤収を命じた。やむなく渡辺は、平野に火を放ち、七つ時分に撤収した(『渡辺水庵覚書』)。

藤堂家では、朝からの合戦で斬獲した兜首三百十級を含む五百八十一級を、河内郡豊浦村に進出していた家康に披露した。平野追い討ちで斬獲した兜首百三十級を含む二百七級は、夕方になったため、一部を高虎の本陣である常光寺の客殿の縁側に並べ置き、翌七日の黎明に、玉串川付近で将軍秀忠に披露した(『元和先鋒録』、『公室年譜略』)。

盛親は六日の晩に、馬上六、七騎で玉造口の門より帰城した。その際、口ぐちに合戦の様子を問われたが、「このていになった」とだけ答え(『大坂陣山口休庵咄』)、そのまま屋敷に入った(『土佐国蠹簡集木屑』所載「安田徳友書付」)。

夜のうちに合戦の吟味が行われ、諸人の中から明石、高田の二人が選抜され、武頭《ぶがしら》に任ぜられた(「平山家文書」明石清左衛門覚書)。また、旗本の一番鑓は、上野采女と認定された(『土佐国蠹簡集木屑』所載「安田徳友書付」)。

五月七日朝、大勢の侍が広間に居並ぶ中、前日に軍功があった明石、高田ら四、五人に盃が与えられた。それより京口に布陣したが、天王寺表から大坂方は総敗北となった(「平山家文書」明石清左衛門覚書)。

夜に入り、盛親は京都方面に落ち延びた。家老の中内惣右衛門三安、国吉五左衛門、千屋源兵衛、能瀬物兵衛(『南路志』所載「能瀬物兵衛大坂陣中覚」)、上野采女(『土佐国蠹簡集木屑』所載「安田徳友書付」)、土方六左衛門(『常山紀談』)、羽山左八郎(『土佐物語』)、戸波又兵衛貞之らが供奉し、夜半過ぎに男山八幡に至った(「大坂夏陣戦功箚子」)。その後は中内、羽山のみが従った(『土佐物語』)。

五月十日、蜂須賀家政の家臣益田九郎次郎由忠(後に長坂三郎左衛門)は使者として大坂へ派遣され、帰洛する途中、八幡近隣の橋本で葭原に潜む盛親主従を発見し、捕縛した(『阿淡年表秘録』、「山本日記」)。翌十一日、盛親の身柄は伏見に連行され、家政から本多正信に引き渡された(『寛政重修諸家譜』)。その後、二条城の牢舎に移され、西門前堀際の柵に縛り付け、衆目に晒された。

五月十五日、一条より大路を引き回され、六条河原で斬首。三条河原に梟首《きょうしゅ》された(『駿府記』)。享年四十一歳(『土佐物語』)。

毛利《もり》豊前守《ぶぜんのかみ》吉政《よしまさ》

〔生没年〕 一五七八～一六一五
〔本国〕 尾張（『南路志』）
〔親〕 毛利壱岐守吉成
〔兄弟〕 弟　毛利権兵衛吉近（注）（「毛利系伝」）
〔妻〕 龍造寺民部大輔政家の長女（「藤龍家譜」）
〔子〕 毛利式部、毛利太郎兵衛、娘（「毛利豊前守殿一巻」）。
〔官位〕 天正二十年八月二十二日、叙任従五位下豊前守（『豊臣秀次の研究』引用「京都大学所蔵光豊公記」）。
〔諱〕 吉政（『相良家文書』）。「毛利豊前守殿一巻」に吉永。『難波戦記』、『武家事紀』などに勝永。「毛利系伝」に、秀吉から偏諱を拝領し、勝永から吉政に改めたとあるが、本人署名が確認されるのは吉政のみ。
〔墓所〕 京都の万年山相国寺（『京都墓所一覧』）

大坂入城以前の来歴

天正五年に毛利吉成（後に豊前国企救郡、田川郡の領主）の嫡男として誕生（「毛利豊前守殿一巻」、「毛利系伝」）。大野治長とは従兄弟（『南路志』）。

天正十六年七月二十日、吉成が大坂伺候中の毛利輝元を招待して観能でもてなした際、吉成の子が八幡五郎左衛門とともに太鼓を打った。これは少年期の吉政と思われる（『輝元公上洛日記』）。

文禄四年一月、秀吉の使者として朝鮮在陣諸将を慰労するため、渡海した（『吉川家文書』、『島津家文書』、『浅野家文書』）。

慶長二、三年の朝鮮戦役では、父の吉成とともに出陣。慶長五年、鍋島勝茂とともに伏見城、安濃津城攻撃に加わった（『旧記雑録後編』、『毛利家文書』、『浅野家文書』、『朝鮮記』、『勝茂公御年譜』）。

戦後、父の吉成は加藤清正に暫時預けられ、慶長六年九月二十三日、土佐の山内一豊に預け替えとなり、高知城西の丸に居住した。吉政は土佐郡久万村に配所として屋敷を与えられた（『山内家史料』所載「御手許文書」、「毛利豊前守殿一巻」）。

慶長十八年三月、「毛利豊前守吉政」の名前で、久万村の天神宮に社殿、舞殿、横殿を寄進した（『土佐国蠹簡集木屑』）。

慶長十九年二月、「豊臣朝臣毛利豊前守吉政」の名前で、久万村の天神宮と安楽寺に鏡を奉納した（『皆山集』）。

十月、秀頼の招聘に応じ、夜陰に紛れて配所を脱出。嫡男の式部を伴って浦戸を出帆し、大坂に入城した（「毛利豊前守殿一巻」）。

大坂の陣での事跡

大坂籠城中は、兵四千五百人ほどを指揮した（『大坂陣山口休庵咄』）。あるいは当初は寡兵《かへい》で、配下は三百人ほどともいう（『武徳編年集成』）。

馬印は鳥毛輪抜(「大坂夏の陣図屏風」、『難波戦記』)、または赤の角取紙(『大坂陣山口休庵咄』)。旗は白地に黒の輪貫紋(「毛利豊前守殿一巻」)、または白黒段々(「大坂夏の陣図屏風」)、または直違《すじかい》(『難波戦記』)。番指物は金の輪貫(「毛利豊前守殿一巻」)、または金の半月(「大坂夏の陣図屏風」、『難波戦記』)、または黒の半月(『大坂御陣覚書』)。

兜は前立に銀の輪貫を付けた頭形や、黒い獬《かいち》の角をあしらった頭形を着用。羽織は白綸子《りんず》に黒い輪貫紋や、黒猩々に赤い輪貫紋を着用。落城の時は秀頼から拝領の錦の羽織を着用していた(「毛利豊前守殿一巻」)。

城中での屋敷は玉造口にあった(『大坂両度御出馬雑録』)。当初、瓦町筋の砦を守備した(『武徳編年集成』)。十一月末、後藤又兵衛とともに船場を焼き払い、城内に撤収した(『寛政重修諸家譜』)。

慶長二十年五月五日、真田信繁とともに平野郷の後藤又兵衛の陣所を訪れ、未明までに大和口へ進出し、安宿郡国分の隘路《あいろ》で家康の旗本を襲撃する作戦を申し合わせた。後藤は夜に平野から大和口へと先発した。毛利勢も約束の通り、夜のうちに天王寺から出陣した(『大坂御陣覚書』)。

なお、大野治長の手で鉄砲を預かった国島道喜の証言によると、大野勢は暁七つ時分に国分方面へ出陣の手筈だったが、支障ありとのことで六つ時分まで延引し、また五つ時分に変更となり、ようやく出陣したという。また、平野付近まで至ると、治長は「毛利と相談する事があって、もう一度、秀頼公に言上に行く」と言い残して、手廻り五、六騎で大坂城へ引き返したという(『武功雑記』)。

翌六日、毛利勢が藤井寺に到着すると、既に後藤は戦死して、道明寺口からの敗走兵が後を絶たない状況だった(『大坂御陣覚書』)。毛利勢の藤井寺到着時間は不明であるが、天王寺出陣が五つ時とすれば、藤井寺着陣は朝四つ頃と推定される。

吉政は手筈の相違を悟り、真田の到着を待って一戦し、討ち死にを遂げる覚悟を決めた。次第に敵の大軍が接近したので、鉄砲足軽を出してあしらいつつ、時間を稼いだ。

巳の刻下りに真田の率いる軍勢七、八千人が羽曳野の北方に現われ、誉田に進んで伊達政宗らと数度交戦し、丹南郡野中村の小山に布陣した。毛利勢は大野治長組とともに引き続き藤井寺の前方に布陣し、半里隔てた道明寺方面から進出した敵と睨み合い、時折突出する一部の敵兵には銃撃を加えた。

やがて、秀頼や大野治長から退却命令がもたらされたため、申の下刻に大坂方諸将は順次退却を開始した。毛利勢も近隣に放火し、煙に紛れて退却した。その日は天王寺付近に宿陣した(『大坂御陣覚書』)。

迎えた七日の天候は、初め霧が深く(『譜牒余録』)、その後晴れた(「伊達政宗記録事蹟考記」所載「右筆真山助六日記」)。昼以降、折々、大坂方には向かい風が吹いた(「越前家大坂御陣覚書」)。

秀頼から付属された鉄砲大将の雨森三右衛門貞任と松岡彦兵衛国宗が、未明のうちに前線の偵察に出かけ、霧の中を大挙して接近する敵を視認した。両人の復命を受け、真田らとともに早速足軽を張り出し、陣立てに取りかかった（『大坂御陣覚書』）。

大坂方は天王寺の南方、東西に渡る幅五十間の堀切（河内川跡か）を前に当てて、備えを立てた。毛利の本陣は天王寺の南大門の前、本堂の西南。毛利の右備え石川康勝の陣は天王寺の南、庚申堂の後方。同右備え篠原又右衛門の陣は石川の右隣で阿倍野街道との間。毛利の左備え浅井井頼の陣は天王寺の南東。同左備え結城権之助の陣は天王寺から二町ほど南で浅井の左隣。同左備え竹田永翁の陣は結城の左隣で平野街道との間（「鵜川佐大夫大坂役天王寺陣場図」、「福富文書」）。なお、大野治長組が天王寺の北東、毘沙門池の南に備えを立てた。

毛利勢四千余人は、密集して繰り出し、杉形の陣形をとって折敷き、寄せ手と四十間ほどを隔てて対峙した（『大坂御陣覚書』）。

寄せ手の先鋒本多忠朝は、組下の真田信吉、松下重綱、浅野長重、秋田実季らとともに天王寺表へ進出し、諸将に馬はすべて後方に下げるよう諸将に指示した（『譜牒余録』）。続いて小頭十人ほどに足軽十人ずつを付けて前に進め、銃撃を開始させた（『南紀徳川史』落合卜庵物語）。これに対して、毛利勢も鉄砲で応戦を始め、即座に足軽七十人ほどを打ち倒した。午の刻には鬨《とき》の声をあげ、二筋に分かれて本多勢の左右から攻めかかり、忠朝と侍十四人ほどを討ち取った（『大坂御陣覚書』）。

真田信吉は本多組の右翼として布陣した。一同下馬して折敷いていたが、毛利の先手から激しく銃撃され、大いに動揺した（「先公実録」、『真田氏大坂陣略記』）。毛利の中備えから宮田甚之丞安則が真っ先に駆け出し、真田内膳（不詳）を鑓で討ち取った。右備えから永井九兵衛利重が駆け出し、原郷左衛門と鑓を合わせて討ち取った。左備えからは水野猪右衛門が駆け出し、功名を遂げた（「佐佐木信綱所蔵文書」卯年大坂落城之刻森豊前守与長井九兵衛と申仁働之事）。毛利勢の猛攻により、特に真田の中備えでは大将袮津幸豊以下三十六騎が戦死、三十五騎が負傷した（『真田氏大坂陣略記』）。

かくて、本多組は東方から破られ、左翼の秋田勢の右備えに崩れかかった（『大坂御陣覚書』）。

松下重綱は三十余騎で、卯の刻より茶臼山の右方に進み、本多組の中でも十間ほど張り出して布陣した。大坂方より激しく銃撃され、何とか踏み留まって崩れなかったものの、侍七人が戦死、五人が負傷した（「松下文書」、「慶長見聞書」）。

浅野長重は忠朝の下知で下馬はしたが、馬を後方に遣らず、傍らに置いて備えを立てた。霧が晴れると、兵を進めて交戦した。松下らとともに忠朝の救援を試みたが、毛利式部の横撃に妨げられた。毛利勢の猛攻により、浅野家の侍三十余人、雑兵百余人が戦死した(『譜牒余録』、『武徳大成記』)。

秋田実季は本多組の最左翼に布陣した。忠朝に続き三町四、五反ほども進んで毛利勢と交戦した(「秋田家史料」元和元年十月二十三日付秋田実季書上五月七日於天王寺表御合戦刻私仕合之事)。毛利の鉄砲頭岩村清右衛門と佐治内膳が、堀切を隔てて鉄砲を二度放つと、堀切に走り降りて鑓を入れた。これに旗本が続き、堀切の上の秋田勢を斥けたという(「武将感状記」)。毛利の右備えから加須屋権兵衛、神沢理右衛門八勝が駆け出し、永井九兵衛とともに秋田勢に鑓を入れた。加須屋は同所で戦死。神沢は重傷を被り後方へ退いた(「佐佐木信綱所蔵文書」卯年大坂落城之刻森豊前守与長井九兵衛と申仁働之事)。毛利勢との交戦により、秋田家の侍五人が戦死、十六人が負傷した(「秋田家史料」大坂ニて討死仕候者)。

なお、秋田勢の後方には松平忠直の右先頭本多成重の備えがあり(「秋田家史料」元和元年十月二十三日付秋田実季書上五月七日於天王寺表御合戦刻私仕合之事)、その左隣に松平忠昌の備えがあった。これらも毛利の先手から激しい銃撃を浴びたが、鉄砲四、五百挺で応戦して、鑓を入れた(「越前家大坂御陣覚書」)。

本多組の目付須賀勝政の備えは突き崩され、左側の松平忠直の右先頭に崩れかかった(『大坂御陣覚書』)。戦後、須賀は本多組が敗軍した咎《とが》により改易された(『元和年録』)。

榊原康勝は組下の保科正光、丹羽長重、小笠原秀政らとともに本多組に続いた。左は松平忠直の備えに並び、右は井伊直孝の備えに並んで布陣した。八つ時分より開戦。足軽百余人を先頭に鉄砲を打ちつつ前進した。そこへ七組に反撃された藤堂、井伊の先手が敗走し、榊原の備えの前方に崩れかかった。榊原家では侍十四人が戦死、二十人が負傷した(「榊原子爵家所蔵大坂陣記事」)。

保科正光は丹羽長重らとともに榊原組の右翼に布陣した。嗣子の保科正貞が、小笠原秀政とともに雑兵三、四十人ほどを率いて、天王寺を左にして八町ほど北に進み、敵百余騎と交戦して鑓傷三か所、鉄砲傷一か所を負い、過半の郎党が戦死した(『寛永諸家系図伝』、『譜牒余録』、『寛政重修諸家譜』)。

小笠原秀政は竹田永翁を天王寺の東門方向に走らせ、これを追撃してさらに毛利本陣の後背を衝こうとした。大野治長組が防戦に努め、吉政も毛利勝家や結城権佐を派遣して大野組を督励しつつ、小笠原勢の左備えを側面から攻撃させた。秀政は自ら敵五人を突き伏せたが、重傷数か所を蒙ったため、家人の肩にかかって陣所へ退却し、同日暮れに落命した。嗣子の小笠原忠脩は奮戦して重傷を負った末、大勢の敵中で鑓玉に上げられ戦死した。遺骸は家人が収容して陣所に退却した。小笠原忠政は馬から突き落とされ、さらに深い溝の中にうつ伏せに突き倒され重傷を蒙った。絶体絶命のところを家人に救出され、陣所に退却した(『寛永

諸家系図伝』、『笠系大成』、『御当家末書』)。

榊原組の目付藤田信吉は、榊原組が多数戦死するなど不手際が重なり、戦後改易された(『元和年録』)。

酒井家次組では組下の内藤忠興や水谷勝隆らが毛利勢と交戦した(『譜牒余録』、『寛政重修諸家譜』)。

毛利勢はなおも猛追して家康の本陣を脅かし、本陣警固の本多正純が防戦に努めた(『寛政重修諸家譜』)。

この前後に、長井伝兵衛定治と水野猪右衛門を住吉方面にまで派遣し、家康の白旗を探させたが、旗は既に巻かれ、見つけ出すことはできなかった(「池田正印覚書」)。

やがて茶臼山方面の真田勢が潰え、藤堂高虎、井伊直孝、細川忠興がこぞって毛利勢に攻めかかった(『寛政重修諸家譜』)。ここでようやく毛利勢も戦い疲れ、進撃が止まった。大坂方は退却する道筋に火薬箱を並べ、火縄を挟んで爆裂させ、それを合図に再度攻撃に転じたので、寄せ手は崩れた。その後、野中の観音付近より小橋口を北へと退却した。さらにその途中、前年松平忠直が築いた築山の前で七、八十騎が反撃し、鉄砲十四、五挺を発射して、追尾する井伊、細川らの軍勢を破った(『元和先鋒録』)。

吉政は宮田甚之丞、長井九兵衛、大桑平右衛門勝忠ら十騎ほどに警衛され、城中へ引き揚げた(「佐佐木信綱所蔵文書」七月六日付毛利善四郎祐時書状)。

この日、毛利勢が斬獲した首のうち十七級が実検に供えられ、以下の者の軍功が認定された。

首一　秀頼の横目衆大桑平右衛門……証拠人　宮田甚之丞
首一　宮田甚之丞……証拠人　高橋八兵衛
首一　鉄砲十挺頭長井伝兵衛……証拠人　宮田甚之丞、平島勘兵衛、関右衛門
首一　鉄砲十挺頭平嶋勘兵衛……証拠人　宮田甚之丞、河本民部、長井伝兵衛
首一　鉄砲十挺頭則庄兵衛……証拠人　大桑平右衛門、小原処左衛門、宮田甚之丞
首一　鉄砲十挺頭万田兵右衛門……証拠人　大桑平右衛門、宮田甚之丞
首一　鉄砲十挺頭中川右兵衛……証拠人　伏屋半兵衛、永野吉介、宮田甚之丞
首一　鉄砲十挺頭中村左膳……証拠人　長井伝兵衛
首一　鉄砲十挺頭岡九左衛門……証拠人　長井伝兵衛
首一　鉄砲十挺頭喜佐市内蔵丞……証拠人二人
首一　母衣使番高木左近……証拠人　佐野道可、小原所左衛門
首一　河本民部……証拠人　大桑平右衛門、宮田甚之丞、平嶋勘兵衛
首一　森田喜平次……証拠人　宮田甚之丞、金右衛門、権右衛門
首一　同……証拠人　宮田甚之丞、松原角左衛門
首一　同……証拠人　松原角左衛門、中村惣右衛門、宮田

新三郎
首一　同……証拠人 大桑平左衛門、水野捨右衛門
首一　鑓小姓一人……証拠人 宮田甚之丞、水野吉介（『朝野旧聞裒藁』所載「毛利紀事載 くひ帳」）

五月八日に秀頼の最期に供をして自害（『駿府記』）。享年三十八歳（「毛利豊前守殿一巻」）。

ちなみに、吉政の旧邸が京都五条松原通にあったが、大坂の陣の後に、将軍秀忠より織田有楽の家臣村田吉蔵に下賜された（『柳本織田家記録』）。

毛利組の生存者は、元和元年に兵庫花隈で寄り合い、五月七日の軍功について吟味した（「佐佐木信綱氏所蔵文書」七月五日付高木左近進家則書状）。また、寛永十二年にも吉政の家老だった宮田甚之丞方に参集して、互いの軍功について証拠を確認した（「福富文書」寅五月十七日付福富茂左衛門書状）。

妻は龍造寺政家の長女御安（「藤龍家譜」）。安姫君と称された（「鍋島始龍造寺略御系図」）。婚姻は秀吉の指図によるものという（『葉隠聞書』）。慶長六年から鍋島家にいたが、慶長九年、土佐に引き取られ（『南路志』）、土佐の御前と称された（『焼残反故』、『葉隠聞書』）。慶長十五年五月二十五日に久万村で病死（『南路志』）。桃源院彭祝寿仙大禅定尼と諡し、肥前国佐賀郡厘外村の天性山長勝寺で弔われた（「龍造寺御先祖様」）。

〔注〕弟の毛利権兵衛吉近は、慶長六年冬以降、山内忠義に召し出され、山内の称号を賜与された。知行二千石、家老職に就いた。慶長十五年、名古屋城普請助役。慶長十七年（『南路志』）、または十八年に土佐を退去。百姓に対する不埒《ふらち》が原因だった（『山内家史料』所載「御記録」）。紀伊の浅野長晟に仕えた（『南路志』）。慶長十九年、大坂の陣に浅野家の小姓組左備えの一員として従軍した。慶長二十年七月頃、浅野家より本多正純を通じて吉近の処分について伺いを立てたところ、吉近は大坂冬の陣・夏の陣で浅野家に従って軍務に精勤したことから、浅野家で引き続き召し抱えることを許可する旨の示達が八月三日までにあった（「自得公済美録」）。後に永野氏に改めた（『南路志』）。妻は山内忠義の家臣深尾湯右衛門重良の三女（『山内家史料』所載「国宰伝」）。子の内蔵允の代で、嗣子がなく断絶（『南路志』）。

大坂の陣 豊臣方人物

あ

安威久大夫秀俊《あい きゅうだゆう ひでとし》

摂津国島下郡安威村の出自。安威伝右衛門の子。

父の伝右衛門は、秀吉の家臣（「鳥取藩政資料 藩士家譜」諏訪槌之助秀文家）。河内国交野郡茄子作村内で知行二百二十三石（「天正十二年十一月九日河内国御給人之内より出来目録御蔵入ともに野帳之うつし」）。文禄元年、肥前名護屋城に在番し、本丸広間番衆馬廻組の六番速水守之組に所属（『太閤記』）。文禄三年十二月二日付で、秀吉から朱印状を以て、茄子作村内二百四十石を検地により安堵された（「鳥取藩政資料 藩士家譜」諏訪槌之助秀文家）。次いで秀頼に仕え、大坂七組の速水守之組に所属、知行二百四十石（『難波戦記』）。源秀と号した。妻は能勢左近頼幸の長女で（『寛政重修諸家譜』）、嗣子の安威久大夫を産んだ。

安威久大夫は、秀吉に仕え、朝鮮に出陣。

家督を継ぎ、慶長十七年九月二十八日付で、秀頼から黒印状を以て茄子作村内に知行二百四十石を安堵された。落城後、母方の叔父の能勢頼次を通じて、池田忠雄に知行四百石で仕え、馬廻を務めた。後に諏訪氏に改め、吉左衛門を称した。初め備前と備中国内の処々で合計四百石を与えられた。

元和八年五月二十八日、備前国御野郡新保村、赤坂郡西窪田村、同郡河本村に知行所替となった。

慶安三年十二月二日付で、池田光仲より伯耆国河村郡白石村、同郡上浅津村内、因幡国高草郡岩本村内で、合計四百石の判物を与えられた（「鳥取藩政資料 藩士家譜」諏訪槌之助秀文家）。

平素、狩猟を好んだ。池田家の国替直後に因幡国気多郡鹿野付近の山へ狩猟に出かけた際、岩穴で猿のような女を捕えた。縛って村里に引き出したが、女はただケラケラ笑うばかりだった。村の古老が、「百年ほど前にこの付近の村で産まれた女が、にわかに狂気となり山中に駆け込んだことがあった。多分その女ではないか」と言うので、縄を解くとすさまじい速さで山中に逃げた。その後、二度とこの女を見る者はなかったという（『雪窓夜話抄』）。

隠居して剃髪、龍覚と号した。万治三年に病死。

子の諏訪吉左衛門は、家督を継ぎ、子孫は鳥取池田家の家臣として続いた（「鳥取藩政資料 藩士家譜」諏訪槌之助秀文家）。

子の能勢麻右衛門頼勝は、池田家を辞して浅野家に知行三百石で仕え、子孫は安芸浅野家の家臣として続いた（『芸藩輯要』）。

安威摂津守《あい つのかみ》

摂津国島下郡の安威城主安威摂津守某の次男。安威三河守勝宗（注）の弟。諱は勝盛とされる（「中川家寄託 諸士系譜」）。安威勝盛は、『小早川家文書』に見える「安威五左衛門尉了佐」や、『吉川家文書』に見える「安威摂津守了佐」を指すものと思われる。なお、了佐はキリスト教徒で霊名はシモン（『日本史』）。

天正十二年頃、秀吉に仕え、本領の安威村内で堪忍分の所領を与えられ、旗本に列せられた（「中川家寄託 諸士系譜」）。御物書衆の一人（『大かうさまくんきのうち』）。

慶長十三年二月十一日、神龍院梵舜が大坂城に伺候した際、郡宗保とともに取次を務めた（『舜旧記』）。

慶長十六年当時、知行千石（『慶長十六年

禁裏御普請帳』)。

　慶長十七年七月五日、吉田兼従と神龍院梵舜が大坂城に伺候した際、申次を務めた。十月二十二日、神龍院梵舜が大坂城に伺候して秀頼に拝謁した際、取次を務めた(『舜旧記』)。

　十二月より大坂諸大夫の一員として禁裏普請助役(『慶長十六年禁裏御普請帳』)。

　慶長十九年一月二十三日、西洞院時慶らが大坂城に伺候して秀頼に拝謁した際、石川貞政とともに取次を務めた(『時慶卿記』)。大坂に籠城し、人数を預かり、度々敢闘した(「中川家寄託 諸士系譜」)。

　年不詳五月五日付で、河内長野の檜尾山観心寺の年預に宛てて、「端午の御祝儀として両種二荷を進上されたので、(秀頼の)御前に披露しました。その際に、旧冬に御制札を頂戴した件についても詳しく言上したので、ご安心ください。御先手衆へ少々なりとも使僧を遣わし、御礼申し上げるとよいでしょう。今般、近在や山中へ放火することはないのでご安心ください。関東方の乱暴がないよう、お取り計らいが肝要です」といった趣旨の書状を送っている(『観心寺文書』)。右の書状は、内容から慶長二十年に比定できよう。

　慶長二十年五月七日、黒門口で戦死(「中川家寄託 諸士系譜」)。

　なお「玄朔道三配剤録」によると、慶長六年八月十二日、七十歳の了佐は、平生の飲酒過多により眩暈《めまい》を起こし、曲直瀬玄朔に受診している。右より算定すれば、天文二年の誕生で、慶長二十年には八十三歳の高齢だったことになる。
〔注〕安威三河守勝宗は、天文三年、家督を継いで安威城主となった。元亀二年、中川清秀の幕下に帰属。天正十二年、高野山に遁世して宗貞と号し、同所で病死。妻は下間玄蕃の娘。子孫は豊後中川家の家臣として続いた(「中川家寄託 諸士系譜」)。

安威八左衛門　あい はちざえもん

　安威摂津守の子〔注〕。幼年より秀吉に小姓として出仕。知行五百石。

　ある時、秀吉に従って屋敷内を見回っていると、茶道坊主が茶臼にもたれ、涎《よだれ》を垂らしながら眠っていた。秀吉は自分が喫する茶を粗末にされたことに立腹し、八左衛門に正宗の刀を授けて成敗させた。八左衛門が斬り付けると、坊主も石臼も真っ二つになった。正宗の刀は、「玄翁正宗と称するように」との言葉を添えて、そのまま八左衛門に与えられた(「中川家寄託 諸士系譜」)。

　次いで秀頼に仕え、大坂七組の中島式部少輔組に所属、知行千百石(『難波戦記』)。あるいは人数を預かり、知行二千石余(「中川家寄託 諸士系譜」)。

　慶長十六年三月、秀頼の上洛に供奉(「秀頼御上洛之次第」)。

　慶長十九年、大坂城に籠り、城北警固の寄合衆の一人(「諸方雑砕集」)。黄撓指物《きじないさしもの》使番を務めた。年の頃は四十歳余(『土屋知貞私記』)。

　落城後、岳父の中川新兵衛(中川清秀の末弟)を頼って、豊後国直入郡に落ち延び、郷中に隠れ忍んだ。その後、岡城下谷に新宅を与えられ、合力六十石を給せられた。蟄居の後、剃髪して友見と号した。老年に及び、秀吉から拝領した玄翁正宗の刀を、中川久盛に献上した。

　正保五年一月十四日に死去。法名は心了院友見。

　妻は中川新兵衛の次女。池田輝政の家臣松本庄左衛門とは相婿。

　娘は中川勘解由景吉の妻(「中川家寄託

諸士系譜」)。

〔注〕安威摂津守の子に、安威孫作がいる。八左衛門と同一人物か確証はないが、以下に事跡を掲げる。天正十八年一月十七日、興福寺の釈迦院寛尊らは年賀のため大坂に伺候し、秀吉以下関係者に礼物を贈った。このうち取次の安威摂津守は留守だったため、孫作に銭五十疋が贈られた。一月二十二日、寛尊が年賀のため大坂城に登城した際は、孫作が取次を務めた(『蓮成院記録』)。文禄元年三月二十日、肥前名護屋城の御詰衆が定められ、孫作は杉原伯耆守、早川源三、石川仙、長東藤三、別所孫三郎、木下半介、徳法軒道茂、白井善五郎とともに一番手に属した(「高橋義彦氏所蔵文書」)。慶長元年四月二十七日、秀吉が伏見の長宗我部元親邸に来臨した際、相伴衆伊達政宗の配膳を務めた(『南路志』)。

青木市左衛門《あおき いちざえもん》

伊勢国員弁郡北山田の笹尾城主青木駿河守安豊の長男。

天正年中、信長の侵攻により笹尾城が陥落し、父が戦死したため、弟二人とともに、母の岩田氏の出身である桑名郡安永村に浪居した。

大坂の陣で籠城し、大坂七組の堀田図書頭組に所属。

落城後、北山田村に落ち延びて郷士となった。

寛永十二年、桑名の松平定綱に仕えた(「桑名志」)。

青木喜右衛門盛俊《あおき きえもん もりとし》

近江国蒲生郡桐原庄古川村の住人青木与兵衛尉義員の次男。青木与左衛門盛次の弟。母は、成田下総守氏康の娘の定。

父の義員は、初め京極高次に知行千五百石で仕え、慶長五年の戦役では、中村一栄に陣借して出役した。慶長二十年五月六日、七日、成田氏宗兄弟の後見となり、長男の盛次を伴い寄せ手として大坂に出陣し、自身も首五級を討ち取った。帰陣の後、古川村に隠居した(「青木氏系図」)。寛永九年、江戸で山内忠義に知行三百石で召し出され、馬廻を務めた(「御侍中先祖書系図牒」)。慶安元年三月二十九日に高知で死去。享年八十二歳。法名は光寿院殿松吟徳玄居士。

青木盛俊は、慶長四年に誕生。初め次郎、弁之助を称した。秀頼に出仕し、小姓を務めた。知行三千石という。落城の兵火に紛れて京都に逃れ、北野弁財天の別当光善院に潜んだ(「青木氏系図」)。

慶安四年、山内忠義に仕え、父の跡目三百石のうち二百五十石を継いだ(「御侍中先祖書系図牒」)。

万治元年五月九日に高知で病死。享年五十九歳。法名は浄見院殿清覚宗運居士。

妻は志村五郎助氏秀の娘。

八男四女があり、次男の青木与兵衛尉秀盛が家督を継ぎ、山内忠豊に仕えたが、寛文十一年七月十四日午刻に死去。享年三十二歳(「青木氏系図」)。子孫は山内家の家臣として続いた。家紋は州浜、揚羽蝶、鹿角(「御侍中先祖書系図牒」)。

青木七左衛門《あおき しちざえもん》

木村重成組に所属。

慶長十九年十一月二十六日、今福口に出役(「高松内匠武功」)。「林甚右衛門正治書上」(「大坂夏役戦功箚子」)に、青木七左衛門は渡辺内蔵助組に所属し、鴫野口合戦に出役したとある。

慶長二十年五月六日、若江表合戦に出役。平塚五郎兵衛の指揮下の右先頭に属し、若江郡西郡村で藤堂高虎の右先頭に攻めかかり、一番首を獲った。その後、木村の旗本が崩れたために退却することとなったが、留まって木村の家臣長屋平大夫と井伊直孝の赤備えに紛れ込んだ。しかし、青木は黒切裂指物だったため、鈴木治部左衛門、磯嶋与五右衛門に捕えられ、白母衣の長屋もまた捕縛された。

同日、井伊家で討ち取った首と生捕二人は家康本陣に送致、披露された。引き出された青木は今日の合戦で一番首、長屋は今福口合戦で一番鑓と申し立て、その様子はあっぱれ剛の者と見え、殊に青木は三河者だったので、両人は助命され、松平正綱へ預けられた。両人には無役で五百石ずつが与えられた。

青木は美濃に閑居して病死（「井伊年譜」、『大坂御陣覚書』、『武家事紀』、『武功雑記』、「井伊家慶長記」）。

青木四郎左衛門《あおき しろ(う)ざえもん》久矩《ひさのり》

青木右衛門佐俊矩の長男。

父の俊矩は、北ノ庄城主青木紀伊守重吉の子（『北野社家日記』）。惣領（「絹川図書戦功記并略系」）。実は青木半右衛門矩貞（紀伊守の弟）の子（「青木家系図」）。重吉の猶子となり、その娘を娶った（「青木氏過去帳」）。文禄元年、肥前名護屋城に在番し、本丸広間の番衆馬廻組の四番佐藤正信組に所属（『太閤記』）。越前国丹生郡平出村の安泰寺屋敷（金剛院）に居住し、二万石を領知した（「青木氏過去帳」）。慶長五年の戦乱で重吉は六千人を率いて北国口の守備に就いた（「慶長見聞書」）。諸侯は伏見に人質を供出することとなり、重吉の妻女（注）は伏見藤森の青木邸に留め置かれた。俊矩は越前に下向し、重吉の次男青木主水は人質として大坂へ出頭した（「絹川図書戦功記并略系」）。七月二十六日、前田利長は金沢を出陣して、八月三日には大聖寺に着陣した。八月四日、大聖寺を発ち、金津上野に進出した（『大聖寺攻城并浅井畷軍記』）。北ノ庄側は舟橋口総門を絹川庄兵衛、同三九郎が警固し、俊矩が侍大将となり多数の侍を指揮し、舟橋から北ノ庄城間に六段の鉄砲備えを配置した。折から重吉は重病だったが、天守へ上って軍勢を観閲した（「絹川図書戦功記并略系」）。八月五日、青木、前田両家の間で、重吉は重体で秀頼に対し逆心はなく、前田勢の通行を妨害する意思もないことが確認された。そこで同日、利長は大聖寺に引き揚げ、八月十日、金沢に帰陣した。九月十一日、利長は再び出陣して小松に進み、九月十八日には丹羽長重と和睦し、無抵抗の北ノ庄城下を通って上京した（『加賀藩史料』）。前田勢による北ノ庄侵攻の二、三日前に重吉は病死（注）。城中では遺骸を塩漬にして死亡を秘匿し、籠城の防備を固めていた。しかし、俊矩は持ち口を放棄して髻を切り、宗察と号した（「絹川図書戦功記并略系」）。戦後、利長は俊矩を伏見に伴って家康に取り成したが、宥免されず改易された。前田家に寄食し、年を経て死去（『温故集録』、「青木家系図」）。

青木久矩は、父の改易後、前田家に寄食した（「青木系図」）。京都で喧嘩の相手を殺害して退去。甥の木村重成方に蟄居した（「諸士先祖之記」）。

慶長十九年、大坂城に籠り、重成の配下に属した（「青木系図」）。重成の家来であり、重成に付属された組子ではない。重成の家来長屋平大夫と相役で鑓奉行を務めた（「高松内匠武功」）。

十一月二十六日、今福口合戦で蒲生村際の柵で明石兵庫、牟礼彦三郎とともに佐竹義宣勢と鑓を合わせた（「鳴野蒲生表合戦覚書」、「草加文書」）。

　十二月十四日、重成は組子の草加次郎左衛門と若松市郎兵衛を脇座敷に呼び出し、青木を通じて両人の軍功申述が吟味の結果確定したことを申し渡した（「草加文書」）。青木自身の軍功に対して与えられた感状は、子孫の田代家に伝来した（「青木系図」）。

　慶長二十年五月六日、若江表合戦では早川茂大夫とともに味方の裏崩れを危惧して、重成に退却を進言したが容れられず、重成はなおも奮戦して午の下刻に戦死した。青木らも踏み留まって相前後して戦死した（『大坂御陣覚書』、「井伊年譜」）。井伊直孝の家臣庵原主税朝真に討たれたという。法名は宗山道香居士（「青木系図」）。

　嫡子の平右衛門は、結城秀康の家臣市橋平兵衛（番組衆、二百石）の養子となり、松平忠直に従って大坂の陣に出役した。

　三男の青木権左衛門は、落城の際、七歳で越前に落ち延び、長兄平右衛門方に寓居した。後に尾張家の医師田代慶庵の弟子となり、田代万哲と号した。越前に帰り万貞と改めて町医師となった（「諸士先祖之記」）。妻は松平光通の家臣堀十兵衛の次女（「堀家大系図」）。

　久矩の次弟某は、前田利長に仕えた（「青木系図」）。「藤原姓青木氏系并略譜」は、この某を青木隼人とするが実否不明。なお、前田家中の青木助之丞、同治兵衛兄弟は、紀伊守の子孫とされる（『国事昌披問答』）。

　久矩の末弟青木庄左衛門昌矩は、多病のため越前日野山西平吹上村に隠居した。結城秀康より府中新町に於て一区画を拝領し、以後酒造を業として平吹屋と号した。慶長十三年五月六日に死去。法名は江庵宗永居士（「青木系図」、「青木氏過去帳」）。
〔注〕『北野社家日記』によると、慶長三年十二月二十四日に青木重吉の祝言があったが、人質になった妻女と同一人物か不明。慶長十三年六月十七日、重吉の後室は、豊国馬場廻のうち青木屋敷と台所を片桐且元を通じて神龍院梵舜に譲渡した。七月一日、梵舜は大坂城に伺候し、重吉の後室へ馬場通台所の礼物を贈った（『舜旧記』）。堀秀政の娘は重吉に嫁ぎ一女（浅野長晟の家臣若山兵左衛門の妻）を産んだ後、谷衛之に再嫁した。夫の死後は尼となって光徳院と号した。万治三年に死去（「堀家大系図」、『断家譜』）。なお、重吉の娘は慶長八年十一月十一日に死去。法名は南昌院で光岩殿華清法春大姉（「青木系図」）。
〔注〕青木重吉の死去は十月六日（「青木系図」）、または十月十日（「諸寺過去帳」）とされるが、九月十八日以前に死去していた可能性があると思われる。法名は、京都の大雲院塔頭南昌院で「西江院殿前紀州大守傑山英公大居士」（「青木系図」）、京都の妙心寺で「西江院殿前紀州大守傑山栄公大居士」（「諸寺過去帳」）、他に「寛光院殿大了覚円大居士」などと伝わる（「青木氏過去帳」）。

青木駿河守正重《あおき するがのかみ まさしげ》

　小寺宮内右衛門則頼の長男。小寺九郎右衛門、同十右衛門、同半左衛門らの兄。母は青木加賀右衛門重直の娘で、青木民部少輔一重の姉。

　父の則頼は、斎藤義龍の家臣で、斎藤家の没落後、美濃国多芸郡釜笛に閑居していたが、美濃大垣城主一柳直末と紛争が発生し、屋敷を取り囲まれ、絶食して果てた。妻の青木氏は夫の死後、京都七条の町家に居住して光妙と号した。

青木正重は、天正九年に誕生。次左衛門を称した。諱は初め重政、後に正重。叔父の青木一重の養子となった(「青木伝記」)。

慶長十九年十一月二十六日、鴫野口合戦に一重とともに出役。軍功により、秀頼から黄金五十枚(「諸方雑砕集」)、刀二腰と盃を与えられた(「青木伝記」)。『寛政重修諸家譜』には、慶長十九年十一月に従五位下駿河守に叙任とあり、「諸方雑砕集」、「青木伝記」、「青木系譜」は、諸大夫成は鴫野口合戦の軍功による褒賞とするが、陣中の叙任奏請については実否不明。なお、「時慶卿記」によると、慶長十九年七月二十八日に大坂衆十四人が諸大夫成しており、実際はこの時の叙任の可能性もある。

慶長二十年四月、一重が京都で抑留されたため、秀頼は正重に、「民部の事は仕方がない。その方に民部の跡目一万石を継がせ、七組の番頭として組中を預ける。若年ではあるが民部同様に思うので、一段と忠節を励むよう」と申し渡した。

軍法では秀頼の出馬に際し、七組は旗本の先備えとして、伊東、青木、真野が左備え、堀田、野々村が右備えとされ、速水は本丸在番、中島は二の丸在番と定められた。

寄せ手が西上する中、秀頼が出馬しないので、七組は城内で待機を余儀なくされていた。五月五日、正重は相備えの伊東、青木、真野、堀田に、「このように敵が接近し、既に難儀に及んでいる。御出馬がないので我々も城中に留まっているが、このまま漫然と城中で死ぬのも無念。おのおのはいかが存ぜられるか」と相談したところ、四人が同意したので、六日、出陣して天王寺表の平野街道に備えを立てた(「諸方雑砕集」、「青木伝記」)。大野治長組の国島道喜は、平野から天王寺方面に帰る途中、立派な騎兵、雑兵四万ほどを見かけた。これが右の七組の軍勢だった(『武功雑記』)。天王寺表の七組の人数は六万ほどともいう。藤堂高虎勢が久宝寺方面から長宗我部盛親勢を追尾して天王寺方面まで進出し、道明寺方面から退却する大坂方の行路を遮断する形勢だったが、真田信繁や明石掃部は敵を追い散らして退却した。この時、敵が七組の鼻先をかすめたが、七組は動かなかった(「北川次郎兵衛筆」)。

五月七日、七組の左備えとして、真野組とともに天王寺の東北に布陣した(『大坂御陣覚書』)。寄せ手は藤堂高虎が天王寺の東北太子堂の側、細川忠興がその右側の天王寺毘沙門池付近、井伊直孝がその右側にそれぞれ備えを進めた(『元和先鋒録』、『綿考輯録』)。

正重は相備えの伊東組に、「拙者の陣所の前は足場が悪く困っている。貴殿の人数を少し移動していただけないか」と打診したが、断られた。そこで備えを伊東組より三反先に移動させた。すると伊東組は先を越されたと思ったか、敵へ内応するつもりがあったのか、やにわに後方から鉄砲を撃ちかけてきた。正重は配下を制して、「はや、敵は間近に迫っている。これを放って、味方に鉄砲を撃ちかける無法やある。玉一つなりとも敵に撃ちかけよ」と命じた。下知を受け、青木の配下は我先に備えから進み出ると、迫る敵軍に対し、一斉に吶喊《とっかん》して鑓を入れた(「青木伝記」)。この時、青木、真野組の応戦は手強く、藤堂の先手はたちまち敗走して、並びの細川、井伊の備えに崩れかかった(『高山公実録』、『綿考輯録』、「井伊家文書」)。藤堂家では安並三郎左衛門らが戦死(『元和先鋒録』)。井伊家では旗奉行広瀬将房、孕石春時らが戦死(「井伊年譜」)。安藤直次は動揺する藤堂、井伊の先手に下知を加えていたが、子の重能が同所で戦死した(『大坂御陣覚書』)。青木組では稲葉伊織が、広瀬の首を取り、今枝甚左衛門、村瀬角左衛門、三宅助右衛門、樋口加兵衛らも軍功を顕した。田辺勘兵衛、稲葉清六は戦死した(「青木伝記」)。佐久間葵之助は藤堂家の佐伯惟定の家人寺島正兵衛に討たれた(『元和先鋒録』)。

正重は鳥毛羽織を着て、これが最後の決戦と、采《ざい》を振り立て下知を加えていると、白母衣の武者が真一文字に突きかかってきた。十文字鑓を取って坂の上から突き立て応戦すると、母衣武者は半反ほど退いた。それを組中が大勢で追いかけて鑓玉に上げ、折り重なって首を奪い取った。正重は兜の内側に少々手傷を負ったが、息を継いで次の敵を待ち受けた。しかし、組子の太田又七牛次に促されて振り返ると、既に本丸に火がかかり、天守は煙に包まれていたので、総敗軍と覚った(「青木伝記」)。他の備えの動向を見合わせていたが、そのうちに組中も散り散りになったため、残る人数を連れて城へ退いた(「諸方雑砕集」)。

大手土橋の冠木門付近で旗奉行を呼び、旗、銀の富士山の馬印などを処分させた。既に門扉が閉じていたので、他の者と同様に十文字鑓で引っかけて門脇から塀を乗り越えた。ところが鉄門も閉じており、本丸には入れなかった。付近を見回すと、老武者の堀田図書が郎党二人を従え、疲れ果てた様子で木に腰掛けていた。「散々に疲れた。水はないか」と声をかけると、堀田の郎党が水を差し出した。堀田が、「如何思われるか。私も証人として息子を差し出していたのでこれまで戻ったが、どうしたものか」と問うので、「ここに留まって犬死するよりは、先に行かれてはどうか」と答えて別れ、また元の塀を乗り越え、谷町の一重の屋敷に行った。

屋敷には、天王寺から敗走した兵が多数集まっていた。その人数をまとめ、敵の首を太刀の先に突き刺し、寄せ手を装って天満の正重の屋敷に移動した。そこで軍を解散し、自身は侍三人、馬取二人、道具持一人、草履取一人を従えて長柄川(中津川)端へ退いた。そこで馬も具足も捨てて川に飛び込み、押し流されそうになりつつも、先に岸に着いた道具持が差し出した鑓の石突に取り付いて、何とか渡りきった。ここで、従っていた侍と馬取は皆溺死した。

折から、豊島村庄屋の岩田藤右衛門(注)が、正重は長柄方面に退去するものと予想して、百姓五十人ほどを従え、乗物を持参して迎えに来ていた。これと偶然行き合い、いったん豊島まで落ち延びた。

戦後、一重が家康に召し出された関係により赦免された。しかし、一度は敵対した者なので召し出されることはなく、京都で蟄居し、剃髪して小寺宮内右衛門道伯と号した(「青木伝記」)。

大坂の陣で組下だった下村山三郎、今枝甚左衛門、村瀬角左衛門、小室左兵衛、稲葉伊織、樋口次郎右衛門らに書状を与え、大坂における軍功を賞した。これが証拠となり、後に下村は永井直清、今枝は水野勝成、村瀬は松平定勝、小室は青山幸利、稲葉は松平直政にそれぞれ仕官した(「諸方雑砕集」)。

京都から摂津国豊島郡麻田牧の庄に移住(「青木伝記」)。政務にも参与した(「青木宝書」)。

寛文四年八月三日に同所で死去。享年八十四歳(『寛政重修諸家譜』)。法名は本妙院覚夢道伯(「青木系譜」)。京都の本国寺円女坊が正重の甥であり、その所縁により同寺に葬られた(「青木伝記」)。「青木伝記」によると、正重の次弟小寺半左衛門の三男が本国寺塔頭の僧になっており、これが右の円女坊と思われる。


嫡男の青木加賀、または加賀市は、大坂城中で人質として差し出されたが、疱瘡で死去。代質としておくるという女子が差し出された。正重には子女が多く、他に江原市郎右衛門の妻おすて、野田吉兵衛の妻、池田茶屋七兵衛の妻、青木弾右衛門重明などがいた。このうち重明は水野忠職に知行三百石で仕え、子孫は水野家の家臣として続いた(「青木伝記」)。

〔注〕岩田藤右衛門の父は岩田久右衛門(青木一重の家臣)で、母は正重の妹の妙了(「青木伝記」)。

青木清九郎　あおき　せいくろう

青木平太夫直次の長男。

祖父の青木久内直正(号は玄性)は、武田信玄の遺臣で、天正年中、浅野長吉に知行五百石で仕え、慶長十八年十二月二十四日に死去。

父の直次は、直正の長男。天正十一年、家督を継ぎ、浅野長晟の代まで仕えた。

青木清九郎は、秀頼に仕え、慶長二十年五月七日に戦死(「諸系譜」、『旧臣録』、「浅野家諸士伝」)。

青木千松　あおき　せんまつ

青木右衛門佐の子で、青木万助〔注〕の兄。

父の右衛門佐は、越前北ノ庄で青木紀伊守重吉の跡目を継いだが、越前で病死した。

青木千松は、弟の万助とともに、大坂屋敷にいたが、慶長五年の戦役の後、両人は幼少だったため、亡父の領地は没収され、牢人となった。

その後、秀頼から扶持を給せられ、大坂籠城。

落城により京都に退去。京都所司代板倉勝重を通じて家康に赦免を請願したところ、勝重から元和元年九月六日付の印判状を以て、大坂古参奉公人につき京都町中の任意借家を免ぜられた。若年で死去(「鳥取藩政資料　藩士家譜」青木政吉郎佐休家、「徴古雑抄」)。

〔注〕青木万助は、後に小源太、安之丞と改めた。池田光仲に知行四百石で仕えた。子孫は鳥取池田家の家臣として続いた(「鳥取藩政資料　藩士家譜」青木政吉郎佐休家)。

青木民部少輔一重　あおき　みんぶのしょう　かつしげ

青木加賀右衛門重直の長男。阿澄源五重経、青木太郎兵衛直継、青木次郎右衛門可直〔注1〕の兄。

父の重直は、土岐頼芸、斎藤道三、今川氏真、信長、秀吉に歴仕した。文禄三年十月十七日、摂津国豊島郡内(牧の庄か)で知行千四百石を与えられた。文禄四年九月二十一日、兎原郡内(筒井村か)で三百六十石余を加増された。剃髪して刑部卿法印に叙せられた。慶長十八年十一月二十一日に大坂で死去。享年八十六歳。法名は松樹院正岸浄憲大居士(『寛永諸家系図伝』、『寛政重修諸家譜』、「青木忠右衛門一及覚書抜写」)。

青木一重は、天文二十年に美濃で誕生。初め忠助、後に所右衛門を称した(『寛政重修諸家譜』)。小兵《こひょう》で痩身だったという

(『烈公間話』)。

初め、父とともに今川氏真に仕えた。永禄十一年十二月、武田信玄が来攻した時、遠江掛川の日坂で敵を組み討ちにし、褒美として黄金一枚を与えられた(『烈公間話』、「青木伝記」)。

永禄十二年、氏真が家康に追われて没落した時、十文字鑓で膝を負傷し、掛川に蟄居(『寛政重修諸家譜』、「青木宝書」)。

元亀元年、三河で家康に仕えた(『寛政重修諸家譜』)。知行三百石を与えられた(「青木宝書」)。

六月二十八日、姉川合戦で、朝倉義景の家臣真柄十郎左衛門の子十郎を討ち取った(注2)(『寛政重修諸家譜』)。『信長公記』は、真柄十郎左衛門を討ち取ったとする。当時から、討ち取ったのは親か子か曖昧だったようで、一重自身もこの点を明確に語ることがなかった。後に岡田善同宅で、小瀬甫庵の「信長記」について物語があった時、「十郎左衛門を向坂兄弟が討ち、子を青木が討ったとあるが、そうなのか」と問われたが、一重は、「真柄かその子かは存ぜぬ。髭が真っ白な大兵《だいひょう》の者を討ち取った。子ではないだろう。刀は昔の中巻であろうか、五尺はあった」と答えた(『重直一重記』)。また、能瀬頼隆からも同様の質問を受けたが、「稀に見る大男と闘い、岸際で後へ落ちたところを押さえ付けて討ち取った。子か親かは知らないが、あれほどの大兵であれば、子とは言えまい」と答えた(『烈公間話』)。なお、古田重治から真柄を討ち取った際の様子について話してほしいと求められた時は、「真柄は大剛大力の者で、私などに討たれるべき者ではなかった。たまたま真柄が負傷して疲弊したところに行きかかり、討ち取ったまで。これといった事はない」と飾らずに答えた(『備前老人物語』)。この時の軍功により、家康から中堂来の無銘脇差を与えられた(「青木宝書」、『武徳編年集成』)。

元亀三年十二月、三方が原合戦では本多利久に属し、高天神城の援護に出役した。

その後、事情があって徳川家を退去。日根野弥次右衛門(弘就の弟)の婿となり、暫く匿われたが、ここも退去し、丹羽長秀に仕えた。

天正三年五月、長篠合戦では、逃げる敵の川船に乗り移ったところを川中に突き落とされたが、そのまま水中を三十間ほどくぐって対岸に上がった。敵の川船も着岸したので、先ほど自分を突き落とした敵に鑓を付け、討ち取った(「青木宝書」)。

天正十三年四月に丹羽が死去した後、秀吉に仕え、使番となり黄母衣衆に列せられた(『寛政重修諸家譜』)。摂津国豊島郡内に領地を与えられ、執権の江原新左衛門が受け取りに出張した。江原は灌漑用水を整備して、随所に新田を拓いた(「青木伝記」)。右の領地は、「青木民部少輔組高付」に見える豊島庄三千石と思われる。

天正十五年三月一日、秀吉の九州平定に供奉。後備えとして兵百五十人を率いて大坂を進発(『当代記』)。

天正十六年四月、後陽成帝聚楽亭行幸に際し、従五位下民部少輔に叙任(『寛政重修諸家譜』、「青木伝記」)。

天正十八年三月二十九日、山中城攻撃の際、秀吉に「一柳直末の備えが手ぬるく見えます。この民部にお命じください。早々に城を押し崩して御覧にいれます」と言上した。これは以前、一柳のために妹婿の小寺則頼が死に追いやられた事への意趣返しであった。一重は使番として一柳の備えに駆け付け、「上意である。一柳の備えが手ぬるく見えるので、代わって民部がこの持ち場を承った。早々に交替されよ」と声高に伝えた。憤慨した一柳は、猛進して戦死した(「青木伝記」)。

上田宗箇は、「小田原陣の時、自分が敵と組み合っているところに民部殿が来た。当時黄母衣を許され、所右衛門と称していた頃だと思う。少しも加勢せず、『心静かに功名せよ。所右衛門がこれにて見物しているぞ』と声だけかけた。これにより力を得て、功名を遂げることができた」と後年語り残した(「青木宝書」)。

文禄元年、秀吉の肥前名護屋出陣に、道行四番手の御母衣衆として供奉(『大かうさまくんきのうち』)。

「天正年中大名帳」、『慶長三年大名帳』、「慶長四年諸侯分限帳」に、各時点で一万石を領知していたことが見える。秀吉は一重を城主に取り立てようとしたが、仲の悪かった石田三成が「そのように武功の者をお取り立てになるので、皆御側から遠くなり、旗本に人材がいなくなります。一重などは、今少し見合わされてはいかがでしょう」と反対したので、小身のまま据え置かれたという(「青木宝書」)。

また、三成の指図で、備中の所領も悪所ばかり分散して与えられたという(「青木伝記」)。

慶長五年七月、横浜茂勝、寺田光吉らとともに兵二千余人を率いて大坂を出陣。増田長盛の家臣高田小左衛門、宮木新太郎を嚮導《きょうどう》として、七月十八日には、大和高取城を囲んだ。城主本多俊政は江戸へ出陣中であったが、留守の兵が堅守したため、寄せ手は多くの死傷を出し、早急には落城しがたいと判断して大坂へ引き揚げた(「大三川志」)。

慶長九年頃、豊国社に石灯籠一基を奉納(『甲子夜話続編』)。

『華族諸家伝』は、慶長十年に七組の番頭に選任されたとするが、原拠不明。

なお、七組の番頭に選任された経緯については、番頭に欠員が生じたため、大坂から家康に誰を選任すべきか伺いを立てたところ、一重が推されて就任したという(『重直一重記』)。『太閤記』に、郡宗保を番頭に挙げており、郡の後任ということであろうか。選任の時期、経緯ともに実否不明。

慶長十三年、旧冬の駿府城失火の見舞として、四月十日に緞子《どんす》袴一具、料理鍋十、錫の剪立十、五月一日に帷子三枚、八月二十三日に銀子十枚、緞子布団三枚、十二月二十六日に小袖二重を家康に献上(『当代記』)。

慶長十六年三月、秀頼の上洛に供奉(「秀頼御上洛之次第」)。

当時、一万石を領知(『慶長十六年禁裏御普請帳』)。

慶長十七年十月二十五日朝、織田有楽の茶会に招かれ、森嶋長以、佐治一成とともに参席。十一月二十一日朝、有楽の茶会に招かれ、能瀬庄行(庄右衛門か)、堀田図書頭とともに参席(「有楽亭茶湯日記」)。

十二月から大坂諸大夫衆の一員として禁裏普請助役(『慶長十六年禁裏御普請帳』)。

慶長十八年一月十日付で「青木民部少輔組高付」が作成された(「青木民部少輔組高付」)。ちなみに「御記録」(『山内家史料所載』)によると、慶長十八年二月十四日付で本多正純と安藤直次は、家康の命を奉じて山内忠義に書状を送り、「先年拝領された領分について改めて朱印状を発給するので、これまでに受領した奉行衆の書出に領分郷村の帳面を添えて提出されたい」と通達した。『相馬藩世記』にも、同年二月十六日付で、青山成重、安藤重信、土井利勝が相馬利胤に同様の通達を発している。曽根勇二氏は『片桐且元』（吉川弘文館 二〇〇一年）で、幕府のこうした動きは、家康が自らの領知朱印状発給を示唆することで、いち早く武家に対する領知宛行権を掌握し、より安定した政権の樹立を目指したものであるという趣旨の指摘をされている。「青木宝書」によると、年不詳二月十七日付で、片桐且元は一重に宛てて「駿府より太閤様の御朱印状を家康の御目にかけるよう依頼があったので、御自身のみならず組中にも布告して、すべて当方まで差し出すよう手配されたい」と通達している。一重への通達が、山内家などへの通達文書と経緯を同じくするものとすれば、家康の意図は諸侯のみならず、大坂衆をも包含する武家全体への支配権強化にあったものと思われる。

　慶長十八年当時、一重は摂津、備中、伊予国内で合計一万三十石を領知。摂津は秀吉の朱印状により豊島郡豊島庄三千石。備中は片桐且元の切手により浅口郡新庄村七百三十三石、小田郡河面小林村六百四十四石二斗、同郡宇戸村二百三十二石七斗一升、後月郡種村六百十六石二斗一升、同郡井山村三百二十六石七斗、稗原村八十五石四斗一升、合計二千六百三十八石六斗四升。伊予は且元の切手により周布郡周布村二千二百三十九石一斗三升、同郡三津屋村五百二十三石八斗三升二合、同郡来見村百七十九石三斗、同郡石経村三百十四石七斗三升三合、同郡千原村十八石五斗三升三合、同郡滑川村百十九石、同郡石田村同郡八百八十石四斗五升二合、合計四千二百七十四石九斗八升（「青木民部少輔組高付」）。なお、右のうち種村六百十六石二斗一升、同郡井山村三百二十六石七斗、稗原村八十五石四斗一升は、「秘府蔵書」（『高山公実録』所載）によると、藤堂高虎が江戸城修築の功労により慶長十一年九月十五日付の朱印状で加増された備中国内二万石のうちに含まれている。従って、その後に一重の所領に転じたことになる。

　慶長十九年六月十六日朝、織田有楽の茶会に招かれ、半井驢庵、竹田城庵とともに参席（「有楽亭茶湯日記」）。

　九月下旬、片桐且元が二の丸の上屋敷に兵を集めて立て籠ったので、七組の番頭が調停に乗り出した。当初七組は秀頼に、「大御所様と争うのはもっての外。片桐且元の不届きに対する処置は、我々七組にお命じください。且元の首を申し受けましょう」と言いながら、その後何も行動せず、極めて緩慢な対応に終始した。結局、十月一日に且元は大坂城を退去し、大坂方は開戦、籠城に決したが、七組は全く同意しなかった。秀頼はこれを不満とし、十月九日、七組を饗宴に招き、「この間七組は、太閤の鴻恩《こうおん》を思ってさまざまに異見してくれた事、神妙に思う。さて、今般思い立って関東と断交する。その支障となる七組には暇を遣わすから、早々に立ち退くように」と命じた。一重が、「このほど異見を申し上げたのは、殿様（秀頼）の御為を思ってこそであり、全く我が身のためではありません。情けない仰せです。この上はどうなろうと殿様次第。後の事は存ぜぬ」と席を蹴って退出したので、残る六組の番頭が無理やり一重を呼び戻し、七組一同で秀頼の開戦決意を奉じた。仕切り直しの大酒宴となり、改めて籠城が決定し、防御施設の構築が命ぜられ、牢人衆が召募された（「北川次郎兵衛筆」）。

秀頼は、七組の軍法として、出馬の際は、速水は与力とともに本丸を預かり、同じく中島は二の丸、伊東、真野豊後守、青木は左備え、堀田、野々村は右備えと定めた。各組に大番五十人、与力十人、弓鉄砲同心百人が付属された（『青木伝記』）。

旗印は小田笠紋。馬印は金の小田笠に暖簾付（『難波戦記』）。

当時、家来に江原新左衛門の子新右衛門信実、祝久三郎（『青木伝記』）、長谷川小介、同庄右衛門、岩田久右衛門、小川市左衛門、木村七郎、佐々庄三郎、古橋太左衛門、山口宗甫、斎八右衛門、吹田権助、下村加兵衛、岩井次郎左衛門、同三之丞、上嶋三大夫、間野太左衛門、宮治小伝次、権十郎、喜太郎らがいた（『諸方雑砕集』）。

屋敷は谷町にあった（『青木伝記』）。

十一月十日、「翌未明に、大勢の敵が長柄筋から天満口に押し寄せる」との風聞があり、同晩に七組は天満へ出張した（『伊東家雑記』）。天満天神の近辺が青木の陣場とされたため、未明に養嗣子の青木正重が三千余人を率いて先発した。一重は、「私は今日八つ時分に陣場へ行く。兵馬ともに暮れ方には出撃するつもりでいるように」と指示した。正重は、使番二名を派遣して長柄までの道筋と足場の良し悪しを検分させ、書付を作成して一重に報告した。また配下には、「一重の到着は八つ時とのことだが、今既に七つ時であり、恐らく到着は九つ時に早まるだろう。油断なく支度せよ」と指示した。案の定、一重は九つ半に到着した。折から正重は兜を脱ぎ、具足は着たまま夜着をまとってまどろんでいた。一重はその休眠の取り方を批判し、「その方は数度の戦闘に参加しながら、いまだ理解していないようだ。寒中の軍は凍え、いざという時に鑓を取ることもできなくなる。どんなに忙しくとも、具足を着るくらいの時間はあるものだ」と叱責した。

夜明けとなり、使番が敵の接近を告げた。一重父子は天神の神主宅をはじめ家々に放火し、兵卒に暖を取らせた。一重は組下に、「大方は股引、脚絆、佩楯《はいだて》まで着用していると見える。この中には秀吉公以来、数度の功名を遂げた方々もあるが、いまだ理解していないようだ。この陣所には深田や荊《いばら》の生い茂る場所もあるので、草摺を引っかけてしまうこともあろう。これは引き揚げる際には特に障害となる。股引、脚絆、佩楯なども無用にせよ」と下命した。その後、一重父子らは備えを立てて待ち受けたが、結局敵の進攻はなく城内に引き揚げた。秀頼は城中からこの始終を見て、一重父子を呼び寄せ、慰労した（『青木伝記』）。

十一月二十六日、真野、伊東、堀田、野々村、青木の五組は、鴫野口へ出役。大和川まで進出すると、四組から一重父子に、「川より手前に備えを立てるがよろしかろう」と申し入れがあった。一重は「敵に川を越させては、味方の不利。まずは川を越して三町ほど進出して備えを立てるのが適切である」と反論したが、賛同されなかった。そこで単独で川を渡り、十反ほど進出して備えを立てた。四組もやむなくこれに続いた。

一重の手から戦闘が始まり、激しい銃撃の応酬となった。一重は「本陣が遠いと足軽も心もとないだろうから、諸士は鉄砲を持って押し出せ」と命じ、組衆は密集して果敢に挺進した。一重組の水野加右衛門、大橋太左衛門は、抜け駆けして軍功を立てた。

戦場は城から八町余と近く、天守から観戦していた秀頼は、一重の備えに出頭の茶道坊主重野宗玄に菓子を持たせて派遣し、「青木の備えが突出しているので、敵の攻勢が厳しく集中するだろう。万一の事があっては大坂の武運も末と思われる。ついては諸勢と一所にて戦うように」と伝えた。一重は宗玄の口上を聞くや、「宗玄、お前は茶事はあれこれ知っているかもしれないが、軍事については無知であるはずだ」と叱りつけた。宗玄が「何と御返事申し上げればよいか」と正重に問うと、「ありがたい御沙汰と心得、承りましたと申し上げるように」と応えて宗玄を帰城させた。

暮れ方に敵は退却し、大坂方も一重父子が殿《しんがり》となり城中へ引き揚げた。一重父子は直ちに登城し、千畳敷に伺候したところ、秀頼から盃を与えられ、「今日鴫野の敵は大軍で難儀したが、父子の下知で追い払い、味方の利潤となった。これからも頼みに思う」と感賞された。併せて一重には黄金百枚が与えられた(「青木伝記」)。

十二月九日、本多正純は一重からの書状を家康に披露した(『駿府記』)。

十二月十九日、堀田図書頭、真野宗信、中島式部少輔、野々村吉安、伊東長次、速水守之とともに連署して後藤光次へ書状を送り、東西和睦の斡旋を求めた(『譜牒余録後編』)。

十二月二十五日、織田有楽、大野治長、七組の番頭伊東、堀田、速水らとともに岡山へ出向き、将軍秀忠に拝謁した(『駿府記』、「大坂冬陣記」)。

慶長二十年三月十三日、常高院らとともに秀頼の使者として駿府へ伺候(『駿府記』)。一重が使者に選任されたのは、駿河からの指名によるものという(「青木伝記」)。三月十五日、駿府城の広間南殿で家康に拝謁し、金襴十巻と秀頼の書を捧げ、また自分の進物として蒔絵を施した御鷹の内板十枚を献上した(「駿府政事録」)。

四月二日、家康の指示により駿府を発足、四月四日、名古屋に到着、四月十三日、入京(『編年大略』)。膝屋町の屋敷に入った(「青木伝記」)。四月二十四日、家康の命を受けた板倉勝重により宿所を取り囲まれ、身柄を抑留された(「駿府政事録」、「青木伝記」)。

そのまま落城となったため、剃髪して宗佐と号した(『寛政重修諸家譜』)。

京都で富田九郎兵衛、小寺右衛門佐、上島三十、三木佐々右門、荒木八左衛門ら組下の軍功を詮議し、個々の軍功を認定した(「和田千吉氏所蔵文書」)。

二条城に伺候して家康に再仕。亡父の采地摂津国豊島郡牧の庄、兎原郡筒井村を合わせ、摂津豊島、兎原、備中後月、小田、浅口、五郡および伊予で一万二千石余を領知。豊島郡麻田に居住した。後に二千石を末弟の可直に分与した。

元和二年十二月二十一日、秀忠の御咄衆として駿府城下安西に宅地を下賜され、定期的に伺候した(『徳川実紀』)。

元和五年に致仕(『寛政重修諸家譜』)。

寛永五年八月九日に江戸で死去。享年七十八歳。法名は梅隣院殿華屋院令曇居士。葬地は武蔵国麻布の瑞泉山祥雲寺。後に摂津国島郡畑村の摩耶山仏日寺に改葬(『寛政重修諸家譜』、「青木系譜」)〈仏日寺蔵の肖像画は巻末「付録」参照〉。

養嗣子の青木甲斐守重兼は、実は弟青木可直の長男。子孫は麻田侯として続いた。家紋は三つ盛洲浜、富士山(『寛政重修諸家譜』)。

実子は青木主膳宗忠〔注3〕。母は日根野氏(「青木宝書」)。麻田青木家に仕え、寛文二年六月二十六日に死去。法名は宗忠院知非道是居士。

実子の関長兵衛俊之は庶子で、母は豊島郡今在家村の百姓女。懐妊して暇を出され、実家で出産した。江原市郎右衛門（家臣江原新右衛門の子）から内々に扶助を受けて成長し、麻田青木家に出仕した（「青木伝記」）。

〔注1〕次男の阿澄重経は、阿澄家の養子となり、家康に仕え、元亀三年十二月に遠江で戦死。

三男の青木直継は、秀吉に仕え、天正六年九月に播磨菅家城攻撃で戦死。

四男の青木可直は、初め池田輝政方に寓居した。慶長十五年、駿府で家康に出仕し、美濃国五郡内で知行三千石を与えられた。大坂冬の陣・夏の陣に、永井直勝に属して出役。戦後、一重の領地豊島、兎原両郡内で二千石を分知され、合計五千石を領知。元和八年三月二十八日に江戸で死去。享年六十二歳（『寛政重修諸家譜』、「摂津麻田青木家譜」）。

〔注2〕一重が真柄を斬ったという孫六兼元の打刀は、丹羽子爵家に伝来し、昭和十四年九月六日に重要美術品に指定された。終戦後に同家を出て個人の所蔵となった（『日本刀重要美術品全集』、『日本刀名工伝』）。また、真柄の着具との伝承を持つ野郎頭兜は、昭和三十九年に青木元子爵家から白金台の紫雲山瑞聖寺に納められた。平成九年十月十四日に港区文化財指定に指定された（『港区文化財総合目録』）。

〔注3〕青木宗忠の妻は、真田信繁の娘カネで、石河宗林の子宗雲の妻アクリや片倉重長の妻ムメ（梅）の妹。寛文八年四月二十九日に死去。法名は浄林院性光良月大姉（「青木忠右衛門一及覚書抜写」）。あるいは宝暦十二年一月十九日、京都今熊野の泉涌寺中の観音寺が青木家に持参した書付によると、寛文八年四月二十五日に死去。法名は浄林院殿性光良月大姉（「宗忠家之記青宝遠録」）。

カネが産んだ青木忠右衛門一的は、兄青木五郎兵衛一之の養嗣子となった。一的の子青木五郎兵衛的村、その子青木忠右衛門一及と、子孫は、麻田青木家の家臣として続いた（「青木忠右衛門一及覚書抜写」、「青木系譜」）。

なお、青木一及家では、真田信繁に大光院殿前左衛門佐忠吉老居士と諡し、真田信繁の娘で片倉重長に嫁いだムメの法名、泰陽院殿松源寿清大姉と合わせて祭祀を営んだ（「青木忠右衛門一及覚書抜写」）。信繁の娘は複数確認されるが、片倉重長の妻ムメのみが合わせて祀られていることから、カネとムメは同腹の姉妹だった可能性もある。

青木主水《あおき もんど》

越前北ノ庄城主青木紀伊守の次男。青木右衛門佐俊矩の弟。

慶長五年時点では、人質として大坂に詰めていた（「絹川図書戦功記并略系」）。

慶長十五年九月十一日、摂津長田神社に社領として米十五石を寄進（『神道大系』）。

慶長十九年、大坂城に籠り物頭を務めた。年の頃は五十余歳（『土屋知貞私記』）。城北警固の寄合衆の一人（『難波戦記』）。

青地牛之助《あおち うしのすけ》

青地牛助の子。

父の牛助は、初め奥村氏を称し、近江蒲生氏に知行千五百石で仕えた。後に蒲生定秀の子青地茂綱が、牛助を貰い請けて三千石を与え、青地氏を授けた（『可観小説』）。

青地牛之助は、慶長十九年九月十五日、

秀頼の小姓浅香勝七の斡旋により豊臣家へ出仕。知行三百石の折紙を頂戴して、冬の陣では真田信繁に付属された。同年の暮れに、三百石の収納代として金子三枚が下賜された。なお、総じて籠城の侍には、収納代として百石につき金子一枚が配付された。この金子一枚とは、高百石からの免による実収四、五十石程度に相当する褒賞と思われる。

慶長二十年五月六日、道明寺表に出役。真田の右備え四百六十騎の侍大将高梨采女が、真っ先に敵の大和組に馬を乗り入れて戦死した。続いて右備えから青地ら六騎が鑓を入れ、残る人数も後から押し寄せて大和組を追い崩した。この時、青地ら六騎は、鑓合わせの功名を遂げ、首帳に一番鑓青野勘兵衛、二番絹川弥左衛門、三番塩谷掃部、四番青地牛之助、五番西村喜左衛門、六番金安松左衛門と記載された。

その夜、真田は手廻りの侍を召し寄せ、戦場における銘々の働きを詮索した。その結果、青地ら六人の鑓が確定し、真田から比類ない働きと称美のうえ、当座の褒美として各々へ金子五枚の手印が折紙とともに賜与された。これにより、先知三百石と合わせて八百石の身代となった。この経緯についての証人は、戦後前田家に仕えた豊臣家の旧臣佐々木兵庫頭定治（号は道求）、松原右衛門佐方の青野勘兵衛、江戸の塩谷掃部。

賜与された折紙は、六日の夜、宿に置き、翌七日の合戦に出役した。即刻落城となったため、女子供の所在もわからず別々に落ち延びた。後日妻らと再会したとき、折紙について尋ねると、捨てて逃れたとのことだった。幸い真田から賜与された手印の駒は、具足の綿噛に結び付けていたので、戦後も所持していた。手印の材質は、姫小松の類で、将棋の駒の形状をしており、錦の袋に入って青地家に伝来した。縦幅は二鯨寸。上部の横幅は一寸三分八厘。下部の横幅は一寸五分。厚さ二分。面に「金子五枚、令扶持者也、青地牛之助」、裏面に「五月六日、真田左衛門佐信繁」の署名があり、花押が据えられていた（「青地牛之助物語」）〈巻末「付録」参照〉。

落城後は勘左衛門を称した。

前田利常の家老横山康玄の与力となり、知行百五十石を与えられた（『可観小説』）。

寛永十四年、島原で一揆が勃発した頃、大坂における自身の軍功について書付を提出した（「青地牛之助物語」）。

後に暇を貰い他国に行ったが、人品がよろしくなかったため仕官できず、加賀に帰り、余生を牢人のまま終えた（『可観小説』）。寛文三年十二月四日に病死。法名は源誉宗本居士（「青地牛之助物語」）。

子の某は、前田綱紀の家臣篠原長経に奉公した（『可観小説』）。

青野清庵 あおの せいあん

尾張の人。用に立つ者で、秀頼に仕えた。

大坂城に籠り、物頭を務めた。年の頃は六十歳ほど（『土屋知貞私記』）。知行千石余（「摂戦実録」）。

慶長二十年五月六日、後藤又兵衛配下の小組頭として、山川帯刀、北川次郎兵衛、大谷大学、植木六右衛門、明石八兵衛と相役で道明寺表に出役。

五月七日、壬生寺の船手の押さえに出張したが、船が見当たらなかったため、天王寺口へ引き返し、乱戦の中、ついに生死不明（『土屋知貞私記』）。

天王寺表合戦で仙石忠政の家臣岡田権

六広忠は、七組の備えに鑓を入れ、城兵岸勘解由、青野清庵を突き倒し、次いで佐々九郎左衛門、羽柴河内守の首を斬獲したという（「改撰仙石家譜」）。

青柳清庵《あおやぎ せいあん》

信州侍。高梨采女の縁者。真田信繁の家臣（「見夢雑録」）。

真田昌幸父子の九度山配流に随行（「本藩名士小伝」）。

慶長十九年十月九日、青柳千弥（清庵か）、三井豊前、高梨采女は、真田信繁父子に従い九度山を脱出し、大坂籠城（「先公実録 左衛門佐君伝記稿」所載「高野山蓮花定院書上」）。

慶長二十年五月六日、道明寺表合戦で信繁、山川景綱、植木六右衛門、真田の家来青柳清右衛門（清庵か）の四人が一緒になって敵の攻撃を持ち堪え、その手柄は比類なしと評判になった（「北川一郎兵衛筆」）。

五月七日に信繁とともに戦死（「本藩名士小伝」）。一説に大坂落城の後、信繁の遺言により、青柳清庵、林庄左衛門と他に一人が信繁の所用の品々を上田に持参し、土中に埋めて一寺（上田鍛冶町の月窓寺）を建立したともいう（「先公実録 左衛門佐君伝記稿」所載「一紙抜書」）。

青山助左衛門昌満《あおやま すけざえもん まさみつ》

尾張国中島郡青山村の出自。越前丸岡城主青山伊賀守の次男。青山修理大夫（注）の次弟。

秀吉に出仕し、三千石を与えられ、弓頭を務めた（「阿波国古文書」所載「青山久太郎家系」、「蜂須賀家家臣成立書并系図」文久元年九月青山新七秀興書上）。

秀頼に仕え、近習を務めた（「阿波国古文書」所載「青山久太郎家系」、「蜂須賀家家臣成立書并系図」文久元年九月青山新七秀興書上）。大坂七組の中島式部少輔組に所属、知行千七百五十石（「諸方雑砕集」、『難波戦記』）。

慶長十一年一月十一日、父の伊賀守が丸岡で病死。法名は前伊州太主雄岳宗永大居士（「阿波国古文書」所載「青山久太郎家系」）。

慶長十九年、大坂籠城（「阿波国古文書」所載「青山久太郎家系」、「蜂須賀家家臣成立書并系図」文久元年九月青山新七秀興書上）。物頭を務めた（『土屋知貞私記』）。その頃より脚気を患い、有馬温泉で保養しているうちに落城した。蜂須賀家では、真殿伝内に足軽三十人を添えて有馬温泉に派遣し、昌満夫妻を阿波に招き、名西郡中嶋村に住居を与えた。

元和四年一月六日に秀頼の三回忌を営み、中嶋村の居宅で自害。法名は玄済（「阿波国古文書」所載「青山久太郎家系」、「蜂須賀家家臣成立書并系図」文久元年九月青山新七秀興書上）、または玄斎（「賀島家系図」）。菩提所は中嶋村の瑠璃山薬王寺。

妻は蜂須賀家政の姉の嫡女で、賀藤弥左衛門長昌入道鶴泉の養女として嫁いだ。この婚姻は、昌満の親と家政が特に懇意だったため成立した（「阿波国古文書」所載「青山久太郎家系」、「蜂須賀家家臣成立書并系図」文久元年九月青山新七秀興書上）。元亀元年に尾張で誕生（「賀島家系図」）。夫の死後、徳島城西の丸の御花畠屋敷に呼び寄せられ、化粧料五百石を与えられた。老後、再三辞退したので、うち三百石は収公となり、勝浦郡田野村山林十一か所および二百石を与えられた（「阿波国古文書」所載「青山久太郎家系」、「蜂須賀家家臣成立書并系図」文久元年九月青山新七秀興書上）。慶安三年十一月五日に病死。享

年八十一歳。法名は慈照院殿明室寿永大姉。葬地は名東郡佐古村の桃渓山臨江寺(「賀島家系図」)。

長男は青山清左衛門昌行。母は賀藤氏。慶安三年十二月九日、母へ与えられた二百石と山林を相続した。主命により蜂須賀家中の速水不旧(速水守之の子)の長女を娶った。延宝三年一月二十四日に病死。子孫は蜂須賀家の家臣として続いた(「阿波国古文書」所載「青山久太郎家系」、「蜂須賀家家臣成立書并系図」文久元年九月青山新七秀興書上)。なお「青山小平太家蔵系図」(『東作誌』所載)は、青山清左衛門を次男とし、長男として青山与惣右衛門を掲げ、与惣右衛門の子青山甚五兵衛は森長継に出仕し、その子が青山小平太とする。

次男の青山庄右衛門昌元は、実は宇喜多秀家の旧臣細山左馬之助武重の次男。初め蜂須賀家に仕え、後に辞去して森長継に転仕した(「阿波国古文書」所載「青山久太郎家系」、「蜂須賀家家臣成立書并系図」文久元年九月青山新七秀興書上)。

娘は蜂須賀至鎮の家臣武藤伊右衛門三宣の妻(「蜂須賀家家臣成立書并系図」文久元年九月武藤左膳宣芳書上)。

娘は実は昌元の娘で、賀藤氏の養女となり、若山弥大夫勝重に嫁いだ(「阿波国古文書」所載「青山久太郎家系」、「蜂須賀家家臣成立書并系図」文久元年九月青山新七秀興書上)。

〔注〕「青山小平太家蔵系図」(『東作誌』所載)によると、慶長三年八月五日付で、秀吉から青山修理大夫に、越前国内の検地結果をふまえて改めて知行、代官所にかかる朱印状が発給された。このうち、千百五十六石八斗五升は青山介左衛門への分与とされるが、この介左衛門は、助左衛門昌満ではなく、『世臣伝』に見える修理大夫の長男で、後に隼人正を称した助左衛門正次を指すものと思われる。

赤井弥七郎《あかい やしちろう》

丹波国氷上郡赤井村の出自。丹波黒井城主赤井悪右衛門直正の子。赤井悪七郎直照、荻野近左衛門正直(注1)の弟。母は近衛前久の娘(注2)(「荻野系図」、「赤井文書」)。

慶長初年より秀吉に仕えた(『公室年譜略』)。

秀頼に仕え、大坂七組の真野宗信組に所属、知行百八十七石(『武家事紀』)。大坂城に籠り、両役で軍功があった。

落城後は牢人となった。元和二年、近衛信尹と旗本山口直友(注3)の肝煎で藤堂高虎に召し出され、知行五百石を与えられた。藤堂小刑部組に所属。藤堂高次の代に致仕(『公室年譜略』)。致仕の理由は病気(「加陽人持先祖」)。

法名は護念院心沢常光大禅定門(『古市氏系図』)。

子は赤井忠兵衛(「赤井文書」)。藤堂高次に仕え、延宝五年に死去。その養嗣子赤井五左衛門は、前田利常の家臣赤井権左衛門(古市五左衛門胤家(注4)の次弟で赤井治右衛門の養子)の養女(今枝平之助の娘)を娶った。貞享元年、義絶により加賀を退去(「諸士系譜」)。

娘は古市五左衛門に嫁ぎ、長男(古市左近胤重)、次男(発心院善性房胤光)、長女(品川左門雅直の妻)、次女(前田主水長知の妻)を産んだ(『古市氏系図』)。

〔注1〕荻野正直は、丹波赤井氏の没落後、落魄《らくはく》して京都に蟄居。慶長十五年、山口直友の肝煎で藤堂高虎に知行千石を仕えた。鉄砲五十挺を預かり、足軽大将を務めた。主命により先祖に因んで赤井悪右衛門と改名した(『公室年譜略』)。承応二

年四月二十九日に死去。法名は三光院殿閑冷（または令）道寿大居士。妻は月見宮内少輔正家の娘（『荻野系図』）。

〔注2〕赤井正直が高野山に建てた五輪塔の銘によると、天正三年八月二十一日に死去。法名は渓江院殿月下笑光大姉（『紀伊国金石文集成』）。

〔注3〕山口直友の父山口直之は、赤井時家の四男で、赤井直政の弟（『寛政重修諸家譜』）。

〔注4〕古市胤家は、大和の人古市安房守胤勝（母は近衛前久の娘）の長男で、母は箸尾宮内大輔為春の娘（『古市氏系図』）。あるいは古市久兵衛の子（『諸士系譜』）。初め近衛信尹に仕え（『金沢古蹟志』）、後に藤堂高次に仕えたが牢人となり、加賀へ来住した（『諸士系譜』）。前田利常の客分となり五百石を与えられた。明暦三年三月二十七日に死去。法名は源光院清月日浄居士（『古市氏系図』）。

あかう十左衛門《あかう　じゅうざえもん》

あかうは赤生《あかふ》か。大野道犬の家臣。

大坂籠城。

落城の際、十五歳になる男子が蜂須賀至鎮の家臣山尾所兵衛方に拘置された（『大坂濫妨人并落人改帳』）。

赤枝安大夫《あかえだ　やすだゆう》

備前の人。初め宇喜多秀家に仕えたが、宇喜多家の滅亡により牢人。

大坂城に籠り、落城後、池田忠長に仕え、七人扶持七十五俵を給せられた。

寛永十八年に病死。

子孫は鳥取池田家の家臣として続いた（『鳥取藩政資料　藩士家譜』結城親信家）。

赤尾庄左衛門《あかお　しょうざえもん》

近江国浅井郡大浦荘の住人（『尾州諸家系図集』）。田辺八左衛門長常の妻の兄。

秀頼に知行三千石で仕え、側廻役を務めた。

慶長二十年五月七日、大野治長の手に属していた田辺長常が戦場から城内に戻ると、既に長常の妻子は落ち延びる支度をして庄左衛門の居宅の門で待機していた。庄左衛門も帰宅していたが、長常に「私は秀頼公の御恩もあるので、御最期の御供をする。あなたは牢人の身なので、妻子を引き連れてひとまず落ちられるように」と言って訣別した。庄左衛門も相応の働きをしたようで、一ノ谷の兜には敵に切り付けられた跡があった。当時長常の長男の常之は七歳で、父の背に負われていたが、この時の様子を後々まで語った（『長常記』）。

なお『鹿苑日録』に、慶長四年当時、石田正澄の奏者赤尾少右衛門尉の名が散見されるが、同一人物と思われる。

赤川三郎右衛門重令《あかがわ　さぶろ(う)えもん　しげのり》

赤川惣兵衛氏成の次男。赤川八郎左衛門成之の兄。

父の氏成は、信長の家臣赤川彦左衛門の子。天正十四年、蜂須賀家政に知行四百石で仕え、鉄砲組を預かった。慶長十七年八月二十六日に病死。妻は松原内匠の娘。

赤川重令は、長兄の三九郎政盛が松原内匠の養子となったため、惣領となった。

部屋住みの時より鉄砲組を預かり、物頭を務めた。後に賜暇。妻子を阿波に残して宇和島で富田信高に仕えた。

慶長十八年に富田家が除封となった後、秀頼に出仕し、渡辺内蔵助組に属した。

落城後、牢人となったが、後に陸奥三

春で松下長綱に仕えた。

正保元年、主家の没落後、江戸芝伊皿子に浪居。

妻は蜂須賀至鎮の家臣速水助右衛門元茂の娘。

長男の赤川喜右衛門誕守と三男の赤川与右衛門守之の子孫が、蜂須賀家の家臣として続いた（「蜂須賀家家臣成立書并系図」文久元年九月赤川七郎兵衛誕美書上、「同」文久元年九月赤川三郎右衛門守義書上、「同」文久元年九月赤川和三郎恒光書上）。

赤座三右衛門《あかざ さんえもん》

尾張の人（『土屋知貞私記』）。赤座永兼の次男。赤座永成の弟。母の法寿院は、尾張岩倉城主織田伊勢守信安の娘（『尾州法華寺蔵織田系図』）。諱は直之とされる（『今庄東岳寺蔵赤座氏系図』、『難波戦記』）。

秀吉に仕え、文禄元年、肥前名護屋城に在番し、三の丸御番衆馬廻組の三番長東次郎兵衛尉組に所属（『太閤記』）。

慶長十六年三月、秀頼の上洛に供奉（「秀頼御上洛之次第」）。

七月二十日昼、織田有楽の茶会に招かれ、金森一吉、津田小左衛門とともに参席。

慶長十九年七月十一日朝、織田有楽の茶会に招かれ、大野壱岐守、埴原八蔵とともに参席（「有楽亭茶湯日記」）。

大坂城に籠り、侍二十騎ほどを指揮した。武功の誉れあり、年の頃は五十歳ほど（『土屋知貞私記』）。

慶長二十年五月七日、いったん桜門まで出馬した秀頼は、千畳敷御殿に引き返した。その時、秀頼は雪隠に入った。傍らで赤座三右衛門が刀を、坂井平八が手水を、郡利宗が手拭を捧げ持った（「自笑居士覚書」）。同年に戦死（『今庄東岳寺蔵赤座氏系図』）。

赤座次郎右衛門《あかざ じろ(う)えもん》

摂津茨木の人で、秀吉の家臣大矢三右衛門〔注〕の次男。赤座弥左衛門の養子となった。

養父の弥左衛門は、赤座七郎右衛門、助六郎兄弟の一族。初め信長に仕え、後に秀吉に仕え、使番を務めた（「中川家寄託 諸士系譜」、『参考諸家系図』）。

赤座次郎右衛門は、若年より秀吉に仕え、使番を務めた（「中川家寄託 諸士系譜」）。なお『太閤記』に、文禄元年、肥前名護屋城に在番し、三の丸御番衆馬廻組の四番佐藤正信組に属する赤座弥六郎の名が見える。大矢三右衛門とも相組であるが、同一人物かは不明。

秀頼の代には特に厚遇され、側御用を務めた（「中川家寄託 諸士系譜」）。大坂七組の野々村吉安組に所属。知行四百石（『難波戦記』）。

大坂城に籠り、落城後、宇治へ退去して茶師、連歌師の躰となり、自斎と号した。上方付近を転々として隠れ住んだ。

元和五、六年頃、既に中川久盛に知行二百石で仕えていた長男の赤座吉之丞から招かれ、豊後竹田に下向し、長男宅に同居した。中川久盛より合力米六十石を給され、御伽衆に列せられた。秀頼の旧臣安威友見と同様、懇意にされ、金銀、衣服などを度々賜与された。

寛永三年五月十六日に死去。法名は一閑宗心。葬地は竹田の豊音寺。

長男の赤座吉之丞は、寛永九年、熊本城接収の際に留守居を命ぜられたことを不服として中川家を退去したため、次男の赤座猪兵衛が父の跡目を継いだ。その子孫は中川家の家臣として続いた。家紋は十六曜菊に三つ星、鞠はさみ（「中川家寄託 諸士系譜」）。

〔注〕大矢三右衛門は、尾張の人で、秀吉の家臣大野某の子。摂津茨木の人。秀吉に知行千石で仕えた。文禄元年、肥前名護屋城に在番し、三の丸御番衆馬廻組の四番佐藤正信組に所属。その子大矢清左衛門房因（または房勝）は茨木で出生。加藤嘉明に知行二百石で仕え、松下主殿組に所属。寛永二十年、牢人して南部重直に知行二百石で仕えた。寛文二年四月に死去。子孫は南部家の家臣として続いた。三右衛門の妹は、嘉明の家臣宮田善左衛門の妻（『参考諸家系図』、『太閤記』、『加藤家分限帳』）。

赤座内膳正永成《あかざ ないぜんのかみ ながなり》

赤座七郎右衛門尉永兼の長男。赤座三右衛門、井上定利の妻の兄。母の法寿院は、尾張岩倉城主織田伊勢守信安の娘（『尾州法華寺蔵織田系図』）。

　赤座氏の先祖は、鎌倉、美濃、四国を経て、越前国南条郡今庄に来住した（『今庄東岳寺蔵赤座氏系図』）。父の永兼は、越前新渡領主（不詳）赤座筑前守の次男とされる（『尾州法華寺蔵織田系図』）。剃髪して紹意と号した（『天王寺屋会記』）。初め美濃斎藤氏に仕え、後に信長に仕えた（『武家事紀』）。天正十年六月二日、二条御所で戦死（『信長公記』）。

　赤座永成は、尾張国愛知郡藤島村の人（『尾張志』）。あるいは尾張国海東郡千音寺村の人（『塩尻』）。諱は直規ともされる（『難波戦記』、『今庄東岳寺蔵赤座氏系図』）。従五位下内膳正に叙任（『尾州法華寺蔵織田系図』）。

　ちなみに『太閤記』に、文禄元年、肥前名護屋城三の丸御番衆御馬廻組の五番中井平右衛門尉組に所属する赤座藤八郎の名が見える。永成の孫が藤八を称していることから、藤八郎は永成と同一人物と思われる。

　慶長八年一月六日、三十余歳の時、久しく脚気を患っていたため、曲直瀬玄朔に受診（『玄朔道三配剤録』）。

　慶長十二年八月、妹婿の井上定利とともに、鹿苑院の鶴峯宗松と交流した（『鹿苑日録』）。

　慶長十三年七月九日、旧冬の駿府城失火の見舞として、紫革二十枚を家康に献上（『当代記』）。

　慶長十六年三月、秀頼の上洛に供奉（『秀頼御上洛之次第』）。

　当時、知行三千石（『慶長十六年禁裏御普請帳』）。

　慶長十七年四月二十二日朝、織田有楽の茶会に招かれ、堀田言阿弥、湯浅直治とともに参席（『有楽亭茶湯日記』）。

　八月十八日、豊国社の例大祭に、秀頼の名代として参詣（『舜旧記』）。

　閏十月十五日朝、織田有楽の茶会に招かれ、石河貞政、速水守之とともに参席（『有楽亭茶湯日記』）。

　十二月より大坂諸大夫衆の一員として禁裏普請助役（『慶長十六年禁裏御普請帳』）。

　慶長十八年八月四日朝、織田有楽の茶会に招かれ、菊亭宣季、湯浅直治とともに参席（『有楽亭茶湯日記』）。

　慶長十九年当時、知行三千石（『土屋知貞私記』、『大坂陣山口休庵咄』、『慶長録考異』、『今庄東岳寺蔵赤座氏系図』）。大小姓頭を務めた（『慶長録考異』、『今庄東岳寺蔵赤座氏系図』）。年の頃は五十歳ほど（『土屋知貞私記』）。

　大坂城に籠り、与力三十騎を付属され、兵千人ほどを預かった（『大坂陣山口休庵咄』）。武功の誉れがあり、郡宗保とともに惣軍奉行を務めた（『土屋知貞私記』）。

　十月十二日夜、真木嶋昭光とともに、堺警固のため三百余騎を率いて大坂城を発し、十月十三日早朝、政所に押し寄せ、堺奉行芝山正親の弟正綱を討ち取った。続いて今井宗薫宅を囲み、片桐且元の家臣多羅尾半左衛門を討ち、宗薫父子を捕えた(『大坂御陣覚書』、『大日本史料』所載「今井彦右衛門家之覚書」、『寛政重修諸家譜』)。

十月二十九日、藤堂高虎が小山から住吉に進出したため、真木嶋とともに大坂城中に引き揚げた(『公室年譜略』)。

村井右近、真木嶋昭光とともに、兵九千人ほどで玉造口の門を警固した(『大坂陣山口休庵咄』)。

大坂方の戦備については、「今般の籠城のなされようはよくない。籠城は、城内に人が多くあって弾むような雰囲気がよい。町屋まで取り込んだのはよくない」と批評した(『武功雑記』)。

慶長二十年四月十二日、名古屋で徳川義直と浅野幸長の息女春姫の婚儀があり、賀使として秀頼の書判状を奉じて名古屋に下向。翌十三日、名古屋に到着し、則重の刀一腰、左文字の脇差、呉服五重を贈った(『尾張志』、『編年大略』)。

四月二十八日、大野治房が浅野長晟を討つべく南下した時、岸和田城を牽制するため、大野治長の家臣宮田平七が大鳥郡石津に派遣された。宮田が小勢のため堺警固番の赤座、真木嶋も転進して宮田と合流した。翌二十九日、樫井合戦の敗報に接し、安立町を経由して大坂に引き揚げた(『大坂御陣覚書』)。

五月七日、茶臼山表へ出役(『武家事紀』)。

落城直後、赤座や湯浅直治、その他小姓十人ほどは、方々に隠れていたが、「いずれ捜し出され恥辱を受けるよりは」と観念して出頭し、妙心寺海山和尚を通じて二条城に名簿を提出し、切腹を申し出た。家康、秀忠は「太閤譜代の家臣が秀頼の行く末を見届けるのは当然のこと」として、彼らを赦免した(『大坂陣山口休庵咄』)。

元和二年六月十一日、織田有楽は金地院崇伝に書状を送り、赤座と湯浅の取り成しを依頼した(『本光国師日記』)。

美作津山で森忠政に仕えた。

寛永三年十一月、前田利常の娘と森忠広の婚姻に際し、前田家から森家諸臣へ贈物があり、赤座永成、同息永好にはそれぞれ小袖五領が贈呈された(『森家先代実録』)。

嫡男の赤座永好は、従五位主殿頭に叙任(『尾州法華寺蔵織田系図』)。森家の宰臣となり知行千石。屋敷は津山の山内下旭門内にあった(『東作誌』)。寛永十五年五月、旧島原城主松倉重政の江戸召喚に伴い、津山から道中警固の組頭を務めた(『嶋原一揆松倉記』)。家紋は菊花。その子赤座藤八(『東作誌』)。その子赤座次左衛門は、森長成に仕え、美作国苫西郡養野村、奥津川西村内で知行百石(『私説美作略史』)。関式部組に所属(「森家御系譜並諸士方分限帳」)。大目付支配目付を務めた(「森家分限帳」)。家紋は角の内菊(「森家御系譜並諸士方分限帳」)。元禄十年八月二日に森家が除封となったために藤八、次左衛門親子は牢人となり、美作国勝北郡上町川村の豪農五左衛門方に寄寓した。後に同郡勝加茂西下村に移住し、次左衛門の子東馬は家名を上町川村の農家藤右衛門に譲り、子孫は帰農した(『東作誌』)。

次男は河村勝介(『尾州法華寺蔵織田系図』)。「森家御系譜並諸士方分限帳」に、元禄年中の森長成の家臣として河村勝助喜重の名がある。祖父は五郎左衛門。実父は八太夫。養父は長蔵とされる。原十兵衛組に所属して知行二百五十石。勝介は、この家系に所縁の者と思われる。

娘は飯沼勘平の妻（『尾州法華寺蔵織田系図』）。飯沼勘平長継は美濃池尻城主。天正十二年、織田信孝への内通の嫌疑により、大垣で氏家行広に誘殺された。その子飯沼勘平長実は織田秀信に仕え、慶長五年八月二十一日に岐阜で戦死。妻は竹中重門の娘。嫡男の飯沼小勘平長資も、父と同日に戦死。次男の飯沼勘平長重は、福島正則、徳川義直に歴仕（『美濃明細記』）。赤座氏の夫はこの長重かと思われる。

明石掃部頭《あかし かもんのかみ》
→「大坂城中の五人衆」の項。

明石清左衛門《あかし せいざえもん》
長宗我部盛親の家人（『土佐国編年紀事略』）。

慶長二十年五月六日、八尾表合戦で軍功を立てた（「平山家文書」明石清左衛門覚書）（「大坂城中の五人衆」の「長宗我部宮内少輔盛親」の項参照）。

落城後、江戸表で仕官運動の結果、伊予松山（寛永十二年に入封）の松平定行に知行五百石で仕えることとなった。

子孫は大和龍田の片桐家の家臣となったという（『土佐国編年紀事略』）。

明石丹後守全延《あかし たんごのかみ たけのぶ》
明石掃部助全登の兄（『土佐諸家系図』）、または全登の季父（「土佐国諸氏系図」）とされる人物だが、実在は疑わしい。

慶長五年九月十五日、関ヶ原合戦で、全登とともに宇喜多秀家の先陣にあって、福島正則勢と交戦した（「大三川志」）。宇喜多家の滅亡により牢人（『武徳編年集成』）。

慶長十九年十一月十九日朝、全延が他出中の穢多崎砦を、蜂須賀至鎮勢が襲撃した（『阿淡年表秘録』）。砦の番兵は船場へ敗走し、全延の番船二十艘も追い払われた（『武徳編年集成』、「大三川志」）。なお「森氏古伝記」によると、全登が穢多崎砦の大将となり、兵二千人で警固していたが、登城出仕の最中に蜂須賀勢が襲撃したとされる。

慶長二十年に陣没（「土佐国諸氏系図」）。

全延の実在については、確信を持てる史料がない。『大坂御陣覚書』によると、慶長十九年、福島の堤に船手の奉行丹後という者があった。ここから明石全登の弟明石丹後守全延や、樋口雅兼の弟樋口丹後守兼興が創作されたとも考えられる。ちなみに『御給人先祖附』に、播磨明石城主明石左近太夫の嫡男明石丹後守（号は桂立）、「秋月藩御系譜略伝」に、播磨明石城主明石越前守尚行の子明石丹波守景行（号は道和）の名が見えるが、全延とは別人である。

明石長左衛門《あかし ちょうざえもん》
播磨国明石郡枝吉の出自。

初め豊臣秀次に仕えたが、秀次が自害したため、牢人。

その後、大坂城に籠り、讃岐に落ち延びた。

次いで、伊予松山で加藤嘉明に知行四百石で仕え、普請奉行を務めた。後に致仕して讃岐で死去。

子孫は久留米有馬家の家臣として続いた。家紋は蛇の目、丸の内竹雀（「御家中略系譜」）。

明石内記《あかし ないき》
明石掃部頭の次男（『続日本殉教録』）。霊名パウロ（『芸備キリシタン史料』所載「一六一八年 コーロスの書簡」）。

慶長二十年五月六日、父とともに誉田表へ出役(「続遺老物語」所載「今多清兵衛覚書」)。

大坂落城の時、年の頃は二十歳ほど。戦乱を脱出して変装して各地をさまよったすえ、義理の兄弟がいる筑後を目指した(『芸備キリシタン史料』所載「一六一八年コーロスの書簡」)。掃部の子が筑後を目指したのは田中忠政家中某の婿であったためであり、その途中、周防国吉敷郡秋穂在住の掃部の姉(伊賀左衛門尉の女房)の所に立ち寄ったといわれる(「明石全登子公儀より御尋につき書状継立」)。筑後に到着した後、管区長代理ジェロニモ・ロドリゲス神父に書簡を送った(『芸備キリシタン史料』所載「一六一八年コーロスの書簡」)。

元和二年、大坂の残党として、明石内記の捜索が西国諸国に伝えられた。内記が長崎の宗仙方に落ち延びたとの情報があったため、大村純頼が幕命により大村彦右衛門を長崎に派遣して調査させた。その結果、宗仙から「内記は長崎に来たが、それから福島正則の家臣佃又右衛門方に去った」との証言を得た(「大村家覚書」)。内記の逃亡に関与したと見られる修道士の木村某(霊名はレオナルド)や、掃部の旧臣でフランシスコ・パチェ神父のもとで働いていた某(霊名はディオゴ)が投獄された。ディオゴは、有馬で内記と一緒にいたところを目撃され、内記のために船を用意して肥後に行くよう世話したとして、罪科を問われた。大村家と長崎奉行長谷川藤広は連携して追及を強化し、ディオゴから「内記は広島に行ったと思う」との証言を得た(『芸備キリシタン史料』所載「一六一八年コーロスの書簡」)。そこで大村家は役人を派遣して広島で三日間捜索したが、内記を発見することはできなかった。やむなく福島家中から「内記は広島に来たが、また立ち退いて行方が分からない」との証文を得て、これを本多正信に報告した(「大村家覚書」)。広島では内記の隠匿に関与したとして、佃又右衛門とその家族、神父の石田某(霊名はアントニヨ)らが捕えられ処刑、あるいは投獄された(『芸備キリシタン史料』所載「一六一八年コーロスの書簡」)。

その後、浅香小三郎と変名して陸奥国江刺郡高田村に居住し、医術を以て渡世した。やがて江刺郡伊出村の菊池六右衛門方中町に居所を移し、十右衛門と改名した。寛永十七年五月、公儀の命を奉じた伊達家から六右衛門に、十右衛門を尋問のため仙台に連行するようにとの下命があった。折から十右衛門は罹病しており、途中で病状が悪化したため、飛脚を以て報告が上げられた。そこで、武田貞信、高屋松菴、武田道宅が途中まで派遣され、志田郡古川で十右衛門に面会し、尋問すると「私は明石掃部の子、内記という者である」との供述があった。五月十四日、身柄は仙台に到着した。五月十五日、仙台から江戸に向けて護送された。川島景泰、小泉意安が護送の任にあたり、六右衛門もこれに同道した。五月二十日、途中の須賀川駅で病死。死骸は塩漬にされ、江戸の下屋敷に送られた。公儀に処置を伺ったところ、死骸は取り捨ててよいとのことで、正心寺に埋葬された。

気仙で娶った妻は一女一男を産み、寛永十五年に死去。伊出村の的叟寺に埋葬された。なお、妻の母は菊池六右衛門に預けられた。

娘は寛永十五年に死去。母と同じ寺に埋葬された。

子の権六は寛永九年に誕生。寛永十七年、父と同様に伊達家に捕えられた。六月四日付で伊達家の古内重広、津田頼康は「明石内記の子が罹病したので玄清に診断させたところ、当座の風邪とのことで、これも上聞に達した」と茂庭良元らに報告している。仙台の長町河原で斬首された（『伊達治家記録』）。

明石八兵衛《あかし　はちびょうえ》

明石掃部頭の弟（『土屋知貞私記』）。

慶長五年の戦役以後、掃部頭は筑前で黒田長政に庇護された。家臣の明石半左衛門、明石次郎兵衛、和気五郎兵衛、池太郎右衛門信勝、沢原善兵衛、沢原仁左衛門、嶋村九兵衛も、筑前国下座郡に随行した。

その後、掃部頭に従い大坂籠城（「池家譜」）。年の頃は三十歳ほど（『土屋知貞私記』）。

慶長二十年五月六日、後藤又兵衛配下の小組頭として山川帯刀、北川次郎兵衛、青野清庵、大谷大学、植木六右衛門とともに道明寺表に出役（『土屋知貞私記』）。あるいは明石掃部頭とともに誉田表へ出役（「続遺老物語」所載「今多清兵衛覚書」）。同年に戦死（『土屋知貞私記』）。

「京極家物語書留」、『関原軍記大成』によると、五月七日に鴫野方面で京極忠高の家臣汀三右衛門に討たれたという。

なお『寛政重修諸家譜』によると、明石掃部頭の弟某は、主従五人で大坂を遁れ、相模三浦に隠れていたが、米倉永時に逮捕、送致された。八兵衛との関係は不明。

赤星三郎武重《あかほし　さぶろう　たけしげ》

肥後国菊池郡の出自。赤星肥後守統家の子。

慶長八年に誕生。鎌可と号した。

菊池家の衰微により島津氏を頼り、日向都城に移住した。島津氏から、延寿国村の太刀（銘輪切）を与えられた。

家士の鑓光勘解由、斎藤民部、金子蔵人は、相談して駿府に下向して家康への仕官を工作した。島津家中の新納忠元（慶長十五年に死去）も仕官支援のため駿府に至り、本多正純の与力岡本大八を頼ったが、慶長十七年三月、何ら進展がないうちに岡本は処刑された。

その後、斎藤は日向に帰り、鑓光、金子は駿府に滞在して工作を続けた。依然として進展がないまま、慶長十九年、鑓光と金子は日向に戻り、十二歳の幼主武重を奉じ、家族を引き連れて大坂に入城した。武重は、秀頼に拝謁し、かつて島津氏より献上された鎧、馬を賜与され、組子を付属された。鑓光ら家士三人へも鎧、馬が下賜された。鑓光は、戦勝後の菊池家の旧領回復を請願した。

十二月十六日、本町橋通の夜討ちに、鑓光ら三士も参加。鑓光は敵一人に鑓を付け、翌日、秀頼から竹流金数枚を下賜された（『菊池系図』）。

慶長二十年五月六日、赤星三郎は八尾表合戦で藤堂高刑を討ち取った（『難波戦記』）。木村重成が敗北した後、長宗我部盛親とともに士卒を指揮して撤兵した。

五月七日、天王寺表合戦に出役。真田信繁、毛利吉政と軍法の約を定め、一番は真田、横鑓は毛利、菊池、二番は毛利、横鑓は真田、菊池、三番は菊池、横鑓は真田、毛利としたという。敵との鑓合わせでは左鬢先を突かれて危うかったが、斎藤が敵の鑓を打ち落としたので、ついに敵の首を斬獲した。

落城後、三士を伴い、筑前の黒田長政を頼った。黒田家で牢人分千人扶持の助成を受け、現米五百石を支給された。後に改めて知行千石を与えられた。赤星兵部と改名した。

大坂牢人探索の公命により、那須山中に遁れて蟄居。

後に細川忠利に招かれ、牢人分二万二千五百石を与えられた。

寛永五年一月より大坂城普請に勤役。帰国後、千五百石を加増された。

後に故あって細川家を退去し、伊予で蒲生忠知（寛永十一年に死去）より、五十人扶持方現米五十石、あるいは七十石を支給された。

この頃、赤星助之進と改名した（『菊池系図』）。

右の『菊池系図』の記事は、誇張と虚飾に満ち信頼性に欠けるが、『蒲生御支配帳』に、伊予蒲生家中で、赤星助之進（知行二百石）の名が見えることから、少なくとも実在は確認できる。

赤星内匠《あかほし　たくみ》

筑紫侍。

大坂冬の陣に大野治房の持ち口に走り込んだ。いろいろ吟味の上、治房組に付属された。十二月十六日、本町橋通の夜討ちに参加し、敵と闘ったが首は取らなかった。

後に六十歳ほどになって肥後に下り、長岡是季に「私の夜討ちでの働きは紛れもないので、証人となって証文をいただきたい」と願い出た。是季が「その方が大坂に走り込んだのは覚えている。しかし、夜討ちの首尾がよかったかは知らない。翌十七日の御吟味には出られたか」と尋ねると、「十七日に御吟味があったとは存ぜず、二十日に御吟味があると聞いて、そちら様へ出頭すると『内匠の働きの様子は認識しており、治房に申告している。まず待たれよ。後日改めて認定しよう』と言われたので、そのままにしていた」とのことだった。是季が、「その事は全く覚えがない。少しでも思い当たる節があれば、証拠がないとは言わないのだが」と言うと、「それでは起請文を提出する。その上ならば御疑いもありますまい」と食い下がった。しかし、是季は「昔から武士の働きを認定するのに、証拠がないまま起請文だけですんだ事はない」として、ついに証文は出さなかった（『綿考輯録』）。

赤星内匠と赤星武重が同一人物かどうかは不明。なお「大坂夜討事」に、十二月十六日に功名が認定された二十三士の一人として菊池某が見えるが、これが両赤星と同一人物かは不明。

赤堀五郎兵衛《あかほり　ごろ（う）びょうえ》

後藤又兵衛の家来。

慶長十九年十一月二十六日、今福口に出役。鑓を合わせて負傷した（「鴫野蒲生表戦覚書」）。

慶長二十年五月六日、後藤の先手山田外記に属して、安宿郡片山で戦った（『大坂御陣覚書』）。

落城後、徳川頼宣に仕えた（『土屋知貞私記』、『紀侯言行録』）。

ちなみに、延宝四年当時、紀州家の大番に赤堀五兵衛（三百石）がいる。また、番外に五郎兵衛の子赤堀雲平がいる。五郎兵衛の子孫と思われる（『和歌山分限帳』）。

赤松伊豆守祐高《あかまつ　いずのかみ　すけたか》

赤松氏支流。播磨国揖西郡の龍野城主赤松下野守政秀の子。赤松左兵衛督広秀の兄。

永禄二年に誕生（「赤松諸家大系図」）。諱は則友ともされる（『難波戦記』）。初め伊豆太郎、平兵衛を称した。初め半田山象鉢（家鼻）城にいた（「赤松系図」）。

後に秀吉に仕え、文禄元年、肥前名護屋城に在番し、本丸広間番衆馬廻組の三番真野宗信組に所属（『太閤記』）。

次いで秀頼に仕えた（「赤松諸家大系図」）。大坂七組の真野宗信、同頼包組に所属。知行千石（「諸方雑砕集」、『難波戦記』）。

慶長十九年、大坂籠城。

慶長二十年五月二十八日に播磨国揖東郡網干の鶴立山大覚寺で自害（「赤松諸家大系図」）。法名は常光院殿前豆州太守源翁宗閑大居士。

長女は鈴木豊前守の妻。

長男の赤松帯刀祐俊は、初め伊豆太郎、下野を称し、後に半田郷士となり、太郎左衛門尉を称した。西山に住み、慶長三年、荒尾但馬守の婿になったという。その子赤松新兵衛俊隆は、初め伊豆太郎、後に小殿司を称した。半田郷士となり西山に住み、寛永三年、下町に還住した。

次男は半田一郎祐光（「赤松系図」）。

赤松小左衛門《あかまつ こざえもん》

大坂籠城。城北警固の寄合衆の一人（『難波戦記』）。

赤松宗庵《あかまつ そうあん》

播磨の赤松家庶流。母は高台院に仕えた孝蔵主とされるが、信憑性に欠ける。

慶長末年、秀頼に従い、大坂籠城。

落城後、伊予松山に退去して医業を営み、宇野氏に改めた。

長男の赤松永三順則は、妹婿山本道半豊泰の推薦で徳川光圀に仕え、茶道、薬坊主、医師として勤めた。正徳四年八月六日に死去。享年七十九歳。

次男の辻岡十左衛門は、井伊直興に仕えた（「水府系纂」）。

赤松孫次郎貞義《あかまつ まごじろう さだよし》

赤松氏嫡流。播磨国飾磨郡の置塩城主赤松上総介則房の子。諱は貞氏ともされる。天正十六年に誕生。

慶長五年の戦役以後、播磨国飾東郡妻鹿村に蟄居した。

その後、大坂城に籠り、元和六年、伊予宇和島に下向した。この時、赤松家伝来の白旗を播磨の書写山十地坊に預け置いた。

寛永二年八月十九日に病死。

嫡男の赤松忠兵衛義次は、元和元年に誕生。初め宇兵衛を称した。諱は忠次ともされる。元和六年、父に伴われ宇和島に下向した。万治元年、伊達秀宗に出仕した。寛文七年五月十九日に死去。享年五十三歳。その子赤松十郎左衛門義直が筑後久留米で有馬頼元に仕え、子孫は有馬家の家臣として続いた（「御家中略系譜」、『米府紀事略』所載「元禄十四年九月廿九日赤松十郎左衛門義直書上」）。

秋田左次右衛門《あきた さじえもん》

秋田実季の親類で、秋田修理進季勝（号は休斎）の兄弟（『土屋知貞私記』）。あるいは実季の甥（「摂戦実録」）。諱は良盛とされる。

大坂籠城。寄合衆に列し、城東警固の寄合衆の一人（『難波戦記』）。年の頃は四十余歳で、五十歳に近かった。侍五十人ほどを預かった（『土屋知貞私記』）。

安芸忠左衛門重房《あき ちゅうざえもん しげふさ》

土佐国安芸郡野根村の甲浦城主安芸左衛門尉長宗の子（『皆山集』所載「安芸家系」）。あるいは野根村八幡城主安芸和泉長俊の子（「土佐諸家系図」）。

初め秀吉に仕え、後に豊臣秀保に知行二千石で仕えた（『皆山集』所載「安芸家系」）。

　文禄四年四月に大和郡山豊臣家の断絶により、大和衆は牢人となり、忠左衛門らは秀保の生母方に詰めた（『駒井中書日次記』）。

　後に秀頼に仕え、大坂籠城。落城後、江戸に下向して医官となった（「土佐諸家系図」）。一説に、秀保の死後、土佐に帰国し、山内忠義に知行六百石で仕えた。

　曽孫は医師となり、道庵宗説と号して江戸に移住した（『皆山集』所載「安芸家系」）。

芥川主税助元良《あくたがわ　ちからのすけ　もとよし》
　摂津国島上郡芥川城主芥川豊後守の次男。小野薬師別当正知の次弟。
　秀頼に仕え、慶長二十年五月に戦死。子の芥川新三郎元成は浅野長重に仕えた（「諸系譜」）。

明渡五右衛門《あけど　ごえもん》
　明渡太郎大夫信虎の子。父の信虎は、元来駿河国駿東郡の人で、紀伊国名草郡山口荘に来住し、荘内の人々を糾合して六ヶ郷（黒谷、西、谷、里、滝畑、中筋）の井梁を造った（『紀伊続風土記』）。

　明渡五右衛門は、姉の子山口兵内朝弘（重安の子）に従って大坂籠城。慶長二十年五月七日、子の明渡佐平次とともに戦死（『山口喜内興廃実録』）。

　明渡氏は名草郡山口荘平岡村の蔵王権現社宮守を務め、子孫は現代に続いている（『紀伊続風土記』）。

　姉は山口喜内重安の妻。一揆の首謀者として重安が処刑されると、高野寺領のつてを頼って那賀郡鞆渕に隠れたが、山口家譜代の山家新左衛門が、累恩を忘れて隠れ家を浅野家に出訴したため、捕えられ処刑された（『山口喜内興廃実録』）。

浅井熊之助《あざい　くまのすけ》
　浅井周防の惣領（『山内家史料』所載「御記録」）。諱は長頼（「諸系譜」）。

　慶長十八年、江戸で山内忠義に召し出され、土佐で知行千三百石を与えられた。

　慶長十九年春、生駒正俊の奉公構により賜暇、そのまま大坂に上った（『山内家史料』所載「山内家四代記」、『同』所載「御記録」）。

　慶長二十年五月七日、父の組に属して天王寺表に出役（「鵜川宗宥覚書」）。

　ちなみに、徳川頼宣の家臣に浅井熊之助がいる。知行六十石（『国初御家中知行高』）。寛永五年八十石、正保三年三百石に加増された。承応元年八月に病死（『南紀徳川史』元和八戌御切米帳姓名終身調）。周防の子熊之助と同一人物かは不明。

浅井甚内《あざい　じんない》
　近江の人浅井新兵衛の子。

　曽祖父の浅井大和守は、浅井亮政の娘を娶り、祖父浅井越中守が生まれた。その子が父の新兵衛。

　浅井甚内は、慶長十九年、大坂城に籠り、後藤又兵衛組に所属。

　十一月二十六日、今福口合戦で後藤組の久世民部、矢野和泉守組の竹村左兵衛、同組の柳原庄兵衛らとともに敢闘した。

　娘は美作の菅藤四郎佐親に嫁いだ（『美作古城史』所載「菅家文書」）。

浅井周防《あざい　すおう》
　近江浅井氏の一族。出自については以

下の諸説がある。
(一)浅井長政の次男で、母は織田信秀の娘(『浅井氏家譜大成』、「諸系譜」)。あるいは浅井長政の落胤で、淀殿、秀忠の室崇源院の連枝《れんし》(『武徳編年集成』)。京極高次の室常光院の弟(『御家覚書』〔注1〕)。崇源院の弟(「大津篭城」)。長政の子であれば、天正二年以前の誕生となり、また、常光院、崇源院と同腹であれば、元亀二、三年の誕生と推定される。
(二)淀殿の従弟(「摂戦実録」)。淀殿の縁者(『駿府記』)。
(三)長谷川藤十郎の子で、生母は常高院。美濃から退去した後は、常光院が深く匿い大津にも伴った。高次からは捨子と名付けられ、常高院の名字浅井氏を称した。常光院は藤十郎の妻であったが、信長に攻め落とされた後、高次に再嫁した(『京極家聞書』〔注1〕)。常高院が信長存生中に嫁ぎ、出産するには、年齢的に無理がある。

*

浅井井頼は、幼名喜六(『御家覚書』、「大津篭城」)。初め喜八郎〔注2〕、後に周防。諱は井頼〔注3〕(「金刀比羅宮文書」)。

初め大和郡山で、豊臣秀長に知行六百石で仕えた。

後に郡山に入部した増田長盛に出仕することとなったが、それに先立って友人が寄り合い、互いの立身について談じた。その際、「浅井は本知六百石から少々は立身するだろう」と評されたため、気を悪くして「出仕はするまい。山林に蟄居しよう」とまで思い詰めたが、それから六日目に三千石が与えられた(『武家事紀』)。

その後、讃岐の生駒一正に仕えた(『山内家史料』所載「山内家四代記」)。
浅井喜八郎井頼の署名で、象頭山金毘羅大権現の別当金光院に那珂郡買田村のうち高十石分を寄進した。

慶長十二年四月二日、浅井周防井頼の署名で、同院に那珂郡七ヶ村真野の内高十石を寄進した。右は買田村のうち十石の代替と思われる。十月二十日、真野のうち高五石を追加で寄進(「金刀比羅宮文書」)。

生駒家を牢人して剃髪し、谷川道有と号した。

慶長十八年、江戸で山内忠義に召し抱えられ、船で土佐へ下向。合力現米三百石を給せられ、惣領の浅井熊之助には千三百石が与えられた。

慶長十九年春、生駒正俊の奉公構により、江戸から父子ともに賜暇の命があり、土佐を退去してそのまま大坂に上った(『山内家史料』所載「山内家四代記」、『同』所載「御記録」)。

十月、大坂入城(『駿府記』)。当初は小身者で、五騎または十騎程度を預かった。大野治長に面会して城の塀裏を警固したが、後に牢人や騎馬の者を追加され(『大坂陣山口休庵咄』)、百騎以上を預かった(『長沢聞書』)。寄せ手の生駒正俊は生玉庄内の大手筋に陣を構えたが、その際、家臣の生駒将監が浅井周防と言葉を交わした(『生駒記』)。

慶長二十年五月七日、毛利吉政の左先頭となり、幅五十間ほどの堀切を前にして、天王寺東門口に備えを立てた(「鵜川佐大夫大坂役天王寺陣場図」)。組中指物は幅九尺の白撓で、上から一尺の所に黒い筋が一本付いていた。

組下の鵜川左大夫宗宥は、鹿角の武者を突き留め、それが後に本多忠朝であるとされた(「鵜川宗宥覚書」)。組下の宮井善助祐綱は、伊達政宗の家臣を討ち取った(「紀州家中系譜並ニ親類書書上」宮井孫九郎系譜）。

落城後、若狭小浜の京極忠高の領内に蟄居。剃髪して作庵と号した（『武徳編年集成』）。五百石を給せられた（『京極忠高分限帳』）。

寛永十年七月二十一日、常高院は忠高への書置の中で、「作庵については、何の御用にも立たず、今までわずらわしい面倒ばかりかけながらも、お見捨てなく過分の知行までいただいてきた事、我が身への合力と存じております。不肖の者ではありますが、いよいよこの先も、今までどおり目をかけていただきたく頼み入ります」と懇請している（『常高寺文書』）。右からも、常高院にごく近い縁者であることは疑いない。

寛永十一年、京極家の転封に伴い出雲に移り、引き続き五百石を給された（『京極家雲州国守時代藩士禄高』〔注1〕）。

寛永十四年、京極高和が播磨竜野で忠高の家跡を継いで以降、三百石を給せられた（『播州龍野給人帳』〔注1〕）。竜野城南西に九百八十五坪、東西二十七間、南北三十六間の屋敷があった（『播州龍野之図七枚入』〔注1〕）。

万治元年に京極家が讃岐丸亀に転封されたため、丸亀城内堀の西、仮橋御門前の屋敷に移住した（『御家覚書』）。

寛文元年五月十六日に死去。法名は禅徳院殿実岩道意居士（『丸亀玄要寺過去帳』〔注1〕）。天正二年、または元亀二、三年の誕生とすれば、享年八十九、または九十一、九十二歳と高齢での死去となる。

惣領は浅井熊之助（『山内家史料』所載「御記録」）〈「浅井熊之助」の項参照〉。

子の浅井周防守長章は、牢人のまま死去（『浅井氏家譜大成』、「諸系譜」）。

妾腹の娘は、丸亀で誕生し、名村玄達に嫁いだ（『御家覚書』）。一説に、慶長二十年、大坂の陣で拾った十三歳の女子を、医師南村玄達に娶せたという。玄達に嫁いで出生した男子は、浅井勘十郎を称して作庵の知行三百石を継承したが、後に罪科により切腹。その弟権右衛門が遺跡のうち百五十石を継承した（『京極家聞書』）。

『駿府記』によると、慶長二十年五月八日に秀頼に殉死した新座衆中方将監、同半兵衛のうち、将監は浅井周防の子という。『土屋知貞私記』、『大坂御陣覚書』には、中高将監、同半三郎とあり、「慶長二十年五月十五日付細川忠興書状別紙」（『綿考輯録』所載）には、あざい喜八郎、同半兵衛とある。将監の父浅井周防やあざい喜八郎が本項の浅井周防と同一人物かは不明。

〔注1〕浅井井頼については、先行研究として直井武久氏の「淀殿の弟――浅井作庵と京極家――」（『香川県文化財協会報』昭和六十二年度特別号）があり、本項が参照した史料『御家覚書』、『京極家聞書』、『京極家雲州国守時代藩士禄高』、『播州龍野之図七枚入』、『丸亀玄要寺過去帳』は、同論文での引用による。

〔注2〕井頼と若名が同じ浅井喜八郎という人物として、（一）から（三）がある。

（一）浅井喜八郎は、天正十年六月、羽柴秀勝に属して藤堂高虎、渡辺了、高田孫十郎、大橋茂右衛門らとともに山崎合戦に出役（『大日本史料』所載「新撰豊臣実録」）。天正十一年四月、赤尾孫介、西脇弥五助、渡辺了、浅野日向らとともに賤ヶ岳合戦に出役、敵を追尾して鑓を合わせた（『渡辺水庵覚書』、『南紀徳川史』所載「落合卜庵物語」、『太閤記』、『長沢聞書』）。落合卜庵は右の喜八郎を武功の者と記しており、当時二十二歳だった渡辺水庵も、喜八郎に柴田の本陣を衝くべきか相談している。井頼が長政の子とすれば、天正十、十一年は十歳程度で、右の喜八郎と同一人物とは考え難い。天正十五年、佐々成政は諸国牢人を多数召し抱えて肥後に入国した。合志郡弓削城の一揆勢を攻めた時、佐々勢から水野勝成が一番に乗り出し、浅井喜八郎、岡田将監らがこれに続いた。喜八郎は託磨郡竹の宮での合戦にも出役したが、遅着のため戦闘には間に合わなかった（『水野日向守覚書』）。井頼が長政の子とすれば天正十五年には十五歳程度で、参戦可能ではあるが、右の喜八郎と同一人物かどうかは疑問である。

（二）浅井喜八郎は、浅井長政の一族。その子寿幸は、慶長元年に創建された京都三条の慈雲山瑞蓮寺の開基（『全国寺院名鑑』）。

（三）浅井喜八郎は、播磨龍野城主石河紀伊守光元の岳父。浅井氏は光元の子石河十三郎清平を産んだ（『尾藩諸家系譜』）。清平は光元の遺産を承け、京都に閑居した。法名は怡讃（『士林泝洄』）。石河光元の岳父喜八郎が（二）の寿幸の父喜八郎と同一人物かは不明であるが、少なくとも（二）、（三）ともに井頼より年齢が上でなくては整合性に欠ける。むしろ（一）の天正十年六月から天正十五年に至る一連の事跡を残す喜八郎と同一人物のように考えられる。

〔注3〕井頼の読みは「イヨリ」が一般的であるが、『名乗辞典』に、美濃刀匠兼井を「カネキヨ」と読む事例が掲げられており、「キヨヨリ」と読んだ可能性もある。

浅井兵左衛門《あさい ひょうざえもん》

大和国広瀬郡細井戸の平尾城主細井戸右近丞の子。

父の右近丞は、慶長八年八月十日に死去。法名は泉玉存井信士。妻は慶長二十年五月十九日に死去。法名は梅岳慶春信士。

浅井兵左衛門は、興福寺の僧坊窪転経院の主人だったが、元和元年に大坂籠城。

寛永十八年二月十六日に京都で死去。

長男の浅井道節は、後に細井戸水庵と号した。医業を以て伊予で仕官した。

次男の浅井庄五郎は、後に兵左衛門を称した。甲府徳川家に仕えた。後に細井戸氏を称した（『根来東悦行寛系図』）。

浅香治兵衛真乗《あさか じひょうえ さねのり》

近江国伊香郡井口村の出自。井野口左京経玄の長男。

父の経玄は、井口越前守経親の子で、生田右京亮経尚の次弟。豊臣秀次、京極高次、同忠高に歴仕した。慶長五年の大津籠城、慶長二十年の大坂の陣に供奉した。後に浅香氏を称した（『江州中原氏系図』、「大津篭城」、「浅井一政自記」）。経玄の妻は津田右衛門佐（犬山鉄斎の子）の長女（『織田家雑録』）。

浅香真乗は、秀頼に仕えた。落城後、徳川義直に知行二百石で仕え、馬廻を務めた。寛文十九年十一月二十五日に死去。

子の浅香右衛門が、後に井野口六郎左衛門宣依を称し、義直に仕えた。累進して知行二千五百石、城代まで務めた。子孫は尾張徳川家の家臣として続いた（『士林泝洄』）。

浅香勝七《あさか しょうしち》

近江の井野口弾正の子。井野口左京の弟（『尾張諸家系譜』）。一説に、越後の人で、上杉謙信の譜代筋の者（『土屋知貞私記』）。初め京極高知に仕えた（『尾張諸家系譜』）。後に秀頼に仕え、小姓を務めた（『青地牛之助物語』）。

慶長十六年三月、秀頼の上洛に供奉（『秀頼御上洛之次第』）。

大坂城に籠り、物頭を務めた。年の頃は五十歳ほど（『土屋知貞私記』）。

慶長二十年五月七日、天満口から備前島付近を仙石宗也、大場土佐、武光式部、生田茂庵らとともに三千人で警固した（『武徳編年集成』）。

浅香次郎市経信《あさか じろ(う)いち つねのぶ》

浅香治兵衛真乗の次男。徳川義直の家臣井野口六郎左衛門宣依の兄。初め次郎市、後に治兵衛を称し、致仕後は川田清香と号した。

秀頼の近習を務め、落城後、義直に知行五百石で召し出され、寄合に列せられた。その後、病気により致仕し、二十石の月俸を給せられた（『士林泝洄』）。

浅野小平太《あさの こへいだ》

大坂城士。後に五郎右衛門と改めた。

慶長十九年十月十三日、赤座永成、真木嶋昭光は、堺の今井宗薫邸を囲んだ。片桐且元の家臣多羅尾半左衛門が防戦に努め、今井邸の塀に乗る敵を鉄砲で三人まで撃ち落とした。四人目の小平太は半左衛門とほぼ同時に鉄砲を放ち、小平太の玉が、半左衛門の股に当たった。半左衛門は長刀で立ち向かったが、小平太の父がこれを突き留め、小平太に首を取らせた（『武家事紀』）。

朝比奈兵右衛門正次《あさひな ひょうえもん まさつぐ》

京都所司代板倉勝重の間諜。諱は正成ともされる。

偽って牢人となり、慶長十九年、大坂城に入り、伊東長次が抱えた人数に紛れ、城中の情報を巨細となく通報した。

慶長二十年は、樋口雅兼に属して諜報活動に従事した（『寛政重修諸家譜』、「落穂集」）。

芦田作内《あしだ さくない》

芦田宗内〔注〕の子（『美作古城史』所載「津山中尾氏先祖書付覚」、『森家先代実録』）。美作で出生（『吉備温故秘録』）。

宇喜多秀家に仕え、浮田河内家久組に属し、慶長二年に百五十石の加増、慶長四年に四百石の加増があり、合計八百石を知行した。鉄砲衆三十八人と鉄砲衆の知行千五百二十石を預かった（『浮田家分限帳』、「慶長初年宇喜多秀家士帳」）。知行所は美作国西北条郡内という（『美作古城史』所載「津山中尾氏先祖書付覚」）。

慶長五年九月十五日、宇喜多秀家が関ヶ原から伊吹山中に落ち延びた際、作内ら七人が随行した。しかし、秀家は作内が意に沿わないため、手巾を与えて谷底に水汲みに行かせている間に置き去りにして先に立ち退いた（『吉備温故秘録』）。その後、作内は弟の芦田源兵衛とともに苫南郡田辺郷の父宗玄方まで逃げ帰った（『美作古城史』所載「津山中尾氏先祖書付覚」）。美作国苫南郡田之村（苫南郡田辺郷東田辺村か）の地庄官となった（『森家先代実録』）。邸跡が東田辺村湯原にあった（『作陽誌』）。

慶長十九年、大坂の召募に応じて、弟の源兵衛とともに籠城した（『美作古城史』所載「津山中尾氏先祖書付覚」）。

慶長二十年四月二十九日に樫井合戦で戦死（『駿府記』）。浅野忠知の足軽頭松宮勝助が作内を組み討ちにしたという（『浅野家諸士伝』）。郷里では弟の源兵衛とともに行方不明とされた（『美作古城史』所載「津山中尾氏先祖書付覚」、『森家先代実録』）。異説として、「杉伝来記」では、作内は備中国英賀郡水田村で死去したという（『美作古城記』）。

元和二年に森忠政が完成した津山城に入ると、大坂籠城の者の詮議が実施された。これにより親の宗玄は捕えられ、ついに獄死した(『森家先代実録』)。

宗玄の娘三人のうち、一人は沢田村大塚与右衛門の妻、一人は田辺村湯原に残り、その子芦田孫惣の子孫が同所で続いた(『美作古城史』所載「津山中尾氏先祖書付覚」)。

〔注〕『美作名門史』は宗内を芦田作内家隆の号とし、以下の事跡を記す。家隆は宇喜多能家の家臣芦田左近家命の次男で、嫡男芦田右馬允家次の弟。兄弟ともに美作国真島郡津田村上山の都我布呂城を守護したが、毛利氏に攻略され、西々条郡沖構城に移った。家次は苫南郡田辺郷に蟄居し、家隆は市三郎兵衛の援兵として真庭郡の宮山城に籠ったが、落城後は真庭郡に治名村に居住し、宗内と号して帰農した。文禄三年十月十二日に死去。

網代権兵衛《あじろ ごんひょうえ》

権之助ともされる(「摂戦実録」)。大坂籠城。寄合衆に列し、城北警固の寄合衆の一人(「諸方雑砕集」)。

網代弥兵衛元清《あじろ やひょうえ もときよ》

永禄七年に誕生。大野治長の使番。慶長二十年五月七日、天王寺表合戦で、小笠原秀政の家臣小笠原隼人政直に討たれた。享年五十二歳(「笠系大成附録」)。

安宅源八郎《あたぎ げんぱちろう》

大坂城士。

「安宅系図」、『安宅一乱記』、『安宅由来記』、『紀伊続風土記』および「南紀古士伝」など、紀伊に伝来する説による安宅左近丞信定(一)と、その他の史料に散見される安宅源八郎(二)は同一人物を指すと思われるが、以下の通り、所伝の事跡に異同がある。

(一)安宅信定は、紀伊国牟婁郡安宅村の出自。安宅、川辺近隣四十余郷を領知する安宅左近丞春定の養嗣子で、実は弟。初め源八郎、玄蕃を称した(『安宅由来記』)。

父の春定は、兄の安宅玄蕃亮重俊に実子がなかったため、その養嗣子となった。玄蕃丞とも称した(「安宅系図」)。天正十三年、秀吉の紀伊平定により養父の重俊は本知を没収されたが、春定には秀吉から知行千八百石余(『安宅由来記』)、または千七百石が与えられた(『安宅一乱記』)。また豊臣秀長に付属されて熊野八人衆の一人と数えられ、京、伏見に交代で勤番したが、慶長五年の戦役以後、改易された。大坂京橋番を務めたが、牢人となり安宅村で死去。あるいは上方で死去(注)(『安宅由来記』)。

安宅信定は、大坂の陣の時は、牢人で安宅村にいた。鉄砲八十挺を持参し、田辺の浅野氏重に従軍を望んだが許されず、立腹のあまり鉄砲六十挺に家人を連れて大坂城に入り、秀頼に拝謁した。馬上十騎、足軽五十人(『安宅由来記』)、または馬上五十騎、足軽百人を預けられた(『安宅一乱記』)。

落城後、伊勢鳥羽に蟄居していたが、浅野家の詮議は厳重を極め、安宅村近隣の庄屋、年寄などが人質として投獄された。その頃、累が及ぶことを恐れて安宅の一類家人などと名乗り出る者はなかったが、代々の家老矢田縫殿丞だけは申し出て牢に入ったので、その覚悟を称賛された。事の次第を聞いた信定は、「自分一人のために大勢に難儀が及ぶことは本意にあらず」として、浅野氏重に申し出て、牟婁郡日置浦の長栄山正光寺に至って自害した。これにより投獄されていた者は皆、赦免された(『安宅由来記』)。

妻は矢田縫殿丞の娘（「安宅系図」）。

嗣子の安宅左近助重春は、実は信定の弟。大坂落城の時、十八歳で伊勢鳥羽に蟄居していたが、信定が切腹して一族は赦免となったとの知らせが矢田縫殿丞よりあったので、秘かに牟婁郡田辺宿浦まで戻った。宿所に難儀していたが、以前家老だった中村淡路守の孫中村又兵衛が身代わりに自害したため、元和八年、ようやく安宅村に帰還した。佐左衛門と改め、帰農した（『安宅一乱記』）。法名は梅室意薫大居士。妻は矢田太右衛門の娘。子孫は地士となり安宅村に続いた（「安宅系図」）。

（二）安宅源八郎は、秀吉に仕え、文禄元年、肥前名護屋城に在番し、三の丸御番衆馬廻組の五番中井平右衛門尉組に所属（『太閤記』）。

河内国交野郡舟橋村百石、上山城（綴喜郡）高舟村二十八石の知行所について、秀吉から朱印状を拝領した。高船村の朱印状は後に片桐且元が預かった。また、近江国栗本郡内七十二石の知行所の替地として交野郡津田村内で五十七石六斗を与えられ、小出吉政、片桐且元から切手を発給された。大坂七組の青木一重組に所属（「青木民部少輔組高附」）。

十一月二十五日、竹田永翁を通じて、青木組の茨木五左衛門、青木の手の杉森市兵衛とともに大筒組を指揮して鴫野、今福口に接近する敵を打ち払うよう指令を受け、出撃準備をしていると、翌二十六日未明、両柵は敵に攻め破られた（『杉森家系譜』）。鴫野口には杉森、茨木や大野治長配下の米村市之丞、田辺八左衛門、平山藤兵衛、湯川治兵衛らとともに出役して奮戦した（「武辺咄聞書」、『武徳編年集成』）。杉森、茨木らとともに軍功褒賞が与えられた（『田辺家文書』杉森市兵衛大坂働書付之写）。

〔注〕「南紀古士伝」によると、安宅玄蕃允重俊の嫡子安宅左近春定は、冬の陣に籠城して後藤又兵衛に属したとされる。夏の陣では父の重俊とその次男安宅佐介信定、同三男安宅佐左衛門が一族家来百八十人を連れて籠城するとともに、家来の野中又兵衛も兵を集めて入城した。落城後、春定と信定は切腹。佐左衛門が伊勢から安宅村に還住して名跡を相続したとする。なお「安宅玄蕃高名大坂方首帳写シ」という写本が伝来したという。

安宅甚七郎冬久《あたぎ じんしちろう ふゆひさ》

淡路国津名郡の由良城主安宅冬康の子と称した。

天正十三年九月二十四日付で、千石秀久から当秋の物成《ものなり》として、五十石を代官より受け取るよう示達された。

後に秀頼に仕え、慶長四年、立葵紋付肩衣を拝領した。

大坂籠城。落城の際に戦死。

子孫は淡路国三原郡に続いたが、寛政の頃に断絶した（「淡路草」）。

跡部五郎右衛門《あとべ ごろ(う)えもん》

諱は勝元（『難波戦記』）、勝之とされる（「諸方雑砕集」）。

大坂籠城。城東警固の寄合衆の一人（『難波戦記』）。

穴沢鉄可《あなざわ てっか》

穴沢孫右衛門信利の子。

先祖は、応永七年に足利義満より越後国魚沼郡広瀬郷を拝領し、代々穴沢村穴沢城に住んで穴沢氏を称した。父の信利は穴沢次郎右衛門景長の次男で、穴沢源左衛門泰長（注1）の弟。

穴沢鉄可は、初め主計を称した（『御家中諸士略系譜』）。長刀の達人で秀頼の師範という（『鶴城叢談』）。

慶長四年八月、穴沢浄見入道秀俊は、浅野幸長に長太刀口伝書、新当流長太刀之次第を授けた（「清光公済美録」）。

慶長七年八月、飯篠山城守盛綱の門弟穴沢浄見秀俊は、金春七郎氏勝に新当流長太刀の伝書を授けた（「新当流長太刀之次第」、「当流長太刀大事」）。『本朝武芸小伝』によると、穴沢雲斎（注2）は神道流槍術を飯篠山城守盛綱に師事し、流儀を会得して、その術は神の如しと称された。雲斎の門下では樫原五郎左衛門俊重が傑出した。以上より、穴沢浄見秀俊と穴沢雲斎は同一人物と考えられる。また、『日本武道全集』によると、寛永十三年伝「穴沢流長太刀目録之次第」に「穴沢浄見入道─穴沢主殿助盛□─香取兵四郎忠成─柴山五郎大夫勝成（花押、印）」とした奥書があるという。浄見秀俊、雲斎は、穴沢主殿の父穴沢鉄可と同一人物の可能性がある。

なお、越前の本間次郎兵衛重成と試合した長刀の達人穴沢某（注3）について、『鶴城叢談』は穴沢大阿弥、『武芸小伝』は穴沢次郎八、「武芸記録」は穴沢寿剣とする。『鶴城叢談』は大阿弥を穴沢鉄可と同一人視している。次郎八については、文久元年の「天真正伝新当流兵法伝脉」に穴沢二郎八入道雲斎とあることから、穴沢雲斎と同一人物と思われる。寿剣については、他の諸書にある浄元、浄賢、如緊、絮緊、昌軒などと同様、浄見の誤りと思われる。以上より、穴沢大阿弥、穴沢次郎八は浄見秀俊、雲斎と同一人物を指すと考えられる。

慶長十九年十一月二十六日、鴫野口合戦で大野治長組の「鉄加」の家来佐野庄左衛門と中源大夫が、それぞれ首一級を斬獲した（「高松内匠武功」）。右の鉄加は穴沢鉄可と同一人物と思われる。

鴫野口合戦では、直江兼続の手に属していた坂田采女義満と闘って討たれた。坂田の軍功証人は松本助兵衛。そこへ直江景明の家来渋谷熊蔵が来て、穴沢の首を譲ってほしいと坂田に申し出た。渋谷は主人に勘当されており、今日の合戦で軍功を立てて赦免を蒙りたいと念じていたが敵に出会えず無念に思っていたところ、坂田の軍功を見かけたので申し出たのであった。坂田は「武士に似合いの願い」と鴫野の堤上で首を譲り、渋谷の功名となった。坂田の対応も称賛された（『大日本史料』所載「上杉家大坂陣之留」）。

寛永十年一月、諸国巡見使として分部左京、松田善右衛門、大河内平右衛門が米沢へ来た時、そのうちの一人が、坂田采女との面会を望んだ。坂田は老衰していたため輿《こし》で大町の旅館に巡見使を訪ねると、「私は穴沢鉄可の甥です。幼少で父母を亡くし、伯父に養われて籠城しました。その時十四歳でしたが、『穴沢鉄可は坂田采女が討ち取ったり』と呼ばわる大音声が、童心には恐ろしく聞こえました。私は幸いにしてその場を逃れ、その後、御旗本組へ召し抱えられました。今般、御当国へ来て貴殿に面会がかなったことは誠にありがたい巡り合わせ。願わくは、その時の刀を拝見したい」と求められた。坂田が自宅から刀を取り寄せると、一覧して「伯父に再会する心地です」と言って落涙した。かくて互いに盃を交わして歓を尽くし、「鬼を欺く鉄可の剛力、武勇は天下の知るところ。貴殿に討たれたのは運が尽きていたということでしょう」と厚く礼を述べて別れたという。また、坂田、駒形の両家では、十一月二十六日に穴沢父子の霊を祭ったという（『鶴城叢談』）。

子は穴沢主殿（『御家中諸士略系譜』）。

〔注1〕穴沢一族は上杉家に多く仕えている。泰長の嫡流の曽孫穴沢長兼は上杉景勝に従い大坂の陣に出役している。泰長の傍流の孫穴沢（目黒）信秀も、本家の長兼の後見として大坂の陣に出役している。泰長の末弟穴沢信包の子孫も上杉家の家臣として続いた（『御家中諸士略系譜』）。

〔注2〕『慶長日件録』によると、穴沢雲斎は廷臣舟橋秀賢らと以下の交流があった。慶長八年六月十一日、秀賢へ桃一折を贈呈した。七月九日、秀賢より瓜を贈呈された。慶長九年九月二十日、秀賢を訪問し、長太刀を稽古した。九月二十三日午刻、秀賢に伴われ長太刀に執心の松木宗信を訪問した。松木邸では同じく長刀に執心の持明院基久にも面会した。十月四日、秀賢を訪問し、来合わせた宗信、基久と晩食の後、長太刀を稽古した。慶長十年一月八日、秀賢、宗信、基久が来訪し、美濃紙一束を贈呈された。

〔注3〕『鶴城叢談』の附箋によると、穴沢大阿弥は西国で無双の長刀使いで、これに勝てる者はいなかった。ある鑓の達人と互いに秘術を尽くして試合をしたが、どうしたことか左の袖下を突き込まれた。これを恥じてにわかに剃髪して高野山に引き籠っていたが、秀頼に招聘されて大坂に出仕したとされる。『本朝武芸小伝』によると、穴沢次郎八は薙刀の達人で、越前で本間次郎兵衛重成との試合に勝利したという。「武芸記録」によると、結城秀康が見物する中、長刀の穴沢寿剣が鑓の達人本間次郎兵衛と試合して勝利したが、本間が鑓先のタンポに三本の針を仕込んで胸板に突っ込んだので、穴沢は胸から少々出血したという。

穴沢《あなざわ》主殿助《とのものすけ》盛秀《もりひで》

穴沢主計（号は鉄可）の子（『御家中諸士略系譜』）。

穴沢流長太刀の伝系では穴沢浄見入道（秀俊）に連なる（『日本武道全集』）。長刀の達人で、その術は神のごとしと称された（『本朝武芸小伝』）。相手二人に竹鑓を持たせて勝負しても、危うげなく常に勝った（『武将感状記』）。諸州を修行して武名を揚げ、秀頼に仕えた（『本朝武芸小伝』）。秀頼の長刀の師範という（『難波戦記』、『本朝武芸小伝』、『武将感状記』、『武辺咄聞書』、『武徳編年集成』）。

慶長十九年十一月二十六日、上杉景勝勢が鴫野の柵を押し破り、大坂方穴沢某ら十五、六騎を討ち取った（『駿府記』）。戦死した穴沢については、穴沢主殿助（「大坂籠城記」）、穴沢左近（『大坂御陣覚書』）など諸説があり、穴沢を討ち取った者についても、以下のように、直江兼続配下の駒形太兵衛、坂田采女義満、直江配下の折下外記吉長など諸説があり、判然としない。

（一）駒形太兵衛が穴沢主殿助を討ち取った（『大日本史料』所載「上杉家大坂陣之留」、『鶴城叢談』）。

（二）坂田采女が穴沢主殿助盛秀を討ち取り、穴沢の長刀は折下外記が分捕った（「上杉家将士列伝」、「武辺咄聞書」、『武徳編年集成』）。

（三）坂田采女が穴沢鉄可入道盛秀を討ち取り、穴沢の長刀は折下外記が分捕った（「上杉景勝家来任官并大阪陣軍功者書上」）。

（四）折下外記、渋谷弥兵衛が取り囲み、坂田采女が穴沢鉄可入道盛秀を討ち取った(『上杉家御年譜』)。

(五)坂田采女が穴沢主殿介を討ち取り、折下外記が穴沢の長刀を貰った(『古実咄』)。

(六)折下外記が穴沢某と闘って手柄を立てた(『北川次郎兵衛筆』)。

(七)折下外記が穴沢主殿助盛秀を討ち取った(『難波戦記』、『武将感状記』)。

(八)折下外記が穴沢常見を討ち取り、長刀を分捕った(『山本日記』)。

安部《あべ》仁右衛門《にえもん》

大坂籠城。侍二十騎を預かった(『須藤姓喜多村氏伝』)。

ちなみに『士林泝洄』によると、摂津大矢田城主の安倍仁右衛門良秀は、信長に従属し、その長男安倍仁右衛門兼秀が秀吉に仕えているが、この一族かどうかは不明。

雨森《あめのもり》出雲守《いずものかみ》

近江国伊香郡雨森の出自(『続片聾記』)。雨森出雲守良虎の子。

初め小才治を称した(『雨森家系図集覧』所載「雨森系図之記」)。文禄三年一月二十七日以降、文禄四年四月三日以前より出雲守を称した(『駒井日記』)。諱は村□(「天龍寺文書」署名)、良次(『雨森家系図集覧』所載「雨森系図之記」)、頼好(『雨森家系図集覧』所載「備中松山雨森家系図」)。

天正十一年四月、賤ヶ岳合戦で軍功があった(『雨森家系図集覧』所載「雨森系図之記同姓系譜」)。

豊臣秀次に付属された。天正二十年六月、人数備之次第が定められ、雨森組二百六十人は馬廻右備えとなった(『武家事紀』)。文禄年中は雀部重政、渡瀬仁助、森若狭守とともに大小姓衆四組の組頭を務めた(『駒井中書日次記』)。

文禄元年三月四日、鹿苑院の院主有節瑞保方へ昆布二束を持参(『鹿苑日録』)。

文禄三年一月当時、吉松平左衛門とともに伏見屋敷普請奉行を務めていた。また、西尾五左衛門、吉松平右衛門、吉原仁右衛門とともに大仏普請奉行を務めた。

三月、渡瀬仁助、森若狭守、麻野彦五郎、早尾与吉、別所久路とともに、淀城本丸城門櫓の廃毀を担当。

文禄四年四月当時、藤堂嘉清、吉松平左衛門とともに伏見普請奉行を務めていた。伏見向嶋の桜木植付を差配(『駒井日記』)。

後に秀吉、秀頼に歴仕。大坂七組の真野宗信組に所属(『難波戦記』)。知行千石(『国事叢記』、『続片聾記』、「江州伊香郡富永庄雨森郷侍衆覚書」)。

慶長九年、秀頼の命を奉じ、片桐且元の家臣安養寺氏親とともに伊勢神宮宇治橋の造営を奉行(「江州伊香郡富永庄雨森郷侍衆覚書」)。

慶長十年当時、伊勢国三重郡山之一色村二百六十一石一斗五升、同郡東坂部村二百六十一石一斗五升、同郡生桑村四百六十七石八斗五升の知行所があった(『桑名御領分村絵図』)。

慶長十二年三月一日と二十三日付で、出雲国造北嶋広孝に書状を送り、杵築大社造営の立柱役を果たしたことを慶賀し、かつ贈物を謝した。なお、書状では出雲守を遠慮し、和泉守と署名している。

慶長十四年三月二十八日、杵築大社遷宮に際し、秀頼の使者として下向し、末代までの宝物として銘光忠の糸巻太刀(明治四十二年九月二十二日に重要文化財指定)一口を奉納(『出雲国造家文書』)。

慶長十五年頃、大仏造営に際し、矢嶋加兵衛と相役で、秀頼の奉行として釘鎹奉行、褐墨奉行、鉄奉行を務めた(『大工頭中井家文書』大仏奉行衆之覚）。

慶長十九年一月二十七日、河内天野山金剛寺摩尼院と地蔵院は連署して、友松次右衛門、松井藤介、雨森出雲に、河内国西郡郡における内免目録を呈した（『金剛寺文書』）。

十一月末、船場の自焼により敵味方が入り乱れる中、西国橋を固めていたが、殿《しんがり》となり捨て置かれた大坂方の旗や幕を収容して、城内に撤退した（『大日本史料』所載「大坂記」）。

生涯数度の合戦で武功を顕し、身に太刀傷、鑓傷が七か所あった。大坂の陣で戦死。

妻は三冠（三田村か）氏の娘（『雨森家系図集覧』所載「備中松山雨森家系図」）。

妹は雨森新介の嗣子雨森五兵衛頼直に嫁いだ。頼直は大谷吉継、板倉勝重、同重宗に歴仕した（「江州伊香郡富永庄雨森郷侍衆覚書」）。

雨森三右衛門貞任　あめのもり　さんえもん　さだとう

雨森出雲守の子（『国事叢記』、『続片聾記』）。または出雲守の養子（「江州伊香郡富永庄雨森郷侍衆覚書」）。初め三右衛門、後に伝左衛門を称した（『国事叢記』、『続片聾記』）。諱は貞任（『続片聾記』）。

秀頼に仕え、出雲守の家督千石を継いだ（「江州伊香郡富永庄雨森郷侍衆覚書」）。

大坂の陣に際して、秀頼の使者として江戸の福島正則に派遣された。十一月二十八日、同じく蒲生忠郷に派遣された岩瀬長兵衛と大坂に帰着したところを、蓮華寺村付近の関一政の陣所で三人に取り囲まれた。しかし、両人で三人を討ち、その鼻を切り取り城中に帰還したので、秀頼の賞美にあずかり、秀吉が威し置かせていた金札の具足を拝領した（『武徳編年集成』）。「大坂記」は、両人の大坂帰着を十一月二十一日とする。蓮華寺村は不明であるが、河内交野の蓮華寺付近かと思われる。

足軽大将として足軽五十人を預かり、毛利吉政に付属された（『難波戦記』）。

慶長二十年五月六日申の下刻、藤井寺、誉田方面の大坂方諸将は、順次退却した（『大坂御陣覚書』）。「北川覚書」によると、雨森の判断で、松岡彦兵衛と相談して丹南郡の在所に放火し、大坂方はその煙に紛れて退却したというが実否不明。

五月七日未明、毛利組の鉄砲大将松岡彦兵衛と、「今夕か明日には敵が寄せてくるだろうから、敵の進路を偵察しておこう」と相談し、鎧を脱ぎ、乱髪となって身をやつし、若党に刀を持たせて天王寺表を南下した。夜が明け始めると、既に、井戸あるいは水溜まりや谷間には、裂いた紙を付けた竹が刺してあった。これは家康の命令で、寄せ場の適否を知らせるため、夜中に寄せ手より目印を付けたものであったが、両人は味方の手配りと誤認し、迅速な措置と感心し合っていた。すっかり夜が明けると、平野や岡山筋の東南四、五里の間に、いつもは見慣れない村里が複数望見された。最初は霧のせいかとも思われたが、よくよく見ると村里の森林のように見えたのは敵の旗指物や長柄で、村々のように見えたのはいくつもの敵の備えとわかった。日が昇ると東は八尾、若江、南は平野、堺方面と三里の間を、一面の敵が長柄をきらめかせつつ押し寄せて来るのがはっきり確認できた。両人は急いで戻り、毛利、真田に報告した。大坂方は出陣の支度を急ぎ、足軽を張り出してそれぞれ備えを立てた（『大坂御陣覚書』）。

天王寺表合戦で本多忠朝を討ち取った

（「参考本多系伝」、「本多由緒」、『難波戦記』）。しかし、味方の退却が急だったため、腕貫にくくった首は、鼻だけを切り取り沼の中に投げ捨てた（「参考本多系伝」）。

落城後、本多忠政に召し出された（「参考本多系伝」、「本多由緒」、「江州伊香郡富永庄雨森郷侍衆覚書」）。知行二百五十石を与えられ、物頭として組子三十人を預かった。その後、子細があって立ち退いた（「本多家由緒」）。

加賀に赴き、前田家中の水野内匠里成方に滞在中に、越前松平家中の猪子平左衛門一信が聞きつけ、松平忠昌（寛永元年に越前入封）の上聞に達し、召し出された（『国事叢記』）。使番（「江州伊香郡富永庄雨森郷侍衆覚書」）、または御先武頭を務めた（『続片聾記』）。『続片聾記』に知行千石、「江州伊香郡富永庄雨森郷侍衆覚書」に自身知行六百石と預かりの足軽知行四百石の合計で知行千石とある。また、「本多家由緒」に知行五百石とある。雨森家の子孫歴代の知行高推移から、千石は預かりの足軽知行を含めた知行高と思われる。

秀頼から拝領の兜を所持しており、これを忠昌に献納して、その代わりに御召具足を拝領した（『続片聾記』）。

松岡分知の際に、松平昌勝に付属された。知行六百石、足軽三十人を預かった。家老分（「江州伊香郡富永庄雨森郷侍衆覚書」）。

嗣子が三十歳前に死去したため、その遺児が十二、三歳になった時に後見を命じられるとともに、自身抱えの足軽五人を付属された。昌勝からは、「楽をするように」とのことで厚遇された。そうした特別な配慮を受けるに至った背景には、雨森が「御当家から懇篤なご配慮にあずかり、老体扱いになるまでになった。今一度、大坂での軍功を申し立て、老いたりとはいえ世間に自分の価値を問うてみたい」と強く願い上げたため、昌勝が雨森の宅まで出向き、「その方は忠昌様より御付けの者であり、他家へ奉公に出すわけにはいかない」と懇切に慰留した経緯があった。これによりやむなく越前に留まっていたが、ほどなく死去した（『雨森家系図集覧』所載「雨森系図之記同姓系譜雨森伝左エ門記」）。

妻は豊臣秀長の家臣雨森新七郎〔注〕の長女（「江州伊香郡富永庄雨森郷侍衆覚書」）。

子は雨森三右衛門貞次（『続片聾記』）。初め弥五右衛門、後に伝左衛門を称した（「姓名録」、『国事叢記』）。夕庵と号した（『続片聾記』）。寛永年中、松平忠昌に仕えた（「姓名録」）。松平昌勝に付属され、知行三百石（「越前家分限帳」）。後に知行四百五十石。家紋は釘抜。葬地は碧巌山泰清院（『続片聾記』）。享保六年に昌勝の嗣子昌平が福井松平家を継ぎ、松岡領を併合したため、雨森家の子孫は越前松平家の家臣として続いた（「姓名録」）。

〔注〕雨森新七郎良興には男子がなかったので、後妻の弟岡六太夫俊茂を養子とした（「江州伊香郡富永庄雨森郷侍衆覚書」）。俊茂は、肥後加藤家に知行三百石で仕えた。妻は雨森出雲守の娘（『雨森家系図集覧』所載「雨森系図之記同姓系譜」）。

荒木権之丞《あらき ごんのじょう》

権左衛門ともされる（『水野家記』）。明石掃部頭組に所属。

慶長二十年五月七日、水野勝成は生玉付近の戦闘で敵二人と鑓を合わせた（『水野日向守覚書』）。この鑓の相手が明石組の塩川信濃と荒木権之丞で、後に勝成に対面して事実確認をしたという（「武辺咄聞書」）。

荒木左馬助村常　あらき さまのすけ むらつね

摂津の荒木新五郎村次（村重の子）の子。母は河内の烏帽子形城主碓井因幡守の娘。童名は十二郎。

三、四歳で父母を亡くし、小野原の旧臣北河原与作宅で養育された。成長して大坂の旧宅に戻った。

慶長末、豊臣家は開戦に備えて多くの牢人を召募した。村常は幼年ながら村重の孫であり、荒木家旧臣の子弟の入城を促すため、その身は大坂城中に留め置かれた。

落城の時、北河原宅に落ち延びた。後に、旧交があった浅野長晟から広島に招かれた。その後、直参への取り立てを志望し、京都に移住し、寛永十一年より江戸に来住した。

寛永十五年、有馬の陣で細川家の陣に属し、松平信綱にも見《まみ》えた。

信綱の推挙により、寛永十九年十一月二十九日、将軍家光に拝謁し、寛永二十年一月十九日より出仕した。知行五百石を与えられた。

正保元年五月十日、養母の荒木局（荒木村重の娘）の罪科に連座して肥後へ配流され、熊本で死去（『寛永諸家系図伝』、『寛政重修諸家譜』、『荒木系図』、『綿考輯録』）。

子孫は細田氏を称して、細川家の家臣として続いた（「先祖附」細田七蔵）。

荒木四郎左衛門　あらき しろ(う)ざえもん

初め行田半右衛門を称し、但馬寺谷に来住した。

大坂の陣では真田信繁に属した。一日に首十八級を斬獲し、褒美として真田から鞍鐙を与えられた。この鞍鐙は秀吉の秘蔵の品で、真田が秀頼から拝領したものという。摂津で戦死。

娘は丹波国氷上郡新郷村の進藤家に嫁ぎ、秀吉秘蔵の鞍鐙は同家に伝来した（『丹波志』）。

有井四郎左衛門　ありい しろ(う)ざえもん

土佐牢人。

慶長二十年五月六日巳刻、長宗我部盛親から足軽五十人、鉄砲五十挺を授けられ、渋川郡久宝寺村の北東の大和川堤と大蓮村の間に足軽備えを立て、藤堂高虎の家臣渡辺了の備えを誘《おび》き出した。一番合戦は、有井と渡辺の間で展開されたという（『土佐国編年紀事略』）。『元和先鋒録』は、これを否定する。

有馬主膳氏時　ありま しゅぜん うじとき

紀伊新宮領主堀内安房守氏善の次男（『先祖書』寛政八年八月堀内主膳氏春書上）。あるいは氏善の四男（『断家譜』、『武徳編年集成』）。有馬腹の子（「紀伊国地士由緒書抜」）。

天正十七年に紀伊国牟婁郡有馬村の二ツ石城で誕生（『先祖書』寛政八年八月堀内主膳氏春書上）。二ツ石城は元来有馬氏の居城であったが、堀内氏により併呑されていた（『紀伊続風土記』）。

初め有馬喜藤次を称した。

慶長五年に堀内氏が没落した後も、熊野に浪居した。

慶長十九年十二月、熊野北山一揆の際、新宮城代戸田勝直の命により、木本三人衆仲藤左衛門、佐武佐助、浜茂左衛門、山中四人衆南新左衛門、同角兵衛、倉谷馬左衛門、中村吉兵衛らとともに、家人を引き連れて阿田和村に詰め、次いで熊沢兵庫助に従って、牟婁郡尾呂志西山筋を北山に出張し、一揆の残党追捕に加わった。牟婁郡下尾井村、大居谷、高瀬などで、家人佐波佐左衛門、九鬼安右衛門、東九兵衛らが首九級を斬獲し、七人を生け捕った（「和州北山一揆次第」）。

一揆追捕の功にもかかわらず、新宮城主浅野忠吉から合力を給されることはなかった。これを不満として、慶長二十年には大坂城に籠った（『紀伊国地士由緒書抜』）。

　堀内若狭守ともども、大坂籠城の罪科が家康父子の耳に入り、親類の詮索が指示された（『熊野那智大社文書』慶長二十年五月二十日付浅野吉政書状）。しかし、弟の堀内氏久が千姫を護衛した功により赦免された（『武徳編年集成』、『紀伊続風土記』）。

　方々を牢人した後、熊野に帰り、旧被官の合力により十年ほど過ごした。有馬の陣の頃から江戸に下り、堀内氏久方に寓居した。土井、酒井家中にいた堀内家の旧臣とも交流があった（『紀伊国地士由緒書抜』）。しかし、江戸での仕官活動は不調に終わり、故郷の有馬に帰った（『紀伊続風土記』）。

　正保二年三月、徳川頼宣に拝謁して、扶持方二十人扶持を与えられ、堀内氏に改めた。また、指物、紋付熨斗目《のしめ》の着用を許され、牟婁郡木本浦に屋敷地と山一か所および御殿の古道具なども与えられた。五月以降、木本浦から盛松浦までを支配し、所轄における禁教取締も担った（『先祖書』寛政八年八月堀内主膳氏春書上）。

　万治二年三月四日に病死。享年七十一歳。法名は雄心院叟常栄居士（『安楽寺過去帳』）。

　子の堀内主膳氏倫は、承応二年に誕生。万治三年一月、家督を継いで扶持方十人扶持を与えられた。天和三年秋より病身となり、和歌山の岳父渡辺令綱方で養生したが、翌貞享元年年二月十六日に死去。享年三十一歳。三田九鬼家の家臣堀内清兵衛氏守の次男主膳忠氏を養嗣子に迎えた（『先祖書』寛政八年八月堀内主膳氏春書上、『安楽寺過去帳』）。子孫は地士として木本浦に居住し、五口白銀十枚を給された（『紀伊続風土記』）。

粟井助六重晴　あわい　すけろく　しげはる

　宇喜多秀家の家臣粟井三郎兵衛正晴〔注1〕の次男。粟井与次郎（兵丸）の弟。

　父の正晴は、毛利氏の属将粟井晴景（美作国英田郡原村の安東徳兵衛の次男）の子。天正年中、宇喜多秀家に仕えた（『美作古城史』所載「粟井氏所蔵系図」）。備前国赤坂郡岩田村で知行八百十七石二斗七升（『浦上浮田両家分限帳』）。あるいは知行八百石。鉄砲衆三十八人とその知行千五百二十石を預かった（『浮田家分限帳』）。朝鮮戦役に従軍した（『美作古城史』所載「粟井氏所蔵系図」）。

　粟井重晴は、森忠政の美作入国により美作を離れ（『美陽勇士伝』）、弟の粟井助九郎重友〔注2〕とともに秀頼に仕えて、慶長二十年に戦死した（『美作古城史』所載「粟井氏所蔵系図」）。

〔注1〕「安東系譜」（『東作誌』所載）は、後藤勝基の属将安東左馬允の子安東三郎兵衛が、後に吉野郡粟井庄に住み、粟井氏を称したとする。安東助太夫、三郎兵衛父子との関係は不明。

〔注2〕「美陽勇士伝」は、弟を粟井助七とする。

粟屋五郎兵衛　あわや　ごろ（う）びょうえ

　若狭国三方郡佐柿村の城主粟屋越中守某の孫。粟屋越中某の長男で、母は丹羽長秀の娘。

　祖父の粟屋越中守某は、信長に帰属した。

　父の粟屋越中某は、若狭を立ち退き、秀吉に知行千石で仕えた。慶長十九年九月四日に病死。妻は丹羽長秀の娘で、粟屋五郎兵衛を産んだ（『臼杵稲葉家史料　先祖書」貞享四年二月二十二日粟屋十郎左衛門勝久書上)。この粟屋越中は、『佐柿国吉之城粟屋越中以下籠城次第』に見える粟屋越中守勝久の嫡男粟屋五右衛門家勝と同一人物と思われる。「鼇城藩臣志」によると、粟屋越中守(越中某)の初妻が稲葉一鉄の姪で、後妻が丹羽長秀の娘で、その後妻または妾が若狭の人牧田道信の娘で、粟屋五右衛門勝長を産んだという。粟屋氏に嫁いだ丹羽長秀の娘について、「丹羽家譜」は長秀の三女とし、粟屋越中守勝久に嫁いで一女を産み、承応三年七月十四日に死去したとする。『長重家譜』は長秀の次女とし、粟屋越中守勝久に嫁いで、承応三年七月十四日に死去、法名は馨林院繁桂殊昌大姉とする。『宮内家譜』は長秀の次女とし、粟屋越中守に嫁ぎ、万治元年九月十九日に死去、法名は秋月窓玉信女とする。没年は両説のどちらが正しいかは不明。嫁ぎ先については、粟屋勝久と子の粟屋越中とを混同しているように思われる。

粟屋五郎兵衛は、父越中の跡目を継いだ。

慶長二十年、大坂籠城。落城の際、幼少だったため、母が連れて父越中の知行所岸辺(摂津国島下郡岸部)に落ち延びた。

豊後臼杵の稲葉典通の指示で稲葉一通が派遣した足軽に迎えられ、京都に移住した。この頃剃髪して昌悦、または笑悦と号した。

後に臼杵に下向して浪居。同地で病死(「臼杵稲葉家史料　先祖書」貞享四年二月二十二日粟屋十郎左衛門勝久書上)。

同腹の妹は、初め後藤権六に嫁ぎ、死別後は丹羽家中の梅原大膳に再嫁した(「藩士系図」)。

異腹の弟粟屋五右衛門勝長は、慶長十四年に誕生。元和元年、稲葉一通に出仕。幼少につき、岡田長兵衛の子分として岡田八十郎を称した。後に粟屋宇右衛門、五右衛門を称した。知行五百石を与えられ、後に百石を加増された。延宝七年、隠居して禅局と号した。初妻は豊島喜左衛門の長女、後妻は稲葉九郎左衛門昌吉の養女。嫡男の粟屋十郎左衛門勝久は稲葉家の老中となり、知行六百石を与えられた。子孫は臼杵稲葉家の家臣として続いた。家紋は武田菱、桔梗(「臼杵稲葉家史料　先祖書」貞享四年二月二十二日粟屋十郎左衛門勝久書上、「鼇城藩臣志」、「臼陽氏族誌」、「藩士系図」)。

粟屋四郎兵衛《あわや しろ(う)びょうえ》

安芸国高田郡粟屋郷の出自。粟屋雅楽允の長男。粟屋加兵衛〔注〕の兄。

父の雅楽允は、小早川隆景、次いで毛利輝元に知行千二十三石で仕えた。後に退去して福島正則に仕え、広島で病死した。

粟屋四郎兵衛は、初め正則に仕えたが、後に主命により大坂城に籠り、戦死した。

〔注〕粟屋加兵衛は、正則に知行五百石で仕えた。大坂の陣に従軍。福島家の除封後、加藤明成に知行七百石で仕えた。加藤家の減封後、毛利秀元に仕えた(「長陽従臣略系」、『慶長十九年十一月六日備後守様大坂御陣への御備候人数之帳』、『加藤家分限帳』)。

粟屋助大夫《あわや すけだゆう》

若狭武田氏の幕下で、若狭国三方郡佐柿村の国吉城主粟屋越中守勝久の嫡孫。粟屋五右衛門家勝の嫡男(『佐柿国吉之城粟屋越中以下籠城次第』)。

祖父の勝久は、永禄、元亀の間、信長に帰属し、国吉城に拠って越前朝倉氏の度重なる侵攻に対抗した。信長の死後、忠節の士として秀吉の厚情に与ったが、天正中頃に老年に及び病死（『佐柿国吉之城粟屋越中以下籠城次第』、『国吉篭城記』）。『若狭郡県志』によると、天正十三年二月十八日に死去。法名は勝久院殿俊翁現仲大居士。葬地は佐柿の陽光山徳賞寺。同寺に粟屋勝久の墓と称する五輪塔があるという。しかし、勝久は廷臣山科言経の日記により天正十四、十六年時点でなお生存が確認されることから、『若狭郡県志』の天正十三年死去説は誤りである。『言経卿記』の天正十四年四月十二日の条に、「アヲヤ越中守入道」について「若州、今ハ摂州キシヘ（島下郡岸部）ニ」とある。また天正十六年九月十六日の条に、朝から大村由己亭（梅庵）で島津家中の深水右馬助入道宗方が主催する連歌の会があり、山科言経、山名入道禅高、肥後国衆の甚蔵坊法印勢辰、薄田若狭守古継、下間侍従法橋頼純、佐久間与六郎入道家勝、大村由己、粟屋越中守入道勝久、宇喜多家中の寺町孫右衛門尉光直らが参会したとある。

父の家勝は、勝久とともに国吉城に拠って軍功があった。後に秀吉に召し出された（『佐柿国吉之城粟屋越中以下籠城次第』）。「寛文九酉年熊谷八太夫書上」（『家中諸士家譜五音寄』）は、粟屋助大夫の父を若狭佐柿の粟屋越中守で、信長に仕えたとする。祖父との事跡混同の可能性を否定できないが、五右衛門が後に越中を称した可能性もある。

粟屋助大夫は、若狭で出生（『家中諸士家譜五音寄』寛文九酉年熊谷八太夫書上）。父とともに秀吉に召し出された（『佐柿国吉之城粟屋越中以下籠城次第』）。次いで秀頼に仕え、知行三百石（『家中諸士家譜五音寄』寛文九酉年熊谷八太夫書上）。

大坂の陣では大坂七組の野々村吉安組に所属〔注〕。慶長二十年五月七日、天王寺表合戦で野々村組は右備えとして天王寺東方に布陣した。大坂方が敗軍となり水野勝成勢に追撃されたが、同じ組の白柏左京、宮井三郎左衛門とともに防戦し、大坂城の稲荷門へと退却した（「福富文書」）。落城の際、諸道具は焼失したが、からくも命は助かった（『佐柿国吉之城粟屋越中以下籠城次第』）。

元和二年（『公室年譜略』）、または元和三年、藤堂高虎の家臣沢田但馬忠次（粟屋越中の旧臣）の請願により、粟屋助大夫と中川半兵衛が藤堂家へ新参で召し出され、粟屋に三百石、中川に二百石が与えられた（「視聴混雑録」）。湯浅直勝組に所属。

寛永十二年に死去。

子（長男か）の二代目粟屋助大夫が跡目三百石を継いだ。慶安四年二月当時、屋敷は伊勢津城下の中新町東側にあり、沢田平太夫宅の隣家だった。明暦二年、その子粟屋理兵衛が藤堂高次に召し出された（『公室年譜略』）。

次男の熊谷八太夫は、慶長十九年に大坂で誕生。寛永八年十一月五日、池田光政に児小姓として召し出され、百俵十人扶持を給せられ近侍した。寛永十四年閏三月五日、知行三百石を与えられたが、肥満のため近習役は免ぜられた。その後、組付の鉄砲引廻役、組頭を歴勤した。天和元年二月十日に病死。享年六十八歳。

子（三男か）の淵本長介は、熊谷八太夫の弟。藤堂高次に知行三百石で仕えた。寛文二年以降に病死。その子八助は、万治二年に誕生。寛文二年、伯父の熊谷八太夫の養子となった。延宝九年四月二十二日、養父の跡目三百石を継いだ（『吉備温故秘録』熊谷八助書上）。

〔注〕「諸方雑砕集」によると、大坂七組の野々村吉安組に粟屋五郎右衛門が所属しており、三百六十石を知行している。粟

屋五右衛門家勝と同一人物か不明。

安東三郎兵衛　あんどう さぶろ(う)びょうえ

美作国英田郡の人安東助太夫の子。

大坂籠城。

元和二年八月、森忠政は領国で大坂に籠城した者の詮議を命じ、芦田作内と安東三郎兵衛の老父が投獄された。三郎兵衛は森可政に自首して、「老父の助太夫が投獄されたと聞き出頭した。私をどのようにも処罰してほしい」と訴えた。三郎兵衛も投獄されると、助太夫は「私は最早八十歳に及び余命わずかなのに、なぜ御前は戻ってきたのか」と嘆き悲しんだ。三郎兵衛は「御老体の御身なので、もしもの事でもあっては、先祖の廟所でなすすべなく腹を切るのも口惜しく、ご存命のうちにお顔を拝することができ、これ以上のことはない」と父を三拝して牢獄に入った。助太夫は獄死したが、公儀の罪人なので遺骸は塩漬けにして二階町の牢に保管された。その後、浜の新牢が完成した際に遺骸は捨てられた。三郎兵衛は、後に森対馬守家で知行を取ったという(『森家先代実録』)。

安東六右衛門　あんどう ろくえもん

安東半蔵の次男。美作森家の家臣安東彦兵衛の弟。

父の半蔵は、宇喜多秀家の家臣安東徳兵衛の子で、池田利隆の家臣安東平左衛門の弟。美作森家に新知三百石で仕えた。

安東六右衛門は、立身を志し、親にも断らず密かに大坂城に籠ったが、ほどなく落城により落ち延びた。

無断の籠城につき親からは義絶されたため、伯父の安東平左衛門方に久しく寄寓した。子を町屋に預け、自身は仕官活動をしたものの、成就しないまま病死。

妻の横田氏は、土倉淡路の内室の乳母の娘。慶安五年、備前周匝の池田長明に出仕。寛文六年春に死去。

子孫は周匝《すさい》池田家の家臣となった(「周匝池田家中先祖覚書」延宝四年七月廿八日横田友右衛門正繁書上)。

い

井伊左近直章　いい さこん なおあき

大坂籠城。城東警固の寄合衆の一人(『難波戦記』)。

飯島三郎右衛門　いいじま さぶろ(う)えもん

河内国若江郡高井田村の出身(「山口家伝」河州若江村御合戦聞書之事)。飯島太郎左衛門の子。母は村川好元(号は祐西)の妹(『高井田町誌』)。幼少より弓の上手で、木村重成に仕えた。

大坂冬の陣では随所で多数の矢を射かけた。

慶長二十年五月六日、若江表に出役。重成の側にあって矢数を射て人馬ともに多数を射落としたため、井伊家の庵原朝昌の備えも一時崩れた。山口重信の家来長谷川兵左衛門を突き伏せ、続いて重信と鑓を合わせたが、突かれて深田に倒れた。家来の高井田七右衛門が肩にかけて五、六町北方に退き、肩から降ろして傷を尋ねたが、その場で絶命した(「山口家伝」河州若江村御合戦聞書之事)。

墓碑は高さ一尺六寸の角碑で、次男により若江郡岩田村の南方、高野街道にかかる雁戸樋橋の南畔に建てられた。

長男の飯島三吉も秀頼に仕えていたが、落城の際に戦死した。高井田にいた母と祖母は、二人の戦死を聞いて愁嘆のあまり自害した。

次男は落城の時、乳母に抱かれて東岩田に落ち延び、成長の後、父の戦死の地に右の墓碑を建てたという（『大阪府史蹟名勝天然記念物』）。

飯島太郎左衛門高定《いいじま たろ(う)ざえもん たかさだ》

河内国若江郡若江村庄屋の出身（『大坂御陣覚書』）。士分（「井伊年譜」）。

慶長十九年、大坂籠城。飯島が射た矢は、井伊直孝の家臣五十嵐軍平をかすめた。

和睦後、五十嵐はその矢に書状を添えて飯島に贈った。感激した飯島は、慶長二十年一月二日付で以下の趣旨の返書を送った。「初めまして。私が射た矢が貴殿に当たったとのことで、矢に書面を添えて送っていただき、かたじけなく存じます。井伊家の旗指物の束に赤具足、頭形の兜に、赤い三幅の折掛けの指物に『五十』とだけ見え、その下は見えませんでした。そのような指物で寄せて来られたので、一廉の武者と心得、狙いを定めたのですが、矢を射る時には既に距離が近くなりすぎていたので、恐らく当たらなかっただろうと噂していたところです。ところが、少しかすめたと仰せになり、このように送っていただき、弓矢の冥加、これに過ぎるものはありません。誠に、すぐにも参上して御話など承りたいと存じます。なお、先般の攻勢の激しさは、城中の者も末代まであるまいと感賞しています」（『大日本史料』所載「中村不能斎採集文書　彦根藩士五十嵐伝次郎旧蔵文書」）。

慶長二十年五月六日、弓二十五張の頭となり、若江の案内役も務めた。木村重成の軍勢は、夜中に大坂城を進発し、初め平塚五郎兵衛が先立ち、提灯一つを総軍の目印としたが、夜明けとともに提灯を消し、飯島の朱短冊を付けた大矢筒の指物を目印として進んだ（『大坂御陣覚書』）。

若江では旗本の先弓として戦った。井伊直孝の家臣八田金十郎知常に三、四間の距離から射かけると、矢は八田の左脇に当たった。しかし、薄手だったため、八田は怯まず鑓を入れ、飯島を突き伏せた。同時に激戦となり、首を取る隙はなかった（「井伊年譜」）。

妻は若江郡高井田村の人村川好元（号は祐西）の妹で、飯島三郎右衛門を産んだ（『高井田町誌』）。

飯田左馬助《いいだ さまのすけ》

諱は家貞（『難波戦記』）、良邦とされる（「佐竹家大坂今福表戦争記」）。

「大三川志」に中村一氏の旧臣とあるが、実否不明。

慶長十九年、大坂城に籠り、大野治長配下の矢野和泉守組と飯田組、牛瀧八人組で今福口を警固した。十一月二十六日未明、今福口へ佐竹義宣勢が攻めかかった時、子の靫負とともに矢野の加勢に駆け付け、二の柵での防戦に努めた。しかし、新付の組下は統制が効かず、ついに三人は同所で戦死した（『大坂御陣覚書』、『朝野旧聞裒藁』所載「横田家記」）。

佐竹家の小野崎織部は、黒具足の武者が一人、馬から離れ、鑓を提げて横ざまに通るのを見かけたため、捨ててあった鑓を拾い、言葉をかけた。立ち戻った武者と鑓を合わせ、突き倒して首を取るとともに、大小を分捕った。本陣に持参して賞美にあずかった。大小は陣所で望む者がいたので与えた（『佐竹家譜』）。「佐竹家大坂今福表戦争記」は、この武者を飯田左馬之助良邦とするが、実否不明。

飯田新右衛門正国《いいだ しんえもん まさくに》

中村一氏の家臣飯田越後正義の子。天文八年に誕生。

中村一氏に仕え、度々軍功があった。一氏の依頼により天正十八年に誕生した世子一忠に一角と名付けた。

天正十二年、根来衆との合戦で、根来のこみつちやの鑓（首指鑓）を奪い取り、鑓持ちを突き殺した。白馬の毛でその鑓の覆いを作り、小馬印とした。

天正年中に秀吉から一氏が拝領した正宗作の片鎌鑓（号は蜻蛉不留）は、一忠に譲られていたが、後にこの鑓と阿古作の小鼓は、一忠から正国に与えられた。後日、一氏が秀吉に伺いを立てると、秀吉は「正国は相州二子山で軍功があった」として、平素この鑓を用いることを許可した。同時に、他の者が鹿の腹籠皮を片鎌鑓の覆いとして使用することを制限した。ある戦場で可児吉長と対峙することがあり、相互に傷付きながら引き分けた。蜻蛉不留の鑓の作りが重く、可児を突き留められなかったことを悔い、この鑓は家蔵とし、別に模した鑓を作って用いたという。

またある時、下僕を手討ちにする際、脇指の目釘が折れて抜けた刀身は、そのまま下僕の首を刎ね、かつ縁の柄柱に切り込みを付けた。そこでこの脇指を縁の下と名付け、常に戦場に携行した。生涯斬獲した首は二十七級あったが、そのうち八級はこの脇指で討ち取った。

慶長十四年に中村一忠が死去して、主家が断絶した後は、牢人となった。

慶長十九年、長男の飯田清左衛門を伴って大坂籠城。かつて秀吉から与えられた感状は落城の混乱で紛失した。

落城後、江戸に下向し、家康に拝謁して知行二千石を与えられるべきところを、元和六年四月二十七日に病死。享年八十二歳。

長男の飯田清左衛門は、落城後、牢人のまま死去。

次男の飯田新右衛門正林は、慶長四年に誕生。慶長十年、大坂を退去し、慶長十四年、駿府で松平頼房に付属された。慶長十九年、父の大坂籠城により一時禁獄せられたが、落城後、再び出仕した。初め知行三百石を与えられ、歩行頭、小姓頭、書院番頭、老中、大番頭、水戸城代を歴勤した。知行は累進して千五百石。寛文二年八月十九日に死去。享年六十四歳。子孫は水戸徳川家の家臣として続いた。

長女は藤井八郎左衛門の妻。

三男の飯田新介正家は、松平頼房に仕えて、寛文五年二月二十九日に死去。享年七十余歳。子孫は水戸徳川家の家臣として続いた（「水府系纂」）。

飯田新助《いいだ しんすけ》

大坂城士。

慶長二十年五月六日、長宗我部盛親は長瀬川の堤から久宝寺、平野を経て大坂へ退却した。途中、藤堂高虎の家臣渡辺了に追撃され、二百余人が討たれた。秀頼は飯田新助以下勇士七騎を派遣し、退却を支援した（『長曾我部譜』）。

飯沼仁右衛門《いいぬま にえもん》

秀頼に属し、大坂の陣で働きがあった。落城後、稲葉正則に知行六百石で召し抱えられた(「稲葉神社所蔵文書」集書)。

家所帯刀《いえどころ たてわき》

伊勢国安濃郡の家所城主家所三河守藤安の嫡男、家所帯刀藤高と同一人物か。

父の藤安は、家所三河守祐藤の孫。永禄年中、剃髪して蘆庵(または芦斎)と号し、一志郡小倭郷佐田に隠居した。元亀三年四月二日に死去(『三重県安濃郡誌』)。

家所藤高は、修理亮を称したともされる(『勢陽五鈴遺響』)。初め織田信包に属し、信長の死後は秀吉に属した(『三重県安濃郡誌』)。

天正十二年五月二十日、織田信包に属して、織田信雄方の木造具政と対峙し、木造方の伊勢宮山城を攻撃した(『大日本史料』所載「木造記」)。

ちなみに、『関八州古戦録』、『忍城戦記』によると、天正十八年、武蔵忍城狭間口の攻撃に、増田長盛の家人家所帯刀が参役している。また、『関原軍記大成』によると、慶長五年、伏見城攻撃に長束正家の陣代家所帯刀が参役している。これらが藤高と同一人物かは不明。

「有楽亭茶湯日記」によると、慶長十八年八月六日朝、家所三河が織田信重(信包の子)、津田周防、清汲とともに織田有楽の茶会に招かれている。これも藤高との関係は不明。

家所帯刀は、大坂七組の真野頼包組に所属。知行千二百四十石(「諸方雑砕集」、『難波戦記』)。

慶長二十年五月六日夜より七日未の刻まで、仙石宗也、津田主水、今津図書、竹光伊豆、大場土佐、浅香長門、生田茂庵、家所帯刀は合計三千余騎で天満に陣を張り、備前島までを警固した(『難波戦記』、『武徳編年集成』)。家所帯刀は戦死した(『三重県安濃郡誌』、『勢陽五鈴遺響』)。

家所帯刀の妻は、慶長八年五月二十八日当時、三十余歳だったが、渇痰の症状が続き傷寒を患ったため、曲直瀬道三に受診した(「玄朔道三配剤録」)。

家所帯刀の事蹟について、以下の異説がある。家所三河守祐藤は天正二年、家所を退去して一志郡小倭に移り、堀内に居住。その嫡男家所帯刀は牢人して小倭より松ヶ嶋に移住し、松ヶ嶋七右衛門藤雅と改名した。海運を営み、小田原陣、朝鮮戦役、関ヶ原合戦、大坂の陣などに、徳川家の用向きを務めた。元和二年三月二十七日に病死。享年六十七歳。その子松嶋七大夫藤歳は、元和五年、徳川頼宣に召し出され、船手を務めた。子孫は紀州家の家臣として続いた(「紀州家中系譜並ニ親類書書上」文政八年十二月松嶋仙之助祐之書上)。

伊尾木権兵衛親好《いおき ごんひょうえ ちかよし》

土佐国安芸郡伊尾木村の住人で、阿波国美馬郡脇城主の井尾木新左衛門本吉の子(「水府系纂」)。

長宗我部盛親に従い、大坂籠城(『南路志』所載「能瀬総兵衛大坂陣中日記」)。

慶長二十年五月六日、八尾表から退却の際、廿枝勘解由と言葉を交わして、ともに取って返し、追尾する藤堂勢に鑓を入れた(『備前老人物語』)。牢人のまま死去(「水府系纂」)。

妻は廿枝勘解由の妹(『備前老人物語』)。妹は松平頼重の家臣雨森仁兵衛達清の妻(「水府系纂」)。

伊尾木六左衛門吉兼《いおき ろくざえもん よしかね》

入交助兵衛の孫で、入交左兵衛の子。伊尾木親好の養子。

天正十八年に誕生。

慶長五年、長宗我部家の没落により駿府に移り、親戚伊尾木親好の養子となり、弓削五郎八方に寄食した。折から松平頼房の家臣が少人数だったため、伊藤友玄、弓削五郎八の計らいで、頼房の輿に供奉して家康の前に出ることもあった。

養父の親好が大坂に籠城したとの知らせがあり、駿府を脱出して大坂城に籠った（「水府系纂」）。

慶長二十年五月六日、八尾表に出役。翌七日、長宗我部盛親に従い京街道を男山八幡へと落ち延びたが、途中で夜陰の道に迷い、盛親をも見失った（『長曾我部系図』）。それから加賀に落ち延びたが、その消息を耳にした家康の指示で、頼房に付属されることとなった。

元和三年、頼房に出仕し、歩行士となった。数度討ち物や諸役を命ぜられた。後に知行三百石を与えられた。

寛永年中、江戸奥方番頭となった。

慶安年中、紀伊家の家臣二人が、八尾表合戦での功名とその場所につき争論して決着がつかないという事案が発生した。徳川頼宣から頼房を通じて証言を求められたので、争論の是非を分明にして決着させた。この対応は頼宣から感賞され、頼房からも褒賞として百石を加増された。

万治元年十二月八日に死去。享年七十四歳。

妻は中谷甚兵衛の娘で二子を産んだ。

長男は五百城六左衛門吉恒（号は宜休）。寛永五年に誕生。初め久三郎を称した。家督を継いで水戸家に仕えた。正徳五年九月十六日に死去。享年八十八歳。子孫は水戸徳川家の家臣として続いた。

次男は井尾木彦九郎正勝（「水府系纂」）。

五百蔵《いおろい》左馬進《さまのしん》盛政《もりまさ》

長宗我部元親の家臣桑名太郎左衛門の次男。桑名藤蔵人の次弟。初め藤次郎を称した（「土佐諸家系図」）。天正十四年十二月十二日の戸次川合戦で五百蔵左馬進盛光が戦死したため、元親の命により盛光の娘を娶り、五百蔵の家跡を継ぎ、五百蔵左馬進盛政を称した。

土佐国香美郡韮生郷五百蔵に居住した。

慶長五年九月、関ヶ原合戦に出役。

慶長六年、十九歳の妻を連れて土佐を退去し、紀伊田辺の浅野忠吉方にいた。

慶長十九年、妻子を田辺に捨て置き、単身大坂城に入り、長宗我部盛親に属した。

慶長二十年五月六日、八尾表で戦死。

家紋は丸に鷹羽打違。

妻は天正十一年に土佐で誕生。慶長六年、土佐を退去。夫の訃報を聞き、浅野忠吉が懇意にしていたせいけん寺の住持うん蔵主を頼り、道鉄と諡した。大坂の残党の眷族に対する詮索が厳重だったので、次男の桑名権四郎、三男の桑名瀬兵衛、四男の桑名金熊を連れて、姫路にいた兄弟の野中三郎左衛門（野中親孝の子）方に逃れた。姫路では浄土宗新岩寺を菩提寺とした。本多忠政の家臣高木弥三右衛門に再嫁し、元和六年に高木三平、元和八年に高木又右衛門を産んだ。その後、讃岐、和泉堺、備前へと移住した。寛永八年、三男の桑名古庵が住む土佐へ、桑名水也、同休務、高木三平、同又右衛門を連れて還住した。正保二年、キリスト教信奉の嫌疑を蒙り、投獄された。承応三年六月十八日に獄死。江ノ口村臨済宗の瑞応寺の寺請により、久万山高野谷に土葬された。

長男の桑名権之丞は、初め讃岐高松に浪居していたが、その頃にキリスト教に入信した。寛永三年、野中三郎左衛門から叱責され、仏教に改宗した。後に紀伊新宮の水野重良に出仕した。江戸表に下向して、寛永六年に死去。妻子はなかった。

次男の桑名水也は、初め権四郎、弥右衛門を称した。母に伴われ播磨、讃岐、和泉堺へと移住した。寛永四年、和泉堺で野中三郎左衛門から叱責され、仏教に改宗した。その後、備前、因幡へと移住した。寛永八年、土佐国安芸郡浦田野に移住した。寛永二十年十二月三日、阿波の住人井上五左衛門（桑名権之丞の知人井上六右衛門の子）の出訴により、キリスト教信奉の嫌疑で投獄された。正保二年、井上政重の命により江戸に連行された。山内家の物頭橋本猪大夫、馬廻斎藤実勝、間宮九左衛門が護送の任にあたった。江戸で拷問を受け、母と異父弟高木又右衛門がキリスト教徒であると白状した。妻はなかった。

三男の桑名古庵は、慶長十五年に和歌山で誕生。瀬兵衛と称した。九歳で出家して光鉄と号した。母とともに播磨に居住した。元和九年、長兄の権之丞がいる讃岐に母や弟の休務と移住し、高松西浜に居住した。同年、権之丞の勧誘によりキリスト教徒となり、ダミアンの霊名を授かった。寛永四年五月、和泉堺で野中三郎左衛門に叱責され、仏教に改宗した。休務とともに野中家で養育された。寛永六年、備前に移り、同年暮れには土佐へ移住し、高知城下帯屋町で医業を営んだ。寛永二十年、キリスト教信奉の嫌疑により、兄の水也と同じく投獄された。元禄二年十二月二十日に病死。享年八十三歳。検死を経て久万村高野谷に土葬された。妻は上村弥次右衛門定政の娘で、正保二年四月十日に病死した。

四男の桑名休務は、元和元年に紀伊田辺で誕生。初め金熊、左吉、市郎兵衛を称した。母に伴われ播磨、讃岐、和泉堺、備前、土佐と居所を移した。寛永二十一年、キリスト教信奉の嫌疑を蒙ったが、事実無根と一貫して否認した。延宝九年六月三日に病死。享年六十三歳。久万山に土葬された。妻は土佐野根の人横川治兵衛の娘で、明暦三年三月二十七日に病死（『皆山集』桑名古庵一件、『山内家史料』、『土佐史談』第二十三号）。

伊木左近祐光《いぎ さこん すけみつ》

慶長二十年五月七日、真田信繁に属し、松平忠直の家臣山形伊賀守昌之に討たれた（『国事叢記』、『越藩史略』）。墓は妙心寺の塔頭蟠桃院（『京都墓所一覧』）。

伊木三郎右衛門尚重《いぎ さぶろ(う)えもん なおしげ》

伊木七郎右衛門常紀の甥（「譜録」寛保元年五月二十九日伊木三郎右衛門尚識書上、「松代藩廃古諸家略系」）。河崎又左衛門（稲葉正勝の家臣）の妻、長瀬庄左衛門（小堀政一の家臣）の妻、岩田弥右衛門（旗本）の妻、大嶋甚兵衛（前田利常の家臣）の妻、宮田全庵（伊達政宗の家臣）の妻、伊木七郎兵衛（初め彦七）正則（真田信之の家臣）の兄（「譜録」寛保元年五月二十九日伊木三郎右衛門尚識書上）。

父については以下の両説がある。（一）父の伊木勝左衛門尚定は、伊木（初め武馬氏）七右衛門尚遠（号は隠斎）の子。伊木七郎右衛門有斎の次弟。初め平次郎を称した。秀吉に仕え、後に信濃真田家より隠居料二百石を給せられた。信濃で病死（「譜録」寛保元年五月二十九日伊木三郎右衛門尚識書上）。（二）父の古世勝左衛門は、尾張の織田氏一類で祖父、父ともに勝左衛門を称した。信長、秀吉、秀次、秀頼に歴仕した。妻は伊木七郎右衛門の妹（「松代藩廃古諸家略系」）。

　伊木尚重は、慶長三年に誕生（『真武内伝追加』）。初め源三郎（「譜録」寛保元年五月二十九日伊木三郎右衛門尚識書上）、庄次郎（『真武内伝追加』）、または荘次郎を称した（「本藩名士小伝」）。大坂籠城中に、真田信繁の取り持ちにより、母方の名字伊木氏を称した（「松代藩廃古諸家略系」）。

　明石掃部頭に属した。

　慶長二十年五月六日、道明寺表に出役。伊達政宗の先手片倉重長の与力山田才兵衛（不詳）と鑓を合わせた。山田からは後日の証拠として書状が送られた。右の鑓合わせを間近で見届けた松平忠直の家臣本多九郎兵衛からも、後日の証拠として書状が送られたという。

　落城後、真田信之に仕えた（「譜録」寛保元年五月二十九日伊木三郎右衛門尚識書上）。知行三百五十石（「先公実録 大峰院殿御事蹟稿」寛永十四年御分限帳、「譜録」寛保元年五月二十九日伊木三郎右衛門尚識書上、「松代藩廃古諸家略系」）。同心十人を預かった。

　寛永二十年十月二日に死去（「松代藩廃古諸家略系」）。「寛永十四年御分限帳」の望月行広の朱注によると、寛永二十年十月二十二日に死去。安永以降に再調された「法泉寺過去帳」によると、寛永二十年十二月二日に死去。法名は凍翁良雪居士。葬地は信濃国埴科郡西条村の正眼山法泉寺（「法泉寺過去帳」）。

　妻は真田家中太田嘉右衛門の養女で、実は長野庄右衛門の娘。元禄三年十二月十四日に死去。法名は昌誉貞繁（「松代藩廃古諸家略系」、「法泉寺過去帳」）。

　長男の伊木助左衛門尚次は、元和二年に誕生。初め左平次、次いで七郎右衛門、後に助左衛門を称した。剃髪して善空と号した。真田信之、真田信澄、南部重信、毛利綱広に歴仕。長命して享保十二年二月三日に死去。子孫は萩毛利家の家臣として続いた（「松代藩廃古諸家略系」、「譜録」寛保元年五月二十九日伊木三郎右衛門尚識書上）。ちなみに、歴史学者で文学博士の伊木寿一（一八八三〜一九七〇）はこの家系の出身である。

　次男の伊木彦六定久は、寛永十二年五月二十八日に誕生。真田信之に仕えた。万治元年十一月、出家受戒して信西と号した。信濃松城の御安町に庵を結び、亡主の菩提を弔った。元禄十二年三月五日に死去。享年六十五歳。法名は実誉信西法師（「松代藩廃古諸家略系」、「本藩名士小伝」、『松代町史』）。

　三男の伊木小膳胤定は、一説に四男。後に源六、安太夫、長野庄左衛門、春田以三を称した。初め真田信之に仕えた。後に松城の荒町で、東軍流兵法を指南した。元禄十一年八月五日に死去（『真武内伝追加』、「松代藩廃古諸家略系」）。

　四男の幾之丞知将は、一説に三男。諱は知胤ともいう。水也と号した。毛利元知の家臣渡辺元真の養嗣子となり、子孫は清末毛利家の家臣として続いた（「松代藩廃古諸家略系」、「譜録」寛保元年五月二十九日伊木三郎右衛門尚識書上、「御末家御家老家筋略系」）。

　五男の伊木又四郎は、真田信澄に仕えた。万治二年五月十三日に上野沼田で若くして死去（『真武内伝追加』、「松代藩廃古諸家略系」）。

　嫡女のツヤは、真田信之の家臣森平右衛門に嫁ぎ、寛文四年七月十一日に死去（「法泉寺過去帳」、「松代藩廃古諸家略系」）。

　次女は、岡本半兵衛に嫁ぎ、宝永二年九月二十三日に死去（「松代藩廃古諸家略系」）。

伊木七郎右衛門常紀　いぎ しちろ(う)えもん つねのり

伊木七右衛門の子で、母は梶川氏。

父の七右衛門は、下総国千葉郡から美濃国各務郡に来住した武間和泉守常春の子で、母は各務郡小佐野城主片桐民部助の娘（「美濃国諸家系譜」）。『伊達世臣家譜』は、七右衛門を武間三郎左衛門常久の子とする。また「中川家寄託 諸士系譜」は、七右衛門を千葉常縁の子とするが、これは信頼できない。諱は常重（「美濃国諸家系譜」、『美濃国諸旧記』）、常氏（『伊達世臣家譜』、「中川家寄託 諸士系譜」）、尚遠（「譜録」寛保元年五月二十九日伊木三郎右衛門尚識書上）。信長に仕え、美濃伊木山攻城の軍功により伊木氏を拝領したという。家紋は初め月星、後に井桁（「美濃国諸家系譜」）。「慶長三年誓紙前書」によると、慶長三年八月十四日、大坂城諸門の番衆が定められ、伊木七右衛門、森嶋長以、桑山市右衛門、田辺与左衛門、乾図書、江司孫右衛門、中村弥介、三宅善兵衛、山県少左衛門、長井弥右衛門、杉山休意、土岐休庵、川北工介、丹羽将監が二の丸表御番となった。また『毛利家文書』によると、慶長四年八月七日付で前田利長、毛利輝元、上杉景勝、宇喜多秀家、徳川家康は連署して伊木七右衛門入道に河内国志紀郡林村で三百石の安堵状を発給した。右の伊木七右衛門は、常紀の父と思われる。「美濃国諸家系譜」によると、伊木七右衛門は天正十九年七月に五十八歳で死去、法名は宗雄とされるが実否不明。なお、常紀の父について『伊達世臣家譜』は、武間三郎右衛門とする異説を掲げる。「武間三郎右衛門尉」の名は、「永禄十二年四月付織田信長朱印状写」（『玉井文書』）で確認されるが、常紀との親子関係は不明。

伊木常紀は、永禄十年に誕生（「旧典類聚」所載「諸家由緒 元禄十六年二月二十三日付伊木半七郎由緒書上」）。一説に永禄三年に誕生（「伊木七郎右衛門武勇之記」）。

初め半七郎を称した。

十四歳より秀吉の近習として仕えた（「旧典類聚」所載「諸家由緒 元禄十六年二月二十三日付伊木半七郎由緒書上」）。あるいは小姓として仕えた（「山本日記」）。

天正十一年四月二十一日、十七歳で賤ヶ岳合戦に出役（「旧典類聚」所載「諸家由緒 元禄十六年二月二十三日付伊木半七郎由緒書上」）。人並みすぐれた働きがあった（『太閤記』）。太刀打ちで（『武功雑記』）、騎士を討ち取ったという（『伊達世臣家譜』）。七月一日、桜井左吉とともに感状と賞禄を与えられたともいう（『江州余吾庄合戦覚書』）。

天正十八年、小田原の陣より九州の戦役に至る勤功を賞せられ、知行を倍増され、黄母衣衆に列せられた（「旧典類聚」所載「諸家由緒 元禄十六年二月二十三日付伊木半七郎由緒書上」）。

文禄元年、秀吉の肥前名護屋出陣に際し、道行四番手御母衣衆として供奉（『大かうさまくんきのうち』）。名護屋城に在番し、三の丸御番馬廻組の六番堀田図書頭組に所属（『太閤記』）。

慶長五年九月十五日、中島式部少輔、伊東長次、井上定利らとともに、豊臣家の弓、鉄砲衆を率いて出役。石田三成の先手島清興の備えの西南に続いて陣取った（『関原軍記大成』）。

慶長十五年頃、大仏造営に際し、秀頼の家臣遠藤十大夫正吉とともに材木奉行、箔奉行を兼務（『大工頭中井家文書』）。

慶長十九年、大坂城に籠り、味方利運の後は一廉の加増を約束する証文と竹流しの黄金を拝領。馬上五十騎を付属され、足軽百人を預けられた（「旧典類聚」所載「諸家由緒 元禄十六年二月二十三日付伊木半七郎由緒書上」)。安威八左衛門、大桑勝忠、平野勘右衛門、松田秀友らとともに、黄撓指物《きじないさしもの》を付与された(『土屋知貞私記』)。旗印は黒地に白はさみ紋(『武家事紀』)。

出丸の真田信繁に、横目として付属された(「北川次郎兵衛筆」、「山本日記」)。

十二月二日、家康は明後日の動座に先立って茶臼山に上り、城南を視察し(『駿府記』)、伊木の折掛け幟五本が真田丸に翻るさまを望見して、「大坂の防御もなかなかよい」と言って、みだりに攻撃しないよう命じた(「北川次郎兵衛筆」)。

十二月四日未明、前田利常の先手は、小橋山の城方の柵を攻め取るべく忍び寄ったが、敵が一人もいなかったため、要害の見極めもできないまま真田丸に押し寄せた。城方は既に防戦の準備をしており、真田、伊木の指揮により激しい銃撃を浴びせたので、たちまち死傷者が続出した。前田勢に触発され、松平忠直、井伊直孝、藤堂高虎および大和組までもが城南堀際に攻め寄せたが、堀底の柵に阻まれ、そこを隙間なく狙撃され、多数が死傷した(『大坂御陣覚書』)。そのうちに真田丸の東の木戸から、真田大助と伊木が五百人ほどを率いて突撃したため、松倉重政らの備えが崩れ、松平忠直の旗本へ雪崩《なだ》れかかった。城方は深入りせず、軽々と城内に引き揚げた(「越前家大坂御陣覚書」)。この時、伊木の手では首九十三級を斬獲した(「旧典類聚」所載「諸家由緒 元禄十六年二月二十三日付伊木半七郎由緒書上」、『伊達世臣家譜』)。

慶長二十年五月六日、真田に続いて誉田方面に進出し、真田より三町ほど後方に幟三本を立てた(『大坂御陣覚書』、「北川次郎兵衛筆」)。

五月七日、真田信繁、七組の伊東長次、堀田図書頭、野々村吉安と茶臼山で参会し、合戦の手筈を定めた後、おのおのの備えに戻った(「浅井一政自記」)。真田は伊木を招き、「されば、まず私が一戦して、討ち死にしようと思う。あなたは、必ず備えが乱れないよう八方に心配りされたい」と言った。伊木は、「あなたが討ち死にされた上は、どうして私も命を長らえましょうや。去年冬の合戦に御手に属したお陰で、関東方にも一方の将として名が知られました。それがしこそ御先に討ち死にしましょう」と頼もしく答えた(「落穂集」)。

かくて茶臼山の前後で真田と一所で戦ったが、結局敗北の同勢に押し隔てられ、城中には戻らず落武者となった。伊木はこの時に死ななかったことを一生の恥辱、自らを犬同然と思い、「昔の事は話すのも恥ずかしい」と言って、老後子供に往時を語ることはなかった(「旧典類聚」所載「諸家由緒 元禄十六年二月二十三日付伊木半七郎由緒書上」)。

落城後、豊臣家の古参奉公人であることから、京都所司代板倉勝重より赦免状が発給された(『伊達世臣家譜』)。年来の旧交により、片桐且元、同息孝利から客礼を以て大和龍田に招かれ、同所で蟄居。剃髪して有斎と号した(「旧典類聚」所載「諸家由緒 元禄十六年二月二十三日付伊木半七郎由緒書上」)。孝利から五百石を給せられた(「十竹斎筆記」)。

その後、龍田を退去して京都に移った。孝利からは「京都だろうが、唐だろうが往かれるがよい。親以来の懇意の筋目は疎かにしまい」との口上で、在京のまま過分の合力を給せられた。この恩恵により茶の湯を友として暮らしていたが、寛永十五年八月に孝利が死去し、龍田が除封となってしまった。

その後、丹後宮津の京極高広から、「牢人分として養おう。住居は京都でも、宮津でも心に任せよ」との会釈で招かれた（「旧典類聚」所載「諸家由緒 元禄十六年二月二十三日付伊木半七郎由緒書上」）。養老の資として五百石を給せられた（『伊達世臣家譜』）。「諸家由緒 元禄十六年二月二十三日付伊木半七郎由緒書上」（「旧典類聚」所載）に、恩賞三千石とあるが、先知に比べて高すぎる感がある。「伊木七郎右衛門武勇之記」に、千二百石で組頭を務めたとあるが、子の伊木七郎右衛門常成と混同している可能性もある。

老後は宮津に住み病死。享年七十九歳（「旧典類聚」所載「諸家由緒 元禄十六年二月二十三日付伊木半七郎由緒書上」）。あるいは正保二年一月二十九日に死去。享年八十六歳。法名は軍雄院殿竿臣常旗居士（「伊木七郎右衛門武勇之記」）。あるいは軍治院殿竿臣常旗居士。墓碑は丹後国与謝郡宮津城下の松渓山智源寺にあり、高さ六尺四寸、周囲一丈四寸（『宮津郷土誌』）。風雪暴露既に三百七十年を閲《けみ》し、今は刻銘も定かではないが、卵塔の正面に「軍□院殿竿□常□□居士」、正面左に「前大閤秀吉公御代黄袍物夫伊木有斎常紀之石塔」、正面右に「寛永二十二□□年正月念九日卒」と見受けられる〈墓碑写真は巻末「付録」参照〉。

妻は、瀧川豊前守忠征の長女（『寛政重修諸家譜』、『士林泝洄』）。

子の伊木半七郎は、父とともに大坂籠城（「旧典類聚」所載「諸家由緒 元禄十六年二月二十三日付伊木半七郎由緒書上」）。

子の伊木七郎右衛門常成は、京極高国に仕えた。家老分で組下十五人を預かった。自身知行千二百石、組下知行二千六百二十石。寛文五年五月、京極家の除封に際しては、惣領の伊木又右衛門常仕とともに宮津籠城の衆と盟約したが、主命により開城が決した後は、家老として城地明け渡しの実務を担った（『玉滴隠見』、『伊達世臣家譜』、「寛文京極滅亡記」）。六月五日、開城して宮津を去り、細川綱利から俸百口を給せられた。その子伊木又右衛門常任は、伊達綱村に仕えた。子孫は伊達家の家臣（『伊達世臣家譜』）、岡中川家の家臣として続いた（「中川家寄託諸士系譜」）。

子の伊木安右衛門重遠は、初め九郎兵衛を称した。その妹若狭が大坂落城の後、伊達政宗の侍女となっていた所縁で、寛永五年、政宗に出仕し、三十五貫四百四十文を与えられた。初め江戸番、後に郡司を務めた。加増により、四十六貫百三十二文を給せられた。慶安三年十月十二日に死去。子孫は伊達家の家臣として続いた（『伊達世臣家譜』、『仙台藩家臣録』）。

娘は、加藤泰興の家臣山本三郎兵衛則兼に嫁いだ。則兼は大坂七組の堀田図書頭組山本嘉兵衛尚則の三男（『大洲秘録』）。

娘は、九鬼守隆の家臣丹羽十郎兵衛利行に嫁いだ。利行は秀頼の家臣丹羽勘解由の子で、慶長九年誕生。その嗣子丹羽藤右衛門行照は、実は伊木常紀の孫半七郎の弟。寛永十三年に和歌山で誕生。家督二百石を継ぎ、九鬼隆律に仕えた。宝永五年に死去。享年七十三歳（「九鬼家諸侍数代記」、『三田藩九鬼家臣系譜』）。

伊木半七郎

いぎ はんしちろう

伊木七郎右衛門常紀の子（「旧典類聚」所載「諸家由緒 元禄十六年二月二十三日付伊木半七郎由緒書上」）。嫡男。諱は常之とされる（「豊臣秀頼伝記」）。

大坂七組の堀田図書頭組に所属、知行五百五十石（『難波戦記』）。

慶長十九年、父の常紀とともに真田丸に籠った（『武家事紀』）。

慶長二十年五月六日、辰の終わりから巳の半刻にかけて、諸手合戦の一番高名が桜門で星野新左衛門によって記帳された。到着した首十五級のうち、道明寺表で遠藤大隅の斬獲した首が、一番高名に認定された。遠藤への上使取次は、半七郎と伊地知文大夫が務めた（『秘聞郡上古日記』所載「遠藤玄斎大坂陣ニ而高名被仕候証状之写」）。

五月七日、茶臼山に出役。城中より今木源右衛門一政が秀頼の使者として出張し、半七郎を伴い、敵合二、三町近くを乗り廻してから戻った（「浅井一政自記」）。

落城後、母方の祖父瀧川忠征に匿われた。その後、大坂古参奉公人は赦免されたので、瀧川は徳川義直、頼宣、頼房が列座する中に伺候して、孫の取り立てを願い出た。その結果、頼宣に仕官することとなり、元和五年、洛北竹田で拝謁し、知行五百石を与えられた。七月の紀伊転封に供奉（「旧典類聚」所載「諸家由緒　元禄十六年二月二十三日付伊木半七郎由緒書上」）。大番衆四番に列し、知行五百石（『国初御家中知行高』、『南紀徳川史』所載「元和五年御切米帳撲」）。

寛永十四年に紀伊で病死。

子の伊木半七郎は、寛永十四年、父の遺知のうち二百五十石を継いで紀伊で勤仕した（『南紀徳川史』所載「寛永十四丑年知行帳之内終身調帳」、「旧典類聚」所載「諸家由緒　元禄十六年二月二十三日付伊木半七郎由緒書上」）。その後、使番に列し、知行三百石（『和歌山分限帳』）。後年病身となり、延宝七年、牢人となり大津に移った。元禄六年に病死（「旧典類聚」所載「諸家由緒　元禄十六年二月二十三日付伊木半七郎由緒書上」）。その子伊木半七郎は、初め父とともに紀伊で無足、番外で短期間勤務した。父とともに牢人して紀伊を離れ、大津へ移った。元禄十六年二月二十三日付で島津家中に由緒を提出し、宝永元年四月十日、島津綱貴に仕官し、九月より京都の借家に移住した。綱貴の次女鶴姫（近衛家久の室）に付属され、京都裏方を務めた（「旧典類聚」所載「諸家由緒　宝永二年四月三日付伊木半七郎由緒書上」）。

生田《いくた》覚兵衛《かくびょうえ》経朝《つねとも》

近江国伊香郡井口村の出自。生田右京亮経尚の三男。津田出雲守の妻、生田四郎兵衛、小出三尹の妻らの弟。生田十兵衛尉経堅、生田又助房経らの兄。

父の経尚は、井口弾正忠経親（浅井長政の母阿古の兄）の次男（『中原系図』）。初め又助を称した（『江州中原氏系図』）。豊臣秀次に知行六千石で仕え、組頭として与力十人を預かった（「先祖書上」寛永廿一年生田清三郎書上）。主命により生田氏に改めた。従五位下右京亮に叙任（『中原系図』）。秀次滅亡後、牢人となり（「先祖書上」寛永廿一年生田清三郎書上）、宇庵（『時慶卿記』、『咨参名簿』、『小出氏系譜』）、または有庵と号した（『士林泝洄』）。寛永八年に病死（「先祖書上」寛永廿一年生田清三郎書上）。法名は春伯道青居士（『江州中原氏系図』）。

生田経朝は、摂津で出生（「先祖書上」寛永廿一年生田清三郎書上、『土屋知貞私記』）。清三郎と称した（『土屋知貞私記』）。諱は盛舎ともされる（「諸方雑砕集」、『難波戦記』）。初め荒木村重に仕え、武名が高かった（『土屋知貞私記』）。後に秀頼に仕えた（「先祖書上」寛永廿一年生田清三郎書上）。

慶長十六年三月、秀頼の上洛に供奉（「秀頼御上洛之次第」）。

慶長十九年、大坂城に籠り、城東玉造、

青屋口間警固の寄合衆の一人（「諸方雑砕集」、『難波戦記』）。十二月十二日、城東の中村付近の自焼を指揮した（「大坂城仕寄図」）。

落城後、剃髪して道外と号した（「慶長録考異」）。暫く牢人していた。

寛永五年、徳川義直へ召し出されることとなったが、拝謁が実現しないうちに病死した（「先祖書上」寛永廿一年生田清三郎書上）。

妻は、叔父の井野口左京経玄（京極忠高の家臣）の三女阿古、高清院と号した（『中原系図』）。

長男は生田与左衛門尉経氏。母は高清院（『中原系図』）。あるいは清三郎を称した。元和九年に山城で誕生。寛永十八年、江戸で池田光政に召し出された。寛永二十年一月一日、知行二百石を与えられた（「先祖書上」寛永廿一年生田清三郎書上）。

次男は生田平六経忠。母は高清院（『中原系図』）。徳川光友に召し出され、小姓、五十人頭、用人を歴勤した。後に故あって改易された（『士林泝洄』）。その娘の真は、原一之丞の妻（『中原系図』）。

三男は尾張東照宮の別当観心院権僧正珍舜。母は高清院（『士林泝洄』、『中原系図』）。

生田勘十郎　いくた かんじゅうろう

慶長十九年十一月二十六日、鴫野口合戦で、生田勘十郎ら歴々の者十三人が、上杉景勝に討ち取られた（『大日本史料』所載「別本吉川家譜」）。

生田外記　いくた げき

御宿越前の譜代の郎党。

慶長二十年五月七日に戦死。墓所は妙心寺の塔頭蟠桃院（『京都墓所一覧』）。

生田忠三郎　いくた ちゅうざぶろう

秀頼の御膳番。

大坂籠城。小身者で人数は預からなかった（『大坂陣山口休庵咄』）。

生田茂庵　いくた もあん

大坂城士。

慶長二十年五月六日夜より七日未の刻まで、仙石宗也、津田主水、今津図書、竹光伊豆、大場土佐、浅香長門、生田茂庵、家所帯刀は三千余騎で天満に布陣し、備前島までを警固した（『難波戦記』、『武徳編年集成』）。

なお、大坂方の生田宗庵（または芳庵）という者が、慶長十九年十二月七日、浅野長晟の陣所に以下の趣旨の矢文を射込み、「私は少身であるが、少々所縁があって是非なくこのたび籠城している。いろいろ御和睦の意見を具申しているが、諸牢人が同意しない。この御報告により、城中から退去したい」と告げた。矢文はただちに本多正純へ提出され、翌八日、家康に披露された（『駿府記』、「浅野考譜」）。茂庵と宗庵の関係は不明。

池穴伊豆　いけあな いず

紀伊国牟婁郡熊野本宮大社の神官。

本宮大社の社家からは、池穴伊豆、赤坂大炊之助、梅の坊が大坂方に加担した。一臈《いちろう》職の坂本光次は、この次第を浅野長晟の代官湯川五兵衛、長田五郎七に注進し、併せて大坂に加担していない社家の連判状と人質を提出した。池穴の屋敷や財貨は、北山一揆討伐の時、浅野長晟に属して功があった坂本甚九郎に褒賞として与えられた（『紀伊続風土記』）。

妻は坂本四郎左衛門光之の娘（「諸系譜」）。

池田兵助正奉《いけだ ひょうすけ まさとも》

池田上野介久正の次男。丹羽長秀の家臣池田上野介正就の弟。

父の久正は、大永年中、摂津垂水を領した。永禄年中、三好家に従属し、永禄十年七月、三好政康より箸尾邑を与えられた。享年七十八歳で死去。法名は宗伯。妻は野々村伊予守某の娘。

池田正奉は、初め七郎右衛門を称した。後に真済と号した。

慶長十九年、大坂籠城。慶長二十年五月七日に戦死。

長男の池田新兵衛正仲は、慶長二十年、落城の際に逃亡した。後に円斎と号した。

次男の池田兵助守正は、初め多吉を称した。蒔田広定に仕え、延宝四年二月二十三日に死去。法名は養竹（「諸系譜」）。

池田六右衛門《いけだ ろくえもん》

長宗我部盛親の家臣。

慶長二十年五月六日、八尾表合戦で鑓を合わせて功名を立てた。次いで敵五人と渡り合い戦死（『土佐国編年紀事略』）。

生駒宮内少輔《いこま くないのしょう》

生駒式部少輔の子（「十竹斎筆記」）。

父の式部少輔は、尾張国丹羽郡小折村の人（「蓬州旧勝録」）、または近江国高島郡大溝の人（「尾張徇行記」）。美濃の住人谷帯刀左衛門尉重直の子とも（『柏原織田家臣系譜』）、佐野三右衛門の弟ともいう（「十竹斎筆記」）。諱は忠親（『柏原織田家臣系譜』）。織田信雄に仕え、主命により信雄の側妾（織田信清の娘）を妻とし、生駒氏を称した。岩倉、犬山に在番し、老職に就いた（『柏原織田家臣系譜』）。尾張国春日井郡豊場、南外山など合わせて二千八百五十貫文を領知した（『織田信雄分限帳』）。加藤清正に知行三千石で仕えた（「十竹斎筆記」）。妻の織田氏は、長男（生駒宮内少輔）、次男（惣領生駒図書）および娘（藤堂仁右衛門の妻）を産んだ（「織田家雑録」）。

生駒宮内少輔は、諱を正継（「諸方雑砕集」、『難波戦記』）、正純とされる（「摂戦実録」）。

秀頼に仕え、大坂七組の青木一重組に所属、知行五百石（「諸方雑砕集」）。

慶長十六年三月、秀頼の上洛に供奉し、二条城では御太刀持を務めた（「秀頼御上洛之次第」）。

当時、知行八百石（『慶長十六年禁裏御普請帳』）。

慶長十七年十月二十四日昼、織田有楽の茶会に招かれ、細川元勝、木村重成とともに参席（「有楽亭茶湯日記」）。

十二月、大坂諸大夫衆の一員として禁裏普請助役（『慶長十六年禁裏御普請帳』）。

十二月二十七日朝、織田有楽の茶会に招かれ、竹田永翁、槙嶋勝太とともに参席。

慶長十九年三月十八日朝、織田有楽の茶会に招かれ、津川近治、木村重成、片桐且清とともに参席（「有楽亭茶湯日記」）。

十二月四日の戦闘では、配下の組頭石原久大夫が松平忠直の家士を鉄砲で打ち留めた。

慶長二十年五月七日、天王表に出役。乱戦の中、乗馬を失い戦死しかかったところへ石原久大夫が駆け付け、生駒を馬に乗せ、自分は徒《かち》立ちになり、囲む敵を二、三度追い払い、城中に引き揚げた。

落城後、身を隠している間に、石原が生駒の妻子を探し出し、妻子とともに織田常真に庇護された。ほどなく死去（『大泉紀年』所載「伊藤源太夫儀ニ付而覚書」）。

ちなみに、天正十五年に聚楽第への移徒を祝賀して日根野織部正が秀吉に献上した兜には、銀の八日月の立物が付属していた。生駒はこれを大坂城中で実見し、「八日月の立物は後立で、月は三分一ほどは兜の鉢に隠れ、三分の二ほどは鉢を越えて出ており、なかなか見事な立物だった」と語り残している。この兜は落城の時に焼失したとされる（『武辺咄聞書』）。

妻は、村瀬左馬助の娘（『十竹斎筆記』）。

生駒次右衛門《いこま じえもん》

生駒豊後守の子。

父の豊後守は、生駒雅楽頭近規の弟。近規から知行二千石を与えられ、番頭を務めた（「除帳」享保十三年生駒治右衛門書上）。「生駒家譜」によると、生駒親重の三男に生駒次右衛門があり、これが豊後守と同一人物と思われる。

生駒次右衛門は、丹波で誕生。若い時、近規に近侍して知行八百石を与えられた。後に父の跡目二千石を与えられた。

生駒正俊の代に讃岐から丹波に退去。

慶長十九年、大坂城に籠り、大野治長組に付属された。

慶長二十年、大坂城ではすべての侍の前歴が吟味された。次右衛門は讃岐で番頭を務めていたことから、侍二十騎を預けられた。

大坂二十年五月七日、天王寺表合戦で鉄砲頭坂戸斎が敵三人と鑓を合わせたものの、劣勢に見えたので三宅勘左衛門、河原勘十郎とともに加勢に駆け付けた。敵二人を鑓で討ち取ったが、味方が総敗軍となったため退散した。

落城後、丹波に隠棲していたが、生駒高俊より帰参を命ぜられた。

寛永十七年、生駒家が除封されたため、牢人となった。

かつて次右衛門の証言で蜂須賀家に知行千石で出仕した三宅勘左衛門から、阿波に本知で仕官するよう勧められた。結局、蜂須賀家の家老賀島政重の紹介により、池田家の老中池田由成を通じて、備前池田家に仕官する運びとなった。

しかし、本知二千石、物頭での出仕はただちには実現せず、とりあえず正保二年、妻子を連れて岡山に転居した。

この頃は泛宅と号した。まずは三十人扶持の合力を給せられたが、その後、仕官の話が進展しないので、慶安二年冬、阿波に退去したいと池田由成に申し出ると、来年五月の池田光政の帰国を待つよう慰留された。

慶安三年二月七日に岡山で病死。享年六十余歳。

子の生駒平太夫は、元和二年に丹波で出生。池田光政に仕え、知行二百四十石を与えられ、足軽十人を預かった。元禄四年十二月二十五日に岡山で病死。享年七十六歳。子孫は岡山池田家の家臣として続いたが、寛政二年十二月に断絶（「除帳」享保十三年生駒治右衛門書上）。

生駒甚助正信《いこま じんすけ まさのぶ》

生駒讃岐守一正の次男。生駒讃岐守正俊の次弟。母は某氏（『寛政重修諸家譜』）。

生駒家の家臣高松内匠長重が病死したため、一正の命により跡目を継ぎ、長重に預けられていた足軽百人のうち七十人を付与された。なお、残る三十人は、後に長重の実子高松内匠長次に預けられた（『高松内匠武功』）。

その後、兄の正俊の領内の讃岐国大内郡で一万石を領知し、引田城、与治山城に在番したという（『増補三代物語』、『若一大権現縁起』）。

兄の正俊とは不和で、慶長二十年四月十一日、讃岐を退去して大坂に赴いた

（「高松内匠武功」）。『生駒家廃乱記』は、常々不仁者だったため、従う家来はいなかったとする。しかし、讃岐を退去する際、山田郡十川の小西八兵衛、大谷の六車彦兵衛、白鳥の長町覚右衛門、兼弘の三蔵、引田の日下加兵衛、大内郡湊村の小嶋又左衛門政重（政武）が和泉堺まで見送っている。また、政重の長男小嶋八兵衛政高、同次男の小嶋治左衛門政員（政照）、小島門大夫定屋、同忠右衛門定信父子、高田三十郎が大坂城中に従った。なお、小嶋政高は、正信の近習役で、慶長二十年五月に戦死。享年十七歳。法名宗英。小嶋政員は、落城後、生駒家に仕えて出羽にも随行した。後に讃岐で帰農して政所を務めた。子孫は湊村に居住して向山氏に改めた。高田三十郎は、大内郡田高田の人か。正信に知行三百石で仕え、後に牢人となっていたところ帰参して戦死した（『白鳥町史』、『向山家系図』、『向山氏系譜』）。

大坂では高松長次を頼み、秀頼に出仕。馬上三十騎を預けられ、大野治長組に付属された（「高松内匠武功」）。

落城後、大内郡福栄在住の旧臣山地源兵衛近房方に落ち延びた（『白鳥町史』）。寒川郡奥山村に隠れた（『増補三代物語』）。山伏天輪坊方に潜伏したが、天輪坊の密告により露見した（「高松内匠武功」）。元和元年七月十三日、兄の正俊の命により自害（『讃羽綴遺録』）。

一説に、奥山村の里人が欺いて饗宴に誘い出し、鎌で殺害したという。激しく祟ったので、里人は祠を建てた。祠の前を騎行すると必ず怪異が生じた。後に祠は里社の境内に移された（『讃州府志』、『増補三代物語』）。旧奥山村の多和地区菅部落の北入口に山神社があり、その鳥居脇に土饅頭と「爲井駒甚助菩提 文化六己巳八月二十八日建之 施主講中」と刻んだ石碑がある。同在所吉田の森付近の四つ辻で殺害され、遺骸は傍らの森に埋葬されたため、この森は甚介森と称され、その後、さまざまな祟りや怪異を生じたという（『長尾町史』）。遺骸は奥山村の隣五名山村長野の銀杏樹下に葬られたともいう（『若一大権現縁起』）。

法名は及尽院功岳宗勳禅定門（「藤姓生駒家系図」）。

生駒図書満正　いこま ずしょ みつまさ

生駒五右衛門の惣領（「諸家系譜」）。母は平田勘解由の娘という（「土佐諸家系図」）。

父の五右衛門は、生駒甚助親重の四男。生駒雅楽頭近規、生駒市左衛門、生駒次右衛門の弟で、生駒源八郎、生駒修理亮の兄（『寛政重修諸家譜』、「生駒家譜」）。

生駒満正は、秀頼に仕えた（「諸士系譜」）。

慶長十九年、大坂籠城。城東警固の寄合衆の一人（『難波戦記』）。

慶長二十年五月七日に戦死。法名は棧林院月心春桂。

妻は、斯波統銀の娘。落城後、妹が将軍秀忠の室崇源院の大上臈だったので、子女を連れて江戸に下向してこれを頼った。その後、崇源院に召し出され、松平忠直の室勝姫に付属され、越前に出仕した（「諸家系譜」）。

子の津田宇右衛門一英は、慶長十五年に誕生。初め吉三郎、左門を称した。母に伴われ江戸、越前に赴き、後に松平光長に仕え、勝姫の家老職を務めた。知行二千五百石。延宝七年七月二十九日に死去。享年七十歳。子孫は幕臣として続いた（「諸家系譜」、『寛政重修諸家譜』）。

子の津田五郎兵衛成直は、慶長十六年

に誕生。寛永十八年、前田光高に仕えた。知行七百石。小姓、馬廻を歴勤した。貞享元年に死去。享年七十四歳。子孫は前田家の家臣として続いた(『寛文十一年侍帳』、「諸士系譜」)。

生駒八郎右衛門《いこま　はちろ(う)えもん》

生駒内膳正直勝の次男。富山前田家付の生駒内膳直義の弟。大聖寺前田家の家臣生駒監物の兄。

父の直勝は、信長の家臣吉田又左衛門直元の子。永禄七年五月に信長から直元に下賜された寵妾が、六月に直勝を産んだという。初め信長に仕え、織田信雄、豊臣秀次、織田秀雄、加藤嘉明、前田利長に歴仕。慶長十九年五月十三日に死去。享年五十一歳(『金沢古蹟志』、「生駒文書」、「諸士系譜」、『駒井日記』)。

生駒八郎右衛門は、初め兵庫を称した(「諸士系譜」)。前田利常に仕え、児小姓(『可観小説』)、中小姓番頭を務めた(「諸士系譜」)。京都の遊女町で喧嘩を起こし、その首尾は悪くなかったが、場所柄が不適切として改易された。

慶長二十年、大坂城に籠ったが、五月六日未明には大坂から前田家の陣屋に駆け落ち、隠れていた。戦後、加賀に戻り、塙団右衛門、岡部大学らと樫井合戦で大いに働いたと自称した。利常は情実をよく認識していたので、妹婿の津田玄蕃からいろいろ申し添えがあったが、知行は与えず、少々の扶持方のみ支給した。

万治元年に利常が死去すると、加賀を離れ、牢人の松原素庵と示し合わせて、互いに架空の軍功を喧伝した。その頃には大坂で軍功を立てて名望があった者は皆死亡していたため、大坂の陣での働きは、証拠がないまま言いたい放題であった。合戦に不案内の若者たちはこれを信じ込んでしまい、そのまま世間に流布した。保科正之も松原からの上申を信じ込み、前田綱利(正之の女婿)に生駒の帰参を許すよう申し入れたため(『可観小説』)、寛文二年、先知千石での帰参が実現した。先筒頭を務めた。

寛文六年に死去(「諸士系譜」)。

長男の生駒万兵衛重信は、初め伝吉、藤九郎を称した。千石を継ぎ、元禄十六年、普請奉行となり、宝永二年、先筒頭となった。万子と号し、蕉門の俳人として有名。享保四年四月二十七日に死去。享年六十六歳。法名は水国亭一道万子居士。葬地は加賀の高巌寺。子孫は前田家の家臣として続いたが、嫡流家は子がなく、傍流家は罪を得て改易され、断絶した(「諸士系譜」、『三州遺事』、『金沢墓誌』)。

娘は、井上勘左衛門の妻と福島浅右衛門の妻(「諸士系譜」)。

生駒又右衛門《いこま　またえもん》

塙団右衛門組に所属。

慶長十九年十二月十七日、本町橋通の夜討ちに参加(『大坂御陣覚書』)。

首一級を斬獲し、本陣にその首を持たせやり、なおも深入りした。中村重勝が倒れ伏していたので、首を取ろうとしたところを、近くにいた稲田植次が駆け付け、生駒を突き倒し、中村の死骸を引き揚げた(『大坂御陣覚書』)。『増補稲田家昔物語』は、稲田が突き倒した者を、長岡是季組の平田治部右衛門とする。

石合庄次郎道房《いしあい　しょうじろう　みちふさ》

信濃国小県郡矢沢郷石合村の住人石合和泉守道重の次男。同郡に長窪村を拓いた石合新左衛門道相の弟。母は甲斐の人石原清蔵正秋の娘。

大坂の陣では、家僕の白井藤吾、伴源六ら数人を率いて籠城。真田信繁に従い戦死。

嗣子の石合弥吉郎重勝は、実は兄の道相の次男。その子石合市十郎家貞は、実は道相の三男。その長男は石合清太夫、次男は石合八右衛門邑長。邑長の子は石合平右衛門（「石合系図」、「諸士本系帳」）。

なお、道相の長男石合十蔵道定は、小県郡長窪村に居住。承応元年二月二十七日に死去。法名は嘆誉宗讃居士。妻のすへは堀田作兵衛興重の養女で、実は真田信繁の長女（「先公実録 左衛門佐君伝記」所載「石合家記」、『信濃史料』所載「長井彦助氏所蔵文書」、「真田系譜稿」）。

石井喜兵衛義建 いしい きひょうえ よしたつ

石井喜兵衛義弘（犬養左京）の婿。養父とともに大坂籠城。落城後、剃髪して斎と号した。大和国葛上郡御所村で死去。

妻は義弘の嫡女おあちゃ。慶長五年に誕生。大坂の陣では籠城したが、落城により知行所の餅尾村（不詳）に落ち延び、長男の義清を産んだ。妙古尼と号した。貞享元年五月十二日に大和国高市郡今井村で死去。享年八十五歳。

長男の石井七兵衛義清は、若死にした。享年二十歳。

次男の石井吉左衛門義光は、式下郡八尾村で死去（『根来東悦行寛系図』）。

石井与八郎吉通 いしい よはちろう よしみち

播磨明石の人肥塚与次太夫の次男。明石助太郎の弟。

父の与次太夫は、石井与次兵衛〔注1〕の兄。石井、明石、肥塚三氏を用いた。元和初年に明石で死去。

石井吉通は、実兄の助太郎の遺児〔注2〕が幼少だったため、代わって遺跡を継いだ。与次太夫、助右衛門を称した。

秀頼に仕え、落城後は明石に浪居。後に明石侯小笠原忠真に召し出され、扶持方の切米を給され、船手を預かり、船奉行を務めた。寛永七年五月二十九日に死去。法名は修徳院花渓厳沢居士。

妻の岩屋氏は、明暦元年一月五日に死去。法名は妙与誓樹大姉。

嫡男の石井与次大夫吉有は、後に明石氏を称した。豊前国田川郡池尻で新知二百五十石を与えられ、舟頭を務めた。その子の明石与次大夫久光の死後、故あって一度断絶した（「石井家系」、「諸士由緒」、『太閤記』、「蜂須賀家家臣成立書并系図」文久元年十二月高木静江書上、『南紀徳川史』所載「寛永二十年八月村上彦右衛門義清働私共覚候分書付上申書」、『延宝五年小倉藩地方知行帳』）。

〔注1〕石井与次兵衛は、天正年中より秀吉に仕え、船奉行を務めた。文禄元年七月、大坂へ急行する秀吉が座上する船を大瀬戸の篠瀬で座礁させた罪で、豊前大里の浜で処刑された。法名は歓喜院広恵順居士。与次兵衛の妻は高木善三郎〔注3〕の娘。後に秀吉は与次兵衛を憐れみ、遺された女子を与次太夫の長男助太郎に娶せ、与次兵衛の跡を継がせた。助太郎は慶長五年、豊臣家の舟二捜の船頭として、尼崎甚三郎とともに伊勢山田に出役して戦死。法名は慧光院法月自性居士。

〔注2〕明石助太郎の実子与次兵衛は、父が戦死した時、幼少だったため家督を継がず、後に小笠原忠真に召し出された。ほどなく死去（「石井家系」）。

〔注3〕高木善三郎は、明石船上《ふなげ》の人。高木善兵衛、同伝兵衛の兄。秀吉に知行五百石で仕え、船手を務めた。秀吉の死

後、池田輝政に知行五百石で仕えたが、後に播磨高砂で浪居した（「蜂須賀家家臣成立書并系図」文久元年十二月高木静江書上）。

石川肥後守康勝《いしかわ ひごのかみ やすかつ》

石川出雲守数正の次男（『寛政重修諸家譜』、『断家譜』）。諱は康勝、員矩（『断家譜』）、または数矩（「大閤秀吉公御時代分限帳」）。

天正十二年、家康は次男の於義丸を秀吉の養子に差し出した。これに本多仙千代と石川勝千代が随従した（『寛永諸家系図伝』）。右の勝千代について、『断家譜』は数正の長男石川玄蕃頭康長とし、『寛政重修諸家譜』は康勝とする。また「落穂集」、「美作津山松平家譜」、「越前黄門行状」（『大日本史料』所載）、「越前黄門年譜」（『大日本史料』所載）は、勝千代を数正の次男とする。

なお「貝塚御座所日記」によると、天正十四年一月十二日、数正と子の半次郎が初めて貝塚の本願寺顕如を礼問しているが、半次郎とは康勝の可能性もある。

秀吉に仕えた（『寛政重修諸家譜』）。

文禄元年、秀吉の肥前名護屋出陣に、道行十四番手御詰衆として供奉（『大かうさまくんきのうち』）。詰衆三番組に所属（「高橋義彦氏所蔵文書」）。

十二月十四日、京都七条河原で父数正の葬礼が営まれた（『言経卿記』）。

文禄二年、数正の遺領十万石のうち、信濃国筑摩郡内、安曇郡内で一万五千石を分与された（『信府統記』、『信濃史料』所載「笠系大成附録」、『相国寺蔵西笑和尚文案』、『寛政重修諸家譜』）。

文禄三年、伏見城普請の助役を課された（『当代記』）。十月二十八日、秀吉が京都の上杉景勝邸に来臨した際、蒔田広定とともに景勝の配膳を務めた（『上杉家御年譜』）。

文禄四年一月三日付で秀吉は草津湯治を企図し、朱印状を以て道中諸城の警固を下達した。康長、康勝兄弟は川中島在番を命ぜられた（『浅野家文書』）。

慶長元年四月二十七日、秀吉が伏見の長宗我部元親邸に来臨した際、相伴衆京極高次の手長役を務めた（『南路志』）。

慶長三年十一月八日、杉若越後とともに、北野天満宮祠官の松梅院禅昌方へ招待され、銭百疋を持参。十一月二十七日、松梅院より音信として螺三十杯を贈呈された（『北野社家日記』）。

当時、知行一万五千石（『慶長三年大名帳』）。

慶長四年閏三月十六日、松梅院が来訪。閏三月二十二日、杉若越後、伊藤久円とともに、松梅院方へ朝飼の喫飯に招待された。四月十六日、杉若越後、同藤二郎とともに松梅院方へ招待された。八月二十七日、杉若越後、松梅院とともに鏡屋久右衛門尉方へ招待された。九月一日杉若越後、松梅院とともに宗正方へ招待された。十一月二十六日、松梅院が来訪。十二月十八日、松梅院より翌々日の茶会へ招待された。

慶長五年四月六日、杉若越後、松梅院とともに能を見物。四月九日、伏見邸に松梅院を招待（『北野社家日記』）。八月十日時点で、石川康長の妻子と兄弟は大坂にいた（『浅野家文書』）。

慶長六年六月十日、杉若越後とともに松梅院を訪問し、銭二百疋を贈った（『北野社家日記』）。

慶長八年六月三日、古田織部の茶会に招かれ、伏屋飛騨守、疋田右近、林権八らとともに参席（『古田織部茶書（二）』）。

慶長十三年五月三日、旧冬の駿府城失

火見舞として帷三枚、八月二十八日には足持せ五つ、九月七日には小袖二重、十二月二十六日には小袖二重を家康に献上した。当時、大坂詰衆（『当代記』）。

慶長十六年当時、大坂衆として知行一万五千石（『慶長十六年禁裏御普請帳』）。「慶長録考異」によると、一万五千石は伊勢国内での領知とされる。

信濃国築摩郡慈眼寺の観音堂を造営（『信濃史料』所載「丸山史料 旧記集」）。

慶長十七年五月四日昼、織田有楽の茶会に招かれ、黒田長政、竹田永翁とともに参席。閏十月二十七日朝、有楽の茶会に招かれ、疋田右近、郡宗保とともに参席（「有楽亭茶湯日記」）。

十二月より、大坂諸大夫衆の一員として禁裏普請助役（『慶長十六年禁裏御普請帳』）。

慶長十八年一月三日、織田有楽の茶会に招かれ、堀田図書頭、渡辺勝とともに参席。三月二十七日朝、有楽の茶会に招かれ、野々村吉安、浅野弥左衛門とともに参席。六月十六日昼、有楽の茶会に招かれ、大野治長、茶道道叱とともに参席（「有楽亭茶湯日記」）。

八月十八日、豊国社の祭礼に秀頼の名代として参詣（『舜旧記』）。

十月十九日、兄の康長が、大久保長安と通謀して知行を隠匿した罪科により改易された。十月二十五日、これに連座して、康勝も弟石川半三郎康次とともに改易された（『駿府記』）。家康による改易の権能は、大坂衆にまで及んでいたことになる。

慶長十九年三月十一日朝、織田有楽の茶会に招かれ、千少庵、渡辺勝とともに参席（「有楽亭茶湯日記」）。

小姓頭を務めた（「慶長録考異」）。

大坂城に籠り、足軽大将を務めた（『土屋知貞私記』）。当初、兵五千人を指揮し、後に千人ほどを抱えた（『大坂陣山口休庵咄』）。持ち口は、天王寺口八町目黒門とその東方を含む三十間（『大坂陣山口休庵咄』、「草加文書」寛永廿一年九月十七日草加五郎右衛門書上、『武家事紀』）。

十二月二日、三日と寄せ手の陣が慌ただしくなり、総攻撃の予兆と判断した後藤又兵衛の進言により、城中の浮勢《うきぜい》は適宜攻撃が集中すると推定される方面へ加勢に赴くこととなった。八町目口には浮勢の木村重成が来援し、康勝の持ち口より二町後方に、兵八千人を三段に構えて待機した。

十二月四日未明、霧に紛れて城南の堀に侵入した寄せ手が、堀底の柵を引き倒し、八丁目門の東塀二十間ほどに取り付いた。これを防戦中の康勝の兵が、誤って火薬を二斗ほど詰めた煙硝箱に火縄を落としたため、爆裂して櫓が焼け落ちた。康勝も、綿噛から飛火が入って負傷し、後方に退いた。この虚に乗じて、寄せ手二百人ほどが塀に取り付いた（『大坂陣山口休庵咄』）。初め石川の組頭の中村又介が単身で防戦を指揮していたが、後藤又兵衛組の金万平右衛門が加勢に駆け付けてからは両人で指揮した（『金万家文書』先年寅歳大坂籠城之砌之事）。さらに木村重成の先備えも来援し、寄せ手を討ち取った（『大坂陣山口休庵咄』）。

『難波戦記』は、康勝の持ち口における失火時刻を寅の下刻、寄せ手による城壁への突出時刻を卯の上刻とする。

その後、康勝の持ち口は、松田秀友と小岩井蔵人が十五日ずつ交替で守備した（『武家事紀』）。

慶長二十年五月七日、天王寺表合戦へ、真田信繁の先手として出役（『大坂御陣覚書』）。天王寺南門前の毛利吉政本陣の右脇で、堀切と庚申堂を前に当てて備えを立てた（「鵜川佐大夫大坂役天王寺陣場図」）。『藩翰譜』、『断家譜』では戦死とされるが、慶長十九年に片桐且元とともに大坂城を退去した畠山政信の談によると、落城後、京都に居住したとされる（「慶長録考異」）。

石田玄斎《いしだ げんさい》

鉄砲の妙手。

慶長十九年十月二十九日（実否不明）、池田利隆の兵が中島の大和田村に侵攻し、守兵を追い払って放火したため、大野治長の家臣宮田平七や阿部仁右衛門、喜多村三右衛門、石田らが駆け付け、延焼と敵の侵攻を食い止めた。石田は軍功により呉服一重と黄金一枚を拝領し、喜多村の推挙により足軽大将となった（「須藤姓喜多村氏伝」）。

石田小太郎《いしだ こたろう》

伊達政宗に仕えていたが、出奔して大坂に籠城した。

慶長二十年五月六日、伊達政宗の先手片倉重綱は、安宿郡片山の山上から大坂方を追い崩し、乗り下ろすと、大坂方は過半が備えを立て直し、その他にも堅固な陣が多数見受けられた。重綱が「どの敵にかかるのがよいか」と士卒の心を試すと、丹野源四郎が進み出て、「あちらに見える赤装束の敵へかかるのがよろしいでしょう。殊に旧知の石田小太郎があれにいます」と具申した。そこで片倉勢は、この備えに攻めかかった（『伊達家文書』八月十三日付片倉重綱大阪夏陣覚書）。

伊地知文大夫《いじち ぶんだゆう》

和泉堺の人伊地知文大夫の子と推定される。

父の文大夫は、河内国錦部郡三日市烏帽子形の近隣を領有した。古くからの敬虔なキリシタンで、霊名パウロ（『河内キリシタンの研究』）。初め河内守護畠山昭高に与力していたが（「畠山家譜」）、次いで信長に従属（『信長公記』）。その後、堺に居住していたが、秀吉によるキリスト教への統制が厳重になるにつれ、堺の家屋を放棄して京都に移住した（『河内キリシタンの研究』）。小西行長に仕えた（『武家事紀』）。天正十七年、天草郡志岐城主志岐麟泉が、宇土城普請の夫役を拒み挙兵したため、小西弥三兵衛とともに、兵三千人を率いて志岐袋浦に出張した。九月二十二日、志岐の謀計により重囲に陥り、小西は沖へ逃れ、伊地知は浜端の小山まで退き、そこで親子親類三百余人とともに戦死した（『水野日向守覚書』、『清正記』、『武家事紀』）。

パウロ文大夫には、マンショ（天正元年に誕生）、シモン（天正元年に誕生）、トマス（天正七年に誕生）という息子がおり、マンショとシモンは天正九年に安土の神学校に入学し、以後神学校の移転に伴い大坂、有馬へ移った。トマスは天正十五年に有馬の神学校に入学した。本項の伊地知文大夫は、右のシモン、トマスのいずれかと同一人物と思われる（『日本史』）。

また、中村質氏の「豊臣家臣団とキリシタン――リスボンの日本屏風文書を中心に――」（『史淵』第百二十四輯 九州大学文学部 一九八七年）によると、「リスボン屏風文書」に、秀吉の家臣として伊地知与四郎の名が見える。『太閤記』に、秀吉の馬廻として伊地知与四郎の名があり、文禄元年、肥前名護屋城三の丸御番衆の四番桑原次右衛門貞也組に属している。「黒田家臣御系譜草稿」には、藤井九左衛門の岳父として伊地知与四郎光貞入道友雪の名が見える。これらは、本項の伊地知文大夫と同一人物と思われる。

伊地知文大夫は、慶長二十年五月六日辰の刻の終わりから巳の半刻に、大坂城の桜門で諸口合戦十五番手余の一番高名《こうみょう》が、星野新左衛門の執筆で記帳された。道明寺表合戦では、大和組松倉重政の家老井村助兵衛を討ち取った遠藤大隅が、一番高名と認定された。その際、伊木半七郎とともに遠藤への上使取次を務めた（『秘聞郡上古日記』遠藤玄斎大坂陣ニ而高名被仕候証状之写）。

落城後、剃髪して友雪と号した。元和六年、福山でかねて存知の水野勝成〔注〕に召し出され、知行三百石を与えられた。城番などまで許されていたが、仕官から二、三年後に落馬して患い、耳が遠くなったので、子の重左衛門に家督を譲ることを願い出て許可された。それからは子の知行所に引き籠り、折々は伺候した（『水野記』）。『水野家分限帳』によると、家中の隠居扇子として伊地知文大夫の名が見える。

嫡男の伊地知重左衛門は、水野勝俊に知行三百石で仕え、馬廻を務めた。寛永十六年に病死。

次男の伊地知文太夫は、兄の跡目三百石を継いだ。水野勝種に仕え、馬廻を務めた。兄の遺児次郎右衛門に知行三百石を譲り、永の賜暇を願い出たところ、承応二年五月九日、願いの通り三百石は次郎右衛門に与えられ、文太夫には五月十三日付で新知二百石が与えられた。明暦元年より五年間、目付を務めた。万治二年九月十六日、御旗組を預かった。寛文四年十月三十日、用人役を命ぜられ、五十石を加増された。以後十六年間、用人役を務めた。延宝七年九月三日、番頭役を命ぜられ、五十石を加増され、役料百石を給せられた（『水野記』）。

娘は、一人は黒田忠之の家臣飯田角兵衛高伯（天正十九年に誕生）の妻、一人は摂津池田庄の藤井九左衛門の妻。飯田家と藤井家は親交があった（「黒田家臣御系譜草稿」）。

〔注〕水野勝成は、パウロ文大夫と同じく小西家に仕えており、天正十七年九月二十四日の志岐城合戦で功名を立てた（『水野日向守覚書』）。

石浜喜兵衛　いしはま　きひょうえ

慶長二十年五月七日、岡山口の城門側で、前田利常の家臣伴雅楽助と鑓を合わせたが、引き分けたという（『越登賀三州志』）。

石原久大夫　いしはら　きゅうだゆう

本国は摂津。大坂に居住した。

慶長十九年、大坂籠城。生駒宮内少輔組に属し、鉄砲足軽三十人を預かった。十二月四日、松平忠直が城南を攻撃した際、堀底にいた銀の唐傘指物の武者を、鉄砲で撃ち留めた。右の軍功の証人は、横井長兵衛、松野五兵衛ら多数がいた。

慶長二十年五月七日、天王寺表に出役。生駒組における一番鑓を合わせ、首を斬獲した。

その後、重囲に陥った組頭の生駒を救出して城中に退却した。右の働きの証人は松本五左衛門。

落城後、生駒が身を隠したことを見届け、その間に生駒の妻子を探し出した。後に赦免を蒙り、生駒は織田常真に預けられた。生駒とはこうした経緯で特に懇意だったが、一両年して生駒は病死した。石原は牢人となり、下総生実の酒井重澄に仕えた。

寛永十年五月に酒井家が改易されたため、牢人となった。出羽鶴岡の酒井忠勝家中に親類が多かったので、寛永十一年、江戸で酒井家中の中村井兵左衛門の取り持ちにより召し出され、知行二百石を与えられた。伊藤源大夫と改名した（『大泉紀年』伊藤源太夫儀二付而覚書、『達三公御代諸士分限帳』）。

石原助右衛門《いしはら　すけえもん》

伊東長次の家来。知行百石。

慶長二十年五月七日、留守居役として長次の屋敷で落命。年の頃は五十歳ほど（「備中岡田伊東家譜」）。

石村六大夫《いしむら　ろくだゆう》

塙団右衛門組に所属。

慶長十九年十二月十六日、本町橋通の夜討に参加（『金万家文書』）。敵に組み敷かれて助けを呼んだところ、知音の梶原太郎兵衛（塙の組下）が駆け付けて敵を斬り、石村に首を取らせた（「大坂夜討事」）。首は鼻だけ欠いて持ち帰った（『金万家文書』）。軍功を立てた二十三士の一人として、翌十七日、千畳敷御殿で秀頼から褒美を拝領した（「大坂夜討事」）。

伊勢清十郎貞衡《いせ　せいじゅうろう　さだひら》

伊勢兵庫頭貞景の次男で惣領。淀殿に仕える阿古局の異母弟。母は、近江堅田の人岸和泉守章憲の娘。

父の貞景は、足利将軍家に仕える伊勢兵庫頭貞良（斎藤道三の女婿）の子。信長、秀吉に歴仕。致仕の後は空斎と号した。慶長十四年五月に死去。享年五十一歳。（『伊勢系図』、『寛政重修諸家譜』、「雑家系図」）。

伊勢貞衡は、幼名を万千代丸という。長じて三郎を称した。秀頼より清十郎の名を賜った。後に兵庫頭を称した。諱は貞輝、貞衡（『寛永諸家系図伝』、『寛政重修諸家譜』）。幼年より秀頼に仕え、上臈の養子となった（『伊勢系図』）。小姓を務めた（「雑家系図」）。

落城後、千姫の計らいにより、二条城で家康に拝謁し、京都武者小路に宅地を賜与され、浪居した（『寛政重修諸家譜』）。

後に母方の縁戚である春日局に招かれ、将軍家光に仕え、寄合に列せられた。寛永十六年十二月二十六日、廩米《りんまい》千俵を与えられた。命により、先祖伝来の小烏丸の太刀を台覧に供えた。また命により、家伝の書籍のうち百八十巻を書き写して献上した。

元禄元年十二月九日に致仕。元禄二年十一月七日に死去。享年八十五歳（『寛政重修諸家譜』）。法名は宝照院栄誉長閑居士（「雑家系図」）。葬地は西大久保の大養寺（『寛政重修諸家譜』）。

長男の伊勢市右衛門久達は、実は松平光久の五男。後に内記貞朝を称した。後に、貞衡に実子貞守が生まれたため、実家に帰った。

長女お市は、向井重興の妻となり、離婚後、窪田正良に再嫁した。

次男で宗領の伊勢兵庫貞守は、元禄元年十二月九日、家督を継ぎ、寄合に列せられた。元禄十年七月二十六日、相模国大住郡内、下野国塩谷郡内で采地千石を与えられた。宝永二年閏四月十二日に死去。享年四十歳。法名は善昌院殿白誉慧林長和居士。妻は白須政保の娘。子孫は幕臣として続いた。家紋は折入菱、向合蝶。

三男の伊勢帯刀貞時は、徳川光圀に仕えた。

次女のお久は、津金胤常の妻。

四男の伊勢金三郎は、二歳で早世。

五男の伊勢外記貞高は、正徳四年八月八日に死去（『伊勢系図』、『寛政重修諸家譜』）。

磯部四郎右衛門重玄《いそべ しろ（う）えもん しげはる》

香取八右衛門重基の子。

父の重基は、堀秀政の家臣香取掃部助忠基の末子。堀秀治に短期間仕えた後、石田三成に知行三百石で仕え、足軽三十人を預かった。慶長五年九月十五日、関ヶ原合戦で負傷し、郷里の坂田郡多和田に落ち延びたが、同年九月十七日に死去。法名は清山無人居士。葬地は坂田郡寺倉村の安国山総寧寺の東の丘。

磯部重玄は、後に八郎右衛門を称した。十二歳で父を喪い、母青木氏によって育てられた。父の友人塙団右衛門を通じて加藤嘉明に仕えた。その後、生駒正俊に仕えたが不遇を以て退去した。次いで新庄直忠に仕え、慶長十九年、大坂の陣に従ったが、勤功を賞せられず、これを不満として退去した。翌年、大坂方の部将塙某より招聘され大坂城に入ったが、五月七日、落城により故郷の多和田に落ち延びた。新庄直忠から知行二百石を以て再三招聘されたが応じなかった。隠居、剃髪して久寿と号した。寛永六年丙午春正月八日に病死。享年七十八歳。法名は久延寿長居士。葬地は総寧寺の東の丘（『漢城温故会 第八回』所載「磯部系譜」）。

ただし、寛永六年の没年が七十八歳とすれば、天文二十一年の誕生で、父と死別した慶長五年は四十九歳となること、重玄には四男七女がいたとされるが、五番目の子で次男の重之が寛永四年の誕生であり、寛永六年の没年では無理があること、寛永六年の干支は己巳であり丙午ではないことなど、系譜が記載する重玄の没年、享年は整合性、正確性に欠ける。

磯部新右衛門《いそべ しんえもん》

磯部甚大夫豊次の子（「御家中略系譜」、「波多野家譜」）。

父の甚大夫は、山名上野介（康熙）の四男で、磯部兵部大夫豊直の末弟（「波多野家譜」）。但馬国朝来郡野間に閑居。寛永二十年一月に死去。法名は伝徳宗正居士（「磯部豊次夫妻墓碑説明板」）。妻は波多野秀治の娘で、波多野秀光の姉。新右衛門を産んだ（「波多野家譜」）。名は良といい、寛永十三年十二月に死去（「磯部豊次夫妻墓碑説明板」）。法名は水岩妙波禅定尼（「波多野家譜」）。

磯部新右衛門は、初め津田氏、後に磯部氏を称した。朝来郡磯部に居住した。

慶長年中に豊臣家に出仕し、関ヶ原合戦で軍役を務めた。戦後、牢人となり、大坂冬の陣で籠城し、南条中務の手に属して働きがあったが、同年流浪した（「御家中略系譜」）。あるいは、大坂城で諸国牢人を召募した際、十三歳だったが、病中の父の名代として入城し、南条中務の手に属した。南条が内応の嫌疑で誅殺されると、その配下も残らず切腹させられたが、新右衛門は小児だったため追放となり、郷里の磯部に帰ったともいう（「波多野家譜」）。

丹波福知山で、有馬豊氏の近習由井孫兵衛の肝煎で、有馬家に歩行の者として召し出され、配当十石を支給された。慶長二十年、大坂の陣に供奉し、由井孫兵衛とともに鎧武者を相討ちにする功名を立てた。

後に、世子有馬忠頼に付属された。配当として蔵米百石、後に新知百石を与えられた。中小姓組に列せられた。

寛永十四年、有馬の陣には江戸表より

供奉。

寛文二年に病死。妻は井手氏（「御家中略系譜」）。

長女は、有馬忠頼の側室となり、承応元年三月二十日、江戸邸で世子有馬頼利を産み、貞享三年三月十四日に死去。法名は養寿院殿孝誉直到賢巌大信女。葬地は久留米の香林山無量寺。

長男の磯部勘平は、寛永六年に江戸湯島で誕生。寛永十四年、有馬忠頼へ児小姓として出仕。正保元年四月、蔵米百四十石を与えられ、正保三年十月に六十石、慶安元年九月に百石を加増され、合計三百石を知行した。馬廻組、勘定奉行、勘定方吟味役、印銭奉行、御家中簡略裁判、大組鉄砲頭、榎津定番などを歴勤した。元禄四年に致仕、合力として十人扶持を給せられた。元禄六年に病死。子孫は有馬家の家臣として続いた。家紋は鱗形違笄。

次女は、初め順光寺坊守、後に冨嶋左助に嫁いだ。

次男は津田安仁（「御家中略系譜」、『米府紀事略』、「有馬家譜」）。

磯部新七郎　いそべ　しんしちろう

磯部兵部大輔の子（『因幡民談記』、「臼杵稲葉家史料　先祖書」貞享四年一月十一日堤所左衛門書上）。

父の兵部大輔は、山名上野介（康熙）の長男。諱は豊直（「波多野家譜」）、康氏（『八頭郡誌考』）。但馬国朝来郡磯部の住人。大力で弓馬に練達していた。天正年中、秀吉に従属して因幡に侵攻し、智頭郡用瀬村の景石城主となり、三千石を領知した。智頭、八東両郡の領主木下重堅に、与力として付属された。慶長五年の戦役当時は、配下の侍を誅殺しようとして負傷していたため、自身は城中に留まり、家臣を上方に派遣して、木下重堅の指揮下に就かせた。子の磯部新七郎、平七（注）は、亀井茲矩の烏帽子子《えぼしご》だった所縁を頼み、戦後赦免を求めた。これにより助命はされたが、城地は失った。妻子を連れて因幡国気多郡鹿野に移住し、亀井より扶持方五百石を給せられた。鹿野で十年ほどを経て、京都に移住し、ほどなく死去した（『因幡民談記』）。病没の地は大坂（「臼杵稲葉家史料　先祖書」貞享四年一月十一日堤所左衛門書上）。『言経卿記』に、天正十九年一月から慶長七年五月十日の間、廷臣山科言経との交流が散見される。妻は木下重堅の妹（『八頭郡誌考』）。弟は磯部善右衛門尉、磯部治部（『言経卿記』）。妹は羽衣石城主南条元続の妻（『因幡民談記』）。娘一人は、天正十九年一月六日、廷臣四条隆昌に嫁ぎ、九月十九日子の刻、女児を出産したが、文禄二年九月十九日巳の刻、女児は早逝した。文禄三年二月一日辰の下刻に病死。法名は大峯□禅尼（『言経卿記』）。娘一人は針医道可に嫁ぎ、大玄を産んだ。

磯部新七郎は、父の死後次第に困窮し、商家に身を寄せ、皮細工などを習って渡世した。慶長十九年、従兄弟の南条中務を頼んで大坂城に籠った。南条が内応嫌疑で誅殺されると、新七郎ら南条の配下も、残らず処刑された（『因幡民談記』）。

〔注〕山名平七は、磯部新七郎の兄。磯部氏を称したともいう。病身で牢人となったため、磯部兵部大輔の跡を継がず、弟の新七郎が継いだ。豊後臼杵に来住して死去。娘は南条元宅に養育され、稲葉一通の家臣堤左京進に嫁いだ（「臼杵稲葉家史料　先祖書」貞享四年一月十一日堤所左衛門書上、「藩士系図」）。

伊丹因幡守永親 いたみ いなばのかみ ながちか

摂津国川辺郡伊丹庄の出自。伊丹兵庫頭親興入道意頓の三男。郡主馬首宗保の従弟。

天正八年に伊丹有岡城で誕生。初め次郎三郎を称した(「黒田家臣御系譜草稿」)。

秀吉の小姓あがり(『土屋知貞私記』)。

慶長五年、父の親興が本領を二分して次男の氏親と三男の永親に与えようとしたため、これに不服を唱えて出奔した。大坂に居住し、秀頼に出仕した(「伊丹伝記」)。

奏者番役。知行千石(『土屋知貞私記』)。大坂七組の青木一重の本参組子(「諸方雑砕集」)。

慶長十九年、大坂籠城。大坂方勝利の後は因幡国を拝領する約束で、因幡守を称した(「伊丹伝記」)。あるいは従五位下因幡守に叙任し、豊臣姓を授けられた(「伊丹家系図」)。

慶長二十年五月七日、戦場から落ち延びた(『土屋知貞私記』)。

筑前に蟄居。後に黒田長政の請願により赦免され、将軍秀忠に仕えた。書院番に列せられ、廩米《りんまい》千俵を与えられた。

寛永三年、将軍の上洛に供奉。九月六日、行幸に供奉。

寛永五年、江戸で死去。享年四十九歳。法名は無庵道徹。葬地は麻布三田寺町の虎嶽山常林寺。

妻は小出播磨守吉政の姪。

嫡男の伊丹惣兵衛永教は、初め八兵衛を称した。幼時より、母とともに小出大和守吉英の采地但馬出石にいたが、後に父とともに江戸に来て、将軍秀忠、家光に歴仕した。寛文四年二月二十三日、書院番に列せられた。寛文四年二月二十三日に死去。享年五十四歳。法名は英公。

次男の伊丹吉之丞勝親は妾腹。大坂落城の際、乳母に抱かれて黒田長政の陣所に投じ、保護された。長じて黒田家中杉原氏の養子となった。延宝四年十一月に死去。法名は逸浜安才。葬地は博多の金龍寺(『寛政重修諸家譜』、「伊丹家系図」、「藤原姓伊丹系図」、「諸氏本系帳」)。

伊丹周防守正俊 いたみ すおうのかみ まさとし

慶長十九年、真田丸の警固に就いた(『難波戦記』)。

櫟本才四郎 いちのもと さいしろう

大和国添上郡櫟本村の出自か。興元寺の被官。

大坂城に籠り、慶長二十年五月十四日に、中坊秀政により成敗された(『大日本史料』所載「東大寺雑記」)。

一色助左衛門 いっしき すけざえもん

関東者(『土屋知貞私記』)。高家一色一家の者(「摂戦実録」)。あるいは一宮氏ともある(「諸方雑砕集」、『難波戦記』)。諱は広家(「諸方雑砕集」)、広政とされる(『難波戦記』)。

大坂籠城。年の頃は五十余歳(『土屋知貞私記』)。

井出作左衛門 いで さくざえもん

秀頼の家臣。

「清和源氏向系図」によると、その子息は落城の際、四歳ほどで、禿《かむろ》一人と乳母一人が付き添って加藤嘉明家中の船に乗り込もうとしたが、身元を改められた。加藤家では安藤重信と相談の結果、佃次郎兵衛が手形を取り寄せて預かることとなった(『史料が語る向井水軍とその周辺』)。

伊藤助五郎　いとう　すけごろう

摂津の人伊藤助左衛門の子。

父の助左衛門は、摂津国川辺郡尼ヶ崎村内を領知し、秀吉に仕えた。

伊藤助五郎は、家督を継いで秀頼に仕えた。慶長二十年、大坂城で戦死。

弟の伊藤助左衛門は、大和豊臣家に仕え、主家の断絶後、牢人となった。その子伊藤助左衛門景明は、万治二年、徳川頼宣に仕え、その子孫は紀伊徳川家の家臣として続いた（「紀州家中系譜並ニ親類書書上」享和元年十二月伊藤半次郎主信書上、「同」文化元年十二月伊藤虎吉祐陳書上）。

伊東助左衛門祐方　いとう　すけざえもん　すけかた

摂津鳴尾の牢人。

大坂の陣で大野治長の手に属した。慶長十九年十一月二十六日、鴫野口合戦で戦死。

子の伊東助左衛門尚方は、慶長年中、紀伊国那賀郡粉河村に来住し、伊藤氏に改め子孫は同地で続いた（『紀伊続風土記』）。

伊東丹後守長次　いとう　たんごのかみ　ながつぐ

伊東七蔵長久の嫡男。母は川崎氏（「備中岡田伊東家譜」）。

父の長久は、伊東若狭守祐元の三男。初め信長に仕えた。後に近江長浜で秀吉に仕え、加藤作内光泰、神子田半左衛門通清、古田吉左衛門、斎藤宮内少輔、岩間段助、伊藤掃部助祐時、山内伊右衛門一豊、佐藤主計頭とともに、黄母衣衆に列せられた（「備中岡田伊東家譜」、『北藤録』）。妻は尾張の人川崎善右衛門の娘、または川崎兵右衛門の娘（「備中岡田伊東家譜」）。

伊東長次は、永禄三年（『寛政重修諸家譜』）、または弘治二年（備中岡田伊東家譜）、または弘治三年に誕生（「伊東家御系図」）。

秀吉に仕え、後に黄母衣衆に列せられた（『太閤記』）。

播磨高倉合戦の時、十八歳で初陣し、秀吉から軍功を賞せられ、金熨斗《のし》付大小と折菱紋を紙形で畳んで賜与された（「伊東家御系図」）。「備中岡田伊東家譜」は、組み討ちの軍功を立てた高倉合戦を天正二年とするが、天正五年であろう。「諸方雑砕集」、『寛政重修諸家譜』は、天正六年の播磨三木城攻撃における軍功により、信長から金熨斗付大小と丸に折入菱紋を賜与されたとする。

天正十一年四月、賤ヶ岳合戦でも軍功があった（「諸方雑砕集」）。

天正十二年四月三日、平野長泰の当知行分のうちで四百六十石を加増され、合計九百六十石を知行（「伊東家御系図」）。

天正十三年九月一日、近江の替地として、摂津国豊島郡止々呂美村で知行二百三十二石を与えられた（「備中岡田伊東家譜」、「小川栄一氏所蔵文書」）。

天正十五年十月二日、丹波国多紀郡基野で四百十石、同安治間で三十一石、合計四百五十一石を加増された（「備中岡田伊東家譜」）。

天正十六年四月十四日、後陽成天皇の聚楽第御幸に際し、供奉の左前駆を務めた（『太閤記』）。

従五位下丹後守に叙任（「備中岡田伊東家譜」）。「備中岡田伊東家譜」所載の天正十五年十月二日付知行宛行状に伊東「甚太郎」、天正十六年九月十八日付知行宛行状には伊東「丹後守」とある。『御湯殿上日記』によると、天正十六年四月十一から十三日の間に多数の諸大夫成があり、この時の叙任と思われる。

九月十八日、止々呂美村の出来分七十石を加増された（「備中岡田伊東家譜」）。

天正十七年十一月末、小田原の陣に、組下六百人、または七百人を率いて参陣（『伊達家文書』）。

天正十八年三月末、伊豆山中攻撃に先頭（「諸方雑砕集」）。秀吉から魁《さきがけ》の功を賞され、当座の褒美として、湯漬の膳、また金銭を与えられた（「備中岡田伊東家譜」）。

五月末より上野館林攻撃に出役（『武徳編年集成』）。

六月初旬より武蔵忍攻撃に出役（『忍城戦記』）。

七月二十三日、佐々九郎右衛門尉と連署して播磨国川西郡殿原村、同中富村の水利配分を示達（『中田文書』）。

文禄元年三月、秀吉の肥前名護屋出陣に供奉。道行四番手母衣衆の一人（『大かうさまくんきのうち』）。名護城に在番し、本丸広間番馬廻衆の一番組頭を務めた。組子は津田少兵衛尉、桑原将八郎、福原太郎右衛門尉、木全又左衛門尉、長崎弥左衛門尉、吹田毛右衛門尉、村田将監、岡村弥右衛門尉、那須助左衛門尉、藤堂勝右衛門尉、上原次郎右衛門尉、三上大蔵丞、酒井助允、小栗助兵衛、三牧太郎右衛門尉、岡田勝五郎、尾関喜介、津田新右衛門尉、清水弥左衛門尉、竹内虎介、高橋弥三郎、吉田次兵衛尉、吉田彦六郎、松井新介、柴田弥五左衛門尉、三村九郎左衛門尉、山口藤左衛門尉、村上兵部丞（『太閤記』）。

文禄三年三月二十一日、丹波の替地として、播磨国加東郡山国村七百五石、同郡西戸村三百四十九石三斗四升、合計千五十四石三斗四升を与えられた。

十月十七日、検地により、止々呂美村で三百二石を与えられた。

十二月二日、検地により、河内国高安郡教興寺村、同郡黒谷村四百二十四石二斗を与えられた。

文禄四年八月三日、美濃国本巣郡、池田郡、大野郡内で、豊臣秀次の家臣の旧領二千石を加増され、本知三千石と合わせて五千石を領知（「小川栄一氏所蔵文書」、「備中岡田伊東家譜」）。

慶長元年一月三日付で秀吉は草津湯治を企図し、朱印状を以て道中警固を示達した。伊東組、長束太郎兵衛は、信濃国伊那郡野尻宿の警固を命ぜられた（『浅野家文書』）。

慶長三年一月十九日、長束正家、速水守之、服部正栄、長束直吉、溝江長氏、小堀正次、杉若藤次郎、長谷川為真、駒井重勝、新庄東玉斎、御牧景則、建部寿徳、吉田益庵、木村由信とともに、越前、加賀国内の検地奉行に任じられた（『駒井中書日次記』）。五月より七月頃まで、越前国今立郡、坂井郡の検地を担当（『福井県史 通史編』）。

七月二十八日、越前国今立郡、坂井郡、足羽郡内で五千石を加増され、本知五千石と合わせて一万石を領知（「小川栄一氏所蔵文書」、「備中岡田伊東家譜」）。

慶長五年六月十六日、家康は大坂を発し、伏見城に入った。伊東は、堀田図書とともに密かに伏見に伺候し、石田三成の挙兵企図を報告した。六月十八日、家康は伏見城を出立し、六月二十一日、伊勢四日市より出船して三河に向かった。その際、伊東、堀田へ謝礼として大樽一荷ずつを贈った（『武家事紀』、「諸方雑砕集」）。

八月、家臣木崎弥兵衛に命じて編笠の緒に密書を忍ばせ、福島正則方に派遣し、西国の情勢を報じた。家康は喜悦して木崎を引見し、伊東の口上を聞き届け、忠節の験《しるし》として自筆の印判を与えた（「諸方雑砕集」、「備中岡田伊東家譜」）。

九月十四日夜半、長瀬六左衛門ら近臣七人を従え、密かに関ヶ原へ乗り出し、先手の武者場を検分した（『伊東家雑記』）。

九月十五日、中島式部少輔、伊木七郎右衛門、井上小左衛門らとともに、豊臣家の弓、鉄砲衆を率いて関ヶ原に出役。石田三成の先手島左近の西南に続いて陣取った（『関原軍記大成』）。伊東の先手は、千石平左衛門定盛が務めた。

九月十七日、佐和山城攻撃に従軍。長瀬六左衛門を連れて、城方による自焼跡を検分した（『伊東家雑記』）。

戦役後、毛利輝元の領地で宍戸元続の支配下にあった備中国下道郡内の新本村、園村、川辺村、二万村、八田村、尾崎村、妹村、陶村、服部村、水内村、枝村にて七千五百八十三石六斗四升五合を与えられた。陶村に蔵奉行を置き、年貢米は浅口郡亀山村浜より大坂へ廻送した（『水川家先祖書』）。右は越前、播磨国内の替地と思われる。

七月二十三日付で、在所の庄屋、年寄に対し、「新領分の検地は宍戸では進捗しないので、福島正則に依頼した。よって年貢未納の田畑や荒地以外について、至急精査して帳面を提出するように」と示達した（『白神惣一氏蔵文書』）。

慶長六年当時、美濃国池田郡加茂庄脛長村千三百九十二石七斗六升、同郡豊久庄沓井村内で六百四石一斗四升の知行地があった（『慶長六年丑年美濃一国郷牒并寺社領小物成共』）。

慶長九年八月十四日、豊国社臨時祭に馬一匹を供出（『豊国大明神臨時祭日記』）。

慶長十一年二月、千石平左衛門、川崎長門を、備中領分の巡察に派遣した。三月十八日、両人は帰坂した（『水川家先祖書』）。

慶長十三年、旧冬の駿府城火災の見舞として、五月一日に帷子三張、八月二十三日に銀子十枚、小袖五重、十二月二十六日に小袖二重を献上（『当代記』）。

慶長十六年三月、秀頼の上洛に供奉（『秀頼御上洛之次第』）。

六月十九日朝、織田有楽の茶会に招かれ、大野治長、堀田図書頭とともに参席（『有楽亭茶湯日記』）。

当時、知行一万三百石（『慶長十六年禁裏御普請帳』）。

慶長十七年五月二十七日昼、織田有楽の茶会に招かれ、石河貞政、木下延俊とともに参席。閏十月十一日昼、有楽の茶会に招かれ、養安院、野々村吉安とともに参席（『有楽亭茶湯日記』）。

十二月から、大坂諸大夫衆の一員として禁裏普請助役（『慶長十六年禁裏御普請帳』）。

この頃か、大坂七組の番頭となった（『太閤記』、『片桐家秘記』、「北川次郎兵衛筆」、「諸方雑砕集」、「摂津麻田青木家譜」）。組子二十六人（『難波戦記』）。

慶長十八年一月十一日昼、織田有楽の茶会に招かれ、大野治長、片桐且元とともに参席。

慶長十九年二月十九日昼、織田有楽の茶会に招かれ、堀田図書頭、竹田城庵とともに参席（『有楽亭茶湯日記』）。

当時、知行一万石（『大坂陣山口休庵咄』）。

九月下旬、片桐且元が二の丸の上屋敷に兵を集めて立て籠ったので、城内で対応が協議された。伊東は、「市正一人を攻め潰すのはたやすいが、なにぶん市正は家臣が多く、牢人も抱えているので、簡単には潰されないでしょう。大事の前の小事とはこの事。何とかして退去を命じる手立てもあるのではないでしょうか」と具申した。大野治長も「退去させられるなら、そのようにしたい」と言い、秀頼も伊東に、「才覚して市正を退去させよ」と命じた。伊東は、「ただ退去を命じても、従いますまい。市正から人質を取り、殿様(秀頼)からも人質を遣わされるなら退去するでしょう」と言上した。人質を選定するため一日対応が延びたが、秀頼の伯母智慶院殿華貞窓白大姉(不詳)に打診したところ、「秀頼様の御為になるのであれば人質になりましょう」との了解が得られた。そこで伊東は、平服で家来長瀬六左衛門のみを連れ、且元の屋敷を訪問した。既に門扉は閉ざされ、辻々には鉄砲が配備されていた。伊東は門前に歩み寄り、「市正殿へ今生の御暇乞いに参った。卒爾《そつじ》めさるな」と番兵に声をかけ、開門を申し入れた。しかし、番兵は且元の命令として開門を拒んだ。それではと且元の家来二人を呼ぶよう申し入れたが、これも拒否された。そこで、「丹後が丸腰で参上しており、市正殿と話したい事があるので、広敷まで御出でになるよう取り次いでほしい」と重ねて申し入れ、ようやく且元が広敷まで出てきた。伊東は門前から、「互いに太閤様の御恩深い身ですが、今般大野の短慮により、秀頼様の命運も尽きたと思われます。互いに語り尽くし、今生の妄執を晴らすため参上しました。私は平服です。大小は家来の六左衛門に持たせ置くので、私一人、少しの間でも面会を許してほしい」と呼ばわった。それならばと一人門内に入ることを許されたが、六左衛門は伊東の袴に取り付いて潜戸から邸内に入った。且元は、「六左衛門、大儀」と声をかけた。広間に入る際、白洲には六十人ほどの鎧武者が二列に待機していた。伊東は「さてもよき武者」と誉めた上で、「御運も末となったようです。太閤様の厚恩を得た我ら、秀頼様へも恨みはないはず。太閤様、秀頼様への御奉公と思って、屋敷を引き渡していただきたい。ただ引き渡すわけにはいかないでしょうから、秀頼様から人質を出すよう私より具申します。貴殿からも子供のうち一人を人質として出し、互いに取り交わし、白昼に屋敷を退去することを了承してほしい」と説得した。且元は伊東の手をとり、「互いに御奉公もこれまで」と号泣して名残を惜しんだ。伊東は、「秀頼様も貴殿に別心ないことは了解しており、このように私を遣わした次第」と慰め、退去の日限を決めて、片桐邸を辞去した(『伊東家雑記』)。「北川次郎兵衛筆」によると、七組の番頭が調停に乗り出し、伊東と堀田が「まずは市正の存念を承り、その上で対応の仕様もあるだろう」として両人で面談に行ったが、且元が「何とも仕様がない」と言うので、空しく辞去したという。これは九月二十六日時点と思われる。なお、人質は片桐と大野間での取り交わしで調整されており、秀頼からの人質については実否不明。

　大坂城に籠り、与力五十騎(『大坂陣山口休庵咄』)、または与力二百三十騎を付属され、手勢が七十騎。さらに兵七千人を預かった。

　旗印は折入菱。馬印は半月横母衣付(『備中岡田伊東家譜』)、または冬の陣には鳥毛棒、夏の陣には銀の角折敷三重(『難波戦記』)。

　十一月十日、「未明に、大勢の敵が長柄筋から天満口に押し寄せる」との風聞があり、晩のうちに伊東親子らが天満へ出張した。しかし、敵の進攻はなかったので、翌十一日晩には城中に引き揚げた。先手の守沢喜兵衛と長瀬六左衛門を、十一月二十六日未明まで天満に留め置いた（『伊東家雑記』）。

十一月二十六日午の刻、真野、伊東、堀田、野々村、青木の五組は、鴫野口へ出役（『大坂御陣覚書』）。伊東の先手は、守沢喜兵衛、長瀬六左衛門（『伊東家雑記』）。牢人分の家来で石火矢打（「備中岡田伊東家譜」）道鉄が首一級を斬獲した（『武家事紀』）。

守沢、長瀬は十一月二十八日まで鴫野方面に留まり、銃撃の応酬を続けた。城中の持ち口普請が調ったので、同夜半に片原町、鴫野の諸勢は、天満、船場、片原町を一度に自焼して城中へ撤収し、各々の持ち口の警固に就いた。伊東の持ち口は、惣構え西側の農人橋より南へ七十間（『伊東家雑記』）。

十一月二十九日未明、農人町の焼け跡を見渡すと、二町目、三町目に土蔵が二つ焼け残っていたので、家来大島小左衛門に鉄砲百挺を授け、土蔵を焼き払おうとしたが、寄せ手に追い返された。同日四つ時分、今度は長瀬六左衛門が本町橋から忍び出て土蔵に鉄砲を撃ちかけ、敵を追い、土蔵を焼き払った。さらに敵兵若干を討ち取り、これが籠城の一番首となったので、岡崎三十郎が登城して歴々へ披露した（『伊東家雑記』）。ただし、結局、右の土蔵二つは、蜂須賀至鎮の先手の竹東と本陣との間に残ったようで、蜂須賀家は土蔵に張番を出し、土蔵の脇に柵と枝折木戸二か所を設け、周囲に堀割をめぐらせた（「山本日記」、『阿波徴古雑抄続編』長谷川小右衛門内証覚書）。

十二月四日、前田、松平、井伊らが城南に迫った時、七組の青木、野々村、真野らとともに、加勢として防戦に加わった（『大坂御陣覚書』）。

京都所司代板倉勝重の諜者朝比奈兵右衛門正成は、冬の陣に伊東の配下に属し、城中の評議の様子を通報した（『寛政重修諸家譜』）。

十二月十九日、堀田図書頭、真野宗信、中島式部少輔、野々村吉安、青木一重、速水守之とともに連署して後藤光次へ書状を送り、和睦の斡旋を求めた（『譜牒余録後編』）。

十二月二十五日、織田有楽、大野治長、七組の番頭速水、青木らとともに岡山へ出向き、秀忠に拝謁した（『駿府記』、「大坂冬陣記」）。

慶長二十年一月一日、二条城に伺候し、家康に新年を賀した（『駿府記』）。

軍法で秀頼出馬の際は、七組のうち伊東、青木、真野が左備え、野々村、堀田が右備えと定められていた（「青木伝記」）。

五月六日、青木、真野、野々村、堀田とともに、七組の兵四万から六万人を率いて、天王寺表の平野街道に出陣した（「青木伝記」、「北川次郎兵衛筆」、『武功雑記』）。

五月七日、柚々皮左近右衛門、長瀬六左衛門が足軽を率いて先手となり、天王寺表の東方平野口に備えを立てた。守沢喜兵衛が幟大将を務めた（『伊東家雑記』）。

巳の刻過ぎ、真田信繁、伊木常紀、七組の番頭堀田、野々村とともに茶臼山に参会し、合戦の手筈を定めた後、自身の備えに戻った（「浅井一政自記」）。相備えの青木正重が、足場が悪いために備えを前進させた際、伊東勢と小競り合いが発生した（「青木伝記」）。

午の刻より鑓合わせが始まり、伊東の手では千石平左衛門が一番首を取った。子息長昌、岡崎三十郎、長瀬六左衛門も鑓を合わせた。二番合戦では伊東も馬から下り立ち、衆を励まして奮戦し、平野口まで敵を追った（『伊東家雑記』）。伊東の配下上坂左近は、与力を引き連れて出役し、母衣武者と鳥居指物の武者の二人に鑓を付けた（『家中諸士家譜五音寄』寛文九酉年上坂外記貞範書上）。

伊東、青木組は、御小人町近辺で細川忠興勢と交戦した（『綿考輯録』所載「慶長二十年五月十一日付細川忠興書状」）。右の御小人町とは、南新町一丁目ではなく、天王寺東方の在所と思われる。『大坂御陣覚書』によると、細川忠興は天王寺村の毘沙門池に備えを立て、堀田、野々村、真野、伊東組と暫く鉄砲で競り合ったとあるが、細川勢との交戦は左備えの真野、伊東組と思われる。

天王寺表が総敗軍となったので、寄せ手に紛れて城中へ引き揚げた。玉造口で暫し支えたが、ほどなく諸口が破れて千畳敷にも火の手が上ったため、持ち口を放棄した。本丸に入ろうとしたが煙火により入れず、二の丸玉造口東門より城外に突出した。乗馬を失って既に徒《かち》立ちとなっていたが、岡崎八郎兵衛が敵一騎を討ち取り、その馬を奪い取って差し出したので、これに乗って岡山付近から河内天野へ退去した。

本参、新参の組子は、大多数が戦死した。家来七十騎のうち、長次の従弟川崎長右衛門、千石権平、同弟平内、長次の甥で猶子の森嶋長兵衛、岡九郎三郎、仙石九太夫、甲賀権右衛門、谷市兵衛、馬淵平八、石火矢打の道鉄ら三十五、六騎が戦死した。留守居の石原助右衛門や高見庄右衛門らは、邸内で落命した。徒小姓や台所人までが数多く戦死した（『諸方雑砕集』、『伊東家雑記』、「備中岡田伊東家譜」）。伊東邸では、寄る者は敵味方となく銃撃したので、大坂方はいっそう混乱した（『大坂御陣覚書』）。伊東の進退は、裏切り行為とみなされた（『旧記雑録後編』所載「慶長二十年六月十一日付巨細条書」）。

五月十二日、大坂町人野田屋道喜の世話により、高野山麓伊都郡学文路村に落ち延びた（『伊東家雑記』）。

五月十五日、千石平左衛門、野田屋道喜を連れて高野山に登り、蟄居（『伊東家雑記』）。五月十九日付で、本多正純、金地院崇伝は高野山の僧院に書状を送り、伊東親子が高野山の宿坊に自由に宿泊できるよう通知した（『本光国師日記』）。

閏六月一日、瀧川忠征、山城忠久が使者となり赦免された。

閏六月三日、高野山の悉地院住職順教坊雲雪に伴われ、上下六、七人の供廻りで伏見に伺候（『伊東家雑記』）。大坂表での様子が詮索されるものと取沙汰された（『綿考輯録』所載「慶長二十年後六月二十五日付細川忠興書状」）。

在京中に、大坂で奮戦した十九人の功名を詮索し、千石平左衛門、森嶋権右衛門、岡崎八郎兵衛の軍功を認定した（「諸方雑砕集」）。

七月上旬、伏見で家康に拝謁し、備中、美濃、摂津、河内四か国のうちで、本知の通り与えられた。供の人数も少なく、武具もなかったので備中の領分へは赴かず、河内国高安郡内の領分に居住した（『伊東家雑記』）。

元和二年、初めて備中領分へ下向（『水川家先祖書』）。播磨国加古郡高砂浦より乗船（『御家士記録』）。三月二十三日明け方、備中国浅口郡亀山村湊に到着。随行の家人千石平左衛門、木崎弥兵衛のほかは歩卒、人足のみで、乗馬も乗物もなかった。服部村谷村谷本の地庄官西与左衛門邑宣（後に水川長宣）に背負われ、途中、陶江村大堂、服部村善郷の大岩で暫時休息して、穂井田村谷本陣屋に到着（『水川姓系譜』）。

当時、美濃国池田郡には、脛長村千三百九十二石七斗六升九合、沓井村内で六百四石一斗四升、都合千九百九十六石九

斗九合の知行地があった（『元和弐年美濃国村高御領知改帳』）。

元和三年、初めて江戸に参観《さんきん》（『伊東家雑記』）。

寛永元年十月、二万村の近臣高見帯刀方へ一時動座し、十一月二十日より川辺村土居屋敷へ移った（『水川姓系譜』）。千石平左衛門は市場村嵯峨野に居宅し、木崎弥兵衛は尾崎村石田に居宅し、政務を司った（『水川家先祖書』）。

寛永六年一月、揖斐川筋国役《くにやく》として堤普請の賦役を課された（『揖斐川筋国役堤普請帳覚』）。

二月十七日に江戸の邸内で病死。享年七十歳、または七十三歳（『寛政重修諸家譜』）。あるいは七十三歳、または七十一歳（「伊東家御系図」）。法名は金龍寺殿前丹州大夫雲山宗徳大庵主。葬地は駒込浅嘉町の金峯山高林寺（『寛政重修諸家譜』、『伊東家雑記』、「諸方雑砕集」）。

前妻は神子田半左衛門の娘で、子がないまま死別。後妻は壬生官務孝亮の娘。側妾は美濃の土岐支族塚本次郎兵衛の娘で、塚本小大膳重元の妹。京都に居住し、寛文二年十一月十九日に死去。享年八十九歳。法名は福生院殿椿松永寿大姉（「伊東家御系図」、『伊東家雑記』）。

長女の長寿院は、堀田図書頭の子加賀守盛正に嫁いで、伊東善左衛門長法を産んだ（「伊東家御系図」）。『寛政重修諸家譜』によると、長女、次女は早世し、長寿院は三女という。

次女のイチは、伊東左馬助に嫁ぎ、慶長二十年五月七日に大坂城中で死亡とも、後に吉田長庵へ再嫁ともいう。

三女のチャウは、毛利河内守秀頼に嫁ぐとも、後に木俣頼母に再嫁ともいう。

長男は伊東甚吉長直（「伊東家御系図」）。慶長十六年三月、秀頼の上洛に供奉（「秀頼御上洛之次第」）。慶長二十年に死去（『寛政重修諸家譜』）。享年二十三歳（「伊東家御系図」）。

惣領は伊東若狭守長昌。

三男は伊東吉三郎長近（『寛政重修諸家譜』）。母は塚本氏（『伊東家雑記』）。または神子田氏。諱は後に長重。将軍秀忠に仕え、廩米二百俵を給せられた。元和八年十二月二十七日に死去。享年二十七歳（『寛政重修諸家譜』）。

四女は、徳川頼房の家臣栗田実親の妻（「伊東家御系図」、「備中岡田伊東家譜」）。

四男の伊東惣左衛門長行は、実は堀田盛正の子で、母は伊東長次の娘。元和四年に誕生。将軍家光に出仕（『寛政重修諸家譜』）。長行は、盛正の次男伊東善左衛門長法と同一人物と思われる。長法は伊東長近の家跡を継ぎ、小姓組に列せられた。延宝五年九月十五日に死去。子孫は幕臣として続いた（『寛政重修諸家譜』、『伊東家雑記』）。

伊藤半左衛門 いとう はんざえもん

秀吉の家臣伊藤弥吉の子。伊藤武蔵守光慶の同腹の兄弟。母は近江の井戸村左京亮光慶の長女（『近江国坂田郡飯村島記録』）。

秀吉に仕え、文禄元年、名護屋城に在番し、本丸広間番衆馬廻組の五番尼子三郎左衛門尉宗長組に所属（『太閤記』）。

慶長十九年、大坂城に籠り、慶長二十年五月七日に城外で戦死（『近江国坂田郡飯村島記録』）。

ちなみに、『寛政重修諸家譜』によると、堀田若狭守一継の三女は、初め伊藤半左衛門に嫁ぎ、後に片山主水に嫁いでいるが、右の半左衛門と同一人物かは不明。

伊東美作守 いとう みまさかのかみ

伊東長次の甥（『土屋知貞私記』）。諱は

長弘とされる（『難波戦記』）。

慶長四年一月、大坂城の詰衆御番一番に列せられた（『武家事紀』）。

慶長十九年、大坂城に籠り、城東警固の寄合衆の一人（『難波戦記』）。出頭人で小姓頭分。知行千石ほど。年の頃は二十三、四歳（『土屋知貞私記』）。

伊藤武蔵守《いとうむさしのかみ》

伊藤弥吉の子で（『近江国坂田郡飯村島記録』）、次男（『綿考輯録』所載「慶長廿年五月十五日付細川忠興書状別紙」）。伊藤半左衛門と同腹の兄弟。母は、近江の井戸村左京亮光慶の長女（『近江国坂田郡飯村島記録』）。

父の弥吉は、後に対馬守（慶長三年四月十五日、従五位下対馬守に叙位任官）を称した（『近江国坂田郡飯村島記録』）。諱は長俊（『金剛寺文書』）。秀吉に仕え、鉄砲大将を務めた（『大かうさまくんきのうち』）。慶長五年八月、伏見城攻撃に鉄砲頭として出役（『関原軍記大成』）。戦役の後は、勘当者として身の置き所を失い流浪したが、福島正則が年来懇意だったため、同家に匿われ、一両年過ぎて病死した（『家中諸士家譜五音寄』寛文七年岩室十助書上）。

伊藤武蔵は、慶長四年一月、大坂城の詰衆一番に列せられた（『武家事紀』）。

その後、福島正則に仕えていたが、広島を立ち退いて大坂城に籠った（『大坂御陣覚書』）。

慶長二十年五月七日、秀頼の金瓢箪の馬印を津川左近将監が捧げて岡山口へ押し出したが、城に火の手が上がったため、そのまま城へ引き揚げた。その際に、馬印は道端に捨て置かれた。後から城中に戻った伊藤武蔵守は、捨てられた馬印を見て、「唐土《もろこし》にまで聞こえた御馬印を捨て置いて落ち行くとは、大坂数万の軍勢に勇士は一人もないのか。伊藤武蔵が御馬印を揚げて帰るぞ」と言うや、馬印を取り上げて城内に引き入れた。諸人はこれを賞美した（『大坂御陣覚書』）。

五月八日、秀頼の最期の供をして自害（『綿考輯録』所載「慶長廿年五月十五日付細川忠興書状別紙」、『旧記雑録後編』所載「慶長廿年六月十一日付巨細条書」）。

妻は、福島正則の家臣蜂屋将監（注）の娘（『大坂御陣覚書』）。落城後、父の将監方に落ち延び、広島で出産した。将監がその子を養育して名字を譲り、蜂屋市兵衛と名乗らせた。長じて紀伊徳川家に仕えた（『大坂御陣覚書』）。

〔注〕蜂谷将監は、福島家で知行二千石、組頭を務めた。福島家の除封後、本多忠政に知行三千石で仕えた（『福島太夫御事』、『九六騒動記』）。

伊藤林慶《いとうりんけい》

大野治房の家来。

妻は落城の際、祖母、娘とともに、蜂須賀至鎮の小姓組頭牛田常一方に拘置された（『大坂濫妨人并落人改帳』）。

伊東若狭守長昌《いとうわかさのかみながまさ》

伊東長次の次男で惣領。母は塚本氏。小字は幸松、後に甚太郎を称した。従五位下若狭守に叙任（『伊東家雑記』、「伊東家御系図」、「備中岡田伊東家譜」）。

文禄二年に摂津で誕生（『寛政重修諸家譜』）。

慶長十三年、十六歳の時より家康に勤仕。

慶長二十年、兄の長直が早世したため、命により大坂へ帰った（『伊東家雑記』、『寛政重修諸家譜』）。江戸へは、代わりに弟の長近が下向した（『伊東家雑記』）。

五月七日、父とともに天王寺表へ出陣。二番合戦の時、弁財池付近で鑓を合わせ、敵を突き伏せたところに敵の若党が駆け付け、背後に取り付かれたが、家来の篠田四郎兵衛が脇から鑓を入れ、これを追い払った。長昌は起き上がって、篠田に敵の首を取らせた。家来の斎藤兵左衛門が敵の馬を奪い取り、長昌を乗せた（『諸方雑砕集』）。父が戦場を去った後も、千石平左衛門、木崎佐左衛門、斎藤兵左衛門、大原久右衛門、田辺弥兵衛、長瀬六左衛門らとともに戦場に留まり、瀧川忠征、山城宮忠久方へ「切腹するので検使を下されたい」と申し送った。両人はこれを押し止めて、「その方の父は討ち漏らされ、高野山を目指して河内天野まで退去したとの風聞がある。落ち合って、その上で分別するのがよろしかろう」と慰撫した。そこで長昌は父の跡を追って和泉貝塚へ行き、小出吉英の家臣神西七左衛門の案内で高野山通四日市に至って父と再会し、高野山麓に蟄居した。

閏六月、父とともに下山して、伏見へ出頭した。長瀬六左衛門一人が、長昌の馬の口を取り供奉した（『伊東家雑記』、「備中岡田伊東家譜」）。

寛永十七年九月十八日に江戸邸で死去。享年四十八歳。法名は東山高天宝光院。葬地は高林寺（『寛政重修諸家譜』）。

妻は板倉勝重の養女で、実は中島重次の長女。

子孫は、備中岡田侯として続いた（『伊東家雑記』、『寛政重修諸家譜』、「伊東家御系図」）。

稲垣与右衛門　いながき　よえもん

真田信繁の配下。

慶長二十年五月七日、信繁が茶臼山の陣所から子息の真田大助を城中に帰す光景を目撃し、後に以下の通り語った。「真田左衛門佐は茶臼山の上に出陣し、前方に進んで寄せ手の様子を観察していたが、子息の大助を呼び寄せると、『その方は昨日の一戦で負傷しているので、今日の合戦では、はかばかしい働きはできまい。私に思う所もあるので、今から城中に帰り、秀頼公の御側にあってどこまでも御供せよ』と言い聞かせた。大助は『この方面での開戦を直前にして城中に帰るのは不本意です。何としても御手前様と一緒にと決意しています』と再三断ったが、左衛門佐は大助を近くに引き寄せ、しばらく何事か言い含めた。すると大助は親の側を離れ、馬に乗ろうとしてなおも左衛門佐の方を見て佇んでいた。左衛門佐が近習に『早く城へ行くように』と催促させると、大助はようやく馬を乗り出したが、いく度となく親の方を振り返り、それから坂を下って城へ帰って行った。大助を近くに引き寄せ左衛門佐が何を言い含めたか、私は承っていないが、おそらく左衛門佐は、自分は別心を抱くことなく戦死を遂げる覚悟であることを秀頼公に知らせるための証人のつもりで、大助を城中に帰したのだと思う」（「落穂集」）。

稲木三右衛門　いなき　さんえもん

諱は教量、元定、高利とされる（『難波戦記』）。

慶長十九年、大坂籠城。当初は小身者で、五騎または十騎程度を預かった。大野治長に面会して城の塀裏を警固したが、後に牢人や騎馬の者を追加で預かった（『大坂陣山口休庵咄』）。城東持ち口の頭分の一人で、兵二千人を指揮した（『難波戦記』）。

稲葉伊織《いなば　いおり》

新参で大坂七組の青木一重組に所属し、知行三百石。

慶長十九年十一月二十六日、鴫野口合戦で軍功があった(「諸方雑砕集」)。

慶長二十年五月七日、青木正重の組下として出役。天王寺の東北で井伊直孝の旗奉行広瀬左馬助将房〔注〕を討ち取った(『大坂御陣覚書』)。

年不詳(元和元年か)九月十二日付で、青木正重から書状を以て、鴫野表合戦での働き、天王寺表平野街道筋での軍功を賞された。

後に、牢人分で松平直政に召し出された。休斎と号した(「諸方雑砕集」)。

〔注〕井伊家中の福留半右衛門親政によると、七日の合戦で親政が敵を討ち取って立ち上がり、右後方を見ると、すでに井伊家の馬印も旗も全く立っていなかった。それから東方に行くと、広瀬左馬助が戦死していた。首はなく、刀、脇差、母衣張の指物も失われていたが、具足で広瀬と認識できた。親政は死骸の傍に寄って落涙した。側には孕石備前、仁井巳作右衛門、藤島太兵衛らの死骸もあった。親政は軍使として騎行する小幡又兵衛を呼び止め、「左馬助が討ち死にされたのでここにいるが、死骸は何とも致しかねる。その方に死骸を渡したい」と言うと、小幡は「是非もないこと。私は御使いに参るところなので、死骸については従者の久市に渡されよ」と応じて、馳せて行った。親政は広瀬の死骸を久市に渡した(『福富半右衛門親政法名常安覚書』)。井桁紅旗は溝の中に捨て置かれていたが、井伊家中の菅沼郷左衛門、菅沼藤左衛門、小幡善右衛門が取り上げて、踏み留まった(「井伊年譜」、「井伊家慶長記」)。

稲葉大炊《いなば　おおい》

大野治長組に所属。

慶長十九年十一月二十六日、鴫野口合戦で兜付の首一級を斬獲(「高松内匠武功」)。

稲葉清六《いなば　せいろく》

一柳直末の家臣稲葉清六の嫡男(『山内家史料』所載「山内家四代記」)。

父の清六は、直末の母正林(稲葉良通の姉の娘)方の従弟。天正十一年四月二十日、賤ヶ岳合戦で、直末配下の侍分として一柳直盛とともに先駆、敢闘した。天正十二年十月より、直盛と同格の家老分となった。天正十八年三月二十九日に直末が戦死した後、小川祐忠(直末の妹婿)に仕えた。慶長五年、石田三成の廻文を持って尾張黒田の一柳直盛の居城を訪れたが、留守居の一柳正斎に味方することを拒絶され、追い帰された。祐忠の子小川左馬助に子がなく断絶したため牢人となり、青松寺に浪居した(『一柳家記』、『御家御先祖書写』)。慶長十年、土佐の山内忠義に知行千四百石で仕えた。内記を称した。慶長十五年閏二月十八日、尾張名古屋城普請助役に従事。慶長十九年、賜暇を乞い、他国へ退去した(『山内家史料』所載「山内家四代記」、『南路志』)。稲葉一鉄の家臣稲葉伊左衛門通員の次男稲葉清兵衛通勝を養子とした。通勝は、徳永久重に知行二百石で仕えた(「河野家系図」)。

二代目の稲葉清六は、初め山内忠義に仕えたが、慶長十八年九月、改易された。

慶長十九年、大坂籠城(『山内家史料』所載「山内家四代記」)。新参で大坂七組の青木一重組に所属し、知行三百石。十一月二十六日、鴫野口合戦で戦死(「諸方雑砕集」)。

犬養《いぬかい》左京《さきょう》
大和国宇智郡坂部城主佐々木某の子。

父の佐々木某は、天正二年の夏に根来衆との抗争で戦死。母は細川氏の娘で、天文十三年に誕生。妙善尼と号した。慶長二十年五月、大坂城の掘で死去。享年七十二歳。

犬養左京は、初め石井喜兵衛義弘と称した。天正元年に坂部城で誕生。幼名は千屋。

二歳の夏に父が戦死したため、母に抱かれて坂部城を退去した。十歳の春に高野山に上り、剃髪して専順と号した。後に秀吉に仕えたが、総髪のままだった。

慶長二十年五月、大坂で軍功があった。落城後は、大和柳本の織田氏に仕えた。万治三年一月二十八日に死去。享年八十八歳。柳本村に埋葬された。

妻は、尾張の人梶原氏の娘。天正四年に誕生。寛永十二年に大和国葛上郡御所村で死去。享年六十歳。妙慶尼と号した(『根来東悦行寛系図』)。

井上《いのうえ》源兵衛《げんひょうえ》
後藤又兵衛組に所属(『金万家文書』金万定右衛門申立之覚)。

慶長十九年十一月二十六日、今福口合戦に出役(『大坂御陣覚書』)。翌二十七日も同じ組の山田外記、同八左衛門、金万平右衛門、片山大助、難波六大夫、磯村八左衛門とともに鉄砲の者を率いて今福口の一の柵に駐留した(『金万家文書』先年寅歳大坂籠城之砌之事)。

十一月二十九日の晩、相談して今福口の小屋に火を放ち、備前島、片原町も自焼して城内に撤収した(『大坂御陣覚書』)。

十二月四日、城南の攻防戦で金万平右衛門とともに矢切の上から大筒を撃って敵を殺傷したが、同所にて戦死(『金万家文書』金万定右衛門申立之覚)。

井上《いのうえ》小左衛門《こざえもん》定利《さだとし》
長井隼人佐道利の三男。母は稲葉宗張の娘。井上忠右衛門道勝、井上半右衛門定次の弟。後藤利久の妻、玉室宗珀〔注〕の兄。

父の道利は、斎藤道三の若年時の子で、表向き道三の弟とされた。美濃を流浪して足利義昭に仕え、元亀二年八月二十八日、白川河原合戦で和田惟政方に赴援して戦死(『寛政重修諸家譜』)。法名は前布張徳翁道舜禅定門(「常在寺記録」)。妻は東下野守常慶の長女で、永禄六年に再嫁(『秘聞郡上古日記』)。

井上定利は、永禄九年に誕生(『寛政重修諸家譜』、「美濃国諸家系譜」)。出生地は美濃(『寛永諸家系図伝』)。初め大助を称した(「美濃国諸家系譜」)。

秀吉に仕えた(『寛永諸家系図伝』)。

慶長三年十月四日、辻忠右衛門尉方を訪問した際、北野天満宮祠官の松梅院禅昌の知遇を得た(『北野社家日記』)。

慶長四年八月七日、前田利長、毛利輝元、宇喜多秀家、上杉景勝、徳川家康の連署により、美濃国池田郡田畑村で五百六十石、河内国志紀郡沢田村で二百石、合計七百六十石七百六十石を安堵された(『毛利家文書』)。なお、田端村の五百六十石八斗は、慶長六年時点では松平甲斐守の所領とされている(『慶長六年丑年美濃一国郷牒并寺社領小物成共』)。

摂津代官(「美濃国諸家系譜」、「鼇城藩臣志」)。片桐且元、伊藤左馬助らとともに、畿内の処々と小豆島の豊臣家蔵入地四十万石の代官を務めた(『翁草』抜萃「永夜茗談」)。

慶長五年九月十五日、伊東長実、中島式部少輔らとともに、豊臣家の弓鉄砲衆を率いて関ヶ原に出役（『関原軍記大成』）。

慶長六年当時、知行所として美濃国不破郡大石村で五百五十二石八斗九升、同郡式原村で七石二斗、都合五百六十石があった（『慶長六年丑年美濃一国郷牒并寺社領小物成共』）。なお、右の知行所は、大坂の陣後、岡田善同の代官蔵入地となった（『元和弐年美濃国村高御領知改帳』）。

慶長十二年五月から八月にかけて、片桐且元の家臣荒木勝太光高らとともに、鹿苑院の鶴峯宗松とは公私にわたる交流があった（『鹿苑日録』）。慶長十二年九月十四日付井上定利の書状によると、荒木は北野作事奉行を務めており、定利と特に懇意だった（『北野天満宮史料古文書』）。

慶長十六年三月十四日朝、織田有楽の茶会に招かれ、湯浅直治、田中清兵衛とともに参席（「有楽亭茶湯日記」）。

慶長十七年四月八日昼、織田有楽の茶会に招かれ、織田信重の家臣大堀治部、津田周防とともに参席。十月二十二日朝、有楽の茶会に招かれ、真木嶋昭光、竹内珠庵とともに参席（「有楽亭茶湯日記」）。

大坂七組の野々村吉安組に所属、知行七百六十石（『難波戦記』）。

慶長十九年当時、本知八百石（『大坂陣山口休庵咄』）。開戦に際しては「いずれ時節が来ます。今は開戦、籠城すべき時ではありません」と強く異見したが容れられず、かえって心底を疑われることとなった（『土屋知貞私記』）。

籠城中は馬上三十騎を付属され（「北川覚書」）、雑兵ともに千人ほどを預かった（『大坂陣山口休庵咄』）。織田左門頼長とともに三千三百人で、谷町口を守備したという（「駿話本別集」）。あるいは初め天王寺口門の海老鎖を預かったが、後に頼長がその鍵を請け取り、門の警固を担当したという（『明良洪範』）。両説ともに実否不明。

慶長二十年四月二十八日夜、大和口からの敵の進攻に備えるべく、後藤又兵衛、薄田隼人、山本左兵衛、北川次郎兵衛、山川帯刀、箸尾九兵衛らとともに、平野表へ進駐した（「北川次郎兵衛筆」、『大坂御陣覚書』）。

五月五日夜、後藤又兵衛に続いて大和口方面へ進発。鉄砲百挺を預かった。

翌六日、道明寺表合戦では、先般より心底を疑われたことを遺憾とし、討ち死にを覚悟していたという。菅沼定芳の家人菅沼権右衛門定栄に討たれた（『土屋知貞私記』）。定利所用の薙刀は、菅沼権右衛門家に伝来した（『野田戦記附菅沼勲功記』）。『大坂陣山口休庵咄』によると、井上は真田信繁に属して平野に在陣していたが、道明寺で後藤が敗死したと聞くや、「又兵衛と申し合わせているので、同じ場所で討ち死にしたい」と言って、配下の人数に暇を取らせ、郎党の善四郎と小姓の源太郎のみを連れ、上下三騎で道明寺表に乗り出した。しかし、後藤の備えにたどり着く途中、三人とも討たれた。この次第は下人が大坂へ注進したので、山口休庵も聞き及んだという。

享年五十歳（「常在寺記録」、「美濃国諸家系譜」、『寛永諸家系図伝』、『寛政重修諸家譜』、『美濃国諸旧記』）、または五十七歳（『寛政重修諸家譜』）。法名は一渓宗了（「斎藤系図」）、宗了（『寛永諸家系図伝』、『寛政重修諸家譜』）、宗卜（「常在寺記録」）、宗利（「美濃国諸家系譜」、美濃国諸旧記」、宗分（『濃陽諸士伝記』、『土岐斎藤由来記』）など諸説がある。

妻は、赤座七郎右衛門永兼の娘。小出吉英の家臣松坂主馬の妻、井上利義、井上利定を産んだ（『尾州法華寺蔵織田系図』、「斎藤系図」、「藩士系図」、『寛政重修諸家譜』）。

慶長元年閏七月十三日丑の刻に地震で伏

見城が倒壊した際、秀吉に従って刀を捧げて庭に走り出たので、秀吉は感心して、「汝が男子ならばこの褒賞として一城の主ともすべきところであるが、女子なのでそれもできない。後に子孫があればこれを与えよ」と言って、菊桐の紋を授けたという（『寛政重修諸家譜』）。某年、井上小左衛門内は、にわかに心中の痛みを発し、曲直瀬道三に受診した（『延寿配剤記』）。

長男の井上次兵衛利義は、慶長九年に誕生。初め小作利中を称した。大坂の陣では人質として城中にあった。落城により、石清水八幡の岩本坊に逃れた。父の定利と親交があった板倉勝重と織田有楽は相談して、将軍秀忠の室崇源院を通じて遺児の恩許を請願した。家康は「主君のために死んだ者の子であり、憎しみはない」として、二条城で引見した。元和元年、秀忠に出仕。上総国長柄郡内で知行五百石を与えられた。明暦三年四月十日に死去。享年五十四歳。妻は後藤利久の末娘。子孫は幕臣として続いた。家紋は瞿麦《なでしこ》、九曜、矢筈、十六葉菊、五七桐（『寛政重修諸家譜』）。

次男の井上瀬兵衛は、慶長十二年閏四月に誕生（「美濃国諸家系譜」）。諱は利貞（『寛政重修諸家譜』）、または利定（「鼇城藩臣志」、「藩士系図」）。落城の際、母に伴われ退去。兄とともに、二条城で家康に拝謁した。その後、京極忠高に仕え、隼人を称した。次いで前田利常に仕え、主命により同家中山下兵庫の娘を娶り、山下内蔵助を称した。後に君臣の間に隙があり、稲葉一通に招かれて豊後臼杵へ下向した。黒田忠之に仕え、島原合戦で軍功があった。後に、豊後臼杵で稲葉典通に仕えた（「藩士系図」）。慶安三年六月に臼杵で病死。享年四十四歳（「美濃国諸家系譜」）。子孫は、臼杵稲葉家の家臣として続いた。家紋は撫子（「藩士系図」、「臼陽氏族誌」）。

〔注〕長兄の井上道勝は、秀吉に仕え、黄母衣衆に列せられた（『寛政重修諸家譜』）。河内国交野郡茄子作村内で二百四十石を知行（「天正十二年十一月九日河内国御給人之内より出来目録御蔵入共ニ野帳之うつし」）。天正十八年十一月二十一日昼、千利休の茶会に招かれ瀬田九郎太郎とともに参席。ただし、利休の急な登城により、息子の千紹安が薄茶を立てた（『利休百会記』）。

次兄の井上半右衛門定次は（『寛政重修諸家譜』）、定右衛門とも称し、兄の道勝の養子になったという（「美濃国諸家系譜」）。『寛政重修諸家譜』、「美濃国諸家系譜」に、豊臣家の黄母衣衆に列せられたとあるが、『太閤記』の黄母衣衆には名が見えない。

妹は、美濃鉈尾山城主佐藤秀方に養われ、稲葉典通の家臣後藤利久に嫁いだ（『寛政重修諸家譜』）。

弟の玉室宗珀は、元亀三年の誕生。大徳寺百十一世春屋宗園の甥。慶長十二年、大徳寺第百四十七世住持となった。寛永十八年五月十四日に死去。享年七十歳。諡号は直指心源禅師（『龍宝山大徳禅寺世譜』、『寛政重修諸家譜』）。

井上五郎右衛門頼次　いのうえ　ごろ(う)えもん　よりつぐ

大野治長の配下（『武徳編年集成』）。鉄砲大将を務めた（「慶長見聞書」）。鴫野口の柵に在番した（『大坂御陣覚書』、『上杉家御年譜』、『武徳編年集成』）。

慶長十九年十一月二十六日、卯の刻より寄せ手の攻撃が始まった（『大日本史料』所載「上杉家大坂御陣之留」）。井上は一の柵内で采配を腰に差し、床几に座して足軽を指揮した(「慶長見聞書」)。鉄砲三十挺を撃たせたが、寄せ手の進出が速かったため、弾は頭上を越えて当たらなかった(『武徳編年集成』)。安藤正次が柵の脇を回って真っ先に進み出て、柵越しに井上を一鑓突いた。井上は深手を負ったが、井上の家来が安藤の鑓を切り折った。その後、屋代忠正が退却しかねている井上を討ち取った。安藤の家来が鑓を付けたので相討ちであると唱えたが、安藤は「確かに私が鑓を付けたが、忠正の父秀正から、忠正の初陣につき、と懇願されている。よってそのような異論を挟んではならない」と強く戒めたため、忠正一人の功名となった(「慶長見聞書」)。

ちなみに、『安永三年小浜藩家臣由緒書』によると、肥前松浦の人井上小左衛門時正は、毛利輝元に知行二千七百石で仕え、組下二十五人を預かる組頭を務めたが、組子と争論があり、天正三年に毛利家を退去、出雲松江に移住し、慶長五年に病死した。その子井上小左衛門時利は松江に浪居していたが、大野治長から数度招聘され、やむなく慶長十九年、知行七百五十石で大坂に出仕し、組下十八人を預かった。同年、今福口の二の柵で戦死。子は井上次郎太夫重輝で、子孫は小浜酒井家の家臣として続いたという。頼次と時利の関係は不明。

井上左伝次《いのうえさでんじ》

播磨国神西郡の人神西《じんざい》小助の子。神西七左衛門の弟。後藤又兵衛の甥。

父の小助は、後藤又兵衛の兄にあたり、先祖代々赤松家に属していたが、赤松家の衰亡により牢人となり、神西不楽と号し、書写山に引き籠った。慶長八年に池田利隆が備前に入国した頃、女婿の丸山九右衛門(後に太郎大夫)〔注〕方へ移住して病死。

井上左伝次は、慶長元年に誕生。魚住勝左衛門とも称した。

慶長十六年、十六歳で紀伊の浅野幸長に知行千五百石で仕えた。

慶長十九年、播磨の姉婿丸山九右衛門方に寓居していた父の弟後藤又兵衛から大坂への籠城を勧誘された。折から訴訟が長らく滞っていたことを不満に思っていたので、浅野家を退去して、又兵衛に同道して籠城した。

慶長二十年五月六日、又兵衛の軍勢が敗北したので、播磨の牢人吉村左門とともに退却した。途中、半月の指物を持った敵の武者が二人連れで引き揚げて行くのを見かけた。井上は「半月は又兵衛の指物。さては大将討ち死にと見える。大将を討った者を討ち取るべし」と言ったが、吉村は「敗軍の時、いらざる事。今はそのままにして退却すべし」と戒めた。井上が「その方と違い、又兵衛は大将であり、伯父でもあるので格別の事」と言って引き返したので、吉村も一緒に返し合わせた。井上は半月の指物を持った武者と鑓を合わせ、吉村は他の一人と鑓を合わせた。そのうちに敵は四人となったが、井上は人並みすぐれた強力の者であり無事だった。落城後、岸和田にいた兄の神西七左衛門方に寄寓した。その後、江戸で暮らした。ある時(寛永年中)、徳川頼宣の家臣三浦為春方で大坂の陣の話をしていると、一座にいた山内八大夫が「その半月の指物を分捕った武者は私である」と名乗り出た。井上が「私は草摺の端を鑓で突いたと記憶する。鑓傷がござろう」と確かめると、はたして左の細腰に鑓傷があった。これが頼宣の耳に入り、山内は五百石を加増され八百石となった。山内の働きが知れ渡ったため吉村左門も保科正之に千石で召し出された。

井上は以前から高禄を望んでおり、吉村が千石で仕官したことを聞いて、ますます本知の上に加増なくしては出仕しまいと決意し、長らく牢人のままだった。池田恒元に拝謁して懇意の書状を受け取ることもあった。池田光政が恒元から井上の事を聞いて、仕官の話もあったが高禄を望んで不首尾に終わった。

その後、松平信綱、黒田高政、榊原職直、舟越永景の取り持ちで細川忠利から扶持方の支給で召し出されることになった。寛永十八年十月十六日、出仕の話がまとまったとの連絡があったが、同日松平忠房方で下された料理で食中毒となり、十月十八日に急死。

子の神西伝左衛門は、寛永十五年に誕生。寛文四年十二月九日、池田光政に召し出され、切米扶持方を給せられ右筆を務めた（『吉備温故秘録』所載「神西伝左衛門書上」）。

〔注〕丸山九右衛門は播磨の丸山河内の子。天正元年に誕生。木下勝俊に仕え、町奉行を務めた。慶長五年に木下家が除封されたため、牢人となったが、小早川秀秋に知行五百石で召し抱えられた。歩行の者百人を預かり、大横目役を務めた。慶長七年に秀秋が死去したため牢人となったが、慶長八年九月、池田利隆に知行二百石で召し抱えられた。腰物奉行、借米奉行、鑓奉行などを歴勤。大坂冬の陣・夏の陣に従軍。明暦二年九月九日、隠居となり五人扶持を給せられた。寛文五年九月三日に死去。享年九十三歳。子孫は備前池田家の家臣として続いた（『家中諸士家譜五音寄』寛文九年丸山九右衛門書上、『吉備温故秘録』所載「丸山又左衛門書上」）。

井上忠兵衛　いのうえ　ちゅうびょうえ

木村重成組に所属。上村金右衛門、小川甚左衛門、小倉監物、根来知徳院、井上与右衛門、柳名右衛門、若松市郎兵衛と同列に、鉄砲足軽二十人宛を預かり、揃って黒羅紗羽織を着用した（「高松内匠武功」）。

慶長十九年十一月二十六日、重成は今福口の一の柵際まで進出すると、井上を差し招き、佐竹義宣の家老渋江政光を指して、「あの鳥毛の羽織で馬上指揮する者は、佐竹の物主《ものぬし》と見える。あれを撃ち落とせ」と命令した。井上が十匁筒を柵の横木にもたせ、よく狙って撃つと、渋江の胸板に当たり、さかさまに落馬した（『大坂御陣覚書』）。

渋江の戦死の状況には、次の諸説がある。

（一）寛永三年十月一日、加々爪忠澄から佐竹義宣の家臣梅津政景に対し、「渋江が戦死した時、初鑓を付けた者の詮索をしている。配下の者が大坂方の武者の指物や武具を見知っているであろうから、大坂方で先駆した者の出立《いでたち》を書き付けて送ってほしい」との照会があった。政景は合戦に参加していなかったので、後日聞いた話として、「渋江は合戦に際し銃創を蒙り、家来が介抱して退却したが、敵が大勢押しかけ家来四人が戦死した。敵は一斉に襲いかかって渋江の首も取った。鑓傷による戦死ではないと、当時参戦した者が語り残している」と報告した（『梅津政景日記』）。

（二）「討死聞書」によると、後藤又兵衛の配下が大和川の船上から横合に打ち掛けた鉄砲の玉が、鞍の前輪より具足の隙間を打ち抜き、平たくなって腹部に留まったため、堪らず落馬した。そこを多数の鑓で突き留められたという（『佐竹家譜』）。

(三)佐竹家の家臣佐藤忠左衛門の覚書によると、須田伯耆が主命により死骸を検視したところ、鉄砲傷はなく、正面に四、五か所の鑓傷があり、特に胸部の傷が大きく、敵の鑓の露留めの金具が肌着に残っていたという(『国典類抄』)。

井上兵庫　いのうえ ひょうご

豊後で出生。初め大友義統に仕えたが、文禄二年に大友家が除封になったため牢人。

慶長八年頃、秀頼に出仕し、慶長二十年に戦死。

子の井上忠次郎は、落城の時は幼年で、家来に介抱されて豊前に落ち延び、牢人のまま死去。その嫡男井上伝右衛門が、名字を吉永と改め、豊前小倉の細川忠利に仕えた。子孫は肥後細川家の家臣として続いた(「先祖附」吉永勘左衛門)。

井上与右衛門　いのうえ よえもん

諱は、署名によると清□(『黄薇古簡集』極月十三日付井上与右衛門書状)。木村重成組に所属(『黄薇古簡集』西村孫之進自筆書留)。上村金右衛門、小川甚左衛門、小倉監物、根来知徳院、井上忠兵衛、柳名右衛門、若松市郎兵衛と同列に、鉄砲足軽二十人宛を預かり、揃って黒羅紗羽織を着用した(「高松内匠武功」)。

慶長十九年十一月二十六日、今福口に出役。山口知徳院とともに奥の柵に踏み込んで(『武家事紀』)、兜付の首一級を斬獲した(「高松内匠武功」)。木村重成の馬前での功名であり(「草加文書」)、七本鑓の一人に挙げられた(『黄薇古簡集』西村孫之進自筆書留)。井上は当初、佐竹義宣の家老渋江政光を目がけていたが、他の敵と鑓を合わせてから振り返ると、渋江は既に骸《むくろ》となっていた(『武功雑記』)。

重成は後日、詮議の証拠として、井上ら十人に仮感状を発給した(「山本日記」)。

木村重成と渡辺内蔵助は東成郡下滓上江村に陣取り、二日二夜交替で、毛間村の堀切へ鉄砲の者、同頭、与力衆を派遣し、警固していた。十一月二十八、九日は木村の番で、当番の鉄砲頭井上与右衛門、山口知徳院、添番の木原七右衛門、水谷忠助、斎藤加右衛門らが堀切を警固し、翌三十日朝五つ時分に渡辺の番衆と交替した(「草加文書」寛永廿一年九月十七日草加五郎右衛門書上)。

落城後、京極忠高に仕えた。知行五百石、後に二百石を加増された(『京極高次分限帳』)。江戸屋敷の留守居を務めた(『京極忠高給帳』)。

次いで生駒正俊に仕えた(『大野録』)。知行六百石、後に新田六十石を加えられた。鉄砲大将となり、鉄砲の者三十人を預かった。鉄砲の者には各二人扶持、切米六石六斗、付属された小頭一人には三人扶持、切米八石四斗が給せられた(「生駒分限帳」)。寛永十四年十二月、上使松平信綱の島原下向に伴い西海諸侯に船舶の供出が課された際、三豊郡庄内村からの船舶徴発を飯尾惣兵衛とともに担当した(『三豊郡史』)。

後に京極高広に仕えた(『黄薇古簡集』西村孫之進自筆書留、『武功雑記』)。道世と号した(『武功雑記』)。

子は井上杢右衛門(『生駒家廃乱記附録』)。

伊庭角兵衛　いば かくびょうえ

近江で出生。神崎郡伊庭の出自か。

秀頼に仕え、落城の時、大坂七組の堀田図書頭組に属して戦死。

子の伊庭弥左衛門は、慶長六年に讃岐で出生。内藤信正に仕えていたが、寛永二年、牢人となり、因幡で池田民部少輔に仕え、寛永十一年には池田光政に仕え、後に知行百石を与えられた(『家中諸士家譜五音寄』寛文九年伊庭弥左衛門書上)。

今枝勘右衛門光俊《いまえだ かんえもん みつとし》

本国は摂津。本姓は塩川氏で、後に今枝氏を称した。信長の家臣今枝勘右衛門光友の子。諱は光俊(「御侍中先祖書系図牒」)、光直(「諸方雑砕集」)。

織田信忠夫妻に近侍し、奥小姓を務めた(「御侍中先祖書系図牒」)。信忠の妻は塩川伯耆守の娘であり、その所縁によるものと思われる。

各地で武功があった(「浅野家諸士伝」)。

天正九年五月、信忠より、不破郡若森村で出来分六十貫文、多芸郡押越七貫二百文、渋江六貫三百文、安八郡楽田四貫六百文、合計七十八貫百文の采地を与えられた(『土佐国蠹簡集残編』)。

その後、父の光友とともに秀吉に仕えた(「御侍中先祖書系図牒」)。

天正十一年八月一日、河内国古市郡碓井村内で三百四十石を宛行われた。

天正十八年九月七日、近江国内で百石を加増された。ただし、知行所が未定のため、当年は代官所物成の高は納米を以て支給され、来年検地の上、改めて知行所が特定されることとなった。

天正十九年四月二十三日、改めて近江国愛智郡愛智川村で百石が宛行われた(『土佐国蠹簡集残編』)。

文禄三年一月十一日、北野天満宮神祠官松梅院禅昌が扇五本を携え、訪ねてきた(『北野社家日記』)。四月八日、秀吉が前田利家邸に来臨した際、滝川助九郎とともに、相伴衆結城秀康の配膳を務めた(『豊太閤入御亜相第記』)。十月二十八日、秀吉が上杉景勝邸へ来臨した際、野々村次兵衛吉安とともに、相伴衆烏丸光宣の配膳を務めた(『上杉家御年譜』)。

十二月二日、河内国古市郡碓井村内で三百四十石の朱印状を拝領した(『土佐国蠹簡集残編』)。

文禄四年二月十二日、松梅院禅昌を招き饗応した。二月十七日、松梅院禅昌より振舞に誘われ、田中可塵、宗達、益参とともに訪問し、暮れ方まで遊山に興じた(『北野社家日記』)。

慶長元年四月二十七日、秀吉が長宗我部元親亭に来臨した際、相伴衆高倉永孝の配膳を務めた(『南路志』)。

秀頼に仕えた(「浅野家諸士伝」)。

慶長三年十月十三日、松梅院禅昌の来訪があり、碁を打った。

十月十八日、松梅院禅昌が伏見の前田徳善院邸へ見廻りに行った。その際の取次は一安軒、取合は今枝勘右衛門だった。

十月二十一日、松梅院禅昌を訪問したが、不在のため帰った。十一月二十七日、松梅院禅昌が伏見の前田徳善院邸に伺候した。その際の取合は杉若越後無心、今枝勘右衛門だった。松梅院より音信として螺十五杯を贈呈された。

十一月二十八日、青木紀伊守重吉、杉若越後を振舞に招いた。十二月七日、青木重吉、杉若越後とともに、松梅院禅昌を訪問した。

十二月十五日、松梅院禅昌、林藤兵衛、小川見斎とともに、辻忠右衛門を訪問。

慶長四年三月二十五日、松梅院禅昌を訪問(『北野社家日記』)。

慶長五年六月十八日、西洞院時慶が前田徳善院を訪問して、夕食を振舞われた時、里村紹巴、同玄仍、木食応其上人、杉若越後守、川原長右衛門(秀吉の家臣河原長右衛門尉定勝の子か)、松梅院禅昌らとともに同席した(『時慶卿記』)。

慶長十七年九月二十八日付で河内国古市郡内の知行地につき、秀頼から黒印状を拝領した(『土佐国蠹簡集残編』)。既に河内国古市郡碓井村内の三百四十石分については、秀吉の朱印状が発給されており、同碓井村内の百石分については片桐且元、小出吉政の切手を交付されていた。秀頼より改めて合計四百四十石を宛行うべき旨、黒印状を発給された(「青木民部少輔組高付」)。大坂七組の青木一重組の本参組子(「諸方雑砕集」)。

慶長十九年、大坂籠城。

慶長二十年八月二十六日付で、京都所司代板倉勝重から古参奉公人につき赦免され、行動の自由を認められた(『土佐国蠹簡集残編』)。

水野勝成に仕え、侍大将となった(『水野家記』)。与力二十二人を付属された。与力知行と合わせて三千八百五十石(『土佐国蠹簡集残編』)。

寛永十三年、有馬の陣に従軍し、家老広田正家とともに供役人を務めた(『福山城開基覚』)。休味と号した(『土佐国蠹簡集残編』)。

長男の今枝六郎左衛門光重は、初め水野勝成に仕えた(「御侍中先祖書系図牒」)。有馬の陣に供奉して負傷(『島原記』)。後に退去して広島へ赴き、弟の光政方に寄寓した(「御侍中先祖書系図牒」)。

次男は今枝伊左衛門光政(「御侍中先祖書系図牒」)。または権左衛門を称した(「浅野家諸士伝」)。諱は可明ともいう。寛永四年、浅野長晟に仕えた(『旧臣録』)。知行四百石(「浅野家諸士伝」)。

三男は今枝小平重迅。

四男の今枝次左衛門光茂は、正保元年十二月二十九日、山内忠義に召し出されて、十人扶持、切米二十石を給せられた。正保三年、知行二百石を与えられた。貞享四年八月二十四日に病死。妻は坂井伝兵衛の娘。子孫は、山内家の家臣として続いた。家紋は酸漿《ほおずき》、五つ笹。

五男の今枝伝四郎は、一生牢人だった(「御侍中先祖書系図牒」)。

今枝《いまえだ》甚左衛門《じんざえもん》是氏《これうじ》

大坂七組の青木一重組の本参組子。知行五百石。

慶長十九年十一月二十六日、天王寺口から鴫野口に駆け付け、一重の先手に加わって軍功を顕した。同じ組の藪田清左衛門が軍功の証人となった。

慶長二十年五月七日、青木組は青木正重が指揮した。今枝も天王寺表平野筋で、鉄砲の先備えに加わり、味方の他組が崩れかかり鉄砲備えが動揺した際も、踏み留まって備えを前進させた。敵との鑓合わせでは真っ先に鑓を入れ、さらに道より少し右方でも鑓を合わせ、兜付の首を取った。首を正重に示して、再三確認の言葉をかけた。正重は「もはや首は不要なので、捨てられよ」と指示した。並びの味方の備えが敗軍してもなお留まって、組中に下知を加えた。

落城後、摂津にいた青木正重は、年不詳八月十三日付で遠国の今枝に返書を送り、大坂冬の陣・夏の陣における今枝の軍功について詳細を記した。

水野勝成に出仕した(「諸方雑砕集」)。伊吹助之進組に属し、知行四百石を与えられた(『小場家文書』諸臣分限帳)。有馬の陣に供奉し、使番を務めた(『水野様御一代記』)。

寛永十五年二月二十七日、長岡興長の配下近藤庄兵衛は、水野家中の今枝甚右衛門父子と一緒に、早々と原城本丸に乗り込んだ（『松井家先祖由来附』）。

「大河内家記録」によると、有馬の陣で水野家中今枝六郎左衛門が負傷している。光俊の長男今枝六郎左衛門光重と同一人と思われる。

今多清兵衛《いまた せいびょうえ》

宇喜多秀家の家臣川本対馬守の甥。

天正十八年、小田原の陣の時、秀家に出仕し、軍功があった。時に十八歳。

文禄年中、朝鮮に出役し、首を斬獲した。時に二十一、二歳。

慶長五年の戦役では、戸川達安に合宿して、足軽二十人を指揮し、合渡川、関ケ原合戦で軍功があった。戦後、備中庭瀬に入部した達安が、家中百四、五十人を招き、慰労した際、今多ら四人の軍功が激賞された。特に老巧の今多と、若年の近藤元茂は「合戦で他人に先を越されることはあるまい」と称えられ、今多は達安から一番に盃を与えられた。

大坂籠城して明石掃部組に所属。

慶長二十年五月六日の朝、明石掃部は後藤又兵衛の二番備として道明寺表へ出陣した。後藤が敗軍したため、掃部の軍勢が入れ替って備えを立てようとしたが、足場が良くないうえ、先手の敗走兵に押し立てられ、退却を余儀なくされた。その時、今多は誉田の町内で山松六大夫に「たとえ敗軍でも、掃部、内記父子の行方を見届けず、敵の姿も見ないまま退却すべきではない。心あらば前進して敵情を確認せん」と声をかけた。同意した山松とともに敗走兵を押し分けて、町の外に出ると、既に大勢の敵が進出しており、町内の味方の退却は困難と見受けられた。そこで、今多は「敵は気負っており、追撃は急速であろう。このまま退却すれば、味方の戦死者は続出する。ここで味方の加勢を募り、敵を討ち払おう」と提案した。山松と宇喜多彦右衛門、その子息浮田大学、大脇勘兵衛、西川猪之助、山田兵左衛門が同意したので、今多は皆を下馬させ、合計七人で防戦した。この時、山田は股に鉄砲傷を負ったので、宇喜多から先に退却するよう奨められた。山田は「痛まぬので構わない」と断ったが、宇喜多から「退却の邪魔になるから」と戒められ、しぶしぶ二間ほど退いた。しかし、再び前線に戻ると、今多に「彦右衛門殿に退却の邪魔になると言われたので、いったん退いたが、私をここで防戦した人数の一人として御認識されたし」と確認を求めた。今多は「この場の働きは見及んだ。まずは急ぎ退かれよ」と応じた。既に山田は傷のため少々腰を引きずっている状態だった。今多も頭部に鉄砲傷を負ったが、味方が気弱になると慮って、黙って指を咥えて耐えた。その間に味方の軍勢はすべて誉田町から退却した。今多の働きは、右の六人と原田隼人、甘草仁兵衛が目撃した。先手の薄田隼人正組の竹原宇兵衛も町内に残っており、今多に「先陣を乗り回してきたが、道脇はすべて深田で馬の脚を立てがたいので注意されよ」と声をかけた。浮田、山松、西川は、今多と別の経路を退却して戦死し、大脇は無傷で先に退却した。今多は宇喜多と一緒に退却した。その際、宇喜多が今多の馬を曳いて来て「この馬に乗って退かれよ。私が乗るわけにはいかない」と言ったが、今多は「私を見捨てまいとの申し入れであろうが、後日の一戦のため、今は武者は一人でも多く温存したいところ。我ら二人申し合わせても逃れられるものではない。さあ貴殿がその馬に乗って退かれよ」と逆に奨めた。宇喜多が遠慮するので、今多は「貴殿を見捨てて先に退却しては、弓矢の道を知らぬ仕方になる」と説き、宇喜多に馬を与えて先に退却させた。その後、今多は一人残って殿を務めたが、敵の執拗な攻撃により退却できずにいた。今多の難戦を見かけた川本吉兵衛が「馬は何とされたか」と問いかけた。今多が「町口で防戦中に馬を失ったので討死にと決まった」と答えると、川本は「私が貴殿を守るから、安心して退却されよ」と奨めた。今多は「大坂方の敗軍と思われる中、頼もしい申し出に感じ入る。しかし、貴殿一人に守られても助かるものではない。一緒に討死にするのも無益。後日の合戦のために武者は一人でも多く必要なので、早く先に退却されよ」と謝辞したが、川本は「見捨てまじ」と言って馬首を返すと、ひとしきり防戦し、馬を輪乗りして今多を包みつつ一町ほど退却した。今多は、折から家来が曳いて来たので馬に再び跨り「掃部父子が討死にとなれば、我々も逃れがたい」と戦死を決意した。川本から「貴殿もご覧のとおり、馬上の者では我らより後から退却した者はいない。掃部は討死にしてはいないようだ。付近に居られるだろう」と諭され、周囲を探すと、掃部は少し高い所で、明石半左衛門、明石八兵衛、椎名新左衛門の三人家老らと主従五騎で馬を立て、「討死にすべし。馬の口を放せ」と言って、馬の口取を采配で追い払っていた。今多が馳せ寄り「いかがなされた」と問うと、掃部は「今は討死にするまで」と言った。今多が「一筋に御覚悟、もっともに存じますが、ここは退却なされよ。一万余の人数を預かり、一方を防ぐべき大将を拝命した身でありながら、今ただ一人討死にされては、秀頼公も御満足されますまい。大合戦は明日です。その時こそ、この人数で華々しく戦い、最後に負けとなれば、そこで討死にして本望を遂げるべきでしょう」と説いた。しかし、掃部は「異見は道理であるが、敵に背を見せるのも無念。後日の評価はどうであれ、今は無二無三に敵中に突撃すべし」と聞かなかった。今多が、掃部の馬の口にすがり付いて止めると、掃部は「離さぬか」と太刀の柄に手をかけたが、今多は「たとえ討ち果たされようとも、今日だけは討死にさせません。それ若党どもよ、御馬の後払いをせよ」と譲らなかった。すかさず明石八兵衛が馬から下り立ち、迫る敵を追い払った。そこへ川本吉兵衛や木利子角兵衛も駆け付けた。その後、川本が「掃部殿は討死にを禁じた。左様心得よ」と味方に布告した。今多は、次に明石内記を捜しに行き、南の山下を退却中の内記を発見した。今多が馳せ寄り状況を尋ねると、内記は「配下の人数も皆散った。この上は是非に及ばず討死にすべし」と答えた。今多が「若き御人の御心がけはもっともですが、大将の討死には今は不適切です。退却なされよ」と諫めると、内記は同意して五、六騎で退却した。激しく追撃されたが三度まで斥けた。掃部が山に陣取ったため、組中の侍も次第に参集した。その折、今多は掃部の前に多くの朋輩が居並ぶ中、誉田町口での防戦の様子を披露した。

　翌七日、今多の宿を朋輩が見舞い「このように手や口を負傷して、食事も摂れないのであれば、今日の参戦は無用にされよ。六日の負傷者は参戦不要の指示も出ている」と慰留したが、今多は「ご意見はありがたいが、昨日私が掃部殿の討死にを押し止めたのは、今日の大事のため。今日の合戦に参加しなければ、昨日の異見は無益になる。負傷に構っていられない」と断り参戦した。

掃部は西国の手当として出陣した。天王寺表の合戦は、大坂方の敗北と見受けられたため、掃部父子は「天王寺表に急行して討死にすべし」と命令した。組中の侍たちは「そのように御覚悟されたからには、誰か逃れる者がおりましょうや。御一族だけへの御命令ではございますまい」と応えた。そこで掃部は「各々の存分、頼もしい限り。されば急ぐべし」と号令し、皆われ先に進んだ。今多は、天王寺の下の細道を先駆する敵二騎を望見し、これに馳せ向かうと敵は退却した。今多も深追いせず引き返して生玉の坂に赴いた。後から追い付いた甘草仁兵衛に「坂の上は敵の大軍で充満している。慎重に判断されよ。あまり逸ってはいけない」と忠告された。今多も「心得たり」と応じた。その後、掃部も坂の下に到着したので、今多は「昨日の異見はこの時のためです。今こそ人数を押し立てられよ。私が先陣を仕るべし」と申し出た。掃部はこれに同意して、少し馬を控えると前進を下知した。これにより百五十騎ほどが坂に乗り出したが、既に天王寺より生玉表、大坂の町中に数万騎の敵が進出して、坂の上を占拠していたので、掃部の組中も次第に前進が鈍った。坂の途中で掃部が「この様な時は怯むな。足を止めず坂を上れ」と叱咤すると、武者たちは掃部の側まで躍進したが、先手の衆は前進できなかった。そこで掃部が「声を揚げよ」と命じると、皆大音声を発し、勇気を奮って三百人ほどが坂の上に踏み上がった。これに対し、敵も声を揚げて二間ほど坂の上から攻め下りた。掃部が鉄砲三、四挺を撃ち込ませ、「乗り込め」と下知すると、三十騎ほどが突撃した。これより坂の上の敵は生玉方面に崩れた〔注〕。今多も敵と闘い、後日の証拠のため掃部と言葉を交わそうと振り返ると、既に味方は敵に押されて分断され、掃部の姿も見当たらなかった。たまたま朋輩の岡田丹後守を見かけたので、「今多清兵衛だ。ご存知か」と声をかけると、岡田は「見知っている」と応じた。今多は「されば鑓を仕るのでご覧あれ」と言って馬から下り立ち、一つ二つ足踏みするや、名乗りを揚げて十間ほど駆け進んだ。敵と二つ三つ打ち合い、その後は互いに鑓を入れて暫く戦った。今多は昨日の手傷に加え、二か所の鑓傷を負い、次第に疲労がつのったが、敵を討ち取った。その場では岡田、前田主水、塩川信濃守、若原勘大夫らが一緒に戦った。その後、鑓場を離れ、敵に追撃された時、今多は岡田に「万一にも命永らえたら、ただ今の私の一番鑓は、貴殿が証人であるぞ」と声をかけた。岡田は「もちろん証人になろう。私も鑓を入れたぞ」と応じ、互いの軍功証言を約束した。掃部組は多勢で八百余騎だったが、合戦が始まると散じて、大勢の敵に突撃したのは二、三十騎ほどだった。

　やがて周囲に敵が充満してなす術がなくなり、各自戦場から落ち延びた。今多は負傷により歩行困難となっていた。「片田舎で郷人輩に殺されるのは無念。敵陣を駆け破り、よき敵と闘って討死にしよう」と考え、家康の本陣の前方を馳せ回ったが、そのうちに家康の家臣佐藤勘右衛門継成に邂逅して助けられた。

　万治四年三月十日付、今多清兵衛尉入道道喜の署名で自身の軍功を書き記した。時に九十歳ほど（『続遺老物語』所載「今多清兵衛覚書」）。なお、宇喜多家中には、今田氏が散見されることから、今多は今田の可能性もある。

〔注〕『水野日向守覚書』によると、水野勝

成は、天王寺の石鳥居を越えて、船場方面への道筋を目指したが、その際、船場から明石掃部勢が出撃して生玉の道筋を押し上がり、一度鉄砲を放つや、騎馬突撃に移ったので、寄せ手は追い立てられ、勝成の前に逃げかかった。

入江新右衛門直忠《いりえ しんえもん なおただ》

初め生駒正俊に知行千石で仕えた。後に牢人となり、慶長十九年、大坂籠城。慶長二十年、落城により落ち延びた。寛永四年、前田利常に知行百五十石で仕えた。

寛永五年十月一日に病死。

子の入江権兵衛直近は、元和九年、前田利常に出仕し、寛永十七年、前田利次の富山入部に付属された。初め父の遺知百五十石を継ぎ、その後累進して知行六百石、富山城代を務めた。子孫は越中富山前田家の家臣として続いた（『富山藩士由緒書』天保九年二月入江権兵衛書上）。

入江助右衛門春澄《いりえ すけえもん はるすみ》

摂津国島下郡の高槻城主入江左衛門春倫の末裔。

天文二十年に摂津で誕生。秀吉、秀頼に仕え、御鷹師を務めた（『寛永諸家系図伝』、『寛政重修諸家譜』）。

慶長十六年三月、秀頼の上洛の際、相役の吉田助左衛門、稲田半四郎とともに供奉（「秀頼御上洛之次第」）。

慶長十九年、大坂籠城。

慶長二十年五月七日に戦死。享年六十五歳。

子の入江源蔵春重は、天正五年に摂津で誕生。秀頼に仕えた。慶長二十年五月二十七日、家康に召し出され、将軍秀忠に仕え、御手鷹役を務めた。寛永三年四月五日に死去。享年五十歳。法名は宗心。妻は藤沢氏。子孫は幕臣として続いた。家紋は三輪上の輪の内髭、丸に髭、九曜崩の内髭、組三輪（『寛永諸家系図伝』、『寛政重修諸家譜』）。

入地軍大夫《いりち ぐんだゆう》

大坂籠城（「大坂濫妨人并落人改帳」）。

祝丹波守重正《いわい たんばのかみ しげまさ》

初め信長に仕えた。

弘治の頃、七月十八日に信長が尾張津嶋の堀田道空方で踊を催した際、鷺を演じ、これがよく似合っていたと評価された。

天正元年九月十日、菅屋九右衛門とともに奉行となり、杉谷善住坊を尋問して処刑した（『信長公記』）。十月下旬、伊達輝宗から信長への贈答品を取り次ぎ、自身にも綿三把を贈呈された（『伊達成実記』、『伊達治家記録』）。天正六年六月、菅屋九右衛門らとともに、播磨神吉城攻撃の検使として派遣された。天正九年十月五日、信長より知行を与えられた（『信長公記』）。

次いで織田信雄家臣に仕え、尾張国中島郡稲葉郷で五百五十貫文を領知した（『織田信雄分限帳』）。

次いで秀吉に仕え、御咄衆に列せられた。

文禄元年、秀吉の肥前名護屋出陣に際し、十二番手の御咄衆の一員として供奉（『大かうさまくんきのうち』）。

文禄二年四月九日、肥前名護屋城本丸で催された能で狂言釣狐を演じた（『太閤記』）。十月五日、七日に禁中で催された能に出演（『禁中猿楽御覧記』）。

文禄三年九月十八日、大坂城西の丸で能が催され、狂言を演じた（『太閤記』）。

文禄四年三月三十日、秀吉の能に供し、翌日、褒美として道服を与えられ、加増の上、諸大夫（丹波守）に加えられた（『駒井日記』）。

八月、伊達政宗に豊臣秀次との通謀嫌疑がかかり、前田玄以、施薬院全宗、寺西筑後守とともに糾問使として派遣された（『伊達成実記』、『伊達治家記録』）。

次いで秀頼に仕えた。

慶長九年十月、南禅寺より秀頼に進上された樽を、当番の祝丹波と小林家孝が披露した（「南禅寺文書」）。

慶長十年十一月十二日、喉中の右側が痛み、頭痛、耳鳴、上気、結便などの症状により、曲直瀬玄朔に受診した。当時、年の頃は七十歳に近かった（『医学天正記』、「玄朔道三配剤録」）。

慶長十三年九月九日、旧冬の駿府城失火の見舞として、家康に紫革一枚を献じた（『当代記』）。

慶長十六年当時、知行千八百石。

慶長十七年十二月より、大坂諸大夫衆の一員として禁裏普請助役（『慶長十六年禁裏御普請帳』）。

大坂籠城の当時は、知行三千石で本丸詰となった（『難波戦記』）。

娘は、初め信長の侍女となり、後に命により埴原次郎右衛門常安に嫁いだ（『士林泝洄』）。

祝弥三郎　いわい　やさぶろう

祝丹波守の子と思われる。

慶長十六年三月、秀頼の上洛に供奉（「秀頼御上洛之次第」）。

大坂城に籠り、惣構え東方警固の寄合衆の一人（『難波戦記』、「諸方雑砕集」）。

岩崎作兵衛　いわさき　さくびょうえ

秀頼の古参奉公人。

元和五年、蒔川源太の肝煎で、藤堂高虎に知行二百石で出仕した（『公室年譜略』）。

岩沢太郎兵衛　いわさわ　たろ（う）びょうえ

摂津木津の人。秀頼に従い、落城の際、兄弟三人ともに戦死。

末子の岩沢市郎右衛門は、幼少のため乳母に抱かれ、丹波に落ち延びた。寛永年中、陸奥白石に下り、新町に居住した。大坂屋を名乗り、片倉重長の妻泰陽院（真田信繁の娘）の御台所出入御用立となった（『白石城下町人譜』）。

岩田七左衛門　いわた　しちざえもん

紀伊の人。

慶長十九年、大坂籠城（『紀伊続風土記』）。

十二月十七日、本町橋通の夜討ちに参加した。引き揚げの際、独り退き遅れていると、敵に見つかり鐺を付けられそうになった。とっさに岩田が、「岩田七左衛門である。卒爾《そつじ》するな」と叱ると、敵は味方と誤解して鐺を引いた。この時、岩田は猩々皮の羽織を着用していたが、蜂須賀家の先手奉行岩田七左衛門政長も猩々皮の羽織を着用していたため、誤解が生じた。岩田がそのまま城中に入ったので、大坂方の者と知れた。蜂須賀家では、殿《しんがり》は岩田と称えた。

慶長二十年五月七日に戦死（「大坂夜討之事」）。

子は僧となり、根来西蔵院に住んだ。後に還俗して家を継ぎ、父の遺言により、紀伊国那賀郡池田荘東之谷村に戻った。子孫は地士となった（『紀伊続風土記』）。

う

植木六右衛門《うえき ろくえもん》

慶長二十年五月六日、後藤又兵衛指揮下の小組頭として道明寺表へ出役(『土屋知貞私記』)。後藤が戦死した後は、真田信繁と一手となり戦った(「北川次郎兵衛筆」)。

上坂左近《うえさか さこん》

前田利長の家臣上坂七郎左衛門の子。

「寛文九年上坂外記貞範書上」(『家中諸士家譜五音寄』)に、初め又兵衛、主馬とも称したとあるが、利長の家臣上坂又兵衛は、左近と別人で、左近は森忠政家中において主馬を称した(『黄薇古簡集』、『大聖寺攻城并浅井畷軍記』)。

天正十年に加賀で誕生。

天正十八年、父が武蔵八王子で戦死した時、幼少だったので主命により太田長知に養育された。

慶長五年八月、大聖寺城攻撃に出役(『家中諸士家譜五音寄』寛文九年 上坂外記貞範書上)。浅井畷の合戦では長知に属して軍功があった(『黄薇古簡集』、『大聖寺攻城并浅井畷軍記』)。帰陣後、軍功により前田利長より感状を発給され、二百石を加増された。

慶長七年五月、長知が誅殺されたためであろうか、前田家を退去。同年池田輝政に仕え、使番を務めたが、後に牢人となった。

慶長十九年、牢人のまま前田利常に陣借して大坂に出役。十二月四日、真田丸への攻撃に加わり、柵際で指物を二度まで打ち折られ、鉄砲で軽傷も負った。

慶長二十年、大坂方に招かれ、伊東長次に属し、与力の侍を指揮した。五月七日、天王寺表へ出役。武者二人に鑓を付ける働きがあった。

落城後、美作津山の森忠政に招かれ、寛永二年九月五日、美作国勝北郡、西々条郡、久米北条郡、大庭郡、吉野郡内で知行千石を与えられた。

寛永七年六月十九日、預かりの鉄砲の者三十人の知行として真嶋郡、西々条郡内で六百石を与えられた。

寛永九年八月二十四日、大庭郡、西々条郡、勝北郡、久米北条郡内で五百石を加増された。

森長継の代に暇を乞い、岡山の池田光政に知行千五百石で仕え、足軽三十人を預かった。

寛文元年八月十九日に死去。享年八十歳。

下方覚兵衛の次男を養嗣子とし、上坂外記と名乗らせた。

子孫は岡山池田家の家臣として続いた(「先祖並御奉公之品書上 上坂兵次郎」、『黄薇古簡集』)。

上島三十《うえしま さんじゅう》

大坂七組の青木一重組に所属。

慶長二十年五月七日、青木正重の指揮で天王寺表へ出役。富田九郎兵衛、小寺右衛門佐、三木佐々右門、荒木八左衛門とともに敢闘した。

落城後、一重が大坂で組下だった侍の軍功を詮議した際、右の働きを認められた。

一重の嗣子青木重兼に仕え、後に病死(「和田千吉氏所蔵文書」)。

上野采女《うえの うねめ》

上野左近右衛門の子。長宗我部盛親の小姓組頭。

慶長二十年五月六日、八尾における初回の戦闘で、藪際の小堀に敵の武者を突き伏せたが、味方の歩行武者が采女の鑓に転びかかったため、采女も転び、その隙に敵は起き上がって逃げた。追いかけようとしたが、別の敵が二人、走り寄ってきたので、これらと鑓で叩き合った。采女の組下嶋沢勘三郎が「采女殿、助けましょう」と声をかけたが、采女は「助けるより先へ行け」と指示し、敵二人との戦闘を続けた。鑓で手鎖を切られながらも敵二人を八尾の土橋まで追い詰めたが、藤堂家の大軍の中に逃げ込まれてしまった。振り返ると敵が本陣に攻め寄っていたので、長瀬川の堤に戻り、本陣と合流した。戻る途中、味方の豊永藤十郎と出会った。盛親が久宝寺に退却すると、児小姓衆はすべてこれに供奉したが、采女と豊永は戦場に残った。

　晩になり大坂へ退却する時も、父の左近右衛門と同様に殿となった。その夜、長宗我部の屋敷で盛親は、「今日の初回の戦闘で、我々より先の状況は知らないが、我々より後にいた者の中に采女より先を進んだ者は一人もいない」と言って、采女の先駆を認定した。

　翌七日、盛親の大坂城退去に従った。八幡まで落ち延びる途中、馬を乗り潰したため、暫く歩いていたが、敵三人が曳いていた馬を奪い取った。八幡では采女ら五人に盛親から暇が出された（『土佐国蠹簡集木屑』所載「安田徳友書付」）。

上野左近右衛門　うえの　さこんえもん

長宗我部盛親配下の馬廻り組頭十二人の一人。馬上三十騎を預かった。

　慶長二十年五月六日、盛親の旗本に属して、八尾における初回の戦闘で一番鑓を入れ、兜付の首を取る功名を立てた。徳広長兵衛、横山隼人、豊永藤十郎が一番鑓の証人となった。同日の三度の戦闘すべてに活躍した。その後、土手の上で指揮をとった。

　晩になり大坂へ退却する時、味方の斎藤出雲、南部太郎左衛門が馬上で「我ら両人が尻払《しっぱらい》を仰せつかった。各々引き揚げられよ」と言い捨てるや、左近右衛門より先に引き揚げた。左近右衛門は追いかけて斎藤の馬の鞦《しりがい》を捉えると、「貴殿に尻払を仰せ付けられたと、たった今言われたばかりであるのに、どうして見苦しくも先に退かれるのか」となじり、斎藤の馬に捨て鞭をくれるや、「今日の尻払は我ら親子、戸波雅楽、三宮十助、そのほか私が連れている者である。後日、異論は言わせまい」と唱えて殿《しんがり》を務めた。

　翌七日、盛親の大坂城退去に従い、横合いから迫る敵を度々討ち払った。八幡では左近右衛門ら五人に盛親から暇が出された（『土佐国蠹簡集木屑』所載「安田徳友書付」）。

上野左内　うえの　さない

上野采女の子か弟と思われる。長宗我部盛親の小姓。

　慶長二十年五月六日、左内ら幼い者は従軍を許されず、すべて長宗我部の屋敷に残し置かれた（『土佐国蠹簡集木屑』所載「安田徳友書付」）。

上野四郎兵衛　うえの　しろ(う)びょうえ

秀頼の家臣。

元和三年、疋田右近の取次により藤堂高虎に知行五百石で仕え、供衆に列せられた。

　寛永七年十二月二十日、高虎の遺物として小袖一つ、袷一つ、裏付袴一下りを拝領した。

　藤堂高次の代に絶家（『公室年譜略』）。

上野平大夫《うえの へいだゆう》

長宗我部家の家臣上野内膳の子（『長曾我部系図』）。

慶長二十年五月七日、長宗我部盛親が京口から京街道へと退去する際に随行した。

後に筑後で立花宗茂、忠茂に仕え（「国吉之由緒」、『長曾我部系図』）、知行三百石を与えられた（『南路志』）。

妻は長宗我部盛親の娘（『長曾我部系図』）。

上山十兵衛《うえやま じゅうびょうえ》

長宗我部盛親の家臣で武功の者。

慶長二十年五月六日、八尾表合戦で先手に加わり、鑓を振るって藤堂高虎に肉薄した。高虎の馬は奥州産の逸物で、上山の馬は小さい土佐駒だったため取り逃がした。

落城後は、山内忠義にごく軽格で仕えていた。寛永元年か二年頃、高虎は山内家の江戸屋敷を訪ねた際、門番をして蹲踞《そんきょ》している上山を見かけ、忠義に「よき侍を召し抱えておられる。門で見かけた上山十兵衛は、八尾表合戦で拙者に肉薄した者である。あの時は一散に馳せ逃れたが、まこと危ういところであった」と語った。驚いた忠義が、上山を庭に召し寄せ、直々に尋ねると、高虎の話と完全に一致した。上山は「私も藤堂様と同じほどの馬であれば討ち留められましたが、残念に思います」と申し添えた。忠義は上機嫌で知行二百石を与え、馬廻りに列せしめた。

後々も上山は「合戦での働きは、とにかく馬次第。拙者も若年より戦場の心がけを相応に会得している」と言って、若侍に戦場の駆け引きをして見せたが、甚だ迅速で練達した動きに、皆が感服したという（『山内家史料』所載「御家中名誉」）。

鵜川佐大夫《うかわ さだゆう》

鵜川伝左衛門の子。初め左大夫、または佐大夫。後に宗宿と号した。

慶長二十年五月七日、天王寺表に出役し、毛利吉政の先手で浅井周防組に属した〈巻末「付録」参照〉。

落城後、九州に遁れた。

その後、某所において井伊直孝の家来山村角右衛門が、かつて本多忠朝の手に属して大坂の陣に出役した際の事を話す機会があり、鵜川も天王寺表で敵を討ち留めた経緯を語った。山村は鵜川の物語に思い当たる節があり、更に詳細を尋ねた上で「鵜川が討った敵は本多忠朝である」と言った。

やがて鈴木六郎左衛門から照会を受けたので、以下の趣旨の書付を送った。「拙者の敵の装束は、兜の立物は黒い鹿角で、黒具足だった。得物は長刀とも鑓ともその時は見分けがつかなかったが、鍵は付いていなかったと思う。拙者の装束は、黒い頭形の兜で、立物は金の丸、具足は他と同様に朱。指物は一幅に九尺の撓《しない》で、上から一尺の箇所に五寸の黒一文字一筋を付けていた。浅井組は全てこの指物だった。右の敵と長時間戦ったが、なおも敵は言葉をかけつつ、隙間なく打ちかかってきた。拙者は若党の又市と二人で応戦した。又市が敵の背後に回ると、敵は払いのけようと二、三度後ろを振り返った。その隙に、恐らく喉の辺りを鑓で二度突いた。畑の際の下に、狭い田があり、そこへ敵が転び落ちたところを更に二度突いた。傷は左の内腿か尻の辺りで、負わせた鑓傷は以上の四か所だったと思う。首は取らず、その場を去った。拙者と戦った敵より早く先に素肌の徒《かち》武者が敢闘していたようだが、混戦の最中でははっきりと確認できなかった。浅井組では、まず周防の倅浅井熊之助、続いて中嶋太郎兵衛が戦い、それぞれ手柄を立てた。拙者が戦ったのは三番目だったと思う。蜂五郎左衛門も戦ったが、自分の戦闘で手一杯だったため、どのようになったかは知らない。また、その他の浅井組の者の働きについても知らない。敵を討ち留めた田の際の道を古い者に尋ねると、あめ寺街道、または鎌倉街道というそうで、田の南はずれに土地の者がうしを塚とか、うし廻り塚と呼ぶ名所があった。後に田を見に行くと横幅二、三間、長さ三十間余りあった。敵を田の中で討ち留めたが、死体の頭は道筋の方、すなわち東枕だったように思われる」。

鈴木は、折から上洛に供奉して会所町の橋本屋常金方を宿所としていた本多忠政の家臣長坂茶利を訪問して、鵜川の軍功を語った。子細を聞いた長坂は「男ぶり、武具、鑓傷の場所まで紛れもなく本多忠朝様である。当時、忠朝様を討った者が西国に下ったと聞き及んでいたが、それも附合する」と言った。鈴木が鵜川の書付も見せると「鈴木の談とこの書付の内容に相違はなく、いよいよ忠朝様に間違いない」と言うので、鈴木は後日の証拠のために鵜川の書付を長坂に渡した。長坂は鵜川の書付を忠政の上覧に供えた。忠政はその書付を自分の掛硯に納めるとともに「直接鵜川と面会して聴取するように」と長坂に指示した。しかし、寛永八年に忠政が死去したため、面会は実現しないまま、書付は嗣子の本多政朝に引き継がれた。また、長坂は本多忠義にも鵜川の事を詳しく上申した。

鵜川は妻とともに浪居していたようだが、その後の仕官の首尾は不明（「坪内文書」、「鵜川宗宿覚書」）。

宇佐見専八郎　うさみ　せんぱちろう

伊豆の人。

大坂城に籠り、落城後は伊勢国桑名郡南之郷村に来住。

元和二年、出家して了閑と号した。草庵を結び一専堂と称した。寛永四年、坊号を免許され専光坊と改称した（「桑名志」）。

牛尾久左衛門　うしお　きゅうざえもん

後藤又兵衛の配下。

慶長二十年五月六日、安宿郡片山村に出役。後藤の左翼に在って鉄砲三十挺を指揮した。大和組松倉重政は、牛尾の備えを追い立て、本道を南へ進出し、後藤の旗本と山川帯刀、北川次郎兵衛らの備えの間を分断した。山上からこれを見た後藤組の津田庄兵衛、吉村次郎兵衛、鷲見安大夫、小出八兵衛、佐藤忠兵衛らが横合から攻めかかり、松倉勢は本道を北に敗軍した。後藤の左翼も取って返し、松倉勢を追い立てた（『大坂御陣覚書』、『長沢聞書』）。

臼井甚左衛門　うすい　じんざえもん

安房の出自。摂津丹生山田の住人佐久間勘右衛門の子。

老年になってから大野治長の手に属し、大坂城に籠り戦死。

三男の三浦吉右衛門は、杉原家次、中村一氏、松平忠吉、稲葉紀通に歴仕し、寛永二十一年に病死。

子孫が豊後臼杵稲葉家の家臣として続いた（「臼杵稲葉家史料　先祖書」）。

内田河内守《うちだ かわちのかみ》

大坂城士。

落城後、丹波に落去。初め高隆寺カ岳、後に天田郡戸田村に移住。家紋は丸に鮑《あわび》貝《がい》（『東作誌』）。

鵜殿藤助《うどの とうすけ》

紀伊国牟婁郡鵜殿村の出自。先祖は牟婁郡四箇荘鵜殿、成川両村を領有し、鵜殿村西山に居城を築き、堀内氏善の親族となってその旗下に属した。

初め藤助、後に石見守を称した。

慶長十九年、堀内一族とともに大坂籠城。

慶長二十年五月七日、千姫が大坂城を退去した際、堀内氏久とともにこれを警護した。その功により、元和三年二月、将軍秀忠より朱印状を以て先祖からの知行地鵜殿村千五十石を永代拝領した。

元禄十三年、鵜殿の名跡は絶え、鵜殿村は収公された（『紀伊続風土記』、「南紀古士伝」）。

ちなみに、熊野別当湛増の後胤を称する鵜殿長将の子に長持、長祐兄弟がいる。長持の家系は三河に住み、家康に仕え、代々藤助を称した（『寛政重修諸家譜』）。長祐の家系も三河に住み、石見氏長が家康に仕え、紀伊国内で知行千七百余石を与えられた。大坂の陣にも従軍。宝永二年、無嗣のため絶家（『寛政重修諸家譜』、「鵜殿系図并文書」）。右の両家系に大坂籠城の事績はなく、「南紀古士伝」などによる大坂城士鵜殿藤助の事績は、仮冒と思われる。

宇野右衛門介《うの えもんのすけ》

初め右衛門助、後に五郎左衛門、嘉兵衛を称した（「本の籬」）。

慶長十九年十一月二十六日、木村重成の手に属し、今福口に甲冑を着用せず、素肌者として出役。佐竹義宣の手より猩々皮羽織の武者六、七人が追尾してきたので、名乗りをあげて、先に進んだ武者と鑓を合わせ、少々手傷を負わせた。鑓の相手は大井三左衛門で、後年面会して鑓場の様子を語り合ったが、少しも相違する点がなかった（『桑名郡人物志』）。ちなみに、同日合戦で鑓を合わせた佐竹家の大井三左衛門、上遠野隠岐、青柳半左衛門は家中に証人がなかったので記録されなかった（『佐竹家譜』）。

慶長二十年五月六日、若江表に出役。藤堂高虎の武者と鑓を合わせ討ち取った。自身も二か所を負傷し、城中に戻った（『桑名郡人物志』）。

落城後、讃岐の生駒高俊に仕えた（『桑名郡人物志』、「天明由緒」、「本の籬」）。前野助左衛門組に所属。知行二百石（「生駒分限帳」）、または森出雲組に所属し、知行三百石（『生駒家分限帳』）。屋敷地は西浜にあった（『生駒家廃乱記附録』）。

寛永十七年五月五日、生駒家中の諸士は、高松を退去（『讃羽綴遺録』）。

慶安二年、桑名の松平定綱に百五十石十五人扶持で仕えた。

慶安四年四月、新知三百石に直され、判物証文を与えられた。

承応元年、物頭役となり、先筒足軽一組を預かった。

万治二年に病死。

子孫は桑名松平家の家臣として続いた（「天明由緒」、「本の籬」）。

宇野喜大夫治昌《うの きだゆう はるまさ》

紀伊国伊都郡四村荘星山村の人。宇野甚左衛門朝治の子。

大坂城に籠り戦死。

子孫は星山村の名主となり、代々同地

に住んだ（『紀伊続風土記』）。

宇野十兵衛《うの　じゅうびょうえ》

後藤又兵衛組に所属。入道して号は宗味。

慶長二十年五月六日、道明寺表に出役して戦死（『大坂御陣覚書』）。

宇野次郎兵衛《うの　じろ(う)びょうえ》

秀頼の旗本（「先祖附」吉田二兵）。

大坂城に群集した諸牢人から人質が徴された際（『慶長日記』）、長宗我部盛親からは人質として家老吉田内匠の次男吉田次郎左衛門（当時十五歳）が差し出され、宇野が預かった（「先祖附」吉田二兵）。

秀吉の馬廻宇野伝十郎（後の因幡守）の縁者かは不明。

宇野与三左衛門親基《うの　よそうざえもん　ちかもと》

大和国宇智郡宇智村宇野を支配し、三津が峯城に拠った宇野氏嫡流の出自。

慶長二十年、大坂籠城。

後に、娘に家老永原惣兵衛親善を娶《めあ》わせ、家名を譲渡した。

子孫は宇野氏をはばかり、永原氏を称した（『宇智郡志』）。

梅の坊《うめのぼう》

紀伊国牟婁郡熊野本宮大社の神官。

本宮大社の社家から梅の坊のほか、赤坂大炊之助、池穴伊豆が大坂に加担した。一臈職の坂本八郎左衛門はこの次第を浅野長晟の代官湯川五兵衛、長田五郎七に注進し、併せて大坂に加担していない社家の連判状と人質を提出した。梅の坊の跡は断絶し、跡目は竹坊兵作（和田良広）に与えられた（『紀伊続風土記』）。

ちなみに「諸系譜」によると、坂本将監光永の長男坂本八郎左衛門光良は、勘解由を称し、次男坂本左近助光俊は、梅坊と号した。光俊の子坂本豊後守光忠は、父とともに大坂籠城したため、親子共々闕所に処された。本項の梅の坊と坂本光俊は同一人物と思われる。

え

廻向院の住持《えこういんのじゅうじ》

高野山廻向院の住持。

大坂の陣で豊臣方に与して籠城した。

廻向院は古来、島津家の宿坊であったが、大坂籠城の科により蓮金院に変更された。しかし、徹底が不十分だったため、寛永十六年、家中に対し廻向院への宿泊が禁止されている旨を改めて通達した（『薩藩旧士文章』）。

江原石見守《えはら　いわみのかみ》

大坂城士。

諱は高次とされる（『難波戦記』）。

慶長二十年五月七日、天王寺の石鳥居の南に、真木嶋玄蕃頭、藤掛土佐守、本郷左近、早川主馬、福富平三郎、細川讃岐守、長岡与五郎らとともに備えを立てた（『大坂御陣覚書』）。

江原与右衛門金全《えはら　よえもん　かねたけ》

三河国幡豆郡江原の出自。家康の家臣江原孫三郎利金の長男。

初め孫三郎、後に与右衛門、晩年に玄蕃を称した。

家康に仕え、駿河国有渡郡中田村内に采地を与えられた。

天正十二年、長久手合戦に白地四半指物の武者一騎を討ち取り、馬、具足、軍扇まで分捕った。

天正十八年、小田原役に従軍。関東入国後、相模国高摩郡下鶴間村内で知行二百二十石を与えられた。

天正十九年五月三日、大番組頭となった。

慶長八年七月二十八日、千姫の大坂入輿に、家老として付属された（『寛政重修諸家譜』）。

慶長十年十一月十八日、千姫の十七日祈祷結願のため名代として豊国社に参詣（『舜旧記』）。

慶長十九年六月二十九日朝、織田有楽の茶会に招かれ、千宗旦、渡辺勝、藤重、藤甫とともに参席（『有楽亭茶湯日記』）。

八月十八日、豊国社祭に千姫の名代として参列（『舜旧記』）。

九月二十八日、丹羽正安とともに秀頼の使者として、片桐兄弟に対する処置を説明するため、江戸、駿府へ下向した（『当代記』）。

十月八日の亥の子祝の際、大坂の両使は駿府に伺候。

慶長二十年五月七日、大坂城より退去（『土屋知貞私記』、「慶長見聞書」）。

年紀不詳ながら上総国山辺郡内、下総国香取郡内で千八百石を加増され、合計知行二千二十石。

元和三年または四年六月二十二日に死去。享年六十六歳。法名は等葉。葬地は浅草の長敬寺。

嫡男の江原与右衛門宣全が家督を継ぎ、子孫は幕臣として続いた。家紋は丸に二葉柏の間に鏑矢《かぶらや》、隅切り角の中に七梶の葉一枚（『寛政重修諸家譜』）。

江村又左衛門　えむら　またざえもん

大坂城士。

恩賞一万石の約束で藤堂高虎勢を城中に誘引する謀計を企んだが、露見して処刑された（「翁物語後記」）。

遠藤大隅　えんどう　おおすみ

美濃の出自。遠藤彦右衛門胤繁の三男〔注〕。

父の胤繁は、遠藤新兵衛尉胤縁の三男で、子女十一人があった。長男遠藤嘉兵衛、長女（安養寺願了の母）、次男遠藤五郎左衛門、三男遠藤大隅（号は玄斉）、次女（初め遠藤長助の妻、後に粥川左兵衛の妻）、三女（岸彦太夫の妻）、四女（河村助六の妻）、五女（佐瀬六兵衛の妻）、四男遠藤伝左衛門、五男遠藤五郎兵衛、六男遠藤吉兵衛。

遠藤大隅は、後に玄斎と号した（『遠藤家御先祖書』）。『兵家茶話』には、大隅は信長、秀吉に仕え、伊勢で六万石を領知していたされる。また、大坂の陣では家康が少し短めの莚《むしろ》の指物を指した大隅を遠望して「関ヶ原以後どこにいて、また出てきたのか」と言ったとされるが、いずれも信憑性に欠ける。

慶長二十年五月六日未明、大和組松倉重政は、安宿郡片山村の山麓の北涯で細い川を前に当て陣取っていたが、後藤又兵衛の先鋒が山上より鉄砲を打ちかけた時、早速押し出し後藤の左備えと交戦した（『譜牒余録』、『大坂御陣覚書』）。この時、大隅は諸卒に抜きん出て松倉の備えに駆け入り、松倉家の家老井村助兵衛を突き伏せ、首を取った（『難波戦記』）。大隅が鑓で討ち取った井村の首は、大坂方諸方面の軍勢十五番手余りのうち一番の高名として記帳され、淀殿と秀頼から上使を以て金子を下賜された。帳付は星野新左衛

門。上使は米村六兵衛。上使取次は伊木半七、伊地知文大夫（『遠藤玄斉大坂陣ニ而高名被仕候証状之写』）。

駿河で家康が、軍功があった大坂方の者を近習に尋ねた時、安藤直次が書付を以て上申した。その中で大隅については、大坂城中で褒美を賜与された旨が記されていた。

落城後、大隅は京都で金森重頼の家臣寺沢孫左衛門を通じて松倉重政に書付を差し出し、五月六日の軍功について確認を求めた。松倉家からは、書付に松倉勝家の自筆書状を添えて、書付の内容に相違なく、また鑓の相手は井村助兵衛である旨の回答があった。重ねて不敗善兵衛を通じて松倉父子の前で口上による吟味の結果、大隅の軍功が確定した。

後に小出三尹から金森重頼に大隅の働きについて照会があり、重頼は松倉家とのやりとりや、家康の下問が事実である旨返書した（『秘聞郡上古日記』）。

大隅は、牢人のまま鍋島勝茂に招かれ、肥前に居住した。某日、勝茂に誘われて猪狩りに出かけた。折から勢子や供侍が昼飯で方々に散って、勝茂の周囲には人が少なくなっていた。そこへ七匹の猪が突進してきたが、勢子たちはこれに気付かなかった。しかし、勝茂が咄嗟に小指で指笛を高く鳴らすと、たちまち勢子や供侍が駆け付け、六匹を仕留め、残る一匹を傷付けた。玄斎は、諸士を即時に集めた勝茂の手並みに感じ入ったという（『兵家茶話』）。

〔注〕遠藤胤繁の長兄に大隅守胤俊、次兄に大隅守胤基がいて紛らわしいが、大坂の陣で籠城したのは胤繁の三男大隅（玄斎）である。

遠藤八右衛門《えんどう　はちえもん》

大坂籠城。落城後、牢人のまま死去（『土屋知貞私記』）。

お

大井何右衛門《おおい　かえもん》

京都で浪居中、池田家に招かれたが、大野治房が秀頼の命と称して大坂城に召喚した（『山鹿語類』）。木村重成組に付属され、武者奉行を務めた（『高松内匠武功』）。

慶長十九年十一月二十六日辰の刻、今福口の柵が佐竹義宣勢に破られた。敗残兵が片原町口の柵に逃げ込み、鉄砲の音が城に近づいたため、重成は根来知徳院（足軽二十人頭）、上村金右衛門（足軽二十人頭）および川崎作右衛門に鉄砲五十挺を添えて急ぎ、偵察に派遣した。三人は町口の柵に到着して戦況を把握し、重成に至急の後詰《うしろづめ》を要請した。

折から大井何右衛門と高松内匠（足軽五十人頭）は、稲ヶ崎の大野道犬の持ち口で鉄砲の音が激しかったので見回りに行っていたが、重成から片原町へ出向くよう指示があり、直ちに町口の柵に急行した。

おいおい重成組の侍が到着して、大井、高松の他、川崎作右衛門、根来知徳院、上村金右衛門、井上与右衛門、林角左衛門、高松半次郎、森八左衛門、浅井伝兵衛、岸新右衛門が揃ったところで、大井は、「思いのほか敵は突出している。重成が到着する前にひと戦しよう」と木戸を開けて一番に走り出た。高松以下もこれに続いたが、佐竹勢は鑓合わせに及ばず、柵一つを放棄して退却した（「佐竹家旧記」、「高松内匠武功」）。

やがて重成も到着し、後藤又兵衛ら加勢の人数も繰り出した。重成組の草加次郎左衛門らは、大坂方の最前線の柵まで奪還し、さらに元来佐竹勢が大坂方と対峙して構えていた柵にまで踏み込んだ。折から上杉景勝の家臣杉原親憲が、大和川に船を浮かべ堤上の大坂方に銃撃を開始した。そこで大井と組頭波多兵庫は、味方の深入りを戒め、佐竹の柵から人数を引き揚げさせた。

大井は堤上を引き揚げる途中に鉄砲に撃たれ戦死した。大井の遺骸を放置して皆引き揚げたため、重成は最前線の柵まで戻り、遺骸の収容を試みたが、佐竹勢も盛り返してきたので、やむなく大坂へ引き揚げた（「草加文書」寛永廿一年九月十七日草加五郎右衛門書上、『大坂御陣覚書』）。年の頃は五十歳ほど（「高松内匠武功」）。

ちなみに「古今武家盛衰記」によると、豊後臼杵領主太田一吉の家臣に大井何右衛門がいる。剛勇大力の者で、慶長二年八月、朝鮮の南原城攻撃では南門の枡形を打ち破り、一番に城中へ乗り込んだ。慶長五年九月、海部郡佐賀関では中川秀成勢を追い立てる軍功があった。これと、同一人物かは不明。なお『武家事紀』、『本光国師日記』によると、一吉は慶長五年、改易後は京都に退隠して、元和三年に病死した。

大柿兵部永光《おおがき ひょうぶ ながみつ》

秀頼に仕えた武辺者《ぶへんしゃ》。

落城の時、すぐれた働きがあったので、元和初年に浅野長晟に召し出され、合力米を給せられた。宗入と号した。

寛永七年五月六日、浅野長晟が私宅に来臨し、銀子五枚を下賜された。

子孫は浅野家の家臣として続いた（「浅野家諸士伝」、『旧臣録』、「自得公済美録」）。

大久保左兵衛《おおくぼ さひょうえ》

大坂籠城（「大坂物語」）。

慶長二十年五月六日、後藤又兵衛に続き、薄田隼人正、井上定利、山川景綱、北川一利らとともに大和口へ出張し、道明寺表で戦った（『大坂御陣覚書』）。片山で奥田忠次配下の牢人下野道仁を討ち取った（「北川次郎兵衛筆」）。

『欠伸稿』に、江月宗玩が、大坂の大久保左兵衛（法名は宗幻）の求めにより如無の号を授けたとあるが、おそらく同一人物と思われる。

なお、紀伊の浅野長晟への預け人に大久保左兵衛がいた。慶長十九年三月十五日、長晟は本多正純から大久保の助命と追放を示達する奉書を受領し、同日付で家臣の浅野忠吉、上田宗箇、木村重正、前田備後守および大久保当人にこの旨を伝えた（「自得公済美録」）。「自得公済美録」の編者は、大久保左兵衛について、慶長十八年に生前の私曲を咎められた大久保長安の一族か、慶長十九年二月に失脚した大久保忠隣の一族と推測し、大坂籠城の大久保左兵衛と同一人物と推定している。

ちなみに、大久保左兵衛との関係は不明であるが、三河の人大久保三郎右衛門忠久の子大久保弥三郎忠興がいる。忠興は後に八兵衛綱興を名乗った。秀吉に仕え、初め知行五百石、後に二千石。大坂七組の番頭堀田図書介の組頭を務めた。その長男大久保八兵衛は、後に甚右衛門、藤左衛門、与惣左衛門を称した。親の跡目を継いで秀頼に仕えたが、故あって退去し、織田秀信に出仕した。慶長五年の戦役後、播磨で池田輝政に仕え、知行二百五十石を与えられた。慶長十九年、池田忠継に供奉して大坂へ出役した（「鳥取藩政史料 藩士家譜」大久保忠綱家）。

大蔵五郎右衛門 おおくら ごろ(う)えもん

「土佐諸家系図」に、土佐の住人大倉六郎行隆の子とあるが、実否不明。五郎右衛門とも五郎左衛門ともされる（『難波戦記』）。諱は義信（「摂戦実録」）、行基とされる（「土佐諸家系図」）。

秀吉に仕え、文禄元年、肥前名護屋城に在番し、二の丸番衆馬廻組の四番桑原貞成組に所属（『太閤記』）。

秀頼に仕え、大坂七組の堀田図書頭組に所属。知行二百石。

慶長十九年、大坂籠城。城東警固の寄合衆の一人（『難波戦記』）。

大倉新左衛門 おおくら しんざえもん

土佐国香美郡夜須村の大蔵城主大倉左馬督の子。初め太郎左衛門を称した。

慶長五年、長宗我部盛親に従い、関ヶ原合戦に出役。

慶長十九年、大坂城に籠り、盛親に属した。

落城後は故郷香美郡に戻り、西川の奥に隠棲。後に中西川へ移住して帰農。寛永年中に死去。享年六十二歳（「土佐国諸氏系図」）。

大桑平右衛門勝忠 おおくわ へいえもん かつただ

尾張の人（『土屋知貞私記』）。浅野長政の家臣大桑助太夫勝家の兄（『旧臣録』）。

秀頼に仕えた（『土屋知貞私記』）。

慶長十二年、和泉国日根郡信達付近の鷹狩で白鷹を見失った。同所の一乗山観音院金熊寺は天正十三年の兵火により焼亡していたが、同寺に祈願したところ、験があって紀伊でその白鷹を確保できた。そこで祈願成就の御礼のため、堂宇を修築した（『大阪府史蹟名勝天然記念物』）。

慶長十九年、大坂の陣では黄撓指物《きじないさしもの》使番を務めた。年の頃は四十余歳（『土屋知貞私記』）。

慶長二十年五月七日、秀頼の横目として毛利吉政に付属され、天王寺表合戦で軍功があった。軍功の証人は宮田甚之丞（『朝野旧聞裒藁』所載「毛利紀事載くひ帳」）。

元和五年、浅野長晟に仕えた。子孫は断絶（『旧臣録』）。

ちなみに『浅野家文書』によると、年不詳五月二十九日、大桑平右衛門が娘を連れて伊勢参宮のため七十日の賜暇を願い出て浅野綱長に許可されているが、これは二代目平右衛門と思われる。また『大かうさまくんきのうち』に、文禄元年の秀吉の肥前名護屋出陣に供奉の衆、二十番手御鷹の者の一人として「大くわか兵へ」の名が見え、所縁の者の可能性もある。

大坂庄司之助 おおざか しょうじのすけ

秀吉の代から仕える御小人頭（注1）。

慶長二十年五月七日、秀頼の出陣にあたり、小姓組は既に先手へ出張し、続いて林猪兵衛ら使番二十人も八丁目口まで先行した。しかし、秀頼の出馬が遅れていたため、旗本が無勢になることを案じた使番衆は、庄司之助に二の丸まで戻って意見具申するように頼んだが、庄司之助はこれを辞退した（「山本日記」）。

〔注1〕豊臣家の御小人衆については、慶長十九年、岳父片桐且元とともに大坂城を退去した畠山政信が以下の証言を残している。「大坂城中には元々人が少なく、直参は五百騎ほどだった。鉄砲頭や鉄砲の者、歩行の者は置かれていなかった。大坂名字〔注2〕の者たちが小人衆と呼ばれていた。この者たちが、鷹狩の際は鉄砲などの役を務めた。大小姓組は六、七人ずつ七組あり、この者たちが万事取り仕切っていた。小小姓組は十五人ずつ三組あった」（『古士談話』）。『大工頭中井家文書』の慶長十五年と推定される七月十六日付片桐且元書状に、殿様（秀頼）御小人四百人と片桐家中など在坂の者を合わせた千人で大仏殿の大虹梁二本を牽引する企画が記されており、御小人衆が少なくとも四百人はいたことがうかがわれる。

〔注2〕大坂名字は、秀吉の大坂築城との関連性が想起されるが確証はない。『大かうさまくんきのうち』、『太閤記』などにまったく見受けられず、管見の限り、大坂名字の子孫を称する系図もない。実在は確かであるが、謎に包まれた集団である。「秀頼御上洛之次第」に、「道中奉行大坂名字之者」として、大坂助左衛門、大坂九兵衛、大坂九右衛門、大坂市右衛門尉、大坂清右衛門尉、大坂与右衛門尉、大坂清兵衛、大坂平右衛門、大坂作右衛門、大坂宗右衛門尉、大坂勘左衛門、大坂喜兵衛、大坂孫市、大坂喜右衛門尉、大坂忠左衛門、大坂菊助、大坂宗左衛門尉、大坂助右衛門らの名が見える（巻末「付録」参照）。また『駒井日記』に大坂清兵衛、『延寿配剤記』に大坂薩摩守、大坂五郎右衛門、『言経卿記』に大坂勘右衛門尉などの名が見えるが、これらも大坂名字と思われる。

大沢仁右衛門 おおさわ にえもん

根来の法師。かつて一番鑓を合わせ、感状に鑓、銅銭を添えて受領した〔注〕。大坂籠城。落城後、落ち延びて九鬼家にいた。大坂牢人の召し抱えは禁止されていたが、土井利勝から密かに扶助されていた（『常山紀談』）。

一方、和泉郡大沢の地士に大沢大仁がいる。根来組の者。初め藤堂高虎、後に土井利勝に仕えた（『泉州史料』和泉国三拾六士及在役士伝）。物頭で根来組に属し、知行五百石。持弓の者二十二人を預かった（『利隆公御代正保四亥年分限帳』）。その子は、惣左衛門、または大助といったが、家系は断絶した（『和泉国郷士記』、『泉州史料』和泉国三拾六士及在役士伝）。

大沢仁右衛門と大沢大仁は同一人物と思われる。

〔注〕紀伊根来谷の法師は、昔より武勇を好んだ。定法により、第一の功名には感状と玳瑁《たいまい》の鑓三本、銅銭二十貫、第二の功名には感状と鑓二本、銅銭二十貫、第三の功名には感状と鑓一本、銅銭十貫文を賜与するとされた（『常山紀談』）。

大角与左衛門 おおすみ よざえもん

豊国社に奉納された石灯籠銘によると、諱は久□。

秀吉が藤吉郎を名乗っていた頃から奉公していた（『旧記雑録後編』所載「慶長二十年六月十一日付巨細条書」）。当初は台所で魚や鳥を洗う下男だったが、やがて料理人となり、その頭にまでなった。秀頼の代には台所頭として諸所の用務に奔走した（『駿河土産』）。

文禄四年三月二十八日、秀吉が京都の家康邸へ来臨することとなり、台所役として事前に料理人の人数などについて調整に当たった（『文禄四年御成記』）。

　慶長九年六月十八日、豊国社に石灯籠一基を寄進（『甲子夜話続編』）。この石灯籠は、現在は豊国神社の唐門前、正面に向かって右端に据えられている。

　慶長十一年一月五日、壮年の息女に傷寒と思われる発症があったため、曲直瀬玄朔が診療した（『医学天正記』）。

　慶長十九年三月十五日、大坂の御内衆として豊国社へ参詣し、鳥目百疋を奉納するとともに、神龍院梵舜にも樽代五十疋を贈った（『舜旧記』）。

　九月二十三日、速水守之を自邸に招き、酒肴を振舞った（「浅井一政自記」）。

　十月、藤堂良勝は藤堂高虎と相談して加藤権右衛門に矢文を城中へ射込ませた。矢文は良勝より大隅に宛て、安否を問うとともに、九月二十八日に伊予板嶋を出船し、十月四日に大坂表に着陣したことを伝える内容だった。大隅からの返信は、渡辺了の手に射返された（『高山公実録』）。

　渡辺内蔵助と大野治長が同座していると、後藤又兵衛がやって来て「面白い事を承った。大角与左衛門が東軍に内通しているらしい」と告げた。治長は「いやいや与左衛門に限ってその気遣いはまったく無用だ。彼は太閤の魚洗いだったが、誠実な者としてお取立てになり、秀頼公がご機嫌よく召し上がるために付属された経緯がある。今度の籠城中も処々の倉の鍵を一手に預かり、昼夜を問わず見回って精勤している。あの心がけこそ、二心あるまじき者である」と否定した。しかし、後藤は「鈍い者より、そのような者の方が気がかりだ」と改めて懸念を示したという（『武功雑記』）。

　十二月二十四日、淀殿からの礼問使として家康に遣わされ、夜具、蒲団を贈った（『難波戦記』、『駿河土産』、「大三川志」）。

　慶長二十年五月七日、城に火をかけ、退去した（『土屋知貞私記』）。放火場所は台所口（『旧記雑録後編』所載「慶長二十年六月十一日付巨細条書」、「慶長見聞書」）、または太鼓櫓（「寛文九年佐々木氏大坂物語」）。火の手は未の刻に上がった（『慶長年録』）。火の手が早く上がったため、合戦最中の寄せ手は気負い、動揺した大坂方は早々に敗軍した。それゆえ諸人は「内通の火の手が上がらなければ、今日はたとえ勝利になったとしても落城に手間取り、一両日は合戦が続いたであろう」と評した。落ち延びた後は京都にいた（「慶長見聞書」）。

　晩年については以下の諸説がある。
（一）大坂の焼金を数多拾い集め、一生富裕に暮らした。しかし、子供がなかったため絶家した（『慶長年録』）。
（二）金銀を多く持つ者であった。しかし、後に親子ともに物乞いとなり、一族の者も不慮の病気で悶死する者が多かった（「寛文九年佐々木氏大坂物語」）。
（三）内応の功を以て仕官を望んだが、ほどなく病床に伏した。家康は「彼の者は去年和睦の折も淀殿の使者として茶臼山に来た者だ。身分の低い家臣のならいとはいえ、太閤以来厚恩を蒙りながら、恩知らずの憎い奴。存命なら処刑したものを」と言った（『駿河土産』）。

太田意斎　おおた　いさい

美作森家の家臣と推定される中島助之進の母方の曽祖父。

　慶長二十年五月七日、明石掃部頭に所属して出役。

　太田を含む大坂方の騎馬武者三、四十騎と歩卒二百人ほどは一つに固まって上本町北方の横町筋に押し出した。森忠政の家臣らがこれを敵か味方か判別しかね、とりあえず行く手を遮ってにらみ合いとなった。やがて大坂方の一騎が乗り出して、「おのおの、卒爾《そつじ》めさるな、我らは掃部の者である」と呼びかけた。森家側が「いずれの掃部か」と尋ねると「明石掃部」と答えたので敵と知れ、ただちに乱戦となった。

太田は後に美作林田町に来住し、針医を営んだ（「森家譜」、『森家先代実録』）。

太田右衛門佐　おおた えもんのすけ

太田小又助の嫡男。

父の小又助は、和泉守牛一の長男（『温故集録』所載「太田和泉守子孫御尋ニ付大田弥左衛門御請」）。天正年中、織田信雄に仕え、尾張国愛知郡中村の郷内で百二十貫文を領知（『織田信雄分限帳』）。後に秀吉の旗本に属した。寛永十五年に病死（『先祖由緒并一類附帳』慶応二年大田小又助輔一書上）。あるいは年不詳八月晦日に死去（『温故集録』所載「太田和泉守子孫御尋ニ付太田弥左衛門御請」）。妻は秀吉の家臣小瀬庄左衛門の娘で、寛永十八年に病死（『先祖由緒并一類附帳』慶応二年大田小又助輔一書上）。

太田右衛門佐は、秀頼に仕えた（『大日本史料』所載「侯爵前田利為氏所蔵文書」）。

慶長十一年二月三日、大坂滞在中の近衛信尹を和久宗友の取次で初めて訪問し、雉二番、二荷、昆布一折を贈った（『三藐院日記』）。

慶長十七年九月二十八日、近江国蒲生郡石堂村の七百石、上山城草内村の三百石、合計千石の知行につき、秀頼から黒印状を拝領した（『大日本史料』所載「侯爵前田利為氏所蔵文書」）。

大坂籠城（「大坂濫妨人并落人改帳」）。

末子の太田広伴は、医師となり、玄年と号した。寛永十八年に加賀へ来住し、承応元年九月二日、前田利常に仕え、大田宗古と改めた。子孫も大田氏を称し、前田家の家臣として続いた。家紋は丸の内五つ石畳（「諸士系譜」、『温故集録』所載「系譜」、「温故集録」所載「太田和泉守子孫御尋ニ付大田弥左衛門御請」、『先祖由緒并一類附帳』慶応二年大田小又助輔一書上）。

太田七左衛門　おおた しちざえもん

太田又七牛次の三男。

慶長二十年五月七日、次兄の八左衛門とともに天満橋で戦死（「太田系図」）。

大谷式部　おおたに しきぶ

慶長十九年十一月二十六日、鴫野口に出役。屋代忠正に鑓を付けようとしたが、屋代の従者山本十郎左衛門が刀で鑓に切り付け、さらに柄を踏みつけて折った。同所で式部ら大坂勢二、三人が戦死した（『大坂御陣覚書』）。

大谷七郎右衛門実元　おおたに しちろ(う)えもん さねもと

石見国美濃郡大谷村の出自。毛利輝元の家臣大谷孫右衛門実秋の三男。秀頼に属して大坂城に籠り、慶長二十年に青屋口で戦死。

次妹も大坂城に籠り、生死不明（『新庄藩系図書』）。

大谷大学助吉治　おおたに だいがくのすけ よしはる

大谷刑部少輔吉継の養子（『鹿苑日録』、「旧記雑録」）。実は山城国乙訓郡奥海印寺村の住人高橋勘解由家平（号は自斎）の長男で、母は吉継の姉（「高橋家系図」（注1））。

養父の大谷吉継は、大谷与三右衛門の子（『下間系図』）。あるいは青蓮院尊朝法親王の家臣治部卿法印泰珍（文禄三年三月五日に死去）の次男で、民部卿法橋泰増（文禄四年十月二十六日に死去）の弟（『華頂要略』）。母は北政所の侍女東殿（注2）。吉継は永禄八年に誕生（『兼見卿記』）。越前敦賀領主となり（『武家事紀』）、五万石を領知した（『当代記』）。慶長五年九月十五日に戦没（『時慶卿記』）。

実父の高橋家平は、初め秀吉、後に吉継に仕え、敦賀金ヶ崎に在番した。慶長十五年三月二十九日に死去。妻は吉継の姉で、四男三女を産んだ（「高橋家系図」）。

大谷吉治は養父の吉継が五、六年来の悪病で療養中のため、慶長二年九月二十四日早朝、秀吉が家康、富田左近、織田有楽を伴って吉継邸に臨んだ際には、養父に代わってこれを出迎え、まず数寄屋で茶を振舞った。続いて広間に案内し、吉継、吉治、舎弟（木下山城守か）、家老衆七、八人から秀吉に多数の進物を献上した（『鹿苑日録』）。「富岡文書」によると吉治は、年不詳十月八日付で山中長俊に書状を送り、七日の暮れ時に山中が秀吉の使者として名物の脇差を携えて来訪したことに対し、吉継ともども謝意を伝えている。これは慶長二年の秀吉による吉継邸御成りに関連して脇差が下賜されたことを指すものと思われる。

慶長三年七月、前田利家邸で秀吉の遺物配分が行われ、釣鐘きりの刀と黄金三枚を受領した（「古屋幸太郎氏文書」）。

慶長四年六月二十日、豊国社に銀子一枚を奉納（「豊国社旧記」）。九月、前田利長の上洛を牽制するため、石田三成の家臣千余人とともに越前に下向（「旧記雑録」）。

慶長五年九月十五日、関ヶ原合戦で、吉継は美濃国不破郡山中村に兵六百余人で本陣を据え、大学助は千五百余騎を率いて左先頭、木下山城守は千余人を率いて右先頭として藤下村に布陣した。敗軍により吉治は乳母の子橋本久八郎の諫言《かんげん》に従い、戦場を脱出して敦賀へ帰り、城代の蜂屋市兵衛と籠城の用意をしたが、人数が集まらず、やむなく大坂で秀頼に勤仕した。一説に黒田長政の扶助を受けて一斎と名乗り、筑前国早良郡鳥飼村に居住したが、大坂の陣の前に密かに馳せ上ったともいう（『関原軍記大成』）。

慶長十九年、大坂城に籠り、百騎を預かった。年の頃は五十歳ほど。

慶長二十年五月六日、後藤又兵衛配下の小組頭として道明寺表に出役（『土屋知貞私記』）。

五月七日、真田信繁の先手の一人として茶臼山表に出役（『大坂御陣覚書』）。松平忠直の家臣本多富正の家老井上内匠は、天王寺表で黄羅紗の具足羽織を着た武者が、黒羽織を着た侍を含めて上下十四、五人を指揮して防戦していたので、この武者に鑓を付けた。そこへ鳥井猪兵衛が駆け寄り、脇から鑓を入れて武者を突き倒し、「相討ち」と唱えた。井上の家来が怒って鳥井と同士討ちに及ぼうとしたが、井上はこれを制して、首を鳥井に与えた。後にこの首は大谷大学助と知れたという（『福井県南条郡誌』）。

〔注1〕「高橋家系図」は、山城国乙訓郡奥海印寺村に続いた高橋家政の家筋に伝来する系図で、吉継の姉婿高橋家平の子女として以下の四男三女を掲げている。

長男の大谷大学頭嘉胤は、吉継の養子となり、養父の戦死後、家康から赦免され、百人扶持を給せられたが大坂に籠城して切腹。長女は真田信繁の妻。次男の木下山城守家春は、木下家定の養子となった。関ヶ原合戦の後、家康から赦免され、伊予で五十人扶持を給せられた。後に海印寺に還住し、慶長十年六月十七日に死去。次女は松平飛騨守の妻。三男の馬淵加右衛門春長は、馬淵氏の養子となり、加賀前田家に知行千石で仕えた。四男の高橋三郎四郎吉家は、肥後加藤家の客人となり、知行二百三十石を与えられた。加藤家の除封後、海印寺に還住し、寛文五年二月十一日に死去。三女は木村重成の弟木村七兵衛の妻。七兵衛は大坂落城後、近江坂本に居住して黒柳氏に改めた。その娘が兄の家春の子高橋五郎左衛門家政に嫁いだ。

「高橋家系図」において、大谷大学頭嘉胤とは、大学助吉治を指すと考えられる。松平飛騨守とは、美濃加納領主松平飛騨守忠政の子飛騨守忠隆を指すと思われる。忠隆は慶長十三年に誕生し、寛永九年一月五日に死去している。ただし、妻は酒井家次の娘である(『寛政重修諸家譜』)。馬淵春長とは、近江の人馬淵高政の子で前田利常の家臣馬淵加右衛門(知行千石)を指すと思われる(「諸士系譜」、『元和之侍帳』)。ちなみに、吉継の家臣に馬淵加左衛門(知行は四百九十九石九斗九升五合)がいる(『慶長三年九月吉日越前府中郡在々高目録大谷刑部少輔知行分』)。高橋吉家とは、加藤忠広の家臣高橋三郎四郎(知行二百三十六石七斗七升三合)を指すと思われる(『加藤家御侍帳』)。なお「青木忠右衛門一及覚書抜写」に、吉継の弟高橋三郎次郎は、実は高橋四郎兵衛(号は治斎)の子で、初め加藤清正に仕え、後に三河西ノ岡に居住したとある。吉継の甥、弟の相違はあるが、吉家と同一人物を指すと思われる。木村七兵衛とは、重成の弟で加藤清正、忠広の家臣木村左兵衛(知行百五十石)の誤記の可能性がある(「向山誠斎丙午雑記」、「西行雑録」、『加藤家御侍帳』)。

「高橋家系図」によると、真田信繁の妻は吉継の姪にあたる。永禄十年、または元亀三年の誕生とされる信繁が、永禄八年に誕生の吉継の実の娘を娶るには年齢的な違和感もあることから、実は姪が養女となり嫁いだとする説は興味深い。しかし、信繁と木村重成の弟が相婿となるには、依然として年齢的な違和感が残り、松平、馬淵、高橋、木村の経歴についても他の史料と合致しない点があり、なお考証が必要と思われる。

〔注2〕東殿には於イシ、コヤという娘があり、これらは吉継の妹にあたる。

於イシは吉継の次妹で、石河宗林の室(「青木忠右衛門一及覚書抜写」)。大宰府天満宮に、文禄二年九月吉日奉納の鶴亀文懸鏡が伝来し、願主として大谷刑部少輔吉継、東、小石、徳、小屋の銘がある(「昭和三十七年二月二十日福岡無県指定有形文化財鶴亀懸鏡銘」)。寛永八年七月二十四日に死去。法名は竜光院殿月舟寿泉大禅定尼。葬地は洛東の百万遍(『石田三成とその一族』)。

コヤは東殿の娘で(「兼見卿記」、『幸家公記』)、吉継の妹(『華頂要略』)。於イシの妹(「青木忠右衛門一及覚書抜写」)。元亀二年に誕生(「兼見卿記」)。北政所の侍女(『毛利家文書』)。慶長五年九月二十六日、吉継の母東殿とともに身柄を拘束された(『時慶卿記』)。「高橋家系図」によると、コヤは実は高橋太郎左衛門家勝の長女で、吉継の姉婿高橋家平の姉とされる。秀頼の乳母となり、豊臣家の滅亡後は京都本願寺の下間式部に嫁いだという。ただし、夫は下間式部ではなく、式部の親美作法橋下間頼亮の誤りと思われる。下間頼亮には大谷与三右衛門の娘、すなわち吉継の妹が嫁ぎ、式部卿下間頼経(重玄)を産んでいる(『下間系図』、『下間家系図』)。下間重玄の子重尚には、石河六左衛門尉吉次(石河宗林の長男)の娘が嫁いだ(『川那部系図』)。なお、「青木忠右衛門一及覚書抜写」は、吉継の妹コマについて、下間美作の室で、母は東之御形、秀頼に仕え、法名は抄謡院とするが、この「コマ」とは「コヤ」の誤記と思われる。

太田八左衛門《おおた はちざえもん》

太田又七牛次の次男。

慶長二十年五月七日、次弟の七左衛門とともに天満橋で戦死（「太田系図」）。

太田無左衛門《おおた ぶざえもん》

生国は豊前。

天正十五年、日向の高橋鑑種に知行三百石で仕えた。

慶長十八年、高橋家が改易されたため、慶長十九年、摂津に到り、慶長二十年五月七日に大坂で戦死。

妻の狩野氏は、初め厚狭加右衛門に嫁いで喜助重種を産み、後に太田無左衛門に再嫁した。無左衛門の家跡は重種が継ぎ、子孫は豊後臼杵稲葉家の家臣として続いた（「藩士系図」、「龍城藩臣志」）。

太田又七郎牛次《おおた またしちろう うしつぐ》

太田和泉守牛一の次男（『温故集録』所載「太田和泉守子孫御尋ニ付大田弥左衛門御請」、「太田由緒書」、「太田系図」）。

父の牛一は、尾張国春日郡山田庄安食村の人（「太田系図」）。大永七年に誕生（「太田和泉守覚書」奥書、「今度之公家双紙」奥書）。信長に仕え、弓の巧者で数度の軍功があった（『信長公記』）。天正年中には、秀吉に出仕（「前田家所蔵文書」）。秀頼に仕え、大坂玉造に居住（「濃州坪内家系」所載「慶長年中四月廿七日付太田和泉守牛一書状」）。慶長九年頃、豊国社に石灯籠一基を寄進（『甲子夜話続編』）。慶長十六年三月、秀頼の上洛に供奉（「秀頼御上洛之次第」）。知行は千石。慶長十七年十二月より大坂諸大夫衆の一員として禁裏普請助役（『慶長十六年禁裏御普請帳』）。慶長十八年三月に病死（『先祖由緒并一類附帳』慶応二年大田小又助輔一書上）。右の没年によると享年八十七歳に相当（「太田和泉守覚書」奥書、「今度之公家双紙」奥書）。法名は功源院静巌良栄居士、あるいは遊山良栄居士（「太田由緒書」、「太田系図」）。『信長公記』、『大かうさまくんきのうち』の著者であり、そのほかにも著作が多い（『国書総目録』）。

太田牛次は、永禄七年に誕生。秀吉に仕えた。

天正十八年二月二十九日、小田原陣に供奉するため出京（「兼見卿記」）。

秀頼に仕え、大坂七組の青木一重の本参組子（「諸方雑砕集」）。近江国高嶋郡田井村二百六十七石四斗七升、同郡鴨村三十二石五斗三升、合計三百石を知行（「青木民部少輔組高付」）。

慶長二十年五月七日、青木一重組中は、青木正重の指揮により天王寺表へ出役。牛次は、正重の脇を五反ほど駆け抜け、道脇の少々高い所に上って藤堂高虎勢に矢を射かけ、特に立派な武者の膝の皿に深々と射込んだ。負傷した武者は、落馬して下人の肩にかかって退いた。牛次が「ただ今の働きをご覧になったか」と正重に問うと「御働きは見事だが功名ではない」と正重は応じた（「青木伝記」）。

落城後、高虎に仕え、元和四年十月十八日、伊賀国名張郡世古田村五百石を与えられた（「摂津太田文書」）。

寛永五年二月、伊賀で朋輩の寺尾正右衛門と喧嘩して、子の正次とともに上野を出奔して近江の信楽多羅尾に退去したが、多羅尾道可の説諭により、父子ともに伊賀に帰った（『公室年譜略』）。

その後、藤堂家を立ち退き、摂津麻田

の青木重兼に仕えた。

「太田系図」では、牛次の没年を元和二辰年一月二十四日とするが「摂津太田文書」、『公室年譜略』の記事と合致しない。寛永十七庚辰年、または慶安五壬辰年の誤りと思われる。法名は清月浄閑信士。葬地は伊丹の宝勝山正善寺。

妻は平井兵右衛門の娘。法名は妙宗。

子については、太田正次、八左衛門、七左衛門、伝左衛門の四男と宗、ミヤ、某の三女があった(「太田系図」)。

太田《おおた》又兵衛《またびょうえ》正次《まさつぐ》

太田又七牛次の長男。兵助とも称した(「太田系図」)。

大坂七組の青木一重組に所属。知行二百石(「諸方雑砕集」)。

大坂落城後、藤堂高次に仕えた。

寛永五年二月、伊賀で朋輩の寺尾正右衛門と喧嘩して、父の牛次とともに上野を出奔して近江国甲賀郡信楽荘多羅尾に退去したが、多羅尾道可の説諭により、父子ともに伊賀に帰った(『公室年譜略』)。「太田系図」に、正次は朋輩を殺害して藤堂家を立ち退いたとあるが、右の経緯を指すか、別件かは不明。

その後、摂津麻田の青木重兼に知行百八十石で仕えた。

寛文七年十月十日に死去。法名は亨心院清耳道泉居士。葬地は摩耶山仏日寺。

妻は石川家士平田忠太夫の娘ヨシ。

長男の又七、四男の六三郎は早世し、次男の又吉(号は忠岳)は出家、三男の又五郎牛秋は牢人となったため、寺西文左衛門の子亦兵衛牛輝が養子となり家跡を継いだ。

子孫は麻田青木家の家臣として続いた(「太田由緒書」、「太田系図」、「青木宝書」)。

大多和《おおたわ》左馬亮《さまのすけ》正久《まさひさ》

播磨国神中之城主大多和左馬亮義行の長男。

初め理兵衛を称した。秀頼に仕え、百人扶持を給せられた。大坂の陣で戦死。

次弟の大多和長右衛門正之は、永禄八年に誕生。蜂須賀正勝以降四代に仕えた。慶長十九年、蜂須賀蓬庵を大坂城内で人質とし、蜂須賀至鎮を召致する謀計があったが、淀殿の侍女となっていた親類が正之に密告したため、蓬庵は大坂に立ち寄らず、海路関東へ赴いて難を逃れたという(「阿波国古文書」、「渭水見聞録」)。

大塚《おおつか》勘右衛門《かんえもん》

木村重成組に所属。

慶長十九年十一月二十六日今福口合戦で、高松内匠、山中三郎右衛門、草加次郎左衛門、大塚勘右衛門、小川甚左衛門、若松市郎兵衛、斎藤加右衛門とともに佐竹義宣の先手と鑓を合わせ、首一級を斬獲した。この功により、重成から軍功を証する書付を与えられた。

慶長二十年五月六日、若江表合戦で戦死(「高松内匠贈答扣」、「高松内匠武功」)。

大野《おおの》信濃守《しなののかみ》頼直《よりなお》

大野治長の長男(『駿府記』、『土屋知貞私記』、『大坂御陣覚書』、「池田正印老覚書」)。諱は頼直(「柳原家記録」)。『難波戦記』などでは治徳とされる。初め弥太郎を称したという(「十竹斎筆記」)。

慶長十六年三月、秀頼の上洛に供奉(「秀頼御上洛之次第」)。

慶長十九年七月三日、従五位下信濃守に叙任。豊臣姓を授けられた(「柳原家記録」)。

十月一日、片桐且元が大坂城を退去する際、七組の番頭は玉造門を出て大和橋の手前に待機し、これを見送った。治長は城内に留まり、安全を保障する証として頼直を且元の側に行かせた。頼直は先に大和橋を渡っていたが、且元は橋の手前で駕籠から降り、毛氈《もうせん》を敷いて七組の番頭に別れを告げ、橋向こうから頼直を呼び寄せ、盃を与えて「今度不慮の事態で治長を一たび遺恨に思うこととなったが、信濃守に遺恨はない。私の大坂退去は三日のうちに関東に聞こえ、必ず両御所は出陣するだろう。皆その覚悟で随分と忠節を尽くすことが肝要である」と言って城中に帰した(「山本日記」)。

十一月二十六日、治長の兵約二千人を率いて青屋口から鴫野へ出撃、上杉景勝勢と銃撃戦を展開した。彼我の間に川があり周辺の足場も悪かったため、足軽だけの戦闘となったが、結局、上杉勢や堀尾勢に押されて城中に退いた(『土屋知貞私記』)。

十二月二十日夜、織田有楽の子尚長とともに和睦に伴う城方の人質として、後藤光次、本多正純の家老寺田将監によって正純の陣所に送致された。当初治長は、人質として幼少の子息を出そうとしたが、光次が嫡男を出すよう強く主張したため、結局、当時十七歳の嫡男頼直に乳母を添えて人質として出すこととなった(『駿府記』、『本光国師日記』)。身柄は後に小出吉英に預けられたが、和睦が確定すると大坂に返された(「家忠日記増補追加」)。

慶長二十年五月七日、天王寺表へ出役。毛利吉政の左側に布陣した(『武家事紀』)。

五月八日、父とともに秀頼に殉死。享年十八歳(『駿府記』)、または二十四歳(『土屋知貞私記』)。

大野主馬首治房《おおの しゅめのかみ はるふさ》

大野治長の次弟(『大坂陣山口休庵咄』、『土屋知貞私記』、「池田正印老覚書」)。

「法隆寺文書」(『史料稿本』所載)に、慶安二年当時、七十二、三歳とあることから、逆算すると天正四、五年の誕生で慶長二十年当時は三十八、九歳。諱は初め信吉。

慶長七年四月十一日、従五位下主馬首に叙位任官(『経遠口宣案』)。

慶長十六年一月一日、秀頼の年賀使として駿府へ赴き、家康に拝謁(「家忠日記増補追加」)。

当時、知行千三百石(『慶長十六年禁裏御普請帳』)。

慶長十七年閏十月十二日昼、織田有楽の茶会に招かれ、福富兵部、丹羽勘解由とともに参席(「有楽亭茶湯日記」)。

年不詳八月十二日付で、古田織部から利休茶の湯の伝書を授けられた(『茶道聚錦』)。また伊賀藤堂家には治房が所蔵していた伊賀耳付水指が伝来し、年不詳十一月二日付で古田織部が大野主馬に宛てた「内々お約束の伊賀焼の水指を贈ります。今後これほどの物はないでしょうから、このような大ひびきれが入っていますが堪忍なさるべきでしょう」という趣旨の添状も付属していた。この水指は藤堂家から高梨仁三郎の所有を経て五島美術館の所蔵となり、昭和三十五年六月九日、重要文化財に指定され、「破袋」の銘が付けられた。添状、箱は関東大震災で焼失したという(『古田織部の茶道』、『五島美術館コレクション茶道具』)。

十二月より大坂諸大夫衆の一員として禁裏普請助役(『慶長十六年禁裏御普請帳』)。

慶長十八年一月二日、秀頼の年賀使として速水守之とともに駿府へ赴き、大沢基宿の披露で家康に拝謁。治房はさらに江戸へ伺候し、秀忠に拝謁した（『慶長年録』、『駿府記』）。

この頃か、秀頼の命と称して在京牢人大井何右衛門を大坂城に招聘した（『山鹿語類』）。また、年不詳七月四日付で某に宛て、「香雅楽が肥後から立ち退かれたので、二、三日の逗留で大坂へお越しになり、話されてはいかがですか。この返事をお待ちしています。いまだ私も雅楽殿には会ったことがなく、書状のやり取りまでです。お話しになりたいかと存じ、使いを立てる次第です」といった趣旨の書状を送った（「大阪城天守閣所蔵文書」）。

慶長十九年九月二十三日付で秀頼は島津家久に正宗の脇差を添えて黒印状を与え上洛を求めた。大野治長、治房も同日付で添状を使者に託した。使者は治房の親類で長崎往来の商人高屋七郎兵衛〔注1〕が務めた。家久は十月十三日付で治房に書状を送り荷担を辞した（『旧記雑録後編』、『駿府記』）。

当時、本知五千石（『大坂陣山口休庵咄』）。上下一万二千人を抱えた（「後藤庄三郎家古文書」）。あるいは馬上千余騎、鉄砲三千挺、雑兵一万五千人を預かった（「大坂口実記」）。開戦直前まで大坂城にあった畠山政信は「大坂の大将衆は人数を大勢抱えていたので大身のようにいわれるが、実は小身で、大野主馬も知行千石の身代でありながら一万人を指揮した。これは、開戦に伴い秀頼から過分の金子が支給されたので、大勢の兵数を抱えたものである」と語っている（『翁草』抜萃「永夜茗談」）。

旗は白地に黒餅三段、上に白無地の招き旗付。馬印は黒熊の出しに金の四手輪半分（「大坂夏の陣図屏風」）。

配下のおもな組頭は以下のとおり〈巻末「付録」の「大野治房配下の構成」参照〉。

・御宿越前……百騎預かり（「大坂合戦覚書」）
・塙団右衛門……五十騎預かり（「大坂夜討事」）
・長岡監物是季……五十騎預かり（「先祖附」）
・新宮左馬助……五十騎預かり（「大坂夜討事」）
・岡部大学……五十騎が調わず四十五騎預かり（『景憲家伝』）
・石川外記……五十五騎預かり（『大坂御陣覚書』）
・布施弥七郎……五十騎預かり（「大坂夜討事」）

十月十三日、真木嶋昭光、赤座永成が堺を制圧した。この時、治房組の新宮左馬助も兵百七、八十人を率いて堺に侵攻し、近傍を略奪した（『大坂御陣覚書』）。

十一月二日、速水守之と謀り、住吉に進出した藤堂高虎の陣所への夜襲を建議したが、衆議一致しなかった。藤堂家側も警戒を強めたため、ついに夜襲は見送られた（『公室年譜略』）。

治房は船場の下町に防御設備を施し、町人を伴った状態で約一万人を率いて、他の諸将とともに城外に在陣した（『大坂御陣覚書』）。防御線の拡張と非戦闘員の取り込みについては、七組の番頭青木一重、伊東長次から反対意見もあった（『豊内記』）。

船場方面の穢多ヶ島に薄田隼人正とともに小屋を設け、大船二十艘ほどと守兵を配備していたが、十一月十九日、蜂須賀至鎮、浅野長晟、池田忠雄に急襲され、守兵は敗走した（『駿府記』）。

十一月二十三日、治房の持ち口だった

道頓堀付近で普請中の塙団右衛門組と伊達政宗の足軽、人足との間で小競り合いが発生した。

十一月二十九日、阿波座、土佐座に敵が進出したため、大坂方は評定により下町を放棄して、防御線を上町とすることに決めた。下町を守備する諸将はこの決定を了解したが、治房のみが、「持ち口の放棄は弓矢の恥。上町への撤収が御為になるなら皆引き揚げて結構。主馬一人を捨て殺しにされよ」と断固拒絶した。このため評議は混乱したが、結局、偽って治房を城中に呼び寄せ、その間に忍び入って下町を焼き払うことになった。

かくて同日の宵に急用と偽って治房に登城命令が伝えられ、治房が同夜半に登城している間に、内命を受けた忍者が今橋から船場に散り、長堀から北に放火した。しかし、折から風が強く、風下の道頓堀方面にも煙が押し流された。治房は城中に留め置かれたため、船場の配下は大混乱に陥り、武具を遺棄して、当時織田頼長の持ち口だった本町橋などから上町に逃げ込んだ。治房の配下は宿陣する場所もなく、そこかしこの軒下や道辻に床几を据え、食事もせず夜を明かした。城中では船場の落人と呼ばれ、治房の配下は「生き甲斐もない仕合い」と悲憤した。見かねた速水守之が手配して、京橋の織田有楽屋敷を仮の陣所とさせた（『大坂御陣覚書』）。

十一月三十日未明、蜂須賀至鎮勢は鎮火した船場に侵入し、遺棄された旗指物などを拾った（『寛永諸家系図伝』）。

その後、大坂方の評議により、惣構えの西側は、北端の今橋から南の本町橋までが治房の持ち口とされた。今橋は石川外記が守り（『大坂御陣覚書』）、本町橋は塙団右衛門が守った（『大坂夜討事』）。本町橋通の北、淡路町筋の櫓には桑山十兵衛の役所が置かれた（『大坂陣山口休庵咄』）。本町橋通の南、唐物橋の門櫓には、治房の手へ軍目付として派遣された秀頼の使番林伊兵衛と幸田弥左衛門が詰めた（『山本日記』）。

蜂須賀至鎮勢は本町橋の南に布陣し、船場自焼の混乱で遺棄された治房の旗指物を拾い集め、これ見よがしに城に向かって飾り立てたため、治房は悔しがり、密かに塙団右衛門と雪辱を議した。

十二月十日頃、惣構えの諸口の橋を焼き落とすこととなり、後藤又兵衛が巡察した。ところが治房は夜襲を企図していたため、本町橋は焼かせなかった。後藤が治房を呼び出し尋問すると、治房は「吉日を選んで焼き落とすべし」と答えた。後藤は失笑して、「橋を焼くのに吉日を選ぶなど古来聞いたことがない。早々に焼き落とされよ」と強く督促し、立腹した治房と言い争いになった。塙が「橋は私が相談して焼かせます。この時分の口論は秀頼様に対していかがと存じます」と仲裁に入ったため、後藤は「ならば団右衛門が料簡して橋を焼くように」と言い残して去った。

その後も治房と塙は、夜襲の計画を進め、大略が固まると大蔵卿を通じて秀頼の許可を仰ぎ裁可された（『大坂御陣覚書』）。

十二月十五日、夜襲決行を予定していたが、岡部大学と石川外記が参加を強く望み、騒々しく人数を集めだしたので、これを制止する塙と争いになった。御宿越前の調停で収拾されたが、この日の夜襲は中止となった（『大坂夜討事』）。

折から城内に和睦が頻りに取沙汰されていたので、夜襲の決行は急がれ、翌十六日に実行された（『大坂御陣覚書』）。

この日の空は曇り、朧夜だった(『阿波国徴古雑抄』所載「黒部太郎左衛門覚書」)。

夜襲の人数は、治房の手廻の士、頭分塙と長岡の組下など侍百二十余人で、このうち上条又八、田積市郎兵衛は配下の足軽を残して単独で加わった(「大坂夜討事」)。あるいは、十六歳以上、五十歳以下から選抜された侍八十人で、負傷した場合に備えて下人一人の随行が認められたともいう(『大坂御陣覚書』)。

塙の組下は合印として、白い三尺手拭を甲の上に鉢巻にし、白い布を綿噛に結び付けた。合言葉は、「さいか」と問えば「さい」と答えるよう定めた(『大坂陣山口休庵咄』)。

丑の刻、潜り戸から塙の組下、治房の手廻の士、長岡の組下の順で出撃した(「大坂夜討事」)。塙と御宿が、鑓の柄を交差して一人ずつ名乗らせて出し、「足音を立てず、腰を屈めて行け。騒いではならぬ」と命令した。過半の人数は静かに橋を渡ったが、残りの者たちが銘々に鑓持を呼び寄せるなど騒いだので、塙が「鑓は持たず、刀のみで出られよ」と制止し、大方は鑓を持たずに出撃した。しかし、残りの者がはやってどっと押し出したので、結局、橋を渡る音も騒がしくなった(『大坂御陣覚書』)。また、門の月影の付近で少し待ち合わせる約束だったが、二宮与三右衛門は一番に潜り戸から出るや、功を焦り、そのまま橋筋の北方に進み、二番に出た塙の家来山県三郎右衛門も後続を待たず橋筋を直進し、三番に出た松井次郎右衛門も同様に橋筋の南方に直行した(「大坂夜討事」)。上条は山県と同じく橋の中筋を進んだが、大多数は南方の仕寄《しより》を目指した(『大坂御陣覚書』)。

治房は御宿とともに終始橋の上にいた(「大坂夜討事」)。軍目付の林と幸田も橋の上で控えた(「山本日記」)。塙は橋を渡り四十間ほど先の堀切の際で指揮し、長岡は堀切を越えた所で指揮した。また、敵の追尾に備えて治房の足軽頭三宅久大夫、橋本平左衛門、安井少右衛門らの指揮する鉄砲百挺が、橋の向詰に配置された(「大坂夜討事」)。

丑の下刻、蜂須賀の陣所への斬り込みが始まった(『阿府志』所載「慶長十九年十二月十七日付軍目付岩田政長言上控」)。蜂須賀家では中村重勝、尾関重武ら(『阿淡年表秘録』)二十三人、または三十人ほどが討たれ(『増補稲田家昔物語』)、三十余人(『駿府記』)、または五十余人が負傷した(『増補稲田家昔物語』)。

大坂方は、塙団右衛門の家来では、山県三郎右衛門、金万定右衛門、岡本長右衛門、松井次郎右衛門、柘植十大夫、塙団右衛門の組下では、石村六大夫、東加兵衛、森島清左衛門、梶田兵部、長岡是季の組下では、成田弥大夫、荒川源五、平田治部右衛門、池西左近右衛門、大野治房の手廻では、鈴木半左衛門、大桑九左衛門、二宮作右衛門、中橋勘之丞、池田源左衛門、都築茂左衛門、御宿越前の組下では、津田半三郎、その他特別に参加を許された立見市郎兵衛(石川外記組)、松田理兵衛(組外)、上条又八(組外)の二十三士が首を挙げ、塙団右衛門の組下、畑覚大夫、牧野牛抱、田屋右馬助および大野治房の手廻、木村喜左衛門の四人が鑓を合わせる軍功があった(『金万家文書』)。二十三士については諸史料に若干の異同がある。「大坂夜討事」は、中橋、池田、上条の代わりに、加田理右衛門、菊池某(慶長二十年五月七日に戦死)、御宿越前の組下島田五左衛門を掲げる。

また、塙組の梶原太郎兵衛正重は、石村六大夫に加勢し、出色の働きがあった。治房組の二宮与三右衛門は、本町より二丁目の橋筋の左方にあった土蔵の口で長谷川貞恒の家来長谷川貞元と鑓を合わせ、双方手傷を負った。鈴木十郎左衛門は土蔵口において、素肌で太刀打ちの働きがあった。木村九大夫も土蔵口で働きがあった(『阿波国徴古雑抄続編』所載「長谷川小右衛門内証覚書」)。長岡組の一色杢や塙彦大夫も手柄を立てた(『大坂御陣覚書』)。治房の与力横地理右衛門為家は、城の木戸口で、追尾した岩田政長と鑓を合わせた(『阿府志』)。岩田七左衛門、坂本宮内、鳴川宇大夫もすぐれた働きがあった(「大坂夜討事」)。

なお、大坂方の戦死者は十余人(「大坂籠城記」)、または十四人(『阿府志』)。長岡組の平田治部左衛門倶重は、稲田植次に討たれた。脇坂又右衛門は、益田正忠に寄食していた横井十兵衛に討たれた。竹村新之丞は、倉知由久に首を射切られ死亡した。坪井喜右衛門は、益田正忠の家臣鵜飼安長に討たれた。桑山七郎右衛門は、長谷川貞恒の家臣四宮長次に討たれた。木村喜左衛門は、稲田示植に被った戦傷が原因で二月に死去した(『増補稲田家昔物語』、『阿淡年表秘録』)。

大坂方が斬獲した首は二十三級(『大坂御陣覚書』)。ただちに門内で篝火を焚いて首実検が行われた(「大坂夜討事」)。斬獲した首級は、さっそく三の丸西の大手に並べ置かれた(『大坂陣山口休庵咄』)。塙以下功名が確定した者は、夜のうちに千畳敷の庭に呼び寄せられ、大野治長、木村重成らが縁側に出座して、戦闘状況の聴取と記録が行われた(『大坂陣山口休庵咄』)。

翌十七日朝、塙は、功名が確定した者はいったん宿へ帰り、その他の者は出頭して働きの次第を書付、絵図にして提出するよう指示した。功名を立てた二十三士は、同日、改めて千畳敷で秀頼から褒美が賜与された。戦死した平田倶重への褒美は、三歳の遺児の名代として組頭の長岡が受け取った(「大坂夜討事」)。

十二月十九日、組頭石川外記が池田利隆兄弟と内通しているとの騒動が持ち上がり、上条又八郎と目付鈴木半左衛門が詮議のため派遣されたが、この時は確証が得られなかった(『大坂御陣覚書』)。しかし、和睦後にやはり疑わしい点があったため、原田次郎兵衛が検使となり、石川は治房邸の広間で切腹させられた(「大坂夜討事」)。

十二月二十一日晩、二宮与三右衛門、岩田七左衛門は、夜討ちの軍功により治房から引出物を賜与された(「石母田文書」、「山本日記」、『武家事紀』)。

和睦後、木村喜左衛門、田屋右馬助、畑角大夫正吉、牧野牛抱の夜討ちにおける功名が、蜂須賀家に確認を入れた上で確定した(「大坂夜討事」)。一番鑓を入れ重傷を被った木村には、秀頼から小姓高橋正三郎が使者として派遣され、判金二枚が賜与された。同所で闘った田屋、畑、牧野にも、治房を通じて黄金が賜与された(「石母田文書」、「山本日記」)。

夜襲防戦に敢闘した蜂須賀家の稲田示植父子と岩田政長には、十二月二十四日付で家康から、慶長二十年一月十一日付で秀忠から、それぞれ感状が発給された(『寛永諸家系図伝』、『譜牒余録』)。大坂城中でも、治房が秀頼に、「私の組の相手(蜂須賀家)には、既に両御所から感状が発給されている。何を差し置いても、まず私の組に感状を発給していただきたい」と言上した。その一方で、木村重成も「今福口の戦功の方が日柄が前なので、まず私の組に感状を発給していただきたい」

と主張したため、結局双方ともに発給延期となった（『大坂御陣覚書』）。

二月二十二日、岡部大学、乳兄弟の中村八右衛門を京都に派遣し、六条一向寺門前の町屋で小幡景憲と面会させた。

二月二十六日、治房以下、布施弥七郎、岡部大学、新宮左馬助、武藤丹後、法華坊主の随雲院、大和忍の吉川権右衛門、小幡景憲が参会して挙兵を密議した。

三月十三日、治房以下、布施、岡部、新宮、武藤、随雲院、吉川、小幡が参会して軍議を開いた（『景憲家伝』）。

板倉勝重は、三月十三日付で松平正綱、後藤光次に以下の趣旨の書状を送り、城中の形勢を告げた。「和睦後も、治房は上下一万二千人を抱えており、これらへ扶持方、馬乗扶持まで当月分が支給された。これが可能なのは、永翁という坊主が一緒になって秀頼の蔵を開き、金銀米を自由に出納しているからである。天正十五年の判金まで牢人に与えているのを目撃した者が報告してきた。こうした経緯もあって治長は治房とは仲が悪く、訪問者に『主馬は不届き者で、自分のやっていることが秀頼様の御為にならないことをまったく理解していない』と不満を漏らしている。治房の組の者どもは、開戦を談合しているらしい」（「後藤庄三郎家古文書」）。

武藤丹後が治房配下の人員整理を実行し、三月十四日に鉄砲衆二百人、同日晩には追加で百五十人、翌十五日には弓鉄砲衆三百人以上を解雇した（『景憲家伝』）。武藤は、治房のもとであらゆる内密の事に参与していた（「大坂夜討事」）。

三月十七日、妙心寺の禅師（一宙東黙か）から、小幡景憲は関東の間者であると告げられたため、翌十八日、自宅に小幡を召喚し、岡部、武藤、随雲院に訊問させた。小幡は巧みに弁駁して治房も疑いを解いた。

三月二十五日、小幡は堺の仮宅から出頭して明後日大坂への転居を約束したが、二十七日夜、堺から船で遁走した。治房は追跡させたが及ばなかった（『景憲家伝』）。

四月三日の関東出陣を聞き、大坂では治長が籠城を主張し、治房は京都に出撃して宇治瀬田の橋を落として一戦することを主張した。治長が一向に譲らないので治房は立腹して「兄とはいえ無分別な者は殺すべし」と考え、吉川権右衛門と謀り、組下成田勘兵衛の同心で元布施忍者の今倉孫治に治長の暗殺を指示し、脇差を与えた（『大和記』）。

四月九日夜、治長は桜門外で闇討ちに遭った。城中では関東の計略、兄の治長に不満を抱く治房の所為、片桐且元の指嗾《しそう》などの憶測が飛び交った（『大坂御陣覚書』）。

四月十三日、織田有楽が家康に伺候して、「城中は三派に分かれており、七組の番頭、大野修理大夫、後藤又兵衛が一組、木村長門守、渡辺内蔵助、真田左衛門佐、明石掃部助が一組、大野主馬、長宗我部宮内少輔、毛利豊前守、仙石豊前守が一組」と証言した（『駿府記』）。

四月十五日、配下の大和侍箸尾宮内少輔、万歳備前守、布施太郎左衛門らに大和郡山城の調略を命じた。細井平助が使者として派遣されたが、番将筒井定慶兄弟はこれに応じず、調略は不調に終わった（「増補筒井家記」）。

四月二十五日、密かに兵を河内国讃良郡砂に派遣し、終日藤堂高虎の着陣を待ち伏せさせたが、藤堂勢は星田に野陣して砂に来なかった（『元和先鋒録』）。

四月二十六日夜、大和の箸尾、万歳、布

施、細井らを先導として兵二千余人を大和郡山に派遣し、筒井兄弟を郡山城から追った（『増補筒井家記』）。翌二十七日未明、箸尾、細井は九条口より、布施、万歳は奈良口より郡山に乱入し、市街に放火し、雑兵など三十余人を討ち取った。布施、万歳は郡山の南方高市郡今井郷に押しかけて近在に放火した。次いで法隆寺表に転進し、大工棟梁の中井正清宅を打ち壊し、寺院にも放火して国府口より大坂城へ引き揚げた（『増補筒井家記』、『大和記』）。その途中、河内国安宿郡国分村で大和組藤堂嘉以、奥田忠次、松倉重政らに追撃され、十七人が戦死した（『益池性次文書』）。

四月二十八日夜、紀伊へ侵攻するため大野道犬らとともに大坂城を進発し、摂津国東成郡墨江村遠里小野で勢揃した（『浅野考譜』）。配下の兵は数万騎（『浅野家文書』元和三年十月十三日金丸信盛書上泉州かし野表合戦覚条々事）、または四万人（『寛永諸家系図伝』）、または二万人（『浅野考譜』、「山本日記」、『大坂御陣覚書』）、または一万五千人（『大日本史料』所載「一六一五年及び一六一六年耶蘇会年報」）、または治房が三千人、道犬が三千人（『大坂陣山口休庵咄』）。

四月二十九日未明、治房の本軍は和泉大鳥を越え、国府を出て貝塚で願泉寺の卜半斎了閑に出迎えられ、野合で弁当の提供を受けた。

この間に治房の先手は競進して樫井に突入し、塙団右衛門、山県三郎右衛門、淡輪六郎兵衛、淡輪吉左衛門、吉田浅右衛門、治房組の熊谷忠大夫、須藤忠右衛門、芦田作内、横井治右衛門、山内権三郎、坂田庄次郎らが戦死した。

淡輪六郎兵衛の下人が馬を曳いて貝塚に逃れ、先手の敗北を報告した。治房は御宿越前、長岡監物、上条又八郎以下を率いて蟻通明神前まで急行したが、既に敵は引き揚げており、町中には死骸が散乱していた。団右衛門の遺骸を荼毘《だび》に付した後、河原まで乗り出したが、日暮れとなっては険隘《けんあい》な紀州路を追尾することもできず、また岸和田城の守兵に後途を断たれる懸念もあり、夜通し大坂に退却した（『大坂御陣覚書』、「浅野考譜」、『駿府記』）。

五月一日、大野治長とともに諸士の軍功を詮索した（『浅野家文書』所載「元和三年十月十三日金丸信盛書上泉州かし野表合戦覚条々事」）。治房の使者聞役は御宿越前、藤井一二斎が務めた（『吉備温故秘録』所載「山田市郎左衛門書上」）。

長岡監物と上条又八郎は、岡部大学が団右衛門を捨て殺しにしたことをなじり、治房に岡部を組から追放するよう求めたが、治房は決戦を前にこれを慰撫した。両士は憤懣のあまり、自身の組下と団右衛門の組下を連れて治房の組を離脱した。残留した物頭も治房と不和になった。

治房の本軍は、樫井から退却すると、そのまま船場に陣取った。五月六日、道明寺表の敗戦を聞くと、船場から茶臼山まで押し出し、敵の追撃があれば一戦する覚悟であった（『大坂御陣覚書』）。治房は三千人ほどを率いて加勢に出ると、敵の大和組と暫く対峙し、そのうちに馬を輪駆けて手際よく大坂勢を引き揚げさせた。この時の治房の指揮は比類なしと称賛され、家康も聞き及んで、「主馬はいつの間にそのような事を習得したのか」と感心したという（『武功雑記』）。やがて秀頼から黄母衣衆が派遣され、「今日は皆、まず引き揚げるように。明日未明に岡山筋、天王寺前に出て、敵が合戦を挑もうとも、適当にあしらって天王寺に引き付けよ。そうすれば、勝利する手だてがある」との指示が伝えられた（『大坂御陣覚書』）。

『山口家伝』は、六日に治房と木村主計は、若江村の北方に進出したとするが、実否不明。「大坂合戦覚書」によると、御宿越前の組下で早川太兵衛の組子の立見市郎兵衛が六日に戦死しているが、場所は不明。

五月七日宵口、治房は以下二通の軍令を発した。

「敵が押し寄せた由、ただ今、注進があった。しかしながら軽率に合戦を始めてはならない。近辺の真田、毛利と申し合わせ、よく敵を引き付けて力を尽くし合戦に及ぶべし。軍法堅守が肝要である。船場表には明石掃部、大野道犬を配置している。その方面からの追報を待つ。くれぐれも軽率に合戦を始めてはならない。真田、毛利との相談が肝要である」（大阪城天守閣特別展図録『浪人たちの大坂の陣』所載「個人蔵文書」）。

「重ねて指示する。敵が押し寄せても軽率にかかってはならない。茶臼山、岡山より主馬が出馬して決戦に及ぶ算段であるから、この事、よく侍たちに徹底せよ。法度に違えば成敗する。昨日の合戦はあまりに遠出して不覚をとったので、今日の合戦が一大事となる。主馬一人の手柄となっても、味方全体が負けになっては仕方がない。軍法を堅く申し付ける。なお、真田、毛利と申し合わせ、卒爾の合戦は戒めている。今日は一大事、天下分け目の合戦となるから、抜け駆けのないよう軍法を堅守せよ。とにかく敵を引き付けて一戦に及べば、きっと必ず味方の利運となるであろう」（『信濃史料』小柳美代里氏所蔵文書、「福山寿久氏所蔵文書」、『真田氏史料集』猪坂直一氏所蔵文書）。

なお、小柳氏は長野市鶴賀在住、福山氏は松本市出身、猪坂氏は上田市出身。福山氏と猪坂氏の所蔵文書は写真で瞥見する限り同一のものと思わる。

治房の麾下《きか》千五百騎は、夜のうちに桜門から岡山口へ押し出した。千五百騎のうちには御宿越前ら十五人が百騎ずつの組頭として置かれ、その配下に組下十人を預かる組頭が十人ずつ配された。

岡山口には雑兵を含めて三万余人が出役し、敵を天王寺の前に十分に引き付ける作戦だったが、案に相違して敵が一気に寄せてきたため、布施伝右衛門や岡田縫殿らが動揺して備えを立てかねた。御宿が馬を乗り寄せて「何を騒いでいるか。主馬もすぐに出陣するから、備えをしっかり立てて鎮まるように」と叱咤した。やがて治房も大旗九本を押し立てて出陣し、段丘の上に布陣した。そして使番を派遣して、東方の先手を右備えとして繰り越させ、新宮左馬助の備を左備えとした。旗本の先頭は、大野治長組の先手の鉄砲の左に配置した。また、池を前にして根来三十騎、その左には岡田縫殿、布施伝右衛門、岡部大学、新宮左馬助、中瀬掃部の隊を並べた。その北方には二宮与三右衛門、御宿、治房の旗本が布陣した。

寄せ手の先鋒は前田利常の三万人で、天王寺口に続いて岡山口でも合戦が始まった。大坂方の埋火が爆裂して将軍の旗本先備えが敗走したため、一時、秀忠の本陣に供廻りがいなくなる局面もあった。その後、旗本は備えを立て直し、前田勢も攻勢を緩めなかった。大坂方は踏み堪えて防戦していたが、前田の右備え本多康紀、同康俊、片桐兄弟らに横撃され、ついに城へ退却を始めた。寄せ手は数十町追撃し、大坂方は玉造稲荷明神付近で二、三度返し合わせたが、ついに切り崩されて玉造口東の仮門に逃げ込んだ。岡山口の敗兵の一部は小橋野方面へ橋を渡り、前年に越前松平家が築いた築山の東に回って黒門口に逃れ、または北へ越して猫間川にかかる大和橋から城内に逃げ込む者もあった(『大坂合戦覚書』、『大坂御陣覚書』、『越登賀三州志』、『元和先鋒録』)。

治房は戦場を逃れて行方不明となったため、寄せ手から卑怯者と取沙汰された(『旧記雑録後編』)。

五月十五日時点ではすぐに捕えられるとの観測だったが、五月二十七日時点では海路西国に退去したとの風説もあり、島々浦々の検問が強化された(『綿考輯録』)。閏六月二日時点では船による退去が確実視され、将軍秀忠も「主馬はかねてより薩摩へ連絡を入れているので、きっと船で逃れ、薩摩、琉球などへ落ち延びたのであろう」との見方を示した。これにより、島津家では特に詮索の強化が図られた(『旧記雑録後編』)。

「老士語録」によると、治房は落城の際、摂津池田、森口付近の葭原に二、三日隠れた。その後、年来の鑓持ち一人を連れて播磨姫路に逃れ、平素親しくしていた池田利隆の家臣内田勘解由の家宅に匿われた。しかし、やがて池田家中の噂するところとなったため、治房は退散して、ついに行方をくらましたという。

子の大野宗室は、落城後、治房の妻いんせいとともに、治房の婿である近江国坂田郡箕浦村の誓願寺の住僧に匿われた(『近江坂田郡志』)。いんせいは誓願寺に留まり、宗室は後に彦根城下で医者を営んだ。慶安年中に上方横目永井直清がこれを聞き及び、早速江戸の老中松平信綱、阿部忠秋、酒井忠清に訴えたので、将軍の耳にも達した。領主の井伊直孝には、老中から中根正盛に永井直清を添えて連絡が入れられた。驚いた直孝は、早飛脚に徒士を添えて国元に急派し、母子の逮捕を命じた。留守の井伊直滋は、家老と物頭全員およびその配下の足軽を総動員して箕浦に出役し、いんせいの身柄を誓願寺で確保した。これに同道した町奉行松居小左衛門は、誓願寺から彦根城下に引き返すと、宗室の身柄を確保した〔注2〕。宗室は京橋櫓に監禁され、侍衆の番が付けられた。いんせい、治房の娘、宗室、誓願寺父子は公儀の咎人として、京都所司代板倉重宗に送致された。その道中、駕籠に郎党一人ずつが同乗し、一挺ずつに物頭一人が副えられた。庵原朝真が惣奉行となり、使者として冨上喜太夫が派遣された(「南部氏記録」所載「彦根冨上喜太夫記録之写」)。慶安二年四月九日、板倉重宗は牢奉行に対し、宗室の成敗を命じ、即日執行された(『板倉籠屋証文』、『史料稿本』所載「忠利宿祢日次記」)。

なお『箕浦誓願寺記』によると、治房の子女は四人で、落城の時、長女が十歳、大野百介宗説が八歳、大野武右衛門が六歳、大野長太郎が二歳だった。落城後、長女は近江日野から婿を取って誓願寺の住僧とした。宗説は箕浦から彦根切通町に移住して、子供への手習い指南や田螺《たにし》拾いで渡世した。武右衛門は京都で糸問屋に手代奉公に出た後、長崎の町人となった。長太郎は京都の妙心寺に小姓奉公していた。慶安二年、皆逮捕され、江戸からの指示により、男子は三条河原で斬首となり、女子は西門跡に引き取られたという。ただし、享保十五年成立の『箕浦誓願寺記』は麗辞が多く、全幅の信頼はできない。

慶安二年二月七日付で酒井忠勝は、家

臣酒井内匠らに対し、「今度、近江国井伊掃部殿領分の新庄村で大野主馬の子宗室という者を捕えた。勿論、宗室の母や娘、兄弟など数多捕え、板倉周防殿に引き渡されるであろう。ついては右の宗室の親大野主馬の所在も御詮索があるだろう。万一にも所領の若狭国内、越前敦賀、近江高嶋に隠れていることがあるかもしれない。そして京都中などの詮索を聞けば、いずこかに落ち延びるであろう。もし領分に居た者を油断して取り逃がし、他家で捕えられたとなれば、家臣の落度だけでは済まず、私自身一生の不覚となるので、若狭にはそちらから確かな者を一人派遣して改めさせよ。しかし、詮索の仕方が仰々しくなっては、世間の受け止め方も如何かと思われるので、この書状を板倉周防殿に持参して、全て板倉殿の指図に従って改めさせよ。必ず大騒ぎして無作法があってはならない。いかにも静かに対応しつつ、取り逃がさないようにせよ。大野主馬はもはや八十歳にも及ぶ者で、かつ独居しているであろうから、その心づもりでいるように。なお、そのような事はないと思うが、加藤伯耆などは大坂古参の者なので、大野主馬とは知人であろう。また、その他にも大坂城に在った者については、少々気遣い、心付けをするように。大野主馬は今まで生存しているとは思えないが、万一ということもある。国中、領分などに居た者を他国に逃がして捕えられては、世間の笑いものになるものと心得よ。全て詮索の仕方は板倉周防殿によく伺い、騒がしくはしないよう申し付けよ。大野主馬は加藤伯耆がよく見知っていよう。その他、大坂城に居た者にも見知っている者がいるだろう」と通達した。

慶安二年二月八日付で板倉重宗は以下の趣旨の触書を山城国内の在々に発出した。「一、大野主馬の子宗室という者が近江にいると江戸で訴人が出たので逮捕した。宗室の母いんせいは主馬の女房であるがこれも逮捕した。ただし、いんせいは大坂の陣の時、権現様が命をお助けになった。一、主馬は今なお存命との取沙汰がある。年の頃は七十二、三歳で、背は中くらい、身は太ってもおらず、色黒の男であるから油断なく詮索せよ。隠し置いて訴人が出たら、宿主は申すに及ばず、その在所全体の罪科とするので厳しく詮索すべし。一、大野道犬の子は落城以後、法華坊主となり仏法談義を説き歩いているとの風説があったという。所在を知っているか、または在所にいるならば召し連れよ。郷中の吉利支丹宗門も、従前のとおり油断なく詮索すべし。右の条々につき油断して他所から訴人が出るようなことがあったら、(懈怠として)罪科に問うであろう」。これにより、京都、近江、大和、和泉などの町村、寺社などでも奉行を通じて同触書に基づく詮索が徹底され、月内に請け証文が提出された(『南部氏記録』、『誓願寺蔵文書』、『史料通信協会叢誌』、「泉涌寺文書」、「妙心寺文書」、『京都御倉町文書』、『伊香文書』、「大阪城天守閣所蔵文書」、『史料稿本』所載「法隆寺文書」、『森家文書』、「和泉国大鳥郡上神谷豊田村小谷家文書」、『天満屋彦右衛門書上』)。

二月十日付で酒井忠勝は、在京の家臣芝二郎左衛門に対し、「大野主馬の件、一昨日書状を送った。多分届いているだろう。万一、領国内や敦賀、高嶋郡の領分に居たならば、油断なく捕えよ。板倉周防殿から京都に於ける詮索について、去八日にその方を呼んで詳しく申し渡したとの連絡があったので、ますます周防殿に伺って、先に逃がさないようせよ。

その他の者も周防殿の指図次第に捕えよ。いつでも捕えたならば、直ぐに確かな奉行人を添えて、周防殿に引き渡すように。万事、松平若狭守殿、建部内匠殿にも相談せよ。なお、詮索について若狭守殿には少しも世話にならないよう申し入れよ。領分から逃がして、他国で捕えられては恥をかく。そのように心得よ」と通達した。

二月二十五日付で酒井忠勝は、家臣酒井内匠らに対し、「去る十二日の書状は披見した。大野主馬の詮索については、在京の芝二郎左衛門方より連絡があり、方々に手分けして指図した由、適切である。主馬本人については、領国などに隠れていた場合、先に逃げないよう十分詮索して捕えよ。主馬の男子については、これも領国などに居たならば、詮索して先に逃げないよう捉えるように。大野道犬の子が出家して談義など説いて歩いているとの訴人があった由、京都からこちらにも連絡があった。これは先年、筑後国有馬玄蕃殿の居城辺りに参ったところを捕えて、拘禁していたが死亡してしまった件と恐らく同じであろう。ただ、もしこれもいまだ生存して領分などに居たならば、早速捕えよ。その他、主馬の遠い所縁の男女が居た場合は、詮索してそちらで厳重な監視下に置いて板倉周防殿に注進せよ。咎もない者に縄をかけて捕えることは問題なので、領国内から逃さないようにしておけば、それでよい。そちらで番人を付け置き、周防殿に注進してその指図次第にせよ。右の詮索について、郡部へ騎馬の士一人に代官を添えて派遣したとのことであるが、本件にかかる詮索は大がかりなものなので、物頭一人に若い騎馬の士一人、足軽五人から十人を添えて、代官を案内に立てて派遣するのが適切である。今後の事もあるので、事後ではあるが申し送る」と通達した。

三月七日付で井伊直孝は、国元に対し、「このたび大野主馬の御詮索については、諸国で大げさに対応していると聞く。その上、何の考えもないまま、何かしら言上することで御奉公したいと、我も我もが思っている有り様だ。今、諸国がそんな状況なので、諸国に身の置き所のない者や禁教の関係者は、事の発端となった我が領内なら詮索が一巡したものと考え、さまざまに身なりを変えて紛れ込んで来る可能性がある。ついては、まず当年中は昼夜分かたず、油断なく警戒せよ」と指令した（『木俣留』）。また、七月十日付で誓願寺の徹底的な破却を指示するとともに、当該事件を教訓として領国の仕置に遺漏がないよう、再三戒告を発した（『久昌公御書写』）。

備前池田家では、三月八日から十三日を中心に、備中国窪屋郡、備前国児島郡、津高郡、邑久郡、御野郡などで、治房や道犬の子の詮索と禁教の宗門改めを実施した（『家中諸士家譜五音寄』、『池田家履歴略』）。また、土佐国香美郡内でも、四月末頃に治房、道犬の子、毛利吉政父子、真田信繁の子の詮索が実施された（『南路志』所載「丑卯月廿二日付久万忠兵衛書状」）。

子の永井勘兵衛は、大坂落城の際は、幼児で乳母に抱かれて城から落ち延びた。落人として京都に潜居し、成長して長崎町人に紛れた。慶安二年二月、京都から「主馬の子が一人、長崎に居る。長崎に不在なら、医者として金山などを巡回しているはず」との訴人が出た。長崎奉行馬場利重により市中の町人全員について、三、四代以前の先祖改めが徹底された。また、島津家には、板倉重宗から家中詮議の要請があった。長崎での捜索により、勘兵衛が本大工町小柴助右衛門方で養われていることが判明した。二月二十三日に捕われ、大村の牢に入れられた。三月十八日、与力二人、同心三人が添えられ、牢駕籠で京都に送致された。勘兵衛の男子は、京都で捕えられた(『旧記雑録後編』、「見聞集」、『勝茂公御年譜』)。慶安二年四月九日、板倉重宗は牢奉行に対し、長井勘兵衛とその子長太郎の成敗を命じ、即日執行された(『板倉籠屋証文』、『史料稿本』所載「忠利宿祢日次記」)。

治房の娘のうち姉のほうは、誓願寺照空の妻(『近江町史』)。天和元年十一月、寺社奉行に宛てた京西六条寺内誓願寺の覚書によると、落城の際に家康から赦免され、それから八年目に照空に嫁いだ。慶安二年の詮議では、治房の行方について全くわからないと弁明して許された。夫の照空も、慶安二年二月五日に京都で板倉重宗、永井直清から尋問されたが、治房の娘との婚姻は落城後であり、治房の行方も知らなかったため、処刑は免れた。妻とともに箕浦を追われ、京都西六条に移住した(『本願寺教団の展開―戦国期から近世へ』)。後に河内国志紀郡大井村の盛光寺(誓願寺の支坊)の住持となった(『近江町史』)。「正崇寺由緒」によると、照空は箕浦を追われた後、一時、伊賀国阿弁郡上野正崇寺に寄寓したとされる。これは同寺開基で、元は近江日野の正崇寺の隠居であった空賢が治房の弟だったためという(『日本の歴史と真宗』)。『誓願寺宝物御骨由来書』によると、誓願寺照周という人が、日野の正崇寺と縁者であったとされ、誓願寺と正崇寺の関連がうかがわれるが、空賢が治房の弟であったという説は信憑性に欠ける。

治房の娘のうち妹のほうは、摂津国有馬郡湯之山の若狭屋与惣衛門の妻。慶安二年に詮議を受けたがお構いなしとなり、有馬に帰った(『近江町史』)。

山本五郎右衛門は治房の孫というが、実否不明。落城後、備前で池田忠雄に知行三百石で仕えた。池田光仲の国替に供奉して鳥取で城詰などを務めていたが、朋友の事で暇を乞い、許しを得ないまま退去したため、家は断絶した。延宝四年、子の山本次郎右衛門が、光仲に右筆として召し出され、子孫は鳥取池田家の家臣として続いた(「鳥取藩政資料　鳥取藩士家譜」山本村夫家)。

〔注1〕治房の親類。秀頼の呉服屋。慶長十八年に大隅垂水に下向し、同所で越年。翌年に上洛して、大坂の使者として再度下向した(『旧記雑録後編』)。

〔注2〕「井伊年譜」によると、慶安二年一月二十日、山口左馬介の末男である箕浦誓願寺の住僧を逮捕するよう江戸から指令が届き、井伊家中の者が逮捕に向かった。しかし、当人は彦根堺堀に潜居していることが判明した。そこで武藤三左衛門が堺堀に出向いて身柄を確保し、家老木俣氏宅に幽閉した。後に京都に送致されたという。右は宗室の逮捕の経緯と混同していると思われる。

大野修理大夫治長　おおの しゅりのだいぶ はるなが

大野佐渡守の長男(『尾濃村々由緒留』)。母は大蔵卿(『駿府記』)。「武家盛衰記」によると、毛利吉政、治長の家臣宮田平七、吉政の家老宮田甚之丞安則と治長は、従兄弟とされる。葉栗郡には大野村、宮田村があり、同郡から分離した美濃国羽栗郡には森村があり、それぞれ出自との関連および所縁を想起させる。なお「長常記」によると、赤尾庄左衛門も治長の親類であるが、「尾州諸家系図集」によると、赤尾は近江国浅井郡大浦の住人であることから、母方の親類の可能性もある。

曽祖父の大野上官は、石清水八幡の別当。その長男は大野伊賀守治定、次男は大野隼人正〔注1〕、三男は大野右京。

祖父の大野治定は、別当職を継がず、尾張国葉栗郡若宮地村（後の美濃国羽栗郡）に退去。後に信長に仕え、永楽銭四千貫文を与えられた。尾張国葉栗郡大野村字古屋敷こと馬見塚に城を築き、周辺八町四方を領知した。妻は葉栗郡小日比野村の人尾関佐渡守の娘。治定の長男は大野佐渡守、次男は尾関源内、三男は大野才兵衛治久、四男は尾関右馬之助〔注2〕。

父の大野佐渡守は、尾関佐渡より名を譲り受けたという（『尾濃村々由緒留』）。「堀田文書」に、年不詳六月二十七日付で大佐玄三が津島神主堀田右馬大夫に宛てた書状が収載されている。署名の玄三は治三の可能性がある。秀吉に仕え、近江国内を領知した（『尾濃村々由緒留』）。慶長四年三月四日に死去。法名は福厳院殿忠屋元公庵主。妻は大蔵卿。妙心寺の塔頭雑華院に大野佐渡守夫妻の供養碑がある（『雑華院略史』）。長男は大野修理、次男は大野主馬、三男は大野大禄〔注3〕。大野大禄は大坂の陣の四、五年前、大勢を相手に喧嘩し、これに勝って退去。田辺氏を称したという（『尾濃村々由緒留』）。

大野治長は、秀吉に仕え、一万一千石を領知（「天正年中大名帳」）。

ちなみに『言経卿記』によると、天正十二年六月十九日、廷臣の山科言経が勅勘を蒙り、堺に蟄居することとなった。六月二十四日寅の刻、言経は淀に下ると、淀城衆の大野弥三郎方に招かれ、本願寺光佐の家臣河野越中法橋より丁重な振舞を受けた。未の刻には大野が手配した舟二艘に乗り、暮れ方に大坂の旅宿へ入り、六月二十六日、堺に到着した。確証はないが、右の大野弥三郎は治長の若名、または同族の者という可能性もある。

天正十九年十一月、秀吉が三河吉良で放鷹した際、新庄直頼、小出秀政、同吉政、片桐且元、同貞隆、石河貞清、柘植与一、福原長堯らとともに供奉（『武家事紀』、『武徳編年集成』）。

文禄元年、肥前名護屋に在番。辻ノ上に陣所を置いた（「肥前名護屋城旧記」）。

文禄二年十二月十六日付で秀吉が毛利吉政に朱印状を与えた際、口上の使者を務めた（「土佐五藤文書」）。

文禄三年、当時一万石を領知（『当代記』）。

三月七日より伏見城普請が始まり、秋に竣工した（「家忠日記増補追加」、『駒井日記』）。この城普請を課役された（『当代記』）。

伏見で城普請が始まる前に、治長邸の広間で家臣の水谷高之助という者が討ち漏らされ、宿に立て籠った。家臣の馬見塚四郎兵衛が押し入ってこれを討ち留めたので、褒賞として水谷の知行、家屋および佐々の名字を与えた（『武功書写元和八年十一月七日佐々四郎兵衛覚書』）。右の馬見塚四郎兵衛とは、前述のとおり大野氏の出自と推定される尾張国葉栗郡大野村の在所馬見塚出身の者と思われる。

慶長元年四月二十七日、秀吉が長宗我部元親邸に来臨した際、柘植与一、福原長堯とともに配膳衆の手長役を務めた（『南路志』）。

慶長三年当時、一万一千石を領知（『慶長三年大名帳』）。

七月、前田利家邸で諸侯に秀吉の遺物配分が行われ、石河光元、杉原長房、片桐且元、木下利房、石田正澄と同列に金子十五枚を拝領(『太閤記』)。

十月二十日暮、宇喜多秀家(前田利家の女婿)、土方雄久(前田利長の従兄)とともに利家を訪問し、軍事について質問した(『加賀藩史料』所載「陳善録」)。

慶長四年、秀頼の発願により石清水八幡宮の若宮殿社が再興された際、造営奉行を務めた(「石清水八幡宮記録」)。

一月十日、秀頼が伏見城より大坂城に移った(『義演准后日記』)。年寄、奉行は連署して、大坂城の勤番を以下の通り制定した。詰衆一番として杉原長房、堀加賀守、毛利秀秋、前田利政、宮部継潤、宮部才吉、浅野長晟、伊東美作守、木村虎松、橋本中務、山中幸俊、加藤源五、村井右近、伊藤武蔵、蜂屋勝千代、詰衆二番として大野治長、石田主水正、左地市蔵、羽柴長吉、山口弘定、奥おかね、毛利秀元、土方雄久、山岡弥源次、生駒下野守、小西式部少輔、長谷川吉左衛門、石田朝成、青山右衛門大夫、木村右京、堀田清十郎(『武家事紀』)。

三月四日、父の佐渡守が死去。法名は福厳院殿忠屋元公庵主(『雑華院略史』)。

閏三月二十六日、家康は治長の代官所について浅野長吉、増田長盛、長束正家に命を下し、これを片桐且元に報じた(「長尾文書」)。四月二日、家康は治長の代官所を池田知正方に引き渡すことを裁可した(『成簣堂古文書目録』)。

九月七日夜、増田長盛が備前島の宿所に家康を訪問し、「九日の重陽の節句に登城した家康を暗殺する計画があり、前田利長の従兄土方雄久と利長の朋友大野治長が討っ手に定められている」との風聞を報じた(『慶長年中卜斎記』、「土方家譜」)。九月九日、家康は奥御殿に伺候して秀頼と淀殿に拝謁し(『朝野旧聞裒藁』所載「関原合戦誌記」)、九月二十八日には西の丸に入った(『慶長年中卜斎記』)。

土方と治長は不審を被り、評定所に召喚された。家康の意向により死一等を免ぜられ、流罪に処された(『関原軍記大成』)。結城秀康が秀吉の養子となった際、大蔵卿が謁を執っていた関係から、治長の配所は秀康の封内とされた(『朝野旧聞裒藁』所載「関原合戦誌記」、『武徳編年集成』)。

十月二日大坂を発ち、下総結城の配所に赴いた(「落穂集」、『関原軍記大成』)。

当時治長に関して以下のような醜聞が取沙汰されたが、正確性に欠ける噂話だった。

(一)毛利輝元の家臣内藤隆春は慶長四年十月一日付で内藤元家に書状を送り、「お拾い様の御局である大蔵卿の子を大野修理といい、御前の覚えよい人であるが、お拾い様の御袋様と密通したとかで既に誅殺されるべきところ、宇喜多秀家が匿って自害したとも、高野山に逃走したともいわれている」との風聞を報じた(『閥閲録』)。

(二)配流の原因は、実は淀殿と悪い事をしているらしいとの噂が立ったためであり、当時「ナリタヤ大野修理」という小歌が流行した(『武功雑記』)。

『飛州志』によると、飛騨高山の国府に伝わる吉左右踊の章句は、文禄年間に朝鮮からの勝報到来を寿ぐ内容と推定されているが、その一節に「小豆餅に砂糖つけて袱紗に包んで封をつけて遣りたや大野主馬殿へ」とある。これが後年「ナリタヤ大野修理」と混同された可能性もある。

＊

配所の結城では通常の流人より自由な状態に置かれたため、常陸国笠間郡富谷の施無畏山宝樹院小山寺の観音に百日参詣し(『朝野旧聞裒藁』所載「関原合戦誌記」)、

「観世音菩薩の力で再び大坂出仕が叶ったら、殿堂、門、庇を新築して寄進する」と祈願した（『常州中郡庄施無畏山宝樹院小山寺略縁起』）。その結果、結願の日に赦免された（『朝野旧聞裒藁』所載「関原合戦誌記」）。よって黄金三百両と「殊ニ信心ノ大檀那　息災安穏武運長久求望満足　仍テ若斯　慶長四年巳亥霜月二十四日豊臣朝臣大野修理大夫之綱欽白」と銘した蜀江錦の戸帳を観音堂に寄進した（『常州中郡庄施無畏山宝樹院小山寺略縁起』）。百日参詣の実否は不明であるが、十月初旬の配流から数えれば、慶長四年十一月二十四日付の戸帳は立願参詣に伴う寄進であり、結願後の寄進ではない。また『常州中郡庄施無畏山宝樹院小山寺略縁起』によると、同寺は天正年中に関白秀吉が詔勅を奉じて修理大夫之綱に修復を奉行させたという。黄金三百両の寄進は、治長の身代では過分であり、秀吉からの寄進と思われる。

六月十五日、家康は大坂城を出陣し、伏見、江戸を経由して、七月二十三日、下野小山に着陣した（『義演准后日記』、『慶長年中卜斎記』）。

その頃、結城晴朝が治長の赦免と会津従軍を家康に口添えして認められた。米村権右衛門の談によると、配所を出た治長は侍分七人を従えていたが、小者、中間がおらず困っていたため、武蔵府中の浅野長政に連絡すると、早速在所中村の者を七人ほど送ってきた。結城晴朝からは鞍付の馬一匹に馬具を添えて贈られ、結城秀康からは立派な具足一領と武具が送られた。これらにより配流以前の身と変わらない心地となって参陣したという。諸将の軍勢とともに小山から東海道を上り、尾張清州城下の寺に宿を借りて待機した（「落穂集」）。

八月二十三日、浅野幸長の手に所属し、岐阜城攻撃に加わった（「岩淵夜話集」）。

九月十三日付で田中吉政の子田中吉次に書状を送り、昨日参着して福島正則の陣に所属していることを報じるとともに、自分の馬が行軍中、疲弊してどれも使用できないので吉次の乗替の馬一匹を一、二日借用したいと所望した（「田中文書」）。

九月十四日、家康が赤坂に着陣し、軍評定が開かれた際、治長は福島正則、井伊直政、本多忠勝を通じて先手へ進むことを願い出た。家康が「若き者の存分、もっともである」と許可したので、正則の陣に加わることとなった（『朝野旧聞裒藁』所載「太田氏関原軍記」）。津田新十郎正盛の証言にも、「九月十五日は、治長が自分とともに正則の陣に属していた」とある（「慶長録考異」）。

九月十五日、関ヶ原合戦で宇喜多秀家の家臣河内七郎右衛門を討ち取ったが、その様子について以下の二説がある。ちなみに、河内は八百石を知行する鉄砲頭で、鉄砲衆三十八人を預かっていた（「浮田家分限帳」）。

（一）治長は葦毛の逞しい馬に乗り、白い切裂の指物で西向きに攻めかかった。そこでよい武者を見かけ、あちこちに引き付けて突き倒し、首を取った。武者は最期に河内七郎右衛門と名乗った（『朝野旧聞裒藁』所載「太田氏関原軍記」）。

河内は味方を下知して戦場を馳せ巡っていた。明石掃部が「味方が敗軍の節に優れた働きである」と声をかけると、河内は「武士なる者の務めなれば珍しからず」と返答した。折から治長は正則の手に属して先鋒にあったが、白い切裂撓の旗を指し、馬を馳せて河内を馬上から突き落とした。名を問うと、「備前中納言の鉄砲頭河内七郎右衛門である。早く首を討って手柄にせよ」と言うので、馬より飛び降りて首を取った（『関原軍記大成』）。

（二）米村権右衛門の談話によると、治長は正則の手に所属して戦闘に参加した。一騎の敵が治長の前に乗り付け、互いに鑓で二、三度突き合った。米村も抜刀してその敵の股に切り付けたが勢い余って具足の胴に切り付けてしまった。二の太刀を振りかざすと敵は馬から下りて、米村を引き寄せるや組み敷いた。治長は馬を乗り廻し、敵の具足の隙間に目がけて鑓を突き入れた。敵が弱るところを米村が跳ね返して組み敷き、治長の許しを得て即座に首を掻き落とした。

＊

治長は米村に首を持たせて家康の馬前に伺候した。家康の使番がこれを取り次ごうとしたところ、家康が「修理よ、これへ、これへ」と声をかけたため、治長は自ら首を提げて床几近くに進み出た。家康から「苦労である。もはや先手に行く必要はない。これに控えているように」とねぎらわれ、板部岡江雪斎と一所に本陣で控えていた。合戦が勝利すると江雪斎とともに家康に祝辞を言上した。

なお、敵が名乗らなかったため、当初、首の姓名は不明だった。米村は首を取る際、敵が首にかけていた数珠飾りがあまりに美しかったので、分捕って腰に挟んだ。治長の配下にキリスト教徒の侍がおり、この数珠飾りを強く所望するので譲り与えた。後にその侍が、治長に供奉して上京し、キリスト教の寺院に参詣した際、寺僧が「その数珠は拙僧の所持品であったが、宇喜多家中の高知七郎右衛門という教会の支援者が強く所望したため、差し上げたものである」と証言した。これにより治長が討ち取った首の姓名が判明した。これを耳にした家康は、ある時治長に、「その方が関ヶ原で討ち取った首は高知七郎右衛門だった由。そうであるならその節もっと実検したものを」と言った。

また、大坂落城後、米村が浅野長治に語ったところによると、大坂籠城中、明石掃部が治長に、「あなたは河内を討ち取られたそうだが、河内は宇喜多家の物頭の中でも随一の剛の者、さぞ骨を折られたことでしょう」と尋ねると、治長は「私の働きではありません。すべて家来どもがした事です」と会釈したという（『落穂集』）。

家康は治長を大坂城中に派遣し、「今般、石田三成らの企みは幼年の秀頼卿がご存知ないことであり、私は何ら遺恨に思っていない」と告げさせ、淀殿以下、城中の鎮静化を図るよう命じた（『落穂集』）。『落穂集』は草津からの派遣とあるので九月十九日となるが、『聿修録』（『朝野旧聞裒藁』所載）は九月二十日に大津からの派遣とする。

九月二十五日、柘植与一とともに秀頼の使者として大津の家康に伺候し、石田の挙兵に秀頼は全く関知していない旨を陳弁した（『家忠日記増補追加』）。

戦後、治長の本領は安堵された（『岩淵夜話集』）。

慶長七年十二月二十四日亥の刻、吉田斎場所の正遷宮に秀頼の名代として参列（『舜旧記』）。

慶長八年十月二十二日、醍醐寺座主義演に、植木として柏、樅《もみ》の木を所望し、十月二十五日、柏の木十二本を贈られた（『義演准后日記』）。

慶長九年八月十四日、豊国社臨時祭の馬揃に国持郡持大名や大坂衆が馬二百匹を供出し、それぞれ美麗な馬装束で建仁寺より大仏まで行進した。治長も馬一匹を供出した。

八月十五日、平安城より上京三組、下京二組の合計五百人が繰り出し風流踊が催された。この時、山崎定勝、長谷守知、蒔田広定とともに踊の警固役を務めた（『豊国大明神祭礼記』）。

八月十八日、豊国社に石灯籠一基を寄進。諸侯が豊国社に奉納した石灯籠は、同社の破却により散逸したが、豊国神社の唐門前に左右四基ずつ現存する。花崗岩製。形は六角型。高さは八尺二寸五分ほどから七尺七寸五分ほど。火袋に桐、四目菱を装飾する。治長が寄進した石灯籠には「謹奉寄進 豊國大明神御寶前 慶長九甲辰年 石燈籠 大野修理大夫治長 八月十八日」の刻銘があり、その背面には「明治十三年五月 獻納 鈴木伊兵衞」の追刻がある。明治維新後、いったん町屋に流出し、明治十三年、大仏殿跡地に社殿が再興された際、再び献納されたものと思われる（「豊国神社石燈籠銘」、『甲子夜話続編』）。

慶長十一年十一月十八日、潰瘍性大腸炎と見られる症状を再発し、大便の後に下血、腹痛があったため曲直瀬玄朔に受診した。この時三十余歳（「玄朔道三配剤録」）。大坂城に在勤していた浅野長晟は兄幸長に、治長の症状が重いことを報じた。十一月十八日付で幸長は長晟に返信を送り、治長の病気を気の毒に思っていること、早々の連絡に満足していることを告げた（『浅野家文書』）。

治長の知行所として大和国十市郡で以下の八か村、合計五千四百石があった。八条村千五百七十五石七斗六升、味島村千五石、太田市村三百十五石八斗三升、葛本村千二百十一石九斗二升、新ノ口村五百四十四石八升、荻田村三百八石九斗四升、下八釣村二百十一石五斗九升、木ノ本村二百二十六石八斗八升（「庁中漫録」所載「大和国著聞記寛永七年高付」）。

慶長十二年四月八日辰の刻、豊国社例大祭に秀頼の名代として参詣（『舜旧記』）。

慶長十三年一月七日朝、古田織部の茶会に招かれ、門跡、少二法印、宗園とともに参席（『大日本史料』所載「石州会之留附古田織部日記控」）。ちなみに、織部の茶亭は堀河三条にあった（『雍州府志』）。

治長は古田織部の茶の湯の高弟（「諸流茶人系図」）。年不詳三月二日付で織部から伝授された茶道百七箇条が京都興聖寺に伝来する（『古田織部茶書（二）』）。奈良塗師松屋久重の名物集に大野修理肩衝が見える（『松屋名物集』）。治長所蔵の茶壺二つは、大坂落城後、家康の所蔵となり、元和二年に駿府御分物として徳川義直へ賜与された（『駿府御分物之内色々御道具帳』）。

四月十八日辰の刻、豊国社の例大祭に秀頼の名代として参詣、金子一枚を奉納。自身は二貫文を奉納（『舜旧記』、『兼見卿記』）。

慶長十五年か、加藤清正は四月四日付で大坂の治長に返書を送り、近況を報じた（『真田家文書』）。

慶長十五年四月十一日、木村重則の次男中尾由勝の仕官を蜂須賀至鎮に斡旋した（『阿淡年表秘録』）。

十二月二十七日昼、古田織部の茶会に招かれ、桑山元晴、桑山与兵門、土方雄氏とともに参席（『大日本史料』所載「石州会之留附古田織部日記控」）。

慶長十六年当時、知行一万石（『慶長十六年禁裏御普請帳』）。

一月七日昼、古田織部の茶会に招かれ、大久保忠隣、浅野長吉、鳥居忠政、酒井家次、岡田利治、神尾守世、阿部正次、竹中

重利、桑山元晴、嶋田重次とともに参席（『大日本史料』所載「石州会之留附古田織部日記控」）。

三月二十七日、秀頼が上洛のため大坂より御座船に座乗して淀川を遡上し、淀で船中に一泊した際、同船して供奉（「秀頼御上洛之次第」、『綿考輯録』）。

三月二十八日辰の刻、秀頼は入洛した（『当代記』）。「秀頼御上洛之次第」に、同日徒立、騎行の供衆として治長の名前がないが、二条城に先行したのであろうか。二条城における会見では、加藤清正が終始君側に侍し、次の間に浅野幸長と池田輝政が控え、その次の席に藤堂高虎、片桐且元、治長らが着座した（『慶長見聞録案紙』、『武徳編年集成』）。退出後、秀頼は豊国社に参詣し、大仏を観覧し、伏見より乗船して酉の刻には大坂城に帰着した（『当代記』）。

四月二日、徳川義直、頼宣兄弟は大坂城へ伺候し、秀頼の上洛を謝し、秀頼、千姫、淀殿、織田有楽、片桐且元、片桐貞隆、織田信重、大野治長、渡辺勝、女房衆へ銀子を贈った。治長には銀子三十枚が贈られた（「御対面贈答品物記」）。

六月十九日朝、織田有楽の茶会に招かれ、伊東長次、堀田図書頭とともに参席（「有楽亭茶湯日記」）。

この年、家康は大坂より、秀頼の家臣も駿府に交代で在勤することを示達した（『武徳編年集成』）。

慶長十七年、前田利常方へ書状を送り、秀頼に黄金千枚を用立てるよう要請した。利常はその書状を駿府の家康に送致した（『加賀藩史料』所載「鳴鶴集」）。

十二月より禁中、仙洞御所の周囲で塩築地の普請が始まった。秀頼の丁場は、徳川義直とともに北方の築地（『慶長日記』）。治長も大坂諸大夫衆の一員として普請助役（『慶長十六年禁裏御普請帳』）。

慶長十八年一月一日、廷臣の日野資勝は大坂城に伺候して秀頼に歳首を賀した。秀頼から片桐貞隆と治長が使者として派遣され、例年のとおり服一着、金子五枚が贈られた（『大日本史料』所載「資勝卿記」）。

一月十一日昼、織田有楽の茶会に招かれ、片桐且元、伊東長次とともに参席（「有楽亭茶湯日記」）。

ちなみに、幕府は大坂落城後、大坂方の謀叛企図を慶長十八年二月と特定し、この時点以降に大坂に出仕した者とその余類の捜索を慶長二十年六月十四日付で諸国に発令した（『綿考輯録』、「家忠日記増補追加」）。秀頼の右筆和久宗友は、慶長十八年十月二十二日付で父の宗是に宛て、「近頃の詰衆、馬廻衆は皆、太閤様も知らない衆である」と報じており（『和久家重修系譜』）、この頃、豊臣家で新規召し抱えが活発に実施されていたことが推測される。ただし、誰の主導によるものかは不明。

三月、高野山より奉書、扇一本が送られた（『高野山文書』）。

六月十六日昼、織田有楽の茶会に招かれ、駿河茶道の道匕、石川康勝とともに参席。

九月二十七日、秀頼が有楽の屋敷で開かれた茶室に来臨した際、堺の武野宗瓦とともに相伴。

慶長十九年二月二十日朝、有楽の茶会に招かれ、片桐且元、速水守之とともに参席（「有楽亭茶湯日記」）。

「国初遺文」（『加賀藩史料』所載）によると、三月十日付で前田利長に大坂の挙兵を告げ、上洛荷担を促す旨の書状を送ったとされるが事実かどうか検討を要する。

四月十七日、秀頼の名代として豊国社に神龍院梵舜を訪問し、音信として単衣物白綾一つ、帷晒一つを持参。

四月十八日早朝、豊国社例大祭に秀頼の名代として参詣し、金子一枚、鳥目百貫文を奉納（『舜旧記』）。

五月十五日昼、織田有楽の茶会に招かれ、新庄直忠、木村重成とともに参席（「有楽亭茶湯日記」）。

六月、片桐貞隆と同時に、それぞれ五千石を加増された（「御治世以後御加増所替記」）。『片桐文書』によると、貞隆は慶長十九年六月二日付の黒印状により秀頼から河内国内で五千七石を加増されていることから、治長の加増も同日付と思われる。

六月十二日付で前田利常の家臣長連龍に書状を送り、今般にわかに使者として駿府、江戸に下向していたため、五月二十日に逝去した前田利長の葬儀に参列できなかったことを陳謝した（『加賀藩史料』所載「長家文書」）。

六月十三日、片桐貞隆とともに加増御礼のため駿府へ下向する途中、豊国社に参詣。治長は、神龍院梵舜と萩原兼従に太麻を贈った（『舜旧記』）。

六月二十二日、貞隆とともに駿府で家康に伺候し、次いで江戸に赴いた（『駿府記』）。

七月九日付で金地院崇伝に書状を送り、江戸より直接帰途に就くことを報じた（『本光国師日記』）。

七月二十六日、家康の意向により八月三日に予定されていた大仏供養が延期となった。治長は八月九日付で中井正清、金地院崇伝にそれぞれ書状を送り、家康の真意や周辺の動向を窺った（『大工頭中井家文書』、『本光国師日記』）。

九月十六日夜、大蔵卿は駿府より大坂へ帰還の途中、近江土山の宿で片桐且元から徳川家との和解にかかる私案を聞かされ、そのまま夜通し大坂城に急行して淀殿母子に報告した。且元は九月十七日に入京して、翌十八日朝、大坂へ出発、午の刻に登城した（『片桐家秘記』、「時慶卿記」、『慶長日記』）。

既に城中では且元の排斥を含めた不穏な気運が高まっており、九月十九日には、大坂で様々な雑説が飛び交っていることが京都にまで聞こえた（『義演准后日記』）。

九月二十二日未の刻、神龍院梵舜は大坂に至り、且元兄弟、治長に書状を呈して見舞った。且元の内室は、城中のただならぬ形勢にすっかり怯えきっていた（『舜旧記』）。

同夜、秀頼の家臣大岡雅楽頭宅で治長、木村重成、渡辺内蔵助らが談合して、片桐且元の成敗が決した（『片桐家秘記』）。後任に織田常真を担ぐことも決まり、子の刻頃、天満の屋敷より常真が招かれ、淀殿から後事を託された。常真は内心驚愕し、大坂退去を決意するとともに、且元には登城を取りやめるよう通報した（『慶長年録』）。

九月二十三日朝、秀頼の家臣今木源右衛門一政は、二の丸の東方市正曲輪にある且元の上屋敷を訪問してから登城した。

本丸表御殿の千畳敷に隣接する時計の間の西方に木村重成と渡辺内蔵助が詰めており、「市正殿は登城されたか」と尋ねるので、今木は「ただいま登城されるとのことです」と答えて、千畳敷の裏を通って秀頼の前に伺候し、北側の廊下にかしこまった。秀頼は千畳敷の上段二段目に着座しており、「市正は出てきたか」と下問した。今木は「ただいま罷り出ると申しております」と言上した。

今木は暫く御前に詰めていたが、呼び出しを受けて且元の上屋敷に出向いた。且元の家臣梅戸平右衛門尉可良と同屋敷奉行梅戸八右衛門貞子が迎え入れて、「不慮の事が出来したので、市正は本日登城しない」と告げた。事情を尋ねると、貞子が「今から内々その方に話すのは確かな事だ。実は今日市正を成敗する由、さる方より知らせがあった。先ず市正に会っていただきたい」と求めた。

そこで今木が伺候すると、且元は「内々そなたに伝えた事は事実だ。どうやら今日私を成敗するらしい。家が潰れるとき、主柱が先ず折れるもの。さても残念な事だ」と語った。今木は「それは思いもよらぬ事、申し上げる言葉もありません」とだけ答えてとりあえず辞去し、貞子の部屋に戻って今後の対応を尋ねた。貞子から「市正は殿様（秀頼）に対していささかも異心ない。その事は私が請け合う。殿様に何とか取り成せないか」との要請があり、善後策の協議に時間を費やした。

今木は再度伺候して、且元に「疎略ない旨、推参ながら私から殿様に一応申し上げてみましょう。ついては御心中をすべて私に明かしていただけませんか」と言上すると、且元はいろいろ疎略ない旨を述べ、さらに人質を出すことにも同意した。

今木が登城して装束の間の縁側に伺候すると、秀頼はまだ千畳敷の二段目に着座していたので、饗庭局に児小姓を通じて帝鑑の間への動座を願った。帝鑑の間に秀頼が入ると、今木は饗庭局に誰も部屋に入れないよう指示し、「不慮の事態が発生しました。市正は成敗されるとの噂を耳にして、本日の登城を取りやめ、屋敷に立て籠りました」と報告した。秀頼が「天道も照覧あれ、俺は知らぬ。何としたらよいと汝は思うか」と問うので、「梅戸貞子によると、市正に毛頭二心なく、讒言により悪しざまに御耳に入ったのではないかと申しております。また市正からも人質を出すと承っております。これにて市正の心中が分かります。ついては御手廻りの士少々を連れて市正の所へお越しになり、改めて頼みとなさるがよいと思います。昔、信長様の家老が謀叛した時もこのようにされたと聞いております。しかも且元は人質を出すと言っているので、これ以上の御疑いは御無用と存じます」と言上した。秀頼は暫く思案していたが、「されど市正の心中はわかったものではない。何としたらよいと思うか」と次善策を求めた。今木が、「では、ただいま天道に誓われた通り御誓文を書き、市正に差し遣わされ、その心中を問われてはいかがでしょう」と言上すると、秀頼はこれに同意した。そのうち、淀殿から「奥にお越しになるよう」と、宮内卿局と右京大夫局が秀頼を迎えに来た。そこで秀頼が帝鑑の間を出て、奥と表の間を渡す廊下に出ると、且元の上屋敷に三の丸の下屋敷から絶えず兵が駆け付ける様子が見えた。

秀頼は、廊下で一政と相談しながら且元への書状を自らしたため、白い文箱に納めた。今木が符を付け、土肥少五郎に持たせて遣った。廊下で返事を待っていると、淀殿が心配して「まず奥にお越しになるよう」と、頻りに使者をよこした。今木が「申し上げにくいことですが、このような事は女房衆が関わるものではありません」と使者を叱りつけると、その後は使者は来なくなった（「浅井一政自記」）。

夜明けには、奥小姓の土肥庄五郎が、秀頼の自筆書状を且元に届けた。受領した且元は「秀頼公の御心中は、自分が思っている通りで、何も問題はない」と語り、庄五郎も「めでたし」と挨拶して喜んだ。この時、且元は庄五郎との雑談で「今度の不慮の出来事は、修理の策謀だ。飼い虫に手を喰われるとは我が事だ。修理は特に御役に立つ者なので、我が子同様に引き立て、秀頼公の御前も取成し、江戸や駿河の奉公もよく引き継ぐようにさせ、加増のみならずさまざまな助勢までして、万端遺漏なく奉公させてきた。さればこそ、たとえ若輩のため秀頼公に御心変わりがあったとしても、いったんは内々私に知らせるのが秀頼公の御為にも然るべきである。今回はそれどころか、秀頼公は別儀ないにも関わらず、修理一人の才覚によりこのような事態を招来することとなり、痛恨の極みである」と語った。庄五郎は、「御もっともです。しかしながら、まずはめでたき子細」とだけ応えて帰った（「山本日記」）。時に庄五郎は、十六歳の若輩であった（「武辺咄聞書」）。

　且元は、少しも疎略ない旨を申し開き、秀頼の誓文状に謝した。今木は秀頼から今後の対応を問われ「次は御使を遣わされるのがよいでしょう」と言上した。重ねて「誰が使者としてふさわしいか」と問われたので、「梅戸貞子と談合して改めて言上します」と答え、且元の上屋敷に行った。

　使者について、梅戸可良と梅戸貞子は、当初片桐貞隆を推したが、「貞隆は口利口に物申す人ではあるが、このような事は解決できまい」と考え直した。「では誰が適任だろう」、「秀頼様にも直接言上できる人でなくてはなるまい」とあれこれ意見が錯綜したが、最終的に速水守之がよいという事になった。人選に時間を要しているうちに、饗庭局の屋敷から使者が来て、「なぜ返事が遅いのか」と秀頼の意向を伝えた。そうこうするうちに夜になり、且元の屋敷、二の丸の織田有楽の屋敷双方に武装兵が詰め掛け、一触即発の状況となった。この間、大野治長、渡辺内蔵助、木村重成も各々の屋敷に兵を集めて戦闘準備を整えていた（「浅井一政自記」）。

　夜になると二の丸の織田有楽の屋敷や政所の屋形（『片桐家秘記』）、玉造の織田頼長の屋敷（『高山公実録』所載「秘府蔵書」）、その他所々の櫓にも武装兵が詰め、弓鉄砲が並べられた（『片桐家秘記』）。これに対して片桐家も、梅戸貞子が廻状を以て、且元の上屋敷、青屋口門に武装兵を集めて防備を固めた（「山本日記」）。且元も秀頼の誓文状が信じられなくなり、家中の者は上下の屋敷に籠り一戦を覚悟した。家中全員には、「御城に向かって矢一本、鉄砲一つも放ってはならない。塀を乗り越える者があれば鑓の柄で叩き落とせ」と厳命した（『片桐家秘記』）。

　今木は登城し、使者として速水守之を推した。そこで速水が召されたが、折から厨房頭大角与左衛門方に振舞に出掛けており、少し酒に酔って登城してきた。淀殿は今木が且元を贔屓《ひいき》していると思っていたようで、まず速水を奥と表の間の廊下に呼び寄せ、暫くしてから今木を召し、「今朝の書状にあった通り甲斐守に言い渡したので、同心して市正にうまく言うように」と命じた。

　速水と今木が且元の上屋敷に行くと、居間の奥、南方の座敷に通され、且元から二心ない旨を聴取した。両人が戻って伺候すると、秀頼は御焼火の間の中の柱にもたれており、その左に大蔵卿局、正栄尼が着座し、淀殿は奥と表の間に菊の屏風を巡らし、その裡側に着座して返事を待っていた。速水は無口なので概略のみ言上し、詳細は今木が報告した。脇から正栄尼が、「市正殿の屋敷に人数を集めているのは何事か」と問うので、今木が「市正を成敗するとの噂を家来が聞き付けて立て籠ったものと思われる」と回答した。秀頼はとかくの発言もなく奥に入り、「市正の心中を聞かせてくれ満足である」とのことで、真木嶋昭光を通じて着用の呉服を今木に下賜した。

且元の家臣多羅尾半左衛門と梅戸貞子は、表御殿の芭蕉の間に速水と今木を呼び「市正の心中を理解いただけたなら、今夜のうちに有楽の屋敷の人数を解散して欲しい。当方も屋敷の人数を解散しよう。この旨、淀殿、秀頼公のご意向を伺って欲しい」と申し出た。秀頼が奥にいるので、この通り使者を以て言上したところ、秀頼に伝わる前に淀殿から「まず市正が人数を解散せよ。その後に有楽の人数を退けよ」と返事があった。速水は頭を掻いて、「このような事では成るものも成らぬ」と困惑した。今木が「淀殿には畏まりましたと伝えて、実際は同時に人数を退けよう」と提案すると、速水は同意して、淀殿にも且元にもよいように伝えて決着した。同夜、撤兵の検使として、且元の上屋敷には速水と今木が、有楽の屋敷には当番の真木嶋昭光と竹田永翁が出張した（「浅井一政自記」）。

九月二十三日付で秀頼は島津家久に正宗の脇差を添えて黒印状を与え上洛を求めた。使者は治房の親類で長崎往来の商人高屋七郎兵衛が務めた（『旧記雑録後編』、『駿府記』）。同日付で治長も以下の趣旨の自筆書状を添え送った。「今般、片桐市正を駿河に下向させたところ、秀頼様の江戸詰、淀殿の江戸詰、大坂城明渡しの三か条のうち一つを選択するよう家康から迫られました。三か条とも秀頼様には御同意なく、大坂城に立て籠り、十月十日までに関東と断交することになりました。平素島津家とは疎略ない間柄なので、何としても御同意になり、急ぎ大坂へ上っていただきたいのです。秀頼様もぜひ頼むと仰せです。市正は変心したと見え、即時成敗すべきところですが、まずは駿河に使者を送ってから、その後で相応に処断します。必ず急ぎ大坂へ出船ください。道中連絡はできませんので追報はいたしません。少しでも急いでお越しいただきたくお待ちしています」（『旧記雑録後編』）。

九月二十四日、且元の家臣荒木勝太光高と梅戸可良は、芭蕉の間で相談して、今木を通じて且元に「水ノ手埋門から登城して城を制圧し、修理らを処断すべし」と進言したが、容れられなかった（「浅井一政自記」）。

九月二十五日早朝、大野治長、木村重成、渡辺内蔵助（『豊内記』）、薄田隼人正、織田頼長ら十余人は、秀頼と且元の和睦を不満とし、武装して牢人衆を率いて本丸に詰め掛けた（『駿府記』、『豊内記』）。玉造口の大門、青屋口の大門、裏手筋金の門、水之手の埋門、玄関の前の門は且元の番所で、京橋口の大門は貞隆の番所だったため、治長らの人数は、有楽の番所である生玉口の門から本丸に入った（『片桐家秘記』）。且元も依然としてこれに対抗して、屋敷に立て籠った（『駿府記』）。

片桐貞隆は七組の番頭を通じて、「秀頼様母子から私に御沙汰はありませんが、兄は御機嫌に背き、奉公できずにおります。兄は秀頼様に対し毛頭異心はないにもかかわらず理不尽な御仕打ちを受け、為す術《すべ》がありません。ついては兄と運命をともにいたします」と言上し、二十五日に帰宅以降、出仕を停止した（『片桐家秘記』）。

秀頼は二十五日付で且元に、「気分がすぐれない由、案じている。何かと雑説があるが、自分は少しも疎略に思っていない。万端談合したいのだが、それもできない状態である。返事がほしい」との書状を送った。また、貞隆にも書状を以て「返事は熟読した。自身でそちらに行きたいのだが、それもできない。速水を通じて申し送ろうと考えている」と伝えた。淀殿も同日（書状は日柄を考慮して二十六日付）且元に書状を送り、「快気して御出でになるのを日々待っています。悪い時の患いを気の毒に思います。何やら雑説があることもよく知っていますが、親子共々、決してそもじを疎略に思っていません。長年の恩情をどうして忘れましょう。ひとえにそもじを頼みにしています。差し当たりいらぬ事ですが、疎略に思っていない旨、誓紙を入れます。このような事も会って話せばすむと思いますが、御出でがないので書状を送ります。よく養生して明日も登城できないようだったら、書状なりとも返事を待っています」と伝え、血判誓紙を差し添えた（『譜牒余録』）。

九月二十六日、七組の番頭も調停に乗り出した。且元が「どうして秀頼様に対して逆心を抱くべきか。理不尽な成敗をお命じになり困惑して登城しなかった次第。御城中に入れられた人数を退かしていただけるなら、こちらの人数も退かせよう」と言うので、双方同事に人数を退けることとなった。その時淀殿が「市正は山林に逼塞させよ」と言い出したが、七組の番頭が諫めて、且元兄弟の城外退去が決まった。兄弟は七組の番頭に、高野山に蟄居すると申し送った（『片桐家秘記』）。

しかし、依然として且元の上屋敷には武装兵が詰め、治長は本丸で諸牢人を率いて攻撃態勢を緩めず、緊張状態が続いた。秀頼の右筆大橋長左衛門重保は、且元に「御城からいよいよ討っ手の人数が繰り出すようだ」と知らせた（『浅井一政自記』）。

大蔵卿は和睦には不服で、「市正が少しでも不満を抱いているならけしからぬことで、修理の奉公も成り立ちません。元来、市正は江戸、駿府とは格段に懇意であることから心底は知れず、信頼できない人物です。修理と同じではありません」と淀殿に訴えたので、再び和睦が破綻しそうになった。しかし、その後、淀殿は且元が嫡男元包を人質として出すことを条件に軟化した（『山本日記』）。

七組の番頭が速水の屋敷に寄り合い、且元の上屋敷にいた今木を呼び寄せたが、且元が押し止めるので、代わりに多羅尾半左衛門が速水の屋敷に行った。七組の番頭は多羅尾に、「最前和睦が成立した。市正に異心ない事が認められて落着したにもかかわらず、依然としてこのように緊張状態を続けてはならないと秀頼母子に申し上げたところ、同意された。よって、当初申し合わせた通り今日人質を出されてはどうか」と勧めた（『浅井一政自記』）。

まず、七組の番頭である伊東と堀田が、人質の件で且元と面談したが不調に終わった。そこで速水は「ただいま争乱となっては殿様の御為にならない。老齢の私が事態を収拾できないようでは存在価値がない」と考え、秀頼母子に断った上で、自ら且元の上屋敷に赴いた。

屋敷内は武装兵が充満していたので、速水は用件も言わずいきなり、「さても見苦しい様子。平素もっともらしい口をきいていた市正が、このさまはどうしたことか。鎧は何事か、鎧は何事か。まず具足を脱げ、鎧をどかせよ」と激しく叱った。且元は恥じ入って鎧をどかせ、「甲州の仰せはもっともであるが、殿様があまりに無情で、若い者たちが私を滅ぼそうとするのも無念。それ故このように武備を固めたまでのこと」と説明した。速水は「今、相争えば、双方滅亡するだろう。それは殿様の御為にはならない。何よりも私が生きている限り、そのようなことはさせない。そこで双方から人質として嫡男の片桐薩摩元包と大野信濃守頼直を私が預かり、事態を収拾した後に親元へ返そうと思う。市正は高野山に退去して剃髪するしかあるまい。年来の知音であればこそ、かく提案する次第だ」と説諭した。且元が納得しないので、速水は「この提案に同意しないなら刺し違えるまで。いやとはいわせぬぞ」と畳みかけるとともに、「修理は今にも城から片桐邸に大鉄砲を撃ち下し、その上で攻めかけようと逸《はや》っている。私が強く押し留めてこちらに来た状況だ。修理には市正と話をまとめたと伝え、高野山への退去に異を唱えるようなら、修理とも刺し違える覚悟だ」と付言した。そこでようやく且元は、「甲州の御はたらきは言語に絶する。すべてをお任せする」と承服し、元包には速水の屋敷に移るよう指示した。

速水は登城して治長に、「市正から人質を預かった。修理も同様に頼直を渡されよ」と申し入れた。ところが治長は且元と同様に人質を出すことを拒絶した。速水が「既に市正と固く申し合わせてきた。御同心ないなら、市正に申し渡したようにその方と刺し違えるまで。これも各々の為ではなく、殿様の御為によいようにと思っての事と心得られよ」と必死に説得すると、治長は「速水殿の仰せられる事は、たとえ何が殿様の御為か合点がいかなくとも拒絶するつもりはない。ただ、市正は謀叛人であり、その息子と自分の息子を同じく扱われるのは迷惑。またそもそも謀叛を起こした者は、自分の人質がどうなろうと何とも思わないだろう。それ故、まずは拒絶した次第」と説明した上で、「ただ、吾ら親子の命は既に殿様に差し上げているので、一日も早く死ぬことこそ御奉公である。よって頼直をどこへなりと連れて行き、存分に討ち果たしてもらってもかまわないと市正に伝えてほしい。なお、元包はお手元に置く必要はないので、早々に市正へ返されたい」と了承した。速水は「修理殿の仰せの趣はすべて了解した。そのようにあるべきだが、市正は年老いてけしからぬ仕方、一々言葉もない。仰せの通り頼直は市正に渡すべし」と告げ、人質の元包を且元に返す算段をして、頼直を連れて行った。

且元は「修理の申し分は承知した。元包が戻された以上、頼直を当方に留め置く理由はない。急ぎ戻されよ。この先は甲州のお計らいに任せる」と応じた。

そこで速水は双方に、「修理と木村、渡辺は城内に留め、有楽と私が目付となって事を起こさせないようにする。市正は七組の伊東、堀田に送らせる。青木、野々村、真野は兵を率いて、違約する者を討ち果たすべし。中島は桜門を警備せよ」と指図した。これにより騒動は沈静化した。

速水の働きは並々ならずと、人々が称賛した。片桐家中の用意や算用の整理のため、且元の退去は十月一日以降となった。また、且元から「修理らの目付として北川一利、山川景綱を加えてほしい」との要請があり、速水はそのように取り計らった(「北川次郎兵衛筆」)。

今木は且元の寄子だったため、武装して且元の上屋敷を見舞った。夜になり政所屋敷より貞隆の屋敷まで見廻ったが、誰にも遇わなかった。且元の上屋敷の番所や青屋口の片桐采女正且清の屋敷などでも巡回したが、同夜は何事も起こらなかった(「浅井一政自記」)。

九月二十七日頃、秀頼は「市正に異心ないことは認めるが、やはり今般人数を集めて屋敷に立て籠ったことは不届き」と思い直し、「市正にはいったん寺住まいさせ、その後子息の元包に私の娘を娶せる」との意向を示した(「浅井一政自記」)。前後して淀殿は、「市正が屋敷に集めて屋敷に立て籠ったことはもっての外であり、いかに秀頼に対し疎略ないと言っても、今般の態度は全くその裏腹である。市正は出家して寺住まいせよ。元包を人質に出させ、諸門の番を解任するように」と指示した(『譜牒余録』)。

巳の刻頃、片桐一門は武装したまま邸内の大庭に集まり、本丸に使者を送って、「まがりなりにも長年にわたり秀頼様にお仕えしてきたにもかかわらず、このたび成敗されると聞き及んだ。若い者どもの讒言を用いられてのこの仕打ち、大変情けなく存ずる。よって讒言した者たちを、急ぎ当方に差し向けられたい」と申し入れた。また、且元の成敗を談合した面々や、既に召し抱えられていた牢人の明石掃部、後藤又兵衛、浅井周防守、武光伊豆守、北川一利、山川景綱ら十人ほどにも使者を送って、「待っているので早々に攻めかけて来られよ」と挑発した。秀頼から「面々急ぎ登城し、市正方へ仕掛けよ」との指示があり、本丸に石火矢、大筒を持ち込まれ、且元の上屋敷を撃ち崩す準備が進められた。七組の番頭は「もはやこれは市正と修理の喧嘩と見える。どちらに肩入れしても殿の御為にはならないので、皆平服で城に詰められよ」と呼びかけ、皆肩衣、袴で登城して鎮静化を図ったため、何事にも至らなかった(「北川次郎兵衛筆」)。

十月一日早朝、七組の番頭が且元の屋敷に別れの挨拶に行った。且元は「残念な仕儀となった。数年の苦労も水となった。こうなっては仕方がないので高野山に上るまで」と言って、元結を切り払った(「山本日記」)。しかし、且元は卯の刻に駕籠で屋敷を出るや、家来に「子細有って茨木に行くことになったので左様心得よ」と命じた(『片桐家秘記』)。且元は白小袖の平服で、駕籠の左右の戸を開けて玉造口から出た。家老の多羅尾半左衛門、日比加左衛門可成が武装して駕籠脇に付き添い、さらに武装した歩行侍五十人が駕籠回りを警固した。片桐兄弟の妻子、家中の足弱の者を鎧武者が包んでこれに続いた。最後尾は貞隆で、武装した侍五百人ほどを率いた。人数は雑兵を含めると総勢三、四千人で、切れ間なく密集して退去した。武器はすべて抜き身で、鉄砲には玉薬を込め、火縄には火が点じられていた(『片桐家秘記』、『伊東家雑記』、『大坂陣山口休庵咄』)。且元が約束した高野山に入らず、茨木の居城に退いたので、七組の番頭は且元に欺かれたと立腹した(「北川次郎兵衛筆」)。大坂方では茨木城攻撃計画もあったが、籠城準備に取り紛れ、延引して実現しなかった(『大坂陣山口休庵咄』)。

十月七日、治長は伏屋一盛とともに片

桐且元の知行所の改易を下知した(『駿府記』)。

治長は総大将分となり、城中を乗物で巡回した。諸牢人は、治長の謁見を経て処遇が決まった(『大坂陣山口休庵咄』)。

前後して家臣の米村新助を阿波へ派遣し、平嶋公方足利義種父子に入城を勧誘した(『平嶋記』)。また、毛利吉政(「毛利豊前守殿一巻」)、長岡是季(「長岡是季事蹟」)、国嶋道喜らを大坂城に招聘した(『武功雑記』)。

当時、知行一万五千石(「摂戦実録」、『翁草』抜萃「永夜茗談」)。あるいは本知一万石。

旗印は白地に塗笠紋一つ(『大坂陣山口休庵咄』)、または白地に宇都宮笠二階、白招旗付(「大坂夏の陣図屏風」)。組中指物は白撓(『長常記』)。足軽指物は白黒段々三本撓(「大坂夏の陣図屏風」)。

雑兵を含めて一万余人を預かった(『大坂陣山口休庵咄』)。あるいは馬上千二百騎、鉄砲三千挺、雑兵一万五千人を預かった(「大坂口実録」)。

配下に組頭三浦てき庵(「平山家文書」)、組頭生駒甚助正信(「高松内匠武功」)、組頭生駒次右衛門(『家中諸士家譜五音寄』)、北村彦左衛門(「大坂濫妨人并落人改帳」)、湯川権八(「校合雑記」)、湯川治兵衛(「池田正印覚書」)、内藤五郎兵衛(『吉備温故秘録』)、新左大渡会助右衛門忠次(『三春町史』)、新左大夫長政(「北家文書」)、絹川三九郎(「絹川図書戦功記并略系」)、足軽頭船越宇兵衛、足軽頭細田大膳、足軽頭山本源助らがいた(「長常記」)。

十月十四日、堺救援に向かった片桐且元の手勢が、尼崎から渡海できずに彷徨しているとの報告があり、家老米村六兵衛と嫡男米村次大夫、その弟米村市之丞、篠崎大膳らに兵三百余人を授けて急行させた。治長の家来北村俊久の甥で西成郡野里村長の喜多村三右衛門政信も、郷民八百余人を催して大坂方に加勢した。戦闘は黄昏に及び、片桐勢はほぼ全滅した(『駿府記』、『大坂御陣覚書』、「須藤姓喜多村氏伝」)。

有馬豊氏は十月二十一日より四、五日間、摂津国川辺郡小浜に在陣した。これに先立ち、治長は荻野権之丞を摂津国有馬郡三田に派遣し、豊氏の家臣稲次宗雄に書状を送った。小浜の陣中へも秀頼の内談を伝えるため、治長より荻野が再度派遣された(『米府紀事略』)。

十月二十六日、平野庄年寄衆に秀頼の黒印状を下達し、大坂への荷担を命じた(『大日本史料』所載「末吉由緒書」)。

秀頼は淡路出身の篠原又右衛門に、淡路国津名郡由良城攻略を命じた。しかし、治長は時宜を得ていないと判断し、攻撃用の番船を隠し、焼き捨てさせた(「淡路草」)

十一月十二日、新参衆は天王寺表の寄せ手への先制攻撃を建策したが、治長は七組、後藤又兵衛と談合して採用しなかった(「北川次郎兵衛筆」)。

十一月十八日付で、秀頼は島津義弘に来援を求める書状をしたため、武井理兵衛尉を使者として薩摩に派遣し、織田有楽も同様の書状を添えた。また、治長は島津家久に宛て同様の書状を添えた。武井は十二月五日に、日向国児湯郡美々津で家久に書状を呈したが、そのまま逮捕された(『旧記雑録後編』)。

十一月十九日、船手の九鬼守隆、向井忠勝、小浜光隆、千賀重親父子が新家を攻撃し、終日銃撃の応酬を続けた。同夜、大坂勢は新家を自焼して退却した。野田、福島、新家村には、治長の指図により大安宅船や番船十艘が配備されていた。九鬼らは兵を進め、葭島を占拠して陣場とした。向井は五十丁立ての関船を鹵獲《ろかく》し、新家に陣取った（『譜牒余録』、『譜牒余録後編』、「落穂集」）。

十一月二十日、家康は本多正純に治長、織田有楽へ内密の書状を送って、和睦に関する折衝をするよう命じた。家康は既に十月から大野壱岐守や後藤光次に和睦工作を命じていたが、治長、有楽が請け合わず、進展がなかった。

その後、親の代から召し使っていた治長の足軽与助が、城から逃れ出たところを捕われ、身柄は大野壱岐守に預け置かれた。十一月二十四日、本多正純は大野壱岐守に指示して、治長の足軽与助を城中に送り込み、和睦に関する口上を伝えたいので使者を差し越すよう連絡させた。

有楽は村田吉蔵を、治長は米村権右衛門を使者として派遣した。本多正純は大坂が孤立している証として、諸大名が幕府に提出した大坂の廻文をまとめて両使に持ち帰らせた。

その後、有楽、治長は、「家康父子が出陣した成果として、当方でも物構えの堀、櫓を壊平する用意がある」と回答した。しかし、本多正純は「戦備のため新規に築造した物構えはもとより、二、三の丸をも破却すべし。これは先般、片桐且元を通じて示した宥免にかかる三か条のひとつ、すなわち大坂城の防御設備を破却し、屋敷構えの状態にして居住することに該当する」と主張したため大坂方は承引せず、和睦は不調に終わった（『大坂御陣覚書』）。

十一月二十六日卯の刻（『大日本史料』所載「上杉編年文書」）、上杉景勝勢が鴫野口の柵に攻めかかり、番将井上五郎右衛門らを討ち取った（『大坂御陣覚書』）。辰の刻、佐竹義宣勢が今福口の柵に攻めかかり、治長組の番将矢野和泉守らを討ち取った（「佐竹家旧記」）。

午の上刻、七組、渡辺内蔵助、竹田永翁、木村主計、治長組など一万二千余人が鴫野口へ出撃（『大坂御陣覚書』）。申の下刻には双方引き揚げた（『大日本史料』所載「上杉編年文書」）。

鴫野口合戦では、家老湯川孫左衛門らが治長の軍勢を指揮した（「長常記」）。天満橋から出撃したものと思われる（『大坂御陣覚書』）。治長の家来北村善大夫、北村善右衛門、河村三郎右衛門、丸山宗内、佐武六右衛門、久保田久右衛門、栗木甚右衛門、米村市之丞、組子では湯川孫左衛門、大西九兵衛、木瀬弥左衛門、稲葉大炊、稲葉介之進、堀大学、岡善右衛門、山中主水、平山半兵衛、柏原彦右衛門、益田主水が、各首一級を斬獲した。組下の源斎（姓不明）の家来西嶋十右衛門、組下の鉄可（穴沢鉄可か）の家来中源太夫、佐野庄右衛門も各首一級を斬獲した（「高松内匠武功」、『武家事紀』）。配下の足軽頭の南条権大夫（『因幡誌』）、その他、中村市右衛門、田辺八左衛門長常らも勇戦した（「長常記」）。伊東助左衛門祐方は戦死した（『紀伊続風土記』）。

治長は表御殿玄関に台帳を出し、諸士の軍功申述を書記させ、後日の詮議を申し渡した（「長常記」）。

十一月二十九日、九鬼守隆、向井忠勝、小浜光隆らが下福島の砦を破った（『譜牒余録後編』）。九鬼は大坂の舟奉行の船印、福島丸、伝法丸、盲船一艘を鹵獲した（『寛政重修諸家譜』）。向井は治長の安宅船（慶長日記）、または六十丁立ての関船を鹵獲した（『譜牒余録後編』）。小浜は野田、福島で治長の関船二艘のうち、九十丁立ての一艘と早船二艘を鹵獲した（『寛永諸家系図伝』）。

十一月三十日付で福島忠勝は治長と大坂の扶持医者半井蛛庵に書状を送り、和睦を勧告した。忠勝の家臣福島正澄、尾関正勝、長尾一勝も同様の書状を送った(『大坪文書』)。

十二月一日四つ時分、治長の邸内から発射していた石火矢の火が建屋に燃え移り大騒ぎとなったが、二時《ふたとき》ほどで鎮火した(『長沢聞書』、『駿府記』)。城中の人が水を汲み、屋上に上って消火する様子が寄せ手からも望見された(『大坂冬陣記』)。治長邸は西の丸の北端、京橋口大門の南にあった(『大坂城仕寄之図』)。同所の前住は石田正澄(『諸家系図纂』)。

十二月三日、織田有楽は村田吉蔵を、治長は米村権右衛門を使者として、本多正純、後藤光次から示された和睦の件について返書を送った(『駿府記』)。内容は「再三、秀頼に和睦を進言したが承引なく、この上は力及ばず」というものであった(『大坂御陣覚書』)。

十二月四日付で後藤光次が織田有楽に書状を送り、寄せ手の攻城用意を報じ、大坂方の戦意を牽制した。

十二月六日付で本多正純が治長に書状を送り、家康、秀忠による和睦の意向を伝えた。

十二月七日付で後藤光次が有楽、治長に書状を送り、籠城した諸牢人に対する一定の配慮の用意があること、和睦交渉は本多正純と織田有楽の間で進めることなどを伝えた。

十二月八日付で有楽は村田吉蔵を使者として、後藤光次に以下の趣旨の返書を送った。「自分が和睦交渉につくと、城中で批判も起こります。その上、老齢となり分別もできなくなりました。その点、大野修理はまだ若く思慮も浅くありません。また、今般参集した牢人への寛典については満足しています。秀頼の国替については、当方からも領国の所望があると思われますが、周旋してもらえますか。これに同心なら、重ねて連絡します」。治長も米村権右衛門を使者として、後藤光次に返書を送り、和睦斡旋、特に牢人への寛大な措置について謝した。また、本多正純に返書を送り、和睦交渉の進展を期した(『譜牒余録後編』)。

十二月九日夜、寄せ手は酉・亥・寅の三刻に鉄砲を同時に撃ちかけ、鯨波《げいは》を揚げた(『当代記』)。同じ頃、玉造口から千畳敷を目当てに大筒が放たれ、淀殿の御座所付近に着弾したため、城中は大騒ぎになった。有楽と七組の番頭が秀頼に和睦を進言したところ、秀頼は「城を枕に討ち死にするまでのこと。和睦は認めがたい。ただし、新参の者どもの所存はどうか」と質問した。後藤又兵衛が、「今に至るまで諸大名の内通は一人もいません。目下潤沢にある弾薬、兵糧も、いずれ限界がきます。城中は互いを疑い、現に先日の織田頼長の防戦姿勢など去就が怪しい者もいて、籠城を貫徹するのは困難です。ここはいったん和睦して時宜をお待ちになるのがよろしいでしょう」と具申した(『大坂御陣覚書』)。真田信繁もこれに同調した(『大坂陣山口休庵咄』)。

淀殿から「秀頼のためなら、私が早々に関東に下ろう。何とか秀頼に異見するように」との指示があり、有楽と治長も「大御所は既に齢七十余り、秀頼公は御若年です。事態を引き延ばし時節を待てば、自ずから天下は大坂に帰するでしょう」と秀頼を説得し、大筋の合意を取り付けた(『大坂御陣覚書』)。

十二月十二日付で有楽と治長は連署して、後藤光次に口上の使者を添えて以下の趣旨の書状を送った。「昨日の書状を受けて返書すべきところ、口頭での返答を指示されたため、委細は両人の使者に申し含めています。さて、両御所様が御出馬の上は、何の成果もなく、兵を収めるわけにはいかないとのこと、ごもっともであり、やむをえないと存じます。こちらも随分と異見してみます。詳細は本多正純まで連絡するので、よきようにご相談を任せます」(『譜牒余録後編』)。

十二月十五日、稲冨直堅が撃たせた石火矢が、治長邸の台所の破風を打ち破った(『武家事紀』)。

同日付で有楽と治長は、連署して後藤光次に書状を送り、和睦交渉の進展を要請した(『譜牒余録後編』)。

家康は後藤光次に和睦交渉の進捗を尋ね、「大坂の使者によると、城中はすべて淀殿の命令を奉じているが、女性なので万事至急の対応はできず、回答が遅延している」との報告を受けた。

既に家康が示させた和睦の条件は、淀殿が人質となるか、または堀を埋め壁を毀して平城とするかであり、籠城の牢人は処罰しないことも付帯条件とされた。これに対して大坂方は、淀殿が人質として江戸に下向することに同意し、併せて諸牢人を扶持するための知行加増を求めた。本多正純が大坂方の意向を報告すると、家康は「諸牢人に何ゆえ知行を与える必要があるのか」と不快を示した。

同夜、大坂方から使者両人を以て、「淀殿が仰せに従い人質となるので、大御所から誓紙を以て秀頼の身上に相違ないことを保証してほしい。また、牢人を多数抱えているので、加増を希望する」との申し入れがあった。家康は、「繰り返し言っているとおり、牢人を扶持するための知行加増は認められない。早々に使者を追い返せ。二度と同じ事を言って寄越すな」と態度を硬化させた(「大坂冬陣記」)。

十二月十七日夜、本町橋通の夜討ちで軍功があった塙団右衛門ら十九人が、千畳敷の庭に出頭した。治長と木村重成が千畳敷の縁に出座して、各々の軍功申述を聴取し記帳させた(『大坂陣山口休庵咄』)。

十二月十八日、常光院が大蔵卿を伴って今里の京極忠高の陣所に至り、阿茶局、本多正純と和睦について協議した(『駿府記』、『当代記』)。

十二月十九日朝、有楽と治長は連署して、後藤光次に以下の趣旨の書状を送った。「昨日、京極忠高殿へ御阿茶局、本多正純殿が申し越された通り、城中でもいろいろ異見申し上げたところ、概ね同意いただいた。使者二名を送るので、その口上の趣意を本多正純に取り次いでほしい」(『譜牒余録後編』)。

常光院は、京極忠高の陣所で阿茶局、本多正純と会談した。大坂城は本丸を除き二、三の丸の堀をすべて壊平すること、淀殿は人質となるに及ばず、治長、有楽から人質を出すこと、家康から本座、新座とも身分を保証する旨の誓詞を出すことで和睦条件が調った(『当代記』、「大坂冬陣記」)。この時点で城中に兵糧は潤沢に残っていたが、鉄砲の火薬が不足していたといわれる。これは城方が使用する鉄砲が三匁ほどの標準的な鉄砲ではなく、皆十匁、さらには二十匁、五十匁、百匁といった大鉄砲であり、このため既に八百石もの火薬を費消していた(『当代記』)。

十二月二十日付で有楽と治長は連署して後藤光次に口上の使者を添え、以下の趣旨の書状を送った。「昨日合意した条々を披見しました。その内容については秀頼公も一段と満足しています。その他の条項を記して本多正純に示しているので、斡旋していただきたい」(『譜牒余録後編』)。

同日晩に常光院、饗庭局、二位局が茶臼山の陣営を訪れ、家康に被物三領と緞子三十反を献じて和睦の成立を賀した。家康は誓紙《せいし》に血判を押して三使に与えた。阿茶局、本多正純が同席した。誓紙は右筆の建部伝内が調え、内容は「秀頼の身上に異動ないこと、本座(譜代)、新座(新参)の本領は安堵すること、まったく嘘偽りあるべからざること」とされた。

同時に後藤光次と本多正純の家老寺田将監が、大坂方の人質として、有楽の子尚長と治長の子頼直を正純の陣所に送致した。当初治長は、人質として幼少の子息を出そうとしたが、光次が嫡男を出すよう強く主張したため、結局十七歳の嫡男に乳母を添えて出した(『駿府記』、『本光国師日記』)。

同夜のうちに、家康父子から軍使が派遣され、発砲を禁止する軍令が布告された(『大日本史料』所載「三才雑録」)。

十二月二十一日、秀頼の正使木村重成、副使郡宗保および有楽と治長の使者が茶臼山に赴き、二の丸鉄砲小屋で本多正純、後藤光次と対面した。本多正純が家康に将軍秀忠の誓紙案文を密奏した。大坂の両使は岡山に赴いて秀忠に拝謁した。秀忠は熊野牛王宝印の裏面に書かれた誓紙に加判して両使に与えた。本多正信、同正純、京極忠高が同席した。誓紙は右筆の松雲が調え、内容は「今度籠城の諸牢人以下については罪科を問わないこと、秀頼の知行は従前のとおりで相違ないこと、淀殿は江戸下向に及ばないこと、大坂を開城する場合は望み次第に代替の国を進呈すること、秀頼らの身上について嘘偽りはないこと」とされた。

十二月二十二日、阿茶局と板倉重宗が大坂城中に至り、阿茶局は淀殿の誓紙の筆元を、板倉は秀頼の誓紙の筆元を監臨し、晩になって帰営した。誓紙の内容は「秀頼は今後両御所に対し謀反の野心を抱かないこと、種々の説がある場合は両御所の意向を伺うこと、諸事従前のとおりとすること」とされた(「大坂冬陣記」)。秀頼は誓紙授与の場に伊達な羽織を着て上段に座して臨み、その様子は凄まじく、板倉に脇指を与える挙措も堂々としたものであったという(『武功雑記』)。

同日付で有楽と治長は連署して本多正純に書状を送り、寄せ手の陣小屋などを河内の百姓に下げ渡すこと、豊臣家の給人の諸国における当年の年貢収納に異同がないことについて配慮を求めた。

十二月二十三日付で有楽と治長は連署して後藤光次に書状を送り、明日茶臼山に伺候する時刻を問うとともに、陣小屋の下げ渡しの手配について感謝した(『譜牒余録後編』)。

十二月二十四日、有楽と治長は茶臼山に伺候し、各小袖三領を家康に献上した。有楽は十徳を着て敷居のうちに入り、治長は道服、袴で敷居の外にあった。本多正純と藤堂高虎が応接した。有楽が先に進み出て、家康から堀、櫓の壊平を入念かつ迅速に行うよう命ぜられ、治長も稽首《けいしゅ》して退出した(「大坂冬陣記」)。その際、家康は正純を召し、「修理は今まで若輩者と思っていたが、今度籠城の首謀となり弓矢をとった。武勇のほどは言うまでもなく、秀頼への忠節も浅からぬ。将軍への奉公の模範として修理にあやかるように」と言って、治長の肩衣を所望して正純に着せた。治長は冥加にかない、感涙を流した(『大坂御陣覚書』)。

十二月二十五日、家康は茶臼山を発ち、

二条城に入った。

　有楽、治長、伊東、堀田、青木、速水ら七組の番頭は岡山に至り、将軍秀忠に拝謁した（『駿府記』）。

　有馬豊氏は岡山の本陣に伺候して、「秀頼様に四国を遣わすか、または大和、河内、和泉三か国を遣わすか、いずれにせよ将軍の上意次第に大坂が了解するよう、手立てを尽くしたい」と言上した。秀忠の許可があったので、豊氏は右の旨を秀頼母子に申達した。後日、治長が秀頼の使者として豊氏を訪れ、秀頼母子に大坂城を出る意志がないことを伝えた。その際に、治長が豊氏と親しく話し込んで帰城したため、いろいろ憶測を生んだ（『米府紀事略』所載「岡部五郎兵衛覚書」）。

　十二月二十七日夕刻、秀忠は家康に、惣構えの堀と櫓の壊平完了を報告した（『駿府記』）。

　十二月二十七日夜、神龍院梵舜と豊国社宮司の萩原兼従は大坂に召喚され、翌二十八日に治長から詳細な申し入れがあった。梵舜は大坂の盛方院吉田浄珍方に宿泊し、二十九日早朝に京都に帰った（『舜旧記』）。

　慶長二十年一月三日午の刻、家康は駿府へ帰還するため二条城を発った。

　二の丸の堀は深く、土手を崩すだけではなく、千貫櫓、織田有楽の屋敷、西の丸や治長の屋敷まで壊して埋草とし、一月十八日に二の丸までの壊平が完了した。これにより大坂城は本丸の堀を残すのみとなった。

　一月二十三日、秀頼の使者吉田玄蕃允が駿府に伺候し、秀頼の進物として小夜着物、蒲団、蒔絵枕、紅梅枕懸を納めた桐の長持二棹、治長個人の進物として羽二重十匹、吉田個人の進物として鷹の大緒十筋を家康に献上した。

　一月二十四、二十五日に諸大名は大坂から帰国の途に就いた（『駿府記』）。一月二十五日、治長は上京して養源院を訪問。同夜、神龍院梵舜、萩原兼従と面会した（『舜旧記』）。

　一月二十八日、秀忠は江戸に帰還するため、二条城を発った。

　二月一日、本多正純が大坂から遠江中泉に逗留していた家康のもとへ伺候し、大坂城の三の丸、二の丸の堀を埋め、門、櫓なども崩して、本丸の桜門まで往来できるようにしたことを報告した。

　二月二十六日、有楽は村田吉蔵を駿府に派遣し、大坂城からの退去を希望し、家康からこれを許可された（『駿府記』）。

　三月十二日、治長は豊臣家蔵入地で片桐且元の代官所である小豆島草加部村に対し、塩九百十石の供出を命じた（『菅家文書』）。

　三月十三日付で板倉勝重は松平正綱、後藤光次に書状を送り、「大坂では大野治房が勝手に秀頼の蔵を開け、牢人に金銀米を配布しており、これを止めようとする治長と弟の治房の仲が悪化している。治長は『主馬は不届き者で、自分のやっていることが秀頼様の御為にならないことに全く気付いていない』と不満を漏らしている」と報じた（「後藤庄三郎家古文書」）。

　三月十四日、京都で大坂方が洛中に放火するとの風聞が出回り、大騒ぎとなった。結局何も起こらなかったが、上方の情勢は緊迫を極めた（『土御門泰重卿記』、『大坂御陣覚書』）。

　三月十六日、十七日の二度にわたり、治長は池田利隆の家臣鈴木登之助に書状を送り、大坂への出仕を勧誘した。鈴木は利隆の内意を受けて四月八日に入城し、四月十三日に姫路へ退去した（『家中

諸士家譜五音寄』鈴木加左衛門親鈴木登之助寛永廿一申ノ年書上)。

三月十九日付で治長は、後藤光次に以下の趣旨の書状を送った。「駿府から帰着した米村権右衛門の口上によると、そちらでは大坂の近況について種々の雑説が取沙汰されている由、大変驚いています。すぐに再度米村を駿府に派遣するので、その際に委細を説明させます」(『譜牒余録後編』)。

三月二十二日付で治長は中井正清に以下の趣旨の書状を送った。「駿府に伺候している常高院様、二位局、大蔵卿によると、そちらでは大坂の近況についていろいろの雑説がある由、驚き入っています。口上の使者六兵衛(米村か)から申し上げさせるので、板倉勝重殿へも伝えていただきたい」(『大工頭中井家文書』)。

三月二十三日、治長は小豆島草加部村に対し、薪三千五百束の供出を命じた(『菅家文書』)。

三月二十四日、治長は米村権右衛門を駿府の家康のもとに派遣した(『駿府記』)。

三月二十九日付で、伊達政宗は伊達宗利に、大坂を巡る情勢について以下の趣旨の書状を送った。「豊臣家は、去年召し抱えた牢人を一人も召し放たず、むしろ武備を調えている。両御所はこれを聞かれて、大坂に使者を派遣し、『大和か、伊勢かを進呈するので、速やかに大坂を退去すること、もしくは、このまま大坂にいたいのなら、召し抱えている牢人をすべて追い払うこと、この二か条のうちどちらかを受諾しなければ、大坂へ再度出馬することになる』と迫り、大坂からの返答を間近で聞くべく、名古屋へ行かれるとのことである」(『留守家文書』)。

三月三十日、板倉勝重は本多忠政や松平忠明らに、軍装ではなく、平時の装いで内密に上洛するよう指示した(『譜牒余録』)。

四月四日、家康は豊臣家が牢人を追放することなく、武勇練達の者を抱え置いたままでいることを問題視し、表向きは徳川義直の婚儀に参列するためと称して駿府を発し、名古屋へ赴いた。

四月五日、治長の使者(米村権右衛門か)が田中に逗留中の家康のもとに至り、「秀頼母子は、国替えについては何としても容赦いただきたい旨を、常光院を以て仰せです」と言上した。家康は「是非もないこと」と応じた。なお、既に再戦の見通しは濃厚で、大坂、京都は大騒動となっていた(『駿府記』)。

四月九日夜五つ時分、治長が勤務を終えて帰宅する途中、桜門の脇で小用をたしていたところを闇討ちされた。下手人は三十歳ほどの男で、髪を撫で付けにし、かちん染の小紋の袷を着ていた。六、七十人の供廻りに紛れて近づき、一尺三寸の脇差を突き立てて逃走した。治長の中小姓が片桐邸跡の石垣際で追いつき、肩先から一太刀で討ち留めた(『長沢聞書』)。あるいは平山内匠が治長を介抱する間、岡山久右衛門が下手人を追いかけ、先回りして行く手を塞ぎ、元の道を逃げ戻るところを治長が声をかけて二刀で切り付け、平山がとどめをさしたともいう(『大坂御陣覚書』)。

なお、右の平山については「平山家文書」に、平山藤兵衛とある。右の岡山については「大坂軍記」、『武家事紀』に、山岡久右衛門とある。

死骸は放置され、黄金五十枚の賞金で身元が捜索された(『長沢聞書』)。下手人は大野治房組の成田勘兵衛の備えにいた者との噂が広まり(『大坂御陣覚書』)、翌十日八つ時分には二人の訴人も出た(『長沢聞書』）。

そこで治長の家臣米村市之丞と野々村吉安組の日比覚左衛門が、騎馬五十騎を率いて取り調べに出向いたが、成田は弁解にも及ばず家宅に火を放って自害したため、真相は不明となり、関東の密命、治長の権勢を妬んだ治房の仕業などと憶測が絶えず（『大坂御陣覚書』）、牢人衆は互いに疑念を抱いた（『駿府記』）。

下手人は成田の同心で元布施忍者の今倉孫次郎とも（『大和記』、『大坂御陣覚書』）、成田の忍者服部平七とも（『元寛日記』）、成田の諜者中村弥次郎ともいう（『武徳編年集成』）。

治長の傷は左脇より肩先を貫いたが（『駿府記』）、浅手のためすぐに平癒した（『山本日記』）。

年明け以降、治長の才覚により、隠密裏に塀、杭の支度が進められ、二か月のうちに二重の塀が設置された（『幸島若狭大坂物語』）。

四月十二日、大坂では諸牢人に金銀を配り、武具、諸道具を調えていることが駿府に報じられた（『駿府記』）。

四月十五日、大坂から和歌山に吉村兵左衛門が派遣され、浅野長晟の老臣三人に黄金などの恩賞を示して、浅野家の来援を求めた。三人は取次を拒んで吉村を帰した。

四月二十日、今度は治長が奉行となり、再度吉村が和歌山に派遣され、浅野家の老臣三人に、領国の恩賞を示して来援を求めた。三人は改めて荷担を拒否して吉村を帰した。

四月二十八日、浅野長晟は和歌山を出陣し、先手は泉南郡佐野市場に、旗本は信達に到着した（『寛永五年正月亀田大隅守高綱入道鉄斎員徳樫井合戦覚書』）。

これより先、治長は采地である和泉佐野に家臣大野弥五左衛門と北村善大夫を派遣し、一揆を煽動させた（『譜牒余録』）。しかし、浅野家の留守居が迅速に派兵して、大野と北村を逮捕し（『旧考録』）、和歌山の獄に収監した（『大坂合戦口伝書』）。浅野備後は北村と旧知だったので、これを糾問して大坂方の調略の全容を聴取した（『武家事紀』）。

四月二十九日、浅野長晟を討つため、大野治房の軍勢が和泉国を南下した（『駿府記』）。治長は岸和田城を牽制するため、家臣の宮田平七を大鳥郡石津に進駐させた。宮田は小勢なので、堺警固番の真木嶋昭光父子、赤座永成が合流した。樫井合戦で大坂方が敗北したため、宮田らは住吉郡安立町を経由して大坂へ撤退した（『大坂御陣覚書』）。

四月三十日、大坂に内通する者が、樫井での合戦の様子を注進した。治長と木村重成が、口上を聴取し記録させた（『大坂陣山口休庵咄』）。

五月六日の暁七つ時分、治長と毛利吉政は国分に出陣する手筈だったが、故障ありとのことで六つ時分に変更となり、ようやく出陣した。治長は出馬の際、体高四尺三寸の鹿毛馬に乗ろうとしたが、なかなか馬が乗せようとせず、幾度かして何とか跨ることができた。平野付近まで至ると、治長は「毛利と相談する事があって、もう一度秀頼公に言上に行く」と言い残し、手廻りの五、六騎で大坂城へ引き返した（『武功雑記』）。

治長の軍勢一万五千余は（『武徳編年集成』）、先手湯川孫左衛門、二の手堀野甚平、三の手旗本と三段になり（『武家事紀』）、毛利吉政とともに藤井寺方面に進出した（『大坂御陣覚書』、『水野日向守覚書』）。

未の刻、秀頼から黄母衣の使番七、八騎と治長からの使番が藤井寺、誉田に到来し、大坂への撤退を命じた(『大坂御陣覚書』)。治長の軍勢より物見を出し、敵の追撃の可能性を探らせると、「敵の幟、指物は動かず、木に結い付けている模様。また竹木を伐り、陣屋を掛けつつあり、追撃の可能性はない」との報告があった。これにより、順次退却することが決まった(『武家事紀』)。

五月七日、天王寺口で毛利吉政の左先頭の東端は竹田永翁の備えだった(「鵜川佐大夫大坂役天王寺陣場図」)、その東隣に治長の右軍が並んだ。その背後の毘沙門池の南には、治長の旗本が控えた(『大坂御陣覚書』、『武徳編年集成』)。出役した治長の軍勢は組下と家来のみであり、前日同様、治長自身は君側にいたものと思われる。

秀頼の出陣は遅れ、ようやく桜門まで出馬した(『大坂御陣覚書』)。馬印や使番などは既に八町目口まで進んでいたが、秀頼の出馬が遅れていたため、旗本が無勢になる可能性があった。これを懸念した使番の林伊兵衛が八丁目口から立ち戻って、「小姓組まで先に出張し、旗本の人数が少なくなっています。これでは敵味方から見分けがつかずよろしくありません。ご対応を」と秀頼に具申した。秀頼は、「旗本の人数が少ないならば、先に出張している小姓組を呼び戻すべし」と判断したが、治長は「既に先に出た者を戻すのは如何か」と異見した。そこで林が「では今から前線に出張しようとしている者は直臣であろうとなかろうと押し止め、旗本として備え置いてはどうか」と提案し、そのように裁可された。その際に治長は、秀頼に早々の出馬を求め、秀頼も応諾した。治長は林とともに旗本の人数を調えると(「山本日記」)、秀頼に「茶臼山に行って真田と申し合わせて御出馬の時を申し上げます」と断って、十騎ほどで出かけた(『大坂御陣覚書』)。

これより先、家康は大野壱岐守に、「七組は皆、裏切りの約束あり。秀頼の出馬を見合わせるように」といった趣旨の謀書を授けた。謀書は、壱岐守配下の足軽を通じて治長に届けられた。治長は一読すると件の足軽を殺させ(『武家事紀』)、真田に対応を相談すると、真田は無視するよう進言した(「池田正印老覚書」)。

治長は茶臼山で真田と作戦を申し合わせた後、桜門に戻り、秀頼に真田の所存を言上し、船場の明石掃部には直ちに出撃を発令した。帰城の途中、傷口が開いて出血した。前日の敗残兵は天王寺表に出陣していたが、治長が敗走するものと思い込んで動揺した(『大坂御陣覚書』、「慶長録考異」、『十六・七世紀イエズス会日本報告集』、『武徳編年集成』)。

四つ時分には天王寺表に軍勢がひしめき、土煙が上がった(「毛利氏四代実録考証論断」厚母七郎兵衛元知大坂陣働之次第)。午の下刻には戦闘が始まった(『綿考輯録』慶長二十年五月七日付細川忠興書状)。

治長組の先備えは鉄砲二百挺を二段に構え、正面の小笠原秀政勢を引き付けて猛射した。このため、小笠原勢は斜行して竹田勢を攻撃した。竹田勢が敗走すると、小笠原勢は追撃して毛利勢の後背を脅かした。さらに小笠原勢の二陣が繰り出すと、治長の軍勢がその右備えを攻撃した。毛利吉政は自ら兵を馳せて治長の軍勢を督戦しつつ、小笠原勢の左備えに攻撃を加えた。治長の軍勢との戦闘により、小笠原秀政は重傷を被って後刻絶命し、子息忠脩は闘死した。郎党も過半が戦死した(『寛永諸家系図伝』、『譜牒余録』)。

藤堂高虎と井伊直孝は、本多忠朝の敗績を見て、備えを西に進めた。天王寺前では治長の軍勢から激しい銃撃を受けたが怯まず、敵を追撃する毛利勢とその後備えとの間に割り込んだ（『大坂御陣覚書』）。これにより小橋筋に控えていた治長の後備えや相備えが敗走したため、先備えもついに潰《つい》えた（「長常記」、『武徳編年集成』）。

井伊勢は治長の軍勢と接戦した際、五十嵐軍平が一番首を斬獲した（「井伊年譜」）。

治長の使番網代弥兵衛元清は、小笠原家秀政の家臣小笠原政直に討たれた（「笠系大成付録」）。同使番中川隼人は、伊達政宗の家臣亘理宗根に討たれた（『伊達世臣家譜』）。治長の家来某は、藤堂高虎の家臣町井権右衛門らに生け捕られた（『高山公実録』）。

次第に大坂方の戦況が不利になる中、秀頼は桜門から表御殿の千畳敷に引き取った。もはや防戦配備を指揮する者はなく、皆、色を失い、城外への退去の支度ばかりしていた（『大坂御陣覚書』）。

秀頼は雪隠に入り、傍らで赤座三右衛門が佩刀を、坂井平八が手水を、郡利宗が手拭を捧げ持った。秀頼は治長から落城の報告を受けたが、いつもの気色で雪隠を出ると、手水を使い奥御殿に向かった。治長は「このような時は、子供は参らぬものだ」と言って御座敷の間の襖《ふすま》を閉め切り、この先、幼年者が供奉することを禁じた。それにより、近習や児小姓はそれぞれ表御殿を退去した（「自笑居士覚書」）。

前線から戻った今木一政が伺候した時は、秀頼は奥と表の間に座し、治長と小姓若干名が近侍していた。今木も味方の敗軍を報告し、自害の場所を伺った。秀頼は「天守を用意せよ」と指示した後、治長、今木らを伴い奥に入った。

今木は火薬を二人に担がせ、天守に上がり、畳を積み重ねて火薬を据えると、天守を下りて、火縄を持ちながら秀頼を天守に案内した（「浅井一政自記」）。後から治長が秀頼に追いすがり、「天王寺表から郎党の報告があり、初めは味方が敗軍しましたが、盛り返して優勢に転じています」と引き留めた（『豊内記』）。速水守之も天守での自害を見合わせるよう進言した。秀頼はこれに従い、天守を下りた（『大坂御陣覚書』）。今木は「既に千畳敷も火がかかっています。合戦の挽回は偽りです」と諫めたが、治長と速水はなおも強く進言して、詰の丸の東側、下の段にある帯曲輪の櫓に秀頼を退避させた。淀殿は、それより先に櫓に退避した。

今木が煙にむせつつ櫓の中に入ると、皆、狼狽しており、物言う者もなかった。秀頼が櫓に到着した頃には、皆もはや興醒めした様子だった。今木が、「夜になって未練がましい事を永々と話してもいけません。いざ御手本を仕るべし」と脇差を抜いたが、津川左近と毛利長門が今木の脇を抱えて外に追い出した（「浅井一政自記」）。

秀頼の退避経路については判然としない。

（一）秀頼に近侍していた今木一政は「秀頼が退避の途中、月見櫓の下の狭間から外を覗くと、片桐且元の屋敷へと続く坂の途中まで敵が侵入している様子が見えた」と証言している（「浅井一政自記」）。

通説では、月見櫓の位置は、詰の丸の西北端とされている。その場合、二の丸東方にあった片桐且元の上屋敷へと続く下り坂に侵入する敵を、月見櫓の下の狭間から視認することは不可能である。しかし、今木の証言は信頼すべきものがあることから、詰の丸の東南端、多聞櫓に接続する隅櫓こそが月見櫓だったのではないだろうか。

また、野々村吉安組の宮井三郎左衛門が、「天王寺表の味方が総敗北となったため城内に退却したが、既に大手の門は鎖されていたので、月見の櫓脇の塀を乗り越えて本丸に入った」と証言している（『福富文書』）。宮井ら天王寺表の敗兵は、城南から本丸を目指したはずで、証言による大手の門とは鉄御門と推測される。表御殿に火がかかった状況では、奥御殿と表御殿の間の鉄御門が閉鎖されていたのも当然と思われる。月見櫓が詰の丸の東南端、多聞櫓に接続する隅櫓であるならば、鉄御門との間の塀を乗り越えて本丸に入ったとする証言と整合性がある。

以上により、月見櫓を詰の丸の東南端、多聞櫓に接続する隅櫓と仮定すれば、秀頼の退避経路は、天守を下り、詰の丸の東側の城壁に沿って南進し、東南端の隅櫓（月見櫓）下の狭間から東側を覗き、段曲輪越しに二の丸の片桐邸方面を視認した後、奥御殿遠侍の玄関を出て、鉄御門の潜り戸を通り、奥御殿と表御殿の間の鉄砲衆番所付近から石段を下り、さらに井戸曲輪の埋門を下りて東下の段帯曲輪の南端に入り、そこから北行して櫓に至ったと想像される。

（二）『大坂御陣覚書』によると、秀頼は天守を下り、月見の櫓の下から芦田曲輪の東上の櫓に引き籠ったという。城南から敵が乱入し、表御殿にも火がかかっている状況では、城北から廻る退避経路は合理的と思われる。

通説に従い、月見櫓を詰の丸の西北端に位置するとした場合、秀頼の退避経路は、天守を下り、詰の丸の北端を西進して西北端の櫓（月見櫓）付近に至り、その西隣の石段を経て山里曲輪に下り、芦田曲輪を左手に見ながら詰の丸の北端の石垣下を本丸東の堀際まで東進し、東下の段帯曲輪の櫓に至ったと想像される。

＊

この頃、既に松平忠直勢の一部が二の丸御花畑際から京橋口曲輪に侵入した。治長邸から百人ほどが突出して防戦したが、切り崩された（『越前家大坂御陣覚書』）。松平勢は邸内に押し入って放火し、やがてその火は二の丸、本丸へと延焼した（『駿府記』）。大坂城は未の刻から炎上し（『毛利氏四代実録考証論断』慶長二十年五月八日付毛利秀元書状、「伊達政宗記録事蹟考記」所載「右筆真山助六日記」、『土御門泰重卿記』）、申の刻には本丸（『譜牒余録』慶長二十年五月九日付山口直友書状）、申の下刻には天守も焼けた（『綿考輯録』慶長二十年五月七日付細川忠興書状）。酉の刻には火焔は概ね収まったが（『元和先鋒録』）、翌朝まで所々の火災が残った（『福富半右衛門親政法名浄安覚書』）。

なお、治長の手配により、千姫が城外に脱出した。当時から自分の保身や我が子の保護のためとする噂があった（『義演准后日記』）。しかし、実情は秀頼母子の助命斡旋にあった。治長は千姫を退去させると、すぐに米村権右衛門を呼び、「その方は急ぎ御台様に追い付き、我が娘を通じて『先ほど申し上げた通り、今日の夜までに願いの筋が調うようしていただきたい。両御所様へ直接願い上げてはうまくいかないだろうから、本多正信を通じて願い上げるように』とよくよく申し上げよ」と指示した。米村は主人の最期に供をすることを望み辞退したが、治長は「その方が私の申し付けに違背して共に果てても満足に思わない。今は秀頼様母子の御助命こそが大切ではないか」と叱りつけた。そこで米村は走り出て、堀端で千姫一行に追い付いた。一行は既に坂崎出羽守の手勢に保護されていたので、そのまま千姫の供廻に加わった。坂崎は本多正信に連絡し、茶臼山と天王寺の間にあった百姓家を千姫の御座所とし、四方を警固した。茶臼山から本多が山駕籠で駆け付けたので（『落穂集』）、米村は「諸牢人は残らず討ち死に。本日、千姫君は城外に移られた。秀頼母子は女中数人と大野母子、速水らとともに城内の櫓に籠られている。秀頼母子の一命は助けていただきたい」とする治長の口上の取次を願った。申の刻、本多は茶臼山に戻り、家康に言上した（『駿府記』）。家康は「将軍次第」と自らの判断を保留し、秀忠は「最早一度ならぬ事、早々に切腹させよ」との意向を示した（『大日本史料』所載「閥閲録遺漏」所載「慶長二十年五月十四日付毛利秀元書状」）。

五月八日は、初め晴れ、辰の刻から申の刻にかけて風が吹き、夜には大雨となった（『舜旧記』、「伊達政宗記録事蹟考記」所載「右筆真山助六日記」）。

前夜来、城内を捜索していた片桐且元が、帯曲輪の櫓に籠る秀頼母子らを発見し、辰の刻に注進した（『慶長見聞書』、『駿府記』、『大日本史料』所載「閥閲録遺漏」所載「慶長二十年五月十四日付毛利秀元書状」）。

井伊直孝、本多正純、阿部正次が、秀忠の命により櫓を取り囲んだ。検使として安藤重信、近藤秀用が添えられた。治長らは井伊と安藤に秀頼の助命を求めた（『寛政重修諸家譜』）。

そこへ家康の使者加々爪忠澄と豊島正次が到着し、治長を櫓の外に呼び出し、「秀頼は助命して高野山に送り、淀殿には一万石を与える」との家康の意向を伝えた（『慶長見聞書』）。双方の距離は二十間ほどだった（『直孝公御咄覚書』）。この時、治長は黄色の陣羽織を着、顔に少し負傷して薬を付け、浅葱色の鉢巻をしていたとも（『慶長見聞書』）、朽葉色の熨斗目《のしめ》を着、左の脇から出血していたともいう（『老談記』）。

治長は櫓の中に戻って秀頼母子に家康の意向を申達したが、淀殿が承知しなかった。家康は再度加々爪と豊島を派遣し、治長と速水を呼び出して説得を試みたが合意に至らなかった。家康はさらに間宮伊治を派遣して、二位局を櫓の中から呼び出して茶臼山に連れて来させた。

井伊と安藤は、秀頼を引き出して生け捕ろうと企み、速水を呼び出して「速やかに降参すれば、母子ともに死は許されるべし」と重ねて説いた。速水は治長と相談して秀頼母子を城外に出すこととし、輿二丁の供与を求めた。しかし、輿一丁、馬一頭しか用意がないため（『寛政重修諸家譜』）、近藤が「この騒ぎの中、乗物など用意できない。馬を差し上げるから出て来られよ」と申し入れた。速水はそれを聞くやいなや、「この状況となっても秀頼公、淀殿の顔を馬に乗せて衆目に晒すわけにはいかない」と拒否した（『大坂御陣覚書』）。

午の刻、秀忠は井伊に、秀頼以下櫓の中の者はすべて切腹させるよう指示した（『駿府記』）。井伊と安藤は処断を急ぐこととし、堀を隔てた場所から櫓に鉄砲を射ち込ませた。昼過ぎ、秀頼母子は最期の到来を悟り、櫓に火を放ち自害した。治長もこれに殉じた（『寛政重修諸家譜』、『大日本史料』所載「閥閲録遺漏」所載「慶長二十年五月十四日付毛利秀元書状」、「山本日記」）。享年四十八、九歳（『土屋知貞私記』）。法名は節叟元忠禅定門（『雑華院略史』）。

治長の最期について、当時の評価は割れた。春日社司中臣祐範は「秀頼様母子、女房衆、諸侍は同時に生害。屋形に火をかけ、名物、諸道具一切を焼いた。これらの始末は、すべて大野修理が指図して最後に切腹した。その覚悟のほどは、比類ない」との取沙汰を書き留めている（『春日社司祐範記』）。また、大久保忠教は、「大野修理、真野蔵人、速水甲斐守が秀頼の供をして切腹、焼け死んだ事は比類ない」と評価している（『三河物語』）。その一方、細川忠興は五月十五日付書状で、「今度の一件における治長の劣弱ぶりは言語道断。末代までの恥辱となるのは当然」と手厳しい評価を加えている（『綿考輯録』）。また、六月十一日付で薩摩に伝えられた「巨細条書」では「今般の戦争はもっぱら治長の思慮で遂行されたが、思い通りにならず未練であり、散々のていだった由、全く言葉もない。果て際も卑怯であり、前代未聞との取沙汰である。また、秀頼様は天守に火をかけ全員焼死する覚悟だったが、治長が千姫を救えば自分も助かると考え、城から退去させた。しかし、将軍の赦しは得られず皆切腹することとなった。こうした次第で、治長は永く外聞を失することとなった」と批判されている（『旧記雑録後編』）。大名の立場としては、主家を保持し得なかった治長に痛憤の念を禁じえなかったものと思われる。

妻は一宙東黙に帰依し、妙心寺の塔頭蟠桃院へ打敷を寄付した（『増補妙心寺史』）。年月不詳十二日に死去。法名は南陽院殿凉巌受招大禅定尼（『雑華院略史』）。なお、妙心寺の塔頭雑華院に凉岩受松信女の画像が伝来する。慶長十五年六月下旬、妙心寺九十四世鰲山景存が着賛。この肖像一幅は、雑華院十四代渋谷鼎山師の『雑華院略史』（一九三七年）によると大野治長の内儀の像であるが、望月信成氏の『稲葉忠次郎夫人像』（『大和文華』十七一九五五年）では稲葉忠次郎〔注4〕夫人像とされている。

嫡男は大野信濃守頼直〈「大野信濃守頼直」の項参照〉。

次男は大野弥十郎〈「大野弥十郎」の項参照〉。

娘は千姫に奉公して大坂城退去にも供奉したが、その後、虚労のため床に伏した。千姫は種々世話をさせたが回復せず、「存生のうちに親の寺参りをして死にたい」と願うので、米村権右衛門を呼び寄せ、「その方が上方に連れて行き、十分保養するように」と依頼して、関所手形や道中の用品も十分に与えた。米村は自分の娘とともに京都に連れて行ったが、結局快気することなく死去した。火葬は妙心寺で執り行われたが、米村の娘も火中に飛び込み、棺を抱いて焼け死んだ。主従の骨は一緒に高野山の骨堂に納められた（『落穂集』）。

弟は大野主馬首治房、大野道犬〈「大野主馬首治房」「大野道犬」の項参照〉。

末弟は大野壱岐守（『駿府記』、『土屋知貞私記』、池田正印老覚書）。諱は治純（『寛政重修諸家譜』）、治氏（『難波戦記』）。初め市兵衛を称した。十三歳の時から人質となり、駿府で家康に出仕した。初め小姓を務め、後に詰番に列せられた。知行三千石を与えられた（「池田正印老覚書」）。慶長十三年五月、醍醐寺三宝院と山城国愛宕郡久多郷代官朽木元綱との紛争について、竹中重義とともに朽木方へ肝煎した（『朽木文書』、『朽木家文書』）。伏見で屋敷地を与えられた。七月二十三日。上方より駿府へ下向（『朽木家文書』）。慶長十六年当時、知行三千石（『慶長十六年禁裏御普請帳』）。同年三月、秀頼の上洛に際し、大坂から家康の家臣へ金銀が贈られた。壱岐守へは銀三十枚が贈られた（「秀頼御上洛之次第」）。慶長十七年七月十日晩、織田有楽の茶会に招かれ、赤尾三行（三右衛門か）らとともに参席（「有楽亭茶湯日記」）。十二月より禁裏普請助役（『慶長十六年禁裏御普請帳』）。慶長十八年七月十一日朝、織田有楽の茶会に招かれ、佐竹良順、津田秀政とともに参席。慶長十九年七月十一日朝、有楽の茶会に招かれ、赤座三右衛門、埴原八蔵とともに参席（「有楽亭茶湯日記」）。十月二日、家康の命により駿府を発ち、使者として大坂に赴いた。十月八日、伊勢亀山に泊まり、大坂に向かったが、家康の使者であると説明しても大坂に近付くこともできず、空しく帰途についた。十月十二日、掛川で家康に「大坂に近付けず、子細を報告できません」と復命し、激怒された（『当代記』）。『駿府記』によると、十二日黄昏、掛川で家康に「今度の企ては織田有楽、同息左門、木村長門、渡辺内蔵助、愚兄治長を始め、近臣がにわかに催したもの」と報告し、家康から「兄が大坂にいるにも関わらず、早速立ち帰り神妙である」と労われた。慶長二十年一月二十九日付で金地院崇伝に書状を送り、同日、駿府参着を報じた（『本光国師日記』）。四月十九日、家康から「汝の兄治長が不慮の負傷をしたので見舞いに行け。痛手か、誰の仕業か報告せよ。犯人が判明したら罪科に処すべし」と命じられた（『駿府記』）。五月六日夜、家康から「その方の母兄は城中にあるので、大坂へ参じても苦しからず」と言われたが、「世倅の時分よりお仕えしてこのように取り立てていただき、かたじけなく存じているので、御前で奉公いたしたい」と願った。そこで家康は、「それではこのような書状を書き、治長も見知る者に持たせて送り遣わせ」と命じた（「池田正印覚書」）。書状は、城方に内通者がいることを告げる内容で、秀頼の出馬を牽制することを意図したものだった。書状を受け取った治長は、持参した壱岐守の足軽を斬り、城中に戻ったが、心中遅疑が生じた（「続武家閑談」）。落城後、二条城に伺候すると家康は「昔から兄弟の敵対は珍しからぬ事ではあるが、大蔵卿は正しく母親であり、これと敵対した点について批判もあるだろう。当分引き籠って、世間の取沙汰が止むのを待て」と命ぜられ、妙心寺に蟄居した。家康が駿府に帰還すると再度出仕したが、ほどなく病死（「大三川志」）。あるいは自害（「山本日記」、『武家事紀』）。慶長六年当時に壱岐守の領分だった美濃国不破郡十六郷村千百二十石三斗四升、同郡笠毛村二百六十三石六斗七升、池田郡大門村内二百四十五石三斗七升、同郡溝尻村二百六十九石六斗、合計千八百九十八石九斗八升は、元和二年頃には岡田善同の代官蔵入地となっている（『慶長六年丑年美濃一国郷牒并寺社領小物成共』、『元和二年美濃国村高御領知改帳』）。娘は、将軍秀忠の小姓番士島弥左衛門正利に嫁ぎ、長男正信を産んだ（『寛政重修諸家譜』）。

〔注1〕次男の大野隼人正は、八幡の別当職を継いだ。三男の大野右京は十八歳の時に八幡で喧嘩し、紀伊田辺に退去。後に徳川義直に知行千石で仕え、田辺彦四郎と称した。

〔注2〕次男の尾関源内は、秀吉に属し、天正十二年、柴田勝家との合戦では馬を拝領して出役。近江横山で戦死。享年二十六歳（『尾濃村々由緒留』）。

　三男の大野才兵衛治久は、馬見塚城に在番した。天正十二年の小牧の陣で、普請遅延の不手際により豊臣家二代にわたり勘気を蒙った。慶長五年八月、岐阜の戦役では、木曽川を瀬踏して一柳直盛勢の渡河を助けた。大坂の陣に際して清州で詮議を受けたが、大坂城中の一門とは天正以来音信不通であると弁明して許された。子孫は大野村の庄屋として続いた（『尾濃村々由緒留』、『一柳家記』）。

　四男の尾関右馬之助は、兄源内の子となり、秀吉に仕え小姓役を務めた。朝鮮の戦役に目付として蜂須賀家政に付属された。帰陣後、蜂須賀家に転仕し、知行三千八百石を与えられた（『尾濃村々由緒留』）。『阿淡年表秘録』によると、慶長十九年十二月二十六日の本町橋通の夜討ちで、蜂須賀至鎮の家臣尾関右馬亮重武が戦死している。同一人物であろう。なお、重武の娘二人は、至鎮の家臣佐渡長次、戸田冬栄に嫁いだ（「蜂須賀家家臣成立書并系図」文久元年九月佐渡左近長宜書上）。

〔注3〕大野大禄は、大坂の陣の四、五年前、大勢を相手に喧嘩し、これに勝って退去。田辺氏を称したという（『尾濃村々由緒留』）。

〔注4〕稲葉忠次郎秀方は、貞通の次男で、美濃国郡上郡内で五千石を領知（『秘聞郡上古日記』）。郡上八幡城の支城中山堡に在番し軍功があった（「稲葉家譜」、『寛政重修諸家譜』）。慶長五年十二月、父の意に背き、素行が改まらず豊後臼杵から出奔。慶長二十年、大坂城に籠り、五月七日に戦死。貞通が創建した妙心寺智勝院去牌記に「慶長二十乙卯年五月七日、法名無外守方禅定門」、高野山講坊過去帳に「元和元年五月七日、法名道鑑禅定門」とある（「稲葉家譜」）。また、雑華院過去牒には「慶長二十年五月六日、法名青岳受松禅定門」とある（『雑華院略史』）。雑華院に青岳受松の画像が伝来する。慶長六年十一月、妙心寺七十九世一宙東黙記が着賛。

大野道犬　おおの　どうけん

　大野治長の弟（『大日本史料』所載「加賀中山文書」慶長二十年五月二十七日付前田利常書状、「大坂冬陣記」）、大野治房の弟（『大坂陣山口休庵咄』、『土屋知貞私記』、「池田正印老覚書」）。佐左衛門を称した（「山本日記」）。諱は『難波戦記』に治胤とある。

　秀頼の小姓あがり（『土屋知貞私記』）。

　慶長十四年に発覚した猪熊事件に関与し、家康の命により追放された（『大坂陣山口休庵咄』）。京三条室町御倉町の町人松木氏へ養子に出された（『土屋知貞私記』）。

　慶長十九年、帰り新参で大坂に籠城。本知は三千石。雑兵を含め三千人を預かった（『大坂陣山口休庵咄』）。馬上五百騎、鉄砲四百挺、雑兵三千人を預かった（「大坂口実記」）。幟は白地に鉈紋（『大坂陣山口休庵咄』）。

　組子に山川十左衛門、家来に森田半右衛門、あかう十左衛門（「大坂濫妨人并落人改帳」）、渡辺藤太郎則綱らがいた（『讃州府志』）。

　八尾方面に出役し、寄せ手の宿陣を妨害するため民屋を焼き払った（『八尾市史』）。

　十一月、大坂方は天王寺付近に放火し、堂宇も灰燼に帰した。道犬の指揮によるという（『高山公実録』）。

　大坂方は福島村に砦を築き、福島の五分一にも井楼を設け、新家には兵員と番船を配備し、川口から遡る寄せ手に備えた（『難波戦記』、『西成郡史』）。福島の砦は野田の砦の繋ぎで、五十間四方、井楼を備えた（「難波軍記改録」）。主将は道犬（「大坂冬陣記」）。野田新家の砦は後の蘆分橋の下に位置していたという（「難波軍記改録」)。なお『武徳編年集成』に、思案橋の西北に道犬の屋敷があり、大坂方はここに防塁を設け、堀を掘削して天満川の水を堰入れ、兵三百余人を配置したとあるが、これが福島の砦を指すものかは不明。

十一月十九日晩、新家の番兵が自焼して退却したため、九鬼守隆、向井忠勝、小浜光隆、千賀信親らは、兵を進めて新家を占拠し、番船を鹵獲《ろかく》した。向井勢は下福島方面に進み、他は新家に陣取った。

十一月二十一日、端黒の母衣に銀の半月を指した大坂方の武者二人が鉄砲三百挺を引具して野田、下福島方面から出張し、向井の陣所を激しく銃撃したが追い払われた。

十一月二十二日、向井勢は新家と五分一島との間、葦島に移った。

十一月二十五日、福島で銃撃の応酬があった(『寛政重修諸家譜』)。

十一月二十六日、道犬が在陣する稲ヶ崎(不詳)方面から鉄砲の音が激しいので、木村重成組の大井何右衛門、高松内匠が見廻りに出張した(「佐竹家旧記」)。

十一月二十九日卯の刻、九鬼、向井、小浜、千賀らは、兵を進め福島の砦を押し破った。石川忠総は葦島に進んだ。

十一月三十日、石川勢が五分一の棚楼を攻撃し、道犬の番兵を追い払った(『寛政重修諸家譜』、『譜牒余録後編』、「大坂軍記」)。

秀頼の家臣山口休庵が本丸で伝聞したところによると、薄田隼人と道犬は、博労淵と穢多が城に砦を築き、一万人ほどで守った。その後、寄せ手が増えたため、船場の守兵と合流することとなり、博労淵の砦は大方の人数が引き揚げ、殿《しんがり》の者がわずかに残置していたが、蜂須賀至鎮勢の攻撃により砦は陥落した。隼人と道犬は城中に退いたが、兎角の沙汰もなかった。ただ、色はよいが正月の飾り物以外用途のない橙《だいだい》に擬して橙武者と異名を付けられたという。

城内で治長、治房とともに浮武者となったが、治房も道犬も夜廻りはしなかった(『大坂陣山口休庵咄』)。

慶長二十年四月二十八日、治房は浅野長晟を討つために南下。途中の岸和田城を牽制するため、治長配下の宮田平七を大鳥郡石津村に進駐させ、さらに堺警固番真木嶋昭光、赤座永成を加勢に転進させた。道犬は二の備えとして、手勢三千人を率いて堺の浜に陣取り、在々に放火した(『大坂御陣覚書』、『大坂陣山口休庵咄』)。九鬼守隆、向井忠勝らが兵船から火砲を放ちつつ接近したので、道犬は堤上に鉄砲を並べ応戦した(『寛政重修諸家譜』)。

四月二十九日、樫井合戦の敗報を聞き、宮田、真木嶋、赤座は早々に大坂方面へ撤退した。道犬も「本道を退却すると、岸和田の敵に途中待ち伏せされ、さらに浅野勢の追撃があれば前後を塞がれる」と判断して、本道を避け、浜路を伝い密かに退却した(「浅野考譜」)。『寛政重修諸家譜』は、五月一日に道犬が退却する際、岸和田城の小出吉英が追撃して首三十二級を斬獲し、六人を生け捕ったとする。しかし「浅野考譜」は、道犬は既に本道を避けて退却しており、小出が討ち取ったのは、その後、本道を通過した大坂方の雑兵に過ぎないとしている。

五月七日、『難波戦記』は、治房と道犬は岡山口に出役したとするが、「慶長二十年五月七日付大野治房書状」(大阪城天守閣特別展図録『浪人たちの大坂の陣』所載「個人蔵文書」)によると、道犬は明石掃部とともに船場に陣取っていた模様。『大坂御陣覚書』によると、南泉から撤退した治房は、そのまま船場に宿陣し、七日は岡山口に出張していることから、道犬は船場に残っていたものと思われる。『駿府記』に、家康が戦場で、真田信繁、御宿監物、道犬の首を実検したとあるが、別人と混同されたものと思われる。

五月十五日時点で、治房、道犬は戦場から逃げたが、すぐに捕えられるだろうと推測されている（『綿考輯録』所載「慶長二十年五月十五日付細川忠興書状別紙」）。

五月二十一日、小林元次、野間重成は、伏見より二条城へ出仕の途上、京の大仏付近の茶店で道犬を見かけた。元次は以前秀頼に仕えていた関係から道犬と面識があったので、まず単身で近付き「私は近年より大御所に仕えているので、我が身に代えて御身の赦免を願い上げましょう」と語りかけて油断させ、同時に重成が飛び込んで、両人して道犬を生け捕った。

翌二十二日朝、身柄は老中に引き渡された。同日付で本多正純と酒井忠世は連署して奉書を発給して両人の功を賞した。道犬所用の太刀は重成に、同じく関兼定の脇差は元次に与えられた。

道犬が二条城の駒寄せに括り付けられると、見物人が多数集まり、「道犬は聞き及んだより大男だ」と口ぐちに言った。道犬は「侍とも覚えぬ物の言い様だ。私が縛められているように汝らを片端から縛めようと思っていたが、口惜しい事だ」とまったく臆する気配もなかった（『譜牒余録後編』、『大日本史料』所載「兵家茶話」）。

道犬の焼き打ちに遭った堺の町衆は、昔南都を焼いた平重衡の身柄が奈良の郷民に引き渡され、斬罪となった故実を引いて、道犬の引渡しを強く訴えた（『元寛日記』）。

五月二十七日付で前田利常は「大野道犬とは、修理の弟で、これも捕えられ、堺で焚殺されるらしい」と報じた（『大日本史料』所載「加賀中山文書」）。

一六一五年六月二十九日（慶長二十年六月四日に相当）付で在京のエルベルト・ワウテルセンも、道犬について「捕えられており、諸人の言によれば焙り殺されるらしい」と報じた（『和蘭国海牙文書館文書』）。

六月二十七日、道犬の身柄は堺に送られ、堺奉行長谷川藤広より「今度堺津の焼亡は道犬の所為である。堺で誅殺するように」と下達された（『駿府記』）。堺の町衆は道犬を火炙りに処した（『葉隠聞書』）。身柄を引き渡した板倉勝重は、道犬が磔になったと聞いて機嫌を損ね、「昔南都の者は重衡を磔にかけたか」と言って堺の町衆を困らせた（『武功雑記』）。

道犬と一家の墓は、山城国愛宕郡の本国寺の塔頭勧持院にあった（『雍州府志』、『京都墓所一覧』）。

堺の青陽山月蔵寺に道犬の供養碑と伝わる五輪塔があり、正面に「南無阿弥陀仏」、背面に「無縁法界法春比丘尼」の刻銘がある。これは、元来北橋北詰の西側の仕置場にあった塔を明治時代に同寺に移設したものという（『堺市史』）。

慶安二年、治房の遺児の存在が発覚した誓願寺騒動がきっかけで、道犬の子が落城以後、法華坊主となり、仏法談義を説き歩いているとの噂が立ち、二月八日付板倉重宗の命により近畿、備前、備中、土佐など各地で捜索が行われた（『東浅井郡志』、『池田家履歴略』、『南路志』）。ただし、この者は、先年既に筑後久留米城付近を歩いていたところを有馬家に捕えられ、監禁中に死亡していた（『酒井家文書』）。

大野半次元介《おおの はんじ もとすけ》

慶長十四、五年頃土佐に下向し、山内

忠義の家中に弓術を指南した（『山内家史料』所載「御家中名誉」）。

慶長十九年、大坂城に籠り、木村重成組に付属された。

慶長十九年十一月二十六日、今福口合戦で、高松内匠、山中三郎右衛門、草加次郎左衛門、大塚勘右衛門、小川甚左衛門、若松市郎兵衛、斎藤加右衛門とともに佐竹義宣の先手と鑓を合わせ、首一級を斬獲した。この功により重成から感状を与えられた（「佐竹家旧記」）。

他日、山内忠義の家臣雨森九太夫氏康が、船場の仕寄から乗り出し、城中に矢を射込んだところ、大野がその矢に「かようの矢は奇特の御たしなみ。大坂城中には珍しいこと」と書き付けて射返してきた。雨森の矢は、矢束二尺七寸八歩で、「松平土佐守内雨森九太夫」と書き付けてあった。併せて大野も自身の矢一筋を射越した。大野の矢は、矢束二尺七寸一歩五厘で、「木村長門守組大野半次元介」と書き付けてあった。雨森は後年、右の矢と書付を山内家の武具蔵に献納した（『山内家史料』所載「御家中名誉」）。

落城後、内蔵丞と称した。讃岐で生駒高俊に知行六百石で仕えた。弓大将となり、小頭一人を含む二十人を組下として預かった。子の半次郎には、七人扶持が給せられた（「生駒分限帳」）。

寛永十七年、生駒家の除封により牢人となり、後に播磨姫路で松平忠明に仕えた（「佐竹家旧記」、『池田光政日記』）。

『寛明日記』によると、明暦二年八月十五日、忠明の四ッ谷市谷屋敷普請竣工により、同家の旗奉行槙嶋監物、物頭大野半次ら十四名が、将軍家光に拝謁し、各銀三十枚、帷子反物五反を拝領した。

また「御先祖松平忠明公播州姫路御居城之節御分限帳之写」（「見聞集」所載）によると、御馬廻組五番黒屋甚九郎組に大野半治（知行六百石）、中之御番に大野内蔵丞（知行四百石）の名がある。これらは本人、または子であろう。

大野弥十郎《おおの　やじゅうろう》

大野治長の次男。

慶長十九年より人質として江戸に置かれた（『元寛日記』）。屋敷は雉橋付近にあり、同所は後に米蔵となった。

慶長二十年五月八日、治長は退避した櫓の外で近藤秀用などと言葉を交わした際、弥十郎の行く末を頼んだ（『武功雑記』）。

八月二十四日、家康は駿府に伺候した将軍秀忠の使者酒井忠利に、弥十郎の誅殺を命じた。

八月二十五日、武蔵下谷の大雄山海禅寺で自害（『元寛日記』）。『元和年録』は、十二月二十七日に下谷の開禅寺（海禅寺か）において自害とする。養源寺の開山秀岳和尚は以前海禅寺の平僧だったが、その証言によると、切腹の所作、表情ともに終始一貫して立派なものであったという。池田正印も後に京都で弥十郎の乳母からその最期の様子を直接聞いたが、和尚の証言と相異なかった（「池田正印老覚書」）。

大庭市兵衛直貞《おおば　いちびょうえ　なおさだ》

相模国高座郡大庭村の出自。毛利輝元の家臣大庭三郎兵衛尉直親の子。

初め毛利家に仕えた。後に致仕して、大坂で中島式部少輔に随身した。

慶長十九年、大坂城に籠り、中嶋の手で持ち口を預かった。

慶長二十年五月七日、逃れて伏見に閑居。かねてより金瘡治療の心得があり、慶間と改称し、外科医として渡世した。仁和寺一品覚深法親王の腫瘍を治療し、法親王の奏請により法橋に叙せられた（「中川家寄託 諸士系譜」）。

明暦元年二月初より細川綱利の家老長岡是季が病んだため、京都より医師古林立庵、岡本松庵、大庭慶間が迎えられた（「細川家記」）。

妻は中川重直の娘。

子の大庭慶隆は、松平輝興、細川綱利に歴仕。延宝八年、法眼に叙せられた。子孫は豊後岡中川家の家臣として続いた（「中川家寄託 諸士系譜」）。

大橋角之丞貞信《おおはし かくのじょう さだのぶ》

尾張国海東郡津島の人。大橋与右衛門重賢の三男。真野頼包、祖父江五郎右衛門定翰（号は保西）の弟。

幼少より浅野幸長に仕えたが、慶長十八年、浅野家を退去。浅野長晟から帰参の命があったが応じなかったため、他家への奉公を禁じられた。

その後、大和五条に浪居していたが、慶長二十年、大坂出陣を聞き、出京して知人の板倉勝重、秋元泰朝方に滞在した。板倉と秋元から「その方の一族、真野蔵人入道宗信、堀田図書頭は大坂城中にいるので、彼らを通じて大坂の計策を聞き取って報告してほしい。公への忠節になるだろう」と求められたので、大坂に入城し、真野屋敷にいて内通した。

落城後、再び五条に寓居。二条城で家康が貞信を召し出すよう命じたので、秋元から徒士《かち》が遣わされたが、徒士は貞信の行方をつかめず、五月七日に天満で戦死したと報告し、秋元はそのように家康に奉答した。貞信は五条でそれを聞いて、江戸に下向して秋元に対面し、徒士は追放された。

浅野家の奉公構があるので他国で仕官ができず、旗本に取り立てられるべく駿府、江戸で活動をしたが、家康が死去したため空しく紀州に赴き、浅野長晟に仕えた（『譜牒余録後編』貞享元年五月鯰江正休書上）。原勘兵衛組に所属。知行は二百石（『元和五年侍帳』）。

承応二年に死去（「津島十一党家伝記及牛頭天皇社記」）。

秋元泰朝の姪を養女として、甥の大橋七太夫定勝に娶せた（『譜牒余録後編』貞享元年五月鯰江正休書上）。

大橋与右衛門友次《おおはし よえもん ともつぐ》

尾張国海東郡津島の住人大橋小伝次定秀の子。名前は一説に与左衛門定行。

父の定秀は、織田信雄に仕え、親の大橋清兵衛重長入道慶仁の旧領を分知され、尾張国稲葉村千六百石を領知した。文禄三年四月二十三日に死去（『張州雑志』）。

大橋友次は、幼年より秀頼に仕え、小姓を務め、落城後、尾張に寓居。

寛文十一年四月二十九日に死去。

子孫は尾張徳川家の家臣として続いた（『士林泝洄』）。

大庭土佐守兼貞《おおば とさのかみ かねさだ》

相模国高座郡大庭村の出自。大庭但馬守景長の子。

初め平蔵、後に三左衛門を称した。剃髪して半斎、道句と号した（「御侍中先祖書系図牒」）。

初め家康に仕えた（「慶長録考異」）。

天正十年、三好秀次に仕えた（「御侍中先祖書系図牒」）。石川数正に取り入って、その墨付を得て秀次から高禄で遇された。これを聞いた家康は「剛の者のやり方ではない。今後大成することはないだろう」と評した（『武徳編年集成』）。

天正十一年四月二十一日、賤ヶ岳合戦で羽柴秀長の家臣安田作兵衛、奥田勘兵衛と同所で戦った（『武家事紀』）。

天正十二年五月一日、小牧山東方の二重堀砦からの退却戦で、日根野弘就に属して敢闘した（『武家事紀』、「家忠日記」）。同年、秀次が養家である三好家を離れた後も、高野左介盛政、安井喜内正忠、牧野伝蔵成里、富田喜太郎高定、小野庄助覚雲、森九兵衛とともに従い、若江七人衆、または塩川左介を加えて若江八人衆と称せられた（『武家事紀』）。あるいは、若江八人衆とは、牧野伊予、大場土佐（号は、ぼくあん）、高野越中（盛政）、森九郎兵衛、大山伯耆（一政）、前野兵庫（成直）、安井喜内（正忠）、田中角之助（後に淡路）ともいう（『武功雑記』）。

天正十八年の小田原の陣では、田中和泉守、長野右近、前野兵庫、藤堂玄蕃頭、好野主馬、菅備前、池井太郎右衛門、塩川左介、山田出羽守、高山忠兵衛、大山伯耆守、白江備後守とともに、秀次の黄母衣衆《きぼろしゅう》十三騎の一に列せられた（『関原軍記大成』、「御侍中先祖書系図牒」）。同年、諸大夫成《しょだいぶなり》。土佐守に任じられた。丹波国内で采地五千石を与えられ、丹波国赤井庄で一万石の代官所を預かった（「御侍中先祖書系図牒」）。

天正二十年六月、朝鮮戦役には、右備えに属し、組子二百十九人を指揮して供奉（『武家事紀』）。

文禄三年当時、長野右近、白江備後守、牧主馬頭、瀧善太郎、高野左介、安孫子善十郎らと同格で馬廻組組頭を務めた（『駒井日記』）。

文禄四年、秀次の死後、石田三成に出仕した（「御侍中先祖書系図牒」）。

慶長四年閏三月、三成が伏見から佐和山に退隠した際、大庭土佐守らが多数の足軽を率いて大津松本近辺に出張し、これを出迎えた。

慶長五年九月十五日の関ヶ原合戦には、嶋左近、蒲生備中、前野兵庫頭らとともに先手となり、小池村で戦った（『関原軍記大成』）。

慶長六年春、土佐に下向し、山内一豊より五十人扶持、または牢人分百人扶持を給せられ、幡多郡中村に居住（『南路志』、「御侍中先祖書系図牒」）。次いで山内忠義に仕えた。

慶長十五年後二月、名古屋城普請賦役のため、無役ながら名古屋に出張（『南路志』）。同年扶持を返上して山内家を立ち退き、大坂に居住（「御侍中先祖書系図牒」、『山内家史料』所載「御記録」）。二子のうち、嫡男の金大夫勝長は土佐に残し置き、次男三之進を上方に伴った（『皆山集』所載「詔諜記事」）。

慶長十九年、大坂籠城。組頭を務めた（「御侍中先祖書系図牒」）。

慶長二十年、織田頼長が大坂城を退去した後、その配下にあった兵卒を支配した（『駿河土産』）。

五月七日、天満口から備前島付近を、仙石宗也、浅香勝七、武光式部、生田茂庵らとともに兵三千人ほどで警固した（『武徳編年集成』）。

落城後、備前に浪居し、寛永四年一月五日、同地で病死（「御侍中先祖書系図牒」）。

高知城下には道句餅といって、大庭の記章六曜星の焼印を押した餅が製造販売されていた。これは大庭道句が好んで餅を製造し、後にその道具を弘岡町に住む菓商に与え、それより始まったものという（『翠軒鈔録』）。

嫡男の三五郎は、遠江で出生（「御侍中先

祖書系図牒」)。慶長九年、山内一豊に出仕した(「土佐国羣書類従」所載「慶長九年十年記録切」)。次いで山内忠義の近習となり、慶長十五年十二月十四日、知行四百石を与えられた。その後に病気となり、馬廻に遷った。大坂城石垣普請の際、普請場改めを務めた(「御侍中先祖書系図牒」)。幼少より永沢藤左衛門理成に養われた関係から、長じてその婿となり、永野金大夫勝長と称した(『山内家史料』所載「御記録」)。寛永十一年一月二十二日に病死。子孫は山内家の家臣として続いた。家紋は六星、根笹、丸の内大二の字、丸の内石餅、矢筈、ハツレ雪、輪の内逆鉾(「御侍中先祖書系図牒」)。

大庭三之進《おおば さんのしん》

大庭土佐守の次男。

大庭三之進は、父とともに土佐を退去して大坂籠城。土佐守の持ち口は天満口で、これに対峙する寄せ手は加藤遠江守(貞泰か)だった。土佐守はかねて加藤と昵懇だったので、参会した際、加藤の所望により子息三之進を城外に出し、加藤家に仕官させたという。

その数代後の大庭三之進は、才気煥発の人で、伊予大洲加藤家の江戸留守居役を務めた。土佐山内家の江戸留守居役(享保十八年四月に就任)今枝六郎左衛門(満直)とは留守居役の寄合で度々参会した。その際「拙者の本家が御家に仕えているように聞き及んでいるが、今も子孫が勤仕しているのか」と尋ね、大庭の家筋がなお存することを聞くと喜んで「手前方に先祖書があったが、先年(宝永年間か)伊予の津波で流失してしまった。願わくば貴殿より系図の写しをいただきたい」と希望した。今枝は土佐の大庭家に連絡して系図の写しを贈った。後に土佐の大庭彦三郎が江戸勤番で赴任した際、面会して互いに親類であることが確認された。伊予の家系は大場と表記し、家紋も異なっていたが、土佐の本家に断って、名字の表記と家紋を改め、その御礼として相伝の疱瘡に関する秘伝を伝授した。これにより土佐の大庭家では疱瘡の呪いをするようになった(『皆山集』所載「詭謀記事」)。

ちなみに、関川加右衛門の兄大場源右衛門正方は、播磨山崎の領主池田恒行の家臣だったが、延宝五年に恒行が夭逝して主家が断絶すると、伊予大洲の加藤泰恒に召し抱えられ、十五人扶持を給せられた。その子大場三右衛門長重は、百五十石五人扶持を与えられ、江戸聞番を務めた。その子は大場左仲(『大洲秘録』)。右の家系について大庭三之進との関係は不明。

大原加左衛門《おおはら かざえもん》

伊賀の人。

筒井順慶に仕え、その後、伏見の豊後橋付近に浪居した。

慶長五年九月十五日、鍋島勝茂は関ヶ原合戦の敗北により、伊勢国桑名郡野代から伊賀路、大和路を通り、奈良から暗峠を越え、九月十八日、大坂玉造屋敷まで退却した。伊賀路では野武士の襲撃に遭って供奉の人数が散り、勝茂は主従七、八人となっていた。そこへ大原が五、六十人を連れて現れ、「どなた様であれ、御難儀を助け申す」と言って野武士を追い払った。

慶長六年、勝茂は、伏見で浪居していた大原方に勝屋采女を派遣し、改めて前年の忠節を謝し、鍋島家への仕官を勧めたが、大原は固辞した(『勝茂公御年譜』)。

慶長十九年、大坂籠城。真田信繁の配下となった。その後、再び伏見に退去した。勝屋の配慮により鍋島家の伏見屋敷番となった（『葉隠聞書校補』）。

岡吉右衛門《おか きちえもん》
大坂籠城（「大坂濫妨人并落人改帳」）。

岡九郎三郎《おか くろ(う)さぶろう》
伊東長次の家来。知行は百石。
慶長二十年五月七日に戦死。享年二十四、五歳。法名は月空高清（「備中岡田伊東家譜」）。

岡源左衛門《おか げんざえもん》
土佐の住人岡三郎左衛門の長男。天正三年に誕生。
文禄元年、十八歳で朝鮮に出役。
慶長十九年、大坂籠城（『土佐名家系譜』）。

岡崎八郎兵衛《おかざき はちろ(う)びょうえ》
伊東長次の家来。
慶長二十年五月七日、長次が高野山を目指して二の丸より切って出た時、既に乗馬から離れ、徒歩となっていた。そのため八郎兵衛が敵の騎馬武者一騎を討ち取り、馬を奪って長次に差し出した。この働きの証人は朋輩の松崎四郎兵衛（「諸方雑砕集」）。

岡沢八郎右衛門《おかざわ はちろ(う)えもん》
大坂城に籠り、軍功があった。
落城後、黒田忠之に知行六百石で仕え、町奉行を務めた。
従兄の木付太左衛門氏久（黒田長政の家臣）の四男宅之助重勝が養嗣子となり、五百石を継いだ（『吉田家伝録』）。

小笠原権之丞《おがさわら ごんのじょう》
家康の落胤伝説がある。母は京都三条氏の娘。松平忠輝の兄に相当する。家康の家臣小笠原越中守広朝の養子となった（『幕府祚胤伝』）。
「御降誕考」によると、家康の正室旭姫の侍女に大妻、小妻という女房がおり、大妻が家康の子を懐妊した。折から小笠原越中守が妻を亡くしていたので、秘密裡に大妻を越中守に遣わし、小笠原家で権之丞が誕生したという。
また『武功雑記』によると、小笠原越中が罪を得て大久保忠世に預けられている間に、同じく罪により大久保家に預けられていた女と密通した。家康は「結構なことだ。そのまま夫婦にさせよ、越中もすぐに再出仕させよう」と咎めなかったという。
小笠原権之丞は、天正十七年に誕生（『日本切支丹宗門史』）。後に剃髪して語石と号した（『幕府祚胤伝』）。
慶長八年五月四日、父の広朝が死去したため、家督を継いで家康に仕えた（『寛政重修諸家譜』）。三河幡豆で五千石を領知した（『大日本史料』所載「耶蘇天誅記前録」）。あるいは六千石を領知した（『日本切支丹宗門史』）。船手として船舶を管掌した（『寛永諸家系図伝』）。
慶長十七年三月二十一日、御歩頭原主水胤信、榊原加兵衛、西郷宗三郎、湯座伝三郎、山下庄三郎、小姓梶十郎兵衛、同弟梶市之助、横地長五郎、吉田武兵衛、山田次左衛門、小野庄蔵、御鷹師須賀久兵衛、水野二左衛門らと同時に、禁教信奉の罪科により改易、追放された（『大日本史料』所載「直江重光書簡留」）。管掌していた船舶は没収された（『寛永諸家系図伝』）。時に二十四歳だった。キリスト教への入信は六年前で、霊名はディエゴ。信仰は甚だ篤く、多数の家臣にも入信を勧め、領内に天主堂を建築し、聖母会を創設した。

また、駿河における協会駐在所の創立にも尽力した。改易、追放の刑をむしろ欣然として受け容れ、妻と二歳の女児を連れて亡命した（『日本切支丹宗門史』）。

三河を退去し、同じく船手の小浜守隆方に立ち寄った。このため守隆には権之丞を隠し置いたとの嫌疑がかかり、取り調べを受けたが弁明が認められた（『武功雑記』）。

慶長十九年、明石掃部頭との親交により大坂へ籠城した（『幕府祚胤伝』）。あるいは、上方に浪居中に西郷惣左衛門の勧誘により大坂へ籠城した。三十騎ほどを預かった。

慶長二十年五月七日、天王寺表に出役。周囲から退去を進められたが、「自分では知らない事だが、私には家康の公子との風聞がある。それ故、昨年冬の籠城は、家康に内応して忠義立てするつもりではないかとの疑いを受けた。もし、私が命を長らえれば、やはり内応を企て、うまくいかずに逃亡したなどと批判されるだろう。しかし、私にはそんなつもりは毛頭ない。秀頼公に無二の忠節を尽くし、この天王寺表で討ち死にの覚悟である」と言い切って、越前松平勢と思われる大勢の敵中に駆け込んで戦死した。この様子は、山川帯刀、北川次郎兵衛、松田利助、首藤八左衛門、水野伊右衛門など同じ備にいた者が語り伝えた（『御降誕考』）。あるいは、天満橋で戦死（『幕府祚胤伝』）。

妻は近藤石見守秀用の次女。後に徳川家の書院番九鬼長兵衛に再嫁した（『寛政重修諸家譜』）。再嫁して産んだ女子一人は近藤秀用に引き取られた（『三田藩九鬼家臣系譜』）。

嫡男は、生後数か月で早世した。

長女は、近藤秀用の養女となり、徳川家鷹匠支配の間宮藤太郎信之に嫁いだ。

次女は、九鬼長兵衛の娘として中川飛騨守忠幸に嫁いだ（『寛政重修諸家譜』、『幕府祚胤伝』）。

小笠原左大夫《おがさわら さだゆう》

三河の人（『土屋知貞私記』）。杉野内匠の妹婿（『池田正印老覚書』）。

秀頼に仕え、使番、奏者番を務めた。

慶長十九年十月八日、丹羽正安とともに、秀頼の使者として片桐且元に対する処置を報告するため江戸に下着した（『土屋知貞私記』、「慶長見聞書」）。書状は挟箱に入れて持参したが、江戸に到着して中を確認すると見当たらなくなった。やむなく「このような御使者が来たが、書状は見ていない」との返答を得て、帰路に就いた。途中、川崎で、挟箱の蓋の内張りの間に書状が入り込んでいたのを発見したという（『池田正印老覚書』）。

十一月二十六日、鴫野口に出役（『因幡志』）。

慶長二十年、大坂城より落ち延びた。年の頃は五十歳ほど（『土屋知貞私記』）。

後年、大野治長組に所属していた南条権大夫から書状が届き、これに対して二月十六日付で以下の趣旨の返信を送った。「書状かたじけなく存じます。仰せのとおり貴殿とは大坂鴫野で初めてお話ししました。互いに名乗り、軍功を申し合わせようとのことでした。その際によく確認したかったのですが、戦場の騒がしさの中、貴殿の御名前を失念して教えてもらわずじまいでした。飯二右殿（飯田二郎右衛門か）とはよくその噂をしていました。鴫野で竹田休宅が首を取られた時、貴殿が『討って出よう』と言われ、拙者も休宅とは知人だったので討って出たかったのですが、敵は千人もおり『当方二人では無理だ』と答えました。貴殿は拙者の右の方におられたと思います。二人で並んでいました。さて、これから仕官運動をされるようでしたら、鳴野合戦での様子は拙者に尋ねるようおっしゃってください。記憶のとおりよくよく証言するので、どんな場合でもお申し付けください。いずれこちらに下向されることがあれば、是非お立ち寄りください。なお、拙者の指物は、白い五本撓《しない》で、一本は鉄砲に当たって四本になっていたので、貴殿が三本撓とご覧になったのもごもっともです。また、大野治長殿が鳴野合戦での働きを詮索した時、拙者も出頭したのですが、貴殿の御名前を忘れてしまっていました。治長からは『それは与力衆の誰かだろう。与力衆が一緒の時に尋ねたならば、その名が判明したであろうに』と言われました」(『因幡志』)。

ちなみに『断家譜』に、三河大窪の住人小笠原左大夫の名が見える。小笠原摂津守の次男で、その子二代目左大夫は、秀忠に知行千二百石で仕えた。また『太閤記』に、秀吉の家臣小笠原左京大夫の名が見える。文禄元年に肥前名護屋城に在番し、本丸広間番馬廻組の四番佐藤正信組に所属。右の小笠原左大夫との関係は不明。

岡田丹後《おかだ たんご》

尾張の人。秀頼の舟大将。知行は千石ほど。大坂籠城の時、年の頃は五十歳ほど(『土屋知貞私記』)。

慶長二十年五月六日、誉田表へ真田信繁、槇木六右衛門と一手となり出役(「北川次郎兵衛筆」)。

五月七日、明石掃部頭、小倉作左衛門、若原勘大夫、塩川清右衛門らとともに出役(「大坂記」)。

岡田縫殿助《おかだ ぬいのすけ》

『尾州法華寺蔵織田系図』によると、尾張国春日井郡小田井城主織田又八郎信直の家来岡田縫殿助が、天正二年九月二十九日に伊勢長島で主とともに戦死した。その子であるかは不明。

諱は正繁とされる(『難波戦記』)。

初め丹羽長重に知行二百石で仕えた(『二本松藩新規召抱帳』)。

慶長五年八月九日、丹羽家諸将とともに、大聖寺から帰還途上の前田利長の家臣長連龍の陣列を浅井畷に襲撃した。岡田が投げ突きにした鑓は、太田長知の家来岩田伝左衛門の草摺に当たった。岩田は鑓を抜いて泥田に突っ込んで引き揚げた。岡田には、戦後、褒賞が与えられた(『大聖寺攻城並浅井畷軍記』、「越登賀三州志」)。

慶長十年、山内忠義に知行五百石で出仕した(「土佐国蠹書類従」所載「慶長九年十年記録切」)。母衣使番《ほろつかいばん》を務めた。

慶長十五年閏二月、名古屋城普請助役(『南路志』)。

慶長十九年七月に出奔し、慶長二十年、大坂籠城(『山内家史料』所載「御記録」)。五月七日、大野治房は、配下の人数を岡山口に押し出し、池の前に根来三十騎一隊、その左に岡田縫殿助、布施伝右衛門、岡部大学、新宮左馬助、中瀬掃部の六隊を主力として配置した(『大坂御陣覚書』)。岡田は三十騎を指揮した(『武徳編年集成』)。

徳川義直の家臣千村重親は、先手に進み、岡田の陣屋を攻め破り、岡田の所持する鑓を分捕った。その鑓は千村家に伝来した(「大坂両御陣覚書」、『士林泝洄』)。

岡田平兵衛《おかだ へいびょうえ》

木村重成組に所属。

慶長十九年十一月二十六日、今福口に

出役。辰刻より未刻まで銃撃戦となった。折から佐竹義宣の家臣町田長辰は、堤の南の原に出て、鑓を膝に載せていたが、大坂方の鉄砲に撃たれた。その時、平兵衛が「射たりや」と手を叩き、鬨《とき》の声を三度揚げた。同日に戦死。享年三十七、八歳（「高松内匠武功」、「高松内匠贈答扣」）。

岡部加右衛門　おかべ　かえもん

毛利吉政の家来。

慶長二十年五月七日、天王寺表合戦で内藤忠興の家臣大島政利に駆け寄り、自身の名を刻んだ矢を射かけたが、刀に当たり、身には当たらなかった。その矢は大島家に伝来した（『朝野旧聞裒藁』所載「内藤家伝」）。

岡部大学　おかべ　だいがく

駿河の出身（『土屋知貞私記』）。加藤嘉明の家臣川村権七の叔父（「加藤嘉明公御記録」）。母方の叔父という（『大坂御陣覚書』）。

初め犬塚清左衛門（「加藤嘉明公御記録」）、犬塚大学を称した（『大坂御陣覚書』）。諱は則綱（『難波戦記』）。

今川義元の家臣朝比奈駿河守信置（土屋知貞の母方の祖父）に奉公し、若輩の時分は、駿河で一、二度働きがあった。後に上方で方々を渡り、次第に立身した（『土屋知貞私記』）。

加藤嘉明に仕え、塙団右衛門とは古くからの朋輩だった（『大坂御陣覚書』）。

慶長五年八月二十三日、岐阜城攻撃で首一級を斬獲（「加藤嘉明公御記録」）。九月十五日、関ヶ原合戦で塙団右衛門が、主命を無視して突出したため、嘉明は足軽大将藪与右衛門、土方弥五左衛門、土方宇右衛門、氏江金次郎、岡部清左衛門とその配下の同心二百五十人を団右衛門の後方三十間に送り、横合いから銃撃させるべく配置した（「黒田氏関原記」）。

加藤家では知行五百石（「加藤嘉明公御記録」）。鉄砲足軽三十人を預かった（『景憲家伝』）。岐阜城、関ヶ原で戦功があり、また、嘉明とは川村家を通じて多少所縁ある身でもあったが、戦後加増がないことを遺憾としていた（「加藤嘉明公御記録」）。

慶長十九年四月から九月に行われた江戸城石壁修築の現場から、直接大坂に出奔（『景憲家伝』）。

大野治房組に属し、塙団右衛門、長岡監物、石川外記、新宮左馬助、布施弥七郎らと同格の組頭となり、騎馬五十騎を預かった（「大坂夜討事」）。ただし、大学の組下は人数が調わず、実際は四十五騎を預かった（『景憲家伝』）。『土屋知貞私記』に、大野治房組で侍百人を預かったとある。早川太兵衛の「大坂合戦覚書」に、慶長二十年五月七日の合戦では、治房配下に百騎頭が十人いたとあることから、あるいは最終的に指揮した員数の可能性もある。持ち口は団右衛門が惣構えの西側の本町橋、大学らの組はその左右を固めた。

十二月十五日、塙団右衛門は治房と相談し、長岡監物とも示し合わせて夜襲の準備をしていたところ、大学や石川外記も出撃すると称して、雑兵を含め大勢かき集めだした。団右衛門が「このような大勢では夜襲にならない。それに同じ組とはいえ、持ち口が違うのだから無用にされたい」と強く制したため、既に闘争に及ぶところを、御宿越前が調停し、結局この日の夜襲は取りやめとなった（「大坂夜討事」）。

慶長二十年、治房は大津代官の鈴木重春を通じて、山城国紀伊郡大亀谷村に小幡景憲を招聘し、大学と乳兄弟中村八右衛門を京都に派遣し、これを出迎えさせた。二月二十六日、治房方では大学、小幡景憲、布施弥七郎、新宮左馬助、吉川権右衛門、武藤丹後（丹波か）、法華坊主の随雲院らが、軍議を催した。三月十三日も軍議があり、新宮左馬助がすみやかに京都に出張することを首唱し、大学らもこれに賛同した。三月十七日、妙心寺より小幡が諜者であるとの密告があり、三月十八日、大学、丹後および随雲院が、小幡を治房方に召喚して審問した（『景憲家伝』）。

　四月初旬、治房方に人々が集まって談合している席で、大学が塙団右衛門に「その方が私の悪口を言っていると聞く。実否を承ろう」と問いただした。団右衛門は「何事を言ったと聞いて、この大勢の中で咎めだてをするのか。その方について根も葉もないことを言った覚えはない。しかしながら何事を言ったか思い出してみよう」と答えた。振舞いが終わった後、団右衛門が「今、思い出した。その方はこれこれの場所で、しかじかの行動をとった。これは丈夫の為さざる仕業（『男ノ成サヽル仕形』）である。この座中の衆も知っている事実だ。それを脇で言ったまで。その方もこの件については言い訳できまい。これは単なる噂ではない」と言うと、大学は赤面して返す言葉もなかった。大学はこれを深く遺恨に思い、後の南泉における抜け駆けにつながったという（『武家事紀』）。

　四月二十八日、大坂方は治房を主将として、浅野長晟を伐《う》つため紀州へ進発した。大学は先年の夜襲に参加できなかったことも遺憾とし、今回は組人数を後に残し、手廻り二、三騎で阿倍野街道より和泉路に抜け駆けし、二十九日朝には和泉国日根郡長滝村蟻通に到達した。そこで追い付いた塙団右衛門と激しい口論になったが、淡輪六郎兵衛らが調停して、両組は併走して安松村へ向かうこととなった。しかし、卯の刻に、敵は近いという報に接すると、大学は再び会釈もなく抜け駆けした（『大坂御陣覚書』、『武家事紀』）。団右衛門は激怒して「そういうことならその方に先駆けはさせまい。侍の義理を違えて先駆けするからには今日は必ず討ち死にしろ。おのれ討ち死にせずば丈夫とはいわせぬぞ（『男ハさせ申間敷』）」と言い放つや、遅れじと馬を乗り出した。そこから先は、両組の人数七、八百人が我先に相混じって競い進んだ（『大坂御陣覚書』）。

　指揮系統の乱れから団右衛門は討ち死にを覚悟し、後続の長岡監物と上条又八に「今日私が討ち死にして、大学が討ち死にしなかったら、いっぱしの丈夫とはいわせない（『男ヲ立テサセヌ』）ように」と申し送った（『山本日記』）。

　団右衛門は本道から樫井町を目指し、大学は東の河原道を進み、町の南から突入を試みた。浅野家の亀田高綱は町中で敵の襲来を待ち受けていたが、河原道から軍勢が寄せているとの注進があったため、徒士《かち》に弓を持たせ河原に乗り出した。亀田が誰何《すいか》して名乗りを上げて鑓合わせを挑むと、大学も大坂先手の大将として名乗り、互いに間合いを詰めたが、いよいよ鑓合わせにほどよい間合いになると、大学はにわかに馬首を巡らせ、北方に退却した。亀田はこれを呼び止めつつ一町ほど追尾したが、町中の防御態勢を固めるべく引き返した（『亀田大隅守高綱泉州樫井表合戦覚書』）。

　結局、団右衛門は樫井町中で戦死し、大学は退却した。先手の敗報を聞き駆け付けた長岡監物と上条又八に、安松村で

「団右衛門を捨て殺しにしていっぱしの丈夫とはいわせぬ（『男ハ立させぬ』）」と罵られたが、返す言葉もなかった（『大坂御陣覚書』）。

大学は帰城すると毛利吉政に「団右衛門の討ち死には、畢竟《ひっきょう》拙者の抜け駈けが原因。拙者も戦場で死ぬべきところ、この段申し上げるべく大軍を切り抜けて帰還しました。早々にこの旨、お取次ぎ下され」と願った。吉政は「団右衛門討ち死にの事情を正直に報告されたこと、感心です。そのように誠実な貴殿を言上して切腹させるのは忍び難いので、これは聞き捨てにいたそう。私は聞かなかったことにするのがよい」と慰留した。しかし、大学が「さてさて番頭に似合わぬ仰せかな。理非の糾明は大変重要な事です。お取り上げいただけないなら大野修理に断り、上聞に達して処分を受けたい」とまで言うので、やむなく秀頼に言上したところ、「団右衛門の討ち死には誠に是非もない。今に至っては大学を罪科に処すべくもない」と申し渡された（『大日本史料』所載「古老噺」）。

五月七日、治房は配下の人数を岡山口に押し出し、池の前に根来三十騎一隊、その左に岡田縫殿助、布施伝右衛門、岡部大学、新宮左馬助、中瀬掃部の六隊を一列に配置した（『大坂御陣覚書』）。大学は六十騎、足軽二十人を指揮した（『武徳編年集成』）。

落城後、武士をやめ、剃髪して愧世庵と号し、隠遁した。大坂表の事を人から問われると、「私は全く丈夫として相応しからぬ首尾（『無隠男ならぬ首尾』）により入道となったので、合戦の模様はわからない」と答えた（『大坂御陣覚書』）。

幕府の儒臣人見友元の説によると、本多忠政に仕えたともいう（「慶長録考異」）。

岡《おか》平内《へいない》利晴《としはる》

宇喜多秀家の旧臣で、後に家康に直仕した岡越前守の長男。明石掃部頭の婿（『吉備温故秘録』、『寛政重修諸家譜』）。

慶長十九年、その二年前（慶長十七年）に禁教信奉の罪科により追放されていた原胤信が岡越前守の領分に寄宿していることを偵知した幕府は、越前守を糾問したところ、越前守の領内で子息平内が朋友の原を匿っていたことが判明した。九月十九日、直接関知していなかった越前守は赦免され、平内は改易された（『駿府記』）。

その後、舅の明石掃部頭に従い、大坂籠城（『吉備温故秘録』）。

五月八日、城中から落去したところを、船場に布陣していた戸川達安の家臣増沢源吾右衛門に捕らえられた。尋問に対して平内は、「私は岡越前守の一子岡平内利晴である。舅の明石掃部とともに大坂に籠城したが、父が家康公の御家人に列せられているので、考え直して、急ぎ大坂を退去する途中である」と申述した。達安はあえて「人違いだ、退去させよ」と指示し、増沢は密かに平内を解き放った。この次第を船場に布陣していた森忠政が家康に報告したため、家康は「岡越前守は達安の父の推挙により召し抱え、備中川上で知行を与え、御家人にも加えた。しかるに、その子が籠城して敵対し、達安はそれを捕えながら、指図して逃がすとは怪しからぬこと」と達安を問責した。達安が対応に窮したため、増沢が出頭して「八日に平内を捕えたところ、当人の申述では『舅の明石掃部に諫言《かんげん》するため大坂城に入ったが、急に開戦となり、今ようやく逃れ出てきたところ』とのことで、もとより越前守の実子が敵対するなど思いもよらず、私の独断で解き放ったものです。大御所、主君に対して申し開きの余地もありません」と詫びるや、切腹して果てた。家康は増沢の忠心に感じて達安を許した（『美作一国鏡』）。

岡越前守は召喚、尋問され、「倅《せがれ》の平内は、明石掃部の婿で禁教を信奉していたので、既に義絶しています。それゆえ籠城の経緯も行方も存じません」と弁明したが、家康は「越前守は明石の妹婿で平内は明石の婿であり縁が深い。平内が近年流浪して大坂に籠ったというが疑わしい。急ぎ平内を捜して差し出すように」と指示した。

平内は備中川上の父の領分で、旧臣伊賀四郎兵衛方に匿われていたが、六月末に至り父の難儀を聞き及び、京都に出頭し、身柄は戸川達安に預けられた（『戸川記』、『吉備温故秘録』）。

七月二十九日、京都妙顕寺で越前守は切腹。平内は成敗の上、梟首《きょうしゅ》となった（『元和年録』、『駿府記』）。教義により自殺を拒み、斬首となったという。

次男の岡忠兵衛は、江戸で切腹（『戸川記』、『吉備温故秘録』）。

岡村喜左衛門　おかむら　きざえもん

大坂籠城（『大三川志』）。

岡村九郎右衛門　おかむら　くろ(う)えもん

「土佐諸家系図」に、土佐国安芸郡和食村の住人安岡平九郎の次男で、秀頼の家臣岡村百之介の次弟とあるが、信憑性に欠ける。

ちなみに『太閤記』に、文禄元年、肥前名護屋城に在番し、本丸広間番馬廻衆一番の伊東長次組に所属した岡村弥右衛門尉の名が見えるが、その所縁の者の可能性もある。

秀頼に仕え、大坂七組の伊東長次組に所属。知行六百八十石（『難波戦記』）。大坂籠城。

その一族の岡村某が、備中岡田伊東家に仕えた（『御家士記録』）。

岡村惣左衛門　おかむら　そうざえもん

土佐国安芸郡和食村の住人安岡平九郎の四男。

慶長二十年五月六日、八尾表合戦に長宗我部盛親に従い、戦死（「土佐諸家系図」）。

なお、「土佐諸家系図」は秀頼の家臣岡村百之助、九郎右衛門の末弟とするが、信憑性に欠ける。

岡村百々介　おかむら　どどのすけ

名前は「林甚右衛門正治書上」（『元和先鋒録』所載）に百々介、『大坂御陣覚書』に土土之介、『伊勢国司伝記』に土土ノ介、「土佐諸士系図」、「落穂集」に百之助など諸説ある。

秀頼に仕え、大坂七組の野々村吉安組に所属。知行百九十石（『難波戦記』）。

慶長十九年十一月二十六日、鴫野口合戦で戦死（『大坂御陣覚書』）。

一説に、岡村百々介は、肥後の加藤清正方にいたが、九十八歳に及び、「もはや故太閤への報恩成りがたし」と歎いて自害し、その惣領が、家跡仕置のため大坂に上り、そのまま籠城したという（『加藤肥後守忠広之事』）。

ちなみに『茶譜』によると、大坂衆の姓不詳登々之助という者が、古田織部茶の湯覚書「古織伝」を開版したとあるが、本項の岡村百々介と同一人物かどうかは不明。

岡村百々介の娘は、秀頼の家臣川北庄左衛門正勝に嫁ぎ、その一女於ドヨは、毛利兵橋重行に嫁いだ(『伊勢国司伝記』)。

なお、「土佐諸家系図」に、岡村百之助を土佐国安芸郡和食村の住人安岡平九郎の長男で、秀頼の家臣岡村九郎右衛門の長兄とするが、信憑性に欠ける。『太閤記』に、文禄元年、肥前名護屋城に在番し、三の丸番衆馬廻組の三番長束次郎兵衛尉組に岡村数馬助の名が見えるが、所縁の者の可能性もある。

岡村与助　おかむら　よすけ

丹波国桑田郡奥条村の郷士。

大坂城に籠り、落城後、能勢頼次方へ引き渡されたが、能勢家の家臣横川正次と親類だったため助命された。

後に頼次の斡旋で、丹波保津代官村上吉正に仕官した(『能勢物語』)。

岡本長右衛門　おかもと　ちょうえもん

塙団右衛門の家来(「大坂夜討事」)。小姓(『武功雑記』)。

慶長十九年十二月十六日、本町橋通の夜討ちに参加して首一級を斬獲(『金万家文書』)。軍功を立てた二十三士の一人として、翌十七日、千畳敷御殿で秀頼から褒美を拝領した。

落城後、山口弘隆に仕えたが、後に牢人した(「大坂夜討事」)。

山口家の奉公構《ほうこうがまえ》があったが(『武功雑記』)、稲葉正則に知行三百石で召し抱えられた(『相州小田原御住城之時分御分限帳』)。

後に剃髪して道好、あるいは奥山一菴(『武功雑記』)、または市庵と号した(『稲葉氏覚書』)。

岡本弥次郎左衛門　おかもと　やじろ(う)ざえもん

尾張国海東郡小辺村の出生。

初め平吉と称し、土方雄久に仕えた。

天正十八年、美濃金山の森忠政に仕え、弥次郎左衛門と改称した。

文禄二年以後、豊後臼杵の太田一吉父子に仕えた。

慶長五年十月四日、太田父子は、石田三成に味方して豊後竹田の中川秀成と佐賀関で戦った。岡本は、佐義長鼻で古田喜太郎を討ち取ったという。太田家の除封後、太田隆満に従い、京都に漂泊した。

隆満の死後、馬淵あるいは烏淵十兵衛と改名した。備前に来住し、小早川秀秋に仕えたが、後に牢人となり、岡本弥次郎左衛門に復した。

次いで伊予真崎の加藤嘉明に仕えたが、後にまた牢人となった。

慶長十九年、大坂城に籠り、渡辺内蔵助組に属した。十一月二十六日、鴫野口に出役。岡本以下四人が柵外で、二人が柵内で防戦した。

落城後、美作津山の森忠政に仕えたが、大坂牢人の召し抱えは禁止されていた(解禁は元和九年閏八月二十八日)ので、辞去して諸国を回歴し、片岡半斎と称した。

寛永五年冬、山内忠義の宰臣野中直継方へ往き、土佐国吾川郡勝浦浜の野中氏別宅に起居した。

寛永六年八月、中風に倒れ、寛永九年十二月二十日に七十二歳で死去。居宅の南山麓にて荼毘《だび》に付された。墓は浦戸館舎の前の藪中にあった。墓碑銘は承応二年十二月二十日付で山崎闇斎が撰した。

前妻の衣斐氏は、子がないまま死去。妾某氏の産んだ一男千は夭逝。後妻の和田氏は、一女一男を産んだ。一女は野中家の家臣古槙八左衛門に嫁いだ。一男鹿之助正之は、野中家に仕えた。また、一族飯田又右衛門の娘を養い、山内家の家臣西野加兵衛に嫁がせた(『南路志』)。

小川七郎右衛門《おがわ しちろ(う)えもん》

慶長十九年十月、大坂では召募した牢人に判金を配布していたが、在庫が尽きたため、軍用に秀吉が備蓄していた金の千枚分銅を鋳つぶして、金一両の量目と同じ約四匁八分にした竹流しを鋳造し、これを配布した。秀吉が築造した金の熨斗《のし》付の座敷も壊して竹流しの材料とされた。竹流しの鋳造は、小川七郎右衛門が奉行した(「慶長日記増補」、『武徳編年集成』、『長沢聞書』)。

小川次郎兵衛《おがわ じろ(う)びょうえ》

近江国高嶋郡小川村の出自。藤堂高虎の家臣小川五郎兵衛元政の弟。

初め生駒一正、正俊に歴仕。大坂籠城。元和三年、生駒式部少輔俊通の斡旋により藤堂吉親の取次で高虎に出仕し、地方知行二百石を与えられた。給地は五十七石九斗四合が伊勢のうち、残りは伊賀のうち。伊賀付となり伊賀城下に居宅があった。

慶安四年二月十七日に病死。

嫡男の小川政定が、忌明後に遺知のうち百石を継ぎ、後に百石加増された(『公室年譜略』、『宗国史』外編「功臣年表」)。

書』)。

小川甚左衛門正行《おがわ じんざえもん まさゆき》

古田肥前守の子(『備中足守御家中由緒書』)。

父の肥前守は、近江の人で、秀吉の家臣(『備中足守御家中由緒書』)。諱は署名に良直(『上坂文書』)。天正五年六月五日、羽柴家中からの安土城天守普請手伝の一員として、課役を務めた(『斑鳩寺文書』)。天正十年七月初旬、秀吉の上京の間、長浜留守居を務めた(『武家事紀』)。天正十八年九月、佐藤隠岐守、森嶋宗宇、浅野源八、観音寺住持とともに近江国蒲生郡内の検地奉行を務めた(『中野村今堀日吉神社文書』)。近江大津町奉行を務めた。妻は稲葉通則の五女で、稲葉一鉄の妹。天正十七年八月十八日に死去。妻の法名は、美濃国厚見郡鏡嶋の瑞甲山乙津寺の過去帳に持林景総とある(『寛政重修諸家譜』、「稲葉家譜」)。

小川正行は、慶長十九年、大坂城に籠り、木村重成組に所属。足軽二十人を預かった。黒羅紗羽織を着用(「高松内匠武功」)。

十一月二十六日、今福口合戦に出役。佐竹義宣勢を追い崩し、奥三番の柵を奪還し、柵の口の南は草加次郎左衛門、中は小川甚左衛門、北は斎藤加右衛門が固めた。銀の突盔《とっぱい》兜の侍に草加と小川が一鎗ずつ鎗を付け、倒れかかったところを斎藤が突き留めた(「先祖書上」寛永廿一年ニ斎藤加右衛門書上ル写)。その後、別の敵の首を取った(「高松内匠贈答扣」)。重成から見届けの証文を発給された(『備中足守御家中由緒書』)。

落城後、信濃飯田の脇坂安元に仕え、病死(「高松内匠贈答扣」)。

子の小川治兵衛正胤は、寛永元年三月十一日、備中足守の木下利房に知行五百石で出仕し、後に家老職に就いた。

子孫は足守木下家の家臣として続いた(『御家中由緒書』)。

沖次郎右衛門《おき じろ(う)えもん》

御宿越前の組下早川太兵衛勝正組に所属。

慶長二十年五月七日、岡山口へ出役。大坂方は、早川太兵衛とその組下沖次郎右衛門、同佐々長右衛門、同山田文右衛門、同山葉左介、他組の神尾左兵衛が水溜の土橋を越えて、鎗を揃えて前田利常勢と対峙した(「大坂合戦覚書」)。

寛永八年九月二十七日付西尾隼人長昌の書上によると、沖は西縄手沙坂を進み出て、西尾長昌と鑓で叩き合った。そのうち沖に加勢一人が加わり、西尾にも丹羽織部が加わり、さらに双方四、五人が並んで鑓を合わせた。やがて西尾が沖を突き伏せ、家来遠藤勘左衛門が沖の兜に抱き付いた。そこへ山崎閑斎の家士が西尾の鑓に取り付いて首を所望したので、西尾は鑓を抜き取り、首に構わずさらに進んで別の敵を追い立てた（「大坂御陣の書附大聖寺御陣」）。あるいは、前田利常の家臣津田重次が沖と太刀打ちして、水田に組み敷いて首を取った（『越登賀三州志』）。

沖治郎右衛門《おきじろ(う)えもん》

隠岐の住人沖兵部少輔宗勝の弟。

大坂の陣で成瀬正成と闘って戦死。

近江伊吹山付近に遺児が二人いた。後に成瀬氏が招き、兄の沖治郎右衛門を丹波柏原の織田家に仕えさせ、弟の沖小右衛門を摂津麻田青木家に仕えさせた（『伯耆志』）。

荻田藤五郎《おぎたとうごろう》

越後の人。牢人だったが、大坂籠城（『土屋知貞私記』）。

荻野権之丞朝光《おぎのごんのじょうともみつ》

丹波で出生。甚五郎とも称した（「先祖並御奉公之品書上」梶田彦八郎）。

父については、次の二説がある。（一）父は丹波の人荻野五郎忠家、または忠家の弟荻野元宅。忠家の妻は、丹波荻野城主荻野左近の娘で、稲次壱岐守宗雄の姉。忠家の死後、荻野河内永道に再嫁した（「御家中略系譜」）。（二）父は丹波の人荻野玄琢朝正で、天正の初め頃、小出秀政に知行五百石で仕え、弓二十張を預かり、大坂近辺で二万石の代官を務めた（『家中諸士家譜五音寄』梶田彦八親梶田宗左衛門寛永廿一申ノ年書上）。

荻野朝光は、広瀬因幡守の所で親の跡目を継いだ。慶長五年、大津城攻撃の際、大坂在城の秀政の名代として小出久兵衛とともに出役。軍功により知行七百石、鉄砲三十挺、弓二十張を預けられた。小出三尹に家老分として付属された（『家中諸士家譜五音寄』梶田彦八親梶田宗左衛門寛永廿一申ノ年書上）。または、家督を嫡男の荻野頼母介に譲り、秀政に断って京都に引退した（「先祖並御奉公之品書上」梶田彦八郎）。

その後、秀頼に出仕した（『家中諸士家譜五音寄』梶田彦八親梶田宗左衛門寛永廿一申ノ年書上）。

慶長十九年十月二十日、有馬豊氏は京都を出陣し、翌二十一日に川辺郡小浜に着陣し、四、五日逗留の後に吹田に移動した。

豊氏の小浜到着以前に、権之丞は大野治長の使者として、有馬郡三田に赴き、豊氏の家臣稲次宗雄へ書状を届けた。その書状は小浜在陣中の豊氏に回付された。その後、治長の使者として権之丞が豊氏の陣所を直接訪れ、秀頼の内意を伝えた（『米府紀事略』）。

籠城中は組頭となり、南表黒門口の警固に当たった。

慶長二十年五月、福島武蔵守と一手となり、天王寺口に出役（『家中諸士家譜五音寄』梶田彦八親梶田宗左衛門寛永廿一申ノ年書上）。

元和四年一月中旬、明石掃部頭の婿だったため、紀伊国伊都郡下植村で本人、妻子、関係者を含め十一人が浅野家に逮捕された。身柄は三丁の駕籠で京都所司代に送致され、所持品もすべて目録にして提出された。京都への護送は浅野長晟の家臣石井三之丞、山岡作左衛門が担当した。この次第は京都所司代に報告され、板倉勝重から年寄衆を通じてこの報告を聞いた将軍秀忠は機嫌をよくした。二月下旬、浅野長晟は、荻野夫婦を止宿させた百姓や十人組の百姓らを下獄させ、後日詮議することを国元に指示した（「自得公済美録」）。

その後、権之丞は板倉勝重を通じて赦免され、菅沼定芳（元和七年に近江膳所に入部）方に牢人分として寄寓し、百人扶持を給せられた（「先祖並御奉公之品書上」梶田彦八郎）。加庵と号した（「御家中略系譜」）。

寛永十年十月十五日に病死（「先祖並御奉公之品書上」梶田彦八郎）。

妻は明石掃部頭の娘。元和四年、権之丞とともに浅野家に逮捕され、京都所司代に送致された。板倉勝重は「明石の息女は大御所様が一度命をお助けになっている。女の身であるからきっと咎めはないだろう」との見解を示した（「自得公済美録」）。

嫡男の荻野頼母介は、小出家で父の家督を継いだが、父に先立ち病死して、嫡家は絶えた（「先祖並御奉公之品書上」梶田彦八郎）。

子（次男かは不明）の荻野半平は、後に五郎右衛門を称した。元和七年、有馬豊氏に新知二百石で召し出された。歩行頭、奏者番、江戸留守居を歴勤。後に加増されて知行五百石。明暦三年七月、病気のため筑後久留米に下向。明暦四年二月に病死。子孫は有馬家の家臣として続いた（「御家中略系譜」）。

三男の宗左衛門は、慶長八年に大坂で出生。元和二年、池田輝澄に児小姓として出仕。七年奉公の後、池田光政に転仕し、梶田九郎兵衛の養嗣子となった（『家中諸士家譜五音寄』梶田彦八親梶田宗左衛門寛永廿一申ノ年書上）。万治二年十一月十一日に病死。享年五十七歳。子孫は池田家の家臣として続いた（「先祖並御奉公之品書上」梶田彦八郎）。

荻野鹿之介　おぎの　しかのすけ

石田三成の家臣。

慶長五年九月十五日、関ヶ原合戦の際、開戦の命を奉じて先手に差し遣わされ、一番鑓を合わせた（『関原軍記大成』）。

慶長十五年頃、藤堂高虎に知行五百石で仕えた（『公室年譜略』）。

慶長十九年十月、嫡男の七右衛門とともに藤堂高清の馬上与力として付属され、出陣（『高山公実録』所載「出雲延宝書上」）。

慶長二十年三月頃、浅井左馬、武田雅楽、堀池少左衛門、宮部源兵衛らとともに藤堂家を退去。大坂に籠城した（『公室年譜略』）。

嫡男の七右衛門も高虎に仕え、知行二百五十石（『高山公実録』所載「出雲延宝書上」）、または二百石（『高山公実録』所載「大坂両陣諸士名前総捲」）。慶長十九年十月、父とともに藤堂高清の馬上与力として付属され出陣（『高山公実録』所載「出雲延宝書上」）。

『高山公実録』、『公室年譜略』に荻野とあるが、丹波の荻野氏であろう。

荻野道喜　おぎの　どうき

氏家常陸介直元（号は卜全）〔注1〕の三男で、左京、元政〔注2〕の弟（「先祖附」氏家甚右衛門、「西行雑録」）。

初め久左衛門を称した（『御湯殿上日

記』）。後に内膳正行広を名乗った（『寛政重修諸家譜』）。

天正年中、兄〔注3〕が病死した後、大垣に在城（『美濃諸士伝記』）。

天正十年、信長の死後、信長の七男信高を美濃で養育した（『寛政重修諸家譜』）。

天正十一年、岐阜の織田信孝に背き、秀吉に従属して、大垣城に在った（『余吾庄合戦覚書』）。四月十八日、稲葉一鉄とともに岐阜城下に放火した（『武家事紀』）。

天正十二年三月、秀吉の尾張出陣に従軍（『浅野家文書』）。美濃池尻城主飯沼長継を大垣に誘殺した。美濃三塚城に移った（『武家事紀』）。時に一万五千石を領知（『美濃明細記』）。

天正十六年三月十六日、諸大夫成（『お湯殿の上の日記』）。

天正十八年、小田原役に従軍。八月、伊勢桑名城主となり、二万二千石の地を拝領した（『美濃国諸家系譜』、『美濃明細記』、『天正年中大名帳』）。

文禄元年、朝鮮戦役には百五十人を率いて、後備《あとぞな》えとして肥前名護屋城東二の丸に駐屯した（『太閤記』）。

文禄三年、伏見城普請助役。当時二万二千石（『当代記』）。


八月二十六日、甲斐善光寺如来の入洛に際し、伊勢路次の警固と北伊勢の小給人への伝達を命ぜられた（『武家事紀』）。

慶長二年六月二十六日、伏見の宿所が焼失した（『言経卿記』）。

慶長三年七月、前田利家邸における秀吉の遺物配分で、金子二枚と国俊の刀を拝領した（『太閤記』、「古屋幸太郎所蔵文書」）。

慶長五年六月十八日、家康は江戸を目指して伏見城を発し、近江石部、水口、伊勢関を経て、六月二十日に四日市に宿泊した。行広は翌日の饗応を申し出たが、家康はその心底を危ぶみ、使者を以て兼光の脇差を贈り、招待を辞謝し、直ちに四日市から出船して三河に渡った。

石田三成は、家人武家左兵衛を桑名に派遣し、挙兵の趣意を伝え、出陣を促した。行広は出陣を辞退して籠城の意思を告げた。また、家康からも勧誘の使者が到来したが、これも拒絶し、氏家元政、寺西直次とともに桑名城に立て籠った（『朝野旧聞裒藁』）。

その後、家老種田吉左衛門、立木不庵、松尾庄左衛門らの人質が水口の長束正家に取られていたため、家老が関東に味方することに同意せず、大坂方への与力を余儀なくされたという（「桑府名勝志」）。

七月、京極高次、京極高知に使者を派遣し、大坂へ随身を勧誘した。

八月二十三日夜、武光式部少輔は美濃国不破郡長松の居城を放棄し、桑名に落ち延びて行広を頼った（『朝野旧聞裒藁』）。

大坂方から、福島正頼が守る伊勢長島城を攻撃するよう求められたが、関東方への配慮もあって応じなかった（「桑府名勝志」）。

八月二十九日、桑名より兵船を出し、豊臣家や毛利の軍船を迎え入れ、伊勢路への回漕を周旋した。志摩国善志郡国府村付近で九鬼守隆と交戦となったが、勝利を得なかった。

九月十五日、山岡道阿弥は福島正頼とともに伊勢長島城に在番していたが、桑名郡大鳥居に渡り、さらに桑名城に迫った（『朝野旧聞裒藁』）。

関東方への配慮もあって、桑名城の惣構えの諸門には番兵を配置しなかったので、町衆が張番に出た。やがて山岡道阿弥、福島正頼らの兵は深谷部に進み、汰上東方、上矢田、下矢田に放火し、桑名の西の山手に陣取った。これに対して町年寄は結束して、町中の者に警備を固めるよう指示した。

寄せ手は、町役人伊藤武左衛門実倫、同兵左衛門長好、味岡勘左衛門、同民部を呼び出すと、「開城しなければ町を焼き払う」と迫った。そこでやむなく行広の家老にかけ合ったが、開城の賛同は得られなかった。寄せ手は再度町役人を通じて「交戦になると町を焼くことになるが、どう思われるか」と申し入れさせると、行広は開城に同意し、番所に退去した（『桑府名勝志』）。

九月十八日、山岡道阿弥は行広、元政を伴い近江八幡に至り、家康に事の経緯を言上した。翌十九日、草津まで従ったが、許容されず、行広は池田輝政に、元政は福島正則に身柄を召し預けられた（『朝野旧聞裒藁』）。

十月九日、大久保忠隣、榊原康政、井伊直政から折紙が発給され、兄弟、妻子ともに、何処なりと当てがある先に居住することを許された。そこで播磨の池田家と若狭の京極家を往来して年月を送った（「先祖附」氏家甚左衛門）。

その後、剃髪して荻野道喜と号した。開戦に伴い家康から召し出すべしとの内意があったが「それがしは不肖の者であり、特に弓馬の道を捨てて十四、五年にもなる。武道において何ほどの事ができようか、御免あるべし」と言って辞退した（『朝野旧聞裒藁』）。

夏の陣に籠城（「東遷基業」）。既に老齢となっていたため、大将の任は辞し、御伽衆のように秀頼の御前に伺候したという（『翁草』）。

慶長二十年五月八日、秀頼に供して自害。享年七十歳（『土屋知貞私記』）。墓所は円通山興聖寺（『京都墓所一覧』）。金映山妙護国院三宝寺の夫婦供養碑によると、法名は松林院殿妙山泰全。

妻は京極高吉の次女で、生母は浅井久政の娘。長兄は京極高次、姉は芳寿院竜子、次兄は京極高知、妹は朽木宣綱の妻で、皆同腹。後に若狭に住んで西津と称せられた（『寛政重修諸家譜』、「大津篭城」）。三宝寺の供養碑によると、慶安二年五月十五日に死去。法名は松雲院殿高岸寿清日浄。

子の左近、内記および四男八丸は、切腹させられた。『武徳編年集成』は、左近を次男、内記を三男、『明良洪範』は、左近を嫡男、内記を次男とする。切腹の日について、『駿府記』は慶長二十年七月三十日、『元和年録』は同年七月二十九日、『京都墓所一覧』は円通山興聖寺における左近、内記、八丸の墓碑が伝える命日を同年六月十三日とする。切腹の場所については、「別本伊達家文書」延宝九年三月三沢頼母（秀三）殿由緒覚書、『元和年録』、『武徳編年集成』は京都妙覚寺とし、『駿府記』は妙顕寺とする。

南光坊天海の弟子となっていた末子は、天海の助命嘆願により宥免され、後に愛宕山康楽院の住僧となった（『武徳編年集成』）。『明良洪範』によると、天海の嘆願で助命されたのは三男で、後に天海の東叡山寛永寺入山にも供奉した。その後、山城で愛宕山康楽寺の住職となったとする。

娘は近江の住人赤尾伊賀守の子赤尾伊織に嫁いだ（「別本伊達家文書延宝九年三月三沢頼母殿由緒覚書」）。浅井郡の住人赤尾伊豆の子に、京極忠高の家臣赤尾伊織頼賢がある（『参考諸家系図』）。京極高次に仕え、知行三千五百石。後に四百二十三石の加増があり四千石（『雲隠両国太守京極殿給帳』、『京極高次分限帳』）。これと同一人物と思われる。

娘の古奈姫は、京極高次、常光院浅井氏の養女となり、大坂の陣後、近江国蒲生郡内の采地のうち三百石を分与された。正二位右大臣今出川宣季に嫁いだ（『寛政重修諸家譜』、「菊亭家譜」）。三宝寺の墓碑によると、明暦三年八月六日に死去。法名は高樹院殿林堂日宝大姉。

末娘は、兄三人、赤尾氏の妻、今出川氏の妻の妹。三沢頼母為基の子権佐清長に嫁ぎ（「別本伊達家文書」延宝九年三月三沢頼母殿由緒覚書）、寛永十七年に初子（後に伊達綱宗の側室）を産み（「伊達族譜」）、正保元年、三沢頼母秀三を産んだ。承応二年二月二日に死去（「別本伊達家文書」延宝九年三月三沢頼母殿由緒覚書）。あるいは承応二年閏六月二日に死去。法名は真善院妙賢日普（「伊達族譜」）。

養女は、三沢清長の妹紀伊、初め大坂城中にいた（「三沢家譜」）。後に伊達忠宗の室に仕え、落飾して日通と号した（「伊達族譜」、「別本伊達家文書」延宝九年三月三沢頼母殿由緒覚書」）。

〔注1〕卜全の娘として、美濃福東城主丸毛兵庫頭光兼の妻（「美濃国諸家系譜」）、美濃国安八郡青木村の住人青木隅右衛門直守の妻（「美濃国諸家系譜」）、秀吉の家臣寺西備中守直次（号は意閑）の妻がいた（「諸士家譜」）。また、三沢頼母為基の妻は氏家志摩守、内膳正兄弟の妹にあたり、姉が三、四人あった。年不詳十月十二日に死去（「別本伊達家文書」延宝九年三月三沢頼母殿由緒覚書）。

〔注2〕氏家源六元政は、卜全の次男。後に志摩守を称した。初め信長に近習として仕えた。天正十年十二月、謀反を企てた赤座助六、多田内頭を早速討ち取り、秀吉から褒賞された。近江国内で一万五千石を領知し、蔵入地五万石を預かった（「先祖附」氏家甚左衛門）。天正十八年、東国で手傷を負い、歩行もままならないため、八月、吉田兼見に祈祷を依頼した（『兼見卿記』）。文禄元年、兵二百五十人を率いて、肥前名護屋城東二の丸に後備《あとぞな》えとして駐屯した（『太閤記』）。文禄三年、伏見城普請助役。当時一万五千石（『当代記』）。慶長五年の戦役では、桑名城に籠ったため失領（『関原軍記大成』）。高野山へ立ち退いたが、十月九日には行動の自由を認められた。かねて懇意にしていた細川忠興の招聘により、慶長六年、豊前小倉へ下り、無役で馬飼料三千石を給せられた。剃髪して宗入と号した。大坂の陣では小倉に留守居した（「先祖附」氏家甚左衛門）。元和元年十一月四日に小倉で病死。享年六十五歳（『肥後読史総覧』）。法名は実相院日運宗入大居士。墓碑は熊本の妙永寺。妻は山岡美作守景隆の六女で、初め多羅尾久蔵に嫁ぎ、後に元政に再嫁した（『寛政重修諸家譜』）。娘は細川忠興の意向により、初め長岡興秋に嫁ぎ、死別後に飛鳥井大納言に再嫁した。『肥後読史総覧』に、再嫁先が飛鳥井持信とあるが詳細不明。『大日本近世史料 細川家史料』所載の元和八年二月二十三日付細川忠興の書状案によると、宗入は自分の知行のうちから五百石を添えて、娘をどこへでも縁付かせてほしいと遺言しており、忠興としては家臣の松野右京正照に嫁がせてはどうかという意向を示している。嫡男の氏家志摩守元高は、慶長十七年の誕生。子孫は細川家の家臣として続いた（「先祖附」氏家甚左衛門）。

〔注3〕卜全の嫡男は左京亮直昌。父の戦死後、大垣城を継ぎ、信長、秀吉に仕えた。天正十一年頃に病死（『新撰美濃志』、『信長公記』、「先祖附」氏家甚左衛門）。

奥《おく》源太郎《げんたろう》重俊《しげとし》

紀伊国那賀郡安楽川荘の住人。奥杢之助政友の兄。

大坂籠城。落城後、郷里に退去。

嫡男の奥九左衛門は、有馬の陣に従軍し、帰陣後、浅野長晟に知行三百石で仕えた。

郷里の家督は、九左衛門の舎弟奥兵治が継いだ（『高野山文書』奥家文書奥家伝来覚書写）。

奥宮《おくのみや》太郎左衛門《たろ(う)ざえもん》定盛《さだもり》

長宗我部元親の家臣奥宮治部盛之の次男。奥宮孫右衛門盛房の弟。

父の盛之は、奥宮若狭盛治の子。後に孫左衛門と改めた。慶長五年の戦役の時は津野の姫野々城に在番した。慶長十九年、長宗我部盛親より書状一通、盛親の家老中内惣左衛門より四、五通の書状を受領して土佐国幡多郡中村城の襲撃を画策した。しかし露見して山内忠義の派遣した部隊に逮捕され、長男の盛房とともに切腹させられた。

奥宮定盛は、慶長五年の戦役の時、まだ年少だったため長宗我部盛親に出仕していなかった。

慶長二十年春、大坂城に赴き、盛親へ奉公に出た（「奥宮先祖」、「奥宮之由緒」）。

四月九日夜、大野治長が大坂城中で襲撃された（『駿府記』）。下手人の同類喜之助が、盛親家中の縁者を頼って逃げ込み、すぐにまた逃亡した。これにより盛親の関与が疑われたため、盛親は奥宮に方々を捜索するよう指示した。奥宮は喜之助の縁者石田左衛門を連れて捜索に出向き、船場の車庫場で喜之助を発見し、何とか言いくるめて連れ戻した。喜之助は二、三日詮議を受けた後、縄をかけて治長へ引き渡された。

五月六日、八尾表に出役。国吉五左衛門らとともに中備えにいた。中備えから旗本へ引き揚げる際、少し遅れて退き、八尾の南の堀端で敵と鑓を合わせた。敵が踏みはずして堀へ転落したところを乗りかかって首を取った。その功名は藤堂家中でも知れ渡った。

元和二年秋、藤堂高虎が大坂の陣における軍功を吟味するよう指示したため、伊賀上野の石田清兵衛方に往時の敵味方が寄り合い、事実確認が実施された。吟味の結果、同年十一月二十二日、藤堂家に仕官することとなった〔注〕。

その後、牢人となり、寛永十二年十一月十三日付で由緒書を提出し、下総佐倉の堀田正盛に仕えた。

慶安三年四月十六日に佐倉で病死。

長男の奥宮忠左衛門盛務は、家督を継がず、寛永十八年七月十八日に病死。

長女は田代宇左衛門に嫁ぎ、延宝五年一月十日に病死。

次男の奥宮太郎左衛門盛常は、堀田家で稲葉右衛門組に属し、使番を務めた。万治三年に堀田正信が改易されたため、寛文七年に上野安中の堀田正俊に知行百五十石で仕え、さらに佐倉の松平乗久に知行二百石で仕えた。天和元年一月二十一日に死去（「奥宮先祖」、「奥宮之由緒」）。

〔注〕藤堂家が、伊賀で敵味方含めた大坂の陣に関する軍功吟味を実施したことは、「安田徳友書付」（『土佐国蠹簡集木屑』所載）でも確認される。吟味の結果、元和二、三年に豊臣牢人の真野豊後、湯浅右近、丹羽勘解由、槙嶋監物が召し抱えられると同時に、長宗我部牢人も吟味の結果十四、五人が召し抱えられた。しかし、既に幕府は元和元年八月二十四日付で大

坂新参牢人の召し抱えを禁止していた（『旧記雑録後編』）。改めて幕府から大坂新参牢人を諸家中で抱え置くことを禁止する通達があり、長宗我部牢人については解雇となった（『高山公実録』）。大坂新参牢人の召し抱えを禁止する再度の通達は、元和四年の発出と推定される（『譜牒余録』）。

奥杢之助政友《おく もくのすけ まさとも》

紀伊国那賀郡安楽川荘の住人。奥源太郎重俊の弟。高野寺領の地士。

大野治房より、秀吉の女中を妻として下げ渡され、その他厚恩を蒙ったので、大坂城に籠り、慶長二十年五月に戦死したという（『高野山文書』奥家文書奥家伝来覚書写、『南紀徳川史』）。

ちなみに、『高野春秋編年輯録』に、慶長二十年四月、高野寺領地士奥出羽守、同弥兵衛が大坂城中に馳せ参じて真田信繁に属したとあるが、奥出羽守義弘、弥兵衛重政、弥兵衛重吉の三代は大坂に籠城していない。

また『土屋知貞私記』によると、紀州根来の者こみちや（小密茶）が、足軽百人を引き連れて大坂籠城している。年の頃は六十歳ほどで、慶長二十年五月七日に退去とある。浅野長晟の『元和五年侍帳』に、八島出雲守組に属する奥小みつちや（知行三百石）の名があり、これとの混同であろうか。

小倉監物《おぐら けんもつ》

木村重成組に所属。鉄砲頭。足軽二十人を預かった。黒羅紗羽織を着用。

慶長十九年十一月二十六日、今福口合戦に出役。奥の柵内で戦死（「高松内匠武功」、「高松内匠贈答扣」）。

「佐竹家大坂今福戦争記」に、蔵奉行小倉監物は、今福口合戦で佐竹義宣の家臣高屋五左衛門に討たれたとあるが、信憑性に欠ける。

小倉作左衛門《おぐら さくざえもん》

蒲生氏郷（注1）の甥（『土屋知貞私記』）。家系や系図で比定すべき人物については、判然としない点がある（注2）。

「氏郷分限帳」（「蒲生家系図由緒書」所載）によると、小倉作左衛門の父は小倉豊前守とされる。豊前守は佐久良城主で、初め近江佐々木氏、後に蒲生氏に属し、氏郷の代には九千五百石を領知した。また「野矢文書」によると、天正十二年十一月十三日付で小倉豊前守実隆が、野屋□兵衛に伊勢で百石の安堵状を発給している。『会津四家合考』によると、天正十八年十一月、葛西大崎一揆退治の際、小倉豊前守実隆と同息孫作は、黒川を警固している。「新撰青地本末家譜」によると、小倉豊前守実隆の娘は、元亀三年一月十一日に誕生し、後に青地元珍（氏郷の叔父青地茂綱の子）の妻となった。晩年は剃髪して宗甫と号し、慶安四年一月二十九日に死去。享年八十歳。この豊前守実隆は作左衛門の父豊前守某と同一人物と考えられる。『近江蒲生郡志』で永禄七年に戦死したとされる三河守実隆とは、年代的に別人である。

小倉作左衛門尉は、小倉豊前守某の嫡男（『氏郷記』）。初め孫作、後に作左衛門を称した（『蒲生系図』）。佐左衛門ともあるが、作を佐と誤記、誤読したものである。慶長三年二月二十一日時点の署名には小倉作左衛門尉良清とある（「岩代国古文書」）。

天正十八年二月、蒲生氏郷の小田原出陣に供奉（「武辺咄聞書」）。

十月、葛西大崎一揆退治の際は、父の

豊前守とともに黒川を警固（『会津四家合考』、『蒲生氏郷記』）。

天正十九年七月九戸一揆退治の際、蒲生喜内、北川平左衛門とともに十三番手、後備え左翼として出陣。父の豊前守は会津留守居を務めた（『氏郷記』）。

この頃、南山城主となり、六千三百石を領知した（「蒲生氏会津家士名簿」）。南山における作左衛門尉の領地は、寺花村二百六十二石五斗三升、奈良原町内の三百七十四石一斗四升、原村四百三十三石七斗三升、湯原村千百五十七石一斗四升、長野村四百九石八斗六升、荒町五十五石五斗二升、小屋村二百四十七石二斗一升、中荒井村四百二十四石九斗五升、宮本村千三百三十六石五斗七升、金井沢村二百九十六石五斗、高野村三百九十七石八斗二升、上三依村二百九十七石四斗、立岩村内の四百六石六斗三升（「文禄三年七月猪苗代南山津川伊南伊北高目録帳」）。

文禄四年二月に氏郷が死去したため、二月九日付で秀吉は、遺臣の関右兵衛、田丸中務少輔、蒲生源左衛門、町野左近助、蒲生忠右衛門、蒲生四郎兵衛、北川平左衛門、蒲生左文、蒲生喜内、小倉作左衛門、佐久間久右衛門に遺児蒲生鶴千代の輔弼《ほひつ》を命じた（『氏郷記』）。

四月十六日、蒲生鶴千代と家臣は、豊臣秀次に進物を献上した。作左衛門の献上品は、杉原紙十束（『駒井日記』）。

この頃、引き続き南山城主として、一万石を領知した（「蒲生氏会津支配帳」、「蒲生家系」所載「蒲生飛騨守藤原秀行卿家中分限帳写」）。

慶長三年に蒲生秀行は宇都宮十八万石に移封され、慶長六年に会津六十万石に復領した。蒲生家の会津復領に伴い、南山城主に復し、九千石を領知した（『氏郷記』）。

慶長八年五月七日付で毎年六月十五日の牛頭天王《ごずてんのう》の祭礼再興を免許した（『田島町宮本室井家文書』）。

慶長十四年、出頭人の岡重政と蒲生郷成の対立が家中を二分するほど激化し、郷成に与党した結果、牢人となった（『氏郷記』）。

慶長十九年、大坂城に籠り、侍大将を務めた（『土屋知貞私記』）。福島の堤や川口の守将となった。大野治長の手勢も加わり、船奉行が管掌する盲船二艘、その他兵船を並べて警固した。

十一月二十九日夜、石川忠総、九鬼守隆、向井忠勝らが、暗闇と降雨に紛れて堤の陰から福島の番所に忍び寄り、一気に守兵を追い払い、首七級を斬獲、二、三人を生け捕った。また船二艘を鹵獲《ろかく》し、大鳥毛の出し付きで四尺四方の白練絹に黒く三階菱の紋を染め抜いた船印の旗も分捕った（『難波戦記』、『大坂御陣覚書』、「大坂冬陣記」）。

慶長二十年、明石掃部頭組に所属（「大坂濫妨人并落人改帳」、「北川次郎兵衛筆」、『難波戦記』）。

五月六日、道明寺表合戦で後藤又兵衛、薄田隼人は討たれ、北川次郎兵衛、山川帯刀らの備えは追い崩された。明石掃部頭、長岡興秋、小倉作左衛門が、後詰として石川河原を前に陣取り、先手の敗残兵を収容した（『慶長日記』）。その後、真田信繁も戦場に到着し、伊達政宗勢と激戦になった。この時、明石の手から小倉作左衛門が一番鑓を入れ、敵を追い立て数多を討ち取った（「北川次郎兵衛筆」）。

五月七日、明石掃部頭、若原勘大夫、塩川清右衛門らとともに船場、生玉方面に出役（「大坂記」）。

落城後、牢人のまま死去（『土屋知貞私

記』)。

小倉作左衛門尉の妻は蒲生賢秀の娘で、氏郷の妹(『氏郷記』)。南山で奈良原町二百石を領知(「文禄三年七月猪苗代南山津川伊南伊北高目録帳」)。慶長十一年五月二十四日、当時壮年であったが、国元で患い、曲直瀬道三に薬を求めた。九月に上洛して道三に受診し、十月十六日にも再度受診した(「玄朔道三配剤録」)。慶長十四年三月十七日、廷臣の西洞院時慶を訪問した(「時慶卿記」)。

〔注1〕蒲生氏郷の妹は南部利直の室。実は氏郷の伯父の南山城主小倉作左衛門行隆の娘(「宝譜伝万茎」)。あるいは蒲生賢秀の養女で、実は賢秀の弟小倉豊前守の娘ともされる(『氏郷記』)。天正九年に誕生(「宝譜伝万茎」)。二歳より蒲生家にて実女同然に養育された(「篤焉家訓」)。南部利直に嫁ぎ、慶長十一年三月九日、江戸で世子の重信を産んだ。寛文三年七月二十六日に江戸桜田の公邸で死去。享年八十三歳。葬地は衆宝山光台寺(「宝譜伝万茎」)。法名は源秀院殿宝誉正玉大姉(『奥南旧指録』)。

〔注2〕小倉氏の家系は、代々近江国蒲生郡東桜谷村佐久良に居城を置き、蒲生氏と婚姻を重ねてきた。弘治三年、小倉越前守実光が死去して子がなかったため、蒲生定秀が自身の三男実隆に実光の跡を継がせた。小倉実隆は三河守、左近将監を称した。永禄七年三月十六日に戦死。法名は前参州太守玖翁秀公大禅定門(『近江蒲生郡志』)。『小倉氏系図』によると、実隆には以下の四男一女があった。長男の小倉左近大輔実資は、後に紀伊守を称した。文禄二年十月八日に死去。次男の小倉作左衛門尉行春は、元和元年一月二十日に死去。法名は春景休甫。三男は小倉豊前守盛実。四男は小倉丹後守夏辰。長女は高木筑後守盛政の妻。実隆の長男実資には、小倉豊前守実貞という子がいた。また、実隆の次男行春には以下の三男があった。長男は小倉十右衛門行元。次男の小倉作左衛門行実は、寛永元年十一月十八日に死去。法名は浄国威通禅定門。三男は小倉孫作実惟。行春の次男行実には、以下の二男一女があった。長男は小倉作右衛門行貞。長女某。次男は小倉作之丞実清。一方『東桜谷村左久良仲明寺文書』によると、小倉氏の四代目は奥師城を築き、永禄七年三月十六日に死去。法名は前□州大守珍翁秀公大禅定門。五代目は奥師城主となり、文禄二年十月八日に死去。法名は左近進藤少室桐林菴主。六代目は西ノ屋敷城主となり、法名は前豊州太守徳林幸威居士。七代目の小倉作左衛門は、会津南山城主となり、元和元年一月二十日に死去。法名は春景休甫大禅定門。その妻は春香院殿梅岩宗清大姉。『東桜谷村左久良仲明寺文書』における小倉氏の四代目から七代目は、順に『小倉氏系図』における実隆、実資、実貞、行春に相当すると考えられる。その場合、七代目(作左衛門行春に比定)は、甥である六代目(豊前守実貞に比定)の跡を継いだということになる。『小倉氏系図』や『東桜谷村左久良仲明寺文書』によれば、大坂に籠城した作左衛門は、行春に相当すると思われるが、元和元年一月に死去とされている点が合致せず断定はできない。また、大坂に籠城した作左衛門を氏郷の妹婿小倉作左衛門尉に比定しても違和感はないが、『土屋知貞私記』に、氏郷の甥とあることから、『小倉氏系図』における小倉作左衛門行実に相当する人物の可能性も否定できない。

小倉要盛《おぐら ようせい》

近江の人。小倉木工頭実喜入道道盛の子。

浅井家断絶後、慶長十九年に大坂城に籠り、秀頼に仕えた。落城後、流浪した。

娘は毛利輝元の家臣熊谷就実の後妻となり、宍戸広宗、熊谷直久、熊谷元貞、粟屋元忠の妻を産んだ（「長陽従臣略系」、「熊谷帯刀元貞家譜」）。

小河九郎右衛門《おごう くろ(う)えもん》

慶長十九年十一月二十九日、博労淵砦が急襲されたとき、平子主膳父子、小河四郎右衛門、渡辺金大夫、辻仁右衛門、矢野理左衛門らとともに防戦した（「森古伝記」、『豊内記』、『難波戦記』）。

ちなみに「輝澄家士分限帳」（「池田氏家譜集成」所載）に、小川九郎右衛門（知行五百石）の名が見える。また『松山歴俸略記』に、小川九郎右衛門は、正保元年、伊予松山の松平定頼に知行七百石で仕え、足軽頭となったとある。これらが小河九郎右衛門と同一人物かは不明。

小河四郎右衛門保正《おごう しろ(う)えもん やすまさ》

小河図書頭保重の長男。

祖父の小河美濃守保定は、初め播磨国赤穂郡小河庄の駒山城主で、後に同国宍粟山中淡河城に移り四千貫を領知したという。天正八年、別所長治の滅亡の際に戦死。妻は本願寺顕如の娘で、夫の戦死後、実家に避難したという。

父の保重は、親が戦死した時、五歳で、母の実家本願寺で外祖父の顕如に養育された。十八歳の時、毛利高政に仕えた（『衆臣家譜』）。妻は毛利九郎左衛門高次の娘（毛利高政、毛利吉安兄弟の次妹）で、小河保正、喜主座（東福寺の塔頭正広庵第八世）、粕屋助兵衛（紀伊徳川家の家臣）の妻、小河権左衛門、近松宗佐（京都住人）の妻、小河五左衛門（注）、畑牛之助（越前松平家の家臣）の妻を産んだ（『後室系図』）。

小河保正は、天正十三年に誕生。

慶長十九年、牢人として大坂城に籠り、薄田隼人正と相組で物頭を務めた（『衆臣家譜』）。

十一月二十九日、蜂須賀正鎮、池田忠雄らが博労淵砦に急迫した際、真っ先に進み出て鑓を合わせ、数多を突き落とした。しかし、投げ付けられた鑓に頬を貫かれたため退いた。小河に続いて砦の番将平子主膳や渡辺金大夫、小川九郎右衛門など十人ほどが奮戦した（『豊内記』）。小河を突いた者については以下の両説がある。

(一) 森九左衛門とする説

蜂須賀家の森氏純は、一族十四、五人で、敗走する砦の兵を追撃した。小河は名乗りをあげて殿《しんがり》となり、橋の上に踏み留まって十文字鑓を振るった。氏純の家人森九左衛門が氏純の持替の鑓を突き出し、小河の頬を貫いた。小河は堪らず鑓を捨てて退却した。小河の鑓は氏純が分捕り、同家の子孫に伝えた。九左衛門は自身の軍功を氏純らが取り上げないことを不満とし、氏純の持替の鑓を持って逐電した（「森古伝記」）。

(二) 横川次大夫重陳とする説

池田家の横川重陳は、小河の内兜に鑓を突き入れ、少々手傷を負わせた。大坂方の同勢が小河を救わず敗走したので、小河も退却した（『雪窓夜話』）。後年、池田輝澄から横川に「小河四郎右衛門という牢人が、博労淵でその方と鑓を合わせたと申し立てており、今般、渡辺勘兵衛了の肝煎で召し抱える予定であるが、覚えているか」との照会があった。横川は「小河四郎右衛門と名乗りはしなかったが、私が平子主膳と鑓を合わせる前に、敗走する守兵の中で一騎踏み留まる敵と鑓を合わせ、頬当の中に突き入れました。その敵が小河であるならば、頬に傷があるはずです。見事な武者振りでした」と回答した。これをふまえて池田家で吟味したところ、小河は「さても横川は確かなる者です。いかにもその節、横川に突かれて左の頬に傷が残っています」と申し立て、二千五百石での召し抱えが決定した（「鳥取池田家記」所載「横川陳孝家譜」）。

＊

慶長二十年五月、薄田隼人正とともに組頭として戦った。落城により退去した（『衆臣家譜』）。

元和九年閏八月二十八日、幕府は大坂籠城の新参諸士を赦免した（『浅野家文書』）。

九月二十一日付で、細川三斎は子の忠利に以下の趣旨の書状を送り、かねて約束の小河らの召し抱えについて確認した。「大坂牢人の赦免について、板倉重宗の書状の写しをいただき拝見した。ついては小河四郎右衛門、熊谷権大夫、長屋安左衛門を国元で召し出したいと思う。内々約束の通り知行をいただけるか、そちらの返事次第とする」。

忠利は九月二十三日付で以下の趣旨の返書を送り、召し抱えに難色を示した。「大坂牢人について公儀から赦免があった上は、こちらで対応すべきところですが、拙者には目下古い借銭がそのまま残っており、一昨年以来の借銭は千貫目余りにもなっています。当年中には清算しなくてはならない先が多いので、右の牢人についても、召し出すとお返事されて困っております」（『大日本近世史料 細川家史料』）。

三斎は九月二十三日付で忠利に以下の趣旨の返書を送り、不満を示した。「御返事を披見した。四年以前に隠居した時、小河、熊谷、長屋については江戸で魚住伝左衛門、続少助、長船十右衛門を通じて、もし今後、大坂牢人が御赦免になったら知行を遣わすようにとそちらに頼んだところ、了解との返事があったと認識している。また、二十一日の御書状で、大坂牢人の召し抱えを認める板倉の書状の写しをいただいたのは、『召し寄せたい者もあろうかと存じて、こちらに知らせた次第』と承っていた。それ故、三人の者に約束の通り知行を遣わしていただけるなら、呼び寄せようと思い、そちらに照会したところ、意向は尊重したいが、当面の借銭返済のため、三人の召し抱えはすぐには対応できない由、予想外の返事で困却している。近頃はそちらで高い知行の者など召し抱えているので、他の者にもやれる知行くらいあるものと思い込み、迷惑をかけてしまった。三人の者は所詮小身者なので、私の無役の知行から直接分け与えることとするので気遣いは無用である」（『綿考輯録』）。

九月二十五日晩、三斎の返書を読み、考え直した忠利は、九月二十六日付で以下の趣旨の返書を送って謝罪した。「板倉殿の書状の写しを進上した際、三人の者を召し寄せられますようにと申し上げるべきところ、見合わせていただくようにと頑なな書面を送ってしまい、お詫びの言葉もございません。かねての御約束を違えることになっては、世間への聞こえもよろしくなく、家中の者の受け止めもいかがと思われるので、是非とも知行は拙者の方より遣わすことにさせてください。そちらの知行から直接分け与えられてはますます困ってしまいます」(『大日本近世史料 細川家史料』)。

　こうして細川忠利に召し抱えられ、知行千石を与えられ、三斎に付属された(『綿考輯録』)。『衆臣家譜』に知行千五百石、大組に列せられ、足軽を預かったとあるが、『妙解院殿忠利公御代於豊前小倉御侍帳并軽輩末々共ニ』には知行千石とあり、これが正しいと思われる。

　寛永九年十月四日、細川忠利の肥後転封に伴い、三斎から小河と乃美主水、志方半兵衛が、肥後八代に先遣され、十二月十九日、八代に到着した。三斎は二十二日に八代へ到着し、二十五日辰刻に入城した。

　小河の家屋は熊本城の二の丸にあった。後に暇を乞い、細川家を立ち退いて、播磨宍粟の池田輝澄に召し抱えられた(『綿考輯録』)。

　知行は三千石で、うち千石は無役。鉄砲の者三十人を預かった(「池田氏家譜集成」)。

　宍粟池田家への仕官は、渡辺了の肝煎によるとも(「鳥取池田家記」所載「横川陳孝家譜」)、輝澄の寵臣菅友柏の推挙によるともいう。家中では五千石の伊木伊織に次ぐ大身で、両人が執政となった。

　宍粟池田家は、加封に伴い新規召し抱えの家臣と、旧来の家臣との間で軋轢《あつれき》が内在していた。これが寛永十六年七月、銀子の私的な貸借に伴う紛争が端緒となり、伊木と旧来の家臣を中心とする一派と、菅、小河らの一派に家中が二分する騒動にまで発展した。伊木の出訴により、池田家中の騒動は幕府が直接裁決することとなった。

　七月一日、江戸の評定所で双方の主張が聴取され、翌二日、江戸には双方による直接対決が行われた。出頭を命ぜられた池田家の家臣は、当座各大名家に預けられ、小河は別所六左衛門、牛尾四郎左衛門とともに池田光仲へ召し預けとなった(「池田氏家譜集成」、『史料稿本』所載「寛永日記」、『吉備温故秘録』)。

　七月二十二日、細川三斎は、子の忠利に宛てた手紙の中で「小河は総じて道理に適わぬ者だった」と慨嘆した(『大日本近世史料 細川家史料』)。

　七月二十六日、評定所の裁決により、伊木親子三人やその与党十一人の物頭は切腹、菅親子三人は斬罪、その他は召し預けや追放に処された。小河は家老の立場でありながら、紛争を収拾せず、別所六左衛門に肩入れしたため事態が悪化、その上、菅友柏と一味して騒動に発展させた対応のまずさも咎められた。ただし、主君への忠誠心は認められ、相馬義胤に召し預けとなった(「池田氏家譜集成」、『史料稿本』所載「寛永日記」、『吉備温故秘録』)。

　七月二十九日、幕府から相馬義胤に対して小河の召し預けが示達された。

　八月三日、小河は江戸より中村に下向した。相馬家から村田半左衛門、小野田七郎左衛門、歩行羽根田善兵衛、西市左衛門、草野弥五右衛門が同道した。中村では三十人扶持が給せられた。

　正保元年一月一日、相馬義胤へ樽代百疋を献じて年始を賀した。

　寛文五年十月十八日に病死。享年八十歳(『相馬藩世紀』)、または八十一歳(『衆臣家譜』)。公儀からの預け人の病死であるため、相馬家では幕府の判断を仰ぐべく、老中江藤田源六が使者として江戸に派遣された。その間、昼夜四人が遺骸の番をした。江戸からは「検使の派遣には及ばず、在所の出家、百姓、町人に遺骸を見届けさせ処理するように」との沙汰があった。よって病死に間違いない旨の証文を調え、宝月山東泉院へ葬り、幕府に報告した(『相馬藩世紀』)。法名は堅報宗劍。

妻は西本願寺所縁の娘で、慶安三年八月七日に死去。法名は花庭妙槿。

長男の小河四郎兵衛保村は、父とともに中村へ下向し、寛文七年七月二十三日、家光の十七回忌の大赦により弟保範ともども赦免された。それより仕官せず上方にいた。子がなく断絶。

次男の小河新八保申は、美作津山で病死。

長女は、宇和島伊達家の家臣梶谷助左衛門の妻。

次女は、池田家の家臣遠藤又兵衛の妻。

三女は、秋田家の家臣秋田仁左衛門の妻。

四女は、相馬家の家臣木幡庄兵衛盛清の妻。

三男小河新五左衛門保範は、初め新五郎を称した。兄ともども赦免され、相馬忠胤に召し出され、標葉郡両竹村内で知行二百石を与えられた。貞享三年十一月十七日に死去。享年四十三歳。法名は安宗寛心。妻は岡源右衛門の娘。

子孫は相馬家の家臣として続いた。家紋は輪違に三つ引、上羽蝶、左三巴(『衆臣家譜』)。

〔注〕小河五左衛門景保は、保重の四男。初め伊達秀宗に仕えたが、後に牢人となった。寛永十五年、有馬の陣で細川家の家老長岡興長の手に加わり、軍功があった。後に森長継に知行千五百石で仕えた。また去って細川忠利に仕えたが、その後暇を乞い、讃岐金比羅に隠居した。延宝七年九月五日に死去。享年七十九歳(『衆臣家譜』、『後室系図』)。

納淡路守長正《おさめ　あわじのかみ　ながまさ》

阿波三好氏の裔。大坂の陣で戦死。

子の納作兵衛長次は、落城後、舟越永景の客分となり、地方知行二百石を与えられ、後には家老を務めた(「鳥取藩政資料藩士家譜」納武久家)。

尾嶋三右衛門《おじま　さんえもん》

井伊直勝の家臣。

牢人となり大坂籠城。十二月四日朝、井伊直孝の家臣木村久太夫が城中へ矢を射込んだ。すると三右衛門が塀裏の板に上り、胸だけ出して久太夫に言葉をかけたが、久太夫の再度射た矢が三右衛門の腕に当たり塀の中へ転落した。和睦後、三右衛門は、この時の矢を久太夫に送り返した。矢は直孝に披露され、久太夫は称誉された(「道夢聞書」)。

尾関喜助《おぜき　きすけ》

秀吉に仕え、文禄元年、肥前名護屋城に在番し、本丸広間番馬廻衆一番の伊東長次組に所属(『太閤記』)。

次いで秀頼に仕え、大坂七組の伊東長次組に所属。知行四百石(『難波戦記』)。大坂籠城。

子の尾関伴十郎は、長次に仕えた。その子孫の尾関十郎左衛門が元文年中に退去し、いったん断絶したが、後年、小寺二階堂氏より斧太郎を迎え、名跡を再興させた(『御家士記録』)。

小瀬茂兵衛《おぜ　もひょうえ》

元秀吉に仕えていた牢人。

慶長末年、大野治長の指図で、熊野で一揆を催した。峰火富士山の幟を押し立て、村々在々を切り従え、城主浅野忠吉が不在の新宮城に攻めかかった。大坂出陣中の浅野長晟は、熊沢兵庫に鎮定を命じた。熊沢は組下を率いて熊野に出張すると、一揆勢は吉野川を前にして大野村丸山に陣取って戦った。熊沢は一番に川を乗り渡り、大将小瀬に切りかかった。小瀬は山の高みにおり、熊沢は下におり、互いに切り結ぶところ、小瀬が飛びかかって組み合い、両人ともに山から三、四間転び落ちた。熊沢は小瀬を組み敷き、首を取ろうとしたが、下からはね返され、また四、五間ほど転び落ちた。しかし、ついには熊沢が小瀬を組み敷き、首を取った。小瀬は総髪で、身長は六尺ばかり。年の頃は五十歳ほど。熊沢は功により戦後八百石を加増され、合計二千八百石を知行した（『温故集録』所載「熊沢兵庫之事言上書」）。

織田有楽《おだうらく》

織田信秀の十一男。淀殿の叔父。若名は源五。諱は長益。如庵有楽と号した。従四位下侍従に叙任。

天文十六年に誕生（『尾州法華寺蔵織田系図』）。

摂津国嶋下郡味舌二千石、大和国式上、山辺両郡のうち二万七千八百石余、合計三万石を領知した（『寛政重修諸家譜』、「庁中漫録」所載「寛永七年高付大和国著聞記」）。大坂城二の丸東方に上屋敷があった（『片桐家秘記』）。下屋敷が天満川崎にあった（『柳本織田家記録』）。元和年中、同所に九昌院建国寺が建立された（『摂津名所図会』）。

千利休に茶道を学び、有楽流茶道の始祖（『茶道系譜』、『大日本史料』所載「有楽流茶道」）。天満川崎の橋より四丁目に茶亭があった（『松屋会記』）。

慶長十七年十一月十九日、秀頼が天満の有楽の屋敷で開かれた茶会に来臨した。相伴は細川元勝、片桐且元。

慶長十八年九月二十七日、秀頼が再度有楽の屋敷で開かれた茶会に来臨した。相伴は大野治長、武野宗瓦（「有楽亭茶湯日記」）。

慶長十九年、大坂城中にいて、和睦の交渉に与った（『譜牒余録後編』）（「大野修理大夫治長」の項参照）。

慶長二十年四月十三日、子の尚長を伴い大坂城を退去し、名古屋で家康に伺候した（『駿府記』）。その後、京都に退隠し、子の長政、尚長へ各一万石を分与し、残る一万石を養老の料とした。

元和七年十二月十三日、中風を患い京都東山で死去。享年七十五歳。法名は正伝院殿如庵有楽居士（『寛政重修諸家譜』、『本光国師日記』、「織田家雑録」）。

正室は、平手中務少輔政秀の娘。元和九年十一月十六日に死去。享年七十五歳。法名は霊仙院殿蓬丘清寿大姉（『鹿苑日録』、『大日本史料』所載「正伝永源院文書」）。

長男の織田河内守長孝は妾腹。別知として美濃国内で一万石を領知。慶長十一年七月五日に死去。行年三十五歳。法名は照巌玄高。室は前田利常の養女。前田長種の娘で前田利常の姪。

次男は織田左門頼長。

三男の織田右衛門佐俊長は妾腹。初め僧となり、妙心寺大雲院に居住したが、後に勝手に還俗したため、父の不興を被った。正保元年に死去。

四男の織田丹後守長政は妾腹。元和元年八月十二日、父の領地大和国式上、山辺、摂津国嶋下三郡のうちで一万石を分封された。元和八年、式上郡戒重を居所とした。寛文十年二月十八日に死去。享年八十三歳。

五男の織田武蔵守尚長は妾腹。元和元年八月十二日、大和国式上、山辺郡のうちで一万石を分封された。後に式上郡柳本を居所とした。寛永十四年十一月三日に死去。

六男の宥閑は妾腹。勧修寺光豊の猶子。愛宕山大善院の主務となった。承応二年六月十五日に死去。享年五十九歳。

長女は、松平左馬允忠頼の妻。

次女は、湯浅右近将監直勝の妻。母は福生院。

三女は、津川左近将監近治の妻（『寛政重修諸家譜』、『尾州法華寺蔵織田系図』、「大和芝村織田家譜」、「大和柳本織田家譜」、『系図纂要』、『華頂要略』、『大日本史料』所載「正伝永源院文書」）。

織田左衛門尉《おだ さえもんのじょう》

諱は信次（『難波戦記』）、長政とされる（「諸方雑砕集」、「摂戦実録」）。

慶長十九年、大坂籠城。城東警固の頭分として八千人を指揮。

慶長二十年五月七日、天王寺口、岡山口間へ出役（『難波戦記』）。

織田右衛門尉長次、孫十郎宗政親子との関係は不明。

織田左門頼長《おだ さもん よりなが》

織田有楽の次男で惣領。母は正室平手中務少輔政秀の娘。

字は孫十郎。小字は左門。諱は秀信とも。従四位下侍従に叙任（『寛永諸家系図伝』、『寛政重修諸家譜』、「大和柳本織田家譜」、『尾州法華寺蔵織田系図』）。

慶長十四年時点、同十八年時点および開戦直前では津田氏を称している（「至鎮様御代草案」、『慶長十八年木下延俊日次記』、『大日本史料』所載「大伴来目雄氏所蔵文書」、『高山公実録』所載「秘府蔵書」）。籠城中は織田氏を称した。

籠城以前、京都に浪居中は、初め土用坊、その後、ひょく斎と号した（『大坂陣山口休庵咄』）、慶長十七年頃までに剃髪して、籠城中も含めて雲生寺と号した（『黄薇古簡集』、『慶長十八年木下延俊日次記』、『大坂陣山口休庵咄』）。大坂城から退去した後は、道八と号した（『大日本史料』所載「山城正伝永源院蔵文書」）。他に山花老人、一谷山人（『茶道筌蹄』）。

天正十年に誕生（『尾州法華寺蔵織田系図』）。

慶長十一年二月十一日、本願寺の法会に出向いた（『重要日記抜書』）。

六月二十四日、津田信成、稲葉通広、天野雄光、寺沢半左衛門、園田平六らとともに洛外愛宕山に参詣した帰路、賀茂付近で後藤長乗の妻の輿に行き当たり、輿の戸を開いて狼藉に及ぼうとしたが、輿に同行していた後藤光乗から大いに叱責されたため、恥じ入って退散した。

七月、長乗は賀茂付近での狼藉を幕府に出訴した。これにより、津田、稲葉、天野、寺沢、園田は領地を没収され、左門は有楽の家督に立つことを禁じられた（『武徳編年集成』）。

慶長十三年一月二日、秀頼の名代として駿府城に伺候し、家康に嘉議を述べた（『武家事紀』、「家忠日記増補追加」）。左門が秀頼の使者として伺候した時、徳川家の家老衆は玄関で出迎えた。左門は家老衆に「迎えに出られたか」と立ちながら非礼に振る舞い、書院に進み、いかにも尊大な顔つきで上座に座った。元々変わり者で有名だったので、小姓衆は覗き見て秘かに笑っていた。その様子を見た左門は、小姓衆に「茶を持って参れ」と頭ごなしに命じた。その態度を憎んだ小姓衆は、大茶碗に熱い茶を捧げ持ってきた。すると左門は知らぬ顔で暫く受け取らず、捧げた小姓が耐え切れなくなったところで茶碗を取り上げ、「熱くて飲めぬわ」と、家老衆列座の前で投げ出し、座敷を汚した。その後、出御した家康への答礼が済むと、帰り際に左門は見送りの家老衆を差し招き、辞儀を厚くして「先刻は上使であるため、やむなく無礼の段もあったが、今は元の左門になりました」と挨拶した（『烈公間話』）。

『当代記』によると、大坂衆織田有楽の子羽柴左門が、慶長十三年八月一日、旧冬の駿府城失火見舞として、家康に晒五十疋を献上した。羽柴氏の授与については実否不明。なお、『豊国大明神臨時祭日記』によると、羽柴左門が慶長九年八月十三日、豊国社臨時祭礼の馬揃えに馬一疋を供出しているが、これも頼長と同一人物かは不明。

慶長十四年七月、猪熊教利ら公卿と官女の姦淫が天皇の耳に達し、関係した公卿、官女が処罰された。主犯の猪熊は逃亡した。逃亡には左門が関与していたため、猪熊と同罪視された。なお、左門は既に当代歌舞伎者の第一人者と目されており、同時に茶道を好み、尺八も精妙だった（『当代記』、『武徳編年集成』）。

七月、猪熊の一件に関して江戸に召喚され、詮議を受けたが、弁明が通り京都への帰還を許された（『慶長見聞録案紙』）。猪熊は日向で逮捕され、九月十九日、京都に送還された（『大日本史料』所載「時慶卿記」）。左門は九月時点では出仕停止、親の有楽とも仲違いの状態となっていた（『至鎮様御代草案』）。

以後、牢人となり京都五条付近に居住した。初め土用坊、その後、ひょくさい坊と称した（『大坂陣山口休庵咄』）。剃髪して雲生寺と号した（『尾州法華寺蔵織田系図』）。河内国交野郡渚村に閑居し、小座敷の壁を切り抜いて窓とし、八幡山、淀川の景色を掛物の代わりとした。細川三斎も訪れ、「住居面白し」と感心したという（『茶事秘録』）。

慶長十七年閏十月十九日付で、甥の織田長則に以下の趣旨の書状を送った。「鶴一羽を、遠路持たせていただきました。そちらの知行所では当年全く捕獲できないところを、方々に求めていただいた由、うれしく存じます。鷹は無病で届きましたので、すぐに手なずけてやりたいと思います。なお、拙子も近頃はひどく病気がちで、野にも出られずにおります」（『黄薇古簡集』）。

ある時、織田河内守の宅で左門は牢人鈴木道休と口論になり、鈴木に小鼓を投げつけたことがあった。それから鈴木は常に左門を討とうとしたが、その機会がなかった。その後、左門が大坂城に向かうと聞いて跡を付けたが、ついに果たせず、枚方付近で書き置きを遺して自害した。それから左門は何となく風流者となり、城中でも奇行が続いた。世に「有楽の左門」と称された（『武家事紀』）。

慶長十八年二月二十日、京都二条の木下延俊邸を訪問した。四月二十八日、暮れ方に延俊が来訪した（『慶長十八年木下延俊日次記』）。

慶長十八年冬、秀頼の使者として前田家を訪れた。家来一人を連れて大坂を発ち、越前今庄から加賀小松までは一日で歩いた。小松では、前田長種の家来桜井掃部が元家来筋だったため、掃部方に一宿し、金沢、高岡の様子を聞き取り（『加賀藩史料』所載「関屋政春古兵談」）、翌日は高岡に至り、二上屋吉助方に至り、登城して前田利長に対面した（『越登賀三州志』）。秀頼からの書状の趣旨は、「近年、関東は秀頼を滅ぼそうとしている。ひとえに利長を頼みに思う」というものであった。利長は「私はご覧の通り病中で、屋内の歩行もままならず、大坂に上って力添え致すことができません。利常とは親子の間柄ですが、将軍の婿になっているので、いかなる存念かわかりません。したがって今、私からなんともお答えしがたいのですが、隠居の身に付属された人数はいつにても差し上げます」と回答した（『加賀藩史料』所載「関屋政春古兵談」）。左門は饗応を受け、帰路単身で金沢に立ち寄り、高山南坊を訪ねた。高山は夜、茶会を開いてこれを遇した。そこへ利長の使者が、雁二羽と柑橘一籠を持参した（『加賀藩史料』所載「又新斎日記」）。

慶長十九年九月二十三日、大野治長、渡辺右衛門佐、木村重成、薄田隼人正ら十余人とともに片桐且元の暗殺を談合した（『駿府記』、『大日本史料』所載「大伴来目雄氏所蔵文書」）。

慶長十九年十月二日付で、藤堂高虎は本多正純に「有楽の子左門も大坂城へ駆け付けた」と報じた（『高山公実録』所載「秘府蔵書」）。

十月二日付で、板倉勝重は中井正清に「最前より有楽に『左門は全くけしからん』と異見していた何人かが『引っ込んでいるように』と左門を戒めたが、聞き入れずに今では大坂城中を奔走している」と報じた（『大工頭中井家文書』）。

十月十三日、大坂方は堺政所や今井宗薫邸を襲撃した。これにより茨木の片桐且元より加勢の人数が急派された（『駿府記』）。折から左門らは、数百騎で中島外縁の防御設備を監臨して、大路に出たところで、片桐勢が尼崎で船を得られず徘徊しているとの報告を受け、これを討ち取るべく急行した（『武徳編年集成』、「三川記」）。

十一月、淀川沿いの柴島村から十三付近の渡し場へ、張番を出していたが、有馬豊氏が進攻したため撤収した（「山本日記」）。

その後、本町橋口を警固した。十一月末、家老の今中右馬助が同橋口で船場の自焼により混乱した守兵の収容に当たった。その後、雪辱を期する大野治房が、同橋口を持ち場として受け取った（『大坂御陣覚書』）。

左門は城南の鐘木橋より仙石豊前守の持ち口までの間を守る総大将となった（『武家事紀』）。天王寺口の門の海老錠を井上定利から受け取り、同口を警固したという（『明良洪範』）。雑兵を含めて三万人ほどを指揮。幟は赤地に菊桐の紋、赤地の沢瀉《おもだか》の紋および金の切裂。

左門は、夜廻りをする時は、桐紋の旗を立て、騎士六、七騎を引き具して、自身は金の小札に紅紫糸威の鎧と獅噛を付けた頭形兜を着用し、一間半の竹に四尺の横手、これに三寸ほどの采を結いつけた自身指物を装着した。また、七十郎という女武者を仕立て、朱具足に朱鞘の大小を差し、赤母衣を装着させて連れ回った。居眠りする者があれば、この女武者に命じて討ち捨てさせた（『大坂陣山口休庵咄』）。

十一月三十日、藤堂高虎は、家康の命により石火矢、大筒を撃ち、左門の持ち口である生玉口堀詰の櫓を破壊し、一気に城中へ攻め入ろうとした。城将戸田民部少輔家生が、鉄砲足軽を繰り出し防戦した（『高山公実録』、『公室年譜略』）。

天王寺口の左門の持ち口では、白の吹貫を日に三度まで色を替え、その上射撃を禁じ、誤って撃った者は直ちに誅殺した。十二月四日、城南における敵の攻勢に対し、城方は女子供まで力を尽くして防戦したが、左門は風邪と称してついに加わらなかった。こうした態度は、後藤又兵衛から強く批判された（『大坂御陣覚書』）。城中では、秀頼に近い一門の身でありながら、関東への内通の姿勢があまりに露骨であると取沙汰された（『慶長見聞書』）。

十二月二十四日、和睦成立により織田有楽と大野治長が、祝賀のため茶臼山の家康本陣に伺候した。続いて七組の番頭以下も太刀、折紙を献上して家康に拝謁した。左門は粗末な扇子二本を台に載せ、雲生寺八方院土用坊という札を付けて持参した（『駿河土産』）。

慶長二十年四月、城中の軍議で「大坂総軍の指揮を命じてほしい」と望んだが、衆議は混迷して決定しなかった。左門は「私は信長の甥であり、総軍の指揮を命じても不都合はないはず。しかし、ご承引ないようなら仕方がない」と言い捨て、京都に退去した（『大坂御陣覚書』）。左門の組下の諸牢人は、大庭土佐守兼貞に付属された（『駿河土産』）。

落城後、豊臣家の女中きくは、落城の際に助けた山城宮内少輔の娘が、左門の姪に当たるため、京都の左門の屋敷に連れて行った。左門は姪の生還を喜び、きくを饗応して謝礼し、両人を四、五日匿った。きくが寿芳院京極氏のところへ移る際は、帷子に銀子五枚を添えて餞別として贈った（『おきく物語』）。

ある時、宇治茶師上林峯順方へ茶の湯に行き、茶杓を見て誰の作かを訪ねた。峯順が「古田織部様の御作」と答えると、「織部の作にしても、これは不出来だ。今日の礼に削り直そう」と小刀を抜いて、櫂先《かいさき》を削り直した。峯順は「古織、道八の両作、天下に一本」と喜び、秘蔵したという（『茶事秘録』）。

京都東山の慈円山安養寺に長寿院を建立した。ある日、東山の沙羅双樹林寺で顔輝作の達磨の絵を見た左門が、これに髭を描き加え、「不足なりと我が容にならしませ、昔は達磨、今は道八、我が影とながめながらも世のうきめしらす顔こそ浦山《うらやま》しけれ、磨も人も不知、古坊主を一人とらへて我が影と成し、跡なく残し置くべきか（原文は『成我影と無跡可残置か』）」と自賛を添え、「虚空元歳日」の判を据えた（『芝村織田家記録摘要』、『柳本織田家記録』）。この軸は道八達磨と称され、長寿院に伝来した（『茶道筌蹄』）。

晩年は病気に苦しみ、往年の面影はなかった（『尾州法華寺蔵織田系図』）。中風により左手足が不随、舌は硬直して言葉を発することができなくなり、吐瀉も続いた。このため曲直瀬玄朔が処方した（『延寿配剤記』）。

しかし、ついに回復せず、元和六年九月二十日に死去。享年三十九歳（『尾州法華寺蔵織田系図』）。墓所は京都東山の長寿院（『寛政重修諸家譜』）。墓碑は高さ十三尺ほどの五輪塔で、円山公園域内の料亭左阿弥の後庭にあり、西南正面に「織田左門入道雲生寺道八藪弥陀佛　元和六庚申年九月二十日」と刻んである（『京都名家墳墓録』）。

妻は、本願寺教如の三女亀子。母は、貝塚新川玄西の娘教寿院如祐。亀子は文禄三年の生まれ。左門と離別後、慶長十五年、福井本瑞寺意足院の法印権大僧都教映従増に再嫁し、龍華院法印権大僧都宣了従応を産んだ。法名は栄寿院教応（『東派一流系図』、『大谷始流実記』）。

嫡男の織田三五郎長好は、祖父有楽の養子となった。有楽は隠居料一万石を長好に継がせたいと願っていたが、有楽が急死して一万石は収公された。茶禅を好んで世を送り、後に可休、空八と号した。慶安四年五月二十日、武蔵で死去（『柳本織田家記録』）。鎌倉建長寺の拙誠庵、後の長好院に葬られた。法名は長好寺殿極巌

空八大居士（「織田家雑録」）。享年三十五歳（『尾州法華寺蔵織田系図』）。

長女の千は、長好とは別腹（「織田家雑録」）。一条関白左大臣藤原兼遐の北政所となった（『寛政重修諸家譜』）。寛永五年四月十一日に死去。法名は竹叢院殿利善梵貞大禅尼（『大日本史料』所載「建仁寺正伝永源院蔵織田系図」）。

娘の長寿院三一房比丘尼は、長好とは別腹。寛文三年二月八日に死去（「織田家雑録」）。

娘は、蜂須賀至鎮の家臣竹田六左衛門藤原勝雄の妻。竹田は初め津坂大膳と称し、織田有楽の家臣だった（「蜂須賀家家臣成立書并系図」文久元年十一月乾益寄書上）。

越智《おち》太左衛門《たざえもん》

越智右馬允吉長の次男。越智弥三右衛門吉広の次弟。越智市大夫吉忠（天正十七年に誕生）の次兄。

父の吉長は、大和の出身で、尾張国春日井郡田端（田幡）城主だったとされるが、信憑性に欠ける。没落後は、滝川一益、加藤清正に仕え、山城に幽居したという。

越智太左衛門は、秀頼に従い、大坂の陣で戦死。

子の越智安大夫吉通は、慶長十九年に誕生。松平頼房の家臣となっていた叔父吉忠の婿養子となり、家督二百石を継いだ。元禄七年二月二日に死去。享年八十一歳。子孫は水戸徳川家の家臣として続いた（「水府系纂」）。

小夫《おづま》助右衛門《すけえもん》

大和国城上郡小夫邑の出自。小夫兵庫介祐忠の次男。

小伝治とも称した。池田輝政の家臣となっていた長兄主馬佐正之（号は宗林）の遺児竹丸、千丸兄弟を養育し、軍代を務めた。

慶長十九年、秀頼の召募に応じて大坂籠城。落城後、生死不明（「小夫氏系譜」）。

尾池《おのいけ》加左衛門《かざえもん》

織田秀信の家臣尾池九右衛門の子。寺沢広高の家臣尾池甚左衛門の弟。

初め稲葉典通に知行二百石で仕え、後に寺沢広高に仕えた。

寺沢家を牢人して大坂籠城。生田宇庵の配下となり、落城の際に戦死。

嫡男の妻木権兵衛は、徳川頼房に知行五百石で仕えたが、病気となり牢人となった。美濃妻木で病死。五男の尾池清兵衛は、伯父の尾池甚左衛門とともに豊後臼杵に移り、稲葉一通に知行百五十石で仕えた。子孫は臼杵稲葉家の家臣として続いた（「臼杵稲葉家史料 先祖書」）。

小畑《おばた》源右衛門《げんえもん》

大野治房の家来。鉄砲の達人。

慶長十九年、池田忠継勢が今橋付近に鉄楯三枚を並べて大筒、小銃を城内に撃ち込んだ。これに対して治房の兵はブランキ砲を発射して一撃で楯三枚を倒した。池田の足軽が楯を遺棄して逃げ帰ったので、城方はこれを嘲笑した。忠継が憤って回収を命じると、川田八助が進み出て楯三枚を重ねて持ち帰った。その途中、小畑が放った大筒の三十目玉が川田の鎧の押付の板に命中したが、運よく致傷には至らず、無事帰還した（「池田氏家譜集成」）。

折下《おりしも》外記《げき》吉長《よしなが》

諱は吉長（「上杉景勝家来任官并大阪陣軍功者書上」）。

上杉景勝の勘気を蒙り、日陰者となっていた（「山本日記」）。

慶長十九年十一月二十六日、直江兼続の陣に加わり、鴫野口合戦に参陣（「上杉景勝家来任官并大阪陣軍功者書上」）。大坂方の穴沢某と戦い、手柄を立てた（「北川次郎兵衛筆」）。

折下の武功については以下の諸説がある。

（一）長刀の達人穴沢主殿助盛秀に鑓で立ち向かい、さらに組み付いて討ち取った（『難波戦記』）。

（二）長刀の名人で老武者の穴沢紹智に鑓を向け、長刀で傷付けられながらも組み付いて討ち取った（『大日本史料』所載「異本大坂記」）。

（三）穴沢常見を討ち取り、その長刀を分捕った（「山本日記」）。

（四）穴沢鉄可入道盛秀を坂田采女が討ち取った時、渡り合って穴沢の長刀を分捕った（「上杉景勝家来任官并大阪陣軍功者書上」）。

（五）穴沢主殿介を組み討ちにした坂田采女から、穴沢の長刀を貰い受けた（「古実話」）。

＊

外記は穴沢の長刀を分捕り、景勝の見参に入れたが、勘気は解けなかったことを深く恨み、慶長二十年春には大坂城に出奔した（「山本日記」）。

あるいは、鴫野口合戦の働きを賞美されたにもかかわらず、大坂城に籠った（「上杉景勝家来任官并大阪陣軍功者書上」）。結城権佐の組に所属。五月七日、天王寺表に出役した。

落城後、土井利勝に仕えた（『安永三年小浜藩家臣由緒書』松田一郎左衛門秀世書上、『部分御旧記』所載「早水助兵衛大坂ニ而之働」）。この時、穴沢を討ち取ったと申述して召し抱えられた（「古実話」）。知行千石。鉄砲の者五十人を預かり、四番家老に就いた（『利隆公御代正保四亥年分限帳』）。

寛永六年、大坂で同じ結城組だった松田主水重勝の酒井忠勝への出仕を斡旋した（『安永三年小浜藩家臣由緒書』松田一郎左衛門秀世書上）。

『利隆公御代正保四亥年分限帳』によると、土井家の家臣に折下数馬（知行二百石）があり、大番に列した。数馬は外記の子弟と思われる。また『上杉家御家中諸士略系譜』によると、河田長親の養子八左衛門貞親の実父は、折下土佐守である。外記はこの一族の可能性もある。

なお、「折下外記先祖并武功之記」が「不忍叢書」（国立国会図書館蔵）に収載されているが、成立年代、作者は不明で、後半が欠失している。内容は一見して虚飾に充ちており、信憑性に欠ける。ただ、著名とはいえない武士の経歴をここまで称揚した経緯や意図は何だったのか興味深い。同記によると、折下外記の事跡は以下の通りである。

父の河田玄蕃是長は、越中国新川郡魚津城主河田豊前守長親の次男で、初め下物外記と称し、上杉謙信に仕えた。天正六年、重囲の魚津城を独り脱出して春日山に退去した。妻は直江大和守実綱の娘で、直江兼続の妻の妹。

外記は、春日山城下に出生。幼名熊千代。諱は是時、後に吉攘と称した。ある時この諱を夢に見て、字の正訓を知らないまま、夢に任せて用いたという。上杉景勝の手前、河田、下物の姓をはばかり、折下氏を称した。

九歳より直江兼続方に養われ、従者のようになっていたが、十七歳の時、直江家の小姓を殺害して江戸に蟄居した。名を左兵衛と改め、従者に馬具を商わせ、米沢屋と称した。

慶長年中、江戸城下数寄屋橋の外から

幸橋までの武家屋敷を町屋に改めた際、本多正信に出入りしていた関係で、町の余地三十八間口をもらい受けた。大工山村作右衛門を名主として、同所は左兵衛河岸と呼ばれた。

　慶長十九年、三十三歳の時、直江から「大坂出陣に供奉して軍忠を尽くせば、亡父への勘気が宥免されるだろう」との誘いがあり、譜代の従者少々を率いて、直江の陣に加わった。この時、折下外記と改名した。三河岡崎で外記を見かけた景勝は、直江に来由を問い、喜悦した。その後、砂の陣場で上杉家の使番に列せられ、浅黄地に刎《はね》題目の指物を着用した。

　鴫野口合戦では、秀頼の鉄砲師範井上鉄荷と対峙して発砲し、これを傷付けた。次いで秀頼の剣術師範で殺当流の大橋一風と一番鑓を合わせた。続いて秀頼の直鑓師範奥村数馬と鑓を合わせ、その鑓を奪った。さらに、秀頼の長刀師範穴沢主殿を討ったが、首は直江の家臣北条清右衛門が取り、長刀は江崎佐左衛門が取った（『折下外記先祖并武功之記』）。

か

海部久兵衛正治《かいふ きゅうびょうえ まさはる》

海部久兵衛親政の長男。海部卜与、海部左近右衛門正次〔注〕の兄。

　父の親政は、阿波海部城主海部越前守親光入道宗寿の五男という。一族は長宗我部元親により滅亡したが、ひとり摂津にいたため死を免れた。元親に召し出され、吉田左馬允の娘を娶り、那賀郡吉井村に還住し、次いで土佐に移住した。長宗我部家の除封後は、外叔父の野口万五郎を頼み、阿波国板東郡那東村に蟄居した。慶長十一年七月五日に死去。

　海部正治は、慶長二十年五月六日、長宗我部盛親に従い、八尾表で戦死（『士林泝洄』）。
〔注〕次弟の海部卜与の子孫は、阿波で続いた。末弟の海部左近右衛門正次は、蜂須賀家政に仕え、その子孫が尾張徳川家の家臣として続いた（『士林泝洄』）。

加江蔵人助親直《かえ くらんどのすけ ちかなお》

土佐国高岡郡久礼村の出自。高岡郡上加江城主加江太郎兵衛義秀の子。諱は親直（『皆山集』所載「佐竹氏系譜」）、親栄（『柴田家歴代略記』、『船岡妙高山大光寺法名帳』、『伊達世臣家譜』）。

　天正九年九月十一日に父が伊予国宇和郡深田で戦死したため、その城地を相続した。

　長宗我部盛親に仕え、慶長五年、関ヶ原合戦に従軍。

　慶長十九年、大坂城に籠り、盛親に属した（「土佐国諸氏系図」）。

　慶長二十年五月六日、八尾表で藤堂高刑の与力稲葉猪之助を討ち取った（『土佐国編年紀事略』）。同日、美濃の侍山田治郎大夫康氏に討たれた（『諸士先祖之記』）。法名は心叟道空居士（「土佐国諸氏系図」、『南路志』所載「佐竹氏系図」、『皆山集』所載「佐竹氏系譜」）、または普照院雄感道英居士（『船岡妙高山大光寺法名帳』）。

　妻は、長宗我部元親の三女阿古。落城の際、次男の忠次郎を抱いて逃れ出たが、伊達政宗の小人朝日の手に捕獲された。政宗は公義の許可を得て、母子ともに仙台に伴った。阿古は仙台城本丸に部屋を賜り、中将局、後に寿院と称した。承応二年七月十五日に死去。法名は東泰院瑞室妙祥大姉。

長男の加江蔵人は、後に外記を称した。落城後、牢人となっていたが、元和三年、岡田善同の口入れにより政宗に仕えた。五十嵐信濃守の名跡を継ぎ、知行四十貫文を与えられた。初め小姓、後に江戸勤番。明暦三年から国番となった。寛文三年に隠居。寛文四年一月十四日に死去。法名は天英道傑居士。

次男の加江忠次郎は、慶長十四年に大坂で誕生。政宗の家臣柴田宗朝の妹サルを娶って宗朝の家跡を継ぎ、柴田中務朝親を名乗った。後に内蔵、外記朝意と改めた。国老となり知行三千石。寛文十一年三月二十七日、江戸の酒井忠清邸で重傷を負わされ、同日中に死去。享年六十三歳。法名は実相院頴鋒智脱居士。前妻柴田氏は、実は針生実信の娘で、内蔵宗意を産んだ。寛永十七年に死去。享年二十一歳。法名は秀養院妙法涼日大姉。後妻は吉松主膳正澄の娘で、元禄元年十月二十五日に死去。享年五十一歳。法名は蓮種院円池日法大姉（『伊達世臣家譜』、『柴田家歴代略記』、『船岡妙高山大光寺法名帳』、『御知行被下置御牒』延宝七年二月二十五日五十嵐正之助書上、『仙台人物史』）。

柿内《かきうち》監物《けんもつ》

長宗我部盛親の鉄砲大将。

慶長二十年五月六日、八尾表での初回の戦闘で鑓を合わせる功名があった。二度目の戦闘で藤堂高虎の家臣中尾重勝と渡り合った（『土佐国編年紀事略』）。『元和先鋒録』によると、中尾重勝は藤堂良勝組に所属し、西郡村で木村重成の右備えに挑んで戦死しており、戦闘場所が異なる。

笠井《かさい》勘七郎《かんしちろう》重政《しげまさ》

毛利輝元の家臣笠井孫兵衛元重の次男。牢人となり、慶長二十年、大坂城に籠って行方不明。

その側妾は、重政が国許を退去した時、既に懐妊していたので、笠井元寿方に寄寓して元和元年に一子三郎を産んだ。三郎は成長して笠井九兵衛重義と名乗った。大坂に籠城した者の子なので、親類が相談して海願寺の弟子にしようとしたが、出家を嫌い、さりとて侍奉公もできず、中間奉公をして延宝六年六月十八日に死去。享年六十四歳。子孫は毛利家の家臣となり続いた（「譜録」明和二年二月笠井孫右衛門貞幹書上）。

梶田《かじた》兵部《ひょうぶ》

塙団右衛門組に所属。

慶長十九年十二月十六日、本町橋通の夜討ちに参加して首一級を斬獲（『金万家文書』）。軍功を立てた二十三士の一人として、翌十七日、千畳敷御殿で秀頼から褒美を拝領した。

落城後、浅野長晟に仕えた。ただし、軍功については異論もあった（「大坂夜討事」）。

柏原《かしはら》源左衛門《げんざえもん》

石田三成の家臣柏原彦右衛門永正の子。

慶長五年八月二十三日、父が岐阜城で戦死した後、京都に居住して所司代板倉勝重方へも出入りしていた。

慶長十九年、大坂入城を志し、諸牢人を引き連れて京都を脱出した。折から過書船支配木村宗右衛門勝正が、所司代の

か

命により淀小橋に木戸柵を設け、番人を置いて往来の侍を改めていた。柏原は夜中に上下十余人で小橋の下を通ろうとして、番人から誰何《すいか》された。柏原は「板倉殿の御内用で罷り通る」と答えたが、番人は「武士の通行は、木村に確認を要する」と制した。しかし、柏原は「急ぎの御用であり、時刻を費やすわけにいかない」と押し通った。番人の急報により、勝正は、息子の勝清と馬を飛ばして八幡堤で追い付き、「どんな御用で通るのか」と質した。すると柏原は、返答もせず木村父子に打ちかかった。木村は柏原を鑓で突き留め、首を取り、諸牢人もすべて討ち取った。

柏原の首は、板倉の命により駿河に回送され、十月十五日、三河吉田で家康の実検に供えられた（「木村宗右衛門先祖書」）。『当代記』には、九月十日頃、樫原某が小者一人を連れて、大坂から上洛し、人数を集めているところを、淀付近の町人が見付けて打ち殺したとある。

柏原権内　かしはら ごんない

大坂城に籠り、采配を預かった。

五月七日、松平直政の家臣岡谷宗正に生け捕られたが、直政の馬前に稽首《けいしゅ》して助命を乞い、白銀、衣料を与えられて後方に退去した。

戦後、しばしば謝恩のため松平家に伺候した（『譜牒余録』）。

加島弥左衛門　かしま やざえもん

駿河国富士郡加島村の出自。加島勘右衛門（号は尋佐）の長男。母は井上氏。

秀頼の家臣森嶋長以と所縁があったため、開戦前に大坂へ見舞いに赴いた。しかし、そのまま見捨て難く、森嶋とともに籠城して戦死した。法名は宗甫。

妻は小野木儀左衛門の娘。法名は妙感。

長女は、堀田与平次に嫁ぎ、如立を産んだ。

長男は加島喜平治（号は秀甫）。

次男加島左平次は、分家を立て、初め米屋町で薬種店を出し、後に名古屋に出て岐阜屋と称した。妻は加島十左衛門の娘。

三男は加島伊右衛門（号は貞甫）。

四男の加島二三は、後藤才助の家を継いだ。

次女は、神戸与次左衛門常称に嫁ぎ、恵順道印法庵慈峯を産んだ。

五男の加島宗玄は、塚原平六の家を継いだ。

三女は、加島太郎左衛門に嫁いだ（『岐阜志略』、「賀島家系図」、「加嶋系図」）。

柏倉勘左衛門　かしわくら かんざえもん

元は陸奥殿（伊達政宗か）の家来。

牢人となり、大坂籠城。慶長二十年五月七日、天王寺表合戦で分部又四郎が父兄を討たれ、自らも鑓傷を負って、このまま闘死しようとしていたところを強くいさめて、連れて退いた。

落城後、播磨宍粟で池田輝澄に仕えた。剃髪して休佐と号した（『武功雑記』）。現米三十石十人扶持を給され、咄《はなし》の者となった（「池田氏家譜集成」所載「輝澄家士分限帳」）。

「輝澄家士分限帳」によると、柏倉十左衛門が知行二百石で、鉄砲足軽十人を預かった。勘左衛門の子弟の可能性もある。

梶原太郎兵衛正重　かじわら たろ(う)びょうえ まさしげ

梶原平蔵兵衛正安の子。

父の正安は、別所長治の幕下で、播磨国加古郡の高砂城主。別所家の衰微後、印南郡に蟄居したという。

梶原正重は、印南郡で誕生。初め太郎兵衛、後に太郎左衛門を称した。

慶長十九年、大坂城に籠り、塙団右衛門組に属した(『安永三年小浜藩家臣由緒書』梶原太郎兵衛正興書上)。十二月十六日、本町橋の夜討ちに参加。戦闘中、大坂方の石村六大夫は、敵に組み伏せられ助けを呼んだ。梶原が駆け寄り「上か、下か」と声をかけると、石村が「私は下だ」と言うので、梶原は上にのしかかっていた敵を討ち、首の斬獲は石村に任せた。梶原の働きは称賛された(「大坂夜討事」)。

落城後、上方付近に居住した。寛永年中、池田光政の家臣伊木忠貞の肝煎により、林野作兵衛の取り成しで武蔵河越の酒井忠勝に知行三百石で出仕した。足軽十六人を預けられた。将軍家上洛に供奉した忠勝に陪従《べいじゅう》した。寛永十一年、酒井家が若狭小浜に移封された時、五十石を加増された。佐柿陣屋を預けられた。鑓奉行、旗奉行を務め、足軽同心十五人を預かった(『安永三年小浜藩家臣由緒書』梶原太郎兵衛正興書上、『寛永十七年小浜分限帳』、『寛永十八年分限帳』)。

明暦の頃、島原での軍功を申し立てた島田十郎左衛門と田坂与左衛門が、それぞれ千石、七百石で酒井家に召し抱えられた。梶原は両人に、「老人の失礼は許されよ。御両人は百姓相手に武勇を顕わし、過分の知行を得た。私は天下分け目の合戦に歴々の武士と渡り合い、鑓を突いたが三百石(正しくは三百五十石)の分限のままだ。人の幸、不幸は生まれつきによるものであろうか」と苦々しく言った。この件について、かつて酒井家中で朋輩だった宮川尚古は、「これは武功を誇るあまりの梶原の失言である。およそ自分の功を誇らないことこそ称賛されるもの。まして他人を責めるなど、心ない仕業に思える」と批評した(『関原軍記大成』)。

万治二年九月二十一日に病死。

惣領の梶原太郎兵衛安重は、川越で酒井忠勝に召し出されて小姓を務めた。万治二年、父の遺知三百五十石のうち跡目として二百五十石を継ぎ、五十石は弟の梶原源五左衛門正成へ分与、五十石は収公された。安重の子孫は小浜酒井家の家臣として続いた(『安永三年小浜藩家臣由緒書』梶原太郎兵衛正興書上)。

片岡十右衛門《かたおか じゅうえもん》

片岡長雲軒入道如相の子(『駿府記』)。

慶長二十年五月八日、秀頼の最期に供をして自害(『綿考輯録』所載「慶長二十年五月十五日付細川忠興書状別紙」、『旧記雑録後編』所載「慶長二十年六月十一日付巨細条書」、『駿府記』、『土屋知貞私記』)。

ちなみに「慶長三年誓紙前書」によると、慶長三年八月十四日、大坂城番衆が制定され、二丸御門番の中に片岡長兵衛の名が見える。所縁の有無は不明。

片岡清九郎経純《かたおか せいくろう つねずみ》

大坂籠城。城東警固の寄合衆の一人(『難波戦記』)。

片岡弥太郎春之《かたおか やたろう はるゆき》

大和国葛下郡片岡庄の出自。下牧村片岡城主で筒井順昭の女婿だった片岡新助春利の子。

元亀元年三月五日に父が三十五、六歳で病死したため、十六歳で家督を継ぎ、五千石ほどを領知した。病身で父ほどの武功もなかったため、八月には松永久秀の侵攻を受け、九月五日には片岡城は落城し、母子ともに達磨寺に避難した。

後に、筒井順慶に知行三千五百石で仕えた。

天正十三年閏八月、筒井定次が伊賀に転封されると、豊臣秀長に仕えた。

大坂の陣に、譜代の家来を連れて籠城した。

落城後、剃髪して宗巴と号した。大和国葛下郡王寺村に隠居した。

寛文の初め頃に死去(『大和葛下郡片岡系図』、『大和記』)。

妻は、『片岡氏系図』によると万歳藤次の娘で、秀頼の傅役《もりやく》新宰相の姉妹というが、実否不明。

子の片岡又三郎春正は、天正二年より大峯に居住したという(『大和北葛城郡史』)。『大和葛下郡片岡系図』は、春正について、春之の弟で片岡又右衛門を称し、池の原に居住したとする。

子の片岡弥一郎政元は、徳川頼宣に仕えたという(『武家片岡氏系図』)。

『寛政重修諸家譜』は、筒井順慶の旧臣井戸左馬助良弘の妻を片岡弥太郎俊宣の娘とする。『片岡氏系図』に載る片岡弥太郎俊宣は、春之と同一人物を指すと考えられることから、井戸良弘の妻は春之の娘の可能性がある。

片山角弥 かたやま かくや

後藤又兵衛の配下か。

落城後、水野勝成に仕えた(『金万家文書』金万定右衛門申立之覚)。

片山甚右衛門 かたやま じんえもん

本国は近江。

大坂の陣で小岩井雅楽介に属して戦死。

弟の片山長左衛門重次は、落城の時、まだ幼少だったので母が連れて丹波に逃れた。成長して鞍打ちを習い、後に工夫して練鞍を製作した。京極家の領地だった若狭国遠敷郡熊川村に移住。後に酒井忠勝より合力三人扶持を給せられた。兄甚右衛門の子八右衛門秀重が家督を継ぎ、合力三人扶持を給せられた。子孫は小浜酒井家の家臣として続いた(『安永三年小浜藩家臣由緒書』片山孫八書上)。

片山助兵衛 かたやま すけびょうえ

後藤又兵衛の手下(『長沢聞書』)。物頭(『大坂御陣覚書』)。

秀吉から褒美として金銭三十文を拝領したことがあった。

慶長十九年、大坂城に籠り、後藤組中に「又兵衛が活躍して顕した軍功は十三度。高麗でも加藤清正、小西行長、黒田長政の殿軍を又兵衛が務めた。この時、肥前名護屋で下々までが、又兵衛を摩利支天のように噂した」と語った。ある時、後藤が「何れも私のような武辺者というものは皆、衣類や具足、鑓や長刀に血を付け、それらを事毎にもてはやしてきたため、世間では軍功が甚だ多いように言っている」と語ると、傍らに居た山本左兵衛と片山助兵衛は「若き衆の武辺話は聞いて良いものだが、年寄の手柄話ほど世の中で聞きにくい事はありません」と言った。

十一月二十六日、今福口の危急に際し、山田外記、長沢七右衛門とともに組中を率いて至急出撃するよう後藤から命じられ、京口から今福口へ急行した。(『長沢聞書』)。

慶長二十年、後藤又兵衛は、かねて大野治長を通じて秀頼に「敵の旗本を切り崩せば、敵は敗北します」と進言して、道明寺表への先手を望んでいた。このため後藤が先手を命じられた。後年、片山助兵衛が長野孫右衛門語ったところによると、真田左衛門佐と後藤が「後藤又兵衛、薄田隼人、真木嶋玄蕃、山川帯刀、井上小右衛門、北川次郎兵衛、明石掃部、長岡与五郎、小倉作左衛門、大野修理、真田左衛門佐、渡辺内蔵助、毛利豊前、伊木七郎右衛門、大谷大学の十五頭の備えは一致団結して働くべし。各々が同心するなら謀計がある」と提案したが、秀頼の近臣や譜代衆が同意しなかったため、結局、銘々勝手に行動することとなり、勝利を得られず、部将たちが戦死した。後藤が「合戦に不案内なので仕方ない」と言うと、真田も「愚将、弱将は今も昔もいるものだ」と応じて共に笑ったという（「後藤合戦記」）。

五月一日、後藤配下の山田外記、長沢七右衛門とともに組中を引き連れ、誉田表に物見のため出張した（『長沢聞書』）。

五月六日、先手の鉄砲大将古沢四郎兵衛、、山田外記、黒川安左衛門、湯浅三郎兵衛、斉木二郎大夫、金万平右衛門とともに道明寺表へ出役（『金万家文書』明ル夏御陣卯ノ四月廿七日より平野表ニ後藤又兵衛打出候事）。片山助兵衛の旗は白地に燕紋（『慶長年録』）。後藤又兵衛は、道明寺の川原に進出し、配下の二千八百人を二分して備えを立てた。小組頭の山田外記、片山助兵衛、千石喜四郎と言葉を合わせ、配下の諸士には「日頃の約束を果たすときは今ぞ。我が下知を待ち、命令を遵守して攻めかかれ。前後左右に目を配れ。道明寺の前方片山村の山麓に布陣する敵に忍び寄って鉄砲を打ちかけよ。ただし、攻撃は一手限り」と命じた。そこで山田がまず鉄砲五十挺を放って引き揚げると、今度は片山が鉄砲五十挺を撃って引き揚げた。山田が馳せ戻ると後藤は馬に跨り、片山が戻って旗本に合流すると同時に、後藤は備えの前方で馬を乗り回し、采配を取って「無二無三に攻めかかれ」と下知し、更に「親も子も互いに構うな」と大音で励ました。配下の二千八百人がどっと攻めかかると、山麓の敵は少々応戦したが、三から五備えほどがたちまち敗走した。後藤勢は山際までこれを追撃した。後藤は、長追いを戒め、配下をまとめると、当初の陣所から二、三町進出した地点に布陣した。この時に敵の七、八十騎が討たれ、大坂勢は十八騎が戦死した。二度目の戦闘では鉄砲の応酬はなく、後藤は備えを横列二重に立て、右の備え頭で馬に乗ると、左の備えの外れまで馬を馳せて「今一戦」と采配を振った。かくて三、四の敵の備えは切り崩したが、敵陣は厚く頑強に応戦したので、後藤は二、三の戦闘に勝利すると引き揚げた。その時、配下の備えが少々動揺したので、後藤は、折り敷くよう命じて鎮めた。片山村の山を敵に占領させないようにとの後藤から指示があり、小組頭の山田外記、片山助兵衛、千石喜四郎は片山村に進出して山上を守っていたが、伊達政宗の先手が山向こうの峰から登攀して、鉄砲五、六千挺で攻撃を加えてきたため、支えきれなくなった。これを望見した後藤は、退却するよう再三軍使を派遣したが、三人は既に身動きがとれない状況に陥っていた。後藤は「私が出向いて退却させよう」と言って片山村に単騎乗り出したが、ほどなく討死にした。その報告がもたらされると川原に控えていた同勢は敗走し、片山村の山上で防戦していた軍勢も敗北した（「後藤合戦記」）。片山助兵衛は、片山大助、山田外記、同八左衛門、宮木伝右衛門、中川左門らとともに石川河原を渡って二陣の北川次郎兵衛、山川帯刀の備えまで退却した(『大坂御陣覚書』)。

片山大助《かたやま だいすけ》

片山助兵衛の子と思われる。

後藤又兵衛の使番(『金万家文書』同六日道明寺表たまて山合戦之砌金万平右衛門申立之覚)。

慶長十九年十一月二十七日、同じ組の山田外記、同八左衛門、金万平右衛門、井上源兵衛、難波六大夫、磯村八左衛門とともに鉄砲の者を率いて今福口の一の柵に駐留した(「金万家文書」先年寅歳大坂籠城之砌之事)。

慶長二十年五月六日、道明寺表へ出役。玉手山を占拠する鉄砲大将の元に駆け付け、戦闘に参加した(『金万家文書』同六日道明寺表たまて山合戦之砌金万平右衛門申立之覚)。その後、片山助兵衛、山田外記、同八左衛門、宮木伝右衛門、中川左門らとともに石川河原を渡って二陣の北川次郎兵衛、山川帯刀の備えまで退却した(『大坂御陣覚書』)。

落城後、水野勝成に仕えた(「金万家文書」先年寅歳大坂籠城之砌之事)。

片山六郎右衛門《かたやま ろくろ(う)えもん》

後藤又兵衛の配下。

慶長二十年五月六日、道明寺表へ出役。玉手山の戦闘に参加した。

落城後、水野勝俊に仕えた(『金万家文書』同六日道明寺表たまて山合戦之砌金万平右衛門申立之覚)。

勝井将監《かつい しょうげん》

山城国相楽郡南大河原村の岡本嫡流家の出自。

牢人となっていたが、大坂の陣で秀頼に味方し、落城の前に志貴口(藤井寺方面か)で切腹。臨終に際し、若党に「その方へ在所の田畑を譲ろう。命を全うして帰村せよ」と遺言した。

若党は西国に落ち延びて、三年後に大河原村に帰り、岡本家に将監の遺言を申し立てたが田畑の譲与は拒絶された。若党は三、四年同村に滞留していたが、大坂の落人なので村から追放された。将監の田畑は岡本家でも所有しがたく、柳生家に収公された(「柳生家雑記録」)。

勝田八左衛門《かつた はちざえもん》

初め北条氏康に仕え、遠江国佐野郡西郷で既給二十五貫文を与えられた(『小田原衆所領役帳』)。北条家でたびたび軍功があった(『常山紀談』)。

慶長二十年五月六日、若江表に緋威の鎧を着用して出役。井伊直孝の手に生け捕られた。「勝田は小田原で軍功のあった兵である」との上意があり、松平正綱に預けられた(「村越道半覚書」)。その後、正綱の家臣となった(『常山紀談』)。

「従古代役人以上寄帳」、『万治元年松平信綱分限帳』によると、勝田清左衛門の本国は相模。慶長十一年に相模で誕生、正綱に知行百五十石で仕え、使番を務めた。後に知行二百五十石。八左衛門の子弟と思われる。その子孫は大河内松平家の家臣として続いた。

加藤九兵衛明友《かとう くひょうえ あきとも》

大坂籠城(「大坂濫妨人并落人改帳」)。城東警固の寄合衆の一人(『難波戦記』)。

加藤庄兵衛正方《かとう しょうびょうえ まさかた》

美濃の人。加藤太郎左衛門成之の長男。祖父加藤平太夫光成の養子。

養父の光成は、秀吉に仕え、文禄三年

か

五月二十五日に死去。享年七十一歳。

加藤正方は、天正十四年に誕生(『寛政重修諸家譜』)。

秀頼に仕え、慶長十六年三月、秀頼の上洛に供奉(「秀頼御上洛之次第」)。

慶長二十年六月、家康に拝謁して、河内国高安、讃良両郡内で知行四百石を拝領した。初め西城書院番、後に小姓組士となった。

寛永十年二月七日、下総国香取郡内で二百石を加増された。

寛永十七年五月二十一日、本城造営に従事した功労により黄金三枚を拝領した。

明暦二年閏四月二十三日に病死。享年七十一歳。法名は道本。葬地は下谷の宗源寺。

妻は木下備中守重堅の娘。

三男の加藤八郎左衛門正高が家督を継ぎ、子孫は幕臣として続いた。家紋は上藤、藤崩、十六葉菊、開扇の内左吉の二字(『寛政重修諸家譜』)。

加藤八大夫《かとう　はちだゆう》

長宗我部盛親の与力。大坂籠城(「大坂濫妨人并落人改帳」)。

加藤伯耆《かとう　ほうき》

秀頼の古参奉公人(『酒井家文書』)。

秀頼に仕え、落城後、酒井忠勝に仕えた(『朝野雑載』)。老臣として知行千石(『寛永十八年分限帳』)。寛永十三年三月、足軽三十人を預けられた(『酒井家文書』)。大坂城中で叙位任官したとのことで、自ら伯耆守を称し、常に白小袖を着用していた。

寛永十九年十月、徳川義直の生母相応院の死去に対して酒井家からの弔問使を務めた。

嫡男の加藤縫殿は、寛永十九年十月五日、番衆に列せられ御礼に伺候した。正保二年九月十三日、酒井忠勝から、平素の無作法に加え、若狭天神祭での喧嘩、敦賀の祭礼や小浜町の祇園祭礼での無法を咎められ、国外追放となった(『酒井家文書』、「酒井家編年史料稿本」)。酒井忠直が家督を継いでから、伯耆が縫殿の宥免を願い出た。忠直が忠勝に相談すると、忠勝は「伯耆も老年に及び、嫡男を懐かしく思うのは不憫である。願い通りに処置せよ。ただし縫殿の人柄を察するに、父に禍をもたらす者である」と裁許して予言した。縫殿は赦免されて帰参し、九兵衛と改めた。

はたして、九兵衛は姦計を巡らせ、次弟の加藤左門を伯耆の邸内で謀殺すると、下手人を末弟の加藤斎に仕立て、父を惑わせて斎を切腹に追い込んだ。伯耆は一連の出来事に悲嘆し病気となり、ほどなく死去した。

家督は伯耆の遺言により九兵衛の嫡男加藤数馬が継ぎ、九兵衛が後見した(『朝野雑載』)。知行三百石(『万治元年松平信綱分限帳』)。後に九兵衛は故意に杉本助之進に悪名を被らせ、双方訴訟沙汰に及んだが、結局、九兵衛の悪謀が露見し、九兵衛、数馬とその弟が死罪となった。九兵衛の弟道龍は聾者だったので、本件への関与が認められず助命された。九兵衛の企みに加担した山中三大夫は国外追放となり、連座して堀内新五左衛門(堀内若狭守の子)が改易された(『朝野雑載』)。

加藤弥平太尚長《かとう　やへいだ　なおなが》

建部子(『綿考輯録』所載「慶長二十年五月十五日付細川忠興書状別紙」)。建部氏の子という意味と思われるが、正否不明。

信長、秀吉に歴仕(『富山藩士由緒書』奥村定右衛門書上)。

文禄元年、肥前名護屋城に在番し、本丸広間番馬廻衆の五番尼子宗長組に所属（『太閤記』）。

慶長二十年五月八日、秀頼の最期に供をして自害（『綿考輯録』所載「慶長二十年五月十五日付細川忠興書状別紙」、『旧記雑録後編』所載「慶長二十年六月十一日付巨細条書」、『駿府記』、『土屋知貞私記』）。

子の奥村弥左衛門三尚は、小早川秀秋、加藤清正に歴仕。加藤家の断絶後、牢人となった。寛永十八年、前田利次に知行五百石で仕え、同年に病死。子孫は越中前田家の家臣として続いた（『富山藩士由緒書』奥村定右衛門書上）。

娘は、吉田主水正家政（尾張の住人）の長男吉田五兵衛家澄に嫁いだ（『藩士名寄』）。

ちなみに『張州雑志』に、尾張熱田田中村の人加藤与三郎家唯は、初め奥村家の婿養子となり、後に熱田西加藤家の養子となって加藤家勝を名乗り、慶長十九年九月十九日に死去とある。尚長との所縁の有無は不明。

金丸小伝次信盛　かなまる　こでんじ　のぶもり

大野治房組に所属。

『紀伊続風土記』によると、畠山家旧臣水崎某に三男があり、長男の佐助は、紀伊国在田郡大谷村に居住し、子孫代々地士となった。次男は小伝次。三男の金丸宗味は、樫井合戦に軍功があり、後に藤堂高次に仕えた。信盛は次男の小伝次と同一人物の可能性がある。

慶長二十年四月二十九日、樫井に出役。塙団右衛門の手勢ら二、三十人とともに樫井へ乗り込み、町中で馬より下り立ち、松浦俊重とともに先駆した。浅野長晟の家臣亀田高綱が淡輪吉左衛門を討ち取り、縄手の町表を駈け回るうちに、俊重が駆け寄り、亀田の左の膝頭に突きかかった。亀田は十文字鑓で俊重の鑓を絡めたところに、信盛が加勢に駆け付けて亀田の鑓の上を二、三度叩いたので、鑓が解けて俊重は退いた。替わって信盛が亀田の胸板を二度突いた。右の肩先を亀田の十文字鑓で引っかけられ引き寄せられたが、亀田が刀に手をかけた隙に肩先の鑓を外した。この鑓合わせで右の小手を少々負傷した。その後、追尾する敵二、三人を押し返し、殿《しんがり》を務めて安松へ退き、さらに夜通しで大坂まで引き揚げた。

五月一日、大野治長、治房の軍功詮議により、俊重へは馬上侍二十一人、信盛へは馬上侍十六人が預けられ、与頭となった（『浅野家文書』、『寛永五年五月亀田大隅守高綱入道鉄斎樫井合戦覚書』、「浅野考譜」、『大坂御陣覚書』、「北川次郎兵衛筆」）。

元和三年十月十三日付で、浅野長晟の家臣山香勘解由、前田越前守に宛て、樫井合戦での軍功について以下の通り覚書を送った。「一、四月二十九日、大坂から樫井へ出役の時、味方は数万騎でしたが、そのうち先手の塙団右衛門、岡部大学は七、八百ほどだったでしょうか、安松村より進出しました。通り道では敵の銃撃が激しく、死傷者が出たので、大通りから北の麦畑を進み、樫井の外れまで接近しました。一、川原の方へ岡部大学は騎行しましたが、激しく撃退されました。団右衛門主従と思われる武者、拙者、松浦作右衛門俊重が町中の菱折まで乗り込み、二、三十騎で折り立って町の外縁を見ると、右の手先より白い羽織の武者が一人、十文字鑓を持ち、左の手先より赤い羽織の武者が一人、鑓を持って持ちこたえていました。それより皆、下馬して攻めかかりました。中でも拙者と松浦は、抜きんでて先駆けました。白い武者を相手に組み、しばらく闘い、胸板あたりを二鑓突きました。拙者も右の籠手を傷付けられました。それより堂之前の菱折まで退きました。徒武者二、三人の追尾を押し返し、殿軍を務めて退却しました。一、その日は夜通し大坂まで撤退し、翌五月一日、大野修理、大野主馬の詮索で、大坂方数百人の中で、拙者と松浦二人が一番鑓と認定され、馬上与力を預けられ、与頭となりました。樫井で鑓を合わせた者のうち、二人は戦死し、生き残っているのは私と松浦の二人のみです。敵方では、赤い武者と白い武者以外は見及んでおらず、私は覚えていません」（『浅野家文書』）。

金森掃部助一吉《かなもり かもんのすけ かつよし》

金森掃部助政秀の長男。金森長近の甥。父の政秀は、長近の兄（「金森系譜」）。七右衛門政近を称したともいう（『金森枝流家系』、『系図纂要』）。美濃に生まれ、斎藤義竜父子に歴仕した。斎藤家の没落後、織田信忠に属したが、老衰のため軍役を辞退し、次弟金森長近の領国飛騨に移った。剃髪して自徳と号した（「金森系譜」）。あるいは、初め長井道利に仕えたが、後に牢人となった（「諸士系譜」）。慶長五年七月上旬、金森掃部介可憲という者が石田三成に呼応し、飛騨一円を石田方に組み入れるべく、飛騨三木氏の残党などと語らい、郡上街道より金森長近の居城である飛騨高山城に逼《せま》った。折から長近は江戸に出陣中だったため、嗣子の金森可重を急ぎ帰国させた。八月十六日、可重は信濃路より安房峠を越えて平湯村に至ると、可憲に書状を送り、決戦の期を告げた。可憲はかなわないと判断し、戦わずして退却した（『飛州軍覧記』、『飛騨編年史要』）。可憲について『飛州軍覧記』は長近の弟、『飛騨編年史要』は長近の兄とするが、政近と同一人物か不明。慶長年中に死去（「諸士系譜」）。妻は美濃三竹村城主小栗信法の娘（「諸士系譜」）、または小栗信濃守秀貞の娘で一吉、一長を産んだ。

金森一吉は、幼少期は日根野弘就の所に居仕した。その後、前田利長に仕え、毎度戦功があった。

天正十年四月一日、蒲生氏郷、前田利長が豊前岩石城を攻略した時、前田家の太田長知と一吉の二人が一番に城中に攻め入り、抜群の武勲を立てた。この功により加増され、采地三千石を与えられた。しかし、太田より行賞が少ないことを憤り、加賀を去って秀吉に知行五百石で直仕した（「金森系譜」）。

文禄元年、肥前名護屋城に在番し、三の丸御番衆馬廻組の一番石川光元組に所属（『太閤記』）。

次いで秀頼に仕え、黒母衣使番を務め、数度武功もあったという（「金森系譜」）。

慶長六年当時、美濃国不破郡新井村内で三百七十七石八斗九升、同郡敷原村内で百二十二石一斗二升、合計五百石を領知（『慶長六年丑年美濃一国郷牒并寺社領小物成共』）。大坂の陣後、右の知行所は岡田将監善同の代官蔵入地となった（『元和弐年美濃国村高御領知改帳』）。

慶長十六年七月二十日昼、織田有楽の茶会に招かれ、赤座三右衛門、津田小左衛門とともに参席（「有楽亭茶湯日記」）。

大坂七組の中島式部少輔組に所属。知行五百石（『難波戦記』）。

慶長十九年、大坂籠城（『土屋知貞私記』）。『土屋知貞私記』に記載されている経歴は、金森宗和と混同している部分もあると思われる。

元和三年、前田利常に、知行千石で召し出された。馬廻組に列せられた。

承応三年に病死。

妻は肥田孫右衛門〔注〕の娘で、寛文元年七月に病死（「先祖由緒并一類附帳」明治三年十月金森唯人孚先書上）。長男の金森伝兵衛は、早世（「金森系譜」）。

長女は、渡辺太郎右衛門に嫁ぎ、宮井市左衛門一直を産んだ。夫と死別後、前田利常の娘で八条宮智忠親王に嫁いだ富姫に仕え、多賀尾と称した（「金森掃部助末葉本家他家略系譜」）。

次男の金森助右衛門一信は、十八歳より諸国を流浪して、京都より肥田玄蕃允忠政とともに尾張に三年来住し、その後、武蔵へ赴き、織田家に仕えた（「金森系譜」）。明暦三年二月、前田家へ召し出され、亡父の家督を継いだ。遺知千石のうち六百五十石を与えられ、馬廻組に列せられた。延宝三年四月に病死。妻は渡辺大学の娘。元禄四年三月に病死。子孫は前田家の家臣として続いた（「先祖由緒并一類附帳」明治三年十月金森唯人孚先書上）。

三男市之丞は、秀頼の家臣飯尾九郎左衛門の養子となった。

次女は、鷹匠役稲田喜右衛門に嫁ぎ、稲田喜蔵を産んだ。「諸士系譜」に、旗本稲田吉蔵に嫁いだとあるが、喜右衛門と同一人物と思われる。

三女長門は、東福門院徳川氏に仕えた。「諸士系譜」に永沼左馬の妻とあるが、同一人物かは不明。

四女は、足助本多家臣金子四郎兵衛に嫁ぎ、金子杢左衛門を産んだ。

五女は、大番松平縫殿与力寺尾治右衛門に嫁ぎ、寺尾庄兵衛を生んだ。「諸士系譜」は、江戸の町医者寺尾由甫に嫁いだとあるが、治右衛門と同一人物と思われる。

四男の金森喜左衛門は、亡父の遺知のうち三百五十石を与えられたが、天和三年に病死して子がなかったため断絶（「金森系譜」、「金森掃部助末葉本家他家略系譜」）。

〔注〕肥田孫右衛門は、美濃米田村の住人で信長の家臣。慶長年中に病死。肥田の妻は金森長近の長女（「先祖由緒并一類附帳」明治七年十二月飯尾常男書上、「金森系譜」）。

金森左門一長 かなもり さもん かつなが

金森掃部助政秀の次男。金森掃部助一吉の次弟。母は小栗信濃守秀貞の娘。

初め飛騨に居住して金森長近に寄食した。慶長十二年八月十二日、長近が死去した後、一長が独立しようとしているとの讒言《ざんげん》があり、怒った金森可重は閉門を命じた。一長が他国に逃走したため、可重は行路を閉鎖して捕殺しようとした。しかし、一長はこれを打ち破って加賀の横山長知方に隠れた（「金森系譜」）。

その後、秀頼に出仕し、大坂城に籠った（『金森枝流家系』）。一長の大坂籠城は、『金森枝流家系』、「金森掃部助末葉本家他家略系譜」、『士林泝洄』には記載がなく、実否不明。

その後、尾張の徳川義直に仕えた。慶安四年一月九日に死去（「金森系譜」）。あるいは同年五月二十九日に死去（『士林泝洄』）。享年八十四歳。法名は清陽院日見雲斎居士。葬地は越中国砺波郡八講田村の東叡寺。

長女は、金森新右衛門正成に嫁ぎ、寛永九年十一月二十六日死去。享年三十七歳。法名は清庵霜雪信女。

次女は、加賀の大森半右衛門に嫁ぎ、後に離別。

嫡男の金森権左衛門一秀は、初め将軍家光に仕えたが、壮年より病気がちだったため、致仕して好印と号した。元禄五年一月二十五日に死去。

三女堀子は、館林の徳川綱吉に仕え、寛文十一年二月二十八日に死去。享年六十歳。法名は妙意禅尼。

次男の金森次郎八郎は、常性院の僧となり心月と号した。延宝二年八月十三日に死去。

四女は、小柴清庵に嫁ぎ、貞享二年五月二十六日に死去。享年六十六歳。

五女は、病気のため農家に嫁いだ(『金森枝流家系』、「金森掃部助末葉本家他家略系譜」、「金森系譜」、『士林泝洄』)。

可児勘兵衛知可 かに かんひょうえ ともよし

長岡是季の家来(「自分の者」)。

慶長二十年五月七日、天王寺表合戦で軍功があった。

寛永二年冬、旧主の長岡の支援により丹後の京極高知に仕官した。

寛永三年一月十六日付で、高知への伺候に際して取次役を務める吉田伝右衛門正成から長岡に、可児の軍功を確認する以下の書状が発せられた。「初めて書状を差し上げます。去年、江戸でお目にかかりたかったのですが、早々にお上りになったのでお会いできませんでした。上条又八や伴彦大夫などとはよくお噂しています。特に可児勘兵衛という方ですが、先年の大坂の陣で貴殿の御組に所属していた由にて、当分京極家に抱え置くこととなりました。可児について大坂での様子を承りたく、ご教示お願い申し上げます」。

京極家中の牧野安左衛門は、一月十八日付で長岡に以下の書状を送った。「可児は、江戸で伴彦大夫に念入りに申し含めていただいたお陰で、旧冬に京極高知方に仕官が決まりました。可児もお陰を以て仕官できたと感謝していますので、引き続きご高配願い上げます」。

可児は、一月二十日付で長岡に以下の趣旨の書状を送り、吉田の照会に対する善処を求めた。「拙者、御前様のお陰で京極高知殿に仕官できました。誠にありがたく御礼の申し上げようもありません。つきましては、吉田伝右衛門方より私の軍功に関する照会状が発出されていますので、しかるべく回答いただきたくお願い上げます。事情は中西半左衛門、山内半大夫が申し上げます。取り急ぎ申し入れます」。

長岡は、二月十五日付で吉田に以下の趣旨の返書を送るとともに、同日付で牧野、可児にも以下の趣旨の返書を送った。

吉田宛書状には、「初めまして。御書状をいただきありがとうございます。去年江戸で、上条や伴などと拙者のことをいろいろ仰せいただき、過分に存じます。可児を京極様にて召し抱えるにあたり、この者が大坂で私の組に所属していたため、ご照会に与りましたが、可児は私の家来でして、先年五月七日、天王寺表の合戦で可児が功名を立てました。その時の様子は全く紛れもない事実です。京極様には折々お取り成しくださいますようお願いいたします」とある。

牧野宛書状には、「可児が飛脚を送ってよこしたので、御書状を拝見しました。御無沙汰していますが、去年江戸ではいろいろとお世話になりました。さて可児が京極様に召し抱えられた由、拙者にとっても大慶至極です。可児について吉田殿より書状をいただいたので、天王寺表での働きを詳細に申し入れました。京極様の御前で、よろしくお取り成しいただくようお願いしてください。吉田殿の書状に、可児が私の組子であった由とありましたが、貴殿もご存知のとおり、可児は私の家来でして、そのように仰せください」とある。

可児宛書状には、「吉田殿より貴殿の大坂での働きについて照会があったので、天王寺表で功名があったことは紛れもなしと詳しく返事しましたので、お気遣いは無用です。京極様の御前で折々お取り成しくださいとも申し入れているので、そのように認識ください」とある（「長岡是季事蹟」）。

鎌田兵部政貞《かまだ ひょうぶ まささだ》

信長の家臣鎌田兵部丞泰貞の子。

幼名は喜三郎。後に要人、喜右衛門、伯耆守を称した（「鎌田家系碩菴之家所伝之写」）。

備中国川上郡成羽村に居住（「鎌田家系碩菴之家所伝之写」、「福岡市個人蔵鎌田家家系図」）。『土屋知貞私記』に、尾張者とあるのは織田家中にいたためとも考えられる。

秀頼に仕えた（「鎌田家系碩菴之家所伝之写」）。

慶長十九年、大坂籠城。城西警固の寄合衆の一人（『難波戦記』）。物頭を務めた。年の頃は五十歳ほど（『土屋知貞私記』）。

慶長二十年五月六日、真田信繁に続いて諸将とともに誉田方面に出役（『難波戦記』）。

寛永元年八月二十三日に死去。法名は専光院秋屋道山居士。葬地は浄念寺。

妻は寛永二十年十月十六日に死去。法名は高徳院誓雲妙山大姉（「福岡市個人蔵鎌田家家系図」）。

長男の鎌田五左衛門清貞は、水野勝成に知行四百石で仕えた。法名は一到道喜。

長女於政は、金万平右衛門に嫁いだ。

次女みつは、早世。

次男の鎌田八左衛門昌勝は、初め小堀正一、後に黒田忠之に知行四千五百石で仕えた。

三男の鎌田喜右衛門政里は、初め備中成羽、後に大坂に移住。法名は光誉宗保。

四男の鎌田六兵衛政房は早世。法名は心誉誠意。

五男の鎌田八郎左衛門昌房は、黒田忠之に知行四百石で仕えた。

三女おひさは、高橋玄徳に嫁ぎ、備後福山に居住した。

四女おくりは、岸本作兵衛に嫁ぎ、大坂に居住した（「鎌田家系碩菴之家所伝之写」、「福岡市個人蔵鎌田家家系図」）。

「増益黒田家臣伝」によると、備中鎌田郷（不明）の住人鎌田紀伊守は、信長に仕えたが、信長の死後は鎌田村に蟄居した。長女は、大坂天王寺屋六右衛門に嫁いだ。長男の泰勘八郎は、水野勝俊に仕えた。次男の鎌田八左衛門昌一入道宗伯は、黒田忠之に仕えた。三男の金万五郎右衛門は、稲葉正則に仕えた。四男の臼井六郎兵衛は、南部利直に仕えた。五男は鎌田八郎兵衛。右の鎌田紀伊守は、鎌田八左衛門（次男）の父であることから、鎌田政貞と同一人物を指すと思われる。

神尾五郎兵衛《かみお ごろ(う)びょうえ》

大坂の陣で松平忠直の家臣矢田俊勝に討たれた（「桑名郡志」）。

神尾左兵衛《かみお さひょうえ》

大野治房組に所属。

慶長二十年五月七日、岡山表合戦で早川勝正の組下山葉左助、山田文右衛門らとともに前田利常勢と鑓を合わせた。

落城後、市右衛門を称した。山葉とともに播磨の本多家に仕えた（「大坂合戦覚書」）。

神奴主馬首実正《かみやっこ しゅめのかみ さねまさ》

摂津住吉大社の神主家。神奴対馬守季実の子。

叙任従六位下主馬首。

慶長二十年五月、大坂城に籠り戦死。

長男の神奴孫二郎年実は、木村重成に従い、河内若江の合戦で戦死。

次男の神奴小市実任は、堺の町人となり辰見屋を号した（『諸系譜』）。

亀岡弥三郎《かめおか やさぶろう》

弘法大師の親戚佐伯氏の末裔。高野山付近の寺領を支配する亀岡弥三郎（二十四石五斗）、高坊太郎兵衛（四十石）、岡民部（二十四石五斗）、田所庄左衛門の四人は四所庄官と称された。

四人は九度山に蟄居していた真田信繁と懇意にしていたため、大坂の陣の時、支度金五十両ずつが贈られ、籠城を勧誘された。そこで慈尊院の神前で籤《くじ》により神意をうかがったところ、籠城無用と出たので金子を返還しようとしたが、城方の旗色がよかったので四人のうち岡以外は籠城した。落城後、高坊と田所は帰郷した。亀岡は行方不明となったが、その家跡は四石に削られて高野山領地士として続いた。高坊氏も八石に削られた。田所への処分は不明。岡氏は籠城しなかったので二十四石五斗を維持した（『南紀徳川史』）。

萱坊《かやのぼう》

高野法師。

大坂籠城。落城により紀伊国伊都郡四郷、大窪村に落ち延びた。萱坊に宿を貸した同所の百姓の与七郎が投獄されたため、親類が萱坊を捜索し、かうの瀧（光滝か）で追い詰めたところ、切腹して果てた。五月二十六日までに死骸と道具の書付が浅野家に提出されたが、与七郎は引き続き収監された（『自得公済美録』）。

萱野孫左衛門義澄《かやの まござえもん よしずみ》

萱野十郎兵衛季光の子。

祖父の萱野左大夫は、秀吉に馬廻として仕えた（『萱野氏略記伝』）。文禄元年、肥前名護屋城に在番し、本丸広間番馬廻組の六番速水守之組に所属（『太閤記』）。

父の季光は、ゆえあって紀伊国伊都郡神野村に蟄居。保田郷の地士が、高野山に敵対した時、山徒に味方して落命した。萱野義澄は、初め伊勢松と称した。季光の忠死に感動した興山寺応昌法印が相賀荘清水村の除地《じょち》若干を義澄に与えて、同所に移住させた。

慶長十九年、大坂城に籠り、大野氏の配下に属した。軍功により五百石を給せられた。

落城後、清水村に帰住。応昌が義澄の窮状を憐れみ、荘司市助に代わり、清水村の里坊看護を務めさせた。義澄は市助の娘を娶り、後に清水組十か村千石の大庄屋となった。

子の荘五郎は、応昌に仕えた。娘は森脇清房、萱野勝豊に嫁した。

萱野勝豊の子孫が大庄屋として清水村に続いた（『萱野氏略記伝』）。同家は真田信繁と交流があり、庭中の紅谷樹と手水鉢は、真田から贈られた遺物といわれる（『紀伊続風土記』）。

烏田作蔵通知《からすだ さくぞう みちとも》

毛利元就の家臣烏田肥後守武通の子。

天正九年に誕生。幼名は桃寿丸。

天正十二年二月十四日、加冠して作蔵を称した。後に剃髪して道智と号した。

文禄、慶長の朝鮮戦役に出陣。

慶長元年、毛利秀元に付属された。

慶長五年の戦役に出役。伊勢越賀の出城付近の戦闘で鑓を合わせる功名があった。戦功見届け人は、堅田元慶の家来田坂太郎右衛門。

初め、武通には実子がなく、国司元相の三男助九郎元貞を婿養子としていた。このため毛利家が減封された際、元貞には少知が与えられたが、通知は次男として家中惣並みに牢人となった。

慶長十九年、内藤元盛（佐野道可）と同じく大坂籠城。元盛から「大坂勝利の場合、恩賞分与のため、先祖の証文があるなら提出するように」との指図が伝えられ、祖父の右馬頭景通の筑前国怡土郡における領知の証文などを提出した。

落城の際、元盛は集めた証文を焼き捨て、他の部隊と同様にそれぞれ落ち延びるよう命じた。そこで尺八を持って鹿児島に逃れたが、元和元年のうちに萩へ帰還した。毛利輝元、秀就に拝謁し、十月一日、判物を頂戴して、九郎兵衛と改めた。

寛文二年四月十一日に死去。享年八十二歳。

孫の烏田留之允貫通（号は智庵）は、毛利家の医臣として名高い。享保年中、『萩古実未定之覚』を輯録した（『閥閲録』、「毛利氏四代実録論断考証」）。

河合杢右衛門　かわい　もくえもん

和泉和気の田所氏の出自。中村一氏の家臣河合宗善の弟。

大坂七組に所属して、夏の陣で戦死（『三十六人ノ外出仕之侍中』）。

子孫は和泉府中で士民となった（『和泉州三十六郷党並二二十四郷士之記』）。

川勝靭負　かわかつ　ゆきえ

木村重成の配下。

慶長二十年五月六日、藤堂高虎の家臣渡辺了の手に討たれた（「西島家留書」）。

川北庄左衛門正勝　かわきた　しょうざえもん　まさかつ

川北内匠の子（「川北道甫覚書」）、または川北讃岐の子（『伊勢国司伝記』、「諸士系譜」、「加陽人持先祖」）。川北権兵衛正行、川北権三郎〔注1〕の兄（『伊勢国司伝記』）。

父の内匠は、伊勢長野工藤氏の族臣で、奄芸郡川北城に拠った（『姓氏家系大辞典』）。諱は署名に長郷（「今西家文書」）、または正氏（『伊勢国司伝記』）、正光（「同志茶話」）、祐寿（『姓氏家系大辞典』）。永禄十一年、信長の伊勢に侵攻の際、分部光嘉、中尾新左衛門とともに、長野具藤に背いて織田信包を迎え入れた（「分部家文書」）。後に秀吉に従った（「川北道甫覚書」、「諸士系譜」）。天正十二年九月の秀吉による知行割により、伊勢国一志郡内で三千石を領知（『松坂権輿雑集』）。慶長三年八月十四日、大坂城二の丸表御番衆に列せられた（「慶長三年誓紙前書」）。

あるいは、父の讃岐守は、伊勢国奄芸郡稲生城主の稲生蔵人の三男で、川北内匠正氏の娘を娶って養子となったとも（『伊勢国司伝記』）、稲生大蔵少輔貞光の三男で、川北内匠助正光の娘を娶って養子となったともいう。母は関安芸守万鉄斎の娘（「同志茶話」）。諱は署名で益□（『新編会津風土記』）、または正綱（「同志茶話」）。久右衛門を称したともいう（『伊勢国司伝記』）。初め信長、後に蒲生氏郷以下三代に仕えた（「同志茶話」）。会津では知行二千二百石。鉄砲足軽五十人を預かった（『会津蒲生分限士録』）。某年に病死（「加陽人持先祖」、「諸士系譜」）。妻の川北氏の腹で長男の川北庄左衛門正勝（号は道甫）、次男の川北権兵衛正行、三男の川北権三郎が生まれた（『伊勢国司伝記』）。

川北正勝は、幼名は千次郎。若名は庄左衛門（「川北道甫覚書」）。庄三郎（「加陽人持先祖」）。算三郎（『太閤記』）。山三郎、または十大夫（『寛政重修諸家譜』）。初め庄左衛門、後に内匠（「同志茶話」）。諱は正勝（『伊勢国司伝記』）、正元（『寛政重修諸家譜』）、正知（「同志茶話」）。

大力で相撲を好み、蹴鞠の名人でもあった。蹴鞠は、飛鳥井雅庸と兄弟分の契約を結んだ。また、茶の湯を古田織部に師事した。

秀吉、秀頼に歴仕（「川北道甫覚書」）。初め小姓、後に使番を務めた（「加陽人持先祖」、「諸士系譜」）。

文禄元年、肥前名護屋出陣には、父の内匠が病気だったため、元服して千次郎から庄左衛門に改め、名代として供奉した。後見として伯父の川北又左衛門が付き添った（「川北道甫覚書」）。名護屋城に在番し、本丸広間番馬廻組の三番真野宗信組に所属（『太閤記』）。

大坂七組の真野頼包組に所属。知行二百石（『難波戦記』）。

慶長十九年、秀頼と淀殿は十月十五日付で島津家久に来援を求める書状をしたため、庄左衛門を使者として派遣した（『旧記雑録後編』）。

庄左衛門は六十挺立ての関船《せきぶね》で九州へ下向し、有馬直純の所領、日向県に着船した。直純とは先般長崎で兄弟分の契約を結んでいたからか、すんなり通行を許された。島津領の境である佐土原に至ると、入国理由を厳しく審問された。庄左衛門が「先般、薩摩に招かれたのですが、大坂への帰還が遅かったと秀頼公から強く叱責されました。とにかく家久殿よりのお詫びなしではうまく解決しないので、事情を申し上げて、家久殿の一筆をいただいてくるよう片桐且元から指示を受けて参った次第です」と説明すると、佐土原の役人は「それならば暫し待たれよ。事情を詳しく報告してその上でご通行できるようにしよう」と言って、四日目にようやく通された。家久に伺候すると接遇の様相が先般とまったく異なり、家久は対面所の上座に座り、不測の事態に備えて両脇に五人ずつが控えていた。庄左衛門は首からかけた御書箱から秀頼の書状を取り出して捧げ、口上を陳述した。家久は書状を披見すると「薩摩へも上方の様子は大略聞こえている。御味方せよとのことであるが、関ヶ原合戦の時、親が身命をなげうって戦い、敵対したにもかかわらず、家康には一命を助けられ、所領も安堵された。この大恩がある故、大坂に御味方は致しかねる。しかし、その方を御使者として派遣されたからには、徳川方にも味方すまい。事の成り行きとしてはいずれ和睦となるであろうから、その節は、拙者を調停役にお命じになるよう言上せよ」と回答した。庄左衛門は食い下がったが、家久は「どんなに言われても同意できない。その旨よろしくお伝えせよ」と言うばかりだった（「川北道甫覚書」）。

十一月一日に書状を披見した家久は、翌二日付で大野治長に宛てて、大坂への加担を辞する旨の返書をしたためさせ、庄左衛門に持ち帰らせた（『旧記雑録後編』）。同時に家臣の川上久国に、秀頼からの黒印状を幕府に提出するよう指示した。十一月五日、久国は鹿児島を出船し、兵庫を経由して京都所司代板倉勝重に面会した（『大日本史料』所載「島津国史」）。

庄左衛門は日向県から関船を回航さ

せ、鹿児島を出船したが、途中、備後鞆の浦で急に風雨が強まった。これを幸いとして帆に風を受けて、尼崎までわずか一昼夜で到着した。尼崎到着は夕七つ時分で、折から霧が甚だ深く、三尺先も見通せないほどだった。そこで入城の準備をし、既に籠城中の大坂城へ、どの口から進入するか相談した。庄左衛門は「所詮どの口も通行困難だろうから、まっすぐに伝法口に向かうべし。もし脇道を行けば逃げてきたとのそしりを受ける可能性がある。そうした後難を避けるべく、とにかく一筋に伝法口を目指そう」と主張し、そのように一決した。船を進めると小さな漁船が衝突した。さっそくこれを拿捕し、漁師を捕えると、酒食を与えて大坂城の周辺状況を聞き出した。それによると「御城は七重八重に取り囲まれているが、今朝より西からの大風で伝法口の舟橋が破壊され、船の出入りが通常に戻っている」とのことだった。庄左衛門らは絶好の機会と喜び勇んで伝法口に向かうと、東の空が白み始めた。忍んで通ればかえって怪しまれると考え、櫓の拍子を踏み鳴らして進んだので、寄せ手の船も味方の偵察船かと思い攻撃してこなかった。しかし、三丁ほど過ぎたあたりで敵船と気付いて銃撃を開始したが、既に銃弾は届かず、無事に大坂に帰り着いた。かねて約束の合図である長柄の差し傘を開いて振ると、多くの船が迎えに出た。皆口ぐちに「何と、何と、薩摩殿はいかがであったか」と問うので、庄左衛門が「いかにもよきお返事で、追っ付けこちらへ着船する」と答えると、「冥加にかなった事よ」と皆大いに喜んだ。

戦後、本多正信から島津家へ、「伊達政宗への使者和久半左衛門は拘束され、浅野長晟への使者鷺坂善右衛門は殺害されたのに、何故島津家では庄左衛門をそのまま帰したのか」と照会があった。島津家から「庄左衛門は鞠の師です。国風として、師に非礼をはたらかないこととしていますので無事に帰しました」と回答したところ、特に問題にはならなかった。

落城の直後、長谷川藤広と茶屋清延が斬獲された首級を入念に確認しているので、家康がその理由を問うと、長谷川は「弟分の川北庄左衛門という者が秀頼公に仕えており、討ち死にならば首級を拝領して弔ってやりたいと存じます」と答え、茶屋は「私も川北とは特に懇意にしており、長谷川と相談して探しているところです」と答えた。家康は「その川北は信長へ忠節の者で、よく知っている。総じて秀頼に忠節を尽くした者は粗略にされるべきではない。古参の者については少しも憎しみはないので、どこにいても構いなしと書き付けて布告すべし。ただし、開戦にともなって大坂に籠城した者は大敵であり、どこまでも捜し出して処罰せよ」と指示した。両人はさっそく庄左衛門を捜し出し、真っ先に赦免を蒙った。

剃髪して計斎(または斗斎)と号した。堺奉行を兼任していた長谷川藤広の庇護を受け、堺の大祥寺にあった三十間四方の屋敷を与えられた。有馬直純からは八端帆の舟で材木が送られた。この材木で屋敷内に瓦葺の長屋を造り、そこで起居した。

その後、播磨姫路の松平忠明から知行千石で招聘されたが、二君に仕えまいと考え、法体となったことを理由に辞退した。しかし、先知五百石を与えるので茶飲み、伽に伺候するようにと求められ、毎度忠明の茶の相伴をして安楽に暮らした。冬は頭巾の着用も許された（「川北道甫覚書」）。「御先祖松平忠明公播州姫路御居城之節御分限帳之写」（「見聞集」所載）に、咄之衆として知行百石とある。

七十歳の高齢になった時、津田正方から忠明に断りを入れ、暇を貰って、京都で合力を得て暮らした。京都では道甫と号した（「川北道甫覚書」）。

万治元年に死去（「加陽人持先祖」）。あるいは寛文元年に死去（「諸士系譜」）。享年八十三歳（「川北道甫覚書」）。八十三歳を万治元年より逆算すると天正四年の誕生、寛文元年より逆算すると天正七年の誕生となる。

「川北道甫覚書」などに、以下のように蹴鞠、相撲、大力に関する逸話が伝えられている。

（一）蹴鞠について

廷臣飛鳥井雅庸と蹴鞠の兄弟分の契約を結んだ。秀頼が肥満解消のため蹴鞠をしていたので（「秀頼公御肥満にて御鞠被遊ニ付」）、雅庸が一か月ずつ大坂に逗留して教授していた。大坂逗留中、雅庸は庄左衛門宅に入り、昼夜蹴鞠を稽古した。

庄左衛門の鞠は高足（足を高く上げる蹴り方）だった。東福寺祈祷殿では、四十五匁の鞠を高さ八間の天井に幾度となく当てた。また、相国寺内の七、八間の杉を懸《かかり》の元木に見立てた鞠場でも、杉より高く蹴り上げて、観衆を驚かせた。

島津家久や細川忠興も庄左衛門の鞠の弟子だった。慶長十九年に家久が「国中の者に蹴鞠を見せたい」と希望して、片桐且元を通じて庄左衛門の薩摩招聘を秀頼に請願して許可された。九州下向には忠興が六十挺立ての関船を用意したので、まずは豊前小倉を訪れた。小倉では忠興以下、家中の者と朝茶を三十日間続けた。庄左衛門は古田織部の弟子で、織部から炉を切り組んで贈られるほどの腕前だった。それから薩摩に向かい、八十余日逗留した。その間、大いに歓待され、信国の脇差や黄金三十五枚を贈られた。帰路は長崎に立ち寄った。慶長十一年四月から、長崎奉行に就任していた長谷川藤広とは兄弟分の契約があったため、様々な饗応を受け、四、五十日ほど逗留した。その間、長崎を来訪した有馬直純が、庄左衛門の鞠の弟子となった。有馬とは毎日練習をしたので懇意となり、兄弟分の契約を結ぶこととなった。八月初旬に長崎を出立し、九月八日に大坂に帰着した。

大坂の陣の後、住吉に参詣し、反り橋の上に鞠を蹴りながら走り上がってみせた。また、北野の神殿の前から後ろに蹴り続けたこともあり、四十五匁の鞠を休むことなく蹴り続けられるのはよほどの大力と評された。

（二）相撲について

相撲の達人としても有名だった。加賀の力士巡礼、追手といった相撲の名人を三年ほど自宅で養い、日々稽古した。

大坂では辻相撲が流行し、月夜には必ず開催された。庄左衛門も三尺手拭で顔を包んで秘かに参加していた。対戦相手は皆、相撲の組手よりも手拭を剥ぎ取ってやろうと挑んだが、ついに頬被りを取ることはできなかった。

美作の人で捕手術の名人竹内藤一郎（竹内久勝か、その子久吉か）も三年ほど養い、弟子となって捕手術を稽古した。上達して、座敷内で竹内と組むといつも竹内が細引でくくり出されてしまうようになった。竹内は「庄左衛門は相撲上手なので如何ともし難い」と述懐した（「川北道甫覚書」）。

庄左衛門が火箸で長囲炉裏の灰をせ

せっていると、その腕に捕手術の名人竹内藤一郎が「捕ったり」と言って取り付いた。庄左衛門はやすやすとこれを捩じ離すと、竹内の上帯を摑んで差し上げ、囲炉裏の中に投げ込んだ。竹内は起き上がると「せめて畳の上に投げていただきたい。灰が目、口に入ってしまった」とこぼして退散した（『老談集』）。

二十八歳の時、組頭の真野頼包から、「いい年をして辻相撲もいかがか」と忠告され、相撲を止めた。しかし、結城秀康の内々の所望を受けた真野から再度辻相撲に出場するよう求められ、断り切れず出場した。初めの一番は勝ったが、続いて戸田五郎兵衛（竹内久勝の門人戸田五郎兵衛か）という八十人力の者と組んで、苦戦の末どうにか引き分けたが、肩甲骨を折ってしまった。有馬へ三度湯治に行ってようやく回復したが、肩に大きな栗が入るほどのくぼみができ、以後相撲は一切取らなくなった。

（三）大力について

文禄元年三月、名護屋へ供奉の途中、須磨で若衆が力比べに興じていた。最も大力の者が、鐙《あぶみ》に鉄砲十四挺を載せて持ち上げたが、庄左衛門は、十六挺を載せて軽々と持ち上げ、衆目を驚かせた。

大坂天満の天神へ二、三人で参詣したとき、突然人喰犬が吠えかかったので、四、五回、一間ほど高く蹴り上げると犬は死んでしまった。

長時間、茶臼を臂に載せて濃茶を一服ずつ挽いてみせ、「一方を肩に、一方を臂に載せるので重くはない」と語った。

堺から大坂まで三里の道のりを、雨の中、右手の傘を持ち直さずに歩いたことがあったが、「これは濃茶一服挽くより大義だった」と語った。

空の荷車を牽かせ、鞭をくれて下り坂を走らせた牛をしっかりと留めることは至難の業であるが、これも「片手で身を反らして重みをかけ、少し手の内を揺り引くようにすれば留まるもの」と語った。

敷居を踏みしめた二人に手綱を持たせ、これを片手で簡単に引き起こしてしまった。

「最も力を要したのは、四斗俵を梯子《はしご》に括り付け、鞠場の外を一周した時である」と語った。

大坂で北七大夫長能の隣家が出火した。北とは特に親しかったので見舞いに行くと、隣家は大方焼け、北家は別条なかった。皆が「焼家をどうにかして崩したい」と騒いでいたので、庄左衛門は脇の家の軒下に菰《こも》に包んだ三間ほどの大竹があったので、これを引きずり出して、炎上中の家屋の棟木に押し当てると、掛け声とともに一気に押し崩した。

大坂城の桜門には、国崩しの石火矢《いしびや》が設置されていた。天下の力自慢たちが行ってはこれを動かしてみたが、筒先を三度上げた者はいなかった。薄田隼人は大坂では大力で有名だったが、彼も筒先をまたいで三度以上は上がらなかった。しかし、庄左衛門はいつもとんとんと拍子をとって五十回も上げた。皆が「薄田より大力である」と称えたが、庄左衛門は「いやいや、力ではない。とんとんと突くはずみで持ち上げているのだ。さほど力のいるものではない」と言った。もっとも、その拍子を取ること自体が、力なくしてはできないものであった。

川北権兵衛、渡辺平太夫、山田七左衛門の三人を相手に、畳の縁に置いた左足が動いたら負けということで相撲をとった。三人は「まず平太夫と七左衛門が取り付き、頃合いを見て権兵衛が組み付こう」と申し合わせたが、何度組んでも、庄左衛門はそれほど力も入れず、手先のみでするりと二人を股座に抑え込んでしまい、権兵衛に至っては、まったく手出しする間がなかった。

大坂の陣の後、堺の町人が催す篝能《かがりのう》に招かれたが、そこで急に蹴鞠をすることとなった。庭に、どうしても掘り起こせず放置されていた巨石が頭だけ出ていたが、夢中になっていた庄左衛門は石の存在を忘れて蹴り続け、思わず石の頭が出ている所を蹴ると、石が跳ね起こされた。これまでいろいろ掘り起こそうとしてできなかった石を一蹴で掘り起こしたので、皆、驚きあきれ、五十人力はあると噂し合った（「川北道甫覚書」）。

*

妻は秀頼の家臣岡村土土ノ介（百々介）の娘（『伊勢国司伝記』）、あるいは徳川頼宣の家臣花房内蔵允（正字・政真）〔注2〕の娘（「加陽人持先祖」、「諸士系譜」、『寛政重修諸家譜』）。

長女の於ドヨは、毛利兵橘重行に嫁いだ。

長男の川北十大夫正方は、津田秀政の養子となり、津田平左衛門を称した（『伊勢国司伝記』）。初め、平七郎とも称した。元和元年、駿府で初めて家康に拝謁した。元和二年、江戸で将軍秀忠に拝謁し、小姓組に列せられた。丹波国桑田、美濃国不破、安八、大野、葉栗、可児の六郡内で知行四千十石余を与えられた。寛永十九年十月二十六日、使番となった。寛文元年十二月二十四日に死去。享年五十九歳。法名は高岳院松雲全節。葬地は妙心寺の塔頭長興院。妻は、津田秀政の養女（実父は秀政の養子津田平八郎、実母は山内康豊の娘）。子孫は幕臣として続いた（『寛政重修諸家譜』、『増補妙心寺史』）。

次男の庄兵衛政久は、花房内蔵允の養子となった（『伊勢国司伝記』）。養父の遺知五百石のうち二百石を継いだ。延宝二年六月二日に病死。子孫は紀伊徳川家の家臣として続いた（「紀州家中系譜並ニ親類書書上」天保三年九月花房孝之助直睦書上）。

三男の川北牛ノ介は、後に十大夫を称した（『伊勢国司伝記』）。諱は正元。父の遺跡を継ぎ、松平忠明に仕えた（「同志茶話」）。小姓組に属し、知行四百石を与えられた（「見聞集」所載「御先祖松平忠明公播州姫路御居城之節御分限帳之写」）。

次女の於波留は、河内国麻田村の極楽寺に嫁いだ。

四男の川北弥九正信は、後に津田宇右衛門を称した（『伊勢国司伝記』）。津田秀政の養子。寛永十一年、京都で津田秀政、同正方、織田長頼の斡旋で前田利常に召し出され、児小姓として前田光高付となった。知行千石を与えられ、能登七尾に居住した。能登郡支配を兼任した。先筒頭、馬廻頭、算用場奉行を歴勤した。万治八年、三百石を加増された。元禄六年に致仕。元禄十五年五月十一日に死去。享年八十六歳。子孫は前田家の家臣として続いた（「加陽人持先祖」、「諸士系譜」）。

三女於冬は、柘植平九郎〔注3〕に嫁いだ（『伊勢国司伝記』）。

〔注1〕 川北権兵衛正行は、川北讃岐守の次男で、母は川北内匠正氏の娘（『伊勢国司伝記』）。初め織田信包、後に松平忠明に仕えた。慶長二十年五月六日、道明寺表合戦で後藤三弥と組んで首を取った（「同志茶話」）。この首は松平の手の二番首だった（「侯家編年録」）。寛永年間、姫路では知行七百二十石を与えられ、旗奉行を務めた（「見聞集」所載「御先祖松平忠明公播州姫路御居城之節御分限帳之写」）。

川北権三郎は、川北讃岐守の三男で、母は川北氏の娘。十八歳で自殺（『伊勢国司伝記』)。

〔注2〕花房内蔵允は、播磨の人で、初め松原久右衛門幸政を称し、宇喜多秀家に知行千石で仕えた。主家の滅亡後、駿河で徳川頼宣に知行五百石で仕えた。寛永四年に病死(「紀州家中系譜並ニ親類書書上」天保三年九月花房孝之助直睦書上、『浮田分限帳』、『南紀徳川史』)。

〔注3〕柘植平九郎は、松平光通の家臣で、諱は信成。川北氏が産んだ七之丞は、幕臣津田正常の養子となり、津田外記正房を称した。養父の遺知三千石を継ぎ、駿府町奉行を務めた。子孫は幕臣として続いた(『寛政重修諸家譜』)。

河毛《かわけ》源三郎《げんざぶろう》清之《きよゆき》

近江国浅井郡河毛村の出自。浅井久政の家臣河毛三河守信清の次男。河毛次郎左衛門清信〔注〕の弟。

父の信清は、元亀三年九月一日に小谷で戦死した。

河毛清之は、後に忠右衛門を称した。秀吉に出仕した(「河毛系譜」)。

文禄元年、名護屋城に在番し、本丸広間番衆馬廻組の五番尼子宗長組に所属(『太閤記』)。

次いで秀頼に仕えた(「河毛系譜」)。大坂七組の真野頼包組に所属。知行百九十四石(『難波戦記』)。

落城後、牢人となり、寛永十七年に備中松山で死去。享年八十余歳。法名は法往院蓮清。

子の河毛勘助盛清は、慶長年中、姫路で池田輝政に仕えた。後に命により池田長幸に転仕し、主家の断絶後、因幡鳥取に浪居。正保元年八月九日に死去。享年五十六歳。

〔注〕河毛次郎左衛門清信は、信清の長男。父の戦死後、牢人していたが、秀吉に出仕した(「河毛系譜」)。文禄元年、肥前名護屋城に在番し、嫡男の河毛勝次郎清茂とともに本丸広間番衆馬廻組の五番尼子宗長組に所属(『太閤記』)。後に高台院に仕えた。法体となり、曽庵と号した。京都で死去(「河毛系譜」)。『難波戦記』に、大坂七組の真野頼包組に所属する河毛次郎右衛門(知行百六十石)の名が見えるが、同一人物と思われる。

川崎《かわさき》和泉《いずみ》勝宣《かつのぶ》

木村重成組に所属。猩々皮羽織を着用。冬の陣では作右衛門、夏の陣では和泉を称した。

慶長十九年十一月二十六日、今福口が破られ、敵が片原町口まで迫った。重成は、根来知徳院、上村金右衛門、川崎作右衛門に鉄砲五十挺を添えて急派した(「高松内匠武功」)。川崎は早々に銃創を被り、退いた(「先祖書上」寛永廿一年ニ若松市郎兵衛書上ル写、「高松内匠贈答扣」)。

慶長二十年には武者奉行を務めた(「高松内匠武功」)。五月六日、若江表に出役して戦死(『大坂御陣覚書』、『難波戦記』)。「大三川志」に、山口重信が川崎勝宣を討ち取ったとあるが、実否不明。

川崎《かわさき》加右衛門《かえもん》

伊東長次の従弟。

慶長二十年五月六日、井伊直孝の家臣大河内茂左衛門に討たれた(「井伊年譜」)。

河崎《かわさき》忠右衛門《ちゅうえもん》

伊東長次の家臣。

慶長二十年五月七日に戦死。法名は峯岩永春(「備中岡田伊東家譜」)。

川崎長右衛門《かわさき ちょうえもん》

伊東長次の従弟。なお、長次の生母は、尾張の人川崎善右衛門、または兵右衛門の娘。

知行は百石（『備中岡田伊東家譜』）、または三百石（『伊東家雑記』）。

慶長二十年五月七日に戦死。享年五十歳ほど。「高野山悉地院過去帳」に法名は休覚禅定門とある（『備中岡田伊東家譜』）。

川崎主水《かわさき もんど》

川崎加左衛門の子。

祖父の水嶋佐渡は、紀伊で出生。北条氏康に仕え、相模厚木で七百貫を与えられた。北条家の滅亡後、小早川秀秋、秀頼に歴仕した。

父の加左衛門は、母方の苗字川崎氏に改めた。父の佐渡の家跡を継ぎ、秀頼に仕えた（『御家中略系譜』）。

川崎主水は、大坂城に籠り、慶長二十年五月六日に嫡男の川崎小兵衛、若党一人とともに戦死。

妻は池田利隆の家臣水島助左衛門の妹。

次男の川崎庄右衛門は、慶長十九年、大沢（和泉郡大沢村か）に隠れた。大和高取で植村家政に仕えたが、後に江戸で浪居した。

二男の水島伝左衛門之成は、卜也と号し、水島流礼法を創始した。子孫は久留米有馬家の家臣として続いた（『家伝史料』）。

河瀬勝大夫《かわせ しょうだゆう》

大坂籠城（『大坂濫妨人并落人改帳』）。

河瀬助十郎《かわせ すけじゅうろう》

伊東長昌の家臣。知行百石。

慶長二十年五月七日に戦死。享年二十歳ほど。法名は月閑友照（『備中岡田伊東家譜』）。

河副六兵衛重次《かわぞえ ろくびょうえ しげつぐ》

近江国神崎郡川副村の出自。川副源次郎正俊の長男。

父の正俊は、蒲生賢秀の家臣河副伊賀守勝重の四男で、北政所に仕えた孝蔵主の末弟。秀吉に仕え、天正十一年八月一日、近江国神崎郡内で百六十石の判物を拝領した。天正十年、小田原陣に参役（『寛政重修諸家譜』）。文禄元年、肥前名護屋城に在番し、本丸広間番衆馬廻組の五番尼子宗長組に所属（『太閤記』）。慶長十四年五月一日時点では既に入道して宗永または宗円と号していた（『時慶卿記』）。慶長十九年に死去。法名は宗因（『寛政重修諸家譜』）。大坂冬の陣で籠城し、夏の陣で戦死したともいう（『石田三成とその一族』）。

河副重次は、天正十二年に誕生。

秀頼に仕え、落城後、将軍秀忠に知行百石で仕えた。

寛永三年四月十四日に孝蔵主が死去した後、遺領の河内深井村（和泉国大鳥郡内か）二百石を継承し、合計三百石を知行。

寛永十三年九月二十四日に死去。享年五十三歳。法名は静雲。葬地は西久保の大養寺。

子の河副六兵衛重勝が武蔵国埼玉郡内で三百五十石を与えられ、子孫は幕臣として続いた。家紋は五三桐、菊（『寛政重修諸家譜』）。

川田九郎左衛門基親《かわだ くろ(う)ざえもん もとちか》

本国は近江。上杉謙信の家臣河田伊豆守憲親（号は禅忠）の四男。

越中富山城在番の父と不和になり、富山より出奔して、一時毛利輝元に仕えた。

後に秀吉に仕え、大坂に伺候した（『河田氏系図』）。

文禄元年、肥前名護屋城に在番し、三の丸御番衆馬廻組の四番桑原貞也組に所属（『太閤記』）。

秀頼に仕え、大坂七組の堀田図書頭組に所属。知行は二百八石（『難波戦記』）。

落城後、前田利常に仕えた（『河田氏系図』）。

河辺与一左衛門悦国《かわべよいちざえもんよしくに》

河内国若江、嶽、金胎寺三ケ所城主畠山義英（号は卜山）の子という。しかし、畠山義英と畠山卜山は別人で、両人ともに父とするには年代も事績も合わない。

河辺悦国は、父が没落した時、幼少だったので乳母の懐に抱かれて乳母の郷里富田林に落ち延び、乳母の父河辺某に養育され、河辺氏に改めたという。

秀頼の命に応じて大坂籠城。慶長二十年五月七日に戦死。

子の河辺善右衛門義広も十四歳で父とともに大坂籠城したが、捕虜となり連行された。その途上、近江溝口駅で群馬が狂奔して落馬し、混乱に紛れて近傍の酒店に逃れた。たまたま店主が豊臣家の旧臣だったのでそのまま匿われた。後に家人を添えて富田林に送られ、天下静謐の後、従来の知己であった三宅茂兵衛を頼って紀伊粉川に移住した（『三宅氏系図』）。

川村斎宮《かわむらいつき》

加藤嘉明の家臣河村権七〔注〕の弟。

慶長十九年、大坂籠城。物頭となり、侍三十人ほどを預かった。年の頃は三十歳ほど。

慶長二十年五月七日、大坂を立ち退き、その後、病死（『土屋知貞私記』）。

〔注〕加藤嘉明の母は、川村弥左衛門の長女で、加藤教明に嫁ぎ、嘉明を産んだ。弥左衛門の長男は川村弥作で、その子は川村作左衛門、その子が川村権七一光で、嘉明に仕えた（『加藤家系譜』）。権七は伊予国宇摩郡川上城代を務め、知行六千五百石（『福富半右衛門親政法名浄安覚書』）。一時離家して後に帰参。慶長十九年、加藤明成に従い大坂に出陣。戦後ほどなく病死（『常山紀談』、『校合雑記』）。その子川村弥左衛門勝興は、会津で知行三千五百石、家老職に就いた。その長男川村権七一吉は、加藤家の除封後、甲府で徳川綱豊に出仕した。子孫は幕臣として続いた（『加藤家系譜』、『寛政重修諸家譜』、『新編相模国風土記稿』）。

川村外記《かわむらげき》

山本伊左衛門（または伊右衛門）の子。

慶長三年に誕生。元服の際、木村重成に袖留をしてもらった。真田信繁からは具足を着せられた。

慶長二十年五月六日、渡辺内蔵助に属して道明寺表に出役した。渡辺の軍勢は敗北したが、大将の渡辺は踏み留まり、川村と山本頼母がこれに付き従った。川村が田の畔の高みで「今日の侍大将渡辺内蔵助の手の者、山田頼母と川村外記」と名乗りをあげると、伊達政宗勢から黒具足の武者三人が駆け寄り、渡辺以下三人と半時ほど交戦した。勝負が決しないうちに、渡辺は鉄砲で向こう脛を打ち折られて落馬した。三人の敵が首を取ろうと鑓を捨てて斬りかかってきたので、川村と山田で追い払いつつ、渡辺を肩にかけて退却した。折から渡辺の手の者も返し合わせたので、何とか無事に城中まで退却することができた。この日、川村は朱具足に、親からゆずられた紺色の撓《しない》に金銀で山道をあしらった指物を装着しており、目立つ武装だったため鉄砲が集中したが、無事だった。川村の働きは真田も小山の上から見ていたという。

翌七日、秀頼が桜門まで出馬した際、速水守之の取次で前日の働きが披露され、川村と山田は拝謁の栄に浴した。この時、秀頼は羅紗の羽織に裁着袴《たっつけばかま》で、体高四尺七寸ほどもある大きな馬に乗っていた。

晩になってから山田とともに大坂城を退去し、三日間山中に隠れた。淡路島にいる所縁の者を頼ったが、池田忠雄の落人詮議が厳しく、自害を覚悟したが、土井利勝の指示でひとまず池田家に預けられることになった。池田家に従って備前に移り、わずかな禄で八年ほど仕えた。待遇は厚く鷹狩を許された。その後、利勝から池田光政の家臣日置豊前を通じて身柄を請け取られ、土井家に二十年ほど仕えた。この時、山本権右衛門と改名した。

その後、土井家を牢人した。藤堂高次から、藤堂采女、永田主馬を以て仕官の勧誘があったが辞退した。また、尾張徳川家から、間宮大隅、松平助之進を以て仕官の勧誘があったがこれも辞退した。浅野光晟の家臣寺西将監と所縁があり安芸の下屋敷に寄寓した。浅野綱晟から懇切な申しかけがあったが、寛文十三年一月、綱晟が急死したため仕官には進展しなかった。

その後、山本鉄斎と号した。

摂津尼崎の青山幸利は、高名な牢人がいれば早速吟味して高禄で召し抱えていた。京都留守居の尾関半左衛門から鉄斎の事を聞き及び、延宝三年、尾関に命じて鉄斎から書付を提出させ吟味を開始した。書付を読んだ幸利は「木村に袖を留めてもらい、真田に具足を着せてもらったのならば、筋目ひとかたならぬ者のはず。秀頼からも直接褒賞に与りながら落城の際に逃れ去るとは心得ぬ。腰が抜けて逃げたか、この書付が偽りか、いずれにせよ気に入らない」と言って召し抱えなかった（「青大録」）。

川村三大夫　かわむら　さんだゆう

大坂の陣における働きにより、稲葉正則に知行一百五十石で召し抱えられ、後に三百石を与えられた（「稲葉神社所蔵文書」集書）。川村の働きが大坂方、寄せ手いずれに属していたか不明〔注〕。

〔注〕小田原稲葉家には川村の他にも大坂の陣で働きがあったとして以下の者が召し抱えられている。渡辺藤兵衛（初め二百石、後に三百五十石）、野村茂大夫（三百石）、伊坂久大夫（三百石）、杉原頼母（千三百石）、岩手次左衛門（七百石）、西尾段右衛門（五百石）、鵜飼五郎兵衛（二百石）、山本次右衛門（二百石）、平井助左衛門（五百石）、宮沢勘右衛門（二百五十石）、伊坂善大夫（二百五十石）、小屋加右衛門（二百石）、豊島喜左衛門、杉森市兵衛、飯沼仁右衛門、佐藤八左衛門、奥山市庵（岡本長右衛門）。このうち豊島、杉森、飯沼、佐藤、奥山は大坂方に属したことが確認されるが、その他の者は大坂方、寄せ手いずれに属していたか不明（「稲葉神社所蔵文書」集書、「田辺家文書」正則様御代場有之者共）。

川村半助　かわむら　はんすけ

長宗我部盛親に従い、大坂籠城（『福富半右衛門親政法名浄安覚書』）。

川村味左衛門政保《かわむらみざえもんまさやす》

川村伊右衛門房良の子。

父の房良は、川村新左衛門政房の子。伊賀東宮庄で出生した。先祖は伊勢国司北畠氏に従っていたが、政房の代に蒲生氏郷に仕え、田丸直昌組に付属された。文禄二年、秀吉に直仕した。慶長十七年三月五日に死去。享年四十三歳。

川村政保は、慶長二年に誕生。

慶長二十年五月七日に岡山表合戦で戦死。享年十九歳。

弟の半七郎は、外祖父宮崎氏の家跡を継いだ。落城の際、幼年だったため、家人らが相談して城を立ち退き、京都に蟄居した(「同志茶話」)。

神沢理右衛門八勝《かんさわりえもんはちかつ》

播磨赤松氏の一族。神沢善左衛門貞勝の子(『翁草』)。姉妹は花房正成の後妻〔注〕(『寛政重修諸家譜』)。

父の貞勝は、初め別所長治に仕え、百三十騎の士大将を務めた。別所家の滅亡後、備前の女婿花房正成方に蟄居した。妻は長治の家臣三宅肥前守治忠の娘。

神沢八勝は、初め浪客として黒田長政方にいたが、大坂の陣の時、入城して毛利吉政組に属した(『翁草』)。

慶長二十年五月七日、天王寺表に出役。毛利組の加須屋権兵衛とともに秋田実季の備えから駆け出した黒柄弦指物の武者三、四人と鑓を合わせた。その場で加須屋は戦死(「佐佐木信綱氏所蔵文書」)。同所で八勝も重傷を被った。後に毛利組の永井九兵衛は「理右衛門は、その場で討ち死にしたように見えた」と神沢宜茂(八勝の孫)に語った。

落城後、備中に立ち帰り、再び花房正成方に匿われたまま死去(『翁草』)。

長男の神沢善太夫貞宜は、二十余歳の時、牢人分で花房正成方に寄食した。寛永年中、出奔して肥前島原へ赴き、黒田忠之の手に属した。寛永十六年二月二十一日、一揆勢の夜討ちの時、負傷しながら軍功を立てた。戦後、黒田家から千五百石で招かれたが辞退した。老後は京都で子の神沢宜茂方に隠居して禅入居士と号した。元禄六年十二月二十五日に死去。享年八十余歳。子孫は京都町与力となった。貞宜の孫貞茂の嗣子神沢与兵衛貞幹は、其蜩庵杜口と号し、『翁草』二百巻などを著した。杜口は『翁草』で毛利吉政の働きを称え、「惜い哉、後世、真田を云て毛利を不云」と嘆じている。

神沢家には宇喜多秀家着領の具足、大和包永白鞘の刀、自姓略系図および貞宜の覚書、具足、指物、血染の胴着などが伝来した。

次男の神沢六右衛門は、兄貞宜の子平助を養子とした。平助は徳川家の徒士となった(『翁草』)。

〔注〕花房正成の後妻は四男の正信、六男の正堅を産んだ。正堅の妻は、秀頼の家臣井上定利の孫(『寛政重修諸家譜』)。

き

木々田半左衛門《きぎた　はんざえもん》
大坂籠城（「大坂濫妨人并落人改帳」）。

岸勘解由《きし　かげゆ》
尾張の人。

秀頼に仕え、知行は千石ほど。

慶長十九年、大坂城に籠り、足軽大将。年の頃は五十歳ほど（『土屋知貞私記』）。

慶長二十年五月七日、天王寺表合戦で仙石秀政の家臣岡田広忠に突き伏せられた（「改撰仙石家譜」）。あるいは明石掃部頭、同組小倉作左衛門、若原勘大夫、塩川清右衛門らとともに戦った（「大坂記」）。

永禄八年に信長に滅ぼされた美濃堂洞城主の岸勘解由信周との関係は不明。

岸新右衛門《きし　しんえもん》
木村重成組に所属。
慶長十九年十一月二十六日、今福口合戦で戦死。享年三十二、三歳（「高松内匠武功」）。

岸新助秀道《きし　しんすけ　ひでみち》
美濃国武儀郡西神野の住人岸新兵衛義秀の次男。義秀の妻は美濃堂洞城主岸勘解由信周の孫娘。
慶長十九年、大坂の陣で戦死（『富加町史』通史編）。

岸田忠左衛門《きしだ　ちゅうざえもん》
慶長末年、大坂城より落ち延びて尾張国愛知郡中野村に来住。六年目に病死。
子の岸田勘右衛門も同村に居住していたが、元和七年七月十四日、尾張徳川家中の安藤四郎兵衛らが中野村に狩猟し、田畑を荒らしたので、百姓たちが諸士を打擲《ちょうちゃく》して追い払った。後日の詮議で、百姓の頭分二、三人が斬罪、諸士八人は改易され浪士となった。元和八年十二月二十八日夜、浪士の一党が報復のため中野村に押し入り、村中の男女六十余人を撫で切りにした。この時、勘右衛門は防戦して闘死。元和九年春、浪士八人のうち六人は切腹、二人は失踪した（『編年大略』）。

岸彦大夫秀重《きし　ひこだゆう　ひでしげ》
岸新兵衛義秀の四男。
慶長二十年、大坂の陣で敗れ、故郷の美濃国武儀郡西神野に帰り、地侍となった。その後、金森家に知行二百石で仕え、次いで松平下総守家に知行三百石で仕えた。法名は天岸白雲居士。
長男の岸金之亟清秀と三男の岸八郎兵衛重光は、松平下総守家に仕えた。次男の岸伊右衛門正秀は帰農した（『富加町史』通史編）。

貴志六大夫範一《きし　ろくだゆう　のりかつ》
紀伊の人。

貴志三郎左衛門範元の子。

父の範元は、初め豊臣秀長に仕え、後に太田一吉に属し、朝鮮戦役でたびたび軍功をたてた（「紀州家中系譜並ニ親類書書上」文化四年八月貴志六太夫光範書上）。慶長二年八月十五日亥の刻、南原城に南大手の大門より乗り入れ、一番首を取った（『朝鮮記』）。その後、桑山元晴に仕え、慶長五年、関ヶ原合戦で子の範一とともに大谷吉継の陣に一番鑓を入れた。慶長十二年、桑山家を立ち退き、浅野長晟の家臣浅野忠吉に知行五百石で仕え、鉄砲頭を務めた。

貴志範一は、天正四年に誕生。

初め脇坂安治に仕え、鉄砲頭を務めた。

慶長二十年、暇を乞い、秀頼に属した。

その後紀伊国名草郡梅原村で牢人となった。和泉五ヶ村と紀伊十ヶ村の紛争に貴志庄五ヶ村の者を連れて江戸に下向し、三年間吟味を受けた。その結果、貴志庄五ヶ村の者は対応が適切とされ、褒美として無代で下草の刈り取り、和泉野山での立ち合いを許された。

元和五年八月、徳川頼宣の家臣薗田伊兵衛の与力として召し出された。

正保三年三月二十一日に病死。享年七十一歳。

長男の貴志六大夫範次の家系が、紀伊徳川家の家臣として続いた（「紀州家中系譜並ニ親類書書上」文化四年八月貴志六太夫光範書上）。

木曽左近義重《きそ さこん よししげ》

木曽伊予守義昌の甥。上松三郎次郎義豊の子の可能性がある。

秀頼に属し、慶長二十年五月六日に道明寺表合戦で戦死。

妻の伊摩は、木曽義昌の娘（母は武田信玄の娘）。七歳で父に死別し、後陽成天皇の姉宮曇華院に奉仕。その後、義重に嫁ぎ、伊勢守義次を産んだ。落城の時、幼稚の義次を伴い、外戚の所縁を頼り三条内大臣方に落ち延びた。元和八年、母子ともに米沢に下向して上杉景勝に仕え、上松上臈と称した。

子の木曽義次は、上杉定勝の近習となり、御膳番を務めた。寛永十年十月十日、小倉氏の婿養子となり、小倉主殿と改名。その後木曽姓に戻り、寛永十一年三月十四日、長屋氏の養子となり、長屋摂津と改名。知行五百石。その後、養家を離れ、上松頼母と改名。子孫は上杉家の家臣として続いた（『御家中諸士略系譜』）。

木曽長次郎義春《きそ ちょうじろう よしはる》

木曽伊予守義昌の次男。母は武田信玄の娘。木曽仙三郎義利の弟で、毛利高政の妻、福島正則の妻とも兄弟（『木曽考』）。

初め辰千代を称した（『信濃史料』所載「木曽古文書写」）。諱は義春、または義成、豊清（『木曽考続貂』）。あるいは初め義勝、後に義成（『木曽考』）。

天正十二年以降、父の義昌が秀吉に従属したため、天正年中は人質として京都に詰めた（『信濃史料』所載「木曽古文書写」）。

その後、義昌は下総網戸に移され、家督を継いだ兄の義利は不行状により除封されたため（『木曽考』）、秀頼に出仕し、小姓を務めた（『木曽考続貂』）。

慶長十九年、大坂籠城。年頃は三十歳ほどとも四十歳ほどともいう（『土屋知貞私記』）。高麗橋より豊志谷（道修谷）口間を守備（『木曽考』）。

慶長二十年五月六日、誉田表へ真田信繁の後備えの諸将の一人として出役（『難波戦記』）。五月七日、城外で勇戦して生死不明とも、城中で自害ともいう（『千曲之真砂』）。

妻は秀吉の家臣新田武蔵守昌直の長女という（「藩鑑略譜」）。

子の小嶋儀右衛門義重は、福島正則に仕えた（『士林泝洄』）。子孫は、信濃国筑摩郡三尾村で帰農した（「木曽旧記録」）。

北川次郎兵衛一利《きたがわ じろ(う)びょうえ かつとし》

松田十太夫秀宣の次男。松田利助秀友の弟。山川帯刀の妻、松田助兵衛（号は雲沢）、松田三太夫の兄。

先祖代々河内国若江郡に居住し、足利将軍家に仕えた。祖父の松田平太夫秀利は、松田信濃守秀景の子。若江を領し、三好家に仕えたが、畠山家の旗頭として美濃に出役して戦死（「新撰士系録」）。

父の秀宣は、秀利の長男。父の秀利が戦死した後、武者修行として諸国を廻歴(「新撰士系録」)。膂力抜群の桑山某と鑓を合わせ、武名が世に顕れ、豊臣秀次に召し抱えられた(「梧渓叢書」所載「延宝五年十月穀日片山氏益庵友誾撰松田道獣居士碑銘」)。秀次滅亡後、石田三成に招聘された(「新撰士系録」)。文禄四年八月二日、大和国平群郡額田部村の検地を奉行(『喜多嘉彦氏文書』)。慶長五年八月二十三日、来援した岐阜城で戦死(『朝野旧聞裒藁』)。

北川一利は、天正十年に誕生(「見聞集」)。初め松田右馬助、松田兵作、中頃は浜田兵作、浜田治部大輔または治部少輔、伊達家退去の後は北川次郎兵衛を名乗った。大村へ配流後は剃髪して北川道哲と号し、晩年は松田道獣と号した(「新撰士系録」、「北川遺書記」、「見聞集」)。諱は浜田氏を継いで景国(「浜田家文書」)、北川氏を称して一利(「北川一利墓碑銘」)、一説に宣勝とされる(『難波戦記』、「新撰士系録」)。

天正十九年、豊臣秀次が伊達政宗、黒田孝高を招待したとき、政宗は同席した松田秀宣に子の有無を問い、知恩院で修学していた次男右馬助を貰い請けて領国に伴った(「梧渓叢書」所載「延宝五年十月穀日片山氏益庵友誾撰松田道獣居士碑銘」)。

文禄三年、政宗に危害を加えようとした者を取り押さえ、その働きにより大原真盛の刀を賜与された。大剛を賞して悪兵作と称された(「新撰士系録」、「梧渓叢書」所載「延宝五年十月穀日片山氏益庵友誾撰松田道獣居士碑銘」)。

天正十九年、伊達家の宿老浜田伊豆景隆が戦死し、娘一人が遺された。文禄四年、政宗は小姓を務めていた松田兵作に、景隆の婿となり、宿老浜田家の名跡二百貫文を継ぐよう命じ、さらに二百貫文を加増した(『伊達治家記録』)。

慶長五年六月十四日、政宗は大坂を出立し、七月十二日に名取郡北目城に帰還。上杉景勝領への侵攻のため、七月二十一日に同城を出陣。七月二十四日には陣場山に本陣を据え、暮れ方から刈田郡白石城に攻撃を開始、翌二十五日午の刻にはほぼ制圧した(『伊達治家記録』、「上杉氏伊達軍記」)。

浜田治部も白石城攻撃に出役したが、十九歳の若年だったので、介添役として石田豊前宗朝(六十一歳)が付属された。七月二十四日、浜田は三の丸に一番に乗り込んだが、その先に進むことを宗朝に押し止められた。そのため同夜は配下の与力や家来だけが本丸攻撃に加わった。翌二十五日未明には浜田も城内に攻め込み、中目十郎、山川帯刀、木村隼人とともに一番に追手門に取り付いた。家来が馬印を門脇の柳に立てかけたので、それを見た伊達勢が次々と門前に進んだ。城方の銃撃が激しく死傷者も続出したが、片倉景綱が門を焼き払う形勢を示したため、城方はついに降伏を決意した。

伊達勢は白石城に三日逗留し、軍評定により七月二十八日に梁川を攻めることとなった。ところが二十七日夜から二、三日大雨がやまず、阿武隈川の水位が上がったため滞陣を余儀なくされた(「北川遺書記」)。そのうちに家康から上杉家に対する単独の軍事行動を戒める書状が到来したため、八月十四日、政宗は北目城に帰還した(『伊達治家記録』)。

白石の防備について、政宗は景綱と相談の上、浜田を呼び「白石城はその方の手柄により手中にしたが、これを放棄して帰陣するのも口惜しい。ついてはその方に在番してほしい」と求めた。浜田は当初固辞したが、政宗は「甚だ無理を承知の上、ただ命を呉れということだ。言いにくいが他に残るべき者がいないのだ」と落涙して説いた。浜田は「忝く存じますが、東西をも弁えぬ若輩なので、やはり練達の者に命じてください。私はその指揮下に属しましょう」と重ねて辞退した。しかし、政宗と景綱が「その方一人を番将にすると相談して決めたのだ」と畳みかけるので、浜田は「それであれば御意に従います。若輩に似合いの働きをご覧に入れましょう。景勝が攻めてきたら、当方は寡勢で勝利は望むべくもありませんが、城外に出撃するなり、城中で切腹するなりお任せいただけるなら易き事です」と受諾した。政宗は「城外へは出撃せず、存分に防戦して城中で切腹せよ。それで済む。いずれにせよ甚だ無理を強いることだ」と慰め、別離の盃を与えつつ「何とか三日堪えよ。必ず後巻《うしろまき》する。愛宕八幡も照覧あれ、見殺すまいぞ」と励ました。すると浜田は憤然として「後巻とは合点がゆきません。それなら余人に在番を命じてください」と反発した。その故を問うと「ご奉公のため既に捨てることになった命を、不憫がってお構いになり上杉家と合戦に及ばれては、内府様との申し合わせに違背し、関係悪化を招来しかねません」と答えた。景綱が「治部の言う通りである。そちはそち、殿は殿の役割がある。この乱が済むまで互いに連絡はとるまい」と口添えしたので、最終的に在番を引き受けた。

城は二の丸まで焼け落ち、人馬の死骸も取り除けない状態だったが、結局、上杉勢は攻めてこなかった。そこで、梁川城と福島城の間に菱草を撒き、折々出撃して数度首を取った(「北川遺書記」)。

『伊達治家記録』は、白石城には石川昭光が人数二千余で在番として、浜田の在番には全く触れていない。しかし「伊達旧記」には、浜田兵作、原田宗資の「白石御番渡人数注文」と、屋代景頼、大内定綱らの「白石御番請取人数注文」が収載されている。おそらく、白石城は当初、ともに天正十年誕生の少壮浜田と原田が在番し、その後、旧白石城主の屋代や老練の大内らに交替し、十月初旬に最上加勢に屋代を転進させた後は、一門筆頭の石川を据え、地歩を固めていったものと思われる。白石城番手渡し方の浜田と原田の総人数は、馬上九十六騎、鉄砲百八十六人、弓七人、鑓二百七人、手明百六十四人。そのうち浜田自身の配下は、鉄砲三十六人、弓一人、鑓六十二人、手明二十八人、馬上十七騎で、他に小梁川刑部、栗野大膳、石田豊前、中目十郎、遠藤平六とその配下および一騎武者四人が付属されていた(「伊達旧記」)。

八月二十二日、家康は旧領七か所を宛行う旨の判物を政宗に発給した(『伊達治家記』)。政宗は屋代、片倉、浜田に加増を約束したが、実現しなかった(「北川遺書記」)。

慶長六年二月十七日、政宗は上杉家との合戦に備え、軍役の人数を改めた。浜田兵作には、鉄砲三十三人、鑓四十二人、馬上十七騎、小姓二十五人、小人十九人、手明十七人、合計百五十三人および寄子衆十一人とその手明二十五人が課役された(『伊達治家記録』)。

「伊達家旧記」に、年不詳の軍役帳が複数点収録されており、浜田兵作の名が二か所見える。一つは、備え五番のうちとして、浜田は原田左馬助、泉田安芸守、石母田左衛門とともに三番備えとある。一つは、馬上百二十二騎、鉄砲五百一丁、弓鑓五百一丁の軍役のうち、浜田は、馬上七騎、鉄砲二十二丁、弓鑓二十二丁を課役とある。

三月二十八日、政宗は梁川城攻略のため伊達郡に出陣し、先手の片倉景綱は阿武隈川を越えて進出した。しかし、翌二十九日、急遽政宗は撤退した。すかさず城方が攻勢に出たため、片倉勢は退却できなくなり、浜田らが救援に派遣された。浜田は手前の川岸に備えを立て、松岡長時と山岸定康が対岸に鉄砲二百挺を展開し、片倉勢を追尾する敵を銃撃した。城方の半分ほどが川を越えて追撃してきたが、浜田の備えに牽制され退却した。これにより片倉勢も撤退することができた（「北川遺書記」）。

『伊達治家記録』では、慶長九年に死去して家跡断絶とされ、「浜田正統家譜」（宮城県個人蔵）には、慶長九年十二月に卒とある。『伊達世臣家譜略記』には、慶長九年に出奔、「新撰士系録」には、慶長十年に出奔とある。「見聞集」によると、北川自身が「政宗の所に九年いた」と申述していることから、文禄四年に浜田の名跡を継いでから、慶長九年まで九年間勤仕したものと推定される。

六、七年、京都や大坂に浪居。大坂の陣の五、六年前より秀頼から扶持を得ていたが、牢人分だったので拝謁はしなかった。

大坂の陣の時、秀頼に拝謁して改めて奉公人分となった（「見聞集」）。

慶長十九年、山川帯刀とともに大坂籠城（『大坂陣山口休庵咄』）。

当初、北川と山川は、組頭となることを固辞したが、大野治長から「物頭を仕付けない者たちをも任命しているのに、仕付けているあなた方が辞退されては、私など総指揮をとることさえできなくなる。それぞれが自分の存念を唱えていてはまとまらない。ここは達て受諾してほしい」と懇請され、組頭として人数を預かることとなった（「北川次郎兵衛筆」）。北川は騎馬二百ほどを預かった（「見聞集」）。

北川と山川は、惣構南東の平野門の防御を担当したが、他の持ち口は、籤《くじ》で決めることとなり、大野治長、渡辺内蔵助および北川が奉行となった。その際、大野が「黒門二、三十間は、籤取りに及ばず、自分が担当する」と主張したため、渡辺が激昂して互に刃傷に及ぶ形勢だったので、北川が間に入って調停した。

真田丸の防備について、真田信繁の手勢が少ないことから、後藤又兵衛や明石掃部が出丸に加わりたいと望んだ。真田は両将の気質を察し、指揮系統が統一できないことを懸念し、北川に相談した。北川は「すでに真田が丸と名付けられたからには、余人を加えるなどもっての外。無勢でもぜひ受け持たれよ。そうでなければ両将のうち一人なら加えてもよいだろう」と意見した。真田が「無勢のため敵に乗っ取られては城が危ない。次郎兵衛が心を合わせてくれるなら、この出丸を受け持とう」と言うので、北川は「両将を忌避して私に談合いただいたのは光栄である。何事も相談いたそう」と答え、出丸の守将は真田に決定した（「北川次郎兵衛筆」）。かくて真田は六千余人で出丸に籠り、北川と山川は、真田丸の後備えとして人数一万ほどで来援し、城門の塀裏の防御を担当した（『大坂陣山口休庵咄』）。

七組の番頭は、長宗我部盛親の持ち口を不安視して、長宗我部を北川の指揮下に置くこととした。そこで木村重成と渡辺内蔵助が使者となり、まず長宗我部にこれを伝えると「不調法とみなされたのは、私の力不足。持ち口の指揮を外されては、もはや男はならない。どのような命令にも従うので、次郎兵衛に持口の指揮を引き受けるよう伝えてほしい」と答えた。両使者からその様子を聞いた北川は「私が長宗我部殿の命令に従うのが筋である」と固辞した。両使は「もっともである。そのように長宗我部に伝えた上で決めよう」と、長宗我部を呼んで北川の辞意を伝えると、「次郎兵衛が同意しないのなら、切腹するしかない」と言い出した。しかし、北川は「どうであれ御請け致しかねる。切腹より他ないと仰せられても迷惑に存ずる」と重ねて辞退した。両使は北川に「この件が不調になると長宗我部殿が切腹してしまう。それはよろしくないので、ぜひ引き受けてほしい。殿様（秀頼）にも七組の番頭にも次郎兵衛の言い分は十分に説明しよう。我々も使者の役目をし損じては何とも困ってしまう。我々に一任すると言ってほしい」と説いた。長宗我部が「次郎兵衛殿が同意されないのは御情のないこと」と落涙するので、両使は「この上は何もいうことはない。ただただ我々に任せられよ」と言葉をかけ、長宗我部は「この上は私の力の及ばぬことであり、お任せする」と言った。北川は改めて両使に「私にお預けの人数も、本来は殿様の人数であるから、城内の方々に配分せよとのご命令に抗うものではないが、私が既に承っている持口が百七十間、長宗我部殿の持口は百六十間と広範であり、対する井伊掃部殿の寄せ口は三十四間。これでは担当する防御線が長すぎて手薄になる。この事を然るべく言上していただきたい」と要請した（「北川二郎兵衛筆」）。右の記事には多少誇張はあるかもしれない。おそらく盛親の軍勢は他と比較して、旧臣の割合が高く、当初、必ずしも信頼がおかれていたわけではなかったと思われ、そのため、主に秀頼から付属された与力で構成されていた北川勢を牽制、監視の意味合いも込めて盛親の相備えとして加えようとしたのが実態に近いと推測する。

　十一月十一日晩（『難波戦記』）、真木嶋昭光に変心の嫌疑がかかったため、治長の指示により検使として北川が派遣され、身柄を拘束した（「北川次郎兵衛筆」）。『難波戦記』は、七組の真野頼包、野々村吉安が検使となり、北川の人数が添えられたものとしている。

　十二月四日、寄せ手の攻撃に際し、かねて真田との申し合わせにより真田丸に入り、防戦を指揮した。井伊直孝の寄せ口は、攻撃が特に激しく、城方の守将は既に十一人ほど交替して定まらないので、七組の番頭は、北川と山川を推薦した。両人は当初辞退したが、たっての要請によりこれを受諾し、昼夜、大筒や石火矢を撃たせた（「北川次郎兵衛筆」）。十二月十一日以降（『駿府記』）、寄せ手は銃撃から、城内への坑道掘削に方針を切り替え、城方も対抗する坑道掘削に着手した（「北川次郎兵衛筆」）。

　十二月十二日夜（『高山公実録』）、藤堂高虎が城南織田頼長の持ち口に攻めかかったので、北川と山川が加勢に駆け付けた（「北川次郎兵衛筆」）。藤堂勢の勇気に感じ入った北川は、相役の山川を制して銃撃を止めさせた。この厚情により、落城後に処罰されなかったという（『公室年譜略』）。

　慶長二十年四月二十八日夜、大和口から来攻する敵に備えるため、後藤又兵衛以下、薄田隼人、井上定利、北川、山川らが第一陣となり、平野表に進駐した（『大坂御陣覚書』、「後藤合戦記」）。五月五日夜、後藤以下第一陣は、平野を先発して、六日未明には道明寺方面に到着。後藤は先手を安宿郡片山に進出させた（「北川次郎兵衛筆」、『大坂御陣覚書』）。相備えの薄田、井上、北川、山川は、二陣として道明寺表の石川河原付近に備えを立てた（「後藤合戦記」）。後藤の左備えが松倉重政に追い立てられ、本道を南進した松倉勢によって、山上の後藤と二陣の間が遮断された。その間に後藤は戦死し、敗残兵が河原を渡って、北川と山川の備えに逃げ込んだ（『大坂御陣覚書』）。

迫る敵は多勢で、北川と山川の備えは寡勢のため、両人は同時に押し出して、いったん敵を追い崩した。しかし「裏切りがあるので手出しを控えられよ」と後陣から複数の注進があったので、下々の者が逃散した。いよいよ無勢となったところを松平忠明に攻撃され、力及ばず、寄せ手に紛れて少しずつ退却した（「北川二郎兵衛筆」）。大坂方は道明寺から西へ藤井寺まで退却したが（『大坂御陣覚書』）、後続の真田信繁が到着したのでこれに合流した（『譜牒余録』）。真田は伊達政宗の先備えに攻めかかり、明石掃部も力を合わせて敵を追い立てた。北川も反撃に転じ、敵合約二間まで迫ると、伊達本隊は既に陣形を立て直し、鉄砲の隊列を敷いて待ち構えていた。そこで、「十文字鑓の続く限り」と討ち死にを覚悟して下馬すると、脇から渡辺内蔵助が「次郎兵衛を殺すな」と喚いて斬り込んだ。暫しともに闘ったが、渡辺が深手を負ったため引き分けた。北川は単騎で高所に乗り上げ、兵をまとめて退却した（「北川二郎兵衛筆」）。その後、戦線はにらみ合いとなったが、夕方七つ刻時分、大坂方は順次退却を開始した（『大坂御陣覚書』）。

五月七日、北川と山川は天王寺表に出役（『人日本史料』所載「御降誕考」）。北川は三百騎を指揮した（「新撰士系録」）。大坂方が総敗軍となったため、北川と山川は、西の丸に取り込んだが、周囲に火がかかり、なすすべもなく城外に退去した。

途中、枚方で討たれそうになったが、必死に闘い数多を討ち取って、山城国綴喜郡の雄徳山石清水八幡神社の東方、瀧本坊に逃げ込んだ。やがて、両人が八幡山に隠れているとの風聞が立ち、検使として秋元泰朝が派遣されることとなったので、やむなく両人は退去した。その際、瀧本坊実乗に「詮索の上は申し開きも通りますまい。その時は両人出頭して切腹します」と申し出たが、実乗は「一宿はさせたが、その後どこに行ったかは知らないと言うつもりです。その先は公儀の計らい次第。両人はくれぐれも出頭なさるな」と強く諭した。かくて実乗と弟子の式部卿昭乗（注1）は京都所司代板倉勝重に捕えられ「両人の行先を白状しなければ処刑する」と言い渡された。両人はこの様子を聞いて、山川は京都寺町の本能寺へ、北川は知恩院へ出頭した。これにより、実乗、昭乗師弟は赦免された（「北川二郎兵衛筆」）。「大坂戦記」は、秋山の派遣を五月十二日、両人の出頭を五月十七日とするが、「見聞集」によると、北川自身は、後に五月二十九日に出頭したと申述している。

板倉が両人の出頭を言上すると「本能寺で両人一所に拘置せよ」との指示があり、北川は本能寺に移った。板倉が番人を付けるべきか伺ったところ、家康から「彼の両人は名を惜しんで出頭したのだから、番人は無用である」との指示があった。板倉は両人に「番人を付けるべきかと言上したのは、思う子細があったからだ」と実情を明かした。その後毎日、板倉から使者が派遣されたが、番人を付けないこととなっていたので、使者も寺内に入ることなく、寺町の川（耳敏川か）を隔てて審問が行われた。家康は「彼の両人は大坂で上質な茶を飲みつけて今困っているだろうから、この茶をやろう」と言って、手ずから本多正純に渡した。「間もなく切腹を命ぜられるであろうから、その心得でいるように」と使者が遣わされ、茶を拝領した。その後、また同様の事で阿茶局からの挽茶を拝領した。本能寺に拘置中、二度上使が派遣された。まず「松平忠輝の首を北川が取った（注2）という風聞があるが、どういうことか」との下問があった。北川が「上総介殿は御存命か」と問うと、上使が「その通り」と言うので、「私が首を取ったなら御存命はかなわぬ事。取り掛けにする私ではないし、取りもしない事を言うはずもない。そのような事は私は知らない。取り沙汰している方々にお尋ねになるがよい」と答えた。二度目の上使からは、国持大名、小身を問わず大坂に志を通じていた者、その他について、いろいろの事を問われた。両人は「外様の身で何も知らない」とすべて回答を拒んだ。上使は「誰も侍たる者、そのように物申したいところではあるが、公儀に対してそれはならぬ事。何か一か条なりとも回答申し上げるのがよい」と奨めたが、両人は「公儀であろうと、存ぜぬものは存ぜぬまで」と拒み続けた。上使は「両人はよく理解してないようだ。このように使者が派遣されたのも、両人にとってよきように申し添えるため、取り成すためである」と諭したが、山川は「秀頼がこうなった以上、取り成しを頼む必要はない。頼みもせぬのにいらぬ取り持ちをしたがる方だ。他に和御料《わごりょ》（ぞんざいな二人称）を頼む人の取り成しをなさるがよい」と吐き捨てた。これには上使も「この通り言上する」と甚だ立腹した。両人は「聞こえぬ事を申す方だ」と門送りもしなかった。上使は両人の応対を具に言上し、「両人は憎い奴、何よりも無礼者」と申し添えた。家康が聞こえていない様子だったので「再度聴取すべし」と重ねて言上すると、「両人が知っているであろうと思って、聞いたまでの事。知らぬと言っている以上、侍たる者に言わせる道があろうか。士道を知らぬ奴」と、かえって叱責された。両人はその様子を家康の近臣から聞かされた。板倉は内心両人を助命してほしいと思っていたので、本多正純に取り成しを依頼したところ、本多は「伊賀守殿が御頼みとは意外です。このような者たちの首を刎ねるべしと誰が思いましょうか。只々時が過ぎれば思惑通りになるはずで、むしろ取沙汰しない方がよいでしょう」と言った。この事は板倉より両人にも伝えられた。板倉の懇志は一方ではなかった。家康も「彼の両人の奴は奇特なる分別をした。大坂には定めてこうした士が一万もあるべきか。愛《う》い奴輩」と言っていたと、家康の近臣から聞かされた。またある時も「大坂でもこいつらこそが一廉の者と聞き及んでいる。合戦に勝って武功をあげようとし、敗れた後は切腹して名を残そうとする、そうした奴には相応の処置の仕方がある」と言って、その後も毎日なんだかんだの言及が続き、「忘れていただきたいと思うのだが、一向にそうならず困ったものだ」と本多が苦笑しているという事も聞かされた。その後も「今日こそは切腹を命ぜられる」との取沙汰ばかりだった（「北川二郎兵衛筆」）。

　六月、北川の身柄は、二条城警衛の松平定勝に預けられた（『寛政重修諸家譜』、『垂憲録拾遺』）。

　八月二日、家康は駿河帰還に際し「両

人は赦免するので、どこなりと安心して暮らすように」と裁許し、板倉を通じて示達された。両人はそのまま京都に居住した。

元和二年、京都牢人払いにより、北川は大村純頼、山川は松浦隆信に預けられることとなった（「北川二郎兵衛筆」）。この時たがいに、先に死んだ者の家跡存続に尽力することを堅く約束した（「見聞集」）。六月二十一日、安藤重信、土井利勝、酒井忠利、本多正純、酒井忠世は、連署して大村純頼に奉書を以て以下の趣旨を示達した。「北川次郎兵衛を貴殿にお預けするので、板倉勝重から身柄を受け取り、大村家で預かり置かれたい。牢人なので家来も二、三人程度であろうから、そのように了解されたい」（「大村市立史料館所蔵文書」）。大村家から、大物頭岩永久右衛門前忠と給人十人、足軽三十人が派遣され、八月二十五日、伏見で身柄を受け取った。護送役を務めた岩永とは、以来懇意となり、後に岩永の四男助左衛門忠勝は、北川に養われ、長じて松田又右衛門、後に曾我又兵衛、丹羽又兵衛と称した（「見聞集」）。

慶安元年四月二十八日、幕府は家康の三十三回忌による恩赦を発令した。五月三日、安藤重長は諸家の江戸留守居役を招集し、公儀から預かっている牢人について詳細な書立を老中阿部重次へ提出するよう指示した。大村家の留守居役浅田弥次右衛門は、直ちに伊丹勝長に相談し、とりあえず五月三日付で老中に概略のみ上申する一方、国元には大至急北川について詳細な書立を送るよう要請した。伊丹は、上野寛永寺公海大僧正の留守居衆にも連絡して赦免対象として記帳するよう手配し、その後、松平信綱にも対応を相談した。

国元の大村純信は、五月二十八日付で上申書の案文を作成し、北川から徴求した同日付の身上書と併せて伊丹に内容確認を依頼した。純信の上申書案文は以下の通り。「大坂牢人北川次郎兵衛は元和二年八月二十五日、板倉勝重殿より私の親純頼へ預けられました。その際に、罪科はないので飢寒に困らぬよう配慮せよと命じられました。彼の次郎兵衛は、政宗に仕えていました。その後牢人となり、京都、大坂に居住し、大坂陣の五、六年前より豊臣家から牢人分で少し扶持を得て、大坂の陣のとき御目見して奉公人分になったとのことです。現在当家に居ります。今般ご赦免下されますよう御取成し願います」。北川道哲の身上書は以下の通り。「拙者は政宗に九年仕え、その後牢人となり、六、七年京都、大坂に居住しました。大坂の陣の五、六年前より豊臣家から少し扶持を得ましたが、牢人分につき秀頼に御目見もしていませんでした。大坂の陣のとき御目見して奉公人分となりました。伊達家で物頭を務めていたということで騎馬二百ほどを預かりました。落城後、存命して隠れていましたが詮索が厳しいので、五月二十九日、京都で板倉勝重様に出頭したところ、本能寺へ預けられ拘置されました。その間に権現様から御磨茶、御袋茶を両度拝領したことは、有難き仕合せです。八月二日、赦免され京都に居住していましたが、翌年八月二十五日に大村純頼にお預けとなり、当年に至って三十三年になります」。

結局、右の赦免工作は成就しなかったようで、明暦元年、大村純長の家臣福田長方が、改めて伊丹勝長に北川道獣に関する書立を持参した。勝長は以下の趣旨を助言した。「公儀に道獣の事を上申したが、いまだ何の御沙汰もない。その上に子の平太夫について嘆願しては逆順である。それに道獣死後はどこへも立ち退けるようにと願う点には全く賛同できない。赦免されていない道獣の子を召し抱えるような者は誰もいないだろうし、仮に立ち退いた後、捕縛して拘禁したとしても公儀から批判されることもないだろう。それゆえ、甚だ不適切に思う。しかし、身分の如何によらず、親の子を思う気持ちは浅からぬもの。平太夫の事を嘆願するのはもっともである。よってまずは道獣自身の赦免に尽力するのがよい。松浦肥前守にお預けの山川帯刀は、引き続き肥前守方に預け置かれますようにと上申したので赦免（承応二年）となった。道獣は赦免して自由な身にしてほしいと上申したので同様の結果にはならなかった。松浦家と同じように上申すればおそらく赦免になるだろう。旗本衆に周旋を依頼するとのことだが、それもよいだろう。とにかく私からも嘆願してみよう。なお、道獣存命のうちに決着しなかったら、死後に改めて平太夫の事を嘆願するのがよい」（『見聞集』）。

　明暦二年七月五日付で、弟の松田雲沢は、紀伊国牟婁郡三前郷西向井浦の小山佐次兵衛隆直に書状を送り、「北川次郎兵衛は年を取ったが、いかにも堅固に暮らしている」と伝えた。小山は大坂夏の陣で北川の組子だった（『紀州小山家文書』）。

　十月十三日に病死。享年七十五歳。法名は威猛院道獣居士。訃報は大村家より老中酒井忠勝、阿部忠秋に届け出られた（『梧渓叢書』所載「延宝五年十月穀日片山氏益庵友閑撰松田道獣居士碑銘」、「見聞集」）。

　北川と山川は、戦後拘禁中は家康の配慮を受け、元和元年八月二日には赦免されている。これは新参牢人と異なり、元和元年八月二十四日に赦免された古参奉公人に対する処置に近い。牢人分とはいえ慶長十四年頃から秀頼の扶持を受けていたため、幕府から古参奉公人並に分類された可能性もある。元和二年六月二十六日には、公儀からの預け人とされた。このため、元和九年閏八月二十八日に新参牢人が赦免となってもその対象にならず、承応二年に山川は赦免されたが、北川は流人として生涯を終えた。なぜこの両人が特別な処遇となったのか判然としない。『土屋知貞私記』が両人を「重々子細有之者也」としているが、その深意は不明である。

　墓碑は長崎県大村市古賀島町にあり、昭和六十一年四月八日、大村市史跡文化財に指定された。『郷村記』によると、この場所は昔、道獣蟄居の地にちなんで池田分道獣山と呼ばれ、墓碑は傍らの畑の中にあったという。凝灰岩製の雲頭竜型で、高さ九尺七分六厘余。表に「妙法蓮華経　威猛院道獣聖霊」、裏に「明暦二丙申歳年十月十三日　流人北川次郎兵衛一利」の刻銘がある〈墓碑写真は巻末「付録」参照〉。

　北川次郎兵衛の著作と推定される「北川遺書記」は、二巻から成る。第一巻は慶長三年六月中旬の太閤の不例に起筆し、慶長十一年の宇喜多秀家父子の配流に擱筆《かくひつ》する。「浜田治部手前の事」は、自身の体験に基づいて書かれているようだが、それ以外の各条は他国の事象をよく網羅しており、他者による加筆の可能性について検討の余地があると思われる。なお、実父が戦死した岐阜城の攻防については、瑞龍口に攻め入り敵味方無比類の働きがあったとのみ記している。第二巻は慶長九年（正しくは慶長十九年）大仏供養に起筆し、大坂両陣始末を記し、元和二年八月の肥前配流に擱筆する。おおむね自身の体験に基づき書かれていると思われる。「北川次郎兵衛筆」（大村市立史料館「御厨家史料」）一冊の内容は、この第二巻に相当する。元来第一巻があったかは不明。著作の成立年代は不明であるが、第二巻に上田重秀が旗本に出仕したことが記載されていることから、寛永九年三月以降ではある。異名同本として「山川北川大阪物語」一冊（臼杵市立図書館）、「北川次郎兵衛入道道獣覚書」二冊（弘前市立図書館）、「北川記」一冊（国立国会図書館）、「北川遺書」一冊（蓬左文庫）、「大坂口実之巻」三冊（内閣文庫）、「大坂口実禄」一冊（国立国会図書館）、「大坂口実記」一冊（大阪市立図書館）などがあり、全国に広く所蔵されている。また「北川遺書記」を参照した痕跡がある史料、軍記は『武家事紀』、『高山公実録』、『東国太平記』、『難波戦記』など多数に及ぶ。

　北川の前妻は浜田景隆の娘で、天正八年に誕生（「伊達族譜」）。長女（伊達政宗の家臣冨田守綱の妻）、次女（政宗の家臣志賀右衛門の妻）、三女（政宗の家臣細谷九兵衛の妻）を産んだ（「浜田家文書」、「新撰士系録」）。後に田手宗実に再嫁し、元和三年に高実を産み、次いで茂庭長元の内室を産んだ（『伊達治家記録』）。慶安三年六月十五日に死去。享年七十一歳。法名は龍国寺殿雲窓妙渓大禅定尼（「伊達族譜」）。

　後妻は岩永前忠の次弟甚吉の長女で、寛文十二年九月二十四日に死去。法名は勇枉院妙蓮禅定尼。墓所は大村池田分。

　側妾某氏は、村松左次兵衛長宣を産み、宝永五年一月上七日に死去。法名は宝樹院妙伝日栄。墓所は大村池田分（「新撰士系録」、「宝樹院墓碑銘」）。

　北川の子女については、仙台で前妻浜田氏との間にもうけた前述の三女の他に、大村では以下の五男と八女がいた。

　長男は松田市左衛門長倫。母は岩永氏（「新撰士系録」）。万治元年三月二十九日、酒井忠勝、阿部忠秋より、赦免と大村純信の領国内での召し抱えの許可が示達された。ただし、江戸への出府は禁止された（「見聞集」）。五十人扶持を与えられ、側筒者頭、城代、旗奉行、近習番頭を歴勤（「新撰士系録」）。延宝七年二月十五日に死去。法名は法性院浄真日真信士。墓は肥前大村池田分と平戸岩上旧瑞岩寺境内にある（「松田長倫墓碑銘」）。妻は山川景綱の娘。娘一人を、景綱の嫡男孫平次に嫁がせた。また、景綱の長男造酒助の娘を養女として、大村純長の家老片山長職に嫁がせた（「新撰士系録」）。長職の父益庵友聞は、延宝五年十月八日に松田道獣居士碑銘を撰した（「梧渓叢書」所載「延宝五年十月穀日片山氏益庵友聞撰松田道獣居士碑銘」）。

　四女と五女は、早世。

　六女は、山川景綱の長男造酒助の妻。

　七女は、大村家中老原前勝の妻（「新撰士系録」）。

　次男は丹羽覚兵衛。松浦家物頭臣丹羽又兵衛忠勝の養子。養父忠勝は、岩永前忠の四男で、山川景綱の養子。松浦家を立ち退き、大村家に仕えていたが、景綱が水野権兵衛を通じて、伊丹勝長を動かし松浦家へ帰参させた。覚兵衛も一時牢人して大村家に仕えていたが、後に松浦家に帰参させられた。覚兵衛の養嗣子は実弟松田長仲の三男弥忠次で、子孫は松浦家の家臣として続いた（「新撰士系録」、「見聞集」、「増補藩臣譜略」）。

　八女は、大村家馬廻沢勢長重の妻。

　三男の松田半五郎長仲（号は得入）は妾腹。別途扶持を与えられ、子孫は大村家の家臣として続いた。

　九女は、大村家臣岩永長治の妻。

四男の松左次兵衛長宣（号は慶閑）は妾腹。別途扶持を与えられ、亡父が開発した宝庫野屋敷を相続した。子孫は大村家臣として続いた。

十女は、大村純長の家臣朝長頼清の妻。

十一女は、大村家先手物頭神浦高茂の妻。

五男の松田清左衛門は、別途知行を与えられ、子孫は大村家の家臣として続いた（「新撰士系録」）。

〔注1〕「松花堂行状記」、「系図雑纂」などによると、式部卿昭乗は北川と同じ天正十年の誕生。堺の人喜多川与作（後の中沼左京亮元知）の弟。俗名は喜多川辰之助。石清水八幡宮社士松田甚六秀知の猶子として入山し、実乗に師事した。推測ではあるが、昭乗は北川と旧知で、喜多川に由来して北川の名字を馳走されたのではないかとも思われる。

〔注2〕当時松平忠輝戦死の噂が戦場を巡ったのは事実のようで、『備前老人物語』によると、木村重成の武者奉行波多兵庫が、若江表合戦で劣勢となり動揺する味方を励ますため、「国府口の合戦は味方が勝利を得て、松平忠輝殿を討ち取ったとの知らせが来た」と触れ回り、味方を取り鎮めたという。

喜多川助之丞《きたがわ　すけのじょう》

長宗我部盛親の家臣。

慶長二十年五月六日、先手吉田内匠組で戦った。

落城後、堀田正盛に仕えた（『土佐国編年紀事略』）。

ちなみに、「堀田正盛分限帳」（『天保校訂紀氏雑録』所載）に、堀田正信の家臣で奉行職の喜多川半右衛門（知行三百石）の名が見える。所縁の者の可能性がある。

喜多源兵衛忠政《きた　げんひょうえ　ただまさ》

紀伊国那賀郡安楽川荘荒見の住人。喜多源七郎慶政の長男。

慶長十九年、真田信繁の招きにより大坂籠城。

落城後、美作津山の森忠政の家臣で一族の稲垣新之丞慶成宅に逃れた。

大赦の後、故郷の荒見に還住。和歌山の住人山本勘兵衛補斎入道の申し立てにより紀伊徳川家から切米六十石を給され、六十人組に撰ばれた。後に長左衛門と改称した。法名は月清高岸。

子孫は荒見村に続いた（「北家文書」）。

北左京長能《きた　さきょう　おさよし》

堺の住人北喜左衛門の子。能大夫の弟子となり秀吉に近侍。

祖父の北鬼左衛門は、伊賀北谷を領知していたが、伊賀の乱で戦死した。

父の喜左衛門は、鬼左衛門の嫡男。伊賀を流浪し和泉堺に到り、家里流の眼医師となった（『享保六年六月喜多十太夫定能先祖書』）。蛇谷に住み、屋号を翁屋とし（『重修猿楽伝記』）、願慶と号した。

北長能は、堺の市之町中浜で誕生。北荘の桜町に居住した（『堺鑑』）。幼名は亀丸（『享保六年六月喜多十太夫定能先祖書』）。

八之丞とも称した。七歳の頃から、堺で能大夫の勘大夫の弟子となった（『堺鑑』）。よく能を覚え、器用だったので、七ツ大夫と異名された（『享保六年六月喜多十太夫定能先祖書』）。

秀吉に召し出されて近侍した。六平太と改めた。金春大夫安照の婿となり、安照の長男金春七郎氏勝が若かったため、これを後見し、一時金剛三郎を称した。

大坂籠城の時分は、左京と称した（『享保六年六月喜多十太夫定能先祖書』）。

慶長二十年五月七日、真田信繁に所属し、金春大大夫は馬上で、長能は徒立《かちだ》ちで敵陣に斬り込んだ（『重修猿楽伝記』）。

喜多流十代喜多盈親の談によると、落城の時、長能は大野治長から、櫓から傘を出して振るよう命ぜられた。よって天守に上り、狭間から日傘を出して振ると、群集していた寄せ手はみるみる減った。これは矢止めの傘といって故実に基づくものであった。この間に婦女、雑人は城外へ逃げ、長能もこれらに紛れて城外へ逃れ出たという（『甲子夜話続編』）。

柳生宗矩の領内に匿われた。紅雪と号した。次いで黒田忠之の領内に移った。

元和四年、将軍秀忠へ召し出され、蔵米で現米二百石、十八人扶持を給せられた。七大夫と改めた（『享保六年六月喜多十太夫定能先祖書』）。

承応二年一月七日に死去。享年七十二歳。法名は華台院長誉春巌英林居士（『甲子夜話続編』）。

長能は二代目鎌宝蔵院の弟子で十文字鑓の上手であったが、京都で田辺八左衛門長常と試合して負けた（『長常記』）。

大坂で長能の屋敷の隣家から出火した時、日頃懇意にしていた秀頼の馬廻川北庄左衛門正勝が駆け付け、竹の棒で隣家を押し崩して延焼を回避した（『川北道甫覚書』）。

長兄の万丞は、秀頼に仕え、大坂の陣で戦死。次兄の陽春は、父の医業を継いだ（『堺鑑』）。

北重左衛門直吉《きたじゅうざえもんなおよし》

南部家重代の家臣桜庭安房光康の次男。桜庭安房綱英の弟。母は剣吉左衛門尉致愛の長女で、北松斎信愛の妹。

天正三年に誕生。

天正十八年三月、伯父信愛の四男北愛邦が十六歳で戦死したため、信愛は甚だ哀惜して、甥の重左衛門を養い、常に左右に陪従《べいじゅう》させた（『参考諸家系図』）。

南部利直に知行五百石で仕えた。三戸郡名久井森越館に居住した（『慶長三年三戸在城身帯帳』）。小男で早業は人並すぐれ、その武勇は衆人の認めるところであった（『内史畧』）。智謀にも長け、鉄砲の達人でもあった。

慶長五年九月、信愛が在番する花巻城が一揆勢に夜襲された時、士大将として殊功があった。偏諱を拝領して、信連を直吉と改名した。

鹿角郡境奉行を務めた（『参考諸家系図』）。

慶長三年以降、鹿角郡で白根、槙山、西道に相次いで金山が発見され、金山奉行に就任した（『鹿角市史』）。子の北十蔵直勝は不来方の清水屋敷に残し、妻を伴って西道金山の帯刀屋敷に常駐した（『祐清私記』、『鹿角市史』）。

上方の者と内談し、大津、堺、伏見、大坂に金の卸問屋を定めた。産出した金は、鹿角郡米代川より舟で秋田領能代の港に搬送し、同所にも問屋を定めて上方へ廻送した（『阿曾沼興廃記』）。

子の十蔵は慶長十六年頃から部屋住のまま南部利直に出仕し、小姓を務め、君寵が厚かった。慶長十九年、十六、七歳の時に不届き者の討っ手を命ぜられたが、手傷を負って、養生の甲斐なく慶長十九年八月二十一日に死亡した。法名は健峯康公禅定門（『参考諸家系図』、『祐清私記』）。

重左衛門は悲嘆のあまり無断で剃髪して引き籠った。利直はこれを身勝手な行動として咎め、閉門を命じた（『祐清私記』）。

重左衛門は鬱憤を積らせ、密かに屋敷を立ち去り、小保内山を越え、仙北を経由して上方を目指した（『祐清私記』）。

途中、江戸の桜田屋敷で留守居番を務めていた平清水平右衛門が子の十蔵の岳父だったため、その長屋に立ち寄った（『阿曾沼興廃記』）。または桜田屋敷の岳父平清水駿河の長屋に立ち寄ったともいう（『篤焉家訓』）。

京都では、京都所司代により浪士の徘徊が禁止されていたため、旧知の徳川家旗本溝口外記常吉に身元保証を頼んだ。溝口が所司代に対し、重左衛門は南部家の家臣で、君命により在京している旨の証書を差し入れることで、京都滞在が認められた（『寛政重修諸家譜』、『元和年録』）。

ほどなく大坂方から召募があり、旧主への鬱憤を散じるべく籠城を決意した。京都、大坂、伏見の蔵から金を運び集め、随兵の馬具に到るまで美麗に調えて入城した（『祐清私記』）。随兵は十騎（『阿曾沼興廃記』）、または三十騎（『山鹿語類』）。

入城と同時に、大野治長らに黄金各十枚を賂《まいない》として贈った（『阿曾沼興廃記』）。あるいは、黒漆塗の重藤弓を五百張、羽中の節中まで金で塗った征矢《そや》一万筋を秀頼に献上した。土産の矢の節には南部十左衛門何の某と名前が朱漆に金粉で施されていた。大野治長ら四、五人にも征矢五百筋、または千筋をそれぞれ贈った。その豪儀な馳走に、大坂では南部の光武者と唱えられたという（『祐清私記』）。

秀頼から、味方利運の後は恩賞として南部十郡を宛行うべき旨の印判状を拝領した（『山鹿語類』）。寄合小組百騎を預けられ、百騎一様に黒羽織を着用させ、諸方面で南部十左衛門の名乗りをあげて活躍したという（『阿曾沼興廃記』）。

『難波戦記』に、南部信連は惣構北方を持ち口とする頭分として、兵千人を指揮したとあるが、実否不明。

なお、『大坂陣山口休庵咄』、『寛政重修諸家譜』、『元和年録』、『難波戦記』などに南部久左衛門とあるが、『阿曾沼興廃記』は改名か誤伝か不明としている。

慶長二十年五月十二日、溝口常吉親子は重左衛門に京都の宿所を斡旋した罪科を問われ、改易された（『駿府記』）。

重左衛門が大坂を落ち延びたことが判明したため、幕府は各地に詮索を命じた。南部利直の家臣で大坂の陣に従軍した桜庭安房綱英が重左衛門の兄であることも、既に家康の耳に入っていた。そこで利直は閏六月二十二日付で安藤直次、本多正純を通じて家康に、また本多正信を通じて秀忠に、それぞれ以下の趣旨の書状を呈し、重左衛門の出自を偽って弁明した。「重左衛門は桜庭安房の兄弟ではなく、北松斎の従兄弟太郎左衛門の子で、母親が安房の父に再嫁した際の連れ子です。松斎に数年奉公した後、近年当家に出仕していましたが、行儀が悪く、安房とは平素から一切交流がありませんでした。去年の出奔も、安房は一切関知しておらず、当方も右の情実を認識していたため、安房を咎めず大坂の陣に従軍させました。凱旋後、安房は重左衛門の道具は一切預かっていないと誓っています。こうした経緯を知らない者が重左衛門は当家に所縁深い者と言いふらしており、当家がそのような者を匿っているとの嫌疑を蒙ってはならないと存じますので、この安房を尋問くださいますよう願い上げます。本来なら当方で糾明、譴責すべきところですが、右の通り安房は全く重左衛門と関わりがないので、このように申し上げる次第です」。

落城後、重左衛門はいったん丹波に逃れ、その後、伊勢に赴いた（『聞老遺事』）。伊勢松坂で山田奉行日向半兵衛政成に生け捕られ、南部家に引き渡された（『土屋知貞私記』）。あるいは旧知だった伊勢神宮の御師三日市太夫次郎を頼ったが、欺かれて生け捕られ、南部家に引き渡されたという（『阿曾沼興廃記』）。

南部利直の憎しみは深く、身柄を領内に送ると仙北町寺の付近に搦め置いて、一日ずつ指を切り落としてから新山川原で処刑させた。大清水小路で野田掃部が首実検した（『内史略』、『盛岡砂子』）。指を切り落とされながら、最期までなお自若としていたという（『山鹿語類』）。享年四十一歳（『参考諸家系図』）。奥州街道の東脇、津志田村の一里塚の手前に七尺ほどの石碑が墓として建てられた（『盛岡砂子』）。茄子割型での墓碑は、下向した巡検使から照会があると面倒なので、江戸時代は倒されていたという（『内史畧』）。

九月七日、九鬼守隆が重左衛門の所持品として没収した黄金三十枚を幕府に献納した（『駿府記』）。

九月二十日までの二、三日間、京都所司代は、駿府の命令により重左衛門の京都宿所を検分した（『本光国師日記』）。

家紋は割菱（『慶長三年三戸在城身帯帳』）。

妻は平清水駿河の娘。駿河は江戸で出奔した重左衛門と接触した罪科により切腹を命ぜられ、平清水家は断絶した（『内史略』）。

娘は長女が太田源四郎忠族の妻、次女が厨川五郎助光矩の妻（『参考諸家系図』）。

北村《きたむら》五助《ごすけ》正長《まさなが》

生国は近江（『御侍中先祖書系図牒』）。

秀吉に仕えた。文禄元年、肥前名護屋城に在番し、本丸広間番衆馬廻組六番の速水守之組に所属（『太閤記』）。

後に秀頼に仕え、大坂七組の速水守之組に所属し、知行は五百石（『難波戦記』）。

慶長二十年五月七日、前田利常勢が、玉造口東門より城中に付け入ろうとしたため、櫓から門下の火薬箱目がけて火矢を発し、一度に爆裂させた。これにより多数の死傷者が生じ、寄せ手は東門を回避して算用場、二本松（注）から城内に乱入した（『大坂御陣覚書』、『大坂両度御出馬雑録』）。

元和五年、山内忠義へ無役四百石で出仕した。

寛永十三年四月三十日に病死。

子孫は土佐山内家の家臣として続いた。家紋は丸の内井筒（『御侍中先祖書系図牒』）。

〔注〕算用場は玉造口の外郭、二本松の上の丘にあった。名称は大坂築城の際、仮屋を建て、諸色算用の割場となっていたことにちなむ（『難波軍記改録』、『摂陽奇観』）。城中を南から北へと下る雁木坂の南側に位置していたため、城中を見下ろすには適していた。このためか和睦により堀を埋める時、家康は算用場は削らないよう指示した（『武功雑記』）。二本松町の名称は秀吉の代に陸奥二本松の者たちが来住したことにちなむ（『難波軍記改録』）。

喜多村《きたむら》三右衛門《さんえもん》政信《まさのぶ》

摂津国西成郡野里村の住人喜多村久助秀政の子。大野治長の家臣北村善大夫俊久の甥。野里の村長。

先祖の堀江氏は越前堀江庄より移って摂津住吉の神主となり、その後、中津川庄を開発して野里村を拓き、その庄官となった。住吉の在所喜多村を名字とした。

慶長十九年十月十二日、大坂方は派兵して堺を制圧した。翌十三日、片桐且元は多羅尾半左衛門、牧次右衛門らを堺救援に向かわせたが、多羅尾は堺へ先行して戦死、牧野らは尼崎からの渡船を用意できず、尼崎入城も拒まれ進退が極まった。

この報告を受けた大野治長は、ただちに家臣米村六兵衛らに兵三百人を授け急行させた。中島の一揆も大坂方に加勢するべく政信が大将となり、郷民八百人を率いて駆け付け、尼崎付近を彷徨していた片桐勢を攻撃し、これを壊滅させた。この戦闘で大坂方が斬獲した首は二十三級。そのうち十九級を政信の手で挙げた。ことに政信自身は一番鑓を入れ、牧を討ち取った殊勲により呉服二重、黄金十枚を拝領した。政信の従兵香川弥次右衛門、松島金右衛門、都築六大夫も各首一級を斬獲した功により、黄金一枚ずつを拝領した。

十月二十九日（実否不明）、池田利隆の兵が中島大和田村をうかがい、守兵を追い払い放火したため、大野治長の家臣宮田平七や阿部仁右衛門らと協働して防戦に駆け付け、延焼と敵の進攻を食い止めた。秀頼はこの功を賞し、伯父北村俊久を使者として政信を城内に招かせた。政信は子の勘太郎秀成を伴って伺候し、秀頼から黒糸威の具足、皆具の馬、呉服二重、百四本の大旗、弓五百張、鑓五百本、鉄砲五百挺、黄金三百枚を拝領したという。右の行賞は過分であり、誇張と考えられる。

十一月七日、播磨、美作、備中、丹波の諸侯が神崎川を渡って中島に進攻したため、野里の自宅に放火して城中へ退却した。

その後、船場の肥後橋の南三百間の警衛に就いた。毛利吉政とともに、「目下、敵の先手が進出しているのみで、まだ本軍は到着していない。今こそ出撃の好機」と建議したが、大野治房が即決できず好機を逸したという。

船場を引き払った後は、櫓四基を含む京橋の東方三百間、青屋口を持ち場としたという。同持ち場は当初、木村弥市右衛門、佐藤才次郎が担当したが、要害のため辞退し、政信が引き受けたとされる。右の持ち場も過大であり、信憑性に欠ける。

慶長二十年、大坂落城により、妻子が隠れていた阿波国那東郡荒田野に落ち延びた。ほどなく松平忠明方へ出頭し、宥免され、野里村に還住した。その後、淀の永井尚政から招聘されることもあったが応じなかった。三恵と号した。寛永十九年十二月十九日に死去。享年七十六歳。

子の喜多村勘太郎秀成は、慶長七年に誕生。後に三郎左衛門と改めた。明暦三年十一月二十二日に死去。享年五十六歳。

猶子の喜多村五左衛門俊次は、幼名を虎福という（「須藤姓喜多村氏伝」）。

北村善大夫俊久《きたむら　ぜんだゆう　としひさ》

摂津国西成郡野里村の長喜多村三右衛門政信の伯父（「須藤姓喜多村氏伝」）。大野治長の家老（『駿府記』）。

慶長十九年十一月二十六日、鴫野口合戦では、治長の家来北村善大夫と北村善右衛門が首各一級を斬獲した（「高松内匠武功」）。

慶長二十年四月二十八日、浅野長晟が和歌山を進発し、先手は泉南郡佐野市場に、旗本は信達に至った（「浅野考譜」）。

これより先、治長は自身の所領である和泉佐野に家来の大野弥五左衛門と北村善大夫を派遣し、浅野勢を挟撃するため一揆の蜂起を促した（『譜牒余録』）。

浅野家の留守居の浅野出羽がこれを察知し、迅速に派兵して一揆の一味を討伐し、浅野備後組の伊藤半右衛門と武井与左衛門が、大野と北村を生け捕った（「旧考録」）。二虜は和歌山の獄舎に拘禁された（「大坂合戦口伝書」）。浅野備後は北村と旧知だったので、これを糾問して、大坂方の調略の全容を把握した（『武家事紀』）。四月二十九日、浅野家の飛脚が二条城に到り、泉南郡信達で大野、北村、その他三十余人を生け捕った旨を報告した（『駿府記』）。樫井合戦後、大野は刎首された（「大坂合戦口伝書」）。北村は京都所司代板倉勝重に送致された。五月三日、浅野家の使者が二条城に到り、樫井合戦の絵図、大野の首、捕虜の北村を所司代に引き渡した（「浅野考譜」）。

北村惣右衛門《きたむら　そうえもん》

伊予の住人で足利将軍家に従属した喜多村為光の子孫。

天文十七年に誕生。

秀吉に仕え、旗本七組に列せられた（『来嶋又兵衛伝』）。

文禄元年、肥前名護屋城に在番し、本丸広間番衆六番の速水守之組に所属した（『太閤記』）。

後に秀頼に仕え、大坂七組の速水甲斐守組に属し、知行七百石（「諸方雑砕集」）。

慶長十九年九月二十三日、織田常真は城中に片桐且元暗殺の計画があることを、北村を通じて且元に通報した（「浅井一政自記」）。

慶長二十年五月七日に戦死。享年六十八歳。

弟の喜多村内記正春が家跡を継ぎ、出羽の最上家に仕えた。万治元年九月十七日に豊後府内で死去。法名は春光院本覚円昌居士。妻は姫路城附の士小寺某の娘で、法名は桂峯院有隣妙徳大姉。正春の孫正興が毛利綱広に仕え、子孫は毛利家の家臣として続いた。幕末に喜多村家より又兵衛政久が来島家へ養子に入った（『来嶋又兵衛伝』）。

北村八右衛門《きたむら　はちえもん》

大野治長の配下。

慶長二十年五月六日、治長組中とともに藤井寺に出陣。臨時で後藤又兵衛に付属された三浦てき庵が、敢闘した組下の松原四郎兵衛を伴い、治長の陣所を訪れた際、手柄の次第について報告を受けた。

落城後、後藤膳左衛門と改名し、森長継に仕えた（「平山家文書　大坂夏御陣之時松原四郎兵衛手□之覚」）。

北村平右衛門宗俊《きたむら　へいえもん　むねとし》

長宗我部家の世臣北村総左衛門宗親の次男。

永禄三年に誕生。

長宗我部元親に仕え、土佐国香美郡山田郷に居住。

長宗我部盛親に従い、慶長五年、伊勢安濃津で軍功があった。九月十五日、関ヶ原南宮山で勇戦。

主家の除封後、子の北村太郎兵衛とともに和泉、紀伊付近に浪居。

慶長十九年、父子ともに大坂籠城。

慶長二十年五月六日、八尾表合戦で北村平右衛門、同太郎兵衛、同太郎右衛門は戦死（「土佐諸家系図」、『土佐物語』）。

絹川三九郎《きぬかわ　さんくろう》

丹波国天田郡夜久郷の領主夜久氏の出自。絹川図書の次男。絹川勝兵衛家正（注）の弟。

父の図書は、天田郡千原村で出生。初め夜久主殿を称した。十三歳で丹波黒井城主赤井直正に出仕した。十八歳で逆臣畋屋惣兵衛を主命により討ち果たした。赤井家の家老絹川某の娘を娶って養嗣子となり、絹川図書と改めた。次いで但馬出石の青木重吉に仕え、越前北ノ庄へ移封後は千石を知行した。慶長五年の戦役の際、諸侯の人質は伏見に集められた。このため重吉の内室も伏見藤森の屋敷に入ることとなり、図書が侍二十人で供奉、警衛した。石田方が敗北し、伏見も沈静化してきた頃合いを見て、重吉の内室の供をして、大坂へ人質として詰めていた重吉の次男青木主水方へ移った。それから北ノ庄に出向き、重吉の菩提寺に青木家の財物を集め、重吉の世子青木右衛門佐俊矩に届けた。この時既に俊矩は、越前から京都室町に退去して、出家し宗察と号して逼塞していた。俊矩からは、出家には無用の物として、指料としていた金鍔の加州清光を贈られた。その後、播磨で池田輝政より牢人分として粮米五百石を給せられた(「絹川図書戦功記并略系」)。伊丹伊賀配下の寄合組に所属(「慶長十八年播磨宰相様御代侍帳」)。慶長十九年、池田忠継に供奉して大坂へ出陣し、河田八助と相役で軍奉行を務めた(「絹川図書戦功記并略系」)。元和八年、隠居して隠居料二百石を与えられた。寛永元年、長男の勝兵衛家正が死去し、その嫡男勘助が幼少だったので、隠居料二百石を返納し、再勤して知行五百石を与えられた。寛永二年に死去(「鳥取藩政資料 藩士家譜」絹川勘市家)。

絹川三九郎は、初め宮部善祥坊に仕え、児小姓を務めた。慶長元年以後、宮部長熙の代に牢人となり、越前北ノ庄で青木重吉に出仕した。

慶長五年の戦役の時は、兄とともに越前にいた(「絹川図書戦功記并略系」)。

八月三日黎明、前田利長が大聖寺城に向けて出陣した。大聖寺から北ノ庄に援軍要請が相次いだため、重吉は「今日一日防戦されよ。準備を調え夜襲をかけよう」と応えた(『越登賀三州志』)。夜討ちの大将には三九郎が命ぜられ、侍二十三騎で甲冑は着用せず、刀のみにて戦うこととし、その他の手筈を確認して出陣した。控えの軍勢として、兄の勝兵衛が鉄砲百挺、侍三百人を率いて後続した。舟橋まで進んだところに大聖寺落城の報告がもたらされたため、北ノ庄に引き返し、籠城の支度に取りかかった(「絹川図書戦功記并略系」)。

八月四日、前田勢が大聖寺を発ち、金津上野に本陣を進めた(『越登賀三州志』)。北ノ庄側は、舟橋口惣門を絹川兄弟が警固し、予備の侍百人を青木俊矩が侍大将分として指揮した。舟橋から北ノ庄まで六段に鉄砲を配備し、敵襲を待ち受けた。折から重吉は重病の身であったが、天守に上り防備を観閲した。

結局、青木家が除封となったため、牢人となり、その後、大坂城に籠り、大野治長の手に属した。

慶長二十年五月七日、九つ時分に大手口で米村権入、都志熊右衛門らとともに敢闘した。父の図書が十八歳の時に畋屋惣兵衛を刺した志賀兼宣の脇差を携行していたが、落ち延びる途中、五分の一で川の中に投棄した。

その後、剃髪して道無と号した。子の弥一左衛門に養われ、因幡で病死した(「絹川図書戦功記并略系」)。

子の絹川弥一左衛門は、初め左吉を称した。実は絹川図書の女婿黒坂弥三右衛門の子ともいう。祖父の図書に養育され、寛永二年、図書の遺知五百石のうち二百五十石を分知され、別家を立てた正保四年に江戸留守居を、後に大坂留守居を務めた。承応元年より合力米五十俵を毎年給せられ、承応三年、合力米を知行高五十石に直され、都合三百石となる。延宝元年に病死。子孫は鳥取池田家の家臣として続いた（「絹川図書戦功記并略系」、「鳥取藩政資料 藩士家譜」絹川勘市家）。

子の絹川団右衛門友重は、弥一左衛門の弟。初め孫之丞を称した。寛文四年、前田綱利に知行三百石で仕えた。大小姓組に属した。馬廻役を務めた。貞享元年に死去。妻は中村弥五作（木村主計忠行の子）の娘。子孫は前田家の家臣として続いた。家紋は竹之丸ノ内笹丸（「諸士系譜」、「鳥取藩政資料 藩士家譜」絹川旗次郎家）。

〔注〕絹川勝兵衛家正は、図書の嫡男。青木重吉に仕えた。慶長四年八月二十六日、父と別知で千五百石を与えられた。青木家除封の後、福島正則に仕えた。慶長十年、知行三百石を与えられ、その後、加増により六百十六石を知行した。元和五年、福島家除封の後、父の図書方に来住した。元和八年に父が隠居すると、家督五百石を継いだ。寛永元年、岡山で病死。子孫は鳥取池田家の家臣として続いた。

図書には娘が二人おり、うち一人は黒坂弥三右衛門に嫁いだ（「鳥取藩政資料 藩士家譜」絹川勘市家、「絹川図書戦功記并略系」）。

木下家治 きのした いえはる

木下権右衛門家長の子。

父の家長は、木下与兵衛敬賀の子。

大坂落城の時、仙石秀政の家臣浅村治右衛門は、摂津国東成郡鳴野付近ではぐれている幼児を見付けた。衣服に桐の薹《とう》の紋を付けており、護身刀に木下家治と姓名を記してあったので、秀頼の一族、高貴な家柄の子と思い、連れ帰って養育した。浅村勝七郎と名乗らせた。成長して仙石家から知行七百石が与えられた。後に杉原三郎兵衛家治を名乗った。

承応二年、仙石忠俊の傅役《もりやく》となった。

万治元年、忠俊の江戸出府に供奉（「改撰仙石家譜」）。

木下左京亮 きのした さきょうのすけ

『土屋知貞私記』では、木下肥後守家定の子とされる。すなわち、長男勝俊、次男利房、三男延俊、四男小早川秀秋（天正十年誕生）、五男左京、六男外記（天正十一年誕生）、七男内記。ただし、慶長七年に早世した四男俊定を欠いていることから、左京は六男に相当することになる。しかし「玄朔道三配剤録」によると、左京亮は慶長八年当時三十余歳であることから、天正元年以前の誕生となり、秀秋の弟ではない。そもそも家定の子かどうか疑問である。

天正十六年四月十四日、後陽成天皇の聚楽第行幸に際し、毛利民部大輔、蒔田主水正、野村肥後守、中島左兵衛尉、速水甲斐守とともに随身を務めた。

文禄元年、肥前名護屋城東二の丸の後備え衆の一人として百五十人を率いて在番。

慶長三年七月七日、前田利家邸での秀吉の遺物配分により三原の刀一振、金子一枚を受領（『太閤記』、「古屋幸太郎氏所蔵文書」）。

慶長五年七月、石田三成に味方して大坂天王寺小坂水所を警固（『当代記』）。戦後に遠流された（「東遷基業」）。

慶長八年五月二十四日、疲労が続き、動悸、眩暈《めまい》を訴え、曲直瀬玄朔に受診。

時に三十余歳（『玄朔道三配剤録』）。この時点では赦されて大坂に出仕していたのかもしれない。

慶長十九年、大坂籠城（『土屋知貞私記』）。『武徳編年集成』に、落城後に恩許を得て、その後、所領を拝領とあるが、信憑性に欠ける。

子は、妙心寺第百五世海山元珠の弟子（『大坂陣山口休庵咄』）。

娘は、「聚楽武鑑」に、南条元忠の妻とあるが信憑性がない。『諸家高名記』に、左京亮の娘つしまは、初め京都二条鳥飼御所に奉仕し、後に南条忠明に嫁ぎ、子元忠の伏誅を聞き筑紫で自害したとあるが、これも信憑性がない。

木村右京《きむら　うきょう》

木村右京については、次の三史料に同名の人物がある。三人の関係は不明。

（一）木村重成の甥。秀頼の小姓あがり。大坂籠城の際、年の頃は二十歳ほど（『土屋知貞私記』）。

（二）秀頼の家臣で、慶長四年一月、詰衆二番に列せられた（『武家事紀』）。

（三）豊臣家の御用絵師狩野修理光頼（号は山楽）の子。大坂の陣の時、味方の鉄砲に当たり落命（『新東鑑』）。ちなみに、狩野山楽は浅井長政の家臣木村永光（号は善了）の子。初め平蔵を称した。狩野永徳の弟子。秀吉に知行三百石で仕えた。大坂落城の際、男山八幡瀧本坊の社僧式部卿法印昭乗に匿われ、九条家や本願寺東台院らの嘆願により赦免された。寛永十二年八月に死去。享年七十七歳（『狩野系図』、「十竹斎筆記」、『扶桑画人伝』、『新東鑑』）。

木村主計忠行《きむら　かずえ　ただゆき》

前田利家の家臣木村加兵衛の長男。青木土入（青木三右衛門の養子）、宮内卿（木村重成の母）、中村弥五左衛門能直の妻（注）の兄（「諸士系譜」）。重成の伯父（『土屋知貞私記』）。「西行雑録」、『可観小説』は、木村加兵衛の実子で、重成の母宮内卿の弟とし、『寛永諸家系図伝』、『難波戦記』は、重成の叔父とする。

諱は忠行（「先祖由緒并一類附帳」明治三年中村朔二源忠弘書上）、宗明ともされる（『元寛日記』、『難波戦記』）。

前田利長に仕え、小姓を務めた。寵臣として常に刀を捧げて近侍し、家中では長田牛之助と併せて二鳥との異名があり、御役に立つ者と言われていた（『可観小説』）。知行は千二百石（『慶長十年富山侍帳』）、または千七百石（「諸士系譜」、「先祖由緒并一類附帳」明治三年十月中村朔二源忠弘書上）、または二千石（『越登賀三州志』、『可観小説』）。

慶長十年六月、利長の使者として江戸に出向き、利長の隠居願いを奉じた。利長に従い富山に移った（『加賀藩史料』新山田畔書、『加賀藩史料』三国事蹟集覧、『国事昌披問答』、『三壺聞書』）。

慶長十六年六月十五日、生田四郎兵衛、宮崎蔵人、木村主計、水原左衛門は連署して越中国射水郡上西条村、下西条村に借米の件について沙汰状を下達した（「菊池文書」天正以後万治以前之抜書旧記）。

慶長十八年九月十九日、利長は生田四郎兵衛、木村主計、水原左衛門らに、越中国新川郡浦方の賦役油樽四百を、来年以降三百樽に軽減することを命じた（『加賀藩史料』所載「越中国古文書」）。

慶長十九年、前田利常に「今度、大坂方は千万に一つも勝つ道理なし。さればこそ姉と甥とを見捨てがたく、御暇を下されたし」と願い出た。利常はこれを許し、子弥五作は残し置かせた。人々はこの進退を賞賛した(『可観小説』)。年の頃は四十四、五歳ほど(『土屋知貞私記』)。

『大坂陣山口休庵咄』は、主計を大坂御譜代衆に掲げ、『土屋知貞私記』も、古参の者で千石ほどとしている。重成との関係によるものと思われる。物頭(『土屋知貞私記』)、馬上二十五騎を預かった(『大坂陣山口休庵咄』)との記述もある。

十一月二十六日午の上刻より、大坂七組らとともに鴫野口合戦に出役(『大坂御陣覚書』)。

慶長二十年五月六日朝、榊原康勝は河内郡砂村を発ち、相備えの松平康重、小笠原秀政父子、仙石忠政、諏訪忠恒、保科正光、丹羽長重、軍奉行藤田信吉らと河内郡松原村より川を渉《わた》り、若江郡吉田、菱江村の間に進出した(『武徳編年集成』)。

大坂方は未明に木村重成が若江へ先発し、山口弘定、内藤政勝、木村主計、増田盛次、長宗我部盛親らが続いて同方面を目指して大坂城を出陣した(「慶長見聞書」)。秀頼馬廻の大将分である木村主計、佐久間正頼、山口弘定、松浦弥左衛門は、重成に付属された(「幸島若狭大坂物語」)。この日の主計の軍装は、洗革の鎧に頭形の筋兜の緒を締め、日の丸を付けた羽織を着用。地白に八幡と大文字で書いた旗一流を揚げて、兵二百余騎を指揮した(『難波戦記』)。奈良道を進み(「山口家伝」)、重成の左翼として若江本陣より七、八町北の若江郡岩田村の小高い土居に布陣し、松原街道方面からの敵の進出に備えた(「小笠原秀政年譜」、『元和先鋒録』)。

辰の下刻、主計は陣頭に進み出て命を下し、榊原勢と戦端を開いた。榊原勢より光用勘兵衛が一番に進み首を獲り、続いて中村左兵衛も敵を討った(「榊原子爵家伝大坂陣記事」)。榊原組下の佐久間信重も先鋒として突きかかり、首を獲た(『寛政重修諸家譜』)。激闘は数刻に及んだが、ついに大坂方の敗北となり、午の下刻には退却を開始した(「慶長見聞書」)。榊原勢がこれを追尾したが、主計が指揮してたびたび押し返し(『難波戦記』)、青屋、鴫野の両口から城中に撤退した(『寛永諸家系図伝』)。この日、榊原側が斬獲した首は七十五級(『大日本史料』慶長二十年五月付榊原康勝先手村上弥右衛門書状)、または六十八級(『大日本史料』榊原系譜)。

五月七日早朝、重成組の高松内匠と若松市郎兵衛に使者を差し遣わし「長門守が戦死したので、生き残った組侍を率いて片原町、京口へ出るように」と指示した(『森家先祖書』寛永廿一年九月廿一日若松市郎兵衛書上)。片原町の町屋で弁当を供給していると、六つ時分に京橋を出陣した長宗我部盛親が二百余人を率いて片原町の末の小橋を渡ってきたので、これを迎え入れ、酒杯を提供した(「武将文苑」十市縫殿助大坂御陣書付)。

落城後、逃れて加賀に帰って来たので、世間はこれを誹謗し、前田利常も味気なく思った(『可観小説』)。姉婿中村能直の苗字に改め(『越登賀三州志』)、中村治部右衛門と改名した(「有故家覚書」)。能登(『越登賀三州志』)、または梅田(加賀国河北郡梅田村か)に居住(「諸士系譜」)。扶持方として五百石(『越登賀三州志』)、または三百石を与えられた(『可観小説』)。

寛永十四年二月に病死(「先祖由緒并一類附帳」明治三年十月中村朔二源忠弘書上)。

長男の中村弥五作忠清は、中村能直の子分として、寛永十三年、前田利常より新知三百石を与えられ、馬廻組に列せられた。寛文十年八月に病死。子孫は前田家の家臣として続いた(「先祖由緒并一類附帳」明治三年十月中村朔二源忠弘書上、「諸士系譜」)。

次男の中村小左衛門は、中村能直の子分として、寛永十五年十月十六日、前田利常より新知三百石を与えられた。寛文九年に死去。子孫は前田家の家臣となった（「諸士系譜」）。

娘は、姉崎加左衛門に嫁いだ（「諸士系譜」）。

〔注〕木村加兵衛の次女は、初め佐久間盛政の家臣佐久間七右衛門に嫁ぎ、後に前田利長の家臣中村弥五左衛門能直に嫁いだ（「諸士系譜」）。『越登賀三州志』は、能直の妻を主計の姉とする。

中村能直は、柴田勝家の家臣中村与左衛門武全の次男。天正十一年、松任で前田利長に知行百二十石で出仕した。天正十五年に戦死した長兄の九八郎の遺知を併せ、知行三百石。慶長十年、利長に供奉して富山に移り、大小姓を務めた。大坂の陣に従軍。正保元年五月に死去。妻は小姓組木村加兵衛の娘。長男の中村弥五左衛門が家督三百石を継ぎ、子孫は前田家の家臣として続いた（「先祖由緒并一類附帳」明治三年十月中村小太郎慎憲書上、「同」中村左太郎平可政書上、「諸士系譜」、『慶長十年富山侍帳』）。

木村喜左衛門　きむら　きざえもん

大野治房組に所属。

慶長十九年十二月十六日に本町橋の夜討ちに参加。突盔の兜に鳥毛の引廻しを付けて鑓を入れた（「大坂御陣覚書」）。中村重勝が名乗りをあげて防戦し、木村、田屋右馬助、畑覚大夫、牧野牛抱と鑓を合わせた（『阿波徵古雑抄』黒部太郎左衛門覚書、「大坂夜討事」）。稲田示植が救援に駆け付けると、中村の死骸に群がっていた大坂勢は左右に散ったが、すぐに刀鑓を取り直して突きかかった。中でも木村は名乗りをあげて真っ先に鑓を合わせた。しかし、稲田に脇腹を突かれ、痛手のため退却した（『増補稲田家昔物語』）。

翌日、木村、田屋、畑、牧野は、自身の軍功について書付を提出した（「大坂夜討事」）。田屋、畑、牧野は、木村と言葉を交わし、助鑓《すけやり》を入れたという主張が諸頭に聞き届けられ、木村の同意を得て三人は助鑓と認定された。木村には、秀頼から外科治療が命ぜられ、上使を以て「よく治療するよう」との沙汰があった（「山本日記」）。

十二月二十日に和睦が成立した後、稲田が城中に「夜討ちの際、乳の下に二か所鑓傷を被った人は誰か、その者が中村右近に鑓を付けた」と照会したところ、紛れなく符合するのが木村であった。傷の場所は稲田の記憶より少し下で、帯の上と下であった（「山本日記」）。和睦の三日後に稲田は、家来船越亀之助と七条実俊を城中の木村方に派遣した。木村は木枠の内で養生していたが、枠から出て両使に対面しようとした。両使はこれを押し止めて、側に寄って稲田の口上を伝えた。木村は両使に酒杯を進めて「修理方より思いもかけず使者を賜り、武門の面目」と挨拶して喜悦した。続けて「この程度のかすり傷で養生しているさまは、いかがなものかと思わるであろうが、秀頼様より懇ろな御言葉と毎日使者が遣わされるので、このように伏せている」と説明した。木村がなおも枠から出ようとするので、両使はさらに側に寄って聞き取り「傷の様子を確認して報告したい」と所望した。しかし、木村は「修理に鑓を付けられたのが明白である以上、それには及ばない。少々の手傷である」と強く辞退した。両使は「傷の様子から存命しがたい」と復命した（『増補稲田家昔物語』、「阿陽忠功伝」）。植田の申分と木村、田屋、畑、牧野の申分が合致したため、四人の軍功が確定した（「大坂夜討事」）。

慶長二十年一月二十一日木村は一番鑓の功名として秀頼から小姓高橋正三郎が派遣され、判金二枚が賜与された（「石母田文書」）。

『阿波徴古雑抄』黒部太郎左衛門覚書（稲田修理亮示植物語聞書）に、夜討ちから七日目に死去とあり、「武辺咄聞書」には、五月落城の時に戦死とあるが、『増補稲田家昔物語』の二月死去が適当と思われる。

木村左兵衛《きむら　さひょうえ》

佐々木三郎左衛門の三男。真樹院、木村重成の弟。

加藤清正に仕え、小姓を務めた（「西行雑録」）。慶長六年十月三十日、所領の替地として肥後国益城郡海東南村内で百五拾石を宛行われた（「本妙寺文書」）。ちなみに、一般に重成は文禄二年の誕生とされ、その弟が慶長六年時点で、清正から黒印状を以て替地を与えられている点に、年齢的な違和感がある。

元和四年七月廿三日付下津棒庵の書上によると、慶長十九年は、重成の弟なので大坂へ走り込む可能性があるとして、加藤正長へ二度注意喚起があり、正長も確かに承っていたが、慶長二十年、肥後を脱出して大坂へ駆け込んだ（「向山誠斎丙午雑記」）。「西行雑録」によると、加藤家では番人を付けていたので大坂に籠城しなかったとされる。しかし、元和八年の『加藤家分限帳』によると、加藤忠広の代にも百五十石を知行しているので、籠城せず肥後に留まっていた可能性がある。

「高橋家系図」によると、大谷吉継の家臣高橋勘解由家平の三女は、木村重成の弟木村七兵衛に嫁いだという。七兵衛は大坂落城後、近江国志賀郡坂本に住居し、黒柳氏に改めたというが、左兵衛と同一人物を指すのか、また実否も不明。

木村庄左衛門《きむら　しょうざえもん》

天正十四年に誕生。

初め市介、後に庄左衛門。宗古と号した。

秀頼に仕え、落城後、元和二年以前に松平忠直の家臣多賀谷泰経方に寓居。後に山城山科に居住した。

寛文八年十二月一日に死去。享年八十三歳。法名は清岸院浄誉宗故居士。葬地は京都の良松院。

前妻は甲田帯刀の娘。後妻は越前松平家の家臣高野久右衛門の娘。

長男の木村小右衛門は、外戚甲田氏の養嗣子となり、甲田隆庵と改名した。医業を営み、松平忠周から俸十人口を支給された（「藩鑑略譜」）。

木村弾右衛門《きむら　だんえもん》

木村重成組の組頭。

慶長十九年十一月二十六日、今福口に出役（「高松内匠武功」）。

木村長次郎《きむら　ちょうじろう》

木村弥左衛門重正の末弟（「御家中略系譜」）。

秀頼に仕え、大坂七組のうち真野頼包組に所属。知行は百九十五石（「諸方雑砕集」、『武家事紀』）、または百八十五石（『難波戦記』）。

大坂城に籠り、落城後は井伊直孝に仕えた（「御家中略系譜」）。

木村長門守《きむら　ながとのかみ》**重成**《しげなり》

宮内卿の子（『駿府記』、「大坂軍記」、「諸士系譜」、「寛文九年佐々木氏大坂物語」）。出自

については諸説があり、木村常陸介の子（「青木系図」、『坂田郡志』）、木村弥一右衛門の子、または甥（『土屋知貞私記』）、佐々木三郎左衛門の子で木村弥一右衛門の猶子（「大坂籠城記」）などといわれるが、以下に掲げる両説が特に興味深い。

（一）重成の父は一向坊主で、一揆を催して死罪となった。母は前田利家の家臣木村加兵衛の娘で、後に秀頼の乳母となり、宮内卿を称した（「諸士系譜」、『可観小説』）。『可観小説』は、前田綱紀の家臣青地礼幹の著作。

木村加兵衛は、天正三年九月、前田利家が越前府中に入府した後、同所で召し出された。知行は三百石。小姓組に属し、大小姓を務めた。前田利長の代まで仕えて病死（「有故家覚書」、「先祖由緒并一類附帳」明治三年十月中村朔二源忠弘書上、「同」明治三年中村左太郎平可政書上）。

加兵衛には以下の子女があった。長男は木村主計。次男の士入は青木三右衛門の養子。長女の宮内卿は木村重成の母。次女は初め佐久間七右衛門に嫁ぎ、後に前田利長の家臣中村弥五左衛門能直に嫁いだ（「諸士系譜」）。

なお、加兵衛の養子渡瀬彦右衛門政有は、実は佐久間盛政の家人佐久間七右衛門の子。前田利常に仕え、加兵衛の遺知、加増と合わせて知行四百五十石。明暦元年に死去（『国事昌披問答』、「諸士系譜」）。

（二）重成の父は佐々木三郎左衛門。母は越前朝倉土佐守の娘で、後に秀頼の局として出仕し、宮内卿を称した。三郎左衛門の子には、長男真樹院、次男木村長門守、三男木村左兵衛がいた。木村加兵衛と所縁があり、佐々木家と木村家は同族であった。佐々木家では代々当主が若死にしたので、秀頼の命により重成は木村氏に改めた（「西行雑録」）。「西行雑録」（佐佐宗敦の編著）は、木村主計は加兵衛の実子であり、重成の母宮内卿の弟ともしている。

*

木村重成は、文禄二年八月三日に誕生の秀頼と同年齢（『長沢聞書』）。秀頼の乳兄弟（『長沢聞書』、『土屋知貞私記』）。

慶長十年四月十二日、秀頼が右大臣に任官した時、諸大夫成（『土屋知貞私記』）。

慶長十六年三月、秀頼の上洛に供奉。御小刀持杉原掃部の替役を務めた（「秀頼御上洛之次第」）。

当時、知行は七百石（『慶長十六年禁裏御普請帳』）。

慶長十七年六月二十三日昼、織田有楽の茶会に招かれ、織田信重、津田忠直とともに参席。十月二十四日昼、有楽の茶会に招かれ、細川元勝、生駒宮内少輔とともに参席（「有楽亭茶湯日記」）。

十二月より、大坂諸大夫衆の一員として禁裏普請助役（『慶長十六年禁裏御普請帳』）。

慶長十八年三月二十九日昼、織田有楽の茶会に招かれ、石川貞政、津川近治とともに参席（「有楽亭茶湯日記」）。

慶長十九年当時、本知は七百石（『大坂陣山口休庵咄』）、または知行八百石（『難波戦記』）。

三月十八日朝、織田有楽の茶会に招かれ、津川近治、生駒宮内少輔、片桐且清とともに参席。五月十五日昼、有楽の茶会に招かれ、新庄東玉、大野治長とともに参席（「有楽亭茶湯日記」）。

九月、堀秀治家の牢人で当時十七歳の瀧並弥八郎を児小姓として召し抱えた（『家中諸士家譜五音寄』瀧並与兵衛親瀧並弥八郎寛永廿一申ノ年書上）。

九月二十二日夜、大野治長、渡辺内蔵助とともに大岡雅楽頭方に寄り合い、片桐且元の追放と挙兵を謀議した（『片桐家秘記』）。九月二十三日、渡辺とともに表御殿千畳敷に近接する時計の間の西方に詰め、且元の登城を待ち受けた。しかし且元が登城を取りやめたため、大野、渡辺、重成はそれぞれの屋敷で待機した（『浅井一政自記』）。重成の屋敷は西の丸にあった（『元和大坂役将士自筆軍功文書』元和弐年十一月十三日付中川長勝自筆軍功書上）。九月二十五日早朝、大野、渡辺とともに武装して諸牢人を率いて本丸に乗り込み、片桐邸への攻撃態勢をとった（『豊内記』）。

籠城中は雑兵八千人、秀頼の側小姓四十三人、馬上の組も少々預かった（『大坂陣山口休庵咄』）。あるいは人数五千人、馬上三十騎を預かった（『難波戦記』）。あるいは鉄砲千五百挺、雑兵一万余人、馬上七百騎を預かった（『大坂口実記』）。あるいは組子と「自分の者」（家来）を合わせて二百余人を指揮した（『高松内匠武功』）。

馬印は銀瓢箪、下に白い練絹の三冊切裂付（『大坂陣山口休庵咄』）、または銀瓢箪、中に白熊付。旗は中白（『難波戦記』）。紋所は四つ目結（『草加文書』）。組中の指物は白黒段々の撓。「自分の者」の指物は白黒段々に笠添（『高松内匠武功』）。

重成の組子（与力）には以下の面々があった。

・木村弾右衛門……組頭
・千田主水……組頭
・大井何右衛門……（冬の陣で）武者奉行
・波田兵庫……（冬の陣で）組頭、（夏の陣で）武者奉行
・平塚左助……武者奉行
・川崎作右衛門……（夏の陣で）武者奉行
・森安左衛門……馬印奉行
・脇野糸目……旗奉行
・佐久間蔵人……（夏の陣で）足軽三十人預かり
・田原新太郎……（夏の陣で）足軽二十人預かり
・平塚五郎兵衛……（夏の陣で）物頭
・上村金右衛門……鉄砲頭、足軽二十人預かり
・小川甚左衛門……鉄砲頭、足軽二十人預かり
・小倉監物……鉄砲頭、足軽二十人預かり
・根来知徳院……鉄砲頭、足軽二十人預かり
・井上与右衛門……鉄砲頭、足軽二十人預かり
・井上忠兵衛……鉄砲頭、足軽二十人預かり
・柳名右衛門……鉄砲頭、足軽二十人預かり
・若松市郎兵衛……鉄砲頭、足軽二十人預かり
・松浦弥左衛門……慶長二十年馬上三十騎預かり
・高松内匠……鉄砲頭、足軽三十人預かり、（夏の陣で）馬上五騎預かり
・斎藤七右衛門……使番
・斎藤加右衛門……（夏の陣で）使番
・岡田平兵衛……使番
・久保田藤四郎……（夏の陣で）使番
・岸九郎右衛門、高松孫七郎、高松半左衛門、高松小作、高松八郎兵衛、入谷新左衛門、青木七左衛門、服部吉兵衛、山内勝左衛門、平井権大夫、中川角兵衛、木野内右馬允、安藤与左衛門、丹羽勘左衛門、森八左衛門、浅井伝兵衛、大塚市之丞、大塚勘右衛門、黒川源大夫、平井作兵衛、岡本新兵衛、岡本茂右衛門、大野半次、杉原喜右衛門、市橋監物、平塚熊之助、山中三右衛門、都筑左兵衛、千田兵内、升和角兵衛、岡野武左衛門、尾木山弥五兵衛、長谷川一平、比久田民部、黒木藤七、松浦左吉、草加次郎左衛門、木原七右衛門、村上十

太夫、松浦与一郎、服部平之允、水谷忠助、早川茂大夫（「高松内匠武功」、「草加文書」、「先祖書上」寛永廿一年二斎藤加右衛門書上ル写、『山口家伝』、『大坂御陣覚書』）。

当時、重成の「自分の者」（家来）には、家老、鐽奉行青木四郎左衛門、鐽奉行長屋平大夫、児小姓瀧並弥八郎、小姓山中左助、小姓半田市兵衛、小姓佐藤八左衛門、中山庄助、平井九兵衛、牧加兵衛、松原左兵衛、牧浅右衛門、波多野又之丞、増田四郎兵衛、山中太郎右衛門、松原五左衛門、中村太左衛門、飯島三郎右衛門、村田源蔵らがあった（「高松内匠武功」、『家中諸士家譜五音寄』瀧並与兵衛親瀧並弥八郎寛永廿一年申ノ年書上、『武家事紀』、『大坂御陣覚書』、『山口家伝』、『綿考輯録』）。

その他、重成の配下に、組子か「自分の者」か不明であるが、惣大将川勝靭負、重成預りの安岡左兵衛、鉄砲大将（姓不詳）太郎左衛門、飯島太郎左衛門高定、中山太郎兵衛、智荘厳院応政らがいた（「西島氏留書」、「高松内匠武功」、「井伊家文書」、『高野春秋編年輯録』）。

重成、後藤又兵衛、明石掃部、長宗我部盛親、毛利吉政、七組の番頭は持ち口を固定せず城中の浮勢となり、昼夜交替で巡回した（『大坂陣山口休庵咄』）。重成の場合、十一月末の城外自焼までの間、東北、西北方面への出張や組下の派遣など遊軍としての活動もあるが、同時に天王寺口に担当する持ち口があり、「高松匠贈答扣」によると、今福口合戦では配下の鉄砲頭のうち、根来知徳院、上村金右衛門、小川甚左衛門、小倉監物、若松市郎兵衛、柳名右衛門、井上忠兵衛、井上与右衛門、高松内匠の九人を出撃させ、他の鉄砲頭は天王寺口の持ち口の守備に留め置いている。

十一月七日朝、池田忠継が渡河して中島に進出したため、防戦に駆け付け、中津川を隔てて銃撃を交わした。

東成郡毛馬村の堤の堀切に番所を置いて、渡辺内蔵助と共同で警固していたが、十一月十日以降、渡辺、木村が二日二夜交替で鉄砲の者、鉄砲頭、与力衆を張番に出すこととなった。

十一月十一日、寄せ手は島下郡鳥飼村付近から川船を出し、淀川を下ったが、下流の川底に乱杭が打たれていたため、船を中島の堤の内に引き入れ、あるいは中津川に引き出した。そこへ渡辺内蔵助とともに駆け付け、激しく銃撃してこれらを撃退した。この働きにより銀銭を拝領した（「高松内匠武功」）。

十一月中旬、藤堂高虎が天王寺口黒門の東方に進出し、先手に竹束を並べさせ、後方に井楼を組み上げ、昼夜大筒を撃たせ、重成の守る天王寺口黒門の櫓を打ち破った（『高山公実録』）。

十一月二十三日夜、毛馬村の堤の堀切の当番は渡辺内蔵助であったが、同じ堤筋の今市に敵が詰め寄せ、その間が七、八町ほどになった。これを懸念した重成は、鉄砲足軽頭若松市郎兵衛とその配下の足軽二十人を加勢に派遣した。若松は同夜大坂方に駆け込んだ侍二人と下人六人を収容して重成に送致した。若松の措置は城中でも評判となり、感じ入った重成は、翌日、家臣中村太左衛門を使者として、秀頼から拝領した具足下を若松に下げ渡した（『森家先祖書』寛永廿一年九月廿一日若松市郎兵衛書上）。

十一月二十六日辰の刻、佐竹義宣勢は今福口への攻撃を開始した。重成は朝から登城していたが、今福方面からの銃声が激しいため、川崎作右衛門、鉄砲頭根来知徳院、同上村金右衛門に鉄砲五十挺を添えて偵察に行かせた。既に今福口は破られ、佐竹勢が片原町口まで攻め込んでいたため、三人はそのまま防戦を指揮する一方、重成に使者を送った。折から野田、福島方面へ物見として出張していた武者奉行大井何右衛門と鉄砲頭高松内匠は、京橋でこの使者と行き遇い、そのまま町口へ急行した。

　重成は報告を聞くや、すぐさま武装して馬を後から曳かせ一人走り出た。急場のため宿所に立ち寄ることもできず、門前で「組衆はすべて今福へ出られよ」と呼ばわりながら馳せ通った。宿所に詰めていた武者奉行平塚左介、平塚五郎兵衛らも慌てて馬を曳かせ、京橋から次々に門外に乗り出すと、片原町中の小橋の前に重成が下馬して後続を待っていた。重成は「皆々、先へ通られよ」と命じ、大井何右衛門、高松内匠、川崎作右衛門、上村金右衛門、高松半左衛門、若松市郎兵衛らが先を争って攻めかかると、佐竹勢は片原町から退却し、二の柵に拠って対峙した。

　大坂方は川崎作右衛門と高松半左衛門の二人が銃創を被って後方に退いたものの、残る人数で町口の三の柵を確保、固守した。そこへ鉄砲頭井上与右衛門、林角左衛門、高松半次郎、森八左衛門、浅井伝兵衛、岸新右衛門らが来援し、重成も堤上の柵内に到着した。

　その後、激しい銃撃の応酬が続いたが、やがて大井何右衛門以下が切りかかると、佐竹勢は二の柵を放棄し、更に一の柵の前方に大坂方が掘削していた堀切を越えて半町ほど東に後退し、備えを立て直した。

　この時、上杉景勝の先手須田長義が大和川の対岸から激しく銃撃したので、堤上の大坂方は甚だ難儀した。午の下刻には後藤又兵衛も来援し、鉄砲足軽を指揮して上杉勢に銃撃を加えて牽制した。

　鉄砲頭柳名右衛門の足軽新助、久太夫は鉄砲を提げて、北方の水田の畔を伝って佐竹勢を銃撃した。佐竹勢も十匁筒を二、三発続けざまに放って応戦する一方、先手の足軽を休ませるため、後備えの足軽との入れ替えを図った。柳配下の足軽は、手狭な堤上が混雑するさまを望見すると、扇を揚げて「敵は退却するぞ」と味方に呼びかけた。大坂方は対岸からの銃撃を避けて堤の北腹や土俵の陰などに身を伏せていたが、呼びかけに応じて一斉に立ち上がり、総攻撃に移った。佐久間蔵人は一番鑓を入れ、松浦弥左衛門は一番首を取った。高松内匠、山中三郎右衛門、草加次郎左衛門、大塚勘右衛門、小川甚左衛門、若松市郎兵衛、斎藤加右衛門、大野半次らも鑓を入れた。佐竹勢は追い立てられ、当初佐竹方が構築した奥の柵に退いた。大坂方は一の柵に詰めて、佐竹勢と六、七間を隔てて対峙した。柵の破れ口は重成が固め、北の簀戸《すど》口は平塚左介が固めた。佐竹勢は奥の柵から六、七間後方に折敷いて、鑓衾《やりぶすま》を作って防備を固めた。

　両軍ともに弓鉄砲足軽が続かず半時ほど睨み合ったが、未の刻、鉄砲頭井上忠兵衛が佐竹の家老渋江政光を狙撃すると一斉に鑓合わせとなり、家老青木四郎左衛門、鑓奉行長屋平大夫らが突進して奥の柵をも踏み破った。鉄砲頭小倉監物、同上村金右衛門は柵の内で戦死した。

　そこへ、上杉家の杉原親憲が川の中瀬より横合いに鉄砲を撃ちかけてきたので、大井何右衛門と組頭波多兵庫が深入りを戒め、奥の柵から人数を引き揚げさせた。大井は堤上を戻る途中に鉄砲に撃たれ戦死した。重成は遺棄された大井の死骸の収容を試みたが、佐竹勢も盛り返してきたので、やむなく大坂へ引き揚げ

た（『大坂御陣覚書』、「佐竹家旧記」、「高松内匠武功」、「高松内匠贈答扣」、「草加文書」寛永廿一年九月十七日草加五郎右衛門書上、『森家先祖書』寛永廿一年九月廿一日若松市郎兵衛書上、『譜牒余録』）。

この日、重成の兜は錣《しころ》の上に三尺ほどのヤクの毛を蓑のように付け回していた。白練の具足羽織（『大坂陣山口休庵咄』）、または黒繻子の平袖羽織を着ていた（『大坂御陣覚書』）。

重成の組中では、松浦弥左衛門が一番首、佐久間蔵人が捥付《もぎつけ》（兜付きで取った首）、大野半次、井上忠兵衛、高松内匠、山中三右衛門および重成預かりの士安岡左兵衛が首各一級を斬獲した。重成の家来では、平井九兵衛が組み討ち、瀧並弥八郎、中山太郎兵衛、牧加兵衛が各一級を斬獲した（「高松内匠武功」）。大坂方が斬獲した首は、桜の馬場に並べられた（『長沢聞書』）。

十一月二十六日晩、重成は配下の軍功を吟味した（「草加文書」寛永廿一年九月十七日草加五郎右衛門書上）。組下では、鑓を合わせて首を取った高松内匠、山中三右衛門、小川甚左衛門、大野半次、大塚勘右衛門の五人、鑓を合わせた草加次郎左衛門、若松市郎兵衛、斎藤加右衛門の三人に対して、十一月二十八日付で重成の花押を据えた書付が発給された。これは、秀頼から感状が発給されるまでの証拠という趣旨であった（「高松内匠贈答扣」）。なお、「高松内匠武功」は、山口知徳院、佐久間蔵人、井上与右衛門および長屋平大夫にも発給されたとする。この書付は、「今度、秀頼様の大坂御籠城の節、片原町、今福村の堤において敵の佐竹左京大夫に斬りかかったところ、早くに鑓を合わせ比類ない働き、感じ入った。時節柄、多端につき（秀頼からすぐには感状が発給されないので）、まずは私の方からその心得で申し入れておくようにとの仰せがあった。なお、後日の御改めの証拠までに、見及んだ通りに申し入れる」という内容であった。ところが、書付の文面が皆同じだったため、草加が不服を唱え、使者の波田兵庫、川崎和泉に対して受領を拒否した。その後、種々異見され、翌年四月十一日、いったん斎藤七右衛門に書付を預けた後に受領した（「草加文書」寛永廿一年九月十七日草加五郎右衛門書上、『池田光政日記』）。同様に若松も、使者の青木四郎左衛門、波田兵庫に書付を返却した。若松は書付を青木に預けたまま、ついに受領しなかった（「先祖書上」寛永廿一年ニ若松市郎兵衛書上ル写）。

なお、今福、鴫野口合戦を含めて籠城中に軍功のあった者は、組頭を通じて秀頼の感状を望んだが、秀頼は家康に遠慮してすぐには発給しなかった。その後、本町橋の夜討ちに功名があった二十三名と、鑓合わせが認定された四名および鴫野口合戦で軍功があった者には褒美が賜与された。その際、改めて他の殊功を立てた者には感状を発給することとなった。しかし、重成が「今福口の戦功は日柄が前なので、まず私の組に感状を発給していただきたい」と主張し、その一方で大野治房が「本町橋通の夜討ちにおける私の組の相手である蜂須賀家には、既に両御所から感状が発給されている。何を差し置いてもまず私の組に感状を発給していただきたい」と譲らなかったため、双方ともに発給延期となった。後藤又兵衛は、「あの程度の小競り合いで秀頼公に感状を望むことは御為にならない」と言って、自身の組については何もしなかった（『大坂御陣覚書』）。

十一月二十八、二十九日、毛間村の堤の堀切の守備は重成の番で、当番衆として鉄砲頭井上与右衛門、同山口知徳院、添番に木原七右衛門、水谷忠介、斎藤加右衛門が出張した。

番衆は二十九日に夜襲があるのではと騒ぎ、東成郡下滓上江の重成と渡辺内蔵助の本陣に数度加勢を求めたが、重成は応じなかった。番衆の動揺がいよいよ強まったので、暮れ方に草加次郎左衛門と斎藤七右衛門が偵察に出向いた。結局、夜襲はなく、翌三十日の五つ時分に渡辺の番衆と定期交替となった。

重成は、天王寺口の持ち口に敵が竹束を揃えて接近していることを無念に思い、草加次郎左衛門、斎藤七右衛門、斎藤加右衛門と家来の中村太左衛門に命じて、焙烙火矢《ほうろくひや》で竹束を焼き立てた。

十二月二日、三日と寄せ手の陣が慌ただしくなり、総攻撃の予兆と判断した後藤又兵衛の進言により、城中の浮勢は適宜攻撃が集中すると推定される方面に加勢に赴いた。重成は、寄せ手の松平忠直勢にとって足場がよい東八町目口を警戒して、石川康勝の持ち口より二町後方に八千人の兵を三段に配備した（『大坂陣山口休庵咄』）。

十二月四日、天王寺口八町目に敵が攻め寄せ、石川康勝、長宗我部盛親の持ち口の塀下に取り付いた。重成は自身の持ち口の守備を青木四郎左衛門、高松内匠に任せ、八町目口の加勢に向かった。組の浮武者草加次郎左衛門、若松市郎兵衛、斎藤七右衛門、斎藤加右衛門、松浦与一郎ら七人も駆け付けて、矢切の上で防戦した（「先祖書上」寛永廿一年ニ斎藤加右衛門書上ル写、「同」寛永廿一年ニ若松市郎兵衛書上ル写、「草加文書」寛永廿一年九月十七日草加五郎右衛門書上）。

十二月十日、高松内匠に命じて、藤堂高虎の仕寄《しより》の竹束を火矢で焼き立たせた（「高松内匠武功」、『高山公実録』）。

十二月十八日夜、重成の持ち口のうち、千田主水組の守る櫓に藤堂高虎が火矢を射《い》込み、鉄砲を撃ちかけ焼き立てた（「高松内匠武功」）。

薄田隼人正の近習だった槙尾是休斎の後日談によると「寄せ手は千畳敷御殿を目がけて大筒を放った。ある朝、淀殿の館の二の間で多くの女中が朝茶を飲んでいるところに、着弾して茶箪笥を砕いた。これに女中たちは肝を潰し、その騒ぎが淀殿の居所にも聞こえ、それより淀殿も軟化し『何とかして和睦を図れ。秀頼公の御為ならば江戸表へも下向する』と和睦に向けた調整を指示した。そこで織田有楽、大野治長が秀頼に和睦を進言したが、秀頼は同意しなかった。『このうえは近習あたりの出頭人の者たちに諫言させるしかない』と相談したものの、渡辺内蔵助は鴫野口合戦で敗走して以後、秀頼の御前への伺候を遠慮しており、薄田隼人正も博労淵の砦を失陥して、日頃の力量自慢のほどもないと城中で取沙汰され、恥じて万事表に出ることを控えていた。しかし、重成は今福口合戦での働きが、後藤又兵衛の申し添えもあって秀頼の耳にも達し、倍旧の出頭をしていたことから、重成に諫言させることとなった。有楽と治長は重成を呼び寄せ『和睦して淀殿を江戸表に差し下されますように、と秀頼公に諫言せよ』と依頼した。重成は両人に向かって『ただ今、承った趣旨は、開戦前に片桐且元が申していた内容と少しも異なりません。今になってそのようなことを申し上げるなど、この重成にはできません。各々方より幾重にも申し上げられるがよろしいでしょう。一体、どうしたらこのような次第になるのですか。結局、秀頼様の御運も先が思いやられます』と強く抗議して辞退したため、両人も二の句が継げなかった。その後、淀殿が達て和睦を説かれたので、秀頼公も納得し、ようやく和睦に向けた調整が進展した」とされる（『落穂集』）。

十二月二十日、和睦が成立し、常光院、饗庭局、二位局が茶臼山の陣営を訪問し、家康の誓紙《せいし》を受け取った。

十二月二十一日、秀頼の正使として、副使の郡宗保とともに茶臼山に赴き、二の丸鉄砲小屋で本多正純、後藤光次と対面した。次いで岡山の将軍秀忠の陣所に赴き、秀忠に拝謁して誓紙を受け取った。本多正信、同正純、京極忠高が同席した（『大坂冬陣記』）。なお『大坂御陣覚書』は、常高院、重成、宗保が家康の誓紙判形確認に出向いたとする。「北川次郎兵衛筆」も、重成が家康の血判受け取りの使者として出向いたとする。『慶長日記』、『慶長年録』、『武家事紀』、『武徳編年集成』、「山下秘録」、「自笑居士覚書」は、二十二日に重成と郡が茶臼山に伺候し、家康の誓紙署名に監臨したとする。

誓紙受け取りの場に詰めていた秀忠の小姓組村越吉勝の目撃談によると、重成は遠慮して、次の間から頭のみを出して退出したという。また、重成は色白の大男で羽織袴を着用、宗保は六十歳ほどの小男で、黒羽二重の袖無羽織を着用していたという（『石岡道是覚書』）。吉勝には、両使から同年一月に死去した村越直吉への弔意が伝えられた（『近史余談』）。

帰路に重成は、今福口合戦で軍功があった児小姓瀧並弥八郎の手をとって「先ほど、両御所の御前で各々が沙汰した児小姓を御目にかけましょう」と宗保に披露した（『家中諸士家譜五音寄』瀧並与兵衛親瀧並弥八郎寛永廿一年申ノ年書上）。

水野勝成は、青屋口の堀の埋め立てと黒門の番を命ぜられたため、城中に赴くと、門まで重成のほか七、八人に送られた（『水野様御一代記』）。

大坂落城後、年不詳一月二十四日付で平塚四郎左衛門（旧名五郎兵衛）が、草加五郎右衛門（旧名次郎左衛門）に送った書状には、和睦後の束の間だろうか、重成と組子の酒席における軽妙なやり取りが、懐旧の念を込めて以下のとおり活写されている。「柳名右衛門のところに、松浦弥左衛門、貴殿と私のほか六、七人が招かれ、安酒を飲んでいると、長門守殿が『主人を除け者にしてけしからん』と絡み口調で押しかけて来られ、それから大宴会となりました。二、三人は、勝手の方に散りましたが、長門守殿のあとについてきた村上十大夫や波多兵庫が加わり、服部平丞らは小歌を始め、波多も謡い出して大騒ぎになりました。貴殿は下戸のため素面でおられたが、松浦に『さあさあ』と酒を勧められ、ひるんでいる様子をご覧になった長門守殿が『草加殿、今福で敵の鋭鋒に立ち向かうのに比べれば、酒に立ち向かうのはわけもない事。さあ、その盃を一つ飲み干して、私にも差してほしい』と言われた。貴殿がしぶしぶ無理飲みするさまに、（〝敵合〟とかけて）『〝酒合〟も恐ろしいものだ』と、どっと笑われた。味のある一言だったので今でも覚えています」（『草加文書』）。

慶長二十年五月一日、秀頼は茶臼山に出御し、天王寺表に総軍を観閲した。その際、重成は秀頼に、「去年和睦の使者として出向いた時の無念を、このたびこそは散ずべし」との決意を披瀝した（「北川次郎兵衛筆」）。「長沢聞書」は、秀頼の茶臼山出御を五月三日とする。

五月二日朝、木村重成、山口弘定、内藤政勝は、京街道を固めるよう命ぜられたが、家康は交野郡星田より、秀忠は讃良郡砂より、河内郡四条、高安郡千塚を経て志紀郡道明寺に至り、平野、天王寺から大坂城へ侵攻するとの風聞があったので、今福口へ出陣するよう命令が変更された。

五月五日朝、今福口に出て備えを立てたが、寄せ手の足場が悪く、この方面からの侵攻はなさそうに見受けられた。重成は山口、内藤に「やはり関東の大軍は、山際を道明寺に進み、平野より攻め込むらしい。平野に進出したいが、既に後藤、真田らが繰り出している。他人の後に付いても仕方がない。明日は南進して、両御所の旗本を西から横撃して勝負を決しよう」と相談した。

午の刻、重成は黒具足に金の塗笠という軍装で、布陣に適した地を探すため、案内の者一人を連れて今福から葦毛の馬で乗り出し、河内郡の松原、吉田、若江郡の岩田、若江、西郡、萱振、佐堂、穴太、八尾を巡回した。その中で若江村の東の河原の広場は、玉串川と大小の堤があり、柳も生い茂り、陣場として適切と判断した。七つ時分に今福に戻り、「明日丑の上刻までに若江へ進出し、彼の陣場で待ち構え、両御所の旗を見かけ次第、一戦を遂げるべし」と軍令を布告して城中に引き揚げた。

同日、二条城を出陣した家康は河内国交野郡星田村に進み、伏見を出陣した秀忠は讃良郡砂村に進んだ。先鋒の藤堂高虎と井伊直孝は、生駒山地の裾を飯盛街道に沿って南進、大和口から道明寺方面を経由する味方との合流を目指した。同日、藤堂勢は高安郡千塚村に、井伊勢は楽音寺村に布陣した。

五月六日、重成一組四千七百人が出陣し、長宗我部盛親ら加勢の五百人がこれに後続した。人数がなかなか揃わず、出陣は遅滞した。重成の先導は平塚五郎兵衛で、敵に悟られないよう惣軍の目印として提灯一つを灯させ、他の灯火は禁止した。案内者として、若江の庄屋で弓二十五張の頭である飯島太郎左衛門が添えられた。重成は五郎兵衛に、「道筋、森陰、家屋など、敵の動向が心もとない。その方預かりの鉄砲を先立たせて、偵知させながら軍勢を進めよ」と命じて大坂を発向した。そのうち早くも七つの鐘が響いたので、急いで大和橋を渡り、町口を出て東の山際を見渡すと、北は八幡、飯盛、枚方、守口より、南は道明寺、国分付近まで野も山も篝火《かがりび》が続いており、敵の大軍に大坂方は驚愕した。それから二、三町進むと山々の篝火も次第に消え、夜が明けた。先導の五郎兵衛も目印の提灯を消し、飯島の朱の短冊を付けた大矢筒の指物を目印に代えた(『大坂御陣覚書』)。

この日の早朝は小雨が降り(『慶長見聞書』)、深い霧が発生したため、一間先も見えないほどだったが(『高山公実録』所載「山本覚書」)、既に霧の合間から大坂方の動向は偵知されていた。その後、霧は次第に薄れた(『元和先鋒録』)。

木村勢の予定進路は不明ながら、『大坂御陣覚書』に猫間川の大和橋を渡ったとあること、高井田出身の飯島に先導させていることから、当初は東成郡大今里、深江、若江郡高井田を経る暗越奈良街道を東進し、御厨、新家を過り、菱江付近で右折、南下して若江方面に進出する手筈だったと思われる。

卯の刻に道明寺表で合戦が始まり(『長沢聞書』、『寛政重修諸家譜』)、その物音は進軍中の木村勢にも聞こえた。また、朝日の中、星田、砂から道明寺にかけて、敵の幟《のぼり》、指物、馬印が引きも切らず続くさまが見えた。若江村にも人影が多数遠望されたため、既に敵が侵攻しているのではないかと危ぶんだ重成は、五郎兵衛を偵察に派遣した。

しかし、若武者だった重成は、ことのほか苛立ち慌て、五郎兵衛の報告が待てず、旗奉行脇野糸目に命じて、進路を若江から八尾に変更した。一方、五郎兵衛は急ぎ若江村に騎行すると、敵ではなく在所の百姓が雑具を運んで避難しているところであった。五郎兵衛は重成が予定通り軍勢を若江に進めているものと思い、使者を先遣するとともに、自身も重成を迎えるべく取って返した。ところが重成は若江には進まず、八尾方面に転進しつつあった。

五郎兵衛は馬を早めて重成に追い付くと、重成は鞭で東方を指して、「逃げてきた百姓どもが、『両御所は早や着陣された』と申している。あの人数を見よ。最前の軍令はもう無意味だ。早々に敵に攻めかかるべし」と息巻いた。五郎兵衛はその判断を不適切と思ったが、重成が早く八尾へ行くよう叱るので、やむなく前進して、大堤の上を乗り抜けて八尾に至った。すると既に先手が備えを立てていた。五郎兵衛が先手の高松内匠、草加次郎左衛門に「陣場としてふさわしいか」と尋ねると、両人は「大変良い。敵からも攻めにくい箱のような地形で、既に防御に適っている」と答えた。

それより五郎兵衛は、再び堤の上を乗り戻ると、途中で甚だ焦った重成が、自身も宿月毛《さびつきげ》の馬も白泡を吹きつつ八尾に急行してくるのが見えた。一町ほど手前で重成も五郎兵衛に気付き、歩行の者二人に何事か命じて走らせた。その背後から重成が「叱れ」と怒鳴った。歩行の者二人は五郎兵衛方まで走り着くと「長門は『なぜ八尾の先手へ行かず、ここにいるのか』と立腹されている」と伝えた。五郎兵衛は構わず重成を待ち受け「先手の陣場を見て来ました。大変適切な場所です」と報告した。重成が理由を問うので「寄せ手側は田が切れて大沼となり、足場が悪くなっているので攻め込まれることなく、味方も攻め出せない、既に防御に適った場所（あえて軍勢を配置する必要がない場所）となっています」と説明した。これを聞いた重成は、はたと当惑した様子だったが「では、やはり若江に進もう。しかし、いったん八尾へ転進した以上、諸人の手前もある。若江村に直行するには方角が良くなかったので、ここを迂回したことにしよう」と方針転換した。かくて、重成の軍勢は北に回頭して東側の堤道を若江に向かい、相組衆は二町ほど隔てて西堤を若江村に急行した。一方、藤堂勢、井伊勢は南下を停止して備えを西向きに立て直し、攻撃態勢をとった（『大坂御陣覚書』）。

なお、右の平塚が八尾方面に乗り抜けた堤、戻る途中で重成と行き遇った堤とは、長瀬川の堤と推測する。『元和先鋒録』によると、当時長瀬川は川幅も河原も広く、堤は北方の高井田まで続いていたという。重成は高井田付近で判断を誤り、予定の進路を変更し、八尾へと南下したのではないかと思われる。

木村勢は若江村に入ると、兵糧を使って暫時休息した。そのうちに遠見の者が次々と戻り、将軍秀忠の旗、馬印などが山際を進み近付いていることを報じた。そこで重成は若江村を出て、玉串川の小堤に鉄砲三百六十挺を並べ、次に内藤政勝と山口弘定、次に重成の旗本が備えを立てた（『大坂御陣覚書』）。また、本陣より七、八町北の若江郡岩田村の小高い土居に木村主計を配置し、松原街道方面からの敵の進出に備えさせた（『元和先鋒録』）。重成が小堤に上がると、物見の佐久間蔵人が馬を速めて乗り帰り、敵の襲来を報じた（『大坂御陣覚書』）。

その頃、藤堂良勝が玉串川を渡って萱振村へ進出したので、萱振村の西にいた重成の右備えは西郡村に退いた。それを追尾しようとして、藤堂良重主従は突出して戦死した。続いて良勝が西郡村に押し寄せたので、鉄砲の撃ち合いとなり、互いに多数の足軽が負傷した。やがて間合を詰めて鑓合わせになると、押しつ押されつの激戦となった（『元和先鋒録』）。重成は西郡村の右備えを遠望して、静まるよう下知を飛ばしたが、浮足立って一向に鎮まらないので、五郎兵衛を呼び、「若者どもが西郡に行っている。その方が行って下知を加えよ」と命じた。五郎兵衛は直ちに西郡村に出向いて指揮を執った（『大坂御陣覚書』）。重成の右備えは五百騎ほどで（『公室年譜略』）、青木七左衛門、長屋平大夫、佐久間蔵人、黒川源大夫、杉森市兵衛、佐藤八左衛門、山中庄之助、半田半兵衛、古田次郎右衛門らが功名を立てた（『大坂御陣覚書』、「落穂集」）。藤堂勢は敗走して、組頭藤堂良勝以下三十余人が戦死し、多数が負傷した（『元和先鋒録』、『高山公実録』）。五郎兵衛は長追いを禁じ、兵をまとめ、功名を遂げた者や負傷した者を重成の旗本に帰した。時刻は午の下刻となっていた（『大坂御陣覚書』）。

重成の右先頭は、玉串川西岸の堤上に鉄砲を展開していたが、井伊直孝の軍勢が渡河して押し寄せると、一度斉射して退却した。井伊勢は堤を占拠し、いったん小休止した。大坂方は六、七町離れた所から大筒を射ちかけつつ、横に五、六町も広がって次第に詰め寄り、激しく鉄砲を撃ちかけた。井伊勢も陣形を整え終えると二度斉射した。そのうち、井伊勢から先手の侍大将川手良行以下八、九人が突出すると、大坂方からも五十人ほどが備えから十間ほど進み出て、川手らを討ち取った。続いて井伊勢は一斉突撃に移り、大坂方は二、三百人が下馬して鑓を揃えてこれを待ち受けた。重成自身も旗本を率いて前進し、若江堤に取り上がり、内藤政勝、山口弘定とともに奮戦したが、内藤、山口は戦死し、大軍を前に重成の後備えも崩れ立った（『大坂御陣覚書』、「幸島若狭大坂物語」、「井伊家文書」）。

ここに至り、青木四郎左衛門、早川茂大夫は重成に退却を進言したが、重成は振り切ってなおも進んだ。井伊家の軍奉行で先手を指揮していた庵原助右衛門朝昌は重成に行き遇い、十文字鑓で重成の旗指物を絡めて引くと、田の中に俯せに倒れ落ちた。庵原の家来二、三人が下り立って、すかさず重成を討った。首を掻き切るところへ安藤長三郎重勝〔注1〕が来て、「私は今日、誰とも手合わせしておりません。この首をください」と願った。庵原は「奇特な若者よ。敵は木村長門と名乗ったが、虚実は知れない。たとえ長門であっても、既に私にとって手柄になるとも思われない。大坂は今日明日にも片付くから、その方がこれほどの首を得る機会はもうないだろう。早く首を取れ」と許し、重成が着用していた白母衣に首を包んで与えた。ただし庵原は、自身が討ち取った印として、重成の母衣《ほろ》に「出し」として付属していた白熊付の金の捻竹を分捕った（『大坂御陣覚書』）。

重成の左先頭は、旗本から三町ほど離れていたが、右先頭が破れ、旗本が直接交戦状態に入ったため、若松市郎兵衛や草加次郎左衛門が加勢に向かった。しかし、一町ほど行ったところで既に旗本は敗軍し、敵味方が入り乱れたため、高松内匠とともに若江村の南口で停止し、そこから西口方面へ転じて退却した（「先祖書上」寛永廿一年ニ若松市郎兵衛書上ル写、「草加文書」寛永廿一年九月十七日草加五郎右衛門書上、『家中諸士家譜五音寄』瀧並与兵衛親瀧並弥八郎寛永廿一年申ノ年書上）。

この日、重成配下の川崎和泉、波多兵庫、大塚勘左衛門、篠岡右京、佐久間蔵人、牟礼彦三郎、黒木藤七、青木四郎左衛門、平塚熊之助、早川茂大夫、水野谷忠介、松浦左吉、村上十大夫らも戦死した（『慶長日記』）。青木七左衛門、長屋平大夫は井伊の手に生け捕られた（『大坂御陣覚書』）。

平塚五郎兵衛、山口知徳院、脇野糸目、高松内匠、草加次郎左衛門、大塚勘右衛門、小川甚左衛門、大野半次、若松市郎兵衛、斎藤加右衛門、斎藤七右衛門、井上与右衛門、杉森市兵衛、松浦弥左衛門、中村太左衛門、瀧並弥八郎らは城中へ退却または城外に落ち延びた（『家中諸士家譜五音寄』、『池田光政日記』、「高松内匠贈答扣」、「草加文書」寛永廿一年九月十七日草加五郎右衛門書上）。

合戦が終わり、未の刻過に井伊直孝による首実検が行われ（「幸島若狭大坂物語」）、母衣使番犬塚求之介が生け捕った丹波からの新参者の証言で、主な首の姓名が特定された（『福富半右衛門親政法名浄安覚書』）。これにより、安藤重勝の持参した首が重成と判明した。

七つ半過、井伊家で討ち取った首は、家康、秀忠に送致され、揃えて一覧に供せられた。中でも特に重成の首は、汚れを洗い落として側近くで実検に供えられ、「無比類の侍かな」と称賛された（「幸島若狭大坂物語」）。前年より病気で月代が伸びていたが、伽羅を深く焚き込め、鉄漿《かね》を付けていた（「幸島若狭大坂物語」、『慶長日記』）。首を目撃した者の証言によると、重成の兜は四方白で菊唐草の角元に鍬形を立てていたという（『武辺咄聞書』）。

五月七日早朝、木村主計は高松内匠、若松市郎兵衛に二度使者を派遣し、「長門守は討ち死にされた。残った組中を率いて、片原町、京口へ出るように」と指示した。しかし、組中は大多数が討たれて少人数となっていたため、四、五人が相談して「秀頼公が出馬されるとのことなので、馬前にて奉公したい」と返事したが、ほどなく総敗軍となった（「先祖書上」寛永廿一年ニ若松市郎兵衛書上ル写）。あるいは、六日の敗残兵はまとめて、大野治長組の二隊とともに天王寺口に出役したともいう（『大坂御陣覚書』）。

重成公首塚として、五輪塔が彦根の弘誓山天白院宗安寺の安藤家歴代墓碑脇に建てられ、智覚院殿忠翁英勇大居士と諡された。

また、明和元年の百五十回忌にあたり、安藤重勝七代の孫安藤次輝により、河内国若江郡西郡村北ノ辻に重成の墓碑が建てられた。碑面に「長門守木村重成之墓」と刻む。墓碑は当初北面しており、正保四年に建てられた山口重信の墓碑と十数間を隔てて相対していた。その後、突然重信の墓碑が二つに折れたので、人々は重成の怨霊がなせる仕業と噂し、重信の墓碑を西に向け、重成の墓碑を南に向けた。いつしか重成の墓は無念塚と呼ばれるようになり、この墓石の破片を嚥下《えんか》すれば、勇気を生じ、かつ勝負事に必勝を得るとの迷信が生じ、碑石は著しく削られた。明治二十六年、碑石のさらなる破損を危惧した西郡村の有志が、周囲に障壁を設けて永く保存を図った。八尺の石灯籠は、明治十四年、旧淀士属前田貞の発起により献納された。墓前に二本の松があり、木村の松と称された。この松葉を寝具の下に入れると小児の寝小便が平癒するといわれ、落葉を拾う者が少なくなかった。北の一株は、明治三十七、八年頃に枯死した。昭和十四年二月六日、墓碑は大阪市の史跡に指定された。昭和四十三年、第二寝屋川の掘削工事に伴い、旧地より約五十メートル西南の現在地に移設され、一帯は木村公園として整備された（『日本案内記』、『大阪府史蹟名勝天然記念物』、『八尾市史』）。

妻は、織田有楽の庶長子織田長孝の娘で（『寛政重修諸家譜』）、女子一人、男子一人を産んだが、重成の戦死後、前田利常により家臣の小幡播磨〔注2〕に娶せられた。後に乱心した播磨に殺害された（『武家事紀』）。

息男の某は、加賀で春香院に保護された（『可観小説』）。ほどなく病死（『武家事紀』、『可観小説』）。春香院は前田利家の娘で、初め細川忠隆に嫁ぎ、後に村井長次に再嫁。寛永十八年十一月二十日に死去（『前田家譜』）。重成の妻の兄織田長光は、長次の養嗣子となっており（『寛政重修諸家譜』）、そうした関係から重成の遺児が春香院に保護されたものと思われる。

娘は、前田利常の鉄砲頭長屋七郎右衛門吉継に嫁いだ（『諸士系譜』）。吉継は前田利長の足軽頭長屋平左衛門の子で、慶長八年に出仕、寛永八年、父の死去により遺知のうち千二百石を継いだ。子孫は前田家の家臣として続いた（『諸士系譜』）。なお、重成の家臣長屋平大夫について、『難波戦記』は重成所縁の者としている。吉継とも所縁の者の可能性がある。

〔注1〕安藤重勝は、大坂夏の陣当時十八歳（『彦根藩家中貞享異譜』）。功により将軍秀忠に拝謁し、褒美として刀、黄金十枚、時服二領を拝領した（『譜牒余録』）。元和二年、二百石を加増され四百石となった。元和四年、百石を加増されたが、知行高が不満で、元和八年に井伊家を退去した（『彦根藩家中貞享異譜』）。族長の安藤直次が、「その方は何を不満に思うのか。重成を討ったのは実力ではなく、ただ冥加にかなっただけのことだ。そもそも大将が討たれるのは、敗軍して士卒が離れたときであり、これを討つくらいさほど武辺に優れた働きではない。お前なぞは、敵将が士卒に離れる時まで一体何をしていたのか。井伊家が知行をくれるだけ、大変ありがたいことだ。早々に帰れ」と叱責して帰参させた（『武功雑記』）。帰参後は二百石を加増され、七百石で物頭を務めた。寛永九年に死去。享年三十五歳（『彦根藩家中貞享異譜』）。

〔注2〕小幡播磨守信昌は、駿河守昌高の子。慶長六年に誕生。慶長年中、前田利長に仕え、知行六千石。大坂冬の陣・夏の陣に供奉。元和四年に死去した父の遺知七千石を継いだ。寛永元年六月十九日に死去。享年二十四歳（『大石家外戚枝葉伝』、『諸士系譜』）。乱心して妻（重成の後家）を殺害し、自殺したとされる（『武家事紀』）。

木村豊前守重宗《きむらぶぜんのかみしげむね》

木村四郎信成八世の後裔。秀吉に仕え、一万三千石を領知したというが、信憑性に欠ける。

天正十九年十二月、五位に叙せられ、豊前守に任ぜられたという（『岡山県後月郡誌』）。

大坂籠城。城北警固の寄合衆の一人（『難波戦記』）。

落城後、備中国後月郡西江原村にある曹洞宗長谷山法泉寺の住僧梵意和尚と旧知だったので同寺に逃れ、衆寮に安居すること十七年、寛永八年五月十八日に死去。法名は等岳久斎菴主。ただ大坂牢人の墓として、寺の後山に塔が建てられた。

　妻は奥田氏。

　長男は早世。次男の奥村政則の子孫奥村友左衛門義則は、文久元年五月、法泉寺に等岳久斎菴主の碑石を建てた。栗原信允が墓誌を撰した（『岡山県後月郡誌』）。

木村弥一右衛門秀望《きむら やいちえもん ひでもち》

　木村伊勢守〔注〕の子（『武徳編年集成』）。父の伊勢守は、初め弥一右衛門尉清久を称し、天正十八年頃、伊勢守吉清に改めた（『上杉家文書』、『伊達家文書』、『浅野家文書』）。天正十八年八月、一万二千石の身代から、一躍葛西、大崎八郡三十万石の太守に抜擢され、登米城主となり、子の秀望には志田郡古川城に在番し、旧大崎領を支配させた。しかし、領内随所で一揆が蜂起し、十月十六日から十一月二十四日まで、親子ともども登米郡佐沼城に籠城を余儀なくされた。伊達政宗の救援により佐沼城が解放されると、蒲生氏郷が駐留する玉造郡名生城に移り、三十日間籠城した（「増益黒田家臣伝」、『会津四家合考』、『大日本史料』所載「雞肋編」）。天正十九年二月、葛西、大崎は伊達領とされたため（『浅野家文書』）、蒲生の与力となり五万石を与えられ、信夫郡杉妻大仏城に在番した。この時、同城を福島城と改名した（『会津蒲生分限士録稿』、『武家事紀』、『福島城相伝』）。秀望も行動をともにしていたと推測される。『当代記』によると、文禄三年時点では伊勢守は秀吉に直仕し、一万四千石を領知しており、「古屋幸太郎氏所蔵文書」によると、慶長三年七月の秀吉の遺物配分で、黄金一枚と国光の刀を拝領した。キリスト教に帰依していたという（『ザベリヨと山口』）。慶長三年当時、一万四千石を領知（『慶長三年大名帳』）。

　木村秀望は、慶長四年当時、一万四千石を領知（「慶長四年諸侯分限帳」）。

　慶長五年八月、秀望は豊後、日向の諸領主と共に瀬田の橋爪の警固に就いた。兵五百二十人を率いた（「先公実録」）。戦後に失領（『廃絶録』）。

　慶長十九年、大坂籠城（『武徳編年集成』、「須藤姓喜多村氏伝」）。足軽大将（『武家事紀』）。

　慶長二十年五月七日、天王寺表合戦で本多忠義の家臣大原義大夫が秀望を突き落とし、川口又兵衛、大屋弥左衛門がこれを押さえ付け、主の忠義に首を掻かせた。忠義は白糸威の具足を血で染めつつ秀望の首を献じ、年少（当時十四歳）での働きを家康から賞美された（『武徳編年集成』、「大三川志」）。
〔注〕伊勢守の妻は、郡主馬首宗保の四女慶寿院。伊勢守の子を死産したため、同時期に宗保の姪である萱野長政の妻女が出産した子を貰い受けた。木村家が改易された後、宗保の妹婿余田重政方に寄食し、後に三淵光行に再嫁した。貰い受けた子は、長じて郡正大夫慶成と称し、筑前黒田家に仕えた（「増益黒田家臣伝」）。

木村弥左衛門重正《きむら やざえもん しげまさ》

　木村重成の従弟。

　秀頼に仕え、知行八百石。大坂城に籠り、寄合組に列せられ、大坂七組の野々村吉安の手に所属（「御家中略系譜」）。城北警固の寄合衆の一人（『難波戦記』）。

　落城後、次弟の大和国法相宗法隆寺西南院（当麻寺の塔頭西南院か）の住職信秀方に身を寄せた。西南院は木村家代々の香華院。

数年後、出家して道永と号した。折々に京都、大坂、江戸を廻歴。慶安三年六月に病死。

妻は秀吉の家臣布施久内の娘。

長男の玄叔は、実は医師入古道三の子。岡本玄冶の弟子となり医業を学び、その斡旋で有馬豊氏に医師として仕え、三百石二十人扶持を与えられた。寛文三年五月十六日に病死。

次男の英讃は、叔父の西南院権僧都信秀の後住。

三男の木村伊左衛門正房は、有馬豊氏に蔵米百三十石で仕え、馬廻組に列した。寛文二年七月、新知として百三十石を与えられた。貞享三年十月に病死。子孫は久留米有馬家の家臣として続いた。家紋は四つ目結、丸の内蔦(『御家中略系譜』)。

京極備前守《きょうごく びぜんのかみ》

京極高知の従兄弟(『大坂陣山口休庵咄』)。

「慶長録考異」、「大坂軍記」に、常高院の子とあるが不詳。浅井周防井頼とは別人である。京極家の家譜や系図には見当たらないが「秀頼御上洛之次第」の御供衆のうち、筆頭の細川讃岐守に次いで京極備前守の名があり、その後に片桐兄弟、大野治長が続くことから、相応に門地が高く、また旗印より京極家所縁の者と思われる。

慶長五年以後、牢人(『大坂陣山口休庵咄』)。

慶長十六年三月、秀頼の上洛に供奉(『秀頼御上洛之次第』)。

大坂籠城。東八町目の門の東の横手六十間を兵五、六千人で守備した。幟は白地に四つ目結(『大坂陣山口休庵咄』)。

慶長二十年五月七日晩、淀殿の命により、敵陣に使者として派遣された(『大坂御陣覚書』)。先手への使いから立ち帰った時には、既に秀頼の籠る櫓に火がかかっていたので立ち退いた。牢人のまま死去(『土屋知貞私記』)。

吉良右門佐《きら えもんのすけ》

紀伊国名草郡岩橋村湯橋荘の出身。

慶長十九年、湯橋治部五郎吉信を吉良右門佐と改名して大坂籠城。時に二十歳。

慶長二十年、紀州住人宇多長門守末景より鉄砲印加と追加の状を授与された(『湯橋文書』)。

く

草加次郎左衛門《くさか じろ(う)ざえもん》

日下久左衛門の長男。

祖父の日下石見は、河内国河内郡の日下党、監物太郎入道の末裔で、河内畠山家に属した。

石見の子に主計と久左衛門がいたが、日下の名跡は、主計の弟で、草加次郎左衛門の父となる久左衛門が継いだ。久左衛門は河内畠山家の没落後、大和国平群郡生駒に浪居した。後に大和郡山の筒井順慶に召し出された。天正十三年、筒井家の伊賀転封後、大和松山の福島高晴に召し出された。主計は、伯父若松助兵衛が河内飯盛城で戦死したので、その娘を娶り、若松の名跡を継いだ。主計の子の若松市郎兵衛は、草加次郎左衛門の従弟にあたる。

草加次郎左衛門は、天正十一年に大和で出生(「草加文書」寛永廿一年九月十七日付草加五郎右衛門書上)。大坂籠城の頃は草加次郎左衛門(『池田光政日記』所載「慶長十九年十一月二十八日付木村重成書付」、「佐竹家旧記」正保二年三月二十三日付高松内匠書状)、後に五郎右衛門と改めた(「高松内

匠武功」）。諱は宗次とされる（「大三川志」）。

初め、毛利輝元の家臣宍戸元次に知行二百石で仕えた。慶長五年八月、伊勢安濃津城攻撃では元次の旗本に属していたが、神戸太郎左衛門、山中平三郎とともに抜け出して先手へ加わった。惣構えを攻め破った時、一番に走り出て塀に取り付いて乗り込んだ。この働きは元次の賞美に与った。

毛利家の減封後、牢人となった。その後、肥前唐津の寺沢広高に先知二百石で召し出されたが、後にいざこざが生じて郷里へ立ち退いた。

慶長十九年、秀頼に召し出され、木村重成組に所属。

十一月二十六日、今福口に出役。今福堤の北方の原へ早々に走り着き、猩々皮羽織の武者と一番鑓を合わせた。その際、右脇から相組斎藤加右衛門が十文字鑓の鎌を水平に突き出したので、後日の証拠として斎藤に「平鎌になっているぞ」と言葉を掛けた。また、同じ組の大塚勘右衛門が、鉄砲の者を呼び寄せつつ鑓を突き出した。この場では味方七、八人が戦い、敵は二番の柵に敗走し、柵の口で踏み留まって鑓を投げ付けるなどして防戦したが、ついに敗走した。

草加はさらに進んで三の柵へと敵を追いかけた（「草加文書」寛永廿一年九月十七日草加五郎右衛門書上）。柵の南に草加が、柵の中央に小川甚左衛門が、柵の北に斎藤加右衛門が迫った。草加は銀の鯰尾兜の敵一人に鑓を付けた。続いて小川の鑓も加わり二本で突き上げたが、突き捨てにして、柵内の敵と柵越しに鑓を合わせた。なお、突き捨てにした敵は斎藤が突き留めた（「草加文書」寛永廿一年九月十七日草加五郎右衛門書上、「先祖書上」寛永廿一年ニ斎藤加右衛門書上ル写）。

大坂方は柵内の敵を追い払い、敗走する猩々皮羽織の武者と素肌者五、六人を二町余り追いかけると、佐竹方が当初設置した竹柵があり、敵はその柵の中に逃げ込んだ。草加も続いて竹柵に潜ろうとしていると、後方から武者奉行大井何右衛門と組頭波田兵庫に深追いを戒められ引き揚げた。その際、赤地に扇子の紋を付けた佐竹の幟が無造作に捨て置かれているのを目撃した。なお、この場から引き取る時、大井は戦死した。

同日の晩、重成が諸士の軍功を吟味した。草加は最初の鑓合わせの時、斎藤と大塚も鑓を合わせた事を証言した。後日の吟味の時、草加の証言により、両人の軍功が認定された。

大坂方は、城から五十町ほど先にある毛間村の堤を掘削して防御拠点としていた（「草加文書」寛永廿一年九月十七日草加五郎右衛門書上）。毛間の堤の番所は、木村重成と渡辺内蔵助両人の配下が共同で警固していたが、十一月十日の夜以降は両者の配下が一日二夜交替で警固したという（「高松内匠武功」付紙）。十一月二十八、二十九日は重成の番で、当番衆として鉄砲頭井上与右衛門、山口知徳院、添番木原七右衛門、水谷忠介、斎藤加右衛門が出張していた。この両日、毛間村から七、八町しか離れていない今市村に敵が多数押し寄せており、二十九日には敵が五騎、十騎ずつ物見に出て、道筋に笹を刺していたことから、二十九日に夜討ちがあるのではないかと番衆が動揺した。重成と内蔵助は下滓上江《しもかすがえ》に本陣を置いていたので、番衆から数度使者を送り、加勢を求めた。しかし、なぜか重成は加勢を送らないので、内蔵助から重成の番衆に、「番衆の申すところ、もっともである。敵が間近に迫っているなら、上滓上江《かみかすがえ》まで退くのがよいだろう。上滓上江には堀切があるので柵を付け、夜陰に紛れてそこまで退くように」と命じた。草加はこの日当番ではなかったが、あまりに急に番衆が大袈裟に報告してくるので、暮れ方に同じ組の斎藤七右衛門とともに、見回りのため毛間村に出張した。番衆から昼以降の敵の詳細な動向について説明を受けると、番衆の敵情判断が適切で、夜討ちの可能性が高いことも分かった。草加は、「今夜持ち堪えれば、明日は早々に内蔵助殿の番に渡せる。とても内蔵助殿は両日持ち堪えられまい。とすれば、今夜が長門守の番納めになる。ぜひとも、今夜は持ち堪えようではないか」と提案したが、番衆は「敵方の火縄の火が、ことのほか多数見える。大勢の敵を相手に何を言うか」と賛同しなかった。そこで、「どんなに大勢の敵でも、幸い我ら両人が来たからには長門守の番で退くわけにはいかない。今夜はここに詰めよう。堀切まで誰か偵察に行ってくれ」と頼んだ。しかし誰も行く者がいないので、草加自らが鑓を取って、若党一人を連れて堀切へ行って敵状を探ると、火縄の火と見えたのは中島の篝火であることがわかった。戻ってこの旨を番衆に伝え、「たとえ敵が大勢夜襲してきても、先駆は五騎、十騎に過ぎない。そのうちの四、五騎に鑓を付ければ、あとの敵は進みかねるだろう。ついては、ぜひとも今夜は持ち堪えてほしい。賛同いただけないのなら、我ら両人だけでもここに残ろう。鉄砲の者だけ残し置いて、各々は退かれるがよろしかろう」と繰り返し諭した。それでようやく番衆も冷静を取り戻し、警戒して夜を明かした。結局、夜討ちはなく、翌三十日の五つ時分に内蔵助の者が番を受け取りに来たので、交替した。内蔵助の番衆は、同日暮れに自焼して城中に撤収した。

　十一月四日、天王寺口八町目黒門の東、石川康勝、長宗我部盛親の持ち口に越前衆、加賀衆が押し寄せた。この日はことのほか霧が深く、そのうえ鉄砲の薬に火が入って石川の持ち口の櫓が焼けたこともあって、敵は勢いに乗って堀を越え、塀に手をかけようとした。重成も加勢に駆け付け、組中の七人が塀、矢切の上に乗って、敵を堀底へ追い落した。草加は松浦与一郎に屋根石を持って来させ、堀底に投げ打たせた。そのうち霧が晴れたので、今度は鉄砲で堀底の敵を撃った（「草加文書」寛永廿一年九月十七日草加五郎右衛門書上）。草加と同じ場所で、斎藤七右衛門、加右衛門兄弟も防戦に努めた（「先祖書上」寛永廿一年ニ斎藤加右衛門書上ル写）。

　十二月六日より、重成の持ち口では、塀裏十五間ごとを侍十五人が受け持った。走り櫓は侍二人ずつが一時《いっとき》交替で警固した。これに対峙する寄せ手は、藤堂高虎であった。

　十二月十三日八つ時分、草加が当番で櫓に上がっていると、敵が竹束のうちより鉄砲を激しく打たせ、堀端に楯を多数並べ立てた。そこで若松市郎兵衛、井上忠兵衛、斎藤七右衛門を呼び寄せ、「先ず敵の篝火を消そう」と言って、鉄砲を打ち立てると、敵は楯を捨てて竹束の内に逃げ込んだ。「卑怯だぞ」と言葉を掛けたが、敵は耳を貸さなかった。和睦後に藤堂家の者に聞くと、堀の深さを見るために人数を出したところを銃撃され、死傷者が七、八人出たとのことであった。

　草加が、開戦以来の働きについて、証拠を精査したうえで重成に申告すると、疑いなしと認定された。草加と若松の働きに対して異論をさしはさむ者もなかった。重成からは、組中からの申告のうち、はっきりしない案件の精査を命じられた。また重成に絵図を持参した者がいた時、重成から「この絵図の通りか」と尋ねられたので、「これはその場に行った者の絵図だと思います。相違ありません」と答えた。

十一月二十八日付で重成から軍功を認定する書付が発給されることになった。その前夜、発給対象の十二人について万一にも怪しい点がないか、最終確認が実施された。草加と若松は、重成の家来青木四郎左衛門から脇座敷に呼ばれ、調査の結果、間違いない旨を申し渡した。それにより波田兵庫、川崎和泉を通じて重成の書付が発給された〈巻末「付録」参照〉。しかし、その文面が他の者と同じだったので、草加は「私は吟味の上、一番鑓が確定しているはず。その事についての記載がなく、他の者と同じ文面なら不要である」と言って返却した。重成から、「これは後日軍功詮議のため、証拠の書付として発出したもの。秀頼公から感状を頂戴するまでの手印であるから受け取るように」とのことであったが、納得できず、受け取りを拒み続けた。その後、波田、川崎からいろいろ異見され、慶長二十年四月十一日、とりあえず斎藤七右衛門が書付を預かることになった。

慶長二十年五月六日、鉄砲の者を連れて若江表に出役。重成の旗本の左翼にいた。向かう敵は七、八十騎ほどで三町ほど先に迫っていた。草加ら五人がいた場所と旗本との距離は三町ほどだった。右手の前方で井伊直孝勢が攻めかかり、旗本が戦っている様子が見えたので、若松市郎兵衛が「旗本と一緒に戦おう」と味方四、五人に呼びかけた。草加は「それではこの備えも崩れてしまい、敵の進出を許すことになるが、どうしたものか」と躊躇したが、若松が「旗本が戦っているのを見て、助けずにいられるか」と言い捨てて駆け出したので、草加も思い直して、崩れ立つ味方を押しのけ、旗本の方へ一町ほど進んだ。しかし、既に旗本は敗軍して、敵味方が大勢入り乱れ、重成も戦死したのか敗走したのかわからない状態となっていた。また草加が配備した鉄砲の者も崩れ立ち、自分の馬も見失ったので、若江村のはずれに行くと、馬取りが馬を引いているのに行き遇った。そこから馬に跨ったところ、右手の先にいたはずの鉄砲頭山口智徳院と幟大将脇野糸目が二町ほども退却してきたので、両人に「長州は」と尋ねると、「退却か戦死かわからない。惣軍敗北の中で、今さら何を言うのだ」と答えるので、やむなく大和川の西堤まで退却した。敵四騎が追ってきたので返し合わせようとしたが、うち三騎は敗走する味方の徒士三人を追いかけて行き、残る一騎は馬を止めて草加に構おうとしなかったので、大坂まで退却した。

落城後、住吉に浪居していたが、出雲松江の堀尾忠晴に出仕した。しかし大坂牢人の召し抱えが禁止されたので、慰留はされたものの出雲を立ち退き、再び大坂に浪居した。

元和九年、旗本畠山政信から使者を以て大和龍田の片桐孝利へ仕官を勧められた。「大坂牢人の召し抱えが禁止されており、いかがなものか」と懸念を示したが、「孝利は小身だから問題ない」とのことなので、知行五百石で出仕した。鉄砲の者二十人を預かった。寛永五年、子の草加作左衛門も知行二百石で出仕した。寛永九年、三百石を加増され、父子合計で千石を知行し、鉄砲の者二十六人を預かった。寛永十五年、片桐家が除封されたため、牢人となった。

寛永十八年十一月十一日、江戸で旗本牧野成常と石谷貞清を通じて池田光政へ仕官の話があり、早速これを受諾し、知行二千五百石、鉄砲の者三十人を預けられることとなった。子の作左衛門に知行のうち五百石を分与したいと願ったところ、翌十二日、牧野、石谷を通じて光政がこれを認める旨の知らせがあった。また、家老池田由成からも使者として瀧並弥八郎が訪れ、「子の作左衛門を無足で召し使うのもどうかということで、願いの通り知行二千五百石のうち五百石を作左衛門に与え、別途折紙を賜与する」との光政の内意が伝えられた（「草加文書」寛永廿一年九月十七日草加五郎右衛門書上）。

十一月十五日、牧野、石谷に付き添われ、父子ともに若松父子と同時に江戸屋敷で光政に拝謁した。十一月二十四日、光政は池田良成に、草加と若松へ銀百枚ずつを遣わすよう指示した（『池田光政日記』）。

十一月二十八日、由成を通じて備前下向を命ぜられ、支度金として銀百枚を下賜された（「草加文書」寛永廿一年九月十七日草加五郎右衛門書上）。これにより年内に奈良まで移った（「先祖並御奉公之品書上」草加廉男）。

寛永十九年三月、備前岡山に到着した（「草加文書」寛永廿一年九月十七日草加五郎右衛門書上）。十月二日、若松と同時に鉄砲三十挺を預けられた（『池田光政日記』）。十二月一日、知行の折紙を頂戴した（「草加文書」寛永廿一年九月十七日草加五郎右衛門書上）。

寛永二十年七月十一日、子の作左衛門が死去し、その子が幼少だったため、五百石のうち三百石の相続が認められた（『池田光政日記』）。

正保元年八月二十一日、光政は諸士に家々の先祖の来由、戦功、その他浮沈の事まで巨細となく筆記して提出することを命じた（『池田光政日記』、『吉備温故秘録』）。これにより草加は寛永二十一年九月十七日付で、池田由成、伊木忠貞、池田長明に宛て書付を提出した（「草加文書」寛永廿一年九月十七日草加五郎右衛門書上）。

書付の内容について、斎藤加右衛門との間に紛争が発生した〈「斎藤加右衛門」の項参照〉。

かねて池田由成を通じて、近習のうちから養子を申し請けたいと願い出ていたところ、正保三年十一月十一日、光政から伴元察の末子内記を養子にさせるよう指示があった（『池田光政日記』）。十一月十六日、右のとおり通達された（『吉備温故秘録』所載「草加宇右衛門書上」）。なお、内記は兵部と改め（『池田光政日記』、「十竹斎筆記」）、後に宇右衛門を称した。

十二月十二日、光政が草加の新宅に来臨し、時服を賜与した（「先祖並御奉公之品書上」草加廉男）。なお、草加、若松両家の屋敷は、二日市町にあった。光政は鷹狩に行った際は「昔の合戦の話を聞きたい」と望んで立ち寄ることがあったという（『有斐録』）。

慶安元年、光政の江戸参覲《さんきん》に供奉して江戸勤番中に、池田由成を通じて、牧野成純、同成常、石谷貞清、畠山政信が「草加は一廉の兵なので、物語を聞きたい」と望み、子の兵部の長屋を来訪することとなった。これを聞き及んだ光政から「来客の際に掛け置くように」とのことで、雪舟筆の掛け軸が賜与された。七月十六日夜、光政と右の衆の来訪があり、饗応した（『吉備温故秘録』所載「草加宇右衛門書上」、「池田家履歴略記」)。また、別の日に世子の池田綱政が草加の長屋に来臨し、着用の小袖を賜与した(「先祖並御奉公之品書上」草加廉男)。

慶安二年、江戸勤番を終え、備前に下向した(『吉備温故秘録』所載「草加宇右衛門書上」)。

ちなみに、後に徳川光圀の儒臣となった佐佐宗淳は、万治元年当時は十七歳で僧として修業の身であったが、備前の寺で施餓鬼に出席した池田家の侍たちの中に草加を見かけたことを「十竹斎筆記」で回想している。佐佐は草加について「河内畠山家に従属していた草加氏の出自で、大坂の陣では木村重成の手下として働きがあり、池田光政の小姓だった兵部を養子としている」と正確な情報を記す一方、「七十余歳に見えた」としている。実際の草加は当時八十一歳であったことから、外貌はなお矍鑠《かくしゃく》としていたものと思われる。

万治三年、隠居を願い出て許された。十一月十八日、家督は子の兵部に継承が認められ、番頭役と郡鉄砲の者二十人を預けられた。兵部に与えられていた五百石は、隠居料とされ、鉄砲の者三十人はそのまま草加に預けられた(『吉備温故秘録』所載「草加宇右衛門書上」)。

万治四年一月十九日、「年をとっても、隠居になっても、引き続き鉄砲足軽を預けていただき、この上なくありがたく存じます。願わくは子の兵部に、私へお預けの三十人を付属して、兵部へお預け二十人は召し上げていただきたい。私は年をとっても御陣には加わり、足軽三十人の助勢を務めたく存じます」と、池田良成、日置忠治を通じて願い上げ、その通り光政から許可された(『池田光政日記』)。

木村重成の書付は、正保元年に光政に提出して以来、光政の手元の掛け硯に留め置かれていたが、寛文三年春に草加宇右衛門へ返却された。

寛文六年五月二十日に病死。享年八十九歳(『吉備温故秘録』所載「草加宇右衛門書上」)。

子孫は備前池田家の家臣として続いた(「先祖並御奉公之品書上」草加廉男)。

弟の日下九兵衛宗胤は、初め備前池田家に仕え、後に致仕して安芸国賀茂郡三津村に来住した。日下を草加、次いで草香に改めた。その子孫は同郡下市村に居住した(『芸藩通志』)。

櫛橋伊織政重　くしはし いおり まさしげ

播磨国印南郡志方城主の櫛橋左京亮則伊の次男。黒田孝高の室、照福院櫛橋氏の甥(「秋月藩御系譜略伝」)。

天正八年、志方落城の時、家人に守護され、始祖伝来の重宝を携えて退去。後に筑前に行き、黒田長政に仕えた。

大坂作乱を聞き、筑前を出奔して籠城。毛利吉政の手に属し、兼原有馬之丞と名乗って軍功があった。これを聞き及んだ照福院櫛橋氏は大変憤った。

落城後、密かに筑前に帰り、身を隠した。

年月を経て、筑前東蓮寺の黒田高政に出仕(「小河内蔵允殿咄覚書」)。寛永十二年一月一日、高政から采地二百石の判物を与えられた(『吉田家伝録』)。

慶安五年二月十二日、東蓮寺で病死(『吉田家伝録』、「秋月藩御系譜略伝」)。享年八十余歳(「小河内蔵允殿咄覚書」、「秋月藩御系譜略伝」)。葬地は鞍手郡山部村の西徳寺。法名は心誉茂庵禅定門。

妻は琉球人で、明暦四年六月一日に死去。葬地は鞍手郡宮田村の極楽寺。法名は訓桂院浄誉了清大姉。

長男某は、櫛橋勘太夫の家祖。

次男の櫛橋権左衛門は牢人となり、尾張に居住。

長女は、土屋又右衛門に嫁いだ。

三男の櫛橋半左衛門近光は、家跡を継いで高政に仕えた。後に百石加増され三百石。寛永十六年十一月十三日に高政に殉死。近光には子がなかったので、神崎正右衛門の次男三郎助に土屋又右衛門の娘を娶らせ、櫛橋の遺跡三百石を継がせた。櫛橋治左衛門祐重と称し、後には八百石を知行した。

四男の櫛橋次郎九郎は、寛永十五年二月二十一日に島原の陣で戦死（『吉田家伝録』）。

葛岡八郎右衛門《くずおか　はちろ(う)えもん》

大坂城中にいたが、落城以後、木下利房より京都屋敷に客分として招かれた。

寛永十四年、利房の死後、暇を願ったが許されず、木下利当より知行二百石を与えられ、一生客分で備中足守に居住した。

寛永十七年十二月二十八日、利当より自筆の折紙を頂戴した。

寛永二十年三月三日に病死。

男子がなかったので、弟の常珍弥次右衛門の子六郎右衛門に長女を配して嗣子とし、家督百五十石を継がせた。子孫は備中足守木下家の家臣として続いた（『備中足守御家中由緒書』葛岡門太夫富静書上）。

楠宮内《くすのき　くない》

大坂城に籠り、落城以後は一生牢人のまま江戸に在住した。剃髪して毛利道寿と号した。

子の毛利武左衛門は、松浦鎮信に仕えたが、後に牢人となった。子孫は断絶。

娘は宮田平助尚景（大野治長の家臣宮田平七の子）の妻となり、上田彦六盛照を産んだ（「岩田氏覚書」）。

久世民部信勝《くぜ　みんぶ　のぶかつ》

後藤又兵衛組に所属。

慶長十九年十一月二十六日、今福口に出役。後藤組浅井甚内とともに先行して、先手の木村重成勢に紛れ込んだ。木村組の者に追い返されそうになったが、いろいろ断ってそのまま居座った（『美作古城史』所載「美作菅家文書」）。敵が追尾してきた時、返し合わせて殿軍を務めたのが後藤組の柏原角左衛門、境金左衛門、三浦将監、三浦彦四郎であったが、この四人を討たせまいと、久世、浅井、矢野和泉組竹村左兵衛、柳原庄兵衛が助けに駆け付けた（「鴨野蒲生合戦覚書」）。

落城後、紀伊に浪居。大坂での軍功が伊達政宗の耳に入り、寛永三年に召し出され、知行五十貫文を与えられた。九左衛門と改名（『御知行被下置御帳』延宝五年正月二十三日久世瀬兵衛書出）。

寛永四年三月、仙台に下向。

寛永五年、江戸番となった。伊達忠宗の代に、多年の勤功により、常陸国河内郡龍ヶ崎で三百石を加増された。

正保元年まで江戸表で公用に就いたが、病気となり国番となった。

万治三年二月に隠居。三月二十日、子の久世九左衛門勝音が家督を継いだが、龍ヶ崎の三百石は収公された。

子孫は伊達家の家臣として続いた（『伊達世臣家譜』、『御知行被下置御帳』延宝五年正月二十三日久世瀬兵衛書出、『続伊達世臣家譜』）。

ちなみに『美濃雑事紀』に、美濃国安八郡平野荘南方城主の久世民部が見えるが、関係は不明。

国沢掃部《くにさわ　かもん》

土佐郡国沢の出自の可能性がある。

慶長二十年五月六日、八尾表に出役。土方六左衛門と相役で、長宗我部盛親の旗を二十五本ずつ預かり、先手に属して戦死（『除帳』）。

国島道喜《くにしま　どうき》

豊臣秀長の旧臣。

左の手首より先を切り落とされ片手となっていたが、大野治長に呼び出され、鉄砲を預かった。

道喜の物語によると、「慶長二十年五月四日、蜂須賀至鎮を毛利吉政の一手で討つことになっていたが実現しなかった。五月六日の暁七つ時に、大野治長は国府へ毛利吉政と出陣の約束であったが、故障ありとのことで、六つ時分まで延引となった。また五つ時分へと三度も変更して、ようやく出陣となった。道喜自身もその一陣に所属していた。平野付近で治長は『豊前守と相談する事があって、もう一度秀頼公に言上に行く。兵は引き揚げよ』と命じて、自身は手回りの五、六騎で引き返した。そこで諸軍勢も懐疑しながら引き揚げた。その道すがら、立派な騎兵、雑兵四万人ほどを見かけた。これは大坂七組の軍勢だった。右の治長が出馬の際、鹿毛で体高四尺三寸ほどの馬に乗ろうとしたが、何としたことか、馬が乗せようとせず、幾度かしてようやくまたがって出陣した。このように、総じて大坂の手立てや仕置はまるで相違することばかりだった。前年の和睦後にも、ある牢人が堺で、鉄砲で町人を銃撃する事件があった。静謐の折から鉄砲を撃ち、法度を犯したとのことで、この牢人の頭を半分剃って朱く塗って大道を引き回す刑に処した。これを見た古老が、法を犯した者の首に朱を塗るのは元来関東の仕置であり、太閤の御法ではない。それなのにこのような刑が執行されるとは、もはや万事関東の法になってしまったということか。大坂も滅亡の様相だとつぶやいた」という。

落城後、武士をやめ隠棲していたが、松平忠明に招かれ、咄《はなし》の者として出仕した。

子は国島伝七（『武功雑記』）。忠明の御咄衆に列し、知行百五十石（「見聞集」所載「御先祖松平忠明公播州姫路御居城之節御分限帳之写」）。

なお『翁草』に、松平忠明の家臣国島康之は、正保元年四月上旬に「播州姫路城主従四品拾遺補闕前総州太守源忠明卿行状」を著したとある。康之は伝七、またはその子孫と思われる。

国吉五左衛門重好《くによし　ござえもん　しげよし》

長宗我部国親の家臣上村備前守親綱（香美郡王子城主）の次男上村玄蕃幸親（注）と同一人物とも、上村五左衛門親繁（上村親綱の子）の長男上村五左衛門親昌と同一人物ともされる（『土佐名家系譜』）。

国吉重好は、天正十二年に誕生（「国吉之由緒」）。「土州遺語」によると、幼名は千熊と推定される。初め長宗我部盛親に仕えた。

慶長十九年当時は寺沢広高から合力として少々扶持を受けており、広高に従って大坂へ出陣した。しかし、旧主長宗我部盛親の下で籠城することを志し、十月七日朝五つ時分、寺沢の陣所から脱出して堀際まで駆け寄った。折から銃撃戦が激しく、そのまま城中に入ることは許されず、盛親より持ち口の守将に断りを入れ、かつ検使が見届けた後、八つ時分にようやく入城が認められた。

慶長二十年五月六日は先手二十五騎を預かった。初め吉田内匠、斎藤出雲、桑名将監と国吉は陣場見分に、中内惣右衛門は若江に先行する木村重成の軍勢と敵との距離を測るため、それぞれ出張した。そうしたところ、既に敵との距離が予想以上に近いことが判明したので、先手と盛親の旗本の距離を縮めようとしたが、もはや木村勢や盛親の旗本も会敵する形勢となったため、やむなく中内、吉田、桑名は先手の指揮に進み、斎藤と国吉は旗本へ戻り、先手と旗本は個別に戦った。国吉は旗本にあって、鑓先を突き折るほどの働きをした。この働きは林刑部と岡田五兵衛が見届けた。

五月七日、盛親は京口の警固についたが、落城となったため八幡方面を目指して退去した。国吉らがこれに随行した。その途中、敵二、三十人に追撃されたが、国吉や入江左兵衛ら五人が返し合わせ、国吉と入江が敵二人を討ち留めた。この働きは上野平大夫、戸波又兵衛、土方新兵衛が詳しく見届けた。さらに枚方付近でも郷民百人に迫られたが、麦畑に折敷く敵に、国吉とその朋輩が二人して鑓を入れ、三人を討ち取り、郷民を追い払った。中内惣右衛門を馬に掻き乗せ、盛親に追い付いた。暮れ方に八幡付近に至ると、敵二百人ほどが接近しつつあったので、国吉は盛親の乗馬を拝借して様子を見極めるべく乗り出したが、敵は別の方面に去った。国吉は乗り返して再び盛親を馬に乗せ、八幡に到着した。その後、盛親の求めにより水を汲みに行ったが、戻ると既に盛親は居所を変えており、探し回ったもののついに見つけられず、やむなくその場を立ち退いた。一連の国吉の働きは、新庄式部がよく認識していた。

後に藤堂高虎が、盛親の幕下でも比類ない働きがあった者は扶助する方針を打ち出したため、藤堂家に出仕して扶持を給せられたが、ほどなく牢人となった（「国吉之由緒」所載「寛永十三年四月国吉五左衛門書上」）。

寛永十年春頃より関東へ下向し、寛永十一年夏、堀田正盛に仕え、京都（六月）、日光（九月）にも供奉した（『南路志』）。知行三百石（「国吉之系」）、または知行五百石（『南路志』）、あるいは知行七百石を与えられ、後に物頭を務めた。

承応二年三月十四日に死去。享年七十歳。法名は瑞庵法祥居士。葬地は下総佐倉の嶺南寺。

子の国吉十太夫正辰は、後に五左衛門を称した（「国吉之由緒」）。堀田正信に知行百五十石で仕えた（『南路志』）。家督三百五十石を継いだ（「国吉之由緒」）。万治三年二月時点では、香宗我部隼人親重組に属し、知行三百石（『香宗我部氏記録』）。

〔注〕『土佐名家系譜』によると、上村親幸は長兄の国吉三郎兵衛親宣が天正十二年七月十七日に讃岐引田で戦死（享年四十歳）したため、天正十三年、亡兄の家跡を継いだ。長宗我部家の除封後は下総堀田家に知行五百石で仕えた。大坂の陣後、土佐に還住し、元和二年十二月十七日死去。妻は大黒主計の娘とされる。しかし、引田合戦は天正十一年四月の誤り。また、堀田家の下総転封は寛永十九年で、元和二年に死去と下総堀田家への仕官は矛盾する。

窪田等因《くぼた　とういん》

窪田主馬の長男。

慶長二十年に大坂の陣で戦死。

次弟の窪田藤平政次の子孫が、豊後臼杵の稲葉家に仕えた（「藩士系図」）。

窪大夫信満《くぼたゆうのぶみつ》

大和国川辺郡白石窪庄の出自。窪美作守実政の次男。

慶長二十年、秋田城之助（不詳）に与して大坂籠城。陣中で死去。子はなく、家は断絶（『大和志料』）。

ちなみに『武徳編年集成』に、大坂籠城の和州浪士として窪庄太郎左衛門の名が見えるが、同一人物かは不明。

熊谷権大夫直信《くまがえごんだゆうなおのぶ》

天正四年に誕生。

大坂城に籠り、ひとかどの働きがあったため、元和五年頃、細川忠興から赦免後の召し抱えについて内約があった。

元和九年、大坂新参牢人が赦免となったため、小河四郎右衛門、長屋安左衛門と同様に、細川忠利に召し出された（召し抱えの経緯は、「小河四郎右衛門保正」の項参照）。

知行五百石が与えられ、鉄砲頭として豊前中津に詰めた。

寛永十二年、志方半兵衛、長屋安左衛門とともに、江戸城普請助役の監督を命ぜられた。

寛永十四年、有馬へ出陣に向けて長屋安左衛門、熊谷新太郎とともに鉄砲頭を免ぜられ、細川立孝の側役を命ぜられた。十二月三日、立孝は出陣し、その軍列は一番が徒小姓、二番が鉄砲頭熊谷権大夫、三番が同長屋安左衛門、四番が同熊谷新太郎で構成された。家中の軍功詮議は、立孝の家老志方半兵衛、番頭並熊谷権大夫、番頭並熊谷新太郎、鉄砲頭神足庄五郎、馬廻芦田十左衛門、馬廻佐方源助、小小姓役井門文三郎の七人が奉行した。右の七奉行は家中で具足者七人衆と呼ばれ、後日、八代城本丸書院の上段の間の縁側で軍功を詮議した。

寛永十六年二月、忠興は八代の家督を立孝に譲った。八代には番頭熊谷権大夫、鉄砲頭熊谷新太郎、尻払《しっぱらい》奉行長屋安左衛門ら二十五人が在勤した。正保二年閏五月十一日に立孝が死去し、同年十二月二日に忠興が死去した（『綿考輯録』、『大日本近世史料 細川家史料』、『於豊前小倉御侍帳』）。

当時、八代には家老の長岡河内（一万石）、六十一歳の熊谷権大夫、その他権大夫の子熊谷次郎兵衛（二百石）、権大夫の妹婿三浦新右衛門（二百五十石）、熊谷新太郎（四百石）、長屋安左衛門（四百石）などが在勤していたが、彼らを含めた八代侍の去就が注目された。権大夫は「三斎様御一代の後は、五百石の知行のままでは、どの御子孫様にも御奉公するつもりはない」と平素から公言していた。また以前に三斎から子次郎兵衛の弟について立孝への出仕を勧められたが辞退したので、三斎への出仕となったこともあった。これは立孝に子を出仕させると、将来また若党に落とされることもあろうと見越して、辞退したのではないかと取沙汰された。従って今後権大夫が立孝の子宮松に奉公することはないと見做されていた。ただし、家中においては「五百石では惜しい人物」、「熊本の忠利に召し抱えられて然るべき人物」と評価されていた。しかし結局、長岡河内と申し合わせ、八代を辞去した。

その後、丹後宮津で京極高広に千石で仕えた（「秉燭雑録」丹羽亀之允言上之覚、『綿考輯録』）。

『青山家譜』に、京極高広の物頭熊谷次郎兵衛（五百石）の名が見える。『宮津事跡記』によると、寛文六年五月三日、京極高国が所領没収となったため、翌未明、熊谷次郎兵衛と柴田八郎右衛門が早打ちで江戸表を出発、五月十一日辰刻、宮津に到着。五月十三日の家中評議では、一番に五人の家老に同調して籠城の覚悟を示したという。この次郎兵衛が権大夫の子次郎兵衛と同一人物かは不明。

熊谷忠大夫　くまがえ　ちゅうだゆう

大野治房組に所属。

慶長二十年四月二十九日に樫井で戦死。翌三十日、熊谷を含む首十二級は、戦況報告とともに浅野長晟より二条城の家康に送られた(『大坂御陣覚書』)。

熊沢久左衛門正之　くまざわ　きゅうざえもん　まさゆき

熊沢勝右衛門正英の次男。熊沢三郎右衛門正孝(注1)の弟で、熊沢五郎左衛門長正(注2)の兄(『伊達世臣家譜』)。

父の正英は、尾張国丹羽郡瀬辺に居住し、濃尾の盗賊をたびたび防御して、近隣の郷民から頼りにされていた。文禄二年、妻が寺沢広高の姉だったため、所領の肥前唐津へ客分として招かれ、無役で名護屋竹丸に居住した。老後は剃髪して徳用と号し、唐津で死去(『吉備温故秘録』所載「熊沢権八郎書上」)。

熊沢正之は、天正十年、瀬辺で出生(「熊沢家系図」)。初め久左衛門、大坂落城後は大膳正を称した(『吉備温故秘録』所載「熊沢権八郎書上」)。

初め父とともに唐津にいたが、後に寺沢家を退去して摂津に移った。

大坂の陣では、仙石豊前の配下に属し、新参騎士二十人の頭となった。

慶長二十年五月七日、天満方面は寄せ手を欠いたため、戦功はなかった。落城により仙石の備えも散り散りとなった。正之は最後まで馬を立てて敵の襲来を待ったが、攻めて来ないので、配下の騎士二十人を連れて長柄川を越えて解隊した。唐津以来の家来六人は、正之の馬の鞦の房、馬の尾に取り付いて川を渡った(『吉備温故秘録』所載「熊沢権八郎書上」)。

暫く摂津尼崎の建部政長方に隠れたが、元和三年、松浦隆信に招かれて平戸に下向した。松浦郡中野村に居宅を与えられ、地方合力二百石を給された。

元和八年、平戸城下に転居、合力五百石を加えられた(「増補藩臣譜略」)。元和八年頃、松浦家財政難につき、七百石のうち二百石を返納(『吉備温故秘録』所載「熊沢権八郎書上」)。

寛永七年、松浦隆信の参覲《さんきん》に従い、江戸勤番。

寛永十三年五月、知行判物を頂戴した。

寛永十四年、松浦鎮信の入部に従い、平戸に下向(「増補藩臣譜略」)。

寛永十六年、松浦家牢人浮橋主水が「隆信の側室は禁教を信奉し、再々これを諫言したが容れられず、却って退転を余儀なくされた」と提訴した。本件は評定所の吟味するところとなり、江戸表の松浦家一門が至急平戸から正之を呼び寄せた。正之は早速平戸を出船して江戸へ参着すると、老中松平信綱から訴状の写しが内示された。八月二十三日、松浦家より正之と長村内蔵助、江川喜兵衛が評定所に出頭し、老中以下列座の中、訴人浮橋と対決した。その結果、訴人は斥けられた。正之は訴人の身柄引き渡しを求めたが許されず、老中から「今般は乱心者の無謀な訴え、さぞ御心外と察し入る。松浦家においては別状ない事が今日はっきりと裁決された。この旨、報告されよ。大義であった」との言葉をかけられた。

江戸では「松浦家熊沢、咀留《かみとめ》る」と評判になった。一方、浮橋は後に大島へ配流となった(「増補藩臣譜略」、「浮橋主水一件」)。

平戸に帰還すると、知行二百石加増の

沙汰があったが固辞した。

承応元年、隠居を許され、五十人扶持を給された。

承応二年四月四日、壱岐風本で病死。享年七十二歳（「熊沢氏家系」、「増補藩臣譜略」）。

妻は美濃の人平野兵部の娘南条。文禄元年美濃で誕生。摂津で長男の正令を産んだ（「熊沢氏家系」、「増補藩臣譜略」）。

長男の熊沢作左衛門正令は、平戸松浦家の家老職に就き、寛文二年十二月五日に死去。子孫は松浦家の家臣として続いた。

次男は熊沢五郎右衛門正純。

三男の熊沢八兵衛は、早世。

四男の熊沢権八郎正興は、初め松浦家に知行二百石で仕えていたが、慶安元年、牢人となった。慶安三年、池田光政に先知二百石で出仕した。元禄四年四月三日に死去。子孫は備前池田家の家臣として続いた。

娘は、次女が松浦家の家臣松野新左衛門の妻、三女が黒田家の家臣斎藤与左衛門の妻、四女石は平戸で生まれ、岡山で死去した（「熊沢家系図」、『吉備温故秘録』所載「熊沢権八郎書上」）。

〔注1〕熊沢正孝は、正英の長男。寺沢広高に仕え、知行千九百石一斗。家老職を務め、肥前岩屋城に在番。寺沢家の滅亡後、子孫は筑前黒田家の家臣として続いた（「熊沢家系図」、『東松浦郡史』、「元禄四年御家人先祖由来記」、『吉田家伝録』）。

〔注2〕熊沢長正は、正英の三男。寺沢家に仕え、知行四百石。寺沢家の滅亡後、子孫は奥州伊達家の家臣として続いた（『東松浦郡史』、『伊達世臣家譜』）。

久万兵右衛門俊矩《くま ひょうえもん としのり》

土佐国土佐郡久万村の出自。長宗我部元親の家臣久万兵庫俊忠の長男。

大坂城に籠り、毛利吉政の旗本に属し、鉄砲大将を務めた。

慶長二十年五月六日の合戦で鑓を合わせ、手捕りの功名があった。五月七日に戦死（「久万系図」）。

久万豊後俊朝《くま ぶんご としとも》

土佐国土佐郡久万村の出自。長宗我部元親の家臣久万兵庫俊政の孫。

藤堂高虎に仕えて伊勢にいたが、慶長十九年、長宗我部盛親の大坂籠城を聞き、伊勢を立ち退き、大坂に赴いた。しかし、城中に入れず、かれこれするうちに和睦となったため、牢人暮らしをしていた。

慶長二十年の再乱に入城を志したが、不慮の重病に冒され、療養しているうちに落城した。これを口惜しく思い自害した。享年十七歳（『南路志』）。

久万六兵衛《くま ろくびょうえ》

土佐国土佐郡久万村の領主久万俊宗の一族。

大坂城に籠り、長宗我部盛親の手に属した（『南路志』）。

黒石可運《くろいし かうん》

播磨国加古郡阿閇村で出生。初め作之進、但馬を称した。

天正六年より八年まで別所重棟に属して戦功があった。

天正十九年、重棟の死後、阿閇に浪居。後に大坂城に籠り、可運と改名。

落城の時、妻とその連れ子佐野亀松とともに逃れた。同道の女中も数多いたが、いずれかの渡しで妻子の乗る舟を見失い、ついに生前再会することがなかった。可運は伊勢神部へ落ち、次弟黒石次郎右衛門の子市郎兵衛方に寓居した。

寛永三年三月に病死（『小野藩家老黒石家由緒書』、『佐野黒石由緒書』）。

黒川但馬守《くろかわ　たじまのかみ》
近江の人（『土屋知貞私記』）。諱は貞胤とされる（『難波戦記』）。大坂城に籠り、物頭を務めた。知行五百石ほど（『土屋知貞私記』）。城西警固の寄合衆の一人（『難波戦記』）。

黒川安左衛門光輝《くろかわ　やすざえもん　みつてる》
後藤又兵衛組に所属。
慶長二十年五月六日、先手の鉄砲大将古沢四郎兵衛、片山助兵衛、山田外記、湯浅三郎兵衛、斉木二郎大夫、金万平右衛門とともに道明寺表へ出役（『金万家文書』明ル夏御陣卯ノ四月廿七日より平野表ニ後藤又兵衛打出候事）。
後に小笠原忠真に仕え、鉄砲頭を務めた（『金万家文書』先年寅歳大坂籠城之砌之事）。寛永十五年、武井儀大夫正職、一柳九郎左衛門安豊らとともに、先手鉄砲頭として島原の陣に出役（「小笠原忠真公年譜」）。

男。

桑田新助匡種《くわだ　しんすけ　まさたね》
丹波国桑田郡の出自。備後国沼隈郡山南村何鹿山城主の桑田式部少輔将能の四男。

初め毛利輝元に属した。

後に小野十兵衛景忠、馬屋原備前守春時とともに大坂籠城。

慶長二十年に戦死（『西備名区』、『福山志料』）。「備後山南村幸田治左衛門書出」（「毛利氏四代実録考証論断」所載）に、七月十五日に討ち死にとあるが、五月七日の誤りと思われる。

桑田平左衛門景房《くわだ　へいざえもん　かげふさ》
備後国沼隈郡山南村丸山城主の桑田備前守信房の次男。

父の信房は、桑田式部少輔将能の弟。

桑田景房は、丸山城が没落した後は家宅にいた。

文禄二年三月、毛利秀元に従って朝鮮に渡海し、軍功により感状を賜った。帰国後、光照寺を再建した。

慶長十九年、秀頼に属して大坂籠城。

慶長二十年、後藤又兵衛とともに力戦。

落城後、山南村に帰り、寛永十六年七月二十九日に死去。法名は香月浄薫（『西備名区』、『備陽六郡志』）。

桑田弥兵衛元房《くわだ　やひょうえ　もとふさ》
毛利秀元の家臣桑田平左衛門景房の子。

秀元から偏諱を下賜された。

慶長十九年、父とともに大坂籠城。

落城後、山南村に帰った。居所は御土居と称された。

寛文十二年十二月二十九日に死去。法名は迎誉浄蓮。

子の桑田与右衛門将義は、福山の水野家に出仕した。なお、家来の桑田、井上、箱田、高野、工藤、田中、佐藤、篠原、岡崎、村上、下見、緒方、渡辺らは皆、慶長年中に牢人となり、各々在所で帰農した（『西備名区』、『備陽六郡志』）。

桑名掃部《くわな　かもん》
長宗我部元親の家臣。
盛親を後見して、慶長十九年、大坂籠城。
慶長二十年五月六日、八尾表に出役。
藤堂高虎の家臣渡辺了勢と闘い戦死。
弟の某は落城後、松平忠明に仕えたが、手討ちの仕方がよろしくなかったため賜暇、摂津国内の山鳥村に退隠した。中村良宿方に縁付き、その娘の腹に上田文庵が出生した（『香宗我部氏記録』）。

ちなみに「御先祖松平忠明公播州姫路御居城之節御分限帳之写」（「見聞集」所載）に、桑名善兵衛や桑名藤十郎がある。掃部の弟某との関係は不明。

桑名善兵衛《くわな ぜんひょうえ》

長宗我部盛親の家臣桑名一孝の甥。

慶長十九年、大坂城に籠り、真田信繁に属した（『武功雑記』）。

ちなみに『南路志』に、藤堂高虎の家臣桑名善兵衛、「御先祖松平忠明公播州姫路御居城之節御分限帳之写」（「見聞集」所載）に、松平忠明の鉄砲御弓頭桑名善兵衛（三百六十石）がある。同一人物かは不明。

桑原左大夫《くわはら さだゆう》

和泉の牢人。大坂籠城（「大三川志」）。

桑原勝大夫《くわはら しょうだゆう》

尾張の人。一説に上方侍（『土屋知貞私記』）。勝太、少太、勝太郎、勝大夫などとあるが、同一人物を指すと思われる。

文禄二年十一月二十八日、豊臣秀次の奉行として尾張国海東郡へ派遣された（『駒井日記』）。

文禄三年一月二十日晩、北野天満宮祠官の松梅院禅昌が来訪した。一月二十五日、桑原勝太の家来よも介が、畳面三枚を持参して禅昌を礼問。二月六日、北野天満宮祠官松梅院禅永の娘と結婚。禅永の子禅昌より馬、禅永の妻女より小袖一重が贈呈された。禅昌方へは巻物一つを土産として進呈。

文禄四年一月四日、禅昌が来訪。二月十九日昼、禅昌を振舞に招待。来合わせた了任と古今和歌集を校合。二月二十五日、禅昌、了任を招待。三月一日、禅昌を招いて終日歓談し、俳諧や連歌に興じた。三月二日、禅昌らを招き連歌会を興行。芦節も来訪して伊勢物語を講義。三月三日、禅昌が来訪。三月七日、芦節が来訪して伊勢物語を講義。三月十日、禅昌を招き会食。禅昌、道宣、野々村新十郎重勝、清八とともに八幡石不動に遊んだ。三月十六日、禅昌が来談。三月二十一日、禅昌が来談。三月二十三日、野々村新十郎へ聚楽の家を渡した。四月十一日、禅永より振舞に招かれた。

秀次の滅亡後、秀吉に仕えたか。慶長三年十月三日、銭百疋、貝漬十、昆布一束を携えて禅昌を訪問。十二月十八日夜、妻が出産。

慶長五年八月一日、禅昌が来訪。十一月二十二日夜、禅昌が来訪（『北野社家日記』）。

慶長十一年一月三十日、大坂下向の近衛信尹を迎え、供の者にも粥を振舞った。二月二日、信尹方へ栄螺《さざえ》一折を持参（『三藐院記』）。

慶長中、伊勢国三重郡下鵜川原に六百石の知行所があった（『桑名御領分村絵図』）。大坂七組の野々村伊予守組に所属。知行は六百石（「諸方雑砕集」）。

慶長十九年、大坂籠城（『土屋知貞私記』）。

ちなみに『阿府志』に、桑原土佐守常俊は、信長、秀吉に歴仕し、子の藤太夫常春は慶長五年より秀頼に仕え、大坂城に籠り、和睦後、阿波国貞光村進藤対馬守方に来住、家名を進藤に改めたとされるが信憑性に欠ける。

桑山市右衛門重正《くわやま いちえもん しげまさ》

尾張国海東郡桑山庄の人桑山修理以則の

四男。桑山修理大夫重晴、桑山二郎九郎、桑山三蔵の弟。

天文十五年に尾張で出生。初め市蔵、後に市右衛門を称した。

秀吉に馬廻として仕えた（「諸氏本系帳」）。

文禄元年、肥前名護屋城に在番し、三の丸御番衆馬廻組の六番堀田図書頭組に所属（『太閤記』）。

慶長三年八月十四日、大坂城諸門の番衆が定められ、二の丸表御番の一員（「慶長三年誓紙前書」）。

慶長七年十一月、秀頼が河内国一の宮枚岡神社の社殿を修復し、橋を造営した時、奉行を務めた（「枚岡神社橋青銅製擬宝珠刻銘」）。

慶長十七年十一月二十二日昼、織田有楽の茶会に招かれ、相良長毎、玉円寺とともに参席。

慶長十九年五月五日朝、織田有楽の茶会に招かれ、細川忠興、真木嶋昭光とともに参席。八月十六日朝、有楽の茶会に招かれ、渡辺五兵衛、団長次郎衛門とともに参席（「有楽亭茶湯日記」）。

九月二十八日付秀頼の黒印状を奉じて京都所司代板倉勝重方に至り、片桐且元に不届きな所業があることを報じた（『譜牒余録』）。なお、板倉は、二十八日巳の刻付で本多忠政に「大坂では且元を追放の由、駿府に下向する渡辺勝から今聞いた。そうであれば大坂の異心は決定的だ。織田常真様も昨夜の暁時分に大坂城から伏見へ退去された。本件の経緯は、織田頼長と大野治長が二十三日に且元暗殺を談合したものの、これを聞き付けた且元が警戒を強めたため実現せず、当面は且元と頼長、治長の対立と目されたが、秀頼から『且元はそのまま城中に在ってはならない。早々に退去しなければ攻撃する』との使者が派遣されたので、昨日、且元は治長と人質を交換し、天王寺まで退去することとなった。かかる状況なので合戦は必至と思われる。内々その用意をされたい」と報じた（「大阪城天守閣所蔵文書」）。

慶長二十年五月七日に戦死。

長男は桑山十兵衛重政（「桑山十兵衛重政」の項参照）。

次男は桑山甚右衛門重正（「桑山甚右衛門重正」の項参照）。

三男の桑山太郎助重宗は早世（「諸氏本系帳」）。

尾張国丹羽郡三井村の住人尾藤源内重吉は、信長に追われて三河へ落ち延び、奥平信昌に仕えた。後に甲斐の合戦で戦死。その三男孫太郎は、後に青木善右衛門尉清兼と改め、秀吉に小姓として仕えた。朝鮮には宇喜多秀家に従軍して戦功があったが、慶長年中に致仕《ちし》して三井村へ退去し、郷士となった。母が桑山市右衛門（桑山重晴の弟）の娘だった所縁により桑山氏に改めた。寛永五年十一月十五日に死去。長男の桑山左兵衛は、三井村より分邑した重吉村に居住。次男は桑山金左衛門（「尾藤氏系図」）。

桑山七郎右衛門　くわやま しちろ(う)えもん

大野治房組に所属。

慶長十九年十二月十六日、本町橋通の夜討ちに参加し、長谷川貞恒の与力四宮与兵衛長次に討たれた（「蜂須賀家家臣成立書并系図」）。

一説に、初め益田外記の家来佐治左衛門が桑山に鑓を付け、その後に四宮が首を取ったともいう（『増補稲田家昔物語』）。

桑山十兵衛重政　くわやま じゅうびょうえ しげまさ

桑山市右衛門重正の長男。

天正十二年に尾張国海東郡神守庄で出生（「諸氏本系帳」）。

秀頼に仕え、本知千石（『大坂陣山口休庵咄』）。

ある年、瘧《おこり》を発症し、曲直瀬道三に受診した（『延寿配剤記』）。

慶長十六年三月、秀頼の上洛に供奉（「秀頼御上洛之次第」）。

慶長十九年、大坂城に籠り、淡路町筋の櫓に役所を置き、与力を含めて五百人で警固した。桑山は中筒の名人だったので、寄せ手も近付けなかった。そこで塙団右衛門は、桑山の役所から蜂須賀至鎮の陣所を偵察し続け、十二月十六日、桑山と心を合わせ、淡路町筋の門から夜討ちに出た（『大坂陣山口休庵咄』）。なお、夜討ちには淡路町橋の二つ南の本町橋が使われており、山口休庵の認識と相違する。

落城後、山城国に退隠し、森忠政より合力米六百石が支給された。寛永十一年七月に忠政が死去した後は合力米を辞退した（「諸士先祖之記」）。京都正親町での居住は、京都所司代の切手により免許されていた。剃髪して宗庵（「古久保家文書」寛永弐拾年未ノ極月十三日上下京牢人御改帳）、または宗安と号した（『大日本近世史料 細川家史料』、「諸氏本系帳」）。

寛永十二年三月二十三日付で、細川忠利は桑山宗安老に書状を送り、借金の肝煎を謝した。

寛永十五年二月二十六日付で、有馬へ出陣中の忠利に書状と菓子一箱を送った。また、三月四日、翌五日、十二日、五月二十四日付で忠利に書状を送った（『大日本近世史料 細川家史料』）。

明暦四年一月四日に死去。享年七十五歳。

妻は神子田半右衛門（秀吉の家臣神子田半左衛門正治か）の娘。法名は長昌院妙栄日解（「諸氏本系帳」）。

長男の是閑は、浄土宗の僧侶となり、初め武蔵の念仏院、後に備後三原の増上山広度院大善寺に居住した。

次男の桑山小右衛門正之は、後に諱を政信と改め、宗庵と号した。越前の松平忠昌に仕えた（「諸氏本系帳」）。「諸士先祖之記」によると、桑山十兵衛の子桑山十右衛門政甫は、京都に居住し、森長継より合力米三百石が支給された。後に合力米を辞退したが、京都から通いで森長成方に出入りした。延宝四年、松平吉品（森長継の婿）の指示により大徳寺で剃髪して宗菴と号し、越前松平家に出仕した。『福井藩士履歴』によると、初め六十人扶持で、貞享（三年）の半知で三十人扶持となった。子孫は越前松平家の家臣として続いた。

三男の桑山藤右衛門重治は、美作の森長成に仕えた（「諸氏本系帳」）。無足衆として金四十両十人扶持を給せられた（「森家御系譜並諸士方分限帳」）。

桑山《くわやま》甚右衛門《じんえもん》重正《しげまさ》

秀吉の家臣桑山市右衛門重正の次男。号は道喜（「諸氏本系帳」）。

慶長十九年、大坂城に籠り、城西警固の寄合衆の一人（『難波戦記』）。落城後、道喜と号して京都に居住し、薬師となった。

寛永二十年十二月より西阿弥陀寺町の市郎左衛門方に居住した（「古久保家文書」寛永弐拾年牢人御改帳留未ノ極月十三日上下京）。

長男の桑山左兵衛重方は早世。

次男の桑山治兵衛重元は、茂兵衛とも称し、薩摩の島津家に仕えた。

三男の桑山数馬重尚は早世（「諸氏本系帳」）。

こ

小出与右衛門国政《こいで よえもん くにまさ》

小出長政の次男。桜井越後守吉久の弟。父の長政は、小出秀政の一族。長政は初め秀政に仕えたが、礼遇に不満があり退去。前田利長、秀吉に歴仕した。老後は、客分として森忠政方に身を寄せた。

　小出国政は、初め森忠政に知行千五百石で仕えた。

　慶長十九年十一月、使臣として出府し、老中から忠政の大坂出陣を拝命した（「小出氏由緒書」）。

　忠政は、船場より攻め寄せ、十一月二十五日より翌二十六日の晩まで城方と鉄砲で競り合った。城方は天満橋の行桁のみを残し、横板はすべて外し、川中に板囲いを突き出し、狭間を切って数十挺の鉄砲を撃ちかけた。このため天満橋の正面の人数は、橋の反りが遮蔽物となって無傷だったが、橋の両脇にあふれた人数は、横合いから撃たれて多数が死傷した。森家側では、伴半兵衛直次が金と黒の段々の大指物を差し、鉄砲の者を指揮して応戦した。城方の橋の板囲いの中に国政がいて、大指物を差した伴を狙撃するよう足軽に命じた。国政は冬の陣では大坂方となって天満橋を警固したが、夏の陣では帰参して忠政に従った。

　慶長二十年、森家の渡部越中組に属して大坂表へ出陣。五月七日の合戦で首一級を斬獲した。同日晩、忠政は国政に侍一人を添え、伏屋一盛以下斬獲した首二百余級を天王寺本陣に送り届けさせた。森家に帰参後、国政は伴直次の武勇を評価しつつも、互いに不通のままであった（『森家先代実録』）。

　「小出氏由緒書」は、長政の妻を伊東掃部介の娘とし、国政の妻を小出吉英の妹とするが、実否不明。

小岩井雅楽介《こいわい うたのすけ》

　大坂城士。大坂の陣では配下に片山甚右衛門がいた（『安永三年小浜藩家臣由緒書』片山孫八書上）。

　『太閤記』、『武徳編年集成』、『関八州古戦録』、『常山紀談』などに、天正十八年六月、前田利家が武蔵国高麗郡八王寺城に北条氏照の家臣中山家範を攻めた際、利家は中山の武勇を惜しみ、武蔵国比企郡松山城で降伏した根岸定直（中山の相婿）、旧知の金子紀伊守、中山の馬術の高弟小岩井雅楽介を降伏勧告の使者として城中に派遣したとある。右は大坂籠城の小岩井雅楽介と同一人物とも考えられる。また、秀頼の御馬屋別当小岩井五左衛門は一族とも考えられる。

　「尾藩諸家系譜」によると、小岩井雅楽介の娘は、犬山城主成瀬正親の母である。

小岩井蔵人《こいわい くらんど》

　大坂籠城。足軽大将を務め、馬上五十騎、足軽五十人を預かった。諸手応援の浮勢となった。

　慶長十九年十二月四日、八丁目黒門の東で、石川康勝と長宗我部盛親の持ち口に寄せ手の攻撃があった。深い霧に包まれての戦闘中、大坂方の弾薬に引火して石川の櫓が焼けた（「草加文書」寛永廿一年九月十七日草加五郎右衛門書上）。この時、石川も火傷を負い、後方に退いた。そのため石川の持ち口は小岩井と松田利助が十五日ずつ交番で警固した（『武家事紀』、『武徳編年集成』）。

小岩井五左衛門《こいわい ござえもん》

　秀頼の家臣。埴原八蔵とともに御馬屋別当を務めた。

慶長十六年三月、秀頼の上洛に供奉（『秀頼御上洛之次第』）。

落城後、京極高知の領国丹後で生け捕られ、送致された（『寛政重修諸家譜』）。

小岩角右衛門《こいわ かくえもん》

弟の小岩吉右衛門とともに大坂籠城。後に大坂から落ち延びた（『関原軍記大成』）。

甲賀権右衛門《こうか ごんえもん》

伊東長次の中小姓。

慶長二十年五月七日に戦死。享年三十四、五歳（『備中岡田伊東家譜』）。

甲田弥左衛門勝泰《こうだ やざえもん かつやす》

甲田帯刀勝信の四男（『伊達世臣家譜』）。

父の勝信は、秀吉に仕えた（『伊達世臣家譜』）。観世元頼に師事した甲田と同一人物か（『四座役者目録』）。文禄年間に、禁中、大坂城など各地で能の演目に出演（『太閤記』、『駒井日記』）。文禄三年四月八日、秀吉が前田利家邸に来臨した時、大野弥一郎とともに相伴衆上杉景勝の給仕を務めた（『豊太閤入御亜相第記』）。慶長元年四月二十七日、秀吉が長宗我部元親邸に臨んだ時、次の御酌役だった片桐且元の加役を務めた（『南路志』）。帯刀の娘は、秀吉の家臣木村市介の前妻（『藩鑑略譜』）。

甲田勝泰は、青木一重の本参の組子（『諸方雑砕集』）。

大坂落城の時、十六歳の娘が、伊達政宗の手に捕われ、召されて侍女となり、甲田を称した。常に系譜、符章を懐中にしていたが、ある日政宗がこれを見て、父母親族の居所を尋ねさせた。これにより元和六年三月、勝泰は知行五百石で政宗に召し出されることとなり、後に小姓頭を務めた。

子孫は伊達家の家臣として続いた（『伊達世臣家譜』）。

なお「青木民部少輔組高付」に、一重の組子甲田弥三郎の名がある。奉行衆より切手を交付され、近江国高嶋郡太田村で五百石を知行した。勝泰と同一人物、または兄弟と思われる。

郷野九郎左衛門《ごうの くろ（う）ざえもん》

長宗我部盛親の使番十一人の一人。

慶長二十年五月六日、八尾表に出役。藤堂高虎の家臣桑名又右衛門一重に名乗りかけ、馬から降りて鑓を合わせたが、ついに討たれた（『桑名弥次兵衛働覚』、『高山公実録』所載「桑名佐左衛門家乗」、『公室年譜略』）。

郡主馬首宗保《こおり しゅめのかみ むねやす》

伊丹安芸守親保の三男。伊丹勘左衛門次、伊丹左近大夫、伊丹十一右衛門の妻、加藤又左衛門重徳の妻の弟。余田源兵衛重政入道真斎の妻、伊丹次郎右衛門の兄〔注1〕。

実父の親保は、摂津国河辺郡伊丹村の出自。細川高国の属将伊丹兵庫頭親永の長男（『伊丹家系図』）。親保の妻は、摂津国島下郡太田の内五荷庄山中、蒲山城主郡左京亮光成の長女（『自笑居士覚書』）。

養父の郡兵大夫は、郡光成の長男で、伊丹親保の妻の弟（『自笑居士覚書』）。初め三好長慶の家臣松山新介に属した（『太閤記』）。摂津国島下郡山城にあって、郡山村、郡村、五日市村、畑田村、中河原村、上野村、下井村を領知した（『郡氏由緒書写』）。元亀二年八月二十八日、白川河原合戦に和田惟政の軍奉行として出陣。荒木村重方の山脇源大夫重信に討たれた（『吉備温故秘録』）。後に領民が哀悼して郡村の茶臼塚に郡主従の墓碑を建て、法樹院殿覚本道性居士と諡した（『茨木市史』）。兵大夫の妻は、摂津国島下郡泉原城主泉原氏の娘（「自笑居士覚書」）。

郡宗保は、天文十四年に誕生。初め伊丹甚十郎を称した。母方の伯父郡兵大夫の養子となり、郡十右衛門尉を称した。後に主馬首に任ぜられ、大坂陣の頃は和泉守を称した（「郡主馬宗保伝記」）。

天正八年、池田恒興が荒木村重方の摂津花熊城を囲み、閏三月二日に戦闘があった（『信長公記』）。宗保は伊丹から兵を率いて花隈城の加勢に赴いた。途中大勢の敵と出遭ったが、数十人を討ち取り、自らも敵数人を突き伏せ、入城を果たした。天正年中、摂津池田、尼崎、油原、御影森など各地の合戦で軍功を立てた。後に黒田孝高の斡旋により秀吉に仕えた。

天正十年六月十三日、山崎合戦に従軍して兜付の首二級を取った。

天正十一年四月二十四日、越前北ノ庄攻城に従軍し、勇戦して秀吉から褒賞を与えられた。

天正十二年三月二十八日、秀吉は木曽川を越えて楽田に着陣した。その前夜、宗保は対岸に一揆勢が屯しているとの風聞があったため、未明に単騎渡河し、物見の徒士二人のうち一人を討ち取り、秀吉から感賞を授与された。その後、岸和田在城の中村一氏方へ軍使として赴いたため、長久手合戦には参加しなかった（「自笑居士覚書」）。

ある日の早朝、宗保と石尾七兵衛が秀吉の本陣に伺候していると、秀吉が陣幕を上げ、佐藤牛の捧持する太刀を取って「あれは誰か、見て参れ」と命じた。佐藤が戻って両人の名前を復命すると、再び佐藤を遣わし、即日黄母衣衆に列することを命じた。両人は拝命したものの母衣を仕立てる絹がなく困却していると、長岡忠興から黄色の母衣絹と米五俵ずつが贈られた。忠興は、両人が陣中で黄母衣衆に列せられることを事前に知っていたので用意していたという（『綿考輯録』）。

黄母衣《きぼろ》の「出し」は、九本の黄馬藺《ばりん》を使用した。この馬藺は、初め茜色だったが、黄母衣を預かった際に秀吉から母衣《ほろ》と同色にするよう命ぜられたという（「自笑居士覚書」）。

天正十五年二月十七日、美濃部四郎三郎、伏屋十内と連署して京都の黒谷金戒光明寺に、聚楽第造営に伴う石材の濫取を禁止した旨を通達した（「金戒光明寺文書」）。

三月、九州戦役に従軍。

天正十八年三月の小田原陣で、秀吉は使番の宗保、平塚因幡、長束次郎兵衛に「先手が山中城の本丸に乗り込んだか見て参れ」と命じた。宗保は二の丸と三の丸の間で敵と闘い、兜付の首を討ち取った（「自笑居士覚書」）。中村一氏の家臣渡辺了は、山中城の本丸に乗り込んだ時、秀吉の黄母衣が三つ見えたので、本丸一番乗りの証拠として一氏の馬印を取り寄せ、隅櫓に押し立てた（『渡辺水庵覚書』）。この黄母衣三つとは、平塚、郡、長束である（「自笑居士覚書」）。

小田原陣における軍功により、帰陣後、美濃国可児郡内の一在所千三十石を加増された（「自笑居士覚書」）。『新撰美濃志』によると、可児郡下切村は高千二十四石余であり、加増された可児郡内の一在所とは下切村の可能性もある。『慶長六年丑年美濃一国郷牒并寺社領小物成共』によると、下切村は慶長六年六月九日に新たに岡田善同の領地となっている。

「郡主馬宗保伝記」は、家伝の「系図」を典拠として、千三十石の加増により合計三千石余とし、また「郡金右衛門先祖代々御家ニ勤仕之覚」を典拠として、可児郡内で千石余、摂津小松で二千石余の合計三千石余とする。あるいは「郡利奥ノ伝書」を典拠として摂津国武庫郡小松村、津戸村、豊島郡瀬川村における知行と、可児郡内の一在所千三十石を合わせて二千六十石を領知したとする（「郡主馬宗保伝記」）。『土屋知貞私記』に、知行三千石とあるが『慶長十六年禁裏御普請帳』に知行二千石とあるので、二千石が正しいように思われる。

　中国、九州諸大名の聞次役を務めた（「郡主馬宗保伝記」）。

　九月十八日、聚楽毛利輝元邸に秀吉が来臨した際、相伴衆中山親綱の配膳を務めた（『毛利家文書』）。

　文禄元年三月、秀吉の肥前名護屋出陣に道行四番手母衣衆として供奉（『大かうさまくんきのうち』）。名護屋城三の丸御番衆御馬廻組の二番中島左兵衛組に所属（『太閤記』）。

　文禄二年一月、秀吉の命により、三上季直とともに兵船の奉行として、肥前の諸将の領邑に対し、兵糧積載船の報告を徴した（『肥前有浦家文書』）。

　文禄三年三月七日、使者として京都の豊臣秀次方に伺候し、前日未の刻、秀吉が高野山より大坂城に帰還したことを報告した（『駒井日記』）。

　慶長二年九月二十八日、従五位下主馬首に叙任。豊臣姓を賜与された（「柳原家記録」）。

　某年（慶長四年か）三月二十六日付で、山田長次、伏屋為長、佐藤賢忠、山城忠久、水原吉勝、瀧川忠征、美濃部隠岐守とともに連署して真田信幸に対し、普請（大坂城普請か）に伴う真田家中の分担を二十八日に決定することについて承認した（『真田家文書』）。

　『太閤記』、「郡主馬宗保伝記」、「後藤合戦記」、『大坂御陣覚書』に七組の番頭に列せられたとあるが、実否不明。

　『常山紀談』によると、石田三成は権威を恣《ほしいまま》にしようと企み、人を手なづけるため、公用で金銀を支出する場合はその半分を私的に頒《わ》け与えていた。宗保にもそのような事があったが、ここで争えば禍を蒙るばかりと考え、謝辞を述べて受領し、金銀はそのまま大坂の金庫に返納した。その後、病気と称して出仕を控えたという。この逸話も実否不明。

　慶長五年七月、会津へ出陣した諸侯の妻女が人質として大坂城中に収容されることとなったので、黒田長政の家臣栗山利安に内密にこれを知らせ、黒田孝高父子の妻女を、あらかじめ豊前中津に退避させた（「自笑居士覚書」、『黒田家譜』）。

　九月、近江大津攻城戦に出役。京町口に陣取った（「自笑居士覚書」）。

　慶長六年、美濃国加茂郡黒石村内で四百六十石の知行地があった（『慶長六年丑年美濃一国郷帳并寺社領小物成共』）。右の知行地は、大坂陣後に代官岡田善同支配の蔵入地となった（『元和弐年美濃国村高御領知改帳』）。

　慶長八年八月十七日、古田織部の茶会に招かれ、家康の家臣鵜殿重長、乗三、道慶とともに参席（『古田織部茶書（二）』）。

　慶長十三年二月十一日、神龍院梵舜が大坂城に伺候した際、安威了佐とともに取次を務めた（『舜旧記』）。

　慶長十六年三月、秀頼の上洛に供奉（「秀頼御上洛之次第」）。

　当時、知行は二千石（『慶長十六年禁裏御普請帳』）。

　慶長十七年閏十月二十七日朝、織田有楽の茶会に招かれ、疋田右近、石川康勝とともに参席。十一月二十四日朝、有楽の茶会に招かれ、黒田長政、鈴木悦可とともに参席（「有楽亭茶湯日記」）。十二月より大坂諸大夫衆の一員として禁裏普請助役（『慶長十六年禁裏御普請帳』）。

慶長十九年九月、秀頼に関東との開戦回避を進言した。このため関東に志を通じる者として疑われ、能勢郡へ砦普請に出役を命ぜられ、その間、軍費としての金銀配当に与れなかった。その後、二心ない旨を秀頼に直訴して了承された。しかし、女性である淀殿へは直訴が叶わなかった（「自笑居士覚書」）。

黒田長政は、加藤嘉明から「大坂で内通する者はないか」と問われたが、「誰もいない。郡主馬に申し送ることはできるが、この者は全く城を出るつもりがないので、内通には同意しないだろう」と答えた。嘉明も「主馬はさすがの武士である」と感じ入った（「郡主馬宗保伝記」）。

十月、片桐且元が大坂城を退去した後、二の丸にあった且元の上屋敷の定番となった（「自笑居士覚書」）。

あべの佐三郎とともに奉行として西成郡野里村に出張し、中島の庄屋に対して下中島堀村における付城普請を命じた（『慶長十九年霜月八日付大道村太郎左衛門・柴島村卯右衛門起請文写』）。

大坂籠城中は、赤座内膳とともに惣軍奉行を務めた（『土屋知貞私記』）。旗奉行として、金の切裂十二本、金瓢に金切裂付の馬印を預かった（『難波戦記』）。また、黄撓《きにない》指物《さしもの》を預かった（『土屋知貞私記』）。突盔《とっぱい》の兜を着用（「郡主馬宗保伝記」）。

持ち口は惣構南表の天王寺口黒門（『藤堂家覚書』、『難波戦記』）。あるいは黒門口の出櫓（『高山公実録』）。『武徳編年集成』に、郡主馬の持ち口は玉造口升形とあるが、実否不明。

十一月二日、藤堂高虎が住吉に着陣した。宗保は藤堂勢が単独で進出していることから、即日夜襲を建議した。しかし、衆議一決せず実現しなかった。

十一月十一日夜、藤堂勢は天王寺口黒門東方に進み、同口の櫓を鉄砲で攻撃した（『高山公実録』）。

十二月、妹婿の余田重政から使者が到来した。使者は帰路で舟を付け損じ、松平康重の手に捕縛された。有馬豊氏の家臣飯沼石見が陳弁して事なきを得たが、大坂方に志を通じたとして、余田は世を憚る身となった（「自笑居士覚書」、『米府紀事略』）。

十二月二十日、和睦が成立し、常光院らが茶臼山を訪問し、家康の誓紙を受け取った。

十二月二十一日、正使木村重成の副使として茶臼山に赴き、二の丸鉄砲小屋で本多正純、後藤光次と対面した。次いで岡山の将軍秀忠の陣所に赴き、秀忠に拝謁して誓紙を受け取った。本多正信父子、京極忠高が同席した（「大坂冬陣記」）。同所に詰めていた秀忠の小姓組村越吉勝の談によると、宗保は六十歳ほどに見える小男で、黒羽二重の袖なし羽織を着用していた（『石岡道是覚書』）。吉勝には、両使から同年一月に死去した村越直吉への弔意が伝えられた（『近史余談』）。

慶長二十年五月七日、秀頼の馬印を奉じて十丁ほど城外に押し出したが、大坂方が総敗軍となったため、城中へ馬印を持ち帰った（『綿考輯録』所載「慶長二十年五月十五日付細川忠興書状別紙覚」）。勝曼院の前に、七組の野々村吉安、その他寄合勢とともに備えを立てたともいう（『大坂御陣覚書』）。

天王寺方面に出役したが帰城し、黒門の持ち口も引き揚げ、平素千畳敷広間番を務めていたので、千畳敷御殿に入った（「自笑居士覚書」）。家来の西岡四兵衛、木島伝左衛門、野田角左衛門、長刀持宗石が従った（「郡主馬宗保伝記」）。

千畳敷の大床に黄母衣を納め、切腹の準備をしていると、奥に向かう大野治長が通りかかり「まだ切腹は早い。御台所の消火はできまいか」と大声で尋ねた。宗保は「城中の人数で消火はできるだろう。私は宇多口（不詳）が破れたので天王寺表から引き払ってきた。不肖ながら代々弓箭の家に生まれ、雑兵の手にかかっても仕方ないので早々に切腹する。秀頼様も切腹なされるように」と答えた（「自笑居士覚書」）。

また、千畳敷に出てきた毛利吉政が「宗保殿は早や切腹と見える。私は織田有楽の屋形に妻子を置いているので、後ほど死出の山にて追い付きましょう」と声をかけ哄笑した。宗保は「冥土黄泉の先懸けに一番腹つかまつる」と会釈した。

成田兵蔵が千畳敷に来て「私もここで切腹したい」と願った。宗保は「汝を見知る人もいないだろうから、まずは落ち延びて、浮世の有様を見るように」と諭した。しかし、兵蔵が「雑兵の手に懸かり死ぬよりは、速やかに切腹したい。私には家来がないので、宗保殿の家来に介錯を頼みたい」と強く望むので、長刀持の宗石に介錯させた（「郡主馬宗保伝記」）。

宗保は黒田長政、有馬豊氏、寺沢広高と平生懇意にしていたので、家来たちに「私がここで切腹したことは、必ず黒田、有馬、寺沢の三方と婿殿に伝えてほしい」と言い残した（「自笑居士覚書」）。また、切腹に用いた脇差は、黒田長政に持参するよう命じた（『豊内記』）。

千畳敷御殿で切腹（『綿考輯録』所載「慶長二十年五月二十四日付細川忠興書状」）。木島伝左衛門が介錯した。享年七十一歳（「自笑居士覚書」）。木島は郡利宗とともに筑前へ下り、黒田家の側筒組に属した（「自笑居士覚書」、「郡主馬宗保伝記」）。

家康は宗保が節義を守り、諸人に先立って自殺したことを聞いて「昔、鎌倉が滅んだ時の安東入道聖秀、今の郡主馬。同じく忠節の家臣である」と賞賛した（「郡主馬宗保伝記」）。

宗保は竜雲山安住寺〔注2〕の檀那だったため、墓は同寺にあった（「自笑居士覚書」）。子孫により、朝散大夫郡主馬首橘宗保居士と諡された。また、筑前郡家より、百年忌に梅林宗保居士の位牌が納められた（高槻市個人蔵「覚書写」）。筑前博多の石城山妙楽寺にも碑〔注3〕が建てられ、位牌が安置された。法名は梅林宗保居士（「郡主馬宗保伝記」）。

家紋は、初め丸の内に引両、大坂の陣の時は揚羽蝶（「郡主馬宗保伝記」、「妙楽寺蔵指月自笑居士位牌」）。

筑前郡家に伝来したと思われる郡和泉守宗保肖像には、貝原益軒が着賛した（「自笑居士覚書」）。『別冊歴史読本 戦国の武将二百七傑』（新人物往来社 一九七七年）に、それとおぼしき宗保の肖像画の一部が掲載されている（檜垣元吉氏執筆「黒田如水」の項）。風折烏帽子に狩衣を着用、手に扇子を持ち、痩軀、温顔の老人の印象がある〈巻末「付録」参照〉。

正徳四年春、貝原益軒は「郡宗保家伝一巻」を著した（『閲史筌蹄筑前郷土誌解題』）。

明治十一年七月、筑前郡家十代の郡利譲は、家伝の系図や「郡金右衛門先祖代々御家ニ勤仕之覚書」、「利興伝書」、「郡利貫聞書」、「自笑居士覚書」および「郡宗保家伝」などを抜粋して「郡主馬宗保伝記集成」を編纂した。黒田長成の蔵書の

こ

写本が「郡主馬宗保伝記」の外題で東京大学史料編纂所に所蔵されている（「郡主馬宗保伝記」）。

先妻は、出雲の人野村平次右衛門の娘で、長男郡次左衛門、長女細川忠興の側妾藤で、次女（鹿塩長左衛門入道宗具の妻）、三女（藤堂将監嘉以の妻）、四女（三淵伯耆守光行の妻）を産んだ。後妻は、中村彦右衛門一栄の養女。実は中村一氏の娘で、次男の郡金右衛門利宗、三男の林又右衛門、四男の郡作内を産んだ（「自笑居士覚書」）。「指月自笑居士位牌」（妙楽寺蔵）は、利宗の母を野村氏とする。

長男の郡次左衛門は、豊臣秀次に仕えた。これは秀吉の命によるもので、大坂旗本衆の惣領は一様に秀次に付属された。秀次の滅亡後、黒田長政に千五百石で仕え、馬廻組頭を務めた。病身となったため、大坂の陣の三年前に宗保の知行所である摂津国武庫郡小松村に退隠し、翌年に病死した。妻は、増田長盛の家臣高田遠江守一英の娘（「元禄四年御家臣先祖由来之記」、「自笑居士覚書」）。

長女の藤は、荒木村重の一族とともに虜囚となったが、乳母に匿われ、織田信澄に仕えた。その後、明智光春の内方に遣わされた。天正六年、明智光秀の娘玉に付属され、細川忠興への入輿に供奉した。後に忠興の側妾となり、天正十年、古保を産んだ。小倉城松の丸に居住し、松の丸殿と称された。寛永六年六月十九日に死去。古保は、細川忠利の家臣松井興長の後室となった（『綿考輯録』、「自笑居士覚書」）。

次女は、柏尾長左衛門入道宗具（注4）に嫁いだ（「増益黒田家臣伝」、「自笑居士覚書」）。

三女は、藤堂将監嘉以（注5）に嫁ぎ、長男の藤堂将監良正と次男の藤堂主馬良利を産んだ（『寛政重修諸家譜』、「増益黒田家臣伝」）。

四女の慶寿院は、初め葛西、大崎の領主木村伊勢守に嫁いだ。天正十八年に死産したため、同時期に萱野長政の妻女が産んだ子を貰い請けた。その子は長じて郡正大夫慶成を称した。後に三淵伯耆守光行に再嫁し、長男の三淵縫殿助藤利、次男の郡弥四郎藤正、三男の三淵山入を産んだ。次男の家系が細川家の家臣として続いた（「自笑居士覚書」）。

五女は、実は実兄伊丹勘左衛門の娘で、宗保の養女。萱野弥三右衛門長政（注6）に嫁ぎ、長男の萱野権兵衛長則（号は意白）、次男の郡正大夫慶成（号は遊山）、四男の萱野正三郎、五男の萱野市兵衛を産んだ。長男の家系は会津松平家の家臣、次男の家系は黒田家の家臣、四男の家系は庄内酒井家の家臣、五男の家系は山内家の家臣として続いた（「中川家寄託 諸士系譜」、「増益黒田家臣伝」、「元禄四年御家臣先祖由来之記」、「自笑居士覚書」、「会津藩諸士系譜」、『大泉紀年』、『御侍中先祖書系図牒』）。

次男は郡平次郎利宗〈「郡平次郎利宗」の項参照〉。

三男の林又右衛門は、慶長八年に誕生。初め助次郎と称した。幼少の時に秀吉の家臣林甚内の養子となり、林彦三郎と称した。大坂落城の時、寺沢広高の陣所に落ち延び、肥前唐津で甚内の弟林又兵衛の婿養子となった。元和七年、部屋住料五百石を給せられ、足軽頭を務めた。養父の死後は家督千石を継ぎ、林又右衛門友所を称した。寛永十四年十一月五日、天草で一揆が起きたため冨岡城へ赴援し、十一月十四日に富岡大嶋子で戦死。享年三十五歳。子孫は黒田家の家臣として続いた（「増益黒田家臣伝」、「自笑居士覚書」、『寛明日記』）。

四男の郡作内は、清次郎とも称した。大坂の陣の時は十三歳で、母と一緒に伯母婿の藤堂嘉以の知行所に落ち延びた。元和二年六月、兄の利宗とともに堺より乗船して筑前へ下向する途中、難船して溺死した。享年十三歳（「増益黒田家臣伝」、「自笑居士覚書」、「元禄四年御家臣先祖由来之記」）。

〔注1〕伊丹勘左衛門は、伊丹親保の長男。伊丹親永の遺子親興を後見して足利義昭に従った。永禄十二年一月六日、京六条堀川の本国寺合戦で戦死。

伊丹左近大夫は、親保の次男。

伊丹十一右衛門の妻は、親保の長女。十一右衛門は伊丹康勝の子で、叔父伊丹永勝の養子となった。後に加藤九左衛門と称した。

加藤重徳の妻は、親保の次女。永禄十一年に嫡男の加藤図書吉成、元亀二年に次男の黒田美作守一成を産んだ。慶長二十年五月二十一日に死去。法名は宝樹院鷲誉栄春大姉。

余田源兵衛重政（摂津国島下郡郡村の領主余田肥後守の三男）の妻は、親保の三女。郡慶成の妻、村尾八郎右衛門入道意安の妻を産んだ。なお、余田肥後守の妻は、郡光成の次女で、伊丹親保の妻の妹。

伊丹次郎右衛門は、池田輝政に仕えた（「自笑居士覚書」、「増益黒田家臣伝」、「伊丹家系図」、「黒田美作一成伝」）。

〔注2〕安住寺は、蜂須賀氏の再建で大坂櫓岸にあったが、慶長十九年の戦役で焼失したため、元和元年に天王寺六万躰町駒ヶ池谷町筋に移され、南岳山国恩寺と号した。明治十二年に廃寺（『蜂須賀正勝公顕彰号』）。

〔注3〕現在の妙楽寺墓地には、郡家墓碑群の隣に梅林宗保居士の墓碑があるが、これは宗保の墓碑ではなく、万治四年四月十四日に死去した竹中重次の墓碑である。「石城山妙楽寺過去帳」によると、宗保も重次も法名は梅林宗保居士である。

〔注4〕柏尾宗具は、和泉堺の町人で囲碁の上手。家康から二百石を給せられた。慶長十九年十月九日に妻子を在郷に隠して単身堺を脱出、十月十五日に三河吉田に到り、家康に大坂の形勢を報告した。家康から奇特の志と称美され、十一月には堺への帰還を命ぜられた（「増益黒田家臣伝」、「自笑居士覚書」、『駿府記』、『本光国師日記』）。

〔注5〕藤堂嘉以は、藤堂玄蕃頭嘉清の子。母は久徳左近兵衛義時の娘。慶長八年、父の遺跡である大和国高市郡内の二千石を継ぎ、徳川家の寄合に列せられた。慶長十九年、藤堂高虎に属して大坂へ出陣。慶長二十年、水野勝成に属して大坂へ出陣。五月六日の道明寺口合戦で松倉重正とともに安宿郡片山の山麓に至り、首八級を斬獲。五月七日、玉造口より進み、桑山貞晴とともに桜門の付近より城中へ攻め込んだ（『寛政重修諸家譜』）。落城の際、騎士二名を二の丸に派遣し、宗保の妻子を救出し、大和の知行所に匿った（「自笑居士覚書」）。寛永五年七月二十四日に死去。享年四十歳。後妻は松倉重政の娘（『寛政重修諸家譜』）。

〔注6〕萱野長政は、摂津国島下郡萱野庄七郷の領主萱野長門守重政の長男（「中川家寄託 諸士系譜」）。初め伊丹家に属し、後に秀吉に仕えた（「郡主馬宗保伝記」）。知行千石（「元禄四年御家臣先祖由来之記」）。文禄元年、肥前名護屋城に在番し、三の丸御番衆御馬廻組の二番中嶋左兵衛組に所属（『太閤記』）。道休と号した（「自笑居士覚書」）。

郡平次郎利宗 こおり へいじろう としむね

郡主馬首宗保の次男。

慶長六年に誕生。秀頼に仕え、小姓を務めた。

慶長十九年、大坂城に籠り、父の持ち口の天王寺黒門口へ出張した。

慶長二十年五月七日、秀頼の出馬に備えて城中に待機した。秀頼はいったん桜門まで出馬したが、千畳敷御殿に戻った。その時、秀頼は雪隠に入った。傍らで赤座三右衛門が刀を、坂井平八が手水を、利宗が手拭を捧げ持った。そこへ大野治長が伺候して「御城は落ちました」と言上した。秀頼はいつもの気色で雪隠を出て、手水を使い奥に入った。治長が「このような時に子供は参らぬもの」と言って座敷の間の衾《ふすま》を閉め切ったので、近習や児小姓はそれぞれ表御殿を退去した。利宗も退去する途中、御遠侍の玄関の前で速水守之と遇い、「主馬には会わなかったか」と尋ねられたが、「会っていません」と答えて別れた(「自笑居士覚書」)。

それより有馬豊氏の陣所に落ち延び、叔母婿の余田重政の小屋に隠れた。黒田長政は五月八日朝から家臣の郡慶成に大坂近辺で宗保の子供を探させた。利宗の所在について復命を受けると、長政は豊氏を訪ね、藤堂嘉以、寺沢広高も含めて対応を協議した。当時、長政は家康への伺候を控えていたため、豊氏が家康への報告を引き受けた。

かくて本多正純の指示により豊氏が利宗を伴って二条城へ出頭すると、「切腹した主馬は石田の謀叛の時、黒田屋敷に配慮があったと聞く。その由緒を以て助命する」との上意が示された。それより利宗は、姉婿の鹿塩宗具方に預け置かれた。その年の暮に長政が正純を通じて伺いをたて、黒田家で預かることが許可された(「自笑居士覚書」、『関原軍記大成』)。

元和二年六月、長政に従い、堺より乗船して筑前へ下向した(「自笑居士覚書」、「平成二十六年度古典籍展観大入札会出品」六月十六日付郡平次郎宛黒田長政書状)。

元和四年、十八歳で元服。長政より知行千石を与えられた(「自笑居士覚書」)。大塚権兵衛組に所属(『元和九年知行高帳』)。黒田忠之の小姓頭を務め、十右衛門と改めた。

寛永十六年二月二十五日、有馬の陣での軍功褒賞として筑前国鞍手郡金生村で三百石を加増され、馬廻頭となった。後に二百石を加増され、合計千五百石を知行した。

寛永十八年、長崎番となり、長崎奉行所に番頭として出張。この時、「十右衛門は主馬の若名なので公儀の手前遠慮あるべし」との主命により、金右衛門と改めた。鉄砲の大頭で千挺の先手を務めた。

明暦二年閏四月二十九日に死去。享年五十六歳。法名は鉄叟宗覚居士。葬地は石城山妙楽寺(「自笑居士覚書」、「妙楽寺永代祠堂帳」)。

妻は黒田家の家臣馬杉喜右衛門一正の娘で、宝永二年一月十二日に死去(『吉田家伝録』)。「妙楽寺永代祠堂帳」には、利宗の室は貞享元年四月七日に死去、法名は涼心妙清信女とある。

長男の郡治兵衛利貞は、明暦十二年二月五日に父に先立って死去。享年二十九歳。法名は西林宗涼居士。葬地は妙楽寺。妻は黒田家の家臣久野四兵衛一重の次女。

次男の郡五兵衛利勝は、利宗の遺知のうち千石を継いだ。後に三百石加増された。鉄砲の大頭で千挺の先手を務めた。隠居して成果と号した。八百石を兄の利貞の遺児郡五兵衛利重に、五百石を実子の郡弥兵衛利景に分与した。正徳二年一月十二日に死去。享年八十一歳。法名は善巌成果居士。葬地は妙楽寺。妻の某氏は正徳三年一月十四日に死去。法名は清昌院月潤妙心禅女。

三男の郡武左衛門利成は、利宗の遺知のうち三百石を継いだ。隠居して一無と号した。享保六年十一月十日に病死。享年八十八歳。法名は心峰一無居士。葬地は妙楽寺。妻は青野六左衛門の女。

四男の郡兵右衛門一成は、利宗の遺知のうち二百石を継いだ。多病のため、致仕して伏見に隠棲した。剃髪して自笑と号した。後に黒田家へ本知で再仕した。宝永元年七月二十一日付で郡家の由緒筋目を書き著し、「自笑居士覚書」として伝来した。宝永五年十月二日に死去。享年七十二歳。法名は指月自笑居士。葬地は妙楽寺。

五男の角右衛門宗定は、黒田家の家臣青木角右衛門の養子となった。宝永七年十二月七日に死去。享年六十八歳。法名は歇山休波居士。葬地は福岡の長円寺。妻は青木弥次右衛門の姉（「増益黒田家臣伝」、『吉田家伝録』、「自笑居士覚書」）。

五鬼　ごき

吉野大峯の五鬼とは、大和国吉野郡前鬼村の小中坊鬼介、森本坊鬼継、行者坊鬼熊、不動坊鬼童、仲之坊鬼上（『熊野市史』）。大坂の陣では五鬼が残らず入城したとされる（『長沢聞書』）。

慶長十九年十月、吉野郡川合村の山室彦左衛門が大坂の内意を受けて一揆を画策した。前鬼の津久（森本坊鬼継）、堀内将監、中村某、小中某がこれに同意し、五人同道で大坂に赴き、一揆の算段を協議した。山室と津久は大坂から北山に帰り、十二月四日に近在の郷民を糾合して蜂起した（『北山一揆物語』、『大坂御陣覚書』）。

十二月五日、家康は高野山の文殊院応昌を住吉の陣屋に呼び、代官を派遣して一揆を討伐することを告げ、山伏が断りなく大峯に入らないよう周知を命じた（『駿府記』）。

津久には平谷の三助、北山在々の庄屋、村々の指導者などが同調し、一揆勢は三千人ほどに膨らみながら紀伊国牟婁郡大里村に進出した。十二月十二日、津久は一揆勢に新宮城の攻撃を指示、自身は後刻合流することとした。しかし、新宮城の守備は固く、一揆勢は撃退された。津久は敗北を知らぬまま、旗一流を立て、人足十人ほどの山駕籠に担がれ下田へと五町ほど進んだ。そこに新宮からの敗走兵に出くわした。状況を聴取すると「牛ヶ鼻より先は前進できず、間もなく新宮から追討軍も派遣される」とのことで、人足たちは山駕籠を沼田に投げ出し四散した。津久は力なく北山を指して落ち行き、大峯付近の仙窟に隠れたが、そのまま餓死した。北山の人々は、一揆の大将津久の首を差し出せば、今般の難局を回避できると相談した。結局、吉野郡下市村出身で、池峰在住の小右衛門が首を取り、下市の代官所に届け、褒賞された（『北山一揆物語』）。

慶長二十年四月二十日、家康は大峯五鬼の由来について、照高院興意法親王と三宝院准后義演に諮問した（『本光国師日記』、『義演准后日記』）。

小嶋三助　こじま さんすけ

小嶋若狭守の子。

父の若狭守は、伊勢で誕生。秀吉に知行四百五十石で仕え、台所衆（『家中諸士家譜五音寄』寛文九酉年小島弥次兵衛書上、「一柳家文書」）。天正十六年八月一日、聚楽

第に伺候した毛利輝元より銀子五枚を贈与された（『輝元公上洛日記』）。天正十七年十一月二十三日夜、聚楽第で浅野長吉、西笑寺承兌、木下半介、大村由己、楠長諳らと、北条氏政への宣戦布告状の草案について協議（『鹿苑日録』）。天正十八年九月十八日、秀吉が毛利輝元邸に来臨した時、相伴衆豊臣秀俊の配膳を務めた（『毛利家文書』）。

小嶋三助は、父の死後、跡目四百五十石を継いだ（『家中諸士家譜五音寄』寛文九酉年小嶋弥次兵衛書上）。

文禄三年四月八日、秀吉が前田利家邸に来臨した際、春日五兵衛とともに相伴衆稲葉貞通の給仕を務めた（『豊大閤入御亜相第記』）。

慶長元年四月二十七日、秀吉が長宗我部元親邸に来臨した時、次の御酌役であった堀田図書の加役を務めた（『南路志』）。

秀頼に仕えた（『家中諸士家譜五音寄』寛文九酉年小嶋弥次兵衛書上）。

慶長十六年三月、秀頼の上洛に供奉（「秀頼御上洛之次第」）。

大坂の陣で戦死。

妻は池田光政の家臣森掃部の娘。

子孫は岡山池田家の家臣として続いたが、宝暦元年に断絶（『吉備温故秘録』所載「小嶋亀右衛門書上」、「除帳」小嶋吉郎兵衛）。

小嶋兵吉《こじま ひょうきち》

紀伊国伊都郡上田の住人で、名草郡西村の坂上家を継いだ小島壱岐守の養嗣子（『紀伊続風土記』）。あるいは、伊都郡上田の住人小嶋壱岐守の子で、名草郡山口の仕人山口新左衛門の養子。山口家より小嶋家の家格が高かったので、そのまま小嶋氏を称した。加地子《かじし》として二、三百石ほどを得ていた（『南紀士姓旧事記』）。

慶長二十年四月二十九日、名草郡山口の住人山口喜内の嫡男兵内朝安らとともに樫井合戦に出役し、紀州路の案内役を務めた（『大坂御陣覚書』、『南紀徳川史』）。

妻は山口喜内の娘（『紀伊続風土記』）。

弟の仁兵衛は、病身だったため大坂へ籠城せず、吉野郷へ引き籠り、落城後は山口へ帰住した（『南紀士姓旧事記』）。

小島門大夫定屋《こじま もんだゆう さだいえ》

讃岐国大内郡西山村の住人小嶋久兵衛定基の長男。または定基の弟。

父の定基は、兄の小嶋市兵衛政富とともに讃岐に来住し、寒川元政に仕え、引田城附となり、西山村兼弘に居住した。

小島定屋は、左門大夫を称したともいう。西山村兼弘に居住。

生駒正信に随身して大坂籠城。慶長二十年に戦死。

長男の小島忠右衛門定信は、喜右衛門とも称した。父とともに大坂籠城。

次男の小島藤左衛門定末は、久左衛門とも称した。西山村の政所を務め、後に与田山天王に移った。

三男の小島久兵衛の子孫は、原間に移って高島氏に改めた（『向山家系図』、『向山氏系譜』）。

小菅弥左衛門《こすげ やざえもん》

小菅又左衛門の子。

父の又左衛門は、武田信玄の家臣小菅五郎兵衛忠元の子。石田三成に仕え、関ヶ原合戦で戦死。

小菅弥左衛門は、慶長二十年、大坂城に籠り戦死。

子の小菅与次右衛門は、牢人のまま生涯を終えた。その子小菅与兵衛信恒（号は知拙）は、徳川綱条に知行百五十石で仕えた（「水府系纂」）。

五大院刑部《ごだいいん ぎょうぶ》

『高野春秋編年輯録』によると、慶長二十年四月上旬、高野山寺領の智荘厳院応政、五大院刑部が真田信繁の招聘により大坂城に籠り、木村重成に属して戦死したというが、実否不明。

ちなみに「南紀士姓旧事記」によると、紀伊国那賀郡安楽川庄の人平野弾正は、初め高野山五大院の住持だったが、還俗して侍となり、津田左京を称し、宇喜多秀家に知行千石で仕えた。次いで浅野幸長に知行四百石で仕え、津田刑部と称した。紀伊で死去。子は幼児だったので跡目が立たず断絶。子は牢人して、後に鷹匠となったという。これと同一人物であろうか。

小寺右衛門佐《こでら えもんのすけ》

大坂七組の青木一重組に所属。

慶長二十年五月七日、青木正重の指揮で天王寺表へ出役。富田九郎兵衛、上島三十、三木佐々右門、荒木八左衛門とともに敢闘した。落城後、京都で一重が大坂で組下だった侍の軍功を詮議した際、右の働きを認められた。

京都に浪居した(「和田千吉氏所蔵文書」)。

後藤左太郎正方《ごとう さたろう まさかた》

後藤又兵衛の惣領。

母は後に又兵衛に離別され、豊前で後藤又市(正方の同腹の弟)に保護され、寛永六年頃に死去。

後藤正方は、慶長元年に誕生。一意(『長沢聞書』)、一伊(『金万家文書』先年寅歳大坂籠城之砌之事)、または市養(「中山家系」)と称した。幼少の時、疱瘡により両腕が曲がって不自由だったため、十二、三歳の時から親の意向で出家し、播磨の法華宗正蓮寺で法弟子となっていた。

慶長十九年、又兵衛は大坂に籠城したが、新参者だったため、人質として自分の母親を差し出した後、正方をも人質として供出するため城中に呼び寄せた(『綿考輯録』所載「後藤又兵衛子左太郎申分」)。当時、正方の身柄は池田忠雄の家臣三浦主水正(又兵衛の妻の兄)に預けられていた。又兵衛は、正方の身柄引き取りのため、年来の使用人伊藤長兵衛、親類の山下七左衛門、鉄砲頭難波六大夫を相次いで派遣したが、三浦家は応じなかった。四度目に派遣された金万平右衛門は、十月二十六日に大坂を出立し、十月二十九日の未明に備前に到着すると、身柄引き渡しを拒む三浦勘兵衛(主水正の弟)と折衝し、同日の暮れ方には正方の同意のもと身柄を引き取って備前を出立した。十一月三日には兵庫に到着し、尼崎、堺を経て十一月四日に大坂へ到着した(『金万家文書』「先年寅歳大坂籠城之砌之事」)。

慶長二十年五月六日、昼四つ時分に又兵衛は戦死し(『綿考輯録』所載「後藤又兵衛子左太郎申分」)、遺品として大小の鞘袋、頬当が戦場からもたらされた(『長沢聞書』)。正方は出家で、親掛かりの身ではあったが、又兵衛の敗残兵を指揮するよう命じられた。しかし六日の晩に、「又兵衛は討ち死にしたのではなく変心した」との風聞が立ったため、夜中に詮議が行われた。正方は厳重に人質として本丸に留め置かれ、二の丸に出ることも許されなかった(『綿考輯録』所載「後藤又兵衛子左太郎申分」)。

翌七日、又兵衛の敗残兵を預かっていたが、六日の合戦で傷んだ鎧、指物などを修繕しているうちに四方が炎上したため、天王寺表には出役しなかった(『長沢聞書』)。昼には落城となり、落ち延びて、正蓮寺の本寺である京都の本禅寺に四、五日滞在した。

その後、弟の保護下にあって転々とした。病者のため大坂牢人が赦免となっても武家奉公はできないと覚悟し、元和六年、和泉国日根郡淡輪村に移り、弟の援助を受けつつ百姓となった。一両年の後、淡輪村の百姓新左衛門の婿となり、全く百姓となった（『綿考輯録』所載「後藤又兵衛子左太郎申分」）。中村角兵衛と称した（「中山家系」）。

慶安二年三月十四日付で身上を調査され、「後藤又兵衛子左太郎申分」が作成された（『綿考輯録』所載「後藤又兵衛子左太郎申分」）。三月二十四日、大坂代官所により拘束され、京都所司代に送致されたが（『徳川実紀』）、上使斎藤三友を通じて放免となり、後藤氏に復することを許され、左太郎正方と称した（「中山家系」）。淡輪村に浪居（『御家人由緒明細録』）。承応三年十一月十九日に病死。享年五十九歳。法名は照翁院永霜立長居士（「中山家系」）。

子は寛永十一年と同十四年に誕生した男子が二人いた〔注〕（『綿考輯録』所載「後藤又兵衛子左太郎申分」）。

〔注〕子二人のうちいずれかが後藤八助正利と思われる。正利は、正方の子で和泉で誕生。寛文二年、大坂城代青山宗俊に淡輪村から転居を願い出たが許可されず、米二十石を与えられた。寛文六年、再度転居を直訴したため、大坂に召し出され十人扶持を給され、在所に任意で居住するよう指示された。寛文十二年より二年間にわたり、鼻紙代として米二十石ずつを支給され、大坂城代の下屋敷の長屋に居住を許された。延宝元年、新知百石を与えられた。元禄十二年、隠居して正入と号した。享保十一年五月二十二日に病死（『御家人由緒明細録』）。

なお、「諸士由緒」によると、後藤又兵衛の子として中村権兵衛正光がいたとされる。確証はないが、又兵衛の子は誤りで、正方の子、正利の兄弟でないかと思われる。正光は、旗本中村監物の斡旋により、小笠原忠真に知行四百石で仕官した。その際に中村氏を称した。後に百石を加増された。男子が三人いた。嫡男の中村権兵衛義正は、跡目五百石を継いで近習頭を務めたが、故あって暇を与えられた。次男の中村貞右衛門義方は、忠真に小姓として出仕し、新知二百石を与えられ、後に馬廻を務めた。子孫は後藤氏を称し、小笠原家の家臣として続いた。三男の中村源左衛門光英は、初め忠真より扶持米を給せられ、後に知行二百五十石を与えられ、近習者頭を務めた。子孫は後藤氏を称し、小笠原家の家臣として続いた（「諸士由緒」）。

後藤三弥《ごとう さんや》

慶長二十年五月六日、道明寺表合戦で松平忠明の家臣川北権兵衛正行に討たれた（「同志茶話」、『武徳編年集成』）。後藤の首は松平家の手における二番首となった（「侯家編年録」）。

後藤八郎常年《ごとう はちろう つねとし》

後藤左衛門尉基常の次男。

大坂城に籠り戦死（「諸氏本系帳」）。

後藤平蔵常政《ごとう へいぞう つねまさ》

後藤左衛門尉基常の長男。

慶長十八年三月、大坂に到り、その後、籠城した。

落城後は牢人となり、遠江、後に出羽に下向した。正保三年四月一日に死去。

長男は後藤五郎左衛門常国。次男は後藤八郎次常清。さらに一女がいた。家紋は下藤丸（「諸氏本系帳」）。

後藤又兵衛《ごとう またびょうえ》

→「大坂城中の五人衆」の項。

小林三右衛門《こばやし さんえもん》

初め小早川秀秋に知行三千五百石で仕え、歩者十人、持筒三十挺を預かった。

その後、大坂に出仕し、知行同様、与力三十人を預かった。

落城後は尼崎に蟄居。池田忠雄より黒田出雲を以て招聘されたが、老齢により辞退し、尼崎に居住しながら毎年五百石を給せられた。

子の権之助は、寛永五年、幼年ながら父に代わって忠雄に出仕し、当分の合力として三百俵を給せられた。後に三浦弥右衛門と称した。父が死去すると、合力米三百俵を千石に直し、また亡父へ給付されていた五百石と合わせて千五百石を与えられた。寛永十二年、弟の山三郎に五百石を分与した。子孫は鳥取池田家の家臣として続いた（「鳥取藩政資料　藩士家譜」三浦刑馬家）。

五味《ごみ》

紀伊国牟婁郡長井村の人。

慶長十九年、一揆の大将となった。十二月月二十七日、浅野長晟の討伐軍が北山大沼村の川を越えた時に逃散し、親子ともに大坂城に走り込んだ。五味は大坂で死亡。

子は山中に逃れたが、浅野家に捕えられて成敗された（『浅野家文書』）。

小室左兵衛《こむろ さひょうえ》

大坂七組の青木一重組に所属。知行は五百石。

慶長十九年、大坂籠城。足軽頭を務めた。十一月二十六日の鴫野口、慶長二十年五月七日の天王寺表に出役し、それぞれ軍功があった。九月五日、青木正重から大坂冬の陣・夏の陣における働きを、書状を以て賞された。

落城後、三宅四郎右衛門を称した（「諸方雑砕集」）。会津で加藤明成に仕えた（『加藤家分限帳』）。

寛永二十年、加藤家の除封後、尼崎で青山幸利に仕えた（「諸方雑砕集」）。朝比奈藤兵衛組に所属。知行は二百石（『万治三子年御組割』）。

小室茂兵衛《こむろ もひょうえ》

秀頼の家臣（『駿府記』）。

名前については諸説があり、『駿府記』、「慶長廿年五月十五日付細川忠興書状別紙」（『綿考輯録』）、「慶長廿年六月十一日付巨細条書」（『旧記雑録後編』）、「大坂軍記」、「山本豊久私記」には小室茂兵衛、『土屋知貞私記』、『豊内記』、『武家事紀』には小室武兵衛、『大坂御陣覚書』には小笠茂兵衛、『難波戦記』には小守茂兵衛とある。

慶長二十年五月八日、秀頼の最期に供をして自害（『綿考輯録』所載「慶長廿年五月十五日付　細川忠興書状別紙」、『旧記雑録後編』所載「慶長廿年六月十一日付巨細条書」、『駿府記』、『土屋知貞私記』）。

ちなみに「高野山持明院小坂坊十輪院過去帳」に、「大坂小室和泉守殿取扱にて果法院殿前治部法印春谷正栄居士、慶長十七年十月一日」と見える（「三好家過去帳」）。『田中興廃記』によると、小室和泉は、秀頼の家臣で、その子は宮川土佐の養子となり、跡目のうち千石を継いだ。茂兵衛はこれらと所縁の者の可能性がある。また、近江国浅井郡小室村の出自の可能性もある。

米田九左衛門《こめだ　くざえもん》

地神経《じしんきょう》の座頭の子。母は大和越智氏の家老下藤兵衛の娘。大和国高市郡田中村に居住。

大坂籠城。葛上郡吐田郷の付近で三万石の知行を約束されたという。

落城により河内芹菜生村（石川郡芹生谷村か）に落ち延びて、同所で死去（『越智古老伝』）。

小山佐次兵衛隆直《こやま　さじびょうえ　たかなお》

小山助之丞隆重の嫡男。

祖父の小山加賀守隆友は、帯刀隆朝の子。初め紀伊国守護畠山氏に属し、後に日高郡小松原湯川氏に属した。紀伊国牟婁郡潮埼庄の旗頭。

父の隆重は、隆友の長男（『紀州小山家文書』）。天正十三年、羽柴秀長より先祖伝来の本領である紀伊国牟婁郡東西高浜古座谷のうち、大川村など二十ヶ村ほどを安堵された。熊野七人士の一人（『紀伊国地士由緒書抜』）。天正十八年、小田原役に従軍し、天正十九年、高麗陣では軍役を務めた。文禄四年、大和豊臣家が絶えた後、秀吉に直仕。西向浦に居住し、大坂に出仕した。潮崎庄のうち、有田高浜より三前郷古田村まで八百石を領知。慶長五年、失領して大坂天満に浪居。後に大和豊臣家の旧臣本多俊政より大和高取に招かれ、牢人分で知行三百石を与えられ、鉄砲足軽十人を預かった。慶長十九年、老体ながら本多政武に従い寄せ手として大坂へ出陣。鑓傷を蒙り、同年死去。

小山隆直は、諱を隆直、隆保、隆政とされる。

慶長十九年、本多政武家中の侍分六十三騎の一人として大坂へ出陣。十二月四日、城南惣寄せの時、真っ先に竹束を離れて駆け出した。本多家の侍五人がこれに続き、六人で天王寺口黒門前に押し出し、鉄砲傷を負う働きがあった。

その後、これといった恩賞もないので再三暇を願い出たが許されず、そればかりか「重ねて願い出るなら切腹を命じる」と沙汰されたため堪忍できず、無断で大和を退去して大坂城に籠った。時に政武は十六歳、隆直も同様の年齢だった。

北川次郎兵衛組に属し、五月六日に道明寺表に出役。大身鑓を引っ提げて先駆する本多政武家中の素肌者を突き留めた。

落城後、西向浦に帰住。亡父隆重の隠宅を瑞雲和尚の居宅に提供し、成就庵と号した。後に薬王山成就寺と改められた。

元和五年、徳川頼宣の入封以後、和歌山城下に伺候し、彦坂光正を通じて由緒を上程した。

慶安三年、新規で十人扶持を給せられ、地士となった。口熊野大島浦遠見御番役を務め、大島浦哨戒所で南蛮船を監察した。

明暦二年四月中旬より腫物を患い、八月七日未刻に死去。

その子小山新左衛門隆安は、明暦二年より地士役を相続した。子孫は地士として牟婁郡三前郷西向井浦に続いた（『紀州小山家文書』、『紀伊続風土記』、『南紀徳川史』）。

西向小山氏については、『紀州小山家文書』（神奈川大学日本常民文化研究所編　日本評論社　二〇〇五年）に詳しい。

小山次郎左衛門氏清《こやま　じろ(う)ざえもん　うじきよ》

紀伊国守護畠山尚順の旗下小山八郎定次の次男。式部太輔氏吉の次弟。

大坂城に籠り、深手を負い、紀伊国牟

妻郡安宅荘久木村の小山家宅に帰った。若党津本与次右衛門、同新九郎は大坂で戦死した。子孫は牢人となった（『久木小山氏系図』、『久木小山家由緒書』、『十河文書』）。

「南紀古士伝」には、兄の小山式部太輔も大坂冬の陣に籠城し、真田信繁の手に属し、和泉堺で九鬼守隆と合戦の時、弟の次郎左衛門は戦死、式部太輔は在所に引き籠ったとある。一方『久木小山家由緒書』、『久木小山氏系図』、『紀伊続風土記』には、小山式部太輔の大坂籠城の記事は見えない。

近藤喜左衛門《こんどう きざえもん》

長宗我部盛親に従い、大坂籠城（『福富半右衛門親政法名浄安覚書』）。

近藤三休《こんどう さんきゅう》

長宗我部盛親の家臣。

土佐国安芸郡奈半利村で牢人となっていたが、大坂に籠城した。妻子は捕えられ投獄された（『山内家史料』所載「山内家記録」）。なお「土佐香宗我部家過去帳」（高野山金剛三昧院蔵）に「土州奈半利 コン藤三休」が見え、実在が確認できる。

近藤長兵衛正次《こんどう ちょうびょうえ まさつぐ》

長宗我部盛親の家臣。

文禄二年に誕生（『森家先代実録』）。

長宗我部家が除封された後、豊後臼杵で稲葉典通方にいたが、慶長二十年春に出奔して大坂城に籠り、旧主に属した（『稲葉家譜』）。五月六日、八尾表合戦で藤堂高虎の家臣桑名弥次兵衛一孝を討ち取った（『難波戦記』、『土佐国編年紀事略』）。

その時の模様について、以下の諸説がある。

（一）五月五日、盛親は「明日は一生の大事となる合戦である。首は取り捨てにして各々粉骨せよ」と下知した〔注〕。そこで翌日、長兵衛は、討ち取った首を盛親本陣に捨て置いた。その首を見た盛親は「桑名の首だ。年来我が家に仕えてきたが、関ヶ原以後は藤堂家に仕えていたと聞く。諸手数多ある中、我が備えに来て討ち死にしたか」と双眼を潤ませた（『森家先代実録』）。

（二）弥次兵衛は藤堂高刑の左方少し手前で敵に遭い、鑓を提げて先に進み、嫡男の桑名一久のほか、土佐組の者もこれに続いて敵の先手を追い崩し、旗本まで切り込んだ。長宗我部譜代の者は、互いを見知っていたので「桑名ではないか。それ、逃すな。弥次兵衛を討ち取れ」と我先に打ちかかった。中でも長兵衛が真っ先に進み、無二無三に突きかかった。弥次兵衛は鑓を突き折り、刀を抜き合わせたが、刀も打ち落とされ、短刀を握りながら長兵衛の鑓に貫かれた（『元和先鋒録』）。

（三）弥次兵衛は真っ先に進み寄り、それを見た盛親は「譜代の主に向かって弓を引く曲者。誰であれ、弥次兵衛を討った者は随一の高名であるぞ」と下知した。桑名の一族である吉田、中島、和食らが、他人の手には掛けさせまいと、揃って打ちかかった。弥次兵衛は、その中に真一文字で駆け込み、鎗玉に挙げられた。鑓も取り直さず、太刀をも抜かず、脇目もふらずただ討たれた。首は長兵衛が取って盛親の一覧に供えたところ、忍の緒を真結びにして、その端を切り捨て、二度と解けなくしていた。その時、吉田猪兵衛が進み出て、弥次兵衛と対面した時の様子を申述すると、盛親は「さては討ち死にと思い極めていたか。不憫な」と哀傷した（『南路志』）。

落城後、美作津山の＊森忠政に知行四百石で仕えた。

寛永三年一月、前田利常の娘と森忠広の婚姻の際、前田家から長兵衛ら森家の家臣に、それぞれ小袖三領が贈られた。

寛永九年八月十二日、細川忠利が江戸で忠政を訪問し、森家中の近藤勘左衛門と長兵衛について話題にした。勘右衛門は慶長五年の合渡川合戦の事、長兵衛は八尾表合戦の事を尋ねられ、盃を賜った。忠利の退出後、相客の花房助右衛門が、両近藤を誉めそやすと、忠政は小声で「あまり誉めると両人の者が調子に乗るから」と制した。その後も度々加増され、知行千五百石に至り、大組足軽三十一人を預かった。生涯、毎年盂蘭盆《うらぼん》には桑名の霊を祭ったという（『森家先代実録』）。

子の近藤主馬言知は、森長成に知行千石で仕え、鉄砲三十挺を預かった（「森家御系譜並諸士方分限帳」）。なお、言知は津山で、池田信成の末男長五郎を養子とした。長五郎は長兵衛信知を称した。元禄十年八月二日、津山森家の除封後、実家に帰り、池田平介信明を称した。享保十七年十月七日に死去。享年六十六歳（「池田氏家譜集成」）。

〔注〕「明石清左衛門覚書」にも、盛親が初戦で首の討ち捨てを指令したことが見える（「平山家文書」）。

近能五郎左衛門　こんのう ごろ（う）ざえもん

後藤又兵衛の右筆《ゆうひつ》。鉄砲の玉薬奉行も務めた（『金万家文書』先年寅歳大坂籠城之砌之事）。

今木源右衛門一政　こんぼく げんえもん かつまさ

浅井采女定政の長男（『東浅井郡志』）。母は浅井備前守亮政の娘（「先祖由緒并一類附帳」明治三年十月浅井鷹五郎藤原政令書上）。東福門院御所の上臈頭対馬局〔注1〕の弟。浅井作左衛門良政の兄（『東浅井郡志』、「諸士系譜」）。

父の定政は、浅井掃部頭之政の子（『柳営婦女伝系』、『東浅井郡志』）。天正元年、小谷浅井宗家の滅亡後、越前敦賀へ退去して死去（「先祖由緒并一類附帳」明治三年十月浅井鷹五郎藤原政令書上）。法名は仙洞嶺閑（『東浅井郡志』）。

浅井一政は、初め浅井長門を称し、淀殿の所縁により大坂に出仕して今木源右衛門と改めた。今木は「こんぼく」と唱えたという（「老談一言記」）。後に加賀では、浅井源右衛門一政と改めた（「先祖由緒并一類附帳」明治三年十月浅井鷹五郎藤原政令書上）。

秀頼に仕え、片桐且元の寄子《よりこ》となった（「浅井一政自記」〔注2〕）。使番を務めた（「先祖由緒并一類附帳」明治三年十月浅井鷹五郎藤原政令書上）。

慶長十九年九月二十三日以降、上屋敷に立て籠る片桐且元との調停の使者として奔走した〔注3〕（「大野修理大夫治長」の項参照）。

一政にとって且元は寄親であり、調停の過程では淀殿らから、且元に肩入れしていると疑われていた。そこで九月二十九日に且元から「我らとともに大坂城を退去するように。その準備をされよ」と誘われたが、「市正殿が立ち退かれては、大坂もすぐに滅亡するでしょう。私は後に残ります。こちらへの御奉公はこれまでです」と断った。なおもいろいろ言葉を尽くされたが、固辞した。且元から「それでは伊東長次によく申し入れておくので、あちらに行って釈明されよ」と奨められ、長次とは懇意だったので、そちらに走り込み、竹田大阿弥（秀頼の同朋）の親兵助を通じて、大野治長に釈明を入れた。治長は「寄親への尽力は道理である。秀頼に対して逆意があるとは思われない」と理解を示して、勤仕の継続が許された。しかし、やはり心底は疑われ、以前のように近しく遇されることはなかった。

慶長二十年、一政以下、同格の者二十人は、白い羽織を与えられ、合戦場での取次を命ぜられた。併せて勝手に戦場に出ない旨の誓紙の提出を命ぜられた。

五月七日巳刻、茶臼山の先手真田信繁方より使者として寺尾勝右衛門が帰城し「敵が近くに迫ってきたので合戦を始めたい」との確認を求めた。折から秀頼は表御殿の装束の間にいたが、大野治長を呼び相談すると、治長は「最前も堅く申し合わせた通り、御出馬を合図に合戦を始めるのがよろしいでしょう」と具申した。一政が「勝右衛門は高齢のため疲れているようなので、私が茶臼山の先手に使いしましょう」と申し出たので、治長は同意して早速赴くよう指示した。

一政が茶臼山に到着すると、真田信繁、伊東長次、野々村吉安、堀田図書頭、伊木常紀などが詰めていたが、一政の口上を聞くと、それぞれの備えに戻るべく山を下りて行った。

既に敵との距離が近くなっていたので、一政は「先手に参ります」と断って、伊木常紀の子半七を伴い、敵との距離二、三町あたりを馬で乗り回して帰った。

午刻に敵味方七、八町を隔てて人数を立て並べた。敵より三人が乗り出したので、一政も白い角取紙の指物を指し、鑓を提げ、麦畑を斜めに阿倍野街道筋へ単身乗り出した。敵が一人進み出たところを突き伏せて首を取った。その時、勢い余って鑓の塩首を折った。その間に四方から黒煙が立って混戦となった。

味方が裏崩れしたので、秀頼の最期が気がかりで、城に戻ると、城中は既に人が少なくなっていた。秀頼は奥と表の間に座し、治長と小姓若干名が近侍していた。一政は味方の敗軍の状況を報告し、自害の場所を伺った。秀頼は「天守を用意せよ」と指示した後、治長を伴い奥に入った。一政もこれに供して奥に入ると「鉄砲の薬はどちらにございますか」と尋ねた。秀頼は「たけべ助十郎に問え」と指示した。そこで助十郎に、鉄砲薬を二人がかりで天守に持ち上がらせ、自害の場所に畳を重ね、鉄砲薬を据えた。そこへ頓阿弥が秀頼の命により樽を持参した。

用意が整うと、天守から下り、秀頼の前に伺候し「天守に用意いたしました」と報告し、点火した火縄を持って天守に向かう秀頼に従った。

そこへ治長が追いすがり、秀頼を引き留めた。一政は秀頼の名を傷付けまいとする一念から「このような時にぐずぐずしていると恥をおかきになります。御味方が挽回しているというのは偽りです。はや、千畳敷にも火がかかりました」と諫めたが、速水守之も治長も強く勧めて、秀頼を天守下の帯曲輪の櫓に案内した。淀殿は先に櫓に下りた。

櫓へと退避する途中、秀頼が月見櫓の下から狭間をのぞくと、二の丸の東、片桐且元の上屋敷へと続く下り坂に敵が迫っている様子が見えた。

一足先に一政は煙に咽びながら櫓の中に入ると、正栄尼が介錯を求めたので介錯した。また、御ちやあ、あい、比丘尼も介錯した。

この時には皆狼狽し、言葉を発する者

もなかった。秀頼が櫓に到着した頃には、皆もはや興醒めした様子だった。一政は「夜になって未練がましい事を永々と話してもいけません。いざ御手本を仕るべし」と脇差を抜いたが、津川左近と毛利長門に取り上げられ、外に追い出された。

翌八日朝、常光院への使いを命ぜられ、辞退したが「誰に使いに出よと命じても、敵中へ出ようとする者がいないので頼む」と言葉を尽くされたので、青屋口の京極忠高の陣所に赴いた（「浅井一政自記」）。

「真偽一統志」に、櫓を発つ際、秀頼から錦の衣を賜ったとされ、同家の宝物として伝来したというが（『加賀藩史稿』）、「浅井一政自記」に見えず、実否不明。片桐且元との調停を労って秀頼から拝領した呉服が、誤って伝わったものかもしれない。

京極家の陣所に至ると、家臣井口左京経玄から「常光院は前日に田中へ退去された」と告げられたので、左京の者にその旨の文を持たせて櫓に遣わすと、折り返し「どこまでも行き、常光院に会って口上を述べよ」との指示があった。そこで、左京の馬で守口の先、田中へ急行し、常光院に会って口上を具申した。常光院は「若狭守殿に会った上で返事しよう」とのことで、青屋口まで戻った。一政も同行し、返事を承って水手口に行ったが、井伊直孝の手の者に制止された。いろいろ言い訳すると「京極殿より切手をもらってきたら通そう」とのことなので、立ち戻って切手の交付を求めたが、京極家から交付を拒否された。

やむをえず左京に「市正殿の陣場を探してほしい。市正殿に頼んで城中に戻らせてもらいたい」と願うと、方々に探索を派遣してくれたが、その間に秀頼は櫓に火を放って切腹してしまった。一政は追腹を切る奉公人ではないので、仕方なく左京に送られて京都へ退去した（「浅井一政自記」）。

京都で牢人中の五月七日、阿倍野街道筋の鑓合わせの証拠を固めるため、当時現場で後続していた真田の新参浅岡十右衛門や、状況を目撃していた山口勘右衛門、渡辺縫殿と書状を取り交わした。

片桐孝利から懇意の由緒により、牢人中の合力として知行五百石の折紙を与えられた。

元和年中、前田利常に知行千石で召し出された（「先祖由緒并一類附帳」明治三年十月浅井鷹五郎政令書上）。前田家への出仕時期を「前田御家中諸家系図録」は元和四年、「本藩歴譜」は元和六年とする。

元和元年に誕生した前田光高に付属され、側用人として近侍した。光高が家督を継いだ翌年の寛永十七年、三百石を加増された。その後、病気となり、側御用を辞して閑居した（「先祖由緒并一類附帳」明治三年十月浅井鷹五郎政令書上）。閑居の地を「真偽一統志」は越中国射水郡氷見とし、「残嚢拾玉集」は能登とする（『加賀藩史稿』）。

光高から引き続き厚遇された。平生、読書、学問を好んでいたので、光高より自身が撰した書を貸し与えられた。一政は毎夜口を漱《すす》ぎ、袴を着用して深更に及ぶまでこれを読みふけった（『可観小説』）。

正保二年四月五日、光高が江戸で急死した。柩が国元に帰ると、一政は途中でこれを迎え、金沢まで供奉した。金沢到着は四月十九日で、天徳寺にて法事が営まれた（『加賀藩史稿』）。

「古兵談残嚢集」によると、一政が殉死を願い出ると、前田利常は「彼は今木源右衛門と名乗っていた時、大坂で腹を切り損ねた者だ。このたびは切らせよ、切らせよ」と許可した（『金沢古蹟志』）。

四月二十五日に殉死（「先祖由緒并一類附帳」明治三年十月浅井鷹五郎政令書上）。一政は平素から子供に「袴の結び方が雑なのはよくない。念入りに結び、紐の余りはしっかりと挟むのがよい」と戒めていた。殉死の時、袷を二重に着込み、上を脱ぎ、下に着た白い袷に袴を着ていたが、その緒を固く結び、余りを引き絞って左右に挟み込んで、推し肌脱ぐと切腹した。死に臨んで平素の言葉に違わず、従容としたさまは見事だった（『可観小説』）。

殉死した一政と小笹善四郎の遺骨は、前田家から骨料を添えて、光高の遺骨とともに高野山に葬送され（『続漸得雑記』）、高野山天徳院の光高の墳墓の脇に葬られた（「本藩歴譜」）。法名は荘敬一致（『東浅井郡志』）。

妻は山内家の家臣小野木三丞（丹波福知山城主小野木縫殿の甥）の娘で、前田家の家臣小野木治兵衛広重の妹。寛永十七年九月に死去（「諸士系譜」、「先祖由緒并一類附帳」明治三年十月浅井鷹五郎政令書上）。

長男の浅井源右衛門政右は、初め作左衛門源永を称した。寛永二十年、前田光高に出仕した。正保二年、遺知千三百石を継ぎ、小姓組頭、馬廻組頭を歴勤した。元禄四年閏八月四日に病死。享年六十八歳。歌学、連歌、茶道、書道に通暁しており、著書に「わさとの記」一巻がある。妻は前田光高の家臣今枝民部直恒（号は信斎）の娘で、天和三年六月七日に病死。

次男の弥八郎武康は、慶安元年に菊池十六郎直辰（号は是空）の養子となり、延宝八年に家督二千五百石を継いだ。累進して知行三千七百石。秋厓と号した。享保三年五月十七日に死去。享年八十六歳。子孫は前田家の家臣として続いた。

長女は、里見治左衛門与元の妻。与元は前田利常の家臣里見七左衛門元照の次男。なお、元照の妻は秀頼家臣土屋茂左衛門の娘。

次女は、高沢牛之助の妻。牛之助は前田利常の家臣で、知行四百五十石（「諸士系譜」、「先祖由緒并一類附帳」明治三年十月浅井鷹五郎政令書上、『金沢古蹟志』）。

〔注1〕対馬局は、浅井定政の長女。京都の仏工に浅井亮政夫妻の木像を製作させ、持仏堂に安置した。没後、木像は加賀の浅井家を通じて近江国坂田郡六荘村徳勝寺に安置された。その娘は千賀志摩守の妻（『東浅井郡志』、「諸士系譜」）。

〔注2〕「浅井一政自記」は、慶長十九年九月二十三日から翌年五月八日までの覚書。写本が㈶前田育徳会尊経閣文庫に一冊、東京大学史料編纂所、加賀市立図書館聖藩文庫（外題は「浅井大坂之覚書」）に各一冊がある。本文中に「稲葉丹後殿家中ニ居申候山口勘右衛門も我等通り口見申候而、其様子沢田次左衛門と申者の方へ状を越申候」とあることから、元和九年八月二日、稲葉正勝が従五位下丹後守に叙任した以降の成立となる。沢田次左衛門は前田利常の家臣沢田次左衛門長政であろう。且元の家臣の名を略記し、所々に「如御存知」とあるので、既に前田家に出仕していた一政から片桐孝利か、同家中に差し出されたものと思われる。『豊内記』、『武家事紀』、『武徳編年集成』などにこれを参照した痕跡がある。なお「大坂軍記今木家伝集」四巻四冊も、今木源右衛門の著と伝えられるが、粉飾誤謬が多い後世の軍談であり、一政の著作とは考え難い。

〔注3〕且元の家来梅戸忠助を通じて調停に当たった者として『慶長年録』に朝日玄久、『武徳編年集成』に朔田玄久を

挙げている。玄久は秀頼の医臣で、知行千石。淀殿と所縁があり、且元の姻族だったという。「時慶卿記」から、大坂の侍中玄玖が慶長後期に実在したことは確認できるが、一政との関係は不明。

金万定右衛門　こんま　さだえもん

金万喜右衛門（『中野家系図』）、または金万八郎左衛門の子。金万平右衛門の甥（『金万家文書』）。

父とされる喜右衛門は、備前国御野郡北方村の郷士。その妻は同国中野庄の住人武田太郎左衛門政直の娘（『中野家系図』）。

父とされる八郎左衛門は、元亀年中、親とともに宇喜多氏に従い、備前国御野郡北方に砦を築いて近隣を領知した。宇喜多家の滅亡後は、石川忠総に仕え、大坂冬の陣・夏の陣に供奉して戦功があった。後に北方村に退去。池田忠継より七人扶持百俵を給せられた。池田光仲に従って米子に移り、寛永十一年に死去。子孫は鳥取池田家の家臣として続いた（「鳥取藩政資料 藩士家譜」金万次敏家）。

金万定右衛門は、慶長十九年、大坂籠城。親以来の存知だった関係から、初め後藤又兵衛組に所属したが、旧知の塙団右衛門が金万を譲り受けたため転属した。団右衛門からは馬一匹、小者二人が贈られた。

団右衛門は、組中から金万ら侍九人を選び、天王寺口に敵を待ち伏せさせた。敵はこれを察知して、鉄砲二十挺程と兵百人程で進出した。このため金万らは粛々と城中へ撤収し、大野治房と団右衛門から感賞された。

大坂方は城外を自焼し、城中に取り込んだ後、蜂須賀至鎮の陣所を夜襲するため、甲冑を着た武者八十人で出撃した。その時、団右衛門は「昼のうちに目当てを付けて、何としても首級を取って、手早く引き揚げるのが手柄ぞ。敵に付け入られては一大事」と指示して、城門の潜り戸から人数を出した。山県三郎右衛門と金万が一番に出た。蜂須賀家側は、見張りの篝火を焚き、人数は五、六十人程いたようだが、そこへ二人で斬り込んだ。金万は三人と闘い、四人目を組み討ちにした。その夜の首数は二十三級で、一番首は山県三郎右衛門、二番は金万だった。早速（十二月十七日）秀頼の御前に召し出され、御感状を発給されるはずだったが、取り込んでいる時分だったので、まずは褒美として判金が賜与された。またその夜、金万は「今夜之夜討大将塙団右衛門」と旗印に書き付け、池田忠継と蜂須賀の陣所に差し出した（『金万家文書』金万定右衛門申立之覚）。

和睦が成立した後、水野勝成を通じて伊達政宗が塙団右衛門の召し抱えを希望した。団右衛門は水野に対して金万の城中における働きを詳細に言上した（『金万家文書』寛永二年十月二十五日付近藤助之丞書状）。

慶長二十年四月二十九日、紀州へ向けて出役。途中、岸和田から団右衛門の使者として大野治房方に赴いたが、その間に団右衛門が戦死した。浅野勢が進出したが、黒田内匠、上条九郎兵衛、同又八、牧野牛抱、真田助大夫、杉山角蔵、東勘右衛門、金万が踏み止まったため、浅野勢は引き揚げ、その後は鑓合わせにはならなかった（『金万家文書』金万定右衛門申立之覚）。

落城後、水野勝成から使者として寺沢門右衛門が派遣され、水野家に仕官した。しかし、大坂牢人の召し抱えは禁止されていたので、暇を出された。

元和三年に本多忠政が播磨に入府した際、城中における金万の様子を聞き、長坂茶利（知行千六百石）をもって色々詮索、吟味した。その結果、本多家に仕官したが、やはり大坂牢人の召し抱えは禁止されていたので、暇を出された。忠政から「姫路に隠れていよ」との内意が長坂を通じて伝えられたが、播磨を立ち退いて牢人となった（『金万家文書』寛永二年十月二十五日付近藤助之丞書状）。

その後、稲葉正勝に知行五百石で仕官した。後に組外で知行六百石。寛永九年六月より熊本城接収のため正勝に従い、肥後に出張した。寛文三年四月、将軍家綱の日光参詣に稲葉正則が供奉した。金万は、当時知行六百石で、配下二十人と鑓二本、馬一匹を揃えてこれに随従した。後に知行七百石（「稲葉神社所蔵文書」）。知行八百石（『中野家系図』）。最後は番頭大名分に列せられ、千石を知行した（『稲葉氏小田原在城時代分限帳』）。『稲葉氏初期分限帳』に、正則の家臣金万伊織の子として、二代金万定右衛門の名が見える。初代は後に伊織を称した可能性もある。

金万平右衛門　こんま へいえもん

備前国御野郡北方村の出自。金万彦右衛門の三男。金万八郎左衛門、金万藤右衛門の弟（『金万家文書』）。

「浦上浮田両家分限帳」に、金万彦右衛門尉について、知行高を五百九十三石一斗九升六勺、知行所を上道郡北方とあるが、御野郡の北方村と思われる。

金万平右衛門は、大坂城に籠り、後藤又兵衛の配下に所属。

籠城に際し、又兵衛から「私は牢人中に備前で鉄砲を用意しておいた。取り寄せて御用に供したいと思う。ついては大儀であるが、貴殿には備前に下向して鉄砲を大坂に搬送してもらえるとありがたい」と要請されたが、金万は「私は不調法なので、他の者にお命じください」と固辞した。又兵衛が「本件は既に秀頼公に申し上げているので、辞退は如何かと思う。しかし、辞退する理由は何か。詳しく承りたい」と尋ねるので、金万は「御意とあっては何とも申し上げにくい事ですが、既に大御所が京都まで御着陣（十月二十三日）との風聞があるので、御合戦は近日のうちに始まることでしょう。この期に及んで備前に下向を求められても困ります。籠城したからには、もとより路傍に戦死する覚悟です。しかし、城を出て備前に下向して死ねば、首をくったように思われるので、それが不本意であり、御断り申し上げる次第です」と答えた。又兵衛は「貴殿はまだ若いようだが、実にもっともな申されようである」と感心して、一、二、三の世間話をした。

それから金万を奥の部屋に呼び入れ「談合したい事があるので、まずは気を楽にされよ」と言うと、菓子を出して「この事は表向きには言えない。実は私の倅一伊（後藤左太郎正方）を備前の三浦主水正に預けている。これを大坂へ呼び寄せたいと秀頼公に言上したところ、お褒めにあずかり、『至急、呼び寄せよ』との上意があった。畏まって御請けして、年来の使用人伊藤長兵衛を迎えに派遣したが、一伊を連れ出すことができなかった。その後、親類の山下七左衛門を迎えに派遣したが、これも連れ出せずに帰ってきた。三度目に鉄砲頭難波六大夫を派遣したが、やはり連れ出せなかった。そこで貴殿にお願いして今度こそ一伊を連れ出して、証人として差し出していただきたいのだ。豊臣家の家老や譜代の衆も妻子を証人として差し出している。殊に私は新参者なので、一伊を呼び寄せて証人として差し出したいのだ」と内情を打ち明けた。金万の返事を待たず、又兵衛は続けて「侍は文武二道の兼備をもって武勇という。さて、敵方が籠城した者の妻子を捕え、磔にすると脅して城から退去を迫るのは常套手段である。この場合、捕われた妻子を見捨てて、これを磔にした敵に恥辱を与えたならば、武の道には適うが、往々にして文の道に背く侍と言われてしまう。この度私も、妻子を捕えられ、これを見捨てた場合、文の道に背く侍と末代まで批判される結果となり、後藤家は破滅するだろう。侍が頼み、頼まれるのも世の常。貴殿の心底を見込んで頼む次第である。その上、本件は既に秀頼公に言上している。一日の合戦で二度、三度の組み討ち、七度の鑓合わせは、武辺の誉れと言われるが、今度、備前に下向してもらえるなら、七度の鑓合わせを超える働きと思う。是非にも下向して一伊を連れ帰っていただきたい」と懇望した。やむなく金万は「そういう事ならば、仕方ありません。確かに承りました。できる限り一伊を連れ帰りましょう」と承知した。又兵衛は「三浦主水正の弟勘兵衛方に度々使者を送ったが、今言ったとおり渡さない。今回も渡さないだろう。その場合は、一伊を刺殺して貴殿は大坂に戻ってほしい。秀頼公の御前に貴殿を証拠として同道すれば、それで申し訳は立つ」と付言した。金万は「お考えは承りましたが、一伊を刺殺して、拙者だけが無事に帰り、秀頼公の御前で復命したなら、貴殿の申し訳は立つでしょう。しかし、拙者が死亡したらどうなりますか」と尋ねた。又兵衛は「武辺も色々で、生きての手柄、死んでの武辺もある。今回は貴殿がたとえ刀、脇指をもぎ取られても、恥を忍んで命を全うして帰ってきてほしい。それが手柄の上の手柄であり、秀頼公に対しこれ以上の忠節はない。何故なら、そうした対応により、秀頼公は又兵衛を心底確かな者と思われ、御心を許して侍大将をお命じになるはず。結果的に秀頼公に深甚なる忠節を尽くしたことになり、私も大いに面目をほどこすことになるからだ」と説いた。さらに又兵衛は「今度の件で後藤家は破滅すると思っていたところだった。幸い貴殿の御覚悟により倅を連れ戻していただければ、偏に貴殿の御恩は浅からず。私はもとより後藤家の者も皆、貴殿の御恩をゆめ忘れまい」と言って、武士の冥加を掛けて金打《きんちょう》した。

金万は後藤の言に謝意を述べると、十月二十六日に大坂を出立し、二十九日の未明に備前に到着した。早速、三浦勘兵衛に面会して、一伊の引き渡しを求めたが、やはりなかなか同意が得られなかった。しかし、金万は「大坂を出立した時から『一伊が同意しなければ、今生の暇乞いなので、二度とお目にかかりますまい』と又兵衛に決死の約束をしてきました。是非にも引き渡されたい」と譲らず、勘兵衛も二の句を継げなかった。最終的に一伊が同意したので、同日の暮方には一伊を伴って備前を出立し、十一月三日には兵庫に到着した。既に寄せ手の関船が多数集まって、往来を厳しく改めていたが、種々の計略を以て通り抜けた。尼崎でも同様に言い抜け、堺に着岸し、十一月四日に大坂へ到着した。一伊を又兵衛に引き渡すと「比類無い手柄」と称賛され、褒美を与えられた。

十一月二十七日、今福口合戦の翌日以降も、山田外記、同八左衛門、井上源兵

衛、片山大助、難波六大夫、磯村八左衛門とともに一の柵に残留し、鉄砲の者を指揮して敵と銃撃を交わした。二の柵は一の柵の四間後方にあり、そこには組中の侍が駐留していた。未明になって佐竹方が夜中の張番を新手に入れ替えたため、大坂方はこれを攻撃準備と判断し、鑓を揃えて待機した。状況報告を聞いた又兵衛は「敵が攻撃してきた場合、侍七人だけでは防戦できない。敵に攻撃の気配があったら七人は二の柵まで撤退せよ」と使者を派遣して指示したが、七人は同意しなかった。そこで又兵衛は、再度使者を派遣して山田外記を呼び戻し、撤退するよう申し含めた。外記が一の柵に戻って又兵衛の指示を伝えると、金万は「拙者は既に存念を申し上げたが、又兵衛から強い指示があったので対応を相談しよう。他の六人の方々の判断に従う」と発言した。難波と検討した結果、年齢順に意見を述べることとなり、まず井上が「外記の指示に従う」と発言した。これに次ぐ年齢の難波と磯村が金万の意見を求めたので、金万は「私は先手を望んでいるので、敵が攻撃してきたら撤退せよとの指示は理解できない。敵の攻撃が無いうちに撤退せよとの指示ならば従おう。しかし、敵が既に攻撃態勢をとっている中、撤退するのは口惜しい。そう思わない方は随意撤退されよ。この平右衛門は撤退しない」と言って座を立ち、鑓を取って柵の前で仁王立ちになると、「ここが平右衛門の墓所である。鉄砲の者どもよく聞け。ここを固守して討死にする覚悟だ」と喚いた。片山がこれに呼応して「賢明な主張である。貴殿と一緒に討死にすべし」と言って鑓を立てた。山田、井上も「よくぞ言われた。我等も一緒に討死にすべし」と賛同して続いて鑓を立てた（『金万家文書』先年寅歳大坂籠城之砌之事）。

「先年寅歳大坂籠城之砌之事」（『金万家文書』）では、今福口合戦の翌日から十日間ほど今福口に駐留したとあるが、大坂方は十一月末に惣構の外側を自焼して城中に撤収しているので、在陣は数日間が正しいと思われる。

十一月二十九日晩、山田外記、片桐大介、林弥次右衛門、井上源兵衛、磯村八左衛門とともに今福、鴫野両口の小屋および備前島、片原町に放火して城中に撤収した（『大坂御陣覚書』）。

又兵衛は浮武者で、毎日、毎晩城中を巡回し、弱い所へ加勢した。加勢の人数は、手廻の士と組中から十八騎が選ばれ、金万もそのうちの一人だった。

十二月四日、露見して成敗された。同日、南条中務が敵と内応を約束した当日、南条の持ち口の脇で発射していた石火矢の火の粉が飛んで櫓が焼けた。これを見た松平忠直の兵が総攻撃に転じて塀下に取り付いた。その持ち口の守将は石川肥後守だったが、同口は組頭の中村又介が単独で守っていた。金万が加勢に駆け付け、両人で下知を加えて敵を打ち払った。中村は「この持ち場は又介が受け持っている。敵の動きは依然として活発で、再度攻撃してくる可能性がある。幸い貴殿を御見掛けしたので一緒に討死にしよう」と申し入れ、金万と持ち口の死守を誓い合った。

後日、中村は又兵衛の陣所を訪ね、後藤組の吉野帯刀が古朋輩だったため、吉野の取り持ちにより又兵衛に面会した。その際、中村は又兵衛に「平右衛門の働きは抜群で、苦戦もしていたので、私は一緒に討死にすべしと堅く約束しました」と四日の様子を語り伝えた。

敵の総攻撃の際、矢切の上で井上源兵

衛とともに大筒を発射して数人の敵を殺害した。井上はその場で戦死した。

又兵衛がにわかに、「天王寺口黒門の左脇の敵陣に夜討ちをかけよ」と命令し、古沢四郎兵衛、湯浅三郎兵衛、吉野帯刀、豊田与右衛門、金万平右衛門の五人が夜討ちの大将、片山助兵衛、山田外記の二人が退却時の大将と定められた。しかし、「あと五日から七日間は頃合いを見計らうように」と豊臣家から指示があり、その夜は黒門から出撃できなかった。なお、これを噂で聞いた塙団右衛門は、かねて夜討ちを心掛けていたので、四日後（十二月十六日）早々に夜討ちを敢行した。

池田利隆の家臣柳田半助は、慶長二十年の春に池田家を立ち退き、少しの間大坂に逗留していた。柳田は武功詮索が厳格な者であったが、今福、鴫野口合戦の様子を尋ね、山田外記が今福口に残留した金万が鑓を立てた話をすると、感心した柳田は「外記親子の物語を詳細に承り、感じ入りました。その時の様子をお話しください。是非承りたい」との口上で、金万を外記の宿所に招いた。改めて金万から話を聞いた柳田は「言葉による軍功としてはこれを上回るものはない。この半助は少しの落ち度も無い者であり、本件はよくよく吟味した。その上で是非、貴殿と武道の契約をしたい」と申し出た。そこで山田外記父子の取次で契約を結んだ（『金万家文書』先年寅歳大坂籠城之砌之事）。

五月五日、使番の田中作左衛門と堀太郎兵衛の二人が国分表へ物見に派遣された。金万は二人の収容を命じられ、鉄砲の者を率いて出張した。

又兵衛は、六日に決戦を控え、先手の鉄砲大将古沢四郎兵衛、片山助兵衛、山田外記、黒川安左衛門、湯浅三郎兵衛、斎木二郎大夫、金万平右衛門の七人を招き、「この度、私は秀頼公の御前を退けられた。その理由は、和睦が私の判断によるものと訴えられたからだ。しかしこれは妄言だ。今般、和睦となったのは以下の経緯による。私は籠城中に毎日、毎夜城中を巡回し、各持ち口にそれぞれの守将が詰めているか、毎度名簿をつけていた。籠城の初期、六、七日間ほどは、譜代衆も持ち口に詰めていたが、その後は過半の者が詰めなくなった。それでは持ち場が無人となるので、秀頼公の御前で『毎夜、持ち場を巡回しましたが、人もまばらに見えます。木村長門を同道してその様子を見せたい』と言上すると、長門に同道が命じられた。私が長門に『持ち口の様子をありのままに言上すると、御前で誓紙をしたためられよ』と求めると、長門は同意して誓紙を提出した。かくて長門とともに城中を巡回し、長門が筆を執って持ち口に詰めていた御譜代衆、詰めていないも衆をすべて名簿につけ、『長門、又兵衛同道にて持ち口を通ります』と会釈して、真田左衛門佐にも名簿を見せた。御譜代の衆は持ち口に十人中一人も詰めていなかった。その名簿は、長門が秀頼公の御目に入れた。その後、私は大野修理に『牢人衆の持ち口は、物頭、組中一人残らず塀下に詰め、それぞれ指摘を受けないよう守備していた。一方、御譜代衆は、大将も組中も持ち場には十人中一人もいなかった。木村長門が名簿をつけられたので、よくよく確認されたい。一方を堅く守っても、片方が空いているようでは御味方の勝利は覚束ないものと十分認識し、御譜代衆、その他大将衆にも同様に申し入れて、一層、御持ち口を御油断なく堅め、御組中の面々も塀裏に詰めるよう命じられるがよろしかろう』と進言した。その後、厳重注意があったが、持ち口の守備は改善せず、修理はやむなく和睦とした。私が秀頼公の御前を退けられるようになったのは、去年、敵の総攻撃の日に『住吉表へ家康と将軍秀忠が動座されたようです。合戦の好機は今日です。敵が攻撃する日は、諸軍の兵、下々の者が小屋、道具を用意するため方々に移動するものです。敵の諸勢が陣構えを堅める前に合戦すれば、即時に城外に進軍できます。明日になっては、大勢の敵が陣構えを堅めてしまい合戦になりません。つまり籠城するしかなくなってしまいます。是非にも今日、御合戦なされますように』と御譜代衆に献策したが、同意を得られなかった。それ以前には『尼崎も占拠するように』と進言し、開戦当初は『摂津茨木の片桐且元を攻め潰したい』と言上した。しかし、御譜代衆の賛同が得られなかった。そこで私は『兎角、各々は合戦嫌いである』と度々悪口し、籠城中は『御譜代衆の持ち口には油断がある。心がけも足りない』と批判した。そうした私を皆が不届者とお思いになり、逆心を抱いているように色々秀頼公に申し上げたので、上も下も専らこの事を取沙汰した。このような次第では申しわけもできないので、平野表に出撃して一戦を遂げ、拙者に異心がないことを証明したいと思う。本来、小勢で大敵の進攻を引き受けても抗しがたい。まして、小勢で大敵に向かって踏み出すことは、今後の褒貶も如何と思ったが、ここまで出撃したのは、手切れの合戦をして討死にを遂げ、拙者に異心がないことを証明するためである。平野表まで出撃して討死にしたことで後々、無分別の侍と言われるのは口惜しいが、今言ったとおり、私は後日の疑いを晴らすために出撃するのだ」と胸中を吐露した(『金万家文書』明ル夏御陣卯ノ四月廿七日より平野表ニ後藤又兵衛打出候事)。

又兵衛は、先手の鉄砲大将古沢四郎兵衛、片山助兵衛、山田外記、黒川安左衛門、湯浅三郎兵衛、斎木二郎大夫、赤堀五郎兵衛、林善右衛門、伊藤十兵衛、金万平右衛門に対し「玉手山を六日の未明に占拠せよ。もし敵が既に進出しようとしていたら、敵軍に紛れて山を占拠せよ。大坂方と見破られ、敵が鑓を突きかけてきても、此方は騒がず、鑓合わせにも応じず、ひたすら山の占拠に努めよ。敵に山を占拠されてしまっては、先手の後方を見透かされてよろしくない。先手が山を占拠したら、又兵衛も山へ上り、敵状を見極めて一戦を遂げるべし。たとえ左右の味方が崩れても助け合いは無用。十人の鉄砲大将のうち九人が討死にしても、一人は生き残って山を固守するのだ。鉄砲大将の各々方は、不肖の死を受容できる人物と内々見込んで鉄砲の者を預けている。鑓を突きかけてきた敵に、此方が鑓を合わせるのは当たり前の事である。しかし、不肖の死とは、敵が鑓を突きかけてきても構わず、敵の突く鑓で是非に及ばず死ぬ事をいう。物頭が自ら鑓を入れては、指揮する者がいなくなり、下々の者は皆散り散りになってしまうものだ。とにかく不肖の死を覚悟して、山を堅守せよ」と指示した(『金万家文書』慶長廿年卯ノ五月五日後藤又兵衛道明寺表軍法被申渡覚)。

かくて、古沢以下、鉄砲大将十人は、玉手山を占拠した。これに使番の片山大助と、跡から寺本八郎右衛門(八左衛門)が自分の判断で加わった。そこへ水野勝成配下の大和組が攻めかかったので、鉄砲大将は下知して鉄砲を打ち白ませ、敵を牽制した。しかし、山麓の田に布陣する後方の味方が崩れたため、敵の軍勢は気負って攻めかかり、玉手山にも上ってきた。これに対し銃撃を加えたが、敵の諸勢が列を乱して突きかかったので、やむなく鑓合わせに移った。金万の前にも武者四人が突きかかったので鑓を合わせた末、錆色の甲冑を着た武者を突き伏せた。また、間もなく同じ場所で突きかかった武者一人を、即座に突き伏せた。

そのうちに山麓の田に布陣する後方の味方が敗北したため、玉手山を占拠していた鉄砲大将も金万を除く九人は退去した。金万一人が後から退却した。又兵衛の最後の合戦で、金万はこれと行き会い、負傷した又兵衛を肩にひっかけて退却した（『金万家文書』同六日道明寺表たまて山合戦之砌金万平右衛門申立之覚）。

又兵衛は「秀頼公から拝領した行光の脇指で我が首を討ち、秀頼公の御前に持参して、又兵衛が斯くのごとく討死にしたと申し上げよ」と小姓の長四郎に脇指を与えたが、長四郎は又兵衛の首を斬ることができず、脇指のみ持ち帰って秀頼に差し上げた。側に居た別の小姓は、又兵衛の自身指物の刳り半月の片折れを又兵衛討死の証拠として持ち帰り、秀頼に差し上げた。金万が参着したのは、小姓二人がこうした処置を終えた後だった（『金万家文書』）。「後藤又兵衛伝」、「慶長見聞書」、「落穂集」は、被弾した又兵衛を金万平右衛門が介錯し、具足羽織で首を包んで深田に隠した後、落ち延びたとする。

この日の金万は、赤の陣羽織を着、指物は七尺の衣で、横幅三（尺）の黄暖簾のうちに黒餅を付けていた。馬は月毛。金万が殿軍して退却する様子は、水野勝成の家臣有安相馬（知行二百五十石）が目撃していた（『金万家文書』同六日道明寺表たまて山合戦之砌金万平右衛門申立之覚）。

妻は、備中国川上郡成羽村の住人鎌田兵部政貞の長女政（「福岡市個人蔵系図」）。

さ

斎藤加右衛門《さいとう　かえもん》

斎藤下総守の次男。

父の下総守は、斎藤備中の子で、讃岐国豊田郡藤目に在城。秀吉に城地を奪われ牢人となり、与左衛門と改名。讃岐に入国した仙石秀久に陣借して豊後に出役、三十八歳で戦死したという（『吉備温故秘録』所載「斎藤加助書上」）。右は藤目城主の家系に仮冒している可能性がある。

斎藤加右衛門は、天正十六年に誕生（「先祖書上」寛永廿一年ニ斎藤加右衛門書上ル写）。あるいは天正十四年に誕生（『吉備温故秘録』所載「斎藤加助書上」）。

初め生駒一正に児小姓として出仕。十六歳で少々知行を与えられたが、不満を抱き讃岐を退去（「先祖書上」寛永廿一年ニ斎藤加右衛門書上ル写）。

その後、方々で渡奉公した後、慶長十九年、大坂城に籠り、木村重成組に所属（『吉備温故秘録』所載「斎藤加助書上」）。

十一月二十六日、今福口に出役。同じ組の草加次郎左衛門は、片原町の一の柵と今福堤の二の柵との間にいち早く走り出て、堤の北方の野原で一番鑓を合わせた。その際、右脇から斎藤が十文字鑓を平鎌（鎌を地面と水平にした状態）に突き出したので、草加は後日の証拠もかねて「平鎌になっているぞ」と指摘した。斎藤は鑓を切り鎌（鎌を地面と垂直にした状態）に持ち直し、味方七、八人とともに暫時戦った。その後、大坂方は二の柵、三の柵を奪還し、さらに追撃して、当初佐竹勢が設けた奥の柵に急迫した。柵の口の南を草加、中ほどを小川甚左衛門、北を斎藤が進み、銀の突盔《とっぱい》兜の敵を草加と小川が一鑓ずつ突き、倒れかかるところを斎藤が突き留めた。同日晩、重成が軍功を吟味したとき、草加は「鑓合わせで十文字鑓を平鎌に突き出したのは斎藤である」と証言した（「草加文書」寛永廿一年九月十七日草加五郎右衛門書上）。

毛間村の堤の堀切は、重成と渡辺内蔵助が二日二夜交替で鉄砲の者、同頭、与力衆を添えて張番を出していた。十一月二十八、二十九日は重成の番で、当番衆として鉄砲頭井上与右衛門、山口知徳院、添番に木原七右衛門、水谷忠介、斎藤が出張した。二十九日に夜襲の気配があり番衆が動揺しているので、暮れ方に草加と兄の斎藤実勝が来援した。結局夜襲はなく、三十日の五つ時分に渡辺の配下と交替した。

天王寺口の重成の持ち口に、寄せ手の竹束が接近していたため、草加、斎藤兄弟が混ぜ鉄砲で焼き立てた。

十二月四日、天王寺口に松平忠直が攻め寄せたとき、重成の手から浮武者の草加、斎藤兄弟が加勢として長宗我部盛親の持ち口に駆け付け、矢切へ上り、鉄砲や投石により防戦に努めた。

慶長二十年五月六日、若江表合戦に使番として出役。西郡村で藤堂高虎勢が大坂方を追い崩したので、その方面に駆け付けたが、後方で重成が戦死したため、他の者と同じく退却した（「先祖書上」寛永廿一年ニ斎藤加右衛門書上ル写）。

元和九年閏八月二十八日、大坂新参牢人は赦免された。その後、徳川頼宣に知行五百石で仕えた（『吉備温故秘録』所載「斎藤加助書上」、『紀侯言行録』）。紀州家への仕官に際して、年不詳九月三十日付で草加五郎右衛門（次郎左衛門）とその従弟若松市郎兵衛に以下の趣旨の書状を送り、支援を求めた。「山口智徳院（元木村重成組）が紀州にいて、書面を作成し、私の軍功の証人になると申し出ましたが、それでは不十分で、紀州家の使者からはご両人の書状が必要と言われています。これが私の感状です。前廉の感状は不要です。千に一つも紀州家に仕官できたら、全くご両人のお陰です。人間一人作り出すと思し召されて、わざわざ人を遣わした体裁の書状に仕立て、特に念を入れて送っていただきたいのです。また、感状は当地で実検されることはありません。証拠次第なので、感状を紛失したというのはよろしくなく、有りとも無しとも言わないようにと紀州家の使者平塚四郎左衛門（元木村重成組）も仰せでしたので、その点はあいまいにしています。ついては、感状を取ったことは疑いないとだけ書き、紛失したことは書かないでください。貴殿方の書状により仕官が成立したあかつきには、改めて詮索されることはないと、皆言っています。なお、ご両人の手紙が感状に匹敵する所以は、後藤又兵衛組だった山中藤大夫という人が、渋江政光と鑓を合わせ、感状を取ったと申告して仕官しましたが、偽証であることが露見するという一件があったので『牢人は皆嘘まで言う。ご両人の書状があれば皆も信用する』と取沙汰されているからです。それ故、十分に念を入れて書状を送ってください。再度取り直しの人を送ることができないので、よくよく入念に書状をお書きください。仕官できたら命の主とも身上の主とも存じ拝みますので何卒お願いします。詳細は平塚四郎左衛門から連絡がありますので、まずあらましを申し入れる次第です」(『池田光政日記』)。

紀州徳川家に十一年奉公した後、牢人した。生駒高俊へ知行八百石に鉄砲三十人の約束で出仕したが、家老の手違いで六百石に鉄砲二十人が預けられた。そのため、折紙の請け取りを拒否して賜暇を求めたが「江戸出府中の高俊に照会して約束の分を渡すから」と慰留された(「先祖書上」寛永廿一年ニ斎藤加右衛門書上ル写)。西浜屋敷に宅があった(『生駒家廃乱記付録』)。「生駒分限帳」に、新参として五十石十二人扶持とある。寛永十六年九月、讃岐を退去(『吉備温故秘録』所載「斎藤加助書上」)。『讃羽綴遺録』には、寛永十七年五月五日、讃岐を退去とある。

寛永十七年、池田光政に知行千石で仕えた(『吉備温故秘録』所載「斎藤加助書上」)。

寛永十九年十月二日、鉄砲足軽二十人を預けられた(『池田光政日記』)。

寛永二十年五月十八日、牛窓で朝鮮人馳走役を務めた(『家中諸士家譜五音寄』寛文九酉年斎藤加介書上)。

正保元年八月二十一日、光政は家臣に家系、先祖と自身の戦功、知行高などについて詳細な書付の提出を命じた。斎藤は書付の内容について、若松と草加に向かい「私は大坂にて十文字鑓を提げて草加より三尺進んでいたと書くべし」と言った。草加は笑うだけだったが、若松は「その方は狂気したか。三十年前、木村長門のもとで極まった事ではないか。我ら両人が、他の者と同じ文面の感状を賜ったので『一番鑓と書いてほしい』と申し出たのを忘れたか。その方たちは感状を返さず、そのままの内容で受領したではないか。そもそも長門が『重ねて秀頼に言上して直々感状を遣わす』と言った際に、草加が『私の脇から十文字鑓を突き出した者がいる』と証言したお陰でその方は重成から感状を拝領できた。鑓合わせを草加と同時と称するのさえけしからんのに、先んじたと称するに至っては前代未聞の僻事だ。そのように主張するならば必ず詮索され、当家で奉公は続けられず、他家に行っても当家で虚言を弄したとあっては仕官はできないだろう。これらの事忘れたか」と戒めた。斎藤は「認識している。それであれば、ほぼ同時に鑓を入れたと書こう」と言ったが、それも偽りなので制すると、結局、斎藤は「心得た」と了承した(『池田光政日記』)。

草加は九月十七日付で、若松は九月二十一日付で、老中池田由成、伊木忠貞、池田長明に書付を提出した。それぞれが今福口での鑓については「一番鑓を合わせた」と記載した(「草加文書」寛永廿一年九月十七日草加五郎右衛門書上、「先祖書上」寛永廿一年ニ若松市郎兵衛書上ル写)。

九月二十八日、斎藤と草加らの争論の経緯は、池田由成から光政に報告された(『池田光政日記』)。

斎藤は十月二十一日付で書付を提出した。今福口での鑓については「草加が鑓を合わせとところにそのまま間もなく鑓を入れた」と記載した(「先祖書上」寛永廿一年ニ斎藤加右衛門書上ル写)。

十一月五日、光政は老中三人に、草加と斎藤の書付の相違について調査を命じ、十日の寄合に若松と瀧並弥八郎(木村重成の旧臣)、日置忠治方の中村太左衛門

(重成の旧臣)も呼んで、一同に示達するよう指示した。

十一月十日夜、斎藤は伊木忠貞、池田長明に以下の趣旨の書付を提出した。「先日草加が一番鑓と書いて提出するというので、同じ内容の感状を拝領したからには無用にするよう止めたが、出し抜いて書上を提出したと聞き及んだ。草加が一番鑓とさえ書かなければ、私に申分はないので、昨日の昼は黙っていた。私は草加よりも少し先にいたが、鑓が短いため、穂先が当たった所は草加と同じである」

十一月十一日、老中三人は、斎藤が提出した書付の内容を光政に報告した。光政は「今晩、草加、斎藤を呼び、双方の口述を記録し、その上で他所にいる者たちへ、書付を取りにやらせよ」と指示した。

十一月十二日、老中三人は、光政に以下の通り報告した。「草加、斎藤を詮索した結果、斎藤は紛失した感状を偽造したことが、斎藤から草加、若松に送った書状により露見した。ついては改易に処するのが適当である。一方、草加は感状に一番鑓と書かれていないにもかかわらず、書上に記すという要らざる事をした。しかし、木村長門に感状を返したのは疑いない事実であり、諸人に優れた働きがあった事は歴然としている。この上は、一番鑓と書かないよう申し聞かせ、承服しないようであれば、これも扶持を召し放つのが適当である」。

十一月十三日、斎藤が池田長明に届け出た感状と、草加が届け出た感状が、光政に提出された。双方を比較すると、斎藤の感状には年号があり、日付は草加と異なり、木村長門の諱は重だけで、判も紙質も相違していた。

なおも入念に確認するため、瀧並と中村を通じて、播磨で松平忠明に仕えていた大野内蔵丞(元木村重成組)から、大野が所持する感状の写しを取り寄せてみると、草加の感状とは判が合致したが、斎藤の感状とは合致しなかった。

十一月十六日、老中三人は、草加を呼び「このほど詮索したが、未だ結論を得ていないので、とりあえず若原監物へ身柄を預け置く」と沙汰した。草加は畏まって刀脇差を差し出した。同様に斎藤にも「河野刑部方に身柄を預け置く」と沙汰した。

斎藤が「草加も若松も感状を返した」と主張し、中村も「その通り」と証言するので、池田家では判断に迷った。

十一月十七日、斎藤、草加それぞれに宛てた大野の書状が、中村より河野方に持参された。斎藤宛の書状は、上包が中村宛であるが中身は斎藤宛となっており、不審を感じた横目の下方甚介がよくよく詮索すると、あらかじめ斎藤が預かりの鉄砲の者を播磨に遣わし、草加、若松は一番鑓ではない旨の文案を示し、証言偽装を図っていたことが判明した。斎藤は高松内匠や紀州在住の者に対しても同様の偽装工作していたことを白状した。草加はこの時点で召し預けを解かれた。

十一月十八日、老中三人は、草加、若松に「戦場に居合わせた者も多いであろうから、その時の事を両人で詮索せよ」と指示した。

十一月二十日、河野刑部が「偽装により私まで迷惑を被り、全くもって言語道断」と斎藤を詰ると、すべて白状し、大野方への書状の案文を河野に見せた。案文には「こちらからの申し入れを受けたように書かず、そちらで認識している事として書状を調えていただきたい」とあった(『池田光政日記』)。

十一月二十五日より十二月二十五日まで、斎藤の妻子の番は佐治縫殿、水野助之進が命ぜられた（『家中諸士家譜五音寄』）。

十二月一日、光政は大野、高松内匠（元重成組）、丹後京極高広の家臣井上与右衛門（元重成組）からの書状を老中三人に見せた。大野、高松の書状には、草加、斎藤が一番鑓とは書いていなかった。

十二月七日、草加、若松は、紀伊在住の者からの返書を未開封のまま光政に提出した。

十二月二十三日、紀伊在住の者、伏見牢人、播磨の大野内蔵丞、丹後の井上与右衛門、広島の者、高松内匠への照会に対する返書がすべて揃った。内匠のみ「覚えていない」とし、その他の者は、感状を返したのは事実と書いてよこした（『池田光政日記』）。

十二月二十五日夜、子の斎藤内膳は、河野刑部に預けられ、建部に蟄居した（「先祖並御奉公之品書上」斎藤加右衛門）。

十二月二十六日、光政は以下の通り裁決し、家中に公表した。「草加、斎藤の鑓の功名は疑いない。六か所に照会して、高松以外の五か所から感状を返した事を覚えているとの回答を得た。高松は先年出雲で堀尾忠晴殿に『草加、若松は一番鑓』とやら書き上げたということなので、その書付を取りにやらせたが、『今は覚えていない』と言って送ってこず、書付の提出先である休徳織部からも連絡がない。よって今般、当家で一番鑓を特定するのは困難である。ひとまず両人の書上は老中が預かり、引き続き調査の上、受理することとする。ただし、斎藤については、これとは別儀で、感状の偽造は言語道断である。架空の鑓、感状をでっちあげたのであれば、厳科に処するところであるが、実際にあった事ではあり、斎藤がうつけゆえにこのような事をしでかしたわけで、この点は少し酌量しようと思っていた。ところが斎藤は、自己に有利な証言を引き出すべく諸国に回文を送っており、この点については以ての外、けしからぬ事である。一国一家の紛争を他の国々に話すなどあってはならない。早々に成敗しようとも思ったが、事の起こりは武事にあり、その根本は実際にあった事で、偽りはないことから一等免じて、当分出仕を停止させ、土倉淡路へ召し預け、佐伯に蟄居処分とする。母親、子の斎藤内膳、娘は土倉に預け置く」

斎藤の偽装を幇助した中村太左衛門は、主人日置忠治により闕所《けっしょ》に処された。

裁決を受けて、草加、若松は「三十一年前の事で、架空の事を上申していると思われても仕方ないところ、お聞き届けになりかたじけなく存じます。書上を老中にお預けの段、僭越ながらもっともに存じます」と謝した（『池田光政日記』）。

斎藤は憤りのあまり朝から大酒を飲み、光政への悪罵を放った。光政はいずれ役に立つときもあると考え、斎藤の具足や鑓を城内に納めさせ、斎藤の悪態には特に怒りを示さなかった（『有斐録』）。

慶安四年に佐伯で病死。享年六十六歳（『吉備温故秘録』所載「斎藤加助書上」、「先祖並御奉公之品書上」斎藤加右衛門）。正保元年に書上を提出した時点で五十七歳なので、これから算定すれば享年六十四歳となる（「先祖書上」寛永廿一年ニ斎藤加右衛門書上ル写）。

子の斎藤内膳は、後に加助を称した。寛永八年に和歌山で誕生。父が牢人して讃岐を離れた後、紀伊で外祖父に預けられ、寛永十八年一月、備前に来住し、寛永二十年七月七日、池田光政に拝謁した。

正保元年より建部に蟄居を命ぜられ、寛文三年三月三日、佐伯のうちで出歩くことを許された。寛文五年三月七日、拝謁を命ぜられ岡山に出頭し、寛文六年に拝謁した。寛文八年十一月一日、知行三百石を与えられた。貞享二年十月一日、旗奉行に就任した際、城内に納められていた父の具足と自身の少年具足を下賜された。子孫は備前池田家の家臣として続いた(『先祖並御奉公之品書上』斎藤加右衛門)。家紋は月に村雲、添紋は瞿麦《なでしこ》(『家中諸士家譜五音寄』寛文九年斎藤加介書上)。

斎藤七右衛門実勝《さいとう しちえもん さねかつ》

斎藤下総守の長男。斎藤加右衛門の長兄。讃岐で出生。

慶長十九年、大坂城に籠り、木村重成組に所属。

落城後、讃岐国三野郡勝間村にしばらく居住した。後に土佐へ下り、源川村住人の町市左衛門を頼んで長岡郡廿枝村に寓居した。市左衛門の祖は阿波の大西上野介の家臣で、斎藤氏と大西氏の所縁によって実勝を招いて扶助したという。

寛永十年、山内忠義の馬廻として出仕した。

寛永十三年、知行三百石を与えられ、野々村迅政に与力として付属された。後に馬廻に戻された。

正保二年、禁教信奉の嫌疑により桑名水也(長宗我部家盛親の家臣五百蔵盛政の次男)が江戸に召喚された時、物頭橋本猪大夫、馬廻相役間宮九左衛門とともに水也を江戸に護送した。幕府の取り調べが済んだ後、再び水也の身柄を土佐に送還した。

正保三年八月二十三日に病死。

妻は、讃岐の安東某の娘。

長男の斎藤六郎兵衛実継、次男の斎藤太郎八実之、三男の斎藤三右衛門実直は、それぞれ山内家に仕えた。各家の子孫は山内家の家臣として続いた。家紋は瞿麦《なでしこ》の花、または三日月に星、丸の内角(『御侍中先祖書系図牒』)。

斎藤平吉《さいとう へいきち》

秀頼に仕え、大坂七組の真野頼包組に所属。知行三百二十石(『難波戦記』)。

大坂落城後、筑後国上妻郡甘木村に浪居。

子の斎藤要一郎は、御原郡本郷村に居住(『姓氏家系大辞典』)。

佐伯次郎大夫《さえき じろ(う)だゆう》

後藤又兵衛組の足軽大将。

慶長二十年五月六日、先手の山田外記に属して安宿郡片山の山上に進み、同組の赤堀五郎兵衛とともに真っ先に駆け下りて、大和組奥田忠次の手と鑓を合わせて戦死(『大坂御陣覚書』)。

酒井下総守吉政《さかい しもうさのかみ よしまさ》

本国は三河(『御侍中先祖書系図牒』)。酒井某の子。酒井雅楽頭家とは所縁があり、代々音信があったという。

父の酒井某は、三河を立ち退いた(『酒井氏家譜』)。ちなみに、「酒井家系譜参考」によると、酒井氏忠の次男で忠善の弟に三河国碧海郡上野城主の酒井将監忠尚があり、永禄年中、駿河へ退去し、永禄八年九月六日に死去した。酒井某はこれと関係のある者と思われる。

酒井吉政は、初め理右衛門、または利右衛門、後に下総守(注)を称した(『土佐諸家系図』、『土老伝記』)。駿河、千本、大坂に住居した(『土佐諸家系図』)。

秀吉に仕え、文禄元年、肥前名護屋城に在番し、三の丸御番衆馬廻組の一番石河光元組に所属（『太閤記』）。

　次いで秀頼に仕え、大坂七組の青木一重組に所属。知行地として河内国大方郡青谷村百石を秀吉の朱印状を以て宛行われた。また、備中国小田郡本堀村五百八十石、同郡宇内村三百二十石について奉行衆の切手を発給された（「青木民部少輔組高付」）。

　慶長十九年、大坂籠城。

　慶長二十年五月七日に大坂城の本丸桜門で戦死（「御侍中先祖書系図牒」）。

　妻は、豊田隠岐守の娘（『山内家史料』所載「御家譜」）。

　長男の酒井采女吉佐は、天正十年に誕生。母は豊田氏。初め小早川秀秋に知行三千石で仕えたが、朋輩との喧嘩により朋輩を殺害して出奔し、京都千本の父宅にいた。慶長五年、山内一豊に召し出され、浦土城代となり中老職に補せられた。知行千六百九十石、うち六百九十石は与力五人の知行。山内姓を賜り、山内雅楽、後には壱岐守を称した。大坂の陣では国元にいたが、落城後、許可を得て上方へ上り、老母や家来の妻子を探し求め、国元に連れ帰った。元和八年、五百石を加増された。寛永九年一月十八日夜半、にわかに患い出し、二十一日卯の刻に死去。享年五十一歳。法名は前壱州大守順山元相居士。妻は山内忠義の養女合姫で、実は山内康豊の三女。子孫は山内家の家臣として続いた（「土老伝記」、「御家老系譜」、『山内家史料』所載「御手許文書」、「御侍中先祖書系図牒」）。
〔注〕酒井忠次の別腹の弟酒井下総守恒城は、三河で出生。幼名は七之助といい、初め出家して知恩院の塔頭先求院に閑居した。後に還俗して下総守を称し、家康に仕えたが、やがて再度出家した。元和二年十月、京都千本の称念寺で死去。法名は欣求院殿捨誉浄哲大徳大居士（「酒井家系譜参考」、「酒井系譜并事蹟」）。恒城は吉政と同族の別人と思われる。また、秀吉の家臣に坂井下総守成利があり、慶長五年に伊勢の采地で発生した一揆討伐で負傷して死去している（『寛政重修諸家譜』）。成利は吉政と別系の別人である。

坂井助右衛門《さかい　すけえもん》
　秀頼に仕え、大坂七組の真野頼包組に所属（『公室年譜略』）。

　慶長十九年十一月二十六日、鉄砲を持参し、同じ組の林甚右衛門とともに鴫野口に出役。

　慶長二十年五月七日、桜門の西方で槙嶋庄太、仙石清右衛門、松井藤助、大野弥十郎、林甚右衛門、不破平左衛門とともに防戦（『元和先鋒録』所載「林甚右衛門正治書上」）。

　元和三年、織田有楽の肝煎で藤堂高虎に知行三百五十石で仕えた。湯浅右近組に所属。

　二代目と思われる坂井助右衛門は、慶安四年二月、藤堂四郎右衛門組に所属し、知行二百石。伊勢津附で中嶋一番町西側の小路の角に居宅があった（『公室年譜略』）。

坂井忠五郎《さかい　ちゅうごろう》
　美濃国可児郡の出自。坂井久内次郎の四男。
　父の久内次郎は、森可成の家臣可児六郎左衛門秀行の子で、初め可児忠五郎等を称した。母方の伯父坂井越中の養子となり改名した。
　坂井忠五郎は、細川家を牢人して、京極高知に仕えた。その後、秀頼に仕え、大坂籠城。

落城後、兄の盛行方に落ち延び、浪客となった。盛行は勤功により加増の沙汰があった時、弟の忠五郎に新知を賜るよう願い出たため、新知三百石が与えられた。可児弥五左衛門と改称した。法名は一統宗純居士。

妻の法名は一燈栄心大姉。

長男の可児藤兵衛正幸は、家督二百五十石を継ぎ、町奉行を務めた。延宝四年、森長俊の附家老となり、知行五百石を与えられた。元禄十年十月、森本家の断絶後、三日月森家の家老職に就いた。宝永二年七月二十七日に死去。法名は鏡智院一峰元帰居士。葬地は播磨国佐用郡三日月村の円通山慶雲寺。妻は、松崎弥左衛門の三女コナ。元禄七年十二月三日に死去。法名は実相院乾室利貞大姉。子孫は三日月森家の家臣として続いた。家紋は蔦。

長女は因幡新田藩池田家に仕える老女となり、可児を称した。

次男の可児仁右衛門は、元禄六年九月八日に死去。法名は玉峯道珊居士（「源姓可児氏略系伝」、「森家御系譜並諸士方分限帳」）。

坂井伝右衛門定氏 さかい でんえもん さだうじ
元小早川家の家臣。
後に牢人して大坂籠城。落城後、安芸国豊田郡船木村に来住して帰農した。伝来の刀一腰を所蔵していた（『芸藩通志』）。

坂井平八 さかい へいはち
初め秀吉に仕え、文禄元年、肥前名護屋城に在番し、三の丸御番衆馬廻組の二番中島左兵衛尉組に所属（『太閤記』）。
後に秀頼に仕え、大坂七組の中島式部少輔組に所属。知行三百石（『難波戦記』）。
慶長二十年五月七日、秀頼は桜門まで出馬したが、先手が敗軍となったので、速水守之の進言により城外への出陣を止め、表御殿に引き返し、雪隠に入った。この時、傍らには赤座三右衛門が刀を、坂井平八が手水鉢を、郡平次郎が手拭いを捧げていた。折から大野治長が前線から立ち戻り、落城を言上した。秀頼はいつもの表情で雪隠を出て、手水で手を洗って奥御殿に入った（「自笑居士覚書」）。

堺与右衛門 さかい よえもん
大坂籠城（「大坂濫妨人并落人改帳」）。

坂田庄次郎 さかた しょうじろう
泉佐野船岡山の松寿院浄音寺の位牌によると、河内国南河内郡磯長村の高山家の出自（『泉佐野の歴史と今を知る会会報』第一四九号所載 佐野順三「坂田庄三郎之墓碑」）。
慶長二十年四月二十九日、塙団右衛門は、樫井の町本口に通じる道を真っ先に騎行し、配下の坂田庄次郎や淡輪吉左衛門がこれに続いた。亀田高綱は、淡輪を突き落として家士が首を取った。上田宗箇も駆け付け、坂田と鑓を合わせた。宗箇の鑓の柄が折れたので、坂田に組み付いたが、逆に組み伏せられた。上田の家士横関新三郎が主人を助けようとしたが、主従ながら組み敷かれてしまった。坂田は首を掻こうとしたが、横関がその刃を握って離さなかった。そのうちに上田の家士横井平左衛門も駆け付け、坂田の高股《たかもも》を斬り、怯んだ隙に上田主従が跳ね返して坂田の首を上げた。坂田の首は上田の家士北村金右衛門（岡野金右衛門か）が取ったともいう。坂田の家士が斬りかかったが、横関が討ち取った（「浅野考譜」）。なお、右の上田と闘った者については、『寛永五年正月亀田大隅守高綱樫井合戦覚書』は騎馬の黒武者とし、『大

さ

坂御陣覚書』は塙団右衛門の家士山県三郎右衛門とする。

大坂方は、塙団右衛門以下、芦田作内、横井治右衛門、山内権三郎、須藤忠右衛門、熊谷忠大夫、徳永浅右衛門、坂田庄次郎、山形三郎右衛門らが戦死。浅野家では首級を紀伊加太浦から船で搬送し、二条城に送致した（『駿府記』、「武家閑談」、『大坂御陣覚書』）。

石祠は泉南郡南通村の船岡神社境内にあり、毎年旧暦八月十四日に祭典が行われていた。触れば祟りありと称して、久しく修繕する者もなかった（『日本史蹟大系』〈墓碑写真は巻末「付録」参照〉）。昭和八年四月、同所に坂田庄三郎之墓として高山家により新しい石碑が建てられた。また、泉佐野船岡山松寿院浄音寺に法名一円居士と諡された位牌が祀られた（『泉佐野の歴史と今を知る会会報』第一四九号所載佐野順三「坂田庄三郎之墓碑」）。

佐方平蔵兵衛　さかた へいぞうひょうえ

佐方平蔵兵衛の子。

父の平蔵兵衛は、佐方次郎五郎常信の次男。

二代目の佐方平蔵兵衛は、大坂の陣で籠城して手柄があった。その後は行方不明。

なお、佐方常信の長兄は佐方彦六左衛門幸信で、その子佐方与左衛門友信は、細川忠興に仕え（『佐方系図』）、天王寺表合戦で鑓を合わせ、組み討ちの功名があった（『綿考輯録』）。

坂本宮内　さかもと くない

大野治房組に所属。

慶長十九年十二月十六日、本町橋通の夜討ちに参加し、優れた働きがあった。

落城後、播磨姫路の本多忠政に仕えた（「大坂夜討事」）。

坂本左近貞幸　さかもと さこん さだゆき

喜多村右衛門の実子で、坂本近江守長徳の養子。

坂本氏は先祖より足利将軍家に従い、和泉国和泉郡坂本、池田、郷荘、陶器、上代、信太、大鳥七ヶ村など合計千貫の地を領知し、坂本大木の邑城に居住した。

養父の坂本長徳は、初め足利義輝、義昭、後に信長に仕えた。佐久間信盛に属して、石山本願寺攻撃に出役し、陣中で病死。

坂本貞幸は、弘治二年に誕生。

天正年中、長徳の子坂本石見守元永が、摂津木津川で戦死したため、長徳の養子に迎えられた。

天正八年八月、佐久間信盛父子が追放された時、和泉国内における坂本家相伝の所領を没収され、和泉府中に浪居。

慶長十九年、秀頼の招きにより大坂城に入り、知行千石の朱印状を与えられた。大坂七組の真野頼包の配下に属して、農人橋の持ち口を警固した。

慶長二十年は老衰のため城中に詰め、落城後、和泉府中に蟄居。

元和二年六月二十一日に同所で死去。享年六十一歳。法名は蓮光院頂忱居士。葬地は府中の妙源寺（『坂本家家譜』、『和泉国三拾六士及在役士伝』）。

坂本半助　さかもと はんすけ

和泉の人坂本左近貞幸の子。浅野光晟の家臣坂本平吉（後に西川久兵衛）の兄。

大坂冬の陣に多くの功名があり、秀頼から感状を賜与されたという（『和泉国三拾六士及在役士伝』）。十二月五日、天王寺表に物見に出て、敵の物見を馬上より組み落とし、討ち取った。首は秀頼の実検に供され、功により盃と馬を拝領した（『浅野家諸士伝』）。

落城後、蜂須賀至鎮に仕え、西川小左衛門を称した（『和泉国三拾六士及在役士伝』）。

子の坂本七兵衛は、片桐孝利に仕えたが、後に牢人となり、島原一揆の時、松平信綱に従って軍功があった。片桐孝利の家臣梅戸平右衛門と松平信綱の家老和田利兵衛元清が軍功の証人となり、浅野光晟に仕えた（『浅野家諸士伝』）。

佐久間葵之助《さくま あおいのすけ》

初め秀吉の馬廻。文禄元年、肥前名護屋城に在番し、三の丸御番衆馬廻組の五番中井平右衛門尉組に所属（『太閤記』）。

後に秀頼に仕え、大坂七組の青木一重組に所属。近江国栗本郡平井村二百六十石を知行（『青木民部少輔組高付』）。

慶長二十年五月七日、青木組は青木正重が指揮して天王寺の東北に備えを立て、井伊直孝、藤堂高虎勢と交戦（『大坂御陣覚書』、『落穂集』）。藤堂の先手は崩れ、細川忠興の備えの前になだれかかり、井伊勢も敗軍した（『高山公実録』、『井伊家文書』、『綿考輯録』）。この時高虎の家臣佐伯惟定は踏み留まり、その家来寺島正兵衛も主人の傍らを離れずにいた。葵之助は牛の下の指物の武者二人と睨み合っていたが、正兵衛が駆け付け言葉をかけたので、今度は正兵衛に突きかかった。正兵衛は葵之助の手元に飛び込み一刀切り付けるや、そのまま引っ組んで池に落ち、組み伏せた。首を取ろうとしたが、既に負傷しておりうまくいかず、藤堂元則の家来長田理介に頼んで首を取った。朱溜塗の兜を付けたまま元則に見せ、本陣に持参し、城井長胤に引き渡した。高虎は本日の一番首としてことに感賞し、二度まで言葉をかけた。首は見知る者があり、秀頼譜代の佐久間葵之助と判明した（『高山公実録』所載「寺島正兵衛延宝書上」、『元和先鋒録』、『高山公実録』所載「延宝西島留書」）。

ちなみに「武辺咄聞書」に、天正五年当時、佐久間不干の与力に佐久間葵之助が見えるが、これと同一人物かは不明。

佐久間蔵人《さくま くらんど》

諱は正頼（『難波戦記』）、忠頼とされる（「井伊年譜」）。秀頼の馬廻の大将分で、木村重成に付属された（「桑島若狭大坂物語」）。組頭（『山口家伝』）。

慶長十九年十一月二十六日、今福口で一番に鑓を合わせ、首一級を斬獲した（『鴫野蒲生合戦覚書』、『武家事紀』）。

慶長二十年には足軽三十人を預かり、白母衣《ほろ》を着用（「高松内匠武功」）。五月六日、若江表に出役し、物見に出て重成に敵の接近を報じた（『大坂御陣覚書』）。内藤新十郎、牟礼孫兵衛、山口左馬允らとともに井伊直孝の先手と戦い、内藤や牟礼の討ち死にを見るや、「それがしも各々とともに参らん」と言って、敢闘のすえ戦死した（「井伊年譜」）。首は正木舎人重次が討ち取った（「貞享井伊掃部頭家来正木舎人書上」、「石谷土入記」、「井伊年譜」、『難波戦記』）。正木は功により将軍秀忠に拝謁して、黄金三枚、時服一重を拝領した（『譜牒余録』）。

ところが、井伊家では八月十九日付で五十嵐半次が「六日の御合戦で、敵の母衣武者を私が鑓で突き伏せましたが、正木舎人がどこからかやってきて、首を奪い取りました。若者のした事なので、私は他の敵を討つまでと存じ、構わず先に進みました。これについて少しも偽りはありません。この証人は、さいか九郎左衛門、三浦与右衛門殿の同心伊藤伊兵衛の二人が見ておられました」と申し立て、木俣右京に書付を提出した。これに対して、八月二十六日付で正木も木俣に「一番目の鑓場で佐久間蔵人を討ちました。それについて五十嵐半次が異議を唱えて、書付を差し上げたそうですが、拙者には証拠があるので、お召しになって御吟味を仰せ付けください」と書付を提出して対抗した（『井伊家文書』）。

正木家には佐久間が着用していた六枚張の兜鉢が伝来した。累代珍重され、大正十二年九月の震災大火の際も家宅は焼失したが、この兜だけは子孫の手によって搬出された。この兜鉢は現在、川越歴史博物館に収蔵されている（『佐久間鍪之記』）。

なお、万治二年、徳川頼宣は佐竹義処の家臣戸村十大夫義国を中屋敷に招聘し、今福口合戦の様子や家康から拝領した感状について話を求めた。合戦場の絵図の書付は紀州家の宇佐美定祐が読み上げ、戸村が語った。頼宣は戸村を冥加《みょうが》の士として大いに称揚し、滞在は八つ半から暮に及んだ。頼宣が「一番鑓の相手は誰だったか」と尋ねると、戸村は「しかとは見定めませんでした」と答えた。頼宣が菅沼九兵衛に向かい「先年、当家に召し出した山中藤大夫、赤堀五郎兵衛は、今福で働きがあった面々である。戸村の鑓の相手は彼らであろうか」と言うと、戸村は「私の鑓の相手は、黒具足に銀の揚羽蝶の前立の兜を着用し、白黒段々の笠付の小旗を腰に差して、采配を持った者でした」と言上した。頼宣は、この鑓の相手を「木村重成組の物頭佐久間蔵人であろう」と推定した（『国典類抄』、『南紀徳川史』、『紀侯言行録』）。これにより、『大坂御陣覚書』（宇佐美定祐著）では、重成組の佐久間蔵人は、銀の鍬形の兜に、鳥毛の引廻を付け、白黒段々の撓《しない》を指し、北の柵の木戸口より出て、堤の上を走り行き、一番鑓と名乗ってかかるところを、佐竹方戸村十大夫が立ち向かい、鑓を合わせたと記された。

篠岡右京　ささおか　うきょう

初め窪田四郎兵衛（『十竹斎筆記』）、または窪田藤四郎。大坂の陣の時に改名した。

木村重成組に所属。夏の陣では使番を務めた（『高松内匠武功』）。

慶長二十年五月六日、若江表に出役して戦死（『慶長年録』、『元寛日記』）。

佐崎宮内少輔信俊　さざき　くないのしょう　のぶとし

大坂籠城。城東警固の寄合衆の一人（『難波戦記』）。

佐々木兵庫頭定治　ささき　ひょうごのかみ　さだはる

近江六角佐々木家の出自。佐々木右衛門督義弼の養子で、佐々木右近大夫高賢の実子。

養父の義弼は、近江観音寺城主佐々木承禎の嫡男。従四位下右衛門督に叙任。玄雅、玄雄、鷗庵と号した。名家の子で、騎射の達人だったので、豊臣秀次に召し出された。秀次の死後、秀吉に仕え、御咄衆に列せられ、知行二百石を与えられた。次いで秀頼に仕え、弓術師範を務めた。後に京都賀茂に閑居。慶長十七年十月二十二日に賀茂で死去。享年六十八歳。

実父の高賢は、佐々木次郎賢永（佐々木義弼の次弟）の長男。慶長十六年七月二十六日に死去。

佐々木定治は、慶長元年四月十二日に京都で誕生。諱は初め高守、後に定治。従五位下兵庫頭に叙任。道求、已斎、独嘯庵と号した。

慶長六年、秀頼、家康に拝謁し、慶長十一年、秀頼に出仕した。

義弼の嫡男が二歳で早世し、嗣子がなかったので、慶長十四年、片桐且元らが家康に奏請して、高賢の長男定治に義弼の娘を配して宗家を継がせた。

慶長十六年三月二十八日、秀頼が上洛した際、秀頼の近臣のうち細川讃岐守、津川右近大夫、佐々木兵庫頭らが、順次家康に拝謁したというが、「秀頼御上洛之次第」に載せる供奉の者にその名は見えない。ただし「佐々木氏大坂物語」によると、翌二十九日、秀頼は帰城後「家康が存知の面々は、家康に拝謁するように」と家臣に指示し、前日の上洛に供奉した面々を含む五、六十人が夜通しで京都に上り、家康に拝謁したという。

『鹿苑日録』によると、慶長後期に母や妻は大坂に居住していた。

大坂籠城。落城の際、家族を引き連れて淀に逃れ、次いで太秦に匿《かく》れた。

元和二年春、家康の内意により再三招かれ、知行三千石も提示されたが固辞した。六角家の旧臣筋にあたる会津の蒲生忠郷方に寄食し、千石を与えられた。後に会津を去り、京都、江戸に閑居した。

寛永六年、前田利常に召し出され、翌七年、知行七百石を与えられた。正保三年、三百石を加増された。

万治三年、隠居して知行とは別に米俸百口を給せられた。道求と号した。

寛文九年、主命により「大坂陣一巻之覚書」四十条を著した。世に「佐々木氏大坂物語」と称された。

延宝元年十月六日に死去。享年七十八歳。

妻は佐々木義治の娘で、寛文五年八月十八日に病死。

嫡男の佐々木左兵衛定之は、慶長十七年に大坂で誕生。母は義弼の娘。正保元年、前田家に出仕して、知行三百石を与えられた。万治三年、家督千石を継ぎ、寛文六年三月四日に金沢で死去。享年五十五歳。

次男の佐々木四郎右衛門定知は、処士となり、三雲惟心と号した。天和二年七月五日に死去。享年六十二歳。

三男の佐々木伝内は、寛文三年四月二十九日に死去。享年三十歳（「諸家系図纂」、「諸士系譜」、「佐々木氏大坂物語」、「先祖由緒并一類附帳」明治三年佐々木孫兵衛書上）。

佐々木山弥二郎公宜《ささきやま やじろう きみのぶ》

佐々木山左近公寿の子。

豊臣家に出仕。慶長二十年五月に戦死（「諸系譜」）。

佐治主馬助為成《さじ しゅめのすけ ためなり》

佐治与九郎一成の長男で、織田熊之助秀休（一成の次弟）の養子。

祖父の佐治八郎為興は、左馬允為平の子で、父祖以来、尾張国智多郡大野に住んだ。信長の妹御犬方を娶り、天正二年九月二十八日、伊勢長島で戦死。享年二十二歳。

実父の一成は、為興の長男。大野に住み、織田信雄に従属した。天正十三年戦役の後、所領を没収され、織田信包を頼った。剃髪して巨哉と号した。寛永十一年九月二十六日に京都で死去。享年六十六歳。法名は長徳院殿快岩巨哉居士。

養父の秀休は、為興の次男。初め豊臣秀次に仕え、後に前田利家に八百石で仕え、中川久右衛門と称した。寛永四年七月二十二日に死去。法名は功岩全忠禅門（「諸家系図纂」）。妻は信長の家臣福富平左衛門貞縄の長女（『藩士名寄』）。

佐治為成は、大坂の陣の時、実父の宅から大坂城に入城した。落城後、実父の宅には帰らず、加賀の叔父中川秀休方に逃れた。秀休に子がなかったので、その養子となり、家跡を継いだ。

長男の中川主水成正は、万治三年一月八日に早世。長女は鶴見甚左衛門の妻。次女は服部道慶の妻。三女は柴山彦三郎の妻（「諸家系図纂」）。

佐治頼母為重　さじ　たのも　ためしげ

佐治左京佐の子（『家中諸士家譜五音寄』佐治十左衛門親佐治縫殿介寛永廿一申ノ年書上、「浅羽本系図」）。兄の勘左衛門が庶子のため樋口氏の養子となり、為重が家督を継いだ（「浅羽本系図」）。

父の左京佐は、尾張国知多郡大野城主佐治左馬允の子で、近江国甲賀郡伊佐野村に掻揚《かきあげ》を築いた。知行所は伊佐野村、同郡中村、知多郡柳瀬村の三ヶ村。秀吉の治世下で一門は牢人となった。

佐治為重は、天正十三年に近江甲賀郡伊佐野村で誕生。慶長五年頃は吉大夫、大坂籠城の頃は頼母、池田家出仕の頃は縫殿と改めた。

文禄二年、上田吉之丞の養子分となった。

文禄四年、伊勢安濃津の富田信高に出仕し、慶長三年、知行三百石を与えられた。

慶長五年八月二十四日、毛利秀元、長束正家、安国寺恵瓊らが安濃津城を攻撃し、三の丸を焼き払い、二の丸に乱入した。信高は本丸に退き、援将の分部光嘉とその老臣たちの姿も見失ったため、天守に上がって自害を覚悟し、佐治に介錯を命じた。佐治は後先も考えず、とにかく引き留めた。信高が思いとどまったところに、ちょうど分部主従や富田五郎左衛門、同主殿、上田吉之丞らが二の丸へ引き揚げる姿が望見できた。主命により佐治が天守から使いに出ると、大手門櫓の広間の前付近で、毛利家の紫母衣の武者以下五、六人と養父の吉之丞が鑓を合わせていた。佐治は言葉をかけ、脇から鑓を入れ、敵を追い払った。大手門の潜りへ退く母衣武者を、吉之丞とともに追いかけて言葉をかけると返し合わせたので、両人の鑓で突き留めた（注）。和睦となり、高野山に入る信高に供奉した。後に信高から籠城中の働きを褒賞され、籠城中着用していた具足、兜、小鞍という伊勢家作の鞍、鐙、河原毛の馬を拝領した。その後、二百石を加増されたが不足に思い、慶長六年秋に退去した。

林丹波守の斡旋で小早川秀秋に知行八百石で仕えたところ、旧主信高から浅野長政、山岡道阿弥を通じて小早川家に数度故障が入った。安濃津に籠城した川木九之丞、園部次太夫、塚本勘右衛門が同じ家中にいたため、小早川家では籠城中の働きを詳細に吟味した結果、奉公構を受け入れなかった。慶長七年十月に秀秋が死去した後、宮城豊盛の斡旋で黒田長政に仕えた。再び旧主信高から滝川忠征を通じて黒田家に故障が入った。黒田家では富田家の旧臣中堀主膳に詳しく照会して吟味した結果、奉公構を受け入れなかった。五年間近習として勤務したが、遠国で不自由なため、後藤又兵衛を通じて暇を乞い退去した。

その後、牧野成里、正成兄弟の斡旋で藤堂高虎に出仕したが、以後の知行高について行き違いがあり、牧野兄弟に断りを入れた。牧野兄弟から森川金右衛門、本多百助、倉橋内匠に依頼して高虎に暇を求めたが、加増の約束があったので、慶長十九年十月四日、高虎の江戸発足に供奉し、大坂表へ出役した（『家中諸士家譜五音寄』佐治十左衛門親佐治縫殿介寛永廿一申ノ年書上）。

十二月四日、伊予板島から藤堂良勝が参陣し、翌五日に左先鋒を命ぜられた（『公室年譜略』）。佐治は良勝の先手に属し、天王寺口、生玉口の筋、黒門の前より東に藤堂勢が仕寄《しより》を付けた時も、出精の働きがあった。佐治の働きは、良勝や渡辺宗から高虎の耳に入っていたが、夏の陣まで何の賞金もなく、佐治は不満を抱いた。

慶長二十年四月五日以降、藤堂勢は淀に逗留し、佐治もこれに従軍していた。そこへ後藤又兵衛の使者が入城勧誘の書状を持参した。これはともに黒田家中にいた関係で、後藤が佐治をよく知っており、大野治長に話したところ、「知行三千石、与力三十騎を預けるので呼びにやられよ」と奨められたもの。後藤からは二度使者が来たので、これに応じて大坂に籠城した。後藤の手に属し、与力三十騎を預かったが、五騎が揃わず、実際は二十五騎を預かった。

五月六日、道明寺より東の石川まで後藤に従い四、五十騎が進出すると、寄せ手が東の丸山に物見を出し、同所を占領しようとしていたので、ただちにこれを追い払い、山に押し上がった。佐治も与力十二、三騎を率いて山まで乗り付け、下馬すると後藤に断って、寄せ手の様子を探りに前線へ出向いた。伴次左衛門らの上下十四、五人で北の谷筋へ出ると、敵の物見三人と遭遇したため、鑓を合わせ兜付きの首を取った。左の指に少々鑓傷を負ったが、おそらく後藤の手では一番首かと思われた。

そこから東へ進むと寄せ手の旗が見えたので、その旨を後藤に報告しようと西山のはずれまで出ると、既に戦死者を見かけた。後藤の旗本を見やると、味方が敗軍して寄せ手に押し隔てられたので、丸山の麓に退却した。そこに味方が十七、八騎いたので、組下の山田市右衛門、伴次左衛門を連れて合流した。敵十五、六騎ほどが丸山付近の里の北西から攻め寄せてきたので、細縄手で佐治、山田、伴の三人で鑓を合わせた。山田を突き倒した敵を佐治が突き倒し、兜首を上げ、刀脇差も分捕ったが、佐治も同時に左の腿を突かれた。その場に居合わせた者に断って、首と分捕った刀を捨て、脇差のみを持ち帰った。その場の様子は、深田を隔てて後藤の鉄砲の者仙石喜四郎、牛尾久左衛門が見ており、後方では後藤組の大角九郎右衛門、その他侍二、三騎が、水田を隔てて見ていた。

それから西へ行くと小さい森があり、味方二、三十騎ほどがたむろしていたので、これに合流した。敵二、三十騎余りが田の中の縄手から森を目がけて寄せてきたので、佐治は「大坂まで引き揚げることはできまい。よき討ち死にの場所なるぞ」と呼びかけて駆け出すと、わずかに伴と佐川安右衛門、木舟小右衛門が続いたが、他は進まなかった。敵合が近くなり互いに鑓を振り回し言葉を掛け合ったが、左右が深田で足場が悪く、敵もかかってこなかったので、伴が佐治の鑓の柄を捉えて三人して「ぜひにも引き揚げるように」と佐治を諫めた。そこで森まで引き揚げると既に味方は一人もおらず、伴、佐川、木舟を連れて森から退却することにした。

後から敵の武者四、五騎が追尾してきた。疲労困憊して十間ほども遅れていた伴が佐治に救いを求めたため、引き返して伴を介抱して退却した。幸い左右が深田で騎行できないため、敵も追ってこなかった。その間に佐川、木舟は先に退却した。道明寺と平野の間で真田信繁に行き遭ったので助かり、伴を連れて大坂まで引き揚げた。

　五月七日、大野治長方より後藤の物頭たちに、「後藤組の者は修理の配下に属するように」との指示があったので、組の者二、三人を連れて玉造口の堀から東に出ると、早くも城に火の手が上がり、先手も破軍したため、敗走兵に押し立てられ退去し、翌八日には尼崎に落ち延びた。

　その後七、八年間、大坂牢人はどこにも仕官できず、旧主高虎の奉公構も強かったため、表立った仕官活動もできず、京都のあちこちに隠れ住んでいた。寛永七年十月に高虎が死去し、ようやく制約がなくなり、寛永八年、江戸に下向し、仕官運動を開始した。荒尾平八の肝煎で池田忠雄の耳に入るところとなり、池田家では佐治の履歴について、富田家の旧臣佐分利九之丞や、大坂に籠城していた三浦弥右衛門へ詳しい照会を入れ、宮脇平太左衛門、村上一学が諸国にいる佐治の古朋輩への確認を実施した。佐治も書付を作成し、旧知の者たちからの書状を添えて荒尾に提出した。佐治の書付は留め置かれ、添状は返却され、後は拝謁の日取りを決めるだけとなったが、忠雄の発病により延引し、実現しなかった（『家中諸士家譜五音寄』佐治十左衛門親佐治縫殿介寛永廿一申ノ年書上）。

　寛永十年、池田光政に知行千石で出仕し、鉄砲二十挺を預けられた（『家中諸士家譜五音寄』寛文九酉年佐治十左衛門書上）。

　牢人中は貧困のため、江戸柳原の町家の裏に少しばかりの所を借りて妻と二人で住んでいた。先に佐治だけが京都に行くと、一人残された妻が特に零落していたため、近隣の者が心配して、日々世話をして、「いかなる事で佐治殿は京都に行かれたのか」と尋ねた。すると、妻が「池田の御家の新太郎少将（池田光政）から禄千石を賜わるとの事ですが、二千石ならば奉公すべしと存じ、そのために京に行ったのです」と答えたので、近隣の者は「千石ばば」と異名して嘲っていた。ほどなく従者十人ほどを引具して、馬に乗ったきらびやかな武士がやって来て、「私は佐治である」と言って妻を迎え、近隣の者それぞれに土産を贈り、妻を世話してくれた礼を述べて、池田家に出仕するとのことで去っていった（『常山紀談』）。

　寛永十二年、江戸へ下向し、小石川の普請を務めた。

　寛永十七年、江戸留守番のため出張した。

　寛永十五年、島原落城に伴う公用を拝命し、備前下津井、三石に出張した（『家中諸士家譜五音寄』寛文九酉年佐治十左衛門書上）。

　寛永二十一年九月二十四日付で池田出羽、伊木長門、池田伊賀に自身の履歴について書上を提出した（『浅羽本系図』）。

　慶安二年、池田恒元の播磨宍粟拝領に伴い、十月二十三日から翌年一月十三日まで、同地に出張した（『家中諸士家譜五音寄』寛文九酉年佐治十左衛門書上）。

　ある時、佐治の下僕が罪を犯して出奔した。後に伊豆三島で他家の人に従って旅宿の向かいにいるのを発見し、その主人に断って身柄を受け取り、斬り殺そうとすると、土地の神官らが、「ここは明神の鎮座まします地なので、怒りを抑えられてこの者の一命を助けられよ」と強く願ってやまなかった。そこでいったん願いを容れたと見せかけ、道に出るやただちに斬って捨てた。その日以来、下僕の姿が佐治の目に映り離れず、気が乱れそうになった。そのため備前城下の景福寺に参禅して心を静めると下僕の姿は消えた。これは神官らを欺いた事が自分でも不快であり、また明神の祟りを危惧して心が動揺していたからであったという（『武将感状記』）。

明暦三年七月四日に死去（『家中諸士家譜五音寄』寛文九酉年佐治十左衛門書上）。享年七十三歳と算定される（『家中諸士家譜五音寄』佐治縫殿介寛永廿一申ノ年書上）。

子の佐治十左衛門は、慶長十九年に誕生。明暦三年九月六日、遺知千石のうち六百石を継いだ（『家中諸士家譜五音寄』寛文九酉年佐治十左衛門書上）。

子の佐治三郎左衛門は、承応年中、伊勢桑名で松平定良に知行四百石で出仕した。後に百石を加増された。物頭、郡代役、組頭、勘定頭を歴勤し、延宝五年十一月に病死。子孫は桑名松平家の家臣として続いた（『天明由緒』）。

〔注〕安濃津城で防戦した富田家の家臣佐分利九之允の家系が肥後細川家に続いた関係で、同じ家中の医臣堀内三盛は、安濃津城における佐治縫殿の軍功と、後に池田家に千石で仕えた事を聞き知っており、これをたびたび子の堀内伝右衛門重勝に話し聞かせていた。後年、細川家の下屋敷に預けられた赤穂浪士の吉田兼亮、原元辰、堀部金丸との雑談の中で重勝が佐治の話を披露すると、三人は「伝右衛門殿は古き事をよく覚えておられる」と感心した（『日夕覚書』、『堀内伝右衛門覚書一巻』）。

佐治内膳《さじ ないぜん》

毛利吉政配下の鉄砲頭。

慶長二十年五月七日、岩村清右衛門とともに天王寺表に出役。秋田俊季の鉄砲頭と堤を隔ててにらみ合ったが、吉政は「みだりに放つな。放つ時は心を静めて下って放て」と下知した。秋田勢は堤の上で透間なく銃撃したが、放つや否や堤の下に屈み伏せるので、銃弾は頭上を越えるばかりで命中しなかった。若武者の佐治は、老巧の岩村を目当てにしていたが、岩村が鉄砲を取って立ち上がり二発撃ったので、佐治もそれにならった。それより岩村は鑓を取って、「鑓を合わさんとする者は、今このときぞ」と言って堤を走り下りた。佐治も岩村に並んで進み、鑓先を揃えた敵四人と向かい合った。両人が前後を競いつつ挑みかかったので、敵四人は十歩ほど突き立てられ後退した。劣勢になった敵は堤の上から鑓を投げつけ、岩村の胸板に当たった。岩村は道より下に倒れたが、佐治はこれを顧みず敵を捲り立て追い詰めた。岩村は首を掻かれそうになったが、折から吉政の旗本がどっと喚声をあげて突進したので、秋田勢はばらばらと退いた。その間に佐治は岩村の首を掻こうとしている者を突き伏せ、その首を取った（『武将感状記』）。

佐武六右衛門《さたけ ろくえもん》

大野治長の家来（『高松内匠武功』）。あるいは治長の組子。

慶長十九年十一月二十六日、鴫野口合戦で一番に上杉勢の柵を乗り越えた（『佐々木氏大坂物語』）。この日の戦闘で首一級を斬獲した（『高松内匠武功』）。

佐々九郎右衛門《さっさ くろ(う)えもん》

佐々成政の親類（『土屋知貞私記』）。秀吉の家臣。

天正十八年七月二十三日付で伊東長次

さ

とともに連署して、播磨国川西郡殿原村、同中富村の水利配分を示達した(『中田文書』)。

大坂城に籠り、物頭を務めた。年の頃は五十歳ほど(『土屋知貞私記』)。

『難波戦記』に、城東警固の寄合衆として、佐々木九郎右衛門政清の名が見える。これは佐々氏の誤記で、佐々九郎右衛門と同一人物を指すと思われる。

「改撰仙石家譜」によると、慶長二十年五月七日、天王寺表で仙石忠政の家臣岡田権六広忠に討たれたとされる。

「御家中略系譜」は、佐々九郎右衛門信治について、以下の事跡を伝える。佐々成政の三男で、実は成政の長男佐々勝右衛門伊正の子。初め喜藤次を称して秀吉に仕えて一万石を領知。次いで秀頼に仕えて、小姓を務めた。元和年中、丹波福知山の有馬豊氏に仕えた。元和七年、筑後久留米で知行七百石を与えられ、先手物頭を務めた。寛永三年三月、鉄砲の者の知行として三百石を与えられ、合計千石となった。寛永十一年四月に病死。妻は京都の人。ただし「御家中略系譜」が記す右の出自と、秀頼への出仕以前の事跡は信憑性に欠ける。

佐々信治には六男二女があった。そのうち長男の佐々彦右衛門安雄、次男の佐々所左衛門、三男の佐々作兵衛一成の子孫が久留米有馬家の家臣として続いた。家紋は丸の内五本骨開扇香図。五男は有馬家の家臣長谷川常一の養子となり、次郎左衛門常房を称し、子孫は久留米有馬家の家臣として続いた(「御家中略系譜」)。

佐々九郎右衛門の娘は、家康の家臣森川助左衛門長次に嫁ぎ、長男の佐々平蔵氏成、次男の森川才兵衛長貞、三男の森川助右衛門長俊、五男久右衛門重次を産んだ。この婚姻は長次の父祖が佐々氏と同じ尾張国春日井郡比良郷に居住しており、その所縁によるものと思われる。なお、長貞は森川氏信の隊下与力として、長俊は将軍秀忠の大番の士として、それぞれ大坂冬の陣・夏の陣に供奉した(『寛政重修諸家譜』)。

佐々十左衛門《さっさ じゅうざえもん》

「諸系譜」に、佐々淡路守成忠の三男で、孫十郎吉利、喜藤次忠次の弟として重左衛門成行を掲げるが、信憑性に欠ける。

佐々十左衛門は、秀吉の馬廻で、文禄元年肥前名護屋城に在番し、本丸広間番衆馬廻組の六番速水守之組に所属(『太閤記』)。

慶長二十年五月七日、家康の家臣石川嘉右衛門重之(号は丈山)は、岡山口の先手に加わり敵一人を倒し、さらに桜門に至ると佐々十左衛門と鑓を合わせ、首を取った。同所で十左衛門の郎党二人も戦ったが、一人は石川に討たれ、一人は石川の従童十三郎に討たれた(「石川家系図」)。

佐々甚右衛門成直《さっさ じんえもん なりなお》

尾張の出自。佐々孫十郎成治の次男。兄の佐々勘左衛門是教(号は正益)は庶子で、京都で医業を営んだため、成直が家督を継いだ(「先祖由緒并一類附帳」明治三年十月佐々吉郎源致政書上、「同」明治三年十二月佐々栄源鋭成書上、「同」明治三年十月佐々逸郎源良政書上、「同」明治三年十月佐々卯門藤原政明書上)。

祖父の佐々勝右衛門長治は、佐々成政方にいて、天正九年二月、成政の越中入国後、新川郡小出村城を預かった。天正十五年五月、成政の肥後転封後、次男の佐々孫十郎成治の知行所である摂津国武庫郡鳴尾村に隠棲した。剃髪して慶叟と号し、大坂天王寺付近に曹洞宗浄春寺を建立した（「先祖由緒并一類附帳」明治三年十月佐々吉郎源致政書上）。天正十四年九月十四日に鳴尾村で病死。享年七十九歳。法名は海宝院殿慶叟浄春居士。墓碑の十三重塔が鳴尾村松風山西方寺にある（『尼崎志』、『寛政重修諸家譜』、「先祖由緒并一類附帳」明治三年十月佐々卯門藤原政明書上、「同」明治三年十二月佐々栄源鋭成書上）。

父の佐々成治は、長治の次男（「諸士系譜」、「先祖由緒并一類附帳」明治三年十月佐々卯門藤原政明書上、「同」明治三年十二月佐々栄源鋭成書上）。諱は、一説に政治（「蜂須賀家家臣成立書并系図」文久元年九月佐々麻五郎長恭書上）。初め牢人だったが、後に成政の養子となり、秀吉に仕えた。黄母衣衆に列せられ、摂津国武庫郡鳴尾村に三千五百石を知行した（「先祖由緒并一類附帳」明治三年十月佐々吉郎源致政書上、「同」明治三年十月佐々逸郎源良政書上）。文禄元年、肥前名護屋城に在番し、本丸広間番衆馬廻組の六番速水守之組に所属（『太閤記』）。文禄三年に伏見で病死（「先祖由緒并一類附帳」明治三年十月佐々吉郎源致政書上）。鳴尾村の「松風山西方寺過去帳」に、一泡幻夢居士、文禄三年五月二十四日佐々孫十郎とある（『尼崎志』）。妻は佐々吉左衛門の娘で、寛文元年四月に病死（「先祖由緒并一類附帳」明治三年十月佐々吉郎源致政書上）。あるいは寛文三年四月に病死（「先祖由緒并一類附帳」明治三年十二月佐々栄源鋭成書上）。

母は安藤与兵衛の姉（「蜂須賀家家臣成立書并系図」文久元年九月佐々麻五郎長恭書上）。ただし「明治三年十月佐々吉郎源致政書上」（「先祖由緒并一類附帳」）には、与兵衛の姉は佐々吉左衛門の妻とあり、どちらが正しいか不明。

佐々成直は、諱を長利ともいう（「蜂須賀家家臣成立書并系図」文久元年九月佐々麻五郎長恭書上）。

本妻腹であったが、父が死んだ時に幼少だったため、当分は遺知のうち二百石を与えられ、残知は叔父の佐々喜三郎成徳が継承した。大坂七組の馬廻に列せられた（「先祖由緒并一類附帳」明治三年十月佐々吉郎源致政書上、「同」明治三年十二月佐々栄源鋭成書上、「同」明治三年十月佐々逸郎源良政書上、「同」明治三年十月佐々卯門藤原政明書上）。

秀頼に仕え、使番を務めた（「蜂須賀家家臣成立書并系図」文久元年九月佐々麻五郎長恭書上）。

慶長二十年五月七日に戦死（「先祖由緒并一類附帳」明治三年十月佐々吉郎源致政書上、「同」明治三年十二月佐々栄源鋭成書上、「同」明治三年十月佐々逸郎源良政書上、「同」明治三年十月佐々卯門藤原政明書上）。

妻は、速水甲斐守守之の次女（「蜂須賀家家臣成立書并系図」文久元年九月速水只之助時永書上）。

長女は酒井兵左衛門の妻（「蜂須賀家家臣成立書并系図」文久元年九月佐々麻五郎長恭書上）。

長男は佐々孫左衛門（「御家中略系譜」）、または源兵衛長吉（「蜂須賀家家臣成立書并系図」文久元年九月佐々麻五郎長恭書上）。初め有馬豊氏に仕え、後に退去（「御家中略系譜」）。摂津鳴尾に浪居（「蜂須賀家家臣成立書并系図」文久元年九月佐々麻五郎長恭書上）。子がなく断絶（「御家中略系譜」）。

次男は佐々藤右衛門直次。母は速水氏。初め伝右衛門を称した。父が戦死した時は幼少で、上総の縁者に養育された。その後、江戸へ出て、数年の間、牢人分で柳生宗厳方にいた。次いで石川播磨守組の大番与力となった。万治元年、坪内能登守の肝煎で蜂須賀至鎮に知行三百石で出仕した。元禄二年九月八日に病死。子孫は蜂須賀家の家臣として続いた（「蜂須賀家家臣成立書并系図」文久元年九月佐々麻五郎長恭書上、「御家中略系譜」）。

佐々八右衛門　さっさ　はちえもん

慶長十九年十一月二十六日未明、佐竹義宣が今福柵を強襲した時、番将矢野和泉守配下の侍十人が仮橋を渡って防戦し、うち五人は戦死し、湯川庄兵衛、丸尾佐大夫、佐々八右衛門は負傷、残る二人は柵の中へ退却した（「大坂籠城記」）。

佐々平蔵氏成　さっさ　へいぞう　うじなり

豊臣家の家臣佐々九郎右衛門の子。実は家康の家臣森川助左衛門長次の長男で、母は佐々九郎右衛門の娘。

秀頼に仕えた（『寛政重修諸家譜』）。大坂七組の堀田図書頭組に所属。知行百九十三石（『難波戦記』）。

大坂の陣で戦死（『寛政重修諸家譜』）。

佐々孫助　さっさ　まごすけ

豊臣家の鷹匠頭佐々淡路守の子弟と思われる。

佐々孫助（介）は天正年中、織田信雄に仕え、尾張国春日井郡青山郷の内で二百貫文を領知した（『織田信雄分限帳』）。天正十六年三月二十日付で秀吉は信雄に書状を送り、鷹匠の佐々孫介、安井久三郎のうち一人を所望し、特に佐々は先年秀吉の寄子《よりこ》だったことから、できれば佐々が欲しいと申し添えた（「七条文書」）。天正十七年十二月十三日付で秀吉は小田原出陣に際し、一柳直末に佐々孫介らと鷹匠の宿所、食料の手配を命じた（「一柳家文書」）。文禄元年、御鷹衆として野尻彦二郎、真野新太郎、南部弥五八、佐々孫介が秀吉の肥前名護屋出陣に供奉（『大かうさまくんきのうち』）。文禄二年十月三日、秀吉の参内に先立ち、木下吉隆、山中長俊、堀田一継、佐々孫介が諸大夫成（『駒井日記』）。

この佐々孫助（介）は、以下の佐々淡路守の前身と思われる。『太閤様御代御配分帳』によると、佐々淡路守は知行六千石。慶長十八年十月二十五日、富田信高の改易に連座して、佐々孫介、同内記〔注1〕も改易された（『駿府記』）。『武徳編年集成』には、富田に連座して秀頼の鷹匠頭佐々淡路守行政、同孫助、同内記が改易されたとある。『当代記』には、佐々淡路守兄弟は、近年駿府に勤仕していたが、両人ともに改易されたとある。また、信長、秀吉二代に仕えた鷹の上手で、信長の時以来、家康からも懇志を加えられていた者とされる。その後、病死〔注2〕。子孫は前田家の家臣となった（「名家由緒」）。

大坂籠城した佐々孫助は、秀頼の鷹匠頭だったが、慶長十八年に改易され、牢人となっていた（『武徳編年集成』）。

慶長十九年十一月二日付で本多忠政に以下の趣旨の書状を送った。「拙子、幕府の御年寄衆からそちらの御陣所へ参り、万事御指示に従うよう指示されました。一両日中には伺いますので、御家来衆と同様に思われ使役ください。小屋場なども御家中衆と一緒にお命じください。牢人の身なので従臣もおりません」（『譜牒余録』）。その後、大坂へ再勤。内応《ないおう》して大坂城内に放火せよとの密命を帯びていた。

慶長二十年五月七日、天王寺表に出役。大野治長が城内に戻るのを見て、「城方敗北」と怒鳴って預かっていた足軽を率いて一番に遁走した。これにより治長の手勢やその相備えも崩れ立った。

　七月、大坂で内応の放火を果たさず、戦後はいろいろと虚言を弄して恩賞に与ろうとしたので、家康はこれを憎んで誅罰した（『武徳編年集成』）。

〔注1〕佐々内記正重は、慶長十年九月十一日、従五位下内記に叙任。豊臣姓を賜与された（「柳原家記録」）。慶長十六年三月、秀頼の上洛に供奉。御腰物持の南条忠成の替役を務めた（「秀頼御上洛之次第」）。当時、知行五百石（『慶長十六年禁裏御普請帳』）。慶長十八年十月二十五日、佐々行政、佐々孫助とともに改易された（『武徳編年集成』）。

〔注2〕「自得公済美録」によると、慶長十二年六月八日、浅野長晟は佐々淡路守成行殿の御葬礼につき上洛し、呉服所遠藤兵右衛門方に止宿した。淡路守本人の葬礼への列席と思われるが、慶長十八年に改易された淡路守との関係は不明。

佐藤主計頭春信《さとう かずえのかみ はるのぶ》

　本国は山城（「先祖由緒并一類附帳」明治三年十月佐藤喜市郎藤原直幸書上）。佐藤隠岐守の子（「先祖由緒并一類附帳」明治三年十月佐藤喜市郎藤原直幸書上、「諸士系譜」、「御家中略系譜」）。浦野半左衛門直之（前田利常の家臣）の妻、佐藤将監正守〔注1〕、小野木吉兵衛安重（前田利常の家臣）の妻の弟。佐藤次郎助正方〔注2〕の兄（「御家中略系譜」）。

　父の佐藤隠岐守は、伊勢を称したともいう（「諸士系譜」）。諱は正信（「御家中略系譜」）、直行（「先祖由緒并一類附帳」明治三年十月佐藤喜市郎藤原直幸書上）。秀吉に仕え、天正年中、近江国竹生島宝厳寺へ三斗五升を献納した（『竹生島奉加帳』）。伊賀国阿部郡内で七千石を領知し、秀吉の馬廻三番組番頭を務め、騎士、歩士合わせて数十人を預かった（「御家中略系譜」）。天正十二年三月、小牧役に組下を率いて参役（『浅野家文書』）。天正十三年三月、紀州へ出役。天正十六年四月十四日、御陽成天皇の聚楽第行幸に供奉し、右前駆を務めた（『太閤記』）。天正十八年、小田原陣に組子六百人、または七百人を率いて参役（『伊達家文書』）。同年九月、古田肥前守、森嶋宗宇、浅野源八、観音寺住持某とともに近江国蒲生郡内の検地奉行を務めた（『中野村今堀日吉神社文書』）。文禄元年、肥前名護屋城に在番し、本丸広間番衆馬廻組の四番組頭を務めた。組子に伊丹兵庫頭正親、長谷川甚兵衛尉重成、小笠原左京大夫、竹越三郎左衛門尉、大屋三右衛門尉、福富平兵衛尉忠将、赤座弥六郎、上野中務少輔清信、飯沼金蔵、安部仙三郎、川村図書助、飯沼仁右衛門尉、寺町宗左衛門尉忠弘、大屋助三郎、青木善右衛門尉俊矩、河村彦三、佐藤助三郎、余田源三郎、橋本九右衛門尉、古田宗四郎、寺町新介忠久、古田宗五郎、安見新五郎、飯尾左衛門尉、寺町孫四郎、佐藤孫六郎春信、舟津九郎右衛門尉、赤部長介があった（『太閤記』）。慶長初年中に死去〔注3〕（「御家中略系譜」）。

　佐藤春信は、初め孫六、後に主計頭を称した（「御家中略系譜」）。慶長十六年三月時点ではまだ孫六であり、大坂籠城の頃、主計に改めたと考えられる。「諸士系譜」に初め隠岐守とあるが、他に確認できない。諱は春信（「御家中略系譜」）、直通（「先祖由緒并一類附帳」明治三年十月佐藤喜市郎藤原直幸書上）。

　秀吉に仕え、父の組に所属（「御家中略系譜」）。

　文禄元年、肥前名護屋城に在番し、本

丸広間番衆馬廻組の四番佐藤隠岐守組に所属（『太閤記』）。

慶長元年一月三日、秀吉が草津湯治行を企図した際、佐藤孫六郎組と大島雲八光義は信濃真田宿の警固を命ぜられた（『浅野家文書』）。「御家中略系譜」に佐藤隠岐守は慶長初年に死去とあることから、この頃、既に老病のため組頭を免ぜられていたものと思われる。

慶長初年、跡目七千石を継ぎ、馬廻七組の二番組頭となった。その節に鞍一背、鎧一掛、轡一間を拝領した。なお、右の品々は有馬家中の佐藤家に伝来したが、元禄九年に焼失した。

次いで秀頼に仕え、旗本物頭となった（「御家中略系譜」）。

慶長十三年八月二十八日、旧冬の駿府城失火の見舞いとして小袖二重を家康に献上（『当代記』）。

慶長十六年三月、秀頼の上洛に供奉（「秀頼御上洛之次第」）。

慶長十九年、大坂籠城（『土屋知貞私記』）。城西警固の寄合衆（『難波戦記』）。

落城後、家康父子より京都所司代板倉勝重を通じて、直参への出仕を勧誘されたが、老衰を理由に辞退し、洛外に子息両人とともに蟄居した。先祖から懇意の筋目により、丹波福知山の有馬豊氏、肥前唐津の寺沢広高から招きを受けた。遠国を好み、子息両人とともに唐津へ移住した（「御家中略系譜」）。剃髪して道夢と号した（「御家中略系譜」、「慶長録考異」）。

寺沢家では客分として五百石を給せられた。

元和六年、有馬豊氏が筑後久留米に入部した時、飛脚を送って祝った。

病気となり、有馬家から見舞いの使者として長谷織部貞清が派遣され、音物《いんもつ》を贈与された。元和八年に唐津で病死。

妻は、前田玄以の養女で、実は村井清次の娘（「御家中略系譜」）。清次は村井長門守貞勝の子（『太閤記』）。

子女については、以下（一）～（三）の通り諸説がある。

（一）「御家中略系譜」の説

佐藤春信には以下の二男三女があった。

長女は、初め藪権大納言藤原嗣良に嫁ぎ、後に木村玄伯に嫁いだ。

長男の佐藤孫兵衛貞信は、初め孫六を称した。寺沢家では父の知行五百石のうち三百石を分知された。寺沢家中の騒動に際し、久留米へ立ち退き、余田源兵衛（郡宗保の義弟）、速水庄右衛門（速水守之の子）を頼み、有馬家へ仕官を望んだ。江戸表で召し出され、寛永十二年、久留米で先知の通り知行三百石を与えられ、馬廻組に列せられた。寛文九年十二月に病死。子孫は有馬家の家臣として続いた。家紋は一菱、車輪、宇治晒、丸の内割菊葉。

次男の佐藤弥三左衛門正は、父の知行五百石のうち二百石を分知された。寛永十二年、兄とともに久留米へ立ち退いた。江戸表で有馬家に召し出され、二百石を与えられ、馬廻組に列せられた。万治二年十一月に死去。子孫は有馬家の家臣として続いた。

次女は、佐藤作左衛門正邦の妻。

三女は、福島掃部頭高晴の内室の養女となり、旗本福島修理大夫に嫁いだ（「御家中略系譜」）。

「福島家系譜」によると、村井貞勝の娘は、一人は前田玄以に嫁ぎ、一人は福島高晴に嫁いで長男の福島修理高経を産んだ。村井清次郎の娘は福島高経に嫁いだ。「足代弘訓丙午雑纂」（『大日本史料』所載）によると、正法寺過去帳では、福島修理の室は延宝六年七月二十八日に死去し、法名は豊善院殿正雲慧喬大姉とされる。

(二)「諸士系譜」の説

佐藤主計には以下の二男一女があった。しかし、直之の事跡は主計の次世代とも思えない。別家系か、主計の兄弟といったあたりではないかと思われる。

長男の佐藤与三右衛門直之は、初め秀吉に仕えた(「諸士系譜」)。慶長九年、前田利長に知行二千石で仕えた(「先祖由緒并一類附帳」明治三年佐藤乙吉藤原直礼書上、「同」明治三年佐藤誠一藤原直応書上、「慶長元和寛永侍帳」)。馬廻組頭となり、足軽三十人を預かった(「先祖由緒并一類附帳」明治三年佐藤誠一藤原直応書上、「同」明治三年佐藤乙吉藤原直礼書上、「同」明治三年佐藤貞之進藤原知達書上)。慶長二十年五月七日、大坂の陣に供奉し、二の丸西の大手門の北脇から塀を乗り越え、桜門に至った。桜門外の土橋に鑓を構え、敵を待ったが本丸から敵が出てこなかったので、東の番屋に待機した。この時、豊臣家の使番友松盛保を保護した(『元和大坂役将士自筆軍功文書』元和元年八月十三日佐藤与三右衛門尉自筆軍功書上)。元和五年十二月に病死(「先祖由緒并一類附帳」明治三年佐藤貞之進藤原知達書上)。妻は別所孫右衛門の娘(「先祖由緒并一類附帳」明治三年佐藤乙吉藤原直礼書上、「同」明治三年佐藤誠一藤原直応書上、「同」明治三年佐藤貞之進藤原知達書上)。寛文十一年に死去(「先祖由緒并一類附帳」明治三年佐藤乙吉藤原直礼書上)、または寛文十二年に死去(「先祖由緒并一類附帳」明治三年佐藤誠一藤原直応書上)。「諸士系譜」は、直之の妻を別所蔵人の娘とするが、右の通り蔵人の姉妹と思われる。その長男佐藤与三右衛門直信の家系が前田家の家臣として続いた。家紋は左藤巴、車輪。

次男の佐藤孫六郎は、有馬豊氏に仕えた。

長女は、初め小野木三之丞に嫁いだ。三之丞は前田利常の家臣小野木治兵衛広重の長男であったが病身だった。後に離縁して兄の直之方に戻り、前田光高に出仕して局となったが、寛永十七年に死去(「諸士系譜」)。

(三)「先祖由緒并一類附帳」の説

佐藤直通には嫡男佐藤紋之進直氏があった。

直氏は、山城国で出生。稲葉正則に仕え、寛永八年に死去。妻は小野木頼母の娘。子孫は前田家の家臣として続いた(「先祖由緒并一類附帳」明治三年十月佐藤喜市郎藤原直幸書上)。

〔注1〕佐藤正守は、正信の長男。初め信長に仕え、後に勘気を蒙り前田利家に知行二千五百石で仕えた(「御家中略系譜」)。「竹腰系譜」によると、美濃の竹腰吉保の娘は、佐藤将監に嫁ぎ、子の三郎左衛門が祖父吉保の家跡を継いだとあるが、この将監と正守の関係は不明。

〔注2〕佐藤正方は、正信の四男。後に主水を称した。妻は小池右衛門尉の娘。子孫は豊後中川家の家臣として続いた(「中川家寄託 諸士系譜」、「御家中略系譜」)。

〔注3〕天正年中、秀吉の家臣に佐藤主計頭直清があり、『竹生島奉加帳』によると、竹生島の宝厳寺へ銭五十疋を寄進している。正信と同一人物の可能性もある。天正初年、加藤光泰、神子田通清、古田吉則、斎藤宮内少輔、岩間段助、伊藤祐時、山内一豊、伊東長久とともに腰母衣衆に列せられた(『武家事紀』、『北藤録』)。天正十二年三月、組下を引き連れ、尾張楽田方面へ出役(『浅野家文書』)。天正十八年、小田原陣に伊東七蔵、斎村左兵衛とともに団指物使番を務めた(『武家事紀』)。

さ

佐藤才次郎方政　さとう さいじろう かたまさ

美濃国武儀郡上有知近在五千貫の領主佐藤六左衛門秀方の子。

諱は方政（「佐藤金森由緒書」）、ほかに以徳（『州原神社棟札』）、秀重（『増補妙心寺史』）、重秀（「歴世因由録」）。

鉈尾山城を継いだ（『新撰美濃志』）。

天正十四年七月二十五日、武儀郡下之保村の大日山日龍峯寺へ寺領六石を寄進（『日龍峯寺文書』）。

天正十五年三月一日、九州の役に後備えとして兵百五十人を率いて大坂を進発（『当代記』）。

五月二十五日、秀吉から蔵入地のうち肥後国芦北郡水俣、津奈木両城を相良頼房の家臣深水長智に預け置くよう指示された（『肥後国誌』）。

六月、父の秀方とその妻は、大圭紹琢から泰岑以安居士、鉄源理本大姉の道号を授けられた（『孤岫録』）。鉄源理本は金森長近の姉で、慶長十二年七月三日に死去（『飛騨編年史要』）。

天正十六年一月十二日付で上有地八幡神社神主山口又左衛門に自筆書状を送り、禰宜屋敷上下二か所を寄進し、諸役を免除した。これは才次郎に不幸があり、軍務を離れ、暫く神主宅に逗留した時の懇志に対する謝礼としての寄進であった。春日派の甲冑一領、弓箭、刀剣なども奉納された（『美濃雑事記』）。

天正十七年三月、方政の室が死去。法名は茂林栄春大姉（『飛騨編年史要』）。

四月二十七日、佐藤才次郎以徳の名で武儀郡州原神社の社殿を再興（『州原神社棟札』）。

天正十八年、小田原へ三百騎、または二百人を率いて参陣（『伊達家文書』）。

『武家事紀』に、文禄元年の朝鮮渡海に十四番手として、織田秀信、森忠政、金森長近らとともに佐藤六左衛門があり、兵百五十人を率いている。おそらく才次郎であろう。

文禄三年七月二十日、父の秀方が死去。法名は以安寺殿泰岑以安大居士（「佐藤金森由緒書」、「常在寺記録」、『増補妙心寺史』）。

八月十五日、神洞間倉の士土岐三十郎定正、同弟河合七左衛門正保に板取、牧七郷の領主長屋氏を襲撃させ、その所領を併合した。隠居長屋道重は門原の館で戦死し、当主長屋景重は田口城から落ち延びて、飛騨の実子金森可重を頼った（『板取村史』）。

文禄四年、阿育山保寧寺を亡父の隠居所付近に移し、泰岑山以安寺と改めた（「佐藤金森由緒書」、「歴世因由録」）。

七月二十八日、長束正家ら豊臣家奉行六人から、木曽代官石川備前守より榑木《くれき》を受け取り、八月十日を期限として近江国坂田郡朝妻に搬送するよう指示された（『林屋辰三郎氏所蔵文書』）。

慶長三年七月、前田利家邸で秀吉の遺物配分があり、備前長勝光の刀と黄金一枚を受領した（「古屋幸太郎氏文書」）。

慶長四年十二月八日、父秀方の継室が死去。法名は普明院円室寿鑑大姉（『飛騨編年史要』）。

慶長五年の戦役では織田秀信に与同（「鳥取藩政資料　藩士家譜」佐藤長樹家）。八月二十一日宵、武者大将となり織田家の諸将とともに各務郡新加納村と大野村の間に出張。翌二十二日、木曽川を渡った東軍と戦ったが敗走（『朝野旧聞裒藁』）。

同年冬、金森家に来降し、かつて父の秀方が在番した飛騨国益田郡萩原の新城に置かれたとも（『飛騨編年史要』）、信濃に浪居したともいう（『増補妙心寺史』）。

慶長十九年、若年の子佐藤市兵衛を連れて大坂籠城（「鳥取藩政資料　藩士家譜」佐藤長樹家）。足軽大将となり、馬上五十騎、足軽五十人（『武家事紀』）、または鉄砲百挺を預かった（「大坂口実記」）。初め木村弥一右衛門とともに京橋以東の三百間と同所の櫓四か所の警固を担当したが、要害のためこれを辞退し、喜多村政信がこれに代わって担当したという（「須藤姓喜多村氏伝」）。

十一月二十六日、七組、大野治長組、渡辺内蔵助、木村主計、竹田永翁らとともに鴫野口に出役（「大坂籠城記」）。

慶長二十年五月七日、茶臼山表に出役（『武家事紀』）。戦場で行方不明となり（「鳥取藩政資料　藩士家譜」佐藤長樹家）、戦死とみなされ、佐岩院殿以徳道隣大居士と諡された（「佐藤金森由緒書」、「歴世因由録」、『増補妙心寺史』）。

落城以後、行方をくらませていた才次郎は、実は宗及と改名して、池田忠継の家臣で弟の佐藤修理方に寄寓していた（「鳥取藩政資料　藩士家譜」佐藤長樹家）。

寛永三年、子の市兵衛が京都所司代を通じて赦免された後、親の才次郎の存命も判明したので、九月二十六日付で板倉重宗は、池田忠雄の家老荒尾成利に以下の趣旨の書状を送った。「市兵衛の親宗及が存生している由、江戸で言上したところ、先年市兵衛を御赦免しているので宗及も御赦免になるとの仰せがありました。宗及はお知り合いとのことなのでお世話を頼み入ります」。

また、十月十三日付で重宗は、成利に以下の趣旨の書状を送った。「御状拝見しました。佐藤宗及の御赦免、親子ともども大慶の首尾で申し分ありません。忠雄殿が御帰国になったら右の次第を上申される由、ごもっともです」（『因幡誌』）。

寛永七年十二月十五日、子の市兵衛とともに忠雄に拝謁し、小袖などを拝領した。

子の佐藤市兵衛は、落城後、公儀による詮議の対象となったため、名字をはばかり処々を流浪したが、寛永三年、京都に上り板倉重宗を通じて赦免された（「鳥取藩政資料　藩士家譜」佐藤長樹家、「佐藤金森由緒書」）。「佐藤金森由緒書」は、嫡男を八兵衛とするが、市兵衛の誤りと思われる。四月一日付で重宗は、市兵衛に宛て以下の趣旨の手紙を送った。「御状、披見しました。美濃鉈尾の佐藤才次郎の御子息の由。関ヶ原合戦以後、父親は相国様（家康）の勘気を被り、大坂の陣後も捜索されたが行方知れずとなり、御手前も若年のため名を伏せて流浪されたのは致し方のない事です。現在既に大坂の古参、新参ともに赦免になっています。しかし、御手前の父親については、私も若輩のためまったく存じません。このままではお困りでしょうから、事情を申告して上意を仰ぐのがよいでしょう。大坂の陣も御手前若輩の時のことなので、拙者の推量通り赦免されると思います。御年寄衆まで照会してみましょう。その間、困窮されるようでしたら当座の合力をしましょう。やむを得ず名乗り出られたのはもっともなことです。書状が届き次第、扶持方も差し上げましょう」。八月十二日付で重宗は、市兵衛に以下の趣旨の書状を送った。「御状、披見しました。御手前については全く問題ないと御年寄衆が仰せになりました。旗本佐藤勘右衛門継成殿の御一族なので佐藤を名乗られるようにとのことです。父親が森忠政殿と存知の間柄であれば召し抱えはなるまいとのことです。この通り問題がなければ、赦免の折紙を差し上げるとのことですが、近頃特に取込中で、書状での連絡もできませんでした。委細は追って別の機会まで」。十月五日付で板倉重宗、永井尚政、井上正就、土井利勝は連署して、市兵衛に以下の趣旨の書状を送り、赦免を通知した。「今般、美濃国佐藤才次郎の倅であると名乗り出があり、親が大坂籠城の者であることから、上意次第と裁断を仰いだところ、落城後年久しく、才次郎の子市兵衛は赦免するので、何処へなりとも居住するようにとの沙汰があった」。寛永七年十一月十五日、池田忠雄から備前国和気郡上田土村で二百三十一石四斗余、津高郡久米村内で七十五石五斗七斗余、備中国下屋郡下原村内で百二十五石六斗五升余、同窪屋郡生坂村内で六十七石三斗余、合計五百石の判物が与えられた。十二月十五日、親才次郎とともに忠雄に拝謁し、小袖などを拝領した。市兵衛の家は一代で断絶（『鳥取藩政資料　藩士家譜』佐藤長樹家）。

次男の佐藤佐太郎は、尾張熱田の補陀山円通寺の第五代住持天海孤舟和尚。西国から春日井郡大草村福厳寺に来住し、参禅指導もする僧だった。京都から奉じた飯綱仏が福厳寺に伝来していたが、円通寺の住持となってから飯綱仏を同寺に移して祈念すると、貴賤が幾千人も群集して金銀米銭を持参して孤舟に帰依した。孤舟はひたすら飯綱仏に没入し、曹洞の禅法を乱し、僧侶としての法に違う事が多かった。焼猟という物を縁の下に入れ置き狐を数多集めて怪事を起こしたが、後に作為が暴かれ、寛文元年四月、篠島に流罪となった（『張州雑志』、「佐藤金森由緒書」）。

三男は佐藤清秀（『増補妙心寺史』）。弟の佐藤修理は、幼名は宮千代。初め勝兵衛、少兵衛を称した。天正十一年頃、九歳の時に岐阜城主池田氏へ質子として差し出された。十三歳以降、戦陣に供奉し、天正十九年、池田輝政に仕え、三河で初め二百五十石、後に五百石、播磨では八百石を知行。池田忠継の代に、備前で八百石を知行。池田忠雄の代に、二百石余を加増され、合計千石余を知行。正保二年に隠居して、合力米二百俵を給せられた。承応二年に病死。子孫は鳥取池田家の家臣として続いた（『鳥取藩政資料　藩士家譜』佐藤長樹家）。

佐藤八左衛門《さとう　はちざえもん》

木村重成の小姓（『武家事紀』）。慶長二十年五月六日、若江表に出役し、敢闘した（『大坂御陣覚書』）。落城後、大和龍田の片桐孝利方にいた。後に石谷土入の肝煎で小田原の稲葉正則に知行五百石で仕えた（「稲葉神社所蔵文書」）。

里見美作《さとみ　みまさか》

里見義康の親類。大坂籠城。年の頃は五十歳ほど（『土屋知貞私記』）。

真田采女《さなだ　うねめ》

諱は信倍とされる（『難波戦記』）。慶長二十年五月七日、茶臼山の真田信繁本陣の先手として出役（『大坂御陣覚書』）。あるいは天王寺南門毛利吉政本陣の先手として出役（『難波戦記』、『元寛日記』）。

真田源八《さなだ　げんぱち》

真田昌幸の家臣に真田源八郎があり、『小県郡御図帳』によると、五貫二百四十文を領知しているが、その所縁の人物の可能性がある。

慶長二十年五月六日夜、真田信繁は源八を呼び、自筆の一巻を託し、伯父真田源太左衛門が長篠合戦で討ち死にした時、子孫に伝えた三尺四寸の包光の刀を褒美に取らせ、強いて故郷へ帰らせた。

源八は信濃上田に赴き、形見を差し出し、その後、播磨山崎の池田恒元に仕えた。長寿で八十歳まで生き、大坂の陣の物語をしたという（『大日本史料』所載「銕醤塵芥抄」）。

真田左衛門佐信繁《さなだ さえもんのすけ のぶしげ》

→「大坂城中の五人衆」の項。

真田大助《さなだ だいすけ》

真田信繁の子。母は大谷吉継の娘。諱は幸昌。あるいは信昌。

慶長七年に九度山で誕生。

慶長十九年十月、父に随行して大坂入城（「先公実録　左衛門佐君伝記稿」）。

十二月四日、伊木常紀とともに五百人を率いて真田丸の東の木戸から出撃した（「越前家大坂御陣覚書」）。

慶長二十年五月六日、誉田表の合戦では高股を負傷しながらも組み討ちにした首を提げて戻り、毛利吉政、真木嶋昭光に称賛された（『大坂御陣覚書』）。

五月七日、茶臼山の少し東に赤備えで布陣した（『大坂陣山口休庵咄』）。その後、父の命により秀頼の出馬を促すため城中に立ち戻った（『大坂御陣覚書』）。

大坂方が総敗北となった時、秀頼の小姓で当時十五歳だった郡利宗が城外へ退去する途中、表御殿の玄関前で速水守之に「御門前に控えている黒い鹿角の大立物の兜を被った者は誰ですか」と尋ねると、「あれこそは真田左衛門佐の子大助である」と教えられた（「自笑居士覚書」）。

五月八日、速水は秀頼以下が退避した櫓を取り囲んだ井伊直孝、近藤秀用に、「真田大助は六日の合戦で功名を遂げ、負傷したが、昨日より父の下知で城に籠り、秀頼公の御供をするつもりだ。昨日からずっと『真田は御譜代ではなく、牢人で今般入城した者だから、それほど御先途を見届けなくてもよい。既に譜代の者さえ退去しており、ことにそなたは幼少の身であるから、早々に退去しなさい』と諭しているのだが、『昨日、茶臼山で父から、自分は必ず討ち死にするから、汝は秀頼公の最期に御供せよと命ぜられ決別してきたので、絶対に退去しません』と、まったく聞き入れようとしない。そればかりか、櫓の中は混雑するからと遠慮して庭に藁を敷いて、昨日の昼から食事もせず最期を待っている。誠に武門の血筋、けなげな事だ」と涙ながらに語った（『大坂御陣覚書』）。秀頼に殉じて自害。享年十四歳。法名は直入全孝大居士（「先公実録　左衛門佐君伝記稿」）。

秀忠に供奉して大坂の陣に出役した石谷貞清は、後年、「落城後、切腹の死骸が多数ある中に、具足のみ脱いで佩楯《はいだて》をしたままの死骸があった。捕虜に問うと、『真田大助は自害の際、傍から佩楯も取るよう注意されると、大将の切腹は佩楯を解かぬもの。私も真田左衛門佐の子であると言ってそのまま自害しました。この佩楯を付けた死骸こそ真田大助です』と証言して落涙したという。そのけなげな最期の様子に皆も感涙に及んだ」と語った（『明良洪範』）。

真田平六《さなだ へいろく》

『渡辺幸庵対話』によると、慶長二十年五月七日の合戦で、渡辺幸庵が討ち取ったというが、信憑性に欠ける。

さ

真田与右衛門　さなだ　よえもん

真田源太左衛門信綱の子に真田与右衛門があるが、この人物とも推定されている（『見夢雑録』）。

慶長十九年、真田与右衛門尉貞平という者が大坂籠城。城南の持ち口の頭分として五千人を指揮した（『難波戦記』）。「東遷基業」は、これを真田与右衛門貞幸とする。

慶長二十年五月七日、真田与左衛門信通が茶臼山表に出役（『難波戦記』、『元寛日記』）。信通も貞平、または信通と同一人物を指すと思われる。

佐野清十郎　さの　せいじゅうろう

佐野清左衛門の子。

父の清左衛門は、尾張徳川家の志水甲斐一家。佐野大学、佐野天徳寺了伯の従兄。後に八兵衛を称した。美濃加納に生まれ、秀吉に仕えた。

母は大坂小上臈の姪であったが、清左衛門と離別し、子の清十郎を伴い部屋子として大坂城中にいた。その後、城中で黒石可運に再嫁。落城の際に夫を見失ったため、正親町殿の十三歳の末子〔注1〕と十二歳の清十郎を自ら伴い、近衛殿（近衛信尋か）に匿われた。大坂落人の吟味が厳重だったので、近衛殿より御室《おむろ》の御所（仁和寺）へ保護を依頼したが、御所が薨去〔注2〕したため裏辻殿に匿われた。元和年中に、京都所司代板倉勝重より大坂古参奉公人の赦免が布告され、表に出られるようになり、師殿と称せられて京都で死去。

佐野清十郎は、慶長九年に誕生。幼名は亀松。十一歳の時、千畳敷御殿で秀頼に拝謁し、盃と偏諱秀の字を拝領した。落城の時は十二歳だったが、継父の可運とはぐれて、生前ついに再会できなかった。後に伝要と改めた。

妻は伊佐勘右衛門の娘。

嫡男は佐野主膳秀勝（『小野藩家老黒石家由緒書』、『佐野黒石由緒書』）。

〔注1〕「正親町殿の十三歳の末子」とは、正親町季秀の実子で従三位参議右中将の裏辻季福を指すものと思われるが、季福は慶長十年の誕生で、慶長二十年時は十一歳であり、年齢が合致しない。

〔注2〕「御室の御所」は、仁和寺門跡覚深法親王の可能性があるが、覚深法親王の薨去は慶安元年閏一月二十一日であり、薨去の時期が合致しない。

佐野道可　さの　どうか

宍戸左衛門尉元秀の次男。

父の元秀は、宍戸安芸守隆家の子で、母は毛利元就の娘。病身のため家督を継がず、慶長二年六月十一日に死去。享年五十一歳。妻は内藤下野守興盛の娘で、元和二年十月十六日に死去。

佐野道可は、永禄九年に誕生（『譜録』）。母方の叔父内藤左衛門大夫隆春（号は周竹）の婿養子となり、内藤少輔次郎元盛、後に修理大夫を称した。長門国厚東郡吉部村の荒瀧城に在城。隆春が元盛の陣代役を務めた。年不詳十二月二十八日付で、榎本元吉に対し、隆春に実子が誕生したら、隆春の所領を継がせ、毛利輝元に上申して内藤本家として尊重する旨を誓った（『閥閲録』）。

天正十三年二月、守田民部丞の給地について隆春、元盛の推挙があり、その旨が毛利輝元に披露された（『大日本史料』所載「守田文書」）。三月十五日付で、輝元は元盛に周防国勝間邑神光院の寺領安堵を指示した。三月二十六日付で元盛は神光院に寺領安堵を示達した（『大日本史料』所載「熊毛神社文書」）。

慶長三年一月二十五日付で秀吉は朱印

状を発給して、宍戸元続以下、内藤修理亮ら毛利家中の蔚山における戦功を賞した(『毛利家文書』)。

慶長五年一月十日、輝元の年賀使として内藤修理大夫が廷臣の西洞院時慶を訪問し、馬代、太刀を贈った(『時慶卿記』)。

七月二十四日に養父の隆春が死去。隆春の実子内藤善兵衛元家(注1)が、本家を立てたため、元盛の継いだ所領は分知という形になった(『閥閲録』)。毛利家の減封後の知行は三千六百石という(「譜録」)。『福原家文書』では「隠居江可召置哉之衆」に内藤修理、「少しあてかい候ハてハにて候哉之衆」に内藤善兵衛の名が見える。

慶長十九年、大坂籠城(『毛利家文書』)。名を佐野道可と改めた(「譜録」)。

慶長二十年四月二十九日付で毛利秀元は榎本元吉に書状を送り、「毛利勘解由、内藤修理の事は、よく折を見計らって、然るべき内容であれば丁寧に本多正純に話すように。ただし余計な事は言わないように。御意のとおり一大事の案件であるから軽々しく話してはならない」と指示した(『毛利家文書』)。

五月七日、毛利吉政の手に属し、天王寺表に出役(『朝野旧聞裒藁』所載「毛利紀事載くひ帳」)。落城により京都の辺鄙に遁れ落ちた(『閥閲録』)。

五月九日、元盛の実兄宍戸元続が兵庫に到着すると、毛利秀就は伏見に至急出頭するよう命じ、「今度、内藤修理が大坂に籠り、その上、大坂を切り抜けたと聞いている。早々に捜索して差し出すよう本多正純殿が仰せなので、ただちに対応せよ。そうでなければ毛利家より籠城させたかと御不審を蒙ることになる」と指示した。宍戸、内藤両家の家臣が捜索に当たり、おおむねその所在を把握すると、あらかじめ奉行に身柄を拘束すべきか、首にして差し出すべきかを照会した。奉行からは、「人知れず討って首を差し出すように」との回答があったので、五月二十一日、山城国乙訓郡久世村大字大藪の鷲尾寺に連れ出し、住持には後日口外しないよう頼み、同寺を借りて自害させた。享年五十歳。法名は称陽院殿享山源貞道可。首は本多正信にも示され、伏見では本多正純に示された(「毛利氏四代実録考証論断」、「譜録」、『閥閲録』、「宍戸系譜」)。

妻は内藤隆春の次女(『閥閲録』)、または三女(『萩藩諸家系譜』)。輝元から美祢郡綾木村に所領を宛行われ、綾木大方と称せられた。元盛の二子と福原相模元房の妻を産んだ。後に山内佐渡元如に再嫁して一女を産んだ(『毛利三代実録考証』)。寛永七年十月二十六日に死去。法名は栄室妙周(「譜録」)。

嫡男の内藤孫兵衛元珍は、幼名を宮松丸という。父の罪科により国元から京都に召喚され、元和元年十月十九日に周防富海の瀧谷寺で自害(注2)。享年三十四歳。家臣二人が殉死。元珍の子右衛門尉元宣は、知行断絶して母方の志道氏を称した。慶安元年四月二十一日に死去。享年四十二歳。その子又七隆昌が、毛利綱広に召し出され、内藤家の再興を許された。

次男の粟屋図書佐元豊は、粟屋次郎右衛門孝春の養子となった。実父の罪科により国元から京都に召喚され、元和元年十月十九日に長門国美祢郡岩永で自害。

妾腹の娘は、江戸の牢人医師小川玄広に嫁いだ(『閥閲録』、「長陽従臣略系」、「譜録」、『萩藩諸家系譜』、「佐野道可一件」)。

〔注1〕内藤元家は、天正八年(『萩藩諸家系譜』)、または九年に誕生(『閥閲録』)。母

は阿座上盛豊の娘。隆春の隠居領を譲り受け、別に内藤本家を建てた。慶長十七年六月に死去。子がなかったため実弟の元忠が家跡を継いだ（『萩藩諸家系譜』）。

〔注2〕「元和元年十一月十三日付板倉勝重書状」（「佐野道可一件」所載）によると、元珍を始め七人が成敗された。「長陽従臣略系」によると、元豊の弟不楽丸、市松丸、宮亀丸、宮槌丸も成敗されたという。

佐生甚之丞《さぶ じんのじょう》

平子主膳の従士。

慶長十九年十一月二十九日、博労淵砦が陥落した時、一人を討ち取り、その首を提げて本城を指して退却していると、先に追い散らされた平子の雑人たちから、「平子は、唯今討ち死にされたのに、見捨ててどこへ落ちられるのか」と言葉をかけられた。佐生は平子父子の戦死を知り、直ちに引き返し、提げた首を敵陣に投げ入れ、大勢の中に駆け込み、闘死した（『難波戦記』）。

沢田新左衛門景房《さわた しんざえもん かげふさ》

三輪大神主家の出自。和泉堺の住人沢田新左衛門連房の長男。林外記村房の兄。

慶長十九年、弟の村房とともに秀頼に味方した。同年に城南で戦死。

子の沢田新兵衛高房は、摂津国住吉郡我孫子村に逃れ落ちた（『三輪叢書』、「諸系譜」）。

三宮十助《さんのみや じゅうすけ》

長宗我部盛親の家臣。

慶長二十年五月六日、盛親の先手吉田内匠組に属して、若江郡萱振方面に出役。同日晩、上野左近右衛門父子、戸波雅楽とともに殿《しんがり》を務めた。

落城後、堀田正盛に知行三百石で仕え、弓十五張、足軽小頭十六人を預かった（『土佐国蠹簡集木屑』、『土佐国編年紀事略』、『南路志』、『天保校訂紀氏雑録』所載「寛永十七年正月覚書」）。

堀田正信の家臣三宮百助は、幼少にて一十俵二人扶持。堀田家の除封後、上野厩橋の酒井忠清に仕えた（『天保校訂紀氏雑録』所載「堀田正盛分限帳」）。百助は、十助の子弟と思われる。

し

塩川信濃貞行《しおかわ しなの さだゆき》

摂津国川辺郡多田庄の領主塩川伯耆守（長満か）の子。

父の伯耆守が死去した時、六歳だった（「先祖並御奉公之品書上」塩川文八郎辰久）。「高代寺日記」によると、伯耆守長満は天正十四年十月五日に死去。享年四十九歳。法名は輝山源光居士とされる。このことから算定すると、信濃は天正九年に誕生したことになる。

母に養育されて成長した後、秀吉、秀頼に歴仕した（「先祖並御奉公之品書上」塩川文八郎辰久）。

慶長十九年、大坂籠城（『武徳編年集成』）。秀頼の使者として池田利隆の陣所を訪れ、秀頼の書状と刀を贈り、大坂への加担を求めたという。利隆はこれを拒絶して刀を受け取らず、板倉勝重に顚末を報告した（「筆のちり」）。

慶長二十年春、後藤又兵衛組の長沢十大夫とともに多田庄の仕置のため出張し（『長沢聞書』）、一揆を扇動した。これにより能勢頼次が一揆討伐のため多田庄に出役し、加勢として松平康重、岡部長盛も派遣され、塩川の与党は討ち滅ぼされた（『譜牒余録』、『寛政重修諸家譜』）。なお、右の通り『譜牒余録』、『寛政重修諸家譜』で能勢氏は多田の一揆を鎮圧とする一方、「松平康重家譜」は摂津国（豊島郡か）曽根の一揆を鎮圧、「岡部家譜」は丹波の一揆を鎮圧したとする。各所で連動して一揆が勃発したものと思われる。

五月七日、水野勝成は生玉付近の戦闘で敵二人と鑓を合わせた（『水野日向守覚書』）。この鑓の相手が明石掃部組の塩川信濃と荒木権之丞〔注1〕で、後に勝成に対面して事実確認をしたという（「武辺咄聞書」）。

元和の末年に徳川頼宣に召し抱えられた。同じ頃に紀州家に召し抱えられた塩川清六も同族で（「自笑居士覚書」注記）、「南龍院様御入国御供姓名録」（『南紀徳川史』所載）に、大番衆七番の一人として塩川清助があり、二百石を知行しているが、清六と同一人物かは不明。なお、この頃は大坂冬の陣・夏の陣の働きや軍功などを申し立てることで仕官が成立することはなかった。平塚五郎兵衛（木村重成組）、山田八左衛門（後藤又兵衛組）、中村五兵衛、中川権左衛門、水巻左次右衛門、塩川信濃、村瀬作右衛門、宇佐美造酒之助、斎藤加右衛門（木村重成組）なども皆、大坂の陣で城方、または寄せ手に属して手柄、功名があったが、そうした実績とは別の評価で召し抱えられた。中川、水巻、塩川などは能書が評価されて召し抱えられた（『紀侯言行録』）。中川は右筆《ゆうひつ》として知行二百石、水巻は大番衆四番の一人として知行二百石を与えられた（『国初御家中知行高』）。塩川も武功の士であったが、かねて能書の誉れがあり、その才によって召し抱えられた。その墨蹟は名筆として後世に伝えられた（『南紀徳川史』）。

その後、存念があって賜暇を乞い、紀伊を退去した（「先祖並御奉公之品書上」塩川文八郎辰久）。

寛永八年に伏見で病死（『備前国切支丹并類族死人帳』）。

キリスト教を信奉していた（「塩川八右衛門并娘義二付一条様より之御書」）。

妻の某氏は天正十二年に誕生（『備前国切支丹并類族死人帳』）。初めキリスト教に入信していたが、後に棄教した（「池田光政日記」）。寛永十七年頃、伏見より備前に移住（『正保元年八月廿二日付井上政重書状』）。正保元年、キリスト教信奉の嫌疑により入牢を命ぜられ、子の塩川八右衛門の妻、孫の塩川源之丞とともに池田家中の塩川源五左衛門（塩川伯耆守の孫〔注2〕）に預けられ、三十七人扶持を給せられた（「塩川八右衛門母書出し」、「先祖並御奉公之品書上」塩川文八郎辰久）。正保二年七月二十六日に病死（『慶安三年吉利支丹之覚』）。享年六十二歳。葬地は岡山城下の泰安寺（『備前国切支丹并類族死人帳』）。遺骸は加藤九左衛門、安藤二郎左衛門が検視した（『慶安三年吉利支丹之覚』）。死亡により三十七人扶持のうち十七人扶持は減ぜられた（「先祖並御奉公之品書上」塩川文八郎辰久）。

子の塩川平右衛門は、阿波蜂須賀家に仕えた。父の奨めにより兄弟一人とともにキリスト教に入信した。

子の某は、塩川平右衛門の兄弟。塩川八右衛門の兄。名前、事跡ともに不明。

子の塩川八右衛門は、塩川平右衛門の弟（『正保元年九月廿一日付井上政重書状』）。慶長十八年に誕生（「先祖並御奉公之品書上」塩川文八郎辰久）。出生と同時に父の意向で灌水礼《かんすいれい》によりキリスト教徒とされたが、兄たちのように奨められて入信したものではなかったため、宗旨にもうとかった（「塩川八右衛門母書出し」）。そのため大徳寺の檀徒となり、父の遺物だったキリスト教に関する道具類は、京都所司代板倉重宗に提出した（『池田光政日記』）。幼少の時から京都の一条家（一条昭良〔注3〕）で養育されていた関係で、一条家から池田光政に仕官を要請した（「先祖並御奉公之品書上」塩川文八郎辰久）。これにより寛永十四年、光政に召し出された（『備前国切支丹并類族存命帳』）。寛永十五年十二月十五日、知行二百石を与えられ、池田忠義組に属した（「先祖並御奉公之品書上」塩川文八郎辰久）。正保元年八月、永井直清の足軽仁右衛門の出訴により、キリスト教信奉の嫌疑を蒙った（『正保元年九月廿一日付井上政重書状』）。八月二十二日付で松平信綱、阿部忠秋、阿部重次は連署して池田光政に書状を送り、キリスト教信奉の嫌疑がある塩川ら六人の逮捕と尋問結果を幕府大目付井上政重へ報告するよう示達した（『正保元年八月廿二日付松平信綱等連署状』）。池田家では入牢させて尋問したが、キリスト教信奉の事実はなく、その旨大目付に報告したところ、その後照会はなかった（『備前国切支丹并類族存命帳』）。身柄は池田忠義に預けられ、五人扶持を給せられた。忠義の死後は、池田信成（塩川伯耆守の孫〔注4〕）、その子池田信起に預けられた。天和三年十月二十一日に死去。享年七十一歳（「先祖並御奉公之品書上」塩川文八郎辰久）。葬地は岡山城下の泰安寺（『備前国切支丹并類族存命帳』）。五人扶持は没収された。その子塩川源之丞は元禄元年、池田綱政に召し出され、子孫は池田家の家臣として続いた（「先祖並御奉公之品書上」塩川文八郎辰久）。

　娘は塩川八右衛門の妹で、幼少の頃から親元を離れ、一条家で養育された。大徳寺江月和尚の門徒となり、二条家（康道か）の内儀（後陽成天皇の第六皇女か）に預けられた。後に池田光政の家臣湯浅井半右衛門（知行五百八十石）に嫁いだ（『池田光政日記』、「塩川八右衛門并娘義ニ付一条様より之御書」）。

〔注1〕実否不明ながら、荒木村重は塩川主膳の妹婿との説がある（「先祖附」細田七蔵）。推測ではあるが、荒木、塩川の組み合わせは偶然ではなく、両人に何らかの所縁があった可能性も想起される。

〔注2〕塩川源五左衛門は、塩川源助の子。父の源助は塩川伯耆守の子で、天正三年に誕生していることから、塩川信濃の兄と考えられる。初め宇喜多秀家に仕えた。慶長八年、池田輝政に知行四百石で仕えた。元和八年七月二十九日に病死。享年四十八歳。子の塩川源五左衛門は元和九年に誕生。家督を継いで池田光政に仕えた（「先祖並御奉公之品書上」塩川源五左衛門）。

〔注3〕多田の塩川伯耆守は、伊丹兵庫頭（親興）の妹を娶り、その娘二人のうち姉は織田信忠の側室となり、妹は池田元助の妻となった。信忠の後家は一条殿（関白一条内基）の北政所、元助の後家は一条殿の政所になった（『荒木略記』）。一条昭良は内基の嗣子で、実は後陽成天皇の第九皇子（「一条家譜」）。妻は織田頼長の娘（『寛政重修諸家譜』）。塩川信濃の遺児が一条家で養育され、後に池田家に仕えたのも内基との所縁によるものと考えられる。

〔注4〕塩川伯耆守の娘は、池田元助の後妻となり池田美作元信を産み、夫と死別後、一条内基に再嫁した。このため元信は初め一条家で養育され、後に池田輝政からも合力米が支給され、後に池田利隆に仕えた。その子が池田美作信成（「池田氏

家譜集成」）。塩川八右衛門の預け先が組頭から池田美作家に移ったのは、血縁関係がある家に監視させるためだったと考えられる。

塩川清右衛門《しおかわ せいえもん》

紀州の者（『土屋知貞私記』）。紀伊畠山家より牢人（『武徳編年集成』）。

慶長十八年十月二十二日付で和久宗友が父に送った書状によると、塩川清右衛門は秀吉の代より百石を与えられていたが、大坂城中ではどこから来た人か知る者もなかったという（『和久家重修系譜』）。

慶長十九年、大坂籠城（『土屋知貞私記』）

十一月二十二日夜、城中より使者二人が、池田利隆の陣所に来て、「諸大名で既に大坂に内通する者がある。利隆も大坂に帰服するなら、秀頼も満足に思われる。ご同意なら拙者がそちらに伺いたい」といった趣旨の密書を差し出した。池田家では使者を搦め捕り、密書を添えて住吉の本陣に送致した。本多正純を通じて披露すると、家康は、使者を尋問して、大坂城からどの大名に書状を遣わしたか調査するよう指示した（『駿府記』）。利隆へ使者を送った者は『御当家紀年録』に塩川清右衛門、「大坂冬陣記」に塩川清左衛門、『駿府記』に鹽江甚助、『武徳編年集成』に鹽江甚介、「筆のちり」に塩川信濃守とされるが、いずれが正しいか不明。

慶長二十年五月七日、明石掃部頭、小倉作左衛門、前田主水、岡田丹後守、若原勘大夫、岸勘解由とともに船場より生玉口へ出役（『大日本史料』所載「大坂記」）。鑓を合わせた（「秀頼物語」）。

塩川清兵衛《しおかわ せいびょうえ》

塩川清右衛門の兄弟。

兄弟とは別に奥熊野の塩川一党二十人ほども大坂城に籠った（『土屋知貞私記』）。

篠原又右衛門《しのはら またえもん》

阿波国勝浦郡篠原郷の出自。篠原弾正の子（『南海通記』）。諱は忠昭（『難波戦記』）、忠照とされる（「摂戦実録」）。

秀頼に仕えた（『南海通記』）。右筆《ゆうひつ》という（「秀頼物語」）。

慶長十六年三月、秀頼の上洛に供奉（「秀頼御上洛之次第」）。

大坂籠城にあたり、秀頼から「汝は淡路の出生なれば地理も熟知し、また親族、所縁の者もあろう。よって計略を以て味方する者を集め、由良城を攻撃して島を制圧せよ。由良、岩屋表に番兵を置き、四国九州の往来を阻止するのだ」と命ぜられた。そこで調略を試みると、少々大坂に味方する者（注）があったので、淡路に渡るべく船を用意した。これを大野治長が聞き付け、「海を隔てての働きは心得ない。今開戦を控え、大事な時に仕損じるようなことがあってはならない」と制止して、船を焼き捨てさせたため、取り止めとなった（「摂戦実録」）。

慶長二十年五月七日、毛利吉政の本陣は、天王寺の南大門前にあった。毛利の右備え石川康勝の陣は、天王寺の南、庚申堂の後方にあり、同じく右備えの篠原の陣は、石川の右隣で阿倍野街道との間にあった（「鵜川佐大夫大坂役天王寺陣場図」）。同日に戦死（『南海通記』）。八丁目では一門ことごとくが戦死した（「秀頼物語」）。

子の篠原弥兵衛は、松平康映に仕え、石見浜田に居住した。子孫は信濃上田で藤井松平家の家臣として続いたが、嘉永五年三月に断絶。家紋は丸に三柏（「藩鑑略譜」）。

〔注〕ちなみに淡路福良から浪士相原某、

萩原某が大坂に入城したが、落城となり郷里に逃げ帰り平民となった（「福良旧記」）。

四宮五右衛門《しのみや　ごえもん》

大野治房配下と思われる。

慶長二十年五月七日、岡山口に出役。猩々皮の羽織に銀の山刀の指物を装着していた。堀を前にして小高い丘に登り、後ろに十余騎を従え、鑓を提げて寄せ手を待ち構えていると、前田利常の家臣横山康玄が家来を連れて攻めかかった。しばらく互角の戦いが続いたが、ついに康玄に討たれた（「横山家譜」）。

渋江小平次公茂《しぶえ　こへいじ　きみしげ》

肥前国杵島郡の潮見城主渋江豊後守公師（号は宗三）の次男。大村十右衛門公種の弟。初め久三郎を称した。

文禄二年から父に従って大坂に居住した。

慶長元年、松浦信実が大坂に来着した際に接遇に当たった。この縁で平戸松浦家に仕えた。

慶長五年の戦役では、松浦鎮信に従って平戸に在勤した。

慶長九年、壱岐で知行二百石を与えられた。その後、老臣の讒言により平戸を退去し、彼杵郡波佐見に移住した。

慶長十年、大坂に赴き、原上総に新陰流兵法、和歌山で中村市右衛門に宝蔵院流十文字鑓を師事し、次弟の渋江吉右衛門公延とともに京都、畿内を武者修行として廻歴した。

慶長十九年九月二十三日に父の公師が波佐見で死去。享年七十九歳。

摂津国川辺郡槻並に逗留中、大坂城で牢人を召募していると聞き、兄弟で摂津能勢へ行き、大和田助之進と相談して大坂に入城することとした。公茂は能勢に留まり、公延はいったん槻並に戻ってから翌朝能勢に行くと、既に公茂と大和田は入城していた。公延も跡を追ったが、松平康重の警戒が厳重で入城は果たせず、伊木忠繁の陣を借りた。

公茂は角屋権大夫を頼り、大野治房組の成田勘兵衛の取次により治房組に所属し、馬上二十騎、足軽三十人、石火矢五挺、大筒十挺、鉄砲二十挺を預かった。高麗橋から農人橋の間にある金の櫓を持ち口とされたという。

十一月二十九日、阿波座の砦が蜂須賀至鎮の攻撃により陥落した。石火矢三挺が遺棄されたので、治房が「回収してくる者はないか」と問うと、公茂が申し出て家来十人を連れて回収に向かった。本町橋には長岡是季の組下が多数屯営していたが、騎行する公茂らを不審に思い、誰何《すいか》した。公茂が用向きを述べると、長岡は「単騎では成功すまい」と止めたが、公茂は「一騎当千を知らずや」と言い放って城外に乗り出した。阿波座に到着すると、櫓の上に遺棄されていた石火矢三挺を寄せ手に撃ちかけた。そこへ阿波座の殿《しんがり》を務めていた志方四郎左衛門が来合わせて「何故城中へ入らないのか」と咎め、砦の内部を見回った後、再度「敵が近い。急ぎ城中に入れ」と督促した。そこで石火矢を回収して城中に戻り、治房に報告した。治房から一連の働きを「比類なし」と称賛された。

竹田永翁の持ち口に寄せ手が急迫した時、加勢として公茂が駆け付け、櫓から石火矢や大筒で射すくめたため、寄せ手は退却した。

成田勘兵衛が内通の嫌疑により死亡すると、成田の取次による新参者はすべて解雇された。しかし、公茂は治房から「去年の合戦では比類ない働きがあり、古参同様に思っている」としてそのまま在城していた。弟の公延が城中に訪ねてきたので、兄弟揃って治房に対面すると「大切な近国への廻状を託すので、兄弟で廻国せよ」と指示された。三月二十一日、廻状を受け取り城を出ると、丹後、丹波、但馬を廻り、四月末から摂津有馬に滞在した。そのうちに落城となったため、肥前への帰国を目指して兵庫まで出向くと、落人の詮議が厳しく宿所もなかったが、加藤忠広の家臣篠宮左馬と旧知だったので、その宿所に匿われた。暫く日を経て肥後への商船に乗って肥前伊万里まで逃れ、さらに彼杵郡波佐見村に隠れ住んだ。道無と号した。法名は妙鏡。

妻は朝鮮の医師の娘。

長男は正法寺の開山宗順。次男は渋江彦左衛門公俊。娘三人のうち一人は大村家中の岩永権右衛門長重の妻、一人は朝永勘右衛門の妻（「渋江氏由来」、「渋江系図」、「渋江系譜」）。

肥前に伝来する渋江氏の史料が記す公茂の大坂の陣における動向は、誇張を感じさせる。なお、成田の自害は四月であり、公茂兄弟が出城したとされる三月より後の事である。

渋谷勝五郎吉実《しぶや しょうごろう よしざね》

摂津国豊島郡桜井谷の氏神である春日大明神の神主家の出自。秀吉の近習渋谷勝左衛門尉吉春の嫡男。

摂津国東成郡鴫野で戦死。享年十七歳（「渋谷家系」）。

島田越後《しまだ えちご》

奈良の興福寺一条院の衆徒。

初め大坂城に奉公に出て、後に片桐貞隆の肝煎で衆徒となった。大坂に籠城したが、千姫の大坂城退去に供奉した。

その後、一条院に再び衆徒に加えられることを願い出た。これの措置について慶長二十年八月十五日付で一乗院から金地院崇伝に照会があった。八月十七日付で崇伝は一条院門跡の家臣中沼元知に返書を送り、衆徒の島田越後について知るところはなく、そちらの処置に任せる旨を通知した（『本光国師日記』）。

島田小右衛門《しまだ こえもん》

阿波細川氏の家臣で、勝浦郡方上村、大谷村の領主だった島田信濃守の四男。

秀頼に仕え、普請奉行を務めたという。

慶長二十年、大坂城中で自害（「阿波国古文書」）。

清水勘平《しみず かんぺい》

紀伊畠山氏に従属していた清水勘右衛門の子。清水忠兵衛、清水九右衛門の末弟。根来の真言坊主だった。

大坂の陣で旗下の者を連れ、雑兵七百余人を指揮して籠城した。落城後は薩摩へ下り、山伏となった。

兄の忠兵衛らは大坂方からの入城勧誘の書状が届いたが、拒否して浅野対馬守に書状を提出した（「古今禾輯」）。

持明院基久《じみょういん もとひさ》

持明院家は藤原北家中御門流の羽林家。正二位大蔵卿権中納言持明院基孝の子。実は一位大納言正親町季秀の次男。母は家女《かじょ》。

天正十二年に誕生。

天正十六年十二月二十日、五歳で元服。従五位下侍従に叙任。

慶長二年一月五日、従五位上に叙せられた。

慶長五年七月六日、左少将に任じられた。

慶長十一年一月六日、正五位下に叙せられた。

慶長十六年四月二十五日、従四位下に叙せられた。

慶長十八年一月六日、従四位上に叙せられた。八月二十八日、左中将に任じられた（『諸家伝』、「持明院家譜」）。

慶長二十年五月、長男の基征や富小路良直を伴って大坂城に籠った（『土御門泰重卿記』）。五月七日に戦死。享年三十二歳。法名は禅貢院専空真現（「持明院家譜」、『諸家伝』、『系図纂要』）。墓所は寺町の清浄華院（『京都墓所一覧』）。あるいは五月二十八日に死去。享年三十歳。法名は永寿院贈大納言松月如空。墓所は京極の盧山寺（「諸寺過去帳」）。

嗣子は持明院基定。慶長二十年七月、持明院家は断絶となるべきところ、後陽成院の内侍だった基久の妹長橋局（従四位大納言典侍基子）が将軍秀忠に請願し、大沢民部基宿の子基定に基久の娘を娶らせ、名跡を継がせた。

長男は持明院基征。母は家女。慶長十二年に誕生。慶長十八年七月二十二日、従五位下に叙せられた。慶長十九年二月十六日に元服。侍従に任じられた。慶長二十年五月、父の基久に伴われ大坂方に属したため家督を継がなかった。寛永十七年一月十九日に死去。法名は高徳院罷山真休。

次男は基秀。慶長十一年に誕生。川鰭公康の名跡を継いだ。慶長十九年二月十六日に元服。寛永十九年一月五日、正三位に叙せられた。寛文三年十一月十日、出家して寿観と号した。寛文四年二月十一日に死去。享年五十九歳。妻は土御門泰重の娘。

三男は頼直。慶長十八年十月一日に誕生。富小路秀直の家跡を継いだ。寛永十二年九月十四日に元服。明暦二年一月五日、従二位に叙せられた。明暦四年三月十二日に死去。享年四十八歳（「持明院家譜」、『諸家伝』、『左大史孝亮記』、『寛政重修諸家譜』、『系図纂要』）。

下方《しもかた》市左衛門《いちざえもん》正弘《まさひろ》

北条氏康の家臣下方弾正少弼則貞の子。信長の家臣下方左近将監貞清の従兄弟（「尾藩諸家系譜」）。

天正後半から慶長前半の一時期、久しく脚萎を患い、歩行不能となり、夜には痛みが激しくなったため、曲直瀬玄朔に受診し、その後治癒した（『延寿配剤記』）。

慶長三年八月十四日より、大坂城の二の丸裏御門番を命ぜられた（「慶長三年誓紙前書」）。

慶長十六年三月、秀頼の上洛に供奉（「秀頼御上洛之次第」）。

大坂七組の青木一重組に所属。知行三百石（「諸方雑砕集」）。あるいは牢人していた（『土屋知貞私記』）。

慶長二十年、秀頼の召募により大坂籠城。別所蔵人と相役で牢人頭となり、京橋口を守備。五月七日に戦死（「尾藩諸家系譜」）。年の頃は四十余歳（『土屋知貞私記』）。子がなく断絶（『藩士名寄』）。

妻は加賀井弥八郎秀望の妹。

ちなみに『竹生島奉加帳』によると、天正年中、秀吉の家臣下方市左衛門尉が宝厳寺に二百文を寄進している。また、「多田院文書」（「編年文書」所載）によると、下方市左衛門貞慶が関白より摂津多田院の代官を命ぜられている。これらが正弘と同一人物かは不明。

下河辺大掾信晟《しもこうべ だいじょう のぶあきら》

佐竹一族。

大坂籠城。

妻は佐竹義宣の伯母という。

長男の軍司九右衛門信音は、大坂落城の時、幼少だったが、父に離れて上総国に居住し、後に土屋家に仕えた。子孫は相馬家の家臣として続いた。家紋は丸の内に五本骨扇、五三の桐（『衆臣家譜』）。

下村山三郎勝元《しもむら さんざぶろう かつもと》

大坂七組の青木一重組に所属。

慶長十九年十一月二十六日、鴫野表合戦に軍功があった。

慶長二十年五月七日、天王寺表に出役し、総敗軍の後は青木正重に付き添って退去した。

五月二十三日付で正重より書状を送られ、大坂冬の陣・夏の陣における働きを賞美された。

後に加兵衛と称し、永井直清に仕えた（「諸方雑砕集」、「青木伝記」）。

重野宗玄《じゅうの そうげん》

豊臣家の茶道坊主（「青木伝記」）。茶道頭（「慶長録考異」）。

文禄三年十月二十八日、秀吉が京都の上杉景勝邸に臨んだ時、御茶湯方として友阿弥、久阿弥、宗玄が随行した（『上杉家御年譜』）。

慶長十四年三月二十日付で大坂在勤の浅野長晟が秀頼へ献上する青銅の印の件で、長晟に返書を送った（「自得公済美録」）。

慶長十六年三月、秀頼の上洛に供奉（「秀頼御上洛之次第」）。

慶長十九年十一月二十六日、鴫野口合戦の時、青木一重、同正重は諸勢か突出して備えを進めた。秀頼はこれを危ぶみ、宗玄に菓子を持たせて青木父子の陣所に派遣し「その方の備えが突出しているので、敵の攻勢が厳しくなるだろう。万一の事があっては大坂の武運も末と思われるので、諸勢と一緒になって戦うように」と伝えた。一重は口上を聞くや宗玄を睨み付け「宗玄、お前は茶事はあれこれ知っているかもしれないが、軍事については無知であるはずだ」と叱りつけた。そこで宗玄は正重に向かって「何と御返事申し上げればよいか」と尋ねると、正重は「ありがたい御沙汰と心得、承りましたと申し上げるように」と指示し、宗玄は帰城した（「青木伝記」）。

落城後、宗玄所用の茶壺は、家康の所蔵となり、元和四年十一月一日、駿府御分物として徳川義直に賜与された（『駿府御分物之内色々御道具帳』）。

ちなみに、年不詳霜月十七日付で青木一重に宛てた重乃宗□の書状が、大阪城天守閣に収蔵されている。書状の趣意は「古田織部殿が只今大坂に下向されたとのことです。大野修理殿が迎えに出られたとのことです。明朝、片桐市正殿の所にお出でになり、昼には御山里廓で御茶が下されます。新門跡様へも飛脚が遣わされました。貴殿も御相伴に加えられてはどうかとの秀頼様の御内意です。内々そのように御心得ください。当日に着ていく物をお持ちでないようでしたらお借りになるとよろしいでしょう」という案内である。本状の花押と、「自得公済美録」に収載されている慶長十四年三月二十日付で浅野長晟に宛てた重野宗玄の書状の花押は一致することから、重乃宗□は重野宗玄である。

重野忠助　じゅうの ちゅうすけ

重野宗玄の子（「慶長録考異」）。

慶長十六年三月、秀頼の上洛に供奉（「秀頼御上洛之次第」）。

落城後、寺沢広高、片桐孝利に仕えたが、後に故あって切腹した（「慶長録考異」）。

上条九郎兵衛　じょうじょう くろ（う）びょうえ

上条又八郎の弟（『武家事紀』）。

慶長二十年四月二十九日、大野治房の先手が樫井で敗北した際、浅野勢の進出に備えて、黒田内匠、上条又八郎、牧野牛抱、真田助大夫、杉山角蔵、東勘右衛門、金万定右衛門とともに踏み止まった。このため浅野勢は引き揚げ、その後は鑓合わせにはならなかった（『金万家文書』金万定右衛門申立之覚）。『武家事紀』に、先手は一番岡部大学、二番塙団右衛門、次に新宮新三郎（左馬助か）、斎藤（武藤か）丹波守、その次長岡監物、御宿越前、布施右京（左京か）、その次大野治房だったが、岡部ら先手が敗走して、長岡監物の備えまで崩れる中、生駒八郎右衛門、奥住権左衛門、上条九郎兵衛が踏み止まったとされるが、実否不明。

上条又八郎　じょうじょう またはちろう

上条九郎兵衛の兄。

初め織田信雄に仕えた（『武家事紀』）。尾張国愛知郡藤島郷で三百貫文を領知（『織田信雄分限帳』）。

天正十八年に信雄が改易された後か、福島正則に仕えた（「旧考録」）。「摂戦実録」に、慶長十九年九月、信雄が大坂城を退去した後も留まって籠城したとされることから、その後、信雄に帰参していた可能性もある。

慶長十九年、大坂籠城、大野治房組に所属。鉄砲五十梃を預かった（「山本日記」）。あるいは足軽六十人の頭を務めた（『武家事紀』）。

十一月末、大坂方が船場を自焼して橋も焼き落としたとの風聞があり、これを確認するため、小栗忠政と河野通重が派遣された。小栗は橋詰まで馬を乗り寄せ、河野は徒歩で橋向こうまで渡って検分した。同所の守将上条は、両人の豪胆な行動に感じて、射撃を止めさせた（『譜牒余録後編』）。

十二月十六日、蜂須賀至鎮の陣所への夜襲計画を聞きつけ、塙団右衛門に参加を志願したが拒絶された。しかし、あきらめきれず武装して塙の営門に昼から夜まで佇立して懇望を続け、ようやく配下の足軽を残し単身での参加を許された（『大坂御陣覚書』）。出撃して稲田示植の家人七条弥三右衛門実政と組み討ちとなり、組み伏せられた。塙団右衛門の小姓が「助けよう」と声をかけたが、上条は「この敵は我が獲物だ。他をあたれ」と言うや、跳ね返して七条の首を取った（『増補稲田家昔物語』）。城内に引き揚げてから、指物を落としたと称して、再度木戸から出て「上条又八が殿《しんがり》をして退くぞ。指物を落として取りに戻ったが、誰も討ち留めるものはないのか」と敵陣に呼ばわって引き揚げたという（『日本戦史』所載「逸話」）。軍功を立てた二十三士の一人として、翌十七日千畳敷御殿で秀頼から褒美を拝領した（「大坂夜討事」）。

慶長二十年四月二十九日、樫井合戦の敗報を聞き、治房以下、御宿越前、長岡是季、上条らが樫井町に駆け付けた。しかし、既に敵は引き揚げており、町中に死骸が累々と散乱しているだけだった。黄昏に及んでは険隘な紀州路を追尾することもかなわず、また岸和田城兵に後方を断たれる懸念もあり、大坂方は撤収した。

安松で退却する岡部大学と行き遇った長岡と上条は、団右衛門を捨て殺しにしたことをなじり、治房には岡部を組から追放するよう求めたが、治房は決戦を前にこれを慰撫した。このため両士は憤懣のあまり、自身と塙の配下を連れて治房の組を離脱した（『大坂御陣覚書』）。

五月七日、上条は遊軍として出役し、敵を突き伏せ功名を立ててから、大坂を立ち退いた（「摂戦実録」）。

京都に浪居（『綿考輯録』）。号は宗向（『渡辺水庵覚書』付録「慶長十九年十二月十六日夜討之事」）、宗内（「鴫野蒲生合戦覚書」）、宗旬（「大坂夜討事」）など、諸本により異なる。

大坂で長岡是季の組下だった伴彦大夫は、播磨姫路の本多忠政への仕官活動に際し、自身の軍功を申告するとともに、先に本多家に仕えていた大坂牢人田村林蔵院、鈴木半左衛門の軍功申述に対して疑義を呈した。田村、鈴木がこれに反駁したので、伴は急ぎ京都の長岡と上条に知らせたところ、両士は実否究明の証人となるため、京都所司代板倉勝重に断り、播磨に下向した（『綿考輯録』）。

本多忠刻は上条らに対し、以下の三か条を自筆の書状により照会した。第一に、治房組の鈴木半左衛門が、籠城中に江戸へ忍文を持参して下向したこと、並びに本町橋通の夜討ちにおける戦功の実否、第二に、治房組の田村林蔵院が、夜討ちのとき稲田示植と鑓を合わせ、投げ突きにして互いに鑓を取り交わしたことの実否、第三に、大野治長の家来米村市之丞が、片桐且元の家臣日比加左衛門の首を揚げたことの実否。

これに対して、長岡是季（号は粉斎）、上条および武藤丹後の三士は、連署して年不詳（注1）十二月二日付で忠刻の家臣織田秀則（号は宗爾）に宛て、以下の趣旨の回答書（注2）を提出した。「第一に、夜討ちの軍功は、後日の異論を排するため翌十七日に書付を提出させ、二十三人の功名が確定している。第二に、稲田示植の鑓の相手は木村、牧野、畑、田屋の四人と確定し、それ以外の者は認定されなかった。第三に、中村右近を突き倒した者は伴と確定している。第四に、中村を突いたという者は他にもいたが、書付を提出しなかったので認定されなかった。第五に、鈴木が忍文を江戸に持参したというのは偽り。第六に、鈴木が夜討ちで獲った首は捥付《もぎつけ》（兜付きで取った首）ではない。第七に、蜂須賀家からの照会に対しても、捥付ではなかった旨を回答している。第八に、田村の鑓は書付が提出されなかったので認識していない」（「大坂夜討事」）。

本多家における軍功詮議の結果、田村、鈴木は知行を没収されたが、伴の仕官も不調に終わった。上条と長岡は京都に戻った（『綿考輯録』、「長岡是季事蹟」、『増補稲田家昔物語』）。

その後、上条は美作津山の森忠政に仕えた（『土屋知貞私記』）。

寛永三年一月、前田利常の娘と森忠広の婚姻の際、前田家から上条ら森家の家臣に各小袖三領が贈られた（『森家先代実録』）。

ある日津山で渡辺越中と各務兵庫が碁を打っていると、上条が傍らから渡辺を応援した。各務が激怒して上条を殴った。上条は「巡拳だ」と言うや渡辺を殴り、その場をうまく収めた。上条の機知は時の人に賞賛された（『美作略史』）。

後に上条が森家から暇を貰い、朋輩の守田弥右衛門方へ立ち寄ると、守田は「これからどこで高い知行を得ても武功ゆえと思われるな。冥利にかなったゆえと思われよ。我々も貴殿の武功ほどの事は、たやすくしてきたが、単なる巡り合わせでここにくすぶっているだけなのだ」と言い送った。家中の者が「随分な挨拶」と呆れると、守田は「上条めは、大坂で眠りこけていた蜂須賀家の侍の寝首を掻いたくらいで、尊大ぶるような奴だ。この先、森家中についても人もなげに大口を叩くであろう。それゆえ一つ厳しく申し遣ったのだ」と説明した（『森家先代実録』）。

安芸広島の浅野長晟に知行三千石で仕えた（「増益黒田家臣伝」、『森家先代実録』）。

後に朋輩和田庄兵衛と喧嘩してともに改易された。江戸の西福寺における法華経千部法要の際、和田を意趣討ちして殺害した。自身も手負い、曽我古祐方に閑居した。近所の堀直寄は和田が鎖帷子を着用しており、上条が素肌だったと聞いて、牢人を使いにたて「首尾よく本望を遂げられ珍重に存ずる。敵の庄兵衛は着込を着用し、聞くところによると、その方は鎖帷子を着ず、素肌だったとか。臆病と存じて鎖を着ざるは上条に似合わぬ仕方。仇を討つ大事の場に臨み、身を全くし、死すとも確かな死に様をして然るべきなのに、素肌とは腑に落ちない。武士が軍陣で鎧を着るのも同じことだ。是非、存念を聞き届けたい」と尋ねさせた。上条は「丹州様にはお目通りしたこともないのに、懇切な使者を送られ過分至極。仰せのとおり着込を着用すべきところ、そうしなかったため御吟味を承ることとなりました。和田のように鎖を着込んで江戸の街をふんぞり返って歩けば、どんなにか見事だったでしょう。素肌で渡り合い、着込を着用した仇を存分に討ち果たし、今なお存命してしまい面目なき次第」と答えた。堀は報告を聞いて「さても憎い返事をする奴だ」と立腹した（「武辺咄聞書」）。上条の身柄は、永井信濃守尚政が預かったが、浅野家から付届があったため、引き渡され切腹させられた。「丈条《じょうじょう》をかこひかねたる永井哉　腹切セたるしなのわるさよ」との狂歌が流布した（『森家先代実録』）。

なお、曽我古祐（織田信雄の旧臣曽我尚祐の子）は、寛永十一年に大坂町奉行となっていることから、右の一件はそれ以前の事と思われる。

妻は、畔田次郎右衛門の長女（「増益黒田家臣伝」）。

娘は横井雅楽助時延の四男横井作左衛門時久に嫁いだ（『藩士名寄』）。ただし、時久は永禄三年の誕生であり、年齢的に違和感がある。

子の上条内膳は、長岡是季方で養育された。幼少ではあったが、強く志願して島原の陣で初陣した。長岡は寛永十四年十一月二十日付で曽我近祐（古祐の子）に書状を送り、参陣を志願した内膳について「心たてよく又八ニ似被申たりと存事ニ御さ候」と伝えている（「長岡是季事蹟」）。上条又十郎と名を改め、寛永十五年七月、長岡の肝煎により、細川忠利に新知五百石で召し出された。曽我は同年八月十五日付で長岡に書状を送り、又十郎が七月五日、忠利へ御礼に伺候した際「殊之外成人仕候、親ニ能似申たる」と言葉をかけられたことを喜び、かつ長岡の介添を感謝した（『綿考輯録』）。

〔注1〕本多忠政の姫路拝領は元和三年七月、本多家中の移転は同年九月。本多家では姫路への加増、転封に伴い、家臣の新規採用の必要に迫られ、赦免以前の大坂新参牢人をも召し抱えようとしていたと思われる。『譜牒余録』によると、幕閣土井利勝から元和四年と推定される三月二十七日付書状で、「大坂で軍功があっ

た者の事を承りました。古参の者なら支障ありませんが、新参の者は絶対に召し抱えてはなりません」と忠政を牽制している。板倉勝重の隠居が元和五年三月、または六年、長岡是季の小倉帰参が元和九年十月であることも勘考すると、本多家における軍功詮議は、元和三年十二月のことと推定される。

〔**注2**〕本多忠刻の自筆照会状と上条ら三人が連署した回答書は、後世流布し「大坂夜討之事」（尊経閣文庫蔵）、「大坂鴫野蒲生堤合戦并夜討次第」（尊経閣文庫蔵）、「鴫野蒲生合戦覚書」（内閣文庫蔵　元禄十年四月二十二日謄写本）、「前田家本大坂夜討事」（内閣文庫蔵　明治十三年三月謄写本）および「渡辺水庵覚書」（続群書類従巻第五百九十五）の付録などに収載されている。「大坂夜討之事」（尊経閣文庫蔵）の表紙貼紙に「己未自京都来、津田某取次」とあるという。津田某は前田綱紀に書物役として出仕し、京都に数十年在勤した津田太郎兵衛光吉と推定される。京都在勤中の己未年は、延宝七年が相当する。光吉は信長の従弟津田長意の孫で、信長の孫宗爾とは同族である。

正徳院　しょうとくいん

紀伊高野山、または根来の者。

足軽五十人ほどを引き連れて大坂籠城。年の頃は五十歳ほど（『土屋知貞私記』）。鉄砲百挺を預けられた（「大坂口実記」）。

伊奈忠政は家康の命により軍勢の通行を円滑にするため、京都から大坂に至る通路を整備し、八幡、枚方、狭田の宮に堤を築いて道幅を拡張した。十一月一日、正徳院は兵三百騎を率いて出撃し、寄せ手の通行を妨害するため堤の裁断を試みた。狭田の宮近辺の堤上には、枚方に進駐していた伊勢、美濃の諸将から軽卒二百人が警固のため派遣されており、正徳院の来襲に対して突然鉄砲を撃ちかけ、逃走するところを追撃して首六、七級を斬獲した（『武徳編年集成』）。

慶長二十年五月七日、大坂城を退去した（『土屋知貞私記』）。

白井甚右衛門　しらい じんえもん

秀頼の右筆《ゆうひつ》。

慶長十九年十一月二十六日、今福、蒲生口合戦の時、大坂方で軍功を立てた者は、千畳敷御殿西側の白洲で自身の働きを申し立てた。千畳敷西脇の中門にあったと推定される首実検の間で、白井と鈴木悦可が首注文を記載した。千畳敷の西面の縁側には織田有楽らが出座して検分した。首は桜の馬場に並べ置かれた（『家中諸士家譜五音寄』瀧並与兵衛親瀧並弥八郎寛永廿一申ノ年書上、「山本日記」、『長沢聞書』、「高松内匠武功」、『武家事紀』）〈今福口合戦における一番首の記帳については、「松浦弥左衛門」の項参照〉。

ちなみに、曲直瀬玄朔の診療記録を再編した『処剤座右』、『延寿配剤記』によると、白井甚左衛門、白江甚左衛門が玄朔に三度受診している。両者は秀頼の右筆白井甚右衛門と同一人物の可能性がある。症状は一度目が頭痛と目眩、二度目が疲労と頭痛、三度目は中風による頭痛と目眩であった。

『言経卿記』によると、慶長六年五月七日、五月二十三日、慶長七年三月二日、五月二十四日、大坂の白江甚左衛門尉が妻や自身の所労につき、山科言経に薬の処方を求めている。これも秀頼の右筆白井甚右衛門と同一人物の可能性がある。

また、慶長九年三月五日、三月六日、閏八月七日、大坂の白江善左衛門が、言経に薬の処方を求めている。その他にも平野屋の白江入道寿正、寿正の子大坂の白江善五郎正善、寿正の弟白江善右衛門、寿正の弟幸菊、寿正の甥白江善介、善右衛門尉の子某などの名が散見されるが、皆一族と思われる。『大かうさまくんきのうち』、「高橋義彦氏所蔵文書」によると、右のうち白江善五郎は秀吉の右筆である。

白樫五左衛門　しらかし　ござえもん

白樫杢右衛門の長男。

父の杢右衛門は、畠山稙長に従属して軍功があった白樫弥四郎正信の子孫（「古今禾輯」）。初め畠山氏に従属し、同家の没落後は牢人となり、大坂で戦死（「紀州家中系譜並ニ親類書書上」白樫但見書上）。

白樫五左衛門は、白樫宇大夫の父とされ（「古今禾輯」）、白樫石見正信は白樫宇大夫吉明の父とされることから（「紀州家中系譜並ニ親類書書上」白樫但見書上）、両者は同一人物を指すものと考えられる。

大坂籠城後、紀伊に引き籠り病死したという（「古今禾輯」、「紀州家中系譜並ニ親類書書上」白樫但見書上）。

惣領の白樫宇大夫吉明は、初め松平信綱に仕え、後に牢人して江戸にいたところ、寛文八年、徳川光貞に召し出され、三十石五人扶持を給せられた。延宝四年九月、町奉行与力となった（「紀州家中系譜並ニ親類書書上」白樫但見書上）。

白柏左京　しらかし　さきょう

大坂七組の野々村吉安組に所属。

慶長二十年五月七日、天王寺表合戦に出役。野々村組は、右備えとして天王寺東方に布陣。大坂方が敗北となったため、同じ組の宮井三郎左衛門、粟屋助大夫とともに水野勝成の追尾を防ぎつつ、大坂城の稲荷門を指して退却した。

落城後、病死（「福富文書」宮井三郎左衛門身上覚書）。

白樫三郎兵衛　しらかし　さぶろ（う）びょうえ

白樫主馬助の弟（「紀伊国地士由緒書抜」）。初め左馬介を称したという（「古今禾輯」）。

慶長四年四月二十八日、豊国社に銀五百文を寄進（「豊国社旧記」）。

大坂籠城（「紀伊国地士由緒書抜」、「大坂濫妨人并落人改帳」）。

妻は、北条氏規の次女（『寛政重修諸家譜』）。元和元年九月五日に死去。法名は安養院殿光誉松顔大禅定尼（「高野山文書」北条氏過去帳）。

白樫主馬助　しらかし　しゅめのすけ

紀伊国在田郡湯浅の満願寺山城主白樫左衛門尉（注）の子という（『湯浅町誌』、「熊野独参記」）。

天正十三年三月二十日、白樫、玉置、神保の三氏は、湯川直春に離反し、秀吉に通じた（「崎山氏由緒書」）。『武徳編年集成』によると、白樫左衛門尉は湯川館を攻撃して軍功があり、三月二十五日付で秀吉から感書を賜与され、主馬助も湯川左大夫、同四郎兵衛、その他三人を討ち取り、同日付で秀吉から感書を賜与されたというが、実否不明。

秀吉の馬廻となり、文禄元年、肥前名護屋城に駐屯し、本丸広間番馬廻組の六番速水守之組に所属（『太閤記』）。

文禄三年十月二十八日、秀吉が上杉景勝邸へ来臨した時、一柳大六とともに相伴衆長宗我部元親の給仕を務めた（『上杉家御年譜』）。

慶長五年まで、紀伊国牟婁郡大柳で二千石ほどを領知した（「紀伊国地士由緒書抜」）。

　慶長五年の戦役では、美濃大垣方面へ出役した（「熊野独参記」）。

　戦後、所領を喪失したが、先知二千石で秀頼に直仕したという（「紀伊国地士由緒書抜」）。弟の白樫三郎兵衛と併せて、大坂で二、三千石を知行したともいう（「南紀士姓旧事記」）。

　慶長十七年三月十七日当時、備中国内に二百八十石の知行地があった（『慶長中湛井懸り高付写』）。

　大坂七組の野々村吉安組に所属。知行二千石（「諸方雑砕集」、『難波戦記』）。

　弟の白樫三郎兵衛とともに大坂籠城。落城以後、大和に逃れて浪居した（「紀伊国地士由緒書抜」、「大坂濫妨人并改帳」）。
〔注〕『湯浅町誌』は、この白樫左衛門尉を白樫只光とし、伊賀国伊賀郡白樫村の出自で、只光の祖父白樫五郎兵衛実則が紀伊国在田郡に来住して畠山尚順に従属し、父の白樫五兵衛実房が満願寺山城を築いたとする。只光については、天正十二年以降、秀吉に内応し、保田宮崎氏の領地を侵し、社寺を略奪したとする。秀吉による紀州平定の後は五千石を与えられ、大坂落城後、湯浅に逃れて富上五兵衛を頼ったが、落人の捜索が厳重なため進退に窮し、娘二人を富上氏に託し、鷹島で自害したとする。後に長女は牢人酒井祐節に嫁ぎ、次女は福蔵寺に嫁いだ。男子の白樫主馬と白樫五郎兵衛の消息は不明とする。ただし『湯浅町誌』が伝える只光の事蹟は実否不明。なお、湯浅の玉光山深専寺には、大旦那白樫左衛門尉の位牌が祀られている。命日は永禄五年五月二十日。法名は秀月宗悦居士。同寺に紙本著色の肖像一幅が伝来する。京都禅林寺の果空僧正による慶長二年の着賛がある。この左衛門尉は主馬助の先祖と思われる。

白河八右衛門　しらかわ　はちえもん
　常陸鹿島の侍人《じにん》とされるが、神人《じにん》の当て字の可能性もある。
　後藤又兵衛配下に下級の侍として所属。
　慶長二十年五月六日、後藤又兵衛が鉄砲に撃たれて落馬したところを、白河と他一名で肩にかけて引き下がり、首を打って田に隠した。後年、白河は江戸でこの様子を語り、証拠の書状も所持していた（「語伝集」）。

志和又之丞正次　しわ　またのじょう　まさつぐ
　土佐国高岡郡志和村の出自。仁井田五人衆の一人志和勘助の次男。

　父の勘助は、文禄四年、長宗我部元親の命により殺害された。

　志和正次は、幼名を乙若、長じて利喜と称した。土佐郡久万に配流されていた毛利吉政の近習となった。

　慶長十九年十月、吉政に従い、浦戸を出船して大坂城に入った。籠城の頃は、又之丞正次と改名した。

　落城後、土佐へ帰った。

　寛永二十一年、駿河江尻で、江戸へ伺候する途上の山内忠義に拝謁し、地方知行二百石を与えられた。屋敷地を土佐江ノ口に与えられ、馬廻を務めた。

　正保四年十二月七日に死去。

　子の志和七兵衛次章は、実は本山土居与力志和九兵衛の次男。故あって父の知行を没収され、五人扶持を給せられた。元禄三年十一月二十三日に死去。妻は樋口関太夫光秀（淡路守の次男）の娘。子孫は山内家の家臣として続いた。家紋は丸の内一文字（「御侍中先祖書系図牒」、『山内家史料』所載「詒謀記事」）。

進越中守高清《しん えっちゅうのかみ たかきよ》

伯耆国会見郡の出自。進左京大夫高治の子。

羽衣石南条氏に属し、慶長五年の戦役に従軍した。

慶長十九年、大坂籠城。南条中務が誅殺された際、城中で自害(『伯耆志』)。

新宮左馬助《しんぐう さまのすけ》

紀伊新宮領主堀内安房守氏善(注)の次男。熊野別当実方院道慶の兄(「橋爪家譜」)。あるいは氏善の六男。生母が本妻だったので惣領とされた。母は本妻である伊勢国司北畠氏の娘で、九鬼嘉隆に養育されて氏善に嫁ぎ、男子二人、女子一人を産んだ(『先祖書』寛政八年八月堀内主膳氏春書上)。「紀伊国地士由緒書抜」に、新宮腹の子とあるが、有馬腹との対比で、本妻の腹という意味と思われる。

文禄四年に誕生(『先祖書』寛政八年八月堀内主膳氏春書上)。

元服の時に右衛門佐を称した(『先祖書』寛政八年八月堀内主膳氏春書上)。後に若狭、左馬助を称した(『断家譜』)。浅野家の「大坂冬御陣侍帳」に「堀内若狭」(「自得公済美録」)、『大坂陣山口休庵咄』に「新宮左馬助」、慶長二十年六月六日付の土井利勝ら連署状に「堀内若狭」(「自得公済美録」)、大坂の陣後の年不詳一月二十三日付の書状の署名に「堀　若狭」(『熊野領一揆』)とあることから、大坂籠城中のみ新宮氏に改名したものと思われる。諱は初め氏衡、後に氏弘(『先祖書』寛政八年八月堀内主膳氏春書上)。さらに行朝に改めたという(『武徳編年集成』)。

増田長盛が元服親となったという(『先祖書』寛政八年八月堀内主膳氏春書上)。しかし、文禄四年の誕生が事実とすれば、増田が失脚する慶長五年でもわずか六歳であり、長盛が元服親となることはできない。

「南紀古士伝」によると、慶長五年、氏善は石田三成に味方し、子の堀内若狭守行朝が大将となり堀内右衛門兵衛、宇殿藤助ら三百五十人を率いて新宮より伊勢路に就いたが、石田方が敗北したので、八日市場で軍を解き、それぞれ新宮に帰還したという。幼少の出陣となることから実否不明。

堀内家の没落後、浅野幸長に知行五百石で仕えた(「紀伊国地士由緒書抜」)。

慶長十九年当時は浅野長晟に知行五百石で仕えており、熊沢兵庫直勝の組下として大坂に出役する予定だったが(「自得公済美録」)、出奔して大坂に入城した(「紀伊国地士由緒書抜」)。一族ともに三百人ほどを引き連れたという(『土屋知貞私記』)。塙団右衛門と同格で物見役として、馬乗足軽のうち武功のある者を十騎預けられた(『大坂陣山口休庵咄』)。大野治房組に所属(『大坂御陣覚書』)。

十月十三日より(『駿府記』)、堺には真木嶋昭光と赤座永成が警固番として進駐していたが、その後、藤井寺、羽曳野付近に敵の先頭が進出したとの報告を受け、大坂に撤退した。折から新宮も堺に出張して近傍を侵していたが、大胆不敵の者で、警固番が撤退した後も単身、堺に居残っていた。藤堂高虎、松平忠明、石川忠総らの先手が、平野近辺に進出したので、治房から早急に撤退するよう再三指示が送られたが、新宮は従わなかった。しかし、いよいよ周辺が騒がしくなったため、どこに敵が接近しているのかと不思議に思い、七、八十人ほどの手勢を連れて堺を出て、住吉の南の原に上ってみると、出会い頭にわずか二町ほどを隔てて藤堂家の先手渡辺了が千余人を率いて備えていたので、驚き慌て、捨て鞭を打って住吉方面に遁走した(『大坂御陣覚書』)。これは十月二十八日の事とされ、当日は霧が深く敵味方の区別がつかなかったため、藤堂家では浅野長晟の人数と誤認して攻撃を控えたとも(『高山公実録』所載「西島留書」、『高山公実録』所載「延宝西島留書」)、渡辺が新宮の手勢は餌兵であり、追撃すれば堺から奇兵に側撃されると判断して手控えたともいう。これにより、新宮はからくも危地を脱し得た。治房組の長岡監物、塙団右衛門、御宿越前が天下茶屋まで迎えに出て新宮を叱責して、早々に大坂へ撤退した(『大坂御陣覚書』)。一方、高虎は眼前の敵を逸したことを甚だ遺憾とし、渡辺を先手の職から解き、自身の誓紙と渡辺の誓紙を家康に提出して疑念の払拭に努めた(『公室年譜略』)。

籠城中は治房組の組頭として五十騎を預かった(「大坂夜討事」)。

慶長二十年二月二十六日、岡部大学、小幡景憲、布施弥七郎、吉川権右衛門、武藤丹後(丹波か)、法華坊主の随雲院らとともに治房方の軍議に参加した。三月十三日も軍議があり、新宮は速やかに京都に出張することを首唱し、岡部らもこれに賛同したという(『景憲家伝』)。

大力の士で、慶長二十年五月六日の合戦でも軍功があり、感賞にあずかったという(『先祖書』寛政八年八月堀内主膳氏春書上)。

五月七日、治房軍勢の左備えとして、岡山口の池を前に根来三十騎、岡田縫殿、布施伝右衛門、岡部大学、中瀬掃部の五隊とともに備えを並べ(『大坂御陣覚書』)、配下の五十騎を指揮した(『武徳編年集成』)。

五月十一日、将軍秀忠の命により高力忠房らが大和宇陀に駐留し、大和の領主らに落人を捜索させた(『寛永諸家系図伝』)。

五月十五日、熊野を目指して落ち延びる途中、大和五条の領主松倉重政が構えた番所で捕えられた。百姓たちが捕えて差し出したとも、松倉家中の山本権兵衛義安が見咎め、天野半之助可古が捕えたとも(「自得公済美録」)、山本義安が捕え、その際に接収した佩刀を褒賞として賜与されたともいう(「金戒光明寺山本鉄心墓碑銘」)。身柄は松倉家から京都に護送された(「浅野考譜」)。

浅野長晟は、慶長十九年の冬に熊野、新宮で一揆を扇動したうえで大坂に籠城した所業を憎んでいたため、当家で成敗したいと身柄の引き渡しを願い出た。六月六日に身柄は和歌山に到着する予定であったが、その間に家康が、「弟の堀内氏久が千姫の大坂城退去に供奉した功により、成敗は無用」との指示を出した。この指示は六月五日付で土井利勝、安藤重信、酒井忠世が連署した奉書により浅野家に示達された。翌六日、奉書を披見した浅野家は、土井らに「本日身柄が到着する予定ですが、現時点でまだ到着していません。大御所様の御命令により死なぬように取り計らいます」と回答した(「自得公済美録」)。なお「北山一揆万之事」によると、身柄は和歌山に到着した後、熊沢直勝に預けられ、風呂屋の座敷牢に入れ置かれたという。「自得公済美録」は、和歌山での入牢処置について明確な証拠がないとして事実認定を留保している。

その後、大和龍田の片桐孝利より七十人扶持を給せられたが、ほどなく牢人となった(「紀伊国地士由緒書抜」)。上方を方々浪居したという。また、藤堂高虎から合力米を支給されたともいう(「自得公済美録」)。

寛永年中に一度新宮に戻ったが、旧被官が路銀を工面して大和に送り帰した（『紀伊国地士由緒書抜』）。奈良で隠棲（『先祖書』寛政八年八月堀内主膳氏春書上）。道也と号した（『朝野雑載』）。正保二年に病死。享年五十五歳（『先祖書』寛政八年八月堀内主膳氏春書上）。

子は堀内新五左衛門（『朝野雑載』）、または新左衛門と称した（『実方院旧記』巳十二月七日那智山実方院書付）。幼少の頃、父と別れ、年月を経て若狭小浜の酒井忠勝、忠直に仕えた（『朝野雑載』）。知行二百石（『寛永十八年分限帳』、『万治元年分限帳』）。忠直の代に牢人となり、奈良に居住した（『実方院旧記』巳十二月七日那智山実方院書付）。

〔注1〕堀内氏善には子が多数いた（『紀伊国地士由緒書抜』）。子の数は十六人で、諸国に離散したという（『先祖書』寛政八年八月堀内主膳氏春書上）。あるいは、以下の男子十一人があった。堀内若狭、堀内右衛門兵衛、堀内主水、堀内佐々右衛門、那智山実方院道慶、堀内清兵衛、堀内角兵衛、堀内主膳、堀内小十郎、堀内八郎、新宮三左衛門〔注2〕（『実方院旧記』巳十二月七日那智山実方院書付）。実方院から水野源大夫、前田惣兵衛、今泉平兵衛に提出された右の書付は、寛文五乙巳年十二月七日のものと推定される。

なお、氏善の子に有馬伊織氏清がいる。三男とも（『鳥羽藩九鬼家中分限帳写』）、四男とも（『寛政重修諸家譜』）、末子ともいう（『三田藩九鬼家臣系譜』）。初め亀千代、九重郎、藤四郎を称した。堀内家の没落後、九鬼守隆より天岡半左衛門を以て伊勢鳥羽に引き取られた。慶長十九年七月、九鬼守隆から新知四百石を与えられた。寛永十五年三月に摂津三田で死去。長男の堀内清兵衛氏守は縫殿介とも称した。遺知のうち三百石を継ぎ、番頭を務めた。寛文三年十一月に江戸で死去。その子堀内勘左衛門（半助）氏貞は寛文四年、遺知のうち二百石を継いだ（『三田藩九鬼家臣系譜』、「摂州三田九鬼家数代諸士記録」）。『寛政重修諸家譜』によると、氏清の子堀内勘左衛門氏衛は、寛文十二年、幕府の徒士に召し出され、徒目付、天守番を歴勤して、子孫は幕臣として続いたとする。氏守と氏衛の関係は不明。

〔注2〕氏善の子新宮三左衛門は、土井利隆に知行二百五十石で仕え、使番を務めた。その後、牢人となり江戸に居住した。子が三人いた。ちなみに、土井家には太地五郎右衛門や楠嘉兵衛ら堀内家旧臣が召し抱えられている（『実方院旧記』巳十二月七日那智山実方院書付、『利隆代正保分限帳』）。

進五郎左衛門《しん ごろ(う)ざえもん》高直《たかなお》

伯耆国会見郡の出自。進忠左衛門の次男。進帯刀の弟。

大坂の陣で後藤又兵衛の配下に属した。落城後、水野忠善に仕え、旗奉行を務めた。三河岡崎で死去。

子孫は水野家の家臣として続いた（『伯耆志』）。

新庄惣兵衛《しんじょう そうびょうえ》

大野治房の家臣。

大坂籠城（「大坂濫妨人并落人改帳」）。

進帯刀《しん たてわき》

伯耆国会見郡の出自。進忠左衛門（進高清の弟）の長男。

羽衣石南条氏に属し、天正八年九月、伯耆国河村郡で吉川氏と交戦した。

慶長二十五月五日に大坂で戦死（『伯耆

志』)。

新藤治助《しんどう じすけ》

因幡国八上郡日下部(高平)城主波多野筑後守秀治〔注〕の次男。波多野民部大輔秀真の弟。波多野五左衛門の兄。初め波多野軍曹秀光を称し、大坂籠城中は新藤治助と改めた。

父の秀治は、永禄年中に嫡男の秀真が北山城主丹比孫之丞に欺かれ城を失陥し、自害すると次男の秀光に介抱されて但馬に逃れて山名氏の庇護を求めた。朝来郡磯部庄大内村内にあった秀光の知行所で遁世し、定省と号した。享年八十五歳で病死。

新藤治助(波多野秀光)は、天文七年に誕生。

兄が自害すると、父を奉じて但馬出石の山名氏に身を投じた。鉄砲、書道の達人であったため、山名氏の家臣となり、各地で軍功を立てた。磯部庄屋大内村内で知行百石余を与えられた。山名氏族山名上野介(康熙)の遺児四人(磯部兵部大輔豊直、磯部修理、磯部甚倉、磯部甚大夫豊次)を大内村に引き取り、一族の波多野孫次郎を添えて養育させた。

大坂の陣では入城して南条中務に属した。南条の内通に対し諫言したが容れられず、暇をもらって但馬国養父郡加保村に仮住まいして医業を営んだ。

その後、知行所だった大内村での帰農を決意した。百石余の地は旧臣の弥三左衛門が管理していたが、引き渡しを拒否したため、村民が仲裁に入り、うち三十石を弥三左衛門の持ち分と認め、七十石を引き渡させた。

寛永四年十月一日に死去。享年九十歳。法名は月清宗悦居士。

妻は居相肥前の後室で、連れ子として与吉郎がいた。与吉郎は継父(秀光)に養われ、後に居相与兵衛政徳を称し、庄屋役を務めた。

実子の波多野畏三は、慶長三年に誕生。医業を継ぎ、享年九十二歳で死去。法名は一翁宗乾居士。子孫は大内村で続いた(「波多野家譜」)。

〔注〕『信長公記』、「波多野系図」によると、丹波国多紀郡八上城主波多野右衛門大夫秀治は、天正六年、明智光秀の攻撃を受け、天正七年六月に降伏したが、安土へ送致された末、磔刑に処せられた。この人物との関係は不明。

神保出羽守《じんぼ でわのかみ》

秀頼の家臣。諱は幸昌とされる(『難波戦記』)。

知行千石。

慶長十七年十二月より大坂諸大夫衆の一員として禁裏普請助役(『慶長十六年禁裏御普請帳』)。

慶長十八年八月十五日朝、織田有楽の茶会に招かれ、津川近治、京極喜太郎とともに参席(「有楽亭茶湯日記」)。

大坂城に籠り、城東警固の頭分として、兵百人を指揮した(『難波戦記』)。

なお、神保出羽守の母の肝煎により、慶長十一年七月一日、秀頼は遠藤孫作を以て北野社に御手洗神事料五十石を寄進した。神保出羽守の母の婿に妙蔵院善智がいる(『北野社家日記』)。

新見主水《しんみ もんど》

秀頼の目代《もくだい》。

慶長二十年五月六日、七日、藤堂高虎の家臣渡辺了の手で首六十三級を斬獲した。その中には新見の首と木村重成配下の川勝靭負の首も含まれていた(「西島家留書」)。

す

杉右衛門尉政英《すぎえもんのじょうまさひで》

備中の国侍。杉豊後守元政の嫡男。

慶長五年、毛利氏に従って近江膳所に出役。戦後、浪々の身となった。

慶長十九年、妻子を離別して大坂籠城。落城後、備中国英賀郡に落ち延びた（『北房町史』）。

杉生左兵衛《すぎおさひょうえ》

山城国相楽郡西岡郷の人。山本弥太郎の子。

初め、明智光秀に仕えた（『綿考輯録』）。小姓を務めた。光秀落命まで付き従い、その後は山中に隠れた。残党追捕が厳しいので、案山子の蓑笠を被り、柴を刈って木こりに身をやつし、紀伊郡塔森村の親類の家へ忍び行くと、戸外に人が大勢立っていた。捕吏かと用心して裏口に回ると、親類が寄り合って巫女を頼んで口寄せをしているところだった。そこで、裏方より急に屋内に駆け込むと、親類は思わぬ生還に喜び、巫女はそれを見て逃げ出した（『武功雑記』）。

一時、山本仙入と改名した。

後に長岡幽斎に仕え、田辺に勤番した。文禄元年十一月十日付の幽斎の書状を携え、薩摩より朝鮮へ赴き、去る八月の戦傷者の安否を確認した。

慶長五年、岐阜城攻撃に参加。関ヶ原合戦に従軍。

慶長七年十一月、細川忠興の豊前小倉入府に伴い、十二月に魚住加賀守とともに国東、速水郡奉行に任ぜられた。当時、知行八百石。

慶長十五年一月十九日、名古屋城普請賦役のため、長岡内膳とともに十一番手で小倉を出立した（『綿考輯録』）。

後に牢人となり、大坂城に籠り戦死した（『綿考輯録』、『武功雑記』）。

杉善右衛門《すぎぜんえもん》

秀吉に微禄で仕え、七年間、組のうちで勤番。

慶長二十年五月七日、玉造口で戦死。

子の山口右衛門九郎は、池田利隆に仕えて小姓組に属し、本俵五十俵七人扶持を給せられた。正保元年一月二十日に病死。

子の山口六右衛門は、右衛門九郎の弟。父が戦死した時に三歳だったため、母とともに上方に居住した。兄の右衛門九郎の病死後は池田光政に仕え、跡目四十七俵四人扶持を与えられた。子孫は岡山池田家の家臣として続いた（『吉備温故秘録』）。

杉原伊佐直重《すぎはらいすけなおしげ》

杉原次郎左衛門尉重吉の三男。

慶長十九年、兄の盛成とともに大坂城に籠り、慶長二十年に戦死した（『閥閲録』）。

杉原源太郎盛成《すぎはらげんたろうもりしげ》

杉原次郎左衛門尉重吉の次男。毛利元就の家臣杉原播磨守盛重の孫。

慶長十九年、大坂城に籠り、慶長二十年五月七日に摂津木津で落命した（『閥閲録』）。

杉森市兵衛信成《すぎもりいちびょうえのぶしげ》

近江浅井長政の家臣杉森多門信親の長男。幼名は左門。諱は『杉森家系譜』に信重とあるが、紹太寺に現存する墓碑銘には信成とある。

秀吉、秀頼に歴仕。慶長十九年、大坂城に籠り、青木一重の手に付属された。

十一月二十五日、竹田永翁を通じて青木組の茨木五左衛門、安宅源八郎とともに、大筒で鴫野、今福口に接近する敵を打ち払うよう指令を受けた。三人で大筒組を指揮して準備していると、翌二十六日未明、両柵が敵に攻め破られた。杉森は松野半平とともに鴫野口に駆け付けて防戦に努めたが、両人ともに鉄砲に当たり堤下に転落した（『杉森家系譜』）。杉森の指物は茜尾花で、兜は金の梨打ち、立物は鳥毛の棒だった。城から近距離での戦闘だったため、秀頼も指物を見ており、後刻、青木一重から詳細報告もあったため、杉森、茨木、安宅、および松野らが褒美を拝領した。和睦成立の後、上杉家中の山下伝右衛門と伊達家中の中条帯刀から、上杉方でも杉原親憲、鉄泰忠、渋谷杢が杉森の奮闘を見届けていたとの連絡があった。これにより落城後も右の軍功が確かに知られるようになった。渋谷とは書状を取り交わしたが、落城の際に紛失した（『田辺家文書』杉森市兵衛大坂働書付之写）。

その後、加賀、越前勢による夜襲があった時（十二月四日か）、甲冑も着用せず持ち口の防戦を指揮した。明け方になっても敵が百人ほど、堀下、塀際に伏せて居残っていた。青木から相談を受けた杉森は、櫓上に土俵を積み、高射角から銃撃を加えるべく準備した。敵はこれを察知して早急に退却した。青木から杉森の働きについて言上があり、功労を賞された。

慶長二十年、秀頼の命により木村重成に付属され、五月六日、若江表に出役（『杉森家系譜』）。藤堂高虎の右先頭藤堂良勝は、西郡村に急行して木村の右備えと激突した。銃撃に続いて鑓を入れたが、木村勢もよく踏みこたえ、藤堂家中の田中内蔵丞主従、平尾勘七郎、井口半左衛門らが矢面で戦死した。良勝は五町ほどの縄手の上で三度まで木村勢を追い崩し、若江の町口に追い込んだが、町中で横合いから多数の敵の攻撃を受けて戦死した。同所で良勝の組下の七里勘十郎政基、梅原亀之丞武房、中尾小十郎重勝、松尾甚兵衛統幸、中西文兵衛政行らも戦死した（『元和先鋒録』）。

藤堂勢が西郡村に攻め込み、木村勢が追い崩された時、杉森は横合いから攻めかかり、平尾勘七郎を鑓で討ち取った。また、梅原亀之丞にも鑓を付け、家来の松田伝次に首を取らせた（『田辺家文書』杉森市兵衛大坂働書付之写）。さらに一人に鑓を付けたが、これは這って逃げたため討ち漏らした（『杉森家系譜』）。討ち取った両人の名は、落城後、分部光信を通じて藤堂家中の佐久間九郎右衛門に照会した結果判明したもので、その旨の証文も取り付けた。この日の指物は前年と同じく茜尾花だった。

その後、藤堂高虎に加えて井伊直孝も攻めかかったため、木村勢は支えきれず敗軍となった。それでも滝与大夫とともに道筋に出て踏み留まっていると、井伊勢の中から濃い浅黄の四半と赤い四半を指した武者六、七騎が、味方と勘違いして「掃部はいずこにおられるか」と声をかけ、そのまま通り過ぎて行った。それより両人は城中まで引き揚げた。

杉森は、主従ともに疲労困憊のあまり、出馬まで休息するために天王寺口の宿所に下がった。七日は出馬を待っているうちに、天王寺口の諸手が敗軍となったため、清水町口まで出向いて抗戦を試みたが、総敗軍で留まる兵もなかった。やむをえず家来を連れて城へ行くと、各塀裏に防戦の部隊が配置されていた。ちょうど大角与左衛門の屋敷の塀裏には人数が配置されていなかったので、家来を連れてそこを持ち場とし、茜尾花の指物を矢切の上に立て、鉄砲を展開して、算用場の裏に取り付く敵を多数撃ち落とした（『田辺家文書』杉森市兵衛大坂働書付之写）。「八月十五日付大音主馬首貞尊自筆軍功文書」に「前田勢が算用場の後ろを通った時、二の丸から激しく鉄砲を撃ちかけてきた」とあり、この時の様子を記しているものと思われる。

そのうちに、本丸、二の丸にも火がかかったので、本丸に入ろうと妻子、家来を連れて桜門まで行ったが、火勢のため入ることができず、大角の屋敷に戻った。いよいよ城中は残らず延焼したため、妻子や下人に至るまで残らず連れて、前田家中の一色主膳照昌に保護を求めた。

翌八日、京都に行った（『田辺家文書』杉森市兵衛大坂働書付之写）。以後、京都で浪居した。片桐孝利から大和龍田に客分として招かれ、堪忍分として六百石（『杉森家系譜』）、または五百石を給せられた（「十竹斎筆記」）。同時に長男の信幸には知行三百石が与えられた（『杉森家系譜』）。

元和五年、福島正則の城地が収公された時、伏見の片桐孝利方を井伊直孝が訪問した。その際、本多忠純の引き合わせで直孝に拝謁した。直孝から、「五月六日は長門守の手にいたそうだが、藤堂殿や我が人数の働きの様子も見ているであろう。その折の物語をするように」と求められたため、認識の通り言上すると、直孝の記憶と少しも相違がなかった。しかしながら、井伊家の人数はすべて赤い四半であり、濃い浅黄の四半の武者が先駆した点については不審が示された。青山幸成が二、三人心当たりの名字を口にすると、直孝は「まことにその可能性もあるだろう。当時、両御所の勘気を蒙っていた者が我が手に属していたので、青山殿の言われる通りかもしれない」と言った。さらに直孝から「白母衣の武者が比類ない働きをしていたが、負傷したようで大坂へ退いた者がいた。これは何という者か」と尋ねられ、「白母衣の武者で、股を突かれて脛が動かせなくなったため城中に退いた者は、長屋平大夫です」と回答した。また、「朱具足、朱鑓で堤を楯にして奮戦する武者がいた。これは何という者か」と尋ねられたが、「存じません」と回答した。直孝は「朱具足、朱鑓で戦場に出るほどの武者は、長門守の手でも多くはあるまい。存ぜぬとはどうしたことか」と再度不審を示したが、孝利が「そのようなこともございましょう。市兵衛は平素、秀頼の側近くに仕える者であり、六日に長門守の手に付属されたばかりで、存ぜぬこともありましょう」と取り成すと、直孝は納得した。その座には他に高木正次、日根野吉明、喜多見重恒も同席していた（『田辺家文書』杉森市兵衛大坂働書付之写）。

なお、七日の杉森の働きは、石谷貞清が詳しく認識していた。

寛永十五年八月、片桐孝利の死後、相模小田原の稲葉正則に知行千石で招聘され、正保四年七月二十三日、初めて御礼に伺候した。

承応元年二月九日、番頭用人を兼任し、岩手次郎左衛門の旧組二十五騎を預かった。

承応二年六月一日、岩手次左衛門の旧宅を拝領した。同年十二月八日未の刻から申の刻まで、稲葉正則が居宅に来臨した。相伴衆は畑覚大夫正吉、稲葉七郎兵衛および梅庵。

明暦元年、執政職に就き、三百石を加

増された。

ある時、耳の中に虫が飛び込み、出血して耐え難い激痛に見舞われた。これを聞いた正則は自ら毛抜きを工夫し、これにより虫を取り出させた（『杉森家系譜』）。同年、病気により隠居を認められた。稲葉正勝の戒名から紹の字を授けられ、紹英と号した（『乍恐以書付奉願覚 天保十三年十月杉森新六郎』）。同年五月二十六日、小田原で病死。享年六十六歳。法名は雄嶽紹英居士。葬地は小田原の長興山紹太寺内の清雲院（『杉森家系譜』）。墓碑が紹太寺に現存する。


妻は山田喜四郎〔注〕の娘で、嫡男の杉森信幸、長女（板倉重宗の家臣梅戸八右衛門英貞の妻）、次男の杉森信義を産んだ。寛文七年四月二十六日に死去。法名は紹帝大姉。葬地は清雲院（『杉森家系譜』、『前々より差出候親類書之覚』）。

嫡男の杉森市兵衛信幸は、初め弥左衛門を称した。慶長十九年、大坂で出生。父と同時に片桐家に招かれ、三百石を与えられた。正保四年七月二十三日、父と同時に稲葉家に招かれ、三百石を与えられた。承応二年、者頭並となり、折々登城して拝謁した。明暦元年七月五日、父の跡目五百石を継ぎ、者頭を務め、新組足軽二十五人を預かった。承応三年、番頭となった。天和三年に隠居し、十五人扶持を給せられた。貞享二年六月二十六日、小田原で病死。享年七十二歳。法名は槐窻残睡居士。葬地は清雲院。妻は稲葉正則の家臣杉原頼母助の娘で、実は父の次弟八森九郎右衛門の娘（『杉森家系譜』、『前々より差出候親類書之覚』、『乍恐以書付奉願覚 天保十三年十月杉森新六郎』）。夫婦合葬の墓碑が紹太寺に現存する。

次男の杉森市左衛門信義は、初め斎之助を称した。越前の松平忠昌に召し出され、児小姓を務めた。次いで松平吉品に仕え、足軽二十一人を預かった。後に牢人となり京都に居住した。享年六十七歳で死去。葬地は京都の大光山本国寺。法名は智妙院道喜日勧居士（『杉森系図写本次男家之』）。

〔注〕山田喜四郎は、秀吉に仕え、使番を務めた（『武家事紀』、『木下家文書』、『大かうさまくんきのうち』、『駒井日記』）。次いで秀頼に仕えた（『杉森家系譜』、『豊国大明神祭礼記』）。その後、牢人となり京都で死去（『前々より差出候親類書之覚』）。長女は杉森市兵衛に嫁ぎ、次女は前田家の馬廻頭の一色主膳照昌に嫁いだ（『杉森家系譜』、『諸士系譜』）。

鈴木悦可《すずき えつか》

秀吉の右筆《ゆうひつ》。

慶長元年十月六日、山科言経、御綾織手の如雪とともに寿命院秦宗巴方で会食した（『言経卿記』）。

慶長十年五月十九日、悦可の妻は、時に四十余歳であったが、喘息のため曲直瀬道三に受診した（「玄朔道三配剤録」）。

慶長十六年三月、秀頼の上洛に供奉（「秀頼御上洛之次第」）。

慶長十七年一月十九日昼、織田有楽の茶会に招かれ、片桐且元、速水守之とともに参席。同年十一月二十四日朝、有楽の茶会に招かれ、黒田長政、郡宗保とともに参席（「有楽亭茶湯日記」）。ちなみに、黒田長政は慶長十九年十月二十三日付で本多正信に提出した起請文の中で、およそ大坂衆のうちで訪問する相手は、片桐且元、郡宗保、伊丹惣兵衛、野々村吉安、悦可の五人のみと誓っている（『古事条目』）。

慶長十九年十月、且元暗殺の計画を察知し、右筆の大橋長左衛門重保とともに

片桐家へ通報した(「古文書集」所載「元和二年九月十八日付大橋長左衛門書上」)。

十一月二十六日、今福、鴫野口合戦の時、秀頼の右筆白井甚右衛門とともに千畳敷御殿で首注文を筆記した(『武家事紀』、「高松内匠武功」)。夏の陣が終わり、織田有楽は悦可に「今度の陣で有馬豊氏の進退が家康に悪《あ》し様《ざま》に聞こえたため、夏の陣では親しみを示されることなく、相備衆にも加えられなかった。さらには身上さえも危ういと取沙汰された」と語った。この旨は、悦可より在京中の豊氏に伝えられた(『米府紀事略』)。

娘は慶長年中、二十余歳の時、産後十二日目に面肢に浮腫が生じたため曲直瀬玄朔に受診した(『医学天正記』)。以下の上田俊勝の妻と同一人物かは不明。

娘は有馬豊氏の家臣上田忠右衛門俊勝の妻。俊勝の妻については、一説に樋口淡路守雅兼の娘ともいう。

養子の長兵衛吉勝は、上田俊勝の長男。初め太郎作を称した。後年、実家に戻った。元和二年、有馬豊氏に児小姓として召し出され、累進して知行千石。妻は長谷川次郎左衛門常一(大坂城士)の長女。子孫は久留米有馬家の家臣として続いた。

養子の忠左衛門正俊は、上田俊勝の次男。後年、実家に戻り、有馬家に仕えた(「御家中略系譜」)。

鈴木十郎左衛門 すずき じゅうろ(う)ざえもん

大野治房組に所属。

十二月十六日、本町橋通の夜討ちに、甲冑を着用せずに素肌で参加。先駆して、一番土蔵口で長谷川貞恒の家来長谷川小右衛門貞元に、刀で打ちかかった。

この夜討ちでの首尾が後に蜂須賀蓬庵の聞くところとなり、蜂須賀忠英へ知行四百石の約束で召し寄せられた。貞元とも近付きとなり、夜討ちの時の働きについて相違なく確認した。一年ほどして病死した(『長谷川小右衛門内証覚書』)。

薄田伝右衛門 すすきだ でんえもん

堀尾氏の出身。薄田若狭守景乗の嫡女の婿として薄田藤兵衛が迎えられたが、ほどなく病死したため、後の入婿として伝右衛門が迎えられた(『芸藩輯要』)。

秀吉の馬廻となり、文禄元年に肥前名護屋城に在番し、二の丸御番衆馬廻組の二番中島左兵衛組に所属(『太閤記』)。

文禄三年九月十八日、大坂城西の丸で開催された能では、太鼓を務めた(『綿考輯録』)。

慶長三年一月四日付で、蔚山在城の浅野幸長は、森半右衛門を使者として、薄田隼人正、堀田一継、薄田伝右衛門らに書状を送り、近況を報じた(『浅野家文書』)。

慶長十六年七月、病中の浅野幸長は、紀伊で家老から町人に至るまでが参加する踊りを挙行した。小鼓は招聘された薄田伝右衛門の他、津守与兵衛、田中淡路守ら合計十人が務めた(「清光公済美録」)。

慶長二十年五月七日に戦死(「自得公済美録」)。

子の薄田又右衛門吉古は、初め岩之丞、次いで又十郎を称した(『芸藩輯要』)。または伝十郎を称した。大坂落城の時は幼少で、紀伊の山田文大夫方に匿われた。元和二年八月、浅野長晟より薄田義次とともに米七十石を支給された(「自得公済美録」)。元和四年、浅野長晟に児小姓として召し出され、合力米百二十石を給せられた。佐々氏に改めた。元和七年、知行二百石を与えられた。馬廻、川除御用、島方蔵奉行を務めた。延宝二年二月、判物を与えられた。延宝七年十一月に病死。妻は沢文右衛門の娘。子孫は浅野家の家臣として続いた。家紋は餅の内に釘貫。替紋は半月の内に釘貫。菩提寺は広島の本円山長久寺。後に白島の宝勝院（『芸藩輯要』）。

薄田伝兵衛《すすきだ でんひょうえ》

慶長十九年十一月二十九日、阿波座口砦で蜂須賀至鎮の家臣森藤兵衛村近と鑓を合わせ、村近の胸板を突いたが、村近はその鑓をたぐり寄せ、薄田を討ち取った。村近の傷も重く三日後に陣中で没した。享年二十八歳（「森古伝記」）。

薄田伝兵衛義次《すすきだ でんひょうえ よしつぐ》

薄田藤兵衛の子。母は薄田若狭守景乗の嫡女。

父の藤兵衛は、景乗に初め実子がなかったため婿として迎えられたが、ほどなく病死。

薄田義次は、落城の時は若年で紀伊に逃れた（『芸藩輯要』）。元和二年八月十九日、浅野長晟は義次と薄田吉古に米七十石を支給するよう指示した（「自得公済美録」）。後に知行二百石で児小姓として出仕し、その後、馬廻を務めた。元和六年七月二十八日付で知行判物を与えられた。主命により佐々氏に改めた。

寛文二年八月に病死。

子の十郎右衛門忠継は、跡目百五十石を継ぎ、大小姓を務めた。寛文の頃、薄田復姓を許された。天和二年九月に病死。子孫は浅野家の家臣として続いた。家紋は丸の内に桔梗。菩提寺は広島の国恩寺（『芸藩輯要』）。

薄田隼人正《すすきだ はやとのすけ》

薄田若狭守景乗の長男（『芸藩輯要』）。堀田若狭守一継の妻〔注1〕の兄（『寛政重修諸家譜』）。

ちなみに文明七年に薄田源左衛門尉藤原祐貞が美濃国各務弓削田庄佐良木郷の長塚宮に推鐘を奉納している（『各務原市史』史料編）。また、池田輝政家中には美濃の人薄田宮内少輔の子安斎や、先祖が美濃国席田郡西郷に来住したとする薄田左馬助重信など、美濃所縁の薄田氏が散見される（『吉備温故秘録』、「土佐国諸家系図」）。以上によれば薄田氏の出自は美濃の可能性がある〔注2〕。

父の景乗は、本能寺で戦死した信長の家臣薄田与五郎景宗の嫡男。初め景乗に実子がなかったので、嫡女に薄田藤兵衛を娶らせて入婿とし、嫡孫薄田伝兵衛義次が生まれた。藤兵衛がほどなく病死したので、後の入婿として堀尾伝右衛門が迎えられ、薄田伝右衛門を称した。後に景乗は実子として長男の薄田隼人正と次男の薄田文右衛門をもうけた（『芸藩輯要』）。なお、秀吉の家臣に薄田伝兵衛古継があり、天正十五年頃、若狭守と改めた（『言経卿記』）。天正年中正月吉日付で、薄田伝兵衛古継の名により、竹生島宝厳寺に天女前机を寄進。後年、薄田若狭守の名で銭三百文を寄進（『竹生島奉加帳』、『竹生島経机銘』）。天正十年十月当時、小出秀政、松浦重政、薄田伝兵衛らは姫路留守居を務めた（『大日本史料』所載「相州文書」）。『言経卿記』に、天正十四年一月から天正十七年一月にかけ、殿下（秀吉）御内の薄田伝兵衛尉古継（後の若狭守古継）が、山科言経、大村由己、山名禅高らとともに歌会に参席する姿が散見される。年不詳一月二十八日付で増田長盛、浅野長吉は連署して、薄田若狭守らに馬匹の供出を命じた（「本法寺文書」）。古継と景乗は同一人物を指すものと思われる。

薄田隼人正の諱は『難波戦記』などにある兼相が一般化しているが、「慶長録考異」などに高実ともある。

秀吉の小姓あがり（『豊内記』）。大坂でその大力は有名で（「川北道甫覚書」）、大津の坂で牛車を止め（「長常記」）、西国や中国で相撲を取って回るなど、無双の大豪と評された（『因府夜話』）。また、槍は七流の印可を得て、素槍をよく用いた（「長常記」）。

文禄三年十月二十八日、秀吉が伏見の上杉景勝邸に来臨した際、加藤嘉明とともに相伴衆久我敦通の配膳を務めた（『上杉家御年譜』）。

文禄四年と推定される十二月二日付で長束正家、増田長盛、石田三成、浅野長吉は、連署して薄田隼人佐に書状を送り、来年三月までに妻子を連れて伏見へ移住すべき旨を下達した（「東京古典会 平成十九年度古典籍展観大入札会出品古文書」）。

慶長元年四月二十七日、秀吉が伏見の長宗我部元親邸に来臨した際、相伴衆徳川家康の配膳を務めた（『南路志』）。

慶長二年十月十五日付で、伏見より朝鮮在陣の浅野幸長に使札を送り、炭十挺を届けて慰労した。

慶長三年一月四日付で、蔚山在城の浅野幸長は、森半右衛門を使者として、薄田隼人正、堀田一継（隼人正の妹婿）、薄田伝右衛門らに書状を送り、近況を報じた（『浅野家文書』）。

慶長十二年三月五日に松平忠吉が死去し、その知らせが大坂にも到達したため、三月十六日、秀頼の弔問使として江戸に向け大坂を出立した（『旧記雑録後編』）。

八月二十二日、有馬へ湯治に行くにあたり、浅野長晟（秀頼の小姓組番頭）から手向けとして浴衣五枚を贈られた（「自得公済美録」）。

慶長十六年三月、秀頼の上洛に供奉（「秀頼御上洛之次第」）。

当時、知行は三千石（『慶長十六年禁裏御普請帳』）。

慶長十七年一月二日、秀頼の年賀使として駿府に下向し、馬代金百両を進呈した（『武徳編年集成』、「創業記考異」）。「家忠日記増補追加」は、薄田の駿府来賀を一月一日とするが誤りと思われる。『駿府記』は、一月二日、駿府で金十枚を進呈した秀頼の年賀使の名前を逸している。「駿河状」は、一月二日に伺候した年賀使は野々村伊予守で、黄金五枚を披露したとする（『静岡物語』）。

十二月、大坂諸大夫衆の一員として禁裏普請助役（『慶長十六年禁裏御普請帳』）。

慶長十九年一月二日、秀頼の賀使として江戸へ下向し、西の丸で家康に拝謁し、年始の賀儀を陳べた（「創業記考異」、『武徳編年集成』）。

三月、片桐且元の家臣安養寺孫兵衛の嫡男惣右衛門を斡旋して、江戸で池田利隆に仕官させ、惣右衛門に薄田の苗字を馳走した（『吉備温故秘録』）。

なお、慶長後期と推定される三月二日付で近衛信尹が和久宗友に送った書状には、薄田隼人より書状を預かった旨の記述があり、信尹の知遇を得ていたものと思われる（「佐藤貞治氏文書」）。

当時、知行は五千石（『大坂陣山口休庵咄』、『土屋知貞私記』、『難波戦記』）、もしくは六千石（「御家中略系譜」）。小姓組に属した。

軽輩の子ではあったが、腕力が人に勝れていたため、開戦に伴い侍大将に取立てられた（『土屋知貞私記』）。身の丈があり逞しく、大力で相撲、喧嘩を好み、武具も嗜んだ。そのうえ平生から「秀頼公御大事の時、我を越える働きがある者はいないだろう」と広言し、城中でも頼もしく思われていた（『豊内記』）。年の頃は四十歳ほど（『土屋知貞私記』）。

当初は雑兵二千五百人を指揮し、後に増員された（『大坂陣山口休庵咄』）。

旗印は浅黄地に大中白に耳付。馬印は武者棒に白の切裂付き、両脇に角取紙付き（『難波戦記』）。

十月二十六日、秀頼は大野治長を通じて平野庄の年寄に黒印状を与え、大坂へ味方するよう命じた。しかし、年寄らは、十一月二日、松平忠直の家臣小寺図書を通じて、東軍誘引の密約を結んだ。これが大坂に漏れ聞こえたため、十一月四日、薄田と山口弘定が、平野庄に出役し、年寄のうち五人を捕縛し、村中に放火して帰城した。翌五日、松平忠明、石川忠総らは、宮之森まで進出したところで平野庄の煙火を望見したが、火勢が衰えないので庄外で野陣を張り、未明に進駐した。大坂城に拘引された年寄五人は、後に織田有楽により放免された（『大日本史料』所載「末吉由緒書」、「石川家先祖覚書」、『駿府記』）。薄田が平野庄を焼き尽くせず、敵に便を得させる結果となり、平素の言動との不一致が、人の噂するところとなった（『豊内記』）。

博労淵《ばくろうぶち》は西北に川が二筋流れ、西は葦島、南北に阿波座、土佐座の堀があった。大坂方は穢多崎《えたがさき》砦の繋ぎとして、上博労付近にも柵を立てて東西に木戸を造り、堤に井楼《せいろう》数基を組み上げて砦を築いた。また、川にも大船を浮かべて、水陸に番兵を配置した（『難波軍記改録』、『水野日向守覚書』、『難波戦記』、「慶長見聞書」）。砦の大将には薄田が就き、人数千人ほどで防御を固めた（『土屋知貞私記』）。

十一月十九日、穢多崎砦が攻略された（『当代記』）。

博労砦の偵察を命ぜられた藤田重信は、「砦の周囲はせいぜい十丁にも満たない規模です。守兵も二千八百から多くとも三千六百人程度でしょう。砦の大将薄田隼人とは以前何度か参会しましたが、元来剛の者であるものの武辺は卑しく、例えば刀の柄糸は擦り切れていても目釘さえしっかりしていればよく、鞘が傷んでいても刀身さえ切れればよいと説き、棒で殴り殺しても結局勝は勝といった具合に下郎同然の卑しい勝負をもっぱらとする者です。また旗本の陣形が歪んでいても鑓が不揃いであっても、油断さえしなければよいなどとも言い、これは立派な見識ではありますが、今般の砦の様子を見るにつけ、防備を飾り立て、外観を取り繕っています。すなわち、到底持ち堪え難いと認識して、恐怖しているに相違ありません。攻めずとも、五日、七日のうちには退散するかもしれません。それがし相備の小笠原、松下らとともに、ぜひ一戦挑みたいと存じます」と家康に復命した（「続武家閑談」）。家康は、念のために永井直清を検分に派遣し、藤田の報告内容を再確認させた（『譜牒余録』）。

十一月二十九日早朝、蜂須賀至鎮、池田忠雄、石川忠総は、水陸より兵を進め、博労淵砦を攻略した（『寛永諸家系図伝』、「鳥取池田家記」、『石川忠総家臣大坂陣覚書』）。砦の番将平子信正は戦死。小河保正、小川九郎右衛門、渡辺金大夫らが防戦したが、かなわずに退却した（『豊内記』）。

同夜、蜂須賀勢は阿波座まで攻め込み、旧下屋敷に陣取った（『武徳編年集成』、『大坂御陣覚書』）。阿波座口の戦闘で、薄田伝兵衛が森藤兵衛村近に討たれた（「森古伝記」）。

　この日、薄田は用事で大坂城中に詰め、砦を不在にしていた。しかし、近所の町屋で遊女を愛し泥酔していたとの噂が立ち、面目を失った（『落穂集』）。

　秀頼の家臣山口休庵が本丸で伝聞したところによると、砦の守兵は既に船場の砦に撤収する手筈となっており、砦には殿軍の者がわずかに残るのみだったため、攻撃を受け、あえなく陥落したともいう（『大坂陣山口休庵咄』）。

　砦を失陥して憤懣やる方ない薄田は、毛利吉政に「今夜、蜂須賀の陣を攻め破ろう。あなたには後陣となってほしい」と相談した。しかし毛利が「私は新座の士であり、軍勢もわずか三百人ほどなので、当然に先陣を承りたい。あなたは本座の士で軍勢も多いので、後陣となるべきである」と譲らず、結局、出撃は中止となった（『武徳編年集成』）。

　城中に退いた薄田と大野道犬に対して処罰はなかったが、色はよいものの正月の飾り以外用途のない橙に擬して、橙武者と異名が付けられた（『大坂陣山口休庵咄』）。特に薄田については「日頃の力量自慢のほどにもない」と城中で取沙汰されたため、恥じて人前に出るのも控えがちになった（『落穂集』）。後日、城内では薄田を嘲笑する狂歌が書き付けられたという（『大坂物語』）。

　その後、兵四百人を指揮して城南警固に遷った（『難波戦記』）。

　十二月二十四日、兵三百人を率いて神崎へ出張し、尼崎郡代建部政長に対し、豊臣家の倉庫に収納されていた今年分の年貢の徴収を通告した。しかし、尼崎在番の援将松平忠利が、薄田に使者を送ってこれを強く拒んだため、空しく大坂へ引き返した（『寛政重修諸家譜』、『武徳編年集成』）。

　慶長二十年四月二十八日夜、大坂方は大和口から来攻する敵に備えるため、後藤又兵衛以下、薄田隼人、井上定利、山本左兵衛、山川景綱、北川一利らが平野表に進駐した。

　五月五日夜、後藤以下は先発して、未明には道明寺方面に到着した（『北川次郎兵衛筆』、『大坂御陣覚書』）。

　薄田の近習だった槙尾又兵衛（号は是休斎）によると、薄田は後藤に続いて一手を率いていたが、五月六日早朝、家人に「後藤と談合の用があり先手へ行ってくる。開戦の直前なのですぐに戻るから、そのつもりでいるように」と言って馬を乗り出した。近習や徒士が供を申し出たが「一人も無用」と斥け、鑓持ち一人だけを連れて、前線に赴き後藤と面談した。その後、合戦半ばで馬を安宿郡片山村に向け、そのまま戦死したため、ついに自分の備えには戻らなかった。

　薄田の備えでは、戻りが遅いので、徒士を預かる権平が、配下の徒士とこれに准ずる茜羽織の者三十人を連れて、前線へ探しに出た。その途中で薄田の中間が馬の口を曳いて戻るのを見つけ、所在を問うと「旦那は御討ち死に。御鑓持ちも斬り殺された。後藤殿も討ち死にして、先手の軍は皆敗北した」と告げた。一同力を落としているうちに、敗残兵が大坂に向けて逃げ帰るのを見た後備えが動揺し始め、ほどなく総崩れとなった。

　薄田は前年に博労淵砦を失陥して面目を失ったので、今度は合戦が始まると同時に討死するべく覚悟していたものと受け止められた（『落穂集』）。

　この日の後藤、薄田らの奮戦は、比類なしと評された（『綿考輯録』所載「慶長二十年五月十五日付細川忠興書状」）。

薄田の首は、実検に供えられなかった（『土屋知貞私記』）。そのため、討っ手については以下に掲げる説のほか、本多忠政、桑山一直、堀直寄の手など諸説がある。

（一）水野勝成の手とする説

『水野日向守覚書』、『慶長見聞書』、『藩翰譜』、『武家事紀』、『後藤合戦記』、『大坂合戦口伝書』などのように、河村新八重長が討ち取ったとする説が一般的であるが、中川志摩之助、または同嫡男刑部左衛門および勝成の児小姓寺島助九郎が加勢したとする説や、寺島が首を奪ったとする説の方が事実に近いように思われる。

薄田は河村新八郎と鑓を合わせたが、勝負がつかず、組み討ちとなった。河村を組み伏せたところに、中川志摩之助と寺島助九郎が加勢して薄田を討ち取った（『落穂集』）。

寺島助九郎は、薄田と河村が組み合った際にすぐれた働きがあった（『水野様御一代記』）。

河村が薄田と組み討ちをして、危うくなったところに、中川志摩之助、寺島助九郎が駆け合わせて薄田を討った。これは河村が手付、中川が助勢の働きとなるはずが、寺島の功名と認定された。これは勝成の小姓であるが故の贔屓《ひいき》と取沙汰された。寺島もこれを残念に思い、七日の合戦で戦死した（『大坂御陣覚書』）。

薄田は黒具足の大男で、河村新八に一文字に斬りかかった。河村が防戦して危うく見えたところに、中川刑部左衛門が駆け付け、「新八、助けるぞ」と言うや、薄田に斬りかかり、首を打ち落とした。そこへ河村の甥寺島助九郎が後から近付き、薄田の首を盗んで持ち去った。憤慨した中川が訴えると、水野の手に付けられた検使の裁定により「河村の鑓、中川の組み討ち、寺島の功名の三段とすれば、勝成においても良き侍を三人抱えていることになるので堪忍せよ」と慰撫された。中川は、心外であったがひとまず承服した（『吉備温故秘録』所載「宮本小兵衛（中川志摩之助の孫）書上」）。

（二）伊達政宗の手とする説

片倉重綱の家臣渋谷右馬允綱元は、薄田を片山の山麓で討ち取り、刀脇指（注3）まで分捕った。五月二十六日、政宗は、この功を賞して中島貞成を以て、黄金二枚を賜与した（『伊達家文書』片倉小十郎重綱大坂夏陣覚書、『片倉代々記』）。

＊

五月七日、後藤、薄田らの敗残兵は、大野治長組の二隊と寄り合い、天王寺表の毘沙門池付近に出役した（『大坂御陣覚書』）。

薄田隼人正兼相の碑が、羽曳野市誉田にある。明治十八年十一月、広島の浅野惟聡、薄田兼郎、佐々直正が、自然石の墓の北隣りに建てたものである。もともと付近には、隼人正の墓と称するものが複数あったが、陸軍将校薄田兼郎が調査して、当所にあった高さ四尺、幅三尺ほどの自然石を実際の墓と特定した。ただし、この時点で既に銘は磨滅していた。平成八年十一月十二日、墓碑は羽曳野市に寄贈され、市指定文化財となった（『大阪府史蹟名勝天然記念物』、『羽曳野市指定文化財一覧』）。

薄田隼人正橘兼相の五輪塔が、大阪市生玉寺町の清光山増福寺にある。これは文化十一年二月、薄田兼相六代の子孫を称する薄田兼実が、興徳院殿隼誉慧仁大道居士と諡して、追福のために建てたものである。

また、誉田の某家では、薄田隼人正筆跡の妙号とともに同人末裔の戒名の記録を所持しており、法源心居士と記してあったという。この二品は、後に大阪市曽根崎の米田某の手に移ったという（『大阪府史蹟名勝天然記念物』）。

〔注1〕薄田隼人正の妹は、堀田一継に嫁ぎ、天正十四年に惣領の一通、慶長五年に三男の一純を産んだ。一継は天文十九年の誕生。信長、秀吉、家康に歴仕。慶長五年、家康の東下に従い、その間妻子は大坂で人質となった。大坂冬の陣・夏の陣にも従軍した（『寛政重修諸家譜』）。

〔注2〕文禄年中、秀吉の家臣に薄田千十郎（『大かうさまくんきのうち』）、薄田千平次（「高橋義彦氏蔵文書」）、薄田源太郎、薄田清左衛門尉（『太閤記』）、薄田小四郎（『豊太閤入御亜相第記』）がいる。これらも一族と思われる。

〔注3〕飯田勝彦氏著『伊達軍団の弓取りたち』（一九八五）によると、分捕った薄田の刀脇差は、陸奥国桃生郡深谷赤井村の村上家に伝来した。大刀は、無銘で刀身二尺四寸三分、反六分余。鍔は明珍作。後に村上家の松菴という者が、桃生郡北方皿貝村の大日霊神社神職及川家の養子となり、以後大刀は及川家に伝来したという。

薄田文右衛門《すすきだ ぶんえもん》

薄田若狭守景乗の次男。薄田隼人正の弟〔注〕。

兄とともに秀頼に仕えた。落城の時は若年で紀伊に逃れた。後に浅野長晟に知行五百石で仕え、大番頭を務めた。主命により沢氏に改めた。

寛永十九年二月十九日に病死。

嫡女を女婿の石田杢右衛門重次の次男安大夫信次に娶せて養嗣子とした。子孫は浅野家の家臣として続いた。安政三年、浅野氏を賜与され、文久三年には公子に列せられた。沢浅野氏出身の長勲は、広島の浅野宗家を継いだ。家紋は丸に四つ星。替紋は葉牡丹。菩提寺は興徳寺、誓願寺（『芸藩輯要』、『坤山公八十八年事績』）。

〔注〕薄田隼人正の弟は他に某がおり、兄の部将となっていたが、慶長二十年、大坂城から落ち延びる際、岸和田城在番の小出吉親の手に討ち取られた（『寛政重修諸家譜』）。隼人正の弟について、さらに以下二説の伝承があるが、両説ともに実否不明。

（一）弟の薄田弾正勝春は、永禄七年に誕生。慶長二十年春、命により募兵のため九州に下向したが、その間に落城となり、筑前国上座郡林田村に隠れて林田氏を称した。元和五年五月十五日より筑後国竹野郡怒田村へ移住し、後に怒田郡田主丸へ移住した。正保元年六月七日に死去。享年八十一歳。子の林田隼人重政は実は勝春の弟で、子孫は久留米で続いた。家紋は隅切折敷違鷹羽、隅切折敷違（『林田守隆翁伝』、「御家中諸士略系譜」）。

（二）弟の薄田次郎兵衛兼房は、大坂落城の際、大坂の今津屋与三右衛門の持ち舟で備中国浅口郡連島村へ落ち延び、三宅甚右衛門を称した。子孫は同地で酒造業や医業を営んで続き、後代に薄田氏に復した。家紋は桔梗（『薄田泣菫考』、『公孫樹下にたちて 薄田泣菫評伝』）。

鈴木田安右衛門《すすきだ やすえもん》

鈴木田は薄田と思われる。大坂籠城（「大坂濫妨人并落人改帳」）。

鈴木半左衛門《すずき はんざえもん》

大野治房組に所属。

慶長十九年十二月十六日、本町橋通の夜討ちに参加。軍功を立てた二十三士の一人として、翌十七日、千畳敷御殿で秀頼から褒美を拝領した（「大坂夜討事」）。

この夜討ちの時、鈴木は首一つを差し出し捥付《もぎつけ》（兜付きで取った首）だと申告した。塙団右衛門がその首を調べると、兜に傷はなく、頭部には二、三か所の刀傷があった。これは兜付きの首ではなく、雑兵の首を士分の兜に入れた入籠首《いれこくび》だと察した団右衛門は、首を手に取って、「まことに珍しき捥付である」と言ったので、諸人は互いに目くばせして失笑した。団右衛門はこの首の兜を捨てた（『難波戦記』、「鴫野蒲生合戦覚書」）。

十二月十九日、治房組の組頭石川外記に内通の嫌疑が生じたため、上条又八郎が出向いて様子を窺い、目付として鈴木半左衛門もこれに同道した。この時点では特段証拠もなかったため、両人は引き揚げた（『大坂御陣覚書』）。

落城後、蜂須賀家に仕官を望み、夜討ちで兜付きの首を獲ったと軍功の履歴を申告した。蜂須賀家では中島猪右衛門を通じて、治房の手に属していた武藤丹後に内容の実否を確認させた。武藤から、「鈴木は首一つ取ったが兜付きの首ではない」との回答があった（「大坂夜討之事」）。

元和年中、田村輪蔵院と同時に播磨姫路の本多忠政へ知行三百石で召し出された。夜討ちでの軍功については、田村が証人となった。その後に長岡是季組だった塙彦大夫が本多家に仕官を求め、大坂での軍功を申し立てたところ、鈴木と田村が異議を唱えたので、本多家では、改めて軍功を吟味することとなり、長岡監物、上条又八郎、武藤丹後に証言を求めた（『綿考輯録』、「大坂夜討之事」）。本多家からの確認事項は「籠城の時、鈴木が江戸へ忍文を持って下向したこと」、「夜討ちの時、鈴木はひとかどの働きがあったこと」の二点であった。

忍文については、長岡と上条が「存じません」と回答し、武藤は「鈴木の偽りです」と証言した（「鴫野蒲生合戦覚書」）。夜討ちの軍功については、長岡が「夜討ちで斬獲した首二十四級のうち、鈴木が取った首の兜を脱がせて精査すると、頭頂部に大きい傷があり、兜には少しも傷はありませんでした。皆で『不思議な首だ』と言い合っていると、饒舌な者が『この首の傷は、桶屋のくり鉋《かんな》でえぐった傷だろう。刀傷ではない』と茶化して一同笑い合いました。以後、鈴木は『くり鉋』とあだ名されました。ご照会の者がその鈴木であれば、これは紛れもない事実です。御当家は昔から軍功の御吟味が厳格と聞き及んでいますが、どうしてこの件は御吟味されなかったのですか」と回答した。

この結果、鈴木は本多家から禄を召し放たれ、牢人となった（「鴫野蒲生合戦覚書」、『綿考輯録』）。

鈴木弥三郎　すずき やさぶろう

熊野新宮の住人鈴木弥三右衛門の子。父とともに大坂城に籠り、天王寺口で本多忠朝の手により戦死。

嫡男の鈴木新左衛門は、紀伊に居住。子孫は阿波に移住して、蜂須賀家の家臣として続いた。後代、家名を青山と改めた（「蜂須賀家家臣成立書并系図」文久元年九月青山芳吉義正書上）。

鈴木弥三右衛門　すずき やそうえもん

熊野新宮の住人。

大坂の陣の時、一門の新宮左馬之助とともに大坂籠城。天王寺口で戦死（「蜂須賀家家臣成立書并系図」文久元年九月青山芳吉義正書上）。

せ

瀬尾勘右衛門《せお かんえもん》

後藤又兵衛旧交の奉公人。

慶長二十年五月六日、道明寺表に出役。又兵衛とともに片山の山上に先行していた味方が逃げ戻り「大将は討ち死に」と報じたので、石川河原に控えていた又兵衛の後備えは動揺した。

後に勘右衛門は「大将はこれから前線に出張されるはずで、戦死は虚報だと言う者もあり、討ち死にされたかと落胆する者もあり、そうした中、すぐに総敗北となった」と語った(『後藤合戦記』)。

関勘解由《せき かげゆ》

丹波の人。初め太兵衛を称した。天正年中、各地の合戦で武名を顕した。相撲の名人で、大力・早業の勇者だった。

慶長十九年、秀頼に招かれ大坂籠城。勘解由と改名した。長宗我部盛親に付属され、先鋒の組頭となった。

慶長二十年五月六日、八尾表合戦で藤堂良勝を組み討ちにしたが、味方が敗軍となり丹波に落ち延びた。伯父の中川駿河に拘束され、亀山城主岡部長盛に出訴された。京都所司代板倉勝重の命により亀山で禁獄、処刑された。勘解由家相伝の田畠、山林、家財は中川駿河に下賜されたが、勘解由の呪いか、駿河の子孫に病者が多かったという(『増減犂明丹波家興廃略記』)。

「増減犂明丹波家興廃略記」の記事は、誤謬・潤色が多く信憑性に欠ける。藤堂良勝は若江町口で戦死しているので、木村重成の手に討たれたと思われる。

関平左衛門《せき へいざえもん》

後に助大夫と改めた。諱は正□(『長岡是季事蹟』)。

慶長二十年五月六日、真田信繁に属して誉田表へ出役。伊達政宗の先手と二度の合戦があった。二度目の激戦では伊達勢が敗軍し、真田勢が追撃すると、三十人ほどが取って返し、折敷いて踏み留まった。そこへ牧四郎兵衛、西村孫之進とともに三人で鑓を入れた。

落城後、京極高広に仕えた(『黄薇古簡集』)。

(寛永十五年か)四月二十四日付で長岡是季に飛脚を以て書状を送り、安否を尋ね、地場産の絹一疋を贈った。また、併せて長岡が世話をしている上条内膳(又八の子)の他、武井儀大夫(小笠原忠真の家臣)、一柳茂左衛門らの島原参陣の有無について照会した。更に大野治長の旧臣湯川孫左衛門(京極忠高の家臣)の立身を伝え、大坂者の値段が殊の外、上がっていることを伝えた(『長岡是季事蹟』)。

(慶安二年以前)十二月十三日付で西村孫之進に返信して、病気の治癒が遅れ、いまだ養生していること、また、西村の大坂の陣に於ける軍功をよく認識しているので、仕官に伴い照会があれば詳細に証言することを伝えた。なお、病気で手の震えが止まらず、委細は井上与右衛門に口上を託した(『黄薇古簡集』)。

千賀三右衛門道行《せんが さんえもん みちゆき》

秀頼に仕え、慶長二十年五月七日に戦死。子の千賀三郎兵衛道氏は、稲葉方通に寄食。寛文五年五月十日に死去。子孫は尾張家の家臣として続いた。家紋は小折の内三文字(『士林泝洄続編』)。

仙石喜四郎盛章《せんごく きしろう もりあき》

後藤又兵衛の一門〔注〕。「改撰仙石家譜」

は、仙石盛章の子孫で近衛家の家臣仙石大炊久道の家記の説として、仙石秀久の弟に助左衛門を掲げている。これが喜四郎の先祖になるものと思われる。

　慶長十九年、大坂城に籠り、後藤配下の小組頭となった（「後藤合戦記」）。

　十一月二十六日、今福口に出役。先駆して佐竹義宣方が設置した奥の柵まで押し入り、赤堀五郎兵衛、山中藤大夫、三浦彦太郎、山脇三郎右衛門、田中作左衛門、堀太郎兵衛とともに敢闘、負傷した。得物は仙石のみ太刀で、他の者は鑓だった（「鳴野蒲生表合戦覚書」、『長沢聞書』、『土屋知貞私記』）。

　慶長二十年五月六日、道明寺表に出役。軍功があった（「後藤合戦記」）。

　落城後、備後福山の水野勝成に仕えた（『土屋知貞私記』）。馬廻組付の川村新八重長組に所属。知行二百石（『水野家分限帳』）。福山城の南に三反二畝一歩の屋敷地があった（『備陽六郡志』）。

　上田侯仙石氏の支族であることから、寛永十年冬と寛永十七年冬の二度、仙石政俊より桜田邸で拝謁を許され、時服を拝領した（「改撰仙石家譜」）。

　勝成の家臣仙石喜三郎（喜四郎の誤伝か）は、大坂で優れた働きがあった者だったので、武辺話を所望する者があると「別に特別な事はない。敵も私も鑓で渡り合い、私は腕を突かれ振り回されそうになったので、これはいかんと思い、鑓を捨て組み討ちにして首を獲ったまで」とだけ答えた（『武功雑記』）。

　嫡男は仙石甚之助（『水野家分限帳』）。『島原記』、「大河内家記録」によると、勝成の家臣仙石喜助が有馬の陣で負傷した。甚之助と同一人物かは不明。

　元禄十一年、水野家改易の頃は、初代喜四郎の孫喜四郎とその弟文内がいた（『水野記』）。
〔注〕後藤又兵衛は、黒田如水に養育されて成人したが、伯父の藤岡九兵衛が謀叛を企てたため、連座して追放され、一時、仙石秀久の所にいたことがあるという（『長政公御代御書出令状』後藤又兵衛に付申上ル条々）。右の実否は不明であるが、美濃仙石氏の支族仙石喜四郎が播磨出身の又兵衛の一門となる由来は、このあたりにあると思われる。

千石九大夫　せんごく　きゅうだゆう
　高十兵衛の子。伊東長次の家来。
　慶長二十年五月七日に戦死。享年三十歳ほど。法名は一中元無（「備中岡田伊東家譜」）。

千石権平　せんごく　ごんぺい
　千石平左衛門定盛の嫡男。

　文禄三年に誕生。伊東長次に仕えた。

　慶長二十年五月七日、最初の戦闘で負傷し、二度目の戦闘で戦死。享年二十二歳。法名は法雲心説。墓所は高野山の悉地院。

　妻は、浅野長治の家臣黒田治右衛門の娘（『仙石家系譜』）。


仙石清左衛門　せんごく　せいざえもん
　仙石忠左衛門の子。

　父の忠左衛門は、初め氏家卜全に仕え、姉川合戦で軍功があった。後に豊臣秀次に知行千石で仕え。組侍を預かった。次いで秀吉に仕え、病死した。

　仙石清左衛門は、美濃で生まれ、初め豊臣秀次に知行三百五十石で仕えた。

　次いで秀吉に知行三百五十石で仕えた（『吉備温故秘録』所載「仙石久右衛門書上」）。

　次いで秀頼に仕え、大坂七組の堀田図書頭組に所属。知行三百五十石（『難波戦

せ

記』)。金の旗奉行を務めた(『吉備温故秘録』所載「仙石久右衛門書上」)。

慶長二十年五月七日、桜門の西方で槙嶋勝太、松井藤助、大野弥十郎、不破平左衛門、坂井助右衛門、林甚右衛門とともに防戦(『元和先鋒録』所載「林甚右衛門正治書上」)。落城の時、松倉重政勢を相手に働きがあったという。

落城後、浅野長晟に知行千石で仕えた。元和四年十一月十四日に病死。

嫡男の仙石半兵衛は、広島の浅野家に仕えたが、明暦三年八月二十一日に病死(『吉備温故秘録』所載「仙石久右衛門書上」)。「仙石久右衛門書上」には家跡断絶とあるが、『旧臣録』によると、清左衛門の子孫は安芸浅野家中に続いている。いったん断絶して後に再興したものと思われる。

次男は仙石忠左衛門(「仙石忠左衛門」の項参照)。

仙石宗夕　せんごく そうせき

秀吉、秀頼に歴仕した。落城後に病死。

子の塩谷又左衛門弘次は、摂津で生まれた。寛永三年、松平忠昌に仕えた(『諸士先祖之記』)。

仙石宗也　せんごく そうや

仙石権兵衛秀久の次男。母は野々村伊予守の次女(「改撰仙石家譜」、「仙石秀久家譜」)。同腹の兄弟(注1)として、長兄の仙石宇兵衛久忠、次妹の亀子(古田山城守の妻)、次弟の仙石兵部大輔忠政、末弟の仙石市蔵がいた(「改撰仙石家譜」、「仙石秀久家譜」)。

年不詳六月十四日、近江で誕生(「諸氏本系帳」)。幼名は主馬、後に権兵衛を称した。諱は久倫、秀範。後に宗也と号した(「改撰仙石家譜」)。

北野天満宮の梅順房十川能閑の日記は、「改撰仙石家譜」に「北野日記」として一部参照されている。「旧記荒増写」(「仙石文書」)は、同日記の抄本と思われる。「旧記荒増写」では、慶長十一年一月十七日の条まで「千石権兵衛」と表記されている。

文禄元年一月、秀吉に初めて拝謁(「仙石秀久家譜」、「諸氏本系帳」)。二月二十六日、秀久は、小諸から京都に到着。「北野日記」には、この日、秀久の子仙が、北野社の能閑を伴って近江国坂田郡瀬田に出迎え、京都の邸舎に宿泊したとあり、仙とは秀範の事とされる(「改撰仙石家譜」)。三月二十五日に御番衆を命ぜられ、翌二十六日より肥前名護屋城に在番。

文禄四年、近習に補せられた(「仙石秀久家譜」)。八月十一日朝、訪ねてきた北野社の能閑に、松下述久を紹介するよう所望した。能閑が松下に打診すると了承し、少内記を同道して午の刻に能閑方を訪れた。権兵衛(秀範)も水色と晒の白い帷子二枚を携えて参会し、互いに知人となった。にわかに蹴鞠の所望があり、松下は装束を取り寄せ、行空上人の庭で少内記と蹴鞠に興じた。振舞の後、散会した。

慶長元年七月十八日、秀久を訪ねてきた北野社の能閑から、桃の板を贈られた(「仙石文書」旧記荒増写)。

十一月二十四日、母の野々村氏が死去(「改撰仙石家譜」)。

慶長二年十月一日、秀久が北野社の能閑を伴って権兵衛(秀範)の借家を訪問した。秀久は樽代の銀子、綿五把、紙五束を持参し、能閑は金の墨一丁を持参した。借家は上京一条とうけんの所にあった。

十月四日、伏見の秀久邸を訪問した。

慶長三年一月五日、北野社の能閑方を訪問。種々の祝儀があったため、そのまま宿泊した。翌六日、能閑から大型の墨五丁、同内室から牛王、指樽一荷を贈られたので、答礼として銭百疋を送った（「仙石文書」旧記荒増写）。

慶長四年、秀久は小諸城に在り、秀範は伏見の邸舎に留守（「改撰仙石家譜」）。一月二十一日、伏見で北野社の能閑から大型の梅桶、内室から牛王一荷、鱈五つ、昆布一束を贈られたので、答礼として杉原一束と銭二百疋を送った（「仙石文書」旧記荒増写）。

八月、従五位下豊前守に叙任。別知三千石を与えられた（「仙石秀久家譜」、「諸氏本系帳」）。

慶長五年七月九日、細川忠興が仙石家の領分望月に着陣。七月十日昼、本陣小諸より豊前（秀範）、久政が出向いてこれを饗応した（『綿考輯録』）。九月二日、秀忠が小諸城に入り、九月六日早暁に兵三万八千余騎を率いて上田に出陣。秀久は中備えにあった。秀久の備えでは先手を久政、中備を豊前が務めた。九月八日、秀忠は兵を収めて役行者越を通り、諏訪へ抜け、上方に急行した。小諸城には酒井家次が在番し、豊前と久政は外郭に陣取った（『信濃史料』所載「仙石文書」おほへ）。

慶長六年、次弟の久政が秀忠から偏諱を拝領し、忠政と改めた（「改撰仙石家譜」）。

慶長十一年一月十七日、北野社の能閑から梅桶、牛王、内室へ牛王一荷、するめ五連、昆布五束を贈られたので、返礼として銭百疋を遣わした（「仙石文書」旧記荒増写）。

慶長十七年、秀久の意に背き、家祀を継がず、剃髪して宗也斎と号した（「仙石秀久家譜」）。秀久の心に叛き、家督が譲られないことを察し、別禄を得るため駿府に赴き、家康に訴えたが認められず、君父ともに背く結果となった（「仙石氏中興家伝」）。父に勘当され牢人となり、その後は年来秀頼から扶持を受けた（『土屋知貞私記』）。京新町通り二条より上ルに浪居して、子供相手に手習いを教えていた（『大坂陣山口休庵咄』）。

慶長十九年五月六日に父の秀久が死去。十月二日、一族の堀田図書頭（注2）の勧誘により大坂城に招かれ、三万石並に遇された（「諸氏本系帳」）。

『土屋知貞私記』は、年の頃を五十四、五歳とするが、天文二十年誕生の秀久の次男としては年齢に無理がある。秀範の誕生は天正二年に秀久が近江国野洲郡内で領地を得て以降、天正六年に同腹の次弟忠政が誕生する以前とし、大坂籠城の時は四十歳前後と見るのが妥当と思われる。

兵五千人を授けられ、後にさらに増員した（『大坂陣山口休庵咄』）。馬上六百騎、鉄砲千挺、雑兵七千人を指揮したともされる（「大坂口実記」）。幟は白地に日の丸（『大坂陣山口休庵咄』）。あるいは蛇の目。馬印は三本白撓《しない》（『難波戦記』）。

長宗我部盛親、真田信繁、毛利吉政、仙石豊前、後藤又兵衛、明石掃部の六人は新参頭とされた（「北川次郎兵衛筆」）。

惣構南方東八町目の門は石川康勝の持ち口。同所西の塀裏は石川三長の持ち口。その西が仙石豊前の持ち口で、人数七、八千ほどで警固した（『大坂陣山口休庵咄』）。ただし、石川三長はすでに九州に配流されており、誤りと思われる。

「慶長十九年十月十九日付金地院崇伝書状」（『本光国師日記』所載）、「慶長二十年五月十五日付細川忠興書状別紙」（『綿考輯録』所載）、「慶長二十年六月十一日付巨細条書」（『旧記雑録後編』所載）、『土屋知貞私記』、『三河物語』に仙石宗也とあるが、

『大坂陣山口休庵咄』、「北川次郎兵衛筆」、「熊沢権八郎書上」(『吉備温故秘録』所載)、『駿府記』には仙石豊前とあることから、籠城中に「宗也」から「豊前」に復した可能性もあるか。

慶長二十年四月十三日、織田有楽が大坂城を退去、家康に伺候して「城中は三派に分かれており、七組の番頭、大野修理大夫、後藤又兵衛が一組、木村長門守、渡辺内蔵助、真田左衛門佐、明石掃部助が一組、大野主馬、長宗我部宮内少輔、毛利豊前守、仙石豊前守が一組」と証言した(『駿府記』)。

五月六日夜より大庭土佐守、武光式部、津田主水、生田茂庵、浅香庄七、家所帯刀らとともに、兵三千余人で城北天満橋から備前島付近に備えを立てた(「大坂合戦口伝書」、『武徳編年集成』)。

五月七日、天満橋より繰り出し(『吉備温故秘録』所載「稲葉四郎右衛門書上」)、備前島片原町より堤上を進み、京極高知、忠高の備えに向かったが、堤下より石川忠総に突き崩され、京橋の際まで追い討ちにされた(『石川忠総家臣大坂陣覚書』、『武徳編年集成』)。未の刻に至り、天満口の城兵は敗軍し、城に火がかかるとそれぞれ亡命した(「大坂合戦口伝書」)。豊前配下の士卒も散り散りになり、あとには一人も残らなかった(『吉備温故秘録』所載「熊沢権八郎書上」)。宗也も落ち延びた(『三河物語』、『大坂御陣覚書』)。丹波(『綿考輯録』所載「慶長二十年五月十五日付細川忠興書状別紙」)、または丹後に逃げたという(『旧記雑録後編』所載「慶長二十年六月十一日付巨細条書」)。

京都の妙心寺の塔頭蟠桃院の開祖一宙東黙は、慶長二十年五月七日を命日とし、秀頼に嵩陽院殿秀山大居士、淀殿に大虞院殿英巌大姉、千石権助に俊岳寿嵩禅定門、千石豊前に了峯源也禅定門、野々村伊予守に菅祐受原禅定門とそれぞれ諡して供養した(『増補妙心寺史』)。後に出石仙石家では、宗也に華蔵院殿智性良海大居士と謚して位牌を祀った(「改撰仙石家譜」)。

嫡男の仙石長太郎は、潜伏先の伯耆で囚われ、慶長二十年閏六月二十六日、都大路引き廻しの後、六条河原で乳母の息子とともに処刑、梟首された。享年十一歳(『駿府記』)。上田の天照山大輪寺過去帳に、道場院法心円徳大童子の法名がある(「改撰仙石家譜」)。後に納められた大輪寺の位牌には、道場院発心円徳大童子とある(『仙石氏史料集』)。

娘の徳子は、長太郎の妹(「諸氏本系帳」)。落城後、叔父忠政に預けられた(「改撰仙石家譜」)。寛永十二年に死去。法名は発光院殿破暗円明大姉。位牌は、後に大輪寺に供えられた(『仙石氏史料集』)。

〔注1〕仙石宗也と同腹の兄弟は以下の四人。長兄の仙石久忠は、盲目のため家督を継がず、京都に居住して関都検校と称した。次妹の亀子は、慶長十年に古田山城守に嫁いだ。次弟の仙石兵部大輔忠政は、慶長十九年に家督を継いだ。末弟の仙石市蔵は、早世した(「改撰仙石家譜」、「仙石秀久家譜」)。

〔注2〕仙石秀久の母は、堀田図書頭の祖父加賀守正道の娘(「改撰仙石家譜」)。

仙石忠左衛門　せんごくちゅうざえもん

仙石清左衛門の次男。播磨で出生。成人まで大坂で秀頼に仕えていた。

父が日向飫肥《おび》の伊藤祐慶に目をかけられていた縁で、落城後は牢人分として伊東家にいた。

その後、母方の伯父で播磨池田家の家臣須賀伊豆に呼び寄せられ、須賀氏に改めた。

　寛永九年十二月二十五日、備前岡山で池田光政に出仕し、知行二百五十石。赤坂郡内代官を務めた。草賀宇右衛門組に所属。鉄砲足軽を指揮した。

　寛文十一年九月二十九日に病死（『吉備温故秘録』所載「仙石久右衛門書上」）。

　子の仙石久右衛門は、安芸広島で仙石清左衛門の嫡家が絶えたため、仙石氏に復した（『吉備温故秘録』所載「仙石久右衛門書上」）。子孫は岡山池田家の家臣として続いた（「先祖並御奉公之品書上」仙石三平）。

千石兵七《せんごく　ひょうしち》
　大坂の陣で松平忠直の家臣矢田俊勝に討たれた（「桑名郡志」）。

千石平左衛門定盛《せんごく　へいざえもん　さだもり》
　美濃の人。千石清左衛門、または忠左衛門の子。諱は定盛、定貫。

　誕生は永禄二年、五年、六年と諸説がある。

　若年から伊東長次に仕え、十六歳の時には敵城に一番乗りしたという。剛直苛烈で、主君への諫言もはばかる事がなかったが、厚く信頼された。

　天正十八年三月、伊豆山中城攻撃に従軍。

　文禄四年十月六日、美濃で知行百五十石を与えられた。

　慶長三年八月十八日、越前で五十石を加増された。慶長年中、長次が備中国下道郡内に所領を得た時、まず平左衛門が領内を視察のため差し遣わされ、市場村嵯峨野の西園八幡宮神主白神清左衛門方で領内の政務を裁決した。

　慶長五年九月十五日、関ヶ原合戦に出役し、先手を務めた。添役は長瀬六左衛門。

　戦役後、百石（備中国内か）を加増され、合計知行三百石。

　慶長十一年二月、大坂より川崎長門とともに備中に出張し、三月十八日に帰坂した。

　慶長十二年五月二十一日、西園八幡宮に田一反、米八斗の地を寄進。慶長十六年九月五日、長次の所領美濃国池田郡加茂庄脛長村の年貢率を決定した。

　慶長十九年、大坂籠城。

　慶長二十年五月七日、天王寺表平野口に出役。大将分の敵と鑓を合わせて組み討ちにし、一番首を獲った。敗軍の後、大原久右衛門、田辺弥兵衛、長瀬六左衛門とともに殿軍し、互いに後日の証人となることを申し合わせた。その後、木崎左衛門、斎藤兵左衛門とともに伊東長昌を警護して河内天野に退去。

　高野通四日市で長次と合流し、五月十五日、ともに高野山に到着。岡崎三十郎とともに高野山より主命を奉じて伏見に使し、さまざまに弁解してついに赦免を蒙った。

　六月三日、伊東親子と家来は下山し、京都柳の馬場に起居。この時、伊東家中の戦功詮議があり、森嶋権右衛門と岡崎八郎兵衛とともにその殊功が認められた。

　元和九年頃、備中領分の隣界で山論が起こった時、岡山侯池田家の家臣某と木村山に会談した。平左衛門は激しく弁論して主張を譲らなかったので、池田家中の某は、その勢いに辟易して、結局山論は止んだ。また某年、美濃国池田郡内の代官に不正があったので、直ちに江戸へ赴き、主の免許を求め、若党三宅安右衛門一人に鑓を持たせて美濃の代官宅に押し入り、たちまちその首を刎ねた。茶坊主などを斬り捨てにした事もあった。

寛永六年九月十一日、長年の功労を賞され、備中国下道郡二万村で百石を加増され、合計知行は四百石、あるいは四百六十石。

寛永十九年十一月十二日に病死。享年は八十四歳、八十一歳、八十歳の諸説がある。市場村の平左衛門宅があった北安楽院付近に埋葬された。後に同村報恩寺に改葬された。法名は千石院殿松岩寿白居士（『仙石家系譜』、『備中岡田伊東家譜』）。

最初の妻は紀州畠山民部の姉妹で、嫡男の千石権平、次男の千石平内を産んだ。落城後、京都柳の馬場の町屋に在ったが、我が子の戦死を悲しむあまり、ほどなく病死。

二番目の妻某氏は、三男の千石清十郎、長女の於虎を産んで、短命にて死去。

三番目の妻は、甲斐武田家の旧臣太田蓮華之助の次女。かつて北政所に仕え、落城の時は婦女五、六十人と一緒に退去した。後に平左衛門に嫁ぎ、四男の千石工馬之介、次女（足守木下家の家臣斎藤氏の妻）、五男の千石小兵衛を産んだ。嵯峨野で暮らし、宝永三年閏四月に死去。葬地は報恩寺。法名は清光院殿戒月円定大姉。

跡目は四男の工馬之介が継ぎ、千石平左衛門定次と称した。三十七年間、執政を務めた。隠居して太田幸玄と号した。子孫は備中岡田伊東家の家臣として続いた（『仙石家系譜』、『備中岡田伊東家譜』）。

千石平内《せんごくへいない》

千石平左衛門定盛の次男。

文禄四年に誕生。伊東長次に仕えた。

慶長二十年五月七日、兄の権平とともに出陣した。その際、生母の畠山氏は「勝軍して凱陣せよ」と送り出した。兄が戦死し、平内も討ち死にの覚悟だったが、今一度母に対面しようと一人で立ち帰った。しかし、母はこれを不興がり取り合わなかったので、直ちに引き返して戦死した。享年二十一歳。法名は花翁宗園。墓所は高野山の悉地院（『仙石家系譜』）。

千田主水《せんだもんど》

木村重成組の組頭。浅黄の羽織を着用。

慶長十九年十一月二十六日、今福口へ出役。十二月十八日夜、藤堂高虎勢の火矢による攻撃を受け、警固する櫓が焼けた（『高松内匠武功』）。美濃の森長可の家臣千田主水と所縁の者の可能性もある。

そ

曽我部徳蔵在次《そかべとくぞうありつぐ》

伊予国周敷郡の黒川氏の出自。曽我部五右衛門の子。

父の五右衛門は、黒川美濃の子で、黒川金右衛門、黒川善兵衛通行の長兄。後に母方の長曽我部氏にちなみ、曽我部氏に改めた。黒田孝高に知行二千石で仕え、慶長五年九月十三日、石垣原合戦で戦死。享年三十二歳（『黒田家臣伝』）。

曽我部在次は、若年で孤児となったため、主命により後藤又兵衛の婿となったという（『黒田家臣伝』）。

黒田長政に知行千石で出仕。林直利組に所属（『慶長年中寺社知行書付』）。

慶長十一年、舅の後藤に伴われて筑前を退去し、その後、大坂城に籠った。

落城後、徳川頼宣に知行千石で仕えた（『黒田家臣伝』）。

なお、「臼杵稲葉家史料　先祖書」によると、曽我部五右衛門の子八右衛門は、父が戦死した時、幼少だったため主命により家来に養育され、その子孫は、毛利家の家臣となったという。この八右衛門は徳蔵と同一人物の可能性もある。

た

大久坊《だいきゅうぼう》

山伏。

大坂籠城。大隅鹿屋の善四郎が人夫として随行した(『旧記雑録後編』)。

大善院《だいぜんいん》

大坂城士。

落城により小豆島に逃れたが、落人改めのため幕府老中から派遣された高原次勝と三宅常重に捕縛された。押収された諸道具は、褒賞として高原に賜与された(「小山家系図」、「讃岐直嶋長三宅氏由緒」)。

高柿長兵衛《たかがき　ちょうびょうえ》

織田信包の家臣。

慶長十九年七月に信包が死去した後も、大坂城に留まり籠城した。

落城により落ち延びて浅野家に保護された。浅野家からは、高柿について問題がなければその旨を記帳するよう、京都所司代板倉勝重に要望が提出された(「自得公済美録」)。

高木左近家則《たかぎ　さこん　いえのり》

毛利吉政の使番《つかいばん》。母衣《ほろ》を預かった。

慶長二十年五月七日、天王寺表合戦で首一級を斬獲した。軍功の証人は佐野道可、小原所左衛門(『朝野旧聞裒藁』所載「毛利紀事載　くひ帳」)。同じ組の福富茂左衛門とも軍功審議の証拠として言葉を交わした。その後、また敵が突きかかった時、福富と互いに言葉を合わせて戦い、敵を払いのけた。折から西方で茜の題目の文の幟を立てた軍勢が敗北し、吉政も城中へ引き揚げるものと見えた。そこで福富が左近に「何と敗軍となったのであろうか、是非もないこと」と声をかけると、左近も「もっとも。その通りだ。引き揚げられよ」と応じた。福富と左近は二人で殿《しんがり》を務めながら退却した(「福富文書」)。

年不詳四月二十日付で左近は賀古次右衛門に書状を送り、今般、田中喜左衛門が来談した際、五月七日の合戦で左近の働きをよく見ていた者について話題となり、記憶していた軍装から、それが賀古だったことが判明したので、互いに証拠固めのため書付を交わしたいと申し入れた(「佐佐木信綱氏所蔵文書」)。

寛永年中の七月五日付で賀古次右衛門は福富茂左衛門に書状を送り、左近は牢人しており、江戸の半井驢庵方にいることを告げた。

寛永年中の七月六日付で左近は賀古次左衛門に書状を送り、吉政の旗本にいた福富三郎左衛門が五月七日の合戦で鑓を突き折る働きがあったことを証言するとともに、福富とは落城以後会っていないので、懐かしく思っている旨の伝言を託した。

寛永十二年、毛利吉政の家老宮田安則方で毛利配下だった侍が寄り合い、互いの軍功の証拠固めをした際に同席した。

寛永十五年と推定される寅五月十七日付で福富茂左衛門は堀市兵衛に書状を送り、左近が牢人のまま山城大原にいることを告げた(「福富文書」)。

なお、「草加文書」に、慶長十九年十一月二十六日、今福口合戦で軍功があった士として高木左近を挙げているが、家則と同一人物かは不明。

高梨采女《たかなし　うねめ》

高梨内記の嫡男。

真田昌幸の高野山配流に随行。後に真田大助の家老となった。

慶長十九年、大坂入城に随行(「本藩名士小伝」)。

慶長二十年五月六日、真田信繁の右備え四百六十騎の侍大将として道明寺表合戦に出役。真っ先に乗り出し、大和組と接戦して戦死(『青地牛之助物語』)。高野山の蓮華定院にて月窓了全と諡された(「過去帳日坏信州小県分」)。

高梨主膳《たかなし しゅぜん》

真田信繁の家臣。

慶長二十年五月七日に戦死(「真武内伝追加」、「武辺咄聞書」、『大日本史料』所載「銕醤塵芥抄」)。墓所は妙心寺の塔頭蟠桃院(『京都墓所一覧』)。

高梨内記《たかなし ないき》

信濃国高井郡高梨村の出自(「見夢雑録」)。「本藩名士小伝」によると、村上義清の一門高梨摂津守の子で、真田信綱の内室花翁妙栄の弟にあたり、義清の没落後、真田昌幸に仕えたとあるが、実否不明。

真田家中の武功の者(「真武内伝」)。知行十貫四百文(『信濃史料』所載「小県郡御図帳」)、十貫四百二十文(『真田氏給人知行検地帳』)。

天正十三年八月、神川合戦に出役(「本藩名士小伝」)。

慶長五年九月、上田表合戦に高梨備後らとともに頭人となり出役(「改撰仙石家譜」)。十二月十二日、真田昌幸の高野山配流に随行。

慶長十九年十月九日、真田信繁の大坂入城に随行(「先公実録　長国寺殿御事蹟稿」所載「滋野世記」)。

慶長二十年五月七日、茶臼山表で戦死。娘は真田信繁の側室(「先公実録　左衛門佐君伝記稿」所載「白川家留書」)。

多賀之右近《たがの うこん》

大坂籠城(「大坂濫妨人并落人改帳」)。

高橋市兵衛《たかはし いちびょうえ》

大坂城に籠り、兵五百人を預かったという。

落城後、所々流浪の末、元和三年、因幡国八頭郡若桜に至り、江戸からの蔵横目を詐称し、村人に伝馬、人夫などの供出を命じた。不審に思った村人が鳥取に注進し、池田光政の家老や評定衆の詮索により偽計が明らかになった。折から国替のため、幕府目付が逗留しており、その指図により邑美郡吉成で磔刑に処された。素性卑しからぬ老士と見え、刑場でも終始、神色自若としていた(『吉備温故秘録』、『因幡民談記』)。

高橋三十郎《たかはし さんじゅうろう》

高橋弥次右衛門の子。

父の弥次右衛門は、秀吉、秀頼に歴仕した武功の者。

高橋三十郎は、秀頼の小姓で、慶長十九年十一月二十六日、今福口に出役。木村重成が功名を遂げた場所で佐竹義宣勢に討たれた(『大坂陣山口休庵咄』)。

高橋十三郎《たかはし じゅうざぶろう》

秀頼の小姓(「武辺咄聞書」)。

慶長二十年五月八日、秀頼の最期に供をして自害(『駿府記』、「山本豊久私記」、『土屋知貞私記』、「寛文九年佐々木道求大坂物語」「大坂籠城記」)。享年十三歳(『駿府記』)。小姓の高橋半三郎(十五歳)、土肥庄五郎(十七歳)、高橋十三郎や、真田大助は皆幼年なので、秀頼が加藤弥平太、武田左吉に四人の介錯を命じたという(『武辺咄聞書』)。

高橋正三郎《たかはし しょうざぶろう》

秀頼の小姓（「石母田文書」）。

「宇佐美先祖代々文書之写」によると、主命により宇佐美勝行を京都の浪宅に訪ね、大坂入城を勧誘したという。しかし、宇佐美氏の文書は虚飾が多く、信憑性に欠ける。

慶長二十年一月二十一日、主命により大野治房組木村喜左衛門に判金二枚を届け、本町橋の夜討ちの軍功を賞した（「石母田文書」）。

高橋半三郎《たかはし はんざぶろう》

高橋虎松の孫（『綿考輯録』所載「慶長廿年五月十五日付細川忠興書状別紙」）。

祖父の虎松は山城国乙訓郡奥海印寺村の住人高橋和泉守家時の四男。諱は家春。家時の五男高橋藤丸勝春とともに信長に仕えた（「高橋家系図」）。天正十年六月二日、本能寺の台所で戦死（『信長公記』）。

高橋半三郎〔注〕は、秀頼の小姓（「武辺咄聞書」）。

慶長二十年五月八日、秀頼の最期に供をして自害（『綿考輯録』所載「慶長廿年五月十五日付細川忠興書状別紙」、『旧記雑録後編』所載「慶長廿年六月十一日付巨細条書」、『駿府記』、「山本豊久私記」、「大坂籠城記」、『大坂御陣覚書』）。享年十五歳（『駿府記』）。小姓の高橋半三郎、土肥庄五郎（十七歳）、高橋十三郎（十三歳）や、真田大助は皆幼年なので、秀頼が加藤弥平太、武田左吉に四人の介錯を命じたという（「武辺咄聞書」）。

〔注〕『土屋知貞私記』に高橋半十郎、『豊内記』、『武家事紀』、「寛文九年佐々木道求大坂物語」に高橋山三郎の名が見える。高橋山三郎は、慶長十六年三月、秀頼の上洛に供奉（「秀頼御上洛之次第」）。これらと同一人物の可能性がある。

高樋主水《たかひ もんど》

大和の住人。添上郡五ヵ谷村高樋城主の末葉と思われる。

初め増田長盛に属していたが、慶長五年以後、大和で浪居していた。

慶長十九年、大坂籠城。十一月十五日夜、大和の地理に明るかったため、家康が逗留する奈良を焼き払うべく侵入を試みたが、河内国古市郡駒ヶ谷村で高樋の顔を見知る十津川の者に捕われ、奈良奉行中坊秀政に引き渡された（『十津川郷鎗役由緒家筋書』）。

高松内匠長次《たかまつ たくみ ながつぐ》

高松内匠長重の長男。高松御宮丸の兄（「翁嫗夜話附録」所載「藤姓高松氏系図」）。

高松氏の出自については、（一）「翁嫗夜話附録」が、藤原家成を始祖とする系図を載せ、高松内匠家は、讃岐藤原氏流であり、清和源氏土岐氏流で喜岡城主の高松氏とは別系とし、（二）の『南海通記』の説を排斥している。（三）の「高松内匠武功」〔注1〕の説は、傍証がまったくない。

（一）讃岐藤原氏の末流。羽床、新居、福家、新庄と代を経て姓が変遷した。新庄小五郎顕宗の子新庄太左衛門長光は、秀吉の微臣となった。平素より八幡宮を信仰し、枕頭に十丈の松が生じて樹上に八幡神が現れる瑞夢を見て、高松氏に改めた。初め讃岐国三野郡大野原に居住したが、後に山田郡田井郷に移った。長光の長男太郎兵衛長重は、後に内匠を称した。長重の長男長兵衛長次は、後に内匠を称し、大坂の陣に赴いた（「翁嫗夜話附録」所載「藤姓高松氏系図」）。

天正八年、既に伊勢小倉大夫檀那帳に田井郷の高松氏が見える（「増補三代物語」）。

（二）讃岐国山田郡の喜岡城主高松左馬

助は、仙石秀久らの攻撃で戦死。その子女は、高松の南郊田井郷に避難して存命。男子は長じて高松内匠と名乗り、大坂の陣で秀頼に召し出された(『南海通記』)。

　喜岡城主高松左馬助頼邑は、清和源氏土岐氏流の末裔で、天正十三年四月二十六日、落城により戦死(「翁嫗夜話附録」)。

(三) 讃岐国山田郡の屋嶋城主高松讃岐守喜重は、丸亀城主細川治部大輔に味方したため、仙石秀久らの攻撃により落城して戦死。惣領の内匠憲重と次男大膳は、高松の城を自焼して自害と見せかけ、実は肥後へ退去した。憲重の子長兵衛久重は、後に内匠を称し、大坂の陣で秀頼に召し出された(「高松内匠武功」)。

*

　父の長重(注2)は、高松長光の長男。生駒一正に仕えた。慶長三年一月十五日夜、夢に「六条村貢ヵ原に八幡宮がある。宜しく霊区を選んで移すべし」との宣告があった。そこで里民と相談し、これを下田井に移し、祠を建て下田井八幡宮と号した。慶長四年十一月の棟札に、大檀那高松内匠藤原長重、順誓坊、高松長兵衛尉長次、高松御宮丸、岡七郎右衛門、同孫七郎、高松孫右衛門、同孫八郎、同次郎兵衛、同次郎左衛門の名を載せた(「翁嫗夜話附録」所載「藤姓高松氏系図」)。慶長五年五月三日、讃岐国山田郡六条村下川西に鹿島宮(注3)を再建した(『鹿島宮再建棟札』)。長重には以下の弟妹があった。次弟又五郎は、後に出家して遊誓坊、その後さらに順誓と号した。天正年中、六条村に行基山青樹院長専寺を草創した。三弟高松孫蔵は、後に孫右衛門兼盛を称した。四弟は高松次郎兵衛。五弟は高松次郎右衛門。妹二人は、喜田総太夫の妻と高松七郎右衛門の妻(「翁嫗夜話附録」所載「藤姓高松氏系図」、『讃州府志』)。

　高松長次は、初め長兵衛、後に内匠を称した(「翁嫗夜話附録」所載「藤姓高松氏系図」、高松内匠武功)。諱は長次(「翁嫗夜話附録」所載「藤姓高松氏系図」)、久重(「本の籬」、「高松内匠武功」)。

　天正十六年に誕生。

　慶長八年より生駒一正に仕えた。同年、江戸の生駒屋敷の書院で十河十兵衛と喧嘩して、斬り合いとなって深手を負わせたが、朋輩により引き分けられた。一正の内意により、即時、生駒家を立ち退いた。十河は同日死亡した。

　その後、父が病死した。慶長十年、生駒正俊に召喚され、無役で千石を与えられた。亡父が預かっていた足軽百人のうち七十人は既に生駒正信に預けられていたので、残る三十人を預かった。生駒家へ帰参の際、内匠と改めた。高松で兵法者の次久留市平が、生駒家の家臣佐藤掃部と口論して決闘に及んだが、掃部は多勢で一平は一人のため苦戦していたところへ、師弟関係により加勢に駆け付け、市平を救出して自宅に連れ帰った。同年、城中で将棋を指していると、発狂した茶道坊主の野瀬喜斎に左肩を斬り付けられた。即座に喜斎を逮捕し、一正から青江の脇差を褒美として与えられた。

　慶長十二年、出頭人の浅田右京や佐藤掃部と関係が悪化し、主君正俊とも不和になったため生駒家を退去し、大坂に浪居した。

　慶長十九年、大坂の陣で秀頼の召募に応じ、木村重成組に付属され、足軽三十人を預かった。

　十一月七日朝、池田忠継が渡河して中島に進出したため、内匠配下の足軽らが防戦に駆け付け、中津川を隔てて銃撃戦を展開した。内匠は堤上に身を晒して督戦し、軽傷を負った。しかし、大坂方は物頭が戦死したため、早々に川端を退却した。後日に重成から自筆の感状と采配が与えられた。

十一月十一日、寄せ手は島下郡鳥飼村付近から川船を出し、淀川を下ったが、下流の川底に乱杭が打たれていたため、船を中島の堤の内に引き入れ、あるいは中津川に引き出した。そこへ木村重成と渡辺内蔵助が駆け付け、激しく銃撃してこれらを撃退した。特に内匠は洲崎へ半町ほど押し出し、船を曳航する奉行と思われる者を鉄砲で撃ち落とした（「高松内匠武功」）。

十一月十八日、木村重成から書状により、最前の八尾方面での焼働きについて称誉された（「諸家所蔵文書」）。

十一月二十六日未明、今福口の柵が佐竹義宣勢に破られたため、木村重成組から内匠のほか、大井何右衛門、川崎和泉、高松半左衛門、若松市郎兵衛らが早々に防戦に駆け付けた。和泉と半左衛門はたちまち銃創を蒙り、後方に退いたが、残る面々で朝の五つ時分から八つ時分まで銃撃戦を展開した（「先祖書上」寛永廿一年ニ若松市郎兵衛書上ル写）。その後の鑓合わせで内匠のほか、松浦弥左衛門、山口知徳院、井上与右衛門らが首を斬獲した（「鴨野蒲生合戦覚書」）。佐竹方の戸村十大夫義国が負傷して家人の肩にかかって引き取る際、猩々皮の羽織を着用した宇佐美忠祐が敵に押さえられ、首を取られた（『佐竹家譜』）。戸村は、内匠が斬獲した首を、伝聞した面相から宇佐美と推定している（「佐竹家旧記」）。

十一月二十八日、重成から高松内匠、山中三右衛門、小川甚左衛門、大野半次、草加次郎左衛門、若松市兵衛、大塚勘右衛門、斎藤嘉右衛門らに対し、軍功に対する当座の書付が発給された（「高松内匠贈答扣」、『池田光政日記』）。

十二月四日、重成の軍使として真田信繁方へ出向いた帰りに、長宗我部盛親の持ち口に敵が急迫する様子だったため、早々に戻り重成に報告した。重成は加勢として長宗我部の持ち口に急行し、伯父青木四郎左衛門と内匠には天王寺口の重成の持ち口を固めるよう指示した。重成の留守中、藤堂高虎の先手が堀近くまで攻め寄せたので、内匠は鉄砲を指揮して、米野覚右衛門ら多数を殺傷した。

十二月十日、藤堂高虎の仕寄が堀に接近していたため、重成は火矢を射かけ、竹束を焼かせようとしたが、寄せ手は鉄盾をかざして火矢を消そうとした。そこで内匠が二十匁の大筒に強薬を込めて撃つと、楯を撃ち抜いて菊川源太郎の家来野井某を倒した。

十二月十八日夜、重成の持ち口で千田主水組が警固する櫓に、藤堂の陣から火矢が撃ち込まれ引火した。寄せ手は激しく銃撃して消火を妨害したが、内匠は弾雨を冒して櫓に上って消し止めた（「高松内匠武功」）。

慶長二十年五月六日、若江表に出役。草加次郎左衛門らとともに先備にあった（『大坂御陣覚書』）。重成の本陣が乱戦の中、崩れ立ったので、若松市郎兵衛とともに若江村の南の口に馬を留めて、態勢の挽回を図ったが、大坂方の敗走は止まらず、二騎では致し方もなく、互いの馬の後先まで確認して若江村の西口まで退却した（「先祖書上」寛永廿一年ニ若松市郎兵衛書上ル写）。この日、内匠は黒い大天衝の指物を装着し、鍵鑓を提げ、河原毛の馬に乗っていた。殿《しんがり》となって退却の途中、味方の渡辺伝兵衛、松原五左衛門、大野半次が乗馬に離れ、徒《かち》立ちになっていた

た

ので、戦場の放れ馬を獲って乗せた（「高松内匠武功」）。

　五月七日の早朝、木村主計より二度使者が派遣され、内匠と若松に対して「長門守は討ち死にされた。残った組中を率いて片原町、京口へ出るように」と指示があった。しかし、組中は大多数が討たれて少人数となっていたため、四、五人で相談して「秀頼公が出馬されるとのことなので、馬前にて奉公したい」と回答した（「先祖書上」寛永廿一年ニ若松市郎兵衛書上ル写）。

　落城後の内匠の動向は『南海通記』、「高松内匠贈答扣」、『池田光政日記』、「藤姓高松氏系図」（「翁嫗夜話附録」所載）などから、いったん紀州に落ち延び、元和年中に草加、若松と同様に出雲松江の堀尾家に仕えたものの、ほどなく退転し、元和六年七月に桑山元晴が死去する以前に、大和御所の桑山家に仕えたと思われる。大坂新参牢人が赦免される元和九年閏八月二十八日以前の事となる。その後、元和八年に家督を継いだ丹波宮津の京極高広に仕え、次いで寛永十年九月に堀尾忠晴が死去する以前に堀尾家に再仕、次いで寛永十五年十一月に本多政朝が死去する以前に播磨姫路の本多家に出仕したものの致仕して、寛永後期には讃岐高松へ退去していたと思われる。

　『享保八年癸卯三月書上　御代官所石原清左衛門殿御支配泉州日根郡尾崎村地士吉田九右衛門由緒書』によると、和泉国日根郡尾崎村の住人、村上権右衛門重正（吉田九右衛門重章の子）は、慶長二十年、牢人分で桑山元晴に加勢し、侍十人、足軽五十人を預かった。五月六日、道明寺表で大坂方の物頭高松内匠を生け捕り、元晴の直命により身柄を預かった。元和九年閏八月二十八日、大坂新参牢人が赦免になったが、桑山家の身代では内匠に相応の知行は与えられまいと村上は考え、独断で内匠を退散させた。村上は元晴に咎められ、家中に預け置かれたが、桑名一直、日比権右衛門の取り成しにより赦免された。内匠は立ち戻って村上の無事を喜び、以後名を高松権兵衛と改め、出雲へ下向して三千石で仕官したという（『泉州史料』）。しかし、内匠は五月六日は道明寺に出役しておらず、翌七日も大坂で参戦している。桑山元晴は元和六年七月に死去している。堀尾家の分限帳には三千石を取ったという高松権兵衛の名が見えない。以上から、右の記事は信憑性に欠ける。

　寛永年中、出雲の堀尾忠晴の家中では、知行六百石、鉄砲足軽三十人を預かった（『堀尾山城守給帳』）。正保元年に池田光政家中で、斎藤加右衛門や草加次郎左衛門らの今福口合戦における軍功について詮議があった時、内匠を含めた諸国の大坂牢人へ、池田家から照会がかけられた。当時高松にいた内匠は、先年出雲では、今福の柵を一番に出たといった内容の書付を提出していたが、照会に対しては「書付は休徳一成方に保管されており、内容は覚えていない」と回答した。また、斎藤や草加が重成から発給された証文の文面に不服を唱えて受け取りを拒否した件についても、「記憶にない」と回答した（『池田光政日記』）。

　寛永十四年、池田光政の家臣湯浅右馬允と秋田五左衛門に対し、瀧並弥八郎（木村重成の旧臣）の仕官について家老池田由成へ相談するよう申し入れ、その結果、二月に瀧並の仕官が成立した（『家中諸士家譜五音寄』瀧並与兵衛親瀧並弥八郎寛永廿一申ノ年書上）。

　浪居中には阿波徳島の蜂須賀家から知

行三千石で招かれたが、故あって辞退し、以後三千石以下では仕官しない決意を固めた。

松平定綱（寛永十二年一月二十八日、伊勢桑名に入封）から、高松内匠、嫡男の高松純政、次男の高松又三郎、甥の高松義太夫、その他牢人一人の総高三千石で召し出され、当分の宛行として五百俵五十人扶持を給せられた（『桑名郡人物誌』）。あるいは、本人へ二千五百石の内意で召し出され、当分の宛行として五百俵百人扶持を給せられた（「天明由緒」）。格式は高五百石の老中並とされ、鷹を免許され、馬飼料として員弁郡中上村にて畑、松山を与えられた（「天明由緒」、「本の籬」）。

正保二年二月十九日、幕府は佐竹義隆ら諸侯に江戸城総構の浚渫《しゅんせつ》の賦役を発令した。「高松内匠贈答扣」によると、佐竹家の惣奉行戸村義国以下は四月十八日、二十日の両日に秋田を出発して江戸に向かった。その節、内匠から戸村に宛てて初めて書状が送られてきたという。堀の浚渫は十二月に竣工しているので、戸村は江戸で書状を披見、返書を発出したものと考えられる。

当時、内匠は五十八歳と推定され、戸村は五十五歳だった。出状の趣意は、今福口合戦における内匠の働きについて、敵側からの証言を得て、より明確にするとともに鑓の相手を特定するためのもので、高松が送った四通と戸村の返書三通が伝わる（注4）。内匠が今福堤で早く鑓を合わせ、首一級を斬獲した軍功は首帳に記され、重成からも書付が発給され、既に歴然としていたが、三十年余を経てなお、自身の軍功を確固たるものにして子孫に遺したいという侍の矜持と、家系保全に対する強い執着を感じさせる。

内匠は采配を預かり、番指物を装着していなかったが、戸村は自分の鑓の相手は指物を装着していたと記憶していた。内匠は戸村に対し、この相違点について、確かには見覚えていないということで配慮した表現の書状を所望したが、戸村がこの点を譲ることはなく、最終的に、鑓の相手は自分ではなく余人であろうとした。しかし、一方で戸村は「たとえ私の記憶と貴殿の御記憶に相違点があっても、私の書付を以てすれば御身の身上改善のお役に立つはずであり、拙者としても大変喜ばしく存じますので、いかようにも申し立てていただいて結構です」と、大名の重臣らしい大度も示した。

慶安二年一月八日に桑名で病死。享年六十二歳（「天明由緒」、「高松内匠武功」）。

子の高松舎人純政は、後に内匠を称した。家督五百石を継ぎ、番頭を務めた。子孫は桑名松平家の家臣として続いた（「天明由緒」、「本の籬」）。

〔注1〕公益財団法人土佐山内家宝物資料館の山内文庫が所蔵する「高松内匠武功」は、寛政三年十二月二十一日、森勘左衛門の蔵本を写したものである。同書は『高山公実録』の援拠書目の中にも「高松内匠戦功覚書」として掲げられ、部分引用されている。本書は「川北道甫覚書」、「宮田平七武辺聞書」などと同様に、先祖の顕彰を通じて家格の維持向上を図る目的で、子孫が編纂したものと考えられる。出自の仮冒のほか、秀吉の朱印状や戸村との往還書状について創作が認められる。

特に戸村と書状を取り交わした経緯については、桑名の大福田寺兼持法印を通じて、六月二十一日付で戸村から今福口における自身の軍功に関する書状が送られてきて、「今福口合戦について貴殿が覚えておられる事を書付にしていただきたい」と所望されたので、内匠が書き送ったとするが、実際は注4の（一）の通り逆である。また、九月三日付で戸村から「すべて合致したので、私の鑓の相手は貴殿と特定できたので、以後そのように御心得ください」と内匠に申し入れたかたちになっているが、実際は注4の（七）の通り、鑓の相手は内匠ではないとされている。

六月二十一日付、九月三日付の両状ともに手の込んだ作りではあるが、人名の特定が詳細すぎる感があり、偽書と思われる。また、九月三日付の戸村の書状で、自身の武装を、黒具足にいの字の指物を装着していたと述べているが、「義国高名聞書」（『佐竹家譜』所載）によると、戸村は紫糸威小実頭の具足で、毛を植えた兜に無の字の立物を付け、白地に猪を描いた小旗を装着しており、これと合致しないなど齟齬《そご》も含んでいる。

〔注2〕「高松内匠武功」では、内匠の父は高松内匠憲重とされる。憲重は高松喜重の長男で、讃岐から肥後に落ち延び、さらに秀吉が九州に進攻したため英彦山に隠れた。天正十六年に肥後に入封した小西行長に、知行一万石で出仕した。文禄元年、朝鮮に出役し、釜山、平壌などで軍功を立てた。これにより文禄二年十月三日付で秀吉から朱印状が発給され、四国での敵対を赦し、讃岐の生駒家へ預け置く旨が下達された。同日付で生駒近規にも朱印状が発給され、憲重の身柄を預け置く旨が通達された。小西行長から秀吉より拝領した兜と面頰《めんぼう》、自身所用の具足胴と貞宗の刀を贈られたが、朱印状も貞宗の刀も後に紛失した。生駒家では無役で一万石の采地を預けられ、下代として志度弾正が付属された。足軽百人も預かった。その後、讃岐で病死したという。「高松内匠武功」が記す右の憲重の事跡は疑わしく、収載されている秀吉の朱印状も偽書であることから、家系の美化を意図した後世の創作と思われる。

〔注3〕六条村の鹿島大明神は、天正八年、国内に疫病が大流行して死者が多数発生した際、高松長光の三男孫左衛門兼盛の立願により一郷無事を得たために創建された由来をもつ（「増補三代物語」）。

〔注4〕実際に高松内匠と戸村義国の間で往来した書状は以下の（一）〜（七）の七通であるが、（一）と（五）に付属する覚書が独立して流布したようである。

（一）三月二十三日付　高松→戸村
書状に以下①〜③を添付。
①木村重成より賜った証文の写し
②木村長門守の鉄砲頭で今福堤に出撃した者
③今福合戦高松内匠の働き
（二）五月二十七日付　戸村→高松
（三）閏五月四日付　高松→戸村
（四）閏五月十二日付　高松→戸村
（五）六月七日付　戸村→高松
書状に覚書を添付
（六）七月五日付　高松→戸村
（七）七月十六日付　戸村→高松

＊

（一）三月二十三日付、高松から戸村への初めての書状（**趣旨は筆者による。以下同様**）

初めまして。使者を立てて書状を送ります。さて、つかぬお伺いですが、先年大坂籠城の時、木村長門守と義宣様が今福堤で合戦に及んだ際の事について別紙に書き付けましたので、その時の様子につき貴殿がご覧になられたか、またはどなたかご覧になった方がいらっしゃれば、ご面倒ながら吟味いただき、ご一報いただけると、この上もなくありがたく存じます。

一、佐竹方より堤に差し置いた指物を回収するため、黒具足で胸板に金の筋二本を付けた方が二人前に出られました。拙者は一番に進み出て一方の指物を分捕り、一方の指物は佐竹方に回収されました。その様子はご覧になっていたと存じます。返書にその旨をお示しいただけると大変かたじけなく存じます。

一、鑓を入れたのも拙者が一番だったと存じます。その首尾は詳しく別紙に書き付けましたので、ご覧ください。

一、貴殿がその節、奮戦して軍功を立てられた由、かねて承っておりましたので、このように申し上げる次第です。本件はもっと早くに尊意を伺いたかったのですが、拙者は落城以後、流浪して遠国ばかりにいたものですから、皆様がご健在であることも存ぜず延引してしまいました。今般貴殿が御無事と承りましたので、ほど久しい事ですが改めて伺う次第です。別紙の書付をご覧になり、恐れながら使者の口上もお聞きになって返書をいただければ、子孫に伝えたいと存じます。なお、別紙の書付と木村長門守より賜った証文の写しをご覧になり、恐縮ですが使者の口上もお聞きください。詳しい返書をいただけるとかたじけなく存じます。

〈別紙の添付文書①～③〉

①木村長門守より賜った証文の写し（2通）

1通目　今度、秀頼様の大坂御籠城の節、片原町、今福村の堤において敵佐竹右京大夫に斬りかかったところ、早くに鑓を合わせ、その後、首一を討ち取る働き、感じ入った。時節柄、多端につき（秀頼からすぐには感状が発給されないので）まずは私の方からその心得で申し入れておくようにとの仰せがあった。

木村長門守

霜月廿八日　重成（判）

なお、後日の御改めの証拠までに、見及んだ通りに申し入れる（この端書は重成の自筆）。

2通目　昨晩、夜更けのため人を送りませんでした。今朝もまた堀切へ出張します。こちらに御出でください。先日と昨日と両度まで堤の難所を鉄砲でよく防戦したと、秀頼様におかれても殊の外ご機嫌で、私など下々まで皆感心しています。この銀銭を拝領したので、おすそ分けに二色進呈します。後刻同道して参りましょうほどに、そのご用意をしてください。

霜十二日　木村長門守

高松内匠サマ（長門守自筆状）

人々

なお、危険なので、うかつな場所ではくれぐれも御無用に。

②木村長門守の鉄砲頭で今福堤に出撃した者

根来知徳院　首を討ち取った。
上村金右衛門　奥の柵内で戦死。
小川甚左衛門　鑓を合わせ、その後、首を討ち取った。
小倉監物　奥の柵内で戦死。
若松市郎兵衛　鑓を合わせた。
柳名右衛門　病後で直接戦闘には及ばなかった。
井上忠兵衛　首帳に記載された。
井上与右衛門　首を討ち取った。
高松内匠　鑓を合わせ、首を取った。

右九人の者は、皆、黒い羅紗の羽織を着用した。その他の鉄砲頭も、黒い羅紗の羽織を着用したが、天王寺口の長門守の持ち口に残し置かれた。

（猩々皮の羽織）

大井何右衛門（猩々皮の羽織）　戦死。

岡田平兵衛（猩々皮の羽織）　戦死。

川崎作右衛門（白母衣に金の十文字出し付）　出撃直後に銃創を蒙り後方に退いた。

平塚左助
青柳（青木）四郎右衛門　奥の柵内にて銃撃を交わした。

松浦弥左衛門（白羽織、後に采配を持った）　首を討ち取った。

波多野兵庫（黒羅紗の羽織）　鉄砲頭ではなかったが兵庫だけは黒羅紗の羽織を着用した。

長屋平大夫　奥の柵で鑓を合わせた。

木村長門守組、重成の家来（「自分の者」）の番指物はいずれも白黒の撓《しない》で、二百余人おりました。

高松内匠（判）

三月廿三日
戸村十大夫様

③今福合戦高松内匠の働き

一、慶長十九年十一月月二十六日、大野修理組矢野和泉守が請け取った持ち口、片原町の今福堤に、義宣様の衆が辰の刻に攻めかかられ、矢野和泉は戦死しました。和泉の配下の侍も多数戦死し、片原町まで退却しました。片原町には鉄砲が激しく鳴り響いたため、長門守は組下の根来知徳院、上村金右衛門、川崎作右衛門に鉄砲五十挺を添えて物見に派遣しました。三人はそのまま町口の柵の防衛に加わり、重成に使者を送って「矢野和泉は戦死、町口へ追い込まれたところへ我ら三人、鉄砲五十挺で加勢している。急ぎ続かれたし」と復命しました。大井何右衛門と内匠は、大野道犬の持ち口である稲ヶ崎に激しい銃声が響いていたため、長門守の命により物見に出張してきたところ、今福堤から注進があったので、両人で鉄砲の者を連れて片原町へ一番に直行しました。追々侍も町口の柵に参着して十一人になった時、大井が「思いのほか敵が張り出しているので、長門守が到着するまでに一戦するべし」と提案し、柵の木戸を開けて一番に大井、続いて内匠らが突出すると、義宣様の衆はいかが思われたか、あえて戦闘に及ばず、奪取した柵を放棄されました。

一、その後、義宣様の衆も御本陣より柵二つ、長門守組の侍も町口より柵二つを抱えて、鉄砲を撃ち交わしているところに長門守も到着しました。銃撃戦は辰の刻より未の刻まで続きました。中でも私は鉄砲で多数を殺傷したものと思います。特に猩々皮の羽織を着た武者二人が堤の南の方へ出られ、鑓を膝に載せておられたが、そのうち前方の人を私が鉄砲で撃ちました。確かに当たったと思われ、岡田平兵衛という者が「射たりや」と手を叩き、鬨《とき》の声を三度揚げました。また、長門守は舟を出して、横合からも撃たせました。この時、敵は柵より外に百人ほど見えていたが、柵内に取り込もうとされたので、私は「時分はよし」と言って堤の上を一番に走り出ました。敵は皆柵内に入られて、柵外には人は見えませんでした。その時、御家中の番指物が、堤上の北の方に二、三間の間隔で二本指し置かれていました。拙者は一番に出て先陣をした証拠としてこの番指物を獲るべしと思い、走り寄ったところ、黒具足の胸板に金の筋二本を付けた武者が二人進み出て、東の番指物を回収しました。私は西の番指物を獲って、さらに東の指物を回収した武者目がけて走りかかりました。そこへ人影もなかった所から武者六人が飛び出して、揃って鑓を構えられました。私も堤から走り下り、鑓を構えたところに、味方も追々到着して、暫く鑓を合わせました。私は先陣だったので、鑓も早く合わせました。この時、長門守組の侍で鑓を合わせた者は、以下の通りです。

長門守より鑓と首の感状
高松内匠
大坂落城の後、堀尾山城守殿、桑山伊賀守殿、京極丹後守殿、また堀尾山城守殿、本多甲斐守殿、今は松平越中に仕えている。

長門守より鑓と首の感状
山中三右衛門
合戦後、壁裏で鉄砲に当たり死亡。

長門守より鑓と首の感状
小川甚左衛門
大坂落城の後、脇坂淡路殿に仕え、病死。

鑓のみの感状
草加二郎左衛門
大坂落城の後、堀尾山城殿、片桐出雲殿、今は松平新太郎殿に仕えている。

鑓のみの感状
大塚勘右衛門
翌年五月六日、若江合戦で戦死。

鑓と首の感状
大野半次
大坂落城の後、生駒壱岐守殿、今は松平下総守殿に仕えている。

鑓のみの感状
若松市郎兵衛
大坂落城の後、堀尾山城守殿、片桐出雲殿、今は松平新太郎殿に仕えている。

鑓のみの感状
斎藤加右衛門
大坂落城の後、紀伊大納言様に仕え、その後生駒壱岐守殿、今は松平新太郎殿に仕えている。

一、大坂方は右八人の者で、義宣様の衆は六人かと記憶します。暫く鑓を合わせているうちに、中ほどに立っておられた方が鑓を横たえ、大坂衆が突き出した鑓を絡めて二、三度も左右に流しました。その様子を右の八人の者が確かに覚えていて感心していました。近頃承るとその方は戸村十大夫殿であられるようだということでして、もしそうでしたら、右の次第もご返書にてお示しいただけるとかたじけなく存じます。拙者の武具は、兜は黒、通常の頭形よりは上に長く、前立はありませんでした。白檀の錣《しころ》で下一間に熊毛を植えていました。具足は八幡《やわた》黒皮の包胴、菱綴、下散は白檀、啄木の糸で威《おど》していました。黒い羅紗の羽織、左の肩に采配を吊り下げていました。鑓は鍵鑓でした。右の八人のうち、鍵鑓は私のみです。覚えておられるようでしたら、拙者が先陣したと仰せいただけるとかたじけなく存じます。

一、私が討ち取った者は、猩々皮の羽織を着用しており、鑓をお絡めになった人の右側に立っておられました。年の頃は二十二、三歳ほどのようで、若く面長で見目良い首でした。何と申される方か、これまた承りたく存じます。

一、右に書き付けた八人の鑓を合わせた者のほか、首だけを取った者も多数いましたが、それは鑓合わせの場には参らなかったので書いておりません。

高松内匠

三月廿三日　（花押）

戸村十大夫殿

＊

(二) 五月二十七日付、戸村から高松への書状

飛脚を以て書状を啓上します。お会いしたことのない拙者の事を聞き及ばれ、先日は遠路使者を派遣していただき、かたじけなく存じます。使者の津村六兵衛殿が御帰りの際に返書をお渡しすることになっていたのですが、勘違いされたか、早々に帰られてしまったので返書が送れず、無沙汰のようになってしまい、気にかけていました。さて、先年大坂に籠城された際、佐竹右京大夫が今福表で大坂衆と合戦に及び、木村長門守殿が貴殿を加勢に派遣した由、その場におけるお手柄の様子について、拙者なり他の者なり、見覚えある者がいれば返信願いたいとの仰せを承りました。拙者が鑓を合わせたのは十一月二十六日の未の刻頃だったでしょうか。その時戦闘に参加した者は、十六、七人が戦死し、残る者も既に病死しており、今は尋ねるべき者がおりません。使者の六兵衛殿を通じて仰せいただいた内容に相違はないと存じますが、混戦の最中、自身が軍功を立てる事に専念していたため、他を顧みる余裕がなく、その場の様子は細かくは覚えていません。せめて拙者が覚えているあらましを別紙に書き付けてお渡ししようとしたのですが、六兵衛殿がお受け取りにならないため、やむなく詳細は口頭で伝えましたので、お聞き取りください。

＊

(三) 閏五月四日付、高松から戸村への書状

入念にも遠路飛脚を送っていただき、かたじけなく存じます。そちら公儀の御普請で江戸に御在府の由、ご苦労に存じます。さて、御書面を具《つぶさ》に拝見しました。先年今福合戦の時の事はほど久しく、また、ご自身の軍功に専念されて他を顧みる暇がなかった由、さらには手傷も負われたため、その節の様子は詳細には覚えていらっしゃらない由、やむを得ないことと存じます。拙者の使者六兵衛に申し含めていただいた由、ありがたく存じます。使者が帰路に病気にでもなったか、いまだ帰着していないので、帰り次第御口上についても詳しく承りたいと存じます。今後も書状により貴意を得たく、多端の折からお示しに与ること、とりわけ感謝申し上げます。

＊

(四) 閏五月十二日付、高松から戸村への書状

使者を立てて書状を送ります。先日は遠路飛脚を派遣していただきありがとうございました。御普請で江戸在府の由、ご苦労のことと拝察します。拙者の使者は路次で病気となり、一昨日十日に帰着しまして、仰せの趣も具に承りました。拙者の武具は、この判形の書付の通りです。今後いよいよお近づきになりたいので、先日使者にお渡しになられようとした御手前様のお働きの書付をお渡しください。当方の書付も宛所を記載して進上します。詳細は使者が申し上げます。

＊

(五) 六月七日付、戸村から高松への書状

重ねての書状、拝見しました。先日は飛脚を派遣したところ、丁寧な返書をいただき、かたじけなく存じます。さて、拙者の覚書は先日、使者の六兵衛殿に渡そうとしましたが、持ち帰るには及ばないと言って返却されたので仕方ありませんでした。その上、返書をも受け取られ

た

ず戻られたので、拙者の失礼と思われたのではと気にかけていました。右の覚書はこのたび進上しても、御用には立たないだろうと、六兵衛殿に言ったのですが、逗留の間、頻りに受け取りたいと仰せなので、ご希望通り渡しました。貴殿の武具、御書付もいただきましたのでこちらに留め置きます。詳細は六兵衛殿がお伝えするでしょう。

＜別紙で添付された覚書＞

覚

一、慶長十九年大坂籠城の時、十一月二十六日朝、大坂より今福に人数を出していたところに、佐竹右京大夫自身が兵を進め、家老渋江内膳、梅津半右衛門、その他物頭の者に命じて大坂衆を押し立て、首七つを討ち取りました。

一、同日未の刻に大坂衆が防戦した時、私が鑓を合わせた場所は、そちらから送ってきた絵図に相違ありません。武頭が鉄砲を指揮した地点は、拙者が鑓を合わせた場所から三十間ほども大坂方の柵に近かったと記憶します。二時以上も互いに鉄砲を撃ち合いました。私の組の者は鑓を膝に載せて控えていましたが、堤の上を大坂衆のうちで、黒具足を着用し、白黒段々で笠添の指物、兜は黒く見え、右手には鑓、左には采配を持って下知し、後続を見返りながら、こちらに走りかかった者がおり、拙者は堤の上でこの者に馳せ向かい、言葉を交わして鑓を合わせました。その後から大坂衆が続々と駆け付け次第に人数が増えました。

一、大坂衆のうち、朱具足の者が二、三人いましたが、そのうちの一人を拙者の組の者が鉄砲で撃ち倒しました。これは最前、拙者と鑓を合わせた衆の左脇に立っておられた人です。

一、猩々皮の羽織を着た味方が、私の右方、一間ほど隔てて堤の下で鉄砲に撃ち倒されたところに、大坂方の朱具足の衆が三本の鑓で突きかかりました。拙者はその内の一人を鑓で突きました。右の吹返の脇に鑓を付けましたが、内甲まで突いたかは不明です。拙者も数か所負傷しました。右の働きにより台徳院(将軍秀忠)様の御前に召し出され、感状と青江の御腰物を拝領しました。

一、味方に猩々皮の羽織を着た者は二百余人おり、うち四、五人が戦死しました。そのうち、貴殿が御鑓を付け、首をお取りになったのは、年頃二十二、三歳で、面長で眉目秀麗な首だったとのことで、おそらく宇佐美三十郎忠祐(享年十九歳)という者と思われます。防戦の時も大坂衆の首八つを討ち取りました。朝晩の首は合計十五級と記憶しています。

一、味方の番指物の小旗二本が二か所に立て置かれていたので、貴殿が先陣の証拠として分捕ろうとしたところ、胸板に金の筋二本が付いた黒具足の者二人が出合い、二本のうち、東に立て置かれた旗は味方で回収し、西に立て置かれた旗は貴殿が獲った由ですが、そのような事は拙者組で記憶している者はおりません。

一、大坂衆と味方六人が立ち向かい、鑓を合わせていると、中ほどに立っていた武者が鑓を横たえ、大坂衆が突き出した鑓を二、三度も絡めて左右に流し、それを拙者であるように仰せ越されました。しかし、その時、拙者と立ち並ぶ者はいなかったと記憶します。拙者の組で戦死した者が四、五人いるので、あるいはこのうちの一人かもしれませんが不明です。

右の通り貴殿の御記憶と相違する点もありますが、拙者が覚えている通り書き記し進上します。

六月七日　戸村十大夫（判）

高松内匠殿

＊

（六）七月五日付、高松から戸村への書状

確実な便宜があったので一書送ります。先日は津村六兵衛を重ねて伺わせたところに、御返書と大坂防戦における貴殿御働きの覚書を渡していただき、拝見しました。大坂勢の中から堤上を真っ先に進み出た者が、黒具足を着用し、兜も黒、右に鑓を持ち、左に采配を持ち、後を見返りながら先駆けし、これと貴殿は鑓を合わせられた由。当方より書付を以て申し入れたように、先駆した時の私の武具と相違ありません。私は、采配は手に持たず、射向の肩に結びつけていました。その頃、大坂の武者で采配を手に持つ者も肩に付けた者も、私以外には一人もいません。そのようにご認識ください。貴殿の御書付に、指物は白黒段々の撓《しない》とあります。段々の撓は、長門守組中も、重成の家来（「自分の者」）も着用していた番指物です。番指物を着用する者は、采配を持てる身分の者ではありません。これは申すに及ばない事ですが、ご了解ください。以後、采配を持っていたとか、采配を付けていたと、私以外の者が唱える事があればそれは偽りです。そのようにご認識ください。

貴殿の御書付と私から申し入れた紙面と相違がない点は、以下の通りです。

一、堤の上を真っ先に駆け出した事、
一、黒具足を着していた事、
一、兜も黒かった事、
一、左に采配の事、
一、右に鑓の事、
一、鑓を合わせた場所の事、
一、貴殿は頬当を付けておられなかったと見えた事、これは右の紙面には書かれていないが、私の使者津村六兵衛の口上により申し入れたところ、符合する旨仰せになった事、
一、貴殿と大坂武者の鑓が絡んだ事、

以上の八項目は、貴殿の御記憶と相違していません。指物の一点のみが符合しませんが、これは確かに見覚えておられないものと思われますので、その旨ご了解の上、重ねて書面を賜れば、互いに後々の為になると存じます。

＊

（七）七月十六日付、戸村から高松への書状

五日付の書状は十四日に福屋半左衛門を通じて届けられましたので拝見しました。先日は拙者の覚書をお受け取りになりたいとのことで、重ねて津村六兵衛殿を派遣されました。その節申し入れた通り、先年大坂御籠城の時、佐竹右京大夫の持ち口今福表において、堤の上で大坂衆と拙者が鑓を合わせた事は相違ありません。しかし、貴殿の御記憶と拙者の記憶とでは、以下の点で相違します。

一、左に采配を持ち、右に鑓を持っていたと拙者は記憶するが、貴殿は、采配は手に持たず、射向の肩に付けられていたと仰せの事、
一、大坂武者で拙者と鑓を合わせた者は、白黒段々に笠添と確かに記憶するが、貴殿は、指物は差しておられなかったと仰せの事、
一、味方の番指物二本を貴殿が先駆けの証拠として分捕ろうとされたところに、黒具足の胸板に金の筋二本が付いた武者二人が出合い、東方の指物を回収した。西方の指物は貴殿が獲られ、東の指物を回収した武者に鑓を付けようと走りかかられたところに、人影もなかった所から武者六人が飛び出して鑓を並べた。そこ

で貴殿も堤より走り下り、鑓を構えようとされた。拙者が鑓を合わせた場所は、最前お示しいただいた絵図の通りで紛れもない。その場所には大坂武者が、黒具足、黒兜に白黒段々に笠添の指物を装着し、左手に采配、右手に鑓を持って一番に走りかかられ、その武者と鑓を合わせた。その武者は先ほど味方の番指物を獲った者とは見えなかったので、貴殿の御記憶と相違がある。

　仰せの通り、番指物を差す程度の武者が、采配を持って下知を加えることはありえません。大坂で武頭を務めた者は、皆采配を持たれていたでありましょうから、貴殿御一人に特定はできないと思われます。そのように御心得ください。ただ、たとえ私の記憶と貴殿の御記憶に相違点があっても、私の書付を以てすれば御身の身上改善のお役に立つ筈であり、拙者としても大変喜ばしく存じますので、いかようにも申し立てていただいて結構です。それではまた後の機会まで。

　なお、このたびの書面に、白黒段々の指物について見覚えがあるはずとの仰せですが、拙者が頬当をしていなかったことさえ、貴殿は覚えておられたのだから、拙者においても指物を差しておられぬ者を差しておられたと見違えるような事はありますまい。よって拙者が鑓を合わせた者は余人であろうと存じます（「佐竹家旧記」、「高松内匠贈答扣」）。

滝川《たきがわ》儀大夫《ぎだゆう》詮益《あきます》

　大坂籠城。城東警固の寄合衆の一人（『難波戦記』）。

瀧並《たきなみ》弥八郎《やはちろう》

　本名は山内氏。瀧並六郎兵衛の子。父の六郎兵衛は、天正十三年に越前北庄に入府した堀秀政に仕えた。その後、牢人して飛騨に来住した。

　瀧並弥八郎は、慶長三年に飛騨で出生。ほどなく父のもとを離れ、母とともに上方に赴いた。幼少の時、堀秀治（慶長十一年五月に死去）に仕えた。

　堀家を牢人した後、大坂にいた。慶長十八年五月二十日、十六歳の時、理不尽者と喧嘩したが引けを取らなかった。

　慶長十九年九月、木村重成に児小姓として出仕した。

　十一月二十六日、今福口に出役。しかし、城中から一度に人数が押し出したため、突き転ばされ重成を見失った。そこで内々頼みにしていた重成組の大井何右衛門を探し求めて今福堤の北原を奥に走ったが、両人ともに会えなかった。二町ほど進んだ所で黒羽織の騎馬武者が堤の上より北の溝へ付き、柵の内に入ろうとしているのが見えたので、言葉を掛けて走り寄り、打ちかかった。この日、弥八郎は五色段子の具足の下に黒羽二重を着ており、肩の外れから奥襟にかけて切られたが身に当たらなかった。うまく敵を斬り倒したところに、味方の徒士が近づいて「首を切り取れないだろうから、取ってやろうか」と声をかけられたが、「おのれは他の敵の首を取れ」と言って首を切り取った。付近では敵の猩々皮羽織の武者二人と味方の猩々皮羽織の武者一人が鑓を合わせていたが、それ以外は誰もいなかった。

　首を提げて戻り、三番目の柵の外で重成に披露した。戦闘の様子を報告すると、「でかした。御城へ持参せよ」と命ぜられ、城に持参し首帳への記載を申請した。帳付には織田有楽も同席していて「世倅がよくやった。負傷しているようだがどうか」と問うので「身には当たっていません」と答えると、その場に居た七、八人が座を立って、鎧下着の切れ目を検分し「うまく立ち回り、身に当たっていない」と感嘆した。

　この日の合戦で重成の組子と家来が討ち取った首十四級が実検に供えられ、中でも三番目の柵の内で取った首三級が賞賛され、詮索の結果、弥八郎が取った首は重成の組子が取った首二級よりも敵に近い奥の方で取ったものと認められた。重成は「世倅が見事な功名をたてた」と毎度人々に吹聴した。重成は功名をたてた家来四人のうち二人に金子四枚、残る二人に金子五枚を与えた。弥八郎は金子五枚を与えられた一人で、併せて十文字の持鑓と馬も拝領した。「高松内匠武功」には、重成は今福口合戦の軍功に対する褒美として、黄金五枚宛を自分の家来瀧並弥八郎、平井九兵衛、牧加兵衛、松原左兵衛、牧浅右衛門、波田野又之丞、増田四郎兵衛、山中太郎右衛門に与えたとある。

　十二月二十一日、正使の木村重成と副使の郡宗保が誓紙筆本監臨のため、茶臼山（家康の陣営）と岡山（秀忠の陣営）へ赴いた。その帰路、重成は弥八郎の手をとって「先ほど、両御所の御前で各々が沙汰した児小姓を御目にかけましょう」と宗保に披露した。宗保は「両御所の御耳に入った事は侍の冥加にかなうもの」と賞賛した。

　慶長二十年五月六日、若江表に出役。重成の旗本の先手にいたが、重成の右先頭が敗軍したので前方に走り出た。しかし、堀を越しかねているうちに、後から重成の徒士が二人追い付いて、「総軍敗北なので立ち退かれよ」と告げた。重成の安否を問うと「退却か、戦死か分からない」と答えた。大将の生死がわからないうちに敵が大勢大坂へ押し寄せたので、道筋を退却することができなくなり、馬取の奨めに従い、北方へと田畑を越えて退去した。

　閏六月、豊前小倉の細川忠利に出仕した。元和二年、駿河で加々爪忠澄が忠利に「木村長門守の児小姓を召し抱えられたそうですが、長門守の手にいた長屋平大夫の物語によると、瀧並弥八郎は、今福口で比類なき働きがあり、斬られながらも身に手傷を負わなかったとのことです」と語った。忠利は弥八郎を呼び寄せ、忠澄に引き会わせた。

　元和三年八月、細川家を退去した。大坂牢人の召し抱えは禁止されていたため、京都に上り曹洞宗の寺に浪居した。

　その後、大和龍田の片桐孝利から林義太夫を以て招かれ、元和九年閏八月、「扶持取ならば」と出仕したところ、知行百五十石を提示された。「知行取では憚られる」と辞退したが、「悪いようにはならないから受けよ」とのことでそのまま知行取となり、寛永三年には五十石を加増された。

　寛永十二年、弓の者十六人を預けられたが、後に組頭に不満を抱き、孝利に訴えたが改善されないので、片桐家を退去して大坂に浪居した。

　寛永十四年、重成組に所属していた高松内匠が、池田光政の家臣湯浅右馬允と秋田五左衛門に、弥八郎の仕官について家老池田由成へ相談するよう申し入れた。由成はこれを聞き届けると、早速池田光政に言上して召し抱えが決まった。

　寛永十五年十二月十五日、五百石の二月、四十歳の時に出仕した。

　寛永十九年十月、鉄砲二十挺を預けられた（『家中諸士家譜五音寄』瀧並与兵衛親瀧並弥八郎寛永廿一申ノ年書上）。

寛永二十年秋、備前国児島郡下津井村に、朝鮮使節接遇のため出張した。

正保三年十一月に病死。享年四十九歳(『家中諸士家譜五音寄』寛文九年瀧並与兵衛書上)。

妻は生駒正俊の家臣野村縫殿助の長女で、母は堀忠俊の妹。瀧並長常を産んだ。

子の瀧並与兵衛長常は、正保三年十二月三十日、家督三百石を継ぎ、後に千石まで累進した(「堀家大系図」、『池田光政日記』)。子孫は備前池田家の家臣として続いた(「先祖并御奉公之品書上」滝波善平次)。

滝与大夫《たき よだゆう》

慶長二十年五月六日、木村重成に所属して若江表に出役。木村手の番指物である白黒段々の撓《しない》を装着していた。木村勢が敗軍する中、杉森市兵衛とともに道筋に踏み留まっていると、井伊家の六、七騎が味方と勘違いして「掃部はいずこにおられるか」と尋ねて、両人に構わず通り過ぎて行った。それより滝と杉森は城中まで引き揚げた(「田辺家文書」杉森市兵衛大坂働書付之写)。

武井儀大夫正職《たけい ぎだゆう まさもと》

武井松菴の子。

初め細川忠興に仕え、後に父の松菴とともに大坂籠城。

慶長二十年五月六日、道明寺表合戦で鑓働きがあった。

落城後、細川休無の斡旋で、播磨明石の小笠原忠真に知行五百石で出仕した。豊前小倉では知行五百五十石、または六百石。

寛永十五年、黒川安左衛門光輝、一柳九郎左衛門安豊らとともに、先手鉄砲頭として島原の陣に出役。自ら戦傷を負う働きがあった。

子の武井長三郎は、後に五郎左衛門、儀大夫を称した。家督を継ぐ前に早世した。そこで一柳与次右衛門の次男源次郎を養子に出願していたが、その間に与次右衛門が法に背き、夜逃げしたため、養子の件も許可されず絶家となった(『土屋知貞私記』、『小笠の光』、「小笠原忠真公年譜」、「小笠原忠真公年譜」、「大河内家記録」)。

竹内五右衛門《たけうち ごえもん》

秀頼の剣術師範で、二刀を使ったという。

慶長二十年五月七日、天王寺表合戦に出役し、数多の敵を斬った。榊原康勝の家臣伊藤只右衛門の若党が素肌で挑みかかったので、二刀で斬り倒した。続いて神谷助左衛門正連が鑓で突きかかったが、たちまち手元に入り込み兜を打ち据え、勢い余った切っ先で眉庇を切り破り、左の目から片鼻、唇を斬った。神谷が卒倒すると、今度は長谷川内記が立ち向かった。五右衛門は、神谷の鑓を取り上げ長谷川の腹を突き通した。この時神谷は意識を取り戻し、起き上がって五右衛門を組み止め、家来も折り重なって、ついに五右衛門の首を取った(「見聞随筆」)。

竹田永翁《たけだ えいおう》

竹田定雄(号は梅松軒)の三男。松井織部助定勝、竹田源助長勝の弟。竹田半左衛門〔注〕の兄。

竹田氏は藤原北家流で山城国紀伊郡竹田の出自であるが、江戸時代後期に、熊本、佐賀の竹田家と八代の竹田氏流松井家において、新羅義光の末裔である甲斐の武田大膳大夫信時の家系への仮冒が図られている。

父の定雄は、竹田定栄(号は瑞竹軒)の

長男という。初め足利義輝、後に秀吉に仕えた（「諸家系図」、『御給人先祖附』明和九年三月松井織部書上、「先祖附」寛政四年八月竹田半弥書上）。慶長三年、醍醐寺金剛輪院の庭奉行を務めた（『義演准后日記』）。法名は玄叔応和。妻は若狭熊川城主沼田上野介光長（細川藤孝の妻の兄）の娘で、松井康之の妻の姉（「諸家系図」）。

竹田永翁は、初め藤四郎を称した（「諸家系図」）。

秀吉、秀頼に仕え、近習役（「先祖附」竹田範十郎）。内外の目付役（『綿考輯録』）。御咄衆で御諫役（『大坂陣山口休庵咄』）。大坂の陣の五、六年前から物頭となった。知行五百石ほど（『土屋知貞私記』）。『土屋知貞私記』に秀吉の右筆とあるが、信憑性に欠ける。

文禄元年一月十六日、秀吉は早世した鶴松を哀惜して、永翁を通じ、細川幽斎に詠歌一首を送った。幽斎は永翁を通じ返歌を呈した。

文禄四年、細川忠興が豊臣秀次の事で嫌疑を蒙った時、種々便宜を図った（『綿考輯録』）。

慶長十六年三月、秀頼の上洛に供奉（「秀頼御上洛之次第」）。

慶長十七年五月四日昼、織田有楽の茶会に招かれ、黒田長政、石川康勝とともに参席。十一月二十四日夜、有楽の茶会に招かれ、京都住人是庵、毛利河内守とともに参席。十二月二十七日朝、有楽の茶会に招かれ、生駒宮内少輔、槙嶋勝太とともに参席（「有楽亭茶湯日記」）。

十二月三十日、廷臣日野資勝から杉原一束、焼物一貝を進呈され、同日礼状を送った（『大日本史料』所載「資勝卿記」）。

慶長十九年五月四日昼、織田有楽の茶会に招かれ、松徳大炊、石河貞政とともに参席（「有楽亭茶湯日記」）。

九月二十三日、真木嶋昭光、溝口新助とともに本丸詰の当番で登城していた。この日、片桐且元が暗殺計画に反発して上屋敷に立て籠り、これに対抗するため有楽の屋敷にも兵が詰めかけた。秀頼から双方撤兵の使者として且元邸には速水守之と今木一政、有楽邸には当番の真木嶋と永翁が派遣された（「浅井一政自記」）。

大坂城に籠り、千人ほどの大将となった（『土屋知貞私記』）。馬上五十騎、鉄砲七百挺、雑兵七千余人を預かった（「大坂口実記」）。

十一月二十六日午の刻より七組、渡辺内蔵助、木村主計および大野治長組らとともに鴫野口合戦に出役（『大坂御陣覚書』）。永翁の家来西川善左衛門が、首一級を斬獲した（『武家事紀』）。

他日、永翁の持ち口に寄せ手が急迫した際、大野治房より加勢として渋江小平次公茂が駆け付け、櫓から石火矢や大筒で射すくめたため、寄せ手は退却した（「橘姓渋江氏由来之事」）。

板倉勝重は慶長二十年三月十三日付で松平正綱、後藤光次に以下の趣旨の書状を送り、城中の形勢を告げた。「和睦後も治房は、上下一万二千人を抱えており、これらへ扶持方、馬乗扶持まで当月分が支給された。これが可能なのは、永翁という坊主が一緒になって秀頼の蔵を開き、金銀米を自由に出納しているからである。天正十五年の判金も牢人に与えているのを見たという者が報告してきた」（「後藤庄三郎家古文書」）。

三月十七日、妙心寺の寺僧が、大野治房に密書を送り、小幡景憲が関東の諜者であることを告げた。三月十八日昼、治房方に岡部大学、武藤丹波守らとともに参集して小幡の処分について協議した。永翁は「密書は関東による反間《はんかん》の計の可能性もあり、まずは本人を呼んで審問することが必要である」として慎重な対応を主張した。これにより同日、小幡が召喚され、岡部、武藤、随雲院による審問が行われた(『景憲家伝』)。

　五月七日、大坂方は天王寺の南方、東西に渡る幅五十間の堀切を前に当てて備えを立てた。毛利吉政の本陣は天王寺の南大門前。毛利の左備え浅井井頼の陣は、天王寺の南東。同左備え結城権之助の陣は、天王寺から二町ほど南で浅井の左隣。同左備え永翁の陣は、結城の左隣で平野海道との間(「鵜川佐大夫大坂役天王寺陣場図」)。大野治長組は天王寺の北東、毘沙門池の南に備えを立てた(『大坂御陣覚書』)。

　この日、永翁配下の人数は百騎(『朝野旧聞裒藁』所載「毛利紀事載　くひ帳」)。「笠系大成附録」に永翁の配下は六千騎、「寛政四年八月竹田半弥書上」(「先祖附」)に雑兵八千人とあるが、信憑性に欠ける。

　小笠原秀政は騎兵二百七十余騎、歩卒三千余人を三段に分け、阿倍野街道を天王寺に向けて進出した。毛利吉政は本陣の旗を堀切の背後に立て、先手を堀切の前に進めさせた。永翁の備えは、毛利、大野の間にあって、諸手より少し南に出張っていた。午の下刻、真田信繁が足軽を小笠原勢の左手に出した。秀政は先手を進め、永翁の備えに討ちかかった(『寛永諸家系図伝』)。永翁も激しく鉄砲を撃たせて防戦したが、遂に天王寺の東門方向へと崩れ立った(『朝野旧聞裒藁』所載「国朝大業広記」)。小笠原勢は勝ちに乗って堀切を越え、毛利の本陣の後背を衝く形勢となった。そこで大野組が、小笠原の二陣の右備えに攻めかかり、くい止めた。すかさず毛利吉政が兵を率いて駆け付け、大野組を督励すると同時に、小笠原勢の左備えを側撃した。ここで小笠原忠脩は鑓玉に上がって戦死し、小笠原忠政は重傷を被った。秀政も六か所まで傷付き、三陣が急進してこれを救出したが、暮れ方には絶命した(『寛永諸家系図伝』)。

　同日、大野治長組の鉄砲頭として出役していた田辺八左衛門長常によると、大野組は先備えの鉄砲二百挺を二段に分け、敵を引き付けて撃ちかけた。これにより敵は正面に進みかね、筋違いに大野組の右、永翁の備えに攻めかかり、これを突き崩した。大坂方は浮足立ち、大野組の後に続いた同勢は裏崩れし、先備えも潰えたという(「長常記」)。

　永翁の最期については、以下の両説がある。

(一)七日に戦死とする説

　旗本前備えの佐久間大膳亮勝之は、五月七日、天王寺表で永翁を討ち取った(『寛永諸家系図伝』)。勝之は天王寺付近で人の肩に掛かりながら退却する大将とおぼしき敵を見かけ、乗り寄せて言葉をかけると「竹田永翁」と名乗ったので、ただちに討ち取った(『佐久間軍記』)。

　あるいは、永翁を討ち取ったのは勝之の家来で、五月二十日にその首が京都に献ぜられた(『慶長日記』、『武徳編年集成』)。「駿府政事録」は、秀頼と同時に自害した衆に永翁を掲げながら、「是ハ討死」と注記を添えている。

(二)八日に自害とする説

　女中のきくは、城中の各所から火の手があがったので、城外へ脱出するべく長局から表御殿の台所に出た。そこに黒具足を着た永翁がおり、「女中方は、外に出ないように」と制止したが、構わず本丸の外に逃れた(「おきく物語」)。

　秀頼は永翁に最期の準備として、天守

に諸道具を運び上げ、焼き草にするよう指示した（『豊内記』）。「浅井一政自記」は、頓阿弥が秀頼の指示を受けたとする。

五月八日、秀頼母子に殉死（『閥閲録遺漏』所載「慶長二十年五月十四日付毛利秀元書状」、『綿考輯録』所載「慶長二十年五月十五日付細川忠興書状別紙」、『旧記雑録後編』所載「慶長二十年六月十一日付巨細条書」、『土屋知貞私記』、「北川次郎兵衛筆」、「寛文九年佐々木氏大坂物語」、「大坂軍記」、「大坂籠城記」、『豊内記』、『大坂御陣覚書』、『難波戦記』、「先祖附」竹田範十郎、「先祖附」寛政四年八月竹田半弥書上）。

＊

仮に永翁が八日に秀頼母子とともに自害したとすれば、七日に佐久間勝之が討ち取ったのは誰か。一つの可能性として、大坂の陣で戦死した竹田定白があげられるのではないか。定白は『寛政重修諸家譜』に「号は英甫」とある。仮に『佐久間軍記』にあるように名乗ったとしても、騒がしい戦場で「エイホ」と「エイオウ」を聞き違えることがあるかもしれない。実際に「兵用拾話」に、本町橋の夜討ちで鑓の相手が「岩田」と名乗ったのを、「イワサ」と聞き覚えていたという武士の事例、『石原家記』に、若江表合戦で山口左馬助を組み伏せて名を問うた八田知常が「山口左門」と聞き違えていた事例もある。ただし「竹田家譜」では、定白は落城の際、城外の竹束の上で自害したとし、勝之との取り合いについて記載はなく、結局のところ真相は不明である。また、七日に取った首を二十日になって進上したのはなぜか。名乗りを受けていれば、すぐにも進上しそうに思われるが、これも事情がわからない。

永翁が所持していた信国の刀は、家康の所蔵となり、元和二年、駿府御分物として徳川頼房に賜与された（『闕所之刀脇指帳』）。

養子の竹田権右衛門長雄は、永翁の長兄松井定勝の長男。落城後、実弟の角左衛門定信とともに京都で潜居して西本願寺門跡に扶助された。その後、鍋島勝茂に料理人として、切米二十石で出仕したが、翌年、細川忠興の口添えにより取り立てられ、後に百二十石を知行した。子孫は鍋島家の家臣として続いた（『葉隠聞書』、『葉隠聞書校補』）。明和元年、長雄の曽孫竹田盛真は、佐賀の慶聚山龍雲寺で永翁の百五十年忌の法事を営み、竹田永翁禅定門と諡した（「天保四年七月十五日再校過去帳」）。

〔注〕長兄の松井織部助定勝は、正清と号した。母は沼田氏。沼田光長の婿で丹後久美城主の松井康之に養育され、松井氏を授けられた。松井家で累進して慶長七年、七百石を知行した。正保四年四月十四日に熊本で病死。法名は月渚正清。子孫は肥後八代松井家の家臣として続いた。

次兄は竹田源助長勝〈「竹田源助長勝」の項参照〉。

末弟の竹田半左衛門の子竹田平太夫は、松井康之の妻沼田氏の口添えで細川忠利に仕え、知行百五十石を与えられた。細川光利に付属され、江戸で勤務していたが、主の意向に背き、牢人となった。筑後三池で一年ほど浪居し、島原の陣で立花宗茂の手に属して軍功があった。これにより、細川家へ先知百五十石での帰参が許された。後に加増され知行三百石。子孫は細川家の家臣として続いた（「諸家系図」、『御給人先祖附』明和九年三月松井織部書上、「先祖附」竹田範十郎）。

竹田大阿弥《たけだ　おおあみ》

秀頼の家臣竹田兵助の子（浅井一政自記）。秀頼の同朋（『豊内記』、「落穂集」）。

慶長十六年三月、秀頼の上洛に供奉（「秀頼御上洛之次第」）。

慶長十九年十一月二十六日、鴫野口合戦で先駆したが、鉄砲に撃たれ戦死（『豊内記』）。

竹田休宅《たけだ　きゅうたく》

慶長十九年十一月二十六日、鴫野口合戦で首を取られた（『因幡志』）。

竹田源助長勝《たけだ　げんすけ　ながかつ》

竹田定雄（号は梅松軒）の次男。松井織部助定勝の弟。竹田永翁、竹田半左衛門の兄。

長兄の長助が松井の苗字を与えられ、松井織部助定勝を称したため、竹田家の家督を継いだ。

秀吉、秀頼に歴仕（『御給人先祖附』明和九年三月松井織部書上）。

『太閤記』に、文禄元年、肥前名護屋城に在番した本丸広間番衆馬廻組の六番速水守之組に竹内源助があるが、竹田の誤記と思われる。大坂七組の速水守之組に所属して、知行四百七十石（『武家事紀』）。

慶長二十年五月の大坂落城の際、千畳敷御殿で切腹（『御給人先祖附』明和九年三月松井織部書上、「先祖附」寛政四年八月竹田半弥書上）。

武田左吉三信《たけだ　さきち　みつのぶ》

初代の武田左吉の子（『家中諸士家譜五音寄』寛文九酉年武田左吉書上、『系図纂要』）。

本国は甲斐（『家中諸士家譜五音寄』寛文九酉年武田左吉書上）。「元禄九年武田左平太書上」（「先祖並御奉公之品書上」）によると、初代の左吉の父は、今川家に属していた武田源市郎とされる。『系図纂要』によると、初代の左吉の父は武田左衛門佐（信友の子）の子武田源一郎で、後に左吉を称したとされる。

初代の左吉は、諱を信時とされる（「諸系譜」）。若年の時、今川家に仕え、後に信長に仕えた（『家中諸士家譜五音寄』寛文九酉年武田左吉書上）。各所で軍功があった（『武家事紀』）。天正二年一月二十三日朝、津田宗及の茶会に招かれ、塙九郎左衛門の客人山田半兵衛とともに参席（『宗及自会記』）。天正六年、高槻城在番衆の内。林高兵衛、長坂助一とともに山城代官を務め、天正七年以降、石清水八幡宮造営を奉行した（『信長公記』）。その後、織田信雄に仕えた（『家中諸士家譜五音寄』寛文九酉年武田左吉書上）。尾張国春日井郡志段味郷（上志段味村と中志段味村か）を領知。後に志段味郷五百貫文、春日井郡沖郷内四百五十貫文を領知（『織田信雄分限帳』）。次いで、秀吉に仕えた（『家中諸士家譜五音寄』寛文九酉年武田左吉書上）。天正十八年九月二十日朝、千利休の茶会に招かれ、水野守隆とともに参席（『利休百会記』）。慶長元年閏七月十三日の大地震で伏見城が倒壊した際、城中で死去した（「先祖並御奉公之品書上」武田左平太）。『織田信雄分限帳』によると、武田左吉の知行地、志段味郷五百貫文、または九百貫文は、武田五郎三郎（注）との相給だった。『武家事紀』によると、武田左吉の子は、坂井久蔵が十三歳で功を立てたことを羨み、永禄十年、六条合戦の後、信長が出京して、青竜寺、山崎付近で残党を追討した時、馬を入れて戦死した。その後、左吉に子がなく、土方彦三郎の弟を子として宮内と称したという。土方彦三郎雄久の弟に右の説に該当する者は見当たらないが、三代目の武田左吉が幼年期を土方雄重（雄久の長男）方で過ごしていることから、武田家と土方家は何らかの所縁があったと思われる。初代の左吉の妻は、熱田東加藤家十三代の加藤図書順盛（永正十一年に誕生、天正十六年に死去）の三女（「熱田加藤家史」所載「加藤氏系図」、「諸系譜」、『張州雑志』所載「加藤治六郎家伝加藤家系図」）。大津殿と称され、武田左吉は後の夫であったという（「熱田加藤家史」所載「加藤図書順家先祖由来色々之覚書」）。長姉は加藤景延（慶長四年に死去）の妻、次姉は下方貞清（大永七年に誕生、慶長十一年に死去）の妻（「熱田加藤家史」所載「加藤氏系図」）。

二代目の武田左吉は、初代の左吉の子（『家中諸士家譜五音寄』寛文九酉年武田左吉書上、『系図纂要』）。母は加藤順盛の娘大津殿（「熱田加藤家史」所載「加藤図書順家先祖由来色々之覚書」）。諱は三信（『綿考輯録』所載「慶長廿年五月十五日付細川忠興書状別紙巨細条書」、「蜂須賀家家臣成立書并系図」伏屋一知書上）。通斎と号したとされる（「諸系譜」）。

若年の時、秀吉に仕えた。文禄五年閏七月二十一日付の朱印状を以て、知行六百五十六石三斗三升の目録を頂戴した（「先祖並御奉公之品書上」武田左平太）。

次いで秀頼に知行七百石で仕えた（『家中諸士家譜五音寄』寛文九酉年武田左吉書上）

慶長六年当時、美濃国大野郡志名村百九十六石三斗五升、同国池田郡新宮村百五十四石二斗四升、同郡岡村三百七石七升九合、合計六百五十七石六斗六升の知行地があった（『慶長六年丑年美濃一国郷牒并寺社領小物成共』）。大坂の陣後、右の知行地は、岡田善同代官の蔵入地となった（『元和二年美濃国村高御領知改帳』）。

大坂七組の青木一重の本参組子（「諸方雑砕集」）。使番を務めた（『土屋知貞私記』）。

慶長二十年五月八日、秀頼の最期に供をして自害（『駿府記』、『豊内記』、『土屋知貞私記』、『綿考輯録』所載「慶長廿年五月十五日付細川忠興書状別紙巨細条書」、『家中諸士家譜五音寄』寛文九酉年武田左吉書上」）。小姓高橋半三郎は十五歳、同土肥庄五郎は十七歳、同高橋十三郎は十三歳、真田大助も含めて皆幼年なので、秀頼は加藤弥平太と武田左吉に四人の介錯を命じたという（「武辺咄聞書」）。

妻は、伏屋飛騨守一安の長女（「蜂須賀家家臣成立書并系図」伏屋一知書上）。

三代目の武田左吉は、慶長十六年に大坂で出生。幼名は仙千代。後に猪兵衛を称した。諱は一信とされる。幼年の時分は土方雄重方にいた。寛永八年、天野雄得の要請により江戸で池田光政に召し出された。寛永九年、国元で光政に出仕。後に知行三百石を与えられた。子孫は岡山池田家の家臣として続いた（『家中諸士家譜五音寄』寛文九酉年武田左吉書上、「先祖並御奉公之品書上」武田左平太、「諸系譜」）。

初代の武田左吉の娘は、池田家の家臣高木右近義政に嫁ぎ、慶長八年、高木左吉を産んだ。慶長十六年、子の高木左吉が池田利隆の家臣土肥周防貞俊（土肥義政の妹婿）の養子となり、土肥左吉と改名した。左吉の生母武田氏は、池田利隆、光政から扶持を支給されていたが、寛永六年に貞俊が病死し、左吉が跡目を継いだ後は、支給を辞退した（『家中諸士家譜五音寄』寛文九酉年土肥飛騨書上、『吉備温故秘録』）。

〔注〕『犬山里語記』に、武田三郎五郎清利（号は不知斎、または不見斎）は、天正十二年十一月から十五年七月まで犬山城に在番したことが見えるが、左吉との関係は不明。

竹田定白《たけだ　じょうはく》

宮内卿法印竹田定加（号は雄誉）の長男。父の定加は、式部卿法印定珪（号は隋翁）の次男。兄の周桃が早世したため、家跡を継いだ（「竹田家譜」）。文禄二年、明国招聘使の謝用梓は、その医術を賞賛し、帰国後、墨蹟や自画鍾馗像などを贈った（『寛政重修諸家譜』）。慶長四年、京都三条屋敷に隠居した（「竹田家譜」）。

竹田定白は、元亀二年に京都三条の定加屋敷で誕生。母は松平監物家次の次女。幼名は竹寿丸。後に式部卿を称した。

天正十一年、部屋住のまま秀吉に出仕した。

天正十五年、父とともに九州の陣に供奉。秀吉に軍功を賞美され、秀吉から持鑓を拝領した。

文禄元年、法眼に叙せられた（「竹田家譜」）。

文禄四年二月二十一日、竹田親子が参内して薬を献上した（『御ゆとの、上の日記』）。

慶長三年、秀吉から信長旧蔵の青江貞次の差添を拝領し、秀頼への近侍を命ぜられた。

八月、父の定加の寿像を製作。前禅興北川正五が着賛。

慶長五年、法印に転じた。

慶長十一年、永翁斎と号した（「竹田家譜」）。「皇国名医伝前編」に永応斎、『寛政重修諸家譜』に英甫とある。

慶長十九年、大坂城に籠り、秀頼より粟田口の大将を命ぜられ、秀吉の鎧兜と書付を拝領した。

慶長二十年、落城の際、城外竹束の上で家臣吉村大蔵とともに切腹した。法名は威徳印宗雄。

家康は京都三条の定加屋敷で定白を引見したことがあったため、忠死を憐れみ、命により定白主従の遺骸と、天正十八年に定加が拝領して定白が佩用していた包光の刀は、次弟民部卿法印定宣に賜与された。

著述に「永翁特論」一部、「治験録」一部があり、竹田法印家に草稿が伝来した。

妻は近藤周防守忠用の次女（「竹田家譜」）。『寛政重修諸家譜』は、忠用の次女を竹田定宣の妻とする。

子の梅寿丸は、長じて治部卿定信を称した。慶長十六年に病死。法名は薬師印円璡（「竹田家譜」）。

竹田伝兵衛《たけだ　でんひょうえ》

上総の人飯島由久は、林六兵衛に弓術を師事し、慶長十九年、牢人分にて松平忠直の家臣多賀谷三経に属して大坂表に出役した。

和睦の後、城方竹田伝兵衛が、飯島新左衛門由久と書付のある矢二十六本を持参し「寄せ手より城中に射込んだ矢はあるが、これほど数多く届いた矢はなく、抜群の射術に感じ入ったので、ぜひ師弟の契約を結びたい」と申し出た。よって右の矢のうち六本を与え、師弟の契約を結び、林六兵衛から相伝の秘書一巻を伝授した（『諸士先祖之記録』）。

竹田兵庫《たけだ　ひょうご》

慶長十九年十一月二十六日、鴫野口合戦に母衣を掛け流して出役。上杉景勝の家臣須田長義に討たれた。

子の竹田大介も同所で戦死（「上杉景勝家来任官并大阪陣軍功者書上」、「上杉家大坂御陣之留」、「大坂籠城記」、『大日本史料』所載「備前池田文書」）。

武田兵庫《たけだ　ひょうご》

長弥平の甥。

大坂城に籠り、落城後、剃髪して玄可と号した。

藤堂高虎の継室長氏に所縁があり、伊予今治で藤堂高吉方に寄寓した。

寛永九年、藤堂高次に四十石俸十口で出仕し、伊予から大坂に移住した。

寛永十二年、命により大坂から伊賀に来住し、四十五石俸十口を給せられた。

寛永十五年、または十六年四月に病死。

子孫は藤堂家の家臣として続いた（『公室年譜略』）。

竹田兵庫亮《たけだ ひょうごのすけ》

足利将軍家の医臣竹田法印定珪の四男。周桃、法印定加、左近太夫定成の弟。

幼名は狛福丸。秀吉、秀頼に歴仕し、落城の時に戦死（「竹田家譜」）。

竹田兵助《たけだ ひょうすけ》

秀頼の同朋竹田大阿弥の父（「浅井一政自記」）。

慶長十九年十一月二十六日、鴫野口合戦で母衣を掛け流して鑓を入れ、奮闘の末に戦死（『豊内記』）。

竹光式部《たけみつ しきぶ》

美濃の出自（『美濃国諸旧記』）。初め伊豆を称した。

文禄三年、竹中隆重の跡を請け、美濃国不破郡長松城主となり五千石を領知した。

慶長五年、初め関東の下知に従っていたが、石田三成より種々便宜を求められ、ついに与同を余儀なくされた。八月十六日、安八郡福束の丸毛兼利の後援として福束に出役したが、徳永寿昌、市橋長勝らのために敗走し、長松城に帰った。八月二十三日、岐阜落城の報に接し、同夜、にわかに城を捨て、伊勢桑名に奔り、氏家行広兄弟に合流した。長松退去の際、一柳直盛に小荷駄《こにだ》らが追い討ちをかけられた。長松城には直盛が入城したが、後に破却された（『朝野旧聞裒藁』、『美濃国諸旧記』、『美濃明細記』、「慶長四年諸侯分限帳」）。

戦後は牢人となったが、慶長十九年、大坂城に籠り、竹光式部と称した（『朝野旧聞裒藁』所載「東西記」、「北川次郎兵衛筆」）。

慶長二十年五月七日、仙石宗也、大庭土佐守、生田茂庵、浅香勝七らとともに兵三千人ほどで天満より備前島までを警固したが、石川忠総、京極忠高らに攻め崩された（『武徳編年集成』）。

落城後、枚方付近で切腹。

妻は森忠政の家臣各務兵庫元正の次女（『武功雑記』）。あるいは、尾張の伊藤掃部（伊藤武兵衛の弟）の娘（「長久手戦話」）。

子孫に竹光左京がいる（『朝野旧聞裒藁』所載「東西記」）。

竹村左兵衛《たけむら さひょうえ》

矢野和泉守組に所属。

慶長十九年十一月二十六日、今福口合戦では後藤又兵衛組の柏原角左衛門、酒井金左衛門、三浦将監、三浦彦太郎が殿《しんがり》となった。竹村左兵衛は後藤組の久世民部、浅井甚内、矢野組の柳原左兵衛とともに返し合わせ、敵の追尾を斥けつつ撤退した。

落城後、藤堂高次に仕えた（『美作古城史』、「鴫野蒲生合戦覚書」）。

高田庄三郎《たこうだ しょうざぶろう》

「三代物語」によると、讃岐国大内郡田高田の人。豊臣家より五十石を給せられた。大坂の陣に籠城して消息不明（『白鳥町史』）。

多田藤弥《ただ ふじや》

諱は正之とされる（『難波戦記』）。

大坂籠城。当初は小身者で、五騎、または十騎ほどを預かった。大野治長に面会して城の塀裏を警固したが、後に牢人や騎馬の者を追加で預かった（『大坂陣山口休庵咄』）。

城東持ち口の頭分の一人で、三千人を率いた（『難波戦記』）。

慶長二十年、大坂方として出役（『元寛日記』）。

立見市郎兵衛《たてみ いちろ（う）びょうえ》

『金万家文書』は、立見《たてみ》とし、「大坂合戦覚書」も立見と表記する。「大坂夜討事」は多摘、または田積と表記する。

大野治房配下の石川外記組に所属。

慶長十九年十二月十六日、本町橋通の夜討に参加（『金万家文書』）。上条又八（組外れ）と同様に志願して単身での参加を特別に許された。

和睦成立後、組頭の石川外記は不審を蒙り切腹させられ、その組下五十騎は御宿越前の預かりとなった（「大坂夜討事」）。

御宿越前配下の小組頭早川太兵衛勝正組に所属して、慶長二十年五月六日に戦死（「大坂合戦覚書」）。「大坂夜討事」は、五月七日に戦死とするが、勝正が記した「大坂合戦覚書」の説が正しいように思われる。

田中作左衛門《たなか さくざえもん》

後藤又兵衛の使番（『金万家文書』明ル夏御陣卯ノ四月廿七日より平野表ニ後藤又兵衛打出候事）。

慶長十九年十一月二十六日、今福口合戦へ出役。赤堀五郎兵衛、山中藤大夫、堀太郎兵衛、仙石喜四郎とともに鑓の手傷を負った（「鴫野蒲生合戦覚書」）。

慶長二十年五月五日、堀太郎兵衛とともに、国分表へ物見に出張した（『金万家文書』明ル夏御陣卯ノ四月廿七日より平野表ニ後藤又兵衛打出候事）。

田中清兵衛《たなか せいびょうえ》

諱は吉隆とされる（「諸方雑砕集」）。大坂籠城。城東警固の寄合衆の一人（『難波戦記』）。

田中宗八《たなか そうはち》

高岡治部の長男。

父の治部は、河内畠山氏の家来だったが、後に牢人となり河内国石川郡山城村田中に来住した。弓の名人で大兵《だいひょう》の士だった。

田中宗八は、秀吉の弓衆となり、強弓《ごうきゅう》を引いた。大坂城中にいたが、秀頼自害の後、石川郡大ヶ塚村に来住した。

子弟は同村にいた（『河内屋可正旧記』）。

田辺勘兵衛《たなべ かんひょうえ》

田辺入道の子。

大坂七組の青木一重組に所属。丹波国船井郡氷所村二百四十五石二斗二升一合、および同郡壱戸村四石七斗七升九合、合計知行二百五十石（「青木民部少輔組高付」）。あるいは千石（「諸方雑砕集」）。

慶長十九年十一月二十六日に鴫野口合戦で戦死（「宗忠家之記青宝遠録大坂陣之義小寺道伯物語」、「諸方雑砕集」）。

田辺八左衛門長常《たなべ はちざえもん ながつね》

田辺三郎左衛門昌常の子。

天正七年に誕生。先祖代々丹後田辺に居住し、若い時分から武名があり、菅鑓《くだやり》をよく使った（「尾州諸家系図集」）。鑓は虎尾三安に師事し、一番弟子となった。数

た

年稽古に精励し、許印可《いんか》も授けられた。十文字鑓の使い手の兼子典厩と試合して、手元まで入り込んだところを「逆の斬」で勝利した。これを聞いた虎尾の師で覚天流の始祖小笠原貞春が、長常を招き、自ら鑓を取って試合の様子を確認した。小笠原は「この技は我が流派にはない。まことに名誉なる上手が現れた」と長常の妙技に感嘆し、まだ虎尾にも伝えていない「影の大事」を伝授し、秘蔵する大摩の鑓を与えた。なお、この鑓は、大坂冬の陣で敵三人を鎧の上から突いたため、穂先が欠けた。大切な鑓なので自ら研いだため、穂先が鴫の嘴《くちばし》のようになった。夏の陣でもその鑓で敵二人を突いたところ、以前よりよく徹《とお》るようになった。

京都で北七大夫と、大坂の大野治長邸で薄田隼人と、それぞれ鑓の試合をして勝利した。

慶長十九年、大坂の陣の時は牢人だったが、入城して妻の実家近江赤尾氏の縁家である大野治長の配下に属した（「長常記」）。

『土屋知貞私記』は、名を田辺与左衛門とし、秀頼の使番で管鑓の使い手として、鴫野口合戦では管鑓による働きがあったとする。

十一月二十六日未明、鴫野の柵が上杉景勝勢によって破られた。城中から防戦に出撃する人数で天満橋が混雑を極める中、長常は一足先に川を渡り鴫野堤まで駆け付けた。なおこの日、長常はビロードの股引を着用していたが、水に浸かって重くなり、働きの妨げになった。後年、「股引などは柿染の麻製がよい」と述懐した。

堤上においおい到着した人数は、一様に鑓のけら首を握って、石突を長く堤の下に差し向けて待機した。長常は「そのような鑓の構え方では、後続の兵が立ち上がれば、鑓の柄を踏み折られてしまうだろう。私は長道具に少々心得があるので、指図ではないが、このようにされてはどうか」と声をかけると、皆納得して鑓を前に繰りだした。また、堤上へ上がる斜面が急なため、長常の提案により、城中に足軽を遣わして鍬を取って来させ、堤の斜面に足がかりを掘らせた。

敵が土居の柵を楯にして激しく銃撃してきたため、大坂方は大方、堤に伏せ、射撃の的にならないよう自身の指物を抜き取った。治長の手の指物は一様に白撓であったが、ひとり長常だけは指物を抜き取らなかった。

治長の家老湯川孫左衛門は、備えの少し右に出張し、長常は備えの中ほどにいた。長常は、左右の者に「湯川の所へ行って状況を見てくる。後日、私が退却したとはいわないように」と断り、湯川と並んで敵と対峙した。敵の銃撃は熾烈で、湯川の若党も打ち倒された。湯川が「横合いからの銃撃が旺盛である。ここは少し後退すべし」と言ったが、長常は「横から撃たれるも正面から撃たれるも、鉄砲が当たるのは同じこと。銃撃が激しいからといって退けば、そのまま城まで退却することになる。今、味方の旗色は特によろしくない。少しでも引き色を見せれば、全体に波及して備え自体が持ちこたえられなくなる。私はここを動くまい」と反対した。湯川も暫く留まっていたが、さらに甥や小姓までも打ち倒されたため、心ならずも少し退いた。

敵の銃撃がますます激しくなり、大坂方は動揺して危殆《きたい》に瀕した。長常はとにかく敵に奪取された二の柵を破るしかないと判断した。大坂方の定めでは、一番の鬨《とき》の声で立ち上がり、二番の鬨の声で

た

一斉突撃に移ることとなっていた。そこで長常は鬨頭を揚げると、二番の鬨も待たずに真っ先に柵に押し入った。総勢も隙間なくこれに続いた。

柵内では敵四人が長常に立ち向かった。しかし、間に堀切があるので、一斉にかかることはできず、まず上杉家の部将島津利忠の家来麻積兵左衛門が堀切の中に飛び降り、長常を土居から降ろすまいとした。長常は麻積と鑓を合わせ、これを突き倒した。続いて残る三人も堀切の中に飛び降り、揃って突きかかったが、長常は敵の鑓三本を左から右へ一度になぎ払い、土居から堀切の中へ飛び降りた。堀底は狭く、双方鑓を振るうことができないため、敵三人は鑓を引きずって堀の中を退いた。長常は麻積の首を取ろうと振り返ると、既に大勢の味方に首を奪い取られていた。そこで堤の上を進み、島津の家来関新右衛門と鑓を合わせ、関を鳴野川にはね飛ばした。首を取ろうと川岸から鑓でたぐったが、水は深く、流れも速く、重量の鎧武者を引き寄せることができず、首はあきらめた。

上杉勢が敗走する中、島津利忠は踏み留まっていたが、堤の上を進む長常を望見するや、押し止める家来を振り切って、長常と鑓を合わせた。しかし、川に突き落とされ、味方に救出された。

上杉勢は一の柵に退却し、柵内から鉄砲二百挺を釣瓶《つるべ》に打ちかけた。長常は味方の後続がないため一の柵の奪取はあきらめ、少しずつ退却したが、足を撃たれて倒れた。天守から観戦していた秀頼は、白撓指物の長常が倒れると、はっと手を打ったという。長常は起き上がったが、今度は兜の左の吹返《ふきがえし》を打ち飛ばされて倒れた。また起き上がって少しずつ退却すると、途中で何者かに綿噛《わたがみ》を摑まれた。名を問うと「御味方の中村市右衛門と申す者。先刻より御手前に続いて戦い、ここで待ち受けていた。今、ここには我ら二人しかいない。後日の証人となっていただきたく、尊名を承りたい」と言った。長常は「このようなせわしい場では名乗っても失念されるのではないか。修理の配下で管鑓を持つのは私のみである。これを証拠として記憶めされよ」と言って右手の鑓を振って見せた。しかし、中村が「とはいえ、まずは御姓名を承りたし」と希望するので、長常が名乗ると、中村は銃弾が注がれる中、敵方に身を向けて、自分の鑓の柄に小刀で田辺八左衛門と彫り付けた。それから両人で二の柵まで引き揚げた。

二の柵には既に番兵が大勢詰めていた。その中から足軽頭が進み出て「先刻からの御働き、比類なし。大儀ながらここに暫く留まっていただきたい」と申し入れた。長常は「ここは敵との距離もあり、別に持ち堪えがたい所でもない。手傷を負っており、我々二人がいなくても支障ないので引き揚げたい」と答えたが、ぜひにもと頼まれ、やむなく両人ともに二の柵に留まった。そこへ後方から徒《かち》武者一人が来て、真野頼包の照会として、「白撓の武者の働き、先刻より見届け、感じ入ったので姓名を承りたい」と言うので、田辺八左衛門と名乗った。なお、真野は落城後、藤堂高虎に仕え、長常の軍功を語ったので藤堂家中にも知れ渡った。その後、敵の進攻はなく、城中に引き揚げた。

合戦が終わり、治長が玄関に大帳を出して「手柄の次第を書き付ける。後日詮議致すべし」と申し触れた。長常は「鳴野口で一番に柵を破り、一番に鑓を入れ、敵三人に鑓を付けた」と申請した。他の

た

人々も手柄を申請したが、数刻の戦闘の間、二の柵際にも敵味方の死傷者が多数あったので、大坂方の者がそれらの首をすべて奪い取ってしまった。この戦場で軍功があったと申述しても、証拠人がおらず、死人の首を取った者も多数紛れていたので、治長としては厳重な詮議を遂げたかったが、なかなか思うようにならなかった。ただし、内々の詮議では、長常と中村の手柄について異議を唱える者はなかった。同日の合戦では軍功があった者に秀頼から褒美が与えられたが、鴫野口で働いた者は紛れ者が多かったため、褒賞はなかった。

慶長二十年五月七日、冬の陣の軍功により秀頼から足軽二十人を預けられ、引き続き治長の配下に所属して天王寺表に出役した。長常は中備え二十人の頭の一人で、十頭ずつが一手となっていた。

大野勢は、先備えの鉄砲二百挺を二段に分け、敵を引き付けて撃ちかけた。これにより敵は正面に進みかね、筋違いに大野勢の右手の竹田永翁の備えに攻めかかり、これを突き崩した。敵が背後に回ったため、大坂方は浮足立ち、大野勢の後に続いた同勢は裏崩れし、先備えも敗軍した。先備えの足軽頭だけがなおも戦ったが、小勢であることを見透かされ、備えを突き割られた。十頭のうち、長常と船越宇兵衛、細田大膳、山本源助、三宅甚五左衛門の五人は踏み留まった。山本が配下の鉄砲を撃たせると、自ら鑓を取って突出しようとしたので、長常が「攻めるも退くも、一同にと申し合わせたではないか。配下の足軽を誰に預けて、どこへ行こうというのだ」と押し止めた。その内に味方は総敗軍となり、五人も退却した。敵の追撃を受けたが、長常は馬上で騎士を突き落とし、証拠として山本に声をかけた。山本も続いて功名を立て、長常に言葉をかけた。さらに長常は徒武者に鑓を付けたが、それからは散り散りになった。

長常は足軽三人を連れて城中にたどり着くと、治長組の左兵衛という者が敵に追われていた。とっさに長常が「このような時は味方討ちがあるもの。うろたえ者め、俺に付いて来い」と叱咤すると、敵は味方と思って追尾をやめた。

左兵衛から「既に城に火がかかり、宿所に帰られても妻子方もおられますまい。これよりただちに退去されるように。同道いたすべし」と勧められたが、長常は「妻子の様子を見届けなくてはならない」と断り、城内に入った。

妻子とは、赤尾庄左衛門邸の門前で行き合った。赤尾から「私は秀頼公の御恩があり、最期の御供をする。あなたは牢人なので妻子を連れて、ひとまず落ちられよ」と奨められ、暇乞いをして別れた。長常は七歳の長男石松を背負い、老母、妻、娘、譜代の若党、石松の姥を連れて落ち延びた。途中、城内に乱入した敵の足軽が鉄砲を撃っていたが、鉄砲頭が「侍は相見互い。お助けしよう」と言って一時射撃を停止させたので、無事逃れ出ることができた。

京極忠高の家臣赤尾清右衛門は、妻の親類だったため、通りかかった赤尾の軍勢を、石松の姥が見知っていて、赤尾の若党を通じて保護を求めた。赤尾は承知して一行を小屋に匿い、一晩を過ごさせた。長常親子は下人の風体に変装していたが、赤尾が長常の行方も尋ねていることを知り、名乗り出た。暫く休息の後、石松の姥の夫が近江大津にいたので、そこへ落ち延びた。さらに近江大浦に家来筋の者がいたので、そこへ久しく潜んだ。

その間に母や妻は死去した。大浦潜居の間、琵琶湖に投網して摩利支天の像を得たので、終生これを崇敬した。

その後、若狭へ行き、京極忠高の家臣二宮権左衛門方に寄宿し、二宮に免許を与えた。

若狭で三年ほどを過ごした後、江戸に下向し、門弟で懇意の佐久間安政（蒲生氏郷の旧臣）を頼り、仕官口を求めた。会津蒲生家へ三千石での仕官がまとまったが、加賀の親類から、前田家では二千石、足軽五十人を預けるという条件が示された。会津は遠国でためらいもあったため、佐久間に相談すると「親類がいるなら加賀に行きたい気持ちは分かる。蒲生家には断りを入れておくが、蒲生家ではいつでも三千石の待遇で迎える用意があるので、加賀で不首尾なら会津に行かれよ」とのことで、まずは加賀へ出向いた。

ところが前田家では再来春の上洛前に牢人の召し抱えは遠慮があるとして、上洛後の召し抱えを示してきた。それほど長くは待てないため、前田家への仕官は取りやめ、御三家への仕官を志すこととした（「長常記」）。

寛永二年八月、旗本蜷川親房に覚天流槍術の伝授状を与えた（『蜷川家文書』）。

前田家で斡旋の労をとった成瀬吉政が、徳川義直の家臣竹腰正晴に長常を紹介すると、早速尾張に来るよう連絡があった。尾張に出向くと、竹腰が江戸出府中だったため、成瀬正虎（成瀬吉政の甥）が仕官を取り持った（「長常記」）。

寛永四年、知行千石を与えられ、普請組寄合に加えられた（「尾州諸家系図集」）。長常はこの知行高に不満で、直々に賜暇を願い出ようとしたが、その機会もなく、出仕せずにいた。

寛永十年、尾張家では子の常之を出仕させ、知行三百石を与え、供番、目付、鉄砲頭に就けた。長常は「これまで知行を多く望んだのも子のためであった。このように常之を厚遇していただけるなら、最早尾張家に落ち着くしかない」と考え直し、その後は賜暇を願うことはなかった。しかし、その後も慶安三年に尾張家が代替わりした時に伺候した以外は、ついに出仕しなかった。

尾張家中で長常の鴫野における軍功に疑義を差し挟む者がいたので、江戸で上杉家中と吟味を遂げたいと、竹腰、成瀬を通じて願い出ると許可された。そこで江戸に下向し、上杉家の芋川備前守、島津利忠などと証拠となる書状を交わし、帰国してその首尾を報告した（「長常記」）。

年不詳八月二十四日付で島津利忠が長常に宛てた書状は、以下の趣旨であった。

「大坂鴫野表の合戦でのことについて、先年、江戸の芋川備前守方で吟味されたとのことですが、その折の貴殿の書付を拝見しました。兜、具足は黒、兜は小鯰尾、指物は白い撓の上部に卍を付けられていた由、すべて確かに符合します。貴殿が一番鑓を合わされた上杉方の四人のうち、皮の兜の武者が拙者の被官麻積兵右衛門という者で、柵際で討ち死にしました。その後、私と一緒にいた金の梨打ちの兜の武者は拙者の同心関新右衛門という者で、貴殿の手にかかり川の中で落命しました。その時、私は川岸で貴殿と出合い、鑓を合わせましたが、当方が馬上だったためか不運にも川の中に突き落とされ、勝負を決することができませんでした。貴殿のお働き、御手柄は確かに覚えています。右手に白い撓の指物の武者が多数見えましたが、柵を破って乗り込まれたのは貴殿ただ一人でした。何人《なんぴと》かと思っていましたが、芋川から聞いた話と記憶が符合し、私としては大慶です。内々お噂は芋川から聞き及んでいますので、ぜひお会いして今後は交際させていただきたいと思います」。

年不詳八月二十五日付で長常が島津に宛てた書状は、以下の趣旨であった。「大坂鴫野表でのことは、先年江戸で芋川備前守殿へ参会して吟味いたしましたが、それを聞き及ばれ、書状を賜りまして、かたじけなく拝見しました。仰せの通り、その節は私の方が高みにいたので川へ突き入れました。前後の状況も互いにすべて符合して、私においても大慶です。貴殿の戦場でのお働きは筆紙に尽くしがたいほどです。大坂の陣が話題になると貴殿のご活躍を耳にいたします。今後はどこにいても書面を以て証言いたしますので、そのようにご認識ください」。

成瀬正虎は長常から芋川や島津の書状を見せられたので、書状の写しを上杉家の千坂高信に送り、出状の事実を照会し、裏付けをとった（『石井進氏蒐集史料』）。

鑓はもっぱら子の常之が指南したが、長常も時々稽古場に出て、高弟らに伝授した（『昔咄』）。尾張家では、竹腰三信、同弟正晴、成瀬主計に免許を与えた（『長常記』）。小笠原貞春より得た建孝流の妙旨を工夫して田辺流と号した（『武術流祖録』）。

寛永十九年十月、隠居を願い出て、常之の知行三百石を隠居料として与えられた（『尾州諸家系図集』、『長常記』）。

寛文四年七月十三日に病死。享年八十六歳（『尾州諸家系図集』）。「大光院過去帳」によると、法名は鳴活功徳主無外常本居士。葬地は名古屋の大光院（『昔咄』）。「いつくにかすみやはてんと思ひしにみのおはりにそ行とまりぬる」との辞世が残る（『長常記』）。

妻は、近江大浦の人赤尾庄左衛門の娘（『尾州諸家系図集』）。

長男の田辺四郎右衛門常之は、慶長十四年に誕生。幼名は石松。寛永十九年十月、父の家督千石を継承した。黒門足軽頭、国元用人を務めた。尾張家当主の鑓を指南し、行覚流は尾張家代々の流儀となった。貞享二年六月、隠居して三十人扶持を給せられた。貞享四年五月九日に病死。享年七十九歳。子孫は尾張家の家臣として続いた。家紋は丸に卍。

次男の田辺善大夫親常は、尾張家で書院番、書院番小頭を務め、知行代三百石を与えられた。貞享五年六月二十日に病死。

三男の田辺平左衛門常直は、尾張家の成瀬豊前守の同心となり、知行二百石を与えられた（『士林泝洄』、「尾州諸家系図集」）。

谷市兵衛《たに いちびょうえ》

伊東長次の中小姓。

慶長二十年五月七日に戦死。享年四十歳ほど（『伊東家雑記』）。

田原清兵衛定勝《たはら せいびょうえ さだかつ》

慶長十九年十一月二十六日未明、鴫野口の柵が破られたため、午の上刻、城中より速水守之ら一万二千余人が出撃した（『大坂御陣覚書』）。速水配下の田原清兵衛、吉田次左衛門は、それぞれ預かりの鉄砲三十挺を指揮して、日暮れまで銃撃戦を展開した。

慶長二十年五月七日、速水の命により吉田次左衛門らとともに、玉造口東の仮門の防御に当たった（『米府紀事略』所載「正保四年亥二月七日付吉田次左衛門覚」）。

落城後、松井興長に騎士として仕え、知行百五十石（『松井家先祖由来附』所載「寛

永八年正月十三日付長岡佐渡守馬乗数の書附」)。

　寛永十五年一月四日、興長父子の有馬出陣に従軍。寄之に随行した二十九騎の武者大将の一人。

　二月二十七日、興長の一手は、深田を渡り原城二の丸の犬走りに取り付いた。物頭松井正元の添頭だった清兵衛が木戸越しに敵を突き倒すと、他の敵が田原の鑓を切り折った。郭内には草野国兼が先登し、続いて清兵衛、嫡男の田原角十郎綱房らが乗り込んだ。角十郎は、時に十六歳だった。さらに蓮池海手の細道を通り、本丸の東の隅より五、六間下の岸の上まで進出した。松井新太郎は岸の上から鉄砲を打たせ、清兵衛がこれを指揮した。角十郎も同所で働きがあった。松井正元が一番に石垣に取り付くと、番頭松井康秀以下、清兵衛、角十郎らもこれに続いた。清兵衛は、鉄砲に打たれ、角十郎は投石に打たれ、それぞれ負傷した。清兵衛の中間四郎右衛門は鑓傷を負い、中間左右衛門は石に打たれ負傷した。晩には松井正元が西枡形より四間ほど東から本丸へ一番に乗り込み、清兵衛、角十郎もこれに続いた。清兵衛は、小屋から突きかかった敵二人に名乗りかけ、突き伏せた。夜に入り手傷が強く痛み出したので、角十郎とともに本陣に退いた。

　清兵衛の子孫が松井家中にいないことから、後に離家したのと思われる(『綿考輯録』、『松井家先祖由来附』)。

玉川《たまがわ》伊予守《いよのかみ》正行《まさゆき》

近江国高島郡平井城主平井備中守秀貞の子。初め平井主殿(『家中諸士家譜五音寄』牧野弥次右衛門書上)、平井清兵衛を称した。慶長年中に玉川伊予守と改めた。諱は正行(「紀州家中系譜並ニ親類書書上」弘化四年二月玉川毎吉正容書上)、秀正。号は意楽(「本藩名士小伝」)。

　元亀二年一月上旬、一揆三百人ほどが、平井、新庄の両城を攻撃しようとしたが、秀正が駆け付け四十余人を討ち取った。主殿は親に先立って駆け出し、弓を射かけて一揆の者三人を傷付けた(『家中諸士家譜五音寄』牧野弥次右衛門書上)。

　高島郡新庄城主となり、父とともに信長に仕え、津田信澄に付属された。

　天正十年六月に信澄が滅亡したため、近江へ退去した。途中、一揆二、三百人に襲撃されたが、尾池玄蕃頭とともに苦戦して追い払った。この時藤島友重の刀で野武士五人を討ち取り、賊の棒を数多切り折ったので、この刀を棒切と名付けた(「本藩名士小伝」)。

　次いで秀吉に仕えた。天正十八年、山中城攻撃の際に、鎌宝蔵院より印可を受けた金房兵衛尉政次作の十文字鑓を振るって軍功を立てた(「本藩名士小伝」)。

　大和郡山の豊臣秀長に付属された(「紀州家中系譜並ニ親類書書上」弘化四年二月玉毎吉正容書上)。次いで豊臣秀俊に仕えた(『家中諸士家譜五音寄』牧野弥次右衛門書上)。

　その後、大和郡山の増田長盛に仕え、朝鮮に出役して軍功があった(本藩名士小伝)。あるいは秀吉に仕え、旗本に列せられ、方々の戦場で働きがあった。感状や褒美の刀一腰を賜与された。秀吉の死後、石田三成に対して少々不満があり、近江に引き籠った。

　慶長五年の戦役後、秀頼に出仕し、旗本に列せられた。落城後、京都に浪居。

　父の秀貞が、上方で真田信之を世話したことがあったため、信之は秀正を姫路(天樹院徳川氏)の客人分として信濃松代に招いた。信之に近侍し伽役を務めた（『家中諸士家譜五音寄』牧野弥次右衛門書上）。松代城留守居を務めた（『吉備温故秘録』所載「牧野亀之丞書上」）。知行八百石を与えられた（「本藩名士小伝」）。

信濃で病死。享年九十六歳（『家中諸士家譜五音寄』牧野弥次右衛門書上）。あるいは承応元年九月二十一日に死去。享年八十八歳。葬地は松代の長国寺。法名は受光院殿証岸弘清居士（「先公実録続編　大鋒院殿御事蹟続編稿」）。

惣領は玉川織部正正記。長男庄五郎、次男兵次郎が病死したため、嫡男となった。真田信之に知行八百石で仕え、番頭、年寄役を務めた。信之の死後、京都に浪居した。元禄二年十一月四日に死去。法名は景雲院覚岸道悟居士。その子玉川伊右衛門正武は徳川頼宣に仕え、子孫は紀伊徳川家の家臣として続いた（「先公実録続編　大鋒院殿御事蹟続編稿」、『吉備温故秘録』所載「牧野亀之丞書上」、「紀州家中系譜並ニ親類書書上」弘化四年二月玉川毎吉正容書上）。

長女の亀子は、真田信之の部屋方となり、右京と称せられた。信之の死後、剃髪した。寛文十一年十一月五日に京都で死去。享年七十一歳。法名は清光院正岳妙貞大姉（「先公実録続編　大鋒院殿御事蹟続編稿」）。蓮華定院に玉川正武が寄付した平井源亀子の画像が所蔵されている（『高野山宝物目録』）。

末子の牧野弥次右衛門は、父が京都で牢人中に出生。五歳の時、叔父小幡二郎左衛門（織田上野介家臣）の養子となり丹波にいた。叔母の下総（霜）は十六歳より大坂で千姫に仕え、その後円盛院本多氏（千姫の娘）に仕えた。霜に子がなかったので、千姫の取り成しにより、弥次右衛門を養子として呼び寄せ、大坂町奉行久貝正俊組与力牧野平左衛門の子分として牧野氏を名乗らせた。寛永十九年十二月二十八日、池田光政に拝謁して切米元俵五十俵五人扶持を給せられた。児小姓、納戸奉行、取次役、江戸聞番役、鉄砲頭を歴勤し、知行四百五十石を与えられた。天和二年七月三十日に病死。子孫は備前池田家の家臣として続いた（『家中諸士家譜五音寄』牧野弥次右衛門書上、『吉備温故秘録』所載「牧野亀之丞書上」）。

田村林蔵院　たむら　りんぞういん

高野山の僧坊衆。

天正十年二月十四日朝、千手院西山坊、二見密蔵院以下の人数が高野山から繰り出し、巳の刻、織田方松山新介の在番する紀伊国伊都郡相賀荘田和菖蒲谷砦を襲撃した。林蔵院は一番鑓の軍功により、二月十六日付で金剛峰寺惣分沙汰所一臈坊から寺中感書を受領した（「松花堂式部卿法印昭乗留書」、『武家事紀』、「山本日記」）。

『本光国師日記』によると、慶長十九年、奈良や高野山で寺役などをも務めた坊主では谷上珠徳院、千手院真福院、千手院蓮坊、小田原窪坊、南谷増福院が、小坊衆では小田原福蔵院、西院正善院、谷上転法輪院、南谷城花院、小田原新福院、一心院花蔵院、小田原林蔵院およびその党類百十一人が大坂城に籠り、坊跡はいずれも闕所《けっしょ》となった。

田村林蔵院は、足軽百人ほどを引き連れて籠城した。年の頃は五十歳ほど（『土屋知貞私記』）。

十二月十六日、本町橋通の夜討ちに参加（『阿府志』）。蜂須賀至鎮の家臣稲田示植の談によると、林蔵院は長柄鑓を振るって稲田の手許に突き掛かった。稲田が難儀していると家来が駆け付け、刀で切り払い鑓を解いた。その後、稲田は城内に引き揚げる敵を追ったが、四、五尺の堀切を越えかね、林蔵院と互いに名乗りを上げて鑓を投げ付けにした。稲田は左の股に当たった林蔵院の鑓を抜き取る際、左の手のうちを少し負傷した(『阿波徴古雑抄』黒部太郎左衛門覚書)。この日、城方で功名が認定された二十三人以外の者は、翌十七日朝、塙団右衛門方に書付を提出し、講和後に蜂須賀家に対し実否確認が行われた(「大坂夜討事」、『大坂御陣覚書』)。林蔵院は鑓を投げ交わした程度の事は申し立てるに及ばないと考え、十七日の吟味には出なかった(『綿考輯録』)。

稲田は夜襲の敵を追い崩し、手負いの働き比類なしとして、家康、秀忠から感状を賜与された(『寛永諸家系図伝』、『譜牒余録』)。林蔵院の鑓は、徳川家奉行の実検に供えられた(「松花堂式部卿法印昭乗留書」所載「九月十五日付稲田修理書状」)。林蔵院の鑓は長さ九尺余の千鳥十文字で、稲田家に伝来した(『増補稲田昔物語』)。

慶長二十年五月七日、大坂から落ち延びた(『土屋知貞私記』)。

戦後、稲田示植に書状を送り、年不詳九月十五日付で以下の趣旨の返書を得た。「初めまして。貴札、誠にかたじけなく存じます。先年大坂籠城の時、船場表の夜討ちに出てお働きの段、申すべき様もありません。その際に拙者の鑓をそちらでお取りになり、今もご所持の由。御書付のとおり拙者の鑓です。貴殿の鑓は私の方で所持しています。いつかは互いに取り替えたいとのことですが、当時、上様の御奉行衆がご覧になっており、あるいは重ねてお尋ねがあるかもしれないので応じかねます。いずれどこかでお目にかかりお話を承りたいので多くは書きません」(『阿府志』)。

播磨姫路の本多忠刻に知行四百石(「山本日記」)、または三百石(『綿考輯録』)で仕えた。仕官の際、夜討ちで稲田示植と鑓を合わせ、家康からも事実として公認されていると申し立てた(『増補稲田昔物語』)。元和年中、長岡是季組に属していた伴彦太夫が、夜討ちの時の軍功を申し立て、本多家に仕官を求めた際、既に本多家に召し抱えられていた鈴木半左衛門と林蔵院の武功申述に疑義を唱えたため、本多忠刻が京都にいた旧大野治房組の上条又八、長岡是季、武藤丹後に自筆状で実否を照会し、三士は織田宗爾を通じて書状で回答した(『綿考輯録』、「鳴野蒲生合戦覚書」)。この時の林蔵院の申し立ては「大野主馬組より夜討ちの大将を申し付けられ、蜂須賀家の家老と鑓を合わせ、互いに鑓を取り替え、落城後、稲田示植と書状を取り交わした」というもの(『綿考輯録』)。忠刻の照会に対し、三士は「林蔵院の鑓働きについては、当時本人から書付が提出されなかったので、まったく聞き及んでいない」と回答した(「鳴野蒲生合戦覚書」)。また、長岡は「林蔵院は治房組ではあったが、夜討ちの大将ではない。そもそも夜討ちには大将ほどの者はなく、塙団右衛門と私が治房から頭分を命じられただけである。夜討ちの手柄は二十三人に極まり、翌十七日に褒賞されたので、それぞれの名前がはっきりしているが、その中に林蔵院の名前はない」と申し添えた。林蔵院は「十七日の吟味の時、この程度の事は申し立てるに及ばないと考え、吟味には出なかった。しかし、その後稲田示植方から鑓を合わせた場所の詮索があり、互いに書状を交わしてはっきりさせている」と反論した。しかし、長岡は重ねて「稲田と鑓を取り替えた事ははっきりとしていない。敵が慌てふためいている最中に互いの鑓を取り替えるのは不審に思われる。定めて偽りではないのだろうが、城中で誰も知っている者はいない」と申し入れた。結果、林蔵院と鈴木は本多家の扶持を召し放たれた（『綿考輯録』）。

　その後、松平忠明に知行四百八十石で仕え、旗奉行を務めた（「見聞集」所載「御先祖松平忠明公播州姫路御居城之節御分限帳之写」）。寛永以前に松平家の使者として紀伊国伊都郡慈尊院村に中橋勘之丞弘高を訪問し、仕官を勧誘した（「紀伊国伊都郡慈尊院村慈尊院中橋家文書」）。大和郡山で死去（「山本日記」）。

田屋右馬助　たや うまのすけ

　塙団右衛門組に所属（『金万家文書』）。

　慶長十九年十二月十六日、本町橋通の夜討ちで、木村喜左衛門、畑角大夫、牧野牛抱、田屋右馬助の四人が同じ場所で鑓を合わせたと申し立てた。和睦後、蜂須賀至鎮の家臣稲田示植の証言と四人の申述が一致したので、四人の功名が認定された（「大坂夜討事」）。

　軍功詮議の時、団右衛門が長岡監物と御宿越前に「四人のうち、田屋のみ長刀なので、鑓を合わせたとは言えまいという意見もあるがどうか」と相談した。御宿が「鑓も樫の柄、長刀も樫の柄なので同じこと。むしろ長刀は鑓より短いので、より優れた働きである」と言ったので落着した（「武辺咄聞書」）。褒賞として黄金二枚が下賜された（「大坂記」）。

　慶長二十年四月二十九日、樫井合戦で組頭の団右衛門は戦死。同じ組の山田五郎左衛門が深手を負ったので、田屋が若党を添えて後方に退かせた（『吉備温故秘録』所載「山田市郎左衛門書上」）。

　落城後、菊之助（『武家事紀』）、または五郎左衛門、後に菊右衛門と改称した（「武辺咄聞書」、『翁草』、『南紀徳川史』）。徳川頼宣に仕えた（『南紀徳川史』）。『和歌山分限帳』に、寄合として田屋菊右衛門（知行二百石）の名が見える。『国初御家中知行高』に、大番衆三番に属する田屋五郎左衛門（知行三百五十石）の名が見える。

　寛永十四年十二月十九日、上使の松平信綱は、紀州家が用意した八十挺立ての船に乗り、大坂表川口から九州へ発向《はっこう》した。紀州家より市川甚右衛門、吉田三右衛門、山中作右衛門、田屋五郎左衛門、中嶋勘兵衛、荒木十右衛門が同乗した（「大河内家記録」）。

　寛永十五年二月二十八日、原城総攻撃に際して、田屋五郎左衛門は、細川忠利の家臣横井時次とともに本丸石垣の犬走りに上り、鑓を入れ、後日の証拠として互いに言葉を交わした（『部分御旧記』所載「有馬城乗之刻他国衆と言葉を替帳」）。

田屋茂左衛門政高　たや もざえもん まさたか

　近江海津守護田屋石見守明政の甥で、明政の長女を娶り、養子となった（『東浅井郡志』）。

　諱は政高、または政亮（『幕府祚胤伝』）。

　永禄三年（『東浅井郡志』）、または永禄四年に誕生。

　秀吉、秀頼に歴仕。慶長二十年五月八日に戦死。享年五十五歳（『寛政重修諸家譜』）、または五十六歳（『東浅井郡志』）。法名は専栄（『寛政重修諸家譜』）、あるいは孤雲院泰岳矩峻（「浅井家譜」）。

　嗣子の左馬助直政は、母方の三好氏を称した。慶長六年に誕生。一説に慶長十二年に誕生。政高の妻田屋氏とともに千姫の大坂城退去に従った。法号は光月院。法名は了栄。葬地は赤坂の浄土寺。妻は明石掃部頭の娘。寛永元年、嗣子の三好監物政盛を産んだ。子孫は幕臣として続いた。
娘は長女が里見治左衛門興元の妻で、次女たつ子が秀頼の家臣浅井紀伊介堅政の妻で、三女は細川忠利の家臣林外記に嫁ぎ、嵯峨法輪寺僧有尊を産んだ（『寛政重修諸家譜』、「浅井氏年譜」）。

淡輪《たんのわ》吉左衛門《きちざえもん》

慶長二十年四月二十九日、樫井合戦で浅野長晟の家臣亀田高綱は、一番に赤具足の武者を討ち取り、さらに五、六間進み出て、歪んだ十文字鑓を足で踏み直して敵を待っていると、指物に谷輪吉左衛門と書いた敵が馳せて来たったので、暫し鑓で競り合った。そこへ亀田の家来菅野加右衛門〔注〕が横から吉左衛門の脇壷を突き通し、亀田の家来須田作兵衛が首を揚げた（『寛永五年正月亀田大隅守高綱入道鉄斎員徳樫井合戦覚書』）。

「浅野考譜」には、亀田が吉左衛門を突き落とし、家臣の菅野兵左衛門が首を揚げようとしたが、吉左衛門が兵左衛門の足を切り払ったので、菅野嘉左衛門が駆け寄って押さえ付け、兵左衛門に首を取らせたとある。

〔注〕菅加右衛門とその弟兵右衛門は異国人で、来朝して亀田高綱に仕えた。後に前田家に仕え、菅野氏に改めた（「諸士系譜」）。

淡輪《たんのわ》六郎兵衛《ろくろ(う)びょうえ》重政《しげまさ》

先祖代々和泉国日根郡淡輪荘を領知（『泉州志』、『淡輪録』）。出自について以下の諸説がある。

（一）淡輪大和守（号は徹斎）は、娘が豊臣秀次の側妾となっていたため、秀次滅亡により没落した。嫡男の家は紀伊にあり、次男の六郎兵衛は牢人となり、後に大坂籠城（『泉州志』）。

「淡輪文書」、『兼見卿記』に、天正年中の人淡輪徹斎と淡輪大和守が見える。徹斎と大和守は、親子または兄弟と思われるが不明。徹斎の若名も不明。

秀次の側妾おここは、和泉淡輪氏の息女で、文禄四年八月二日に秀次の妻子らとともに三条河原で処刑された。享年二十一歳（『大かうさまくんきのうち』）。

（二）淡輪修理之助の長男は淡輪大和守。その子に大和、六郎兵衛兄弟があり、天正年中、秀吉に従属したが、後に豊臣秀長と争い、一家没落した。六郎兵衛は、大和の子吉兵衛〔注1〕を取り立てて大坂籠城（『淡輪録』）。

＊

淡輪重政は、初め小西行長に仕え、慶長五年、主家の滅亡後は諸国を廻歴した（「茗話記」）。

その後、紀伊で浅野幸長の家中と交際し、亀田高綱とも昵懇にした。幸長の家臣永原十方院重高（号は忍斎）に行長の敗因を語ったことが、忍斎の子永原兵右衛門の談話に残る（「落穂集」）。

なお「徳昌寺授戒牒」に、慶長十四年の大坂における授戒者として淡輪六兵衛昌吉の名が見える。同一人物の可能性もある。

慶長十九年、大坂籠城。大野治房組に付属され、足軽五十人を預かった（「茗話記」）。

慶長二十年四月二十九日、泉州路案内役となり、塙団右衛門とともに南進。この時、岡部大学は東の河原道を進み樫井の町中への突入を試みたが、亀田高綱のために斥けられた。その後から六郎兵衛が駆け付け、東の河原から樫井町の南に乗り込んだところを、出合い頭に浅野氏重の足軽組頭長田次兵衛高久に討たれた

(『大坂御陣覚書』)。

高久は平素病気で、駈けることも不自由だったため、家中の若者たちは「あの病者が何の役に立つか」と嘲笑していた。これを聞いた高久は、「人足は力と元気次第。侍は剛の者のみが役に立つ。無病か病者かによるものではない」と言っていた。果たして樫井合戦では淡輪の兜付き首を持参し、日頃嘲笑していた若者たちを「病者に劣る息災人」と嘲り返した(『武辺咄聞書』)。高久は淡輪と鑓を合わせた時の様子について「鍵鑓で敵の鑓を町家の軒に跳ね上げると、敵はその鑓を取り直そうともたついていたので、安々とその脇壺を突いて仕留めた」と語った(『勇士物語』)。

寛永十六年四月二十九日、二十五回忌に会津の士本山三郎右衛門直昌(注2)が淡輪村で石材を調え、樫井の北口街道筋に淡輪六郎兵衛橘重政の宝篋印塔《ほうきょういんとう》を建立し、了心宗意居士と諡した(『泉州史料』)〈墓碑写真は巻末「付録」参照〉。

〔注1〕「淡輪系図」によると、淡輪三郎四郎友重の子は六郎兵衛重氏で、その長男は因幡守重昌、その長男の藤左衛門良重が、後に吉兵衛隆重を称した。『淡輪録』に見える大和の子吉兵衛は、この隆重と同一人物を指すものと思われるが、隆重は以下の通り大坂に籠城していない。淡輪隆重は慶長六年、浅野長晟に仕えた。知行三百石を与えられ、大坂玉造の浅野家屋敷の番役を務めた。大坂の陣には一番備え仙石角左衛門の組下として従軍した(『自得公済美録』)。その惣領新兵衛重直は、文禄三年に誕生。浅野家に牢人分で寄寓していたが、浅野家の広島転封により和泉に帰った。寛永二年十一月五日、徳川頼宣に知行三百石で召し抱えられた。寛文八年十一月十七日に病死。享年七十五歳。子孫は紀伊徳川家の家臣として続いた(『紀州家中系譜並ニ親類書書上』安政六年十二月淡輪覚十郎昌之書上)。

〔注2〕淡輪六郎兵衛重氏の次男は淡輪次郎左衛門昌信で、その子は本山次郎左衛門信重、その子が本山三郎左衛門昌直(「淡輪系図」)。淡輪重政の墓を建立した本山直昌とは、右の本山昌直と同一人物と思われる。本山三郎右衛門は会津加藤明成の家臣で池久兵衛組に属し、知行四百五十石。大沼郡高田代官を務めた(『加藤家分限帳』)。

ち

千種又三郎顕理　ちぐさ　またさぶろう　あきまさ

伊勢国三重郡の千種城主千種常陸助忠治(号は卜斎)の養子(『勢陽五鈴遺響』)。実は富田信濃守知信の甥。

諱は顕理(『増訂背書国誌』)、朝顕(『難波戦記』)、政顕とされる(『諸方雑砕集』)。

初め、織田信雄に仕えた(『勢陽五鈴遺響』)。伊勢国員弁郡饗場郷で四百貫文を領知(『織田信雄分限帳』)。

信雄の没落後、秀吉に仕え、三重郡音羽村で六百石を与えられた(『勢陽五鈴遺響』)。

文禄元年、肥前名護屋城に在番し、本丸広間番衆馬廻組の六番速水守之組に所属(『太閤記』)。

慶長四年四月二十八日、豊国社に三百文を寄進(『豊国社旧記』)。

秀頼に仕え、大坂七組の速水守之組に所属。知行三百石(『難波戦記』)、あるいは知行二百石(『諸方雑砕集』、『武家事紀』)。『桑名御領分村絵図』に、音羽村の六百二十九石五斗五升は、千草又三郎、同又左衛門の相給となっている。七組の分限帳で三百石、あるいは二百石とされているのはそのためかと思われる。

慶長二十年五月六日、大坂で戦死（「増訂背書国誌」）。

智荘厳院応政《ちそうげんいん おうせい》

天正九年、高野山僧徒が所々に砦を築き、信長に対抗した際の、槙の砦の大将（『大日本史料』所載「天正高野治乱記」）。

慶長十九年十一月、智荘厳院跡は闕所《けっしょ》となり、知行は年預へ納め、その支配下に置かれた（『高野山文書』又続宝簡集）。『高野春秋編年輯録』に、慶長二十年四月上旬、高野山寺領の智荘厳院応政、五大院刑部は、真田信繁の招聘により大坂城に籠り、木村重成の手に属して戦死したとあるが、慶長十九年十一月に闕所となっており、同年には既に籠城したものと思われる。

元和四年十一月二十三日、智荘厳院の院領は、半減された（『高野春秋編年輯録』）。

長宗我部宮内少輔盛親《ちょうすがめ くないのしょう もりちか》

→「大坂城中の五人衆」の項。

長宗我部民部《ちょうすがめ みんぶ》

長宗我部盛親の弟。

兄とともに大坂籠城。

落城の時、切り抜けて山科付近の民家に押し入り、武具を脱ぎ棄て身をやつし、宇都宮の所縁または駿河の知る辺を頼って山谷の間道を東下した。信濃多賀明神の社殿に至った頃には飢渇していたが、卜筮《ぼくぜい》者安部康豊と称して、機知を以て里人の崇敬を集めるに至った。

暫く逗留した後、里人から衣服などの餞別を贈られ、駿河の長光寺に落ち着き、母方の名字に改め、足立七左衛門〔注〕と称した。駿河田中城主酒井忠利が長光寺付近に放鷹した時、刃傷に及んだ者が、寺の客殿に斬り込んだ。折しも居合わせた七左衛門が、机を投げ取り押さえた。

帰城後、忠利は七左衛門の由緒を尋ね、知行二百石で召し出した。川越移封時に知行五百石、その後も累進して知行千五百石を与えられた。

子の二代目七左衛門は、若狭小浜で酒井忠勝に知行五千石で仕えた。信濃の多賀明神に五十石を寄進した。子孫は若狭小浜酒井家の家臣として続いた（「落穂雑談一言集」）。

「足立七左衛門貞興書上」（『安永三年小浜藩家臣由緒書』）には、足立氏と長宗我部氏の関係性はうかがわれず、知行高も相違する。また、酒井忠利は慶長十四年、既に田中から川越に移封されているうえ、長宗我部氏の系図、家譜類には民部が確認できないことから、創作された人物と思われる。

〔注〕本国は丹波。初代足立七左衛門孝興は、文禄四年の誕生。寛永十一年、山岡主計の斡旋により京都で酒井忠勝に出仕。知行二百五十石で、奏者役を務めた。承応元年七月七日に病死。享年五十八歳。二代目七左衛門勝興（号は最伝）は、大目付役、用人役を経て、小浜老役に就き、知行四百石。宝永六年七月二十八日に病死（『安永三年小浜藩家臣由緒書』足立七左衛門貞興書上）。

長宗我部主水近吉《ちょうすがめ もんど ちかよし》

長宗我部四郎兵衛の子（『難波戦記』）。あるいは長宗我部四郎左衛門尹親の子（『香宗我部氏記録』）。『土佐国編年記事略』には長宗我部同姓の別家南岳主水、「安田徳友書付」（『土佐国蠹簡集木屑』所載）には南岡主水と表記されていることから、『元親記』に見える長宗我部元親の若手家老分、南岡四郎兵衛尉の子と思われる。諱は近吉（『土佐国蠹簡集拾遺』所載「高野山正覚院文書」）、玄親（『香宗我部氏記録』）。

慶長二十年五月六日、長宗我部盛親に属して八尾表合戦に出役。退却の時、十池少太郎、豊永藤五郎とともに殿《しんがり》を務めた（『南路志』所載「能瀬惣兵衛大坂陣中覚」）。

寛永四年、藤堂高虎に知行二百石で仕えた（『宗国史』外編「功臣年表」）。藤堂高次の代には、南都祭礼の騎馬役を務めたことがあった。高次の代に絶家（『公室年譜略』）。

『公室年譜略』に、藤堂氏勝を討ち、同息氏紹に討たれた主水の子主水が、寛永四年二代目石田清兵衛の取次により知行二百石で藤堂高虎に出仕し、伊賀の藤堂家信組に付属されたとある。『元和先鋒録』も、氏紹に討たれた主水の子が藤堂家に召し抱えられたとする。しかし「長宗我部主水書状」および「能瀬惣兵衛大坂陣中覚」（どちらも『南路志』所載）から、主水は存生して藤堂家に仕えたものと思われる。『土佐国編年紀事略』、『難波戦記』も存生説を採っている。

寛永十三年頃か、九月十六日付、長宗我部主水藤□の署名で、土佐の能瀬宗兵衛に以下の趣旨の手紙を送っている。「大坂陣以来連絡もしていませんでしたが、御無事ですか。私も八、九年前に藤堂高次に仕官し、今は伊賀に居りますが、不運なため、ふがいない身代。残念の極みです。さて、貴殿の八尾表でのお働きは比類ないものでした。目の当たりにしていたので、勝利すれば一廉の知行も差し上げられるべきところ、互いに敗軍の不運、是非もありません。当地で香宗我部左近大夫親和殿が貴殿のことを噂されていたので、八尾での御手柄の次第を詳しく語ったところです。今貴殿は、山内忠義様に仕官されている由。まず以て大慶に存じます。何か御用がありましたら承ります。なお、御手前のお働きは、実に格別のもので、当地でも話し相手に詳しく語っています。そこもとへの懐かしさは言い尽くせません。何とか存命のうちに対面して積もる話をしたいものです。書状を頂くことがなかったので、今般の便宜を幸いにこのような手紙を送る次第です」（『南路志』）。

ちなみに、慶長二十年五月六日朝、藤堂氏勝の戦死の様子は以下のとおりである。

旗本先手にあった氏勝は、左先頭藤堂高刑の横鑓を命ぜられ急行すると、八尾の西の川堤に屯する長宗我部勢から五、六人の武者が鑓を提げて進み出た。氏勝は三人の敵と闘ったが、そのうちの華やかな武者に左脇裾を突かれ倒れた。付近で闘っていた藤堂氏紹が駆け付け、三人のうち一人を突き伏せた。徒士弓の者や鑓持が、氏勝の脇壺に突き捨てにされた鑓を抜き取って二、三間ほど肩に担いで後退したが、絶命したため、首を切って退却した。氏紹は当時十六歳での高名を讃えられ、家中で「十六勘解由」と唱えられた。高虎は氏勝戦死の報に驚き、組中の吟味を三度させた。組頭の首を敵に奪われた組は軍功があっても恩賞がなく、奪われなかった組には軍功に応じた褒賞があったが、加増はなかった（『元和先鋒録』、『高山公実録』）。

「勘解由家乗」（『高山公実録』所載）は、氏紹が父の敵主水をその場で討ち取ったとし、『公室年譜略』も、氏紹が討ち取った兜付の首一級を主水の首としているが、「家譜」（『高山公実録』所載）によると、氏

ち

紹が主水を突き伏せ、息を継いでいると主水の家来が駆け寄り、主水の首を奪い去ったという。また『長井文書軍忠書上覚』は、氏紹の子勘解由による書留であるが、氏紹は兜の内側に矢を射立てられた敵が、矢を抜き取ろうとする隙に、刀で打ちかかって倒した。そこへ中小路宗久が、倒れた敵を一鑓突いてそのまま首を押さえ取ったとしている。この書留では、主水について言及がない。さらに「中小路伝七家乗」(『高山公実録』所載)では、宗久の働きについて右と異なる経緯が掲げられている。

　結局、氏紹が取った首が誰だったのか判然としない。先祖を顕彰する過程で、親の仇主水を当座に討ち果たしたと軍功が美化され、それに伴い、藤堂家に出仕した主水も本人ではなく、その子とされていった可能性もある。

つ

塚田喜助《つかだ きすけ》

　初め甲斐武田氏に仕え、主家の滅亡後は、真田氏に属した。

　大坂の陣では真田信繁に属して戦死。長男の塚田杢助正家は、稲葉正勝に仕えた。次男の塚田五郎左衛門宗昌は、真田信之に仕えた(『事実文編』)。

津川左近将監近治《つがわ さこんのしょうげん ちかはる》

　尾張守護斯波家の出自。津川左兵衛佐義近(号は三松)の四男。津川大蔵、津川左兵衛佐近利、津川四郎右衛門辰珍の弟(『武衛系図』)。

　『尾州法華寺蔵織田系図』に、従四位侍従とあるが、父の義近と混同されている可能性がある。諱は『難波戦記』などの親行が一般化しているが、『武衛系図』には、近治とある。

　『土屋知貞私記』に、初め秀吉に仕え、黄母衣衆とあるが、『大かうさまくんきのうち』、『太閤記』、『武家事紀』の母衣衆交名には見えず、推定年齢からも信憑性に欠ける。

　秀頼に仕え、小姓頭を務めた(『難波戦記』)。

　慶長十六年三月、秀頼の上洛に供奉(「秀頼御上洛之次第」)。三月二十八日、二条城で片桐且元より秀頼近臣のうち知名の者数名が、家康に披露された。その筆頭は細川元勝、次に津川右近大夫(津川近治か)(「諸家系図纂」)。

　当時、知行千四百石。

　慶長十七年十二月から、大坂諸大夫衆の一員として禁裏普請助役(『慶長十六年禁裏御普請帳』)。

　慶長十八年三月二十九日昼、織田有楽の茶会に招かれ、石川貞政、木村重成とともに参席。

　慶長十九年三月十八日朝、織田有楽の茶会に招かれ、木村重成、生駒宮内少輔、片桐且清とともに参席。八月十五日朝、有楽の茶会に招かれ、京極喜太郎、神保出羽守とともに参席(「有楽亭茶湯日記」)。

　当時、知行二千石ほど(『土屋知貞私記』)。

　大坂城に籠り、豊臣家の茜の吹貫五十本を預かった(『難波戦記』)。旗奉行を務めた(『土屋知貞私記』)。

　慶長二十年、秀頼の金瓢の馬印を預

かった（『大坂御陣覚書』）。

　五月七日、秀頼出馬の時の軍法により馬印を奉じて岡山口に出張（「慶長録考異」）。しかし、ほどなく味方が敗軍したので城中に引き揚げた（『大坂御陣覚書』）。馬印を奉還して、「斯波の家に生まれながら、久しく凋落していたところを召し出され、人並み以上に遇していただいた。近年は讒言により遠ざけられていたが、今日御馬印を預けられたのは生前の面目。先陣での討ち死にこそ本意であるが、御馬印を敵の手に渡すのも口惜しく、また何か後図《こうと》もあろうかと存じ、これまで持ち帰った」と報告した（『豊内記』）。その後、馬印は路上に放置されていたが、あとから来た伊藤武蔵が取り揚げて引き入れた（『大坂御陣覚書』）。金瓢箪の馬印は、表御殿の台所付近で女中の手により破却された（「おきく物語」）。

　馬印の処分は判然としない。右の説がすべて正しいと仮定するなら、近治は岡山口から戻って桜門付近で馬印を奉還したが、その場に放置され、あとから来た伊藤武蔵が取り上げて唐門を通って表御殿御対面所付近に持ち込み、最終的には表御殿の台所付近で女中の手により破却されたということになろうか。

　秀頼に従い、帯曲輪の櫓に移った。夜になり、今木一政が真っ先に脇差を抜いて自害に及ぼうとしたところを、毛利長門とともに押しとどめて外に追いやった（『浅井一政自記』）。

　五月八日、秀頼の最期に供をして殉死（『駿府記』、『土屋知貞私記』）。『駿府記』に二十六歳、『土屋知貞私記』に六十余歳とある。父三松の没年齢（慶長五年・六十一歳）、三松の次男近利の生年（天正十年）、近治の妻の没年（寛文八年）、相婿松平忠頼の生年（天正十年）に照らすと、六十余歳は誤りと思われる。

　妻は、織田有楽の三女（『寛政重修諸家譜』）。二女を産み、夫の死後は善法寺家へ引き取られ、境内に居住した。寛文八年八月三日に死去。法名は永福院殿光月宗養大姉。墓所は山城国乙訓郡大野原の安養寺。

　長女は、有楽の養女として石清水八幡善法寺第十八代幸清に嫁ぎ、寛文四年五月十日に死去。法名は永光院殿林杏芳大姉。その嫡男が第十九代有清で、妻は平野権平の娘。

　次女は、団善右衛門に嫁いだ（『武衛系図』、『柳本織田家記録』）。

柘植十大夫　つげ　じゅうだゆう
　塙団右衛門の家来。
　慶長十九年十二月十六日、本町橋通の夜討に参加して首一級を斬獲した（『金万家文書』金万定右衛門申立之覚）。軍功を立てた二十三士の一人として、翌十七日千畳敷御殿で秀頼から褒美を拝領した。
　落城後、死去（「大坂夜討事」）。

辻本伊織政師　つじもと　いおり　まさのり
　大和国宇智郡阪合部郷中村の人。辻本左門昭政の嫡男。
　慶長十九年十一月十六日、大坂の陣で戦死（『辻本氏系図』）。

辻弥次兵衛　つじ　やじびょうえ
　慶長二十年、大坂の陣で幕臣斎藤三存に討たれた（『寛政重修諸家譜』）。

津田勘七郎　つだ　かんしちろう
　津田主水昌澄の長男。
　大坂城で戦死。享年二十七歳（『寛政重修諸家譜』）。

津田《つだ》監物《けんもつ》忠直《ただなお》

織田兵部大輔忠辰の嫡男。母は津田長門守信成の妹。

父の忠辰は、幼少で父親と死別し、母方の祖母養徳院池田氏に養育された。初め織田信雄、後に秀吉に仕え、近習組頭。慶長十八年二月二十日、京都で死去。享年四十二歳（『鳥取藩政資料 藩士家譜』織田豊家、『尾州法華寺蔵織田系図』）。

津田忠直は、慶長元年に誕生。初め大学、後に監物。諱は将軍秀忠をはばかり、忠直から信番に改めた（『尾州法華寺蔵織田系図』）。

秀頼に仕え、近習を務めた（『鳥取藩政資料 藩士家譜』織田豊家）。

慶長十六年三月、秀頼の上洛に供奉（『秀頼御上洛之次第』）。

当時、知行千石（『慶長十六年禁裏御普請帳』）。

慶長十七年六月二十三日昼、織田有楽の茶会に招かれ、織田信重、木村重成とともに参会（『有楽亭茶湯日記』）。

十二月から大坂諸大夫衆の一員として禁裏普請助役（『慶長十六年禁裏御普請帳』）。

慶長十八年、片桐且元から江戸への口添えがあり、詰衆相役の細川元勝と同時に五百石を加増された（『和久家重修系譜』慶長十八年十月二十八日付 和久宗友書状）。

大仏造営の際、秀頼の使者として中井正清方に赴いた（『大工頭中井家文書』）。

慶長十九年七月三日、従五位下大監物に叙任（『柳原家記録』）。

『土屋知貞私記』には知行五百石ほど、「摂戦実録」には五百石、あるいは小身にて三百石とあるが、少なくとも千五百石は知行していたと思われる。

慶長二十年五月六日、誉田表に出陣（『難波戦記』）。

落城後、備前で池田忠雄に知行八百石で仕えた。

元和八年五月二十八日、忠雄より判物を以て備前国津高郡辛川村のうち五百五十石六斗四升、児嶋郡上村のうち三百二十石二斗四升三合、同郡通生村のうち百二十九石一斗一升七合、合計知行千石を宛行われた。

寛永十年の国替え以後、米子に派遣された。十一月二十八日、目録を以て伯耆国会見郡東外村四百五石九斗一合、同郡江原村百八石九升、日野郡久古の浜村二百四十七石三斗二升五合、汗入郡外構村二百四十二石一斗八升八合、合計知行千石を与えられた。

万治元年六月八日に伯耆で死去。享年六十三歳。法名は義雲院仁菴道雄居士。葬地は禅源寺（『鳥取藩政資料 藩士家譜』織田豊家）。

妻は津田監物元房の次女清正院。あるいは織田河内守長孝の三女玉台院（『尾州法華寺蔵織田系図』、『藩士名寄』）。

子の津田監物信久が家督千石を継ぎ、子孫は因幡池田家の家臣として続いた（『鳥取藩政資料 藩士家譜』織田豊家）。

津田《つだ》左京亮《さきょうのすけ》

諱は信澄（『難波戦記』）、信純とされる（『摂戦実録』）。

慶長二十年五月七日、天王寺表に出役（『難波戦記』）。あるいは茶臼山表に真田の先手として出役（『大坂御陣覚書』）。京極忠高の家臣粟屋右近に討たれた。同夜、首は京極家より大将分に准ずるものとして本営に差し出された（『視聴混雑録』）。

「柳原家記録」によると、津田忠勝が慶長十年八月十二日、従五位下左京亮に叙位任官しているが同一人物かは不明。

津田二右衛門勝昌《つだ じえもん かつまさ》
大坂城士。

落城後、牢人となり京都に居住。織田家血筋の者なので、阿波の蜂須賀至鎮に知行三百石で出仕した。由良浦屋敷を預けられ、後に淡路洲本に引っ越した。

承応三年五月二十八日に病死。

次男の津田新五兵衛義真が、家督二百五十石を継ぎ、子孫は蜂須賀家の家臣として続いた（「蜂須賀家家臣成立書并系図」文久元年十二月津田孫五郎書上）。

津田新右衛門《つだ しんえもん》
初め秀吉の馬廻。文禄元年、肥前名護屋城に在番し、本丸広間番馬廻組の一番伊東長次組に所属（『太閤記』）。
後に大坂七組の伊東長次組に所属。知行百九十石（『難波戦記』）、または百五十石（『武家事紀』）。
大坂籠城（「大坂濫妨人并落人改帳」）。

津田長右衛門《つだ ちょうえもん》
大坂籠城（「大坂濫妨人并落人改帳」）。

津田藤三郎《つだ とうざぶろう》
大坂籠城（「大坂濫妨人并落人改帳」）。

津田半三郎《つだ はんざぶろう》
御宿越前組に所属（『金万家文書』）。
慶長十九年十二月十六日、本町橋通の夜討に参加。軍功を立てた二十三士の一人として、翌十七日千畳敷御殿で秀頼から褒美を拝領した。
落城後、寛永十年五月以前に下総下実の酒井重澄に出仕した（「大坂夜討事」）。

津田平三郎信貫《つだ へいざぶろう のぶつら》
慶長二十年五月七日、天王寺口、岡山口の間に出役（『難波戦記』）。

津田孫十郎信政《つだ まごじゅうろう のぶまさ》
織田孫十郎信次の子。

父の信次は、尾張守山城主（『信長公記』）。天正二年七月九月九（二十九か）日に伊勢長島で戦死（『尾州法華寺蔵織田系図』）。あるいは天正二年八月二日に死去。墓所は天龍寺南芳院（『京都墓所一覧』）。

津田信政は、織田氏も称した（『信長公記』）。後に剃髪して宗夢と号した（『国事昌披問答』、「諸士系譜」）。

天正九年二月二十八日、禁中馬揃えに信長の連枝衆の一人として参加。天正十年二月、木曽口加勢衆の一部将として出役（『信長公記』）。

後に秀吉に仕えた。慶長二十年五月七日に戦死（『国事昌披問答』、「諸士系譜」）。

妻は細川右京大夫の娘。

子の津田孫十郎信尚は、寛永四年、前田利常に知行五百石で仕え、寛永十四年に死去。

子孫は前田家の家臣として続いた（「諸士系譜」）。

なお『織田信雄分限帳』に、守山ノ郷で七百貫文を領知する守山孫十郎と、もり山で九百貫文を領知する津田孫十郎の名が見えるが、信政親子かと思われる。

織田宗夢の娘巨陀は、大坂で千姫に養われ、後に和久半左衛門宗友に嫁いだ。元和八年、長男の和久掃部信是を産み、また次男の和久半右衛門信安を産んだ。寛永二年八月九日に死去。法名は妙秋院殿正了日縁大姉（『和久家重修系譜』）。

津田茂右衛門《つだ もえもん》
後藤又兵衛の家来。
慶長二十年五月六日、道明寺表合戦で一番に乗り出した松倉十左衛門と鑓を合わせ、突き留められた（『益池性次文書』）。

津田主水昌澄　つだ もんど まさずみ

織田七兵衛信澄の長男。母は明智光秀の娘(『寛政重修諸家譜』)。

天正七年に近江で誕生。初め津田氏、後に織田氏を称した(『寛政重修諸家譜』)。一時、芦尾庄九郎昌隆を名乗った(『公室年譜略』)。また三左衛門を称した。諱は昌澄、信重(『寛政重修諸家譜』)。

天正十年六月五日、父が横死した時、乳母の懐に抱かれ辺土に隠れた。

亡父のよしみにより藤堂高虎に庇護された。文禄元年三月、高虎に従い朝鮮に出役。帰国後、高虎の所領伊予に居住(『武徳編年集成』、「諸家系譜」、『寛政重修諸家譜』、『系図纂要』、『宗国史』)。

慶長五年八月、伊予国宇和郡松葉の山中に名主頭で横目役も務めていた三瀬六兵衛が毛利家と通謀し、一揆を催し立てこもった(『宇和旧記』)。藤堂家より留守居の力石良運や中西門兵衛が鎮圧に出役(『高山公実録』)。六兵衛は今治から駆け付けた芦尾昌隆が討ち取った(『公室年譜略』)。

その後、牢人となり京都に閑居(『寛政重修諸家譜』)。

慶長七年、淀殿より招聘され大坂に出仕(「諸家系譜」)。あるいは、生母明智氏が有能な女性だったため、慶長八年七月二十八日、千姫の大坂入輿の時に上臈として付属された。これにより、子の主水も大坂で百人扶持を与えられたともいう(「関原合戦誌記」)。

慶長十九年、秀頼の命により大庭、竹光、生田、浅井、生駒、浅野ら左右千三百余人を率いて、天満口で藤堂高虎勢と戦った(「諸家系譜」)。「諸家系譜」に、慶長十九年、秀頼から国光の刀、黒羅紗の陣羽織を拝領とある。『寛政重修諸家譜』に、慶長二十年、天満口で藤堂高虎と戦った功により、秀頼から国光の刀、藤原秀衡旧蔵の獅子紋の鞍、陣羽織などを拝領とある。ただし冬の陣、夏の陣とも、高虎の寄せ口は天満ではない。また、秀衡の馬鞍は源義経、足利将軍家、三好家を経て、信長より津田信澄に伝来したものである。

慶長二十年五月七日、残兵をまとめて城内に引き揚げるところを家康が遠望して「この期に及んでかかる振舞いをする者は誰か」と傍らに問うと、村田権右衛門が「竹光式部では」と答えた。家康は「いや、赤白段々の旗なので織田家の者であろう。淀殿の外戚ならば籠城はもっともな事。宥免するので連れて参れ」と命じ、村田が馳せて主水に主命を伝え、茶臼山に連れ行き拝謁させた(『武徳編年集成』)。あるいは落城後、京都に出頭し、罪を謝し処刑を求めたが、家康から「天満口の働き神妙」として赦免され、諸国徘徊を許された。これより剃髪して道半斎と号した。

元和四年十一月、藤堂高虎、細川忠興、土井利勝を通じて将軍秀忠に召し出され、近江国栗太、甲賀二郡のうちで采地二千石を拝領。この時、束髪して主水と称した。

寄合に列し、寛永二年、十二年の将軍家光の上洛に供奉。後に小普請に遷った。寛永十八年三月二十六日に死去。享年六十三歳(『寛政重修諸家譜』)。法名は清涼院天本源高。葬地は浅草の天龍寺(「諸家系譜」)。

妻は安西氏。

長男の津田勘七郎が戦死したため、次男の津田主水信高が家督を継ぎ、子孫は幕臣として続いた。家紋は瓜、桐、蝶(『寛政重修諸家譜』、「諸家系譜」)。

土橋下野守景明《つちはし しもつけのかみ かげあき》

大坂籠城。城東警固の寄合衆の一人(『難波戦記』)。

慶長十九年七月三日、豊臣姓を授けられ、従五位下下野守に叙任(「柳原家記録」)。

ちなみに、秀頼の家臣に土橋右近、土橋加兵衛がいる。慶長十三年八月二十八日、土橋右近は旧冬の駿府城失火見舞として家康に小袖二重を献上した(『当代記』)。慶長十六年三月、秀頼が上洛した際、供奉衆の中に土橋加兵衛、土橋右近の名が見える(「秀頼御上洛之次第」)。右近、加兵衛と下野守の関係は不明。

都築丈右衛門直照《つづき じょうえもん なおてる》

秀頼の使番。

慶長二十年五月七日、酒井家次組に属して天王寺表合戦に出役した稲垣重綱は、天王寺より四、五町南の庚申堂より低くなった所で大坂方五人と鑓を合わせ、追い払った。この時、白母衣を掛けた都築丈右衛門直照という屈強の若者だけが残り、重綱と激しく鑓を合わせ戦った。重綱は自分の鑓を投げ付け、従者細井弥左衛門の鑓を借りてついに都築を突き伏せた。首は従者新井勘右衛門に取らせ、天王寺近所の地獄谷の下の田中に隠させた。都築の首は、同夜、新井が検使とともに田中より掘り出し、重綱に差し出した(「長綱記」)。

坪井喜右衛門《つぼい きえもん》

大野治房組に所属。

慶長十九年十二月十六日、本町橋通の夜討ちに参加。蜂須賀至鎮の家臣益田正忠の手に属していた牢人鵜飼七郎左衛門安長に討たれた(「蜂須賀家家臣成立書并系図」)。

坪内縫殿助《つぼうち ぬいのすけ》

大坂籠城(「大坂濫妨人并落人改帳」)。

津守与兵衛《つもり よひょうえ》

紀伊国在田郡広村の大百姓。

慶長六年より浅野長晟に知行二百石で仕えた。

慶長十九年、旗本長谷川志摩組に属して大坂に出役したが、退去して大坂城に籠った。浅野家では悪逆人として、与兵衛の妻子も含めて厳しく行方を捜索した。

五月二十六日付で長晟は伊勢山田の奉行日向正成、長野友秀に書状を送り、旧臣で地侍の津守与兵衛が大坂に籠城し、妻子が伊勢山田の堤半之丞方に落ち延びたとの情報があるとして、管区における確認を求めた。

五月二十五日付で長晟は蜂須賀至鎮に書状を送り、与兵衛の娘が阿波富岡に落ち延びたとの情報があるとして、捜索と身柄の引き渡しへの協力を求めた。六月八日、蜂須賀家の細山主水、山口織部から使者を添えて身柄の引き渡しがあった。

六月十四日、与兵衛は在田郡の代官所に隠れていたところを浅野家の武井十左衛門に逮捕された。逮捕された場所は大坂ともいう。また逮捕の時期は六月十五日、または閏六月ともいう。あるいは藤堂高虎の家臣玉置外記方に落ち延びたところを、藤堂家が逮捕して浅野家に身柄を引き渡したともいう。なお、子の津守若左衛門も逮捕された。

浅野家では与兵衛夫婦を火刑、子女を磔刑に処した(「自得公済美録」)。

て

寺尾勝右衛門《てらお しょうえもん》

秀頼の家臣。

慶長二十年五月七日巳刻、茶臼山の先手真田信繁方より使者として帰城し、「敵が近くに迫ってきたので合戦を始めたい」と言上した。

折から秀頼は表御殿の装束の間にいたが、大野治長を呼び相談すると、治長は「最前も堅く申し合わせた通り、御出馬を合図に合戦を始めるのがよろしいでしょう」と具申した。合戦場での取次役を務めていた今木一政が「勝右衛門は高齢のため疲れているようなので、私が茶臼山の先手に使いしましょう」と申し出たので、治長は同意して早速赴くよう指示した（『浅井一政自記』）。

五月八日、秀頼の最期に供をして自害（『綿考輯録』所載「慶長二十年五月十五日付細川忠興書状別紙」、『旧記雑録後編』所載「慶長二十年六月十一日付 巨細条書」、『駿府記』）。

寺町新助忠久《てらまち しんすけ ただひさ》

宇喜多秀家の家臣寺町淡路守忠興の次男。寺町宗左衛門忠弘の次弟。寺町孫左衛門忠昌〔注〕の兄（『士林泝洄』）。なお『言経卿記』に、宇喜多秀家の家来寺町孫右衛門尉光直の名が散見されるが、一族または忠昌と同一人物の可能性がある。

秀吉に仕え、馬廻。文禄元年、肥前名護屋城に在番し、本丸広間番の四番佐藤正信組に所属（『太閤記』）。

慶長五年の戦役後、豊臣家の蔵入地で西川八右衛門方盛支配の河内国交野郡牧郷招提村七百二十石は、豊臣家旗本への加増地として分割された。このうち、新助には同村で七十九石四斗四升が与えられた（『招提寺内興記并年寄分由緒実録』）。

後に大坂七組の中島式部少輔組に所属。知行百八十五石（『難波戦記』）。

慶長十九年、大坂城に籠り、城北持ち口を警固。

子の寺町四郎右衛門忠成は、山城国綴喜郡八幡に住んだ。慶長末頃、初めて家康の側室相応院志水氏（石清水八幡宮神職志水宗清の娘）に仕え、関東の御家人となった。子孫は、尾張徳川家の家臣として続いた。家紋は三洲浜（『士林泝洄』）。

〔注〕『言経卿記』に、宇喜多秀家の家来寺町孫右衛門尉光直が散見されるが、同一人物の可能性もある。

寺町宗左衛門忠弘《てらまち そうざえもん ただひろ》

寺町淡路守忠興の長男（『士林泝洄』）。父の忠興は、三好長慶の配下寺町左近将監宗忠の子。初め宇喜多秀家に仕えた（『士林泝洄』）。知行三百石（『浮田分限帳』）。文禄三年九月十六日、秀家より知行千石を宛行われた。後に秀頼に仕えた。慶長八年、片桐且元、小出秀政などより河内国安宿郡国府村において知行宛行証文が発給された（『士林泝洄』）。

寺町忠弘は、秀吉に仕え、馬廻。文禄元年、肥前名護屋城に在番し、本丸広間番の四番佐藤正信組に所属（『太閤記』）。

後に大坂七組の中島式部少輔組に所属。知行三百二十石（『難波戦記』）。

大坂城に籠り、戦功があった（『公室年譜略』）。弓大将を務めた（『土屋知貞私記』）。弓、鉄砲の者を預かった（『摂戦実録』）。年の頃は五十歳ほど（『土屋知貞私記』）。

慶長二十年五月六日、道明寺表に出役（『難波戦記』）。

落城後、藤堂高虎が疋田右近に方々を探させ、元和三年、知行三百五十石で召し出した（『公室年譜略』）。あるいは織田有楽の斡旋により仕官（『視聴混雑録』）。

奏者を務め、母衣組に所属（『宗国史』外編「功臣年表」）。小森伊豆、同息彦左衛門二代の組付き。

大坂以来、連歌、茶の湯、徹書記《てっしょき》風の書を好み、遊芸や幼童の師となった（「視聴混雑録」）。伊勢津附で、居宅は中嶋四番町東側南のはずれにあった（『公室年譜略』）。

明暦三年に死去（『公室年譜略』）。

嫡男の寺町惣左衛門は、初め新兵衛を称した（「視聴混雑録」）。明暦三年に遺知三百五十石のうち百五十石を継ぎ、弓役を務めた。貞享元年十月に病死。末期に養子を願い出たが、近年不行跡の事が多かったため、遺跡は立てられず、絶家となり、妻子に月俸五口が支給された。

次男某は、初め病身だったが、後に全快して若狭小浜の酒井家に仕えた。その子孫は宝暦の初めに牢人となり京都に蟄居したという（『公室年譜略』、『宗国史』外編「功臣年表」）。大和の人寺町与惣右衛門吉隆は、寛永八年、富永主膳の肝煎により酒井忠勝に知行二百石で仕え、後に二十石を加増された。慶安元年七月三日に病死。子孫の寺町惣右衛門吉信が、明和二年九月に賜暇、絶家した（「酒井家編年史料稿本」所載「安永三甲午改小浜御家中由緒書　寺町門治敬吉書上」）。吉隆は忠弘の次男某と同一人物と思われる。

忠弘の甥の寺町三十郎は、かつて藤堂高次の家臣藤堂高経に仕えていたが、後に堀田正盛に転仕した。高経に暇を出された時も、その後も無礼があり、憤慨した高経から堀田家に故障を申し入れていたが、そのままとされていた。寛永十二年四月、この一件を聞き及んだ高次は、高経に謹慎を命じ、江戸城普請への出勤も禁じた。その上で脇坂安元、多賀常長を通じて堀田家に「高経は公務で国元から呼び寄せたが、立場を弁えず貴家に対して非礼な申し入れをした咎により、公用も果たさせず謹慎させています。この上は御内意次第に処置します」と内々申し入れさせた。正盛は大変迷惑して、早々に高経を許し、公用に復帰させるよう使者を以て応じ、対応が不十分だったことを後悔している旨申し添えた。こうした経緯に三十郎も堪らず、堀田家を出奔した（「視聴混雑録」、『公室年譜略』）。七月に高次が帰国した際、忠弘は右の経緯につき自ら謹慎を申し出たが「少しもはばからぬように」との内意があった（「視聴混雑録」）。

寺本八左衛門直次　てらもと はちざえもん なおつぐ

生国は播磨（「先祖附」寺本多目直温）。寺本与左衛門の子（『綿考輯録』）。

尾張国知多郡寺本郷の出自。先祖は寺本郷の人、寺本太郎。その子寺本内膳正は、今川家に属していたが、天文二十三年に織田家と戦い、寺本城から退去。その子寺本左兵衛。その子寺本右衛門佐。その子寺本与左衛門は、初め播磨にいたが、後に加藤嘉明に属して朝鮮に出役、武功があったという（『綿考輯録』）。他の史料では、知多郡堀内村寺本城主として寺本氏が確認できない。また、天文二十三年に内膳正が寺本城を退去してから、天正十七年に直次が誕生するまでの三十五年間に、重ねたとされる代数が多すぎるように思われる。

寺本直次は、大坂籠城の五、六年前に大坂に移り、秀頼の家臣佐々木兵庫定治方にいた（「先祖附」寺本多目直温）。

慶長十九年、後藤又兵衛の徒士《かち》として大坂籠城（「高松内匠武功」）。

十一月二十六日未の刻、後藤又兵衛に従い今福口合戦に出役。徒《かち》立ちで敵の柵際に取付き、佐竹義宣の家老渋江内膳政光の首を斬獲した〔注1〕（「後藤合戦記」、『難波戦記』）。

今福口の軍功により、以後後藤の家来から、後藤組付の士となった（「後藤合戦記」）。

十一月二十九日夜より三十日朝にかけて、大坂方は船場と天満を自焼し、城外の守兵を城内に収容した（『駿府記』、『大坂御陣覚書』）。高麗橋横堀から西は焼け野原となったが、土蔵など若干が焼け残ったので、これらを焼き払うため、翌日後藤組より寺本、辻仁左衛門、大野理左衛門、長野半右衛門の四人が足軽十人下々とともに二十人ほどで出張した。堺筋から一町ほど西までの間に焼け残った土蔵付近で、浅野長晟の物頭二騎と足軽以下五、六十人と行き合い、長野が物頭一人を討ち取り、その他十四、五人を討ち取った（「後藤合戦記」）。一説に、後藤の命により焼け残りを焼き払うため、寺本以下五、六人が出張した。折から池田忠雄が難波橋の一町南に鉄砲十挺を埋伏させ、物見を出した。これに行き合った寺本が、物見の一人を討ち取った。

慶長二十年五月六日、後藤の手の鉄砲頭として道明寺表へ出役。安宿郡片山に進出して一町ほど先の敵に鉄砲を打たせていたが、前の堀切に敵が十四、五人ほど進み出たので、才木助大夫とともに走り出て鑓を合わせた。山田外記、小熊宋右衛門、片山大助も駈け合わせ、ついに敵を追い崩した（「先祖附」寺本多目直温）。後藤の先手山田外記は、攻め上る大和組奥田忠次勢を山上から追い落とした。この時、山田八左衛門、片山大助、金万平右衛門らとともに鑓を入れた（『大坂御陣覚書』）。

元和六年九月、豊前小倉の細川忠興に出仕した。その時、知行高の望みを問われたが、細川家で後藤又兵衛の子後藤又一郎が五百石を知行していたので、それを超えないようにと言上した。これにより五百石が与えられ、鉄砲三十挺を預けられた。

大坂城普請の賦役に両度出張した。

寛永元年、新規開墾地奉行を務めた。

六月十二日、洪水発生に対応した。

ある時、小倉で鉄砲を構えて立て籠る者があったが、組子を連れて出張し、怪我人もなく取り押さえた（「先祖附」寺本多目直温、『綿考輯録』）。

寛永九年、細川忠利の肥後入国に従い、山本、合志、飽田三郡の内で知行五百石（『御侍帳』）。

寛永十三年、五百石を加増され、合計知行千石、鉄砲五十挺頭となった。江戸御成橋など普請の時、普請場の目附役を務めた（『綿考輯録』）。

寛永十四年、島原一揆勃発の時は江戸に在ったが、国元の家老へ早打ちの使者を命ぜられ、直ちに下国した（「先祖附」寺本轍）。

寛永十五年二月二十七日、組足軽を指揮して鉄砲を撃たせ、手傷を負いながら城内に攻め込んだ。寺本組の鉄砲衆のうち二十九人も各手負いの働きがあった。

三月二日、帰陣の翌日に熊本一町目門の普請奉行を命ぜられ、五、六日中に完工した（『綿考輯録』）。

有馬から帰陣以後、老中長岡興長、有吉立道、長岡是季が列座する中、忠利より一人召されて料理を振舞われた。その時「寺本には三斎様が召し抱えている鉄砲の者を預けているが、五十挺の鉄砲を預けているのは忠利自身の見立てによるものである。有馬では期待通りの差配に満足している。思うところがあるが、世上憚りがあって当分思い通りにはできない。しかしながら気落ちすることなく奉公してほしい」との言葉が添えられ、持ち帰って料理するようにと、鷹狩の獲物の鴨二羽を頂戴した(『綿考輯録』、『申上書物之事』)。

有馬陣の武功吟味奉行として番頭筑紫大膳、小姓頭平野九郎右衛門、鉄砲頭寺尾左助、寺本、側筒頭奥田権左衛門、使番永良長兵衛、須佐美権之允の七人が選任された。四月三日、本丸に乗り込んだ勲功について各人が提出した書付を吟味し、その結果を七奉行連署により上申した。これにより、五月五日より、勲功が認められた者に順次褒美が賜与された(『綿考輯録』)。

十一月七日、島重次組の河村猪右衛門〔注2〕より「自分が昨年十月に肥後国宇土郡郡浦村へ一番に乗り込んだことは歴然としている。そのように認定いただいているか。相組の高見少五郎らが知っているので確認してほしい」との書状が届けられた。

その後河村から七日に二通、八日、九日にも各一通と重ねて郡浦村における働きについて吟味を求める書状が届けられた。寺本は「現在係争中の案件は預かりの鉄砲衆に絡むもので、郡浦村の件は吟味の俎上にはない。軍功は証拠の提出次第である」と返信するとともに、間に人を立てて「悪いようにはしないから、とにかく詳細を説明するように」と諭した。

しかし、河村は一向に納得せず、十二月三日には「立田口に出て来い。討ち果たしてやる」「貴様に対する不満で一杯だ」といった書状が両度届けられた。寺本が相手にせずにいると、十二月四日に河村から「二、三日後に参上する」との書状が届けられた。寺本は不測の事態に備えて河村の組頭島重次に河村の書状を回付し、これまでの経緯を通知した。

十二月六日、組頭へ通知されたことを怒った河村から「強いて参上する」との書状が届けられたが、島から老中へも報告があり、河村に番人が付けられ、詮索が行われることとなったので、寺本はその処置に委ねた。

寛永十六年一月十五日、河村から「意趣の事、お忘れか。老中に言上したので、老中に伺った上でよく分別されよ」との書状が届けられた。

一月十七日、寺本は老中長岡是季、有吉英貴、長岡興長にこれまでの経緯と「河村から討ち果たすとの書状が届いても、主君の恩賞深い身なので堪忍している。河村より老中に言上したという意趣について示していただければ、河村が来た時に説明を試みるつもりだ。しかしながら相手が理不尽を仕掛けてきた場合は、当然に応戦せざるをえないので、あらかじめ了承いただきたい」といった趣旨の書付を提出した。

四、五日後、老中から「書付の内容は了承した。寺本に申し聞かせる事は特にない」として書付が返却された。老中が適切に処置するだろうと思っていたところ、一月二十六日夜、河村が四人連れで寺本宅の門前に押しかけ、刀鑓の鞘を外して「討ち果たしてやる」「用がある。外に出てこい」と騒ぎ立てた。寺本がじっと我慢して一切構わなかったので、河村は退散した。

二、三日後、寺本は組頭の長岡延元に事の次第と「再度このような事があったら、そうそう堪忍ならない」と届け置いた。二月二十五日、老中から使者が寺本に差し遣わされ「今日まで使者を送らなかった訳は、寺本へ申し聞かせる事が特になかったためである。概ね河村を取り鎮めたのでそのように心得られよ」と告げられた。寺本は「各々様の御判断が最適と存ずる。御念の入った御沙汰であるが、どのように解決したのか示していただけないか。内容次第で私にも思うところがあれば、別途老中まで願い上げたい」と返事した。

その後、老中から寺本に使者が差し遣わされ「河村の方は解決した。今後とも堪忍するように。もともと寺本の落度ではないので、何かとあっては却って御為にならない」と告げられた。寺本は「河村を取り鎮められた由、吟味いただいた上での措置なので適切なものと思う。措置を講じていただいたからには河村に対して申し分はない。近頃、河村が何かと絡んできたが、不条理な内容だったので狂人同様にあしらっていた。しかし、河村が特段咎めなく、穏便に済んだなら、世間は、きっと河村の申し分も何か理由があってのものではないか、寺本が当面の生命を惜しんで河村を狂人扱いにしているのではないかと思うだろう。河村の意趣の内容を示していただければ、取るべき対応もあるのだが、内容がわからないので、届いた書状や諸人の取沙汰の通り、恐らく狂気していると推測して自制している。しかし、それが結果的に、主君の慈悲に甘え、諸人の批判の的となり、臭いものに蓋をするような対応と見做されてしまっては、私の事はさておき、同様に取り立てられている方々の面汚しとなり、また主君の眼鏡違いにもなってしまう。それ故この事はひた隠しにしていたが、取り立てられた者としては相応しくない仕儀だと思うので、預かりの鉄砲と知行を召し上げていただきたい。決して他国に退転しようなどとは考えていない。憐憫を乞い領国の内にいることを許していただけるなら、深い恩賞に与った身なので物乞いをしてでも命をつなぎ、いっそ埋草にでもなりたいと願っている。ただ、このような事も主君の御為にならないのであれば、考えを改めるのでそのように言ってほしい。主君の御為にならない事を、自分の為のみに行うつもりはない」と返答した。

老中から何も沙汰がないうちに、三月十三日晩四つ半時分、河村以下三人が寺本宅に押しかけ「正月に参上したが、本望を遂げず残念。只今再度参上したからには出てこい」と再び騒いだ。寺本は「十一月以来数度の無心の書状、十二月には討ち果たす旨の書状、一月には門前で抜き身を提げての悪口雑言、この三度までは老中にも届け出て構わずにきたが、今日で四度目。そうそう構わずにいるのも如何か」と思い、表に出て河村を捕えようとしたが、抗うのでついに討ち果たした(「寺本八左衛門川村猪右衛門を討果候記録」)。

四月、忠利は平素目を懸けている寺本の無事を喜び、引き続き心安く奉公するよう伝えさせた。その一方、河村の一連の行動を咎め、河村の長男の自害を命じた(『部分御旧記』、『大日本近世史料 細川家史料』)。

寺本はかねて、新参の身で何の奉公もできていないにもかかわらず、寺本組の鉄砲衆に関する係争や河村との紛争に際して、忠利から特別な配慮を被ったこと、有馬から帰陣後に手ずから料理を頂戴し、優渥な言葉を添えられたことを、身に余る名誉と有難く思っていた。そして、これらの恩賞に報じるには一途に殉死しかないと思い定めていた。

寛永十八年三月十四日朝、忠利の病床に伺候した寺本は殉死を直訴したが、老中から「殉死を止めるものではないが、まずは江戸の光利様に報告するまで待つように」と告げられた。三月十七日、忠利は逝去した。四月二十六日、光利から追腹無用の指示が届いたが、四月二十七日「既に直接殉死を申し上げており、忠利様の御目違いになってしまうので、光利様の御意に背くことにはなるが、御指示に従うことはできない」との断りを届け、四月二十九日に熊本の安養寺で切腹した。享年五十三歳。介錯は藤本猪左衛門。法名は本光院心岩玄紅。鎮国山水前寺、後の詫磨郡今村玄宅寺にて葬送。「おもはくの弁しらす嘆に八天もろともにけふりとそなる」との辞世を遺した。細川三斎は寺本の殉死を殊に哀惜した（『綿考輯録』、『申上書物之事』）。

嫡男の寺本八左衛門直重は、家督千石を継ぎ、子孫は肥後細川家の家臣として続いた（「先祖附」寺本多目直温、「同」寺本轍）。

娘は、細川家の家臣佐藤安太夫に嫁いだ（「追腹仕候衆妻子并兄弟付」）。

〔注1〕渋江政光の戦死の状況については諸説がある。「梅津主馬政景日記」では、政光は鉄砲に打たれ家来が介抱して退却したが、敵が押しかけ家来四人を討ち取り、ついに政光の首も取られたとし、鑓による手傷ではないとしている（『国典類抄』）。『佐竹家譜』は、「討死聞書」によると、後藤手の者が大和川の船上から横合に打ち掛けた鉄砲の玉が、鞍の前輪より具足の隙間を打ち抜いて、胴部に平たくなって留まったため、堪らず落馬したところを多数の鑓で突き留められたとする。『大坂御陣覚書』は、木村重成が組頭の井上忠兵衛に命じて十匁の鉄砲で狙撃させ、その玉が胸板に当たり落馬し、堤上で絶命したとする。しかし「佐藤忠左衛門覚書」によると、須田伯耆が主命により死骸を検視したところ、鉄砲傷はなく、正面に四、五か所の鑓傷があり、特に胸部の傷が大きく、敵の鑓の露留めの金具が肌着に残っていたとする（『国典類抄』）。なお『佐竹家譜』によると、政光の軍装は、錆色紫糸威の具足、兜には鍬形に日之丸の前立を付け、黒鳥毛に金の犀《さい》の角出し付母衣を掛け、紺地に上り半月の指物を装着していた。

政光を討った者にも諸説がある。「慶長見聞書」、「後藤合戦記」、『難波戦記』、『武徳編年集成』、「先祖附　寺本多目直温」は、後藤の手の寺本八左衛門とする。『大坂御陣覚書』は、後藤組の大墨九郎右衛門とする。『大坂陣山口休庵咄』、「山下秘録」、『佐竹家譜』は、木村重成の手とする。『長沢聞書』は、後藤組長沢七右衛門手の者が討ち取ったが、木村重成組の者に首を奪われ、鳥毛の母衣のみ分捕ったとする。「高松内匠武功」の白井甚右衛門筆記今福鴫野首帳には、今福口において佐竹内渋江内膳を討ち取るとして、又兵衛者寺本八左衛門と吉田覚介の相討ちで首一とされている。ちなみに「霜月二十六日付　鈴木悦可筆記首帳」には、鴫野口において後藤組大場九右衛門が首一とある。

首帳の記載は千畳敷御殿で行われた（『大日本史料』所載「古実話」）。織田有楽も同座していた（『家中諸士家譜五音寄』瀧並与兵衛親瀧並弥八郎寛永廿一申ノ年書上）。政光の首は大坂にて首実検に供えられ、有楽の他多数の者が見知っていたため、政光の首と判明した（「山本日記」）。

〔注2〕河村猪右衛門は、稲葉一鉄の家臣河村儀太夫正義の次男（「臼陽氏族誌」）。

と

道鉄《どうてつ》

伊東長次の家来。牢人分。石火矢《いしびや》打ち(『備中岡田伊東家譜』)。

慶長十九年十一月二十六日、鴫野口に出役。首一級を斬獲した(『武家事紀』)。

慶長二十年五月七日に戦死。享年四十歳ほど(『備中岡田伊東家譜』)。

友松《とうまつ》**次右衛門**《じえもん》**盛保**《もりやす》

秀吉の家臣友松忠右衛門氏勝の次男(「御侍中先祖書系図牒」)。

弘治二年に尾張国愛知郡日比津村で誕生。小字は久三郎。

兄の甚四郎が大坂で死去して嗣子がなかったので、遺言によりその家跡を継ぎ、中村一氏に仕えた。後に秀吉に転仕(「友松氏興遺稿」)。金切裂指物使番を務めた(『武家事紀』)。

年不詳二月十八日付で、松井藤介と連署して美濃国揖斐郡池田本郷の雲門山龍徳寺に書状を送り、除地《じょち》について示達した(『龍徳寺文書』)。

天正十八年七月二日、使番衆西川八右衛門、垣見弥五郎、杉山源兵衛、水原亀介とともに小田原より会津に至る道作奉行に任命された(『浅野家文書』)。道作奉行五人は小田原を発向し、七月十六日、会津に参着(『伊達家文書』)。

文禄元年三月二十六日、秀吉は京都を出陣。使番衆の一員として五番手で供奉。四月二十五日、名護屋に着到(『大かうさまくんきのうち』)。七月二十二日、朱印状を以て名護屋留守を命ぜられた(『太閤記』)。

文禄二年五月二十一日付で朝鮮における仕寄《しより》、普請、その他仕置の目付として、荒川助八郎重通らとともに渡海を命ぜられた(「荒川系図」)。

慶長二年秋、大島茂兵衛光政とともに朝鮮へ派遣された(『鍋島家文書』、「友松氏興遺稿」)。この時、捕虜の耳を醢にして持ち帰り、その功を賞され加俸された(「友松氏興遺稿」)。九月二十七日、朝鮮人の耳鼻は大仏西中門付近に埋められ、五山禅衆により施餓鬼が行われた(『義演准后日記』)。

慶長三年十月、耳塚が築かれた(『山城名勝志』)。後に、三好丹後守房一とともに再度朝鮮に派遣された。

次いで、秀頼に仕えた(「友松氏興遺稿」)。

慶長九年八月十五日、豊国社臨時祭に際し、伏屋飛騨守、山田信濃守、山田喜四郎、大屋弥八郎、毛利勘右衛門とともに惣奉行を務めた(『豊国大明神臨時祭日記』)。

慶長十年九月、伏屋飛騨守、水原石見守とともに和泉国四郡絵図製作を担当(『江戸幕府撰慶長国絵図集成』)。

慶長十二年三月、駿府城普請に際し、毛利勘右衛門とともに人足奉行を務めた(『武家事紀』)。

慶長十五年頃、大仏造営に際し、伏屋飛騨守、水原石見守、松井藤介とともに秀頼の惣奉行となり、大工日帳奉行を兼任した。さらに水原とともに瓦奉行、塗師屋奉行をも兼任した(『大工頭中井家文書』)。

慶長十九年一月二十七日、河内天野山金剛寺摩尼院、地蔵院は連署して友松次右衛門、松井藤介、雨森出雲に対して河内国錦郡郡内における内免目録を呈した(『金剛寺文書』)。

大坂七組の青木一重組に属し、知行二百五十石(「諸方雑砕集」)。大坂城に籠り、馬上十騎、鉄砲の者五十人を預かり、

船場久右衛門橋を守備（「友松氏興遺稿」）。

慶長二十年五月七日、桜門において前田利常の家臣佐藤与三右衛門直之（元豊臣家使番）と行き会い、退避を勧められた（『元和大坂役将士自筆軍功文書』元和元年八月十三日付佐藤与三右衛門尉自筆軍功書上）。

家康の家臣佐藤勘右衛門継成は、佐藤駿河守堅忠（元豊臣家使番）の子で、盛保の後妻の兄だったことから、家康の側室梶の方を通じて盛保の助命を願い出た。後藤光次からも申し添えがあり赦免された（「御侍中先祖書系図牒」）。

剃髪して京都に居住。元和七年七月十三日に死去。享年六十六歳。法名は了先格無日玄。葬地は本国寺の塔頭瑞雲院。

前妻は加藤清右衛門の娘（「友松氏興遺稿」）。後妻は佐藤継成の妹（「御侍中先祖書系図牒」）。

友松新右衛門氏盛《とうまつ しんえもん うじもり》

友松次右衛門盛保の嫡男。母は佐藤氏。小字は内蔵。初め左内、主水と称した。

慶長三年に伏見で誕生。

慶長十六年、秀頼に出仕。

慶長十七年、小姓組に列せられた。

落城後、京都に浪居。加藤泰貞の推挙により山内忠義に召し出され、元和五年十一月九日、土佐に下向した。十一月十五日、当分の堪忍領として十五人扶持を支給、十二月、合力米二十石を支給された。

元和六年秋、知行三百石を与えられた。

寛文五年五月二十七日、剃髪。

寛文八年六月二日に京都で死去。享年七十一歳。法名は玄通招徹日理。葬地は大徳寺梅岩庵。

妻は伏見の住人、友松将監道半入道の娘。

家督は友松次右衛門氏広が継ぎ、子孫は山内家の家臣として続いた。家紋は片輪車、割貝の丸車。

氏盛の子佐藤勘十郎氏興は、元和八年三月三日卯の刻に高知城下で誕生。家名を挙げようと志し、土佐を辞去。寛永十一年八月二日、保科正之に召し出された。累進して知行二千石、家老に列せられ国政を司った。寛文九年五月十日、友松氏に復した。貞享四年二月二十九日に病死（「御侍中先祖書系図牒」、「友松氏興遺稿」、『会津藩家政実紀』）。

十池少太郎《とおち しょうたろう》

土佐国長岡郡十市村出自の十市氏か。長宗我部盛親の家臣。

慶長二十年五月六日、八尾表合戦で長宗我部主水、豊永藤五郎とともに殿《しんがり》を務めた（『南路志』能瀬物兵衛大坂陣中覚）。

ちなみに『福島正則家中分限帳』に遠池庄太郎（知行三百石）の名が見えるが、長宗我部家の除封後、いっとき福島家に仕えていたと思われる。

十市新右衛門《とおち しんえもん》

土佐国長岡郡十市村の出自。十市城主十市備前守の子。

長宗我部元親に仕え、若年寄分にて知行千百石（『南路志』）。

天正十四年、戸次川合戦に従軍し、元親の危急を救った。

慶長五年、密使として町三郎右衛門とともに関東へ下向したが、近江水口の関所で追い返された。長宗我部家が改易された時は井伊直政配下による城地接収に従った（『土佐物語』）。

井伊直孝の家臣福富親政は、和睦後に大坂城中で旧主盛親に拝謁した。その時、中内惣右衛門、近藤喜左衛門、川村半助とともに陪席した。

落城後、徳川頼宣に仕えた（『福富半右衛門親政法名浄安覚書』）。

妻は長宗我部左近の娘（『土佐考証系図雑記』）。

十市太郎右衛門《とおち たろ(う)えもん》

土佐国長岡郡十市村の出自か。長宗我部盛親の家臣。

慶長二十年五月六日、八尾表合戦に出役。藤堂高虎の家臣尾崎勘兵衛（勘右衛門か）と鑓を合わせたが勝負がつかず、鑓を捨て引き組んで尾崎を押さえ付けて首を取ろうとしていたところを、走り寄った尾崎の家来に討たれた（『土佐国編年記事略』）。

ちなみに、大和国十市郡の人十市玄蕃遠益の子十市太郎左衛門忠次は、初め筒井定次に属し、後に豊臣秀長に千石で召し出された。大和郡山の豊臣家が断絶した後、十市郡内に浪居。慶長十九年、兄の縫殿介忠之とともに大坂城に籠り、長宗我部盛親に属した。慶長二十年五月六日、八尾表に出役。藤堂家の士尾崎勘兵衛と組んで戦死。享年五十歳（「大和国大名系図和州十市城主氏姓伝」）。十市太郎右衛門との関係は不明であるが、この説は付会と思われる。

ちなみに『福島正則家中分限帳』に十市太郎右衛門（知行三百石五斗）の名が見えるが、長宗我部家の除封後、いっとき福島家に仕えていたと思われる。

十市縫殿助《とおち ぬいのすけ》

土佐国長岡郡十市村の出自。十市新右衛門の子（『土佐考証諸系図雑記』）。

慶長二十年四月十日頃、長宗我部盛親、木村重成、木村主計、山口左馬助、平塚左助、内藤新十郎、松浦弥左衛門、松浦彦左衛門、増田兵大夫は京口の防備担当を命ぜられ、重成以下八人は盛親の指揮下に置かれることとなった。しかし、枚方から大坂の間は既に堤を切って淀川を溢出させていたため、道一筋が残るのみとなっており、戦場にふさわしくなかった。盛親は大野治長を通じて天王寺表の防備担当を望んだが、埒が明かなかった。そこで重成を通じて上申すると、五月五日になって天王寺表への変更が裁可された。同日の昼頃、盛親以下で先陣の順をくじ引きで決めようと相談していたが、曲折の結果、盛親が翌六日の先陣は重成以下八人と決定した。重成は「初日の合戦は左程の勝負はないと経験豊富な者が言うので、できれば七日の先陣を承りたいが、秀頼様の御前で長宗我部の指図次第との御命令があったので、明日は先陣を仕る」と言って承服した。

秀頼から「六日の朝、長駆して久宝寺、平野方面に進出せよ」と命令があったが、地形が戦場には不適当だったため、先陣の重成は若江村へ出撃した。重成から盛親に再三使者が派遣され、「早々に我等に人数を続けられたい」との申し入れがあった。そこで盛親は、配下の騎馬三百余のうち、二百五、六十騎を先手として重成に後続させるべく若江村へと向かわせた。盛親の旗本は残る四十騎ほどで道をまばらに進んだ。やがて八尾村の地蔵堂付近に五、六騎が望見されたので、真田の物見か敵かを見極めているうちに人数が嵩み、敵であることがはっきりした。盛親はこの敵との合戦を決意し、旗本の進軍を停止すると東側の堤に足軽を配置した。

盛親は旗本が寡勢のため、先手に数度使者を派遣して「敵との距離が接近しているので合戦に及ぼうと思う。八尾の堤に旗本の備を立てたので、早々に戻って合流せよ」と指示した。さらに盛親は、豊永藤十郎と十市を軍使として指名したが、口上の趣旨を豊永にだけ伝えた。豊永は早速乗り出したが、十市は口上の趣旨を伝えられなかったので留まっていた。十市を目にした盛親は不興がり「その方には使者を命じたのに、なぜ行かぬ」と詰問した。十市は「先ほど使者として豊永と私を指名されましたが、口上の趣は豊永一人に告げられたので、私は参らなかった次第です」と答えた。盛親は「それはもっともである。私が過った。事態は切迫しているので是非にも頼む。先手へ行き早々に旗本と合流するよう伝えよ」と改めて指示した。十市は畏まって乗り出すと、先手から戻る豊永に途中で行き遇った。十市が「先刻の趣意を先手の者に伝えたか」と問うと、豊永は「詳細に申し渡したので、すぐに先手の者は戻ってくるだろう」と答えた。十市も先手に出向き、重ねて盛親の命令を伝達した。先手は了承したが、藤堂高虎の軍勢に旗本との間を分断されたまま敗北してしまった。

　十市は単騎で藤堂勢を乗り抜けて八尾に戻った。十市が先手に赴いている間に、盛親の旗本は緒戦に勝利した。しかし、寡勢のため八尾村を占拠するには至らず、追撃を中止して堤上に備を立て直していた。藤堂勢は地蔵堂付近に鉄砲を配備し、盛親も堤上に鉄砲を配置して銃撃の応酬が八つ時分まで続いた。銃撃戦による死傷が続出する中、渡辺了の軍も接近しつつあったため、近藤和泉が盛親に後方の堤に退却するよう強く進言した。盛親もいったん同意したが、堤上から降りると味方の兵が動揺して敗軍となることを懸念して、二度までも元の場所に居直り、「私がここから退けば敗軍となるであろうから、ここで討死にしよう」と言って退こうとしなかった。そこで十市が「もっともですが、ここは早々に退却されますように。後の事は私の命がある限り敗軍させません。主人の退却に動揺しないよう、侍分は折敷かせて防戦に専念することを徹底し、足軽には退かば斬って捨てると厳命して備を固めます」と説き、盛親を久宝寺まで退却させた。

　折から、河原に置いていた鉄砲の薬が爆裂したため、味方の敗色が濃厚となった。足軽や下々の者も次第に退き、侍分も三十余人しかいないので、十市は堤上からの退却が適当と判断し、後方の盛親に断り、偽装のため堤の原に鉄砲の者の指物を立て置いて、久宝寺へと順次退却することとした。雑人輩は崩れたったが、侍分は道筋を整斉と退いた。近藤と十市は殿を務め、久宝寺の町口の簀戸を閉ざすと、鉄砲二、三発を放たせた。

　久宝寺町の中で十市は盛親に「この後も私が居残って追撃を防ぎますので、大坂へと退却されますように」と進言した。十市と南岡主水は防戦のため再び道筋に戻ったが、藤堂勢が久宝寺の周辺に火を放ったため、退却を余儀なくされた。平野で盛親に追い付いて、大坂へと帰還した。路次で盛親は十市の働きを感賞した。

　盛親が復命のため登城すると、秀頼は「京口が手薄なので、明日長宗我部は京口へ行くように」と命じ、「加勢を派遣する」と言い添えた。

　五月七日朝六つ時分、前日の敗残兵二百余人が集合して、京橋から出陣し、片原町の末の小橋を進んだ。町屋の中では木村主計が弁当を供給していたが、盛親を招じ入れて酒盃を供出した。その際、大坂城の南東の櫓に火の手が見えたので、盛親は中内惣右衛門に命じて町屋の屋根から偵察させた。さらに他の櫓にも火の手が見えたので、謀反人の仕業か、味方の敗北か見極めるべく、小橋の右手の堤に物見を出して天王寺の西方を望見させると「既に敵味方入り乱れている」との復命があった。その後、方々に火の手が上がったので、盛親は「味方の負けと見える。ここで敵を待ち受け討死にしよう」と決意した。しかし、敵は来攻せず、天王寺表からは味方が次々に敗走してきた。盛親は「しからば城中で討死にすべし」と考え、京口の裏門まで戻った。十市や森頼母がこれに付き従った。しかし、城門は既に閉ざされ、近寄る者には激しい銃撃を浴びせるので、やむなく京口に引き返した。森口街道には京極勢が進出していたので、盛親主従十七、八騎は、堤の南方、田畑の中道を通って枚方を目指し、暮れ方に到着した。そこから伊賀山中に向かうことも検討したが、暗中の山路は危険と判断し、夜のうちに八幡方面に向かった。十市は八幡の半里手前で盛親と離れ離れとなった（「武将文苑」十市縫殿助大坂御陣書付）。

　元和二年、藤堂高虎は長宗我部旧臣のうち、由緒のある者を召し寄せ、八尾表合戦の様子を吟味した。この時、縫殿助も伊賀に出向き、書付を提出した（『高山公実録』所載「堀部佐左衛門出入覚書」所収「十月廿六日付牧野兵庫頭書状」、「武将文苑」十市縫殿助大坂御陣書付）。

　徳川頼宣に知行二千石で仕えた（『南路志』）。

　大坂籠城中の盛親方で、千利休誅殺の経緯について、秀頼の小姓組古田九郎八の直談を聞き、後に紀州家で語り残している（『利休由緒書』）。なお「十市縫殿助大坂御陣書付」は、十市の雑談の概要を、十市の近親者か紀州家の者が書き留めたもの。

　「長曾我部系」（「香宗我部家記」所載）によると、長宗我部国親の娘は十市縫殿恒玄の室とされるが、恒玄が本項の縫殿助と同一人物か不明。

　子の十市平左衛門は、豊後に居住した（『土佐考証諸系図雑記』）。

　『南路志』によると、長宗我部旧臣十市惣左衛門は、能見松平家に知行三百石で仕え、同族と見られる十市七兵衛長成は、藤堂家に仕えた。

　ちなみに「諸家高名記抄」によると、大和国十市郡の人十市玄蕃遠益の子縫殿介忠之は、初め筒井定次に属し、後に豊臣秀長に三千石で召し出された。大和郡山の豊臣家が断絶した後、十市郡内に浪居。慶長十九年、弟の太郎左衛門忠次とともに大坂城に籠り、長宗我部盛親に属した。慶長二十年五月六日、八尾表に出役。当時五十一歳。伏兵五百余騎の大将となり、藤堂の縦陣を撃ち破ったという（『土佐国編年記事略』）。落城後、行方をくらませた（「大和国大名系図和州十市城主氏姓伝」）。十市縫殿助との関係は不明であるが、「諸家高名記抄」や「大和国大名系図和州十市城主氏姓伝」の説は付会と思われる。

徳原三十郎《とくはら さんじゅうろう》

　秀吉譜代の家臣。秀頼の小姓あがり。大坂籠城。年の頃は三十歳ほど（『土屋知貞私記』）。

徳原八蔵《とくはら はちぞう》

　秀頼の家臣。

　慶長四年一月、暮松越後守、菊阿弥とともに大坂定番衆に列せられた（『武家事紀』）。

　慶長十九年十二月五日晩、豊志口（道

修口か）を守る三上外記の家僕と八蔵の家僕が争い、双方で死者五、六人、負傷者二十人を出す騒動が発生した。藤堂高虎勢がこれに乗じて攻め寄せてきたので、長宗我部盛親、早川九郎右衛門、木下左京亮、赤座三右衛門、山川帯刀、北川次郎兵衛、羽柴河内守、井上小左衛門、一色助左衛門らが駆け付け、防戦した。

　慶長二十年五月六日、誉田表に出役（『難波戦記』）。

豊嶋喜平次　としま　きへいじ
　喜左衛門とも称した（「稲葉神社所蔵文書」）。

　慶長十九年、大坂城に籠り、毛利吉政に属して功名があった。

　落城後、小田原の稲葉正則に知行三百石で仕え、鉄砲の者を預かった。後に不満を抱いて立ち退き、岡山に来住した。

　池田光政に仕官の話もあったが、旧主稲葉正則から池田家に故障の申し入れがあり、実現しなかった。これにより天城陣屋の池田由成方に牢人分で留め置かれた。

　左腕の脈所から斬られて片腕だった。老年に及び、股の肉の間に残る鉄砲玉を孫につまませては興がっていたという。

　娘二人は、池田光政の家臣石田弥次右衛門と上坂蔵人に嫁いだ。

　弥次右衛門の子孫介には、自分が大坂陣で着用した具足を贈った。弥次右衛門が具足の威糸を仕立直し、良くできたので喜平次に見せたところ、「私が具足を譲った本意に違える。具足に用いる糸は木綿布の他は無用である。このような金襴などを使うくらいなら、具足を新調した方がましだ。美麗を用いるのは有害であり、質素な木綿を用いることこそ有益である。この理をわからせるためにあえて古い具足を贈ったのに、なんと思慮の浅いことをされたものだ」と大変不興がったという（「稲葉神社所蔵文書」、「名将武勇話」）。

戸田助進　とだ　すけのしん
　明暦三年十月十五日、池田光政邸の門前で一人の牢人が目安を捧げた。池田家の家臣が応接すると、「自分は大坂牢人戸田助進、今は法体《ほったい》となりじょしんという者で、慶長二十年五月七日に二度まで鑓を合わせる軍功があった。このたび池田家に仕官したい」と願い出た。池田家側では「当家は目安を捧げる牢人を一切召し抱えないこととしており、目安を受け取ることもできない」と断ったが、「せめてこの書付を家中の方々に見せてほしいと」望むので、「とりあえず預かるが、すぐに返すから取りに来るよう」と伝えて、いったん引き取らせた。二日後、戸田が再度来たので書付を返そうとしたが、いろいろ言って受け取らない。池田家側は「目安では所詮無理である。誰か伝手を以て言上すれば若年寄が事情を聞いてくれることがあるかもしれない」と諭したが、引き下がらないばかりか、「もはや餓え果てたので門前で自害して骸を晒したい」などと言い出したので、なだめすかしてどうにか書付を返して帰らせた（『池田光政日記』）。

戸田兵庫　とだ　ひょうご
　三河戸田の出自。秀吉の家臣戸田孫太郎義春の子。
　大坂城に籠り、落城の時に戦死。
　懐妊中の妻は従者に助けられ、美作井原の庄清谷に落ち、三郎左衛門義宗を産んだ（『姓氏家系大辞典』）。

戸田民部少輔《とだ みんぶのしょう》

諱は為重（「諸方雑砕集」）、家正とされる（『高山公実録』）。

慶長十九年、大坂籠城。城南持ち口の頭分で五千人を指揮（「難波戦記」）。十一月三十日、藤堂高虎が大筒、石火矢で織田頼長が守る生玉口西南堀詰の櫓を攻撃した際、戸田民部少輔が城門を開いて足軽を出し、鉄砲を打ちかけ防戦した（『高山公実録』、『公室年譜略』）。

秀吉の家臣、戸田民部少輔勝隆〔注〕との関係は不明。

〔注〕戸田勝隆は、文禄三年、朝鮮在陣中に大病を患い帰国を許されたが、同年三月八日に京都で病死。法名は春林院梅香秋月居士（『南紀徳川史』真鍋真入公有増御一生之御書付）。「清良記」は、文禄三年十月二十三日に死去とする。勝隆の子は刀をもてあそび、誤って死去していたため（『武家事紀』）、跡目が立たず、秀吉の命により、家中の者が朝鮮に出役した。文禄三年暮、戸田家中の頭分安見右近、真鍋五郎兵衛、山中織部、田島兵助、戸田助左衛門、佐藤伝右衛門、武山太郎左衛門、戸田七左衛門、戸田左太夫は豊臣家直参となり、大坂川口の警固番となった。慶長五年、皆失領し、秀頼の馬廻として出仕した（『南紀徳川史』真鍋真入公有増御一生之御書付）。

土肥庄五郎《どひ しょうごろう》

豊臣家の小小姓篠原甚五〔注〕の姪（『駿府記』）。

秀頼の奥小姓（「山本日記」）。

慶長十九年九月二十三日明け方、秀頼は、暗殺計画に対抗して上屋敷に立て籠もった片桐且元に宛てて、自分は計画に関与しておらず、引き続き信任するといった趣旨の誓文をしたためた。今木一政がこれに符を付け、庄五郎が且元の上屋敷にこれを届けた（「山本日記」、「浅井一政自記」）。

慶長二十年五月八日、秀頼の最期に供をした。小姓高橋半三郎は十五歳、同土肥庄五郎は十七歳、同高橋十三郎は十三歳、真田大助も含めて皆幼年なので、秀頼は家臣の加藤尚長、武田三信に四人の介錯を命じた（『武辺咄聞書』）。

ちなみに『麻植郡誌』、『川田町史』に、阿波国麻植郡川田井上城主土肥因幡守綱真の長男に紀伊守房実があり、その次男庄五郎は豊臣秀次に出仕し、後に鹿児島氏に改称したとされるが、関係は不明。

〔注〕「中村市右衛門氏所蔵文書」によると、天正十二年十月十六日、秀吉が浅野長吉に書状を送った際、播磨国飾磨津において阿波国板野郡土佐泊の篠原甚五、森志摩守に米八百石を引き渡すよう命じている。また『上杉家御年譜』には、文禄三年十月二十八日、秀吉が京都の上杉景勝邸に臨んだ時、秀吉の家臣篠原甚五と石尾勘助が相伴の稲葉忠通の給仕を務めたとある。

富田九郎兵衛《とみた くろ(う)びょうえ》

大坂七組の青木一重組に所属。

慶長二十年五月七日、青木正重の指揮で天王寺表へ出役。敵と組み討ちして戦死（「和田千吉氏所蔵文書」）。

富塚小平次宗総《とみづか こへいじ むねふさ》

伊達政宗の宿老富塚近江守宗綱の次男。富塚内蔵頭信綱の弟（『伊達世臣家譜』）。諱は宗総。初め小平次を称し、小姓組に列した（『伊達世臣家譜』）。

文禄元年、朝鮮戦役に小姓組に属して従軍（『伊達治家記録』、「家蔵記」）。朝鮮在陣中の政宗は、文禄二年七月二十一日付

と

で国元の富塚宗綱に書状を送り、信綱、宗総兄弟が堅固に油断なく奉公している旨を報じた（『伊達家文書』）。

　慶長五年十月六日、信夫郡宮代の合戦で、伊達家は上杉家の物頭安田勘助〔注〕、桑折図書、布施二郎右衛門、北川伝右衛門、武田弥之助らを討ち取った（『伊達家文書』）。当時、宗総は十八歳で、この日も「よき敵を討ち取るべし」と心がけていた。見事な働きをしている徒立《かちだ》ちの武者がいたので、守屋俊重に「あれを討ち取れ」と言われたが、「その方が討て」と言い捨てて馬を速めた。敵の物頭安田勘助と出会ったので、双方馬上のまま戦った。安田は大力の士であり、宗総は引っ提げられたが、何とかして安田を討ち取った（『譜牒余録』）。政宗は福島表から国見へ帰陣の際、摺上河原に大将分、武頭が参集する中で、屋代景頼の働きを称誉した。守屋俊重が進み出て「今日の一騎駆けの働きは、富塚小平次が随一」と言上したが、なぜか政宗は何も応えず、大塚万九郎が星兜の首を取った軍功については「比類なし」と褒賞した（『譜牒余録』）。

　「北川遺書記」に、慶長六年二月、政宗は伊達郡を焼き払い、宮代での合戦に勝利したが、中でも柴田小平次、守屋伊豆、鹿股喜右衛門が手柄を立てたという。右の柴田は富塚と同一人物を指すものと思われるが、宮代合戦は慶長五年十月が正しい。

　その後、牢人となり、大坂籠城（『譜牒余録』）。軍功に対する褒賞がなかったことが不満だったため出奔したという。籠城中は柴田五左衛門尉と称した。落城の後、行方不明（『仙台武鑑』）。

　『仙台人物史』に、富塚小平次が大坂に出奔して秀頼に仕え、山川帯刀を称したとある。しかし、平戸山川家と仙台富塚家と相互の関係をうかがわせる記録はなく、年齢も慶長五年当時、富塚は十八歳、山川は十六歳でもあることから事実とは断定しがたい。
〔注〕安田勘助安次は、上杉景勝に仕える以前は蒲生氏郷に知行七百石で仕えていた（『新編会津風土記』、『会津支配帳』）。

富小路良直　とみのこうじ　よしなお
　藤原北家摂家流。廷臣富小路秀直の長男。
　慶長二十年五月、持明院基久とともに大坂城に籠り戦死。
　富小路の家跡は、基久の三男頼直が継いだ（『系図纂要』、『土御門泰重卿記』、「富小路家譜」）。

友田金平　ともた　きんぺい
　大和国山辺郡都介野村友田村に居城を構え、北畠具教に属していた鞆田武蔵守宗重の嫡男（「寛政十一年旧家控記帳」）。あるいは鞆田四郎重順の子（「北氏系図附録」）。初め服部兵内、徳川八郎左衛門と称した。

　初め吉川家に仕えた（『古今要覧稿』）。

　「寛政十一年旧家控記帳」によると、慶長末に大坂城に籠り、長刀の柄に「咲時は花の数にはあらねとも散にはもれぬ鞆田金平」と辞世を刻み、敵中に駈け込み戦死した。あるいは「北氏系図附録」によると、「咲時し花の数にはあらねどもちるにはもれぬ鞆田金平」という歌を鑓に結び付け、慶長十九年に大坂で戦死。あるいは「北吉品記」によると、「かゝる世にもの、数にはあらねとも鑓にはもれぬともた金平」と書いた一尺八寸の短冊を十文字鑓に結び付け、慶長二十年に大坂で戦死（『大和志料』）。

　友田金平の所用として、若州宗長作

と

の十文字鑓が後世に伝来した(『古今要覧稿』)。

豊永所左衛門《とよなが しょざえもん》

長宗我部盛親の家臣。

主家の除封後は山内家に仕えたが、慶長十九年、出奔して大坂城に籠り、旧主に属した。

慶長二十年五月六日、八尾表に出役し、軍功があった。

土佐に残し置いた妻子は、山内氏が帰陣した後、誅殺された(『土佐国編年記事略』)。

豊永藤五郎《とよなが とうごろう》

土佐国長岡郡寺内村豊永郷の出自。長宗我部元親の家臣で豊永下土居城主の豊永藤兵衛の嫡男。

天文二十一年に誕生。

元親に仕え、久万次郎兵衛、山内三郎左衛門とともに国政奉行として庶政を決した(「豊永先祖聞伝記」)。

慶長二十年五月六日、八尾表に出役。長宗我部主水、十池少太郎らとともに殿《しんがり》となった(『南路志』所載「能勢虎次所持能瀬物兵衛大坂陣中覚」)。

落城後、加藤忠広に知行三百石で召し出された(『元和八年加藤家分限帳』)。

老年に及び、密かに国元へ下り、喜助と改称。赤岡養東寺に三十日滞留し、それより安田へ越し、常行寺の入口西脇に暫時住居した。それより、安田三河守の浜屋敷跡に落ち着いた。譜代の者八人を連れ、西の嶋ホノギ柿ノ木屋敷に居住した。阿波小松島の家女を娶り、豊永より娘二人と長男も呼び寄せ、同所に住まわせた。

寛永十四年九月二十八日に病死。享年八十六歳。法名は心月常照。

長女は初め安田へ嫁ぎ、後に高知に戻り、野中伝右衛門を通じて城へ出仕し、女中頭となった。

次女は安田福原氏に嫁いだ。長男の豊永三郎右衛門は、十四歳で父と死別し、商人となった(「豊永先祖聞伝記」)。

娘は国沢右近の内室(「土佐考証諸系図雑記」)。

豊永藤十郎《とよなが とうじゅうろう》

慶長二十年五月六日、長宗我部盛親に属して八尾表に出役。戦場から落ち延びた。

子孫は安芸広島の浅野家に仕えた(『土佐国蠹簡集木屑』、『土佐国編年記事略』)。

「高野山正覚院蔵文書」(『土佐国蠹簡集拾遺』)所載の藤堂家に仕えた長宗我部旧臣の交名に、豊永藤十郎則重が含まれているが、同一人物と思われる。

鳥飼掃部《とりかい かもん》

若名は金五郎、大坂籠城中は掃部、後に権右衛門を称した。

初め加藤清正に仕えたが、肥後入国の時に暇された。

高山右近に仕え、その後、牢人となった。

筑前で小早川秀秋に知行四百石で仕え、後に備前で三百石を加増。主家が滅亡して、平岡頼勝と同時に岡山を退散。豊前小倉の細川忠興に七百石で出仕するはずだったが、同格の士が八百石で出仕したので辞去。

中川秀成にこの経緯を申し立て、知行の多少にかかわらず仕官先の紹介を求めたところ、備前の池田利隆への仕官を奨められ、知行三百石で出仕。

その後牢人となり、大坂城に籠り、長岡興秋に従い、物頭役を務めた。

落城後、牢人のまま死去(『吉備温故秘録』)。

子の鳥飼了無はキリスト教徒だった(「正保元年十二月十七日付才崎三太夫儀書付」)。

頓阿弥《とんあみ》

秀頼の家臣。茶坊主か。

慶長十六年三月、秀頼の上洛に供奉(「秀頼御上洛之次第」)。

慶長二十年五月七日、初め秀頼は自害の場として天守を指定し、たけべ(建部か)助十郎が鉄砲薬を二人に持たせ天守に上がり、畳を重ねて敷いた場所に薬を置いた。そこへ秀頼の命により頓阿弥が樽を持ち運んだ(「浅井一政自記」)。

な

内藤宮内《ないとうくない》

秀頼の家臣(「大坂陣山口休庵咄」)。諱は長宗(『難波戦記』)、忠豊とされる(「諸方雑砕集」)。

慶長十九年、大坂籠城。小身者のため、兵は預かっていなかった(『大坂陣山口休庵咄』)。あるいは、城東持口の頭分として兵二千人を指揮した。

慶長二十年五月七日、岡山口に出役(『難波戦記』)。

内藤監物《ないとうけんもつ》

慶長二十年五月六日、蟄居中だった家康の家臣河野通重は、井伊直孝の先手に陣借し、若江表合戦で首一級を斬獲した(「井伊年譜」)。

家康は辰の刻に交野郡星田を進発し、二里ほど進出した所で、道明寺、若江両口の戦場から斬獲した首が到来したので、床几を据えて実検した。河野が一番に取った首は、月代を剃り、伽羅の匂いが深く焚きこめられていた。家康は「侍の最期の嗜みはこのようにありたいものだ」と称賛した(『慶長日記』)。豊臣家に仕えていた三好一任、猪子一時、堀田一継を呼び、首の名を知らないか尋ねてみたが、どうも判然としなかった(『難波戦記』)。一説に、三好らが「確かには見覚えないが、物頭のうち内藤監物の首ではないか」と推量すると、家康もはたと思い当たり、「監物とは、新十郎の一族か」と重ねて尋ねた。堀田が「新十郎の伯父です」と答えると、「この首、目利きに遇って掘り出されたな」と笑ったという(『武徳編年集成』)。

内藤五兵衛《ないとうごひょうえ》

大野治長の家臣。知行二百石。

大坂の陣で戦死。

子の内藤多左衛門は、大坂から姫路に落ち延びた。その後、鳥取に移り、さらに寛永九年以前に備前へ移住した。牢人のまま病死。子孫は岡山池田家の家臣として続いた(『吉備温故秘録』)。

内藤左馬《ないとうさま》

秀頼に仕え、大坂籠城。兵千五、六百人を預かった(『大坂陣山口休庵咄』)。

内藤新十郎政勝《ないとう しんじゅうろう まさかつ》

若狭武田氏族。内藤又十郎政貞の長男。母は千姫の乳母刑部卿局（『土屋知貞私記』）。内藤勝兵衛直信〔注〕の兄（『寛政重修諸家譜』）。

父の政貞は、内藤石見守重純の長男。処士として京都に居住した（『寛政重修諸家譜』）。

内藤新十郎は、文禄四年に誕生（『寛永諸家系図伝』）。諱は政勝（『寛政重修諸家譜』）、玄忠（『武徳編年集成』）、長秋（『難波戦記』）。

秀頼に仕え、知行三千石、または二千石（『土屋知貞私記』）。

慶長十六年三月、秀頼の上洛に供奉（『秀頼御上洛之次第』）。

慶長十八年春、新十郎やその他の小身者が生玉へ行った際、関東から来たからくみという悪党と喧嘩になり、大坂衆に多数の怪我人が出た。その時、新十郎は自分の鑓に切り込みを入れ、功名の証拠として提出したが、証人が出て細工が露見し、面目を失った。

籠城当初は、小身者のため人数を預かっていなかった。また、生玉における喧嘩の不首尾で、人前にも出られなかった（『大坂陣山口休庵咄』）。あるいは、初め与力三十騎を預かり戦功があった。諸陣を巡検した織田左門、後藤又兵衛が政勝の軍功を上申したため、別に陣場を預けられ、さらに与力二十騎を付属され、合計五十騎を預かったともいう（『寛永諸家系図伝』）。

慶長二十年五月六日、山口弘定とともに鉄砲三百六十挺、弓二十五張を備え、千人余の兵を率いて木村重成の先手となり、十三街道を進み、若江村東方、玉串川西方の小堤に布陣した（『武徳編年集成』）。牟礼孫兵衛光茂が陣代として補佐した（『井伊年譜』）。

井伊直孝勢との交戦は数刻に及び、ついに匂坂弥五助に討たれた（『武徳編年集成』）。享年二十一歳（『寛永諸家系図伝』）。

一説に、江戸浅草の祝言寺の住持が、日頃懇意の直孝の陣所を見舞った。直孝から「法師は兵糧の費えになるだけなのに、何をしに来られた」と嫌みを言われたが、「法師も人によるべし」とうそぶいて、そのまま傍らに居座っていた。やがて具足を着け長刀を提げて戦場に出向くと、紅の母衣《ほろ》に包んだ首を持ち帰り、直孝に「今日の手作りよ」と差し出した。当座は首の姓名は不明だったが、後に内藤新十郎と知れたという（『井伊年譜』）。「井伊年譜」は、祝言寺は誓願寺の誤りであろうとしているが、両寺ともに浅草移転は後年の事である。

五月七日、母の刑部卿局は、千姫に従い大坂城を退去（『元和年録』）。

長男の内藤蔵人伊知は、清左衛門とも称した。祖母の刑部卿局の功により采地七百石を与えられ、徳川頼宣に付属された（『寛政重修諸家譜』、『国初御家中知行高』）。

次男の内藤市郎左衛門勝房は、紀伊徳川家に仕え、子孫は幕臣として続いた。家紋は角切角の内に内の字、四割菱、下藤の丸。

〔注〕内藤直信は、政貞の次男。初め京都で慧日山東福寺の僧だった。元和六年、江戸で将軍家光に拝謁。寛永四年、命により酒井忠勝邸で還俗。下総国印旛郡臼井村内で采地を与えられた。正保二年九月十日、徳川家綱に付属された（『寛政重修諸家譜』）。

直江五左衛門《なおえ ござえもん》

伊賀者。

慶長二十年、井伊直孝の内命により、

物売りに化けて城中に入り、肩衣を着て千畳敷御殿の軍議にも紛れ込んだ。散会後、怪しまれたのでそのまま走って城外に逃亡した。道に迷い藤堂高虎の陣所で捕えられたが、吟味を経て井伊家に引き渡された。戦後、井伊家で知行を与えられたという（「劇談集」）。

長井九兵衛利重　ながい　くひょうえ　とししげ

長井市右衛門定基の惣領。

父の定基は、播磨国加古郡の野口城主長井四郎左衛門定勝の子。天正年中、三木の別所長治に属したため、秀吉との合戦により野口城は没落した。当時五歳だったが乳母とともに城を立ち退き、成長の後、野口城跡に立ち帰り、池田家より二千俵の合力を給せられた。後に辞去した。

長井利重は、大坂夏の陣で毛利吉政の配下に属して戦功があった（「紀州家中系譜並ニ親類書書上」慶応元年十一月長井又作成之書上）。

慶長二十年五月七日、天王寺表合戦では金の輪貫に色紙を付けた指物を装着し、毛利吉政の右備えに加わった。当時は若年だった。

鑓合わせが始まると、旗本から宮田甚之丞が一番に鑓を入れた。同時に長井が右備えから駆け出すと、東南方向の赤吹貫の備えから白四半の指物の武者、続いて紺地に日の丸の指物の武者が進み出た。長井は天王寺前の堀切を越えた地点で白四半の指物の武者と鑓を合わせ、突き留めて首を取った。この武者は真田信吉（本多忠朝組の右翼）の家臣原郷左衛門（注）とされる（「佐佐木信綱所蔵文書」卯年大坂落城之刻於森豊前守与長井九兵衛と申仁働之事、「同」七月五日付高木左近進家則書状）。

その後、西方からは黒柄弦《えつる》の指物の武者が三、四人突きかかってきた。長井はこのうち真っ先に来た武者と鑓を合わせた。この武者は秋田実季（本多忠朝組の左翼）の家臣萱野勘兵衛とされる。鑓合わせの勝負がつかないうちに味方が敗軍したので、吉政の本陣に立ち戻り、戦場での働きを申告した（「佐佐木信綱所蔵文書」卯年大坂落城之刻於森豊前守与長井九兵衛と申仁働之事）。

やがて天王寺表の大坂方が総敗北になると、毛利吉政は宮田甚之丞、大桑平右衛門ら十騎ほどに前後を警衛されて城中へ引き揚げた。長井は水野猪右衛門とともに後続し、退却を急ぐ味方の四、五騎に対して「引き返されよ」と声をかけつつ、桜門まで供奉した（「佐佐木信綱所蔵文書」七月六日付毛利善四郎祐時書状、「同」八月六日付宮田甚之丞安則書状）。

落城により具足を着用したまま騎行して、郷里の播磨国加古郡野口村へ立ち退いた（「佐佐木信綱所蔵文書」七月五日付高木左近進家則書状）。

そのまま郷里に蟄居していたが、寛永十一年十月十一日、徳川義直に召し出され、右筆役を務めた（「紀州家中系譜並ニ親類書書上」慶応元年十一月長井又作成之書上）。賀古次右衛門と改めた（『土屋知貞私記』）。後に眼病を患って致仕（「佐佐木信綱所蔵文書」一月二十五日付九里久郎右衛門書状）。再び郷里に帰り、郷士となった（「紀州家中系譜並ニ親類書書上」慶応元年十一月長井又作成之書上）。賀古次斎と称した（『翁草』、「佐佐木信綱所蔵文書」一月二十五日付九里久郎右衛門書状）。

養嗣子は播磨の人長井伝兵衛定治の三男清右衛門（「会津藩諸士系譜」）。

利重の子孫は賀古と長井の家名を有し、郷士として加古川の私的な運上金と隠田により裕福に暮らしていた。長井定勝の六代の裔、長井四郎左衛門利秀の代に、諸国の隠田や私的に徴収している運上金について、公儀による調査が実施された。いかに公儀であっても無体に利権を取り上げるものではなかったが、利秀は見栄っ張りで、公儀の役人に詫びるつもりは毛頭なく「加古川は手前の名字を以て名付けられたほどのもので、数代領知してきたからには、どこまでもわが物である」と少し力み過ぎたのがあだとなり、次第に言いつのりとなったあげく、田も運上も取り上げられるという情けない目にあってしまった（『むかしばなし』）。利秀の惣領長井常安孝基は、生計のため医業を学び、延享三年一月二十二日、江戸で徳川宗直の侍医として召し出され、切米六十石を与えられた。徳川宗将の代に切米を地方に直し三百石を与えられた。宝暦十年八月五日に六十九歳で病死（『紀州家中系譜並ニ親類書書上』慶応元年十一月長井又作成之書上、『南紀徳川史』）。生前、孝基は四十歳代までに子が三人ありながら、君侯への申告がなかったので、ある時、紀州侯は孝基に「その方は年も五十歳に及ぶというのに跡目の事は何と考えているのか」と質した。孝基は落涙して「ありがたき思し召しです。私の先祖は長井四郎左衛門という城主でした。その末裔がいかに生計のためとはいえ長袖の医師になり下がっていることは余りに口惜しく、先祖への不敬と考え、私一代で家跡を断つ所存です」と返答した。紀州侯は格別の取り計らいで、孝基に限り家格を武士とさせた。長男の長井四郎左衛門優渥は、文武に通じており、知行二百石を与えられた。その子孫は紀州家の家臣として続いた。家紋は二つ引両。替紋は輪の内に九枚笹（『紀州家中系譜並ニ親類書書上』慶応元年十一月長井又作成之書上、『南紀徳川史』）。なお、孝基の三男平助球卿は、奥州伊達家の奥医師工藤丈庵球琳の養子となり、元琳周庵と称し、跡目三百石を継いだ。江戸日本橋南数寄屋街に常住した。豪邁で博学。広く天下に師友を求め、林子平の「海国兵談」に序文を寄せ、その他の著作も多かった。世務に練達し、貨殖の才もあった。その長女綾子は伊達家中の只野行義に嫁ぎ、後に真葛と号して「むかしばなし」のほか、多数の著作を残した（『南紀徳川史』、『むかしばなし』、『曲亭雑記』）。

〔注〕原郷左衛門は、真田家中の沼田侍。五月七日の戦場で家老の矢沢頼幸は慎重に敵状を見極め、左方に馬を進めると、原や祢津主水に後続を命じた。しかし、原は聞きもあえず、無二無三に敵陣に突入して戦死した。かねて討ち死にを覚悟しており、生死を度外視した単独突撃だったという（『真田大坂陣略記』）。

中井次郎右衛門《なかい じろ(う)えもん》

大和の者（『土屋知貞私記』）。大坂七組の青木一重の本参組子（『諸方雑砕集』）。大坂城に籠り、物頭を務めた。大工頭の中井正清（中井孫太夫正吉の子）に名字を贈ったという（『土屋知貞私記』）。あるいは中井正清の古主で、中井の名跡を贈ったともいう（『摂戦実録』）。城東警固の寄合衆の一人（『難波戦記』）。

中井次郎左衛門光重《なかい じろ(う)ざえもん みつしげ》

但馬国美含郡の人中井助左衛門惟光の子。

父の惟光は、兵法に通じ、秀吉に仕えた。慶長三年に病死。

中井光重は、文禄四年に摂津で誕生。父の遺業を継いで、秀頼に仕えた。落城の後、近江彦根に寓居。後に武蔵本庄に移住。元禄五年十月二十五日に死去。享年九十八歳。葬地は武蔵青山の青原寺（「衆臣家譜」）。

長井伝兵衛定治《ながいでんひょうえさだはる》

本国は播磨丸亀。播磨の住人長井甚兵衛の長男。

天正十九年に誕生。初め左吉を称した（「会津藩諸士系譜」）。

大坂の陣で秀頼に従い、毛利吉政に付属され、鉄砲十梃の頭となった。慶長二十年五月七日、天王寺表合戦で一番鑓を合わせ、首一級を斬獲し、突き伏せた敵の鑓を分捕った。しかし、既に落城の様相となったため、その場から立ち退いて牢人となった（「会津藩諸士系譜」、『朝野旧聞裒藁』所載「毛利紀事載　くひ帳」、『土屋知貞私記』）。

その後、播磨新宮の池田重利方にいた。寛永八年に重利が死去し、嗣子池田重政の代になると賜暇を乞い、江戸へ下向した（「福富文書」七月五日付賀古次右衛門書状）。

寛永十六年十二月、保科正之に招かれ、最上で知行五百石を与えられ、鉄砲頭となった。

寛永二十年七月四日、保科家の会津転封により、人並に百石を加増された。

明暦三年八月、願いの通り役を免ぜられ、寄合組に属した。

万治三年三月、隠居を認められ、道休と号した。

寛文七年七月四日に病死。享年七十七歳。法名は月江院真叟玄妙居士。葬地は会津の宝雲山大龍寺。家紋は丸に二つ引両、丸に井の字、井桁に長の字。

長女は、村山源兵衛の妻。

長男の長井左吉定俊は、慶長十九年に誕生。後に甚右衛門を称した。明暦元年九月二十七日、部屋住のまま代官となった。万治三年三月、跡目六百石を継ぎ、城番、江戸表勤番、物頭を歴勤した。貞享三年五月二十四日に病死。享年七十三歳。子孫は会津松平家の家臣として続いた。

次女は、鈴木半左衛門重次の妻。

次男の助三郎は、田中善大夫の養子となった。

三男の清右衛門は、賀古次右衛門（長井九兵衛利重）の養子となった。

三女は、夏目八左衛門貞親に嫁ぎ、長井九八郎定宗を産んだ。

四女は、芦沢治郎左衛門直治の妻（「会津藩諸士系譜」）。

中内惣右衛門三安《なかうちそうえもんみつやす》

長宗我部元親の家臣中内兵庫三由の次男。中内与三右衛門重由（注）の次弟。兄が病身のため惣領となった（「蜂須賀家家臣成立書并系図」文久元年九月樫原源兵衛正徳書上）。

父の三由は、伊予馬立城主中内内記の次男。幼名は熊次郎、善助。長宗我部元親に仕え、三千貫を領知した。永禄、天正の間、各地を転戦して軍功があった。阿波国三好郡白地城に在番し、天正十年八月十六日に同城で死去。享年七十八歳。法名は了雲居士。白地城跡に中内（ナコチ）塚と称する供養碑がある。妻は土佐の香宗我部山城守の娘。元和三年六月に死去。法名は名月秋浄明禅尼。葬地は渭津の瑞巌寺（『中内重由』、「蜂須賀家家臣成立書并系図」文久元年九月樫原源兵衛正徳書上、「阿波国古文書」所載「中内辰五郎成立」）。

中内三安は、父に従って数度出陣した（「蜂須賀家家臣成立書并系図」文久元年九月中内喜又三種書上」)。

朝鮮戦役で、石谷加兵衛が「今日、桑名弥次兵衛と中内惣右衛門の武者振りがさても見事でした」と元親に言上すると、元親は「桑名、中内ほどの者の武辺について、いまさら言い立てる必要はない」と言った(「桑名弥次兵衛働覚」)。

慶長五年十一月、長宗我部盛親が大坂天満の足利学校の寺に謹慎した際、豊永惣右衛門、横山新兵衛、江村孫左衛門、黒岩治部左衛門、同掃部、立石助兵衛、吉田孫左衛門とともに随行した(『土佐物語』)。

長宗我部家の除封後は、豊後で本多某に仕えた(「蜂須賀家家臣成立書并系図」文久元年九月中内喜又三種書上)。あるいは豊後南郡で中川久盛から合力分として扶持方少々と家屋敷を与えられていた(「除帳」)。または岸和田で小出吉英に知行四百石で仕えた(『土佐物語』)。

慶長十九年十月、盛親が大坂に入城すると、豊後より駆け付けて籠城した(「蜂須賀家家臣成立書并系図」文久元年九月中内喜又三種書上)。婿の土方六左衛門とともに両家の家人男女三、四十人を連れて豊後鶴崎から出船して上坂した(「除帳」)。

十二月、和睦の成立後、井伊直孝の家臣福富半右衛門親政が大坂城で旧主の盛親に拝謁した時、近藤喜左衛門、川村半助、十地新右衛門とともに同座した(『福富半右衛門親政法名浄安覚書』)。

慶長二十年五月七日、盛親は大坂城を退去し、山城の男山八幡に向けて落ち延びた。中内、羽山左八郎が最後まで随行を許された(『土佐物語』)。十日、八幡付近で蜂須賀家政の家臣益田九郎次郎由忠(後に長坂三郎左衛門)に捕縛された(『寛政重修諸家譜』)。

捕縛の経緯について以下の説がある。

(一)長坂の家来牛之助は、茶屋に食物を求めている坊主を見かけ、かねて長宗我部の家老中内惣右衛門は大男の大力で、左の目下に大きい黒痣があると聞き及んでいたため、よく似た坊主と不審に思い、秘かに跡を付け、葦原に分け入っていくのを見届けた。これを報告すると長坂は、坊主は中内の変装で、葦原には盛親もいるに違いないと判断し、手勢を連れて葦原を囲み、主従二人を捕えた(「阿波国古文書」所載「中内辰五郎成立」)。

(二)長坂は蜂須賀家政の使者として京都に上る途中、橋本の茶屋で休息した際、夜に竹流金で食物を求めた者が葭原の中に隠れていると茶屋の主人から聞き付け、葭原を捜索すると、空腹と疲労で倒れ伏している盛親と中内を発見して捕えた。折から羽山は、八幡山上に所縁の僧坊を訪ねて不在だったが、盛親の捕縛を聞いて自首して縛に就いた(『土佐物語』)。

＊

五月十一日、盛親主従の身柄は伏見に送致され、本多正信を通じて披露された(『寛政重修諸家譜』)。盛親の身柄は二条城に移され、五月十五日に斬首された(『駿府記』)。

中内も処刑されるところであったが、蜂須賀家政父子が「中内は最後まで盛親に従い、その忠節は神妙です。しかも中内の嫡男熊次郎を当家で側近く召し使っており、是非身柄を拝領いたしたく」と求めたため、赦免されて蜂須賀至鎮に下げ渡された。至鎮の阿波凱旋に伴われ、嫡男の熊次郎に預け置かれた。名を宗入と改めた。度々、家政父子に召し出され、時服を拝領するなどの厚情を蒙った。万事不自由がないようにと、毎年米三百石を支給するとともに、無腰の身分なので持鞘として信国の脇差を与えるとのことであったが固辞した。また、地方知行の判物を与えるとのことであったが、判物は返上して毎年米五斗ずつを受領した。

寛永元年十一月五日に病死（「蜂須賀家家臣成立書并系図」文久元年九月中内喜又三種書上）。法名は直心宗入庵主（『中内重由』）。

妻は久武内蔵助の娘（「蜂須賀家家臣成立書并系図」文久元年九月中内喜又三種書上）。寛永十一年十月十三日に死去。法名は雲嶽理慶大姉（『中内重由』）。あるいは、妻は土佐国吾川郡弘岡の住人鶏冠木右京の三女ともいう（『土佐物語』）。

嫡男の中内孫右衛門三置は、初め熊次郎と称した。長宗我部家の除封により父の三安が土佐を離れる際、妹の春とともに岸和田に預け置かれた。その後、伯父の中内重由が阿波へ二人を呼び寄せ養育した。慶長十八年、蜂須賀家政の御茶取に召し出され、七人扶持を給せられた。大坂の陣の後、父の三安が阿波に下向すると、その身柄を預かり、十五石と徳島城下の福島に屋敷を拝領した。成人して前髪を取り、名を孫右衛門と改めた。蜂須賀家では三置に新知を与えようとしたが、親の三安が固辞した。蜂須賀家では「熊次郎については、先年公儀に申し上げているので、成人して知行を与えずにいては当家の為にならない」と説諭し、元和二年八月二十日、新知百六十二石が与えられた。寛永元年十一月二十九日、父の三安が生前固辞して受領しなかった判物や脇差を賜与された。名東郡八万村で地方知行を支配した。勝浦郡の代官に任じられた。その際に音物の受納を勝手次第とされたが、これを固辞したため、家政の機嫌を損ね、暇を出された。他国に出ることを禁じられたため、名東郡石井村に逼塞した。寛永二年の春には家政から米三十石が支給され、寛永三年には本知で帰参が許され、即日百石を加増された。同年六月、鉄砲組を預けられ、横目役を務めた。寛永四年一月に百石、寛永五年に五十石を加増され、合計五百二十石五斗を知行した。承応二年四月四日に病死。妻は中内重由の次女。子孫は蜂須賀家の家臣として続いた（「蜂須賀家家臣成立書并系図」文久元年九月中内喜又三種書上）。

〔注〕中内重由は、中内三由の長男であったが、生まれつき病身だったので谷村で保養した。慶長初年中、蜂須賀家政に招かれ、新知五百石を与えられた。物頭を務め、鉄砲足軽若干を付属された。阿波の福島に屋敷地を拝領し、土佐から家僕を引き取った。慶長十九年、大坂の陣に従軍し、先手鉄砲頭を務めた。元和五年十二月二十二日に病死。享年七十一歳。法名は要嶽紹玄。明和二年十二月廿五日、子孫の樫原源兵衛直美が、徳島の鳳祥山瑞巌寺に重由の碑を建てた。妻は桑名弥次兵衛の娘。嫡男の中内勝助重勝は、後に忠左衛門を称した。主命により中内氏より折下氏、さらに樫原氏に改めた。妻は岩田七左衛門政長の娘。子孫は蜂須賀家の家臣として続いた（「蜂須賀家家臣成立書并系図」文久元年九月樫原源兵衛正徳書上、『中内重由』）。

中内弥五左衛門《なかうち　やござえもん》

長宗我部盛親の家老中内惣右衛門の子（『高山公実録』所載「寛永十一年極月十日中内藤九郎差出覚書」）。あるいは、中内兵庫亮三由の三男で中内与三右衛門重由、中内惣右衛門三安の弟とされる（「蜂須賀家家臣成立書并系図」文久元年九月樫原源兵衛正徳書上）。

慶長二十年五月六日朝、盛親の旗本と藤堂高虎の左先手による最初の戦闘で、藤堂高刑の鑓の相手となり、これを討ち

な

取ったが、同時に戦死した(『高山公実録』所載「寛永十一年極月十日中内藤九郎差出覚書」)。

戦後、高刑を討ち取った者として赤星三郎(『元寛日記』、『難波戦記』、『菊池系図』)、武藤九郎兵衛(『綿考輯録』)、武藤外記(『山本豊久私記』)、松田与左衛門(『南路志』)らが自称し、あるいは取沙汰された。

子の中内藤九郎は、阿波にいたが、世間に高刑を討ち取ったと称する者が父以外にいることを不審に思い、寛永十一年十二月十日付で藤堂高次の家臣中内弥左衛門に覚書を送り、いつでも出頭して真偽を吟味したいと申し出た。覚書は、箕浦忠真より高次に上程された(『高山公実録』)。

長岡監物是季《ながおか けんもつ これすえ》

米田助右衛門是政の長男。母の雲仙庵は近江の田中坊真賀法印の娘(『肥後国誌』)。近江田中城主比良内蔵助の姉。明智光秀の内室の姪(『綿考輯録』)。

天正十四年十一月二十八日に丹後宮津で誕生(『長岡是季事蹟』)。

慶長五年八月二十三日、初陣で岐阜城攻撃に参加し、大手門脇の塀に取り付いた。父の是政は塀から城内に乗り込むところを狙撃され絶命した。是季は父の首を取ろうと駆け寄った武者を討ち取った。是政の遺骸は家来の塩木佐助、宗田庄内らが収容した。家来の中村一助、小森六右衛門らが同所で敢闘した。

九月十五日、関ヶ原合戦に参加。伊吹山麓で敵を一人討ち取った。細川家中の吉岡弥三郎が通りかかったので、「よいところに来られた。米田与七郎、ただいま敵の首を討ち取ったぞ」と名乗りをあげた。ただ一人付き従っていた家来の真下七兵衛も「よく御覧あれ、与七郎に従うは我一人のみ。左様に認識されよ」と声をかけた。吉岡は「さてさてお手柄」と感心し、真下には「その方はかねて頼もしく見えたが、今日は一段と見事」と会釈した。是季の求めに応じて吉岡は先に旗本へ戻り、細川興元に是季の手柄を報告した。忠興もこれを聞きつけて直々に吉岡から軍功の様子を尋ねているうちに、是季が本陣に到着した。忠興は是季を呼び寄せると「親が存命ならどれほど喜んだことか」と嘆き、涙が是季の顔に降りかかった。折から他家の大将も集まってきたので、忠興は「この者は岐阜で討ち死にを遂げた米田助右衛門の倅である」と披露すると、皆感涙し、中でも加藤嘉明は興元に向かって「家康公が勝利されたので相応の褒美があるだろう。帰国したらこの者に高禄を与えられるがよい」と忠興にも聞こえるよう大声で言った。その時、近くの竹藪から走り出た敗残兵を是季が即座に討ち留めたので、忠興の機嫌は一段とよかった。是季の家来塩木左助、安威弥三郎、入江金蔵、山崎清三も同日の合戦で首をあげた。

慶長六年七月七日、昨年の軍功の褒賞として長岡姓と偏諱を賜与され、長岡監物興季と改めた。

慶長十年七月二十七日、飯河豊前宗祐とその子長岡肥後守宗信が主命により誅殺された際、宗信に嫁いでいた長姉が自害した。

慶長十二年、忠興の意に背くことがあり、豊前を退去して京都で牢人となった。家来の木崎牛之助が暇乞いのため上京して豊前に帰った。是季の家来は、すべて忠興の直参とされ、先知が与えられた(『綿考輯録』)。

慶長十九年、京都の居宅に秀頼から上使が派遣され、「今度、開戦を決意した。

な

その方のことは聞き及んでいるので出仕するように」との上意が伝えられた。是季は「私は細川家を退去しましたが、他家に出仕すべき者ではないので、この旨よろしく言上いただきたい」と答えたが、上使は「上意につき、ご返答は大坂へ出頭していかようにも言上されよ。それがしは御口上の趣を演説せよとのみ仰せつかっただけである」と取り次ぎを拒むので、やむなく大坂へ行き、大野治長に辞退する旨を直接申し入れた。しかし、治長から「辞退する旨を秀頼公に上申したが、この度はぜひにも一命を所望したいとのことである」と伝えられ、それ以上は辞退することができなくなり、「されば御請け仕る。まずは秀頼公に拝謁して、いったん京都に戻り、支度を調え改めて入城すべし」と答えた。しかし、治長が「いまだ牢人衆の拝謁は延引しているので難しい」と渋るので、「一命を差し上げ御奉公に及ぶからには、拝謁なくしては不本意である。しからば入城は御免蒙ろう」と断ると、治長は「されば御遠慮もあるので夜に拝謁を取り持とう」と了承した。夜亥の刻、秀頼に拝謁し、退出しようすると、呼び止められ、小袖を脱ぎ与えられた。近習の取次で拝領したこの小袖を着てみると、秀頼が大兵《だいひょう》であったため、帯の位置が膝あたりにくるほどの着丈があった。翌日、京都に戻ると用意を調え、大坂に入城した（『摂戦実録』）。

大野治房組に所属する組頭となり、馬上五十騎を預けられた（『大坂夜討事』）。当初は是季の籠城は寄せ手に知られていなかったが、弓の上手である是季が放った多数の矢に姓名が記してあったため、知られるようになったという（『綿考輯録』）。

十二月十六日、治房は本町橋通、蜂須賀至鎮の陣所への夜討ちを決行することとし、塙団右衛門が組下を率いて出撃する準備をしていた。これを聞きつけた是季と上条又八は塙の宿陣を訪ね、夜討ちへの参加を願った。塙が許可しないので、両人は武装したまま塙の陣所の門口に昼から夜まで立ち尽くして願い続けた。これには塙も折れて、「そこまで思い詰めておられるなら、又八は預かりの足軽を留め置き、単身での参加を認めよう。是季は組子を預かる身なので参加は認め難い」とした。しかし、御宿越前が「本町の北方は池田忠雄の陣が近いので、蜂須賀の陣に斬り込んでいるところを横撃され、退路を断たれる可能性がある。是季の組を出撃させて池田勢を牽制させた方がよい」と助言したため、是季の組も参加が実現した。

是季の組下では一色杢が敢闘した（『大坂御陣覚書』）。塙彦大夫は稲田植元と鑓を合わせた。平田治部右衛門は首一級を斬獲したが稲田植次に討たれた（『大坂夜討事』、『綿考輯録』）。成田弥大夫、荒川源五、池西左近右衛門も各首一級を斬獲し、平田とともに軍功を認定された二十三人の内として挙げられた（『金万家文書』）。

慶長二十年四月二十九日、治房の本軍とともに和泉路を南進したが、先手が樫井合戦で敗北したため撤退した。戦場で塙団右衛門を捨て殺しにした岡部大学を厳しく非難し、治房の組から追放するよう求めたが、合戦を目前にして治房は了承しなかった。これを不服として上条又八と語らい、自身の組下と塙の組下も連れて、治房の組から脱退した（『大坂御陣覚書』）。

五月七日、落城までの間、数度手柄を立て、一日に七度も戦闘に及んだといわれる。諸方面が敗北したため本丸に戻り、上条又八とともに暫く防戦した。本丸も延焼するに及び討ち死にを覚悟し、敵中に突入しようとしたが、家来の中西孫兵衛が是季の袖を捉えて、「雑兵のように命を捨ててはなりません。それがしにお任せあれ」と諫めて、馬の口を取って囲みの一方を切り破り近江へと落ち延び、坂本の西教寺に隠れた。

ほどなく京都に上り蟄居した（『綿考輯録』）。京都で蟄居の間は、長岡重政を名乗り、紛斎と号した（「長岡是季事蹟」）。

元和三年頃、姫路の本多忠政に塙彦大夫が仕官を求めた際、既に本多家に仕えていた田村林蔵院、鈴木半左衛門との間で、本町橋通の夜討ちにおける軍功を巡って争論が発生した。塙が京都に人を派遣し、是季に事の次第を訴えたため、是季は上条又八と相談して塙の証人となるべく京都所司代板倉勝重に断って播磨に下向した。本多家では是季らの証言を得て吟味した結果、田村、鈴木は扶持を召し放たれ、塙の仕官も不調に終わった。本多家では是季を召し抱えたいとの意向を示したが、是季は「秀頼様の御世となっていれば、私は忠政様ほどの身代にはなっていたはずなので、貴家への仕官は辞退する」と返答したため、忠政は立腹して板倉勝重に是季を誅殺したいと届け出たが、板倉は「是季は上様も御存じの者なので、軽率な対応は御家のためによろしくない」と宥め、これにより是季も上条も無事京都に帰ることができた（『綿考輯録』）。

在京中の発出と推定される年不詳十月十二日付の是季の書状から、播磨の一件で本多家との間に何らかの問題が発生した様子がうかがわれる（「長岡是季事蹟」）。

細川忠利は「米田家は元来足利七人衆のひとつであり、是季の祖父求政以来当家に忠勤を励んできた家柄である。しかも是季の武勇才略はよく知っている。以前の過ちは赦して召し返したい」と考え、元和八年春、志水伯耆を通じて是季に内意を伝えさせた。元和九年閏八月二十八日付で幕府が大坂新参牢人を赦免したので、京都で拝謁を許した。忠利はあらかじめ忠興に是季の帰参の可否について打診し、忠興からは「無理に召し抱えよとはいわない。他家にやるなり、当家で召し抱えるなり、思うままにせよ」との一任を得ていた。

かくて是季は細川家に帰参することとなり、元和九年十月、豊前小倉に下向した。馬一匹を曳き、母、女房、子の是長、侍二人、小姓八人、台所人一人、女房たち七人、端女四人、中間小者十六人を伴った。知行はまず二千石が与えられ、ほどなく家老に任じられた。

寛永二年七月頃、四千五百石を加増された。

寛永五年一月五日、大坂城普請助役のため、長岡勘解由、小笠原備前、志水伯耆とともに細川家の人数を率いて上坂した。

寛永九年十二月七日、熊本に先行して到着し、翌八日、熊本城に出頭して石川忠総から城の鍵などの引き渡しを受けた。

寛永十二年、三千五百石を加増せられ、合計一万石を領知した。

寛永十五年、有馬の陣における功労に対して、手棒兼光の刀が賜与された。

寛永二十年一月二十日頃、沢村大学とともに細川光尚に従って八代に至り、帰参後初めて忠興への拝謁が許された。

正保元年六月二十四日、長崎沖にポルトガルの黒船二隻が来航したため、九州の諸大名に動員命令が発せられた。細川家からは六月二十六日以降、七月一日までに家老の長岡延之が率いる二千五十人が先発で出動し、七月一日以降、十日までに監物が率いる四千三百九十人が二番手として出役した。監物自身は七月七日に熊本を出発し、未の刻頃、川尻を出船して翌八日、樺島に到着した。七月二十三日、長崎の奉行衆から帰国が許可されたため、監物は七月二十九日に樺島から帰帆し、八月一日、熊本に帰着した（『綿考輯録』）。

明暦元年二月初旬から発病したため、長岡興長より都築三右衛門が京都に派遣され、医師の古林立庵、岡本松庵、大庭慶間が招聘された。

万治元年一月八日の夜五つ半時に死去。享年七十三歳。法名は雲祥院殿前城門仁勇紹寛居士。葬地は熊本の雲祥山見性寺。同夜に家来の姫嶋清大夫、河野文右衛門、緒方久右衛門、徳永勘兵衛、中野喜兵衛が殉死した。翌九日朝にも家来の田辺長大夫が殉死した（「細川家記」）。

妻は是季が細川家を退去して以降、廷臣の一条家に預け置かれた。是季の母雲仙庵の母真寿が一条准后の妹だったため、その所縁による。是季の帰参により小倉に伴われた（「長岡是季事蹟」）。

長男の長岡監物是長が家督を継ぎ、次男の米田助右衛門是正と三男の米田甚内是員には新知を与えられた。三人ともに家老職に就いた。是長の子孫が細川家の家臣として続いた（「先祖附」米田波門、『肥後読史総覧』）。

長岡古庵《ながおか こあん》

慶長二十年五月六日、誉田表に出役。五月七日、落城の時、佐野長助の子安右衛門が供をして船場へ行き、池田氏の家臣日置忠俊、村居左近方へ送り届けた（『井伊文書』）。

長岡与五郎興秋《ながおか よごろう おきあき》

細川越中守忠興の次男。母は明智光秀の娘（霊名はガラシア）。

天正十一年に丹後味戸野で誕生。諱は初め忠次、忠吉、後に興秋（『綿考輯録』）。

「一五五八年二月二十日（天正十六年一月二十四日）付 ルイス・フロイスの報告」によると、天正十五年、ガラシアは第二子で、三歳の小児である次男が重病となり生存の可能性がなくなったことを悲しみ、侍女のマリアと相談して密かに洗礼を授け、霊名をジョアンと付けた。それから小児は次第に回復して完全な健康体となった（『イエズス会日本年報』）。年齢が合わないが、この小児は興秋を指すものと思われる。

文禄年中、叔父の長岡玄蕃頭興元（霊名はジョアン）の養子となった（『十六・七世紀イエズス会日本報告集』）。

慶長五年六月二十三日、兄の忠隆が会津征討のため丹後宮津を先発した際、長岡興元、松井興長、米田是政、同是季、有吉康政、三淵好重らとともに従軍した。六月二十七日、忠興は旗本を率いて宮津を出陣し、二十日に朝妻で先発の軍勢と合流した。それより細川勢は美濃、信濃、上野を経由して下野に着陣した。

七月十七日、母が大坂玉造の細川邸で自害した。

七月二十二日、徳川秀忠が宇都宮に着陣すると、忠興は、既に同年一月に証人として差し出していた三男の光（後の忠利）に重ねて、興秋を人質として差し出した。秀忠は岡田太郎右衛門を添えて興秋を送り帰し、忠興の誠意に対し満足の意を伝えた。

細川勢は武蔵、相模、伊豆、遠江を経て

尾張清州で諸侯の軍勢と合流した。

八月二十三日、岐阜城攻撃で細川勢が武藤曲輪を押し破った際、興秋も有吉助兵衛らとともに進んで戦った。

九月十五日、関ヶ原合戦でも、興秋は他に先駆けて進み、石田三成の鉄砲頭仙石角左衛門諸氏に馳せ向かうと、引き組んで馬から落ち、ついに組み伏せて首を獲った。そこへ敵が左右から打ちかかったが、事ともせず追い払い、従者たちもよく防戦したため無事だった。興秋の働きは兄の忠隆が見届けた。仙石諸氏は仙石秀政の旧臣で、数度の武功により名字を与えられるほどの強者だった。この日は胸板に金箔で南無妙法蓮華経と書いた黒皮の鎧に鹿角の兜を着用し、三尺余の刀で近づく者を五人切り伏せる働きをしていた。

九月二十九日、福知山城攻撃に従軍。

十一月二日、忠興は豊前一国と豊後二郡の合計三十四万石を拝領した。この頃、忠興との仲が険悪となっていた兄の忠隆が廃嫡された。

十二月初旬、忠興は宮津を発ち、十二月二十六日に豊前中津に入府した。

慶長六年七月七日、忠興が慶長五年の戦役で軍功があった者を中津に集めて饗応、慰労した際に、興秋を始め若い者は、皆給仕を務めた。

十二月中旬、長岡幽斎が京都から中津に下向した時、領内の城代は皆中津へ伺候して賀儀を述べたが、小倉城代の細川興元は所労と称して、養子の興秋を名代として中津に伺候させた。興秋が「玄蕃殿は御風気のため私を遣されました」と言上すると、忠興は不審に思い「その方は玄蕃に会ったか」と尋ねた。興秋は「会っていません」と返事したが、果たして翌日、小倉より興元の退去が報ぜられた。興秋はそのまま中津城に留め置かれ、小倉城には奉行として村上正之と飯河宗祐が派遣された。

慶長七年十一月下旬、忠興は小倉城に入城した。

慶長九年の夏より忠興は重病となったため、江戸に在府の忠利を家督相続人にしたいと願い出て、八月二十六日付で家康より認可された。忠利は父の見舞のため、豊前への下向が許された。忠興は興秋に、証人として下るよう命じた。興秋がこれを拒んだため忠興は立腹し、父子の間が険悪になった。しかし、忠興の側妾小宰相が仲介して説得し、ついに興秋は承引した。

十一月十五日、興秋の供衆となる魚住十介、窪田五介、駒山次郎兵衛、尾袋九兵衛、和田助丞、江口宅左衛門、岡田二右衛門、末留五郎右衛門、中野半左衛門、粟津彦左衛門〔注〕、池辺弥左衛門、津原作右衛門は、松井康之、加々山興良に対して誓紙を提出した。

十一月十六日、興秋は松井康之、加々山興良に起請文を提出した。同日付で小宰相に書状を送り、仲介の労を謝し、自らの人質として乳母を、供衆の人質としてその妻子を進上した（『綿考輯録』、『先祖由来附』、『松井文庫所蔵文書』）。

忠興は長岡肥後宗信に随行を命じた。宗信は再三辞退したが許されないので、「わかりました。三度までは諫言申し上げますが、それでもご承引なければ興秋様の御心に任せます」と言い捨てて随行した。

かくて、興秋は何事もなく豊前を出立し、京都の建仁寺の塔頭十如院に到着したが、そこで居座ってしまった。たびたび宗信が催促したが出発しようとしないので、強く諫言してようやく翌日出発の約束を取り付けた。翌日、用意を調え宗信が伺候すると、既に興秋は剃髪しており、十徳を着て対面すると、「肥後よ、もはや申し分もあるまい。帰国して報告申し上げよ」と告げた。また、供衆も全員集め、「これまでの供奉、満足に思う。皆、帰国して元の通り勤仕せよ」と言い渡し、そのまま奥の間に入ってしまった。宗信は力及ばず豊前へ帰り詳細を報告すると、忠興は甚だ不興で、即刻、逸見次左衛門を駿府、江戸に派遣して事情を説明させるとともに、宗信とその親の飯河宗祐には閉門を命じた。興秋が剃髪して出奔した理由は、家督を弟の忠利に定められたことへの不満によるものと世間には受け止められた(『綿考輯録』)。

慶長十年一月十二日、廷臣の舟橋秀賢が、剃髪して南禅寺に蟄居していた興秋と初めて賀光院で対面した(『慶長日件録』)。

七月二十七日、忠興の命により、飯河宗祐と長岡宗信は誅殺された。

十二月二十五日、忠利が中津城に入った。

慶長十五年八月二十日、祖父の幽斎が京都三条車屋町で死去。

慶長十九年、大坂籠城(『大坂陣山口休庵咄』、『綿考輯録』)。配下の物頭に池田家牢人島飼掃部がいた(『吉備温故秘録』)。

慶長二十年五月一日、家康は二条城で、忠興が手回りの士のみを率いて昼夜兼行で大坂へ急行しているとの報告を喜ぶとともに、「与五郎の事で越中守は腹を立てているだろう」と尋ねた。金地院崇伝が、「子ではありますが、見劣る点があって越中守は義絶なさいました。今般、籠城して敵対するような不調法をしでかし、それが御耳に入り、また世間も知る所となりました。越中守の目利きが正しかった証拠です」と言上した。家康は「まことその通りだ」と言って一段と上機嫌となった(『本光国師日記』)。

五月六日、興秋は明石掃部頭や明石組の小倉作左衛門とともに道明寺表で戦った(「慶長見聞書」、『大坂御陣覚書』、「後藤合戦記」、『難波戦記』、『慶長日記』、『綿考輯録』)。

五月七日、早川主馬首、細川讃岐守、真木嶋玄蕃頭らとともに天王寺の石鳥居の南に備えを並べて戦った(『大坂御陣覚書』)。勇戦虚しく総敗北となり、家来も散り失せたため、大坂城から京都へ落ち延びた(『藩翰譜』)。

伏見に隠れていたが、この事が家康の耳にも入り、忠興は興秋を許さず、六月六日に山城稲荷の東林院で切腹させた。松井右近昌永が介錯した。最期は神妙で、人々は落涙したという。享年三十三歳、法名は黄梅院真月宗心(『綿考輯録』)。窪田家の「先祖附」によると、遺骸は家来の窪田五助(号は宗斎)によって、稲荷山の南谷に埋葬されたという(『戦国細川一族―細川忠興と長岡与五郎興秋―』)。

妻は氏家志摩守元政入道宗心の娘で、興秋の死後、飛鳥井大納言某に再嫁した(「先祖附」氏家甚右衛門)。『肥後読史総覧』に、飛鳥井中納言持信とあるが、原拠不明。

娘の鍋は、慶長十六年八月六日に誕生(「系図」)。寛永三年(『日帳』)、細川家中南条大膳元信に嫁ぎ、細川家より化粧料五百石を支給された(「南条家伝」)。寛永六年九月十日七つ時分に女児を出産(『日帳』)、元禄二年六月十三日に死去(「南条家伝」)。享年七十七歳。法名は香雲院梅室理清(「系図」)。墓所は禅定寺(「南条家伝」)。

〔注〕粟津彦左衛門は、山城青龍寺で細川幽斎の歩小姓として召し出された。丹後では興秋に付属され、飼料奉行役と御馬支配を兼務した。ある時、暴れた馬が

来客中の庭に飛び込んだため、彦左衛門が駆け付けて親指を食いちぎられながらも馬の口を捕えた。この始終を見ていた興秋は、彦左衛門の平素からの精勤を直接称誉し、褒美として青江の刀を賜与した。その後も彦左衛門は親しく召し使われ、妻も按摩が得意だったため、これを聞き及んだ興秋から再三按摩に召し出された。興秋が死去した後、彦左衛門は豊前で細川忠利に召し出され、銀奉行を務めた。老年に及んで役を辞し、剃髪して宗休と号した。隠居後も扶持を支給された。豊前で病死。子孫は細川家の家臣として続いた（「先祖附」粟津忠、「同」粟津九郎）。

中川隼人　なかがわ　はやと

大野治長の家臣。

慶長二十年五月七日、伊達政宗の家臣亘理宗根に討ち取られた（『伊達世臣家譜』、『亘理家譜』）。この時に宗根が分捕った剣印の旗指物、縹《はなだ》羅紗地下藤紋付の袖無陣羽織、藍麻地波文の鎧下着は亘理家に伝来し、登米市歴史博物館で保管されている。

中川弥次右衛門時宗　なかがわ　やじえもん　ときむね

近江の出身。中川平助重高の嫡男。徳川頼宣の夫人〔注〕の兄（「紀州家中系譜並ニ親類書書上」寛政十一年三月中川左門書上）。諱は時宗（『寛政重修諸家譜』）。

秀吉に仕え、軍功により正宗の刀一腰、蘭奢待伽羅を拝領したという。後に故あって牢人となった。

大坂の陣の時、豊臣家から大坂入城を求められたが、いったん辞退した。しかし、再度強い要請があったため、一個人として軍功を立てた後は断りなく退去するとの約諾で籠城した。

慶長二十年五月七日、本多忠朝を討ち取ったという（「紀州家中系譜並ニ親類書書上」寛政十一年三月中川左門書上、「同」享和元年十二月中川弥次右衛門忠儀書上）。

天王寺表合戦で忠朝は「本多出雲守ここにあり」と呼ばわって乗り出し、敵中に斬り込むと、毛利吉政の手からは物頭雨森三右衛門、中川弥次右衛門、徳永甚左衛門以下七、八人が隙間なく襲いかかった。忠朝は鑓持を呼んだが間に合わず、雑兵の鑓を取って馬上から二人突き伏せた。そこへ紺の羽織を着た大坂方の足軽が二間ほどの至近距離から、二つ玉を込めて鉄砲を放った。玉が臍《へそ》の上から後ろへ抜けたが忠朝は怯まず、馬から飛び下り、その足軽を切り伏せると、馬取に持たせた筋金入りの鼻捩を左手に提げ、右手に刀を持ち、七、八人を相手にして斬り回った。しかし、痛手に加えて鑓傷も二十余か所に及んだため、逃げる敵を追って小溝を飛び越えようとして倒れた。家臣の大屋作左衛門が主人の首を取らせまいと、忠朝の骸の上にもたれて刀を振り回したが斬り死にした。忠朝の首は雨森が取り、指物は中川が分捕った（「参考本多系伝」、『大坂御陣覚書』）。忠朝の指物は、題目（『大坂御陣覚書』）のほか、紫の撓《しない》、紅白段々、朱塗竿に一尺五寸四方の白地絹に本の字など諸説がある（「参考本多系伝」）。

落城後、生国の近江へ退去。

寛永十二年、徳川頼宣に招かれ、渡辺直綱の知行所紀伊国那賀郡川尻村で屋敷を拝領。

寛永十四年、合力現米二百石を給せられた。

寛永十五年、四百石を加増された。

寛永十七年、和歌山に移住。

寛永十八年、追って三千石を遣わすとの内意で、当分の知行として千石を与えられた。紀州家では公儀をはばかり役儀には就かせなかった。

正保元年九月七日に病死（「紀州家中系譜並ニ親類書書上」寛政十一年三月中川左門書上、「同」享和元年十二月中川弥次右衛門忠儀書上）。

長男の中川助之進正勝は、近江で出生。正保元年、父の跡目五百石を継承。貞享元年に病死。

長女は竹本丹後の妻。

次男の中川小三郎は、近江で出生。正保元年、紀州家に新規で召し出され、知行三百石を与えられた。明暦元年五月五日に病死。享年二十五歳。

三男の中川弥次右衛門忠増は、近江で出生。正保元年、紀州家に新規で召し出され、慶安三年、知行二百五十石を与えられた。明暦元年、次兄の小三郎の跡目知行三百石を継承し、既往の知行二百五十石は実弟の水野政成に与えられた。累進して知行千石、番頭となった。元禄六年四月二十日に病死。享年六十三歳。子孫は紀州家の家臣として続いた。家紋は唐花、替紋は丸に鷹羽打違、幕紋は唐花。

四男の中川七右衛門正元は、正保三年、紀州家に新規で召し出され、切米三十石を給せられた。

五男の中川喜太郎は、正保元年、紀州家に新規で召し出され、知行二百石を与えられた。延宝五年に病死。

六男の水野十兵衛政成は、徳川頼宣の命により新宮の水野重良の子分となり、水野氏を称した。

七男の大僧都恵光院敬海は、徳川頼宣の取り立てにより東叡山真如院の住職となった（「紀州家中系譜並ニ親類書書上」享和元年十二月中川弥次右衛門忠儀書上）。

娘は幕臣野一色頼母義重に嫁ぎ、嗣子の野一色頼母義忠を産んだ（『寛政重修諸家譜』）。

〔注〕時宗の妹は、初め近江に住んでいたが、親類もなかったため紀伊に移った。紀州家の老女に親類がいたので、その部屋子として預けられた。後に徳川頼宣の夫人となり、紀州二の丸殿と称せられた。寛永三年十二月十一日、和歌山城中で世子の徳川光貞を出産し、寛永八年九月二十二日、長女の茶々姫（池田光仲の室芳心院）を出産した。万治元年十月九日に死去。法名は理真院妙尊日覚大禅尼。葬地は和歌村の妹背山養珠寺。明治八年八月、白雲山報恩寺へ改葬された（「紀州家中系譜並ニ親類書書上」寛政十一年三月中川左門書上、「同」享和元年十二月中川弥次右衛門忠儀書上、『南紀徳川史』、「理真院墓碑銘」）。

長沢左太郎　ながさわ　さたろう

長沢七右衛門の子。長沢十大夫の弟。後に九郎兵衛を称した。

慶長十九年、父兄とともに大坂城に籠り、後藤又兵衛に近侍し、吹田、長柄表、今福口、八町目口の戦闘にも参加した。後藤は発声が不自由になることから頬当をすることがなかったため、今福口合戦では左太郎が後藤の頬当を捧げ持って側を離れなかった。

慶長二十年五月六日、道明寺表合戦で後藤は真っ先に馬を乗り出すと、左太郎には「まだ若いから決して馬から下りてはならない」と命じて戦闘行為を禁じた。後藤が戦死したため、後藤の頬当を持ち帰り、遺子の後藤一意に渡した。

落城後、佐原与左衛門、中村次郎右衛門の所望により、大坂の陣や世間の取沙汰などを書き集め、両人に贈った。後世に「長沢聞書」として伝来した（『長沢聞書』）。

長沢七右衛門重綱《ながさわしちえもんしげつな》

丹波国桑田郡牧村の住人長沢采女季綱の次男。長沢与三忠綱〔注〕の弟。

亀山の前田玄以に召し出され、牧村、神地村を領知し、別院庄の仕置を任された。慶長七年に前田玄以が病死して嗣子の茂勝が移封されると、暇を願い出て牢人となった。

若年の頃から弓馬、兵法の諸芸を学ぶとともに、稲富一夢の門弟となり、鉄砲一流の極意を鍛錬した（『長沢家由緒書抜』）。上方で鉄砲を指南し、弟子が多数いた（『長沢聞書』）。

慶長十九年六月二十八日付で長沢又太郎に長沢家の由緒を書き与え、秀頼の招聘に応じて大坂に出仕した（『長沢家由緒書抜』）。

後藤又兵衛組に所属。

十月、長柄吹田方面に後藤の配下も出張し、片桐且元の軍勢二百余人を討った。この時、長沢の組下飯田次兵衛が、片桐家の家老多良久右衛門（不詳）を討ち取った。

十一月二十六日、後藤は今福口の危急により、配下の組頭山田外記、片山助兵衛、長沢に組下を率いてただちに今福口に出役するよう命じた。長沢はこの日の戦闘で深手を負った。佐竹の家老渋江政光の首は、初め長沢組中で取ったが、木村重成組中に奪われ、渋江の茜色母衣だけを分捕ったという（『長沢聞書』）。ただし『佐竹家譜』によると、渋江の母衣は黒鳥毛である。

慶長二十年五月一日、後藤又兵衛は平野に出陣し、山田外記、片山助兵衛、長沢には組下を率いて、誉田へ出張するよう命じた。誉田で長沢組は藤堂の間者二人を生け捕った。捕虜から寄せ手の動向を聴取し、身柄は大坂に送った。山田ら三人の組頭も平野に引き揚げた。

五月六日に安宿郡片山付近で戦死（『長沢聞書』）。

〔注〕長沢忠綱は、長沢季綱の長男。秀頼に仕え、慶長五年九月十六日に水野勝成に討たれたという（『長沢家由緒書抜』）。大垣城攻撃の際となるが、実否不明。あるいは慶長二十年五月、大坂落城の際、能勢伊織頼元とともに丹波路を逃れ落ちたという（『能勢家由来旧記書抜』）。妻は能瀬伊織頼貫の娘（『能勢物語』）。あるいは能勢壱岐守頼包の娘で二子を産んだ後、中村治郎右衛門に再嫁し、老後は尼となり能勢の幸永と呼ばれた（『能勢家由来旧記書抜』）。

長沢十大夫《ながさわじゅうだゆう》

長沢七右衛門の子。長沢九郎兵衛の兄。

慶長十九年十一月二十六日、今福口へ出役、深手を負った。

慶長二十年春、塩川信濃守とともに摂津国多田郡の仕置のため出役した。

五月六日、道明寺表合戦では同じ組の牛尾三郎、佐藤勘左衛門とともに鉄砲組を指揮した（『長沢聞書』）。

中島式部少輔《なかじましきぶのしょう》

尾張国丹羽郡羽黒の住人中嶋主水正〔注〕の子（『諸方雑砕集』）。慶長九年の豊国社臨時祭の馬揃における馬匹供出者について、太田牛一は「豊国大明神祭礼記」で中島左兵衛、「豊国大明神臨時祭日記」で中嶋式部少としていることから、両者は同一人物であり、慶長九年頃に改称したものと思われる。

父の主水正は、初め尾張犬山城主織田信清に仕え、永禄元年の浮野合戦で軍功があった(『尾州法華寺蔵織田系図』)。後に信長に仕え、黒母衣衆に列せられた(『武家事紀』)。墓所は京都の相国寺(『京都墓所一覧』)。主水正の妻については、堀太郎左衛門尉秀重の娘が初め柴田半之丞に嫁ぎ、後に中島主水正に再嫁したと『寛政重修諸家譜』にある。しかし「堀家大系図」によると、堀秀重の娘は、初め柴田源左衛門の子柴田半之丞に嫁ぎ、後に八条殿家臣中嶋主殿に嫁ぎ、中嶋又兵衛、中嶋熊之助を産んだとされる。どちらも実否不明。なお、主水正の娘は、信長の家臣湯浅甚助直宗に嫁いだ(『湯浅甚助直宗伝記』)。

中島式部少輔の諱は、本人署名で正□(『譜牒余録後編』)。他の史料では氏種(『難波戦記』)、氏重(「諸方雑砕集」)、頼次とされる(「中川家寄託 諸士系譜」)。

尾張国丹羽郡稲木庄大屋敷村に中嶋左兵衛佐の居城があった(『尾張名所図絵』)。

後に秀吉に仕え、黄母衣衆に列せられた(『太閤記』)。播磨国明石郡内に所領があった(「諸方雑砕集」)。

天正十六年四月十四日、後陽成天皇の聚楽第への行幸に際し、毛利高政、蒔田政勝、野村直隆、木下左京亮、速水守之とともに随身を務めた(『太閤記』)。

天正十八年五月末より六月初旬にかけて、上野館林城攻撃に出役(『武徳編年集成』)。六月初旬、武蔵忍城攻撃に出役(『忍城戦記』)。

文禄元年三月二十六日、京都を出陣した秀吉は、二十八日未明には兵庫の増田長盛方を出立し、明石で暫時休息した。この時、中島左兵衛が御膳を献じた(『大かうさまくんきのうち』)。

肥前名護屋城に在番し、三の丸御番衆馬廻組の二番組頭を務めた。組子は青山勝八郎、斎藤新五、村上太郎兵衛尉、坂井平八、長谷川宗次郎、小沢喜八郎、桑原勝介、吉田彦四郎、萱野弥三右衛門尉長政、池山新八郎、宇野伝十郎(後に因幡守)、水原彦三郎、矢野十左衛門尉、塩野屋宗四郎、長坂三十郎、郡十右衛門尉宗保、高田源十郎、薄田伝右衛門尉、河原勝兵衛尉、(林か)甚内(『太閤記』)。

文禄三年か、十二月三日付で浅野長吉、長束正家、増田長盛は中嶋左兵衛に連署状を発出し、先月二十五日より古米払方の算用について命令が出ているにもかかわらず、度々遅延していることを責め、早々に決済するとともに、本年の収納分は遅滞なく勘定するよう指示し、出頭を命じた(『今治市河野美術館所蔵文書』)。

文禄四年一月三日、秀吉は草津湯治を企図し、朱印状を以て道中警固を示達した。中島左兵衛組、橋本伊賀守道一は、美濃金山駅の警固を命ぜられた(『浅野家文書』)。なお、この草津湯治は実現しなかった。

慶長元年十一月、中嶋左兵衛尉は大檀那として、尾張国丹羽郡稲木庄余野村八幡社に堂宇を再興し寄進した。

慶長二年一月、中嶋左兵衛尉は稲木庄余野村の立野神社、八幡社に青銅鰐口《わにぐち》各一を寄進した。五月三日、中嶋左兵衛尉は、檀那として稲木庄余野村の神明社に堂宇を再興し寄進した(『大口村誌』)。

慶長五年九月十五日、関ヶ原合戦に出役(『関原軍記大成』)。

慶長九年八月十四日、豊国社臨時祭の馬揃に馬一匹を供出(「豊国大明神臨時祭日記」、『豊国大明神祭礼記』)。

慶長十六年当時、知行二千石。

慶長十七年十二月より、大坂諸大夫衆の一員として禁裏普請助役(『慶長十六年禁裏御普請帳』)。

この頃か、大坂七組の番頭に列せられ、大坂城二の丸番を務めた（「諸方雑砕集」）。組子は四十二人（「諸方雑砕集」、『難波戦記』）。

慶長十九年十月一日、片桐且元が大坂城を退去した際、桜門警固を担当した（「北川次郎兵衛筆」）。

当時知行三千石（「翁物語」）、または七千石（『後藤合戦記』）、または一万石（『土屋知貞私記』）。『大坂陣山口休庵咄』に、本知千石、籠城中は人数なしとあるが、過少に思われる。馬印は白旗に一本袋（『難波戦記』）。

十一月下旬、織田有楽、後藤又兵衛、明石掃部頭とともに中島方面に出張、堤を裁断して水を溢出させ、寄せ手の進路を妨げた（『武徳編年集成』）。

十一月二十六日午の刻、七組は天満から鴫野口に出撃（「大坂籠城記」、『大坂御陣覚書』）。

十二月十九日、堀田図書頭、真野宗信、野々村吉安、伊東長次、青木一重、速水守之とともに連署して後藤光次に書状を送り、和睦の斡旋を依頼（『譜牒余録後編』）。

軍法で、秀頼出馬の際は、七組のうち速水は与力とともに本丸に在番、中島は二の丸に在番と定められていた（「青木伝記」）。

慶長二十年五月六日、八尾、若江表の敗兵は追撃されて退却しかねていたが、中島が配下の新手を繰り出し、申の刻より暮に至り、概ねを城中に収容した（「山本日記」）。

五月七日は、『武家事紀』には、堀田、野々村、青木組とともに遊軍として生玉方面へ出陣とあり、「改撰仙石家譜」には、天王寺表で堀田組とともに仙石忠政と交戦したとあるが、軍法通りに二の丸を警固していたように思われる。

金の御門（桜門か）の間、秋山の櫓で切腹（『翁草』抜萃「永夜茗談」）。あるいは千畳御殿で切腹（『豊内記』）。当時七十余歳だった速水甲斐守よりは若かった（『土屋知貞私記』）。

中島式部旧蔵の茶壺は家康の所蔵となり、元和二年に駿府御分物として徳川義直へ賜与された（『駿府御分物之内色々御道具帳』）。

子の中島左太郎は、大坂落城の時、幼年だった（「諸方雑砕集」）。

式部少輔の子孫某が、落城後、丹波国氷上郡佐治村中ノ町に来住したという。家紋は藤巴と三つ鱗（『丹波志』）。

〔注〕織田信清の家老に中島豊後がいる。丹羽郡大口村の小口城主。永禄年中、葉栗郡黒田城主和田新助とともに丹羽長秀を通じて信長に帰服し、以後伊勢へ出役している。また、信長の家臣中島勝太は、永禄十二年、豊後とともに伊勢大河内に出役し、天正六年六月、織田信忠の命により和田新助の子八郎とともに播磨の路次警固番を務めている（『信長公記』）。主水正と豊後、勝太は所縁の者と思われる。

中島信濃　なかじま　しなの

『駒井中書日次記』に、豊臣秀保の家臣として中嶋信濃が見え、その子と思われる。

秀吉に仕え、小姓組に属した。大坂落城の時に戦死。享年二十二歳。ただし、この没年では秀吉の小姓組に属することはできない。

子の中島新吉は、落城の際に幼少だったため、母に介抱され京都太秦の安井門跡蓮華光院に蟄居。子孫は宮部氏に改め、信濃上田松平家の家臣として続いた（「藩鑑略譜」）。

長島助兵衛棟久　ながしま　すけひょうえ　むねひさ

伊勢長島の住人。

大坂籠城。

娘の古奈は落城の時、十六歳だったが、婢女一人を従えて城外に逃れ出たところを、伊達政宗の手に捕えられた。政宗は家柄由緒を尋ね、憐れんで陣中に匿った。帰陣後、侍婢となし、両親の所在を探させた。父の棟久は落城後、伊勢に浪居していたが、元和八年、知行十五貫文で政宗に召し出された。後に五貫を加増され、合計二十貫文を与えられた。永島但馬と改名した。度々加増され、知行は四十九貫五百九文となった。

嗣子の永島源左衛門信成は、実は佐藤権右衛門高信の次男で、寛永十年、古奈の婿に迎えられた。子孫は仙台伊達家の家臣として続いた（『御知行被下置御牒』延宝四十二月十四日永島七兵衛寿信書上、『伊達世臣家譜』）。

中島帯刀佐種　なかじま　たてわき　すけたね

伊達政宗の家臣。

主命により冬の陣に大野治長の足軽に紛れて大坂城に入り、城内の様子を詳細な絵図に仕立て、夏の陣の時に上程したので、褒美として加増された（『伊達政宗記録事蹟考記』）。

中嶋六郎右衛門　なかじま　ろくろ（う）えもん

宇喜多秀家の家臣中嶋左馬之進の三男。母は戸川達安の伯母。

父は朋輩に殺害され、長兄の中嶋九郎右衛門も宇喜多家の除封以前に病死したため、母とともに備中庭瀬の戸川達安に引き取られた。十八歳で知行二百石、近習を務めた。

慶長十九年、大坂へ従軍を願ったが許されず、庭瀬の留守居を務めた。領内一揆の気配を察知して未然に制圧し、賞誉された。

慶長二十年、再び留守居を命ぜられたため、出奔して大坂城に入り、後藤又兵衛を頼った。父が秀吉から頂戴した書状を秀頼に披露した。秀頼は上機嫌で書状を手元に留め、「新参者であるが古参同様に思う」として知行六百石を与え、鉄砲二十人を預けた。後藤組に付属された。

落城後、戸川達安に帰参して、本知の通り与えられた。戸川正安代まで勤仕したが、暇を乞い美作に居住した。後に備前周匝《すさい》の池田長明に牢人分で召し出された。万治年中に病死。

子の中嶋与兵衛康永は、親の忌中に新知百石を与えられた（「家中先祖覚」延宝四辰年七月十五日中嶋与兵衛康永書上）。

長瀬六左衛門　ながせ　ろくざえもん

伊東長次の家来。

慶長四年に召し出された。

慶長五年九月十四日夜半、長次が先手の予定戦場を検分するため、関ヶ原に出向いた際、長瀬ら家来七人が随行した。

翌十五日の合戦には、長次の先手千石平左衛門の手に属した。

九月十八日以降、長次が佐和山城の焼け跡を検分した際、長瀬一人が随行した。

慶長十九年十月末、長次が調停役として片桐且元邸へ赴いた際、長瀬一人が随行した。

十一月十日晩、敵襲の風評があったため伊東長次父子は天満へ出陣したが、敵情に変化はなく、翌日には城中に引き取った。天満には守沢喜兵衛と長瀬が残留し、十一月二十六日朝まで天満の警固に当たった。

同日、長次は鴫野口に出役した。守沢

と長瀬は先手として出撃した。

　慶長二十年五月七日、長次は天王寺表東平野口へ出役した。長瀬は柚々皮左近右衛門とともに先手に属して足軽を指揮した。昼九つ時分の一番合戦では、千石平左衛門、岡崎三十郎および長瀬が鑓を合わせて功名を立てた。

　大坂方が総敗北になると、戦場に踏み留まっていた千石平左衛門、大原久右衛門、田辺弥兵衛および長瀬は、後日の証拠として互いに言葉を交わした後、河内方面へと落ち延びた。

　長次父子は高野山に蟄居していたが、六月一日に赦免され、六月三日には下山して上京した。長瀬は伊東長昌の草履を腰に挟んで、馬の口を取って京都まで供奉した。

　老後は一庵と号した。

　万治二年、老中に宛て自身の軍功を記して提出した。

　寛文元年八月二十九日に病死。

　孫の婿である長瀬八左衛門を養嗣子とした。八左衛門は老後に常仁と号し、宝永二年三月十二日に病死（『伊東家雑記』）。長瀬家は一度絶家したが、後に名跡の再興を許され、備中岡田伊東家の家臣として続いた（『御家士記録』）。

永田喜左衛門正定《ながた きざえもん まささだ》
　近江国高島郡永田村の出自。観音寺佐々木氏の家臣永田源右衛門正治（号は浄須）の子。実は近江佐々木氏の旗頭安孫子日向守実綱の次男で、実母は近江百々加賀守の娘。

　天正十一年に誕生。初め源蔵を称した。信長のために没落し、上田重安に仕えた。慶長五年に上田氏が除封され、再び牢人となった。

　慶長末、大坂城に籠り、落城後は伏見に浪居し、剃髪して浄甫と号した。

　寛文四年閏五月二十五日に死去。享年八十二歳。

　妻は大坂の三宅三郎右衛門の娘。

　次男の永田長納は、京都で田中意徳から南蛮流外科を学び、毛利綱広に召し抱えられた。その孫の永田瀬兵衛政純は、毛利家の右筆を務め、「閥閲録」の編纂に従事した（『萩藩閥閲録』、「譜録」）。

永田治兵衛広昌《ながた じひょうえ ひろまさ》
　近江国高島郡永田村の出自。永田伝左衛門正広の子。
　慶長五年に誕生。後に伝左衛門を称した。
　慶長二十年、十六歳で渡辺内蔵助組に属し、天王寺表合戦に出役。
　落城後は織田高長に百石で仕えた。
　妻は早川善兵衛の娘。
　子孫は柏原織田家の家臣として続いた。
　妹は早川権兵衛に嫁いだ（『柏原織田家臣系譜』）。

永田伝左衛門正広《ながた でんざえもん まさひろ》
　近江国高島郡永田村の出自。佐々木筑後守定重の次男。加藤貞泰の家臣永田権右衛門定正の弟。永田善兵衛、永田九郎右衛門（注）の兄。
　父の定重は、秀吉の御側衆で、秀頼にも仕えた。古筑、林斎と号した。織田常真と交流が深かった（『柏原織田家臣系譜』）。「秀頼御上洛之次第」に、秀頼の供衆の中に林斎とあるが、同一人物かは不明。
　永田正広は、秀頼に仕え、艦船を管掌した。

な

慶長十九年九月二十七日、織田常真が大坂城を退去する際、その老臣佐々木小三治高一（号は梅心斎）から淀川を遡上するための船舶の提供要請があり、早速用立てた。

慶長二十年五月、落城後は私邸に帰り、九月、常真に招かれ、宇多郡平井村で知行百五十石を与えられ、代官を務めた。後に宗富と号した。

〔注〕永田善兵衛は、佐々木定重の三男。浅野長晟に仕え、大坂の陣に出役した（『柏原織田家臣系譜』、『芸藩史拾遺』）。

永田九郎右衛門は、佐々木定重の四男。大坂落城後、摂津国下嶋郡茨木に居住した（『柏原織田家臣系譜』、『大洲秘録』）。

永田《ながた》弥吉《やきち》高宗《たかむね》

大和の人永田善左衛門宗近の子。

生国は大和。秀吉に仕え、武功があった。大身鑓、鞍皆具、茶釜などを下賜され、軍功を賞された。鑓は子孫に伝来した。

慶長二十年六月二十一日に大坂で戦死とされる。

妻は寛文十年九月十七日に盛岡で死去。享年九十余歳。葬地は盛岡の亀通山大泉寺。

了の永田善左衛門勝宗は、父が戦死した時は二歳で、母とともに落ち延びて摂津で成長した。後に母とともに江戸に出て、万治三年十二月、旗本佐藤外記の推挙により南部重直に仕えた。寛文元年閏八月、知行百五十石を与えられ、盛岡に移住した。延宝八年八月十日に死去。子孫は盛岡南部家の家臣として続いた。家紋は旧三亀甲、角の内に橘、丸の内に橘、丸の内に進の字（『参考諸家系図』）。

中西《なかにし》三郎《さぶろう》兼重《かねしげ》

山城八幡清水の住人中西右衛門尉重久の三男。

父の重久は、後に河内国茨田郡大窪庄に移住して田畑を拓き、五ヶ村を草創した。天正二年四月に死去。法名は一斎。葬地は宇治の興聖寺。妻の於松は八幡社士神原市左衛門の娘。

中西兼重は、兄の中西孫右衛門要保が病身だったため、代わって大坂に籠城し、若江で戦死した（『藩士名寄』）。

長野《ながの》蔵人《くらんど》義通《よしみち》

豊前国企救郡長野郷の出自。大三岳城主長野蔵人佐義有の長男。

永禄元年に誕生。

慶長二十年五月七日に大坂城中で自害。享年五十八歳（「長野家系」、『豊前国古城記』）。

長野《ながの》小三郎《こさぶろう》永盛《ながもり》

豊前国企救郡の小三岳城主長野三郎左衛門尉助盛の長男。

慶長二十年五月七日に大坂城中で自害（「長野家系」）。

長野《ながの》左京大夫《さきょうのだいぶ》盛義《もりよし》

長野蔵人佐義有の次男。長野蔵人義通の弟。

永禄五年に誕生。

慶長二十年五月七日に大坂城中で自害。享年五十四歳（「長野家系」）。

中野《なかの》十大夫《じゅうだゆう》景重《かげしげ》

母は近江の小川氏。

初め秀頼に仕えた。落城後、田中忠政に仕えた。

妻は高木氏。

子の笠原与三右衛門景之は、初め土井

利隆に知行百五十石で仕えた。後に大番田中大隅守組に属した（「筑前双書」千巣秘笈、『利隆公御代正保四亥年分限帳』）。

長野修理大夫義政《ながの しゅりのだいぶ よしまさ》

豊前国企救郡の下長野城主長野太郎左衛門義正の長男。

慶長二十年五月七日に大坂城中で自害（「長野家系」）。

長野内膳《ながの ないぜん》

戸波右兵衛の子（『土佐考証諸系図雑記』）。戸波又兵衛貞之の弟と思われる。

長宗我部家没落後、京都に浪居。盛親に従い大坂城に籠り、戦死（「先祖附」梅原善之助）。

「明石清左衛門覚書」（「平山家文書」）によると、慶長二十年五月六日朝、盛親の旗本と藤堂高虎の左先手との初回の戦闘で、長宗我部内膳が敵から鑓を投げ突きにされ、さらに太刀で切り付けられたとある。長宗我部内膳は長野内膳と同一人物と思われる。

子の九兵衛政親は、加藤嘉明の家臣梅原十助の養子となった。江戸で柳生宗矩の門弟となり剣術を修練した。寛永十一年、細川忠利に招かれたが、仕官は辞退した。よって江戸定番で細川光尚に付属され、擬作三百石を給せられた。後に知行六百石で出仕。寛文十三年三月八日に病死。子孫は肥後細川家の家臣として続いた（「先祖附」梅原善之助、『綿考輯録』）。

長野半右衛門《ながの はんえもん》

文禄二年に誕生。

慶長十九年、大坂城に籠り、後藤又兵衛組に所属。

十一月二十六日、今福口へ出役。

十一月二十九日、大坂方は船場を自焼したが、若干の人家、古蔵などが焼け残ったので、翌日、すべてを焼き払うために後藤組から寺本八左衛門、辻仁左衛門、大野理左衛門および長野が足軽十人、その他雑兵を含めて二十人ほどで船場に出張した。すると道修谷で焼け残った土蔵の付近に馬上二騎、足軽二十五、六人、その他雑兵を含めて五、六十人ほどが屯していた。誰何すると浅野長晟の手の者と知れたため、ただちに攻めかかり、長野は一騎を討ち取った。その他十四、五人を追い討ちにした。首は後藤の実検に入れ、大坂方の公式の首帳にも記載された。長野には褒賞として銀の竹流しが賜与された。

慶長二十年五月六日、道明寺合戦では兜付の首一つを斬獲し、後藤の小組頭山田外記に見せた。

寛文五年二月十一日、同十四日、同十七日の三日にわたり、宣成という者と対談して、大坂籠城の様子や後藤による軍勢の進退などについて語った。長野は当時、七十三歳だった。同年二月十九日、先成は「老少聞書」として清書し、翌二月二十日付の奥書を添えて「後藤合戦記」を書き上げた。同記の一部には、後藤の小組頭片山助兵衛から長野孫右衛門への談話も含まれている（「後藤合戦記」）。

中橋勘之丞弘高《なかはし かんのじょう ひろたか》

紀伊国伊都郡官省符荘慈尊院村の地侍。中橋常香元常の子。

元亀元年に誕生（「紀伊国伊都郡中橋家文書」阿刀姓正裔中橋家世系脉譜并執行家世系略図）。

天正二十年当時、中橋氏は慈尊院村で十三石二斗余を領していた（「紀伊国伊都郡中橋家文書」慈尊院村之名寄帳）。

慶長十九年、大坂城に籠り、大野治房組に所属。

十二月十六日、本町橋通の夜討ちで、首一級を斬獲した。翌十七日、軍功があった二十三士の一人として、千千畳敷御殿で秀頼から褒美を拝領した（「山本日記」、「石母田文書」『金万家文書』）。

高野山領慈尊院村の地士として、三石七斗余を領した（『南紀徳川史』、「紀伊国伊都郡中橋家文書」北室院下名寄帳）。

なお、子の中橋長成が正保三年一月に作成したとする「中橋勘之丞弘高軍功記」（「紀伊国伊都郡中橋家文書」）に、天正年十年の織田方松山新介による高野山侵攻における軍功、大坂冬の陣・夏の陣における軍功、落城後、諸侯からの仕官勧誘などが記録されているが、確証がない。

落城後は江戸で仕官を求め、皆川隆庸から堪忍分として四百石を給されたが、寛永三年の上洛に供奉した際、郷里から還住を強く勧められ、帰郷したという（「紀伊国伊都郡中橋家文書」中橋勘之丞弘高軍功記）。皆川から拝領したという菊一文字の太刀を所持した（「紀伊国伊都郡中橋家文書」菊一文字太刀由緒之事）。

慶安元年三月二日に死去。享年七十九歳。

妻は丹下基賢の娘。

子の中橋嘉兵衛長成は、文禄二年に誕生。慈尊院村で四石余を領した。弘法大師の母所縁の家系、慈尊院（高野政所）の別当職家を称して、代々同院の運営に従事した（「紀伊国伊都郡中橋家文書」阿刀姓正裔中橋家世系脈譜并執行家世系略図、「同」北室院下名寄帳）。

永原忠左衛門　ながはら ちゅうざえもん

近江国野洲郡永原村の出自。

秀吉、秀頼に歴仕（「鳥取藩政資料 藩士家譜」永原真郷家）。大坂七組の青木一重組に所属（「諸方雑砕集」）。秀吉の朱印状を以て河内国高安郡垣内村で百二十六石六斗、同郡恩知村で二十三石四斗、近江国神崎郡内で五十石を領知した。後に小出吉政、片桐且元より切手を交付され、神崎郡内の五十石の替地として恩知村で四十石を与えられ、合計百九十石を知行した（「青木民部少輔組高付」）。

慶長二十年五月、落城の際に戦死（「鳥取藩政資料 藩士家譜」永原真郷家）。

京都の五台山清凉寺では、忠左衛門と妻子、一族について、五月七日を命日として以下の通り諡されている。永原忠左衛門、法名は嶽樹清光信士。永原忠左衛門の妻、法名は乗大良雲信尼。永原忠左衛門の子永原忠兵衛、法名は永宕常有信士。永原忠兵衛の妻、法名は隆巌秀和信尼。永原弥太郎、法名は性翁高月信士（「清凉寺過去帳」）。

養子の永原五兵衛は、伯父毛利孫左衛門の次男。落城の時、幼少だったため、乳母が抱いて備前に落ち延び、孫左衛門を頼った。当時は大坂落人の詮索が厳重で、池田忠雄の家中も岡山城外の酒折神社の拝殿に招集され、落人を匿わない旨の誓紙の提出が命ぜられた。この時、孫左衛門は既に五兵衛を匿っている事実を申請し、処断を求めた。国事後見の池田利隆も独裁しがたく、幕府に上申し、孫左衛門と五兵衛を伏見に送致した。家康父子は在京しており、本多正純、板倉勝重を通じて、父の忠左衛門が大坂古参奉公人だったか否かの確認が行われ、慶長二十年八月二十四日付で大坂古参奉公人の赦免が布告されたため、両人も帰国を許された。忠雄は五兵衛に知行二百五十石を与えようとしたが、孫左衛門はこれを固辞した。しかし、既に上聞に達した者を放置することもならず、重ねて受諾するよう命ぜられたため、「武門を止め、医業を以て奉公させたい」と言上して認められた。かくて元和年中に、五兵衛は知行二百五十石で召し出され、外療医師となった。如源と号した。慶安三年十二月二日、池田光仲より因幡国八東郡福井村内で百二十石余、同国高草郡下段村内で二十石余、同郡有留中村内で百石余、合計二百五十石の判物を与えられた。承応元年十月に死去。子孫は鳥取池田家の医臣として続いた（「鳥取藩政資料　藩士家譜」毛利慎吾家、「同」永原真郷家譜）。

永原飛騨守重治　ながはら　ひだのかみ　しげはる

近江国野洲郡永原村の出自。永原伊豆守の三男（『永原氏由緒』）。

永原伊豆守については、『華頂要略』に、永原越前守重虎の次男で、安芸守実賢の次弟として永原伊豆守を掲げ、天正十四年八月一日に死去としており、これが重治の父にあたると思われる。

永原重治は、幼名を辰千代という（『永原氏由緒』）。後に飛騨守を称したと思われる（『大かうさまくんきのうち』、「荒川系図」）。

天正三年、信長に仕えた。

天正十年六月十三日、織田信孝に従い、山崎合戦に出役して軍功があった。

長兄の永原飛騨介実治は、永原実賢の嗣子となり、信孝に従い山崎合戦で戦死した。そのため重治が実治の家跡を継ぎ（『永原氏由緒』）、同年六月二十五日付で信孝から本知七百石余と実治の遺知千石および遺臣、山林などを宛行う旨の判物を発給された（「永原五㠶氏所蔵文書」）。

天正十一年四月に信孝が自害した後、剃髪して雲沢軒と号した。

秀吉に仕え、黄母衣衆に列せられた（『永原氏由緒』、『太閤記』）。

五月二十一日付で朝鮮における仕寄《しより》、普請、その他の仕置の目付として荒川助八郎重通、山田喜四郎、森宗兵衛、大屋弥八郎、松原五郎兵衛、伏屋小兵衛、三好新右衛門、友松次右衛門、奥村半平、野々村次兵衛、森十蔵とともに朝鮮出張を命ぜられた（「荒川系図」）。

『浅野家文書』に、浅野幸長は慶長三年二月十八日付で、永雲宅に宛てて見事な鯉二つを贈られたことに対する礼状を発出している。これは永原雲沢軒に宛てたものと思われる。

慶長十九年、大坂籠城。落城後、生死不明のため、元和元年五月八日を忌日とし、宗誉宗舜居士と諡された。

妻は宇野備中守の娘で、寛永十七年九月十八日に死去。法名は香誉貞薫大姉。嫡男の永原重光を産んだ。もう一人の妻は青地駿河守の娘で、次男の赤堀光久を産んだ。

嫡男の永原小三郎重光は、慶長三年に誕生。慶長五年の戦乱の時は、伯父藤谷藤助重雄を頼り、琵琶湖の沖島に隠れた。その後、野洲郡中北村に還住した。秀頼に出仕し、落城後は中北村に蟄居。公儀より若干の扶持を支給された。福原伝右衛門と改めた。承応元年三月二十五日に死去。享年五十六歳（『永原氏由緒』）。子孫は永原の郷士として続いた（『華頂要略』）。

次男の赤堀小五郎光久は、父と一緒に大坂城中にいて、落城後の生死は不明（『永原氏由緒』）。

中村市右衛門　なかむら　いちえもん

丹波の人。

慶長十九年十一月二十六日、鴫野口合

戦で大野治長組の田辺八左衛門長常が真っ先に駆け出し、堀切の中にいた敵三人を追い立てた。中村がこれに続き、右の敵三人をさらに堤の上まで追い上げた。大坂方が引き揚げる時、両人は諸人より後から退き、後日の証拠として互いの名前を確認した。中村は銃弾が注がれる中、敵方に身を向けて、自分の鑓の柄に小刀で田辺八左衛門と彫り付けた。それから両人で二の柵まで引き揚げた。

落城後は丹波にいた。田辺は徳川義直に仕官の後、細川忠利の家臣魚住半右衛門を通じて、中村を細川忠興に推挙した。知行千石での仕官が調い、田辺より丹波に飛脚を遣わしたところ、前年に急病死したとの知らせがあった(「長常記」)。

中村源兵衛《なかむら げんひょうえ》

先代中村源兵衛の子。

父の源兵衛は、生国越前一乗谷。朝倉家譜代筋の者で、敦賀郡中村に名田を有していた。朝倉家の滅亡後、蜂屋頼隆に仕えた。天正十二年、秀吉に知行三百石で仕えた。天正十八年、小田原の陣で貝役を務めた。秀頼の代まで仕えて病死した(『家中諸士家譜五音寄』中村源右衛門親中村徳左衛門寛永廿一申ノ年書上、『吉備温故秘録』所載「中村源右衛門書上」、「太田牛一雑記」)。

中村源兵衛は、越前に出生。初め源三郎を称した。

小田原陣の後、秀吉に別知二百石で出仕した。父の死後、跡目三百石を継ぎ、二百石は収公された。

文禄四年八月四日、近江国神崎郡本庄村内で二百石を与えられた。

大坂落城後、京都で牢人となり、剃髪して閑斎と号した。

元和八年、池田光政の江戸下向に随行。合力米八十石、十人扶持を給せられた。

その後、本米二十石を加増され、寛永十四年、知行三百石を与えられた。貝役を務めた。

正保元年十月三日に病死。享年七十六歳。

子孫は岡山池田家の家臣として続いた(『吉備温故秘録』所載「中村源右衛門書上」、『黄薇古簡集』、『常山紀談』)。

中村甚之丞《なかむら じんのじょう》

紀伊国名草郡川辺中村の出自。

初め浅野家の徒士だったが、退去して大坂に属して、知行千石を与えられた。

落城後、郷里に帰って死去。

子孫は数家に分かれて名草郡中野島村で続いた。

弟の中村甚七郎は、細川家に知行三百石で仕えた(『紀伊続風土記』)。

中村多左衛門《なかむら たざえもん》

太左衛門ともされる。

木村重成の家来。弓、火矢の心得があった。

慶長十九年十一月二十六日、今福口に出役。鑓合わせの前に大和川に舟を浮かべ、横矢を多数射掛けたため、佐竹義宣勢は大いに動揺した。

十二月のある日暮れ時分、重成の命により藤堂高虎の陣へ火矢を放った。しかし火薬の調合が悪く、竹束を焼くことができなかった。そこで草加次郎左衛門、斎藤七右衛門、斎藤加右衛門らが混ぜ鉄砲を放ち、ようやく焼き立てた。

落城後、池田光政の家臣日置忠治に仕えた。

寛永二十一年十二月、池田光政の家臣斎藤加右衛門が、重成の感状を偽造し、虚言を弄した罪科により幽閉された。中

な

村も陪臣の身でありながら、斎藤に荷担した罪科により早々に闕所、追放された（「先祖書上」寛永廿一年ニ斎藤加右衛門書上ル写、「同」寛永廿一年ニ若松市郎兵衛書上ル写、『池田光政日記』、『吉備温故秘録』）。

中村彦市郎《なかむら ひこいちろう》

本国は相模。土佐国高岡郡佐川村の丸山城主中村越前守信義の次男。

父が熊田村（五百石）に隠居した際、末弟の鍋翁（後に権兵衛）とともに随行した。

慶長五年、長宗我部家の除封により、兄の中村兵庫（号は有計）、弟の鍋翁とともに土佐を離れた。伏見に浪居。

慶長十九年、盛親の陣場で戦死。

子の中村主馬之助は、主家の没落後も土佐に留まり、山内一豊の入国後、高岡郡久礼村の名主役を命ぜられた。後に喜兵衛と改名。元和二年七月十一日に病死。享年五十五歳。子孫は土佐で庄屋として続いた（『土佐国蠹簡集木屑』）。

中村杢右衛門一晟《なかむら もくえもん かつあきら》

「土佐諸家系図」に、中村一氏、同一栄の弟で、初め平助、九右衛門を称し、慶長末年に秀頼に属したとあるが、信憑性に欠ける。

慶長十九年、樋口淡路守雅兼とともに穢多崎砦の船奉行を務めた（『難波戦記』）。

『断家譜』に、中村杢右衛門之成の家系が見える。家康の家臣中村杢右衛門之直の子として遠江に生まれ、大坂冬の陣・夏の陣に供奉。妻は佐治与九郎一成の娘。子の中村杢右衛門之重は、摂津で生まれ、大坂代官を務めた。大坂方の中村一晟との関係は不明であるが、そもそも一晟の実在自体が疑わしい。

長屋平大夫《ながや へいだゆう》

木村重成の家来（「高松内匠武功」、『家中諸士家譜五音寄』瀧並与兵衛親瀧並弥八郎寛永廿一申ノ年書上）。重成の家来青木四郎左衛門久矩と相役で鑓奉行を務めた。白羽織を着用（「高松内匠武功」）。

慶長十九年十一月二十六日、今福口に出役。長屋は木村と所縁があったので、重成と同様に白母衣を掛け流した（『難波戦記』）。堤上の北の水涯で、佐竹義宣の兵七、八人が控えている所に鑓を入れた（『大坂御陣覚書』）。奥の柵で鑓を合わせた（「高松内匠贈答扣」）。

慶長二十年五月六日、若江表に出役。西郡村で藤堂良勝の手に鑓を入れ、功名を立てた。城方が総敗北となるに及び、木村組の青木七左衛門とともに井伊直孝の手に紛れ込もうとしたが、井伊家が赤備えであるため、白母衣の長屋と黒切裂指物の青木はたちまち露見して生け捕られた。家康は星田より二里ほど進んでいたが、そこへ斬獲の首十余級と長屋、青木が送致された。家康の面前で、長屋は冬の陣今福口の一番鑓、青木は今日西郡村で一番に功名を立てたと申し立て、剛の者と見えたので助命された。後に両人は無役で五百石ずつを与えられ、美濃で閑人となり病死した（『大坂御陣覚書』）。あるいは松平正綱に預けられ、同家にて二百石を与えられた（「慶長見聞書」）。あるいは淡路で知行を与えられ、その後病死した（『美作古城史』所載「美作菅家文書」）。

元和二年、駿河で加々爪忠澄が、長屋平大夫から聞いた話として、重成の家来瀧並弥八郎の今福口合戦での働きについて細川忠利に語った（『家中諸士家譜五音寄』瀧並与兵衛親瀧並弥八郎寛永廿一申ノ年書上）。

元和五年頃、井伊直孝が、重成の手に

属していた杉森市兵衛に、「白母衣の武者が比類ない敢闘のすえ、負傷したと見え、大坂へ退いたが、何という者か」と尋ねた際、杉森は「白母衣の武者は長屋平大夫という者で、腿を突かれて脛が動かなくなったため、大坂城に退いた」と答えた（『田辺家文書』杉森市兵衛大坂働書付之写）。

中山次郎介《なかやま じろ(う)すけ》

長宗我部盛親の家臣。

大坂籠城（「大坂濫妨人并落人改帳」）。

長屋安左衛門《ながや やすざえもん》

大坂城に籠り、ひとかどの働きがあったため、元和六年頃、細川忠興から赦免後の召し抱えについて内約があった。

元和九年、大坂新参牢人が赦免となったため、小河四郎右衛門保正、熊谷権大夫直信と同様に、細川忠利に召し出された（召し抱えの経緯は、「小河四郎右衛門保正」の項参照）。

知行四百石を与えられ、鉄砲頭として豊前中津に詰めた（『綿考輯録』、『於豊前小倉御侍帳』）。

寛永十二年、志方半兵衛、熊谷権大夫とともに、江戸城普請助役の監督を命ぜられた（『大日本近世史料　細川家史料』）。

寛永十四年、有馬への出陣に向けて熊谷権大夫、同新太郎とともに鉄砲頭を免ぜられ、細川立孝の側役を命ぜられた。

十二月三日、立孝は出陣し、その軍列は一番が徒小姓、二番は鉄砲頭熊谷権大夫、三番は同熊谷新太郎、四番は同長屋安左衛門で構成された。十二月八日、前方視察に出向き、幟を立てた原城の様子を見届けた。その後、何らかの落ち度があり、他の手に転属された。

寛永十五年五月四日、細川立孝が八代より熊本に出向いた際、福知平左衛門、山中清十郎とともに随行した。

寛永十六年二月五日、細川忠興は八代の隠居の家督を細川立孝へ譲り、諸侍の役儀を定めた。山中清十郎と相役で尻払《しっぱらい》奉行となった。

正保二年閏五月十一日に立孝が死去し、十二月二日には忠興が死去した（『綿考輯録』）。八代には家老の長岡河内景則以下、熊谷権大夫（五百石）、永屋安左衛門（四百石）、金守平兵衛（四百石）、芦田十左衛門（二百石）、沢尾長兵衛（五百石）、間次郎左衛門（三百五十石）、熊谷新太郎（四百石）、小笠宗泊（三百石）、竹原玄可（百石）らが在勤していたが、彼らは熊本本家で召し抱えられるほどの者として、その去就が注目された。長屋は当時、五十八、九歳で、しっかりとした信念をもった人物と評価されていた。長屋については、新知四百石で熊本本家に召し出せば、ありがたく御請けするだろうとの取沙汰がある一方、去就は熊谷権大夫と同様にすべて長岡景則と相談しているので、長岡が八代を立ち退くなら、長屋も行動を同じくするだろうとの観測もあった（「秉燭雑録」丹羽亀之允言上之覚）。熊本の細川家中に長屋の家筋が続いていないことから、八代を立ち退いたものと思われる。

名島民部《なじま みんぶ》

諱は忠統とされる（『難波戦記』）。小身者（『大坂陣山口休庵咄』）。

城西警固の頭分で兵二千人を指揮した（『難波戦記』）。

那須久右衛門《なす きゅうえもん》

大坂の陣で真田信繁の先手を務めた。

落城から一両日過ぎて、河内国石川郡大ヶ塚村の新兵衛が、村の北口で大坂を望見すると、いまだ余煙があり何ともすさまじい光景だった。近くでは、天神の坂を上って逃れ行く三十歳ほどの下女を見かけた。下女は九歳の男児と七歳の女児を伴い、疲れ果てた様子だった。新兵衛が「どこへ行く者か」と問うと、「大和宇陀の福島正晴殿の家中に親しい者がおり、そこへ参る者です」と答えた。新兵衛が「道すがら厳しい関所も多く、落人の身では通行もかなうまい」と言うと、下女は「これは今度の大乱で真田殿の先手を務めた那須久右衛門殿という方の子息たちです。母親は乳飲み子を抱いて京都方面に落ち行かれました。久右衛門殿はきっと戦死でしょう。私はこの子たちを養育するあてもなく、着の身着のままに落ち延びたので路銀もありません。この子たちを養子にしていただけないでしょうか。私はどこでなりとどうにかして暮らします」と涙ながらに懇願した。新兵衛は事情を聞き届け、幸い自分に子供がなかったので、養子に迎えて跡を継がせるべく二児を貰い受けた。二児とも容姿に優れ、瞳もただならず、由緒ある人の子と見えた。下女は一泊して、「なにとぞ子供たちの事を御頼みします。ゆめゆめお見捨てなきよう。御恩は忘れません」と言って、名残を惜しんで涙しつつ別れた。

二児のうち女児は新兵衛から誉田屋甚左衛門に譲られ、大切に養育された。

二か月ほど経たある日、向かいの店に大小を差した男二人と中間が休んでいた。男児は新兵衛の家の窓から外を眺めて遊んでいたが、三人を見つけると、「父様、私はここにいます」と声をあげた。三人は男児の行方を捜しに来た父親の那須久右衛門とその従者であった。那須は嬉し涙を浮かべつつ新兵衛に事情を尋ね、二児を受け取りたいと求めた。新兵衛と誉田屋が二児を返すと那須は感謝して、「御礼の言葉もない。もし私が世に出ることがあれば、改めて御礼に伺おう。それがかなわなかったら、朽ち果てたものと思っていただきたい」と述べた。

那須の一行は一泊したが、その際に那須は、「あの下女は憎いやつ。己が身を自由にするため、いとけない子供を見放した。見つけ次第に斬り捨ててくれよう」と怒ったが、新兵衛に「下女も仕方なく、このように預けたのでしょう。下女に罪はありません」と宥められると面を和らげた。那須はまた、「女房が伊達政宗の陣に略奪されたということなので、近日奥州で行方を尋ね、ぜひとも身柄を貰い受けようと思っている」とも語った。

その後、那須からの連絡は途絶えた（『河内屋可正旧記』）。

並河喜庵《なびか きあん》

丹波国桑田郡並河の出自で、並河掃部入道寄庵〔注1〕、並河掃部宗隆〔注2〕は同一人物と思われる。

明智光秀の旧臣。

慶長十九年、大坂城に籠り、天満橋を守った。十一月末に大坂方は城外を自ら焼き払って城内に撤収し、橋も焼き落としたので、寄せ手は堀際の二、三町までに迫った。喜庵は、「まだ焼き落としていない本町橋、高麗橋より速やかに兵を出して、堀際の敵を討ち払えば、みだりに近付けないだろう。その後、時々兵を突出させれば、味方にとって有利になるはずだ。私に逞兵《ていへい》五百人を付与して欲しい。敵の隙を衝いて安々と討ち破って見せよう」と献策したが、評議一決せず、また喜庵の子並河志摩が加藤忠広に仕えていたのでかえって心底を疑われ、結局、献策は斥けられた（『武徳編年集成』）。

〔注1〕並河掃部入道寄庵は、山科言経の日記（『言経卿記』）に散見される。天正十四年五月二十九日、当時摂津中島に居住していた言経は、並河掃部入道に招かれ、菊屋樵斎を同道して初めて面会した。茶湯の後、奥座敷で食事した。平家物語について質問があるとのことで、言経よりいくつか回答した。以降十二月まで複数回の往来があり、平家物語の各巻についての質疑応答と接待贈答が交わされた。十二月二十七日、並河掃部入道寄庵は、讃岐へ従軍することを言経に告げた。天正十五年九月五日、冷泉為満が並河入道の娘を娶った。天正十六年五月、為満夫妻が争い、妻の並河氏は親元に帰り、そのまま離婚となった。天正十八年九月十四日、言経から並河の妻に産後の薬を調合して贈った。慶長二年二月十三日、為満が前妻の浄徳院並河氏の法事を営んだ（『言経卿記』）。

〔注2〕並河掃部は、丹波国桑田郡の並河城主並河大和守の子（『温故知新集』所載「諸旧記」）。諱は宗隆。初め信長に仕え、後に秀吉より大坂で扶持を給せられ、摂津で病死。嫡男の並河志摩宗為は、加藤清正に仕えた（『安永三年小浜家臣由緒書』并河久左衛門由緒書）。

楢崎吉右衛門尉《ならさき　きちえもんのじょう》

毛利輝元の家臣楢崎吉右衛門尉辰景の子。

父の辰景は、朝鮮へ出役し、蔚山《ウルサン》で軍功があった。慶長五年、伊勢安濃津城攻撃で戦死。

楢崎吉右衛門尉は、慶長二十年、大坂籠城（『萩藩諸家系譜』）。

楢崎十兵衛景忠《ならさき　じゅうびょうえ　かげただ》

備後国蘆田郡久佐村の二子山城に在城した楢崎氏の末裔。

大坂籠城の後、備後府中に居住した。水野勝成が入国した際、庄屋に景忠の行方を尋ねたところ、庄屋は「齢八十余歳に及んで、今さら大坂籠城の罪科に問われるのは痛ましい」と思い込み、偽って既に死亡したと報告した。勝成は、「大坂城中で二十四反の母衣をかけ、貫木をも飛び越す様を目の当たりにした。まさに大力の精兵であり、今において名誉香しき者であるが残念である。存命なら千石を与えても惜しからぬものを」と嘆息した。庄屋はこれを聞いて悔いたが、どうしようもなかった（『筆のすさび』）。

子の楢崎甚兵衛は、沼隈郡山南村の金明山光照寺の寺侍となったが、病死して家は絶えた（『備後古城記』）。

ちなみに、毛利元就の家臣楢崎彦左衛門尉信景の次男楢崎十兵衛尉景友は、大力の士で小早川隆景に仕えた（『萩藩諸家系譜』）。天正十八年、小田原の陣に出役。駿河沼津で十八反の母衣を掛け流し、大指物を指した河田八助と騎行し、秀吉からその武者振りを嘉賞された（『吉備温故秘録』）。慶長五年以前に死去（『関原軍記大成』）。景忠と景友の関係は不明。

楢原小太郎《ならはら　こたろう》

大和国葛上郡楢原郷の出自。筒井定次の伊賀移封後、大和豊臣家に仕えた。

後に大坂籠城（『和州国民郷土記』）。

成田勘兵衛《なりた　かんひょうえ》

元来東方の者（「橘姓渋江氏由来之事」）。大野治房組に所属。

慶長二十年四月九日夜五つ時分、大野

治長は下城の途中、桜門付近で闇討ちに遭い、下手人は当座に討ち果たされた。翌日どこからともなく、下手人は成田勘兵衛の備えにいた者だとの噂がたち、八つ時分には二人の訴人も出たため、治長の家臣米村市之允と野々村吉安組の日比覚左衛門が、馬上五十騎を率いて本町の成田宅に出張すると、成田は弁明もせず、家宅に火を放って自害した。これにより真相は不明となり、城中では関東の密命か、治長の権勢を妬んだ治房の仕業かなどと取沙汰し、牢人衆は互いに疑念を抱いた（『駿府記』、『大坂御陣覚書』、『長沢聞書』、『元寛日記』）。

成安道頓　なりやす　どうとん

成安道頓は、摂津国住吉郡杭全郷平野庄の成安氏の出自で、成安宗列の子であるが（『奥野文書』）、近世後期には安井氏とされ、また近代では諱を成安とされていた。これに対して、佐古慶三氏は『南区志』（昭和三年）に「道頓堀開鑿者安井道頓に関する一疑問」を掲げ、「末吉文書」に基づき、道頓は成安氏ではないかとの疑義を呈した。佐古氏はさらに『大大阪第九巻第九号』（昭和八年）に「道頓堀開鑿者安井道頓」、『大大阪第十二巻第六号』（昭和十一年）に「道頓と道卜――道頓の再検討――」、『大阪春秋第四号』（昭和四十九年）に「新堀奉行成安道頓伝」、『大阪春秋第五号』（昭和五十年）に「浮説「城南の賜地」を追放――道頓・安井姓否定の根拠――」を発表し、従来説を正した。『八尾市史』史料編（昭和三十五年）には、佐古氏が「道頓と道卜――道頓の再検討――」で紹介した「奥野文書」（大阪大学国史研究室含翠堂文庫蔵）から、「成安系図」、「成安家系」の一部が掲載された。昭和四十年、道頓堀川河川敷の所有権について確認を求める訴訟が提起された。裁判の過程で、古文書類の鑑定人の一人として意見を陳述した牧英正氏は、『道頓堀裁判』（昭和五十六年）において、同じく鑑定人を務めた佐古氏の学説を詳しく紹介し、その研究成果に対して深い敬意を表している。

成安道頓は、平野郷七名家のうち土橋家の系図によると、初め善九郎を称した（『道頓と道卜――道頓の再検討――』）。

後に道頓堀と称された地は、当初野原だった（『延宝五年閏十二月十二日安井九兵衛平野次郎兵衛連署由緒書上』）。慶長十七年、平野住人平野藤次、成安道頓、安井治兵衛、久宝寺住人安井九兵衛定吉（号は道卜）が公儀より申し請け、上下二十八町の開削に従事した（『貞享三年七月十九日安井九兵衛道頓堀組合支配由緒書』）。

「坂上家并七名主其外聞書一説」（『奥野家文書』）によると、道頓堀の掘削は秀吉の代に成安道頓が拝命し、組下安井治兵衛定清、平野藤次、道頓の弟長左衛門とともに従事した。頭人道頓以下四人には日本橋の二十間四方に角屋敷が下賜され、南西角は道頓、東南角は長左衛門、西北角は藤次郎、北東角は治兵衛が拝領し、いずれも諸役は免除されたという（『道頓堀裁判』）。

慶長十九年、道頓は大坂籠城（『寛文十年十一月十五日安井九兵衛道頓堀組合支配由緒書付』）。日本橋の南東角にあった安井治兵衛の屋敷を預かっていた手代の太郎右衛門もともに籠城した（『貞享三年七月十九日安井九兵衛道頓堀組合支配由緒書』）。

「坂上家并七名主其外聞書」（『奥野家文書』）によると、道頓堀の芦原付近を警固し、慶長二十年五月七日に戦死（『道頓堀裁判』）。道頓の弟長左衛門も同時に死去（『奥野文書』成安系図）。「平野年寄其外一類ノ親共覚申分書付」（『奥野文書』）によると、長左衛門の一子は、行方知れずとなった（『道頓堀裁判』）。

日本橋南西角にあった道頓の屋敷は闕所となり、平野藤次の弟次郎兵衛に与えられた〔注〕（『貞享三年七月十九日安井九兵衛道頓堀組合支配由緒書』）。

妻の藤は、成安法仙の次男宗悉の娘で、道南の姉。道頓の死後西村三郎兵衛祐慶（天正元年に誕生）の後妻となり、西村三郎右衛門、津坂宗祝を産んだ。法名は妙祐（『奥野文書』成安系図）。

娘は、土橋家の系図によると平野郷の土橋九郎右衛門重俊の前妻となり男子二人を産んだ（『道頓と道卜——道頓の再検討——』）。

〔注〕道頓堀の名称は、久宝寺の安井某と平野の道頓という坊主がおっとり鍬で開削を始めたので、自ずから道頓堀と称せられたという（『蘆分船』）。江戸時代後期には、大坂城主松平忠明が道頓の家名断絶を憐み、大坂南堀を道頓堀と名付けたとする説があった（『安井家由緒書』）。なお、大正三年十一月、大正天皇の大阪行幸に際し、成安道頓は安井市右衛門成安（号は道也、後に道頓）の名で、安井九兵衛定吉（号は道卜）は道頓の従弟として、ともに漕渠開通の功により従五位が追贈された。大正四年、大阪府知事大久保利武と地元有志により、紀功碑が日本橋の北東角に建てられた（「贈位内申書」、「贈従五位安井道頓安井道卜紀功碑」）。

鳴川宇大夫《なるかわ うだゆう》

大野治房の配下。

慶長十九年十二月十六日、本町橋通の夜討に参加して優れた働きがあった。

落城後、井上正利に仕えた（「大坂夜討事」）。『寛永二乙丑年分限帳』に、井上家臣として知行二百石、成□□太夫が見えるが、同一人物の可能性もある。また『寛文八戌申年分限帳』に、知行二百石、成川四郎兵衛見えるが、これは子の可能性もある。

南条隠岐《なんじょう おき》

南条中務の伯父。

大坂籠城中、旧知の藤堂高虎より内通すれば、家康から伯耆一円を与える用意があるとの矢文が届いたため、当初は反対した中務を説得して、これに応じる旨の矢文を射返した。その後、内通は露見し、中務は逮捕され、隠岐は陣屋から突出して抗戦したが、ついに役宅で自害したという（『武徳編年集成』）。「羽衣石南条系図」、「諸家系図纂」などに隠岐に該当する者は見当たらず、実否不明。

南条権大夫《なんじょう ごんだゆう》

大野治長組の足軽頭。湯川孫左衛門とは伯父と甥の関係。

慶長十九年十一月二十六日、鴫野口合戦では足軽を適切に指揮し、また自らも敢闘した。

落城後は、讃岐の生駒家への仕官が調ったが、元和七年六月に生駒正俊が死去したため成立しなかった。その後、備前で奥田藤兵衛と会い、奥田を通じて家老衆と対談にも及んだというが、仕官の成否は不明。

元和七年と推定される十一月五日付で、浅野長晟の家臣弓削丹後守は、南条に「こちらでは牢人の召し抱えに際し、大坂新参牢人衆か否かを、特に念入りに調査している。この間も奥山宗包が周旋して扶持方まで決まった人がいたが、大坂新参牢人という理由で、結局破談になった。この件は藤兵衛殿にも話していないが、他家でもそうした詮索が入る可能性はあり、そうなると難しくなるので、とにかくもまずは仕官の成立を急がれるがよい」との助言を書き送っている。

　また、水野勝成に仕官していたと推定される治長の足軽頭平山一郎右衛門が、年不詳九月二日付書状で、同家中の湯川軍兵衛と連判して、南条の鳴野口合戦における軍功について、別途書付を送ることを約束するとともに、「南条の事は、既に勝成にも話しており仕官が成立するよう念じている」と書き送っている。併せて「貴殿の鴫野口合戦での軍功は我々がよく知っているが、これをすべて披露すると、合点のいかない者がいろいろと難癖をつけ、粗探しをされるのも迷惑なので、大坂での事は申し立てない方がよいと思う。今までの経歴なら五百石から七百石は貰えるだろうから、あまり精を出して申し立てる必要はないと思う」との助言を書き添えている（『因幡志』）。水野家への仕官の成否は不明。

南条《なんじょう》作十郎《さくじゅうろう》宣政《のぶまさ》

　南条左衛門督元清（号は元宅）の次男。妾腹。

　父の元清は、羽衣石城主南条伯耆守元続の庶兄で、元続の幼嗣子元忠を補佐した。朝鮮戦役には陣代として出役した。後に山田越中の讒言により失脚し、小西行長に召し預けられた（『諸家系図纂』）。客分として六千石を給せられた（『南条家系』）。慶長五年、宇土城に在番して軍功があったが、十月八日に開城した（『黒田氏関原記』、『肥後国志』、『南条家系』、『関原軍記大成』、『続撰清正記』）。小西家の没落後、加藤清正に知行六千石で召し出された（『諸家系図纂』、『南条家系』）。慶長十九年十月二十三日に病死。法名は惟安元宅居士。墓碑は熊本の玉龍山禅定寺にある（『南条家系』、『南条元宅墓碑銘』）。家督については、嫡男の南条勘三郎が病人で肥後に閑居していたため、元清の遺言により嫡孫の南条藤八郎元信が家督を継ぐはずであったが、介入があり、家康の家臣水野勝成の姪婿である宣政が家督を継ぐこととなった〔注〕。

　南条宣政は、秀頼に仕え、大坂城に勤務した（『諸家系図纂』、『南条家系』）。

　慶長十六年三月、秀頼の上洛に供奉（『秀頼御上洛之次第』）。

　慶長十九年、大坂籠城。

　慶長二十年五月、落城により自害しようとしたが、妻の伯父水野勝成の従兵が救出に駆け付けて妻子らを連れて行ったので、宣政も落ち延びて、暫く勝成のもとに寓居した。家康の命により加藤忠広に仕え、知行六千七十五石四升。後に森忠政へ転仕した。若狭守を称した。

　妻は水野東市正忠胤の次女。

　嫡男の南条次郎右衛門宗清は、美作森家にて知行五百五十石で仕えた。後に剃髪して元久と号した。その子の南条次郎右衛門之勝も森家に仕え、知行五百五十石を継ぎ、長尾隼人組に属して鉄砲二十挺を預かった。

　次男の南条弥惣右衛門は、京都に浪居し、剃髪して空庵と号した。

　三男の南条与兵衛宗俊は、甲府徳川家に仕えた。

　四男の春仁は発心者《ほっしんしゃ》。

　長女は土居内蔵允の妻。

　次女は松平五郎兵衛の妻（『寛政重修諸家譜』、『加藤家御侍帳』、『森家御系譜並諸士方分限帳』）。

〔注〕元清の遺言に背いて宣政が家督を継ぐことに旧臣たちは不服で、異議を訴えたが、認められなかった。そのため家

な

臣の福地九郎兵衛、成海次郎兵衛が幼年の元信を介抱して肥後を立ち退き、豊前小倉の細川忠興に愁訴した（「南条家系」）。細川家では、「南条は名高い家である」として三千石を給した（「南条家系」、『於豊前小倉御侍帳』）。細川忠利の肥後入国に従い、益城郡内で三千石を知行した（『慶安元年真源院様御代御侍免撫帳』）。大膳と改めた。万治三年、隠居して不留意と号した。天和二年四月二十二日に病死。法名は小林院殿単伝心居士。墓地は禅定寺。妻は長岡与五郎興秋の娘鍋で、法号は香雲院殿。元禄二年六月十二日に死去。墓地は禅定寺。元信の娘伊千は、寛永二十年一月二日、長岡監物是季の嫡男長岡監物是長に嫁いだ。寛永二十一年四月二十六日、長女の吟を出産。正保三年十一月一日に病死。法号は華光院。墓地は蓮政寺。その養嗣子長岡左衛門尉元知は細川忠利の末男で、吟を娶って家督を相続し、家老に就任した。その嫡男は長岡是長の養嗣子となり、長岡監物是庸を称した（「南条家系」）。

南条《なんじょう》中務少輔《なかつかさのしょう》元忠《もとただ》

伯耆国河村郡埴見荘の羽衣石城主南条伯耆守元続の嫡男。

父の元続は、天正十九年七月十四日に死去。享年四十三歳。法名は南光院殿伯応全邦大居士。葬地は羽衣石の景宗寺（『伯耆民談記』、「羽衣石南条系図」）。

南条元忠は、幼名を虎熊といい、十三歳で家督を継いだ。叔父の南条元清が後見となった（『伯耆民談記』）。

慶長五年七月十五日より伏見城攻撃に出役。八月一日昼に落城した（『朝野旧聞裒藁』）。

九月六日より大津城攻撃に出役。京町口に布陣した。九月十二日、二の丸西門より、城兵が南条らの陣に攻めかかった。老臣の友田左近右衛門は京極家中の赤尾伊豆守と鑓を合わせた。その子友田左衛門佐や、家老の進（朝山）越中高清の一族植木善之允も軍功があった。城兵は少数のため本丸へ退却した。この戦闘で南条の手に数多の首級を討ち取った。九月十三日朝、京町口より攻撃を開始し、九月十五日朝、開城となった（『朝野旧聞裒藁』、『関原軍記大成』、「大津篭城」）。

戦役の後、羽衣石城と四万石の領地を没収された（『廃絶録』）。

その後、秀頼に出仕し、小姓組に列せられた（「山本日記」）。家宅は大坂城の三の丸にあった（『元和大坂役将士自筆軍功文書』慶長二十年五月九日付小河伝次自筆軍功書上）。

慶長十二年十二月十六日付で、南条中務の家臣佐々村四郎左衛門尉、鎌谷忠兵衛、江見与七郎が連署して、招提村の庄屋小篠三右衛門、家村孫右衛門に当年の年貢率について下達した（『招提村片岡家文書の研究』）。

慶長十六年三月末、秀頼の上洛に供奉し、御腰物持を務めた（「秀頼御上洛之次第」）。

当時、知行五百石。

慶長十七年十二月より大坂諸大夫衆の一員として禁裏普請助役（『慶長十六年禁裏御普請帳』）。

慶長十九年、大坂籠城。開戦に伴い、四百石より一万石の身代に引き立てられ、雑兵を含めて三千五百人ほどを指揮した（『大坂陣山口休庵咄』）。『土屋知貞私記』に、人数は五十人ほどとあるが、組子または「自分の者」（家来）の人数を指すものと思われる。

持ち口は天王寺口（『伯耆民談記』）、または八町目口の十三間（『長沢聞書』）、または城南の二十間（『武家事紀』）。

寄せ手と内通し、板塀の柱の根元を切断して城内に引き込む用意をしていた（『長沢聞書』）。伯耆の本領を与える旨の内約を得ていたという（『大坂御陣覚書』）。内応の相手方は、伊達政宗（『大坂陣山口休庵咄』）、藤堂高虎（『武徳編年集成』、『伯耆民談記』）、井伊直孝（『大坂御陣覚書』）、松平忠直（『長沢聞書』）など諸説がある。その後、内通は相手方からの矢文が誤って織田左衛門（惣構西南の守将織田左門か）の持ち口に射込まれたため、露見した。

調査の結果、南条の持ち口では、塀柱の根元切断だけでなく、鉄砲に玉込めもしていなかったことが判明した（『長沢聞書』）。十二月初旬頃、南条は成敗され（『大坂御陣覚書』）、高麗橋に梟首《きょうしゅ》された（『土屋知貞私記』）。南条の組下は分散して預けられ、残らず成敗された（『長沢聞書』）。本件にかかる処刑者は家来五十余人を含め（『伯耆民談記』）、上下七十人ほどに及び、うち上下三十人ほどが塀裏で獄門に掛けられた（『大坂陣山口休庵咄』）。処刑は大坂七組が執行した（『大坂御陣覚書』）。獄門の側には、「裏切りの伯耆士古畳南条あれど役に立ばや」との狂歌が書き添えられたという（『伯耆民談記』）。

大坂方は偽りの返事を寄せ手に送り、城内に引き込む日時を定める一方、南条の旧持ち口には秘かに大石、大木、弓、鉄砲などを集中させ、後藤又兵衛を遊軍として控えさせた。寄せ手は内通の露見に気付かないまま空堀に飛び込み、塀下や櫓下に取り付いたため、激しく迎撃され、著しい損害が生じた（『長沢聞書』）。

妻は近衛家の家臣進藤筑後守長治の次女伊奈加。夫の死後、毛利秀就の家臣児玉彦右衛門〔注〕に再嫁した（『華頂要略』）。一説に毛利家中の某に再嫁し、その娘が児玉彦右衛門に嫁いだという（『大石家外戚枝葉伝』）。

姉は千代姫。法名は瑞雲院殿珠応妙圭信女（「羽衣石南条系図」）。

〔注〕児玉彦右衛門元重は、内藤筑後守元輔の次男。毛利輝元・秀就に歴仕（『萩藩諸家系譜』）。

難波六大夫《なんば　ろくだゆう》

後藤又兵衛組に所属（「高松内匠武功」）。鉄砲頭を務めた（『金万家文書』先年寅歳大坂籠城之砌之事）。

上方で鉄砲を指南していた。籠城中は豊臣家の石火矢日本丸に台車を付け、射撃を指揮した。後に射撃が原因で大野治長の屋敷が火事となったため、以後は射撃が停止された（『長沢聞書』）。また、後藤又兵衛の委嘱により、後藤の惣領後藤左太郎を備前の三浦主水方から引き取るため、三度目の使者を務めたが、不首尾に終わった（『金万家文書』先年寅歳大坂籠城之砌之事）。

慶長十九年十一月二十六日、今福口合戦で首一級を斬獲した（「高松内匠武功」）。翌二十七日以降も同じ組の山田外記、同八左衛門、金万平右衛門、井上源兵衛、片山大助、磯村八左衛門とともに鉄砲の者を率いて今福口の一の柵に駐留した（『金万家文書』先年寅歳大坂籠城之砌之事）。

ちなみに、池田輝政の家臣に難波六大夫がいる。若原右京組に属し、百五十石を知行した（『慶長十八年播磨宰相様御代侍帳』）。これと同一人物の可能性もある。

南部左門利藤《なんぶ　さもん　としふじ》

陸奥南部家の家臣福士氏の庶流織笠氏

の長男（『篤焉家訓』）。あるいは福士治部左衛門秀峯の次男で、外記政方の弟（『福士家系図』）。

初め津島氏、大坂籠城の時分は南部氏、後に難波氏を称した（『参考諸家系図』）。幼名は福松（『福士家系図』）。

慶長年中、南部利直に仕え、小姓を務めた（『参考諸家系図』）。重科を犯し、逐電して京都に蟄居した。大坂の陣では豊臣方に参じた（『聞老遺事』）。

大野治長組の矢野和泉守とともに、足軽百人ほどを添えられて今福口の張番に出向いたが、十一月二十六日、矢野が戦死したため、帰城して戦況を注進した（『寛文九年佐々木氏大坂物語』）。

慶長二十年五月六日、真田信繁らとともに誉田表へ出役（『北川次郎兵衛筆』）。五月七日、堀内氏久とともに千姫の大坂城退去を警衛した（『元和年録』、『寛政重修諸家譜』）。これは、かねて中川小右衛門、村井喜兵衛、堀内主水氏久らとともに本多正信父子の内意を受けていたためという（『元寛日記』、『武徳編年集成』）。

右の功により、堀内氏久と同様に将軍家へ出仕して知行五百石を与えられることとなったが、旧主南部利直から強い故障申し立てがあり、出仕は不調となり、代わりに黄金五十枚が賜与された。利直は左門の成敗を望んだが、許可されなかった（『元和年録』、『聞老遺事』）。その後、高野山に入った。

妻は陸奥の織笠氏で、相坂利倶を産んだ。

子の相坂五郎左衛門利倶は、紀伊より江戸表に出て浪居。元和三年に死去。葬地は四谷千日谷の長徳山妙待寺。妻は平山氏。その長男の相坂五郎左衛門利長は、元和二年に大和で出生。母は平山氏。初め江戸で久世広之に仕え、寛文十一年、南部重信に知行二百石で仕え、後に百石加増され、合計三百石。貞享五年八月に死去。享年七十三歳。子孫は南部家の家臣として続いた。家紋は酢漿《かたばみ》（『参考諸家系図』）。

一説に左門の娘が相坂氏に嫁ぎ、その子五郎左衛門が南部重信に知行三百石で仕えたともいう（『福士家系図』）。

南部太郎左衛門　なんぶ　たろ(う)ざえもん

初め長宗我部元親に仕えた。土佐国高岡郡津野大野見郷の米野川城に在番。長宗我部家の除封により牢人となった。

慶長七年、山内忠義に知行二百石で召し出され、山内備後の与力となった。

慶長十九年三月、土佐を脱出。後に大坂城に入り、長宗我部盛親に属した。

慶長二十年五月六日、八尾表合戦で敢闘した。日没に及んで斎藤出雲父子、三宮十助、戸波雅楽らと殿《しんがり》を務めたが、戦死。

妻は従妹で南部八郎左衛門の妹。

長女は三宅市兵衛の妻。

長男の南部源左衛門は、落城の時は二歳で、母に抱かれて土佐に落ち延び、高岡郡井尻村に還住した。その長男南部太郎左衛門も井尻村に居住して庄屋となった（『土佐国編年紀事略』、『土佐名家系譜』、『山内家史料』所載「山内家四代記」、『南路志』、「土佐諸家系図」）。

なお『蜷川家文書』に、南部太郎左衛門の子として三次郎が見える。

南部弥五八　なんぶ　やごはち

伊勢国朝明郡の富田城主南部越後の子。

初め信長に仕えた（『士林泝洄』）。

後に織田信雄に仕え、尾張国愛知郡長久手郷内で六十貫文を領知（『織田信雄分限帳』)。

　後に秀吉の鷹匠となった。文禄元年、肥前名護城に供奉(『大かうさまくんきのうち』、『太閤記』)。

　次いで秀頼に仕え、近江国愛智郡鯰江村で知行三百五十石。

　落城後、摂津国島上郡富田で家康に召し出され、御鷹部屋を預かった。命により八郎右衛門と改名した。

　子の南部権左衛門は、家康に召し出され、徳川義直に付属され、御鷹役を務めた。寛永十四年十一月二十八日に死去。子孫は尾張家の家臣として続いた。家紋は丸に南の字(『士林泝洄』)。

に

西川助大夫《にしかわ　すけだゆう》
　慶長十九年七月、江戸において山内忠義へ新参で出仕したが、土佐へ下向の途上、出奔して大坂籠城(『山内家史料』所載「山内家四代記」)。

西郡半助《にしごおり　はんすけ》
　丹後の人。細川幽斎の家臣西郡大炊介清忠の弟。
　慶長五年九月、細川忠隆に従い、岐阜城攻撃に出役。後に豊前小倉より退去し、大坂籠城。
　慶長二十年五月七日、細川忠興の家臣乃美景嘉の手に生け捕られ、助命された(『綿考輯録』)。

西十兵衛《にし　じゅうびょうえ》
　長宗我部元親の家臣で土佐国高岡郡蔭山城主であった西和泉守宗勝の三男。

　長宗我部家の除封後、牢人となっていたが、大坂の陣の時、旧主の旗本に列した。

　慶長二十年五月六日、八尾表合戦で藤堂良勝組の侍と渡り合い、無比の働きがあった。

　落城後、伊予宇和島に身を隠し、同所の那源寺の養分となり、八十余歳で病死(『土佐考証諸系図雑記』)。

仁科頼母《にしな　たのも》
　真田信繁組に所属。
　慶長二十年五月七日、岡山口稲荷前で宇佐美勝興に討たれた。真田信尹により、討ち取った兜首は仁科頼母と判明した(「宇佐美氏覚書」、「宇佐美先祖代々文書之写」)。宇佐美氏の史料は粉飾が多く、信憑性に欠ける。

西村孫之進《にしむら　まごのしん》
　河内国若江郡の人西村孫大夫の次男。若江郡などの代官西村長左衛門の弟。西村九郎左衛門の兄(『家中諸士家譜五音寄』寛文九酉年西村源五郎書上)。

　文禄四年に誕生(『黄薇古簡集』所載「西村孫之進書上」)。

　慶長十九年、木村重成組に所属し、少々働きがあった(『吉備温故秘録』所載「原田太郎助書上」)。

　慶長二十年、真田信繁組に所属し、使番を務めた(『家中諸士家譜五音寄』寛文九酉年西村源五郎書上)。

五月六日、真田は誉田表へ出役し、伊達政宗勢と二度まで合戦に及び、ことに二度目は激戦となった（『黄薇古簡集』所載「西村孫之進書上」）。西村は「真田と伊達の合戦の時、伊達勢は騎馬鉄砲で激しく撃ち立てた。真田勢は折敷いて、鑓を敵の方へ向けて堪えた。西村は味方の屍二つを重ねて盾としていたが、玉一つが屍二つを貫いて肩に薄手を負った。鑓を握った左拳の親指がこそばゆく、気味悪く覚え、残る指四本で親指を握り込んで堪えていた。しかし、全身が危うい事を忘れて親指ばかり守っているのは、怖気づいているからだと思い、左右を見るとやはり皆同様だった。また、傍らに並んで折敷いている者に玉の当たる音が甚だ強く響いて、我が身に当たったかと思えた」と語り残した（『常山紀談』）。

二度目の激戦で伊達勢が敗軍し、真田勢が追撃すると、三十人ほどが取って返し、折敷いて踏み留まった。そこへ西村は関助大夫と牧四郎兵衛とともに鑓を入れた。西村は黒具足の武者に膝口を突かれながらも、具足の外れを突いた。その武者が退こうとするところを更に右の脇に鑓を突き入れた。鑓を突っ込んだまま取りかかろうとしたが、脇から他の敵に五か所を突かれて倒れた。そこへ真田の同勢が馳せ付けたので引き分けとなった。西村はこの戦傷により戦闘不能となり、真田に断って下人の肩に掛かって大坂へ戻った。この日、西村の具足は黒糸威に金丸で、指物には赤い撓《しない》に金で名字を書き付けていた（『黄薇古簡集』所載「西村孫之進書上」）。

落城後、江戸で浪居していた。ある日、知人方を訪ねると、来客があった。主人が西村を「大坂にて勇戦した物師」と紹介した。客は伊達家の士東海林平左衛門重勝で「誰の陣に居られたか」と問うので、「真田の手に在った」と答えると、「さては五月六日の合戦にての事であろう。詳しく承りたい」と求めた。西村は「さほどの事ではないが、お尋ねによりお話ししよう。さて、伊達家と初めの一戦が終わり、二度目の戦闘がことのほか激しく、伊達家の陣を七、八町ほど追い立てたところに、三十人ほどが取って返し、折敷いた。某の鑓の相手の間に押し隔てるように駆け入った人と鑓を合わせたが、初鑓は綿噛のはずれを突き損じ、二の鑓で草摺の間を突いて跳ね倒した。首を取ろうとしたが、然るべき身分の者だったようで、従者と覚しき者二、三十人に取り巻かれ、幾度も刀で切られた。刀は皆具足の上に当たったので負傷はしなかったが、鑓で腰骨を突かれたため、倒れて気絶し、それより先は記憶がない。後に聞けば、真田の総軍がどっと押しかかったので、某は首を取られずに助かったとのことだった。突き伏せた鑓の相手は、きっと遁れ得たと思う。その後、少し人心地がつくと、馬取弥右衛門が『この程度で弱ることがあろうか』と言って立ち去る音が幽かに聞こえた。見捨てて逃げたかと思っていると、腰手拭いを水に浸して立ち戻り、口に絞り入れてくれたので、いよいよ気が確かになり、弥右衛門の肩に懸かって城中に帰った。翌日もこの手傷で戦うことができず、戦場に出なかったため、思わぬ命拾いをした」と語った。東海林は驚いて、「初めに鑓を合わせたのは侍大将秋保刑部と申す者である。その間に駈け入ったのは、刑部の子甚平という者である。御物語により疑いもない。甚平は陣屋に連れ帰ったが死亡した。お察しの通り、一陣の大将である。六日の武功の証人には私が立とう。その証を進上しよう」と言って右の次第を書き、花押を据えて西村に与え、「さても誉田以来の参会、珍しい縁である」と互いに物語して別れた（『常山紀談』）。『常山紀談』は後世の説話集であるが、著者の湯浅常山は備前池田家の家臣であり、同書における池田家士の逸話は傾聴に値すると思われる。

伊達家の家臣東海林平左衛門は「西村孫之進殿は鑓を持って戦われ、騎馬武者に鑓を付けられた。彼の馬上の者がその鑓を奪い取ったのを見たかとのお尋ねであるが、物頭秋保刑部の倅甚平が、馬上太刀にて戦い、鑓を付けられ負傷しながら敵の鑓を奪い取る働きをしたのを確かに見た。私はまず甚平の親の刑部が負傷したので、敵に刑部の首を取らせまいと防戦していたので、それ以後は見ていない。甚平の鎧兜は黒である。刑部と甚平はそこで討死した。西村孫之進殿は負傷されたそうだが、刑部の与力や家来が四、五人その場で働き、討ち死にしているので、さもあるべしと存ずる。拙者はその時分は倅だったが、お尋ねがあったので、居合わせた通り申し入れる」と前田家の家臣伊藤勘兵衛に証言している（『黄薇古簡集』所載「東海林平左衛門書状」）。秋保甚平は、鉄砲頭秋保長門頼重の次男で、鉄砲頭草刈房信とともに敵の重囲に陥った。親の頼重が救出に駆け付けたが、三人ながら戦死した（『伊達治家記録』）。

元和九年、大坂牢人が赦免された後、若江代官の高西夕雲が西村の事を聞き、「仕官活動をするなら、在所に居られよ」と言って、孫之進の名田高五十石の年貢を免じ、二十人扶持を合力した。これにより暫く若江の在所に居住した（『黄薇古簡集』所載「西村孫之進書上」、『家中諸士家譜五音寄』寛文九酉年西村孫三郎書上）。

池田光政の家臣熊沢蕃山が西村の事を聞き及び、光政に言上して召し出されることとなった（『吉備温故秘録』所載「西村孫三郎書上」）。

慶安三年九月一日、五十人扶持を給せられ、侍鉄砲二十人を付属された。

承応元年春より承応二年春まで江戸留守番を務めた。

岡山内山下に佐分利猪之助の跡屋敷を拝領したが、引っ越すことなく、明暦二年四月十三日に病死（「先祖并御奉公之品書上 西村孫四郎」）。享年六十二歳（『黄薇古簡集』所載「西村孫之進書上」）。「宝光寺記」（元文三年二月）によると、供養の墓は備前国邑久郡鹿忍村の大船山宝光寺の北麓にある（『邑久郡史』）。

子の西村源五郎は、元和九年に河内で出生。実は孫之進の弟西村九郎左衛門の子で、初め孫之進に子がなかったため、寛永十七年に養子となった。源五郎は大坂町奉行の久貝正俊へ無足で呼び出され、一両年いたが、慶安三年九月一日、養父とともに池田光政に召し出され、知行三百石を与えられた。寛文七年二月十一日、百石を加増された（『家中諸士家譜五音寄』寛文九酉年西村孫三郎書上）。

子の西村孫三郎は、明暦元年の誕生。明暦二年に孫之進が死去した時、実子として三歳の娘と二歳の孫三郎が残された。西村源五郎がこれらを養っていたが、源五郎家も実家の両親に女子供を抱えて生活が窮迫したため、孫之進の遺児に少々扶持方を下されるよう願い出た。これにより、八月八日、切米二十俵五人扶持が給せられた。後に三十一俵五人扶持を給せられた。寛文二年、孫三郎は池田光政に拝謁して、伊木頼母組に付属された。子孫は岡山池田家の家臣として続

いた（『吉備温故秘録』所載「西村孫三郎書上」、『家中諸士家譜五音寄』寛文九酉年所載西村孫三郎書上、「先祖并御奉公之品書上西村孫四郎」）。

新田豊翁丸義直《にったほうおうまるよしなお》

秀吉の家臣新田武蔵守昌直の次男。秀頼に仕えた。慶長二十年五月八日、大坂城中で自害。

姉は木曽長次郎義春に嫁いだ（「藩鑑略譜」）。

二宮作右衛門《にのみやさくえもん》

大野治房組に所属。

慶長十九年十二月十六日、本町橋通の夜討ちに参加して首一級を斬獲した。軍功を立てた二十三士の一人として翌十七日、千畳敷御殿で秀頼から褒美を拝領した。

落城後、死去（「大坂夜討事」）。

二宮与三右衛門《にのみやよそうえもん》

初名は二宮与太郎、または千太郎（『備前老人物語』）、市瀬与右衛門（『長谷川小右衛門内証覚書』）。諱は長範とされる（『難波戦記』）。

初め織田信雄（三介）に仕え、三百五十貫文を領知（『織田信雄分限帳』）。織田三七（三介の誤り。以下同様）の侍二宮千太郎は、博奕《ばくち》に負けて馬物具まで取られ、仕方なく三七の前に出て「私こと、不心得にて博奕をうち、このような始末になりました。相手の者にいろいろ侘びたのですが、馬も具足も貸してくれず、彼の者を打ち果たそうとも考えましたが、私がこの様になろうとも、御用に立つはずの者を合戦の前に打ち果たすのはいよいよ不忠となります。ついては御慈悲により御検使を賜り、切腹したいと存じます」と言上した。三七は「言い分に少し理解できる部分もある」として黄金二枚、具足、馬を賜与した。二宮は翌日の合戦に敵を組み討ちにする高名を遂げたので、三七も機嫌を直した。

後に小早川秀秋に仕えた。慶長五年九月十五日、関ヶ原合戦の時、秀秋は松尾山麓から怪しい鉄砲の音が聞こえたので、使番の二宮与三右衛門を呼び、急ぎ偵察を命じた。二宮は馬を曳かせ、徒歩《かち》立ちで麓に下りたところ、麓から上ってきた騎馬武者が二宮と行き合い、「貴殿は今の鉄砲の音について麓の有様を見よとの御使か。某《それがし》はその事について中納言様への使である。子細は、今の鉄砲は薬が湿ったので撃ち捨てにしたものであり、少しも御気遣いなく、御心安く思われるようにという次第だ。もはや麓に出られる必要はなかろう。この旨言上されよ」と告げた。二宮はこれを聞いて「その方も使、私も使である。あれに平岡石見守がいるので、石見守に報告されよ」と断った。再三無用と言い留められたが、二宮は「互いに使なれば、それぞれ自ら見届けるのがよい」と愛想なく言い捨てて立ち別れ、麓の様子をよく見届けて詳細を報告した。これにより秀秋から褒賞された。坂崎半兵衛は「場合によりけりではあるが、使たる者の心得はこのようにあるべきだ」と評した（『備前老人物語』）。

慶長十九年、大坂城に籠り、大野治房組に所属。十二月十六日、本町橋通の夜討ちに参加。一番土蔵口で長谷川貞恒の家来長谷川小右衛門貞元と鑓を合わせ、双方手傷を負って引き分けた。長谷川の手傷は左手人差指より脈所の近くまでの深手だった。和睦後、長谷川との一番鑓について城内で二宮と木村九太夫で論争となった。そのため二宮より蜂須賀家中の谷正信方に「土蔵之口での鑓相手の名を覚えていたら申し越してほしい」と申し入れた。長谷川からは「夜討ちの時、土蔵の中にいたが、足音が数多く聞こえたので不審に思い、鑓を持って土蔵の口に出ると、先駆の素肌者二、三人が抜刀して打ちかかってきた。こちらも名乗って鑓を振り立て声をかけると、敵はそのまま裏へ通り抜けた。追いかけようと思ったところ、後から鎧武者三人が来て鑓を突き掛けた。うち一人は奥へ通り、残る二人と鑓を合わせた。さらにうち一人が通り抜けると、残る一人は踏み留まって名を名乗り、鑓を合わせて互いに手傷を負った。その相手は二宮与三右衛門である。その節は敵の数が多く、防戦に忙しく、他の方の名は覚えていない」との返答があった（『長谷川小右衛門内証覚書』）。

慶長二十年五月七日、岡山の北に御宿越前組と並んで備えを立てた（『大坂御陣覚書』、『美作一国鏡』）。同日に戦死（『渡辺水庵覚書』附録「慶長十九年十二月十六日大坂夜討」、『備前老人物語』）。

二本松半斎《にほんまつ はんさい》

若名は式部。

大坂籠城。落城後、牢人にて死去（『土屋知貞私記』）。

丹羽勘解由《にわ かげゆ》

出自は不明だが、『青山小平太家蔵系図』によると、越前丸岡城主青山伊賀守の子修理大夫に、長男隼人、次男丹羽勘解由、三男松山庄兵衛の三子がある（『東作誌』）。この次男と同一人物の可能性もある。

初め蔵人と称した（『公室年譜略』）。

慶長十六年三月、秀頼の上洛に供奉（「秀頼御上洛之次第」）。当時、知行五百石（『慶長十六年禁裏御普請帳』）。

慶長十七年閏十月十二日昼、織田有楽の茶会に招かれ、福富兵部、大野治房とともに参席（「有楽亭茶湯日記」）。

慶長十七年十二月、大坂諸大夫衆の一員として禁裏普請助役（『慶長十六年禁裏御普請帳』）。

慶長十九年三月十七日、秀頼の使者として有馬湯治中の醍醐寺座主義演に見舞の品を届けた（『大日本史料』所載「義演准后日記」）。

大坂籠城。本知八百石。兵千五百余人を預かった（『大坂陣山口休庵咄』）。

元和三年、九鬼守隆の斡旋で藤堂高虎に出仕（『公室年譜略』）。あるいは元和五年に知行七百石で出仕、後に三百石を加増された（『宗国史』外編「功臣年表」）。知行千石（「創業遺事」）。

伊勢、伊賀の士より母衣組十人ずつが選ばれ、百二十日交替で江戸詰とし、各々へ二十石が支給された。元和四、五年頃は、伊勢より沢田平太夫、大津伝十郎、米村兵太夫、内海六郎左衛門、柏原新兵衛、丹羽勘解由、磯野平三郎、小笠原豊後、槙島監物、森縫殿介が選抜された。

寛永四年に病死（『公室年譜略』）。

長男の丹羽一郎右衛門は、元和三年、または四年に、藤堂高虎に知行二百石で出仕。弓役を務めた（『宗国史』外編「功臣年表」）。初め藤堂高重に付属されていたが、寛永四年、藤堂高虎に召還され、遺知のうち二百石を与えられた。小森彦右衛門組に所属。伊勢津附で中嶋二番町東側枕町より三軒目に居宅があった。万治三年十月に病死。十一月、跡目が立てられた（『公室年譜略』、『宗国史』所載「大通公以来世蔭年表」）。

次男の丹羽平右衛門は、寛永四年、遺知のうち四百石を与えられた（『公室年譜略』、『宗国史』外編「功臣年表」）。

子の丹羽十郎兵衛は、旧知の九鬼守隆が引き取り、知行百五十石を与えた。後に五十石を加増され、合計知行二百石。妻は伊勢津の人某氏。嗣子の丹羽藤右衛門は、実は徳川光貞の家臣伊木半七郎の弟（『三田藩九鬼家臣系譜』、『九鬼文書』九鬼守隆公志州鳥羽ニテ家中付同久隆公志州ヨリ所替之砌御家来付）。

丹羽《にわ》左平太《さへいだ》正安《まさやす》

尾張国丹羽郡の住人丹羽助大夫正明の子。

永禄九年に誕生（『寛政重修諸家譜』）。

天正十年三月、織田信忠の手に属して高遠城攻撃に出役。城内広間の庭で功名を立てた。

その後、織田信雄に仕え、児小姓を務めた（『吉備温故秘録』所載「丹羽次郎右衛門書上」）。

天正十二年四月九日、長久手合戦の時、本陣に残されたが、朋輩石黒八十郎と「年幼いということで敵の旗さえも見ないのは口惜しい。後の咎めがあろうともいざまかり出よう」と語らい、戦場に騎行した（『常山紀談』）。戦場で池田勝入の母衣武者を組み敷き、名を問うと石黒善内で、八十郎の伯父だった。かねて聞き知っていたので逃そうとしたところを、家康の家臣高木清秀に見咎められたが、「味方の者だ」と言い張って助けた。その後、同所で別人を討ち取り功名を立てた。この次第を高木が家康に言上したため、凱陣後に家康が信雄の陣小屋を訪れた時、正安の事を尋ねると、前で酌を取っているのが当人であった。家康へ出仕の勧誘もあったが、信雄の譜代筋の者なので辞退した。信雄からは伊勢国三重郡坂部村で千石を与えられた（『吉備温故秘録』所載「丹羽次郎右衛門書上」）。

信雄は天正十八年八月に所領を没収され、下野烏山に配流され、常真と号し、天正十九年には秋田へ移された（『寛政重修諸家譜』）。家臣の供は禁じられたが、正安と弟の丹羽左吉ら三、四人は申し合わせて秋田に供奉した（『吉備温故秘録』所載「丹羽次郎右衛門書上」）。常真は秋田に二か月居住した後、伊勢朝熊に至り、和泉堺より乗船して伊予道後の石手寺に寓居していたが、文禄元年に赦免された（『寛政重修諸家譜』）。正安兄弟は、常真が赦免され大坂へ上った時も供奉した。正安は秀吉に先知千石で出仕した（『吉備温故秘録』所載「丹羽次郎右衛門書上」）。

文禄三年三月二十三日、常真の旧臣内林藤十郎、中村又蔵、左平太は、豊臣秀次の家臣粟野秀用方へ引き渡された（『駒井日記』）。

そのまま秀次に付属されたが、文禄四年に秀次が滅亡した後、秀吉に仕え、秀頼の代には使番を務めた（『吉備温故秘録』所載「丹羽次郎右衛門書上」）。奏者番を務めた（『土屋知貞私記』）。伊勢国三重郡西坂部村で九百四十六石六斗八升、同郡生桑村内で五十三石三斗二升、合計千石を知行（『桑名御領分村絵図』）。

慶長十六年三月、秀頼の上洛に供奉（「秀頼御上洛之次第」）。

慶長十九年九月二十八日、千姫付の江原与右衛門金全とともに秀頼の使者として、片桐兄弟に対する処置を説明するため、江戸、駿府へ下向した（『当代記』）。『土屋知貞私記』、「慶長見聞書」は、秀頼の使者は左平太と小笠原左大夫で、十月八日、亥の子祝の際に伺候したとする（『土屋知貞私記』、「慶長見聞書」）。

　駿府では、本多正信から「今度味方になり御忠節を尽くせば、一廉の御加増を下されるよう計らうので、是非味方になるように」と囁《ささや》かれた。正安は、即座に刀脇差を差し出し「御成敗ください。主人の使いに参り、左様の御意を承る事こそ運の尽きです」と全く同心しなかったので、却って感じ入られた（「慶長見聞書」）。駿府では馬、金などを拝領した（『譜牒余録』所載「貞享元年四月十八日丹羽平右衛門書上」）。家康から拝領した青馬には、鞍、鐙、虎皮の鞍覆が添えられていた（『吉備温故秘録』）。

　江戸に到着してから、挟箱に入れて持参した秀頼の書状が見当たらなくなった。結局「このような御使者が来たが、書状は見ていない」との返答を得て、やむなく帰路に就いた。途中、川崎で挟箱の蓋の内張の間に書状が入り込んでいたのを発見したという（「池田正印老覚書」）。

　なお、大坂への帰路、家来一人が遅参して、藤堂高虎の手に押し止められたが、関東へ使いに行った帰りであると断り、城内に入った（『吉備温故秘録』所載「丹羽次郎右衛門書上」）。

　慶長二十年五月、落城後、京都で家康は「正安が今度存命ならば召し出そう。長久手で石黒善内を助けた事があるので、今度は善内が匿っているか」と言って行方を探させた。

　京都の妙心寺に出頭し赦免された（『吉備温故秘録』所載「丹羽次郎右衛門書上」）。常真の取り成しがあったともいう（「十竹斎筆記」）。

　あるいは、落城の時、和泉貝塚まで落ち延びたが、野伏に道を遮られ取り囲まれた。正安は「我を殺さんとするか、甲冑を奪わんとするか、着ているものを剥がれては恥辱である。既に日本国中を皆敵にした以上、世にある者と思っていない。出家するので僧一人呼んでほしい」と願った。野伏が僧を連れてくると、僧を羽交い絞めにして刀を胸に当てて人質にした。野伏も詮方なく「どこまでも送ろう」と諦めた。それより紀伊和歌山在住の所縁の者に連絡し、迎えが来たので紀伊に隠れ、その後ほどなく赦免されたともいう（『常山紀談』）。憶測ではあるが、右は平生気性が荒かった正安の次男正勝の逸話とも考えられる。

　駿府で家康に拝謁し、伊勢国三重郡内で知行千石を与えられた。将軍秀忠、家光に歴仕し、書院番に列せられた（『寛政重修諸家譜』）。

　寛永十二年十月八日に江戸で病死。享年七十一歳。法名は実相道空禅定門。墓は湯島の天沢山麟祥院（『寛永諸家系図伝』、「丹羽正安墓碑銘」）。

　正安の妻は、古田織部の妹。天正元年の誕生。夫の死後は尼となり、宗玄と号した。京都北野に居住し、万治三年四月四日に死去。享年八十八歳（「中川家寄託文書諸士系譜」）。

　長男の丹羽内蔵助は、浅野長晟、光晟、綱長に歴仕。知行二百石。慶長末、大坂の陣に供奉。左小姓組に属し、鉄砲十挺、母衣を預かった。子孫は変死して絶家（『寛政重修諸家譜』、『芸藩志拾遺』、『旧臣録』）。

　次男は丹羽次郎右衛門正勝（『吉備温故秘録』）（「丹波次郎右衛門正勝」の項参照）。

　三男の丹羽平右衛門正長は、慶長三年の誕生。寛永十二年、亡父の遺跡を継いだ。寛文元年十一月十三日に死去。享年六十四歳。法名は宗雀。妻は榊原職直の娘。

　四男の丹羽平右衛門正信は、兄正信の養嗣子となり、子孫は幕臣として続いた。

家紋は雪輪の内薺《なずな》、丸に藤（『寛政重修諸家譜』）。

丹羽《にわ》次郎右衛門《じろ(う)えもん》正勝《まさかつ》

丹羽左平太正安の次男。

尾張（『家中諸士家譜五音寄』寛文九酉年丹羽次郎右衛門書上）、または山城で出生（『吉備温故秘録』所載「丹羽次郎右衛門書上」）。

初めは前田利長に児小姓として一両年務めていたが、争論の相手を仕留めて退去した。

大坂で秀頼に出仕し、児小姓を務めた。落城後、織田常真より飼料二百五十石を給せられた（『吉備温故秘録』所載「丹羽次郎右衛門書上」）。

元和六年六月三十日夜九つ過ぎ、下人一人を連れて京都の常真屋敷からの帰路、北の千本の辻で闇討ちに遭った。敵は不義により織田家を立ち退いた浅原吉大夫と、その兄浅尾七左衛門ら三、四人だった。次郎右衛門は七左衛門を切り留めたが、深手三か所を負い、吉大夫を見失った。

七月四日付で常真の老職田中道也（号は清安）、同生駒長兵衛範親、同生駒小三治高一（号は梅心斎）は連署して書状を送り、傷を見舞った。

寛永四年、常真の江戸下向に供奉した。十一月二十九日夜五つ過ぎ、尾張熱田にて小者一人、草履取一人を連れて、常真の薬師道寿とその草履取一人、若党一人も同道して常真の旅宿から自身の宿所への帰路、東の御茶屋裏の門の橋詰で闇討ちに遭った。敵は声もかけず、左後方より次郎右衛門の左の肩から腕に切り付けた。抜き合わせると前から敵三人が切り掛かったので、うち一人は切り伏せた。二人が肩に掛けて遁れるのを追いかけたが、両足を傷付けられていたため転倒した。その時、提灯が消え、敵を見失った。次郎右衛門の傷は、左の肩から腕にかけて七寸ほど、左手の甲二寸余、左の膝頭の下横に三寸余、左の脹脛《ふくらはぎ》を斜めに三寸ほど、右の外股横に四寸余、背中に少しずつ二か所の合計七か所。敵は浅原吉大夫の催した人数だった。常真からは金瘡薬師が派遣された。織田高長や伊達政宗の家臣和久宗友から見舞の書状が送られた。また、常真親子から刀、脇差を賜与され、加増により四百石を知行した（『吉備温故秘録』所載「丹羽次郎右衛門書上」、「備藩国臣古証文」）。

寛永八年七月、江戸で池田光政に仕え、鉄砲二十挺を預けられた。

寛永十年一月一日、知行千石の折紙を発給された。

寛永十三年、朝鮮使節接遇のため備前牛窓に出張した。

寛永十四年十一月二十三日、上使に付属する使者として岡山を出船。前日に黒鹿毛の馬を陸路で送った。十二月一日に下関到着。同日陸路の馬も下関到着。十二月二日、豊前小倉に到着。黒崎、本庄を経て、十二月六日、島原城に到着。十二月十日、原城に到着。十二月十一日、山の手に陣替え。十二月十四日、浜の手へ陣替え。在陣中は江戸表の光政へ書状、絵図を度々送り詳細を報告し、江戸表からの書状や贈物を在陣諸将に取り次いだ。

寛永十五年一月一日辰の刻頃、鉄砲で深手を負い、右の腕が動かなくなった。なおも現地に留まっていたが、石谷貞清に強く帰還を奨められ、光政からも一月二十六日付で早々の帰国を認める書状が発せられた。かくて二月三日に帰国の途に就き、二月十七日帰宅した。黒鹿毛の馬は、中川家の家臣中川外記が馬に困っていたので、馬鞍具を添えて贈った。この鞍、鐙は父左平太が大坂の陣の直前、駿府に使者として下向した時、家康から拝領した青馬に添えられたものであった。帰宅後、光政の出陣に備え、少しでも手傷を養生し、再び九州に出張して嚮導《きょうどう》を務めたいと望み、二月十八日に岡山を発して有馬で療養に入ったが、ほどなく落城の報が届いた。光政から度々慰問の使者が遣わされ、後日拝謁して褒賞された。寛永十六年三月三日、三百石を加増された（『家中諸士家譜五音寄』寛文九酉年丹羽次郎右衛門書上、『吉備温故秘録』所載「丹羽次郎右衛門書上」）。

家来の曾根吉十郎は、幼少より数年来、平穏に次郎右衛門に仕えていたが、何らかの遺恨を抱き、寛永十九年六月十六日の夜、次郎右衛門の寝所に「日置若狭より書翰が届きました」と偽の書状を持参し、次郎右衛門が枕から頭をもたげ、件の書を披くところを切り付けた。次郎右衛門は即死した（『吉備温故秘録』）。あるいは、次郎右衛門は、平生荒々しく、後れを取った事が一度もなかった。ある時小姓に鉄砲玉を持って来るよう命じたところ、二度まで別の物を持参したので、三度目に持参した鉄砲玉を小姓の額に投げ付けた。大力なので大量に出血し、小姓は堪らず部屋に引き籠った。次郎右衛門は数多の人を殺害してきたので、常に用心のため寝所には鎖を下していた。件の小姓は、復讐のため左手に手燭を持ち、右手に刀を持ち、「江戸の丹羽平右衛門様より急用の書状が到来しました」と大声で言上し、次郎右衛門が驚いて寝所から出てきたところを一刀で殺害したという（『十竹斎筆記』）。

吉十郎は江戸表へ遁走して行方をくらませた。八月九日、吉十郎の父兵左衛門と兄八郎左衛門は、御野郡福島村で捕えられ、切腹させられた（『吉備温故秘録』）。

子の丹羽次郎右衛門正貞は、大和宇陀に出生。寛永十二年春、光政に拝謁した。寛永十九年八月十三日、亡父生前の恪勤を考慮し、格別の意を以て本知千石を免許された。妻は光政の家臣草加五郎右衛門の娘。子孫は岡山池田家の家臣として続いた（『家中諸士家譜五音寄』寛文九酉年丹羽次郎右衛門書上、『吉備温故秘録』所載「丹羽次郎右衛門書上」、『吉備温故秘録』、『烈公間話』、『池田光政日記』）。

ね

念流左大夫《ねんりゅう　さだゆう》

剣術の達人。牢人していたが、豊臣家の招聘により大坂籠城。

慶長二十年五月七日、松平忠昌は兄の忠直の備えに加わり、黒門通り八丁目口を進み、天王寺口の柵を破り、騎行して桜門に攻め寄せた。

その際、黒具足の左大夫が忠昌の左側から進み寄り、草摺の隙間に斬り付けた。左大夫の初太刀はかわされたが、二の太刀で忠昌の馬取を斬り倒し、さらに忠昌に斬りかかった。忠昌が十文字鑓の片鎌を突き折りながら必死に防戦していると、家臣の安藤治大夫、鷺谷与五右衛門が駆け付けた。左大夫は安藤、鷺谷を傷付け、さらに忠昌に飛びかかって組み伏せた。家臣の石川忠左衛門、吉田五左衛門も駆け付け、両人で左大夫の背中に組み付いたが、大力で引き離せずにいるところに家臣の毛受小三郎も駆け付け、左大夫の臀部《でんぶ》を突き、少し緩んだ隙に、ようやく忠昌が下から刎ね返した。今度は吉田が左大夫を組み伏せ、忠昌が家臣の栗原作兵衛の差し出した脇差でその首を掻いた。

左大夫の首は家臣に持たせ、兜付のまま茶臼山の家康本陣に遣わされた。左大夫から分捕った刀は毛受に、鎧の袖は石川に、頬当は吉田に与えられた。また後に安藤、鷺谷にはそれぞれ腰物が、栗原には腰物と具足が下賜された（「越前家大坂御陣覚書」、「松平家譜」）。

の

野尻五兵衛《のじりごひょうえ》

大坂落城により京都に落ち延びた牢人。

ある時、野尻の近所に住む牢人宗悦方に下女の親が来て無礼の言葉を吐いた。宗悦は怒ったが、病気のため身動きできず、ただ罵っていた。野尻が何事かと様子を見に行くと、宗悦が「五郎兵衛、頼むぞ、その者を斬って下され」と言うので、一刀で斬り倒した。在所の者が立ち騒ぐので、野尻は「私が斬った。逃げはしないから静まりなさい」と呼びかけた。宗悦は「いやいや、私が頼んで斬らせたので、罪科なら私が蒙るべきもの」と申し立てた。

京都所司代板倉重宗は、「両人の言うところ、どちらも理があり、自分一人では判断しがたい」として関東に伺いを立てた。その結果、野尻に切腹の沙汰があった。板倉は野尻に「どうにかして助けたくて関東に伺ったが、今となっては力及ばない」と告げた。宗悦がこれを聞いて、「そんな事があってなろうか。ただ私の首をこそ斬っていただきたい」と求めたが、関東より沙汰が下った以上どうにもならないとして、野尻は切腹した。

宗悦は、「私のせいで罪のない野尻を死なせて、世間に顔向けができない」と七日後に切腹した。

在所の者が二人を憐み、新黒谷に石塔を建てた。仮名で野尻五郎兵衛と刻まれていたという（『朝野旧聞裒藁』所載「寛永酉年紳書」）。

野尻七兵衛正元《のじりしちびょうえまさもと》

野尻九郎右衛門吉正の子。

父の吉正は、信長の家臣野尻猪兵衛吉景の子。秀吉に仕え、享年四十三歳で死去。法名は清輪。

野尻正元は、文禄四年に誕生。秀頼に仕えた。

落城後の元和二年、家康に出仕し、手鷹役を務め、現米四十石を与えられた。延宝元年九月四日に死去。享年七十九歳。法名は浄空。墓地は音羽町の妙法山蓮光寺。

妻は菅沼定芳の家臣浅井小右衛門の娘。

嗣子の平兵衛正護は、実は山中喜兵衛

吉長の次男で、将軍家綱に仕えた。子孫は幕臣として続いた家紋は丸に橘(『寛政重修諸家譜』)。

野尻甚五左衛門 のじり じんござえもん

落城後、一時加賀に出仕。後に津軽家へ奉公に出た(『奥富士物語』)。

能勢伊織頼元 のせ いおり よりもと

早崎壱岐守頼之の次男。

父の頼之は、摂津国能勢郡田尻庄の領主能勢因幡守頼勝の子。

能勢頼元は、庄右衛門、権右衛門、外記とも称した。

慶長十九年、秀頼に出仕して後藤又兵衛に付属された(『能勢物語』、『能勢家由来旧記書抜』)。十二月十二日、家康が茶臼山を発し、天満から備前島を巡検した時、家康一行に対して鉄砲が激しく撃ちかけられた(『駿府記』)。その際、「能勢伊織」と銘のある大矢が、乗馬の近くに射掛けられた。蜂須賀家至鎮の陣屋に到着した家康は、従軍していた能勢頼次を呼び、「能勢伊織とは同族の者か」と尋ねたが、頼次は偽って「そのような者は覚えがありません」と言上した(『能勢家由来旧記書抜』)。家康は、未の刻には茶臼山に帰陣した(『駿府記』)。

落城の時、兄の能勢壱岐守頼包の婿で丹波の住人の長沢与三とともに丹波路を逃れ、桑田郡大田村に来住した。後に亀山古城の石野氏の名跡を継いだが、引き続き子孫も能勢氏を称した(『能勢物語』、『能勢家由来旧記書抜』)。

能勢九郎右衛門 のせ くろ(う)えもん

佐原与左衛門、中村次郎右衛門〔注〕の伯父。

初め藤堂高虎の家中にいたが、慶長十九年、大坂城に籠り、生玉口付近の塀裏で鉄砲を撃っていた(『武功雑記』)。十二月八日、黒門付近で仕寄を強化する藤堂勢に対し、城内から弓、鉄砲が激しく打ちかけられた。佐伯惟定の手の衛藤伝右衛門の鎧腕にも六本の矢が立った。その矢を持ち帰って調べると、能勢九郎左(右か)衛門と書付がある矢もあった(『高山公実録』所載「衛藤伝左衛門家乗」)。

慶長二十年五月七日、岡山口左備え一番の水野忠清の手より松平庄九郎、同新十郎が真っ先に前方の沼を渡って進み、戦死を遂げた。三番目に天野雄得が乗り出し、崖に上って味方が続くのを待っていると、毛利吉政の手より九郎右衛門が名乗りをあげて、雄得の馬を一鑓突き、また母衣《ほろ》にも突き入れた。雄得がその鑓を奪うと、かなわないと見たか逃れ去った(『寛政重修諸家譜』、『長沢聞書』)。

〔注〕佐原、中村は、丹波の住人長沢七右衛門の子九郎兵衛に大坂の陣で見聞したあらましについての記録を所望した。この記録は後世「長沢聞書」として伝来した。摂津能勢氏と丹波長沢氏は所縁があるので、聞書の作成経緯から推察すると、能勢九郎右衛門は摂津能勢氏の出自の可能性がある。

能勢庄左衛門 のせ しょうざえもん

秀頼の使番。知行四百石(「先祖附」能勢市之進)。『難波戦記』によると、能勢庄右衛門が秀頼に知行二百八十石で仕え、大坂七組の堀田図書頭組に所属したとされる。これと同一人物と思われる。

慶長十七年十一月二十一日朝、大坂天満の織田有楽の茶会に堀田図書、青木民部とともに能瀬庄行(庄衛か)が招かれた(『有楽亭茶湯日記』)。これも同一人物と思われる。

慶長十九年、大坂籠城。城東警固の寄合衆の一人（『難波戦記』）。

落城後、松平光長に先知四百石で出仕し、鉄砲頭を務めた。

舅の平野長重と細川忠利は昵懇の間柄だったので、忠利より自筆状を以て庄左衛門の子供のうち一人を召し抱えたいとの申し入れがあった。これにより庄左衛門の子能勢甚五兵衛が、寛永十二年、忠利に知行三百石で出仕した。子孫は細川家の家臣として続いた（「先祖附」能勢市之進、『肥陽諸士鑑』）。

能瀬物兵衛　のせ そうびょうえ

香宗我部親泰に仕えた（『香宗我部氏記録』）。

慶長二十年四月十七日に土佐国安芸郡を出て、四月二十一日、大坂へ到着。谷山忠右衛門、次いで井尾喜権兵衛と語らい、四月二十二日に長宗我部盛親に拝謁した。四月二十五日夜、播磨の人野口喜右衛門とともに飯盛口へ物見に出た。十四、五町ほど乗り出し、夜明け方に帰城した。四月二十八日、他国衆三人とともに飯盛口へ物見に出た。在所の案内者一人を連れて、飯盛口より十四、五町ほど乗り出し、帰る途中で敵四人に遭った。

五月六日、八尾で盛親が武装した際、松田少吉、杉村半兵衛とともに秀頼から拝領した道具の装着を手伝った。八尾表合戦では横山隼人、倉橋甚太郎とともに敵三人と闘い、盛親の見ている前で兜付の首を討ち取った。長宗我部主水とも後日の証拠に言葉を交わした。激戦の後、過半の侍が久宝寺まで退却したので、上坂左近とともに残る兵を指揮して少々退いた。

五月七日、国吉五左衛門、千屋源兵衛、中内物右衛門らとともに盛親の大坂退去に従い、八幡山に至り離脱した（『南路志』所載「能瀬物兵衛大坂陣中覚」）。

土佐へ戻り、山内忠義に仕えた（『南路志』）。本丸の奥の鍵取役を務めた（『土佐考証諸系図雑記』）。

長宗我部家旧臣の国吉五左衛門は、寛永十一年と推定される十月五日付で、能瀬に以下の趣旨の書状を送っている。「その後久しく御無沙汰しています。そちらは御無事ですか。拙者も昨年の春頃からこちらに下向し、当年（寛永十一年）の夏、堀田正盛に仕官し、京都や日光に供奉しております。貴殿はいかがお暮しですか。今時分は、大坂の陣で少々の働きがあった者は早速仕官しているようです。貴殿については、大坂でのお働きは承っているので、何処への仕官も才覚できるでしょう。御出でになって仕官活動をされてみてはいかがでしょう。拙者など非力ですが、随分と肝煎してみたいと思います。しかしながら、本国ですんなりと御暇をいただかずに御出でになってはなりません。中原源左衛門（香宗我部親和）殿が江戸の知足院におられますので、折々書状など送ってください。なお、倉橋甚太が無事でいるか承りたいです。甚太、明神源八、野口喜次なども貴殿の大坂での様子を知っていると承っています。これらの者はどこにいるのでしょうか。さほどの働きがなかった者も大袈裟に申し立てて、二百石、三百石で仕官しています。今の貴殿の身代はあまりに残念です」（『南路志』）。

旧主の香宗我部親和は、寛永七年に江戸に下向、筑波山知足院に五年間逗留し、寛永十二年三月、川越で堀田正盛に仕え、六月に扶持を与えられた（『香宗我部氏記録』）。九月十三日付香宗我部左近親成の署名で、能瀬には以下の趣旨の書状を送っている。「私、図らずも川越で堀田正盛に仕官しました。こんにち貴殿の御奉公の様子は大変気の毒に思います。支障なく御暇をいただくことはできませんか。それが可能でしたら、私自身は少身なので抱えることはできませんが、ぜひ、仕官の肝煎をしたいと考えています。先年大坂の陣での貴殿の手柄については、誰もが話す通り確かに承っています。香宗我部家在所の衆のうち、あなたを特に頼もしく思っているので、ぜひ、身上を引き立てたく、このように申し入れる次第です。なお、少々でも奉公構などがあってはなりませんので、その点はよくよく留意ください。こんにちの御奉公の様子では、数にも入らない身分なので御暇をいただくことも可能ではないでしょうか」(『南路志』)。

結局、能瀬は出国せずに土佐で死去(「土州遺語」)。

妻については、「村田氏系譜」には香宗我部旧臣村田七郎兵衛の長女が初代能瀬惣兵衛に嫁いだとあり、『土佐考証諸系図雑記』には大高坂氏の娘が、香宗我部家の家老能瀬惣兵衛に嫁いだとある。

子孫は土佐国香美郡香宗あたりに居住し、代々惣兵衛を称した(「土州遺語」、『土佐考証諸系図雑記』)。

野中左京《のなか　さきょう》

本国は豊前。長宗我部元親の家臣野中三郎左衛門尉親孝の嫡男。

初め左京、七左衛門を称した。

慶長二十年五月六日、八尾表合戦に出役。藤堂高虎の家臣渡辺長兵衛守に馬上で名乗りを挙げて挑んだ。渡辺の家来西沢次兵衛が鑓を合わせ、ついに突き倒して首を取った。首は西沢が高虎に持参して「長兵衛鑓下の首」と報告した。兜の前立は銀の五輪で、その裏には野中左京の銘があった。首は野間甚右衛門に手渡された(『土佐考証諸系図雑記』、『南路志』、『高山公実録』所載「西沢次兵衛延宝書上」、『元和先鋒録』)。

野々村伊予守吉安《ののむら　いよのかみ　よしやす》

丹波国桑田郡野々村の出自(「御侍中先祖書系図牒」)。野々村三十郎幸政の子。野々村右衛門九郎迅成、野々村四郎右衛門幸包(注)の兄(「諸家系図纂」)。

野々村家は後に尾張に来住し、宇都宮、宇佐美、開田家とともに尾張国海東郡津島の十一党に加え、十五家と並び称せられた(「大橋記」)。

父の幸政は、織田信秀の家臣野々村主計頭幸之の子(「諸家系図纂」)。信長に仕え(『信長公記』)、黒母衣衆に列せられた(『武家事紀』)。天正十年六月二日、京都宿所の町屋で本能寺の異変を聞き、二条御所に駆け込んで戦死(「御家中名誉」)。享年四十八歳(「諸家系図纂」)。

野々村吉安は、初め次兵衛を称した(『綿考輯録』所載「慶長二十年五月十五日付細川忠興書状別紙」、『旧記雑録後編』所載「慶長二十年六月十一日付巨細条書」)。諱は、署名に吉安(『譜牒余録後編』)。他に初め吉成、後に幸成(「諸家系図纂」)、雅春とされる(『難波戦記』、「御侍中先祖書系図牒」)。

秀吉に仕え、黄母衣衆に列せられた(『太閤記』)。

天正十八年五月末より六月初旬にかけて、上野館林城攻撃に出役(『武徳編年集成』)。六月初旬、武蔵忍城攻撃に出役(『忍城戦記』)。

文禄元年、秀吉の肥前名護屋出陣に供奉。道行四番手の母衣衆の一員(『大かうさまくんきのうち』)。名護屋城に在番し、三の丸御番御馬廻組六番の堀田図書頭組に所属（『太閤記』）。

文禄二年五月二十一日、荒川助八郎重通、山田喜四郎、森宗兵衛、大屋弥八郎、松原五郎兵衛、伏屋小兵衛、三好新右衛門、友松次右衛門、永原飛騨、奥村半平、森十蔵とともに仕寄《しより》、普請、その他仕置の目付として朝鮮へ出張を命ぜられた（「荒川系図」）。

文禄三年十月二十八日、秀吉が伏見上杉景勝邸へ来臨した際、今枝勘右衛門とともに相伴衆烏丸光宣の配膳を務めた（『上杉家御年譜』）。

慶長五年九月、関ヶ原合戦に出役して戦功があった（『山内家史料』所載「国宰伝」）。

慶長九年八月十四日、豊国社臨時祭の馬揃えに馬一匹を供出（「豊国大明神臨時祭日記」）。「豊国大明神臨時祭日記」に野々村伊予、『豊国大明神祭礼記』に野々村次兵衛とある。この頃に任官したものか。従五位下伊予守に叙任（『山内家史料』所載「国宰伝」）。

慶長十六年三月四日昼、織田有楽の茶会に招かれ、佐々木左衛門（佐々木右衛門督義治か）、団長右衛門とともに参会（「有楽亭茶湯日記」）。

二月下旬、秀頼の上洛に供奉（「秀頼御上洛之次第」）。

当時、知行三千石（『慶長十六年禁裏御普請帳』）。

七月二十三日昼、有楽の茶会に招かれ、真木嶋昭光、住吉屋宗無とともに参会（「有楽亭茶湯日記」）。

慶長十七年一月二日、秀頼の年賀使が駿府に伺候して家康に拝謁した（「駿府記」）。『武家事紀』、『武徳編年集成』、「創業記考異」、「家忠日記増補追加」は、年賀使を薄田隼人正とするが、「駿河状」は、一月二日に伺候した年賀使は野々村伊予守で、黄金五枚を披露したとする（『静岡物語』）。

閏十月十一日昼、織田有楽の茶会に招かれ、養安院、伊東長次とともに参会（「有楽亭茶湯日記」）。十二月より大坂諸大夫衆の一員として禁裏普請助役（『慶長十六年禁裏御普請帳』）。

この頃か、大坂七組の番頭に列せられた（『大坂陣山口休庵咄』、『土屋知貞私記』、「北川次郎兵衛筆」、「後藤合戦記」、『片桐家秘記』、『太閤記』）。組子四十一人（『難波戦記』、『武家事紀』、「諸方雑砕集」）。

慶長十八年三月二十七日朝、織田有楽の茶会に招かれ、石川康勝、浅野弥左衛門とともに参会。

慶長十九年七月二十六日昼、織田有楽の茶会に招かれ織田信重、堅甫、清汲とともに参会（「有楽亭茶湯日記」）。

知行は三千石（「翁物語」）、七千石（「後藤合戦記」）、一万石（『山内家史料』所載「国宰伝」）、和泉国日根郡鶴原で一万三千石（「御家中名誉」）など諸説がある。鶴原宿の地高は千三百石余に過ぎないことから、他の知行所と併せて自身の知行三千石、他は蔵入地一万石の代官に任ぜられたか、または与力の知行高との合計といったあたりが実態ではないだろうか。

大坂城に籠り、与力五十騎を付属され（『大坂陣山口休庵咄』）、兵三千八百人を預かった（『山内家史料』所載「国宰伝」）。旗印は白地に大文字。馬印は銀唐団扇熊皮覆輪。

十一月十一日晩、真木嶋昭光に内通の嫌疑がかかり、真野頼包、北川一利とともに検使として出向き、昭光を拘禁した（『難波戦記』）。

十一月二十六日午の刻、七組は天満から鴫野口に出撃（「大坂籠城記」、『大坂御陣覚書』）。野々村組の中西甚左衛門が首一級を斬獲(「高松内匠武功」)。

十二月四日、前田、松平、井伊らが城南に迫った時、七組の青木、伊東、真野らとともに加勢のために駆け付けた(『大坂御陣覚書』)。

十二月十九日、堀田図書頭、真野宗信、中島式部少輔、青木一重、伊東長次、速水守之とともに連署して後藤光次に書状を送り、和睦の斡旋を依頼した(『譜牒余録後編』)。

慶長二十年五月六日、伊東、青木、真野、堀田とともに七組の兵四万から六万人を率いて天王寺表の平野街道に出陣した(「青木伝記」、「北川次郎兵衛筆」、『武功雑記』)。軍法で、秀頼出馬の際は七組のうち伊東、青木、真野が左備え、堀田、野々村が右備えと定められていた(「青木伝記」)。

五月七日、真田信繁、伊木常紀、七組の番頭伊東、堀田とともに茶臼山に参会し、合戦の手筈を定めた後、各々の備えに戻った(「浅井一政自記」)。野々村組は天王寺表の右備え(「福富文書」宮井三郎左衛門身上覚書)。勝曼院の前に郡宗保、七組の堀田、その他寄合勢とともに備えを立てた(『大坂御陣覚書』)。

野々村組の白樫左京、粟屋助大夫、宮井三郎左衛門は、味方が敗軍となり戦死を覚悟した。そこへ、生玉口に押し出した水野勝成の手の者が一騎馳せ寄り、宮井と馬上で鑓を合わせた。宮井は敵を突き倒したが、敵が多数迫ったので首は取らず、白樫、粟屋とともに稲荷門まで引き取り、そこで散り散りになった(「福富文書」宮井三郎左衛門身上覚書)。

野々村は合戦に敗北して本丸を目指したが、既に城内一円は猛火に包まれ、本丸に入れず、二の丸の橋の上で自害した(『大坂御陣覚書』)。

「諸家系図纂」に享年五十五歳とあり、逆算すると永禄四年誕生となるが実否不明。天正六年に仙石秀久(天文二十一年誕生)の嫡男忠政を出産した本陽院の父としては、年齢に違和感がある。一方、妹婿とされる亀田高綱が永禄元年の誕生である点、子の野々村幸次が天正十二、三年頃の誕生、野々村牛之助の誕生が慶長十年以降と推定される点からは、おおむね妥当な年齢のようにも思われる。

野々村の最期について以下の異説がある。

(一)野々村は総軍の中から進み出て、鳥居成次勢に挑み、その家人十三騎を討ち取ったが、郎党十八人を討たれたので、総軍の中に戻ろうとしたところを、横合いから酒井忠世勢に攻められ、兜首三十を取られた。野々村は備えを立て直し、返し合わせたが、井上正就勢も打ちかかり、郎党十六人が討たれた。さらに安藤正次や前田利常勢にも取り巻かれ、ついに野々村もここで戦死した(「落穂集」)。

野々村は七組の右備えであり、勝曼院の前の布陣が妥当と考えられることから、右の戦闘は信憑性に欠ける。なお『大坂御陣覚書』に、細川忠興は、天王寺村の毘沙門池に備えを立て、七組の堀田、真野、野々村、伊東と鉄砲で競り合ったとあるが、これも同様に信憑性に欠ける。

(二)野々村の首を前田家で討ち取った件について、秀頼の旧臣浅井一政の談話がある。前田利常の家臣井上権左衛門が城中に乗り込むと、門外に武者が一騎、本丸に入れない様子で傍らの石に腰掛けていた。近寄ると「何れの者か」と問うので、「加賀の住人井上権左衛門」と名乗った。すると「前田家中の横山大膳はこの陣にいるか」と尋ねるので、井上は「いかにも」と答えた。大膳に用事がありそうな様子だったので「この外曲輪へ尋ねてみられよ。大膳に行き合われるだろう」と言い添えたが、「私はこの石より外へは少しも出るつもりがない。我が首を取ってこの脇差に添えて大膳に持って行け」と言うや上帯を切って切腹した。井上はその首を取り、大小を添えて大膳に持参すると、野々村の首と判明した（『加賀藩史料』「前田家雑録」所載「朝日盛房覚書」）。なお『越登賀三州志』には、井上権左衛門は青屋口で首三級を討ち取り、うち一級は兜付で今村内匠允の首とあるが、実否不明。

*

元和元年冬、仙石忠政は武蔵国足立郡鴻巣庄の天照山勝願寺に金万匹を寄進し、外祖父である野々村幸成に戒誉勇蓮居士と諡《おくりな》して菩提を弔った（「改撰仙石家譜」）。妙心寺の塔頭蟠桃院の開祖一宙東黙は、五月七日を命日として秀頼に嵩陽院殿秀山大居士、淀殿に大虞院殿英巌大姉、千石権助に俊岳寿嵩禅定門、千石豊前に了峯源也禅定門、野々村吉安に菅祐受原禅定門と諡して弔った（『増補妙心寺史』）。

なお「常在寺記録」に、美濃国厚見郡の鷲林山常在寺の檀那として野々村伊予守の名があり、おそらく吉安と同一人物と思われる。

妻は、「美濃国諸家系譜」に、堀田孫右衛門正直の娘で、堀田図書助勝喜、堀田壱岐守の妹とされるが、信憑性に欠ける。

子の野々村次兵衛幸次（「諸家系図纂」）は、諱を幸升ともされる（「御侍中先祖書系図牒」）。秀頼に仕え、別知三千石（「御侍中先祖書系図牒」）。慶長十六年三月、秀頼の上洛に供奉（「秀頼御上洛之次第」）。慶長十七年九月二十二日（「御侍中先祖書系図牒」）、または慶長十八年八月二十九日に死去（『山内家史料』所載「国幸伝」、「土佐国諸家系図」）。享年二十九歳（「諸家系図纂」）。法名雄嶽宗英禅定門（『土老伝記』）。幸次の嫡男野々村権右衛門幸直は、慶長十六年に摂津で誕生。父と死別し、承祖して伊予守の嫡男となった。落城の際、家人武光久兵衛と乳母が、当時五歳の幸直を帷子に包み、伊予守の妹婿亀田高綱方に落去した。亀田の知行所である紀伊国在田郡安田で養育されたが、後年亀田が浅野家を立ち退き、堺に閑居したため、幸直も大坂に移り、伊予守の家僕だった大坂町人早野三郎兵衛に庇護された。その後、山内迅政の子野々村一迅を頼り土佐へ下向し、寛永九年に山内忠義に出仕。知行三百石を与えられ、馬廻を務めた。承応二年、鉄砲知二百石を与えられた。延宝四年四月二十二日に病死。妻は寺田源助の三女を娶ったが、死別したため、美作の大塚庄左衛門の娘を娶った。子孫は土佐山内家の家臣として続いた。家紋は梅鉢、丸之内団子三指（「御侍中先祖書系図牒」）。

子の野々村牛之助は、大坂落城後、十一歳の時に主従三人で平戸に下り、松浦家の老中に庇護を申し出た。松浦隆信は目通りを許すとともに、大坂牢人なので、委細を江戸に注進し、その間は佐川利純に預けた。幕府老中より、幼少なので宥免し、野々村の名字を変えて譜代並家来とすることを認める旨の書状が到来した。よって早速小姓に召し出し、佐川牛之助と名乗らせた。知行百石に銀五十枚が与えられた。その後判紙を以て知行三百石を与えられた。幕府老中からの赦免奉書も牛之助へ賜与された。平戸流謫の山川帯刀より「存知の者で伊予守の子に紛れもない」との言上があったので、隆信はいよいよ憐れんで、馬や刀を与えた。鮎川左太夫の姉との縁組も命ぜられた。二十七歳まで半元服で勤めたいと願ったが許可されず、そのうちに子供も出生したので密かに元服した。隆信は立腹して半年ほど閉門させられた。後に赦免されたが、病気のため出仕せず、一年ほど引き籠って死去。享年二十九歳。その子佐川三保之助は、父が死去した時二歳だったので家督を継がず、鮎川左太夫方で養育された。一生牢人でいた。子孫は野々村復姓を許され、松浦家の家臣として続いた(『増補藩臣譜略』)。

次女は、仙石秀久の正室(『但馬出石仙石家譜』)。初め小川祐忠に嫁いで一女を産み、後に仙石秀久に再嫁して、長男久忠、次男秀範、古田山城守の妻亀子、惣領忠政(天正六年誕生)、四男市蔵を産んだ。慶長元年十一月二十四日に死去。法名は本陽院殿槃室妙栄大禅定尼。墓所は信濃上田鍛冶町の妙栄山本陽寺(『改撰仙石家譜』、『仙石秀久家譜』)。

肥後細川家中の野々村茂三の家筋は、伊予守の子孫を称した。籠城中、千に一つも御運は開かれまいということで、歴々諸士が列座して暇乞いとして御流れを頂戴した。盃は朱塗で底に金泥で千と書いてあり、野々村家に秀頼から拝領の盃として伝来した。長岡是季家にも同様の盃が伝来しており、延享の頃に当主の長岡是春が「その盃を見たい」と野々村家に所望した。野々村家では箱を新調して持参した。是春は早速対面し、家伝の盃も出して見比べた。是春は「先祖の所縁もあるので、以後は懇意にして心安く訪ねて来られよ」と言ったが、茂三は今のような身分は先祖の恥と思い、二度と訪問しなかった。「綿考輯録」の編者小野景辰は幼年の時、茂三本人からこの話を聞いたという(『綿考輯録』)。『肥陽諸士鑑』によると、豊前小倉から来た野々村作右衛門という者が、肥後細川家へ外様鉄砲足軽として召し抱えられ、その曽孫茂蔵は、合力米二十石五人扶持を給せられ、中小姓を務めた。右の茂三と同一人物とも考えられる。

〔注〕野々村迅成は、野々村幸政の次男。尾張で出生。初め秀吉に仕え、後に退転して山内一豊に仕えた。累進して国政惣奉行となり、四千石を知行した。山内姓を賜与され、山内内記、後に山内因幡を称した。慶長十九年五月二十日朝、急病を発し、翌二十一日申の下刻に死去。享年四十五歳。法名は来心宗本居士。子孫は土佐山内家の家臣として続いた(『山内家史料』、「御侍中先祖書系図牒」、「諸家系図纂」、『南路志』)。

野々村幸包は、野々村幸政の三男。尾張で出生。あるいは三十郎を称した。初め中村一氏に仕え、後に家康父子に仕えた。関ヶ原合戦、大坂冬の陣・夏の陣に供奉。寛永二年一月二十日に死去。享年五十五歳(「諸家系図纂」、「御侍中先祖書系図牒」、『土屋知貞私記』、『朝野旧聞裒藁』)。「土佐諸家系図」によると、寛永二年十二月十八日に死去。法名は漢室庵主。養子一学も同年死去して絶家したという。

野々村豊前守《ののむら ぶぜんのかみ》

『土屋知貞私記』では野々村伊予守の弟とされるが、系図では確認できない。諱は雅規とされる(『難波戦記』)。

大坂城に籠り、城北警固の寄合衆の一人(「諸方雑砕集」)。年の頃は四十歳ほど。知行二千石ほど(『土屋知貞私記』)。

野原助兵衛《のはら すけひょうえ》

大和国宇智郡御山村の人。

慶長二十年五月六日に鳴野口で戦死。

法名は慈眼院香山浄雲居士。

子の野原伝治は、父の遺命により遺骨を携え郷里に帰り埋葬した(『宇智郡志』)。

野間《のま》久兵衛《きゅうびょうえ》隆武《たかたけ》

尾張国知多郡野間庄の出自。若江三人衆の一人だった野間左吉兵衛尉康久の四男。

秀吉、秀頼に歴仕。旗本物頭(『藩士名寄』)。

慶長十九年、大坂城に籠り、城北警固の寄合衆の一人(『難波戦記』)。同年に戦死(『藩士名寄』)。

子の野間清兵衛は、紀伊徳川家に仕えた(『藩士名寄』)。

『士林泝洄』は、尾張在住の医師野間庄次郎(号は自休)の父を秀吉の家臣野間久兵衛とする。『藩士名寄』は、野間庄次郎隆紀(号は自求)の父を野間久兵衛尉の長兄野間長十郎隆長(号は道庵)とする。いずれが正説か不明。

野間《のま》左近《さこん》

尾張国知多郡野間庄の出自。野間右兵衛の次男。野間左吉兵衛尉康久の次弟。

鵜鷹と称した(『寛政重修諸家譜』、『藩士名寄』)。秀吉、秀頼に歴仕。大坂の陣で戦死したという(『藩士名寄』)。

野間《のま》長三郎《ちょうざぶろう》隆宣《たかのぶ》

尾張国知多郡野間庄の出自。若江三人衆の一人だった野間左吉兵衛尉康久の三男。

秀吉、秀頼に歴仕(『藩士名寄』)。大坂七組の真野頼包組に所属。知行百七十三石(『難波戦記』)。

野間《のま》半左衛門《はんざえもん》資久《すけひさ》

摂津国能勢郡野間の出自。能勢城山麓の郷士野間久左衛門盛次の嫡男。

落城後、牢人となったが、池田忠継に出仕。

子の野間半左衛門は、寛永十六年一月四日、池田光仲に出仕。子孫は鳥取池田家の家臣として続いた(「鳥取藩政資料 藩士家譜」野間資家)。

野村《のむら》次郎兵衛《じろ(う)びょうえ》元貞《もとさだ》

信長の家臣野村助太郎元春の子。

秀吉、秀頼に歴仕。

落城後、家康、秀忠に歴仕。

寛永二年に死去。

子の野村次郎助元正は、徳川家光に仕えた。家紋は粼《すはま》(『寛政重修諸家譜』)。

野呂《のろ》六右衛門《ろくえもん》

池田輝澄の家臣野呂源六の従兄。

慶長二十年五月六日、久宝寺で榊原康勝の左先頭伊藤忠兵衛の手に属する池田家牢人中村隼人と互いに名乗り、鑓で渡り合ったがついに討たれた。この日、榊原家にとっての一番首だったので、母衣武者を以て本陣に持参し、家康、秀忠の実検に供え、首帳には中村隼人一番首と記された。

隼人は元和二年に池田家に帰参した後、野呂源六に会い、六右衛門の事を聞いた(『吉備温故秘録』所載「中村主馬書上」)。

は

埴原三十郎　はいばら さんじゅうろう

埴原次郎右衛門常安〔注1〕の孫。埴原次郎右衛門偪線〔注2〕の次男。埴原八蔵の弟（「個人蔵系図」、「諸士先祖之記」）。埴原次郎右衛門清方〔注3〕の兄（「諸士先祖之記」）。諱は政継とされる（「諸方雑砕集」）。

慶長二十年五月八日、秀頼の最期に供をして自害（『駿府記』、『土屋知貞私記』、『綿考輯録』所載「慶長廿年五月十五日付細川忠興書状別紙」、「諸士先祖之記」）。「個人蔵系図」に、朝鮮に出役して戦死し、法名は忠嶽院道勇居士とあるが、誤りと思われる。

〔注1〕埴原常安は、信濃国筑摩郡埴原谷の百姓の出自。埴原次郎右衛門某の子（「個人蔵系図」）。あるいは平手内蔵（平手政秀の兄）の子で平手伊賀守、早川九右衛門の弟（「中川家寄託 諸士系譜」）。諱は長久、後に植安。八条近江守房繁に八条流馬術を師事し、上達の後、巡礼姿となり武者修行のため諸国を廻歴した（「個人蔵系図」、『太閤記』）。甲斐を発って尾張清州の六角堂で昼寝していたところ、放鷹で立ち寄った信長と出会い、登用されて租税の事を管掌した（『張州府志』）。清州城代も務めた（『太閤記』、『祖父物語』）。尾張国丹羽郡稲木庄柳橋郷小折村に居宅があった（『張州府志』、「尾張徇行記」）。永禄十年十一月、美濃国各務郡岩滝村内で二十貫文を扶助された（『埴原家文書』）。後に尾張国春日井郡栗原村、光音寺村で五百貫文を与えられた。加賀守を称した（『士林泝洄』）。天正十一年六月、長光寺六角堂に妻と鰐口を寄進した（「長光寺六角堂鰐口銘」）。後に織田信雄に仕え、光音寺の郷で五百貫文を領知（『織田信雄分限帳』）。剃髪して加賀入道と称した（『埴原家文書』）。慶長三年七月二十三日に病死。法名は植安院殿華翁道春菴主。葬地は長光寺。妻は岩井丹波（祝丹波か）の娘於駒。初め信長の侍女となり中条と称した。後に信長の命で平手政秀（天文二十二年に死去）の娘分として常安に嫁いだという〔注4〕。慶長五年十二月二十四日付で加藤正次、伊奈忠次より尾張国海東郡長牧、福島両村の当年物成を安堵された。慶長六年五月一日付で松平忠吉より朱印状を以て長牧村内二百二十七石を安堵された。元和六年七月九日に死去。法名は栄昌院殿芳林慶秀大姉。葬地は長光寺（「個人蔵系図」）。

〔注2〕埴原偪線は、常安の長男、実は平手政秀の三男（「個人蔵系図」）。あるいは、実は平手内蔵の四男で故あって埴原家を相続した（「中川家寄託 諸士系譜」）。幼名は長次郎。初め信長に仕えて別知を与えられた（『士林泝洄』、「個人蔵系図」）。次いで織田信雄に仕え、尾張国丹羽郡塩尻村で二百七十貫文、後に春日井郡阿原村内で二百七十貫文に替えられた（『織田信雄分限帳』）。有職故実に通じ、装束の着用に詳しかったため、秀吉から合力として三百貫を支給された（「清光公済美録」）。後に秀頼に仕え、知行五千石という（「中川家寄託 諸士系譜」）。慶長年中、知行所として伊勢国三重郡高角村千百三十八石二斗四升七合、同郡久保田村二百五十二石、同郡和泉村（後の大井手村）二百三十石五升があった（『桑名御領分村絵図』）。隠居して嫡男の埴原八蔵に家督を譲り、堺に退隠して剃髪した（「個人蔵系図」）。大坂落城後、堺から名古屋に移った。徳川義直から京都所司代板倉勝重に断って京都居住を許された（「諸士先祖之記」）。寛永三年六月に死去。法名は寿安偪線菴主（「個人蔵系図」）。八条流馬術の名手屋代左近将曹重俊の高弟だった。加藤貞泰に馬術

の秘伝、無明一巻抄を授けた（『加藤光泰貞泰軍功記』）。舎人八左衛門経宗も弟子となった（『武芸流派大辞典』）。妻は岩倉織田家中の稲田大炊助貞祐の三女（『増補稲田家昔物語』）、または蜂須賀家の家老稲田左馬允植元入道宗心の娘（「個人蔵系図」）。長女は梶川民部の妻。次女は中条庄兵衛〔注5〕の妻。三女は舎人八左衛門の妻（『士林泝洄』）。

〔注3〕埴原清方は、山城で誕生。大坂の陣の頃は幼少で、父と同居していた（「諸士先祖之記」）。落城後、板倉勝重は埴原殿御局に書状を送り、次郎右衛門については上聞に達し、居所の自由を与えられた旨、藤田民部を通じて連絡があったので安心するよう報じた（『埴原家文書』）。「寛永弐拾年未ノ極月十三日上下京牢人御改帳留」（「古久保家文書」）によると、埴原寿庵の子で大坂牢人の埴原次郎右衛門は、所司代に切手を交付され、二十八年来上京の裏築地町に居住していた。牢人のまま京都で死去。子の埴原次郎右衛門清勝は、江戸に出て織田貞置（信貞の子）方に寄寓した。元禄十一年、貞置の委嘱により松平吉品に召し出された（「諸士先祖之記」）。『福井藩士履歴』によると、元禄十五年閏八月十四日、江戸で召し出され、二十石五人扶持を与えられた。子孫は越前松平家の家臣として続いた。

〔注4〕この時、中条は信長の子を懐妊しており、出生の子は常安の猶子とするよう命ぜられた。出生の子は幼名を乙殿、後に埴原雅楽介、左京亮と称した。近江国内で千五百貫文を領知。法名は天性院殿信厳道貞居士（「個人蔵系図」）。『寛政重修諸家譜』によると、信長の九男織田信貞は、天正二年に誕生。母は土方雄久の娘とされる。幼名は人、若名は藤四郎、雅楽助と称した。従五位下左京亮に叙任。信長の死後、埴原加賀長久方で養育された。秀吉に仕え、近江国神崎、蒲生郡内で千石を与えられた。次いで家康に仕え、神崎郡の采地に居住した。大坂冬・夏の陣に供奉。寛永元年六月六日に死去。享年五十一歳。「諸士先祖之記」によると、信長の九男乙殿（埴原雅楽助信重、後に左京亮信貞）は、埴原加賀守の妻の甥で、加賀守の猶子となったという。

〔注5〕中条庄兵衛の次男埴原宮内吉次は、家康の命で常安の後家の養子となった。徳川義直に仕えて大坂の陣に供奉。元和六年九月一日付で海東郡長牧村内で二百七十石を扶助された。明暦元年十二月九日に死去。子孫は尾張徳川家の家臣として続いた。家紋は丸に二引両（『士林泝洄』、『藩士名寄』、『埴原家文書』）。

埴原八蔵　はいばら　はちぞう

埴原次郎右衛門偪線の長男（「個人蔵系図」）。諱は政直（「諸方雑砕集」）、政宣とされる（「大三川志」）。秀頼の小姓あがり（『土屋知貞私記』）。近習を務め、知行八百石（「個人蔵系図」）。

慶長の中頃、秀頼は大坂御殿に数寄屋〔注〕を新築し、路地の植木が入用となった。そこで九月十五日付で大野治長と埴原八蔵は連署して蜂須賀家政に以下を通達した。「その後ご無沙汰しています。さて殿様（秀頼）におかれては、今度御数寄屋が新しく完成しましたので、路地の植木も植え直しになられます。そちらに木斛《もっこく》があると承っています。大小三十本ほど献上されるのがよいと存じます。殿様からもそちらに木斛がある由、ご沙汰がありましたので、既にその通りと申し上げています。こちら特に変わった事はなく、殿様も一段とご機嫌がよろしいのでご安心ください。なお、大田和長右衛門長之（蜂須賀家大坂屋敷の留守居）を通じて申し添えます」（「阿陽忠功伝」、『阿波国徴古雑抄』）。

これにより家政は早速、家中から木斛を供出させたが、よい木斛は十七本しか集まらなかった。そこで家政は播磨龍野の浪人三木左近右衛門正通を召し寄せ、直々に「不足の木斛十三本を才覚せよ」と命じた。三木はただちに故郷播磨に出向いて形のよい木斛十三本を献上用に調えた。家政は満悦して三木に羽織、金子を下賜した（「阿陽忠功伝」）。

年不詳十二月八日付で孫右衛門に以下の趣旨の書状を送った。「鹿毛の馬一匹、青毛の馬一匹を京都に曳かせました。確かにお受け取りになり、轡と中間衆は早々にお返しください。片桐且元様へはよろしく申し上げていただきたく、特別にこの書状を送ります」（『北野天満宮史料古文書』）。

慶長十四年九月十日、蜂須賀家政は津田左門頼長の出仕停止を案じて、見舞いの使者を大坂城に派遣した。この旨を埴原八蔵、津川左近、稲田半助に書状を以て知らせ、使者が不案内のため指導を依頼した（『至鎮様御代草案』）。

慶長十六年三月、秀頼の上洛に供奉。小祝五左衛門とともに御馬屋別当を務めた（「秀頼御上洛之次第」）。

六月四日朝、織田有楽の茶会に招かれ、千少庵、金屋道也とともに参席（「有楽亭茶湯日記」）。

慶長十七年三月五日、蜂須賀家政は秀頼の咳気見舞いのため、家臣の中村右近重勝を片桐且元方に派遣した。この旨を片桐兄弟、大野治長、伏屋飛騨守、森長門、渡辺権兵衛、埴原八蔵、津川左近、稲田半四郎、小林家鷹、真野蔵人、青山助左衛門に書状を以て知らせ、渡辺と埴原には、治長への申し添えを依頼した（『至鎮様御代草案』）。

七月十一日晩、有楽の茶会に招かれ、溝口外記とともに参席。

慶長十八年七月三日朝、有楽の茶会に招かれ、曲直瀬道三、半井驢庵とともに参席。

慶長十九年七月十一日朝、有楽の茶会に招かれ、大野壱岐守、赤座三右衛門とともに参席（「有楽亭茶湯日記」）。

慶長の後期、馬術の名人として、上方では上田吉之丞（上田但馬守重秀）、大坂では埴原八蔵、江戸ではかさい雅楽が評判だった（『長沢聞書』）。

大坂籠城。年の頃は三十歳ほど（『土屋知貞私記』）。

慶長二十年五月八日、秀頼の最期に供をして自害（『駿府記』、『土屋知貞私記』、『綿考輯録』所載「慶長廿年五月十五日付細川忠興書状別紙」、「諸士先祖之記」）。法名は節相院道義居士（「個人蔵系図」）。あるいは心覚紹喜。

長男の稲田次郎四郎は、摂津で誕生（「中川家寄託 諸士系譜」）。妻は稲田又八吉成（稲田植元次の甥）の娘（『増補稲田家昔物語』）。その長男は稲田曽益、次男は水戸徳川家の家臣稲田太郎左衛門、三男の稲田八郎兵衛は桑名松平家中吉村家に寄寓、長女は桑名松平家中山田兵衛門の母。

次男の平手角左衛門は、蜂須賀家の家老稲田家に寄寓した。延宝年中に死去（「中川家寄託 諸士系譜」）。なお『増補稲田家昔物語』は、平手覚左衛門とし、稲田次郎四郎の子で、母は稲田氏とする。

三男の平手鷹之助は、美濃に居住した。

四男の平手清兵衛家正は、慶長十四年に誕生。慶長二十年五月七日夜、母、郎党二人、下女二人とともに弓狭間から落ち延びた。途中、敵に追われて母と郎党一人は落命した。郎党一人が家正を介抱して、その場を逃れ、京都愛宕山に預け置かれた。愛宕山逗留中に亡父の従弟で大坂役人の堀因幡守秀信の世話により中川久盛に召し出され、豊後臼杵へ赴き、既に中川家中にあった一族の早川小七右衛門（平手内蔵の三男早川内右衛門の嫡男）方に同居した。五、六年は無役で十五人扶持を給され、後に知行百五十石を与えられた。大小姓役、御膳番を務め、老年に及び辞退して馬廻蔵人番に遷った。寛文三年七月二十六日に死去。法名は恭雲宗月。葬地は豊後の豊音寺。妻は奈良忠左衛門の娘で延宝三年九月二十八日に死去。法名は理安妙允。葬地は豊音寺。子孫は豊後岡の中川家の家臣として続いた（「中川家寄託 諸士系譜」）。

〔注〕慶長十二年閏四月十八日付で浅野長政が秀頼の家臣疋田右近に送った書状に「秀頼様は御数寄屋、くさりの間が一段と見事に完成したので、御機嫌よくあらせられる由、何よりもめでたく、大慶に存じます」とある（「太祖公済美録」）。この数寄屋と同一かは不明。なお「輝資卿記」によると、慶長十六年二月十日、大坂城の秀頼に伺候した廷臣の日野輝資は、御書院で秀頼から饗応を受けた後、くさりの御座敷で御茶を下された。

箸尾《はしお》宮内少輔《くないのしょう》重春《しげはる》

箸尾宮内少輔高春（筒井順慶の妹婿）〔注〕の長男。初め太郎と称した（『和州諸将軍伝』）。

大和箸尾氏は広瀬郡箸尾村の出自。大和では十市、箸尾、筒井、越智の四家を四人衆と唱えた。箸尾氏は二万石ほどを領知し、布施、万歳、南郷、東院などを配下とした（『大和記』）。

『多聞院日記』によると、天正九年八月、明智光秀の斡旋により、布施左京の妹が筒井順慶の養女となって箸尾某に嫁いでいる。これが箸尾重春かは不明。

慶長十九年、筒井家の旧臣たちと大坂城に籠り、大野治房に属した。

慶長二十年四月十五日、大野治房の命令により箸尾重春、万歳友興、布施春行らは細井武春を使者として、大和郡山城の守将筒井主殿頭、同弟紀伊守に派遣し、大坂への恭順を説かせたが、不調に終わった。

四月二十六日夜、大坂より箸尾重春が大将となり、万歳友興、同友満、布施春行、同春次、細井武春らが先手となり、大野治房の兵も少々加わって総勢二千余人で暗峠を越えて郡山へ侵攻した。折から郡山城の守兵は在所に戻り、城中は寡勢となっていた。また大坂方を三万の軍勢と見誤ったため、城兵は狼狽して四散した。子の刻、筒井紀伊守は興福寺妙喜院へ退去し、丑の刻、筒井主殿頭は郡山の東、高田口より山辺郡福住に退去した。

翌二十七日未明、大坂勢は鴻の島で二手に分かれ、九条口からは箸尾、細井、奈良口からは布施、万歳らが攻め込み、逃げ遅れた雑兵、商人、農民など三十余人を打ち殺した。布施、万歳は奈良に放火するため、大橋の北、六条畷を二町ほど進出した。奈良の住民は、家々の印を立て、終夜篝火を焼いて、東軍が早速着陣したように偽装した。これにより大坂勢は躊躇して、対応を協議しているうちに大坂城より帰還命令を伝える軍使が到着したため、奈良への放火を中止し、郡山の南五丁目口より四里ほど出た高市郡今井郷に押しかけ、近在に放火した。今井の一向法師道羽兵部が檀那、地下人ら五百余人を集め、西口に出向いて鉄砲で防戦したが、大坂勢も大方一向宗の信徒だったために応戦せず、百済、南郷、寺田村に放火して引き返し、法隆寺表へ至り、大工棟梁中井正清邸を打ち壊し、寺院少々にも放火した。大坂勢は関屋を経て河内国府まで引き揚げた。同日夜、大和宇知郡二見領主の松倉重政が馬上七十余騎、上下三百余人を率いて駆け付け、国府口まで大坂勢を追撃し、若干名を生け捕った(『増補筒井家記』)。

〔注〕箸尾宮内少輔高春は、天正十三年閏八月、筒井氏の伊賀転封後は大和に留まり、豊臣秀長父子に従属した(『大和記』)。大和豊臣家の断絶後、箸尾宮内少輔、布施左京亮、十市常陸介は旧領を安堵され秀吉に直仕した(『武徳編年集成』)。大和国広瀬郡内で二万石を領知して、箸尾城主となった(『慶長四年諸侯分限帳』)。あるいは二万五千石を領知(『筒井諸記』)。あるいは五千石(『大閤様御代御配分帳』)。慶長五年九月、増田長盛に味方し大和郡山城にいたが、戦役後に改易された(『増補筒井家記』、『大和記』)。大和国広瀬郡百済村の常念寺(享禄三年に箸尾宮内少輔為次が創立)に、箸尾氏の子孫三輪善蔵希賢(号は執斎)が納めた家牒が伝来し、箸尾宮内少輔高春の法名は本覚院殿心誉浄啓大居士、本覚院殿の室筒井氏は覚誉知栄大信女とされる(『筒井補系』、『筒井諸記』)。

箸尾九兵衛《はしお くひょうえ》

『和州諸将軍伝』に箸尾宮内少輔高春の従弟とあるが、『大和記』に見える箸尾宮内少輔の子某(注)が九兵衛に該当するように思われる。諱は秋定(『難波戦記』、『和州諸将軍伝』)、祐定とされる(『大和国衆従国民郷土記』)。

慶長十九年、大坂籠城(『増補筒井家記』)。

慶長二十年四月二十八日夜、北川次郎兵衛、薄田隼人正、井上小左衛門、山本左兵衛らとともに平野表へ出役(『北川次郎兵衛筆』)。

〔注〕箸尾宮内少輔の子某は幼少だったが、所縁があって松倉重政方で養育された。大坂の陣の時、譜代の者の勧奨により松倉家を立ち退き、大坂へ籠城した。五月六日の道明寺表合戦で後藤又兵衛らが出役した際、同じく出撃し、戦場でよい働きがあった。落城により大和の郷里に落ち延び、どこへも出仕せず牢人のまま死去(『大和記』)。

橋爪糸目行晴《はしづめ しめ ゆきはる》

下熊野住社家新宮隼人佐行高の長男。母は堀内安房守の姉。

那智山瀧本執行橋爪坊良仙法印の次女を娶り、その養嗣子となった。那智橋爪家の所領五十貫を継ぎ、新宮下熊野行家屋敷と橋爪屋敷に居住した。

朝鮮に出役。

堀内氏とともに大坂籠城。落城後、投獄されたが、一族の堀内氏久が千姫の大坂城退去を警衛した功により赦免された。紀伊国牟婁郡敷屋村に蟄居した。

嫡男の橋爪中納言良盛法印は、行家屋敷で出生した。母は良仙法印の次女。新宮下熊野瀧執行職に就いた。万治四年一月十日に死去。享年七十歳(『橋爪系譜』、『橋爪文書』)。

羽柴河内守秀秋《はしば かわちのかみ ひであき》

羽柴河内守秀頼(注1)の親類で甥か弟(『土屋知貞私記』)。『駒井日記』に、羽柴秀頼の子某に遺跡のうち一万石が分与されたとあり、これと同一人物と思われる。

慶長四年一月十日、大坂城詰衆御番一番組に列せられた(『武家事紀』)。

慶長五年九月、伏見城攻撃に参加。毛利豊前守、南条中務大輔、堀田図書頭らとともに城西から攻め寄せた（「石川忠総留書」、『譜牒余録』）。

戦後、失領したが、秀頼に召し出された（『土屋知貞私記』）。

慶長十六年三月、秀頼の上洛に供奉（「秀頼御上洛之次第」）。

当時、知行五千石（『慶長十六年禁裏御普請帳』）。

慶長十七年十一月二十四日夜、織田有楽の茶会に招かれ、竹田永翁、京の是庵とともに参席（「有楽亭茶湯日記」）。

十二月十二日より、大坂諸大夫衆の一員として禁裏普請助役（『慶長十六年禁裏御普請帳』）。

慶長十九年、大坂城に籠り、物頭を務め、鉄砲を預かった（『土屋知貞私記』）。城南警固の寄合衆の一人（「諸方雑砕集」、『難波戦記』）。当時、知行五千石（「後藤合戦記」）。歳の頃は五十歳ほど（『土屋知貞私記』）。

慶長二十年五月六日、道明寺表に出役（『難波戦記』）。

翌七日天王寺表合戦で名乗りをあげて仙石忠政の家臣岡田広忠に打ちかかった。岡田は鑓の柄が折れていたため、太刀を抜いて切り結んだ。ついには組み討ちとなり、岡田が羽柴を組み敷いて首を掻こうとしていると、羽柴の組子が助けに駆け付けた。これに奥村小左衛門が立ち向かい、その間に岡田は羽柴の首を取ったという（「改撰仙石家譜」）。あるいは、羽柴は千畳敷御殿で切腹しようと思ったが、すでに煙火のため入れず、織田有楽の宿所に駆け込んで一門揃って自害したという（「大坂記」）。

〔注1〕 羽柴河内守秀頼は、浅井田宮丸の母茢安賀殿（天文二十一年に誕生）の兄（「兼見卿記」）。武衛（斯波）三河守の子で、母は毛利新介の妹。毛利家の養子となり、初め毛利氏を称したという（「浅羽本系図」）。『塘叢』によると、妹にあたる田宮丸の母は斯波武勝の娘で、毛利伊勢守の養女として浅井信濃守に嫁いだとあることから、母方が斯波氏だった可能性もある。天文十年に誕生（「兼見卿記」）。天正十年三月、信濃国上伊奈郡高遠城攻撃に参加〔注2〕。三月二十九日、伊奈一郡を与えられ、飯田城主となった（『信長公記』）。高遠城番も兼ねた。六月、信長の横死により飯田城を放棄して国外に退去した。家康の指嗾《しそう》により信濃国内の旧領主らがその留守を侵し、旧領を回復し家康に帰属した。河内守は帰国せず、秀吉に従属した（『千曲之真砂』、『飯田万年記』）。天正十三年十月六日、斯波義近、蜂屋賢入と同時に侍従に任ぜられた（「兼見卿記」）。天正十八年、二千六百人を率いて小田原の陣に出役（『毛利家文書』）。同年再び信濃国伊奈一郡を与えられた（『太閤記』）。天正十九年九月、秀吉の御咄衆に列せられた（『温故雑録』所載「天正十九年九月二十三日付御はなしの衆番之次第」）。文禄元年、肥前名護屋に駐屯した（『太閤記』）。文禄二年九月初旬、罹病（『信濃史料』所載「富坂家古文書写」）。同年閏九月十七日に病死（『駒井日記』）。享年五十三歳（「兼見卿記」）。跡目については、閏九月二十三日夜になってようやく、秀吉が河内守の女婿京極高知〔注3〕に九万石を継がせるよう裁可し、残る一万石を河内守の子某に継がせた（『駒井日記』）。高知は十月十三日、河内守の遺領を継ぎ、従四位下侍従に叙任（『寛政重修諸家譜』）。

〔注2〕 天正十年三月二十八日、高遠城攻撃で羽柴河内守秀頼の養子毛利三次が戦死。三次は安東太郎左衛門郷氏（安藤

は

守就の弟）の妾腹の子で、初め源五郎を称した（『南路志』、『御家老家譜』）。

〔注3〕『太閤記』で、京極高知は羽柴河内侍従、伊奈侍従と表記されている。毛利河内守の娘は京極高知の継室となり、八条智仁親王の簾中、京極信濃守を産んだ（『寛政重修諸家譜』）。高知の嗣子京極高広の生母について、『寛政重修諸家譜』は某氏とするが、『佐々木系図』、「諸氏本系帳」、『藩翰譜』は、毛利河内守の娘とする。丹後宮津の松渓山智源寺は、寛永二年五月に高広が慶長十七年四月五日に死去した生母の物持院殿松渓知源大禅尼を供養するため、心庵盛悦禅師を招聘して創立した寺院（『丹後宮津志』）。なお、毛利河内守の娘としては、ほかに京極高知の室の姉である三木為純の妻（『系図纂要』）、天正九年に誕生した万里小路充房の妻がある（「兼見卿記」）。

橋本十兵衛　はしもと　じゅうびょうえ

慶長二十年五月七日、毛利吉政本陣の左備え結城権之助組に属して天王寺表に出役。天王寺より二町ほど南で、同じ組の早水助兵衛と並んで鑓を入れ、敵を三十間ほど追い立てたが（『部分御旧記』所載「早水助兵衛大坂ニ而之働」）、小笠原秀政の大小姓川手近友、鈴木勘弥の両人に生け捕られ、兵卒の吉蔵に縛られた。身柄は小笠原家に下賜され家人となった（『大坂陣武功余話』）。後に阿部忠秋に仕えた（『部分御旧記』所載「早水助兵衛大坂ニ而之働」）。

橋本兵蔵　はしもと　ひょうぞう

但馬国出石郡久畑村の人。大野治房の所にいた。

弟の某も大坂へ来たが、落城の際、蜂須賀至鎮の家臣新井甚兵衛の所に拘置された（「大坂濫妨人并落人改帳」）。

橋本弥右衛門　はしもと　やえもん

大野治房の船を預かった。

慶長二十年三月、新参の小幡景憲方への弁当賄方を命ぜられた（『景憲家伝』）。

長谷織部正　はせ　おりべのかみ

大坂城に籠り、城南警固の寄合衆の一人（『難波戦記』）。

有馬豊氏の家臣長谷織部貞清（号は如入）とは別人と思われる。

長谷川大炊　はせがわ　おおい

鈴木大太夫の子。

父の大太夫は、紀伊国名草郡藤城、日方に居住した。天正十二年、浅野幸長により日方城を攻撃され戦死した。

長谷川大炊は、天正五年に紀伊で誕生。八歳の時、父が戦死したため大和郡山に退去した。豊臣秀長、秀俊に仕えた後、石見の坂崎出羽守方に寄寓した。その後、石見を辞去して大坂へ赴き、福島兵部少輔に出仕した。

大坂の陣の時、兵部少輔は江戸に留め置かれたため、その子福島武蔵守に従って大坂城に籠り、旗を預かった。

慶長二十年五月六日、合戦で深手を負い、歩行不能となり、知行所の大和池尻に落ち延びた。

その後、織田常真に召し出され、大和国宇陀郡松山に居住した。晩年は助兵衛と改称した。松山で病死。

子の長谷川左馬は、父とともに織田常真に召し出され、知行五百石を与えられた。常真から生駒姓を授けられた。

子の奥山十右衛門は、文禄三年に大和で誕生。若い時は福島兵部少輔に仕え、児小姓を務めた。大坂の陣の前に兵部少輔が江戸へ下向した際に随行した。その後、織田常真に召し出され、知行二百石を与えられ、宇陀郡代、松山町奉行を務めた。常真から奥山姓を授けられ、奥山喜内と称した。常真の死後、大和を退去した。寛永十三年四月二十八日、江戸で池田光政の室本多氏に知行二百石で召し出された。万治二年十二月四日に岡山で病死。享年六十八歳。子孫は鈴木氏と改め、池田家の家臣として続いた（「先祖並御奉公之品書上」鈴木鎮雄書上）。

長谷川《はせがわ》吉左衛門《きちざえもん》

諱は清貞とされる（『難波戦記』）。秀頼の家臣。

慶長四年一月、大坂城詰衆御番二番組に列せられた（『武家事紀』）。

慶長二十年四月二十日、大坂城中で武具の製造や馬の購入を禁止する触れ書が出された時、別所蔵人と相役で横目となり、違背がないよう城内巡察の任にあたった（「北川次郎兵衛筆」）。

長谷川《はせがわ》次郎左衛門《じろ(う)ざえもん》常一《つねかつ》

長谷川藤五郎秀一の一族。大坂籠城。

寛永年中、桑山貞晴の斡旋により、筑後久留米の有馬豊氏に客分で招かれ、無役三百石で仕えた。

寛永十二年四月二十八日、山本郡常持村で二百石を加増された。

寛永十四年、有馬に出役。

寛永十八年、二百石を加増され、下妻郡下妻村二百二十石、山本郡常持村二百石、竹野郡柳瀬村七十石、三潴郡小犬塚村百石、三潴郡青木村四十石、三潴郡福光村四十石、三潴郡江上上村二十石、合計知行七百石となった。

寛永十八年七月十五日夜に死去。葬地は久留米の円明山徳雲寺。

妻は長谷川秀一家の牢人白樫如閑の妹。

長女は有馬家の家臣上田長兵衛吉勝に嫁いだ。吉勝は初め秀頼の家臣鈴木悦可の養子となり、後に生家に戻った。

長男の長谷川次郎左衛門常房は、実は秀頼の小姓佐々九郎右衛門信治の五男で、常一の遺知のうち五百石を相続。子孫は久留米有馬家の家臣として続いた。家紋は稲妻（「御家中略系譜」）。

廿枝《はたえだ》勘解由《かげゆ》

二階勘解由の子。土佐国長岡郡国分の住人二階十右衛門の兄弟（「土佐考証系図雑記」）。武功練達の士で長宗我部盛親に仕えた（『備前老人物語』）。

慶長二十年四月、大野治長を襲撃した下手人の同類喜之助が長宗我部盛親家中の縁者を頼って逃げ込み、すぐにまた逃亡した。盛親の関与が疑われたため、盛親は奥宮太郎左衛門定盛に石田左衛門を添えて喜之助を捜索させ、船場の車庫場で逮捕、連行させた。二、三日尋問の後、縄を打って身柄を治長方に引き渡した。護送は廿枝が担当した（「奥宮之由緒」）。

五月六日、八尾表に出役。戦後「備前老人物語」の著者某に、八尾表合戦の様子について「六日朝、私も相応の軍功を立てたが、その後の戦闘で味方敗北となり、鑓を引きずって退却した。藤堂家の母衣《ほろ》使番《つかいばん》苗村石見から『返して勝負せよ』とののしられたので、『駆け引きは時によるべし。おのれは糞をくらえ』と言い放って退いた。その場にいた妹婿の伊尾木権右衛門から、『勘解由殿、私がここに居合わせています。返し合わせて勝負あれ』と諫められ、二人で鑓を取り直して返し合わせた。しかし、苗村は我々と対戦せず、南方へ斜めに逃げていく落人に挑みかかった。近場だったので助けたかったが、敵が大勢見えたので退散した」と語った。

藤堂家中の堀伊織が「備前老人物語」の著者某に、「近頃はどんな牢人と話しているか」と尋ねたので、某は廿枝の直談について語った。堀は手を打って「さても、そのことは石見がいつも『私に糞を食らわせ退いた者がいた』と語っているが、事実であったか。その人を呼ぶことはできまいか」と望み、某は早速廿枝を呼びにやり、苗村、堀、廿枝、某と四人で往時を回顧して大笑いになった。お互い偽ることなく「物語がよくも合致したものだ」と言って酒を酌み交わした。これが交流のきっかけとなり、皆、親しい友人となった（『備前老人物語』）。

畑覚大夫正吉《はた かくだゆう まさよし》

塙団右衛門組に所属（『金万家文書』）。

慶長十九年十二月十六日、本町橋通の夜討ちに物頭として参加（『土屋知貞私記』）。木村喜左衛門、牧野牛抱、田屋右馬助と四人同じ場所で鑓を合わせたと申し立てた。和睦後、蜂須賀至鎮の家臣稲田示植の証言と四人の申述が一致したので、四人の功名が認定され、各褒美を拝領した（「大坂夜討事」）。

落城後、稲葉正勝に知行六百石で召し出された。後に千石となり家老職に就き、組下二十三人を預かった。さらに加増され、知行千五百石に至った。

寛永九年六月、熊本城接収に供奉（「稲葉神社所蔵文書」）。

万治三年四月五日に死去。法名は高巌院峯誉源覚大禅定門。葬地は小田原の稲荷山大蓮寺（「畑正吉墓碑銘」）。正吉は稲荷山の中興大旦那。

妻は明暦五月十四日に死去。法名は良泰院漫誉妙西大禅定尼（「大蓮寺過去帳」）。

畑久大夫能重《はた きゅうだゆう よししげ》

丹波の人畑牛之允守義〔注〕の子。

父の守義は、天正七年、信長の攻撃により氷上郡畑城で戦死。

畑能重は、大坂城に籠り、落城後、能勢頼次の旧領摂津国能勢郡西郷村に落ち延び、能勢惣兵衛頼興を通じて降参した。頼興の自宅土井に匿われ、大坂新参牢人が赦免された後、大久保忠朝に知行三千石で召し出された（『能勢物語』）。

〔注〕「畑系図」では、畑牛之允守能と表記し、天正七年七月二十九日、敗走して出家し、老牛と号したとされる。守能の長男の畑牛兵衛守国は波多野秀治に属し、天正七年五月五日氷上郡柏原八幡山で戦死。享年三十五歳。次男の畑牛右衛門能国は、八百里城落城の際に火打岩嘉志母谷に落ち延びた。浅野長政に仕えたが後に退去。三男の畑牛之助能忠は兄とともに浅野家に仕えたが後に退去とされる。守能の三子と守義の子能重との関係は不明。

波田野又之丞《はたの またのじょう》

木村重成の家来。

今福口合戦における軍功褒賞として、重成の家来瀧並弥八郎、平井九兵衛、牧加兵衛、松原左兵衛、牧浅右衛門、波田野又之丞、増田四郎兵衛、山中太郎右衛門には、黄金五枚ずつが賜与された（「高松内匠武功」）。

波多兵庫《はた ひょうご》

木村重成組に所属（「高松内匠武功」、「草加文書」）。馬上三十騎、足軽三十人、昇十本を預かった（『石原家記』）。

　慶長十九年十一月二十六日、今福口に出役。黒羅紗羽織を着用。

　慶長二十年五月六日、若江表に出役し、川崎和泉とともに重成の武者奉行を務めた（「高松内匠武功」）。劣勢となって騒ぎ立つ大坂方を励ますため、「国府口の合戦は味方が勝利を得て、松平忠輝殿を討ち取ったとの知らせが来た〔注〕」と大音声で触れ回り、動揺を鎮めた（『備前老人物語』、『石原家記』）。同日に戦死（『大坂御陣覚書』、『難波戦記』、『石原家記』）。
〔注〕当時、松平忠輝戦死の噂が戦場を巡ったのは事実のようで、落城後、本能寺に出頭した北川次郎兵衛に対して、忠輝を討ち取ったという噂の真偽についての審問が行われている（「北川次郎兵衛筆」）。

畑兵助《はた　ひょうすけ》
　丹波黒井城の赤井氏に仕えた。天正七年、黒井城陥落の後、丹波国氷上郡棚原村に来住した。槍術を鍛錬した。
　兵助、久大夫、重大夫兄弟三人で大坂の陣に出役。
　墓所は堂山根。子孫は棚原村に続いた（『丹波志』）。

服部九郎兵衛有勝《はっとり　くろ(う)びょうえ　ありかつ》
　初め小三郎を称した。秀頼に仕え、落城後、尾張国春日井郡大飯田村に退去。
　天和二年五月十五日に病死。
　子孫は尾張徳川家の家臣として続いた（『藩士名寄』）。

塙坂孫兵衛《はねさか　まごびょうえ》
　紀伊国伊都郡の名族。伊都郡中下村の住人塙坂小右衛門の子。

　伊都郡中島村に居住していたが、慶長十九年、二子を伴い大坂に籠城。

　落城後、徳川頼宣より三十石を給せられた。

　子孫の塙坂仁右衛門は、隅田組に列し、水野太郎作組に付属された（「紀伊国地士由緒書抜」、『紀伊続風土記』）。

浜名弥五右衛門《はまな　やごえもん》
　浜名弥九郎の子（「諸士系譜」）。

　前田利長の家臣富田越後重政の若党だったが、慶長十八年、主人の勘気を蒙って牢人となり、その後、大坂籠城。

　慶長二十年五月七日、千姫が大坂城を退去する際、浜名と江戸牢人の安彦半兵衛が千姫の乗物を担いだという。

　その働きにより「江戸で出仕するなら千石、他国を望むならその国主から相応の知行を取らせる」との選択が示されたため、加賀に戻ることにした（『三壺聞書』）。前田利常に知行四百石で直仕（「諸士系譜」）。馬廻組に列せられた（『元和之侍帳』）。

　加賀での仕官を選択した理由は、旧主の富田の前で馬を乗り打ちにして見返してやりたいと思ったからであった。それゆえ馬一匹を飼い、方々へ出勤の都度曳かせ、富田を見かけてはこれ見よがしに馬を乗り回した。しかし、やがてその馬も衰弱して死んでしまった。番所で朋輩の内藤助右衛門や速水武左衛門から、「越後にいらぬ対抗をするより、江戸で千石取った方がよかったのに」とからかわれると、「さても、さても」と後悔したという（『三壺聞書』）。

　長男の浜名弥五右衛門に二百五十石、次男の浜名小十郎に百五十石が分与された。小十郎の子孫は前田家の家臣として

は

続いた(「諸士系譜」)。

早川九左衛門《はやかわ　くざえもん》

尾張の人。早川主馬の弟(『土屋知貞私記』)。実は平手内蔵の三男で、早川某の娘を娶ってその養子となった。

秀吉、秀頼に歴仕(「中川家寄託　諸士系譜」)。

大坂籠城の時、年の頃は四十歳ほど(『土屋知貞私記』)。

なお『難波戦記』に、城南警固の寄合衆として早川九郎左衛門尉、「摂戦実録」に、早川九郎右衛門元俊が見えるが、九左衛門と同一人物を指すものと思われる。

早川主馬《はやかわ　しゅめ》

尾張の人。

大坂城に籠り、足軽大将を務めた(『土屋知貞私記』)。

慶長二十年五月七日、細川元勝、長岡興秋、真木嶋昭光らとともに天王寺石鳥居の南に備えを立てて戦った(『大坂御陣覚書』)。

「御家中略系譜」によると、早川長政(注)の子に武蔵守がいる。また「藩鑑略譜」によると、早川主馬首清成(長政を指す)に長男早川武蔵守清忠、次男瀧川万五郎清貞、三男泰原次郎左衛門清時、四男東山東梅坊の四子と、佐原勝左衛門の妻、小川五兵衛の妻の二女があり、清忠は大坂城に籠り戦死とされる。おそらく、長政の子早川武蔵守が大坂城に籠り、主馬を称したものと思われる。『勧修寺家旧蔵記録』によると、早川長成が慶長二年一月十一日、従五位下武蔵守に叙位任官しており、これも同一人物と思われる。

武蔵守の妻は石川伊賀守光重の次女(「尾藩諸家系譜」)。

武蔵守の長男は長寿院法橋立庵。次男の早川小兵衛の子孫は平手氏を称し、信濃上田松平家の家臣として続いた(「藩鑑略譜」)。

〔注〕秀吉の家臣早川主馬首長政については出自に諸説あり、実否は不明ながら、(一)から(四)のいずれも、尾張平手氏との関連が認められる。

(一)滝川一益の妾某氏は、近江甲賀にて滝川万五郎を産み、その後平手内蔵介に嫁ぎ、毛利孫太郎、早川主馬助、早川内右衛門、平手源内を産んだ(『家中諸士家譜五音寄』瀧川新兵衛書上)。

(二)早川某の長男は早川主馬。次男の早川九右衛門は、実は平手内蔵の三男で、早川某の娘を娶り、その養子となった(「中川家寄託　諸士系譜」)。

(三)平手伊賀守清元の長男は平手内蔵助清広。次男は平手中務少輔清秀。三男は早川内右衛門清長。清広の子は毛利宮内少輔清信。その子早川主馬首清成が清秀の養嗣子となった(「藩鑑略譜」)。

(四)早川主馬首行重は平手中務の弟(「十竹斎筆記」)。

＊

『綿考輯録』によると、豊後府内城主早川主馬は、細川忠興とも懇意にしていたが、慶長五年は石田方に味方し、丹後田辺城攻撃に出役。その頃既に罹病しており、ほどなく死去したという。『増補妙心寺史』によると、早川主馬首長政は、文禄三年、伏見城下の私館と黄金二十五枚を妙心寺聖沢院の庸山景庸に寄進した。これにより同院の庫裡、方丈、門、玄関が造営された。朝鮮へ出役の際、庸山景庸から寿生の法号を授けられた。毎年二十石を寄進していたが、府内を退去して京都に居住して以後は、同院永続のため所領のうちから京都鴨東の地を寄進した。慶長十四年、庸山景庸を私館に招き、鉄叟の道号を授けられた。同年二月四日に死去。遺骸は同院に葬られたという。

早川《はやかわ》太兵衛《たひょうえ》勝正《かつまさ》

明智光秀の配下小早川修理進の子という。

天正二年に誕生。

慶長十九年丹波より舎弟早川平左衛門、外雑兵三十五人を引き連れ大坂籠城。先祖伝来の感状を秀頼へ進覧し、筋目ある者として黄金十三枚を賜与された。

慶長二十年、御宿越前組に属し、小組頭となった。組下として沖次郎右衛門、立見市郎兵衛、佐々長右衛門、山本大蔵、山葉左介、井上半兵衛、山田文右衛門、七条庄左衛門ら十人を預かった。

五月六日、組下の立見市郎兵衛が戦死。

翌七日、大野治房は桜門から岡山口に押し出した。御宿の備えは裏崩れしたが、太兵衛は御宿の馬印を敵方へ一町五反ほど押し進め、組下の沖次郎右衛門、佐々長右衛門、山葉左介、山田文右衛門、他組の神尾左兵衛とともに六人で踏み留まり、街道筋の水溜まりに架かる土橋で鑓を構えた。対峙した敵は前田家の先手津田和泉重次、津田外記重以、野村左馬允、西尾隼人長昌、篠原織部、丹羽織部で、鑓場より少し先の左脇には宮木采女、加茂外記、右脇には安見右近、伴野雅楽がいた。前田勢は土橋を越えて鑓を入れたが、後には太兵衛ら大坂方が土橋を越えて前田勢を突き立てた。

太兵衛の相手は津田重次（潤朱具足）で、最初の鑓は内兜を狙ったが、穂先が上がって兜の目庇に当たり穂先が欠けた。二度目の鑓は兜の目庇の内側を突き、下の歯三枚を折った。三度目の鑓は左脇から駆け寄った舎弟の津田重以（使番）が振るう長刀により払われた。太兵衛の兜は星錆色で、具足は毛引威。陣太刀は大志津二尺八寸、鑓は穂先が欠けて二間一尺だった。

組下の沖次郎右衛門と佐々長右衛門は同所で戦死。組下の山田文右衛門は鑓を合わせ、二か所の鑓傷を蒙り退いた。組下の山葉左介、他組の神尾左兵衛も鑓を合わせ、退いた。

太兵衛は鑓場から城中へ帰る途中、敵の黒馬を奪い取り城門で乗り捨てた。既に城門は閉ざされていたため、石垣をよじ登って城内の陣小屋に駆け付け、先祖伝来の感状を携行しようとしたが、もはや火が掛かって、すべて焼失してしまった。

大坂から退去して、丹波国桑田郡野々村、次いで山城国葛野郡小野に隠れ住んだ。大坂牢人の扶持が厳しく禁止されていたため、組下の軍功が究明されないままになっていることを残念に思い、小野から忍んで加賀へ赴き、水野内匠、坂井就庵と面会し、組下の鑓の相手をそれぞれ特定した。太兵衛の相手だけは特定できず、いったん小野に帰った。

その後、鑓の相手が判明したとの連絡があったので、再度加賀へ赴き、五月十七日、水野、坂井を通じて津田重次と初めて面会し、互いに鑓の相手として確認した。重次は七月一日付で帰国した太兵衛に書状を送り、脇差を進呈した。

その後、播磨姫路で本多忠義に仕え、合力米千石を与えられ、牢人分で旗を預けられた。

万治二年に陸奥白河で死去。享年八十六歳（「小早川家覚書」、「大坂合戦覚書」、「小早川文書」）。

長男の早川藤右衛門は、本多家に知行二百石で仕え、先手足軽二十人を預かった。白河で死去。享年六十歳。

次男は早川久兵衛。

三男の早川伝右衛門は、本多家に仕えた。

四男の早川平太夫は、本多家に知行二百石で仕え、物頭を務めた。

長女の藤田は、初め井上正任に仕え、百石を与えられた（「小早川家覚書」）。後に婿養子の山田九郎右衛門覚俊の妻となった。その孫の山田九郎右衛門宗寿が松平忠周に仕え、子孫は信濃上田松平家の家臣として続いた（「藩鑑略譜」）。

早坂彦左衛門　はやさか ひこざえもん

某家に仕えていた時、石川長兵衛が意趣を含んだ佐藤又兵衛、細谷庄三郎に殺害された。その場に居合わせた早坂は、武装もせぬまま裸のまま追跡して佐藤を斬殺し、細谷を負傷させた。佐藤に止めを刺している間に、細谷は逃げ去ったが、ほどなく死亡した。その後、南部では四戸掃部、大迫彦助を斬殺し、他三人を負傷させて退去した。

大坂城に籠り、内藤新十郎組に所属。慶長二十年五月六日、若江表合戦に出役して軍功をたてたが、敗軍となったため披露はできなかった。軍功の証人は高橋五大夫で、後に小笠原信濃守（小笠原忠真か）に仕えた（「徳富猪一郎氏所蔵文書」）。

林伊兵衛　はやし いひょうえ

猪兵衛とも表記される。

秀吉の馬廻。文禄元年、肥前名護屋城に在番し、三の丸広間御番衆馬廻組の六番堀田図書頭組に所属（『太閤記』）。

次いで秀頼に仕え、知行六百石。同心頭を務め、与力十人、同心五十人を預かった（「紀州家中系譜並ニ親類書書上」寛政八年二月上野惣右衛門書上、「同」享和二年八月上野勘解由常政書上）。

福島正則は、慶長十四年七月二十九日付で島津家久に書状を送り、「銀子に関する依頼について林猪兵衛方に連絡したので、安心されたい」と伝えている（『島津家文書』）。

慶長十八年六月二十七日晩、織田有楽の茶会に招かれ、渡辺勝、柄杓師の一阿弥とともに参席（「有楽亭茶湯日記」）。

慶長十九年、開戦に際し、秀頼の書状を奉じて江戸詰の福島正則のもとに下向したが、書状は閲読されず、面会も許されずに帰城した（「山本日記」）。

大坂城に籠り、幸田弥左衛門とともに鉄砲百挺を預かり、本町橋口門を警固した（「紀州家中系譜並ニ親類書書上」寛政八年二月上野惣右衛門書上、「同」享和二年八月上野勘解由常政書上）。

十二月十六日、本町橋通の夜討ちでは、幸田とともに秀頼から目付として大野治房の陣に派遣され、唐物橋御門櫓を警固した。

慶長二十年五月七日未明、秀頼の旗馬印や使番らは既に八丁目口に出たものの、秀頼自身はようやく二の丸に移っただけで出馬が遅延していた。八丁目口に先行した二十人の使番は、皆、秀吉の小姓上がりの者だったので、協議して「小姓組まで先に出張し、旗本の人数が少なくなっている。これでは敵味方から見分けがつかずよろしくない。善処を相談されたい」と秀頼に具申することとした。二十人の使番を奉行する者がおらず、小人頭の大坂庄司之助に依頼したが辞退したので、伊兵衛が立ち戻って秀頼に具申した。秀頼は、「旗本の人数が少ないならば、先に出張している小姓組を呼び戻すべし」と判断したが、大野治長が「既に先に出た者を戻すのは如何か」と異見したので、伊兵衛が「では、今から前線に出張しようとしている者は直臣であろうとなかろうと押し止め、旗本として備え置いてはどうか」と提案し、そのように裁可された。その際に治長は秀頼に早々の出馬を求め、秀頼も応諾した。治長は伊兵衛と旗本の人数を調えると、そのまま真田らと軍議のため茶臼山に出向いた。軍議を終えて治長が帰城するうちに合戦が始まり、ついに秀頼が前線に出馬することはなかった（「山本日記」）。

落城後、安芸の福島正則に牢人分で出仕し、鼻紙代六百石を給せられた。

元和五年、福島家の除封後、筑前の黒田忠之に前知六百石で出仕。一両年勤仕の後、子細あって立ち退き、その後は牢人のまま死去（「紀州家中系譜並ニ親類書書上」寛政八年二月上野惣右衛門書上、「同」享和二年八月上野勘解由常政書上）。

妻の宇都宮氏は、初め奈良郡代の名護屋（後に福西氏）源次に嫁いだが、慶長五年の戦役で源次が戦死したため、息子の権兵衛を連れて伊兵衛に再嫁した。なお、権兵衛は後に上野氏を称して蒲生家の家臣となった（「紀州家中系譜並ニ親類書書上」寛政八年二月上野惣右衛門書上、「同」享和二年八月上野勘解由常政書上、『会津蒲生分限士録』、『予州松山御支配帳』）。

林甚右衛門正治　はやし じんえもん まさはる

大坂七組の真野頼包組に所属。落城後、藤堂家に仕えた（『元和先鋒録』）。

寛永年中、主君の藤堂高次から大坂籠城中の働きについて下問があったため、四月五日付で藤堂元則に対して以下の趣旨の書付を提出した。「大坂冬の陣、鴫野合戦では真野頼包組に所属していました。先手は渡辺内蔵助で、私どもは後備えだったため、当初は直接戦闘に加わりませんでした。しかし、岡村百々助という者が討ち死にした由承ったので、先手で戦闘が始まっていると察し、先へ行き、渡辺組の青木七左衛門という者と言葉を交わしました。青木は『心がけの段、立派である。後日の証人には拙者がなろう』と請け合いました。現在、藤堂家中にいる坂井助右衛門も鉄砲を持参して一緒になりました。その夜、撤退の段取りは籤《くじ》引きとなり、他の組は先に城中に撤退し、真野組は後に残ることとなりました。『子供は先に城中へ戻るように』と頼包や親たちが指示したので、年少者は帰城しましたが、私は暫く残り、頼包と一緒に引き揚げました。十二月三日、今福へ鉄砲二百挺持たせ、前田六左衛門（真野組）と私が警固に出向きました。夏の御陣に真野頼包と同じく天王寺口に出役しました。皆がいる所（頼包の備え）より天王寺口の東北の角に敵が迫ったため、前方に進み、そこへ飯尾九郎左衛門、亀井五郎兵衛も来たので、言葉を交わして留まっていました。味方が敗軍と見えたので暫く耐えているうちに総敗軍となり、仕方なく頼包の備えまで戻りました。不破平左衛門（真野組）、鈴木藤右衛門（真野組）といった者たちと互いに言葉を交わし、真野組では私が後から退却して桜門まで参りました。もはや本丸に入ることは叶わず、桜門の西方で槙嶋勝太、仙石清左衛門（堀田組）、松井藤介、大野弥十郎、不破平左衛門、坂井助右衛門と一緒にいました。そこへ鎧武者が刀を抜いて来たので、私が言葉をかけて一太刀斬ったところ、十四、五間も逃げたので、追いかけて斬り伏せ、首を取りました。一緒にいた衆もこれを見及びました。坂井助右衛門もよく覚えている由、先年高次様への書上にも記載されております」（「大坂夏役戦功笏子」)。

右の林正治は、次に示す（一）の林甚右衛門、（二）の林善兵衛と同一人物と考えられる。

（一）林甚右衛門

近江牢人雨森忠右衛門の長男。父の忠右衛門は、浅井家の家臣雨森権之助の子で、慶長十九年、大坂の陣で城内において死去。その妻は京極高知の家臣木村次郎右衛門の娘。雨森の家跡は、北庄権右衛門が忠右衛門の娘を娶って継いだ。甚右衛門は藤堂高虎に知行二百石（三百石の誤りか）で仕え、跡目は子の林善兵衛が継いだ（『雨森家系図集覧』）。

（二）林善兵衛

秀頼に仕え、大坂七組の真野頼包組に所属。元和三年、村上三右衛門、山岡図書の肝煎で藤堂高虎に知行三百石で召し出された。寛永二十年二月に病死（『公室年譜略』）。その嫡男の林甚右衛門は善兵衛とも称した（『公室年譜略』）。慶長十九年、藤堂高虎に出仕したが、牢人（『宗国史』外編「功臣年表」）。父の死去により跡目三百石のうち二百石を継ぎ、残る百石は弟の林金右衛門に分与した。正保元年七月二十二日、伊賀石川村で捕えた悪党とその一族を江戸へ護送する任に当たった。慶安四年二月当時、伊賀城下に居宅があった。その子の林半之進は万治三年八月十三日に召し出された（『公室年譜略』）。

林甚内《はやし じんない》

信長の家臣林甲兵衛の子（「自笑居士覚書」）。

父の甲兵衛については、郡一成（郡宗保の孫）が書き残した「自笑居士覚書」に、「郡兵太夫、林甲兵衛は武者執行と『太閤記』にも載っている」とある。『太閤記』によると、三好長慶の家臣松山新助は五千石余を領知し、二千余の軍勢を采配し、郡兵太夫や鑓林と称された林又兵衛など、畿内の名士を多数招聘したとある。『信長公記』によると、天正七年十二月より武田左吉、林高兵衛、長坂助一が山城で石清水八幡宮造営の代官を務めている。以上から林甲兵衛、高兵衛、又兵衛は同一人物と思われる。

林甚内は、秀吉、秀頼に歴仕（「自笑居士覚書」）。大坂七組の中島式部少輔組に所属。知行三百二石（「諸方雑砕集」、『難波戦記』）、または二百二石（『武家事紀』）。慶長二十年五月七日に戦死（「自笑居士覚書」）。

弟の林又兵衛は、初め豊臣秀長、後に寺沢広高に知行千石で仕えた。郡宗保の四男助次郎は、初め甚内の養子となり、林彦三郎を称したが、後に又兵衛の養子となり、林又右衛門を称した。肥前唐津の寺沢堅高に知行千石で仕えた。寛永十四年十一月十四日に肥前天草の富岡大嶋子で一揆と闘い戦死（『吉田家伝録』、「増益黒田家臣伝」、『綿考輯録』、『東松浦郡史』）。

林物兵衛通春《はやし そうびょうえ みちはる》

秀頼に仕え、落城後、堀越後守（忠俊か）に知行三千石で仕えた。

堀家の除封後、江戸へ移住。ただし、堀忠俊の除封は慶長十五年で年代が合わない。

子孫は幕臣となり、後世、林子平友直が顕れた（『迎春館遺稿』）。

羽山左八郎《はやま さはちろう》

長宗我部盛親の家臣。

落城の際、盛親の退去に中内物右衛門とともに随行した。

蜂須賀家政の家臣益田九郎次郎由忠は

使者として京都に上る途中、橋本の茶屋で休息した際、不審者の情報を得て付近を捜索し、葭原の中に隠れていた盛親と中内を逮捕した。折から羽山は、八幡山上に所縁の僧坊を訪ねて不在だったが、盛親の捕縛を聞いて自首して縛に就いた。中内とともに赦免され、休世と号した(『土佐物語』)。

速水甲斐守守之 はやみ かいのかみ もりゆき

近江国浅井郡速水村の出自(『淡海木間攫』)。初め勝太を称した(『竹生島奉加帳』)。『北野社家日記』天正十七年十一月一日の条に「はやミ少田」とあり、『大徳寺文書』天正十七年十一月吉日付紫野出米名寄帳に「速水甲斐守」とあることから、この頃の任官が推定される。諱は署名に守之(『譜牒余録後編』)、あるいは守久(『駿府記』)。初め守直、後に時行(「蜂須賀家家臣成立書并系図」文久元年九月速水只之助時永書上)、時之(『寛政重修諸家譜』、『難波戦記』)。

天正初年頃、竹生島宝厳寺に二百文を寄進(『竹生島奉加帳』)。

天正八年四月二十六日付で一柳市介とともに秀吉から播磨国加東郡東条城の破却を命ぜられた。五月四日付で一柳とともに東条城の破却を督促された(「一柳文書」)。

天正十年八月十四日付で堀尾吉晴、服部伝八とともに秀吉から京都市中における預り物や略奪物の糾明を停止すること、信長の御物の所持者は預り主に届け置くこと、その他は詮索しないことを命ぜられた(「愛媛県個人蔵文書」)。

天正十一年以降、黄母衣衆に選抜された(『太閤記』)。

天正十二年、小牧の役に尼子六郎左衛門尉、佐藤主計、真野左近、池田与左衛門尉、伊東七蔵、佐久間忠兵衛とともに、各々の組下合計四千人を率いて後備え第二陣として出役(『浅野家文書』)。

天正十六年四月十四日、後陽成帝天皇の聚楽第御幸に際し、毛利高政、蒔田政勝、野村直隆、中島左兵衛尉、木下左京亮とともに随身を務めた(『太閤記』)。

天正十七年十一月一日、洛中検地に関して北野天満宮祠官松梅院禅永の礼問を受けたが、持参の茶箱は受納せず返却した(『北野社家日記』)。十一月、山城国大宮郷大徳寺分の検地、山城国紫野の出米を奉行。十二月山城国葛野郡小北山村大徳寺分の検地を奉行(『大徳寺文書』)。

ちなみに、天正十八年三月に小田原に供奉した秀吉の旗本は、傍組が約四千三百人。小姓組が奴僕も合わせて約三千五百人。弓鉄砲足軽は八組あり、合計約千七百五十人。黄母衣衆は十七人。使番は二十人。

天正十八年五月末より六月初旬にかけて、石田三成、堀田図書、野々村吉安、伊東長次、中島式部少輔らとともに上野館林城攻撃に出役(『武徳編年集成』)。六月初旬より武蔵忍城攻撃に出役(『忍城戦記』)。

小田原の陣に組下五百人、または六百人を率いて出役(『伊達家文書』)。

七月二十三日付で伊東長次と佐々九郎右衛門尉は連署して、播磨国加西郡殿原村、同中富村の水利配分を示達した。速水が殿原村に墨付を発給してこれを追認した(『中田文書』)。

十二月五日付で長束正家、増田長盛ら奉行六人は連署して、江北代官太田牛一、称名寺性慶、速水甲斐守、野村肥後守に対し、代官所、自分知行所からの牢人停止などを下達した(『東浅井郡志』)。

ちなみに、天正十九年当時、秀吉の馬廻衆は一万四千九百人で、内訳とし

て傍衆六組四千三百人、小姓衆六組三千五百人、足利昌山の人数五百人、御伽衆八百人、木下吉隆組千五百人、使番衆七百五十人、詰衆千二百人、鷹匠衆八百五十八人、中間以下千五百人（『太閤記』）。

文禄元年三月、母衣衆伊東丹後守長次、平塚三郎兵衛、河井九兵衛、三好新右衛門房一、森九兵衛、佐久間三十郎、松原五郎兵衛直元、永原飛騨守重治、青木所右衛門一重、長坂三十郎、伊木半七常紀、荒川助八郎重通、石尾与兵衛治一、中井平右衛門、郡十右衛門宗保、長束二郎兵衛直吉、野々村次兵衛吉安とともに、肥前名護屋へ道行四番手として供奉（『大かうさまくんきのうち』）。

名護屋城に在番し、本丸広間番馬廻組六番の組頭を務めた。組子は佐々孫十郎成治、白樫主馬助、白樫三郎左衛門尉、山中又左衛門尉、渡辺半右衛門尉、本郷少左衛門尉胤勝、小坂助六尉雄善、千秋又三郎顕理、夫間甚三郎、北村宗右衛門尉、藪田伊賀守、森藤右衛門尉、森村左衛門尉、篠原又一郎、萱野左大夫、佐々十左衛門尉成行、佐々喜三郎長成、山内善助、山本太郎右衛門尉、宮崎半四郎、青山助六、竹内源助、南見源介、安威伝右衛門尉源秀、北村五助正長、鈴村与三右衛門尉（『太閤記』）。

文禄三年九月十九日、摂津国川辺郡多田庄西畦野村の検地を奉行（『川西市史』）。この頃、島下郡粟生村岩坂の検地を奉行（『茨木市史』）。また有馬郡名来、下山口、上山口、中野、名塩の検地を奉行（『西宮市史』）。

十月二十八日、島上郡霊仙寺村の検地を奉行。十一月一日、同郡服部村の検地を奉行。十一月六日、同郡郡家村の検地を奉行。十一月十六日、同郡土室村の検地を奉行（『高槻市史』）。同年、東成郡鴫野村の検地を奉行（『白山神社所蔵文書』）。

文禄四年一月三日付で秀吉は草津湯治を企図し、朱印状を以て道中警固を示達した。速水組は生熊長勝とともに上野蒲原駅の警固を命ぜられた（『浅野家文書』）。

八月頃、八島久兵衛とともに大和国吉野郡内の検地を奉行（『川上村史』通史編）。

文禄年間か、七月十二日付で、長束正家、増田長盛、浅野長吉、前田玄以は連署して播磨国加東郡長町村、加西郡殿原村、ほう田村（芳田郷か）の百姓に対し、三村における速水甲斐守知行分について、当年の物成からまず蔵米の未進分を徴収することを通達し、奉行が派遣され次第に納付するよう命じた（『矢島共有文書』）。

慶長三年一月十九日、長束正家、伊藤長次、駒井重勝らとともに越前、加賀国内の検地奉行に任じられた（『駒井中書日次記』）。

七月、越前国大野郡萩ヶ月野村、花房村、森本村、落合村、六呂師村などの検地を奉行。家来の野村平右衛門、奥田九郎右衛門が連署して、大野郡不動堂村、大月村、六呂師村など村々の境界を確定する証文を発給した（『福井県史』通史編、『福井県史』資料編）。

ちなみに、慶長五年一月一日より五日までの間、秀頼の小姓、馬廻二千七百人は、組別に大坂城西の丸に伺候して家康に拝礼した（『朝野旧聞裒藁』所載「古事談」）。

九月、近江大津攻城に出役。郡宗保、伊東長次、南条忠成らとともに二千五百余人で京町口に布陣した。九月十五日、開城（「家忠日記」、「石川忠総留書」）。なお「大津篭城」に、寄せ口は三井寺口とあるが実否不明。

慶長六年当時、美濃国山県郡北野村に千三百六十石四斗の知行所があった（『慶長

は

六年丑年美濃一国郷牒并寺社領小物成共』）。右の知行所は大坂の陣後、岡田善同代官の蔵入地となった（『元和弐年美濃国村高御領知改帳』）。

慶長九年頃、豊国社に石灯籠一基を寄進（『甲子夜話続編』）。

慶長十三年五月一日、旧冬の駿府城失火見舞として家康に帷子三張を献じ、八月二十八日には銀子十枚、十二月二十六日には小袖二重を献じた（『当代記』）。

慶長十六年当時、知行一万五百石（『慶長十六年禁裏御普請帳』）。

三月十七日晩、織田有楽の茶会に招かれ、福島正晴、堀田言阿弥とともに参席。

慶長十七年一月十九日昼、織田有楽の茶会に招かれ、片桐且元、鈴木悦可とともに参席（「有楽亭茶湯日記」）。

三月十七日付で備中湛井用水の水懸り高四万六千百六十九石五斗五升の内訳について書付が作成され、給人である戸川達安、花房職秀、長慶院、蒔田広定、浅野長晟、速水守之、白樫主馬の家臣が確認した。同所における速水の給地は五千百十八石で、家臣野村太郎兵衛が確認した。給地は主として備中国窪屋郡内にあったと推定され、大坂の陣後は池田忠雄の領地となった（『慶長年中湛井懸り高書付写』）。

五月一日昼、織田有楽の茶会に招かれ、夫間甚三郎、渡辺五郎（五兵衛か）とともに参席。

閏十月十五日朝、有楽の茶会に招かれ、石河貞政、赤座永成とともに参席（「有楽亭茶湯日記」）。

十二月より大坂諸大夫衆の一員として禁裏普請助役（『慶長十六年禁裏御普請帳』）。

この頃か、大坂七組の番頭に列せられた（『太閤記』、「後藤合戦記」、『大坂陣山口休庵咄』、「青木伝記」、『土屋知貞私記』、『片桐家秘記』、『大坂御陣覚書』、「御家中略系譜」、「北川次郎兵衛筆」）。組子は三十人（「諸方雑砕集」、『難波戦記』、『武家事紀』）。

十二月二十八日以前、年賀使として駿府に下着（『本光国師日記』）。

慶長十八年一月二日、秀頼の年賀使として、大野治房とともに駿府で大沢基宿の披露を以て家康に拝謁（『慶長年録』、『駿府記』）。

一月十二日朝、織田有楽の茶会に招かれ、千少庵、津田道也とともに参席（「有楽亭茶湯日記」）。

慶長十九年当時、本知一万石（『大坂陣山口休庵咄』、『土屋知貞私記』、「後藤合戦記」）。一万石余（「蜂須賀家家臣成立書并系図」文久元年九月速水只之助時永書上）、または一万三千石（「御家中略系譜」）。

二月二十日朝、織田有楽の茶会に招かれ、片桐且元、大野治長とともに参席（「有楽亭茶湯日記」）。

九月二十三日以降、大野治長らと片桐且元の対立が深刻化して城内が極度の緊張状態となったとき、秀頼母子と大野、片桐らの間を奔走して調停した（「浅井一政自記」）。

十月九日、秀頼は七組の番頭を招いて開戦の決意を披瀝した。籠城が決定し、防戦の作事が指示され、牢人が召募された。

十月十一日、古参の一門、特定の所属がないまま在城している者、新参の衆が秀頼に御礼に伺候した（「北川次郎兵衛筆」）。

籠城中は与力五十騎が付属された。大野治長は七組の番頭の心底を疑っていたため、配下に牢人を付属させなかった（『大坂陣山口休庵咄』）。軍法にて秀頼出馬の際は、七組のうち先備えの速水組は、与力とともに本丸に在番と定められた

（『青木伝記』）。旗印は白黒段々。馬印は輪貫（『難波戦記』）。

十一月二十六日午の刻、七組は鴫野口へ出撃した（『大坂御陣覚書』）。速水の配下田原清兵衛定勝と吉田次左衛門は、各々鉄砲足軽三十人を指揮して暮れ方まで銃撃を続けた。吉田が負傷したため、本陣から使番中島仁左衛門を二度派遣し、引き揚げさせた（『米府紀事略』所載「正保四年亥二月七日吉田次左衛門覚」）。速水組の一色九左衛門が首一級を斬獲した（『武家事紀』）。

十一月二十八日、家康は小堀政一に命じ、備中における秀頼の家臣の給地から、没収した知行米五万八千石と代官領八万石の蔵入を兵粮として充当させた（「大坂冬陣記」）。

十二月四日、天王寺口の櫓へ、吉田次左衛門と指揮下の鉄砲足軽を派遣して敵を撃退させた（『米府紀事略』所載「正保四年亥二月七日吉田次左衛門覚」）。

十二月十九日、堀田図書頭、真野宗信、中島式部少輔、野々村吉安、伊東長次、青木一重とともに連署して後藤光次に書状を送り、和睦の斡旋を依頼した（『譜牒余録後編』）。

十二月二十五日、織田有楽、大野治長、七組の番頭伊東、堀田、青木らとともに岡山へ出向き、将軍秀忠に拝謁した（『大坂御陣覚書』）。

慶長二十年一月二十五日、秀頼の使者として二条城に伺候し、秀忠に太刀、馬、呉服を贈った。秀忠から直接速水に秀頼への返事が伝えられ、速水に太刀一腰が賜与された（『大日本史料』所載「異本大坂記」）。

五月七日、速水の人数は、原田帯刀が指揮して玉造口東の仮門で前田利常勢の侵攻を防いだ。同所の堀は既に埋め立てられ、急ごしらえの仮塀を設置するのみだったため防御は脆く、前田勢が容易に乗り崩せる状況だった。しかも生玉口が破れ、桜門の方から背後に敵が回ったため、守兵は散り散りになった。原田帯刀、同息太郎助、吉松次兵衛、横井作右衛門、勝間半大夫、原田忠右衛門が踏み留まって、なおも防戦に努めた（『吉備温故秘録』所載「原田理左衛門書上」）。

配下の田原定勝と吉田次左衛門は本丸に詰めていたが、速水から「何としたことか。混乱を極めている。東の仮門で敵の侵攻を防げ」と命ぜられ、急行して防戦に加わった（『米府紀事略』所載「正保四年亥二月七日吉田次左衛門覚」）。

速水組の北村五助正長は、玉造口東の仮門の外に置かれた鉄砲の薬箱に火矢を射掛けて爆裂させ、多数を死傷させた。周辺にも引火したため、前田勢は東の仮門から引き返し、二本松、算用場から乱入した（『大坂御陣覚書』）。

速水の居所は、二の丸玉造口東の仮門下にあった。玉造口は前田利常勢の乱入するところとなり、速水の家人は居宅の門を閉ざして火を放った（『元和大坂役将士自筆軍功文書』慶長二十年五月九日付安見雅楽介自筆軍功書上）。

天王寺表から大野治長が戻り、秀頼に伺候して味方の敗軍を報告した。秀頼は天守での自害を覚悟したが、大野と速水が強く引き留めた。速水は「合戦の習いで、先陣が破れても後陣が利運を得る事があります。今暫く御自害は見合わされても遅くありません」と具申した。古老の速水の意見なので、皆これに賛同した（『大坂御陣覚書』、『豊内記』）。その後、秀頼は帯曲輪の櫓に退避した。

五月八日朝、秀頼以下の籠る櫓は、片桐且元に発見された（『駿府記』）。秀忠から井伊直孝らの兵が派遣され、櫓は取り囲まれた。速水は戸口から出て、井伊や家康の検使豊島信満、加々爪忠澄らと、秀頼母子の処遇について最後の折衝を試みた（『大坂御陣覚書』、『寛政重修諸家譜』）。この時、速水は朱具足に繻珍の羽織を着て縄帯を締めていたとも（『大坂御陣覚書』）、既に甲冑を脱ぎ白鉢巻の姿だったとも（「老談記」）、黒の袷を着ていたともいう（『朝野旧聞裒藁』所載「大河内家伝」）。

速水は秀頼母子が衆目に晒されることを強く拒み続けた。しかし、午の刻過ぎ、包囲する井伊直孝の手勢から櫓に鉄砲を撃ち込まれると、最期の到来を悟り櫓に火を放った。秀頼母子は自害し、速水もこれに殉じた（『寛政重修諸家譜』、『三河物語』）。享年七十余歳（『土屋知貞私記』）。後に阿波の速水家により□雲常阿大禅定門と諡され、摂津国東成郡大坂谷町天王寺町通の竜雲山安住寺（後の国恩寺）で弔われた（「高槻市個人蔵文書写」）。

妻は河村図書〔注1〕の娘（「蜂須賀家家臣成立書并系図」文久元年九月速水只之助時永書上）。

長女は秀頼の旗本森太兵衛に嫁ぎ、その娘は向井忠勝の養女〔注2〕となった（「蜂須賀家家臣成立書并系図」文久元年九月速水只之助時永書上）。

次女は佐々孫十郎成治の子佐々甚右衛門長利に嫁ぎ、嗣子の佐々伝右衛門直次を産んだ（「蜂須賀家家臣成立書并系図」文久元年九月速水只之助時永書上、「同」文久元年九月佐々麻五郎長恭書上）。

長男は速水助七（「御家中略系譜」）（「速水美作守則守」の項参照）。

次男は速水次長。母は河村氏。利菴、後に不旧と号した。大坂落城後、江戸で医術を学んだ。後に竹中重門、市橋長政、向井忠勝、中山信吉の推挙により、寛永六年、江戸で蜂須賀忠英に武医として出仕、知行二百五十石を与えられた。寛永十四年、有馬の陣に出役。延宝六年九月九日に病死。妻は多賀屋采女の娘。子孫は蜂須賀家の家臣として続いた。家紋は蔦（「蜂須賀家家臣成立書并系図」文久元年九月速水只之助時永書上）。

三男は速水庄右衛門敏守（「御家中略系譜」）。諱は守正とも（「蜂須賀家家臣成立書并系図」文久元年九月速水只之助時永書上）。元和八年、竹中重光の肝煎により、筑後久留米で有馬豊氏に出仕、知行五百石を与えられた。馬廻組の五番渡瀬将監組に所属。寛永十四年、有馬の陣に出役。初め牢人奉行、後に先手鉄砲大頭を務めた。二百石を加増され知行七百石。寛文元年七月二十六日に死去。妻は有馬家中山崎半兵衛の次女。子孫は有馬家の家臣として続いた。家紋は宇治晒、蔦（「御家中略系譜」、『米府紀事略』）。

養女は、実は武藤長門守入道長入（近江国坂田郡醒ヶ井の住人武藤淡路守の嫡男）の娘。柘植六郎左衛門（柘植大炊助与一の子）〔注3〕に嫁いだ（「御家中略系譜」）。

子の三宅庄九郎は、かねて人質として江戸に置かれていたが、大坂の陣における甲斐守の手際に感じ入った家康により助命され、後に福島正則に知行七百石で招かれ、三宅庄九郎を称した。福島家の没落後は黒田長政に仕えたという（『大坂御陣覚書』）。「摂戦実録」は、これを次男の速水伝吉の事蹟とし、元和元年八月二十四日、家康から赦免されたとする。福島、黒田両家の分限帳に速水伝吉、三宅庄九郎の名前はなくいずれも誤伝と思われる。

甲斐守の妹一人は、渡辺与右衛門重に嫁いだ（『寛政重修諸家譜』）。重は津田信澄に仕え、取次衆（『鷺森日記』）。天正十年六月五日に死去（『天王寺屋会記』）。また、甲斐守の妹一人は、渡辺久右衛門尉豊に嫁いだ。豊は近江国浅井郡速水村の出自で、初め京都二条家に仕え、後に摂津に居住。寛永九年十月二十二日に死去（「南部家譜」）。

〔注1〕『太閤記』に、秀吉の馬廻川村図書助があり、文禄元年、肥前名護屋城に在番し、本丸広間番衆馬廻組の四番佐藤正信組に所属している。岳父はこれと所縁の人物と思われる。また、『美濃国諸旧記』、『濃陽諸士伝記』、「美濃盛衰録」に、斎藤道三の従士として美濃国山県郡高木の住人川村図書良秀入道勢元、「常在寺記録」に美濃国鷲林山常在寺檀那河村図書、『河村甚右衛門訳事記』に鉈尾山城主佐藤六左衛門の妹婿河村大膳方に懸人となった美濃国大川下森部の地士河村図書、「鼈城藩臣志」に、美濃国席田郡西郷城主川村図書などが見え、これらの関係者の可能性もある。

〔注2〕向井忠勝には六女があった。長女は中川半左衛門光重の妻、次女は松平直政の家臣高力喜兵衛の妻、三女は船奉行小笠原彦大夫民佐の妻、四女は本多忠政の家臣蜂須賀金左衛門政吉の妻、五女は大御番頭飯河新右衛門直信の妻、六女は実は水野忠直の娘で、木下民部利次の妻（『寛政重修諸家譜』）。

〔注3〕柘植六郎左衛門は、初め秀頼に仕え、元和年中、有馬豊氏に無役、新知四百石で仕え、寛永三年に死去。子孫は有馬家の家臣として続いた（「御家中略系譜」）。

速水四郎兵衛重次

はやみ　しろ(う)びょうえ　しげつぐ

近江国蒲生郡甲津畑村の住人で、織田信長の家臣速水勘六左衛門尉高氏入道禅師房の次男。速水勘六左衛門氏任〔注〕の弟。初め兵衛を称した。

豊臣秀次に仕え、在京勤番。知行六百五十石。秀次の滅亡後は故郷甲津畑に蟄居した。

慶長十八年、大坂へ赴き、秀頼に出仕した。

慶長二十年五月七日に戦死。法名は渓泉院涌誉浸潮居士。

妻は馬淵和泉守の娘で、寛永元年八月二十九日死去。法名は了渓妙秋禅定尼。

子の速水勘六左衛門氏勝は、伯父の氏任に養育された。近江で郷士となり寛永十九年九月十三日に死去。法名は伝翁院指雲教西居士。妻は大河原菅介行勝の娘で、寛永十六年二月十五日死去。法名は華香妙西大姉（「速見系図」）。

〔注〕速水氏任は、初め秀吉に知行二百石で仕え、後に宇喜多秀家に転仕して、勤功により知行千二百石を与えられた。慶長二年八月三日死去。法名霊秋院覚法蓮休居士。妻は宇喜多家臣中村藤之丞常久の娘で、元和四年六月十九日に死去。法名は涼光院蘭室妙意大姉（「速見系図」）。

早水助兵衛

はやみ　すけひょうえ

慶長二十年五月七日毛利吉政本陣の左備え結城権之助組に属して天王寺表に出役。天王寺より二町ほど南で鑓を入れ、敵を三十間ほど追い立てる働きがあった。結城組の朋輩橋本十兵衛（後に阿部重次の家臣）、折下外記吉長（後に土井利勝の家臣）、藤岡縫殿助（後に土井利勝の家臣）、松田一郎左衛門重勝（後に酒井忠勝の家臣）が軍功証人となった（『部分御旧記』所載「早水助兵衛大坂ニ而之働」）。

寛永十五年、牢人分で細川忠利に属して有馬に出役し、武功を嘉賞された（『綿考輯録』）。

寛永十六年八月三日、細川家に新参で召し抱えられ、扶持方六百石を給せられた（『部分御旧記』、『綿考輯録』）。

肥後入国後は、宇土で三百十四石四斗、山本で二百八十石五斗、合計知行六百石（『慶安元年真源院様御代御侍免撫帳』）。長岡是季組の鉄砲二十挺頭、使番を務めた。

正保四年六月、長崎に黒船二艘が来航した際、同地へ出張（『松井家先祖由来附』、『綿考輯録』）。

寛文十一年八月六日に賜暇。婿の熊本光明寺へ引き取られ、後に筑後久留米で病死（『寛文元年以来御追放御暇并知行被召上候面々名付之覚』、『堀内伝右衛門勝重覚書』、『赤穂義士親類書』）。

助兵衛の次男早水四郎兵衛満輝は、浅野長直に仕えた。その養嗣子早水藤左衛門満堯は、浅野長矩に仕えたが、赤穂浅野家の除封により牢人し、元禄十六年二月四日に細川綱利の下屋敷で切腹（『赤穂義士親類書』、『赤城士話』、『綿考輯録』）。

速水でき《はやみ　でき》

速水助七の子で甲斐守の孫。妾腹（「御家中略系譜」）。「慶長廿年五月十五日付細川忠興書状別紙」（『綿考輯録』所載）、「慶長廿年六月十一日付巨細条書」（『旧記雑録後編』所載）、『駿府記』、『土屋知貞私記』に、甲斐守の子とあるが、七十歳ほどの甲斐守の子としては幼い感もある。「御家中略系譜」に、父の助七が戦傷を負い、慶長二十年二月四日に死去したとある。よって妾腹ながら承祖して家督を継ぎ、甲斐守の嗣子となったものと思われる。

できの表記は、出来丸（『大坂御陣覚書』、「大坂軍記」、『難波戦記』）、出来之助（「御家中略系譜」）、伝記（「山本豊久私記」、「大坂籠城記」）などとされる。

慶長二十年五月八日、秀頼の最期に供をして自害（『駿府記』、「御家中略系譜」、『綿考輯録所載「慶長廿年五月十五日付細川忠興書状別紙」、「旧記雑録後編」所載「慶長廿年六月十一日付巨細条書」、『大坂御陣覚書』）。『元和年録』には、十二月二十七日に江戸下谷開禅寺において自害とあるが、誤りと思われる。享年十四歳（「御家中略系譜」）、または十三歳（『駿府記』）。

速見又十郎《はやみ　またじゅうろう》

秀頼に仕え、落城後、丹波国氷上郡白毫寺村に浪居。

子は速見和泉。家紋は丸に影の蔦（『丹波志』）。

速水美作守則守《はやみ　みまさかのかみ　のりもり》

速水甲斐守守之の長男（「蜂須賀家家臣成立書并系図」文久元年九月速水只之助時永書上）。『土屋知貞私記』に、甲斐守の親類とあるが、慶長十九年七月、大野治長の嫡男頼直と諸大夫成は同時であり、単なる親類ではないように思われる。

「御家中略系譜」は長男を助七としており、美作守の前名と思われる。諱は則守（「柳原家記録」）。他に時定（「蜂須賀家家臣成立書并系図」文久元年九月速水只之助時永書上）、時貞とされる（『難波戦記』）。

慶長四年四月二十八日、豊国社に五百文を寄進（「豊国社旧記」）。

慶長十六年三月、野々村吉安の長男幸成、伊東長次の長男長直らとともに秀頼の上洛に供奉（「秀頼御上洛之次第」）。

大坂七組の速水守之組に属し、知行三百十二石（『難波戦記』）、または百八十七石（『武家事紀』）。

慶長十九年七月三日、従五位下美作守に叙任。豊臣姓を賜与された（「柳原家記録」）。

は

大坂籠城当時、年の頃は四十歳ほど（『土屋知貞私記』）。城東持ち口の頭分として百三十人を指揮した（『難波戦記』）。『土屋知貞私記』に小身者とあり、開戦と同時に人数を授けられたのであろうか。また「御家中略系譜」に二千石、「摂戦実録」に二千五百石とあるが、実否は不明。

十一月二十六日、鴫野口に出役。家来竹田太左衛門が首一級を斬獲した（『武家事紀』）。

冬の陣で負傷し、慶長二十年二月四日に死去（「御家中略系譜」）。「文久元年九月速水只之助時永書上」（「蜂須賀家家臣成立書并系図」）には、慶長二十年五月八日、落城の際に戦死とあるが、「御家中略系譜」が正しいように思われる。『駿府記』に、速水出来を甲斐守の子としているのは、惣領の死去により、孫が承祖して家督を継いだためと思われる。

妻は蒔田主水正政勝の妹。後に離別（「御家中略系譜」）。

なお『難波戦記』は、巻第五「城中持口人数の事」において、城東の持ち口の頭分の輩として速水美作守時貞、百三十人を掲げ、同時に速水甲斐守時之組の輩として速水助七郎、三百十二石を掲げている。巻第五に掲げる大坂七組の交名と石高は、部分的な誤植はあるものの信頼できるものと思われる。しかし、籠城時点の編纂かどうかは不明である。例えば、速水組に安威伝右衛門、二百四十石が掲げられているが、「慶長十七年九月二十八日付豊臣秀頼黒印状」（「鳥取藩政資料　藩士家譜」所載）によると、既に給地、石高ともにそのまま子の安威久大夫が継承している。美作守と助七郎も、そうした時点の相違が訂正されず両記されてしまったと考えらえる。

原田角之丞　はらだ　かくのじょう

長宗我部元親の家臣原田勘解由の子。長宗我部盛親の乳人の甥。

長宗我部家の改易後、十五歳で今治の藤堂家中に四、五年少知で奉公に出て、後に伊勢で藤堂家の歩行衆となった。

慶長十九年、藤堂家臣小森伊豆（元和二年に出仕）の配下として大坂に従軍。

慶長二十年、大坂城に籠り、長宗我部盛親に属して使番を務めた。五月六日、八尾表合戦に出役し、首一級を斬獲した。

翌七日、長宗我部勢は城中から出撃したが、敵が遠いので弁当を喫していた。城の随所から煙が上がったので盛親は城に戻り、離れ離れとなった（『功名咄』）。

落城後、大坂での働きを進藤利英から聞いた大石良勝、大石信云が浅野長直に上申したことから、寛永十四年、浅野家に知行五百石で召し出された。足軽頭を務めた。五、六年後、進藤利英の長女世牟を娶った（『大石家外戚枝葉伝』）。後に牢人となり、延宝の頃に病死。

娘は赤穂浅野家の家臣潮田作右衛門に嫁いだ（『赤穂義士親類書』）。

原田加左衛門　はらだ　かざえもん

大野治房の旗奉行。

慶長二十年五月七日、岡山口合戦で、前田利常の家臣成瀬吉正に討たれた（「成瀬系図」）。

原田二郎兵衛　はらだ　じろ（う）びょうえ

大野治房組に所属。

和睦後、大野治房組の番頭石川外記が不審を蒙って治房邸の広間で自害した際、検使を務めた。

落城後、水野勝成に仕えた（「大坂夜討事」）。

原田帯刀　はらだ たてわき

摂津国豊島郡原田の人原田五郎右衛門の子。

父の五郎右衛門は、先祖より原田に小規模な掻揚の城館を構えていた。信長の命により荒木村重に付属された。荒木の謀叛により伊丹に籠城したが、落城後は中川清秀に引き取られ、在所の原田に帰った。中川から私領の田畑を分け与えられ、在所で暮らし病死した。

原田帯刀は、摂津原田で出生。

当初は牢人だったが、石河光元の肝煎で秀吉に出仕した。定まった知行はなく、適宜蔵米や金銀を与えられた。

その後、秀頼に仕えた。常光院浅井氏に雇われることも多く、度々若狭へ下向した。

大坂の陣では開戦前の軍評定の場に、帯刀方に寄寓していた御宿勘兵衛を連れて毎度列席した。

夏の陣では本丸勤番を命ぜられたが、先手への派遣を強く望み、速水守之の配下に付属された。速水は常に秀頼の側に詰めていたため、速水の配下の兵は帯刀が指揮した。

五月七日、速水の配下の兵を率いて大坂城の玉造口東の仮門に詰めていたが、敵情を見極めるため算用場の廓まで進み出た。折から南方の前線から帰城する大野治長に「敵が接近しているので、仮門まで引き揚げるのがよろしかろう」と言われたので、戻って東の仮門の防備を固めた。そこへ前田利常の先手が塀際まで攻め寄った。この塀は和睦後に堀を埋めた上に急ごしらえしたものであり、容易に敵に突破されそうに見えた。しかも生玉口から進入した敵が桜門の方へ迫り、背後を衝かれる形勢となったため、玉造口の守兵は戦わずして敗走した。十二、三人が残ったが、それも散って帯刀以下、弟の原田忠右衛門、子の原田太郎助、吉松次兵衛、横井作右衛門、勝間半大夫の六人のみが踏み留まった。いよいよ敵の大軍が接近すると帯刀は鉄砲を撃ち、これが焙烙火矢のような効果があったため、多数の敵が負傷し、散らばった。そうした中でも前田家の森権大夫、佐藤帯刀、黒坂吉左衛門、小原文内は堀際に居残り、塀越しの鑓合わせが続いた。やがて森と佐藤が帯刀父子の放った鉄砲により負傷したため、黒坂、小原も退いた。帯刀ら六人は戦死を覚悟してなおも踏み留まっていたが、敵が寄せて来ず、既に本丸は炎上して落城となったため、やむなくその場を退去した。帯刀は妻が花房正成と深い所縁があったため、妻子と御宿勘兵衛の後家も連れていったん花房陣小屋に落ち延び、それから子の原田太郎助、弟の原田忠右衛門とともに摂津原田に隠れた。

五月中旬、京都所司代板倉勝重から原田近辺の庄屋に対し、「帯刀父子については大御所、将軍が御赦免になったので、在所に戻ったら出頭させるように」との指示があった。そこで原田の庄屋を同道して所司代に出頭したところ、板倉から直接、「千姫様から大御所、将軍に再三懇願されて今回の赦免となった次第。譜代同様に思っておられるとのことなので、感謝して関東への御凱陣までは京都に留まるように」との示達があり、板倉の手配により御幸町四条下る八町彫物屋茂右衛門方に旅宿をとった。その後、板倉を通じて、将軍の許可を得て千姫へ御礼に伺候した。

板倉の許可があり在所の原田に帰った。妻と御宿の後家も花房家から原田に送り返された。

千姫が有馬に入湯した際、妻子ともども召し出され、入湯が終わるまで有馬に詰めた。千姫が有馬を発つ際、時服、金子を賜与された。路次まで千姫の輿に供奉し、途中で暇を下され原田に帰った。その後、原田で病死。

妻は帯刀の死後、尼となり栄心と号した。夫の帯刀が黒田忠之とも関係があったため、筑前に招かれ住居と扶持を与えられた。時折、忠之に呼び出され対面した。その後、備前の孫原田理左衛門との同居を望み、黒田家から備前に送られ、一両年後に病死（『吉備温故秘録』所載「原田理左衛門書上」、『家中諸士家譜五音寄』原田理左衛門親原田帯刀寛文七未ノ年書上）。

原田太郎助　はらだ　たろ(う)すけ

摂津国豊島郡原田の人原田帯刀の子。母は栄心。

慶長二年に誕生。

父と秀頼に出仕したが、幼少だったので千姫（慶長八年に大坂入輿）の側仕えとなり、平素碁などの遊び相手となった。ある年、大野治長方から太郎助の所へ「七月末踊り」（不詳）をかけられた。これを聞いた千姫が「早速、踊り返しをせよ」と命じ、醍醐の花見で秀頼が着用した装束を貸与し、金子を与えた。これにより踊り返しを果たした。

大坂の陣では、父の帯刀と行動を共にした。

五月七日、玉造口の東の仮門で原田帯刀、原田忠右衛門、吉松次兵衛、横井作右衛門、勝間半大夫とともに踏み留まり、前田利常の家臣黒坂左衛門と塀越しに鑓を合わせた。黒坂の鑓を摑み引き合っていると、横井が鑓で黒坂を突いた。しかし、黒坂が鑓を手離さないので、横井が鑓の柄を切り折って引き分けた。

落城後、父とともに在所の原田に隠れていたが、赦免された。

前田家で西尾隼人と大橋市右衛門が家中の大坂の陣における軍功を調査した結果、東の仮門に居残って戦った者が森、佐藤、黒坂、小原の四人であることが確定した。この時、父の帯刀、原田忠右衛門、吉松は既に病死していたが、生存していた横井が前田家中の森へ自身の働きについて照会する書状に、太郎助の働きもあらまし記載して送ったところ、森から相違ない旨の返書があった。織田家中の三谷数馬から太郎助の働きについて黒坂へ照会の書状を送ったところ、森から横井への返書の写しを添えて返書があり、原田家に伝来した。

剃髪して甫庵と号した。

明暦二年、池田光政より合力米五十人扶持を給し、子の原田理左衛門には知行三百石を与え、西村孫之進と同格に扱うとの内意があった。当時、甫庵は江戸で佐久間半左衛門方に旅宿していたが、光政の内意に対し、「ありがたき仕合せ。光政様は千姫様の女婿で御厚恩の家筋であることから、処遇について毛頭望むものはありませんが、西村と同格での奉公は致しかねます。西村は木村重成の家来で少々働きがあって召し出されていますが、手前は秀頼公に直参で奉公し、人数を預かり、采配も許され、二千人ほども指揮していました。お断りすれば千姫様の御厚恩を忘却したように思われるかもしれませんが、西村と同格で召し出されることはご容赦されたい」と西村源五郎（孫之進の子）を通じて申し出た。子の原田理左衛門は当時、備後福山で水野家中の親類方に寄寓していたが、甫庵が奉公を辞退したので江戸まで迎えにくるよう西村源五郎から連絡があったため、江戸に下向した。明暦三年一月、理左衛門に伴われ江戸を発足して備前に赴いた。同年六月十五日、理左衛門は光政に拝謁して合力米本俵二十五俵四人扶持を給せられた。

甫庵は子の理左衛門方に同居していたが、尾張の成瀬隼人正の使者赤尾忠左衛門が在所の摂津原田を訪れ、備前に飛脚を派遣し、「尾張徳川家で甫庵を召し出すので、父子ともに赤尾と同道するようにとの御意である。原田に逗留して返事を待つ」と伝えてきた。西村源五郎がこの旨を池田家の老中に報告すると、寛文元年八月十一日、池田光政は甫庵を召し出し五十人扶持を給し、理左衛門には知行三百石を与えた。この時、甫庵から帯刀に改めた。

寛文八年に病死。享年七十二歳（『吉備温故秘録』所載「原田理左衛門書上」、『家中諸士家譜五音寄』原田理左衛門親原田帯刀寛文七未ノ年書上）。

伴次左衛門《ばん じざえもん》

生駒家譜代の者で、生駒正俊の代には二百石を知行した。

生駒家を出奔して大坂籠城（『西嶋八兵衛文書』未十一月廿七日付生駒高俊覚）。

慶長二十年五月六日、後藤又兵衛組の佐治頼母為重らとともに道明寺表片山付近で戦ったが、大坂方は敗軍し、大坂へ退却した（『家中諸士家譜五音寄』佐治十左衛門親佐治縫殿介寛永廿一申ノ年書上）。

落城後、生駒家に帰参し、親の跡目二百石を三百石と偽り、知行三百石を得た。こうした経緯が後年になって生駒高俊に憎まれ、追放、闕所となった（『西嶋八兵衛文書』未十一月廿七日付生駒高俊覚）。

半田一郎兵衛秀一《はんだ いちろ(う)びょうえ ひでかつ》

木村重成の家来（「中川家寄託 諸士系譜」）。小姓を務めた（『武家事紀』）。

「中川家寄託 諸士系譜」によると、父の能勢摂津守義久は、摂津国能勢郡の鷹取城主能勢丹波守義純の子。後に半田加兵衛重政を称した。天正七年、能勢氏没落の後、秀吉に小姓として仕え、三千石を知行し、慶安四年二月十七日に死去。妻は木村重成の姉で、秀一を産んだとされる。なお重成の姉については『伊達世臣家譜』によると、大坂落城後、伊達政宗の医臣高屋宗伯に嫁いだという説もある。いずれも実否不明。

初め一之允を称した（「中川家寄託 諸士系譜」）。

慶長二十年五月六日、若江表に出役。重成の小姓佐藤八左衛門、山中左助とともに軍功を立てた（『武家事紀』）。同日に戦死（「中川家寄託 諸士系譜」）。『大坂御陣覚書』に、重成の右備えが西郡村で藤堂良勝と戦闘した際、半田半兵衛が功名を立てたとあるが、秀一と同一人物の可能性がある。

子孫は、安永八年三月二十八日に至って子がなく、断絶（「中川家寄託 諸士系譜」）。

塙団右衛門《ばん だんえもん》

姓は「元和三年十月十三日付金丸信盛書状」（『浅野家文書』）、「元和三年十月十四日付松浦俊重書状」（『浅野家文書』）、『大坂陣山口休庵咄』、『土屋知貞私記』に半、判、伴と表記されており、塙は「ハナワ」ではなく「バン」と読む。諱は『難波戦記』の直之が後世一般化しているが、喜多家所蔵の書状に勝忠の署名がある。

出自は、以下のように諸説があって判然としない。（一）の説は、「池田正印覚書」による。池田秀氏の子池田貞雄（号は正印）

は、慶長十八年の誕生なので、団右衛門より一世代下る。しかし、団右衛門の縁戚の遺談に基づく内容であり、後に小笠原氏が団右衛門の墓を建てていることから、何らかの事実を断片的に伝えていると思われる。(二)の「源家堀内系図」は、最終的に近代の成立であり、必ずしも全面的に信頼できるものではないが、類説として掲げる。

(一)団右衛門の従兄弟にあたる青木新左衛門と、母親が小笠原与八郎の従兄弟にあたる石谷十蔵貞清の証言によると、団右衛門は小笠原与八郎の甥で、母とともに北条左衛門大夫の旗奉行川上藤兵衛方に身を寄せ、その子になったという(「池田正印覚書」)。『寛政重修諸家譜』によると、石谷貞清の母は今川義元の家臣久島与平の娘である。右の小笠原与八郎は、遠江国城東郡高天神城主小笠原氏助、北条左衛門大夫は、相模国鎌倉郡玉縄城主北条綱成(福島《くしま》正成の子)と思われる。「小田原衆所領役帳」によると、川上藤兵衛は、北条綱成配下の玉縄衆として、永禄二年当時、相模国鎌倉郡下飯田村で二十八貫二百文を領知している。

(二)北条綱成の家臣堀内与兵衛康親は、丹後守重親の四男。法名は鉄山居士。その次女が河上藤兵衛に嫁ぎ、その子が半団右衛門。法名は鉄牛(「源家堀内系図」)。

＊

団右衛門の一族赤尾某は北条左衛門大夫(綱成の子氏繁か)の後家に従い在京していたが、その赤尾が旗本土屋知貞に語ったところによると、団右衛門は上総国市原郡養老の里の出生で、初め千葉氏の家筋の家来となり、次いで主北条綱成へ徒士として奉公し、小田原北条家の没落後、上方で加藤嘉明に奉公したという(『土屋知貞私記』、『武功雑記』)。

初め須田治郎左衛門を名乗った。牢人して上方へ上り、時雨左之助と改めた(「武辺咄聞書」)。

小早川秀秋の家臣瀧権右衛門(二百石)に奉公した後、貧窮していたところを、木村常陸介の小姓たちから衣装を与えられるなどの援助を受けて加藤嘉明に召し抱えられることになった(『武功雑記』)。

加藤家では初め徒小姓を務めた(「武辺咄聞書」)。朝鮮に出役し、主命により青い絹の四半に日の丸を付けた大指物を、鎧も着ずに背板だけで差しこなし、軍功もあったことから、知行三百五十石を与えられた(『武功雑記』)。慶長の朝鮮戦役でも水上戦で活躍した(『土屋知貞私記』、『太閤記』)。

慶長五年九月十五日、関ヶ原合戦の時、嘉明は田中吉政勢の敗軍を見越して団右衛門に同心百人を添えて前進させた。しかし、団右衛門は独断で命ぜられた場所から一町ほども進出し、再三所定の位置に戻るよう命令されても従わなかった。このため嘉明は、岡部清左衛門(後の大学)ら五人の足軽大将に同心二百五十人を添えて団右衛門の後方に派遣し、吉政、団右衛門の備えにかかる敵の横合を鉄砲で打ちたてるよう命じた(「黒田氏関原記」)。嘉明は団右衛門の違命を怒り、「おのれは一代将帥は務められまい」と叱責した(「武辺咄聞書」)。

加藤家では知行千石を与えられた(「加藤嘉明公御記録」関ヶ原後侍知行高覚)。その後不満がつのり、伊予松山を出奔。その際に「逐不留江南野水 高飛天地一閑鴎」と書いた貼紙を書院の大床に残した。嘉明は甚だ不興がり、団右衛門の他家奉公を禁止した(「武辺咄聞書」)。

豊臣家縁者の岡山城主小早川秀秋には奉公構は効かず、直仕して知行千石を与えられ鉄砲大将を務めたが、慶長七年に秀秋が死去したため牢人となった（「武辺咄聞書」、『武功雑記』）。

清州城主松平忠吉の家臣小笠原忠重（二万石）の扶助を受けていた（『武功雑記』）。次いで忠吉に出仕した。家康の子である忠吉にも奉公構は効かなかった（「武辺咄聞書」）。

慶長十二年に忠吉が死去した後、広島城主福島正則に招かれ、知行千石を与えられ、馬廻を務めた。慶長十五年、加藤家から福島家に団右衛門を解雇するよう申し入れがあった（「武辺咄聞書」）。正則から加藤家への帰参を勧められたが、辞退して賜暇を願い、牢人となった（『福島太夫殿御事』）。

団右衛門の一族赤尾某の証言によると、京都の武者小路に居住し、建仁寺両足院で学問をしていたという（『武功雑記』）。あるいは出家して妙心寺大龍和尚（海山元珠）のもとで鉄牛と称し、洛中洛外を刀脇差を差したまま托鉢して廻っていた（「武辺咄聞書」）。また、妙心寺蟠桃院に身を避け、一宙東黙の弟子雲居希膺とも交流を結んだ（『本朝高僧伝』）。京都所司代板倉勝重の証言によると、徳川頼宣の生母養珠院は、天下の名士を一人でも我が子に付属させたいという思いから、団右衛門に援助していたという（「武辺咄聞書」）。

慶長十九年、大坂籠城（『大坂陣山口休庵咄』）。大野治房組に付属され、侍五十人の組頭となった（「大坂夜討事」）。

十一月一日、治房組の長岡是季、御宿越前とともに天下茶屋に赴き、堺方面から引き揚げてきた新宮左馬助を収容し、連れ立って大坂に引き揚げた。

当時、大野治房は上下一万余人で大坂南堀筋を守り、下町を防衛していた。十一月二十三日頃、南堀際の上士を除くため普請に出ていた団右衛門組と、伊達政宗配下の者との間で小競り合いがあった。

大坂方は治房が不同意のまま、軍議で下町を焼き払い、放棄することを決定し、治房が登城している隙に、十一月三十日夜半前触れ無く下町に放火した。当初は中筋を後の長堀付近まで焼き払う予定であったが、強風のため煙火が風下の道頓堀付近にまで及び、兵は狼狽して兵具、馬を捨てて逃げ惑った。団右衛門のみ味方の自焼と判断して騒がず、自身の組は兵具、馬を捨てさせず、整斎と本町橋から城中に撤収した。当初本町橋は織田頼長の持口で、家老の今中右馬助が兵の収容に当たった。団右衛門は今中に「今夜の自焼は料簡もないなされ方で遺憾千万」と言うと、頼長が馬を寄せて来て「その方のせいで治房が城中に入らないから、このような仕儀に至った。上層部も言語道断に思っておられる」と叱った。団右衛門は立腹して「様々な軍陣を勤めてきたが、陣払いもしない内に自焼するなどあったためしがない。諸軍騒動のあまり諸道具を遺棄して見苦しい限りだ。しかし後日ご覧あれ、我が組だけは兵具を少しも捨てずに引き取った。以後、このようなやり方は御無用にされよ」と吐き捨てた。この騒動の際、治房組の捨てた旗が蜂須賀至鎮勢に拾われ、敵に嘲笑されることとなった（『大坂御陣覚書』）。

この一件を治房は無念がり、自らの持ち口のうち本町橋のみは焼き落とさず、団右衛門と復仇《ふっきゅう》を図り、十二月十六日丑刻、団右衛門組、続いて治房組が本町橋を渡り、蜂須賀至鎮の陣所を襲撃した。長岡是季組も、池田忠雄陣所を牽制するため続いて参加した。団右衛門は橋上で指揮していたが、夜襲の人数を収容した後、

は

単騎乗り出し、「夜討ノ大将塙団右衛門」と書き付けた小札を撒き、堀切の上には「今夜之夜討之大将塙団右衛門」と書き付けた矢印を立てて帰城した。あるいは、団右衛門の家来金万定右衛門が「今夜之夜討大将塙団右衛門」と書き付けた旗印を蜂須賀、池田の陣所に送った。この夜襲で団右衛門の家来山県三郎右衛門、金万定右衛門、岡本長右衛門、松井次郎右衛門、柘植十大夫、団右衛門の組下石村六大夫、東加兵衛、森島清左衛門、梶田兵部を含む二十三士が首を斬獲する功名を立て、組下の畑覚大夫、牧野牛抱、田屋右馬助を含む四人に鑓合わせの軍功があった。夜襲に参加したその他の者については、翌十七日朝、団右衛門方に書付を提出させ、絵図を添えて講和後に蜂須賀家へ使者を以て実否を確認した。その結果、団右衛門組の与力五十人のうち二十人が軍功の士として選抜され、夏の陣では指物を銘々の名字を記した黒い靡《なび》きに変更した（『大坂夜討事』、『大坂御陣覚書』、『金万家文書』）。

籠城中、団右衛門は、自身指物として手嶋莚の付いた金の御幣と、白地に「伴団右衛門」と大きく墨書した幟の二種類を交互に用いていた（『大坂陣山口休庵咄』）。兜には「天然」の二字の象眼を入れていた（『土屋知貞私記』）。

講和後も今橋の二十間ほど南に宿し、幅一尺長さ二尺ほどの札に、「判団右衛門」と大書した宿札を掲げた水野勝成の家臣で旧知の黒川三郎左衛門の来訪があった（『武辺咄聞書』）。伊達政宗が水野勝成を通じて団右衛門の召し抱えを望んだ〔注1〕（『金万家文書』寛永二年十月二十五日付近藤助之丞書状）。

慶長二十年四月二十八日、治房以下数万騎が浅野長晟を討つため大坂城を進発。この時、団右衛門は白地に伴団右衛門と大きく墨書した幟を指していた（『大坂陣山口休庵咄』）。また、樫井に出役した松浦俊重の証言によると、黒具足に鳥毛羽織を着用していた（『浅野家文書』）。

先手の将は、団右衛門と岡部大学の両説がある。『亀田大隅守高綱泉州樫井表合戦覚書』、『大坂御陣覚書』は先手を団右衛門とし、「山下秘録」、「山本日記」、『武家事紀』は先手を大学としている。大学は団右衛門と加藤家中での朋輩であり、治房組で侍五十人の組頭であったが、先年の夜襲に参加できなかったことを遺憾とし、今回は組下を後に残し、数騎で阿倍野街道より和泉路に先行した。団右衛門組は、大学の組下が先行しないように牽制しながら堺街道を進み、大鳥を越える頃には夜が明け、四月二十九日、国府を過《よぎ》り、佐野市場に到着した。団右衛門は蟻通明神の北方で大学に追い付き、抜け駆けを難詰した（『大坂御陣覚書』）。それより団右衛門、大学両組頭は、先手の人数七、八百人にて安松村に進出した。卯刻に大学が再び先に乗り出すのを見た団右衛門は、食事を半ばで投げ出し、直ちに安松村より八町畷を騎走し、鉄砲による迎撃を避けるため、本道より北方の麦畑から樫井町中に突入した（『浅野家文書』、『大坂御陣覚書』、『武家事紀』）。この時、団右衛門配下の人数は、二、三百騎。一方、大学は河原道より町中への突入を試みたが、亀田高綱に追い払われた（『亀田大隅守高綱泉州樫井表合戦覚書』）。

樫井町内で団右衛門は、浅野家の足軽大将多胡助左衛門の放った矢に当たり、馬から降りて戦い、ついに浅野左衛門佐氏重の足軽頭八木新左衛門正篤に討たれた（「浅野考譜」、「旧考録」、『大坂御陣覚書』、「武家閑談」）。団右衛門と新左衛門は町の入口で鑓を合わせた。団右衛門は鑓で突かれ、後ずさりして町屋の壁に寄り掛かった。すかさず新左衛門が鑓を捨てて組み伏せ、刀で足を貫かれながらも屈せずに首を取った（『浅野家諸士伝』）。享年四十八歳（『武辺咄聞書』）、または六十歳ほど（『土屋知貞私記』）。

大坂方は、団右衛門以下、山県三郎右衛門、熊谷忠大夫、須藤忠右衛門、吉田浅右衛門、芦田作内、横井治右衛門、山内権三郎ら十二人が前後して討たれ、残る兵は安松村へ退却した。浅野勢も疲労して追撃せず、午刻に合戦は終わった（『大坂御陣覚書』、『駿府記』）。

四月三十日、浅野家より戦況報告と併せて斬獲した兜首を含む十二級が船で運ばれ、尼崎を経由して二条城にもたらされた（『自得公済美録』）。家康は上機嫌で合戦の一番首として実検しようとしたが、本多正純が、「首はすべて暑気のため傷んでおり、上覧に耐えない」と制止した（『浅野考譜』）。団右衛門の首は、なお目を開けていた。そのため、正純があえて家康の実検に供えなかったともいう（『武功雑記』、『古士談話』）。五月一日、首は伏見城の将軍秀忠に送られ（『浅野家文書』）、伏見城の京橋で獄門にかけられた。中でも団右衛門の首には「左衛門佐内八木新左衛門」と記した札が付けられ、他の首より一段高く据えられた。

五月三日付で浅野氏重は八木新左衛門に書状を送り、「その方が討ち取った首は塙団右衛門と特定され、両御所様も御機嫌よく、長晟も至って満足している。手傷はどうか。しっかり養生するように」と伝えた。さらに五月七日付の書状では、紀伊田辺で傷養生するよう指示した（『自得公済美録』）。

樫井町の北の端に大坂方の死骸を埋めた塚があった。ここに寛永八年の十七回忌に、団右衛門の親類で徳川頼宣の家臣小笠原作右衛門正信〔注2〕が和泉国日根郡貝掛村で石材を調え、団右衛門を供養する五輪塔碑を建てた。法名は通岑鉄牛居士。心ある人は墓前で下馬したという（『大阪府史蹟名勝天然記念物』、『大坂金石志』、「武辺咄聞書」）。石灯籠一基は、元禄十四年五月二十一日に八木新左衛門の嫡孫八木吉之丞正秀が供えた。明治元年の二百五十年忌に、団右衛門の末裔という出雲の桜井氏が石檠《せきけい》二基と手水鉢を供え、周囲を整備した（『大阪府史蹟名勝天然記念物』、『大坂金石志』〈墓碑写真は巻末「付録」参照〉）。近隣に住む者の話によると、加賀金沢の人が何らかの所縁により毎年七月十五日に墓参し、塵を払い、灯火を捧げたという（『新東鑑』）。

〔注1〕『政宗君記録引証記』によると、政宗は慶長十九年十二月二十一日付で勝成に「彼の牢人の所へ便書を遣わされた由、まずもって忝い。なお重ねて様子を承りたい」との書状を送っている。本状が団右衛門に関する事かは不明。

〔注2〕小笠原正信は、高天神城主小笠原氏助の叔父惣兵衛清広の次男作右衛門興康の子（「紀州家中系譜並ニ親類書書上」寛政十年十二月小笠原磯四郎秘真書上）。紀伊徳川家の物頭で知行五百石（『和歌山分限帳』）。

伴彦大夫　ばん ひこだゆう

諱は「長岡是季事蹟」所載の書状に、義□の署名がある。

長岡監物是季組に所属（「長岡是季事蹟」）。

慶長十九年十一月十六日、本町橋通の夜討ちで、蜂須賀至鎮の先手中村重勝〔注〕を鑓で突き倒したが、稲田示植が駆け付けたため首は取れなかった（「阿陽忠功伝」）。右の働きの次第は、翌十七日朝、塙団右衛門方まで書付として提出した。

　講和後に大坂方より蜂須賀家へ使者を以て諸士の働きの実否を確認した際、彦大夫の申告に相違ないことが判明したので、団右衛門と組頭の長岡監物が、彦大夫を伴って大野治房の前に伺候し、その旨を披露した。他に中村を突いたと主張する者があったが、その者は書付を提出しなかったので、軍功として認められなかった（「大坂夜討事」）。

　慶長二十年四月二十九日、団右衛門が戦死した時、後から樫井へ駆け付けた。五月七日、天王寺表に出役（「長岡是季事蹟」）。

　元和年中、夜討ちの時の軍功を申し立て、播磨姫路の本多忠政に仕官を求めた。その際、既に本多家に召し抱えられていた鈴木半左衛門、田村林蔵院との間で軍功について争論が生じ、これが本多家での武功詮議に発展した。彦大夫は京都にいた旧大野治房配下の上条又八、長岡是季に事の次第を知らせると、両士は証言のため、京都所司代板倉勝重に断って播磨へ下向した。本多忠刻は、上条、長岡および武藤丹後に自筆状を以て実否を照会した。三士は織田秀則（号は宗爾）を通じて書状を以て回答した。

　詮議の結果、鈴木、田村の主張は斥けられ、両人の知行を没収された（『綿考輯録』、「鴫野蒲生合戦覚書」）。彦大夫の仕官も不調に終わった模様で、その後、在所から江戸に下向し、旗本進藤三左衛門正成の肝煎で仕官活動を再開している。その際、伴は年不詳九月二十五日付で長岡是季に「私の大坂での軍功について、貴殿の御状に詳しくお書きくださいますようお願い申し上げます。私の仕官は貴殿からの御状次第でほぼ決まると三左衛門も申されていますので、ひとしお入念に然るべきご対応をお頼み申し上げます。大坂者はいまだ大っぴらに仕官できませんが（『大坂者ハ未はれはれ相済不申候へ共』）、私の仕官については御状次第でよきように才覚しようと三左衛門も申されています。どうか大坂での軍功を詳細にお書き下さいますようお願い申し上げます。三左衛門宛ての書状には、紛斎ではなく監物とご署名ください」といった趣旨の書状を送っている（「長岡是季事蹟」）。長岡是季が紛斎重政と号して在京していた元和四年から元和八年の間の出状と推定される。

〔注〕有馬豊氏の家臣岡部五郎兵衛の覚書によると、蜂須賀家から夜討ちの注進があり、八つ時にはそれが天満の豊氏の陣所にも伝わり、豊氏は早速稲次宗雄らを連れて蜂須賀家の仕寄を訪問した。上使の本多正純、安藤直次、同重信、成瀬正成も到着した。中村重勝の死骸は腰から下が搔揚《かきあげ》の堀に入って寄りかかっており、小紋の着物の首の周りには血が付いていた。蜂須賀家では家臣の稲田示植と重勝の子中村可近（妻は秀頼の家臣葛野五郎左衛門重邦の娘）が甲冑を脱いで上使を応接し、他の家臣は武装していた。上使は皆「ご苦労。手柄である」と誉めたが、稲次が重信に「この仕寄は橋筋が開放されていて油断がある。これでは夜討ちをされないわけがない」と言うと、重信も「それぞれ、その通り」とささやいた。死骸は中村以外見当たらなかったが、「実際は十余人が討たれ、死骸は隠された」と噂された（『米府紀事略』）。

ひ

疋田右近《ひきた うこん》

初め九兵衛尉、後に右近を称した（『吉川家文書』、『吉備古簡集』、『金剛寺文書』）。諱は就長（『吉川家文書』）。号は春可（『閥閲録遺漏』所載「慶長二十年五月十四日付毛利秀元書状」）。晩年は右近入道（『欠伸稿』）。

初め豊臣秀長の家臣（『吉川家文書』、『金剛寺文書』）。

天正二十年、所労祈祷の連歌の発句を長岡幽斎に所望した（「天正廿年詠草」）。

文禄二年八月四日朝、肥前名護屋の書院に神谷宗湛を招き、振舞った（『宗湛日記』）。

慶長八年六月三日、古田織部の茶会に招かれ、正法寺、石川康勝、伏屋一盛、林権八、意伯、道弥とともに参席（『古田織部茶書（二）』）。

慶長九年五月四日、今井宗久の茶会に招かれ、新門跡、金森可重、後藤徳乗とともに参席（『今井宗久茶湯書抜』）。

慶長十年六月十五日昼、神谷宗湛、津田宗凡、道春を招き、茶会を催した（『宗湛日記』）。

慶長十五年、佐治兵右衛門を藤堂高虎に推挙した（『公室年譜略』）。

慶長十七年閏十月二十七日朝、織田有楽の茶会に招かれ、石川康勝、郡宗保とともに参席（『有楽亭茶湯日記』）。

大和国十市郡竹田村五百七十八石六斗二升、同郡多村二十一石五斗五升、合計六百石一斗八枡の知行地があった（「庁中漫録」所載「大和国著聞記寛永七年高付」）。

某年、左胸の疼痛と食欲不振により曲直瀬道三に受診した（『処剤座右』）。

慶長十九年、大坂籠城。

慶長二十年、出雲国造の北島広教は、秀頼に太刀代銀子一両、祈祷巻数《かんじゅ》を献上した。右近は、三月二十六日付で北島に書状を送り、諸国からの使者による祈祷巻数の献上は、秀頼の法度により一律受納していないことを告げ、北島からの巻数も返却した。なお、同書状で「個人の身上として、もはや老齢となり、世間に出ることもないが、もし存命ならば今一度御目にかかりたい」との存念を披瀝し、「代わりに子息ら両人を下向させるので、行く末をお頼みしたい」と申し添え、盃一つを贈った（『出雲国造北島家文書』）。

落城の際は生き延びた（『閥閲録遺漏』所載「慶長二十年五月十四日付毛利秀元書状」）。

元和三年、婿の上野金左衛門と秀頼の旧臣上野四郎兵衛を藤堂高虎に推挙した。また同年、高虎の委嘱により秀頼の旧臣寺町宗左衛門の行方を探し求めた（『公室年譜略』）。

元和八年八月、高虎は疋田右近大夫に西島八兵衛之友を添え、寛永年中まで讃岐の諸政を監督させた。藤堂家からの惣奉行疋田と西島には、生駒家より各八百石と四百石が支給された（『生駒家宝簡集』、『讃岐探索書』）。

元和、寛永の頃、大徳寺の江月宗玩に達磨大師行形図への着賛を依頼した。また、古渓宗陳の墨蹟を世の混乱の裡に喪失したが、後に再び入手したので江月宗玩に加筆を求めた（『欠伸稿』）。

子の疋田四郎兵衛穐和は、後に杢左衛門を称した。父とともに大坂に居住していたが、蜂須賀家政の存知の者だったので、元和年中、知行二百五十石で蜂須賀至鎮に招かれた。後に五十石を加増された。初め徳島、後に淡路由良、洲本に居住した。慶安三年閏十月十四日に病死。妻は蜂須賀家の家臣大多和長右衛門正之の五女。子孫は蜂須賀家の家臣として続いた（「蜂須賀家家臣成立書并系図」文久元年十二月疋田織之丞豊功書上)。

疋田小左衛門《ひきた こざえもん》

大坂籠城(「大坂濫妨人并落人改帳」)。

樋口淡路守《ひぐち あわじのかみ》

和泉国日根郡黒田の庄屋鳥取左太夫家の出自。日根郡鳥取郷の地士。日根郡尾崎村の海岸樋ノ口に居住して樋口氏に改めた(『東鳥取村誌』)。初め次郎(『伯耆志』)、または太郎、後に彦助(『伯耆志』、『東鳥取村誌』)、または彦右衛門を称した(『東鳥取村誌』)。慶長年中は淡路守を称した(『伯耆志』)。諱は雅兼(『難波戦記』)、政武とされる(『伯耆志』)。

秀吉に仕え、羽柴秀長に属した(『東鳥取村誌』)。

天正六年十月二十二日、播磨三木平山合戦で別所小八郎治定を討ち取った(『別所長治記』、『播州御征伐之事』)。この軍功により秀吉、秀長から感書が発給され、秀吉から百石、秀長から日根郡内で百石、合計二百石および引出物として関兼常の太刀を与えられたという(『伯耆志』、『東鳥取村誌』)。

後に秀吉に属して、知行八千石を与えられ、船奉行を務めた(『東鳥取村誌』)。『伯耆志』によると、天正十一年八月十六日、近江国神崎、蒲生、野洲の三郡内で一万七千石を与えられたというが、信憑性に欠ける。

秀吉から奈良住春雨時吉の作で桐紋付の甲冑を拝領した。また、近臣一同と同列に天竺ベニガラの切裂の旗を賜与されたという(『伯耆志』)。

天正二十年一月二十七日付の朱印状により、秀吉は樋口彦右衛門、明石善左衛門に海路諸法度を示達した(『東鳥取村誌』)。

慶長十九年、戦勝のあかつきには秀頼から三万三千石を宛行われる約束で籠城した(『伯耆志』)。大坂方は穢多村に堀をうがち、柵、櫓を構えて砦を築くとともに、船奉行の樋口淡路守と中村杢右衛門尉一晟が管掌する艦船を配置した。また、福島の新家には大野治長の番船と船奉行宮島備中守則数と樋口丹後兼興(淡路守の弟)、大野道犬の配下らが配置された(『難波戦記』)。毛利吉政は土佐から連れてきた荷船が尼崎で建部政長の番船に拿捕されたため、船手の樋口淡路守と相談し、尼崎に出張して近在に放火した(『武徳編年集成』)。

慶長二十年五月七日、岡山口方面に出役(『難波戦記』)。

五月二日、山内忠義は大坂に向けて高知を出陣したが、五月五日より風浪のため甲浦で滞在を余儀なくされている間に、大坂落城の報告が届いた。このため軍勢は高知に返し、自身は近臣のみを連れて五月十一日、上方に向けて出船した(『山内家史料』)。

五月十三日付で山内忠豊が山内忠義に送った返書の中に、「大坂城は七日に落城となり、すべてが討ち取られた由、関大夫(樋口)の親(淡路守)からの書状を詳細に披見した」とある。

五月二十四日付で忠豊が忠義に送った書中に「関大夫の親は今度の戦乱により桑山元晴殿の知行所(伊賀五所)で捕えられている。配下の役人などから大坂や淡路で厳しくあしらわれたことを、日ごろ憎く思っていたので今般捕えた由、関大夫方に連絡があった。関大夫が上京して何とか自ら才覚するとともに、貴殿の力添えも頼んで身柄を受け取りたいと願っているので、そちらに向かわせた。寺沢広高殿の家中に関大夫の弟がおり、特に寺沢殿と関大夫の親は昵懇の間柄なので、そちらで寺沢殿とも相談して、桑山殿に条理を尽くして身柄を申し受けていただきたい。この度、甲浦まで大坂表の様子を注進した働きを大変奇特に思っている。委細は関大夫から口上で伝える」とある（『山内家史料』所載「御手許文書」）。

京都所司代板倉勝重は、配下の諜者朝比奈兵右衛門義次が夏の陣で淡路守の陣営にあって城方の情報を通報していた関係から、淡路守の赦免を求めたが、取り立てられることはなく、牢人となった（『武徳編年集成』）。

落城後の境遇とその子孫については以下の諸説がある。

（一）子の樋口庄左衛門とともに尼崎に潜伏した。後に長男の白樫市郎太夫が山内家に仕えていたので、これを頼って土佐へ下り、奈半利に隠棲した。次いで田野浦へ移住し、世をはばかって七郎左衛門と改めた。元和八年に奈半利で病死。遺骸は八幡林に埋葬された。法名は正入（『東鳥取村誌』）。

（二）出雲へ赴き、堀尾忠晴に寄寓し、元和年中に死去（『伯耆志』）。子の樋口彦助政則は、堀尾家で馬廻役に列し、知行三百七十石（『堀尾山城守給帳』、『伯耆志』）。堀尾家の除封後、京極忠高に仕え、馬廻組に列し、知行四百石（『京極殿給帳』）。京極家の除封後は、伯耆国会見郡境村に移り、池田家に微禄で仕え、皆生で新田開発に従事した（『伯耆志』、『松平家給帳』、「鳥取藩政資料　藩士家譜」樋口兼政家）。

（三）本項の樋口淡路守と同一人物か確証はないが、『日帳』によると、元和年中以降、細川忠利の領分豊前国田川郡に樋口淡路がいる。寛永元年八月二十二日の『日帳』には「重田吉左衛門（細川家の船頭）と三宅清介が大坂より下向する。樋口淡路所よりも御奉行衆がすぐに下向するはずであるが、女房が死去したので下向を日延べする由、連絡があった。鏡善右衛門（細川家の船頭）が登城して、樋口淡路の女房が大坂で死去したと語った」とある。同年十月六日の『日帳』には「今度御船を破損させた件で、御船頭衆の取り調べを鏡善右衛門と御船頭三人に申し渡したところ、本件の取り調べは樋口淡路が下向するまで待っていただきたいとの要請があり、その通り延期になった」とある。同年十月二十九日の『日帳』には「来年正月に問太郎介が交趾《こうち》に渡海するので銀子を持たせ、若い御船頭一人を添えて遣わすよう、昨日樋口淡路に申し渡した」とある。寛永四年一月四日の『日帳』によると、子の樋口主水は三淵伊賀好重に奉公しており、同日、白井兵助（細川家の船頭）と鏡善右衛門を見舞った。

＊

樋口淡路守の子某は、十一歳の時、発熱が十一日間続いたため曲直瀬道三の診療を受けた（『処剤座右』）。この某が長男か、次男の関大夫か、その弟かは不明。

次男の樋口関大夫は、和泉で生まれた。諱は吉次、好勝。慶長五年、大坂で山内一豊に召され船方となった。土佐入国後、知行三百石を与えられ、国中浦奉行を務めた。慶長十五年閏二月、尾張名古屋城普請助役。船大将を務めた。慶長二十年五月、浦戸に駐在し、大坂落人を監察した。子の樋口文左衛門光秀も後に関大夫を称した。船方を務めた。延宝二年十二月十八日に病死。子孫は山内家の家臣として続いた。光秀の娘は山内家中の志和七兵衛次章に嫁いだ（「御侍中先祖書系図」、『南路志』、『土佐国古城伝承記』）。

娘は久留米有馬家中の上田半平俊勝に嫁いだ。半平の妻は秀頼の家臣鈴木悦可の娘ともいわれ、どちらが正しいか不明。半平の妻は「梅林寺過去帳」によると、万治二年八月一日に死去。法名は桂雲宗香信女（「御家中略系譜」）。

娘は、「鳥取氏系図并譜」（村上家蔵、善性寺寄託）によると、和泉国日根郡尾崎村の吉田九郎左衛門重近（慶安二年四月十八日死去。享年三十九歳）の妻（『堺と泉州の俳諧』）。

樋口次郎右衛門《ひぐち じろ(う)えもん》

大坂七組の青木一重の新参組子。

慶長二十年五月七日、青木正重の指揮下で、天王寺表平野街道筋で同じ組の太田牛次とともに踏み留まり、奮戦した。元和元年九月十二日付で正重より書状を以て軍功を賞された（「諸方雑砕集」）。

土方六左衛門《ひじかた ろくざえもん》

信長の馬廻土方三郎右衛門の子。嫡男土方孫十郎の実弟。瀧川一益の家来土方弥市郎の養子。

土方六左衛門は、生国尾張。初め三九郎を称した。養父が織田信雄に転仕して天正三年に病死した時、新参で幼少のため家督を継げず牢人となった（「除帳」）。初め渡瀬繁詮に仕え、文禄四年に主家改易後は有馬豊氏（繁詮の妻の弟）に仕えた（『米府紀事略』）。知行三百五十石。

慶長五年九月十四日、杭瀬川合戦に出役。戦後の行賞が不満で出奔を試みたが、養母を監禁され帰参、後に再び出奔した。

土方雄久の肝煎で加藤清正に知行五百石で仕えたが、豊氏の奉公構により牢人。再び雄久の肝煎で稲葉典通から無役で知行二百石を与えられた。雄久の死後、稲葉家での待遇が変わったので豊後臼杵を退去。豊後南郡で中川久盛から合力分として扶持方少々と家屋敷を与えられていた舅中内惣右衛門と同居した。

慶長十九年九月十五日、実父が尾張で病死。長宗我部盛親の招集がかかった中内に乞われて両家の家人男女三、四十人を連れて豊後鶴崎から船出して大坂に籠城。名を六左衛門に改めた。国沢掃部と相役で盛親の旗各二十五本を預かった。

慶長二十年五月六日、盛親の旗本に所属して八尾表合戦に出役。指物は銀の二重幣。八尾堤は東西に延伸し、八尾の森から五、六十間西の地点で南方に曲折していた。大坂方は堤上を東へと進み、堤の曲折地点で木村重成は堤を降りて北上し、盛親の先手もこれに続いた。盛親は同地点で旗本の備えを立て、敵の数が多いため、首は討ち捨てるよう厳命した。土方は堤上が狭いので盛親の旗二十五本を後方の堤下に立てた。長宗我部勢は、敵を前方の堤下に十分引き付けると、一気に攻め下ろして突き崩した。土方は二度目の戦闘で鑓が歪んだため、三度目には敵の鑓を奪って戦った。先手に所属していた相役の国沢が戦死したため、盛親の旗絹五十枚を保全して退却した。

翌七日、中内、土方ら侍十二人で盛親を警護して八幡へ退去。夜明けまで残っていた土方ら六人は暇を出された。

落城後、松倉重政より後々加増の約束で当分の知行五百石を与えられたが、大坂牢人の召し抱えは法度に抵触するため牢人となり、その後逼迫した。大坂牢人の赦免以前だったが、松平忠明に招かれ、知行三百石を与えられ、足軽三十人を預けられた。名を新兵衛と改めた。

寛永十九年九月二日に姫路で病死。

子の土方新兵衛が家跡を継ぎ、使番、母衣役、物頭を歴勤した（「除帳」）。知行二百石（「見聞集」所載「御先祖松平忠明公播州姫路御居城之節御分限帳之写」）。

新兵衛の弟土方理右衛門は、池田光政に仕え、元禄十五年三月二十六日に病死。その子孫は備前池田家の家臣として続いたが、文化二年に断絶（「除帳」）。

日比《ひび》覚左衛門《かくざえもん》

初め秀吉に仕えた（『士林泝洄』）。秀頼にも仕え、大坂七組の野々村吉安組に所属。知行五百石（『難波戦記』）。

慶長二十年四月九日夜、大野治長が城中桜門脇で闇討ちに遭った。四月十日八つ時分に、「下手人は大野治房組成田勘兵衛配下の者である」との訴人が出たため、米村市之允と日比が検分のため騎馬同心五十騎を率いて本町の成田の家宅へ出向いた。成田は、弁明に及ばず、自宅に火を放って自害した（『大坂御陣覚書』、『長沢聞書』）。

子の日比作左衛門は、徳川義直に仕えた。子孫は尾張徳川家の家臣として続いた（『士林泝洄』）。

平井《ひらい》吉右衛門《きちえもん》保能《やすよし》

秀頼の近習。大坂籠城（『難波戦記』）。

平井《ひらい》九兵衛《くひょうえ》宗次《むねつぐ》

木村重成の家来。

慶長十九年十一月二十六日、今福口合戦で佐竹義宣の家臣中村信濃〔注〕を討ち取った。軍功褒賞として黄金五枚を拝領した（「高松内匠武功」）。

〔注〕中村信濃は長柄組物頭で、未の刻に城中から大軍が繰り出し、佐竹の先手が崩れた時、主君に暇乞いして敵中に乗り込み、七、八人と渡り合い、鑓二、三本を切り折ったが、ついに戦死した。死骸に鑓傷が六、七か所あった（『佐竹家譜』）。

平井《ひらい》次右衛門《じえもん》保延《やすのぶ》

秀頼の近習。大坂籠城（『難波戦記』）。

平井《ひらい》七兵衛《しちびょうえ》

三河の人（『土屋知貞私記』）。諱は保利（『難波戦記』）、保則とされる（「諸方雑砕集」）。真田丸を警固（『難波戦記』）。年の頃は二十歳ほど（『土屋知貞私記』）。水野勝成の異父同母の弟〔注〕のため、内通の嫌疑を被ったという（『武徳編年集成』）。大坂で戦死（『土屋知貞私記』）。

〔注〕水野勝成の母は都築右京進吉豊の娘とされる（『寛政重修諸家譜』、『水野記』）。平井氏への再嫁は他の史料で確認できない。

また『土屋知貞私記』は、平井久右衛門も水野忠重の長男水野勝成の同母弟で、四男水野忠清の兄にあたるとする。親の平井某が秀吉に仕えていた関係で、久右衛門も秀頼に仕え、落城後、幕府に出仕し、書院番を務めたという。勝成の異父弟とされる平井七兵衛、同久右衛門は他の史料で確認できない。なお、平井久右衛門については、『寛政重修諸家譜』によると、平井彦左衛門の子平井久右衛門長勝が、慶長二十年三月、将軍秀忠の書院番として出仕し、五月、水野忠清に属して大坂の陣に出役しており、おそらくこれを指すものと思われる。

平井《ひらい》治部左衛門《じぶざえもん》正頼《まさより》

紀伊国牟婁郡芳養村の領主平井左近丞清克の三男。

湯川直春に属して熊野で転戦したが、湯川家の衰微後、牢人となり、日高郡薗浦に居住した。

文禄三年、吉田村出島に移住し、同年に死去。法名は養心院観瀾恭敬居士。子の平井九左衛門正次は、出島に居住していたが、元和年中、紀伊徳川家より隅田組に加えられ、切米を給せられた（「紀州家中系譜並ニ親類書書上」寛政八年二月平井理兵衛書上、『和歌山県日高郡誌』）。

『若州湯川彦右衛門覚書』によると、治部左衛門は、慶長十九年、七十歳で大坂城に籠り、馬上三十騎を預かり、真田信繁に属し、慶長二十年五月七日に次男の久作とともに天王寺表合戦で戦死したという。大坂籠城の実否は不明。

平子主膳信正　ひらこ　しゅぜん　のぶまさ

美濃の出自。平子弥伝次の子（「藩士系図」）。

父の弥伝次は、平子四郎次郎の四男（「臼杵稲葉家史料　先祖書」貞享四年二月十八日平子平十郎正方書上）。信長に仕え、摂津の馳田（不詳）で代官を務めたという（「藩士系図」）。天正二年十二月二十七日昼、天王寺屋津田宗及茶会に菅谷長頼の使者として参席（『天王寺屋会記』）。天正十年六月二日に本能寺で戦死（「藩士系図」）。信長の鎧を着し、榎倉の長刀を持って斎藤利三の子甚平と闘い、討たれたという（『寛永諸家系図伝』）。法名は健斎徳憲（『柳本織田家記録』）。ただし『信長公記』は、本能寺で戦死した者の中に弥伝次を載せていない。『臼杵東海山宝岸寺過去帳』によると、平子主膳の父は天正六年六月二十八日に死去、法名は耀林清玉居士とある。『信長公記』によると、天正六年六月、菅屋長頼は検使の一人として播磨神吉城攻撃に出役し、六月二十七日には織田信忠以下が城に攻め寄り、六月二十八日以降、攻撃が始まっている。主膳の父の没年月日との関係を想起させる。

平子信正は、初め平左衛門を称した。美濃郡上八幡で稲葉貞通の小姓として出仕。次いで豊後臼杵で稲葉典通に仕えた。知行四百石。足軽大将として足軽二十人を預かり、与力料三百石を与えられた（「臼杵稲葉家史料　先祖書」貞享四年二月十八日平子平十郎正方書上）。慶長五年十二月二十五日から町奉行を務めた。臼杵の菊屋町に役宅があった（「臼杵稲葉家史料　諸執役前録」）。

稲葉家の家来として、世に知られた武辺者《ぶへんしゃ》だった（「慶長見聞書」）。また、家康に数度無礼を働いたことがある剛の者で、家康から誅殺したいとまで憎まれていた（『大坂御陣覚書』、「鳥取藩政資料　藩士家譜」横河陳孝家）。

慶長十三年、稲葉典通の近臣清水左内が出奔した。典通は左内の岳父小宅源太左衛門までもが臼杵を退去することを懸念して、小川吉正と平子に監視させた。しかし、両士は小宅と友人だったため退去を黙認し、典通の怒りをかって追放された。両士は大坂に赴いたが、秀頼の家臣井上定利の説諭により、小川は帰参した。平子は帰参を承服しなかった（「稲葉家譜」）。

慶長十六年、紀伊の浅野幸長に知行二千百石で仕えた。足軽三十人を預かり、与力知行九百石を与えられた（「臼杵稲葉家史料　先祖書」貞享四年二月十八日平子平十郎正方書上）。

その後、稲葉家から浅野家へ故障が入ったため、禄を失い牢人となった（「稲葉家譜」）。

慶長十九年、大坂城に籠り、秀頼から五万石の奉書を賜与されたという（「藩士系図」）。足軽大将を務めた（「慶長見聞書」）。薄田隼人正組に属したという（『豊内記』）。指物《さしもの》は鹿の角（『武功雑記』）。開戦当初、家康は「平子主膳は行方が知れないが、多分籠城しているだろう」と近臣に語っていた(「絹川図書戦功記并略系」)。

大坂方は博労淵に砦を構え、薄田隼人正が大将となり、兵千人ほどで警固に就いた。また、北西の川二筋には船手が配備された(『土屋知貞私記』、「慶長見聞書」)。十一月二十九日未明、蜂須賀至鎮、池田忠雄、石川忠総が砦を強襲した(『寛永諸家系図伝』、『寛政重修諸家譜』、『石川忠総家臣大坂陣覚書』)。三百人ほどが柵内に残って防戦したが、やがて天満方面に潰走した(「鳥取藩政資料 藩士家譜」横河陳孝家、『石川忠総家臣大坂陣覚書』)。砦の番将だった平子は、同所で戦死した(「大坂軍記」)。

住吉の本陣に届いた首が平子と判明した時、家康の反応については次の諸説があるが、家康旧知の者であった点は共通している。

(一)「これは平子の首だ。さてさて年寄になったものだ。若い時、再々戦ったものだが、不憫な事だ」(「絹川図書戦功記并略系」)。

(二)「平子め、今思い知ったか、よく参ったの」(「森古伝記」)。

(三)「先祖よりその身まで六代討ち死にした者である」(『武家事紀』、「慶長小説」、『武功雑記』、『武徳編年集成』、『御給人先祖附』明和六年丑十二月吉田英助書上」)。

＊

平子の討っ手には、以下の三説がある。

(一)池田忠雄の船頭横田重陳とする説

横川次大夫重陳(当時三十二歳)らが砦の中に攻め込むと、小屋の周囲に三百人ほどが鑓を揃えて待ち構えていた。これを追い崩すと、敗走する敵の中から一騎が踏み出し、暫く横川と鑓を合わせた。横川は、敵の脇壺を突いて組み伏せ、名を問うたが、敵は「この期に及んで名乗るべきか。首を大御所に見せよ」と黙して討たれた。この敵は朱具足で頭形の兜、持鑓は中身で単尺の柄だった。首は配下の高浜十兵衛、同三大夫により蜂須賀の本陣に持参され、さらに住吉の家康本陣に届けられることとなり、使者二人に両高浜と徒足軽が派遣された。本多正純を通じて戦況報告と首が実検に供えられ、横川の一番鑓と一番首が記帳された。実検の後、本多は本陣に詰めていた諸大名の使者たちに、首の名前を見知る者がいないか照会したところ、浅野長晟の使者瀬田権之丞が、平子主膳の首であると証言した。平子は家康存知の者であり、かつ旗本衆にも確認できる者がいたことから、改めて家康の実検に供えられた。家康は感慨を込めて「きゃつの首か」と言った(「鳥取藩政資料 藩士家譜」横河陳孝家)。

横川には十二月二十四日付で、博労淵で鑓を合わせ、敵を追い崩し、首を討ち取った粉骨砕身の働きを賞賛する旨の感状が発給された(『因幡誌』)。

横川家には、平子の兜の浮張の内側に納めてあった、香木に刻まれた聖観音が伝来した(「鳥取藩政資料 藩士家譜」横河陳孝家)。また、同家では平子の命日を慶長十九年十一月月二十九日とし、前典膳部義学孝□居士と諡して祀った(『横河家過去帳』)。

『大坂御陣覚書』、『豊内記』、「山本日記」、『難波戦記』、『武徳編年集成』、『寛政重修諸家譜』、「貞享四年二月十八日平子平十郎系譜」、「源氏佐々木党室谷氏之正方書上」(「臼杵稲葉家史料 先祖書」)なども、平子の討っ手を横川とする。

(二)横川の家来高浜正友とする説

大坂の陣から百年ほど後、池田清定の質問に対して高原市兵衛が、平子の首を取ったのは横川ではなく、高浜十兵衛(当時二十六歳)であるとして以下の経緯を語った。高浜は葭原の中から現れた武者に呼び止められ、大身鑓で突きかけられた。高浜は鑓の身を左手で摑み、右手に白刃を握りながら手前に引き寄せると、敵は俯せに倒れた。そこを片手打ちで討ち留めた。折から横川が、敵を追い払い戻ってきたので、高浜は「私は新参で無名の者であり、自分の功名にはならないから」と言って首を譲ろうとしたが、横川が辞退するので、高浜が首を取った。兜を脱がせてみると五十余歳の老法師の首だったので、役にはたたないが、今日敵と闘った証拠までにと、敵の刀脇差も分捕った。討ち取った首は本陣に送られ、そこで平子の首であることが判明した。忠雄の生母良正院の働きかけもあって、初陣の忠雄の家中に感状が賜与されることになり、高浜の功名は船頭だった横川の功名に帰した。ただし、自身が討ち取った首ではないため、感状に平子を討ち取ったとは書かれなかった(『雪窓夜話』)。戦後、横川は三百石から五百石に加増されたが、うち百石を高浜に与えた(「鳥取池田家譜」所載「高浜槌弥家譜」)。平子の脇差は、後に高浜家から流出したが、元亀二年八月の裏銘を刻んだ備前長船忠光の刀二尺一寸は、同家に伝来した(『雪窓夜話』)。

『因府年表』も平子の討っ手を高浜とする。

(三) 蜂須賀家の陪臣四宮忠太夫とする説

平子主膳が名乗りをあげて、鑓を振るってかかったので、森村重の家来新見太兵衛が、その脇腹を鉄砲で撃った。怯むところを森氏純の家来四宮忠太夫(当時二十四歳)が打ちかかって首を取った。四宮が闘いに疲れて川端で水を飲んでいると、池田忠雄の船頭横川重陳が「若者よ、よい首を取ったな。私と両人の功名にしよう」と声をかけ、横川配下の水主たちが四宮に組み付いて首を奪い去った。四宮は横川に褒賞が与えられたことを残念に思い、村重、氏純を通じて自身の功名であると申し立てたいと願い出た。蜂須賀至鎮がこれを聞いて、「なるほど、残念な事だが、横川の主人は我が婿。家中に武功の者がいないのなら当家から合力したい。今回の件はこのままにしてくれ。四宮の働きは聞き届けた。天下静謐となった後、よきように取り計らおう」と森を通じて言い含めさせた。初め四宮は納得しなかったが、村重から叱責され、ついに承服した(「森古伝記」)。

「寛永十九年三月鈴江嘉右衛門長定大坂冬陣覚書」(「谷森建男氏所蔵文書」)も、平子の討っ手を四宮とする。

＊

妻は、丹羽次大夫の姉(「臼杵稲葉家史料先祖書」貞享四年二月十八日平子平十郎正方書上、「藩士系図」)。長男の正元、次男の正次および女子三人を産んだ。

長男は平子茂兵衛正元(「稲葉家譜」、「藩士系図」)〈「平子茂兵衛正元」の項参照〉。

長女は、浅野長晟の家臣竹腰五郎右衛門の妻。

次女は、浅野長晟の家臣甲斐喜四郎の妻。

次男の平子甚兵衛正次は、初め小伝次を称した。大坂落城以後、幼時より丹羽次大夫方に寄寓した。後に稲葉典通に出仕し、寛永三年采地百五十石を与えられた。子孫は臼杵稲葉家の家臣として続いた。家紋は蛇目、鷹の羽。

三女は、典通の家臣大脇伝左衛門重之の後妻となった。なお、大脇の母は、薄田左馬助の娘(「藩士系図」、「龍城藩臣志」、「臼陽氏族誌」、「稲葉家譜」)。

末子の平子長蔵は、大坂落城の時、幼少だったため、家来が介抱して立ち退き、肥前長崎に隠れた。大坂牢人の赦免後、地名を苗字とし、戸町氏を称した。その曽孫の吉田助市矩通が、肥後で松井直之に仕え、享保十九年、新知百石を与えられた。子孫は八代松井家の家臣として続いた（『御給人先祖附』明和六年丑十二月吉田英助書上）。

平子茂兵衛正元　ひらこ　もひょうえ　まさもと

平子主膳信正の長男（『稲葉家譜』、『藩士系図』）。藤八とも称した（『臼杵稲葉家史料先祖書』貞享四年二月十八日平子平十郎正方書上、『亀城藩臣志』、『臼陽氏族誌』）。

慶長十九年十一月二十九日、博労淵砦で箕浦右近元正に討たれた（『稲葉家譜』、『藩士系図』、『亀城藩臣志』、『臼陽氏族誌』、『難波戦記』）。一説に池田忠継の家臣高木九兵衛に討たれた（『武功雑記』）。

平田治部右衛門倶重　ひらた　じぶえもん　ともしげ

平田因幡倶勝の子。

天正十八年に誕生（『平田家史』）。

初め津田九郎次郎信治に仕えた。児小姓を務め、度々武勲があった。後に小田原北条家に五百石、あるいは千石で仕えた。北条家の滅亡後、播磨池田家に五百石で仕えた。その後牢人して大坂城に籠った（『増補稲田家昔物語』）。

『増補稲田家昔物語』によると、津田信治は、蜂須賀至鎮の家臣稲田示植の母寿盛院の兄である。『藩士名寄』によると、稲田太郎右衛門の妻の兄津田九郎次郎元秀は、天正十年六月、二条御所で戦死しているが、これと同一人物と思われる。『平田家史』は倶重の生年を天正十八年とするが、それでは津田氏への児小姓奉公も、小田原北条家での知行取りも無理がある。また、慶長年中の池田家分限帳にもその名が見えない。

長岡是季組に所属（『綿考輯録』）。慶長十九年十二月十六日、本町橋通の夜討ちに参加し、首一級を斬獲した。首は若党に持たせて城中に帰らせ、自身は留まってなおも戦った（『大坂夜討事』）。

稲田示植は、夜討ちの物音に目を覚まし、隣室で寝ていた息子の九郎兵衛植次（当時十五歳）を乱暴に蹴飛ばして走り出た。一町ほど走ったところで振り返ると金の半月の立物が見えたので、植次が付いて来ていることに安堵した。その後は親子別々の場所で戦った（『阿波徴古雑抄』黒部太郎左衛門覚書）。

植次目がけて治部右衛門が近寄ってきたので、家来の曽我部八右衛門元永が「九郎兵衛殿、敵ですぞ。御かかりなされ」と言って鑓で防いだ。植次も進み寄って鑓を合わせた。植次の左右には家来の曽我部八右衛門、同平四郎、同太左衛門、後見には林孫右衛門が付き添い加勢した。植次は治部右衛門の胸板を突き通し、倒れたところを討ち留めた。首は曽我部太左衛門に取らせた（『増補稲田家昔物語』）。

十二月十七日、大坂方で功名が認められた者は、千畳敷御殿で秀頼から褒美を拝領した。治部右衛門の三歳になる遺児には跡式相続が認められ、褒美は組頭の長岡是季が代わって受領した（『大坂夜討事』）。

植次は、十二月二十四日に茶臼山の陣営で家康から感状を拝領し、慶長二十年一月十一日には、岡山の陣営で将軍秀忠から感状と肥後延寿の刀一腰を拝領した（『阿淡年表秘録』）。

曽我部元永は、二月十三日に示植から感状と治部右衛門着用の甲冑を頂戴し、五十石を加増された。元永の甥曽我部清太夫元安は、感状と治部右衛門所用の皮柄刀と差添を頂戴し、知行三百石を与えられた（『増補稲田家昔物語』）。治部右衛門の皮柄の刀と差添は、曽我部家に伝来した（『洲府昔談』）。

治部右衛門の墓は、淡路国津名郡洲本の松望山心光寺に建てられたが、同寺は貞享年中に移転して碧巌山吸江寺となった。曽我部氏が時折墓参した。蜂須賀綱矩の家臣稲田家五代九郎兵衛植幹は、元禄十六年に治部右衛門の九十回忌を吸江寺で営んだ。

治部右衛門の子孫は、洲本稲田家の家臣となり馬寮を司った。平田源内、忠右衛門親子は、その家筋で、代々三原郡金屋村に居住した（『増補稲田家昔物語』）。

父の平田因幡倶勝は、倶重の遺児平田倶誉とその妹（後に高田村次郎右衛門の妻）を携え、大坂から肥後に落ち延びた（『平田家史』）。『平田家史』は、肥後で長岡是季から細川家への仕官を奨められたが辞退したとの説を掲げる。しかし、是季の細川家帰参は元和九年、細川家の肥後入封は寛永九年であり、年代が合わない。元和四年以前、筑前国夜須郡上浦村に移住し、上浦の西北の山熊原の開墾を黒田家に願い出たところ、元和七年十月二十五日に許可された。十月二十八日付で村田の下役井ノ口麦右衛門は、平田孫作（因幡倶勝か）に早々に移住して、開墾立村に着手すべき旨を示達した。かくて元和八年には田高七十五石五斗三升六合二勺、畠高七石五斗五升三合七勺を拓き、山熊原は山隈村となった。平田家は一円支配と苗字帯刀を免許された。元和九年には田高十五石六斗四升八合、畠高六石二斗五升五合を拓いた。寛永十三年十月二十八日に死去。

倶重の子平田孫作倶誉は、慶長十七年に誕生。寛永元年、承祖して家督を継ぎ、開墾に従事した。慶安四年八月二十九日に死去。享年四十歳。妻は久留米の人猪梅七右衛門の娘。倶誉の妹は夜須郡高田村次郎右衛門に嫁いだ。平田家による開墾は続き、延宝六年までに田畠ともに高百七十六石二斗二升八合を拓いた。子孫は庄屋、大庄屋を務め、今も朝倉郡三輪町山隈の本家以下、分家、支家数十戸が同地近隣で栄えている。子孫により明治二十二年八月、平田倶勝の碑が建立され、昭和四十一年三月、家史が編纂された（『平田家史』）。

なお、肥後細川家の家臣松本家の祖、および肥後金工平田家の祖として平田因幡がいるが、平田因幡倶勝とは別人である。

平田助蔵　ひらた　すけぞう

和泉堺の人。

大坂城に籠り、落城後は津軽に下り浪居した。

寛永五年八月二日に死去。

次男の平田喜蔵安次が正保元年、津軽信義に新知二百石で仕えた。元服して山本二郎左衛門を名乗った。明暦元年十一月二十六日に江戸で殉死。享年二十四歳。子がなかったため兄の平田喜兵衛安尊が遺跡を継ぎ、子孫は津軽家の家臣として続いた（『奥富士物語』）。

平塚熊之助　ひらつか　くまのすけ

木村重成組に所属（『高松内匠武功』）。

慶長二十年五月六日、若江表に出役。井伊直孝の家臣川手良行を突き伏せた。首を取る隙がなかったので、馬取に首を取るよう下知した。馬取が刀を抜いて川手に乗りかかったところに、満座七左衛門、山口重信、匂坂弥五介、遠山朝範が駆け寄り、馬取を切り倒し、平塚を突き伏せた。遠山が平塚の首を討ち取って立ち上がったところに、今度は木村勢が突きかかり、四人は即時に突き伏せられた。遠山朝範はどうにか平塚の首を持って直孝の本陣までたどり着き、庵原朝昌の実検に供えたが、直孝の出座を待つ間に首を持ちながら息絶えた(『大坂御陣覚書』、「井伊年譜」)。一説に直孝の家臣中野忠辰が平塚を討ち取ったという(「井伊家慶長記」)。あるいは忠辰の家来倉地五郎介が平塚を討ち、主人の功名としたともいう(「井伊年譜」)。

「享和元年十一月平塚勘兵衛為記書上」(「紀州家中系譜並ニ親類書書上」)に、平塚因幡守の次男平塚熊之助が、叔父の平塚久賀為景に伴われて徳川頼宣に知行二百石で仕えたとあるが、若江で戦死した熊之助との関係は不明。

平塚五郎兵衛高重 ひらつか ごろ(う)びょうえ たかしげ

平塚因幡守の惣領(「紀州家中系譜並ニ親類書書上」享和元年十一月平塚勘兵衛為記書上)。『大坂御陣覚書』に、因幡守の甥とあるが、因幡守の弟(注)平塚久賀為景の子と錯誤したものか。

父の因幡守は、平塚三郎兵衛高忠の子(『諸上先祖之記』)、または平塚三郎兵衛(号は無心)の長男(「御家中略系譜」、「紀州家中系譜並ニ親類書書上」文政十二年六月平塚勘蔵為清書上)。諱は『関ヶ原軍記大成』などの為広が一般的だが、「関箇原軍記」(『朝野旧聞裒藁』所載)に高保とある。ちなみに、因幡守の父が高忠、甥が高政、子が高重と伝わることから、平塚氏は高の字を通字としていた可能性もある。

平塚五郎兵衛は、大坂の陣後、四郎左衛門を称した(『紀侯言行録』)。諱は高重(「草加文書」)。

木村重成組に所属(「高松内匠武功」)。

慶長十九年十一月二十六日、大井何右衛門、平塚左介らとともに先駆して片原町より佐竹義宣勢を追い払い、一の柵まで奪還した。佐竹勢は当初自らが築いた奥の柵まで退却し、半時ほど睨み合ったが、渋江政光が鉄砲で撃たれて落馬すると一斉に鑓合わせとなった。渋江の死骸は収容できず堤の上に放置されていた。五郎兵衛はその死骸を乗り越え突き進んだ。その時朋輩から「その首を取れ」と声をかけられたが、「冷え首は無用」と言って前進した。この振舞は後に諸人の賞賛するところとなった。

冬の陣の軍功により物頭となり、翌年の若江表合戦では重成の介副役を命ぜられた。大野治長の内意で黄羅紗の羽織を着用し、采《ざい》を持った(『大坂御陣覚書』)。

落城後、叔父の平塚為景に伴われ紀伊に来住。徳川頼宣に知行三百石で仕えた(「紀州家中系譜並ニ親類書書上」享和元年十一月平塚勘兵衛為記書上)。

『和歌山分限帳』に、延宝年中、紀州家の大番衆に平塚四郎左衛門(知行二百石)の名が見え、二代目と思われる。二代目には子がなく伊藤又左衛門祐重の三男佐門を養子にしたが、離縁となり断絶した(「紀州家中系譜並ニ親類書書上」享和元年十一月平塚勘兵衛為記書上)。

ちなみに『大坂御陣覚書』では、五郎兵衛に関する記述が比較的詳しい。同書を編纂した宇佐美定祐も紀州家に仕えており、平塚家に伝来する証言を参照している可能性がある。

〔注〕因幡守の弟は平塚久賀為景(「紀州家中系譜並ニ親類書書上」享和元年十一月平塚勘兵衛為記書上)。平塚休可は浅野長晟に知行百六十石で仕えた。大坂の冬の陣では、和歌山留守居として広間番を務めた。子息を大坂城に送り込んだ罪科により改易

された（「自得公済美録」）。休可は久賀と同一人物と思われる。後に因幡守の遺子である惣領の平塚五郎兵衛、次男の平塚熊之助、三男の平塚勘兵衛重近を伴い、徳川頼宣に仕えた。寛永四年十二月二十三日に病死。和歌山城下の久賀町は同人にちなむという。甥の重近が養嗣子となり、子孫は紀州家の家臣として続いた（「紀州家中系譜並ニ親類書書上」享和元年十一月平塚勘兵衛為記書上、『南紀徳川史』）。

因幡守の弟は平塚善保。幼少より剃髪して秀吉の御伽衆に列せられた。慶長五年以後は牢人。子の平塚清左衛門高政が松平忠昌に仕え、子孫は越前松平家の家臣として続いた（『諸士先祖之記』）。

因幡守の弟は平塚与三郎。為景、または善保と同一人物かは不明。平塚源右衛門という子がいた。与三郎の妹は三田村清右衛門の妻（「御家中略系譜」）。

平塚左介《ひらつか さすけ》

平塚因幡守の子（『土屋知貞私記』）。

「御家中略系譜」は、因幡守の子女について、長男は平塚長門守(注)、次男は平塚左介、長女は木村六郎左衛門の妻、次女は古田三左衛門の妻とする。しかし「享和元年十一月平塚勘兵衛為記書上」（「紀州家中系譜並ニ親類書書上」）は、因幡守の子息について、惣領は平塚五郎兵衛、次男は平塚熊之助、三男は平塚勘兵衛重近としており、どちらが正しいか不明。

丹波牢人（「御家中略系譜」）。

大坂城に籠り、知行五千石を与えられた。年の頃は三十余歳（『土屋知貞私記』）。木村重成組の武者奉行。大井何右衛門とは相役。金の十文字出し付の白母衣《ほろ》を着用（「高松内匠武功」）。

慶長十九年十一月二十六日、今福口に出役（『大坂御陣覚書』）。

慶長二十年五月六日、若江表に出役。物見に出て戦死（『土屋知貞私記』）。

長男の平塚喜兵衛は、初め十太夫を称した。牢人であったが、承応元年、有馬忠頼に出仕、馬廻組に列せられ、合力七人扶持を給せられた。承応二年、新知百六十石を与えられた。貞享四年に病死。その曽孫の平塚喜兵衛勝安が、延享元年に久留米を出奔し、水野忠韶に仕えた。

次男の平塚与兵衛吉勝は、初め角弥を称した。有馬豊氏に従って島原の陣に出役。初め二十石三人扶持を給せられ、正保四年、新知百五十石を与えられた。承応三年、五十石を加増され、馬廻組に列せられた。貞享元年九月に病死。妻は柳川の石松安兵衛の娘。子孫は有馬家の家臣として続いた。家紋は神酒錫、亀甲。

長女は柳川の助弘孫右衛門の妻。

三男の平塚市郎右衛門は、兄二人とともに久留米に来住し、上妻郡黒木町宗専寺の住持となった。

四男は平塚左平太（「御家中略系譜」）。

〔注〕平塚長門守は大坂衆。妻は土井庄右衛門直政の三女で、平塚三郎兵衛を産んだ（「稲葉家譜」、「藩士系図」）。一男一女があり、息男の平塚三郎兵衛は、久留米の有馬豊氏に知行三百石で仕えた。寛永元年に死去。妻は坂本次郎九郎の次女。その曽孫の平塚権次郎が江戸で出奔して断絶（「御家中略系譜」）。

平野勘右衛門《ひらの かんえもん》

平野長泰の親類（『土屋知貞私記』）。「摂戦実録」は、長泰の甥としており、平野長景の子長之と同一人物の可能性がある。

秀頼に仕えた。慶長九年九月十八日、舟橋秀賢と竹田梅龍軒が、勘右衛門方へ晩食の振舞いに出かけている（『慶長日件録』）。

大坂城に籠り、黄撓《きじない》指物使番《つかいばん》を務めた。年の頃は四十歳ほど（『土屋知貞私記』）。

平野久太郎正俊《ひらの きゅうたろう まさとし》

河内国平野庄の出自。紀伊国那賀郡賀和村の住人平野隼人佐俊久の嫡男。

大坂城に籠り、落城後、那賀郡安楽川荘に浪居した。徳川頼宣の入国の際、召し出されて切米五十石を給された。

子孫は安楽川荘に続いた（『平野家先祖書』、『紀伊続風土記』）。

平野九郎右衛門長之《ひらの くろ(う)えもん ながゆき》

秀頼の家臣平野甚左衛門長景の子。父とともに大坂籠城。大坂古参人だったので、京都所司代板倉勝重を通じて、元和三年（元年か）六月二十一日付奉書を以て赦免された。

元和五年十月、豊前小倉で細川忠興に知行五百石で仕えた。組外。

元和八年八月、三百五十石を加増された。

寛永元年八月、百五十石を加増された。小姓頭、大目付を歴勤。

万治三年三月に病死。

子孫は肥後細川家の家臣として続いた（「先祖附」平野庄左衛門、「同」平野九郎太郎、『肥陽諸士鑑』）。

平野源大夫《ひらの げんだゆう》

紀伊国伊都郡上兵庫村城を居城としていたが、子の平野権平とともに大坂の陣で戦死。

弟の平野次郎左衛門は、故郷に帰り百姓となった（『紀伊続風土記』）。

平野権平長勝《ひらの ごんぺい ながかつ》

平野遠江守長泰の嫡男。母は土方河内守雄久の娘。

慶長八年に誕生。大坂城の秀頼に勤仕した。

開戦に先立ち、父の長泰は浅野長晟らの協力を得て、大坂城中から長勝を呼び戻そうとしたが成功しなかった。このため駿府に伺候して自ら大坂に入城することを願ったが許されず、福島正則、加藤嘉明、黒田長政らとともに江戸に留め置かれた。

慶長二十年、長勝は将軍秀忠に拝謁し、寛永五年、父の遺跡を継いだ。

寛文八年十二月九日に死去。享年六十六歳。法名は本覚院真誉玄晴。葬地は十市郡田原本の本誓寺。

妻は小浜民部少輔光隆の娘（『寛政重修諸家譜』、「平野家譜」、『浅野家文書』、『武功雑記』）。

平野庄助《ひらの しょうすけ》

河内国平野庄の出自。平野佐之烝の子。父の佐之烝は、紀伊国那賀郡賀和村の住人平野隼人佐俊久の弟。伊都郡渋田村の雛子掃部の養子となり、平野彦五郎と称して各地で軍役を務めた。その後、那賀郡名手庄野上村に退隠して病死。

平野庄助は、初め小早川秀秋に仕え、主家の断絶後、牢人となり、大坂城に籠った（『平野家先祖書』）。

平野甚左衛門長景《ひらの じんざえもん ながかげ》

尾張国海東郡津島村七名字平野家の出自（「大橋記」）。平野右京進長治の次男。加藤清正の家臣平野五郎左衛門長時の弟で、平野遠江守長泰、幕臣平野九左衛門長重、細川忠利の家臣平野弥次右衛門長知、平野武右衛門の兄（「平野家譜」）。

父の長治は、廷臣清原業賢の五男で、枝賢の弟（『舟橋家譜』、『兼見卿記』）。津島の住人平野右京亮賢長入道万休の嗣子となった。従五位下大炊頭に叙任（『平野家譜』）。秀吉に仕えた（『相州文書』）。秀頼に仕え、大坂に居住。已雲斎と号した（『慶長日件録』）。慶長十一年四月十一日に病死。妻は堀田孫右衛門正貞入道道悦の娘（『平野家譜』、『寛政重修諸家譜』）。

平野長景は、初め九郎右衛門を称した（『寛政重修諸家譜』）。

秀吉に仕えた。初め津島に居住し、後に所替えとなり、摂津国兎原郡筒井村に移住。知行三千石余（「先祖附」平野九郎太郎）。

文禄元年、肥前名護屋城に在番し、三の丸御番衆馬廻組の三番桑原貞也組に所属（『太閤記』）。

次いで秀頼に仕えた。

慶長十年十月八日、舟橋秀賢と朝飼をともにした（『慶長日件録』）。

慶長二十年五月七日に天王寺表合戦で戦死（「先祖附」平野九郎太郎、『寛政重修諸家譜』、「平野家譜」）。戦死の報は、早々に弟の長泰の耳にも入った（『張州雑志』所載「慶長二十年五月十三日付平野長泰書状」）。

娘は前田利常の馬廻頭栂大学の妻（「諸士系譜」）。

『御府内備考』によると、江戸深川の平野町は、元禄十六年、名主の平野甚四郎長久の願い出により名付けられた。この平野家は、平野長治の子甚右衛門了義の家系を称する。了義は織田信長、秀吉、秀頼に歴仕。慶長二十年五月六日に戦死。その妻が懐妊して河内国大県郡平野村にいたが、後に浅草旅籠町一町目に地所を求め居住した。出生の男子は、甚九郎重政と名付けられ、町人となった。その曽孫長久の代に至り、名主役となった。了義は長景と同一人物を指すと思われるが、深川平野家の家系伝説の実否は不明。

平野《ひらの》孫右衛門《まごえもん》吉次《よしつぐ》

佐伯孫六大夫吉元の子。

父の吉元は、大千代大夫の子で、天文中紀伊国那賀郡中野村より伊都郡相賀荘学文路村に移住した。慶長八年八月一日に病死。

平野吉次は、学文路福塚の坪一円と平野壇を領有し、平野氏を称した。

慶長十九年、真田信繁に同調して大坂籠城。

慶長二十年、平野の合戦で持鑓を折るほどの働きがあった。

落城により学文路村に帰り、世をはばかって百姓となった。

承応元年八月十七日に病死。

子孫は寛永以降、宝暦の頃まで大庄屋として続いた。家に豊臣秀次の遺物の鑓、真田信繁から贈られた鑓が伝来した（『紀伊続風土記』、『平野作左衛門 先祖書 親類書』）。

平山《ひらやま》一郎右衛門《いちろ(う)えもん》

大野治長配下の足軽頭。諱は長□。

大坂落城後、元和五年以前に大和郡山で水野日向守勝成に微禄で仕えたと推定される。年不詳九月二日付で治長の足軽頭だった南条権大夫に以下の趣旨の返書を送った。「久しく貴意を得ず懐かしく思っていたところ、御書状を賜り、さながらお会いしている心地がして興奮して拝見しました。江戸へ下向された由、京都で承り、いかがなったかと思っていましたが、そちらへお越しの由、まず以てめでたく存じます。拙者は遠国にあって、これといった知音もなく、当節は大坂者はどこにも然るべき仕官の口が調わないので、小者同然の身分で日向守に仕官しました。ただ、思いのほか幸運にも周囲から大変懇意にしてもらっているので、半四郎（水野家臣湯川半四郎か）などとも語り合って一緒に家中に留まっています。しかしながら不甲斐ない身分で、仕付けぬ作法を致しております。いっそ物乞いになってどこへなりと放浪したいくらいですが、知音たちの情けにほだされて一日一日と暮らしております。和州（大和郡山）では貴殿の事を日向守にも話しており、心より仕官の成立を念じています。目下、軍兵衛（水野家臣湯川軍兵衛か）も日向守に用事を申し付けられ郡部に外勤していますが、帰り次第、貴殿の御書状を渡して御返書を受け取って、確かな便で進呈しましょう。何事も詳細は御使いに申し渡しています。なお、御書状にある通り、鳴野口合戦の折り、私も冥加にかない、一通りの働きをして拾い首も一つ、二つあり、さらに七組や渡辺内蔵助などの軍勢三万余が出撃した際も、朝から晩まで他人に先を越されず、常に先頭で戦いました。しかし、このような事を申し立てると、知行高へも少々影響があります。よって日向守には申し上げず、朋輩にも隠しています。軍兵衛もそのようにしています。貴殿については、鳴野口合戦のみならず、それ以前から少しずつ戦場でお働きがあり、治長も内々これを聞き及んでいたので、籠城中は足軽を預けられ、他の鉄砲頭とは別格の扱いを受けておられたとしっかり認識しています。さらに、鳴野における組下の足軽の指揮や御自身のお働きも残らず詳しく存じています。たとえ将軍様の御前であっても、はばかることなく申し上げられます。しかし、貴殿の御事は私が存じているとおりすべて披露すると、合点のいかない者からいろいろと難癖をつけられ、粗さがしをされるのも迷惑なので、大坂での事は申し立てない方がよいと思っています。今までの経歴なら五百石から七百石の知行で仕官はかなうでしょうから、あまり精を出して申し立てる必要はないと思います。この書状も他人に見せてはなりません。我々も軍兵衛なども鳴野での働きは深く隠すこととしていますので、くれぐれも取沙汰されませんように。そのような事を申してこの身上でいることから、皆、大坂での働きは言わずに偽っている次第です。この書状は火中に投じてください」。

また、同日付で南条に送った二通目の書状の猶書では、以下の趣旨を申し添えている。「当節、大坂では承ったこともない武辺者《ぶへんしゃ》があちこちに現れており、貴殿へもどこからか何かと申しかけてくるでしょうが、心弱く愚かな事など言ってはなりません。よくよく御分別が肝要です。とにかく一晩お話ししたいです。私の哀れな様子をお目にかけたいと思います。日々、猪狩りに鉄砲を担いで歩き回っています。何にも増して途方に暮れています。そちらの仕官が成立したら、然るべき種子島筒を一挺いただけないでしょうか。もし、堺筒の御用がありましたらご連絡ください。身に過ぎる堺筒は所持しています。種子島筒が欲しいのです。それも十匁より小口径の鉄砲はいやです」（『因幡志』）。

平山藤兵衛　ひらやま　とうびょうえ

天正十六年に誕生。

大野治長の配下に属した。

大坂冬の陣・夏の陣で働きがあった（「平山家文書」先祖書上并御奉公書上）。

大野治長が闇討ちに遭った時、治長を肩にかけてその場から退避したという（「平山家文書」御歴代之伝記）。『大坂御陣覚書』は、治長は平山内匠の肩にかかりつつ刀を抜き、下手人を追ったところ、治長の家来岡山久右衛門に行く手を阻まれた下手人が、元の道を逃げ戻ってきたので声をかけて二刀で切り留め、平山がとどめをさしたとする。『大坂軍記』は、治長は平山某の肩にかかり、下手人を追いかけ、まず平山が斬り倒し、続いて治長が声をかけて二刀斬ったとする。

慶安四年五月六日、池田由成より合力米十人扶持を給せられ、子の平山杢之丞も知行三百五十石で召し出された。

寛文二年五月十六日に病死。享年七十五歳。法名は目清院宗覚慧昭信士。

子の平山杢之丞は、後に徳右衛門を称した。元和九年に誕生。慶安四年五月六日、天城池田家に知行三百五十石で召し出され、足軽十人を預けられ、物頭上格に列せられた。元禄元年三月十一日に死去。法名は恵運徹心。子孫は天城池田家の家臣として続いた（「平山家文書」先祖書上并御奉公書上、「同」平山家先祖戒名没年書付）。

ふ

深尾清左衛門《ふかお せいざえもん》

河内国石川郡蔵入地の代官伊藤加賀守秀盛、同左馬頭則長父子に歴仕し、蔵奉行役を務めた。

則長の死後、牢人となり、大坂の町屋に住んで医術を学び、道珍と号した。

慶長十九年、子息を伴って大坂籠城。和睦後、城を出て石川郡中野村に至り、四、五か月は富田村に滞在、その後大ヶ塚村に移住した。

子の道宣は、名医の誉れがあった（『河内屋可正旧記』）。

福島伊予守正守《ふくしま いよのかみ まさもり》

福島与吉郎長則の三男（「福嶋家世系之図」）。福島左衛門大夫正則の甥（『土屋知貞私記』、『福島太夫殿御事』）。

父の長則は、尾張国海東郡花正庄二寺邑の住人福島市兵衛正信の次男。福島正則の弟、福島掃部頭高晴の兄（「福島家系譜」）。豊臣秀長、秀保に歴仕。采地一万石。文禄四年、大和豊臣家の断絶後は牢人となり、広島で病死（「福嶋家世系之図」）。あるいは天正十三年五月十五日に死去。法名は道高禅定門（「諸寺過去帳」）。長男大久保弥左衛門正通、次男福島伯耆守正信、三男福島伊予守正守、四男福島兵部少輔正鎮の四子があった（「福嶋家世系之図」）。

福島正守は、初め福島正則に仕えた（「福嶋氏世系之図」、『福島太夫殿御事』）。知行五千石。与力として深見五右衛門（三百石）、水越庄左衛門（二百五十石）、神戸多左衛門（二百五十石）、小波権右衛門（三百石）、岩室万右衛門（三百石）、林三右衛門（三百八石一斗）、岡田半右衛門（三百二石）、原田甚右衛門（三百十八石六斗）、長田左助（三百八十六石九斗）、真野忠兵衛（三百二十一石七斗）、沢半兵衛（三百二十五石三斗）、川室新兵衛（十三人扶持）、平井忠右衛門（十三人扶持）、近藤九右衛門（十三人扶持）、早川孫右衛門（十三人扶持）、津端井孫右衛門（十三人扶持）、大岡八右衛門（十三人扶持）の十七人が付属された（『福島正則家中分限帳』）。あるいは知行八千石。組頭を務めた（『福島太夫殿御事』）。右の八千石とは、自身の知行と与力の知行の合計とも考えらえる。

馬を好み、一之谷という早馬を所有していた。同家中で知行二千石の組頭だった蜂谷将監も、八つかねという早馬を所有していた。ある日、家中の衆の所望により両者の馬比べが行われた。家中の衆を初め下々まで大勢が見物する中、上駻《じょうかん》の一之谷が八つかねに勝った。一之谷は初め薩摩島津氏の馬で、毛利家中での所有を経て正守の持ち馬となった。二十五歳の老馬だったが、毛利家中でもこれに勝る馬はなかった(『福島太夫殿御事』)。

後に正則の気に背き、牢人となる(「福嶋氏世系之図」)。秀頼に知行千石で仕えたという(『系図纂要』)。

慶長十九年、大坂籠城(「福嶋家世系之図」、『土屋知貞私記』、「福嶋略系」)。年の頃は五十歳ほど(「摂戦実録」)。

慶長二十年五月六日、真田信繁、福島武蔵守らとともに誉田方面へ出役(『大坂御陣覚書』、「慶長見聞書」、『慶長日記』、『慶長年録』)。同方面から撤退して真田信繁、毛利吉政、福島兵部少輔らとともに天王寺、庚申堂近辺に宿陣した(『大坂御陣覚書』)。

五月七日、真田信繁、福島武蔵守らとともに茶臼山方面に布陣、松平忠直勢と対峙した(『慶長年録』、『大坂御陣覚書』)。あるいは福島兵部少輔と並んで茶臼山の南方(「大坂軍記」)、真田の東方に紺地に白餅の旗を揚げて備えを立てた(『難波戦記』)。松平忠直の家臣本多富正の手に属する丹羽十左衛門は、正守の足軽大将牧野次郎左衛門を討ち取った(『続片聾記』)。

『元寛日記』、『難波戦記』に、正守は毛利吉政の先手として福島武蔵守らとともに天王寺南方に布陣したとある。また『阿部家御実記』には、岡山口で将軍秀忠の右備えとなった大番頭阿部正次が正守と交戦したとあるが、実否不明。

落城後は牢人となり、道庵と号した(『土屋知貞私記』)。京極高知方に寓居したという(「摂戦実録」)。

福島長門　ふくしま ながと

福島正則の家臣福島丹波守正澄の嫡男。

父に勘当され、広島より渡海して上下二十人ほどで十一月二日に摂津住吉の浦に着岸した。既に同所には藤堂高虎の軍勢が進出していたが、それを知らず、藤堂家の歩卒を大坂の者と誤解し、城中への案内を申し入れた。藤堂家の者は即座に打ちかかり、長門以下ことごとく討ち取り、首を住吉に晒した(『高山公実録』所載「平尾留書」、『公室年譜略』、『武徳編年集成』)。

「福嶋略系」によると、福島長門守は慶長二十年四月二十日に戦死し、法名は前長州刺史松岳宗雲大禅寺門と謚し、建仁寺永源庵に葬られたとされるが、実否不明。

福島兵部少輔正鎮　ふくしま ひょうぶのしょう まさしげ

福島与吉郎長則の四男(「福嶋家世系之図」)。福島伊予守正守の弟(『土屋知貞私記』、「福嶋家世系之図」)。

「光豊公記」によると、初め大之助を称した(『豊臣秀次の研究』)。

大和豊臣家に仕えた(『駒井日記』)。

「光豊公記」によると、天正二十年一月十八日に諸大夫成(『豊臣秀次の研究』)。後に秀吉に仕えた(「福嶋家世系之図」)。

慶長元年四月二十七日、秀吉が伏見の長宗我部元親邸に来臨した際、相伴衆前田利家の配膳を務めた(『南路志』)。

慶長三年七月、前田利家邸で秀吉の遺物配分があり、備後三原の脇差と黄金一枚を受領した(「古屋幸太郎所蔵文書」)。

慶長十二年二月二日、正鎮の老母が十日以上も傷寒を患い、潮熱の症状もあったため、曲直瀬玄朔に受診した(「玄朔道三配剤録」、『医学天正記』）。

慶長十三年八月二十八日旧冬、駿府城失火の見舞として、家康に小袖三重を献上（『当代記』）。

慶長十六年当時、知行六千五百石（『慶長十六年禁裏御普請帳』）。給地の内訳は、大和国忍海郡稲田（脇田か）村の千百十五石八斗四升三合、西辻村の三百十七石四斗七升九合、林堂村の四百六石五斗八合、忍海村の四百六十一石七斗八升五合、東辻村の二百六十八石九斗九升四合、柳原村の千六百七十七石七斗三升二合、南花（南花内）村の六百三十一石四斗八升七合、薑村の四百十一石一斗二升九合、山田村の二百七石一斗八升および平群郡福貴畑村の六百二十石九斗四升、梨本村の二百八十三石七升、障子畑村の九十五石八斗四升で、合計六千五百五十八石一斗（「庁中漫録」所載「大和国著聞記寛永七年高付」）。

慶長十七年十二月より禁裏普請助役（『慶長十六年禁裏御普請帳』）。

なお『当代記』も『慶長十六年禁裏御普請帳』も、福島兵部少輔を大坂衆としていない。一方『福島正則分限帳』にも相当する名前は見当たらないことから、小名として別家を立てていたものと思われる。

十一月十九日昼、織田有楽の茶会に招かれ、中島兵部、住吉屋宗無とともに参席（『有楽亭茶湯日記』）。

『土屋知貞私記』に知行二千石ほど、『系図纂要』に知行千石とあるが、実否不明。

慶長十九年、大坂より諸方面に使者が派遣された。江戸の福島正則には相談のため林伊兵衛が下向し、正則の甥である福島兵部少輔を通じて秀頼の書状を呈した（『山本日記』）。大坂籠城（『福嶋略系』、『土屋知貞私記』）。

慶長二十年五月七日、真田信繁、福島正守らとともに茶臼山方面に出役、松平忠直勢と対峙した（『慶長年録』、『慶長日記』、『慶長見聞書』）。正守と並んで茶臼山の南方（『大坂軍記』）、真田の東方に紺地に白餅の旗を揚げて備を立てた（『難波戦記』）。

落城後、名護屋（名古屋か）に至り、元和二年四月二十九日に死去。法名は光教院殿天輿梅蓬居士（『福嶋略系』）。あるいは、落城後に福島正則邸に幽閉された（『系図纂要』）。

ただし「奥山市兵衛書上」（『家中諸士家譜五音寄』）には、兵部少輔は大坂にいたが、大坂の陣の時は召喚されて江戸に留め置かれたとある。また「山本日記」も、慶長十九年十月頃は正則とともに江戸にいたとしている。よって、少なくとも慶長十九年は籠城せず、慶長二十年のみ入城、もしくは両度ともに籠城せず、子息武蔵守の籠城と混同されている可能性がある。

前妻は、能勢新十郎頼重の長女、後に離別。

後妻は、石河木工兵衛光政の三女（『寛政重修諸家譜』）。

『系図纂要』に、福島兵部武正の妻を福島正則の末女とあるが信憑性に欠ける。

子は福島武蔵守（「福島武蔵守」の項参照）。

子息某は、熱瘡が皮下に入り、面肢に浮腫が生じたため、曲直瀬玄朔に受診した（『医学天正記』、『処剤座右』）。この某が右の福島武蔵守と同一人物かは不明。

子息某は、妙心寺海福院の福島正則の五輪塔に名がある。『京都名家墳墓録』によると、その五輪塔には、表面に「寛永元甲子年、海福寺殿前三品相公、月翁正印大居士、七月十三日」、裏面に「福島兵部省息云々」と刻してあるという。経年とともに刻銘は磨滅し、現在では判読困難である。この「福島兵部省息」が右の福島武蔵守と同一人物かは不明。
娘二人は、能勢頼重の嫡男頼宗に養われた。長女は幕臣酒井重次に嫁ぎ、嫡男の酒井重春を産んだ。次女は徳川綱豊の家老嶋田時郷に嫁ぎ、長男の嶋田新右衛門と次男の嶋田孫助を産んだ（『寛政重修諸家譜』）。

福島武蔵守 ふくしま むさしのかみ

福島兵部少輔の子（『家中諸士家譜五音寄』奥山市兵衛書上）。『難波戦記』に諱が正之とあるが、信憑性に欠ける。

慶長二十年五月六日、福島正守らとともに誉田方面に出役（『大坂御陣覚書』、『慶長見聞書』、『慶長日記』、『慶長年録』）。兵部少輔から武蔵守に付属された長谷川大炊は、旗を預かっていたが、六日の合戦で深手を蒙って離脱した（『家中諸士家譜五音寄』奥山市兵衛書上）。

五月七日、武蔵守は秀頼の家臣荻野権之丞朝光と一手となり、天王寺口に出役（『家中諸士家譜五音寄』梶田宗左衛門寛永二十一申ノ年書上）。真田信繁の先手として福島正守らとともに茶臼山方面に布陣（『大坂御陣覚書』）、または毛利吉政の先手として福島正守らとともに天王寺方面に布陣（『元寛日記』）。

福富兵部 ふくずみ ひょうぶ

豊臣家の家臣と思われる。

『言経卿記』によると、文禄四年九月二十八日と十月三日、伏見の福隅兵部少輔内某が、薬を受け取るために廷臣山科言経を訪問した。

『当代記』によると、慶長十四年八月二十八日、福富兵部大夫が、旧冬の駿府城失火の見舞として、家康に小袖二重を献上した。

慶長十七年閏十月十二日昼、織田有楽の茶会に招かれ、大野治房、丹羽勘解由とともに参席（『有楽亭茶湯日記』）。

慶長十九年、大坂城に籠り、城北警固の寄合衆（『難波戦記』）。

『朝野旧聞裒藁』に、慶長五年九月、毛利、小早川らが大津城に京極高次を囲んだ時、大坂から目代として郡主馬首宗保、三輪加左衛門可正とともに福富兵庫頭守治が派遣されたとあるが、同一人物の可能性もある。

福富平左衛門 ふくずみ へいざえもん

秀吉の家臣。

文禄元年三月、秀吉の肥前名護屋出陣に御詰衆として道行十四番手で供奉（『大かうさまくんきのうち』）。

慶長十九年、大坂籠城。足軽五十人ほどを預かった（『土屋知貞私記』）。

慶長二十年五月七日、一心寺付近に出役（『武徳編年集成』）。

右の平左衛門は、天正十年六月二日、二条御所で闘死した信長の家臣福富平左衛門の子、または一族と思われる。福富氏の家系は錯綜しており、正否はおいて、以下に諸説を列記する。

（一）『木下家系図附言纂』の説

福富平左衛門は、信長に仕え、信長に殉死。

内室は花山殿堂上花族の息女。

子は男子三人があった。平左衛門の惣領福富内記は、初め紫野で喝食《かつじき》だったが、家康の推挙により還俗して秀吉に仕え、美濃で知行千三百石を与えられた。妻は夫と死別した後、娘彌々を連れて福富大膳方に寄食し、やがて豊後で松崎兵庫の後妻となった。娘彌々は木下延俊の側妾となり、俊治を産んだ。

平左衛門の次男福富大膳は、京都八幡に居住（『木下家系図附言纂』）。

(二)『藩士名寄』の説

福富平左衛門貞縄は、信長に仕え、天正十年六月二日に戦死。

貞縄の長女は、前田家臣中川久右衛門秀休の妻。

貞縄の長男福富大膳亮貞勝は、秀吉に仕え、詰衆頭六人のうち。慶長十四年七月に病死。その長男福富平左衛門直貞は、加賀の伯母婿中川氏に養われ、元和二年春、十二歳の時に駿府で家康に出仕し、知行三千石を与えられた。近習を務め、後に寄合に列せられた。その長男福富平左衛門貞直は、二千五百石を継ぎ、次男福富彦左衛門延貞は五百石を継ぎ、三男津田権之助信貞の子孫は、尾張徳川家の家臣として続いた（『藩士名寄』）。

(三)『士林泝洄』の説

福富平左衛門は、信長に仕えた。

平左衛門の嫡男福富平三郎は、秀頼に仕え、落城後、幕府に出仕した。その嫡男福富平左衛門は、知行三千石で幕府に仕え、娘二人は中坊美作と志水甲斐忠政にそれぞれ嫁いだ（『士林泝洄』）。

(四)『寛政重修諸家譜』の説

福富平左衛門は、信長に仕えた。

平左衛門の嫡男福富大膳は、秀吉、秀頼に歴仕した。その嫡男福富平左衛門家貞は、摂津で出生。元和元年七月二十四日、家康に出仕し、知行三千石を与えられた。書院番を務め、後に小普請に遷った。承応三年に死去。その長男福富平左衛門は、二千五百石を継ぎ、次男福富彦左衛門は五百石を継いだ。

大膳の妹は、河口久助宗勝の妻（『寛政重修諸家譜』、『干城録』）。

福富平兵衛《ふくずみ へいびょうえ》

諱は忠朝（『難波戦記』）、忠将とされる（『摂戦実録』）。

『織田信雄分限帳』によると、福富平兵衛は、尾張国中島郡東方郷のうち百五貫文を給せられたとあるが、おそらく同一人物と思われる。

秀吉の馬廻。文禄元年、肥前名護屋城に在番し、本丸広間番馬廻組の四番佐藤正信組に所属（『太閤記』）。

慶長六年当時、美濃国山県郡側嶋村の百九十一石一斗二升、同郡戸田村内の二十一石五斗八升、同郡高冨村内の九十七石、合計三百六十三石四斗を領知した（『慶長六年丑年美濃一国郷牒并寺社領小物成共』）。右の知行所は、落城後に代官岡田善同支配の蔵入地となった（『元和二年美濃国村高御領知改帳』）。

慶長二十年五月七日、茶臼山表に出役（『難波戦記』）。

福蔵院《ふくぞういん》

奈良の福蔵院の僧。

慶長十九年、奈良や高野山より寺役なども務めた谷上珠徳院、千手院真福院、千手院蓮坊、小田原窪坊、南谷増福院および小坊の小田原福蔵院、西院正善院、谷上転法輪院、南谷城花院、小田原新福院、一心院花蔵院、小田原林蔵院ら坊主十二人、その党類百十一人が大坂城に籠った。右の十二坊跡は、すべて闕所となった。

慶長二十年二月二十六日付で奈良一乗院は、金地院崇伝に書状を送り、福蔵院が大坂籠城したため、坊跡に別人を入れ置くことを報告した。二月二十七日付で崇伝は寺法の通りの処置を認めた（『本光国師日記』）。

福田左馬《ふくだ さま》

慶長二十年五月七日に戦死（『土屋知貞私記』）。

福田庄兵衛吉充《ふくだ しょうびょうえ よしみつ》

河内国丹南郡丹南村の住人。

秀頼の家臣井上定利に仕えた（「藩士系図」）。

大坂籠城（『秘聞郡上古日記』遠藤玄斎大坂陣ニ而高名被仕候証状之写）。

落城後、定利の子の利中、利貞兄弟を護って江戸へ赴き、稲葉典通邸に寓居。稲葉信通の命により臼杵へ下向、十三石を給された。

妻は浅野長晟の家臣細野次郎右衛門の娘。

末子の福田源助好利は、稲葉信通に十三石で仕え、小姓を務めた。後に七十苞五口を給された。子孫は臼杵稲葉家の家臣として続いた。家紋は蔦（「藩士系図」）。

『新東鑑』によると、慶長二十年五月六日、遠藤大隅玄斎は、松倉重政の家臣井村助兵衛を討ち取った。福田庄九郎も首一級を斬獲したが、急場のため、藤井寺前の田地に隠した。後に大隅と庄九郎は、書状を交わして互いの軍功の証明とした。庄九郎の末子福田源介がその書状を所持していたという。右の庄九郎とは、庄兵衛吉充で、末子源助とは吉充の四男源助好利を指すものと思われる。

福富茂左衛門《ふくとみ もざえもん》

慶長二十年五月七日、天王寺表合戦で毛利吉政に所属して鑓を合わせた（「福富文書」）。

「松林院様御代分限帳」（「大河内家記録」）によると、大河内松平家中の福富氏は、本国は尾張である。「深美八郎兵衛（堀直寄の旧臣）書状」と「福富弥惣左衛門身上覚書」を対照すると、茂左衛門は後に弥五兵衛を称したと推定される。

子の定右衛門、弥三（惣）右衛門が播磨で誕生していることから、落城後、播磨に落ち延びた可能性がある（「大河内家記録」）。その後、越後村上の堀直寄に仕えた（「福富文書」）。寛永十六年当時、知行三百五十石。材木奉行を務めた（『鉄団公御着到』）。

寛永年間の某日、徳川義直に仕えていた賀古次右衛門は、茂左衛門に以下の趣旨の書状を送った。「一書啓達します。そこもと御無事でいらっしゃいますか。久しくご様子を承らず、ひとしお案じ申し上げていました。拙者は全く無事で、今は徳川義直殿に仕えています。さて、卯の年五月七日、大坂天王寺表で貴殿は軍功を立てられ、落城後、播磨野口（賀古の郷里）で御物語を承りました。同じ組だった高木左近が、貴殿の七日一戦でのお働きの様子を確かに見た由、その上、貴殿が戦場で左近に確認のため声をかけたことも確かに覚えている由、申されているので、書状を送ったところ、このように左近より返事がございました。お手柄については申し上げようもありません。このような事は申し立てされないのですか。ただ今、世の中で奉公人の中でも、これまでの働きについて申し立てがある者の採用が流行しているとのことです（『只今世上、奉公人申立有之衆はやり申由ニ候』）。なお、毛利豊前守の家老宮田甚之丞も、近年は小笠原忠真殿に仕えていましたが、今は松平信綱殿が貰われています。もし江戸にお越しになったらお訪ねになるとよいでしょう。追伸ですが、ご無事かと案じていました。長井伝兵衛も池田重利殿が死去（寛永八年）されて、子息の池田重政殿に暇乞いをして、そのまま江戸に下りました。大郎兵、次兵殿ともにご無事なのでご安心ください。さてさてお懐かしいことです。なおまた、高木左近は、今は牢人となり、江戸の半井成近（幕府医官半井驢庵）の所にいます。お訪ねください」。

また、寛永十五年と推定される五月十七日付で、茂左衛門は堀市兵衛（堀直寄の家臣）に以下の趣旨の覚書を提出した。これは堀直寄へ仕官する際に提出された可能性もある。「大坂籠城の時、毛利吉政の所にそれがし父子は所属した。五月七日は、阿倍野方面、天王寺本堂の西南に毛利が布陣した。銃撃戦の後、先手でひとせり合いがあり、それから相備えの人数を豊前守が采配で指揮して、味方は備えの幟のもとから前進し、前方の堀切を駆け越え、その先の麦畑で二度敵とせり合った。その時、それがしは運がよかったのか、赤い羽織に指物を装着した侍に鑓を付けた。そこを目がけて豊前守の徒士が進み出た。その時、それがしは鑓を突き折った、高木左近という母衣を預かる侍と軍功審議の証拠として言葉を交わした。その後、また敵が突きかかった時、左近と互いに言葉を合わせて戦い、敵を払いのけた。折から豊前守の西方で茜の題目の文の幟を立てた軍勢が敗北し、豊前守も城中へ引き揚げるものと見えた。そこで左近に『何と敗軍となったのであろうか、是非もないこと』と声をかけると、左近は『もっとも、その通りだ。引き揚げられよ』と応じた。思いがけず離れ馬がいたので、それがしの下人が引き寄せ、それがしを乗せたので、左近と二人で殿《しんがり》を務めながら退却した。大坂落城以後、互いに牢人となり、左近は山城大原にいると承ったが、未だに会っていない。しかし、三年前に江戸で松平信綱様御家中に宮田甚之丞という侍がおり、これが元々豊前守の家老筋の者だった関係から、宮田方へ豊前守の備えにいた侍が寄り合って大坂一戦の物語をし、互いに証拠の確認をする談合があったそうで、その時、左近は『福富の働きは失念していない』と語ったとのことである」。

寛永十六年六月、既に隠居していた堀直寄が死去し、寛永十九年三月二十二日、嗣子の直定が死去したため、越後村上の堀家は断絶した（『寛政重修諸家譜』）。

茂左衛門は、幕臣福富平左衛門の肝煎により、松平信綱に知行三百五十石で仕官した。堀直寄の旧臣渡辺小一左衛門、堀江忠左衛門、羽津半左衛門も同時に召し出されたが、本知を維持したのは茂左衛門のみであった。

堀家の家臣深美八郎兵衛秀剰は、年不詳二月二十八日付で茂左衛門に書状を送り、茂左衛門のみが本知で松平家に仕官したことを祝賀し、子息の次郎右衛門、次右衛門も同時に召し抱えるよう松平家の家老衆に申し入れてあるので、同道して大至急江戸に向かうよう助言している。また同じ書中で「現在は世間で牢人の召し抱えは流行しておらず（『今ほと世間、牢人はやり不申候』）、こちらに上ってきている牢人衆はいまだ仕官できていません。貴殿は早く仕官でき幸運です」とも申し添えている。

「延宝八年八月付福富弥惣左衛門身上覚書」によると、二十五年前に弥五兵衛は死去し、跡目三百五十石は、二子のうち兄の定右衛門が二百石を継ぎ、弟の弥惣左衛門に百石が分与された（「福富文書」）。

藤井一二斎　ふじい　いちにさい

大野治房の配下。

慶長二十年四月二十九日、樫井合戦の後、大野治房により諸士の軍功詮議があった。使者聞役は御宿越前、藤井一二斎が務めた（『吉備温故秘録』所載「山田市郎左衛門書上」）。なお、「元和三年十月十三日金丸信盛泉州かし野表合戦覚条々事」（『浅野家文書』所載）より、右の詮議は五月一日と思われる。

右と同一人物の可能性があるが、一二斎流鉄砲の達人に藤井河内守がいる（『本朝武芸小伝』）。藤井一二斎は、筒長一尺二寸の小鉄砲に練達し、「天下無双の小筒名誉」を称した（『大日本史料』所載「南蛮流鉄砲伝書」）。慶長十七年八月、天下無双を称する藤井一二斎輔綱は、明石又右衛門に鉄砲伝書「万捨之一集」を伝授した（「南蛮流万捨之一集」）。藤井一二斎の弟子に松原定丞清長がある（『大日本史料』所載「南蛮流鉄砲伝書」）。

ちなみに、大坂籠城の頃、砲術一二斎流は、上方で指南され少々流行していたが、狭間より撃てず、塀の屋根から撃つ射法だったため、やがて用いられなくなった（『長沢聞書』）。

藤井左助《ふじい さすけ》

前田利長の家臣内藤如庵の家老。

慶長二十年五月七日、桜門に攻め寄せた前田利常の家臣佐藤与三右衛門直之に行き合い保護された（『元和大坂役将士自筆軍功文書』元和元年八月十三日付佐藤与三右衛門尉自筆軍功書上）。

藤岡縫殿助《ふじおか ぬいのすけ》

慶長二十年五月七日、天王寺表合戦に毛利吉政の先手結城権佐組に属して出役。

落城後、土井利勝に仕えた（『部分御旧記』）。大番に列し、知行二百石（『利隆公御代正保四亥年分限帳』）。

藤懸土佐守永元《ふじかけ とさのかみ ながもと》

尾張国葉栗郡藤懸庄の出自。藤懸三河守永勝の養子。文禄四年、永勝に実子三蔵永重が誕生したため次男となった。初め八右衛門を称した。諱は永元（『寛政重修諸家譜』、「渡辺与右衛門系図并付属之書類」）、永久（「織田系図」）、定方（『肥陽諸士鑑』）、『難波戦記』）、長春（「摂戦実録」）。

伏見に居住した（「織田系図」）。永勝より千石を分与され、秀頼に仕えた（『寛政重修諸家譜』）。

慶長十五年五月、川勝信濃守広綱（藤懸永勝の女婿、西洞院時直の岳父川勝秀氏の長男）を通じて西洞院時慶に芍薬を所望した。八月四日、藤懸永勝が時慶夫妻招待して終日接待した際、相伴した。九月十三日、時慶に芍薬を所望し、三色の株を贈られた。十一月三日、芍薬の返礼として鷹狩の獲物である鶉七羽を贈った（「時慶卿記」）。

慶長十六年三月、秀頼の上洛に供奉（「秀頼御上洛之次第」）。

慶長十九年七月二十八日、大坂衆片桐次郎助、藤懸八右衛門ら十四人が諸大夫となった（「時慶卿記」）。なお、本来は大仏供養に秀頼が出京する際の供奉の者が諸大夫となるはずだった。しかし、秀頼の出京が取り止めになったにもかかわらず、大坂衆の諸大夫成が行われたので、家康は甚だ不快感を示した（『駿府記』）。

慶長十九年、大坂籠城（『難波戦記』）。物頭。年の頃は四十歳ほど（『土屋知貞私記』）。知行は千石（「摂戦実録」）。

慶長二十年五月七日、天王寺表合戦に出役（『大坂御陣覚書』、『武家事紀』）。落城の際に死去（「先祖由緒并一類附帳」明治三年渡辺祐次郎源永一書上、「諸士系譜」、「先祖附」藤掛伝之允、『寛政重修諸家譜』）。

妻は、渡辺筑後守勝（速水守之の甥）の長女（『寛政重修諸家譜』）。慶長十一年八月十九日、当時二十余歳の藤懸八右衛門内は、風邪に罹患して曲直瀬玄朔に受診した（「玄朔道三配剤録」、『医学天正記』）。

嫡男の藤懸蔵人永勝は、外祖父の渡辺勝に養育された。後に惣左衛門とも称した。細川忠利が渡辺宅に臨んだ時、召し抱えられ知行五百石を与えられた。寛文五年三月に病死（「先祖附」藤掛伝之允）。妻は廷臣冷泉為将の長女（「冷泉家譜」）。細川家より扶持百石が支給された（「御侍帳」、「真源院様御代御侍名付」）。子孫は細川家の家臣として続いた（「先祖附」藤掛秀雄、『肥陽諸士鑑』）。

次男の渡辺長五郎政氏は、慶長十二年に誕生。外祖父渡辺勝の養子となった。後に与市郎を称した。元和三年、江戸で前田利常に召し抱えられ、知行七百石を与えられた。寛文九年十月二十七日に金沢で死去。享年六十三歳。妻は吉田伊織の娘。子孫は前田家の家臣として続いた（「諸士系譜」、「先祖由緒并一類附帳」明治三年渡辺祐次郎源永一書上、『寛政重修諸家譜』、「渡辺又作系図帳」）。

三男の藤懸三太夫は、水野隼人正に仕えた。

四男の伊藤六左衛門は、小笠原修理大夫に仕えた（「渡辺与右衛門系図并付属之書類」）。

五男の渡辺与吉正は、外祖父渡辺勝の養子となった。後に与右衛門、主膳を称した。従五位下筑後守に叙任。築巌と号した。元和五年、将軍秀忠に拝謁。寛永三年、養父の遺跡、摂津国川辺、嶋下、豊嶋、上総国市原、埴生、望陀の六郡内で三千石を継いだ。天和三年十二月二十一日に死去。法名は宗版。妻は中川伊勢守忠勝の娘。子孫は幕臣として続いた（『寛政重修諸家譜』、「渡辺又作系図帳」、「渡辺与右衛門系図并付属之書類」）。

末娘は剃髪して貞性院と号した。京都に居住して元禄二年三月五日に死去。法名は貞性院義岳栄西大姉（「渡辺与右衛門系図并付属之書類」）。

一説に娘は、秀頼の家臣伏屋飛騨守一安の妻という（「蜂須賀家家臣成立書并系図」文久元年伏屋一知書上）。

布施小太郎春次《ふせ こたろう はるつぐ》

大和の人。布施太郎左衛門春行の甥。初め大和郡山の筒井定次に仕え、天正十三年三月、雑賀、根来寺制圧に出役、根来大一坊を討った。

天正十三年、筒井家の転封に従い、伊賀上野に移った。

慶長十三年、中坊秀祐とともに筒井家を退去し、大和に帰った。

慶長二十年四月、大坂城に籠り、大和郡山近隣への焼き討ちに出役した（「増補筒井家記」、『和州国民郷土記』）。

布施左京《ふせ さきょう》

大和の人。天正五年に死去した布施左京の子。

大坂籠城（『大和記』）。慶長二十年四月二十九日、大野治房が南泉に進攻したとき従軍した（『武家事紀』）。

落城後、加賀で二百人扶持を給せられたが病死。子がなく断絶した（『大和記』頭註）。

大和国人布施氏は代々、若名を弥七と称したとされることから、別項の布施弥七郎と同一人物と思われる。なお、代々左京進（亮）を称しており、異世代の布施左京進と本項の布施左京の事跡を分別することが困難なため、未分類のまま天正以前の事跡について以下に列記する。

大和国人布施氏の先祖は布施弥七で、信濃から諸国をに流浪し大和に来住した。その子布施豊後守。その子布施掃部頭は、葛下郡寺口村の城に拠った。

永禄元年十月十一日付で布施左京進行盛が多武峰一臈所に宛て起請文を提出した(『談山神社文書』)。

天正五年、布施掃部頭の子布施左京進が死去(『大和記』)。『多聞院日記』によると、天正五年八月二十四日、布施左京進は、孫の弥七が指揮する吉村、吉川の兵により殺害された。

天正十二年、布施左京進行盛は、織田信雄方の伊勢松ヶ島攻撃に出役(『大和記』)。筒井順慶の甥布施左京亮は、兵三千余人を率いて志摩桃取に進出し、家康の麾下《きか》と交戦した。左京亮の嫡男布施宮内少輔が向井忠安に討たれた(『譜牒余録後編』)。「筒井家系図」によると、布施左京進某は筒井順昭の六女を妻としていることから、右の左京亮は、左京進の子と考えられる。

天正十三年、筒井家の伊賀転封後も布施左京進らは大和に残留して、豊臣秀長に仕えた。大和郡山豊臣家が断絶後も、旧領のうちを安堵され、秀吉に直仕した(『武徳編年集成』、『大和記』)。

布施太郎左衛門春行　ふせ　たろ(う)ざえもん　はるゆき

大和の人。大和郡山の筒井順慶に仕え、数度の軍功があった。

天正十三年、筒井家の伊賀転封後も、残留して豊臣秀長に仕えた。甥の次郎八慶春、小太郎春次は、筒井定次に従って伊賀で勤仕していたが、慶長十三年、筒井家を退去して大和に帰った。

慶長十九年、布施春行、同春次、箸尾宮内少輔重春、万歳備前守友興、同太郎兵衛友満、細井平助武春らの大和侍は、各々人数を集め、大坂城に籠った。

慶長二十年四月二十六日、大野治房は、箸尾重春を大将、布施春行、同春次、万歳友興、同友満を先手として、上下二千余人を添えて大和郡山へ出役させた。郡山城主筒井定慶は、高樋山を越えて福住に退去した。四月二十七日未明、大坂勢は鴻ノ島で二手に分かれ、九条口より箸尾、細井、奈良口より布施、万歳が郡山城下に押し込み、町人三十余人を斬り、所々に放火した。布施、万歳は、さらに奈良に放火するべく大橋の北六条索手を二町ほど進んだが、敵本軍の到来を懸念して奈良へは入らず、郡山の南五丁目口に向かい、郡山より南四里先の高市郡今井に押し掛け、近隣に放火した。また、法隆寺表で中井正清宅を打ち壊し、大坂城中へ引き揚げた。

娘の松女は、筒井順慶の側妾。号は妙英尼(『増補筒井家記』、「筒井諸記」、「筒井補系」、『和州国民郷土記』)。

布施伝右衛門　ふせ　でんえもん

大野治房組に所属。

慶長二十年五月七日、大坂方は、敵を十分に引き付ける手筈だったが、案に相違して敵が一気に攻め寄せたため、布施伝右衛門や岡田縫殿らが備えを立てかねていた。御宿越前が乗り寄せ「何を騒いでいるか。主馬もすぐに出陣するから、備えをしっかり立てて鎮まるように」と下知した。後に徳川頼宣の家臣淡輪重直が語ったところによると、この時、布施の家老某が、石畳の大四半を指して「ここを墓所と定めたからには、何も迷うことはない。皆々覚悟の手前だ。殊に今日の相手は将軍だぞ。武士の本望と思ってしっかり備えを立てて一戦に及ぶべし」

と、見事な態度で下知したという（『大坂御陣覚書』）。

布施武蔵　ふせ むさし

小田原の人。布施刑部〔注〕の兄弟。

大坂籠城の際、年の頃は五十歳ほど。

〔注〕布施刑部は、阿茶一位尼の甥で、初め徳川家に仕えたが、喧嘩で人を殺害して退去し、後に池田光政に仕えた（『土屋知貞私記』）。

なお「寛永廿一年十月朔日布施兵庫書上」（「先祖書」）によると、布施美作守の子兵庫は、初め小田原で北条氏照に仕え、天正十八年九月、家康に知行二百石で仕えたが、慶長十二年五月に不慮の事で江戸で牢人となり、九月に播磨で池田輝政に知行三千石で仕えたとある。布施兵庫は布施刑部と同一人物の可能性もある。

布施弥七郎　ふせ やしちろう

大野治房組に所属。塙団右衛門、長岡監物、石川外記、新宮左馬助、岡部大学らと同格の組頭で、馬上五十騎を預かった（「大坂夜討事」）。

慶長二十年四月二十六日、布施や片岡ら大和牢人は、かねて本領安堵の約束で籠城していたが、大和郡山攻略に向かい、城番を追い、近在に放火した（「山本日記」）。

『大和記』によると、大和国人布施氏は代々、若名を弥七と称したとされることから、布施弥七郎は、別項の布施左京と同一人物と思われる。

伏屋飛騨守一盛　ふせや ひだのかみ かつもり

秀吉の家臣。本国は信濃諏訪。美濃国羽栗郡伏屋村の出自。伏屋忠左衛門一秀の嫡男。伏屋新助の妻、伏屋源兵衛一昌の兄〔注1〕。

父の一秀は、伏屋村の領主伏屋市兵衛一之の子。一之が末子某に所領を相続させようとしたため、大垣に退去し、後に清州で秀吉に仕えた。天正七年、播磨三木の戦役で蜂須賀正勝に与力として付属され、そのまま家臣となった。慶長十七年十二月二十九日に死去。妻は信長の家臣高屋陽山の娘（「蜂須賀家家臣成立書并系図」文久元年伏屋一嘉書上）。

伏屋一盛は、初め十内を称した（「金戒光明寺文書」、「木下家文書署名」、『言経卿記』）。諱は一安（「蜂須賀家家臣成立書并系図」文久元年伏屋一嘉書上）、一盛（『言経卿記』）。『言経卿記』には「一《カツ》盛」とルビがある。「金戒光明寺文書」の署名「曽保」も、カツモリの当て字と思われる。飛騨守を称したのは慶長初年以降か。

天正元年に秀吉が長浜を領知した時に出仕した（「蜂須賀家家臣成立書并系図」文久元年伏屋一嘉書上）。

天正十三年六月二十五日付で秀吉の使者として、竹中貞右衛門尉、東内蔵とともに四国在陣中の中川秀政、古田重然を見舞った（『中川史料集』）。

天正十五年二月十七日付で美濃部四郎三郎、郡十右衛門尉宗保と連署して、京都黒谷金戒光明寺へ聚楽第造営に伴う石材の濫取を禁じた旨を通達した（「金戒光明寺文書」）。

六月二十二日付で秀吉の家臣水野久右衛門尉、垣見弥五郎、多木藤蔵、森十蔵、東内蔵、竹中貞右衛門尉、水原亀介、友松甚内、伏屋十内、祖父江久内、熊谷半次、石川兵蔵、山田久三郎、大谷弥八郎、山城小才次、中井平右衛門、三上与三郎、長束藤蔵、中島甚□、山田喜四郎は、連署血判して忠勤を誓う起請文を提出した（「木下家文書」）。

なお『武家事紀』は、豊臣家金切裂指物

使番として蒔田主水正、石川兵蔵、三上与三郎、山城宮内少輔、左田三六、水原石見守、水野久右衛門尉、熊谷内蔵允、友松次右衛門尉、佐久間河内守、瀧川豊前守、杉山源兵衛尉、奥村半平、佐藤駿河守、松井藤助、山田喜四郎、森十蔵、新庄越前守、大屋弥八郎、河原長門守、渡辺与一郎、大田半二、竹中貞右衛門尉、毛利兵橘、西川八右衛門尉、山田久三郎、小川清右衛門尉、美濃部四郎三郎、石川備前守、佐尾左衛門尉、垣見和泉守、伏屋飛騨守を掲げる。また『太閤記』では、豊臣家使番衆として三上与三郎、山城宮内少輔、水原石見守、熊谷内蔵允、友松次右衛門尉、佐久間河内守、瀧川豊前守、杉山源兵衛尉、佐藤駿河守、松井藤助、大谷弥八郎、竹中貞右衛門尉、美濃部隠岐守、伏屋隠岐守、伏屋飛騨守を掲げる。右の伏屋隠岐守は衍字と思われる。

十二月二十日、夢想連歌を催し、大村由己、山科言経らが参会して、駒井重勝が筆を執った。夢想発句「うす色にさきそめたりし椿かな」に続き、亭主として伏屋十内一盛が「松の新葉もいく春の庭」と脇を付けた（『言経卿記』）。

天正十八年五月二十日、秀吉は伏屋飛騨守、瀧川彦次郎、大屋弥八郎を派遣し、関東へ出陣中の浅野長吉、木村重茲を厳しく督励した。三使は小田原から出発し、二十五日に武蔵岩付から帰還して戦況や諸将の軍功を報告した（『武徳編年集成』）。

七月二十八日、秀吉は忍、河越、岩付番衆に岩付、小田原間の御座所造営を命じ、伏屋十内、瀧川彦次郎、大屋弥八郎を奉行に任命した（「大阪城天守閣蔵文書」）。

文禄元年二月、諸将の肥前名護屋参集に際し、美濃部四郎三郎、佐久間甚四郎、水野久右衛門、瀧川彦次郎、佐藤与三右衛門、熊谷半次とともに道中宿奉行を務めた。三月二十六日、秀吉は京都を出陣し、使番衆の美濃部四郎三郎、三上与三郎、佐藤与三右衛門、中島左兵衛、瀧川彦次郎、垣見弥五郎、熊谷半次、伏屋十内、水野久右衛門、小川清右衛門、竹中貞右衛門、伏屋小兵衛、平野新八、大屋弥八郎、山田喜四郎、松井藤介、山田久二郎、奥村半平、水原亀介、渡辺与一郎、友松次右衛門、山城小才次、佐久間甚四郎、杉山源兵衛は、五番手で供奉した。四月二十五日に名護屋に着到（『大かうさまくんきのうち』）。七月二十二日、名護屋留守を命ぜられた（『太閤記』）。

「一五九六年十二月二十八日付 長崎発信ルイス・フロイスの年報補遺」によると、慶長元年七月に京都に降灰があった後、老婆の白髪のようなものが多数降った。アゴスチイノ小西行長、ドン・パウロ志賀親次、太閤の普請奉行で異教徒の「Fusciagennai」は、この毛を幾筋か集め、大坂在住の司祭に送った（『十六・七世紀イエズス会日本報告集』）。「義演准后日記」、『舜旧記』なども、閏七月中旬の京都における降毛を伝えている。これらは火山活動による火山毛で、「Fusciagennai」は伏屋十内のことと思われる。

慶長五年九月十五日、関ヶ原合戦に出役（「石卯余史」）。

慶長六年当時、知行所として美濃国加茂郡大針村内に二百五十六石一斗二升、同郡黒岩村内に四十四石、合計三百石一斗二升があった（『慶長六年丑年美濃一国郷牒并寺社領小物成共』）。なお、右の知行所は、大坂の陣後は岡田善同の代官蔵入地となった（『元和弐年美濃国村高御領知改帳』）。

慶長八年六月三日、伏見で古田重然の茶会に招かれ、正法寺、石川康勝、疋田右近、林権八、意伯、道弥とともに参席（『古田織部茶書(二)』)。かねて茶道を古田織部に師事し、織部百ヶ条一巻を伝授された(『茶道秘伝』)。

慶長九年八月、豊国社の臨時祭で山田信濃守、山田喜四郎、大屋弥八郎、毛利勘右衛門、友松次右衛門とともに惣奉行を務めた(『豊国大明神臨時祭日記』)。

慶長十年一月二十二日付で水原石見守、友松次右衛門とともに、河内国交野郡招提寺村庄屋中に対し、村高七百二十石の免相について誓紙を徴求した(『招提寺内興起伝記』)。

九月、水原石見守とともに摂津国絵図の製作を担当。同月水原、友松次右衛門とともに和泉国絵図の製作を担当。十月十五日、水原とともに小豆島絵図の製作を担当。それぞれ片桐且元の確認を経て幕府に提出された(『江戸幕府撰慶長国絵図集成』)。

慶長十一年、江戸城造営では貴志正久、神田正俊、都築為政、内藤忠清、石川重次、戸田重元、水原吉勝とともに普請奉行を務めた(『山内家史料』所載「御代々記」、『同』所載「御記録」、『武家事紀』、『人物百談』)。二月二十五日付で貴志、神田、都築、内藤、戸田、水原とともに連署して毛利秀就の船手に書状を送り、諸侯の石舟の引き渡しについて指示した(『福原家文書』)。江戸城造営は、三月一日より藤堂高虎の縄張により起工(『公室年譜略』)。

「四月七日付藤堂高虎書状」(下郷共済会蔵)で、高虎は某に対し、八日晩の招待受諾の礼を述べ、片桐且元と伏屋飛騨守の同席を告げている。右の書状は江戸城造営中に発出された可能性もある。

造営に参加していた蜂須賀家では、伊豆の石切場にも人手を派遣していたので、普請の人足が不足していた。そこで家臣の伏屋一昌が一計を案じ、兄の飛騨守に頼んで、他所から毎日五十人、百人ずつの日雇人夫の融通を受けた。これにより蜂須賀家の作業は大いに進捗し、福島正則と浅野幸長に次いで二番目に帳場が完工した(『阿淡年表秘録』)。

四月二十八日、造営の目途が立ったので、上方普請奉行のうち、伏屋と水原は大坂帰還を許された(『金城温古録』)。四月末に石垣の修築が完成し、五月末には石垣普請のため埋められていた堀の復元作業も完工した。六月上旬には助役の諸大名も順次上京した(『当代記』)。

『鹿苑日録』の慶長十二年三月から六月の条に、小林民部少輔、藪田清右衛門、新庄駿河守、水原石見守、片桐主膳正、上野志摩守、佐々木玄由、岡田源兵衛などの大坂衆とともに、鹿苑院の院主鶴峯宗松との交流が散見される。

九月、秀頼は北野天満宮の造営を命じ、片桐且元を奉行に任じた。十月八日、北野社本社の塔柱立に大坂から伏屋飛騨守が派遣された。十月九日の午の刻、柱立が無事執行され、暮方には伏屋より、その旨が大坂に報告された(『北野神社文書』)。

慶長十五年頃、大仏造営に際し、水原石見守、友松次右衛門、松井藤介とともに秀頼の惣奉行となり、大工日帳奉行を兼任した。さらに松井とともに漆奉行、釣鐘奉行をも兼任した(『大工頭中井家文書』)。

慶長十五年十一月十三日、豊国社の小屋で大仏奉行伏屋飛騨守の飼犬を吉田兼治の下人が殺してしまった。豊国社側からいろいろ詫びを入れた結果、十一月十七日にようやく飛騨守は謝罪を受け入れ、十一月二十日には豊国社側から和解のため使者が送られた(『舜旧記』)。

慶長十六年当時、知行千百石。

ふ

慶長十七年、大坂諸大夫衆の一員として禁裏普請助役（『慶長十六年禁裏御普請帳』）。

慶長十九年四月十日朝、織田有楽の茶会に招かれ、真野蔵人頭、植木小左衛門、堺の住人宗玄とともに参席（「有楽亭茶湯日記」）。

四月十八日水原石見守、友松次右衛門とともに豊国社に参詣（『舜旧記』）。

十月七日、大野治長は伏屋飛騨守に下知して、片桐且元の知行所を改易した（『駿府記』）。

慶長二十年四月十三日、秀頼は伏屋飛騨守、水原石見守および所轄の官吏に命じて、合戦に備え天王寺表を整備させた（「大坂籠城記」、『豊内記』、『武徳編年集成』）。

鑓持ちに形見の鑓鞘を持たせ、弟の一昌方に送った。この鞘は後に火災で焼失した（「蜂須賀家家臣成立書并系図」文久元年伏屋一嘉書上）。

五月七日、上本町の北方、太夫殿坂より一町ほど北の横丁付近で森忠政の手に討たれた（『森家先代実録』、『甲子夜話続編』）。涼栄紹薫禅定門と諡され、蜂須賀家中伏屋家の菩提寺である徳島佐古の大安寺で弔われた（貝塚市個人蔵「永代過去帳」）。

森家中における伏屋の討っ手について以下の二説がある。

（一）森采女可春とする説

七日、大坂方の騎馬武者三、四十と歩卒二百人ほどが固まって上本町北方の横町筋に繰り出した。森忠政の家臣森采女（二十二歳）、井上弥次兵衛、同息兵右衛門、津田勘兵衛、吉田九一郎、後藤清兵衛、飯尾半左衛門と堀尾忠晴の家臣松本太郎左衛門が、その行く手を遮り、にらみ合いとなった。すると黒具足の武者が一騎乗り出し「各々《おのおの》卒爾《そつじ》めさるな、我らは掃部の者である」と言った。井上が「いずれの掃部か」と尋ねると「明石掃部」と答えたので、即座に采女が黒具足の武者を突き落とし、押し伏せて首を取った。右の大坂方の騎馬武者のうちに太田意斎という牢人がおり、後に美作津山の林田町に来住し「討たれた黒具足の武者は普請大奉行の伏屋飛騨で、侍三十人の組頭だった」と語った。森家の七人は、大坂上本町森の七本鑓と称えられ、采女は五百石、他は五十石の恩賞が与えられた。森家が討ち取った伏屋飛騨以下二百余の首級は、同日晩、小出国政に侍一人が添えられ、天王寺の本陣に送致された（『森家先代実録』）。

「森家伝記」、「森可政系図伝」も、森采女が伏屋飛騨守を討ち取り、同人所持の直鑓も分捕ったとする。

「関系図」も、森采女が大坂上本町で伏屋飛騨守を討ち取ったとする。

（二）田中伊織吉忠（注2）とする説

松浦鎮信の照会に田中伊織は、以下の趣旨を上申した。「七日に大坂太夫殿坂より一町北の町筋に大坂方が二百人ほどいたので、そこへ攻めかかり、伏屋飛騨守に鑓を付けた。朋輩の井上弥次兵衛が首を所望したので取らせ、自分はその場で別の首を一つ討ち取った。帰陣後、家中では起請文を提出して戦場での働きを申述したが、右の場で軍功があった飯尾半左衛門、後藤清兵衛、井上弥次兵衛、同兵右衛門、吉田九一郎、津田勘兵衛、田中伊織の七人は、呼び出されて加増された」（『甲子夜話続編』（注3））。

森右近（正しくは采女）は、飯尾半左衛門、後藤清兵衛、井上弥次兵衛、同兵右衛門、吉田九一郎、津田勘兵衛、田中伊織の七人が闘った場所より前で、腰に赤熊を指した騎士に行き合い、言葉をかけて鑓を付け、討ち取った。田中伊織は、伏屋飛騨守に鑓を付けた。常々飛騨守と語っていたので声を聞き知っており、抱き取ると最後に「残念」と言い残した。首は井上弥次兵衛に取らせ、さらに別の敵を討ち留めた（『武功雑記』〔注3〕）。

『森家先代実録』所載の首帳は、大塚主膳組の田中伊織が首一、森采女組の鉄砲頭衆井上弥次兵衛が甲付の首一、森采女が伏屋飛騨守の首を討ち取ったとする。しかし本来の「大坂陣森家首帳」には、大塚主膳組の田中伊織が首一、森采女組の鉄砲頭衆井上弥次兵衛が伏屋飛騨守の首、森采女が甲付の首一を討ち取ったとある。「森家先代実録」は、文化年間に森可政の子孫を含む赤穂森家中により編纂されており、その過程で既に離家していた田中伊織を七本鑓から外し、首帳を改ざんして家祖、族臣の功に帰属させた可能性がある。

＊

妻は、秀頼の家臣藤懸土佐守の娘（「蜂須賀家家臣成立書并系図」文久元年伏屋一嘉書上）。「永代過去帳」（貝塚市個人蔵）によると、飛騨守の妻は五月七日に死去しているが、藤懸氏と同一人物か不明。

「一五九六年十二月十三日付 長崎発信ルイス・フロイスの一五九六度年報」によると、豊臣家の大坂における総普請奉行（gennai）は、太閤の命により肥後へ赴任した時、志岐、天草で、宣教師たちを非常に苦しめた人物であるが、今般その息子が、大坂で受洗したという（『十六・七世紀イエズス会日本報告集』）。右の総普請奉行（gennai）とは伏屋十内と推定される。譜代の身でありながら新参の明石掃部の手に属した事情は、この辺にあると思われる。

嫡男の頼母助は、落城の時は幼少だったが、後に年不詳五月七日に京都で死去（「阿州伏屋源兵衛家系図」）。「永代過去帳」（貝塚市個人蔵）は、嫡男の頼母介は年不詳五月七日に死去とし、泉州万町村郷士伏屋長左衛門先祖とある。

長男の竹麿は、慶長十一年十一月二十二日に誕生。蜂須賀至鎮の家老中村外記益菴（不詳）方で養育され、長太郎を称した。元和四年、片桐石見守の媒酌により摂津国和泉郡万町村の分限者高階長左衛門家重の娘千代を娶り、養嗣子となり、長左衛門重正を称した。後に家名を伏屋に改めた。無友と号した。寛文十二年五月二十六日に死去。享年六十七歳。法名は独峯院無友重正居士。妻の千代は、寛文三年十月二十五日に死去。法名は養寿院浄光妙薫禅定尼。その嫡男長左衛門重賢は、代官豊島権丞支配の和泉郡内三十六か村の触頭となり、苗字帯刀を許された。子孫は代々学術振興に尽力し繁盛した（「和泉市個人蔵系図写」、『和泉市史』）。片桐石見守貞昌は慶長十年誕生であり、媒酌人とはなりがたく、父の片桐主膳正貞隆による媒酌の可能性もある。

〔注1〕一秀の長女は、祖父一之の養女となり、養子新助の妻となった。新助の子の内蔵助は、初め秀吉、後に家康に仕えた。子孫は伏屋備前守の家筋で、徳川家の旗本として続いた（「阿州伏屋源兵衛家系図」、「蜂須賀家家臣成立書并系図」文久元年伏屋一嘉書上）。『寛政重修諸家譜』によると、信長の家臣に伏屋駿河守為俊がある。その子左衛門佐為長は、初め秀吉に仕え、馬廻、普請奉行、金切裂指物使番を歴勤。慶長五年、家康に出仕して、普請奉行を務め、慶長九年十月二十九日に死去。享年四十二歳。右の為俊、為長父子は、新助、内蔵助父子と同一人物と思われる。内蔵助の子孫伏屋備前守とは、為長の曽

孫伏屋為貞を指すものと思われる。

伏屋一昌は、一秀の次男。初め太郎作を称した。母は高屋氏。蜂須賀家政以降四代に仕え、鉄砲頭を務め、朝鮮の役、大坂の陣に供奉した。寛文十一年一月十九日に死去。子孫は蜂須賀家の家臣として続いた（「蜂須賀家家臣成立書并系図」文久元年伏屋一嘉書上）。

〔注2〕田中伊織は、石田三成を捕縛した田中吉政の家臣田中長吉の子。筑後田中家、津山森家、高松生駒家に歴仕し、後に松浦鎮信に客分として招かれた。子孫は松浦家の家臣として続いたが、松浦清の代に賜暇（『甲子夜話』、『甲子夜話続編』、『田中興廃記』、「十竹斎筆記」）。

〔注3〕『甲子夜話』、『甲子夜話続編』は平戸の松浦清の編著で、『武功雑記』は平戸の松浦鎮信の編著。

船津八郎兵衛《ふなつ　はちろ(う)びょうえ》

本国は摂津（「大河内家記録」万治元戊戌歳松林院様御代分限帳）。

槍術を渡辺内蔵助に師事し、門下一と称された。

落城後、松平信綱に仕えた。清水新助が船津に師事して船津流を称した（『本朝武芸小伝』）。

子の船津伝兵衛房堅は、寛永五年に山城で誕生。松平信綱に仕え、知行百五十石、後に二百石。使番、物頭、鑓奉行を歴勤した。子孫は大河内松平家の家臣として続いた（「大河内家記録」万治元戊戌歳松林院様御代分限帳、「同」従古代役人以上寄帳）。

古沢四郎兵衛満興《ふるさわ　しろ(う)びょうえ　みつおき》

後藤又兵衛の家老（『大坂御陣覚書』）。

慶長十八年一月、古沢四郎兵衛橘言重より湯浅三郎兵衛に譲った砲術伝受の折本六冊が、丹波夜久家に伝来した（「夜久家譜」）。

慶長二十年五月六日、道明寺表に出陣した後藤又兵衛は、夜のうちに先手を安宿郡片山の山上に進出させた。『長沢聞書』は、先手を山田外記、長沢七右衛門、片山助兵衛とし、「後藤合戦記」は、先手を山田外記、仙石喜四郎、片山助兵衛とし、『大坂御陣覚書』は、先手を山田外記、古沢四郎兵衛、左備えを牛尾久左衛門とし、『難波戦記』は、先手を山田外記、山田何右衛門、片山勘兵衛、左軍を湯浅三郎兵衛、右軍を古沢四郎兵衛とする。

六日未明、先手の山田は山の北方を占拠し、古沢は釘抜の幟を押し立て、南方の峰筋を制圧した。当初は寄せ手に銃撃を加えて善戦したが、やがて松平忠明の美濃組や伊達政宗らの大軍が攻め上がると劣勢になり、古沢以下、古沢小源太、豊田与右衛門、津田勘三郎を始め後藤の近習七、八騎が討たれ、後藤も戦死した（『大坂御陣覚書』）。

翌七日、後藤の近習長沢九郎兵衛が聞いたところによると、古沢は後藤の戦死を知らず、大勢の敗走兵に引き立てられ小川の傍まで退却したが、後藤の戦死を聞くや引き返して闘死したという（『長沢聞書』）。

なお『南国遺事』は、古沢が大庭土佐守に宛てた元和元年五月五日付書状を載せるが、体裁、内容ともに信憑性に欠ける。

また「土佐諸家系図」によると、古沢の妻は、立花仁右衛門の娘で、長女の由利は、慶長五年に誕生し、明石掃部に嫁いだとされ、長男の古沢政太郎満員は慶長十八年に誕生し、大坂落城後、土佐に来住したとされる。しかし、この説も信憑性に欠ける。

古沢兵左衛門《ふるさわ　ひょうざえもん》

毛利元就の家臣古沢義右衛門の子。父と死別の時、幼少のため浅野幸長の家臣松原内記方で養育された。十六歳の時、内記の家人を殺害し退去。

数年牢人の後、大坂籠城。

落城後、藤堂高虎に仕えたが、所存があって立ち退き、江戸に下向した。

その途上、逗留中の岡崎で本多忠利に出仕し、先手足軽を預けられた。横須賀で本多利長の代まで小禄で仕えたが、朋輩の沢岡藤右衛門ともめごとを起こし、双方暇を出され、遠江国周知郡山梨村に引き籠った。

万治二年三月十六日夜、藤右衛門が人数を集め、兵左衛門方に討ち入り、兵左衛門夫婦、嫡男の安兵衛、下人二人は殺害された。

次男の古沢忠次郎は、父兄遭害の時に十七歳だったが、遠江国佐野郡原川村の姉婿飯尾十左衛門方にいたため難を免れた。後に仇人を求め江戸へ赴き、高井作左衛門友清を頼み、浪居数年の後、書院番士井戸幸弘の若党となった。姉婿の鍬柄六郎兵衛が後見した。仇の藤右衛門は牢人して横須賀を離れた後、北条氏重方にいたが、その後牛込筑土明神別当方に浪居していた。寛文四年五月十七日朝、母方の叔父古沢市左衛門とともに、牛込築土明神坂下で藤右衛門を呼び止め、両人で前後より切り付け、討ち果たした。時に忠次郎は二十三歳、市左衛門は五十歳、藤右衛門は五十三歳。忠次郎は、高井友清の取持ちで肥前平戸の松浦鎮信に知行百五十石で仕え、近習を務めた。安田加兵衛と改名した。子孫は松浦家の家臣として続いた（「増補藩臣譜略」、『史料稿本』所載「承寛雑録」、『史料稿本』所載「慶安元禄間記」）。

古田九郎八重行《ふるた　くろ(う)はち　しげゆき》

古田織部の嫡男（『武家事紀』）。「中川家寄託　諸士系譜」によると、古田織部の四男で、古田山城守重嗣、古田左助重尚、古田小三郎重広の弟、古田左近重久、森田小左衛門の妻、鈴木左馬助重春の妻の兄とされる〔注〕。

父の織部は、慶長二十年六月十一日午の刻、大坂方への内通の嫌疑により、伏見で切腹させられた（『駿府記』）。法名は金甫宗屋禅人（『大日本史料』所載「三玄院点霊簿」）。葬地は大徳寺の塔頭玉林庵（『武徳編年集成』）。

古田重行は、天正十七年に誕生。秀頼に仕え、知行千石という（「中川家寄託　諸士系譜」）。小姓組に属した（『利休由緒書』）。

慶長十六年三月、秀頼の上洛に供奉（「秀頼御上洛之次第」）。

慶長二十年五月六日、後藤又兵衛に続き、薄田隼人、真木嶋昭光、井上定利、山川景綱、北川一利、大久保左兵衛らとともに道明寺方面に出役（『大坂御陣覚書』）。六月二十四日、父の罪科により切腹。享年二十七歳。法名は無仰宗絶居士。葬地は京都西陣の興聖寺という。

子は僧となり、貞厳長老と号した（「中川家寄託　諸士系譜」）。

〔注〕古田山城守は、織部の長男（「中川家寄託　諸士系譜」）。諱は重広（『徳川実紀』、『断家譜』）、または重嗣（「改撰仙石家譜」、「仙石秀久家譜」、「中川家寄託　諸士系譜」）。天正七年に誕生。母は中川重清の娘セン（「中川家寄託　諸士系譜」）。江戸で秀忠に出仕（『慶長年録』、『断家譜』）。当初キリスト教に深い理解を示し、家中にも入信を勧奨したが、慶長十七年に幕府から禁教令が布告されたこともあり、取り締まりを強

化した（『ベアト・ルイス・ソテーロ伝』）。『駿府記』によると、慶長二十年六月十一日午の刻、織部とともに伏見で切腹させられた。『舜旧記』も六月十一日付で織部父子の成敗を記し、『武家事紀』、『藩翰譜』も織部とともに伏見で自害したとする。一方『武徳編年集成』、『断家譜』によると、元和元年十二月二十七日に江戸の本誓寺で誅殺とされる。『元和年録』も十二月二十七日に切腹と記す。『古織公伝書』によると、織部とともに子息小平次親子も切腹したとされるが、山城守と同一人物かは不明。享年三十七歳（「中川家寄託 諸士系譜」）。妻の亀子は、仙石秀久の娘で、仙石宗也の妹。生母は野々村伊予守の娘。元和元年と推定される十月十四日付で、土井利勝と本多正純は連署して仙石忠政に奉書を送り、忠政の妹（亀子）を仙石家で引き取ることについて了承を与えた（「改撰仙石家譜」）。亀子は夫の死後、実家に帰り（「仙石秀久家譜」）、下の丸殿と称せられた。法名は聯窓貞芳大禅定尼（「改撰仙石家譜」）。三人の男子は早世し、三人の娘は仙石家中に嫁いだ。

古田左助重尚は、織部の次男。天正九年に誕生。前田利常に知行千石で仕えた（「中川家寄託 諸士系譜」）。なお『慶長十年富山侍帳』に、前田利長に従って富山に勤仕した家臣に古田左内（知行千石）の名が見えるが、同一人物かは不明。慶長二十年六月十三日に父の罪科により切腹。享年二十五歳。法名は祖印道円居士。子は僧となり、如柳証人と号した。

古田小三郎重広は、織部の三男。天正十六年に誕生。池田輝政に仕えた（「中川家寄託 諸士系譜」）。小姓を務め、無役で知行千石（「播州侍帳」）。慶長二十年六月十三日に父の罪科により切腹。法名は青天宗白居士。享年二十八歳。娘が三人いた。

古田左近重久は、織部の五男（「中川家寄託 諸士系譜」）。諱は重政ともいう（「柳原家記録」）。天正十九年に誕生（「中川家寄託 諸士系譜」）。慶長二十年五月七日に旗本書院番頭青山忠俊組に属して天王寺表合戦に出役し、戦死（『断家譜』）。享年二十五歳。法名は弧峯宗本。

織部の長女は、初め森田小左衛門に嫁ぎ、後に伊勢平兵衛貞之に再嫁。承応三年十一月七日に死去。法名は円乗院無嶽妙意（「中川家寄託 諸士系譜」）。前夫の森田小左衛門は中川秀政の家臣。慶長七年十月に死去。妻古田氏とは死後離別（『中川氏御年譜附録』）。

織部の次女百は、大津代官鈴木重春に嫁いだ。後に林月尼と号した。寛永六年五月二十九日、織部の室センの死後、中川久盛より十人扶持を給せられた。法名は心桂院大清林月（「中川家寄託 諸士系譜」）。夫の重春は、慶長二十年四月二十六日、牢人戸田八郎右衛門に兄の仇として京都日ノ岡で殺害された。この時、重春が供に持たせていた挟箱の中から、大坂への内通密書と一揆蜂起の廻文が発見された。京都所司代板倉勝重は内偵を進め、織部の家臣（茶堂）木村宗喜以下二十余人を一味として逮捕した。織部も詮議の対象となり、内通の嫌疑により拘束された。これらの対応のため、五月二日に予定されていた家康父子の京都出陣は延期になった（『大坂御陣覚書』）。

古田次郎右衛門　ふるた じろ（う）えもん

木村重成組に所属。

慶長二十年五月六日、若江表に出役。堤上で藤堂良勝の手の田中重久と鑓を合わせ、組み討ちとなり、田の中へ落ちたが、ついにその首を取った（『大坂御陣覚書』）。

ふ

古田助右衛門《ふるた すけえもん》

古田重勝の親類。秀頼に知行千石ほどで仕え、大坂籠城（『土屋知貞私記』）。

慶長二十年五月七日、茶臼山表に出役（『武家事紀』）。戦死。

落城により三歳の嫡男玉千代は、母の黒多に抱かれ、二歳の次男菊千代は、乳母に抱かれて落ち延びた。菊千代は、後に出家して病死。享年四十歳。三男の石千代は、元和四年、四歳の時、母が山内忠義に招聘された際、伴われて土佐に下向し、山内家の家臣寺村宗休重友の所望により、その弟彦左衛門重直の養子となった（『土佐名家系譜』）。

古田半左衛門重忠《ふるた はんざえもん しげただ》

本国は美濃。秀吉の家臣古田吉左衛門重則の次男。古田兵部少輔重勝の弟。古田大膳大夫重治の兄。

永禄十一年に誕生。

秀吉に仕えた（『寛政重修諸家譜』）。その後、秀頼に仕え、大坂七組の中島式部少輔組に所属。知行三百十五石（『武家事紀』）、あるいは三百五十石（『難波戦記』）。

慶長二十年五月七日に戦死。享年四十八歳。道号は古剣。法名は玄霜（『寛永諸家系図伝』、『寛政重修諸家譜』）。

妻は滝川忠征の娘で、秀吉の家臣松井藤助友于の前妻。

嫡男の古田兵九郎重直は、伯父重勝の養子となったが、重勝に実子重恒が誕生したので、慶長八年、叔父重治に養われた。将軍秀忠に知行七百石で仕え、寛永十三年七月三日に死去。子孫は幕臣として続いた。家紋は丸に三引、十六葉菊、五三桐。

次男の古田吉左衛門重弘は、慶長十七年に誕生。幼少より叔父重治に養われた。将軍家光に知行五百石で仕え、元禄五年七月十七日に死去。享年八十一歳。

重忠の娘二人は、滝川忠征の養女となり、一人は南部安右衛門の妻、一人は高木内膳の妻となった（『寛政重修諸系譜』、『士林泝洄』）。

古橋新介《ふるはし しんすけ》

慶長二十年五月七日、天王寺表合戦で仙石忠政の家臣松本源内栄行を討ち取った（「改撰仙石家譜」）。

不破左近重冨《ふわ さこん しげとみ》

美濃国不破郡の出自。不破内匠頭重正の次男。不破新十郎重信の弟。

父の重正は、不破市之丞重則の次男で、不破新十郎重信の弟。宇喜多秀家、小早川秀秋、山内一豊に歴仕し、慶長二十年四月二日に上方で病死。前妻は馬場六郎左衛門の娘。後妻は北条右馬助の娘（「御侍中先祖書系図牒」、『浮田家分限帳』）。

不破重冨は、初め十郎を称した。

宇喜多秀家の嫡男（秀高）、山内忠義に歴仕したが、慶長十八年二月、出奔して大坂籠城。

寛永元年八月二日に大坂で病死（「御侍中先祖書系図牒」、『南路志』）。

子の不破又右衛門重忠は、武者修行を経て、九年間仙台伊達家に仕えた。後に病気のため江戸で浪居した。伯父、従弟の招きにより土佐に下向。外姓の石川氏を称し、宗丹と号した。寛文四年、山内忠豊に仕え、本山土居に与力として付属された。子孫は不破氏に復し、山内家の家臣として続いた（「御侍中先祖書系図牒」）。

不破平左衛門《ふわ へいざえもん》

秀頼に仕え、大坂七組の真野頼包組に所属。知行五百石（「諸方雑砕集」）。

采地は、伊勢国三重郡平尾村の四百八石三十四斗六升。ただし、そのうち百石は蔵入地（「桑名御領分村絵図」）。

慶長二十年五月七日、天王寺表合戦に出役。城方が総敗軍となったため、城中へ退却し、桜門の西方で槙嶋勝太、仙石清左衛門、大野弥十郎、坂井助右衛門、林甚右衛門とともに暫く防戦した（『元和先鋒録』所載「林甚右衛門正治書上」）。

へ

別所蔵人《べっしょ くろうど》

別所孫右衛門重棟の三男。別所豊後守吉治、別所主水正宗治〔注1〕の弟。別所孫右衛門重家〔注2〕、別所孫次郎友治〔注3〕、井上五郎左衛門、福島伯耆守正之、別所内膳の兄（『断家譜』、『寛政重修諸家譜』）。母は某氏（『寛政重修諸家譜』）。諱は信範（『寛政重修諸家譜』、『元寛日記』）、信正（『難波戦記』、『伊達世臣家譜』、『武徳編年集成』）、初め信範、後に信正（「諸系譜」）、治範（『断家譜』）。

父の重棟は、播磨三木城主の別所小三郎長治の叔父。天正十三年、秀吉に仕え、但馬国内で一万五千石を与えられた。晩年は和泉堺に閑居し、天正十九年六月六日に病死。法名は徳厳院貞岳。妻は福島市兵衛正信の娘（『断家譜』、『寛政重修諸家譜』）。

別所蔵人は、秀吉に仕え（「先祖由緒并一類附帳」明治三年佐藤貞之進藤原知達書上）、厚遇されていた（『大坂陣山口休庵咄』）。

慶長十六年三月、秀頼の上洛に供奉。太刀持の生駒宮内少輔の替役を務めた（「秀頼御上洛之次第」）。当時、知行は四百二十石。

慶長十七年、大坂諸大夫衆の一員として禁裏普請助役（『慶長十六年禁裏御普請帳』）。

慶長十九年当時、本知は四百石。大坂籠城中は人数は預かっていなかった（『大坂陣山口休庵咄』）。下方市左衛門正弘と相役で牢人頭を務めた（「尾藩諸家系譜」）。

慶長二十年四月二十日、大坂城中で武具の製造や馬の購入を禁止する触書が出された時、長谷川吉左衛門とともに横目となり、違背がないよう城内巡察の任にあたった（「北川次郎兵衛筆」）。

大坂の陣で戦死（「先祖由緒并一類附帳」明治三年佐藤貞之進藤原知達書上）。戦死は五月七日（『寛政重修諸家譜』）、または八日（「諸系譜」）。あるいは落城の際、浅井因幡守、今木源右衛門とともに使者として城外に派遣され、浅井、今木は落去したが、別所は立ち戻って切腹したともいう（『元寛日記』）。右の使者について『大坂御陣覚書』、『土屋知貞私記』、『豊内記』は別所孫右衛門、『難波戦記』は別所孫兵衛としており、詳細は不明。

なお、『大かうさまくんきのうち』によると、文禄元年、秀吉の肥前名護屋出陣に供奉の御詰衆の中に別所孫三郎があり、「高橋義彦氏所蔵文書」によると、名護屋城の御詰衆一番のうちに別所孫三郎があり、『南路志』によると、慶長元年に秀吉が伏見の長宗我部元親邸に来臨した際、相伴衆吉川広家の配膳を務めた別所孫三郎がある。また『浅野家文書』に、慶長三年の浅野幸長の書状宛先として別所長門がある。孫三郎、長門は蔵人と同一人物と思われる。

長男の別所蔵人(二代目)は、後に長門守重信を名乗った(『断家譜』、『伊達世臣家譜』)。慶長十四年に誕生。慶長二十年、大坂落城の時、蜂須賀至鎮の家臣津坂平右衛門方に落ち延びた(「大坂濫妨人并落人改帳」)。元和九年、江戸で伊達政宗に三百石で出仕し、小姓、江戸番、取次役を歴勤。寛文九年十月十三日に病死。子孫は伊達家臣として続いた(『伊達世臣家譜』、『仙台藩家臣録』)。

子の別所正範は、重信の弟。その子に重通、重芳兄弟があり、重芳の次男が玄桃夏実と称し、江戸で医者となり、伊達吉村に知行三百石で仕えた(『伊達世臣家譜』)。

子の小伝次は、幼少の時より前田利常の家臣佐藤与三右衛門直之方へ預けられた。直之は秀吉の家臣佐藤主計の子で、妻は別所孫右衛門の娘だった。小伝次は寛永元年、利常へ新知六百石で児小姓として出仕。後に直之の子与三右衛門直信の婿養子となり、佐藤氏を称した。正保四年一月に病死。子孫は前田家の家臣として続いた(「先祖由緒并一類附帳」明治三年佐藤貞之進藤原知達書上、「諸士系譜」)。

〔注1〕別所宗治は、重棟の次男。将軍秀忠に仕え、慶長十九年、大坂の陣では夜回奉行を務めた。慶長二十年、書院番青山忠俊組に属して大坂に出陣し、五月七日に天王寺表で戦死。

〔注2〕別所重家は、重棟の四男。天正十六年に誕生。松平忠吉、家康に歴仕。書院番に列せられ、大坂冬の陣・夏の陣に供奉。小姓組に属し、知行は千二百石。正保三年六月十五日に死去。享年五十九歳。

〔注3〕別所友治は、実は重棟の甥で、重棟の娘を娶って養子となった。家康に仕え、大和国内で二千五百石を知行した。慶長二十年、大坂の陣に供奉し、首十級を斬獲した。元和二年十二月二十一日夜、罪を得て賜死(『寛政重修諸家譜』)。

別所多門《べっしょ たもん》

別所蔵人の甥。

慶長三年に誕生。

秀頼の側小姓。大坂の陣の時、側小姓四十三人は木村重成に付属された。

慶長十九年十一月二十六日、小姓衆は、見物のため組頭の重成の後に付いて今福口に出役した。重成が城中に引き揚げる際、堀尾忠晴から横合いに鉄砲を打ちかけられ、小姓四、五人が死傷した。そのうちの一人が多門で、十七歳で落命した(『大坂陣山口休庵咄』)。

戸波又兵衛貞之《へわ またびょうえ さだゆき》

長宗我部右兵衛尉の子(「大坂夏陣戦功箚子」所載「寛永元年霜月戸波又兵衛書上」)。諱は貞之(『土佐国蠹簡集拾集』所載「高野山正覚院蔵文書」)。『土佐国蠹簡集』所載「長宗我部氏系図」に、戸波右衛門尉親清は右兵衛尉親武の子とあるので、戸波又兵衛と戸波右衛門尉親清は同一人物であろう。

父の長宗我部右兵衛尉親武は、上野介国康の長男。戸波氏を称した。長宗我部元親に仕え、土佐国高岡郡戸波城主(『土佐国蠹簡集』所載「長宗我部氏系図」)。秀吉から長宗我部信親の弔問使として藤堂高虎が派遣された際、戸波城下の下屋敷で高虎を饗応した(「大坂夏陣戦功劄子」所載「寛永元年霜月戸波又兵衛書上」)。天正十六年夏頃に死去(『土佐国蠹簡集』所載「長宗我部氏系図」)。

戸波貞之は、天正年中、家跡を継いで戸波城主となり、親以来の与力を預かった。朝鮮戦役に十七歳で初陣。

慶長五年、南宮山麓より堺へ退却の途中、騎馬武者を討ち取り、長宗我部盛親から桑名一孝、光富権之介を使者として褒賞された。

慶長十九年、大坂城に入り、旧主盛親の旗下に属し、四十騎を預かった。

慶長二十年五月六日、組の者を引き連れ、八尾堤で一歩も退かず鉄砲を撃ち合っていた。しかし、軍使の斎藤出雲が、二度まで堤からの撤退を命じるので、堤から引き揚げ、盛親に供奉して大坂城に退却した。同晩、村田又左衛門が貞之の戦場における差配を盛親に披露した。

五月七日、盛親は京口へ出て、片原町に備えを立てたが、そのうちに大坂方は敗軍となった。歴々の者が傍に控えていたが、誰も何も言わないので、貞之が「このようにしていては、どうにもなりません。前の川原が死に場所として適当です」と具申した。盛親も同意して兜を持ってくるよう命じたので、重ねて「ここに至っては兜も御無用。面を見せての討ち死にこそ然るべきです」と具申すると、盛親はこれにも同意した。しかし、長宗我部勢も散り散りとなり、敗軍の味方に押し立てられ、やむなく退却した。片原町より一里ほど行くと、後から敵が大勢追撃してきたので、貞之が取って返し、先駆の武者に鑓を付け、残る敵を追い払った。中内惣右衛門から「敗軍の時はだらだらと長追いしてはならぬ」と制止され、首は取らなかった。これにより盛親主従は無事にその場を遁れた。この鑓場から二、三十間過ぎたところで、盛親は「桑名弥次兵衛が豊後で手柄を立てたのも戸次川の敗軍の時だった。土佐でこれほどの骨折をしたならば、たがいに本望を達せたであろうに」と述懐した。この日の退き口で敵と闘ったのは、貞之ただ一人だった。河内山まで逃れたときには夜になり、既に馬も乗り捨て、徒歩になっていた。盛親は右手を貞之の左肩にかけ、夜半過ぎ漸く八幡山にたどり着いた。盛親は供の者を山麓に待機させ、中内惣右衛門のみを連れて山上に登った。夜明けに盛親は下山して戻ってくると「ここまでの供奉、十分手柄である。これよりは自身、成るがままに任せて退くがよい」と命じた。貞之が「前後を御供して、私一人が御手をも引いてここまで参りましたのに、ただ今立ち退くなど思いもよらぬこと」と固辞すると、盛親は「大勢が付き添っていては、忍ぶところも結局忍びがたいので、是非にも立ち退け」と諭した。貞之は「大勢で御供することが、かえってあだとなるのでは仕方ありません」と盛親の手を取り、涙を押さえてその場から立ち去った。

寛永元年十一月、藤堂元則に自身の由緒、軍功の書留を提出した。軍功の証人として、南宮山退去は後に稲葉正則に仕えた横山又助、八尾表合戦は後に松平定勝に仕えた村田又左衛門、五月七日の退き口は後に松平忠明に仕えた土方新兵衛を挙げている。なお、親戸波右兵衛と藤堂高虎の所縁については、藤堂家への仕官が近衛信尋の肝煎だったため、あえて上申せずにいたと申し添えている(「大坂夏陣戦功劄子」所載「寛永元年霜月戸波又兵衛書上」）。

関白近衛信尋の推挙により、京都において藤堂高虎に知行百五十石で出仕した。藤堂家信組に所属（『公室年譜略』）。延享二年、伊賀で貞之の曽孫が証言したところによると、出仕の際、本名をはばかり、戸波の訓をヘワからトナミに改めたという（『累世記事』）。

『公室年譜略』に、藤堂高虎への出仕は寛永三年とある。『宗国史』外編「功臣年表」では、寛永二年に分類されているが、寛永三年の項立表記が欠落している可能性もあり、本来は寛永三年に分類にされるものかもしれない。ただ、寛永元年霜月の書上では、既に出仕している様子であり、結局、出仕年次は判然としない。

寛永七年当時、戸波又兵衛は藤堂家信組に所属、知行は百五十石。

寛永十一年十一月七日に上野城下小田町鍵屋ノ辻で復讐を遂げた渡辺数馬、荒木又右衛門らは、藤堂家信に預けられたが、家信が寛永十三年二月に死去したため、藤堂高清に預け替えとなった（『公室年譜略』）。この間の寛永十二年十月二十四日付で、戸波又兵衛に宛てた荒木又右衛門尉の新陰流兵法起請文は現在上野市が所蔵する。『武芸流派大事典』によると、戸波又兵衛（号は烏石）は柳生新陰流を村田与三に師事し、自ら戸波流陰剣法を闢《ひら》き、伊賀上野藤堂家中に伝承したという。

藤堂高次の命により、名を与三兵衛と改めた（「大坂夏陣戦功谺子」所載「延宝七年四月四日戸波与三兵衛書上」）。

慶安四年二月当時、伊賀城西の丸上ノ町角側西端に居宅があった。

寛文五年九月十一日に病死。法名は法海得船居士。墓所は伊賀上野の神護山山渓寺（『公室年譜略』、「山渓寺過去帳」、「戸波貞之墓碑銘」）〈墓碑写真は巻末「付録」参照〉。

長男の戸波与三郎は、後に与三兵衛を称した。寛永十五年、藤堂高次に知行三十石で出仕し、児小姓を務めた。寛永十六年に二十石、正保元年に百石を加増された。部屋住の務めとして国附となった。寛文五年、父の遺知のうち百石を合わせ、知行は合計二百五十石。延宝八年一月二十一日に死去。法名は鉄山宗銀居士。墓所は山渓寺（「大坂夏陣戦功谺子」所載「延宝七年四月四日戸波与三兵衛書上」、『公室年譜略』、『宗国史』外編「功臣年表」、「山渓寺過去帳」）。

次男の戸波久三郎親良は、寛永十八年、藤堂高次に児小姓として出仕した。江戸詰にて知行は三十石六口。万治二年、知行百五十石を与えられた。寛文三年、五十石を加増された。寛文五年、父の遺知のうち五十石を合わせ、合計二百五十石。寛文九年、藤堂高次が致仕した際、これに付属された（『公室年譜略』、『宗国史』外編「功臣年表」）。

ほ

星野新左衛門《ほしの しんざえもん》

初め織田信雄に仕えた。天正年中、伊勢国朝明郡下宮郷、桑名郡額田郷内で二百十貫を領知した（『織田信雄分限帳』）。

後に秀吉に仕えた。文禄元年三月、秀吉に従い肥前名護屋に下向。御物書衆として安威了佐、木下吉隆、山中長俊、長束正家、白江善五郎正善、粟屋彦兵衛、徳法軒道茂、回斎宗甫、和久宗是とともに十五番手で供奉した（『大かうさまくんきのうち』）。名護屋城では、木下半介、徳法軒道茂、白井善五郎、二番に山中橘内、和久又兵衛、三番に安威摂津守、桑原貞也、回斎宗補、粟屋彦兵衛尉とともに詰衆の一番に列せられた（「高橋義彦氏所蔵文書」）。

文禄二年十月五日、禁庭能で源氏供養のツレを務めた（『駒井日記』）。

文禄三年四月八日、秀吉が前田利家邸に来臨した時、石河又十郎とともに相伴衆中山大納言の給仕役を務めた（『豊太閤入御亜相第記』）。

慶長元年四月二十七日、秀吉が長宗我部元親邸に臨んだ時、又次之酌役の尼子三郎左衛門宗長の加役を務めた（『南路志』）。

慶長十六年三月、秀頼の上洛に供奉（「秀頼御上洛之次第」）。

慶長二十年五月六日、辰の終から巳の半刻にかけて桜門で大坂方諸手功名の記帳筆執を務めた（『秘聞郡上古日記』遠藤玄斉大坂陣ニ而高名被仕候証状之写）。

星野惣兵衛《ほしの そうびょうえ》

星野次郎兵衛の子。

祖父の星野左衛門は、初め十河一存、後に信長に仕え、池田恒興に付属された。妻は荒木久兵衛の娘。

父の次郎兵衛は、秀吉の家臣。妻は青野六右衛門の娘。

星野惣兵衛は、秀頼に仕え、大坂落城後、牢人となった。

寛永元年、有馬豊氏に知行二百石で召し出された。馬廻組使番を務めた。

有馬の陣に供奉し、先手物頭として足軽を支配した。その後、大坂に在番。

承応三年、五十石を加増され、馬廻組に列せられた。寛文年中には船奉行も務めた。

寛文六年七月以前に長男の十郎兵衛が父の名代を務めたが、寛文十年十一月二十二日に早世したため、三男の源五左衛門が父の名代を務めた。

延宝七年五月十一日に死去。法名は法雲玄信居士。

妻は樋口左衛門の娘。

次男の星野孫助信継は、有馬家に出仕して二十石の配当を支給されていたが、暇を乞い、三潴郡大石村に居住して、元禄八年に死去。

三男の星野源五左衛門は、父の遺跡二百石を継ぎ、先手物頭と勘定奉行を兼務した。元禄十六年五月に死去。子孫は久留米有馬家の家臣として続いた。家紋は八曜の内蔓柏（「御家中略系譜」）。

星野長大夫《ほしの ちょうだゆう》

石川康通、忠総の家臣。

大坂冬の陣・夏の陣に供奉（「諸士家系中石川家中系図」）。冬の陣の後、高槻にて忠総の命により、諜者として大坂城中に入った。下部に紛れていたが見咎められ、木村重成、真田信繁らの取り調べを受けた。しかし、後藤又兵衛が「このような者は城中に際限なくいるのだから、さほどの吟味に及ぶまい」と言うので、結局放置された（「石川家先祖覚書」）。

帰陣後、新知八十石を与えられ、後に三十石を加増された。

明暦四年に死去。享年七十七歳。

子孫は石川家の臣として続いた（『諸士家系中石川家中系図』）。

星野弥兵衛《ほしの やひょうえ》

大坂籠城。落城後、松平直政に仕えた（『秘聞郡上古日記』遠藤玄斉大坂陣ニ而高名被仕候証状之写）。

細川讃岐守元勝《ほそかわ さぬきのかみ もとかつ》

細川嫡流京兆家の出自。細川右京大夫昭元の嫡男。母は織田信秀の娘（『細川系図』）。

父の昭元は、右京大夫晴元の嫡男。妻の織田氏は信長の妹阿犬で、尾張大野城主佐治八郎為興に嫁いだ後、天正四年、昭元に再嫁した。天正十年九月八日に死去。法名は霊光院殿契庵倩公大禅定尼（『織田家雑録』）。

細川元勝は、幼名を六郎という。諱は元勝（『細川系図』）、頼範（『難波戦記』）。

天正九年に誕生。

初め家康に仕え、後に厳命により秀頼に仕えた（『細川系図』）。大坂七組の青木一重組に所属。知行二百五十石（『諸方雑砕集』）。

慶長十一年九月二十日、従五位下に叙せられ、侍従に任じられた（『柳原家記録』）。

慶長十五年二月二十六日、秀頼の使者として上洛し、政仁親王に疱瘡平癒の祝賀の品を献納。昇殿を許され盃を賜り、親王の母中和門院から杉原紙百帖、緞子二巻を拝領（『慶長日件録』）。

慶長十六年三月二十七日、秀頼の上洛の際、大坂から淀まで乗船供奉。翌二十八日淀から二条城へ騎行供奉（『秀頼御上洛之次第』）。二条城では、秀頼近臣のうち知名の者数名が片桐且元より家康に披露されたが、その筆頭が細川讃岐守だった（『諸家系図纂』）。

当時、知行千二百石（『慶長十六年禁裏御普請帳』）。

慶長十七年十一月十九日、秀頼が織田有楽の屋敷にある茶室に来臨した時、片桐且元とともに相伴（『有楽亭茶湯日記』）。

十二月より大坂諸大夫衆の一員として禁裏普請助役（『慶長十六年禁裏御普請帳』）。

慶長十八年十月二十二日付の和久宗友書状によると、詰衆の一人で、同年に知行五百石を加増された（『和久家重修系譜』）。

慶長十九年当時、知行五千石（『大坂陣山口休庵咄』）、または三千石（『十竹斎筆記』）。

大坂城に籠り、雑兵を含め二千人ほどを預かった（『大坂陣山口休庵咄』）。小姓頭を務めた（『摂戦実録』）。

慶長二十年一月三十日、秀頼の名代として豊国廟に銀子二十枚を奉納（『舜旧記』）。

五月七日真木嶋昭光、長岡興秋、藤懸永元、江原石見守、本郷左近、早川主馬、福富平三郎らとともに天王寺石鳥居の南に備えを立てた（『大坂御陣覚書』）。

落城後、京都竜安寺霊光院に退居。晩年は妻の親族である大和高取領主本多因幡守利長を頼って高取に移住。有庵と号した。

寛永五年十月七日に死去。法名は旭照院顕宗高慰（『細川系図』）。

妻の法寿院殿は、大和の楢原飛騨守の娘（『三春町史』）。なお、高取領主本多利長の母は、楢原左衛門尉の娘とされ（『諸家系図纂』）、この縁者と思われる。

長男は細川内蔵助義元。母は楢原氏。

慶長十六年に誕生。初め清三郎、民部を称した。寛文九年閏十月二十二日に急死。享年五十九歳。子孫は三春秋田家の家臣として続いた。家紋は二つ引両、五七桐。

長女は、京都の継孝院の住職。

次男の憲元は早世。母は楢原氏。

三男は細川権太夫元冬。母は楢原氏。初め数馬を称した。

四男は京都の善福寺の住持良堪。母は楢原氏（『三春町史』、「細川之系図」）。

元勝の長姉円光院は、秋田実季に嫁いで、慶長三年、伏見で嗣子の秋田俊季を産んだ。

元勝の次姉は、初め尼となり京都の継孝院の住職となっていたが、後に秀忠の室崇源院に招かれ、還俗して森山局と称した。前田利常の妻となった秀忠の娘に付属された。寛永六年六月十九日に加賀で死去。法名は堅松院殿三木寿山大姉（『細川系図』、「秋田系図」、『三春町史』）。

堀田久左衛門《ほった きゅうざえもん》

堀田図書の弟（『土屋知貞私記』）。あるいは堀田加賀守正勝（堀田図書の長男）の長男（「紀姓堀田氏系図」）あるいは堀田帯刀正秀（堀田図書の兄）の六男（『系図纂要』）。久左衛門、勘兵衛を称した（「紀姓堀田氏系図」）。諱は正豊（『難波戦記』、「紀姓堀田氏系図」）、正次とされる。

秀頼に仕えた（「紀姓堀田氏系図」）。

慶長十九年、大坂城に籠り、物頭を務めた（『土屋知貞私記』）。城北警固の寄合衆の一人（『難波戦記』）。年の頃は四十歳ほど（『土屋知貞私記』）。

妻は橋本伊賀守の娘（「堀田氏系譜」）。

長男は堀田勘兵衛。

長女は堀田孫右衛門の妻。

次女は津嶋向島の某に嫁いだ。

次男は堀田伝三郎（『系図纂要』、「堀田氏系譜」）。

三女は拝郷半左衛門の妻。

四女は勝幡村西蓮寺に嫁いだ（「堀田氏系譜」）。

堀田監物《ほった けんもつ》

大坂籠城（「大坂濫妨人并落人改帳」）。

堀田小平太《ほった こへいだ》

堀田図書の三男（『寛政重修諸家譜』、『系図纂要』、『藩士名寄』）。あるいは堀田加賀守正勝（堀田図書の長男）の三男（「紀姓堀田氏系図」）。

秀頼に仕え、大坂で戦死（「紀姓堀田氏系図」、『系図纂要』、『藩士名寄』）。

堀田作兵衛興重《ほった さくびょうえ おきしげ》

信濃国佐久郡長久窪宿の本陣、石合十蔵道定（堀田の女婿）方に寄寓していた牢人（「先公実録 左衛門佐君伝記稿」所載「信濃国更級郡桑原村浪人堀田賢司書上」）。

慶長十二年七月吉日付で「刀作之事」を著した。広く諸国の名刀、諸派の刀匠について論じており、刀剣に対する深い造詣がうかがわれる（「刀作之事」）。

慶長十九年、真田信繁が大坂より呼び寄せた信州侍五十騎の一人。大坂の陣で軍功を立て戦死（「先公実録 左衛門佐君伝記稿」所載「長窪村石合十蔵方留書」）。

寛永十七年三月十二日、石合道定の妻が大坂城中で戦死した養父興重に、元和元年五月八日を命日として玄春宗月と諡し、高野山の蓮華定院で菩提を弔った（「小県郡過去帳」）。

長女は石合道定の妻（「先公実録 左衛門佐君伝記稿」所載「長窪村石合十蔵方留書」）。実は作兵衛の妹が真田信繁の側妾となって産んだ長女で、名はすへ。作兵衛の養女となって道定に嫁いだ。慶長二十年二月十日付で信繁は道定に手紙を送り、「我等籠城之上ハ必死に相極候間、此世にて面談ハ有之間敷候、何事もすへこと心に不叶き候共、御見捨無之やうに頼入候」と娘の行く末を頼んでいる。寛永十九年十月二十八日に死去。法名は松屋寿貞大姉。墓所は小県郡の西蓮寺。なお、作兵衛の妹が産んだ次女は九度山で死去（「真田系譜考」、「先公実録 左衛門佐君伝記稿」所載「長窪村石合十蔵方留書」、「石合文書」）。

長男の堀田源内は、後に堀田又兵衛を称した（「先公実録 左衛門佐君伝記稿」所載「長窪村石合十蔵方留書」）。

寛永十六年、真田家の横目が信濃追分を巡察で通った時、石合道定は大坂方に縁があり、偽って大坂方の落人を匿っているとの訴えがあった。道定と村役人が多数、江戸に召喚され、厳しい取り調べを受けた（「先公実録 左衛門佐君伝記稿」所載「石合家記」）。道定は寛永十七年二月十七日、「大坂の陣から二十六年後、慶長二十年に大坂に籠城した者について真田信之様より詮索された時、拙者の主、堀田作兵衛の妻子を京都に送りました。作兵衛の女房は三日前に源内を産んだばかりで、下女に『この子を踏み殺すように』と頼んだが、下女は源内を連れて佐久郡に逃れ、十七、八歳になるまで育てました。その後、拙者の女房の弟でもあることから、六、七年前より私の所に寄寓しています」と申述した（「石合文書」）。審理の結果、妻は真田信繁の籠城以前に娶っており、堀田源内の引き取りは大坂落城から十八年も後であるとした道定の弁明が認められ、引き続き長窪宿での居住が許された。なお、取り調べにおいて、堀田源内を育てた下女は二月十二日に「私の主、堀田作兵衛について大坂落城により詮索があった時、作兵衛の女房と子は小県郡内村にいました。真田主計様に御預けとなっているうちに源内が産まれました。その二日目に上田に出頭させられ、翌日には作兵衛の女房と娘一人、母と舅の合計四人が京都に送られました。作兵衛の女房から『この子を踏み殺すように』と頼まれましたが、主の子なので捨てることもならず、育つに任せようと芦田という所へ連れて行き、日雇いをしていました。その後、佐久郡八幡町に行き、そこでも日雇いをしているうちに、牢人者の与七郎と夫婦になりました。源内は十七、八歳まで育てましたが、五、六年前に長窪村の十蔵方に行きました。大坂落人の者として、多数の妻子、下人など、私も含めて上田に曳かれましたが、主だけが京都に送られ、下女はお構いなしとなりました。しかし、私の主は源内を産んで三日目だったので下女一人が同行しました。私にはお構いがありませんでした」と申述した（「石合文書」）。

京都に連行された作兵衛の次女は成敗された（「先公実録 左衛門佐君伝記稿」所載「長窪村石合十蔵方留書」）。

堀田図書頭《ほった ずしょのかみ》

尾張国中島郡堀田村の出自（『張州雑志』）。堀田孫右衛門正貞（号は道悦）の子（「紀姓堀田氏系図」）。

堀田家は平野、服部、鈴木、真野、光賀、河村とともに公家流七名字と唱えられ、大橋、岡本、山川、恒川の武家流四家と合わせて津島十一党と称せられた（「大橋記」）。

父の正貞は、堀田弥三郎正道の子。初め弥三郎、蔵人を称した。織田信秀、信長に仕えた（「紀姓堀田氏系図」）。津島村の富家で、秀吉とは久しい知人だった（『太閣記』)。後に秀吉から尾張国中島郡内に五ヶ村二千四百石を与えられた。天正十五年七月八日に死去。妻は大河内左衛門重一の娘(『紀姓堀田氏系図』)。

　堀田図書頭は、天文二十二年に誕生(『寛政重修諸家譜』)。出生地は津島(『塩尻』)。従五位下図書頭に叙任(『紀姓堀田氏系図』、『寛政重修諸家譜』、『張州雑志』)。豊臣姓を授けられた(『豊国神社奉納石燈籠銘』)。諱は署名に之□(『譜牒余録後編』、『豊国神社奉納石灯籠銘』)。その他に勝善、勝寿、盛政、正次(『紀姓堀田氏系図』)、勝嘉(『譜牒余録後編』貞享元年五月鯰江正休書上、『諸方雑砕集』、『難波戦記』)、正高(『士林泝洄』、『藩士名寄』、『系図纂要』、『諸家系図纂』)、長政、長正(『寛政重修諸家譜』)、正勝(『藩士名寄』)、正親(『南紀徳川史』堀田勘平重保家譜)、勝喜(『美濃国諸家系譜』)、盛重(『武家事紀』)など諸説がある。法号は龍庵(『紀姓堀田氏系図』)。

　秀吉に仕え、黄母衣衆《きぼろしゅう》に列せられた(『武家事紀』)。

　天正十六年四月十四日、後陽成天皇の聚楽第行幸に際し、供奉の左前駆を務めた(『太閤記』)。

　天正十八年五月末より上野館林城攻撃に出役(『武徳編年集成』)。

　六月初旬より武蔵忍城攻撃に出役(『忍城戦記』)。

　七月、小田原陣に組下五百人、または六百人を率いて参陣(『伊達家文書』)。

　九月十八日、秀吉が京都の毛利輝元邸へ来臨した際、真野宗信、黒田長政、生駒修理亮とともに折台出役を務めた(『毛利家文書』)。

　天正年中、一万石を領知(『天正年中大名帳』)。

　文禄元年、肥前名護屋城に在番し、三の丸御番衆馬廻組の六番組頭を務めた。組子は上条民部少輔、野々村次兵衛尉、村瀬宗七郎、余語久三郎、伊木半七、賀藤清左衛門尉、大山勝兵衛尉、大津久兵衛尉、山本加兵衛尉、桑山市蔵、山田平兵衛尉、井上彦三、林猪兵衛尉、生熊与三郎、寺島久右衛門尉、矢野久三郎、団甚左衛門尉、村瀬喜八郎、吉田市蔵、栗屋弥四郎(『太閤記』)。

　文禄三年四月八日、秀吉が前田利家邸に来臨した際、相伴衆菊亭晴季の給仕を務めた(『豊太閤入御亜相第記』)。

　十月二十八日、秀吉が上杉景勝邸に来臨した際、富田信高とともに相伴衆家康の給仕を務めた(『上杉家御年譜』)。

　文禄四年一月三日、秀吉は草津湯治を企図し、朱印状を以て道中警固を示達した。堀田組、船越景直は信濃松本の警固を命ぜられた(『浅野家文書』)。

　慶長元年四月二十七日、秀吉が伏見の長宗我部元親邸に来臨した際、次之酌を務めた(『南路志』)。

　慶長年中、一万石を領知(『慶長三年大名帳』、『慶長四年諸侯分限帳』)。なお「豊臣太閤秀吉公御治代分限帳」は、一万石の采地を備中国下道郡川辺とするが、実否不明。

　慶長五年六月十六日、家康は大坂を発し、伏見城に入った。大坂から密かに伊東長次とともに伏見に伺候し、石田三成の挙兵企図を告げた(『諸方雑砕集』、『武家事紀』)。七月二十五日より伏見城攻撃に参役。組下を率いて城の西方から攻め寄せた(『石川忠総留書』、『関原軍記大成』)。

　慶長六年当時、知行所として美濃国池田郡八幡村内に二百二十六石九斗、同郡青柳村百六十三石六斗二升、同郡東野村二百九十九石六斗、同郡上野村三百五十二石九升、同郡砂畑村八十一石三斗五升、合計千百二十三石五斗六升、

その他美濃国内で千九百石七升の知行所があった（『慶長六年丑年美濃一国郷牒并寺社領小物成共』）。在所不明の知行所は、大坂の陣後、加藤光直に渡った安八郡楡俣村であると考えられる。なお、池田郡内の千百二十三石五斗六升は、大坂の陣後、岡田善同の代官蔵入地となった（『元和弐年美濃国村高御領知改帳』）。

慶長九年四月十八日、豊国社に石灯籠一基を寄進。豊国神社唐門正面に向かって右脇に現存する（『甲子夜話続編』、「豊国神社奉納石燈籠銘」）。

八月十三日、豊国社の臨時祭に馬一匹を供出（『豊国大明神祭礼記』）。

慶長十年三月十二日、兄の堀田帯刀正秀が死去。法名は雲昌院殿音阿法山大居士。墓所は津島の紫雲山西福寺（『張州雑志』）。

慶長十三年、旧冬の駿府城失火の見舞いとして、五月一日に帷子三枚、八月二十八日に銀子十枚、小袖五重を家康に献上した（『当代記』）。

慶長十六年三月、秀頼の上洛に供奉（「秀頼御上洛之次第」）。

当時、知行一万石（『慶長十六年禁裏御普請帳』）。

六月十九日朝、織田有楽の茶会に招かれ、伊東長次、大野治長とともに参席。

慶長十七年閏十月一日、織田有楽の茶会に招かれ、渡辺勝、京都住人俵屋新兵衛とともに参席。閏十月二十三日昼、有楽の茶会に招かれ、川勝広綱、高野宗雲とともに参席。十一月二十一日朝、有楽の茶会に招かれ、能瀬庄行（庄右衛門か）、青木一重とともに参席（「有楽亭茶湯日記」）。

十二月から大坂諸大夫衆の一員として禁裏普請助役（『慶長十六年禁裏御普請帳』）。

この頃か、大坂七組の番頭に列せられた（「紀姓堀田氏系図」、『大坂陣山口休庵咄』、『土屋知貞私記』、「北川次郎兵衛筆」、「後藤合戦記」、『片桐家秘記』、『太閤記』）。組子は三十三人（「諸方雑砕集」、『難波戦記』、『武家事紀』）。

慶長十八年一月三日、織田有楽の茶会に招かれ、石川康勝、渡辺勝とともに参席。

慶長十九年二月十九日昼、織田有楽の茶会に招かれ、伊東長次、竹田城庵とともに参席（「有楽亭茶湯日記」）。

当時、知行一万石（「後藤合戦記」、『難波戦記』）。本知七千石。

大坂城に籠り、与力五十騎を付属され（『大坂陣山口休庵咄』）、兵三千人を預かった。旗印は折入菱紋。馬印は黒半月に横黒母衣付（『難波戦記』）。

家来に北野九右衛門、山本五郎作がいた（「大坂濫妨人并落人改帳」）。

十一月二十六日午の上刻、木村重成らとともに今福口へ出役（『大坂御陣覚書』）。堀田組の浅部清兵衛は、今福口で先駆して首一級を斬獲し、徒歩で千畳敷御殿に立ち戻り、松浦弥左衛門とともに一番首と記帳された（『難波戦記』、『武家事紀』）。堀田の家来太兵衛も首一級を斬獲した（『武家事紀』）。『朝野旧聞裒藁』所載「銕醤塵芥抄」によると、その後堀田は鴫野口の危急により今福口から転進したという。

十二月十九日、真野宗信、中島式部少輔、野々村吉安、伊東長次、青木一重、速水守之とともに連署して後藤光次へ書状を送り、和睦の斡旋を求めた（『譜牒余録後編』）。

十二月二十五日、織田有楽、大野治長、七組の番頭伊東、速水、青木らとともに岡山へ出向き、秀忠に拝謁した（『駿府記』、「大坂冬陣記」）。

慶長二十年五月六日、伊東、青木、真野、野々村とともに七組の兵四万から六万人を率いて天王寺表の平野街道に出陣した（「青木伝記」、「北川次郎兵衛筆」、『武功雑記』）。軍法により秀頼出馬の際は、七組のうち伊東、青木、真野が左備え、野々村、堀田が右備えと定められていた（「青木伝記」）。

五月七日、真田信繁、伊木常紀、七組の番頭伊東、野々村とともに茶臼山に参会し、合戦の手筈を定めた後、各々の備えに戻った（「浅井一政自記」）。「福富文書」宮井三郎左衛門身上覚書、『大坂御陣覚書』によると、野々村組は天王寺表の右備えで、勝曼院の前に郡宗保や寄合勢とともに備えを立てた。相備えの堀田組も同所に布陣したものと推測される。

堀田の隊下水谷久左衛門は、仙石忠政の手に討たれた（「改撰仙石家譜」）。

なお『大坂御陣覚書』に、細川忠興は、天王寺村の毘沙門池に備えを立て、堀田、真野、野々村、伊東組と鉄砲で競り合ったとあるが、細川勢の交戦相手は左備えの真野、伊東組と思われる。

堀田、野々村は、合戦に敗北して本丸を目指して退却したが、既に城内一円は猛火に包まれ、本丸に入れなかった（『大坂御陣覚書』）。

堀田は郎党二人を連れ、閉ざされた鉄門付近の木に腰掛けて休息していると、青木正重が通りかかり水を所望したので、堀田の郎党が水を差し出した。堀田が「いかが思われるか。私も証人として息子を差し出しているのでこれまで戻ったが、どうしたものか」と問いかけると、青木は「ここに留まって犬死するよりは先に行かれてはどうか」と答え、別れて谷町の青木一重の屋敷に向かった（「青木伝記」）。

堀田も玉造の屋敷に立ち帰り、妻子を刺し殺し、再び城中を目指して玄関に出たところに、前田利常勢が多数乱入したため、敷台の上で堀田平右衛門（注）と鑓を合わせた。双方突かれて倒れ伏したが、平右衛門が先に起き上がり、押さえ付けて名を問うと「堀田図書」と名乗った。平右衛門は驚いて「さては我が従弟であるか。知らずに突き伏せてしまった。何とか助けよう」と言ったが、既に深手を負い「早く首を取れ」と拒むので、仕方なく首を取った（『大坂御陣覚書』）。享年六十三歳（『寛政重修諸家譜』）。

五月七日、玉造口三の丸に位置する堀田図書丸には、前田利常勢が侵攻し、横山長知、同長治父子の家人が鑓を合わせ、堀田図書丸の堀端では、奥村長元の家人が鑓を合わせた（『越登賀三州志』、『大坂両度御出馬雑録』）。

長男は堀田加賀守（『寛政重修諸家譜』、「諸家系図纂」、『藩士名寄』、『張州雑志』）。諱は盛正（「伊東家御系図」、『寛政重修諸家譜』）、正勝（「紀姓堀田氏系図」）。従五位下に叙せられた。某年に死去。享年五十歳（『寛政重修諸家譜』）。「堀田系譜」（『張州雑志』所載）は、大坂で戦死とするが、『寛政重修諸家譜』は、盛正の実子伊東長行を元和四年の誕生としているので矛盾する。妻は伊東長次の娘長寿院（「伊東家御系図」）。

次男は堀田甚左衛門（『寛政重修諸家譜』、『藩士名寄』）。将軍家光に出仕して書院番。寛永十一年二月二十八日、将軍の上洛に際し、宿割を命ぜられ、途中の伊勢桑名駅で同列の長野次郎兵衛、肥田忠親、津田正重らと争って刃傷に及び、負傷したため死去（『寛政重修諸家譜』）。若干の異説がある。「堀田系譜」（『張州雑志』所載）は、甚左衛門正勝を堀田伯耆守正高の子とし、大坂で戦死。その子が伊藤善左衛門正実とする。「紀姓堀田氏系図」は、甚左衛門盛正を堀田伯耆守長政の長男とし、大坂で堀田図書とともに戦死。その子伊東総右衛門長行とする。「堀田系図」（『張州雑志』所載）は、甚左衛門を堀田図書の兄伯耆の子とし、大坂で戦死。その子伊藤善左衛門とする。これらの異説は、図書の長男、次男の事蹟が混同したものと思われるが、実否不明。

三男は堀田小平太（『寛政重修諸家譜』、『藩士名寄』）（「堀田小平太」の項参照）。

図書頭の兄弟姉妹は多く、諸説があってすべてを確定しえないが、兄として、斎藤道三の家臣堀田孫右衛門正高（号は道空）、海東郡津島村住人堀田三郎右衛門正則、堀田総右衛門正遠、堀田太郎五郎正元、堀田帯刀正秀、津島村西福寺の住持権阿弥などがあり、姉妹として、堀田右馬介の妻、平野右京進長治の妻、真野左近の妻、堀田将監の妻、堀田新太郎の妻、堀田内蔵助の妻などがあるとされる（「紀姓堀田氏系図」、「諸家系図纂」）。

〔注〕堀田平右衛門則兼は、堀田帯刀正秀の三男で、堀田図書の甥。初め彦十郎を称した。慶長十九年、大坂の陣に足軽頭として供奉。慶長二十年も鉄砲頭として従軍（「紀姓堀田氏系図」、『大坂両度御出馬雑録』）。五月七日、堀田図書と相突きとなり戦死（『越登賀三州志』、「堀田家系譜」）。または後日、この時の戦傷により死亡。諸人は七日の首尾を比類なしと称賛した。親類ではあったが、互いに遠国のため顔を知らなかったという（『大坂御陣覚書』）。

堀田大学亮　ほった だいがくのすけ

大坂城士。

大坂落城後、藤原右京亮とともに秀頼亡命の跡を慕ってと称し、薩摩に下向したところを島津家に捕えられた。島津家では黒田貞昌を添えて板倉勝重に二人の身柄を送致した（『本藩人物誌』）。

堀田伝三郎　ほった でんざぶろう

堀田久左衛門の次男。

大坂で戦死。享年十五歳（『系図纂要』、「堀田氏系譜」）。

堀田武助　ほった ぶすけ

堀田図書の親類。

慶長十九年、大坂城に籠り、物頭を務めた（『土屋知貞私記』）。

堀田茂助　ほった もすけ

堀田加賀守正勝（堀田図書の長男）の次男。諱は正明とされる。

秀頼に仕えた（「紀姓堀田氏系図」）。大坂七組の真野頼包組に所属。知行三百石。慶長十九年、大坂城に籠り、城東警固の寄合衆の一人（『難波戦記』）。

堀内右衛門兵衛氏治　ほりうち えもんひょうえ うじはる

堀内安房守氏善の総領（『先祖書』寛政八年八月堀内主膳氏春書上）。ただし、外戚腹《げしゃくばら》の子（「紀伊国地士由緒書抜」、『紀伊続風土記』）。諱を氏治（『先祖書』寛政八年八月堀内主膳氏春書上、『紀伊続風土記』）、または氏満（『武徳編年集成』、『断家譜』）。

朝鮮戦役に従軍し、攻城の際に軍功があったという（『先祖書』寛政八年八月堀内主膳氏春書上）。

慶長五年の戦役で父の氏善は石田三成に味方し、子の堀内若狭守行朝に堀内右衛門兵衛、宇殿藤助、楠嘉兵衛良清、湊百太郎、石垣将監、長田正政所高景、和田蔵人、西岡之介、東太郎左衛門、太地五郎左

衛門頼虎ら三百五十人を授け、新宮より伊勢路に就かせた。しかし、関ヶ原で石田方が敗北したので、八日市場で解軍して、それぞれ新宮に帰還した（「南紀古士伝」）。

戦後父の氏善が肥後に配流となり、これに従ったものと思われる。慶長十七年、宇土城の破却に際し、井上大九郎とともに奉行を務めた（『新撰事蹟通考』）。

大坂に籠城したとされる（「九鬼家系図物語」、『武徳編年集成』）。大和守を称した（『武徳編年集成』）。『土屋知貞私記』には、堀内主水の兄大和が籠城したとある。

落城後、藤堂高次の伯母婿（注）にあたることから、その所縁を以て藤堂高虎に仕官を求めた（「紀伊国地士由緒書抜」）。

寛永九年、江戸表で高虎に出仕し、組外で知行千五百石を与えられた。うち五百石は無役だった。

寛永十五年二月二十日、藤堂家で島原への陣備を制定した際、伊賀留守居役に配置された。子の堀内左近とともに伊賀城下に同居。

慶安三年、歳暮の品として鰤二本を献上。

明暦元年、年頭祝賀として鳥目百疋を献上。

明暦元年十一月八日に病死。法名は樹香院殿松巌浄隆大居士。墓所は伊賀上野の大善寺、今の大超寺（『公室年譜略』、「大超寺過去帳」、「堀内右衛門兵衛墓碑銘」）。

長男の堀内左近は、慶長十三年に誕生。寛永十五年、合力米二百俵を給せられた（「往時聴書」）。伊賀城下に父と同居していた（『公室年譜略』）。明暦元年に父が死去した時、藤堂高次へ刀一腰、大鼓の筒、藤堂高久へ徹書記の掛物、藤堂高通へ高麗茶碗の遺物を献上して、無役を除く跡目千石は、左近へ六百石、次男の堀内十太夫へ二百五十石、三男の堀内彦之丞へ百五十石に分与された。明暦二年五月、右衛門兵衛と改名していた左近は、藤堂元住らに「これといった理由もなく今の禄高に減らされては、旧来の家臣も養えないので、御暇をいただくべく言上したい」としきりに願い出た。幾度も意見したが同意しないので、「それでは来年、殿様の御帰国まで待つように。その時に相談しよう」と諭したが、それでも納得しなかった。そこで藤堂元則とも相談の上、「来年の御帰国のあかつきには然るべきように言上するから、見合わせよ。今、暇を願い上げては、まるで跡目を仰せつかった事に対するあてつけになるので、御帰国まで待たれよ」と繰り返し説得した。しかし、明暦三年になっても藤堂高次の帰国がなかったため、いよいよ「約束の通り言上してほしい」と強く申し出た。元住らがいろいろと戒めたが一向に聞き入れないので、弟の十大夫と彦之丞に存念を尋ねると、「兄の右衛門兵衛が御暇をいただきたいと訴訟している件は、何も相談に与っておらず、ただ驚いている。御奉公の道は兄弟とはいえそれぞれ異なる。私どもは、親右衛門兵衛が無役で何の御奉公もできないまま病死したにもかかわらず、兄弟それぞれに知行を賜ったことについて、ありがたく思っており、何とか御恩に報いたいと念じている。たとえ今まで他国にいたとしても、訴えて当家に馳せ参ずべき身の上、まして既に当家で知行を頂いている以上、いかようにも奉公いたしたい」と殊勝な回答があった。この一件は、江戸の高次の耳にも入り、六月十三日付の書状で「右衛門兵衛などは暇を乞える立場ではないのだが、気が狂ったのだろう。暇を遣るように。弟どもは殊勝な申し分、誉めてとらせよ」との指示が下った(「往事聴書」)。藤堂家を牢人した後は、京都に居住したようである(「実方院旧記」巳十二月七日那智山実方院書付)。

次男の堀内十太夫氏連は、元和四年に誕生(「往時聴書」、「大超寺堀内氏連墓碑銘」)。藤太夫とも書く(『公室年譜略』、『宗国史』外編「功臣年表」)。明暦元年、父の跡目のうち二百五十石を継いだ(「往時聴書」)。藤堂良精組に付属された(『公室年譜略』)。『公室年譜略』は、右衛門兵衛の跡目千五百石のうち、千石のみを分知となった背景は、新参であり無役だったためではないかと推測している。

三男の堀内彦之丞は、元和九年に誕生(「往時聴書」)。彦之進とも書く(『公室年譜略』、『宗国史』外編「功臣年表」)。初め作左衛門を称した。寛永十二年、十五石三口を給せられた(『宗国史』外編「功臣年表」)。明暦元年、父の跡目のうち百五十石を継いだ(「往時聴書」)。初め藤堂良精組に付属され、寛文九年、藤堂高通付となった(『公室年譜略』)。

娘は九鬼守隆の家臣堀内清兵衛氏守(堀内氏善の子有馬伊織氏清の子)に嫁いだ(「摂州三田九鬼家数代諸士記」)。

堀内氏治については、堀内一夫氏著『堀内家系考』(二〇〇二年)が詳しい。

〔注〕『累世紀事』によると、藤堂高虎の継室松寿院(高次の生母)は但馬佐須城主の長連久の娘で、その妹三人は、横浜一庵の室、片倉小十郎の室、紀伊新宮堀内小次郎の室とある。この小次郎が右衛門兵衛氏治と同一人物と思われる。

堀内大学《ほりうち だいがく》

紀伊国牟婁郡の人。

慶長十九年、大坂城に入り、熊野北山組の村々に触状を廻し、一揆を煽動した。浅野家では牟婁郡神上村でその身柄を捜索したが行方が知れず、母と息子のみ捕え、両人を成敗した(『浅野家文書』)。

堀内主水氏久《ほりうち もんど うじひさ》

堀内安房守氏善の七男(『先祖書』寛政八年八月堀内主膳氏春書上、『紀伊続風土記』)。有馬腹の子(『紀伊続風土記』)。

文禄四年に誕生。初名は氏定(『寛政重修諸家譜』)。

慶長五年以後、牢人となっていたが、本多正純の内意を受け、大坂城に籠った(『武徳編年集成』)。

慶長二十年五月七日、千姫を護衛して坂崎直盛の陣所に入り、茶臼山本陣に至った。

この功により五月十六日、下総国印旛郡臼井村で知行五百石を与えられ、大番に列せられた。また、籠城した兄弟は赦免された。

明暦三年八月二十日、二条城衛守在職中に死去。享年六十三歳。法名は理円。葬地は京都の万松山天寧寺。

妻は長谷川氏(『寛政重修諸家譜』、『断家譜』、『土屋知貞私記』)。

長男の堀内九兵衛氏衡が跡目を継いだが、若死にしたため、次男の堀内甚右衛門氏成がその跡を継いだ。子孫は幕臣として続いたが、後に断絶した。長女は、初め大奥に出仕し、後に浅羽貞昌に嫁いだ。三男の堀内兵部氏勝の家筋が、幕臣として続いた(『寛政重修諸家譜』、『断家譜』)。

堀対馬守《ほり つしまのかみ》

堀左衛門督秀治の下戚腹の子(『土屋知貞私記』)。あるいは、本ノ薬院の甥(「松井文書」)、または本薬院の甥(『綿考輯録』所載「慶長廿年五月十五日付細川忠興書状別紙」)。

これは施薬院全宗の甥という意味か不明。あるいは、堀正意（号は杏庵）の父徳印〔注〕の兄（「諸家系図纂」）。「尾張名家誌」は、堀正意の祖父は近江国野洲郡野村城主堀伊豆守定澄で、永禄八年に北白川の役で戦死したとする。これが対馬守の父に相当することになる。

諱は直連とされる（『難波戦記』）。

初め、越後福島の堀忠俊に仕えた。

慶長十三年七月二日、旧冬の駿府城失火見舞として家康に帷子五枚、蝋燭二百挺を献納（『当代記』）。

慶長十五年に忠俊の失領後、秀頼へ出仕か。

慶長十六年三月、秀頼の上洛に供奉（「秀頼御上洛之次第」）。

慶長十七年九月二十八日、秀頼から黒印状を以て、摂津国兎原郡岡本村三百二十九石を扶助された（「津田文書」）。

慶長十九年、大坂城に籠り、城東警固の寄合衆の一人（『難波戦記』）。知行は二、三千石ほどとも、千石ほどともいう。年の頃は五十歳ほど（『土屋知貞私記』）。

慶長二十年五月八日、秀頼の最期に供をして自害（『綿考輯録』所載「慶長廿年五月十五日付細川忠興書状別紙」、『旧記雑録後編』所載「慶長廿年六月十一日付巨細条書」、『駿府記』、『土屋知貞私記』）。

子の右京は、慶長十五年に誕生。母方の祖父で秀吉の家臣津田大炊頭重長（号は恵閑）の養子となった。前田利常に知行七百石で仕え、馬廻組に列せられた。延宝八年に死去。男子がなかったので、浅野長晟に仕えていた兄の堀玄叔の子太郎右衛門を養嗣子とした。子孫は加賀の前田家の臣として続いた（「諸士系譜」、「寛文十一年侍帳」、「津田文書」）。

〔注〕堀徳印は、南禅寺正的院の末寺円明院の僧侶であったが、後に還俗して医者となった（「諸家系図纂」）。子の正意は、南禅寺に学び、藤原惺窩に師事。慶長十六年、浅野幸長に召し出された（『旧臣録』）。大坂の陣に医師として従軍（『芸藩志拾遺』）。元和八年、乞われて徳川義直に転仕した。寛永十九年十一月二十日に死去。享年五十八歳。長男の堀七大夫正英（号は黙桃軒）は浅野家に仕えた。次男の堀勘兵衛貞高（号は忘斎）は尾張徳川家に仕えた（「尾張名家誌」）。

堀野甚平《ほりの じんぺい》

三河の人。下野のうち一万石の領主堀弥太郎正義の弟か。

大坂城に籠り、物頭を務めた（『土屋知貞私記』）。

慶長二十年五月六日、大野治長に属して藤井寺方面へ出役。同日の大野の備えは、先手が湯川孫右衛門、二の手が堀野甚平、三の手が治長の旗本だった（『武家事紀』）。

本郷左近晴堅《ほんごう さこん はるかた》

本国は若狭国大飯郡本郷庄。本郷民部少輔晴盛の子。

秀吉、秀頼に仕え、黄母衣使番《きぼろつかいばん》六人衆の一人に列せられた（『本郷氏八百年史』）。

慶長十九年十一月二十六日、今福、鴫野両口が破られ、備前島も危うくなったので、加勢として、城方より大野治長の手勢と黄母衣衆より山口左馬助、岡村百々介、本郷左近らが思い思いに出役した（「鴫野蒲生合戦覚書」）。

慶長二十年五月七日、天王寺の石鳥居の南に江原石見守、真木嶋玄蕃頭、藤懸土佐守、早川主馬、福富平三郎、細川讃岐守、長岡与五郎らと備えを並べて戦った（『大坂御陣覚書』）。落城時に切腹（『本郷氏八百年史』）。

本郷式部少輔長次《ほんごう しきぶのしょう ながつぐ》

初め清左衛門を称した。大坂籠城。落城後は浪々の身となった。上杉定勝の家臣市川房忠に所縁があり、寛永十三年六月一日、米沢で定勝に出仕、月俸を給せられた。

寛永十四年七月二十五日、侍組に列せられ、新知三百石を与えられた。

寛永十九年二月九日、徳姫の傅役《もりやく》を命ぜられた。四月五日、七百石を加増され、合計知行千石。

正保四年八月二十三日、虎姫の傅役を命ぜられた。

慶安二年四月十六日に退役。加増の七百石は収公された。

承応二年五月二十七日に死去。

子孫は上杉家の家臣として続いた（『御家中諸士略系譜』）。

本郷庄右衛門胤勝《ほんごう しょうえもん たねかつ》

本国は若狭国大飯郡本郷庄。本郷庄左衛門正定の子（『本郷氏八百年史』）。

秀吉の馬廻。文禄元年、肥前名護屋城に在番し、本丸広間番馬廻組の六番速水守之組に所属（『太閤記』）。

後に秀頼に仕え、大坂七組の速水守之組に所属。知行百九十石（『難波戦記』）。

大坂落城の際に戦死。

妻子は山城国葛野郡大将軍村に還住した（『本郷氏八百年史』）。

本郷美作《ほんごう みまさか》

細川忠利の家臣岩間六兵衛正成は、冬の陣で小笠原秀政の陣所に使者として赴いた時、敵三騎を討ち取った。うち二人は組み討ちで、大坂方の本郷美作と勝沼左近。残る一人の名は不明（『綿考輯録』）。

若狭国大飯郡本郷の本郷一族は代々左近将監、美作守を称する者が多く、この一族の可能性もある。

本多掃部《ほんだ かもん》

関東者（『土屋知貞私記』）。諱は正清。宇喜多家の牢人（『武徳編年集成』）。大坂城に籠り、物頭を務めた（『土屋知貞私記』）。

本多権右衛門正房《ほんだ ごんえもん まさふさ》

家康の家臣本多弥左衛門正敏の長男。家康に仕え、三河国加茂郡高橋に采地を与えられた。

天正十八年、関東入府の後、上総国東金領内で采地を与えられた。世に上総の七十騎と称された。

その後、千姫に付属され、慶長八年の大坂入輿に随行。

慶長二十年五月七日、次男の本多八郎右衛門正氏らとともに千姫を守護して城を退去し、坂崎出羽守の仕寄《しより》に至り、坂崎の案内で茶臼山本陣に至った。この時、正房父子は城兵の追尾を斥け、正房は首二級、正氏は首一級を斬獲した。

元和二年七月、千姫の本多家入嫁に随身。忠刻の死後、千姫に従い江戸に帰った。

次男の堀田八郎右衛門正氏は、後に善右衛門を称した。家康に仕え、天正十八年、関東入国に供奉。父とともに千姫の大坂入輿に随行。元和二年、千姫の本多家入嫁に随行。子孫は幕臣として続いた。家紋は丸に立葵、三本杉（『寛政重修諸家譜』）。

本間仁兵衛重高《ほんま にひょうえ しげたか》

河内国渋川郡久宝寺村の人安井勘助定正（号は善海）の娘の縁者。

元小田原北条家の侍で、後に加藤清正に仕えた（「安井家由緒略書」）。または加藤嘉明に仕え、後に久宝寺村に浪居。鑓の指南をしていた。

大坂籠城の時、秀頼より黄金三枚を拝領し、うち一枚は安井九兵衛貞吉に贈って死後の事を頼み、併せて遺物として観音一体を贈った（「安井系譜」）。

慶長十九年十一月四日、本間仁兵衛の案内で大坂城から薄田隼人正、山口左馬助が平野庄へ出役し、年寄数人を搦め捕り、翌五日、村中へ放火して帰城した（「長井三郎五郎長重日録」）。

十一月二十九日未明、蜂須賀至鎮、池田忠雄、石川忠総は水陸より兵を進めて伯楽淵砦に攻めかかった（『寛永諸家系図伝』、『駿府記』、『阿波国徴古雑抄』、「阿陽忠功伝」、「鳥取池田家記」、「石川忠総家臣大坂陣覚書」）。この時、砦に在番していた本間や小河四郎右衛門ら十人ほどが踏み留まって防戦した。蜂須賀方より森甚太夫氏純が十文字鑓を提げ一番に進み出て、本間と鑓を合わせた。本間は鑓の達人なので、森は劣勢になったが、左胸の上を突かれた瞬間、身を左に捩って受け流すと同時に石突で本間の鑓を刎ね、本間の身が回転した隙にその左脇腹を突いた。本間は鑓を捨てて太刀で打ちかかったが、森は鑓を取り直し、涎懸《よだれかけ》を通して喉笛を突き、本間が怯むところを組み伏せ、錏《しころ》を刎ね上げて首を摺り切った。本間の首に銀の五尺の立物を添えて家来に託し、持ち帰らせた（「森古伝記」）。あるいは、本間の首に鳥毛の大半月の指物を添えて首実検に供えた（「安井系譜」）。

正徳三年冬、氏純の子孫森甚太夫芳純は、本間と森村近（氏純の弟）の一百年忌を阿波国板野郡矢武村の荘厳院で営んだ。同院住持普雄上人が本間に義本浄英居士の諡号を授けた（「阿波国古文書」）。

池田忠雄の家臣岡市太夫が討ち取ったとする説もある。岡は本間を突き伏せ、首を取り、甲冑、刀も分捕ったが、戦場の混乱の中、首は盗み取られた。甲冑と刀だけ持ち帰ったため、首帳には記載されなかったが、その軍功は横川重陳を通じて上聞に達した（「鳥取藩政資料　藩士家譜」岡金右衛門政貞家）。

ま

蒔田助九郎政行　まいた すけくろう まさゆき

蒔田主水正政勝の嫡男。

父の政勝は、秀吉の家臣蒔田相模守広光の次男で、蒔田権佐広定の兄。天正十九年、河内、伊勢と備中国内で別知一万十六石を与えられて別家を立てた。秀頼に仕える大坂衆で、石川光元と相役で大坂城千畳敷と天守間の番所の警固役を務めた。慶長十二年四月十三日に大坂で死去。子孫は久世広之の家中に続いた（『寛政重修諸系譜』、「蒔田家譜」、「慶長三年誓紙前書」、『当代記』）。政勝の妹は、速水守之の長男速水助七に嫁いだが、後に離別された（「御家中略系譜」）。

蒔田政行は、慶長五年に誕生。

八歳で父と死別し、幼年のため、内命により一時家禄を返納した。後に秀頼に出仕し、改めて知行五千石を拝領して家を継いだ。

慶長二十年五月七日、大坂城下で防戦した。その後、城中に戻ろうとしたが既に四門は鎖を降ろしていて入れず、城にも火がかかったので、組頭の津川右近（津川左近将監近治か）の命により退去した

（『蒔田家譜』）。

落城後、暫く浪客となったが、元和八年、蒲生忠郷、織田信良の斡旋で藤堂高虎に知行五百石で仕えた。藤堂高義組に所属。伊賀附で、伊賀城下東蛇谷北より三軒目に居宅があった。藤堂高次の代に断絶した（『公室年譜略』）。

前田太郎左衛門吉貞《まえだ　たろ(う)ざえもん　よしさだ》

前田左近将監基光の六男。

永禄六年に誕生。

槙島玄蕃頭重利に仕え、慶長二十年五月七日に戦死。享年五十三歳（「諸氏本系帳」）。

前田主水《まえだ　もんど》

尾張の人。

大坂城に籠り、物頭を務めた（『土屋知貞私記』）。

慶長二十年五月七日、明石掃部頭、小倉作左衛門、岡田丹後守、塩川清右衛門、若原勘大夫、岸勘解由らと一手となり、船場に出陣した（『大日本史料』所載「大坂記」）。蒔田主水の子蒔田政行との関係は不明。

前田六左衛門《まえだ　ろくざえもん》

秀頼の古参奉公人（『公室年譜略』）。

大坂七組の真野頼包組に所属。知行三百三十四石（「諸方雑砕集」）、または三百三十石（『難波戦記』）。

慶長十九年十二月三日、同じ組の林甚右衛門とともに、鉄砲二百挺を率いて今福口の押さえとして出役（『元和先鋒録』所載「林甚右衛門差出書付」）。

元和三年、村上吉正、山岡景以の斡旋で、藤堂高虎に知行三百石で仕えた。伊賀の藤堂高清組に所属。藤堂高次の代に断絶した（『公室年譜略』）。

牧四郎兵衛《まき　しろ(う)びょうえ》

慶長二十年五月六日、真田信繁に属して誉田表へ出役。伊達政宗の先手と二度の戦闘があり、二度目の激戦で伊達勢が敗軍し、真田勢が追撃すると、三十人ほどが取って返し、折敷いて踏み留まった。そこへ関助大夫、西村孫之進とともに三人で鑓を入れた。同所で負傷し、大坂に退いたが死亡した（『黄薇古簡集』所載「西村喜右衛門所蔵西村孫之進書上」）。

槙田監物《まきた　けんもつ》

槙田刑部盛重（号は意西）の長男。

父の盛重は、初め秀頼に仕え、後に安芸広島に居住した。

槙田監物は、慶長二十年、真田信繁に属して戦死（『柏原織田家臣系譜』）。

槙田幸次郎《まきた　こうじろう》

槙田刑部盛重の次男。槙田宮徳（注）の兄。

慶長二十年、兄の槙田監物とともに戦死（『柏原織田家臣系譜』）。

〔注〕槙田宮徳は、大坂落城の時、十一歳で落ち延びた。後に織田高長に仕え、牧野藤兵衛重次を名乗った。後に六兵衛と改称。知行二百五十石で、江戸留守居を務めた。子孫は柏原織田家の家臣として続いた（『柏原織田家臣系譜』）。

牧野牛抱《まきの　うしおだ》

塙団右衛門組に所属（『金万家文書』）。

籠城以前は牛抱平次兵衛（『小場家文書』大坂御人数付）、籠城中は牧野牛抱（『土屋知貞私記』、「北川次郎兵衛筆」）、稲葉家仕官の頃は牛抱左近を名乗った（『小田原美濃守様御代御知行高拾万石御家頼覚』）。強情

ま

な大剛の者で、ある時主人に供奉して崖の細道を通っていると、途中で牛が寝ていたので、牛の四本の足を抱えて谷の方に持ち回し、主人の馬を通したことがあり、牛を抱くと書いて牛抱と名乗るようになったという（『小田原美濃守様御代御知行高拾万石御家頼覚』）。

慶長十九年、宮本武蔵らとともに牢人分で水野勝俊に属して大坂へ出陣したが、単身出奔して籠城した（『小場家文書』大坂御人数付）。

十二月十六日、本町橋通の夜討ちに物頭として参加（『土屋知貞私記』）。木村喜左衛門、畑角大夫、田屋右馬助と四人、同じ場所で鑓を合わせたと申し立てた。和睦後、蜂須賀至鎮の家臣稲田示植の証言と四人の申述が一致したので、四人の功名が認定され、それぞれ褒美を拝領した（「大坂夜討事」）。

落城後、本多忠政に仕えた（『金万家文書』）。

その後、稲葉正勝に仕えた（『土屋知貞私記』、『小場家文書』大坂御人数付）。稲葉正則の代には知行五百石から六百石、次いで七百石に累進した（「稲葉神社所蔵文書」集書）。

寛永九年六月、熊本城接収に供奉（「稲葉神社所蔵文書」古丹後守様肥後江御越之節肥後ニ而野陣之図）。

槇島勘兵衛重継　まきのしま　かんひょうえ　しげつぐ

真木嶋昭光の弟（『綿考輯録』）。蜂須賀至鎮の家臣岡孫左衛門重堅〔注〕の弟（「大坂濫妨人并落人改帳」）。後に一色杢頭、内匠を称した（『綿考輯録』）。諱は重継（「蜂須賀家家臣成立書并系図」文久元年九月槇島冨蔵書上）。

秀頼に仕えた（「大坂濫妨人并落人改帳」）。

慶長十九年、大坂城に籠り、長岡是季組に所属。十二月二十六日、本町橋通の夜討ちで軍功があった（『大坂御陣覚書』）。

慶長二十年五月、落城の際、蜂須賀至鎮の家臣岡重堅〔注〕の所に落ち延びた（「大坂濫妨人并落人改帳」）。

後に細川忠興に招かれ、知行千石を与えられた。長岡河内、佐方与左衛門友信（寛永十五年十二月三十日に家老就任）、志方半兵衛、坂崎加兵衛とともに八代《やつしろ》の細川立孝の家老を務めた。有馬の陣では、坂崎とともに八代の留守居を務めた。

正保二年に忠興が死去すると、長岡、志方とともに賜暇を乞い、出雲松江で松平直政に仕えた（『綿考輯録』）。

養嗣子の一色内蔵は、実は槇島貞右衛門（昭重の長男）の長男。

娘は槇嶋重宣（昭重の末子）に嫁いだ（「熊本市個人蔵系図」）。

〔注〕岡重堅は、槇島玄蕃頭重光の三男。父の重光は、山城国久世郡槇島の領主槇島兵庫頭定重の子。足利義昭より偏諱を賜り昭光と改めた。従五位下信濃守に叙任。将軍義昭に従い槇島に籠城し、落城後は中国漂泊に随行した。重光には長男槇島兵庫重成、次男槇島玄蕃允重利（大坂籠城）、三男岡孫左衛門重堅、四男六郎重宗（明智光秀の養子）、五男槇島勘兵衛重継、六男槇島三右衛門重春の六子がいた。

重堅は初め足利義昭に仕え、二つ引紋を賜った。その後三河東田に来住し、母方の姓二階堂氏を称した。後に尾張で蜂須賀家政に召し出されて近侍した。慶長十八年、二百石を与えられた。慶長十九年二月二十六日、命により阿波の丈六寺で公義の預け人米津親勝を殺害した。一説にその功により新知二百石を与えられたともいう。元和八年、慶長二十年、大坂の陣に供奉。元和八年、淡路に替地を与えられ、百石を加増された。寛永三年八月十日に病死。妻は一色駿河守孝行の娘で、嗣子の槙島九左衛門重克を産んだ。子孫は蜂須賀家の家臣として続いた。家紋は竹丸、替紋は二つ引（「蜂須賀家家臣成立書并系図」文久元年九月槙島冨蔵書上）。右の槙島重光（後の昭光）と真木嶋昭光の関係は不明であるが、岡重堅が槙島氏の一族だった可能性はある。

真木嶋《まきのしま》玄蕃頭《げんばのかみ》昭光《あきみつ》

真木嶋輝光の嫡男。

父の真木嶋信濃守輝光は一色氏の出自で、足利義輝に仕え、山城国久世郡の槙島城主。

真木嶋昭光は、没年から推定すると天文年間の誕生と思われる。初め孫六、後に玄蕃頭を称した（「先祖附」槙嶋真澂）。自筆書状の署名は「真木嶋玄蕃頭昭光」（『小早川家文書』）。

初め足利義輝に近侍し、その忠節を賞され、寝乱髪という太刀を拝領した。永禄八年五月に義輝が自害した後、足利義昭に仕え、桐紋と偏諱を拝領した（「先祖附」槙嶋真澂）。義昭の館舎修造に際し、細川藤孝と上野中務少輔清信の家人間で争論が発生し、これを遺恨とした清信は、藤孝を義昭に讒言した。昭光が藤孝を弁護したが讒言は止まず、京都戦乱の際も、清信は藤孝には裏切りの気配があると報告した。義昭の側に伺候していた昭光はこれを否定し、自ら巡検して藤孝に逆心ない旨を報告した。こうした経緯から、藤孝と昭光は特に懇意となった（『綿考輯録』）。

永禄十二年一月、三好三人衆が六条の本国寺に義昭を襲撃した。昭光は寺中から四つ辻に突出して防戦した（『武徳編年集成』）。三好勢を排斥した後、上使として信長を訪ねた際、来太郎国行の太刀と馬を拝領した（「先祖附」槙嶋真澂）。

本国寺でともに防戦した三河の人加藤教明と昭光は昵懇の仲で、教明の子息嘉明の烏帽子親となり、自身の仮名孫六を贈った（『近史余録』、『綿考輯録』）。

元亀元年二月二日、義昭の参内に供奉（『言継卿記』）。

元亀三年一月十九日、義昭の代官として石清水八幡宮に参詣（『兼見卿記』）。

天正元年七月三日、義昭は槙島城に籠り信長に反旗を翻したが、十七日には開城して降伏。以後昭光は義昭の流遇に随従した（「先祖附」槙嶋真澂）。備後では沼隈郡神島城に在番（『福山志料』）。諸方面に奉書や副状を送り、義昭の意向を伝達した（『島津家文書』、『吉川家文書』、『小早川家文書』）。

天正十一年三月四日付で柴田勝家は昭光に書状を送り、義昭を通じて毛利輝元の出兵督促を求めた（「古証文」）。

天正十五年義昭は秀吉から帰洛を許された（『義演准后日記』）。昭光もこれに供奉し、秀吉から格別に合力米二千石を給せられた。その後、義昭の希望により昭光への合力米は地方知行に直された。同時に秀吉に出仕することとなり、奏者役となった（「先祖附」槙嶋真澂）。

天正十五年三月二十一日、九州出陣中の小早川隆景に書状を送り、戦陣を慰労するとともに御料所への尽力を促した（『小早川家文書』）。

天正十六年七月十九日毛利輝元が上洛して浜町布屋に宿泊した際、義昭の使者として訪問し、贈物を届けた。

八月十七日小林大和守、森高政とともに輝元の宿所妙顕寺を訪れ、酒を進呈した（『輝元公上洛日記』）。

天正十八年五月二十九日、秀吉が小田原陣中を見廻った際、天王寺屋宗凡所で茶会があり、近江六角某とともに参席（『宗凡茶湯日記他会記』）。

文禄二年五月二十六日、朝鮮出陣中の小早川隆景、吉川広家に書状を送り、外地在陣を慰労した（『小早川家文書』、『吉川家文書』）。

慶長二年八月二十八日、義昭が大坂で逝去。翌二十九日、柳沢監物元政の私邸に仮寓していた昭光は、相国寺鹿苑院の西笑承兌に義昭の訃報を知らせ、大坂への来駕を求めた。秀吉へは施薬院全宗を通じて報告したところ、法要を主導する御闇維について昭光と相談するよう指示があった。よって同日全宗邸に昭光、元政、承兌、一色昭秀、上野中務の子勘左衛門、同御吉、小林家孝らが参集して葬儀進行、菩提寺建立の件を協議した。九月一日、昭光、昭秀、上野中務の子ら数人が義昭の遺骸を奉じて洛北の等持院に葬送。昭光と上野中務の子二人は同日剃髪した。九月五日早朝、元政の私邸に昭光、昭秀、承兌が参集して会談した。九月八日、等持院で義昭の葬儀が執り行われ、昭光以下旧臣三十余人が参列した。九月九日、等持院での斎食に昭光、昭秀らが承兌に相伴した。昭光は同日大坂に帰った。十月十七日、義昭の法会にあたり、昭光らは承兌に物を贈った（『鹿苑日録』）。

秀吉、次いで秀頼に仕えた（『綿考輯録』）。大坂七組の速水守之組に所属。知行二千石（『難波戦記』）。

慶長十六年三月、秀頼の上洛に供奉（『秀頼御上洛之次第』）。

七月二十三日昼、織田有楽の茶会に招かれ、野々村吉安、住吉屋宗無とともに参席。

慶長十七年十月二十二日朝、織田有楽の茶会に招かれ、井上定利、竹内珠庵とともに参席。

慶長十八年四月九日朝、織田有楽の茶会に招かれ、真野宗信、佐々木玄久とともに参席（『有楽亭茶湯日記』）。

九月二十八日、心華院で義昭の十七回忌法会が営まれ、名代として子息を参列させ、銀子二百目を納めた（『鹿苑日録』）。

慶長十九年五月五日朝、織田楽亭茶会に招かれ、長岡忠興、桑山市右衛門重正とともに参席（『有楽亭茶湯日記』）。

九月二十三日、片桐且元は暗殺の謀計を警戒して二の丸の上屋敷に郎党を集めて立てこもった。これに対抗する勢力は織田有楽邸に集結し、城内は極度の緊張状態となった。同日の登城当番は昭光、溝口新助、竹田永翁だった。夜、片桐邸には検使として速水と今木が派遣され、有楽邸には昭光と永翁が派遣され、双方兵を解くこととなった（『浅井一政自記』）。

昭光は元来速水守之の組子であるが、大坂籠城中は一騎役を務めた（『難波戦記』）。奏者番を務め、知行三千石（『慶長録考異』）。旗印は紺地に竹丸。馬印は黒鳥毛の丸（『難波戦記』）。

十月十二日夜、赤座永成とともに、堺警固のため三百余騎を率いて大坂城を発し、翌十三日早朝、政所を襲撃し、堺奉行芝山正親の弟正綱を討ち取った。続いて今井宗薫宅を囲み、片桐且元の家臣多羅尾半左衛門を討ち、宗薫親子を捕えた（『大坂御陣覚書』、『大日本史料』所載「今井彦右衛門家之覚書」、『寛政重修諸家譜』）。

十月二十九日、藤堂高虎が住吉に進出したため、赤座とともに大坂城中に引き取った（『公室年譜略』）。

村井右近、赤座永成とともに兵九千人ほどで玉造口の門を警備した（『大坂陣山口休庵咄』）。

また、大野治長に中島方面への出役を強く望み、同方面の守備に就いたが、相備えの織田有楽勢が原因で敗北したという(『大日本史料』所載「横田伝記」)。その後、城西の警固に就いた(『難波戦記』)。

十一月十一日晩(『難波戦記』)、昭光が変心したとの報告があり、北川一利に、「急行して生け捕るなり討ち果たすなり、その場の様子次第に対処せよ。なお昭光の組の者はまとめて拘束し、持ち口は北川が代わって守備せよ」との指示が下った。早速北川は組中の侍百人ほどを引具して昭光方に乗り込み、侍十人ほどで取り囲み、残る人数で持ち口を押さえた。北川は「貴殿が変心したので、急ぎ踏み殺せとの御意により罷り越したが、もしや申分もあろうかと存じ、容赦した。この上は手向かいされるか、貴殿の存念次第である」と申し渡した。困惑した昭光が「何のことか覚えがない。一体どうしたらよいのか」と尋ねると、「まず刀、脇差を差し出されよ」と奨められた。昭光は素直に両刀を差し出し、「全く身に覚えがないので、この旨申し開きしてほしい」と懇願した。北川は「踏み殺せとは命ぜられたが、言い分を聴取せよとは命ぜられていないので、私の一存ではいたし方ない。よって貴殿が陳弁した通り大野治長に報告するので、暫時その返事を待たれよ」と告げ、治長に連絡すると、「一段と神妙な対応である。昭光を乗物に乗せて当方に引き渡すように」との指示があった。そこで身柄は治長に引き渡され、昭光の組下は番兵を付けて監視下に置かれた。その後、昭光は申し開きが通り、赦された(「北川次郎兵衛筆」)。

『難波戦記』は、昭光方への検使に七組の番頭真野頼包、野々村吉安が派遣され、北川の人数はこれに添えられたものとしている。また、身柄は治長の屋敷に移され、旗、馬印、太刀なども治長の管理下に置かれたとする。

慶長二十年、大坂方は、細川忠興の娘万姫と烏丸光賢との婚礼が近々執り行われるとの情報を得て、万姫を人質として城中に取り込めば、忠興は必ず大坂に同心すると評議した。昭光は忠興と親しかったので、密かにこれを通報し、婚礼は延期された(『綿考輯録』)。

四月二十八日、大野治房が浅野長晟を討つべく南下した時、岸和田城の小出吉英、金森可重を牽制するため、大野治長の家臣宮田平七が大鳥郡石津に派遣された。堺警固番の昭光は子息昭重を伴い、相役の赤座永成とともに石津に転進、宮田と合流した。

四月二十九日、樫井合戦の敗報に接し、安立町を経由して大坂に引き揚げた。

五月六日、安宿郡片山付近の戦闘で後藤又兵衛が戦死し、敗残兵は石川河原を渡って、北川一利、山川景綱の備えに逃げ込み、両将の備えもついには道明寺から西へ、藤井寺付近まで敗走した。この時昭光父子は道明寺前で返し合わせ、水野勝成勢と接戦して引き揚げた。

五月七日、細川元勝、長岡興秋、藤懸永元、江原石見守、本郷左近、早川主馬、福富平三郎らとともに、天王寺石鳥居の南に備えを立てた(『大坂御陣覚書』)。

落城後は東福寺の塔頭正覚庵に浪居。細川忠興と加藤嘉明が家康に願って赦免を得た(『綿考輯録』)。剃髪して云庵と号した。細川、加藤家から合力米が給された。忠興の領分へ招かれ、当初は辞退したが、忠興自ら正覚庵を訪れ「既に上聞に達している」と説得したため、豊前に下向することとなった。

豊前では無役で千石を与えられ(「先祖

附」槙嶋真澂）、中津の普請衆、留守居衆に加えられた。

寛永九年に細川家が肥後に転封されたため、八代に下向。熊本へも時々伺候した（『綿考輯録』）。

細川忠興は寛永十年四月十七日付書状で、「云庵も御手に持った扇をお忘れになられる由、我らさえも左様の事が多くある」と伝えている（『大日本近世史料　細川家史料』）。

正保三年一月二十日に死去。享年百十余歳。法名は一空宗也居士（「熊本市個人蔵系図」、「禅定寺槙嶋家墓誌（明治二十九年建碑）」）。妻は上野中務少輔清信の姉（「熊本市個人蔵系図」）。

娘は細川家の家臣氏家志摩守元高（氏家志摩守元政入道宗入の嫡男）の妻（「先祖附」槙嶋真澂、『大日本近世史料　細川家史料』）。

養嗣子の槙嶋半之允重宣は、実は槙島昭重の次男。寛永九年頃は長吉、寛永十一年頃は掃部、正保四年頃は半之允を称した。寛永年中、細川忠利から無役知行三百石を与えられ、頭衆に列せられた。寛永十五年、有馬の陣で軍功があった。延宝七年十月、隠居（「先祖附」槙嶋真澂、『綿考輯録』、『於豊前小倉御侍帳』）。剃髪して宗閑と号した。享年七十五歳（「熊本市個人蔵系図」）。法名は青霄院殿透雲宗閑居士（「禅定寺槙嶋家墓誌」）。妻は一色杢の娘徳寿院（「熊本市個人蔵系図」）。その嗣子槙嶋半之允重時は重宣の弟。子孫は肥後細川家の家臣として続いた（「先祖附」槙嶋真澂）。

槙島三右衛門重春　まきのしま さんえもん しげはる

槙島重継の弟（「蜂須賀家家臣成立書并系図」文久元年九月槙島冨蔵書上）。

秀頼に仕え、大坂七組の速水守之組に所属。知行二百石（『難波戦記』）、または二百三石（「諸方雑砕集」）。

慶長十九年、大坂籠城（「蜂須賀家家臣成立書并系図」文久元年九月槙島冨蔵書上）。

槙嶋勝太昭重　まきのしま しょうだ あきしげ

真木嶋玄蕃頭昭光の嫡男。実は一色民部大輔昭信（号は閑斎）の三男。初め勝太、後に監物と称した。

秀頼に近侍（「先祖附」槙嶋真澂）。

慶長九年五月十二日、十五、六才の時、前日より瘧《おこり》を発病し、寒気、発熱、眩暈《めまい》などの症状があり、曲直瀬玄朔に受診（「玄朔道三配剤録」）。

慶長十六年三月、秀頼の上洛に供奉（「秀頼御上洛之次第」）。

慶長十七年七月二十九日昼、織田有楽の茶会に招かれ、石川貞政、夫間甚三郎とともに参席。十二月十二七日朝、有楽の茶会に招かれ、生駒宮内少輔、竹田永翁とともに参席（「有楽亭茶湯日記」）。

慶長十九年、大坂籠城中は父子それぞれに軍勢の指揮が任せられた（「先祖附」槙嶋真澂）。

慶長二十年五月六日、父とともに道明寺表に出役（『大坂御陣覚書』）。

五月七日、桜門の西方で林甚右衛門（真野頼包組）、不破平左衛門（真野頼包組）、仙石清右衛門（堀田図書組）、松井藤介、大野弥十郎、坂井助右衛門らとともに防戦（『元和先鋒録』所載「林甚右衛門正治書上」）。

落城後、細川忠利の肝煎で藤堂高虎に出仕（「先祖附」槙嶋真澂）。

元和四年、伊勢津で知行八百石を与えられた（『公室年譜略』）。または知行千石（「藤堂家古事録」）。伊勢、伊賀から母衣《ほろ》組十人ずつが選ばれ、百二十日交替で江戸詰となり、役料二十石が支給された際、伊勢から選抜された士の一人だった（『公室年譜略』）。

後に陸奥会津で蒲生忠郷に仕えた（『会津蒲生分限士録稿』）。蒲生家の伊予松山転封に従い、知行千石を与えられた（『予州松山御支配帳』）。

寛永十一年に蒲生家が除封されたため、会津で加藤嘉明に仕え、長尾勘兵衛組に所属、知行三百石を与えられた。

寛永二十年に加藤家が除封されたため、播磨姫路で松平忠明に仕え（『加藤家分限帳』）、馬廻一番奥平縫殿之助組に所属、知行千石を与えられた（「見聞集」所載「御先祖松平忠明公播州姫路御居城之節御分限帳之写」）。

明暦二年八月十五日、松平忠明邸が四ツ谷市谷に竣工し、家臣の旗奉行槙嶋監物、物頭大野半次ら十四名が将軍家光に拝謁して、各銀三十枚、帷子単物五点を拝領した（『寛明日記』）。

法名は徳翁院一岫宗払居士。

妻は豊臣秀長の家臣寺井隼人佐の娘（「熊本市個人蔵系図」）。または古田助左衛門（古田重勝、重治の弟）の娘（『松阪権輿雑集』付箋）。

『日本刀名工伝』によると、古田助左衛門所用の兼元二尺四寸四分は笹露の銘があり、昭重に遺贈された。茎《なかご》に「笹露　槙嶋監物所持之」の金象眼が施され、熊本の槙嶋半之允家に伝来した。由緒を記した昭重の書状も添えられていたが、明治二十五年、熊本の佐々干城の所有になり、その後、故あって海外に渡ったとされる。

長男の槙嶋貞右衛門は、後に監物を称した（「熊本市個人蔵系図」）。松平忠明に仕え、馬廻組三番山田十郎兵衛組に所属。別知二百石を与えられた（「見聞集」所載「御先祖松平忠明公播州姫路御居城之節御分限帳之写」）。

次男の槙嶋半之允重宣は、真木嶋昭光の養嗣子となった。

末子の槙嶋半之允重時は、兄の重宣の養嗣子となり、子孫は肥後細川家の家臣として続いた（「先祖附」槙嶋真澂）。

牧野次郎左衛門　まきの　じろ（う）ざえもん

福島正守の足軽大将。

慶長二十年五月七日、正守は茶臼山の南方、真田信繁の陣の東に備えを立てた（『難波戦記』）。牧野は、松平忠直の家臣本多富正に陣借していた丹羽善右衛門宗虎に討たれた。首は采配を添えて忠直の実検に供えられた（「諸士先祖之記」）。

孫兵衛　まごびょうえ

美濃国多芸郡大塚町一揆の首魁。

慶長二十年、大坂籠城。落城後、諸国を商売して回り、元和二年、筑後柳川に逗留した。

公儀の奉行より捕縛の命が田中忠政に下達されたので、早速捕吏が宿所に派遣されたが、既に五、六日前に豊後尾平鉱山へ逃走した後だった。そこで六月一日、忠政の家臣桑崎六大夫が豊後竹田に急行し、中川久盛に孫兵衛の捕縛許可を求め、翌二日、尾平鉱山へ赴き、孫兵衛が商売に来たところを捕縛した。

中川家では宿主四右衛門を逮捕して糾問しようとしたが、桑崎はそれに及ばずとして、孫兵衛の身柄と荷物すべてを受け取り、筑後へ送致した（『中川氏御年譜付録』）。

増田助大夫　ました　すけだゆう

大坂に新参で籠城。

落城後、酒井忠勝に召し抱えられた（『土屋知貞私記』）。

増田《ました》兵大夫《ひょうだゆう》盛次《もりつぐ》

増田右衛門尉長盛の子（『元和先鋒録』）。初め兵部大輔を称した（「豊国社旧記」）。

父の長盛は、慶長五年九月の戦役の後、高野山に登り、金千九百枚、銀五千枚を差し出して助命された（『当代記』）。増田の家跡は、当初幼少の子息に継がせる処置とされたが、一転して闕所となり、郡山の居城は接収された（『渡辺水庵覚書』）。長盛は十月二十三日付で家臣福原清左衛門入道に書状を送り、本多正信に取り成しを頼むよう要請し、場合によっては兵部（盛次）とその弟を正信方へ預け置くよう指示した（『因幡誌』）。長盛は初め福島正則の預かりとなり（『大日本史料』所載「尾州編年録」）、後に武蔵岩付の高力清長に預けられた（「高力氏系図」）。慶長二十年五月二十七日、長盛は、盛次の籠城に関係して、配所の岩付で自害させられた（『大坂御陣覚書』）。享年七十一歳（『慶長日記』）、または七十五歳（『武徳編年集成』）、または七十七歳（『新編武蔵風土記稿』）。

増田盛次は、出生の際、長盛から九寸五分の吉光の短刀を贈られた（『元和先鋒録』）。

慶長四年一月、長束兵部少輔、石田隼人正、前田主膳正とともに、秀頼の御前に伺候あるべき衆に定められた（『武家事紀』）。四月二十三日、豊国社に銀子二枚を奉納（「豊国社旧記」）。

慶長五年、福島正則の転封後に、清州へ入部した松平忠吉に身柄を預けられた。容儀が美麗だったため忠吉の近侍となり、知行三百石を与えられた。

慶長十二年三月に忠吉が死去したため、閏四月に入部した徳川義直に転仕（『士林泝洄』）。知行千石を与えられた。この頃は兵大夫と称した。清州越により、名古屋城三の丸南土居外の桑名町に移住した（『元和先鋒録』）。

慶長十九年十月十六日、義直は名古屋を出陣し、十二月四日より天王寺付近に陣取り、慶長二十年一月十六日、京都に凱陣（『編年大略』、『当代記』）しているが、盛次は、冬の陣では尾張に留まった（「慶長録考異」）。「大坂御陣覚書」、『士林泝洄』、「駿河土産」には、寄せ手として従軍したとあるが、「源敬公様大坂御出陣御供之輩拝借金帳」（『大日本史料』所載「尾州旧話録」）では従軍が確認できない。盛次は、寄せ手劣勢の報に欣喜し、大坂方劣勢の報には口惜しがったという。この様子は家康の耳にも達したが、「奇特なる心入り。兵大夫には似合しい」と咎められなかった（『大坂御陣覚書』、「駿河土産」）。

慶長二十年四月十六日、義直は名古屋を出陣した（『駿府記』）。盛次はこれに従わず書き置きを残して大坂に入城した（『士林泝洄』）。秀頼は喜悦して、手ずから赤地の錦の陣羽織と二腰の大刀を賜与し、配下の足軽を預け、その他三千人の将とした（『元和先鋒録』）。城中では長宗我部盛親方に合宿した（「駿河土産」）。これは父の長盛が盛親の烏帽子親であった関係によるものと思われる（『土佐物語』）。

五月六日早朝、盛親は渋川郡久宝寺の町口から八尾方面に兵を進め、盛次は盛親の先手吉田内匠とともに若江郡萱振村に進出した（『寛政重修諸家譜』）。さらに盛次配下の一部は、西郡村に進み、木村重成の右備えに寄り合った。盛次組の番指物は、白吹貫（『元和先鋒録』）。

先手が敗北すると八尾に退却し、盛親の旗本と合流した（『高山公実録』所載「夏役戦場図」、『高山公実録』所載「延宝西島留書」）。盛親の旗本は、八つ時分には八尾堤から久宝寺の築地の内に退却し、門扉を閉ざ

ま

した。その後、藤堂勢が築地を乗り越えて久宝寺に攻め込んだため、盛親は形勢不利を察知し、大坂への撤退を決意した（『元和先鋒録』）。以後、申の下刻まで、久宝寺から平野方面へ藤堂勢による追撃が行われた（『寛永諸家系図伝』）。当初、久宝寺からの退却は、物頭が交替で指揮して整斉と実施されたが、やがて潰走した。盛次も突盔《とっぱい》の兜に金襴の羽織を着、月毛の馬に跨り、総勢に遅れて逃げ散る兵をまとめて退却を指揮していた（『元和先鋒録』）。晩になり、平野でその際だった姿を見かけた藤堂家母衣士磯野平三郎行尚が挑みかかった。名を問われたが盛次は名乗らなかった（『大坂夏陣戦功箚子』）。互いに馬を馳せて一鑓合わせ、乗り返して両者馬より降り立ち、鑓を合わせた。しかし、勝負がつかず、ともに鑓を捨て刀で切り結び、磯野は三か所を手負い、刀も打ち落とされたので、組み付いて堤の原を転んで池の端まで転落した。上下になって組み合ううちに、藤堂家先手の足軽大将沢田忠次の家来外山三蔵が加勢に駆け付け、ようやく盛次の首を揚げた。分捕った羽織、差料三腰も添えて、高虎の実検に入れたが（『元和先鋒録』）、名前が不明だったので、「首壱つ、甲付」とのみ記帳された（『高山公実録』所載「延宝西島留書」）。

元和五年頃、盛次の乳母が磯野行尚を訪ね、分捕りの羽織、差料を確認し、改めて盛次の所持品であることが判明した。太刀は備前長船兼光、指添一尺八寸は銘石切丸、馬手指九尺五寸は吉光であった。太刀は既に沢田の家来に加勢の謝礼として与えていたため、乳母には、その求めに応じて馬手指が供養の品として与えられた（『元和先鋒録』）。

磯野家には、伝盛次所用の茜母衣、伝盛次所獲韓製鐙、伝盛次佩用の唐錦嚢が伝来した（『豊公遺物展覧会出品目録』大阪市北区龍田町磯野於菟介所蔵品）。

間嶋杢　ましま もく

真田信繁譜代相伝の下人で、大剛の者。信濃国小県郡小泉村に居住していたが、大坂冬の陣が和睦となった後、同じ境遇の杉角兵衛と相談して、大坂城に赴き、信繁の陣労を見舞った。信繁は両人の来訪を喜び馳走した。

大坂到着の三日目に夏の陣が開戦となり、両人は参戦を申し出た。これにより豊臣家から具足が支給され、信繁からは馬代として金子五枚宛が与えられた。早速、堺に行って間嶋は葦毛馬を、杉は鹿毛馬を買い求めたが、信繁が間嶋の葦毛馬を所望したため、差し出して代わりの馬を拝領した。両人は戦場で莫蓙の指物を装着して奮戦し、抜群の軍功を立て、敵方にもその名を知られた。

間嶋は股に鉄砲傷を負ったが、落城の際、杉とともに真田信吉の陣所に落ち延び、「左衛門佐殿は討死にしたが、大勢に隔てられて最期を見届けていない。ただし最期まで乗られた葦毛馬は曳いて来た。今はここで自害したい」と申し立てた。信吉は両人を慰留し、切手を交付して故郷に帰らせた。

その後、落人の詮索が厳しくなり、両人は信濃を出奔した。妻子を捕えられたため、筑摩郡保福寺峠で奪還を企図したが、通過の日を欺かれ果たせなかった。妻子は上方に連行され、粟田口で磔刑に処された。それより杉は真田の奥山に隠れて一生を終えた。

間嶋は、越後高田に行き、素性を隠して町の番太となった。零落しても刀と脇指は薦に包んで手放すことはなかった。

その後、素性が露見したが、大坂落人の赦免から既に数年が経過しており、武名の高い士でもあることから、高田侯（松平氏か）への仕官を勧められた。しかし、固辞して直ちに信濃に立ち退いた。松本領おみ高村（不詳）に在住の又甥高ノ茂兵衛方に隠れ住み、老年に及んで病死した。刀と具足は茂兵衛の家に伝来した（「武功聞書」）。

松井次郎右衛門　まつい じろ(う)えもん

塙団右衛門組に所属（『金万家文書』）。

慶長十九年十二月十六日、本町橋通の夜討ちで、二宮与三右衛門、山県三郎右衛門に続き、三番目に城門の潜戸を出た。軍功を立てた二十三士の一人として、翌十七日、千畳敷御殿で秀頼から褒美を拝領した。

和睦後、蜂須賀家中へ使者として派遣され、夜討ちにおける敵味方の働きを精査した。

落城後、松平定綱に知行二百石で仕え、足軽二十人を預かった（「大坂夜討事」、『大坂御陣覚書』）。

松井藤助友于　まつい とうすけ ともゆき

森嶋宗于の四男（『草山宝塔寺志』所載「本堂建立大檀那森嶋氏系譜」）。秀頼の家臣森嶋長以の弟（『駿府記』）。松井家を継いだ（『草山宝塔寺志』本堂建立大檀那森嶋氏系譜」）。

秀吉に仕え、金切裂指物使番を務めた（『武家事紀』）。

天正十八年に実弟の日銀上人が深草に入山して以降、宝塔寺の再建を支援（『草山宝塔寺志』所載「本堂建立大檀那森嶋氏系譜」）。

年不詳二月十八日付で友松次右衛門と連署して美濃国揖斐郡池田本郷の雲門山龍徳寺に書状を送り、除地《じょち》について示達した（『龍徳寺文書』）。

文禄元年、秀吉は肥前名護屋に出陣。伏屋十内、水原亀介、友松次右衛門らとともに、使番衆の一員として五番手で供奉。三上与三郎、水野久右衛門、小川清右衛門とともに、三十九番手で馬乗衆全体の奉行も兼任した（『大かうさまくんきのうち』）。

六月十八日付の秀吉の朱印状を奉じて伏屋小兵衛とともに隈本に出張し、留守居に対して肥後佐敷の反乱への警戒強化の命令を下達した（「史料稿本」所載「渡辺彰平氏所蔵文書」）。

慶長二年七月十日付の秀吉の朱印状を奉じて竹中貞右衛門尉とともに朝鮮に出張し、在陣の諸将に全羅道侵攻の命を伝え、道服、帷子を贈って陣労を見舞った（『島津家文書』、『公室年譜略』、「近江水口加藤家文書」、『吉川家文書』、『鍋島家文書』）。

慶長九年一月二十六日、四十余歳の時、傷寒を患って曲直瀬玄朔に受診した（「玄朔道三配剤録」）。

慶長十五年頃、大仏造営に際し、伏屋飛騨守、水原石見守、友松次右衛門とともに秀頼の惣奉行となり、大工日帳奉行を兼任した。さらに伏屋とともに漆奉行・釣鐘奉行、水原とともに、敷石・石段の石奉行をも兼任した（『大工頭中井家文書』）。

慶長二十年五月七日、槙嶋勝太、大野弥十郎、坂井助右衛門、仙石清右衛門（堀田組）、不破平左衛門（真野組）、林甚右衛門（真野組）らとともに、桜門の西方で防戦した（『元和先鋒録』所載「林甚右衛門正治書上」）。

晩年、剃髪して宝塔寺の僧院西之大坊に隠棲。

元和五年六月二十日に死去。法号は直

勝院。大坊には日銀上人の弟子直勝院日随を請い受け、大雲院と改めて居住させた（『草山宝塔寺志』所載「本堂建立大檀那森嶋氏系譜」）。

妻は瀧川忠征の次女。離別後に秀頼の家臣古田半左衛門重忠に再嫁した（『士林泝洄』）。

長女の友月は、竹田法印某の妻。

長男の松井喜太郎不賢は、慶長十二年六月十三日死去。法名は玉法院友哲。

次女は妙正。

三女は妙清。

四女は妙友。

五女は妙忍（『草山宝塔寺志』所載「本堂建立大檀那森嶋氏系譜」）。

右の娘たちと同一人物であるか不明ながら、藤助の娘は瀧川忠征の養女となり、徳川義直の中老長野五郎右衛門政成に嫁いだ（『士林泝洄』）。

松井与次郎正次《まつい よじろう まさつぐ》

一条右衛門大夫信龍の子という。

武田信玄父子に仕え、信濃国伊奈郡内で百五貫を領知。馬上五十騎を支配した。武田家滅亡後、信濃苗木（美濃苗木か）に蟄居。後に真田信繁に招かれ、大坂籠城。

曾孫の助之丞が小谷儀左衛門と改名し、池田綱清に仕えた。子孫は鳥取池田家の家臣として続いた（「鳥取藩政資料　藩士家譜」小谷平太家）。

松岡彦兵衛国宗《まつおか ひこびょうえ くにむね》

紀伊国伊都郡の隅田党の一員。松岡右京進国忠の子。

父の国忠は、松岡右京進正友（天正三年十月二十日に死去）の子。慶長五年六月一日に美濃で死去。

松岡国宗は、慶長二十年五月七日未明、あらかじめ敵の進路を偵察するため、毛利吉政組の鉄砲大将雨森三右衛門と天王寺表の南方に乗り出した。夜明けとともに大軍の前進を視認したので、急ぎ戻って毛利、真田に報告した（『大坂御陣覚書』）。五月五、六日（六、七日か）両日の合戦で既に数か所を負傷していたため、討ち死にを覚悟し、敵の保利弾正と互いに突き合い、戦死した。

子の松岡右京宗武は、寛永元年、徳川頼宣に召し出され、隅田組の一員として無役で切米三十石を給せられた。正保元年、切米の支給が停止され、地士となった。病気となり、伊都郡下兵庫村から吉原村に移住した。明暦元年十月二十日に死去（『高野山文書』松岡家氏系図案）。

松尾新兵衛《まつお しんびょうえ》

土佐国幡多郡足摺の庄屋鳥谷宗順の次男。

文禄年中、長宗我部元親に従い朝鮮へ出役。朝鮮では毒を投ぜられた井戸の水に、先祖が紀伊藤代より持ち伝えた観音経を晒すとたちまち解毒したため、皆が助かったという。

慶長五年九月、長宗我部盛親に従い関ヶ原合戦に出役。

慶長十九年、大坂城に籠り盛親に属した。

落城後、土佐に戻り牢人となった。寛永十一年、これまでの武功により山内忠義から扶持を給せられた。

子の松尾九右衛門は、寛永の頃、窪津浦の庄屋を務めた。子孫は土佐に続いた（「土佐考証諸系図雑記」）。

松崎四郎兵衛《まつざき しろ（う）びょうえ》

一説に松岡氏（「備中岡田伊東家譜」）。伊

ま

東長次の家人。

落城後、肥後細川家に仕えた（「諸方雑砕集」）。

松田金平《まつだ きんぺい》

藤堂高虎の家臣落合左近の従弟。

慶長二十年五月六日朝、白撓《しない》に金の筋を付けた差物を指して、長宗我部盛親の先手に属して出役。若江郡萱振村と石地蔵の間で高虎の家臣野崎家長と鑓を合わせ、討ち取られた（『高山公実録』所載「吉増清左衛門書取」）。

松田九郎左衛門重吉《まつだ くろ(う)ざえもん しげよし》

土佐国香美郡赤岡浦の出自。長宗我部元親の使番松田新右衛門高茂の子。

長宗我部元親、盛親に歴仕し、後に大坂籠城。

長男の上村次郎右衛門は、京都で書籍販売を稼業とした。

次男の上村新右衛門重信は、生涯牢人だった。その子孫は土佐で郷士として続いたが、文政三年、子がなく断絶（「土州遺語」、『皆山集』）。

松田三郎兵衛秀道《まつだ さぶろ(う)びょうえ ひでみち》

一説に名を次郎兵衛秀通とされる（「諸方雑砕集」）。城南警固の寄合衆の一人（『難波戦記』）。

松田次郎右衛門《まつだ じろ(う)えもん》

諱は秀冬とされる（『難波戦記』）。松田利助の親類。

初め伊達政宗に仕えた。

後に大坂城に籠り、物頭を務めた。年の頃は五十歳ほど（『土屋知貞私記』）。城南警固の寄合衆の一人（『難波戦記』）。

松田図書《まつだ ずしょ》

諱は秀辰とされる（『難波戦記』）。松田利助の親類。伊達政宗の同朋に珍斎、凡斎という者があり、その珍斎。

大坂城に籠り、物頭を務めた（『土屋知貞私記』）。城南警固の寄合衆の一人（『難波戦記』）。

松田伝次《まつだ でんじ》

杉森市兵衛信成の家来。

慶長二十年五月六日、若江郡西郡村の戦闘で、市兵衛が藤堂家中の梅原亀之丞武房を突き伏せ、伝次がその首を取った。

正保四年七月、市兵衛が小田原の稲葉正則に召し出された際、伝次も知行百石で召し出すとのことであったが「主人を二人持つことはできない」と辞退した。ただし、直参同様に毎月一日と十五日のみ出仕したので、やがて子も召し出され、親子二人で出勤した（『杉森家系譜』）。

松田主水重勝《まつだ もんど しげかつ》

河内若江に居住して足利将軍家に仕えた松田氏の出自。松田刑部の末子。

父の刑部は、松田伊勢守の子で、河内を退去して福島正則に仕えた。

松田重勝は、天正九年に誕生。幼名は山三郎。

若年の頃は富田信高に仕えた。後に父兄に呼び寄せられ、福島正則に仕え、備後国奴可郡久代村で知行を与えられた（『安永三年小浜藩家臣由緒書』松田一郎左衛門秀世書上）。知行三百石。福島正澄組に付属された。（『福島家中分限帳』、「酒井家編年史料稿本」所載「安永三甲午改小浜御家中由緒書 松田一郎左衛門秀世書上」）。

慶長十九年、福島忠勝の大坂出陣に供奉。西宮表を武者押しで通った時、馬が混雑して足を挟まれたが、脛当を付けていたので無事だった。また、具足の下着が短かったため、寒さで困却していると、兄の松田下総重次〔注〕が自分の着替えをくれたので凌げた。後に「具足下着が短いのはよくない。脚絆の詰めにかかるくらい長いのがよい。短いと馬にも乗りにくく、裾から風が入り、夜になると特に寒い」と述懐した（「松田元心老物語」）。

慶長二十年、福島家に不満があったため、退去して大坂に籠城した。その頃、主水と改名した。毛利吉政の相備え結城権佐組に付属され、鉄砲同心三十人を預かった（「酒井家編年史料稿本」所載「安永三甲午改小浜御家中由緒書 松田一郎左衛門秀世書上」）。同じ組には橋本十兵衛（後に阿部重次の家臣）、折下外記吉長（後に土井利勝の家臣）、藤岡縫殿助（後に土井利勝の家臣）、早水助兵衛（後に細川忠利の家臣）らがいた（『部分御旧記』所載「早水助兵衛大坂ニ而之働」）。

落城後、牢人となっていたが、寛永六年、土井利勝の家臣折下外記の斡旋により、江戸で酒井忠勝に召し抱えられた。その際、福島家での働きは忠勝が福島正利へ直接照会し、大坂での働きは折下が詳しく証言した。福島家での墨付や組頭結城権佐方からの書状は松田家に伝来した。武蔵川越の酒井家では知行三百石を与えられ、鉄砲同心二十人を預かった。その頃には一郎左衛門と改名した。

寛永十一年、酒井家が若狭小浜に転封になった時、五十石を加増され、合計三百五十石を知行し、足軽も十人追加され、三十人を預かった。

寛永十四年頃、忠勝の孫青木重正の鎧着初の指南役を命ぜられた。

寛永十六年、江戸城本丸中仕切の石垣普請の時、三人の惣奉行の次席として香川勘右衛門とともに奉行を務めた。竣工の後、将軍家光に拝謁して時服二着、白銀二十枚を拝領した。

寛永十九年十一月十七日、酒井忠直の鎧着初の指南役を務め、その際、手ずから打鮑、昆布を頂戴した。

万治三年十二月一日に隠居。知行のうち三百石は惣領の松田助之丞重行へ、残る五十石は隠居料として与えられた。その後、元心と号した（「酒井家編年史料稿本」所載「安永三甲午改小浜御家中由緒書 松田一郎左衛門秀世書上」）。

寛文元年一月十七日、忠直に招かれ料理を頂戴し、福島家中の物語を求められた。黄昏に及び、羽織一着を拝領して辞去した（「酒井家編年史料稿本」所載「御自分日記」）。

寛文三年三月十七日、江戸屋敷で酒井忠隆の鎧着初の指南役を務め、手ずから打鮑、昆布を頂戴し、祝儀として小袖、樽、肴などを拝領した。この時、鳥毛五段の指物を献上した。

寛文八年四月十七日に江戸で病死。享年八十二歳。病中には忠直より使者を以て見舞の品が下賜され、死後は使者を以て弔意と香典として白銀二枚が送られた（『安永三年小浜藩家臣由緒書』松田一郎左衛門秀世書上」）。

寛政十一年閏四月二十二日、伴信友は、元心の末裔某の秘蔵書「松田元心老物語」を書き写し、文化二年に校正した（「松田元心伝記」奥書）。

嫡男の松田助之允重行は、後に一郎左衛門を称した。万治三年十一月一日、家督三百石を継ぎ、足軽二十人を預かった。小荷駄奉行を務めた。寛文八年に病死。子孫は小浜酒井家の家臣として続いたが、享保八年、酒井家を退去して断絶。

次男の松田角弥正澄は、初め学兵衛、

後に伝左衛門秀澄を称した。潭心と号した。累進して知行六百石。家老、城代を務めた。宝永二年一月二十四日に隠居。宝永六年十月三日に病死。享年八十三歳。子孫は小浜酒井家の家臣として続いた（「酒井家編年史料稿本」所載「安永三甲午改小浜御家中由緒書 松田一郎左衛門秀世書上」）。

〔注〕松田重次は、若年より福島正則に仕えた（「酒井家編年史料稿本」所載「安永三甲午改小浜御家中由緒書 松田一郎左衛門秀世書上」）。知行二千六百二十石。与力六人を付属され、鉄砲五十人を預かった（『福島家中分限帳』）。慶長十九年、福島忠勝の大坂出陣に供奉。知行三千六百石。鉄砲五十人、組子十七人を指揮した（「大坪文書」）。

松田与左衛門 まつだ よざえもん

土佐国香美郡赤岡浦の出自。香宗我部親泰の家臣松田神左衛門の三男。松田安右衛門、同新右衛門高茂の弟。

慶長二十年五月六日、長宗我部盛親に従い、八尾表に出役。藤堂高刑の首を斬獲して、その佩刀を分捕った〔注〕。

落城後、土佐に帰り、高刑の佩刀は高知の士安田四郎左衛門に与えた。高岡郡佐川村の女婿岩神九兵衛方に終生寄食した。所持の刀は、天正十年に新開道善を討ち取った際に奪った刀で、高刑を討ったのもこの刀だったという。末期に至り、この刀を岩神九兵衛に与えた。

寛永十一年十二月二日に佐川村室原で死去。法名は梅林春真禅門。墓は室原の岩神氏墓の側にあった。

妻は長宗我部元親の家臣和食彦兵衛の次女。

長男の松田彦大夫は、藤堂家に仕官するため安田四郎左衛門に高刑の佩刀の返還を願ったが、既に四郎左衛門の形見として国庫に献納する手筈となっており、謝絶された。このため藤堂家への仕官は実現しなかった。

次男の早井九郎右衛門は、山内家の宰臣孕石氏に仕えた（「土州遺語」、『土佐国編年紀事略』、『皆山集』）。

〔注〕藤堂高刑と鐙を合わせ、あるいは首を斬獲した者として、『高山公実録』所載「中内藤九郎覚書」に中内弥五左衛門、『宗国史』、『元寛日記』、『難波戦記』、『菊池系図』に赤星三郎、『綿考輯録』に武藤九郎兵衛などの名が見える。

松田利助秀友 まつだ りすけ ひでとも

石田三成の家臣松田十太夫秀宣の長男。北川次郎兵衛一利の兄（「新撰士系録」）。後に剃髪して去雲と号した（「新撰士系録」、『紀州小山家文書』）。

初め伊達政宗に仕え、小姓を務めた。慶長十九年、大坂城に籠り、黄撓《きじない》指物使番を務めた。年の頃は四十歳ほど（『土屋知貞私記』）。足軽大将を務め、足軽五十人を預かった（「大坂口実記」）。あるいは鉄砲百挺を預かった（『武家事紀』）。

十一月二十六日、今福口合戦の時、木村重成への加勢として侍十人とともに出張（『武家事紀』）。

十二月四日、八町目口升形門三十間の守将石川康勝が、火傷を被り後方に退いたため、小岩井蔵人と十五日ずつ交替で石川の持ち口を守った（『武家事紀』、『武徳編年集成』）。

慶長二十年五月七日、鉄砲五十挺を預かり、天王寺表へ出役（『土屋知貞私記』）。三上半兵衛季吉、長井伝兵衛定治らとともに仙石忠政の家臣岡田広忠と闘った（「改撰仙石家譜」）。鉄砲を撃たせた後、戦場を立ち退いた（『土屋知貞私記』）。『丹哥府志』によると、松田利助らは丹後国熊野郡佐野村に逃れ、小国主計に匿われ、しばらく尉ヶ畑村冠石に隠れ住んだというが、実否不明。

『土屋知貞私記』に、牢人のまま五十歳ほどで死去とあるが、『紀州小山家文書』所載の七月五日付松田助兵衛雲沢の書状に「一、松田去雲利介事儀、此八年以前ニ京都ニて果被申候」とあり、この書状は明暦二年に比定できることから、慶安元年頃、七十余歳で死去したものと思われる。

妻は伊達政宗の家臣白石右衛門大夫の娘（「新撰士系録」）。これは白石宗実の娘と思われるが、白石家の系図に該当者が見当たらない。

長男は松田九郎兵衛友英。

次男は松田市郎兵衛友次（「新撰士系録」）。生国は大和。寛永十四年、京都の三宅寄斎の推挙により伊予宇和島の伊達秀宗に召し抱えられ、当分の合力米を給された。後に知行三百石を与えられ、目付役、小姓頭などを歴勤した。延宝六年、隠居して百石を給せられた。延宝八年に死去（『家中由緒書』元禄八亥年御家中由緒書松田六郎右衛門書上）。その子は松田六郎右衛門友忠（「新撰士系録」）。万治三年より伊達宗利に出仕し、近習を務めた。新知百石を与えられていたが、延宝六年、家督三百石を継いだ（『家中由緒書』元禄八亥年御家中由緒書松田六郎右衛門書上）。

三男は自然院日貞上人（「新撰士系録」）。元和元年に大和奈良で誕生。母は白石氏。十三歳で本能寺二十世日善について剃髪、受戒。十五歳より洛北鷹峯の檀林に学んだ。寛永十七年、肥前大村に下向。万歳山本経寺第三世住職日忠上人の跡を継ぎ、四世住職となった。万治元年九月、肥前国彼杵郡川内浦村に不滅山実相寺（本経寺八末寺の一つ）を開山。万治三年、法弟の日通に本経寺住職の跡を継がせ、自身は大村下岳中嶋に移住した。延宝五年、上洛して師の日善坊跡に居住。元禄六年十二月十三日に死去。享年七十九歳。墓所は本経寺と実相寺（「新撰士系録」、「本経寺記草稿」、「郷村記」、「本経寺日貞上人墓碑銘」）。

四男は松田如閑友清（「新撰士系録」）。名は效。号は自若子。三宅寄斎の門人（「耆旧得聞」）。伊沢左馬介相信とともに旧豊国社々家萩原兼従に従った（「卜部遺編」）。寛文年中、徳川光圀に史官として招聘され、京都より水戸に下向（「耆旧得聞」）。某年に死去。享年五十五歳（「史林年表」）。妻は廷臣舟橋秀相の三女で、保科正貞室の次妹（「舟橋家譜」）。娘が一人いた（「新撰士系録」）。

松野半平 まつの はんぺい

大坂七組の青木一重組に新参で所属。知行四百石（「諸方雑砕集」）。

慶長十九年十一月二十六日、鴫野口に出役。青木一重の与力杉森市兵衛とともに、上杉景勝方の柵際近くまで迫って敢闘した。戦後、杉森、松野らには秀頼から褒美が与えられた。両人の働きは上杉家の杉原常陸介、鉄孫左衛門、渋谷杢が見届けており、同家中の山下伝右衛門、伊達政宗の家臣中条帯刀を通じて、両人にその旨が通知された（「田辺家文書」杉森市兵衛大坂働書付之写）。

松之坊 まつのぼう

秀頼の家臣。茶坊主か。

慶長十六年三月、秀頼の上洛に供奉（「秀頼御上洛之次第」）。

慶長二十年五月六日、長宗我部盛親は、八尾表より大坂城中に退却し、秀頼に拝謁して時服二着を拝領した。永原松之坊が親しくこれを見たと後に語った（『大日本史料』所載「老将坐談」）。

近江国野洲郡永原の出自で、浅野長晟に仕えた永原松之坊重祐とは別人。

松原四郎兵衛　まつばら　しろ(う)びょうえ

大野治長配下の三浦てき庵組に所属。

慶長二十年五月六日、三浦組は誉田表の案内役として、臨時で後藤又兵衛に付属された。

誉田の東堤の前、片山の山麓で後藤の者が一騎、物見のため乗り出すと、十五、六騎の敵が三浦の備えから三十間ほど先へ駆け出し、後藤の者を討ち取って備えに引き返した。松原は単身で飛び出し、敵を呼び止めると一人が返り、鑓を合わせた。三浦も組中を率いて前進した。その後、三浦は松原を連れて治長の本陣がある藤井寺に赴き、松原の手柄の次第を披露した。北村八右衛門が委細を承った（「平山家文書」大坂夏御陣之時松原四郎兵衛手□之覚）。

松原素庵　まつばら　そあん

大坂城士。

慶長二十年五月六日、若江表に出役し、西郡、萱振村で青木七左衛門、長屋平大夫、佐久間蔵人、古田次郎左衛門、黒川源大夫、杉森市兵衛らとともに働きがあったとされる（『大坂冬陣鴫野今福并翌年若江表ニテ討働討死之覚』）。落城後は、樫井合戦で塙団右衛門とともに大活躍したと詐称した（『可観小説』）。

その後、牢人でいたが、万治三年九月十九日、江戸で保科正之から合力として百人扶持を給せられ、咄相手として召し出された。

寛文二年八月、寛文三年七月、寛文四年、寛文五年七月に古帷子各一枚を正之から拝領した。

寛文八年十二月二十七日に病死（「会津藩諸士系譜」、『会津藩家世実紀』）。

前田家の儒臣青地礼幹によると、素庵は軍功を詐称して保科正之に取り入り、信じ込ませて百人扶持を得た。その子は保科正経の代に知行五百石を得た。また、前田家から追放された生駒八郎右衛門と示し合わせ、互いを誉め合い、生駒についても大坂の陣で大活躍したと正之に上申し、これを信じた正之から前田家に申し入れがあって、生駒は前田家へ先知千石で帰参することになった。しかし、生駒については五月六日未明に大坂を逃れ出て、前田家の陣小屋に隠れていたのを確かに目撃されている。生駒と示し合わせた素庵が、ありもしない生駒の軍功を偽証したのである。こうした経緯から礼幹は素庵を「類のない偽証者」と糾弾している（『可観小説』）。

子の松原孫左衛門矩豊は、寛文二年十月、父が願い上げて、江戸で外様として正之への奉公に出た。無足で勤番を懈怠なく務め、寛文三年十二月、その功労により銀子五枚を拝領した。寛文四年十二月にも銀子五枚、寛文五年十二月には金五両、以後、寛文八年まで黄金一枚を拝領した。寛文九年三月、亡父の功労を以て知行五百石を与えられた。享保三年六月二十六日に病死。子孫は会津松平家の家臣として続いた。家紋は三つ巴（「会津藩諸士系譜」）。

松村覚左衛門　まつむら　かくざえもん

秀頼の古参奉公人。

元和五年、藤堂吉親の取次で藤堂高虎に知行二百石で仕えた。伊賀の藤堂高清組に所属。

藤堂高次の代に断絶（『公室年譜略』）。

松本権兵衛正昭《まつもと ごんひょうえ まさあき》

諱は正昭（『士林泝洄』）、正照。

大坂冬の陣・夏の陣に籠城し、小倉蔵人に属して度々戦功があった（『藩士名寄』）。

落城後、徳川義直に仕えた（『土屋知貞私記』）。知行百五十石。寺尾直政の同心となった。後に故あって帰参し、尾張を退去。後年、知行二百五十石で帰参し、寺尾直政、次いで竹越正晴に付属された。

明暦二年十月六日に死去。

子孫は尾張徳川家の家臣として続いた（『士林泝洄』）。

松浦左吉《まつら さきち》

木村重成の配下。

慶長十九年五月六日、若江表で戦死（『慶長日記』、『大坂御陣覚書』）。

ちなみに、秀吉の家臣松浦重政の子に、松浦左吉がいる（『兼見卿記』）。文禄二年十二月八日、近江国蒲生郡石原村五百石のうち二百石を与えられた（『駒井日記』）。文禄三年二月二十二日、吉田兼見の礼問を受けた。文禄四年一月十八日、兼見から大坂で調製した鞦《しりがい》一懸を贈られた（『兼見卿記』）。重政の子左吉が長じて弥左衛門を称して秀頼に仕え、その子がまた左吉を称して大坂方として戦死したか、あるいは重政の子甚五郎、または千勝が長じて弥左衛門を称し、左吉はその弟の可能性もある。

松浦作右衛門俊重《まつら さくえもん としじげ》

和泉の人。松浦孫大夫の子（『和泉国三拾六士及在役士伝』）。後に道也と号した（『浅野家文書』六月十四日付松浦道也書状）。

初め有馬豊氏に仕えたが、大坂夏の陣の前に立ち退いた（『米府紀事略』）。

慶長二十年三月末、大坂城に入り、大野治房組に所属。

四月二十九日、樫井合戦で浅野長晟の家臣亀田高綱と鑓を合わせた。松浦は籠手を絡められ、亀田は草摺の外れを突っ込まれた。味方の金丸小伝次信盛が助け合わせたので、鑓を解いて双方離れた。その後、しばらく樫井北方の麦畑に踏み留まった（『浅野家文書』元和三年十月十四日付松浦俊重書状）。松浦の軍装は黒具足に金の馬簾指物（『浅野家文書』六月十四日付松浦道也書状）。同日、夜通しで大坂へ退却した。五月一日、大野治長、治房の詮議により金丸と松浦が一番鑓に極められた（『浅野家文書』元和三年十月十三日付金丸信盛書状）。軍功により金丸は十六騎、松浦は二十一騎を預けられ、組頭となった（『浅野家文書』元和三年十月十四日付松浦俊重書状）。

落城後、樫井合戦の働きについて、浅野長晟の家臣山香勘解由良胤より書状で照会があったので、元和三年六月十四日付、同年十月十四日付の書状により回答した。六月十四日付の書状は、松浦道也の署名で「一、塙団右衛門が樫井表に出役した時の軍装は、黒具足と鳥毛の羽織でした。一、岡部大学については、妙庵が大学組だったのでよく知っていると思います。私は樫井の町中で退却する大学に行き違いました。以後、終に会いませんでした。ご存知と思いますが、拙者が大坂へ参ったのは一昨年の三月末でして、相組衆は皆互いに知らない者でした。一、私は黒具足に、金の馬簾を指していました。なにぶん病気が治り次第、伺候して御意を得たいと思います。なお、貴札拝見しました。拙者の病気も少し良くなりました。御心に懸けていただき、照会くださりありがたく存じます」

といった内容だった。十月十四日付の書状は、松浦作右衛門尉俊重の署名で、泉州表での軍功に関する御照会に対する書上として「一、大坂からは大野主馬が大将分で出役しました。一、主馬組の先手は、塙団右衛門、岡部大学で、私は両人の組下ではなく、独立して鉄砲の者三十人を預かっていました。味方の一、三十人が、同時に櫻井の町中に乗り込んで合戦となった時、大坂方一両人が討たれ、少々退却したところ、私は逆に進み出ました。そこへ鎌鑓の白武者が先駆して、私と鑓を合わせました。敵は鎌鑓で私の籠手を絡めたので、こちらからも鑓を突き入れました。その後、また鎌鑓で私の鑓は絡められましたが、金丸小伝次が駆け付け、鑓の上を打ちました。鑓が解けたので、鑓を突きかけ草摺の外れを突き当てました。それより双方は睨み合いとなりましたが、味方が裏崩れしたので、殿を務め、櫻井町の北、麦畑で私は踏み止まりました。その時の鑓は、今も所持しています。一、大坂へ帰り、吟味を経て、金丸に馬上侍十六人、私に馬上侍二十一人が預けられ、与頭となりました。鑓場の様子は、亀田高綱（浅野長晟の家臣）にお尋ねになれば、相違はないものと存じます」といった内容だった（『浅野家文書』）。

池田忠雄に仕えた（『和泉国三拾六士及在役士伝』）。知行千石。鉄砲二十挺を預かった（「寛永五年侍帳」、「寛永九年侍帳」、「寛永拾年侍帳」）。子がなく断絶（『和泉国三拾六士及在役士伝』）。

淡輪六左衛門（六郎兵衛か）とは相婿（『武家事紀』）。

鳥取池田家の「寛永拾壱年侍帳」、「寛永拾弐年侍帳」、「寛永拾三年侍帳」に知行千石、鉄砲二十挺を預かる松浦孫大夫の名が見える。同一人物または子と思われる。「寛永拾五年侍帳」以降はその名が見えない。

松浦孫大夫《まつら まごだゆう》

和泉岸和田の人。有馬豊氏の家臣。

大坂冬の陣・夏の陣に籠城した（『和泉国三拾六士及在役士伝』）。

三人の子が池田忠雄に仕え、松浦作右衛門には知行千石、北村与三右衛門には知行六百石、北村権兵衛には知行二百五十石が与えられた。このうち両北村家は、因幡池田家の家臣として続いた（「鳥取藩政史料　藩士家譜」北村実家、「同」北村小源吾家、「寛永五年侍帳」）。

松浦弥左衛門《まつら やざえもん》

秀頼の家臣。

慶長十二年十二月十六日、大坂城に在勤の浅野長晟の来訪を家宅で迎えた。

慶長十三年三月四日、九州下向の餞別として長晟から銀五枚を贈られた。

慶長十六年五月、長晟から慶長十二年四月九日付で、上田但馬守重秀より相伝の馬術伝書の写しを贈られた（「自得公済美録」）。

慶長十九年十月十二日、京都所司代板倉勝重の飛脚が遠江掛川に到着し、家康に、「去る十月六日、七日に京都諸牢人のうちでは長宗我部宮内少輔、後藤又兵衛、仙石豊前守、明石掃部助、松浦弥左衛門など、その他名も知れぬ牢人千余人が金銀を与えられ籠城している。大坂方はまず奈良に進出して大和を制圧し、そのうえで宇治、槙島に放火するとともに、摂津茨木の片桐兄弟を討ち取る計画との風聞がある」と報告した（『駿府記』）。

木村重成組に所属（「井伊家文書」）。白羽織、後に朱の餅付羽織を着用（「高松内匠武功」）。

十一月二十六日、今福口合戦で重成の手の一番首を斬獲(「草加文書」)。早速千畳敷御殿前に騎行して帳前で「今福表一番首」と申告した。秀頼の右筆白井甚右衛門が筆取を務めていたが、「心得た」と言ったまま記帳しようとしないので、松浦が早く記帳するよう催促した。そのうちに堀田図書頭の与力浅部清兵衛が斬獲した首を持参し、「これは一番首に疑いなし。松浦は騎行、某は歩行なので遅参したまで」と申し立てた。白井は、「一番首は必ず争いがあるもの。二番首を見てから記帳するのが執筆の故実である。今回は急場であり、一、二の判別が困難なため、両人一番首とする」と裁定した(『大日本史料』所載「古実話」、『難波戦記』)。功により黄金二枚を拝領した(「大坂記」)。この日、松浦の家来鵜飼左源太も首一級を斬獲した。

慶長二十年、馬上三十騎を預かり、浮備えとなった(「高松内匠武功」)。五月六日、若江表に出役。

落城後、ほどなく病死(「先祖書上」寛永廿一年ニ斎藤加右衛門書上ル写)。

ちなみに、秀吉の家臣に松浦讃岐守重政〔注〕がある。しかし、「松浦二郎八親松浦与八郎寛永廿一申ノ年書上」(『家中諸士家譜五音寄』)によると、水野弥右衛門は、天正十年六月に旧主坂井越中守が戦死した後、牢人分で松浦讃岐守方に属していたが、讃岐守の死後、大坂に浪居し、慶長十年、池田輝政に出仕したとされる。これによれば、大坂城士の松浦弥左衛門と秀吉の家臣松浦重政は別人とするのが妥当と考えられる。

〔注〕松浦重政は、初め弥左衛門尉(「三千院文書」、「東寺百合文書」、「大通寺文書」)、後に讃岐守を称した(「本法寺文書」)。「兼見卿記」における表記変遷や『輝元公上洛日記』から、天正十六年に讃岐守に任じられたと思われる。天正十年十月当時、姫路留守居の一人(『大日本史料』所載「相州文書」)。天正十三年大野光元、一柳直次、前田玄以、山口宗長とともに山城における寺社、公家領の検地奉行となり、京洛の北東部を担当(「兼見卿記」、「大徳寺文書」、「岩佐家文書」、「山城国愛宕郡賀茂御検地帳」)。「兼見卿記」によると、松浦は九月十七日に人数百人ほどを連れて入京し、以後約二か月間に渡り検地を執行。これに伴い、所轄の吉田神社神主吉田兼見との間で贈答が頻繁となり、検地後も往来が見える。吉田からの贈答は、松浦本人のみならずその女房、子の甚五郎(天正十五年一月十六日の条)、子の千勝(天正十八年一月二十日、同二十三日、文禄二年一月十三日、同十七日の条)、子の左吉(文禄三年二月二十二日、文禄四年一月十八日の条)にも及んでいる(「兼見卿記」、『兼見卿記』)。天正十六年四月十四日、後陽成天皇の聚楽第行幸の時、右前駆を務めた(『太閤記』)。八月二十七日、毛利輝元より太刀一腰、鳥目千疋を贈呈された(『輝元公上洛日記』)。天正十九年、朝鮮戦役では、帥法印歓仲とともに大坂代官として渡海中の九州諸大名の妻子を大坂に迎え、その住宅を手配した(『島津家文書』)。文禄二年八月八日付で秀吉がおねに宛てた書状における「はやはやとまつら人おこし候事まんそくにて候、そもしよりれい申候へく候、さためてまつら子をひろい候て、はやはやと申こし間、すなわちこのなわひろいこと可申候」(『豊公遺文』)の一節はつとに有名。『兼見卿記』によると、松浦讃岐守が病気により兼見に祈念を依頼し、文禄二年閏九月二十四日、兼見は御祓札、鎮札を大坂へ届けさせた。十月二十日、兼見の伝聞として、松浦讃岐守が勘気を

蒙り、その下僚中村少右衛門尉以下が成敗されたという。その後、宥免されたか、文禄三年一月十六日、同二十日、文禄四年一月十八日、同二十二日の条に、女房や子の左吉とともに在坂が確認できる。「兼見卿記」に散見される重政の子甚五郎、千勝、左吉については、これらが兄弟なのか、同一人物で改名したものなのか判然としない。さらに天正十年に誕生し、天正十五年一月に疱瘡を患った息男がある。これも三人のうちの誰かなのか、別人かは不明。

的場三郎兵衛《まとば さぶろ（う）びょうえ》

的場源之丞の惣領。

父の源之丞は、源次郎とも称した。紀伊国海部郡雑賀荘中之島の者で、各地で軍功を立て、感状も受領した。浅野幸長に知行三百石で仕えた（「紀州家中系譜並ニ親類書書上」享和元年十二月的場三郎兵衛書上、「同」寛政八年二月的場三郎兵衛書上）。

慶長十九年、大坂の陣には原勘兵衛組に属して出役した。子を大坂城に籠城させた罪科により改易された〔注〕（「自得公済美録」）。

的場三郎兵衛は、慶長十九年、大坂城に籠り、大野治長組に所属。

十一月二十六日、鴫野堤の上で一番鑓を入れ、上杉景勝の家臣真野次郎助厚忠と鑓を合わせた。証人は佐竹六右衛門（「紀州家中系譜並ニ親類書書上」享和元年十二月的場三郎兵衛書上）。「上杉景勝家来仕官并大阪陣軍功者書上」に、須田長義の与力真野厚忠が的場三郎兵衛を討ち取ったとあるのは誤り。

落城後、暫く牢人となっていたが、徳川頼宣に仕え、渡辺直綱の与力となり、切米五十石を給せられた。その後病死。

子孫は紀伊徳川家の家臣として続いた（「紀州家中系譜並ニ親類書書上」享和元年十二月的場三郎兵衛書上、「同」寛政八年二月的場三郎兵衛書上、『国初御家中知行高』）。

〔注〕浅野長晟は、子を大坂に籠城させた以下の家臣も改易した。安保源助（三百石）、堀田与三右衛門（三百石）、山辺伝助、落合五兵衛（二百六十石）、平塚休可、森税之介（二百石）、森五助、木梨九右衛門（四百石）、山梨伝助（五百石）、山脇助兵衛（二百石）、山脇権大夫（二百石）、毛利吉兵衛（三百石）、高木勝左衛門（切米百二十石）、斎藤新助（五百石）、戸田彦三郎（「自得公済美録」）。

真野蔵人頭一綱《まの くろうどのかみ かつつな》

尾張国海東郡津島村の人で、丹羽郡楽田村の地頭（『尾張志』、『塩尻』）。諱は一綱（『衡梅院歴代略記』、「仁銕宗仁居士寿像賛」）、助宗（『難波戦記』）。署名に宗信（『譜牒余録後編』）。法名は仁銕宗信（『衡梅院歴代略記』、「仁銕宗信居士寿像賛」）。

秀吉の家臣〔注〕。

天正十六年四月十四日、後陽成天皇の聚楽第行幸に際し、供奉の左前駆を務めた（『太閤記』）。

天正十八年、小田原戦役に出陣。組下五百五十人、または六百人を指揮した（『伊達家文書』）。

九月十八日、秀吉が京都毛利輝元邸に来臨した際、堀田図書頭、黒田長政、生駒修理大夫とともに折台出役を務めた（『毛利家文書』）。

天正十九年四月十一日、秀吉は西京に犬追物を興行した。京極高次が奉行となり、射手は吉田主水、吉田又左衛門尉直元、吉田彦四郎、平井金十郎、長束正家、多羅尾久八郎光雅、真野蔵人、永原孫左衛門、永原又之進、尼子三郎左衛門宗長、尼子式部、乾彦九郎、青山助六、杉木六兵衛昭貞、三上与三郎季直、美濃部隠岐守、布施孫九郎、宮部兵吉、河田武助、津田十三郎、内検見は石田三成、外検見は小西行長が務めた(『讃岐丸亀京極家譜』)。

文禄元年、肥前名護屋城に在番し、本丸広間番衆馬廻組三番組頭を務めた。組子は、赤松次郎太郎、津田小平次秀政、赤松伊豆守則友、小崎新四郎、堀田三左衛門尉、大田平蔵、堀田茂介、平彦作、桜木新六、塚井新右衛門尉、堀田権八郎、佐々権左衛門尉、木村藤介、河北算三郎正勝、清水喜右衛門尉、平塚因幡守、乾彦九郎、今井兵部丞、貝塚五兵衛尉、朽木六兵衛尉昭貞、真野左太郎、平野甚介(『太閤記』)。

文禄三年四月八日、秀吉が前田利家邸に来臨した際、毛利吉政とともに相伴衆細川忠興の給仕を務めた(『豊太閤入御亜相第記』)。

文禄四年一月三日付で秀吉が草津湯治を企図し、朱印状を以て道中警固を下達した際、真野蔵人組は、岐阜の宿所警固を命ぜられた(『浅野家文書』)。

二月二十二日付で、前田玄以、長束正家、石田三成、増田長盛、浅野長吉は、連署して真野蔵人に条書を発出し、豊臣家馬廻小姓衆十二組のうち聚楽第在番衆は、妻子を連れて伏見に移るべき事、大坂在番衆は六月までの百日間は引き続いて大坂にて普請、供番を怠りなく務める事、十二組は伏見と大坂に分かれて妻子を連れて転居し、在郷を禁止する事、番頭が公用で他出の場合は、組高知行に応じて組中がよく相談して懈怠なくその他の公用を務める事などを下達した(「早稲田大学蔵文書」)。

慶長八年十月五日昼、古田織部の茶会に招かれ、小出吉政、前田茂勝、溝口秀勝とともに参席(『大日本史料』所載「石州会之留附古田織部日記控」)。

慶長九年八月十四日、豊国社臨時祭に馬一匹を供出した(『豊国大明神祭礼記』)。

慶長九年頃、豊国社に石灯籠一基を奉納した(『甲子夜話続編』)。

閏八月二十一日、正法山妙心寺塔頭衡梅院の塔主天秀得全は、檀越真野蔵人一綱より黄金五枚の喜捨を得て方丈を再興した。衡梅院は文明十二年に妙心寺第九世雪江により創建されたが、院領が僅少だったため、その後、無住となっていた。そこで天秀得全が再興し、以降独住地となった。昭和四十二年六月十五日、重要文化財に指定(『増補妙心寺史』、『重要文化財衡梅院本堂修理工事報告書』)。

慶長十七年十二月十一日昼、織田有楽の茶会に招かれ、本願寺門跡准如上人、奈良の東大寺中性院、前田権蔵とともに参席(「有楽亭茶湯日記」)。

この頃か、大坂七組の番頭に列せられた(『太閤記』、『片桐家秘記』、『土屋知貞私記』、「山本日記」、『武家事紀』、「摂津麻田青木家譜」)。組子は四十三人(『武家事紀』)。

真野組川北庄左衛門正勝に関する「川北道甫覚書」や『元和先鋒録』に収載されている真野組林甚右衛門正治の書上および北川次郎兵衛一利の手になる「北川次郎兵衛筆」によると、大坂籠城の時分は、頼包が七組の番頭だった。鴫野口合戦にも頼包が人数を率いて出役している。おそらく宗信は、開戦以前に高齢のため組頭を引退し、頼包がその跡を継いで組人数を支配していたのであろう。ただし、「山本日記」、『片桐家秘記』によると、片桐且元の退去の時分は、宗信が七組の番頭として調停に当たっており、『譜牒余録後編』によると、宗信が他の七組の番頭六人とともに連署して後藤光次に宛てて書状を送り、和睦の斡旋を求めている。頼包が組中を指揮しても、城中の枢機に

ま

は引き続き宗信が参与したものと思われる。

慶長十八年四月九日朝、織田有楽の茶会に招かれ、槙嶋勝太、佐々木玄久（道求か）とともに参席。

慶長十九年四月十日朝、織田有楽の茶会に招かれ、伏屋一盛、植木小左衛門、堺の住人宗玄とともに参席（「有楽亭茶湯日記」）。

大坂籠城当時、知行一万石（『土屋知貞私記』）、または三千石（「翁物語」）。

十二月十九日、堀田図書頭、中島式部少輔、野々村吉安、伊東長次、青木一重、速水守之とともに連署して後藤光次に書状を送り、和睦の斡旋を依頼（『譜牒余録後編』）。

慶長二十年四月初旬、妻を離縁（「大坂濫妨人并落人改帳」）。

五月七日、大手門の警固役を務めた（『武家事紀』）。同日に死去（『衡梅院歴代略記』）。千畳敷御殿で自害（『綿考輯録』所載「慶長二十年五月二十四日付細川忠興書状別紙」、『豊内記』）。同郷の平野長泰は、慶長二十年五月十三日付で若山東庵と服部次郎兵衛に宛てた書中で、堀田図書と真野蔵人が城内で切腹したことを報じた（『張州雑志』）。「真野家系図」（大阪城天守閣蔵）によると、享年七十歳という。

なお、蔵人について、大坂の陣の前に病死（『翁草』抜萃「諸方雑砕集」）、大坂の陣の前年に死去（「永夜茗談」）、慶長二十年五月六日、若江表合戦で井伊直孝の家臣正木舎人に討たれた（『大坂御陣覚書』）とする説は誤りである。

衡梅院で仁錸宗信居士と諡され、同院の西南の隅に祀られた。同院には仁錸宗信居士寿像が伝来する（非公開／本書では住職のご厚意により、巻末「付録」に掲載）。慶長十九年三月、大龍院の鉄山宗純が八十三歳の時に着賛（『衡梅院歴代略記』、「仁錸宗信居士寿像賛」）。寿像は半僧半俗で曲彔《きょくろく》に杖を突いて座り、黒頭巾を被り、腰には煙草入のみを提げている。面長で深く皺の刻まれた顔は、穏やかな表情を浮かべている〈巻末「付録」参照〉。

妻は片桐且元の妻（片桐半右衛門の娘）と姉妹。慶長二十年四月初旬、蔵人は且元の縁者である妻を大坂城中に置き続けることは不適当と考えたようで、離別して下女三人、下男一人を添えて妻の縁者である蜂須賀家中の益田主殿助方に送り届けさせた（「大坂濫妨人并落人改帳」）。益田主殿助は片桐彦左衛門の次男で、益田藤左衛門持長（号は梅心）の養子（「蜂須賀家家臣成立書并系図」文久二年仁尾内膳永捷書上）。

〔注〕秀吉の家臣に真野左近がいる。天正元年八月、秀吉は近江国浅井、坂田、伊香三郡を領知し、十二月吉日付で真野左近に二百石を宛行った（「長府毛利家文書」）。天正年中の四月二十一日、真野左近丞は近江竹生島宝厳寺に米一石を奉加し、毎年九月五日には米一俵を奉納した（『竹生島奉加帳』）。天正十二年、小牧戦役に佐久間忠兵衛、伊東七蔵組、池田与左衛門尉組、真野左近組、速水勝太組、佐藤主計組、尼子六郎左衛門尉組は、合計四千人で本陣に加わった（『浅野家文書』）。真野左近忠の妻は、堀田孫右衛門尉正貞の娘（『寛政重修諸家譜』、『藩士名寄』、『士林泝洄』、「堀田系譜」）。堀田正貞の妻は、大河内重一の娘で、大橋清兵衛重長の妹（『天保校訂紀氏雑録』）。「紀姓堀田氏系図」、『系図纂要』には、堀田正貞の娘を真野左近頼包（後に豊後守）の妻としている。真野左近と蔵人が同一人物か不明であるが、寿像から、慶長十九年時点で蔵人が相当な高齢であったことが察せられ、天

正元年から十二年までの右の事蹟を、天正十六年以降の蔵人の事蹟につなげても違和感はないように思われる。

真野《まの》権左衛門《ごんざえもん》包道《かねみち》

大坂七組の番頭真野頼包の甥で、頼包の養子となった。秀頼に仕え、小姓を務めた〔注〕。

寛永十一年、池田氏の家老伊木忠貞に仕えた。後に池田家に直仕して知行百五十石。

妻は道家八右衛門の娘。

長男の真野勝七包吉は、岡山を退去して江戸に居住した。

次男の真野九郎右衛門は、実は石黒仁右衛門の次男で、後に離縁された。

三男の真野六左衛門包高は、実は森嶋惣兵衛重末の次男。妻は野間太郎兵衛の姉。その子孫は、備前池田家の家臣として続いた（「奉公書」真野権左衛門系図、「同」明治二年十二月晦日真野静雄御奉公之品書上）。

〔注〕「瀧川文書」によると、本多正純は、元和二年十月二十二日付で尾張家付属の瀧川忠征に書状を送り、堀田図書、真野豊後、野々村伊予の子息について、こちらの年寄衆に報告があったと認識している旨を告げている。右の豊後の子息とは、包道と思われる。

真野《まの》佐太郎《さたろう》

天野源右衛門の子。真野豊後守の従弟（「史料稿本」所載「塩尻」）。

『織田信雄分限帳』に、真野佐太郎があり、尾張国中島郡中野郷五十貫文に海東郡日置郷内で七十貫文を加増され、合計百二十貫文を給せられた。おそらく同一人物であろう。

秀吉の馬廻。文禄元年、肥前名護屋城に在番し、本丸広間番馬廻組の三番真野宗信組に所属（『太閤記』）。

慶長五年、家康の側妾相応院の子竹腰正信は、母方の実家である山城国乙訓郡志水にいたが、大坂の長束正家邸に連行、幽閉された。番人〔注〕として足軽頭真野佐太郎が付け置かれたが、佐太郎は情のある者で、正信をいたわりもてなした（「史料稿本」所載「塩尻」）。

大坂七組の真野頼包組に所属。知行三百六十石（『難波戦記』）。

慶長十九年、真野頼包の与力として大坂籠城。

慶長二十年五月、落城の時、力戦して負傷し、ついに捕虜となった。竹腰正信が三人の捕虜のうち一人が真野であることに気付き、「真野佐太郎ではないか」と問いかけたが、面を伏せて「そのような者ではない」と答えるのみだった。正信は警固の者に処刑を禁じ、生母相応院を通じて家康より赦免の許可を得た。正信は、真野に「昔日いたわってくれた恩を忘れていない。助命の上は禄も与えたいが、いったんは何処かに逃れ、後日尾張に来られよ」と申し含めて、刀脇差に衣服と金十五両を与えた。真野は大小のみ受領して衣服、金子は辞退して立ち去った。

播磨の書写山で出家して暫夢と号し、肥後に下向し、熊本で庵を結んで念仏を唱えて閑居した。人々が尾張の正信への連絡を奨めたが、「私は仮にも豊臣家の臣下だった者。大坂で主君に殉じなかったことさえ口惜しく恥ずかしいのに、どうして他家に仕官などできようか。正信が私を助命したのは報恩であり、私としては別に望むところではなかった。こちらから連絡するのは本意ではない」と固く断り、元和の末に宇土の善導寺で死去した。実に志ある者と、当時の人は讃えた（「史料稿本」所載「塩尻」）。
〔注〕「竹腰氏家譜」は、これを大坂の軽卒長で六百石を知行していた梶原源太左衛門とし、落城の時捕虜となったが、正信により助命され、西国に下向する途中、風難に遭い溺死したとする。

真野七左衛門有春《まのしちざえもんありはる》

尾張の人。秀頼の家臣真野善右衛門有国の子。

秀吉、秀頼に歴仕。

慶長二十年五月二十五日、伏見で家康に拝謁して、現米六十石を拝領し、鷹師となった。

寛永六年四月二十四日、または五月二十七日に死去。享年三十九歳。法名は浄覚、または宗台。葬地は牛込の天徳院。

子孫は幕臣として続いた。家紋は下藤桜（『寛永諸家系図伝』、『寛政重修諸家譜』）。

真野豊後守頼包《まのぶんごのかみよりかね》

出自については以下の諸説がある。

（一）真野蔵人の子（『翁草』抜萃「永夜茗談」）。
（二）真野大蔵定季の養子（『張州雑志』）。定季は、尾張国海東郡津島村の四家七名字のうち大橋修理大夫定元の五男真野新太郎重治の子孫で、永禄、元亀年中の人（「大橋記」、『塩尻』）。
（三）大橋長兵衛長将の長男（「美濃国諸家系譜」、『系図纂要』）。長将は大橋清兵衛重長の長男で、母は織田信長の姉。信長に仕え、慶長十七年九月二十二日に死去（『系図纂要』）。妻は堀田正道の娘（『寛政重修諸家譜』）。
（四）大橋与左衛門重賢の長男（『武徳編年集成』、「礼典」）。重賢は大橋重長の次男で、初め信長に仕えた。天正十二年五月、織田信雄に味方して秀吉に抵抗したが、力及ばず津島に還住。天正十四年二月に死去（『天保校訂紀氏雑録』、『系図纂要』）。
（五）織田勘七郎信武の長男（『天保校訂紀氏雑録』、「津島十一党家伝記及牛頭天皇社記」）。信武は大橋重長の三男で、信長に連枝として列せられた。天正十年六月二日二条御所で戦死（『天保校訂紀氏雑録』、『系図纂要』、『信長公記』）。

＊

真野頼包は、初め大橋源蔵（『天保校訂紀氏雑録』、『系図纂要』、「美濃国諸家系譜」）、または源次郎を称した（「津島十一党家伝記及牛頭天皇社記」）。

「津島十一党家伝記及牛頭天皇社記」、『張州雑志』、「奉公書」真野権左衛門系図、『天保校訂紀氏雑録』、『系図纂要』、「美濃国諸家系譜」などに、頼包は初め蔵人を称したとするが、真野一綱と混同しているように思われる。

「秀頼御上洛之次第」に、慶長十六年三月、秀頼の上洛に供奉した家臣として、速水守之の子助七、伊東長次の子甚吉、野々村吉安の子次兵衛とともに真野半左衛門が見える。頼包の若名かもしれない。

従五位下豊後守に叙任（「奉公書」真野権左衛門系図、『張州雑志』）。

『張州雑志』に、頼包は尾張国丹羽郡楽田地頭とあり、また「津島十一党家伝記及牛頭天皇社記」に、頼包は信長に仕え、丹羽郡楽田村で知行千九百五十三石五斗五升を領知とあるが、真野一綱の事蹟と混同しているように思われる。

天正十一年、真野蔵人の養子となった（「津島十一党家伝記及牛頭天皇社記」）。

『武徳編年集成』に、天正十八年四月

二十六日、秀吉は頼包と毛利勝永を軍奉行として浅野長政、木村重茲に派遣したとあるが、信憑性に欠ける。

慶長年中、七組の番頭に列せられた(『大坂陣山口休庵咄』、「青木伝記」、「川北道甫覚書」、『元和先鋒録』所載「林甚右衛門正治書上」、「北川次郎兵衛筆」)。組子は四十三人(『難波戦記』)。

ある時、頼包は組子の川北勝左衛門正勝を訪ね、「我らは同じ組なので、日頃から特に遠慮なく語り合っている。実は改めて少々申したい事があるのだが、気に入らないだろうから遠慮しておく」と言った。川北は「思し召しあっての事でしょうから、どのような事でも異議は申しません。是非お聞かせください」と願った。そこで頼包は「言いにくい事ではあるが」と前置きして、「あなたは隠れない相撲の名人である。ただ、やがて三十歳になろうという年頃、そろそろおやめになるがよいと思っている。相撲はあなたの嗜好であり、このように言われるのは恐らく気にいらないだろうが、あなたの為を思って意見する次第。同心あれば幸甚この上ない」と懇々と諭した。川北が「さてもかたじけない仰せ。以後は必ずやめます。ご意見、大変ありがたく思います」と承服したので、頼包は満足して帰った。ところが十日ほど経って頼包が二人同道で再度来談し、「先日は私の意見に堅く御同心、誠にかたじけなく思う。ところがそれを聞いた他の者たちが、ひどく拙者を責めた。『川北の相撲は天下に隠れない由、かねてから承知していたが、一度も見ないうちにやめるよう意見するのは、大間違いだ』と、いずれも揃っての御叱りだ。皆がそういうのも一応もっともであり、はたと当惑した。皆は『今辻相撲を興行中であり、誘い合わせて見物しよう。その上で今後について決めてはどうか』と言っている。ついては、今夕の相撲に同道願えまいか」と切り出した。川北は「これはまた思いもよらぬ事。先日の仰せまことにありがたく、以来きっぱりと相撲は止めています。どうか御免下さい」と再三辞退した。しかし、同道してきた者が心得ており、あれこれ巧みに説得するので、結局断りきれなくなり、夕方の相撲に出場するはめになった。当日の相撲は、見物人が多く、乗物の上で鑓杖を突く大名衆とおぼしき者たちも混じっていた。素人の小相撲から始まって、次第に大相撲となり、川北の出番となった。一番相撲は勝利したが、二番相撲で戸田八郎右衛門という大力の大男と組んで肩を挫いた。肩甲骨を折る重傷で、以後相撲はできなくなってしまった。頼包があえて再度相撲を申し入れたのは、結城秀康の所望があったためだった。川北が二十八歳の時の事である(「川北道甫覚書」)。

「川北道甫覚書」によると、川北は八十三歳で死去している。没年を、「加陽人持先祖」が万治元年、「諸士系譜」が寛文元年としていることから、右の逸話は慶長八年、または十一年と推定される。頼包はこの時既に番頭に就任していたということになるが、七組の制定時期は確証がなく結局は不明。

慶長十九年当時、本知二千石(『大坂陣山口休庵咄』)、または三千石(『難波戦記』)。大坂城に籠り、与力九十騎を預かった(『大坂陣山口休庵咄』)。

十一月二十六日午の刻、七組は天満から鴫野口に出撃した(「大坂籠城記」、『大坂御陣覚書』)。真野組は後備えのため直接交戦できなかった。そのため真野組の林甚右衛門正治と坂井助左衛門は、単身で先手に加わった。鴫野口の先手は渡辺内蔵助であったが、渡辺の備えが崩れたので、大坂方は大和川の外堤に拠り、柵を修築した。同夜、くじ引きにより真野組が留まって柵を警固することとなり、他組は城中に引き揚げた。頼包は配下のうち子供は先に帰城させた（『元和先鋒録』所載「林甚右衛門正治書上」）。

十一月二十九日晩、惣構えの外側を自焼して城内に撤収することが決まったため、今福、鴫野両口の小屋に火を放ち、備前島、片原町も自焼した。

十二月四日、前田、井伊、松平、藤堂らが城南に攻め寄せた時、青木、伊東、野々村、真野ら七組が加勢として駆け付けた（『大坂御陣覚書』）。

慶長二十年五月六日、伊東、青木、真野、堀田、野々村の五組は、兵四万から六万人を指揮して天王寺表の平野街道に出陣した（「青木伝記」、『武功雑記』、「北川次郎兵衛筆」）。軍法で秀頼出馬の際は、七組のうち伊東、青木、真野は左備えに、堀田、野々村は右備えと定められていた（「青木伝記」）。

五月七日、天王寺の東北に青木組とともに備えを立てた（『大坂御陣覚書』）。兵千余人を指揮。旗印は赤白段々（『難波戦記』）。

井伊直孝、藤堂高虎勢は、大野治長の鉄砲備えの銃撃に怯まず前進して、毛利吉政と後続の同勢の間に兵を割り込ませたが、青木組、真野組に追い返され、一時敗軍した（『大坂御陣覚書』）。細川忠興勢は、毘沙門池付近で真野組、伊東組らと銃撃を交わした（「落穂集」、『武徳編年集成』）。

真野組の林甚右衛門正治は、天王寺の東北角に敵が近く迫っていたので、真野の備えより先へ進んだ。味方の敗色が濃くなる中、飯尾九郎左衛門、亀井五郎兵衛とともに言葉を合わせて持ち堪えていたが、ついに総敗軍となったので真野の備えまで立ち返り、不破平左衛門、鈴木藤右衛門らと言葉を交わした。真野組では後から桜門まで引き揚げたが、もはや本丸に入れなかったため、桜門の西方で不破平左衛門（真野組）、仙石清右衛門（堀田組）、槙嶋勝太、松井藤助、大野弥十郎、坂井助右衛門らとともに防戦した（『元和先鋒録』所載「林甚右衛門正治書上」）。藤堂吉親組の北荘三四郎は、敗兵を追って柵を乗り越え、黒門より東の町中へ一丁ほど進んだ所で「真野豊後組」と名乗る者を突き伏せ、首を取った（『高山公実録』）。

なお、頼包について、五月七日に横死（『張州雑志』）、中島式部少輔と同所で自害（『大坂御陣覚書』）、伊木七郎右衛門と佐田付近まで逃れ、芦原の中で刺し違えて死去（『武徳編年集成』）とする説は誤り。

元和二年、藤堂高虎に招聘された（『宗国史』功臣年表、「藤堂家古事録」、『翁草』抜萃「永夜茗談」、「長常記」）。知行千二百石（『公室年譜略』）、または千五百石を与えられた（「藤堂家古事録」）。

数年後に死去。嗣子がなく断絶。

妻某氏は藤堂家から小月俸を支給された（『公室年譜略』）。後に讃岐の生駒高俊から高百石を給せられた（「生駒壱岐守分限帳」）。

『士林泝洄続編』に、真野蔵人宗直を家祖として、その長男真野豊後守頼包、その長男真野九左衛門氏綱へと続く尾張家中真野氏の系図を載せるが、頼包の記事については誤謬が多い。また、この系図は頼包の次弟として慶隆を掲げ、竹腰山城守に医師として扶助せられたとし、末弟の伊兵衛は津島社人とするが、実否不明。

「真野家系図」（大阪城天守閣蔵）は、真

野蔵人頼親を家祖として、その子真野豊後守頼包、その長男真野小源太頼継へと続く丹波篠山松平家中真野氏の系図であるが、蔵人、頼包の記事は『難波戦記』、『大坂御陣覚書』などに依拠しているものと思われる。頼継については、讃岐生駒家に知行三百石で仕え、生駒家が改易となった寛永十七年に死去したという。『生駒家分限帳』によると、真野小源太は森出雲組に所属し、知行百石を与えられている。「真野家系図」によると、頼継の次弟中川瑞碩は、本多政勝に医師として仕え、後に大和郡山を牢人して死去し、妹は本多政勝家中の医師臼田桂寿の妻となったとされるが、『内記政勝公御家中分限帳』、『本多唐之助家中覚書』で医師の中川、臼田を確認できず、実否不明。

真野与次兵衛《まの よじびょうえ》

尾張国海東郡津島の人と推定される。平野遠江守長泰の妹婿。秀頼に仕えた（『寛政重修諸家譜』、「平野家譜」）。

落城直後の与次兵衛親子の消息について、慶長二十年五月十三日付で平野長泰が若山東庵、服部次郎兵衛に送った書中には、「与次兵衛は夫婦ともに行方不明。廻状を以て所縁の大名衆の各家中に照会するので、きっと行方も分かるだろう。与次兵衛の倅虎熊の行方は判明しているので、今日明日にも来るだろう。与次兵衛は死んでも、しきふ（式部で与次兵衛の妻か）が死ぬことはないだろうから、行方も分かるだろう」とある（『張州雑志』）。

馬淵平八《まぶち へいはち》

伊東長次の家来。知行百石。佐河氏とする説もある。

慶長二十年五月七日に戦死。享年二十四、五歳。法名は季森見桃（「備中岡田伊東家譜」）。

馬淵六郎大夫《まぶち ろくろ(う)だゆう》

真田信繁配下の足軽大将。

慶長二十年五月七日、馬淵や真田勘解由、大塚清兵衛、高梨主膳、海野小平太、望月善太夫、禰津小六、山岡軍平、軍術達人の柏田玄仲、角輪佐吉、利光久兵衛、沼田清次郎、真田権太夫、森川隼人、瀧川平太夫、丹生弥二郎、星田勘平ら信州から馳せ参じた譜代の士百五十四人が力戦して戦死を遂げたという（『大日本史料』所載「銕醤塵芥抄」）。

馬屋原備前守春時《まやはら びぜんのかみ はるとき》

毛利輝元の家臣馬屋原備中元正の子。諱は後に重春と改めた。

備後国神石郡小島村の固屋城の麓に居住。

吉川氏に属して朝鮮に出役。文禄二年に父が戦死した後、帰国した。

慶長五年、牢人となり、備後国芦田郡府中に隠居。

その後、桑田元房、小野景忠とともに大坂籠城。長男の馬屋原采女正重頼、郎党の馬屋原刑部元実、同源左衛門元重、角倉与八郎春親もこれに従った。

落城後、重頼とともに府中に帰り病死。

長男の馬屋原重頼は、元和末、備後国品治郡向永谷村へ移住。郎党の元実と元重は落城後、上方に留まり、春親は京都に居住した（『西備名区』、『芸備風土記増補』）。

万歳太郎兵衛友満《まんざい たろ(う)びょうえ ともみつ》

万歳友興の弟。名は太郎友備ともされる。大和郡山の筒井定次に仕え、近習を務めた。

ま

天正十三年、定次の伊賀転封に従った。

慶長十一年、縁族の中坊秀祐とともに主家を立ち退き、大和の兄万歳友興方に身を寄せた。

慶長十九年、大坂の招きに応じ、入城して大野治房に属した。

慶長二十年四月、箸尾重春に従い、大和郡山に侵攻した（「増補筒井家記」、『大和志料』）。

万歳備前守友興《まんざいびぜんのかみともおき》

万歳友満の兄。万歳氏は大和国葛下郡万歳村の出自。広瀬郡の箸尾氏配下。万歳、布施、高田、岡片、片岡、柳生、井戸、細井の八家は八人衆と唱えられた。

初め大和郡山の筒井定次に仕え、定次の伊賀転封後は郡山に留まって豊臣秀長に仕えた。

慶長十九年、大坂の招きに応じ、大坂城に籠り、大野治房に属した。

慶長二十年四月、箸尾重春に従い、大和郡山に侵攻した（「増補筒井家記」、『大和志料』）。

妻は大和国平群郡の椿井越前政和の娘（「諸系譜」）。

み

三浦三左衛門《みうらさんざえもん》

大坂籠城。城北警固の寄合衆の一人（『難波戦記』）。

三浦将監《みうらしょうげん》

後藤又兵衛組に所属。

慶長十九年十一月二十六日、今福口合戦で、後藤組の境金左衛門、柏原角左衛門、山中猪兵衛とともに柵の外で鑓を合わせた。大坂方が城中へ引き揚げる際には、境金左衛門、柏原角左衛門、三浦彦太郎とともに殿《しんがり》となり、追尾する敵を斥けた。

慶長二十年に戦死（「鴫野蒲生合戦覚書」、『美作古城史』）。

三浦てき庵《みうらてきあん》

大野治長組の組頭。

慶長二十年五月六日、後藤又兵衛が誉田方面に出陣した時、てき庵は同方面の地理に通じていたため、その組下とともに、臨時で後藤に付属された。後藤の相備えとして誉田の東堤、山裾付近に備えを立てた。組下の松原四郎兵衛が敵と鑓を合わせた。その後、組中を率いて、藤井寺方面に進出した治長の陣に合流した（「平山家文書」大坂夏御陣之時松原四郎兵衛手□之覚）。

三浦道角《みうらどうかく》

野州の出自。豊臣家の医臣（知行三百石）三浦道円の子。

豊臣家の医臣として大坂に居住した。慶長二十年五月七日に死去。

その子孫は、江戸に居住し、明暦三年の江戸大火以降、埼玉郡行田に移住。代々医業を営んだ（『行田市金石文集』、『行田市史』）。

三浦彦太郎《みうらひこたろう》

冬の陣には、後藤又兵衛組に付属され、夏の陣には、真田信繁の手に目付として付属されたと思われる（「鴫野蒲生合戦覚書」、『福間彦右衛門覚書』、『佐竹家譜』）。

慶長十九年十一月二十六日、今福口合戦で後藤の組下赤堀五郎兵衛、山中藤大夫、山脇三郎右衛門、田中作左衛門、堀太郎兵衛、仙石喜四郎とともに、佐竹義宣勢に奪取された柵を押し破り、柵内で鑓を合わせた。大坂方が城中へ引き揚げる際には、後藤組の境金左衛門、柏原角左衛門、三浦将監とともに殿《しんがり》となり、追尾する敵を斥けた(『鴨野蒲生合戦覚書』)。

十二月に和睦が成立した四、五日の後、彦太郎が今福で浅黄の唐の兜に引廻を付けている武者と鑓を合わせたということで、その相手を確認するため、福島正則の家臣平田権平吉敬と高桑五郎左衛門が、佐竹の陣所を訪問した。佐竹家で該当者と思われる高屋五左衛門盛吉を紹介されたので、面会して戦闘の様子を聞くと、正しく彦太郎の証言と合致した。高屋は、家来に彦太郎と平田、高桑の名前を記録させた。平田、高桑は、高屋の甲冑、鑓も実見して確認した。

慶長二十年、秀頼の命により黄撓《きじない》指物使番となり、鉄砲を預かり、先手横目を務めた。五月六日、道明寺表合戦で軍功があった。

落城後、徳川頼宣に仕えたが、後に牢人して江戸に居住した。弥右衛門と改めた(『佐竹家譜』)。

寛永十五から十九年に目付役に就いていた山崎正信から毛利秀就に対して、三浦弥右衛門の仕官斡旋があった。大坂で真田の手に属して度々比類ない働きがあり、必ず期待に沿える人物ということで、秀就自身は召し抱えに乗り気であったが、毛利家は、基本的に牢人の斡旋を一律に辞謝することとしており、不調に終わった(『福間彦右衛門覚書』)。

その後、徳川義直に仕えた。次いで黒田忠之に仕え、鉄砲同心五十人を預けられた。総右衛門と名を改めた(『佐竹家譜』)。

三浦飛騨守《みうら ひだのかみ》

諱は義世とされる(『難波戦記』)。

慶長十九年、大坂籠城。当初は小身者で、五騎または十騎程度を預かった。大野治長に面会して城の塀裏を警固したが、後に牢人や騎馬の者を追加で預かった(『大坂陣山口休庵咄』)。城東持ち口の頭分の一人で、兵七百人を指揮した(『難波戦記』)。

慶長二十年五月七日、岡山口で戦った(『阿部家御実記』)。

三上半兵衛季吉《みかみ はんひょうえ すえよし》

秀吉の家臣三上与三郎季直の子。母は春日局の妹神戸局。

父の季直は文禄元年、肥前名護屋で兵船の奉行を務めた時、家康に拝謁し、九月四日に同地で死去(注)(『寛政重修諸家譜』)。

三上季吉は、文禄元年に誕生。初め半兵衛、右衛門、外記を称した。諱は季吉、後に季正(『寛政重修諸家譜』)。

父が名護屋で客死した時、幼少だったので家督を継げなかったが、慶長二年、神戸局の請願により、秀忠に出仕した。

慶長八年七月二十八日、千姫の大坂入輿に母子とともに随行した(『寛政重修諸家譜』)。

慶長十九年、大坂籠城(『土屋知貞私記』)。

慶長二十年五月七日、天王寺表合戦で、松田秀友や毛利吉政組の長井定治らとともに仙石忠政勢と戦った(『改撰仙石家譜』)。

落城後、前田利常に預けられた。

寛永元年、将軍家光に小姓番士として出仕し、廩米四百俵を与えられた。

寛永十年二月七日、新たに二百石を加増され、武蔵国足立、埼玉両郡内六百石に采地を改められた。

寛文二年六月七日に死去。享年七十一

歳。

前妻は三浦勘解由の娘。後妻は柴田源左衛門勝全の次女。

次男の三上次郎兵衛季次が家督を継ぎ、将軍家光に仕えた。子孫は幕臣として続いた。家紋は四目結、丸に三引（『寛政重修諸家譜』、『蜷川家文書』）。

〔注〕三上季直は、文禄二年五月二十三日に秀吉が名護屋で明使を延見した際、給仕役を務めている（『太閤記』）。同年閏九月十三日に上田重安が三上跡の代官に任じられている（『駒井日記』）。以上から季直の死去は文禄二年と推定される。なお『言経卿記』、『家忠日記』によると、家康は文禄元年三月十七日、京都を進発して肥前に下向し、文禄二年八月二十九日、名護屋より大坂に帰着しているので、季直の死去を文禄二年としても拝謁は可能である。

三木佐々右衛門《みき すけざえもん》

大坂七組の青木一重組に所属。

慶長二十年五月七日、青木正重の指揮で天王寺表へ出役。富田九郎兵衛、小寺右衛門佐、上島三十、荒木八左衛門とともに力戦。落城後、京都で一重が組下の軍功を詮議した際、右の働きを認められた。

後に本多政朝に仕えた（「和田千吉氏所蔵文書」）。

三木大介《みき だいすけ》

播磨の住人。

慶長十九年十一月十日夜、主従七人で大坂入城を志し、摂津国東成郡毛間村の番所に駆け込んだ。同番所は渡辺内蔵助配下の大石平之助以下と木村重成配下の若松市郎兵衛以下が警固しており、三木主従は刀、脇差を接収の上、城中に送致された。

三木は大野治長組となり、後藤又兵衛と旧知だったため、後藤に付属された（「高松内匠武功」）。

三沢吉兵衛基次《みざわ きちびょうえ もとつぐ》

出雲三沢氏（注1）の出自を称する（「三沢家譜」）。近江坂本の住人三沢頼母助為基の長男（「伊達族譜」）。三沢権佐清長（注2）の兄（「別本伊達家文書」延宝五年閏十二月二十五日付三沢頼母秀三覚）。三沢喜左衛門国定（法名は宗悦）、紀伊（注3）の兄。

父の為基は、信長に属した（「三沢家譜」）。妻は氏家卜全の娘で、氏家志摩守元政、氏家内膳正行広の妹。元和七年頃の十月十二日に死去。

三沢基次は、氏家行広とともに大坂籠城。

後に氏家の指図により城外へ退去して前田利常に仕えた。子がなく断絶（「別本伊達家文書」延宝五年閏十二月二十五日付三沢頼母秀三覚）。

〔注1〕三沢氏は元来、出雲国仁多郡三沢庄の出自であり、為清―為虎―元幸―広為（実は元幸の妹婿田代元信の次男）と続き、子孫が長州毛利家の家臣となっている（「三沢家譜」）。一方、出雲三沢氏の分流を称する家系が、以下の通り諸国に散在する。奥州伊達家中には、為虎―為基―清長へと続く家系（「伊達族譜」）。久留米有馬家中には、為虎―元幸―為信（実は元幸の妹婿田代元信の次男）―信教へと続く家系（「御家中略系譜」）。阿波蜂須賀家中には、為虎―為信（元幸の弟）―信義―信秀（実は信教の六男）へと続く家系（「蜂須賀家家臣成立書并系図」文久元年九月三沢信敦書上）。これら出雲三沢氏の分流を称する系図と、

符合させている点もあるが、年代が合わず、親子関係が成り立たない人物が複数あり、いずれも信憑性に欠ける。なお、出雲に伝来する三沢氏の諸系図でも、これらの分流は確認できない。

〔注2〕三沢清長は、慶長三年に誕生。母は氏家氏。初め日見久右衛門、後に権佐と称した。伯父の氏家元政に子がなかったため、その養子となった。慶長六年、養父とともに豊前小倉で細川三斎に招かれた。慶長十七年、元政に実子元高が誕生した。元和元年十一月四日に元政は死去したが、清長に家督を継がせたいと遺言した。清長はこれを固辞して豊前を去り、伊達政宗に仕えた。三沢氏に復姓し、玄又と号した。慶安四年七月二十七日に死去。享年五十四歳（「先祖附」氏家甚右衛門、「別本伊達家文書」延宝五年閏十二月二十五日付三沢頼母秀三覚、「同」延宝九年三月三沢頼母殿由緒覚書、「伊達族譜」）。妻は氏家行広の娘。寛永十七年に長女の初子、正保元年に長男の三沢頼母秀三を産んだ（「別本伊達家文書」延宝九年三月三沢頼母殿由緒覚書、「伊達族譜」）。承応二年二月二日に死去（「別本伊達家文書」延宝九年三月三沢頼母殿由緒覚書）、あるいは承応二年閏六月二日に死去（「伊達族譜」）。なお「長府三沢家譜」、「三沢初子略伝」（伊達氏史料）は、妻は朽木宣綱の娘とする。宣綱の妻は京極高吉の娘で、氏家行広の妻とは姉妹である。「朽木家譜」に三沢氏に嫁いだ女子は見えないことから、やはり清長の妻は氏家氏の娘で、相婿の宣綱の養女となった可能性もあると推測される。

清長の長女は初子。清長は豊前を流浪した後、因幡鳥取に至り、池田光仲の家臣で再従弟の三沢為良（信教の三男）宅に寄寓していたが、寛永十七年に同所で初子が生まれた。初子は父母と死別した後、叔母の紀伊に養われ、ともに伊達家の江戸中屋敷で振姫に仕えた。明暦元年、伊達綱宗に嫁ぎ、万治二年に世子の伊達綱村、寛文元年に伊達村和、寛文五年に伊達宗賛を産んだ。貞享三年に病死。享年四十八歳（「伊達氏史料」三沢初子略伝、「伊達族譜」、「伊達家譜」、『伊達治家記録』、「三沢家譜」）。

〔注3〕紀伊は、氏家行広の養女となり、大坂城に出仕。後に細川三斎を介して幕府へ出仕し、将軍秀忠の養女振姫（池田輝政の娘）に付属され、元和三年、伊達忠宗への入嫁に随行した。剃髪して日通と号した（「別本伊達家文書」延宝五年閏十二月二十五日付三沢頼母秀三覚、「同」延宝九年三月三沢頼母殿由緒覚書、「伊達族譜」、「三沢家譜」）。

三沢次郎右衛門信教《みざわ じろ(う)えもん のぶのり》

出雲三沢氏の出自を称する。三沢庄兵衛為信の四男。

父の為信は、初め四郎左衛門を称し、後に溝尾庄兵衛を名乗った（「御家中略系譜」）。諱は秀朝ともされる（「鳥取藩政資料藩士家譜」三沢常右衛門家）。明智姓を授けられた（「蜂須賀家家臣成立書并系図」文久元年九月三沢信敦書上）。明智光秀の老臣で、近江坂本城に在番。天正十年に山崎合戦で戦死（「御家中略系譜」）。あるいは亀山で戦死（「蜂須賀家家臣成立書并系図」文久元年九月三沢信敦書上）。あるいは光秀が死亡したため東福寺に逃れたが、秀吉の軍勢に囲まれて山門で自害（「鳥取藩政資料藩士家譜」三沢常右衛門家）。為信には以下の六男一女があった。長男の三沢荘三郎は山崎合戦で戦死。次男は三沢新右衛門信愛。三男は三沢伝右衛門信祐。四男は三沢次郎右衛門信教。五男は三沢亀之進為能。六男は三沢十左衛門信義。長女（注）は小堀政貞の母で、徳川家綱の乳母として出仕した（「御家中略系譜」）。

三沢信教は、初め庄次郎を称した。十七歳の時、秀吉に出仕した（「鳥取藩政資料 藩士家譜」三沢常右衛門家）。次いで秀頼の旗本に属し、知行五百石（「御家中略系譜」）。

慶長二十年五月七日、青山忠俊の手の赤母衣武者を討ち取った（「鳥取藩政資料 藩士家譜」三沢常右衛門家）。当時、年の頃は四十余歳。

落城後、若狭小浜の京極忠高に知行五百石で仕えた（「御家中略系譜」）。

寛永十年四月に小浜で死去（「鳥取藩政資料 藩士家譜」三沢常右衛門家）。

長男の三沢弥四郎信倫は、若狭に居住した。

次男の三沢善兵衛信政は、寛永十一年、久留米の有馬豊氏に仕え、後に知行三百石、側筒頭を務めた。慶安二年七月に病死。妻は、松平定綱の家臣佐治物左衛門の娘。子孫は有馬家の家臣として続いた。

三男の三沢善左衛門為良は、初め千之助、半右衛門、八郎左衛門を称した。岡山の池田忠雄に仕え、後に知行二百五十石、横目を務めた。池田光仲に知行三百石で仕えた。延宝元年に死去。子孫は鳥取池田家の家臣として続いた。

四男の三沢平太夫信衡は、京極忠高に知行二百五十石で仕えた。

五男の三沢夫右衛門信辰は、池田光仲に知行百五十石で仕えた。子孫は鳥取池田家の家臣として続いた。

六男の三沢彦兵衛信秀は、叔父三沢信義の養子となり、阿波の蜂須賀光隆に仕え、遺知五百石のうち三百五十石を継いだ。子孫は蜂須賀家の家臣として続いた（「御家中略系譜」、「鳥取藩政資料 藩士家譜」三沢常右衛門家、「同」三沢伊之丞家、「蜂須賀家家臣成立書并系図」文久元年九月三沢信敦書上）。

〔注〕徳川家綱の乳母について「蜂須賀家家臣成立書并系図」文久元年九月三沢信敦書上、「御家中略系譜」は、三沢為信の娘とするが、寛永十八年に家綱の乳母となった三沢局を天正十年に死亡した為信の娘とするのは無理であり、おそらく孫などの世代と思われる。『寛政重修諸家譜』によると、三沢局は明智頼兼の後胤三沢弥四郎為毗の娘で、三沢惣左衛門信政の妹という。慶長十六年に誕生。小堀政一の側室となり、寛永十八年八月、家綱の乳母に挙げられた。明暦元年に病を得て致仕。明暦二年三月三十日に死去。享年四十六歳（『寛政重修諸家譜』、『明治十年日蓮宗明細簿』、『荒川区史』、『徳川実紀』）。三沢信教の長男三沢弥四郎信倫が若狭に居住しており、この信倫が為毗と同一人物の可能性もある。なお、三沢局の兄三沢信政の妻は、池田綱政の家臣佐治縫殿助の娘で、長男の三沢庄兵衛信光と次男の三沢弥五郎信好を産んだ（『寛政重修諸家譜』）。

御宿越前《みしゅく えちぜん》

武田信玄の家臣御宿監物友綱の子（『葛山家譜』、『藤原姓葛山御宿氏系図』）。母は信玄の家臣長坂釣閑斎の娘（『葛山家譜』）。尾張徳川家中の御宿氏の家伝では、今川義元の家臣葛山備中守総武の次男で、御宿友綱の養子とする（『駿州葛山葛山系図説明』、『士林泝洄』）。

幼名は若丸（『葛山家譜』）。小田原北条家では越前守（『甲州古文書』真壁文書）、越前松平家では勘兵衛（「慶長十五年二月越前分限帳」）、大坂籠城の頃は越前守を称

した（「大坂合戦覚書」）。諱は綱秀（『藤原姓葛山御宿氏系図』）、綱貞（『葛山家譜』）、正友（『甲斐国志』）、政友（『武田系図』）、正倫（『駿州葛山葛山系図説明』、『士林泝洄』）。号は道悦（『吉備温故秘録』所載「原田理左衛門書上」）、道斎（『武家事紀』）。

　駿河国駿東郡葛山の本領は、信玄の子葛山十郎信貞に譲渡され、友綱には新恩として駿東郡御宿、千福、上田、菅古、棚頭、足洗、沢田、庵原郡平山、志太郡内谷、焼津、有渡郡丸子、安倍郡油野の十二か所が与えられた（『藤原姓葛山御宿氏系図』）。この新恩の地が御宿若丸に承継された（『葛山家譜』）。

　天正八年十二月十九日付で武田勝頼は御宿若丸に判物を発給し、父の御宿監物の領分である御宿、千福、菅古、棚頭、足洗、沢田、平山、焼津、丸子、油野、富士郡久足において合計五百八十一貫九百六十四文を安堵した（『甲州古文書』真壁文書）。右の若丸は、綱秀と思われるが、大坂の陣の時点で『土屋知貞私記』に六十余歳、御宿組早川太兵衛勝正による「大坂合戦覚書」に七十歳ほどとあり、逆算すると天文後期の誕生で、天正八年は三十歳前半となる。幼名の宛名に違和感を覚える。

　武田家の滅亡後、父の友綱は小田原に移住（『藤原姓葛山御宿氏系図』）。綱秀も北条家の館で成長した（『駿州葛山葛山系図説明』）。天正十四年三月十二日付で北条氏政の家臣松田憲秀は、武蔵国多摩郡森戸郷の百姓六人に朱印状を発出し、奉行の御宿越前守、長尾内膳正、岡谷将監を通じて郷中支配について下達した（『相州古文書』）。

　綱秀は天性剛勇で若年より文道を学ばず、ひとえに戦闘を好み、喧嘩を専らとしたため、父に勘当されて家を出た（『藤原姓葛山御宿氏系図』）。

　その後、家康に仕えた。

　天正十八年、折から奥州に加増転封となった蒲生氏郷と木村吉清が、家臣の不足により諸国に有志を召募し、秀吉も人員確保を積極的に支援した。この時、御宿は家康の旗本を辞して、会津に下向して氏郷に仕えた。

　慶長三年、蒲生忠行が下野宇都宮に減封された際、牢人となった。

　その後、上杉景勝に仕えた（「落穂集」）。上杉家では侍大将を務めた（『吉備温故秘録』所載「原田理左衛門書上」）。「大坂合戦覚書」で早川太兵衛が、御宿は関ヶ原の軍陣も務めたとしているが、慶長五年の奥州における戦闘に参加したということと思われる。戦役の後、上杉家が減封になると再び牢人となった（「落穂集」）。

　やがて、結城秀康が御宿を有用の者として召し出し、家康から事後承認を得た（「落穂集」、『武功雑記』）。知行五百石。鉄砲頭となり二十人を預かった（『続片聾記』）。「中納言秀康公御家中」にも知行五百石、鉄砲頭とある。「越前北庄御家中分限御附」には、五百石、使番とある。「慶長十五年二月越前分限帳」には、五百石、足軽五十人頭とある。『国事叢記』には、七百石、武頭とある。『武家事紀』には、八百石、足軽百人預かりとある。知行の累進有無は不明。

　屋敷を後の森巌山浄光院運正寺の地に拝領（『続片聾記』）。『国事叢記』に、屋敷は後の誓願寺町とあるが、慶長十二年の運正寺創建に伴い転居したものかもしれない。

　慶長十一年三月二十一日、父の友綱が上野藤岡で死去（『藤原姓葛山御宿氏系図』）。

　慶長十二年閏四月八日に結城秀康が死

み

去し、後嗣松平忠直の代に故あって越前家を退去(『土屋知貞私記』)。京都黒谷に隠棲。その間も具足櫃は離さなかった。その後、河内国渋川郡久宝寺町に寓居して医師となっていた(『武家事紀』)。牢人中は豊臣家から合力が支給された(『土屋知貞私記』)。

慶長十九年、寄寓していた摂津国豊島郡原田の人原田帯刀とともに大坂に入城。開戦前の軍評定の場には、帯刀ともども毎度列席した(『吉備温故秘録』所載「原田理左衛門書上」)。入城は大野治房の招聘によるともいう(『武家事紀』)。雑兵を含めて二、三百人を預けられた(『大坂陣山口休庵咄』)。治房組に付属された(『大坂御陣覚書』、「山本日記」)。家康は「大坂城中には御宿勘兵衛と後藤又兵衛を除けば、他にたいした人物はいない」と評したという(『武功雑記』)。

大坂方が利運の後は、越前を拝領する約束で越前守を称したという(『土屋知貞私記』)。しかし、『相州古文書』によると、既に北条家で越前守を称しており、『甲斐国志』も忠直に敵対して新規に越前守を称したものではないと判断している。

十二月十五日、塙団右衛門と長岡是季が蜂須賀至鎮の陣所への夜討ちを準備していると、治房組の組頭石川外記や岡部大学も出撃を望み、雑兵を多数かき集め始めた。塙がこれを強く制し、既に闘争に及ぶところを、御宿が双方を戒めて調停し、結局この日の出撃は中止された。

十二月十六日丑の刻、蜂須賀の陣所へ夜討ちが敢行された。治房と御宿は、同勢として本町橋の上で待機し、塙と長岡が城外に出撃して夜討ちを指揮した(「大坂夜討事」)。

夜討ちの軍功詮議の際、塙が長岡と御宿に「木村喜左衛門、畑角大夫、牧野牛抱、田屋右馬助のうち、田屋のみ長刀なので、鑓を合わせたとは言えまいという意見もあるがどうか」と相談すると、御宿が「鑓も樫の柄、長刀も樫の柄なので同じこと。むしろ長刀は鑓より短いので、より優れた働きである」との見解を示したためそのように落着した(「武辺咄聞書」)。

和睦成立後、石川外記は不審を蒙り切腹させられ、その組下五十騎は御宿の預かりとなった(「大坂夜討事」)。

慶長二十年四月、京都の兵法者吉岡源左衛門直綱、同又市直重兄弟を大坂城に招聘した(『吉岡伝』)。

四月二十六日、家康は二条城出陣の期日を二十八日と定めたが、四月二十七日、大坂の与党による京都放火の計略が判明したため、出陣を延期させた(『駿府記』)。

四月二十五日晩、御宿は京都所司代板倉勝重を訪ね「大御所、将軍家におかれては軽々に伏見を出陣されてはなりません。京都で古田織部の家来木村宗喜と他一名が大将分となり、かねてより秀頼公と申し合わせ、大坂から金銀を受け取り、人数五百騎を用意しています。この人数で伏見御出陣の後、禁裏や仙洞御所に放火し、京口には大坂から出兵して挟み討ちにする手筈です」と密告した。その上で「私の倅右馬助が江戸で法度に背き牢舎させられているので、これを助けていただきたい」と要望した。家康は板倉からの上申を聞き届け、右馬助を赦免し、御宿を留め置くよう指示した。しかし、御宿は「いったん、秀頼公、大野修理と同心した以上、大坂城に戻らないわけにはいきません。御免くだされ」と辞退して、翌日大坂へ帰った(「幸島若狭大坂物語」)。御宿が戦死した後、板倉は御宿の密告について松平忠直の家老本多富正に語ったという(『武家事紀』)。皆川隆庸の家臣柔島若狭は、大坂の陣にも従軍しており「幸島若狭大坂物語」の信頼性は高いが、密告の日は『武家事紀』の記す四月二十七日の方が正しいと思われる。

四月二十九日、樫井合戦の敗報に接し、治房は御宿らを率いて貝塚付近から樫井町に急行したが、町中に浅野勢はなく、敗残の死骸が散乱するだけだった。既に日暮となったため、やむなく大坂へ撤退し、船場に陣取った（『大坂御陣覚書』）。

五月一日、大野治長と治房は、樫井合戦における諸士の軍功を詮議した（『浅野家文書』）。吟味は治房方で実施され、聞き手として御宿と藤井一二斎が遣わされた（『吉備温故秘録』所載「山田市郎左衛門書上」）。

五月六日、道明寺表合戦の敗報に接し、治房は船場から茶臼山まで押し出し、敵の追尾を牽制した（『大坂御陣覚書』）。同日の合戦で御宿組の早川太兵衛の組下立見市郎兵衛が戦死（「大坂合戦覚書」）。翌七日の決戦を控えて、御宿は松平忠直の陣に使者を送り、秘蔵の馬辻風を所望した。忠直は怒ったが、結局思い直して辻風を贈ったという（「大坂夏御陣之覚書」）。『国事叢記』には、秘蔵の馬荒波とあるが、いずれにせよ馬の所望自体が実否不明。

五月七日、治房は千五百騎を指揮した。千五百騎のうちに百騎頭が十五人あり、御宿はその二番組頭となった。組下百騎のうちでは小組頭十人あり、それぞれ十人ずつを指揮した。千五百騎は桜門から押し出し岡山表へ出張した（「大坂合戦覚書」）。当初大坂方は、敵を天王寺の前に十分に引き付ける作戦だったが、案に相違して敵が一気に寄せてきたため、布施伝右衛門や岡田縫殿らが動揺して備えを立てかねていた。御宿が乗り寄せて「何を騒いでいるか。主馬もすぐに出陣するから、備えをしっかり立てて鎮まるように」と下知した。やがて治房は、大旗九本を押し立て、段丘の上に布陣した。そして使番を派遣して、東方の先手を右備として繰り越させ、新宮左馬助の備えを左備えとした。旗本の先頭は、大野治長組の先手の鉄砲の左に配置。また、池を前にして根来三十騎、その左には岡田縫殿、布施伝右衛門、岡部大学、新宮左馬助、中瀬掃部の六隊を並べた。その北方には二宮与三右衛門、御宿、治房の旗本が布陣した（『大坂御陣覚書』）。

御宿は敵方と大坂方を馬上から見合わせていたが、茶臼山の真田信繁と談合するため、馬首を巡らせて備えを離れた（「大坂合戦覚書」）。しかし、茶臼山から戻る途中で合戦が始まり、敵に押し立てられ（『大坂御陣覚書』）、松平忠直の家臣で旗本六番備え大小姓組（「越前忠直公大坂御陣御備組帳」）の野本右近正則に討たれた（『越藩史略』）。野本は同じ越前家中で御宿の顔を見知っていたため言葉をかけると、引き返して戦い、討たれたという（「慶長見聞書」）。享年六十余歳（『土屋知貞私記』）、または七十歳ほど（「大坂合戦覚書」）。尾張徳川家中の御宿家では、後に賢義院殿前越州従五位下勇道正倫大居士と諡した（『駿州葛山葛山系図説明』）。

首〔注〕は茶臼山の本陣で家康の実検に供された（「越叟夜話」）。関東衆に知人が多かったので、直ちに御宿の首と確認された（「慶長見聞書」）。実検した家康は「さてさて御宿めは年取ったことだ」と言って、野本に勝負の様子を尋ねた。野本は「御宿は茶臼山から単騎で駆けて来ました。茜の羽織を着た随行の徒士二人を呼び寄せ、何事か申し付けると二人は後方へ走り帰りました。それから御宿は私の方に向き直り鑓を取って馬から降りたので、私は走り寄って鑓を付けました。特段手向かいはしませんでした」と言上した。家康は「よい高名をしたな」と声をかけた。野本が辞去した後、家康は「御宿めが若い時なら、なかなかあの者などに首を取られることはなかったであろう」と述懐した。これはその場で高木主水が直接承った話によるという（『落穂集』）。

野本は御宿の首を取る際に指を切られた（『慶長見聞書』）。あるいは左肘を負傷し、三尺手拭でくくって実検に伺候したという（『武功雑記』）。褒美として判金二枚と菖蒲革の袴を拝領した（『大坂夏御陣之覚書』）。『武家事紀』に銀百枚と帷子、単物百ずつ、『武功雑記』に判金五十枚ともある。後に松平光長に知行千四百石で仕えた（『松平越後守三位中将光長家中并知行役附』）。

御宿の譜代の郎党由良仙助寿斎、小泉主水、加藤次大夫、上田権兵衛、足洗藤内、生田外記らも、前後して戦死した（『難波戦記』、『武徳編年集成』）。これらは御宿の旧領上田、足洗などの出身の者と思われる。なお『京都墓所一覧』によると、五月七日に戦死した生田外記の墓が妙心寺の塔頭蟠桃院にある。

御宿の備えは、大将が不在のためたちまち浮き足立った。小組頭早川太兵衛らが、敵方へ一町五段ほど乗り出し、道筋の水溜の鑓場に御宿の馬印浅葱の四半大織掛旗を押し立て、暫く前田利常勢と交戦したが、ついに敗走した（『大坂合戦覚書』）。

ちなみに、御宿は若い時分に、二度まで家康相手の戦陣に出役し、その際の手傷で左右の手が不自由となっていた（『吉備温故秘録』所載「原田理左衛門書上」）。右の二度の戦陣とは、小田原と慶長五年の奥州における合戦を指すものと思われる。『烈公間話』によると、後年池田光政は松平直政から「御宿は元来左手がなかった。最期は赤糸の具足を着て、左腕に鑓を持たせていた。越前家の者が見知っていてそのまま討ち取った」と聞かされた。光政は「大坂の陣で兄の忠直と同じ手にあった直政の話だけに信憑性が高く、難波戦記に御宿は白糸の具足が緋縅になるほど力戦したとあるが、実際は障害のため、そもそもそのような最期ではなかったはずだ」と推断している。

妻は武者右衛門佐の娘（『葛山家譜』）。速水守之の配下原田帯刀は、妻が花房正成と所縁の者だったため、落城により花房の陣小屋に落ち延びた。その際、御宿道悦の後家も同道し、後に在所の摂津原田にも伴って帰った。その後、道悦の後家は、所縁の者が阿波にいるのでそちらへ行きたいと望み、原田家より阿波へ送り届けられた（『吉備温故秘録』所載「原田理左衛門書上」）。

長男の御宿源太義綱は、剃髪して板坂頤神軒宗清と号した。父の戦死後、叔父で松平忠輝の家臣御宿源太政綱に養育され医術を学んだ。寛永十七年、法橋に叙せられた。慶安四年四月十三日に江戸で病死。

次男の内山七兵衛尉義政は、徳川家に出仕した。

三男は御宿善太夫政秀（『葛山家譜』）。

〔注〕大坂の陣で御宿の所用と伝わる絹地桐紋四半旗が大阪城天守閣に収蔵されている。野本はこの旗で御宿の首を包んだとの口碑を持つ。元禄十一年松平家の美作入封に従った野本家に伝来し、明治維新の頃には上月家に移転し、明治十五年に遠藤家が譲り受けたという。平成十年度に同家から大阪城天守閣に寄贈され

た（『大阪城天守閣所蔵資料目録』）。

御宿源左衛門貞友《みしゅくげんざえもんさだとも》

葛山十郎信貞の子。

御宿越前に従って大坂籠城。

落城後、筑前で黒田忠之に寄食。剃髪して葛山信哲斎と号した。延宝元年に病死。享年八十余歳（『武田系図』、『武田源氏一流系図』）。天正十年に死亡した信貞の子ならば、延宝元年には九十歳を超えているはずである。

水田次郎右衛門道次《みずたじろ（う）えもんみちつぐ》

土佐国香美郡西川村の住人水田嘉兵衛道政の次男。

香美郡韮生野に居住。

大坂の陣で軍功があり、秀頼から酒盃を拝領した〔注〕。後に酒盃を家紋とした。

慶長二十年五月六日に八尾表合戦で戦死。

子孫は香美郡内に続いた（「土佐国諸家系図」）。

〔注〕「青木伝記」にも、青木正重が大坂で盃を拝領したこと、『綿考輯録』にも、野々村吉安、長岡是季の家筋に大坂で拝領の盃が伝来したことが見える。

水谷久左衛門《みずたにきゅうざえもん》

かつて仙石忠政に仕官を望んだが、禄の不足を憤って立ち退き、大坂城に籠り、大坂七組の堀田図書頭に属した。

慶長二十年五月七日、天王寺表で仙石家の旗印を見るや単騎乗り出して名乗りをあげ「先ごろは微禄を以て辱めを受けたが、今日こそ我が手並みのほどを見よや」と喚いて鑓を入れた。忠政の家臣太田正盛が、十文字鑓で立ち向かい、堤の上で暫し闘っていたが、その後組み討ちとなり、ともに堤の下に転げ落ち、ついに太田が水谷の首を討ち取った。

水谷の子某は、寛永十四年、仙石政俊の大坂加番に従って在坂中の太田を訪問し、父の戦死の様子を尋ねた。太田は詳細に語り聞かせ、分捕った水谷の佩刀を贈った（「改撰仙石家譜」）。

水野猪右衛門《みずのいえもん》

諱は重勝か（「島津家文書」）。

毛利吉政組に所属。

慶長二十年五月七日、天王寺表合戦で毛利の左備えから駆け出し、軍功を立てた（「佐佐木信綱所蔵文書」卯年大坂落城之刻於森豊前守与長井九兵衛と申仁働之事）。

落城後、尾張徳川家の与力となった（『土屋知貞私記』）。

水野加右衛門《みずのかえもん》

大坂七組の青木一重組に所属。知行四百石。

慶長十九年十一月二十六日、鴫野口合戦で一重の家来大橋太左衛門とともに抜け駆けして兜付の首を取った。両人には一重から感状が発給された（「青木伝記」、「諸方雑砕集」、「高松内匠武功」）。

湊惣左衛門《みなとそうざえもん》

紀伊国日高郡湯川中島郷の人（「自得公済美録」）。日高郡上野村の出身で湯川氏の旧臣ともいう（『和歌山県日高郡誌』）。

慶長六年、浅野幸長に知行百五十石で出仕した。

慶長十九年、長谷川志摩組に属して大坂へ出陣。

慶長二十年二月二十二日、浅野長晟は禁令を犯して大坂に籠城した在所の百姓やその親、妻子について入念に詮索するよう、湊、石寺太郎兵衛、皆川弥左衛門、和田十兵衛、長井新五郎に指示した。

その後、浅野家を出奔して大坂に籠城した（『自得公済美録』）。

四月、秀頼の印判状と旗三流を奉じて日高郡に出張し一揆を扇動した。一揆に加担すれば、大将分の者には過分の知行を与え、百姓には三年間年貢免除、その後は永代三つ成りとするとの恩賞も示された（『玉置家系書』）。高家村《たいえむら》の孫四郎、志賀村の三郎兵衛、小池村の孫右衛門は各五十石を領知する庄屋であったが、湊に加担して蜂起した。一揆勢は在田郡広まで進出したが、浅野長晟から鎮圧部隊が派遣されると、日高郡に逃げ帰り四散した。湊はついに行方をくらましたが、妻子は浅野家によって捕えられ磔刑となった（『自得公済美録』）。

壬生出羽《みぶ　でわ》

大坂籠城（『大坂濫妨人并落人改帳』）。

宮井佐兵衛《みやい　さひょうえ》

伊予の住人。

慶長十九年十二月六日に城内から、伊達政宗の陣所に向けて「伊予国の住人、宮井佐兵衛」と名乗りをあげて「今度、政宗が先陣となるからには、よくよく気を付けられよ。流れ矢がもう一つの目に当たるだろうと、城中でも心配しているぞ」と悪罵を放った。寄せ手も「憎い雑言よ。おのれらこそ、今までそこかしこで物乞いして、あさましい姿になっていたが、金銀に目がくらみ、甲斐のない主人を頼んで、負けた挙句に首を刎ねられることこそ心配せよ」とやり返すと、「この度、君の御恩に与ってもはや物乞いなどしようか。かたじけなくも太閤の一子秀頼公に頼まれて一命を捧げること、末代までの面目この上もなし」と応じ、互いに暮れ方まで矢玉を射ち合った。城の塀の外側二、三間が破られたが、翌日には早速修復したという（『大坂物語』）。

宮井庄左衛門重家《みやい　しょうざえもん　しげいえ》

本国は伊予。宮井小平孝綱の子。宮井三九郎宗重〔注〕の弟。

父の孝綱は、初め畠山氏に属し、後に豊臣秀長、秀保に知行千石で仕えた。

宮井重家は、初め浅野幸長、長晟に仕えたが、故あって日高郡島田村に蟄居。後に大坂籠城。慶長二十年五月七日に戦死。

子孫は紀伊で地士として続いた（『紀伊続風土記』、「紀州家中系譜並ニ親類書書上」慶応二年十二月宮井広助書上）。

〔注〕宮井宗重は、孝綱の長男。紀伊で浅野幸長、長晟に知行三百石で仕え、後に安芸に移った（「紀州家中系譜並ニ親類書書上」慶応二年十二月宮井広助書上）。

宮井善助祐綱《みやい　ぜんすけ　すけつな》

阿波国勝浦郡宮井村の出自。宮井太郎左衛門道祐の長男。

父の道祐は、実は近江浅井氏、または田屋氏の子。紀伊国在田郡宮原荘の住人宮井太郎左衛門道貞の養子となった。

宮井祐綱は、天正十五年に誕生。後に太郎左衛門正盛と称した。

大坂の陣では、親類の浅井周防井頼の手に属し、伊達政宗の家臣佐々助七郎に鑓を付け、九鬼次郎兵衛を組み敷いて首を取った。この働きは、佐々からの書簡にも述べられており、証拠として宮井家に伝来した。

落城後、父の道祐方に帰り、在田郡宮原東村に居住。元和八年、徳川頼宣より六十人地士に挙げられ、切米五十石を給せられた。正保元年、他家同様に切米の支給が廃止された。

正保三年十一月四日に病死。享年六十歳。

子の宮井胡安法橋本成は、徳川光貞に医臣として仕え、子孫は紀伊徳川家の家臣として続いた。家紋は三頭左巴（『紀伊続風土記』、「紀伊国旧家地士覚書」、「紀州家中系譜並ニ親類書書上」宮井孫九郎系譜、「同」宮井善次郎先祖書）。

宮木伝右衛門《みやぎ　でんえもん》

後藤又兵衛組に所属。

慶長二十年五月六日、道明寺表合戦で後藤の備えが崩れ、山田外記、片山勘兵衛らとともに討ち漏らされて、石川河原を渡って、二陣の北川次郎兵衛、山川帯刀の備えに逃げ込んだ（『大坂御陣覚書』）。さらに追撃され、田の中に突き落とされて戦死したという（「北川覚書」）。

三宅市兵衛《みやけ　いちびょうえ》

慶長二十年五月七日、大坂城の大手門口で戦死。

妻は長宗我部盛親の家臣南部太郎左衛門の長女（『土佐名家系譜』）。

三宅吉兵衛《みやけ　きちびょうえ》

大坂七組の中島式部少輔の組子。

大坂籠城（「大坂濫妨人并落人改帳」）。

三宅善兵衛《みやけ　ぜんびょうえ》

秀吉の馬廻。

文禄元年、肥前名護屋城に在番（『太閤記』）。

慶長三年八月十四日、大坂城諸門の番衆が定められ、二の丸の表門番を務めた（「慶長三年誓紙前書」）。

落城の時に戦死とも（『武徳編年集成』）、小出吉英に所縁があったので、落城後、夫婦ともに同家に預けられたともいう。妻は秀頼の息女の乳母であった（「三宅善兵衛の妻」の項参照）。

その後、同族の小出大隅守家に預け替えられたか、子孫は大隅守家で用人まで務めたが、元禄九年に小出家が断絶したため牢人。善兵衛の妻の墓がある京都に行ったという。三宅氏は石田三成とも所縁があり、石田氏の系図を所持していたという（『大日本史料』所載「老談一言記」）。

宮崎三郎右衛門定直《みやざき　さぶろ（う）えもん　さだなお》

紀伊国在田郡宮崎荘の出自。宮崎隠岐守定之の三男。

天正十二年に誕生。

初め和泉国日根郡谷川を領知していたが、後に秀頼の旗本に属し、大坂籠城。

落城後、在田郡宮原に落去して、甥の則岡分太夫久忠方に寄寓した。郷里蕪坂の祠に太刀を奉納した。

元和五年六月十八日に則岡家で死去。享年三十六歳。遺言により宮崎氏の旧城を望む南村領井山麓に埋葬され、墓碑が建てられた。法名は実相院一渓浄夢大居士。則岡家では、例年七月十四、十五日に定直の墓前に灯籠を供え、供養を営んだ。墓石は元文元年六月、風雨で倒れたため、元文三年七月七日に再建された。享和三年五月、大川除普請のため、四、五間ほど南に移設された。

娘は、紀伊徳川家の儒臣李真栄に嫁ぎ、元和三年、李梅渓を産んだ（『紀伊続風土記』、「紀伊国地士由緒書抜」、「本国河州橘姓則岡氏系図」、『南紀徳川史』）。

宮崎定直については、生駒佳三氏著『甦る宮崎定直と有縁の人びと』（二〇〇〇年）

に詳しい。

宮田甚之丞安則《みやた じんのじょう やすのり》

美濃の出自（「大河内家記録」万治元戊戌歳松林院様御代分限帳）。『南路志』によると、大野治長、毛利吉政、治長の家臣宮田平七とは従兄弟とされることから、大野治長の出身地である尾張国葉栗郡大野村の近在にあった同郡宮田村出身ではないかと思われる。

初め戸嶋氏（「宮田平七武辺聞書」）。若名は甚三郎、大坂籠城中に甚之丞と改めた（「武家盛衰記」）。諱は安則（「大河内家記録」従古代役人以上寄帳）。

毛利吉政の家老（「福富文書」賀古次右衛門書状）。知行千石。足軽を預かった（「池田正印老覚書」）。

慶長五年九月十五日、吉政は南宮山に布陣したが、味方の敗軍により近江まで退却。そこから従弟の宮田と小寺孫助を使者として佐和山在陣の加藤嘉明に派遣し、助命の取り成しを求めた。戦役後、吉政は山内家に預けられ、土佐郡久万村に蟄居し、茶の湯を好んで暮らした。茶器を求めるためと称して、宮田を折々京都、大坂に派遣し、必ず大野治長方に立ち寄らせ、秀頼の安否を問わせた（「武家盛衰記」）。

慶長十九年十月頃、吉政は久万の配所を脱出し、浦戸から出船して大坂に向かった。宮田は小原文右衛門や番人の山田四郎兵衛の協力を得て吉政の嫡男毛利式部を秘かに連れ出し、船に同乗させた（「毛利豊前守殿一巻」、「武家盛衰記」）。

大坂城に至る途中、尼崎で建部政長の番船が吉政の荷船を奪取した。吉政は既に入城していたので、豊臣家の船奉行樋口淡路守とともに出張して尼崎に放火した。その際、宮田が斬獲した首は一番首として真野頼包の披露により秀頼の実検に供えられた。秀頼が宮田甚三郎の名を聞いて笑ったので、真野が機転を利かせ「若輩の名なので、以後は甚之丞と改めるべし」と取り成した。

慶長二十年五月七日天王寺表合戦に黄羅紗羽織を着て出役。周囲は宮田を黄羅紗と異名した（「武家盛衰記」）。先手の鑓合わせの時、吉政の旗本から宮田が一番に駆け出し、南東の方角真田信吉の備えに鑓を入れ、紺地に日の丸の四半を指した真田内膳と鑓を合わせて討ち取った。同時に右備えから長井九兵衛利重も突出し、白四半を指した武者を討ち取った（「佐佐木信綱氏所蔵文書」卯年大坂落城之刻於森豊前守与長井九兵衛と申仁働之事）。宮田の軍功証人は高橋八兵衛（『朝野旧聞裒藁』所載「毛利紀事載くひ帳」）。「真武内伝」によると、同日の真田家中の戦死者は三十六騎あるが、真田内膳の名は確認できない。

天王寺表が総敗軍となったため、宮田、長井、軍目付大桑平右衛門勝忠ら十騎ほどが吉政の前後を警衛して城中へ引き取った（「佐佐木信綱所蔵文書」七月六日付毛利善四郎祐時書状）。吉政は帰城すると宮田を呼び「我ら親子は秀頼公の御供をする。汝は逃れ出で、土佐に残る妻子を介抱せよ」と命じた。宮田は固辞したが許されず、与えられた竹流金五本を持って大坂から落去した（「武家盛衰記」）。「宮田甚三郎口上書写」によると、後事を託された宮田は、竹流金五本と豊前守所用の水牛の兜、子息久家の具足、猩々緋の陣羽織、島田の住助定の刀を持って土佐に帰ったという（『土佐史談』毛利豊前守勝永と其一族）。

その後、暫く大坂に閑居（「佐佐木信綱所

蔵文書」卯年大坂落城之刻於森豊前守与長井九兵衛と申仁働之事）。吉政の遺命により、前田利常の家臣（百五十石）岩田市右衛門方に寄食した（「武家盛衰記」）。

この間に吉政の先手で軍功があった侍六十人ほどが宮田を訪ね、それぞれ宮田の証文を得て仕官が実現した。

その後、宮田は小倉の小笠原忠真に招かれ仕官した（「武家盛衰記」）。知行二百石（『明石知行帳』）。

折から吉政の妻と娘が徒刑《とけい》に処され、江戸で女中衆に下賜されていた。この消息を聞いた宮田は、欣喜して小倉を辞して江戸に赴き、方々探し求めたところ、家康の側室清雲院に召し使われていることがわかった。そこで主君の遺命を果たすべく、清雲院に「母子を申し請けたい」と願い出ると許諾された。しかし、吉政の妻は「清雲院の厚恩に報じるため、私は引き続き奉公したい。ただ、数年苦心して探し求めてくれた宮田が気の毒なので、娘を宮田方に遣わしたい」と望み、感心した清雲院はこれを許した。宮田は吉政の娘を貰い請け、権名を兵庫という鋳物師に嫁がせたが、離縁となり宮田方に戻った。後に松平信綱の足軽大将柴田与三右衛門の媒酌で、秩父郷の大百姓縫殿助に再嫁し、子供を儲けた。後に母親も呼び寄せ、寛文年中まで存命した（「武家盛衰記」、「池田正印老覚書」、『南路志』）。

松平信綱が宮田を召し抱えたいと望み、旗本久世広当に斡旋を委嘱した。宮田の従弟高田弥五兵衛〔注〕がこれを主君小笠原忠真に報告したところ、小笠原家では、いったん宮田を帰参させ「松平家で宮田を召し抱えたい由承ったので進上する」と称して松平家へ転仕させた。これは小笠原家が顕職にある信綱に配慮した措置で、牢人からの召し抱えではなく、小笠原家からの転仕のため、先知が基準となり、松平家で高禄を用意する必要がなくなった（「関ヶ原合戦誌記」）。

寛永十二年、右の経緯により宮田は武蔵忍城主松平信綱に知行五百石で仕え、物頭となった（「大河内家記録」従古代役人以上寄帳）。「武家盛衰記」、『南路志』に六百石、「池田正印老覚書」に、知行七百石とある。「大河内家記録」では、寛永十四年時点で依然五百石であることが確認されるが、その後累進したものか。

寛永十二年、江戸で吉政の備えにあった侍が宮田の所に集まり、大坂の陣での働きについて語り合い、相互の証拠固めの確認をした（「福富文書」寅五月十七日付福富茂左衛門書状）。

寛永十四年十二月三日、信綱の有馬出陣に足軽大将として供奉（「大河内家記録」島原乱記）。

その後、武蔵河越で死去。

嫡男某は小倉で小笠原家に仕えていたため、次男が家督を継いだが、朋輩の悪事に荷担して牢人し、剃髪して大野幽松と号した（「武家盛衰記」）。

松平家中宮田家の二代目は宮田甚之丞安明で、松平信綱に知行三百石で仕えた。物頭、旗奉行を歴勤した。子孫は大河内松平家の家臣として続いた（「大河内家記録」万治元戊戌歳松林院様御代分限帳、「同」従古代役人以上寄帳）。宮田安明と大野幽松の関係は不明。

〔注〕「諸士由緒」によると、高田又兵衛吉次（伊賀の人高田治部丞吉春の嫡男）が久世広当の父広宣の斡旋で小笠原忠真に知行二百石（後に七百石）で仕官している。高田弥五兵衛も忠真に仕えた高田吉次、同作兵衛吉勝（吉春の三男）、同忠右衛門宜賢（吉春の弟勘四郎吉景の嫡男）の一族と思われる。

宮田平七《みやた　へいしち》

美濃の住人で信長の家臣宮田越中守の次男。宮田忠左衛門〔注1〕の弟。宮田喜八郎〔注2〕の兄（「兵家茶話」、「岩田氏覚書」）。または宮田喜八郎の弟（「宮田平七武辺聞書」〔注3〕）。宮田氏、毛利氏、坪内氏は美濃に於ける同格の一家（「岩田氏覚書」）。大野治長、毛利吉政、宮田安則は従兄弟（『南路志』）。あるいは毛利吉政は甥の子。坪内惣兵衛（定仍か）は従弟（「岩田氏覚書」）。諱は照定、経定（「兵家茶話」、「岩田氏覚書」）、時定（『難波戦記』）。晩年は平入と号した（「宮田平七武辺聞書」）。

初め滝川一益に仕えた。天正十年三月、武田勝頼を天目山麓田野に追い詰めた時、先手の滝川儀大夫の備えから平七を含む十五騎が真っ先に敵の柵に取り付いた。この戦闘で小山田式部を討ち取り、一益からは感状を発給され、信長からは軍功の褒賞として信濃国佐久郡内で知行三百貫文を与えられた。

次いで堀秀政に仕えた。天正十二年、秀政が楽田に在番していた間に甲田の砦に派遣され、軍功があった。

天正十三年三月二十一日、豊臣秀次の軍勢は和泉千石堀城を攻撃したが、死傷者が続出して攻めあぐねた。秀政の手には秀吉の黄母衣衆と金切裂指物の使番が派遣され、加勢が添えられた。敵が門から突出して寄せ手は崩されたが、平七は返し合わせて抗戦し、矢傷を負った。秀次の家臣宮部藤左衛門が若党三人を差し添え、平七を退かせた。秀政から敢闘を賞され金子五枚を拝領した。平七の濃尾における軍功は兼松修理（正吉）や坪内玄蕃（家定）もよく認識していた。

天正十五年七月三日、毛利吉成は豊前で企救、田川郡を拝領したが、家臣が少なかったため、秀政に申し入れて縁者の平七を家臣として豊前に招き寄せた（「宮田平七武辺聞書」）。知行八千石（「兵家茶話」、「岩田氏覚書」）。侍大将を務めた（「岩田氏覚書」）。

同年十月、田川郡添田の岩石城攻略に殊勲があった。

その後、平七の与力が毛利吉政の給人と少々口論の末、相手を討った。吉成から与力を切腹させるよう命じられたが、秘かに立ち退かせて匿った。しかし、討って差し出すよう厳命があったため、この与力を連れて毛利家を退去した。この件の詳細は戸嶋甚之丞（宮田安則）が認識していた。

天正十六年、牢人分で肥後八代の福島正則方に寄寓した。

天正十八年三月、伊豆韮山城攻撃に出役。敵が放棄した櫓に放火した。

次いで加藤清正に仕えた（「宮田平七武辺聞書」）。牢人分（「岩田氏覚書」）。文禄元年、朝鮮に出役し、釜山へ上陸して以降、豆満江を越えて兀良哈《オランカイ》への侵攻にも従い、諸戦で軍功を立てた。

慶長五年九、十月、肥後宇土城攻撃に出役。主命により諸口に分散していた味方を取りまとめ、城下町を焼き払った。その手際について清正より称誉された。

その後、肥後を退去。その際、これまでに受領した感状は、兄の宮田喜八郎が受領した感状と一つにまとめて兄の宮田忠左衛門に預けた（「宮田平七武辺聞書」）。

次いで大野治長に仕えた。

慶長十九年十月、野里三右衛門より中島の庄屋たちに、内々で免相の件で沙汰があると触状が届けられた。庄屋たちが野里のもとに出頭すると、奉行の郡宗保とあべの佐三郎から沙汰があったが、内容は免相の件ではなく「下中島の堀村に城砦を築くので、皆、普請に従事するよ

み

うに」とのことだった。庄屋たちは「容赦いただきたい」と愁訴したが、「同意しないなら大坂に連行する」と厳命され、やむなく一同加判して了承した。その後、大道村の庄屋太郎左衛門や柴島村の庄屋卯右衛門が着手を怠っていると、大野治長の家来で奉行の宮田平七から「女子供を人質に出すように」との命令があった。庄屋たちが「女子供は既に京都に遣わしています」と返答すると、「ならば庄屋本人を人質として留め置く」と言われた。庄屋たちは「それでは何とかして子供を呼び戻して参ります」と取り繕ってその場を辞去した。その後、宇右衛門のおじ与兵衛と勝兵衛の親子が柴島で成敗された（『慶長十九年霜月八日付大道村太郎左衛門・柴島村卯右衛門起請文写』）。

　宮田平七は大野治長の家臣であるが、「須藤姓喜多村氏伝」によると、宮田は大野治房組に属して二十騎ほど預かったとある。また『長沢聞書』に、大野治房は配下の組頭宮田と塙団右衛門を後藤又兵衛方に派遣し、夜討ちの指図を仰がせたとある。夏の陣では以下の通り治房の作戦行動にも協働している。

　慶長二十年四月二十八日、大野治房は浅野長晟を討つため大坂城に出陣し、その先手は堺を通り、岸和田を経て南進した。岸和田城主の小出吉英、援将の金森可重らは、城を固守してあえて出撃しなかった。大坂方は宮田平七を大将として大鳥郡泉浜寺村の石津に配し、岸和田城を牽制させた。ただし、平七は小勢だったので堺警固番の真木嶋昭光父子と赤座永成が出張して平七に合流した。

　樫井合戦の敗報を受けると、平七は東成郡安立町を経由して治房に先立って帰城した（『大坂御陣覚書』）。

　平七は右手を切られて片腕だったため刀も采配も左手で使った。片腕でも武道の嗜みが深く、大坂の陣では侍を預かり、その指揮も見事だったと世間から称賛された。

　落城後、徳川義直に知行千石で仕えたとも（「翁物語後集」）、牢人のまま終えたともいう（「岩田氏覚書」）。

　子の宮田平助尚景は、元和五年に誕生。母は播磨別所家に所縁の娘。加藤忠広に知行六百石、無役で仕えたが、寛永七年、十二歳で牢人となった。江戸に浪居、剃髪して順船照破禅子と号した。元禄六年に死去。享年七十五歳（「兵家茶話」、「岩田氏覚書」）。その長男は幼少の時、三河岡崎で水野忠春の家中拝郷家の養子となった。次男の宮田平吉は、毛利左一郎とも名乗った。母は楠宮内の娘。上田彦左衛門の養子となり、上田彦六盛照を称した（「岩田氏覚書」）。

　平七の子孫は土浦土屋家に仕えた（「宮田平七武辺聞書」奥書）。土屋家中の宮田家初代宮田九郎兵衛は、寛文六年八月、奈須玄格の斡旋により土屋数直に知行百石で仕えた。延宝四年七月、三十石を加増された。天和元年二月、目付となった。貞享二年三月九日、三十石を加増された。貞享四年六月四日、物頭となった。元禄十一年九月一日、長柄奉行となった。元禄十七年一月十五日、旗奉行となった。元元禄十七年十一月十二日より勤番を免ぜられ、宝永二年七月二十三日、願いにより隠居。同年十月三十日に病死。享年六十九歳。子孫は土屋家の家臣として続いた（「常陸国土浦土屋家文書」諸士年譜）。

〔注1〕宮田忠左衛門は、毛利吉政に知行三千石で仕えた（「兵家茶話」、「岩田氏覚書」）。あるいは毛利吉成の家老を務め、豊前国田川郡上糸田村の城に在番した（『豊前国古城記』）。

〔注2〕宮田喜八郎光次は、幼若より秀吉に仕えた。武勇絶倫で神子田半左衛門、尾藤十二兵衛、戸田三郎四郎勝隆とともに大母衣の士に列せられた（『武家事紀』）。十九人の黄母衣衆の一人で秀吉から寵遇された（「宮田平七武辺聞書」）。天正三年七月二十六日付で、近江国浅井郡西草野で知行四百石を与えられた（「市立長浜城歴史博物館所蔵文書」）。天正年中、近江長浜で二百五十貫、天正五年頃には播磨で五千石を領知したという（『武家事紀』）。天正年中の一月、竹生島宝厳寺に米二斗を寄進した（『竹生島宝厳寺奉加帳』）。天正五年十一月末、播磨国佐用郡下秋里における宇喜多直家との合戦で戦死（『堀尾家記録』）。享年二十五歳（「兵家茶話」、「岩田氏覚書」）。秀吉は甚だ哀惜した（『武家事紀』）。跡目は三歳の遺児が継ぎ、平七ら兄弟が補佐した（「宮田平七武辺聞書」）。

〔注3〕「宮田平七武辺聞書」は、宮田平七の武功について、本人の談話を子弟または家来がまとめたもの。その際、平七は「思い出せない点については、宮田甚之丞がよく覚えているから、そちらへ照会するように」との断りを入れている。この「聞書」は土屋家中の平七の子孫宮田九郎兵衛（初代九郎兵衛の曽孫）が所持していたが、天保十二年十一月、伴信友がこれを書き写し「武辺叢書」第二十七巻に収載した。聞書の筆者は「大坂の陣での働きについては、直参の家来が諸国に仕官していて、いつでも照会可能であり、持口も絵図面に詳しく載っているので、この書付では割愛した。その他、活躍は際限ないので古い衆にお尋ねになるとよい。なお、戸嶋甚之丞は今は宮田甚之丞と名乗って松平信綱に仕えている」と結んでいる。なお、「聞書」の冒頭部分、滝川一益に仕える以前の部分と朝鮮出役中の記述の一部は欠失している。

明神《みょうじん》忠右衛門《ちゅうえもん》信勝《のぶかつ》

明神源八郎信光の子。

祖父の明神六郎左衛門信久は、尾張で生まれ、和泉を経て土佐に来住したという。長宗我部元親に仕え、長男の明神六之助信行とともに朝鮮戦役で戦死した。

父の信光は、信久の次男。長宗我部家の除封後も京都で長宗我部盛親に仕えた。二年後、病により土佐に帰国して安芸郡甲浦で死去。

明神信勝は、文禄二年に土佐で誕生。初め源八郎を称した。後に剃髪して道喜と号した。

慶長八年、十一歳で父母と離れ、甲浦に浪居。

慶長十九年、二十二歳で大坂城に籠り、盛親の手に属した。

慶長二十年五月六日、八尾表合戦で藤堂高虎の母衣武者山田三郎右衛門（不詳）を討ち取った。

落城後は数年、上方付近の諸国を流寓し、下甲浦に還住。後に山内忠義から甲浦代官冨永伊織安吉を通じて召喚された。

寛永九年五月十九日、忠義から牢人分のまま白浜一円を与えられ、軍役外諸役を免除された。初め白浜は未開発の荒地で人家もなかったが、明神氏が新規開発、領知して以来、屋舎百軒、住民四百人が入植した。山内家に対し忠勤を励み、山内家からも厚遇を受けた（『南路志』、「御侍中先祖書系図牒」）。

寛永十年代と推定される五月十三日付で中西道也は明神源八（信勝）に以下の趣旨の書状を送った。「先般は誠にお久しぶりにお話しできうれしく思います。さ

み

て、いまだそこ元は御牢人の由、世間では軍功の誉れある侍の召し抱えが流行しているのに（『世上覚有侍ハヤリ申ニ』）どうして故郷に引き籠っておられるのですか。そちらでふさわしい知行を得られないなら、上方に来られるとよいでしょう。そうすればどこへでも仕官できます。特に長宗我部の旧朋輩衆が、堀田加賀殿へ大方仕官しています。貴殿については、先年道明寺（八尾表か）で比類ない功名をたてたことが歴然としています。どのようにでも仕官の工夫はできるので、そのようにご認識ください。私がこのような事を申し入れる筋合いではないのですが、野中三郎左衛門と縁者になり、その関係で貴殿の事を詳細に承った次第です。そちらで甲斐のない知行しか得られないのであれば、是非上方にお越しください。今後は御用があれば承ります。非力ながら随分と周旋します。なお角七右衛門方からも申し入れます」。

同年五月二十四日付で明神源八に角七右衛門は以下の趣旨の書状を送った。「先日は、上方にお越しの節、応接できず大変残念に思っています。さて中西殿を訪ねて貴殿の御噂をしました。いまだ御牢人でしたら、そちらを引き払って上方にお越しください。貴殿ならどこの国でもお望み次第、まず五百石は堅いところを、油断されているようだと中西殿も申されていました。中西殿に連絡を取るようにしてください。私が中西殿を訪問した時、牢人衆五、六人がいて、長宗我部殿の牢人衆は加賀、肥後または毛利美作殿、堀田加賀へ多数仕官しているが、明神については、大坂での高名が歴然としているにもかかわらず、いまだ引き籠っており、誠に惜しいことだと話していました。よくお考えください」。

寛永十年代と推定される八月二十九日付で中西道也は明神忠右衛門に以下の趣旨の書状を送った。「先年大坂の陣でともに戦った朋輩の明石清左衛門などは、江戸で話がまとまり、伊予の松平隠岐守様に五百石で仕官することとなったと聞いています。貴殿のお働きは、清左衛門もよく見ていたと言っているので、互いに連絡を取って軍功について申し合わせるとよいでしょう。貴殿の今の境遇は大変残念です。しかし、故郷でもあり、また土佐御家中、家老中までも懇意にされているとも承っており、それゆえにそちらで引き続き隠忍されるのもごもっともと存じます。とはいえ、子供のためでもあるので、少し上方にお越しになって、この際身の振り方を切り替えたいと思われましたら、来春上方へのお越しをお待ちしています。なお、今の貴殿の境遇は、小禄を食むよりはましだと思っています。その点は理解しています。しかし、貴殿ほどの名声ある者なら、どこの国へも仕官できます。世間に役に立った侍は少ないので（『世上ニ役ニ立タル侍ハスクナク候マヽ』）堀田加賀守様への仕官をお望みになれば、すぐにも話がまとまると思います。特に堀田家中には長宗我部家の旧朋輩が大勢仕官しているので、様子は皆々がお話しするでしょう」（『土佐国編年紀事略』）。

寛文九年六月、白浜に御屋代明神社を建立。

寛文十一年十一月三日に死去。享年七十九歳（『南路志』）。

長男の明神忠右衛門信次は、白浜に居住し、その子孫も同所で続いた。

次男の明神唯右衛門一信は、初め郷士として野根村に居住していたが、天和二年、自ら開発した新田二百石を知行とし

み

て、山内豊昌に召し出された。子孫は山内家の家臣として続いた（『皆山集』、「御侍中先祖書系図牒」）。

三好七郎右衛門《みよし しちろ(う)えもん》

三好助兵衛生勝の次男。黒田長政の家臣三好儀太夫の次弟（「黒田家臣御系譜草稿」）。

父の生勝は、実は多羅尾常陸介綱知の子で、阿波三好家の養子となった。初め孫九郎を称した。織田信長に仕えた（「浅野家諸士伝」）。後に秀吉に馬廻として仕えた。文禄元年、肥前名護屋城に在番し、本丸広間番衆馬廻組の五番尼子宗長組に所属（『太閤記』）。慶長六年、黒田長政に知行二千石で仕えた（「元禄四年御家人先祖之由来記」、『元和初年人数附』）。後に致仕して上方に蟄居（「浅野家諸士伝」）。元和年中、浅野長晟に仕え、二百人扶持を給せられた（「元禄四年御家人先祖之由来記」、「黒田家臣御系譜草稿」）。安芸で病死。

三好七郎右衛門は、慶長二十年に大坂城に籠り戦死。

妹で生勝の四女は、摂津平野の大百姓土橋九郎右衛門の内儀（「黒田家臣御系譜草稿」）。牧英正氏『道頓堀裁判』によると、平野郷七名家のうち、土橋家の系図に、土橋九郎右衛門重俊は、初め成安善九郎道頓の娘を娶り、男子二人を産み、後に三好助兵衛生勝の娘を娶り、一男一女を産んだことが記されているとあり、これと合致する。

三好惣次大夫存英《みよし そうじだゆう まさひで》

十河存保の長男。存保の嫡男千代松丸の同母兄。

父の存保は、天正十四年十二月十二日に戸次川合戦で戦死。母は清野左衛門尉秉忠の娘（「諸系譜」）。

三好存英は、永禄十二年に存保の長男として誕生したが、故有って公表されなかった。初め孫二郎、後に惣次大夫を称した。剃髪して道徳、または道満と号した。

父の戦死後、浪々としていたが、秀頼に出仕した。慶長十八年（十九年か）五月六日、摂津尼崎で戦死。享年四十五歳。永禄十二年の誕生であれば、享年は四十七歳となる。享年を四十五歳とすれば、元亀二年の誕生となる。どちらが正しいかは不明。法名は麟祥院殿存英徳善禅定門。

妻は革島越前守家助の娘。元和二年四月八日に死去。法名は妙心院殿玄堂浄光大姉。

長男の三好彦大夫長保は、天正十一年に誕生とされ、存英が十三歳か、十五歳の時の子となる。父の戦死後、浪々としていたが、名東郡東名東村に帰農し、吉田氏に改めた。正保三年五月二十五日に死去。享年六十四歳。法名は峻高院長保道谷禅定門。妻は一宮長門守の牢人高田四郎左衛門成仲の娘。寛永十一年一月五日に名西郡入田郷で死去。法名は大光院春月自照大姉。

次男の三好亀四郎長顕は、天正十六年に誕生、慶安四年十一月十六日に死去。享年六十四歳（「阿波国古文書」）。

右の存英の事蹟は「東名東村吉田孫六系図」（「阿波国古文書」所載）の所伝であるが、実在も含めて信憑性は定かではない。

三輪采女《みわ うねめ》

慶長二十年五月六日、道明寺表合戦で桑山一直の家臣足立兵助と鑓を合わせたが、勝負が決しないうちに乱戦となった（『足立家文書』）。

徳川頼宣は、采女ら高名の牢人に合力していた(『紀侯言行録』)。

後に岸和田城主松平康重の家臣三宅玄信、岡田元吉の肝煎で、同家に知行七百石で仕官することとなった。しかし、三輪の軍功が事実ではないとする風聞が立ち、驚いた三輪は荒木権左衛門、井上八兵衛を通じて、桑山家中に照会するよう求めた。そこで三宅と岡田は連署して年不詳一月十五日付の照会状を桑山家の家老衆に送った。桑山家の家老衆からは年不詳一月十七日付で、三輪と足立の鑓合わせは紛れもない事実で、その様に回答するよう桑山一直からも指示があった旨の返書が発出された(『足立家文書』)。

三輪頼母　みわ　たのも

日向国臼杵郡三輪村の農夫の子。

初め臼杵郡恒富村の仏日山願成寺の小僧だった。学問の志があって関東に赴く途中、大坂で牢人の召募があったため還俗し、出身地にちなんで三輪頼母と名乗って入城した。僧侶の身でありながら石火矢の射撃に長じており、寄せ手の紀州家から恐れられた。

落城後、落ち延びて、年を経てから紀州家に出頭し「大坂で敵対いたした三輪頼母です。牢人して困窮しましたので、御扶持方をお頼みしたい」と申し入れた。砲術の達人として推挙もあり、知行五百石を与えられた。文化、文政の頃も子孫が続いていたという(「延陵世鑑」)。紀州家の分限帳では確認できず、実否不明。

水原石見守吉勝　みわら　いわみのかみ　よしかつ

初め亀千世、亀介を称した。

天正十年三月二十一日付で秀吉から丹波国神東郡舟津のうち百石の判物を与えられた(『高野山文書』畠山家文書)。

天正十五年六月二十二日付で秀吉の使番衆水原亀介、伏屋十内ら二十人は、連署血判して誓紙を提出した(「木下家文書」)。金切裂指物使番に列せられた(『武家事紀』)。

天正十八年七月二日付で秀吉は会津動座の発令に伴い、使番衆西川八右衛門、垣見弥五郎、杉山源兵衛、水原亀介、友松次右衛門に小田原より会津に至る道普請を命じた(『浅野家文書』)。七月十六日、道作奉行五人は、会津に参着した(『伊達家文書』)。

文禄元年、秀吉は肥前名護屋に出陣。伏屋十内、松井藤介、友松次右衛門、渡辺与一郎らとともに使番衆の一員として、五番手で供奉した。また渡辺与一郎とともに七番手の小指物も奉行した(『大かうさまくんきのうち』)。

文禄三年一月三日、佐久間政実、瀧川忠征、佐藤堅忠、竹中重定、石尾治一とともに伏見城の普請奉行に任ぜられた(『当代記』、『武家事紀』)。六人の普請奉行は、馬廻、小姓組二千七百人の中から選抜されただけあって、実務処理能力が極めて高く、下々までも不満を抱くことなく、それぞれの任務に没頭することができた(『太閤記』)。三月二十一日付で秀吉から丹波の知行地の替地として、播磨国笠井郡妙楽寺村百石を与えられた(『高野山文書』畠山家文書)。

某年九月二十九日付で水原亀介吉勝は、佐久間甚四郎正真、佐藤与三右衛門賢忠とともに連署して京都東福寺に状して前田玄以の折紙について案内を申入れた(「東福寺文書」)。

慶長二年九月二十八日、従五位下石見守に叙位任官(『勧修寺家旧蔵記録』)。

某年三月十一日付で水原石見守は、石

尾治一、伏屋為長、美濃部隠岐守とともに連署して伏見深草の高田久高らに対し、醍醐、山科の山苅取が禁止となったことに伴い、宇治の炭山の件につき質問があり、出頭するよう命じた。水原ら四人は石奉行を務めていたと思われる（「三雲文書」）。

某年三月二十六日付で水原石見守は、山田長次、伏屋為長、郡宗保、佐藤賢忠、山城忠久、瀧川忠征、美濃部隠岐守とともに連署して真田信幸に対し、普請（大坂城普請か）に伴う真田家中の分担を二十八日に決定することについて承認した（『真田家文書』）。

慶長六年当時、美濃国加茂郡鳥組村二百三石五斗五升、同郡板倉村内で三十一石二斗四升の知行地があった（『慶長六年丑年美濃一国郷帳并寺社領小物成共』）。

慶長十年九月、伏屋飛驒守、友松次右衛門とともに摂津、和泉国絵図の製作を担当し、十月十五日、同じく小豆島絵図の製作を担当した（『江戸幕府撰慶長国絵図集成』）。

慶長十一年三月一日より江戸城普請が始まり、内藤忠清、貴志正久、神田正俊、都築為政、石川重次、戸田重元、伏屋一盛とともに普請奉行を務めた（『武家事紀』、『山内家史料』所載「御代々記」、『同』所載「御記録」）。五月二十八日、伏屋と水原は帰坂を許された（『金城温古録』）。

慶長十二年四月より六月の間に片桐且元、伏屋一盛や上野志摩守、吉田次左衛門、藪田清右衛門、岡田源兵衛といった秀頼の家臣とともに鹿苑院の鶴峯宗松を訪問している（『鹿苑日録』）。

慶長十五年頃、大仏造営に際し、伏屋飛驒守、友松次右衛門、松井藤介とともに秀頼の惣奉行となり、大工日帳奉行を兼任した。友松次右衛門とともに瓦奉行・塗師屋奉行、松井藤介とともに敷石石段の石奉行をも兼任した（『大工頭中井家文書』）。

慶長十六年当時、知行千石。

慶長十七年十二月より、大坂諸大夫衆の一員として禁裏普請助役（『慶長十六年禁裏御普請帳』）。

大坂町奉行を務めた（『武徳編年集成』）。「薄田孫兵衛親薄田惣右衛門寛永廿一申ノ年書上」（『家中諸士家譜五音寄』）によると、片桐且元の家臣安養寺孫兵衛は大坂町奉行を務めていたので、その相役、または後任と思われる。

慶長二十年、秀頼は開戦に備え、伏屋飛驒守、水原石見守や普請奉行に天王寺表の井戸を埋め足場をならして戦場予定地を整備するよう命じた（『豊内記』、「大坂籠城記」）。

落城直後は古参、新参にかかわらず落人の詮索が厳しく、捕えて差し出した衆の覚えがめでたかったので、諸大名は競って落人を捕縛して差し出した。五月十四日、藤堂高虎の赤母衣使番柏原新兵衛が「水原石見が堀川と猪熊の間、姉小路に隠れている」と報告した。高虎は早速二条城に登営して内意を伺うと、水原を討ち取るよう指示があった。そこで柏原が案内に立ち、藤堂家の徒士長伊藤吉左衛門と配下の徒士十人が急行した（『元和先鋒録』、『駿府記』、『高山公実録』所載「城井九兵衛延宝書上」）。

伊藤らは石見が隠れている宿所に到着すると、まず徒士一人に中の様子を窺わせた。徒士は「表の店に三人いるが、石見は風体を変えて坊主になっている」と復命した。そこで揃って宿を借りるそぶりで宿所を訪ねると、果たして坊主がいたので、徒士の城井久兵衛が飛びかかってこれを捕え、他の一人を田中次郎左衛門が捕えた。残る一人は、石見の若党であったが、そのまま逃走した。捕えた坊主が「何事か」と問うので、「その方、水原石見であろう。それ故このように捕縛するのだ」と言うと、「私は石見の弟で、捕えられたもう一人は、甥である」と答えた。「では石見はどこにいるのか」と問いただすと「石見親子は、奥の座敷にいる」と白状した。そこでまず、伊藤組の田中仁左衛門と西河次兵衛が奥の座敷に踏み込み、石見と抜き合わせて二、三度切り結んだがかなわず、その場を退いて裏口の固めに回った。城井は、坊主に縄を打ち終えてから奥の座敷に踏み込み、半時ほど水原と闘った。奥の座敷は六畳ほどで、石見は座敷の口に、城井は座敷の奥に立って切り合った。石見は左腕を切り落とされ、次に左の肩先、さらに左腿を切られた。城井も右腕と膝口二か所の合計三か所を負傷した。石見が切り合いながら座敷を出て庭に降りたところに田中が来合わせ、頭を少し切られた。田中は右の腹先と右腕の二か所を負傷した。石見はそのまま外に出て、向かいの店の柱にもたれ、肩に刀を担いだまま死んだ。石見の子五郎助は二十歳ほどの者であったが、裏口に逃げたところを伊藤に捕えられた。

この間、周囲の町屋に宿陣していた諸家の侍二、三十人も、刀を抜き連れて、捕り物を見守った。石見の子と弟は藤堂家で処刑され、甥は片桐貞隆の家来だったので、片桐家に引き渡されて処刑された（『高山公実録』所載「城井九兵衛延宝書上」）。

同日石見の首は、藤堂家から差し出され、二条城の西門前に晒された（『駿府記』）。

石見の荷物は、貝塚の願泉寺に預けられていたが、卜半斎了閑から堺奉行長谷川藤広へ差し出された。六月七日までに荷物は仕分けのうえ、京都に送致された（『卜半文書』）。石見が所持していた茶壺は、家康の所蔵となり、元和二年に駿府御分物として徳川義直に賜与された（『駿府御分物之内色々御道具帳』）。また、石見が所蔵していた景則と了戒の刀は、元和二年に駿府御分物として徳川頼房に賜与された（『闕所之刀脇指帳』）。

む

向角兵衛《むかい　かくびょうえ》

伊勢の人。

初め黒田孝高に仕えたが、後に後藤又兵衛とともに大坂籠城。

落城後、田丸直茂に仕え、大小姓を務めた。次いで町野幸和、加藤嘉明、同明成、保科正之にそれぞれ知行百五十石で歴仕した。

保科家を致仕した後は猪苗代に住み、同地で死去。

長男の向定右衛門正世は、南部重信に仕え、次男の向休庵は、医師として松平定綱に仕えた。それぞれの子孫は、南部家、松平家の家臣として続いた（『参考諸家系図』、『加藤家分限帳』、「天明由緒」、「本の籬」）。

武藤九郎兵衛《むとう　くろ(う)びょうえ》

初め又兵衛を称した。

細川幽斎に仕え、慶長五年七月から丹後田辺城に籠った。籠城中、幽斎の室（光寿院沼田氏）が具足を着用して夜回りした際、これに供奉した。

後に細川家を退去して大坂籠城。

慶長二十年五月六日、長宗我部盛親に属して八尾表に出役。藤堂高虎の家臣藤堂高刑を討ち取ったという。

落城後、この功を以て堀田正盛に知行千石で仕官した。ほどなく病死。

子が一人いた（『綿考輯録』）。

「山本豊久私記」によると、藤堂高刑を討ち取ったのは、長宗我部主水であったが、大坂牢人武藤外記という者が自らの功と申し立て、方々で仕官活動をしたため、世間から批判された。後に藤堂高虎が、主水を召し出し厚遇したので、虚実が明白となり、外記は、世間に顔向けができなくなり零落したという。この外記と九郎兵衛は同一人物と思われる。

「秀頼御上洛之次第」に、慶長十六年三月上洛供奉の家臣として武藤九郎兵衛の名があるが、別人と思われる。

村井右近　むらい うこん

村井吉兵衛の子。

父の吉兵衛は、村井長門守貞勝の子（『尾州法華寺蔵織田系図』）。秀吉に仕え、天正十四年一月二日当時は片桐久盛組に所属（「片桐家御内書御朱印等写」）。文禄元年、肥前名護屋城に在番し、三の丸御番衆馬廻組の四番桑原貞成組に所属（『太閤記』）。文禄三年四月七日頃、秀吉から秀次に対し、吉兵衛を諸大夫とするよう指示があった（『駒井日記』）。慶長元年七月頃、山城国綴喜郡普賢寺村五百石の領地があった（「寺西文書」）。妻は織田安房守信時の娘で、村井右近将監、日置豊後守の妻、池田輝政の家臣村井三吉を産み、夫と死別後、本願寺の家司下間頼龍に再嫁した（『尾州法華寺蔵織田系図』）。織田信時の娘である七条殿（号は正量院）については『清和源氏先下間後池田家系譜』に、初め飯尾敏成に嫁ぎ、夫の戦死後に村井貞勝に再嫁し、三度目は下間頼龍に嫁ぎ、村井家では立甫、監物を産んだとあるが、飯尾も村井も天正十年六月二日に戦死しており、再嫁に無理がある。また、立甫は右近と別人であるが、監物と右近の関係は不明。

村井右近は、従五位に叙せられ、右近将監に任ぜられた（『尾州法華寺蔵織田系図』）。

秀頼に仕え、慶長四年一月、大坂城の詰衆一番に列せられた（『武家事紀』）。

慶長四年から六年にかけて北野天満宮祠官の松梅院禅昌との交流が散見される（『北野社家日記』）。

慶長十二年六月二十六日、瘧《おこり》を患い、曲直瀬玄朔の診療を受けた（「玄朔道三配剤録」）。

慶長十六年三月、秀頼の上洛に供奉（「秀頼御上洛之次第」）。

当時、知行千石。

慶長十七年十二月より大坂諸大夫の一員として禁裏普請助役（『慶長十六年禁裏御普請帳』）。

慶長十九年、大坂籠城（「山本日記」）。本知二千石。与力二十騎を預かり、八百人ほどを指揮した（『大坂陣山口休庵咄』）。「諸方雑砕集」に、大坂七組の青木一重の組子として雲井右近（知行千石）の名が見えるが、邑（村）井右近の誤りの可能性もある。

赤座永成、真木嶋昭光とともに、玉造口を合計九千人ほどで警固した。

慶長二十年五月六日早朝、道明寺表、八尾、久宝寺へ、木村重成、後藤又兵衛、村井右近、薄田隼人正、山口左馬助、その他本参、新参、小身の者まで銘々に出役した（『大坂陣山口休庵咄』）。

村井十郎兵衛《むらい　じゅうろ(う)びょうえ》

尾張国愛知郡熱田で出生。

子の才三郎を伴い大坂城に籠り、真田信繁に属して、たびたびの功名があった。

落城後は、京都大仏付近に借家し、日雇い暮らしで露命を繋いだ。

寛永十四年、有馬での一揆蜂起を聞き、早速旧友に古具足を貰い、父子ともに島原に下向した。鍋島勝茂の陣所で一両日を過ごした後、十二月二十日に松倉勝家の手に加わり、一番に駆け出して塀に取り付いたが、父子ともに戦死した（『島原記』）。

村上次大夫《むらかみ　じだゆう》

大坂に新参で籠城。

慶長二十年五月六日、道明寺表合戦で鑓合わせの軍功があった。

落城後、永井直清に召し抱えられた（『土屋知貞私記』）。

村上兵部高国《むらかみ　ひょうぶ　たかくに》

越後の住人村上源五郎景国の子。

父の景国は、信濃の村上義清の子（「水府系纂」）。母は小笠原長棟の娘。天文十五年に誕生。上杉謙信の庇護下にあって、山浦氏を称した。天正元年に義清が死去したため、家跡を継いで村上国清と改めた（『大日本史料』所載「村上家伝」）。

村上高国は、元亀二年に誕生。上杉家で一門として遇せられていたが、上杉家の減封に伴い、同家を退去した。

大坂城に籠った後、京都に退去し、道楽と号した。旧臣に招かれ、妻高梨氏と娘を京都に残して信濃に赴いた（「水府系纂」）。一説に江戸に下向し、四谷南寺町の錦敬山真成院の開山清心法印に師事し、同院に寓居した。祖父義清の守仏（汐干観音）を同院に納めた（「江戸砂子」）。

その後、松平頼房に出仕していた次女を通じて世系、事績が上聞に達し、寛永年中、水戸家に召し出された。知行三百石を与えられ、准高家として大番頭上位に列せられた。

万治二年三月十七日に死去。享年八十九歳。

娘は六人で、長女は上杉家の家臣吉見嘉右衛門の妻、三女は天方木工左衛門近勝の妻、四女は若林作兵衛の妻、五女は桜井彦左衛門安連の妻、六女は新家四郎兵衛の妻。

子の村上新五郎高清は、承応二年、小姓として水戸家に出仕し、六人扶持を給せられた。父の死去に伴い家督三百石を継いだ。正保三年五月十六日に死去。享年七十七歳。子孫は水戸徳川家の家臣として続いた（「水府系纂」）。

村川祐西《むらかわ　ゆうせい》

河内国若江郡高井田村の人村川佐直の子。

父の佐直は、大和十津川から来住した村川源左衛門佐好の子。祖父の佐好は、天文七年に死去。享年八十七歳。

村川祐西は、天文十年に誕生。諱は好元。

慶長六年、家督を嫡男佐俊に譲り祐西と号した。

慶長二十年五月六日、若江表合戦で嫡男佐俊、妹婿飯島太郎左衛門の子飯島三郎右衛門とともに戦死（『高井田町誌』）。

村瀬角左衛門《むらせ　かくざえもん》

新参で大坂七組の青木一重組に所属し、知行三百石。

慶長十九年、大坂籠城。足軽頭を務めた。十一月二十六日、一重に従い、鴫野口合戦で働きがあった。

む

慶長二十年五月七日、青木正重に従い、天王寺表東平野街道筋で首一級を斬獲した。

落城後、松平定勝に仕えた（「諸方雑砕集」）。知行四百石で足軽頭を務めた（『万治元年戊戌年支配帳』）。

『松山古今役録』に、貞享五年当時、旗奉行村瀬覚左衛門の名があるが、子孫と思われる。

村瀬宗仁　むらせ　そうじん

長束正家の子。

慶長十九年、大坂籠城（『武徳編年集成』）。

慶長二十年五月六日、八尾表出役の大坂方大将分のうちに長束大蔵の子某があった（『高山公実録』所載「延宝西島留書」）。

「長束系譜」によると、長束正家の子のうち、長男は討死、次男は出家、三男は討死、四男は大学祐順を称した。右の子らと村瀬宗仁の関係は不明。

ちなみに、「鼈城藩臣志」によると、美濃の人村瀬忠左衛門吉奥は、稲葉一鉄に仕えて某年戦死。その三男義田宗仁は妙心寺内西河院（後の花岳院）の開基。義田宗仁と村瀬宗仁との関係は不明。

村瀬与三左衛門　むらせ　よそうざえもん

秀吉の家臣村瀬忠左衛門の子。母は宇喜多秀家の室（樹正院前田氏）に仕えた局。

落城後、前田利常に知行七百石で仕えた。

妻は原長右衛門の娘。

子の村瀬与三左衛門は、知行七百石を継いだ。その子村瀬平八は二百三十石を継いだ（「諸士系譜」）。

村田源蔵　むらた　げんぞう

木村重成の家来。

籠城中、大坂方は追手櫓の前方に大篝火を設置していたが、寄せ手はこれに点火させまいと、毎度激しく鉄砲を打ち掛けた。

ある日、木村重成、後藤又兵衛、薄田隼人、塙団右衛門、長岡是季が居合わせた時、重成の従者村田源蔵が進み出て点火役を望んだ。重成の許しを得た源蔵は、金銀の熨斗《のし》の中ほどを金の縄で結わえた立物を筋兜に付け、白糸の鎧を着て、静々と城外に歩み出て、寄手側から回って城側に身を向けて点火し、城中に戻った。この大剛の振舞いには賞賛の声が上がり、寄せ手も鉄砲を控えた。喜んだ重成は、褒美として身に着けていた信国の脇差を与えた。時に二十一歳。

後に長岡是季は、細川家に帰参して、この時の様子を家中の者に語った（『綿考輯録』）。

村田将監　むらた　しょうげん

尾張の人。秀吉に取り立てられた（『土屋知貞私記』）。

文禄元年、肥前名護屋城に在番し、本丸広間番馬廻組一番の伊東長次組に所属（『太閤記』）。

秀頼に仕え、使番を務めた（『土屋知貞私記』）。大坂七組の伊東長次組に所属。知行二百石（『難波戦記』）。

慶長十九年、大坂籠城。年の頃は五十歳ほど。

子の村田重兵衛は、大坂を出て牢人となり、後年島原で戦死（『土屋知貞私記』）。

なお『津田宗及茶湯日記』に、信長の家臣村田将監の名が見え、天正四年七月二十二日と天正六年二月十一日に津田宗及の茶会に出席している。同一人物または親と思われる。

牟礼《むれい》孫兵衛《まごびょうえ》光茂《みつしげ》

讃岐国三木郡牟礼村の出自。牟礼孫四郎光頼の子。

父の光頼は、牟礼三郎茂忠の子。先祖代々の牟礼城に居住していたが、天正十三年に高松城内で戦死。享年五十九歳。

牟礼光茂は、永禄六年に誕生（『牟礼町史』）。初め彦三郎とも称したか（「鴨野蒲生合戦覚書」、「慶長見聞書」、『大坂御陣覚書』）。諱は光茂（『増補三代物語』）、朝泰（『難波戦記』、「井伊年譜」）。

父の死後、十河存保に従って軍功があった。

その後、秀頼に知行七百石で仕えた。

慶長十九年、大坂城に籠り、木村重成の手に属した（『増補三代物語』、『牟礼町史』）。十一月二十六日、今福口に出役し、蒲生村際の柵で鑓を合わせる働きがあった（「鴨野蒲生合戦覚書」）。

慶長二十年五月六日、木村重成の先手内藤政勝の陣代として兵千余人を指揮して若江表へ出役、戦死（「井伊年譜」）。享年五十三歳（『牟礼町史』）。首は井伊直孝の家臣日下部三郎右衛門全昌が取った。兜は同大鳥居彦三郎満基が、母衣《ほろ》は同水野九郎右衛門が分捕った（「井伊年譜」）。

六月から八月に、日下部、大鳥居、水野の間で牟礼の首を巡って争論が起こった。

日下部の主張は、「黒兜に黒柄の鑓を持った母衣武者と鑓を合わせた。敵の肩先に鑓を突き入れると、鑓を捨て、刀を抜いてかかってきたが、これを突き伏せた。首を二刀打ったところ、大鳥居が来て、『私が鑓を付けたのだから、日下部一人の功名にはなるまいぞ』と言うので、私は『何をうろたえてそのような事を言うのか、この敵は私以外に鑓を付けたものはない』と言い返した。水野も来て『大鳥居は根拠のないことを言う、日下部一人の働きに紛れもない』と言った。私が首を打ち落とそうと兜を引き上げた際、兜だけが脱げたので、左脇に置いて首を掻き切った。その間に兜が見当たらなくなったので、敵の首と刀と母衣だけを分捕った。水野が『分捕った母衣を貸してほしい』と言うので貸与した。首は捕虜に確認させたところ、牟礼孫兵衛と判明した。岡本宣就のところで首帳への記載を申請していると、水野があとから来て、相討ちと申し立てたが、それは偽りであるため固く断った」というもの。

大鳥居の主張は、「深手を負いつつ牟礼を突き伏せたが、あとから押しかけてきた日下部主従六、七人に首を奪われた」というもの。

水野の主張は、「白母衣の武者と鑓を合わせ、ついには互いに鑓を捨て刀を抜いて切り合い、敵の頸部に二、三か所切り付けて首を取った。日下部の従者がその首に抱き付いて離さず、あとから日下部自身も来たので『この首は差し上げるが、私の働きも申し添えるように』と言った。この間、日下部は鑓も刀も合わせず、従者が首を切り取る際も側に立っていただけだった」というもの（「井伊家文書」）。

詮議の結果、牟礼の首は日下部、大鳥居の相討ち、水野の申し立ては偽りと認定された。日下部は本知百石に三百石を加増され、合計五百石となった。大鳥居は部屋住二百石に百石を加増され、後に、さらに百石加増され、合計三百石となった。水野は日下部に下され切腹させられた。

大鳥居家には、牟礼を突き伏せた際に穂先が捻じれた鑓が伝来した。牟礼はその鑓をたぐり寄せ、大鳥居の左手に切り付けたという。また、同家には分捕った兜も伝来した(『井伊年譜』)。子孫は邸内に祠を建て、この時に分捕った三枚張の兜鉢を牟礼大明神として祀った。この兜鉢は現在、彦根城博物館に寄託されている(『戦国から太平の世へ―井伊直政から直孝の時代―』)。

子の牟礼助兵衛光定は、後に孫兵衛を称した。父の戦死後、牟礼村に帰郷して隠士となった。正保三年四月二十三日に死去。法名は宗全居士。子孫は牟礼村に続いた(『牟礼町史』)。

室左近《むろ さこん》

秀吉、秀頼に歴仕。大坂の陣後、牢人となった。

子の嶋井仁右衛門は、桑山元晴に仕えたが、後に致仕して牢人のまま死去。子孫は、筑前黒田家の家臣として続いた(『吉田家伝録』)。

も

望月主水重則《もちづき もんど しげのり》

真田昌幸の家臣。右衛門佐、対馬守とも称した。

天正十三年、神川の合戦では抜群の軍功があった。

慶長五年、上田合戦で籠城し、戦後は九度山に随行したという。

大坂の陣で真田信繁に従い、慶長二十年に岡山口で戦死したという。法名は円済院(「本藩名士小伝」)。九度山随行と大坂戦死の実否は不明。

子孫は松代真田家の家臣として続いた(「望月氏事蹟」)。

本山左兵衛《もとやま さひょうえ》

土佐国長岡郡本山郷の出自か。

慶長二十年五月六日、八尾表に長宗我部盛親に従って出役。藤堂高虎勢と戦い、鑓を振るって軍功を立てた(『土佐国編年記事略』)。

本山太郎右衛門《もとやま たろ(う)えもん》

土佐国長岡郡本山郷の出自か。

慶長十九年、大坂城に籠り、長宗我部盛親に従った。

慶長二十年五月六日、八尾表合戦で戦死(『南路志』)。

桃井以右衛門教信《もものい いえもん のりのぶ》

桃井忠兵衛茂勝の次男。桃井少兵衛正信〔注〕の弟。

父の茂勝は、天正年中より秀吉に仕えた。慶長八年より家康に出仕し、寛永三年七月二十九日に死去。享年六十八歳。二男一女があった。

桃井教信は、慶長六年五月、秀頼に知行二百石で召し出された。大坂城に籠り、落城後、松平忠直に召し出され、丹生郡法泉寺村で知行二百石を与えられた。

〔注〕桃井正信は、茂勝の長男。寛永十六年四月、江戸で徳川頼宣に知行三百石で召し出され、慶安二年五月九日に死去。享年七十歳(『橋本左内言行録』所載「桃井家系図」)。

森右京亮家祥《もり うきょうのすけ いえみち》

大坂籠城。城東警固の寄合衆の一人(『難波戦記』)。

毛利勘解由《もり かげゆ》

『駿府記』、「慶長録考異」は、毛利豊前守吉政の弟で、大坂に籠城したとするが、「毛利系伝」には、該当者が見当たらない。

慶長二十年四月二十九日付で毛利秀元が榎本元吉に宛てた書中に「毛利勘解由、内藤修理（佐野道可）の事は、よく折を見計らって、然るべき内容であれば丁寧に本多正純に話すように。ただし余計な事は言わないように。御意のとおり一大事の案件であるから軽々しく話してはならない」（『毛利家文書』）とあることから、毛利勘解由は、毛利輝元の旧臣と思われる。

慶長二十年五月十四日付で毛利秀元が福原広俊らに宛てた書中に「森豊前、勘解由は討ち死にしたという」との伝聞が記されている（『閥閲録遺漏』）。

なお『駿府記』、「山本日記」は、毛利勘解由が秀頼とともに自害したとする一方、『豊内記』、「大坂軍記」は、これを毛利長門とする。この点については、「浅井一政自記」に、今木が秀頼に自害を促すべく櫓の中で切腹を急ごうとしたので、津川近治と毛利長門が今木を櫓の外に追い出したとあることから、毛利長門が正しいと推定される。

毛利勘兵衛重能《もり かんひょうえ しげよし》

摂津国武庫郡瓦林村の住人（「割算書」）。「数家人名誌」（『大日本史料』所載）によると、天正の頃の人で、従五位下出羽守に叙任とされるが、叙任については信憑性に欠ける。毛利吉成の弟で豊前岩石城主だった毛利出羽守吉雄とは関係がない。秀吉に仕え、公命により明朝に渡り算術を学んだともされるが、これも他の史料では確認できない。

慶長四年九月二十九日付で島津義弘は国元の島津家久に毛利勘兵衛の処遇について以下の通り書き送った。「毛利勘兵衛については私も会っておらず、あまりよく分からない。そうしたところ、そちらへ下向以後、増田長盛殿方で新納旅庵が承った取沙汰によると、一段と然るべき人物で、収納方などもしっかりと指示できる人物とのことだ。また、他の者もそのように言っているのを承ったので、ありのまま先般の書状で書き送った。有能な人材は大切ではあるが、そちらの知行などの兼ね合いが難しいなら仕方がない。このような処置はもちろんそちらの判断次第である」（『旧記雑録後編』）。

『荒木彦四郎村英先生之茶話』には、大坂城中に在り、天下一党の後、江戸に浪居したという伝聞が記されているが、大坂籠城の実否は不明。江戸では算法を指南した（『大日本史料』所載「算家譜略」）。後に京都に居住し、割算の天下一と号した。元和八年初春、知音の富小路通讃州寺町の市兵衛尉の所望により割算目録之次第を刊行した。後世に「割算書」と通称された（「割算書」）。弟子には今村仁兵衛知商、吉田七兵衛光由、高原庄左衛門吉種などがいた（『荒木彦四郎村英先生之茶話』）。

森五左衛門《もり ござえもん》

大野治房組に所属。

慶長十九年十二月十六日、本町橋通の夜討ちに参加した。後に回顧して「夜討ちについては、『内応者もなく敵の油断もないところに討ち入るのは無謀である』とする古老の反対意見もあったが、『所詮死ぬべき命。無理にも討ち入って敵を狼狽させ命を限りに戦うべし』と説く者があり、皆これに同調した。しかし、いざ出撃となると、妻子や眷族のことが思い出され、兜につられて襟は傾き、足元も定まらない有り様だった。そこへ大野主馬または大野修理の老臣が、大き

も

な薬缶十計りで酒を温め、士卒に茶碗を配って酒を注いで回った。皆これに気力を得て、ようやく決死の覚悟が定まった。大坂城中に血気の士は多くいたが、真の勇者は指折り数えるほどしかいなかった」と述懐し、また「自分も含めて匹夫は下戸では物の役には立たない」と諧謔を込めて語った（「本藩名士小伝」、「松代家中系譜」）。

落城後、真田信之に知行二百五十石で召し抱えられた（「本藩名士小伝」）。後に知行四百石（「先公実録 大鋒院殿御事蹟稿」所載「寛永十四年御分限帳」、「本藩廃古諸家略系」）。

寛永十八年一月二十四日に死去。法名は月山浄江居士。葬地は埴科郡西条村の正眼山法泉寺（「本藩廃古諸家略系」）。

長男の森彦右衛門は、真田家に仕え、知行百五十石。

次男は山副正順。

三男の森平右衛門は、真田家に仕え、大番に所属。知行二百石、あるいは二百五十石。延宝八年五月十八日に死去。妻は同家中伊木三郎右衛門尚重（伊木七郎右衛門常紀の甥）の嫡女ツヤ。法名は貞寿。

四男の森六之丞は、真田家に仕え、大番に所属。知行百石。元禄十三年九月六日に死去（「松代藩廃古諸家略系」、「松代家中系譜」、「先公実録 円陽院殿御事蹟稿」所載「明暦三丁酉年御知行御切米御扶持方覚」、「法泉寺過去帳」）。

守沢喜兵衛《もりさわきひょうえ》

伊東長次の家来。

慶長十九年十一月十日晩、敵襲の風評があったため伊東長次父子は天満へ出陣したが、敵情に変化はなく、翌日には大坂城中に引き揚げた。守沢と長瀬六右衛門が天満に残留し、十一月二十六日朝まで警固に当たった（『伊東家雑記』）。

十一月二十六日午の刻、長次は鴫野口へ出役し（『大坂御陣覚書』）、守沢と長瀬は先手を務めた（『伊東家雑記』）。

毛利式部勝家《もりしきぶかついえ》

毛利豊前守吉政の嫡男（「毛利系伝」）。毛利太郎兵衛（注1）の兄。

慶長五年に誕生（「毛利豊前守殿一巻」）。

土佐の配所にいたが、慶長十九年十月のある夜、吉政の家臣宮田甚之丞が秘かに式部を連れ出し、吉政と同船させて大坂に入らせた（「毛利豊前守殿一巻」）。式部の脱出には傅役《もりやく》の小原文右衛門も協力したという（「武家盛衰記」）。山内家は番人役として付けていた山田四郎兵衛（注2）を切腹させた（『山内家史料』所載「御家中変義」）。

五月七日、天王寺表合戦に出役。鎧武者一人を討ち取り、父の実検に入れると「見事である。その首は捨てよ。以後は討ち捨てにするがよい」と称えた。その後、また一人鎧武者を討ち捨てにした。吉政は奮戦する式部を見て、「惜しい者よ」と呟いたという（「毛利豊前守殿一巻」）。同日に天王寺表で戦死（『皆山集』御国御預人）。

〔注1〕毛利太郎兵衛は、吉政の次男。慶長十二年に誕生（『皆山集』御国御預人）。父兄が大坂入城した際、別腹の妹およびその母らとともに、土佐久万に残し置かれたため、山内家に拘束された。太郎兵衛は高知城の西の口御門の外で座敷牢に収監され、娘ら女性は横目の監視下に置かれた。山内家では本多正純に報告し、本多正信とも対応について相談し、慶長二十年五月二十一日、馬廻遠藤平兵衛と代官井上太郎右衛門重正を使者として、太郎兵衛とその妹、母および下人ら合計

も

三十四人の人質を浦戸から京都へ連行させた。山内家から人質に対し、五月分として、男、女それぞれ所定の扶持が支給され、六月分については男三十人分の所定の扶持があらかじめ支給された。六月二十五日、本多正純の指示により三十四人の身柄は京都所司代板倉勝重に引き渡された（『山内家史料』所載「御代々記」、『同』所載「御手許文書」、『同』所載「小録」）。その後、太郎兵衛は処刑された。享年九歳。二歳の妹とその母および下人らは助命された（「毛利豊前守殿一巻」、『皆山集』御国御預人、『山内家史料』所載「御記録」、『南路志』）。なお「毛利系伝」は式部の弟として毛利藤兵衛勝久を掲げ、事跡不明とするが、太郎兵衛との関係は不明。

〔注2〕山田四郎兵衛は、毛利吉成の旧臣。慶長十六年、山内忠義に知行四百石の馬廻として召し抱えられ、式部の番人を命ぜられた（『山内家史料』所載「御家中変義」）。

森嶋玄長《もりしま げんちょう》

秀頼の医臣。

秀頼の自害の時まで付き従い、落城後は浪客となった。

元和五年、藤堂高虎に知行二百五十石で出仕、供衆に列せられた。後に六百石に加増された。

寛永七年、高虎の遺物として、諸士と同列に銀五枚、小袖一重、袷一枚を拝領。

承応三年に、江戸で死去（『公室年譜略』）。

妻は秀吉の家臣の生駒修理亮（後に主水）道祐（号は宗巴）の長女清照院（『衆臣家譜』）。

跡目五百石を二代目森嶋玄長が継いだ（『公室年譜略』）。

森嶋権右衛門《もりしま ごんえもん》

美濃の出自。伊東長次の妹婿（「伊東家御系図」）。長次の家老（『御家士記録』）。

慶長二十年五月七日、岡崎八郎兵衛、伴十郎左衛門とともに長次を警衛して戦場を切り抜け、河内天野へ退去した。

七日の合戦では長次の家臣七十騎のうち三十六人が戦死し、十九人が功名を立てた。落城後、長次が在京中に大坂の陣における軍功を吟味した結果、森嶋と千石平左衛門、岡崎八郎兵衛の三人が殊勲と認定された（「備中岡田伊東家譜」）。

妻は伊東長久の長女で、長次の次妹。法名は妙椿禅定尼（「伊東家御系図」）。

森嶋清左衛門《もりしま せいざえもん》

塙団右衛門組に所属。

慶長十九年十二月十六日、本町橋通の夜討に参加して首一級を斬獲した（『金万家文書』金万定右衛門申立之覚）。軍功を立てた二十三士の一人として、翌十七日千畳敷御殿で秀頼から褒美を拝領した。

森嶋長以《もりしま ちょうい》

美濃の出自（『艸山集』）。森嶋宗于〔注1〕の長男。

父の宗于は、森嶋宗月の次男。秀吉に仕え、河内、和泉で政務に従事した。宝塔寺本堂建立起願主大旦那であったが、堂宇建立の半ばで文禄三年九月十一日に死去。法名は新造院宗普。宗于の妻は、天正十九年五月二日に死去。法名は持覚菴妙于（『草山宝塔寺志』所載「本堂建立大檀那森嶋氏系譜」）。なお、池田恒興の私的取次の森島入道宗于斎〔注2〕や秀吉の家臣森嶋宗宇〔注3〕と同一人物と思われる。

森嶋長以は、初め清兵衛を称した（『草山宝塔寺志』所載「本堂建立大檀那森嶋氏系譜」）。

慶長三年八月十四日、大坂城諸門の番衆が定められ、二の丸表御番を務めた

も

（「慶長三年誓紙前書」）。

慶長十一年三月、秀頼が天野金剛寺の宝塔を再興した時、奉行を務めた（「河内国金剛寺宝塔擬宝珠銘」）。

慶長十六年三月、秀頼上洛に供奉（「秀頼御上洛之次第」）。

慶長十七年十月二十五日朝、織田有楽の茶会に、青木一重、佐治一成とともに参席（「有楽亭茶湯日記」）。

慶長十八年二月三日未の刻、大坂城極楽橋より出火。折からの強い横風に煽られ、橋の西より東方、東丸の下まで一町余に延焼。日暮には鎮火したが、櫓門、米蔵などが焼失した。原因は「モリ島シヤウイ」の家来による煙草の火の不始末で、二名が切腹、京橋の詰で梟首《きょうしゅ》された。見舞いの勅使として広橋総光が派遣され、持明院基久、日野資勝、神龍院梵舜、萩原兼従らも個々に見舞いとして大坂城に伺候した（『大日本史料』所載「資勝卿記」、『義演准后日記』、『舜旧記』、『当代記』）。

慶長十九年六月七日朝、有楽の茶会に招かれ、青木法印、河村久目、渡辺数馬とともに参席（「有楽亭茶湯日記」）。ただし、刑部卿法印青木重直は慶長十八年十一月に死去しており、別人か誤記か不明。

慶長二十年五月八日、秀頼の最期に供をして自害（注4）（『駿府記』、『土屋知貞私記』、『綿考輯録』所載「慶長二十年五月二十四日付細川忠興書状別紙」）。

長以が所持していた来国光《らいくにみつ》の脇差は家康の所蔵となり、元和二年、駿府御分物として徳川義直に賜与された（『闕所之刀脇指帳』）。

但馬出石の舟橋山本高寺に子孫建立の供養碑一基があり、先祖森島氏宗于大居士、森島長門守長以大幽儀、草山中興文旨日銀上人、蓮照院道厳日相居士と刻まれている（『続日蓮宗の人びと』）。

妻の妙玄は、慶長十九年五月十六日に死去（『草山宝塔寺志』所載「本堂建立大檀那森嶋氏系譜」）。

『重要文化財宝塔寺本堂・多宝塔修理工事報告書』によると、慶長十三年の宝塔寺本堂上棟に伴い納められた棟札に、勧進者中嶋妙源禅門とある。「本堂建立大檀那森嶋氏系譜」（『草山宝塔寺志』所載）によると、森嶋長以は、宝塔寺建立大勧進者中嶋氏の家を継ぎ、茶屋の商号を称したという。ただし「茶屋四郎次郎事書」に見える茶屋清延の三男重長（号は長意）や、その子良延（号は長以）とは別人であり、混同または仮冒と思われる。

長男は、慶長十六年七月二十日に死去（『草山宝塔寺志』所載「本堂建立大檀那森嶋氏系譜」）。法名は法覚菴妙長。慶長十六辛亥年七月二十日、法覚菴妙長聖霊菩提のために寄進された鰐口《わにぐち》が宝塔寺本堂外陣に現存する（『重要文化財宝塔寺本堂・多宝塔修理工事報告書』）。

次男の中嶋清兵衛沢玉は、茶屋を商号とし、慶長十九年七月十九日に死去。子孫は繁栄した。

三男の日森は、大坂の妙徳寺に住んだ（『草山宝塔寺志』所載「本堂建立大檀那森嶋氏系譜」）。

〔注1〕森嶋宗于には以下の六男六女があった。長男は、森嶋長以。長女は、正木茂安の妻。法名妙浄。次女は、法名妙悦。次男は早世。法名法覚。三女は、法名法于。三男は早世。法名幻発。四女は、慶長十九年に死去法名妙持。四男は、松井藤助友于（「松井藤助友于」の項参照）。五男は、森嶋検校城幸。法名は広空。五女は、宮中女官。法名妙伝。六男は、宝塔寺中興八世の円頓院日銀《にちごん》。六女は、紫山両次の妻。法名日用（『草山宝塔寺志』所載「本堂建立大檀那森嶋氏系譜」）。

も

六男の円頓院日銀は岐阜の人。字は文旨。元亀三年に誕生。幼くして出家し、京都妙顕寺で十世日堯上人に師事。天正十五年より飯高檀林に学び、天正十八年に帰山後、師の日堯より無住荒廃の旧極楽寺鶴林院の再興を委嘱され、以降庫裏、客殿、開山堂、鐘楼を建立した。慶長十三年に至り本堂を上棟し、寺号を宝塔寺に改めた。更に西の大坊など六坊を造営。寛永十一年九月二十日に死去。享年六十三歳（『艸山集』、『本化別頭仏祖統記』）。

〔注2〕森島入道宗于斎は、池田恒興の私的取次（『鷺森日記』）。天正四年四月十日、天王寺屋津田宗及茶会に招かれ、松岡サクヤとともに参席。天正九年五月二十二日朝、尼崎で茶会を催し、松井友閑、津田宗及らを招待。十月四日朝、津田宗及茶会に招かれ、松井友閑、池田恒興とともに参席。十一月三日夜、松井友閑茶会に招かれ、津田宗及らとともに参席。天正十年十二月十九日朝、津田宗及茶会に招かれ、富田清左衛門とともに参席。宗于の舅は宗半（『天王寺屋会記』）。

〔注3〕森嶋宗宇は、秀吉の家臣。天正十七年十一月九日、京都北相国寺山内の検地奉行を務めた。十一月二十日、相国寺へ山内分水帳の提出を命じた（『鹿苑日録』）。天正十八年九月十七日、佐藤隠岐守、古田肥前守、浅野源八、近江芦浦観音寺住持とともに近江国蒲生郡内の検地奉行を務めた（『近江蒲生郡志』所載「中野村今堀日吉神社文書」）。年不詳一月二十八日付で増田長盛、浅野長吉は連署して小西和泉守に馬三匹、山田金介に馬一匹、矢島久兵衛に馬一匹、矢野下野守に馬一匹、松浦讃岐守に馬一匹、薄田若狭守に馬一匹、河村久目斎と森嶋宗宇に馬一匹、加藤平太と中江太郎兵衛に馬一匹、建部寿徳に馬二匹の供出を催促した（「本法寺文書」）。

〔注4〕慶長二十年五月七日、前田利常の家臣大音主馬首貞尊（越前の人大井久兵衛直泰の子で、生国は近江）が、大坂城に攻め込んだところ、二の丸青屋口より女が四、五人逃れ出たので、自分の親類である森嶋長以の子女ではないかと思い、家人に尋ねさせたが別人だった（「元和元年九月一日付大音貞尊自筆軍功書上」）。

森嶋長兵衛　もりしま ちょうびょうえ

伊東長次の甥で猶子。

慶長二十年五月七日に戦死。享年二十四、五歳。法名は梅林窓寒（『伊東家雑記』、「備中岡田伊東家譜」）。

森島藤右衛門　もりしま とうえもん

大坂籠城。城北警固の寄合衆の一人（『難波戦記』）。

森頼母　もり たのも

長宗我部盛親の配下。

慶長二十年五月七日六つ時分、盛親は京橋から出陣し、片原町の末の小橋を渡って京口の防備に向かったが、城中に火の手が上がり、天王寺方面の敗軍が確認されたため、城中での戦死を決意して京口の城門の裏まで退却した。森もこれに従い十市縫殿助に「長宗我部と同じ場所で討死にすべしと考え、ここまで付き従ってきた」と申告した。この旨を十市が盛親に披露すると、盛親は森と対面して「奇特の志である」と賞美した。

落城後、徳川頼宣に仕え、森角左衛門と改めた（「武将文苑」十市縫殿助大坂御陣書付）。知行三百石。町奉行を務めた（『和歌山分限帳』）。

森田半右衛門《もりた はんえもん》
大野道犬の家来。
落城の際、十二歳の子息と九歳の娘は蜂須賀至鎮の家臣穂積勝九郎方に拘置された（「大坂濫妨人并落人改帳」）。

毛利長門守《もり ながとのかみ》
『大坂御陣覚書』、「大坂軍記」は、毛利豊前守吉政の子とするが「毛利系伝」には、該当者が見当たらない。

『至鎮様御代草案』によると、慶長十四年当時の秀頼の家臣に森長門があり、これと同一人物と思われる。ただし、宛名として「森長門老」と表記されていることから、吉政の子弟とは考えがたい。

慶長二十年五月七日、秀頼に供奉して櫓に退避。今木一政が秀頼に自害を促すべく櫓の中で切腹を急ごうとしたので、津川近治とともに今木を櫓の外に追い出した（「浅井一政自記」）。

五月八日、秀頼の最期に供をして自害（『豊内記』、「大坂軍記」、『武家事紀』、『元寛日記』）。

森藤九兵衛《もりふじ くひょうえ》
大坂籠城。城東警固の寄合衆の一人（『難波戦記』）。

毛利豊前守吉政《もり ぶぜんのかみ よしまさ》
→「大坂城中の五人衆」の項。

森平右衛門《もり へいえもん》
大坂八町目の者。
慶長末年、大坂城中で長宗我部所へ奉公に出た。
落城の際、九歳の子息は蜂須賀至鎮の家臣長江刑部方に拘置された（「大坂濫妨人并落人改帳」）。

森村内蔵丞《もりむら くらのすけ》
秀頼に仕え、知行三千石。
慶長二十年五月六日に戦死（『家中諸士家譜五音寄』寛文九年大口平左衛門書上）。

毛利安左衛門《もり やすざえもん》
大坂城士として史料に以下の三者が見られるが、同一人物と思われる。
（一）森安左衛門は、木村重成組の馬印奉行。黄羅紗羽織を着用（「高松内匠武功」）。
（二）毛利安左衛門は、慶長二十年五月六日、長宗我部盛親に属して八尾表に出役。落城後は牢人となり、戦場の出来事や実態を虚飾なく語った（『二川随筆』、『翁草』）。
（三）毛利安右衛門は、浅野長重の家臣山上七郎左衛門正興の母方の伯父。長宗我部の配下に知人がいた。浅野長重に召し出され、知行五十石を与えられた（『大石家外戚枝葉伝』）。

森与左衛門明次《もり よざえもん あきつぐ》
但馬豊岡城に在番していた羽柴秀長に出仕。

従五位下若狭守（注）に叙任。紀伊新宮に在番し、熊野、神倉、根来を支配。三万七千石を領知し、紀州の政事を司ったが、横浜一安法印とともに大和郡山豊臣家が断絶したため牢人となった。

真田信繁と交際が深かったこともあり、慶長十九年、秀頼の召募に応じ、嫡孫の明信を連れて籠城。

落城の時、生け捕られた。弟の堀主水が将軍秀忠に仕えて戦功があったので、兄の明次の助命を乞い、赦免された。

以後、和泉堺に居住して病死。

子の森和泉は、後に勝兵衛、甚五右衛門を称した。豊臣秀俊、増田長盛、富田信高、加藤嘉明に歴仕。慶長十八年十二月、父の招きにより家人三十人を連れ伊予を出船し、晦日に淡路由良に着船。そのまま池田忠長に留められ、大坂の陣に供奉した。池田家では知行四百石。

子孫は、鳥取池田家の家臣として続いた（「鳥取藩政資料 藩士家譜」森丹下官家）。

〔注〕豊臣秀次の大小姓衆に森若狭守がいる（『駒井中書日次記』）。森組は朝鮮出陣の左備えの一員で、組下は三百二十三人（『武家事紀』）。文禄三年二月二十三日、追放され、森の代官所高嶋郡分は蔵入地となった。ほどなく許され再仕したものと思われる。三月二十日、淀城矢倉以下の本丸破却賦役衆の一員となっている（『駒井日記』）。明次との関係は不明。

諸岡孫左衛門守時《もろおか まござえもん もりとき》

鍋島直茂の家臣鍋島新左衛門種巻の三男。鍋島九郎兵衛茂貞、鍋島舎人助茂利の弟。

諸岡相左衛門の娘を娶り、その養子となり、初め諸岡孫左衛門、落城の時、諸岡惣左衛門と改名し、元和元年、鍋島の名字を興した（「鍋島御系図」）。

鍋島家を退去して大坂城に籠り、落城後、肥前に帰った。寛永の初め頃、物成《ものなり》九十石五斗を知行（『葉隠聞書校補』）。

没年は寛永二年十月一日（「鍋島御系図」）、寛永九年七月二十七日（「鍋島左大夫并深江両家系図」）、某年六月二十七日（「鍋嶋系図」）と諸説がある。法名は傑心宗英（『葉隠聞書校補』）、または賀雲宗慶（「鍋島御系図」）。

長男の鍋島伝右衛門は、承応三年七月二十五日に切腹。法名は剛山浄金（『葉隠聞書校補』）。

次男の八右衛門長俊は、後に松左衛門を称した。西牟田権七長治の娘を娶り、その養嗣子となった。元禄七年十一月十九日に死去。享年八十六歳。法名は心岩全忠（「鍋嶋系図」）。

や

安田権大夫泰綱《やすだ ごんだゆう やすつな》

土佐国安芸郡安田庄の出自。安田三河の子。弥次郎、権大夫、三河を称した。

長宗我部盛親に仕え、慶長五年、関ヶ原合戦に従軍。

慶長十九年、大坂城に籠り、旧主に属した。旧領の百姓たちが慕って入城したので、盛親から賞賛された。真田信繁、木村重成も同座し、真田からは笄《こうがい》を贈られたという。

落城後、和泉堺に隠れ、商家の傭人となり、傘張りなどをして露命を繋いだ。破斎、または波斎と号した。

寛永年中、土佐山内家の許しを得て旧領の遺臣、百姓たちに迎えられ、安田庄に帰った。

寛永十二年十一月十五日に死去。法名は前三州太守安峯波斎禅定門。葬地は安田庄の少林山常行寺（「韓川筆話」、「土州遺語」、『土佐国古城伝記』）。

安田又左衛門《やすだ またざえもん》

土佐国安芸郡安田の城主だったが、没

落して長宗我部盛親とともに大坂城に籠った。

　妻は、奈半利の山中に忍んでいたが、ともかく夫と一緒になろうと大坂城に行くことを決意した。そこで、四歳の男子の手をひき、二歳の女子を抱いて、はるばると野根山を越え、甲浦で船を借りて大坂に向かったが、風浪を避け、阿波国那賀郡椿泊で数日滞在を余儀なくされた。そのうちに飛脚船から大坂落城と城兵の戦死を聞かされ、悲嘆の余り途方を失い、守刀で二児を刺殺して自害した（『土佐物語』）。

安村勘左衛門仲則《やすむら かんざえもん なかのり》
　摂津の塩川頼運の家来。安村三郎四郎の次男。安村三郎左衛門仲則の弟。母は沢亘九郎左衛門満頼の娘。

　天正十二年、または元亀元年に誕生。初め勘四郎を称した。

　天正十九年五月、元服して勘左衛門仲則を称した。

　慶長二十年五月七日、塩川頼運は明石掃部頭の相備えで、船場に在陣し、その後、水野勝成と交戦した、大坂方は前田主水正、岡田丹後守のほか、頼運父子とその家来四十五人、上下三百余人が激しく戦った。その時、頼運の下知で塩川頼覚、塩川主殿頼重、前田主水、岡田丹後、安村の五騎が馬より下り立ち、鑓を合わせて敵を追い崩した。この働きにより、安村には一代限り塩川の名字が許され、証文が与えられたという（「高代寺日記」）。

楊井庄左衛門正忠《やない しょうざえもん まさただ》
　周防国楊井庄の出自。楊井雅楽助正貞の子。
　慶長二十年五月、大坂方に与力し、落城の時、石見国美濃郡宇治村に落ち延びた。
　妹は楊井三右衛門正親（正貞の長兄正泰の孫）に嫁ぎ、仁右衛門を産んだ（「諸系譜」）。

柳瀬又左衛門《やなせ またざえもん》
　明石掃部頭組に所属（「武辺咄聞書」）。

　慶長二十年五月六日、明石は後藤又兵衛の後詰《うしろづめ》として誉田表に出役。後藤が戦死したため、明石の備えも退却を余儀なくされた。その際、柳瀬は水野勝成配下の牢人分稲葉右近、梅田左五右衛門、安養寺庄左衛門に追尾された（『渡辺水庵覚書』付録）。

　五月七日、柳瀬は勝成の家臣広田義太夫を突き倒した（「武辺咄聞書」）。また、荒木権左衛門とともに勝成にも鑓を突き掛け、後に水野家に伺候して勝成に拝謁したというが、勝成と鑓を合わせた者は荒木権之丞と塩川信濃との説もある（『水野家記』）。

　落城後、柳瀬父子は北条氏重方にいた（『渡辺水庵覚書』付録）。

矢野和泉守《やの いずみのかみ》
　近江の出自（「棚倉藩阿部家文書 藩士先祖書親類書」矢野覚之進書上）。矢野兵庫、矢野弥左衛門（注）の兄（「鳥取藩政資料 藩士家譜」矢野春太郎家、「同」矢野忠兵衛年雄家）。諱は正倫とされる（『難波戦記』）。楠家の末葉で、代々諱に正の字を用いた（「鳥取藩政資料 藩士家譜」矢野春太郎家）。
　中村一氏、一忠に歴仕し、家老職（「鳥取藩政資料 藩士家譜」矢野忠兵衛年雄家）。知行六千石（『中村一氏記』）、または五千石（「鳥取藩政資料 藩士家譜」矢野春太郎家）、または三千石（『伯耆志』）。中村家では陣触の都度、家老から茶道まで、知行高に応じて金穀を支給した。矢野和泉、藤井蔵人、市橋監物、近藤左近、沼間主膳、依藤半右衛門、藪内匠の七人には、百五十石ずつ、金子十枚ずつが支給された（『中村一氏記』）。

天正十八年三月、相模山中城攻撃で渡辺了、藪忠照らとともに先駆して城中へ乗り込んだという（『関八州古戦録』）。

慶長五年九月十四日、美濃杭瀬川合戦で軍功があった（『武家事紀』）。

慶長十四年五月十一日に中村一忠が死去して、正室松平氏には子がなかった。中村家の屋敷があった山城国葛野郡西七条村出身の女が、一忠の子を出産していたが、正室をはばかって秘匿されていた。和泉守方で産まれた子は、生母とともに和泉守に養育された。中村家の遺臣が亡主の落胤がある旨を再三訴えたが、ついに許容されず、中村家は断絶した（『伯耆志』、『中村家覚書』）。

主家の断絶後、和泉守は伏見に浪居した。池田輝政とは懇意で、折々播磨に伺候して料理、盃などを頂戴した。また、近親者を召し抱えようとの誘いがあり、末弟の矢野弥左衛門を小姓として出仕させた（「鳥取藩政資料　藩士家譜」矢野忠兵衛年雄家）。

慶長十九年、秀頼に中村家の再興を請願して大坂に籠城し、侍五十騎を授けられた（「鳥取藩政資料　藩士家譜」矢野春太郎家）。鉄砲五十挺を預かった（『土屋知貞私記』）。大野治長組に所属（「佐竹家旧記」）。

大坂方は今福村より三町ほど西の地点で堤を掘切り、矢来を巡らせ、柵を設置した（『大日本史料』所載「真壁文書」慶長十九年十二月四日付梅津憲忠書状）。あるいは今福口の柵は、村より二町ほど西にあった（『難波軍記改録』）。大坂方は三か所に柵を設置した（「山本日記」）。

番将として和泉守のほか、飯田左馬允、牛瀧八人組が出張した（『大坂御陣覚書』）。和泉守の配下は騎馬二百余騎（「後藤合戦記」）、または足軽五、六十人と甲冑を着た武者五、六騎（『土屋知貞私記』）。「後藤合戦記」の二百余騎とは、和泉守、左馬允の各五十人、牛瀧八人組の百人の合計かと思われる。

十一月二十五日、佐竹義宣は兵千五百人を京橋方面へ進めた（『佐竹家譜』）。

そもそも、畿内では慶長十九年四月から大雨が続き、五月下旬に大洪水が発生した。下仁和寺庄森口の堤は決壊し、修復不能と見られるほどだった。八月下旬にも大雨により森口の堤が再度決壊し、淀川から飯盛山麓まで一円湖水のようになった（『当代記』）。その後、大坂方が籠城に際して、淀川の仁和寺堤を決壊させたので、榎並庄八ヶ庄はことごとく海のようになり、また蒲生村堤と鴫野堤も決壊させたので、鴫野村領の南大和街道まで大和川と淀川の水が流れ込み、城より東、東南の方は一面湖水のようになり、堤だけが水面上に残り、一騎駆けしかできない状態となっていた（『日本戦史』所載「二州巡見記」）。今福村と片原町との間も、一方は川、一方は夏の洪水により海のような田となっており、堤一筋以外に道はない状態だった（『大日本史料』所載「真壁文書」慶長十九年十二月四日付梅津憲忠書状）。

和泉守は、二十五日暁に鉄砲足軽五十人を連れて今福口の張り番に出た（『土屋知貞私記』）。同日は終夜篝火を焚き、明け方まで防備補強の普請を続けた（「大坂籠城記」）。

牛瀧文珠院、粉川福常坊、鹿瀬田孫市ら牛瀧八人組は、焼け残りの小屋に籠り、鉄砲を撃った（『大坂御陣覚書』）。「慶長十九年十二月四日付梅津憲忠書状」（『大日本史料』所載「真壁文書」）に、今福村の古屋敷に百人ほどが立て籠って鉄砲を撃ちかけたとあるが、これは右の牛瀧八人組と思われる。「大坂籠城記」に、二十五日の普請の間、足軽を二、三町張り出させ鉄砲を撃たせたとあるのも、これを指すものと思われる。なお、右の焼け残りの小屋や古屋敷とは、藤堂高虎の古屋敷と思われる。

鉄砲競り合いは終日続いたが、寄せ手に負傷者はなかった（『国典類抄』所載「御記録処御書物 梅津政景日記」）。

二十六日朝の戦闘は、佐竹家とそれ以外の史料では若干趣を異にしているので、以下（一）（二）として掲げる。

（一）佐竹家の史料

未明に佐竹家の家老渋江政光が指揮して軍列を整え、佐竹家が設置した柵（奥の柵）の木戸から兵を出し、堤上、堤下を進ませ、攻撃を開始した。兵をすべて繰り出すと、渋江も堤下を騎行して今福へ駆け付けた。梅津憲忠が堤上を主従三人で進み、大坂方の柵際に至ると、柵内から兵八人が出て、土手の下から駆け上がり鑓を並べて突きかかった。黒沢道家が梅津を助けるべく、馬上から太刀を振るって乗り入れたが、たちまち太刀を突き落とされ、七か所に手傷を負って退いた。兵二人がこれを追い、二度鑓で突いた。梅津は他の六人と戦い、三か所を負傷して危うかったが、渋江が手勢を引き連れて堤下を進み来たので、六人は堤下に逃げ走った。渋江と梅津はともに柵近くまで詰め寄ったが、敵が大勢鑓を並べて突き出す構えで、そのままでは攻め込めなかった。そこで梅津が、片岡常光と加藤忠景に鉄砲を撃ち込ませると、柵内は動揺した。すかさず渋江、続いて梅津が柵内に押し入った（『佐竹家譜』）。

渋江は「味方の鑓ぞ」と味方を励まし、梅津らがこれに続いた。その時、伊達盛重配下の笈川彦市国助は、采配と鑓を持って細橋の方へ退く敵を見かけた。梅津が「それそれ」と励ますので、国助は刀を抜いて馳せ向かうと、敵は迎え討とうと鑓を突き出した。国助が兜に切り付けると、刀が折れた。敵が起き上がって城の方へ退くところを、梅津がまた「それそれ」と励ますので、橋の途中で追い付き、綿噛《わたがみ》を摑んで組み合いとなり、二人ともに水中に落ちた。国助は敵の立物を摑んで水中に押し込み、敵の脇差を抜いて首を掻き落とし、兜付のまま義宣の前に持参した。首を洗って本陣に持参するよう命ぜられたので、伊達盛重の足軽小坂大学を頼み、首を洗って兜を仕付けて本陣に持参した。後に矢野和泉守の首と判明し、その妻子が面会を求めてきた。国助は許可を得て面会し、討ち取った時の様子を話し、奪い取った脇差を返した。和泉守の妻は、布一疋、青銅一貫文を国助に贈った（「元禄十七年三月二十八日笈川助満書上」）。また、塩出しの鰯に、ささがき大根の汁を国助に振舞った（「佐竹家大坂今福表戦争記」）。国助は帰って義宣にこの様子を報告した（「元禄十一年二月二十一日及川助満書上及川氏伝」）。なお、国助は時に二十八歳。軍功により判金一枚を賜与された。後に南右衛門と改めた（「元禄十七年三月二十八日笈川助満書上」）。

佐竹勢は堀切の対岸にあった大坂方の柵を取り込み、寄せ手側の岸に設置し、一番伊達盛重、二番石塚義辰、三番戸村義国と小野義継の三段で守備した。渋江はなおも留まって足軽を指揮し、二時《ふたとき》ほど鉄砲を撃たせた（『国典類抄』所載「大坂御陣当手争合之覚書」、『佐竹家譜』）。

〔二〕その他の史料

辰の刻、佐竹勢は今福口の柵を攻撃した（『高松内匠贈答扣』）。

大坂方は未だ堀切の仮橋も撤去していないうちに攻撃を受け、足軽が追い散らされ、堀切付近まで詰め寄られた。和泉守配下の侍十人ほどが仮橋を渡って防戦したが、うち五人が戦死した。残る五人のうち湯川庄兵衛、丸尾佐大夫、佐々八右衛門は負傷し、残る二人は柵の中に引き取った（『大坂籠城記』）。

和泉守は寡勢のため、蒲生村より備前島の町口まで押し籠められた。和泉守は具足を脱ぎ棄て、若党一人、小姓一人と三人で鑓を入れ、二町ほど追い返した。佐竹勢が再度攻めかかった時、若党は討ち死にしたが、二騎で十四、五間ほど追い返した。しかし、和泉守の首に鉄砲があたり倒された。小姓も佐竹勢に討たれた（『鳴野蒲生合戦覚書』）。

和泉守は晴れなる討ち死にを覚悟し、具足を脱いで兜のみとなり、家来四、五人と揃って拍子を取りつつ鑓を突き出し、寄せ来る敵を追い返した。しかし、笈川南右衛門が鉄砲で和泉守を撃ち倒して首を取った（『慶長日記』）。

牛瀧八人組と和泉守と飯田左馬允の両組の者が、早々に二の柵へ崩れ込んだので、和泉守は鳥毛棒の指物に鑓を横たえ、「ここは逃げる所ではない。卑怯だぞ、返せ」と制止したが止まらず、左馬允父子とともに戦死した（『大坂御陣覚書』）。

和泉守は柵より二、三町退き、京街道との分かれ道で戦死した（『後藤合戦記』）。

和泉守配下の侍も数多戦死し、敗兵は片原町に退却した（『高松内匠贈答扣』）。これにより佐竹勢は、敗兵を追って二の柵の木戸まで付け入り（『土屋知貞私記』）、さらに三の柵と片原町口の柵を占拠して防備を固めた（『武徳編年集成』）。

＊

娘は長谷川宗仁の子長谷川式部少輔守知の後妻となり、嫡男の正尚を産んだ（『寛政重修諸家譜』）。

子の矢野貞右衛門正尊は、寛永年中まで牢人にて世を避け、暫くの間、津川五郎右衛門を称した。後に阿部忠秋に知行五百石で出仕し、物頭となり持筒組を預かった。承応三年、旗奉行となった。諱の正の字は阿部氏の通字なので、はばかって重尊と改め、以後代々重の字を用いた。万治元年八月二十日に死去。妻は松平康映の家臣菅野弥左衛門の娘。子孫は阿部家の家臣として続いた。家に和泉守の遺物の甲冑、指物、馬章などが伝来した（『棚倉藩阿部家文書　藩士先祖書親類書』矢野覚之進書上、『棚倉沿革私考』）。

幼年の二子は、知人を頼って下総佐倉に下り、牧野氏を称した。天明四年五月、牧野家は武蔵千住の稲荷山勝林院源長寺に、矢野和泉守正倫の墓を建立し、慈覚院孝誉忠道大居士と諡した（『矢野正倫墓碑銘』）。

〔注〕矢野兵庫は、和泉の次弟。初め助之進を称した。中村一氏に知行五百石で仕え、中村一忠の代には二千石を知行した。番頭となり、与力十一人を預かった。中村家の断絶後、伏見に浪居。慶長十五年、池田輝政に招かれ、自身は先知二千石、旧与力十一人は三千二百石で出仕。後に鉄砲二十梃を預かり、大坂冬の陣・夏の陣に供奉。寛永初年に死去。子孫は鳥取池田家の家臣として続いた（『鳥取藩政資料　藩士家譜』矢野春太郎家）。

矢野弥左衛門は、和泉の末弟。池田輝政に知行三百石で仕え、池田忠雄代には千石を知行した。寛永二年一月に病死。子孫は鳥取池田家の家臣として続い

た（「鳥取藩政資料　藩士家譜」矢野忠兵衛年雄家）。

矢野喜内　やの　きない

諱は正国（『難波戦記』）、正臣とされる（「摂戦実録」）。

慶長十九年、大坂籠城。城東警固の寄合衆の一人（『難波戦記』）。

ちなみに、尾張の人で幕臣の飯田四郎左衛門重次の親類に矢野喜内がある。元和五年、朽木元綱の斡旋で藤堂高虎に出仕した（『公室年譜略』）。初め知行百五十石（『宗国史』外編「功臣年表」）。後に三百石。藤堂左京組に所属。寛永七年十二月、嫡男の矢野与兵衛が跡目三百石のうち百五十石を継いだ（『公室年譜略』）。藤堂家中の喜内が大坂籠城の喜内と同一人物かは不明。

矢野五左衛門　やの　ござえもん

いちやの子（『義演准后日記』、『譜牒余録後編』天和四年二月矢野五左衛門書上）。初め甚五と称したと思われる。

慶長三年五月十一日、大蔵卿局に仕えていたいちやは、子の甚五を使者として醍醐寺座主義演に進物を贈った。義演からは甚五に帷子が下賜された。

慶長七年五月十五日、大蔵卿は大坂に伺候した義演に甚五を使者として進物を贈った。

慶長九年六月五日、九月十五日、義演より大蔵卿、いちや、五左衛門らに贈物があった。

慶長十二年閏四月一日、義演を訪問した（『義演准后日記』）。

秀頼に仕え、知行千石。勘定頭役を務めた（『譜牒余録後編』天和四年二月矢野五左衛門書上）。

慶長十九年九月二十七日、片桐且元は大坂城退去に先立ち、算用を解き、帳面を城に提出し皆済帳を受け取った（「浅井一政自記」）。また、金銀、米、銭、諸道具、一切の鍵は、且元から五左衛門が受け取った。

大坂城に籠り、与力十騎、足軽五十人を預かった（『譜牒余録後編』天和四年二月矢野五左衛門書上）。

慶長二十年五月、山城の男山八幡喜右衛門方に落ち延びたが、訴人があり拘束された（『大日本史料』所載「石清水文書」）。

豊臣家の知行方、多田銀山、金銀、米、諸道具などの詮索には五左衛門の証言が不可欠とされ、元和元年十月、京都所司代板倉勝重に召喚され、駿府への下向を命ぜられた。十一月、駿府で板倉重宗、伊丹康勝を通じた照会事項にすべて回答したので、家康に拝謁を許され当座の褒美として白銀を拝領した。冬、家康の鷹狩に供奉して熊谷方面に出向いた。十二月、上方で妻子の行方を探すための賜暇を許され、時服を拝領するとともに翌春の駿府再下向を命ぜられた。

元和二年春、家康から駿府へ至急の下向を命ぜられた。早速駿府に伺候したが、用件が示されないうちに家康は死去した。同年夏に駿府で急死。

子の矢野弥平次は、脚気で歩行困難をきたし、若死にした。その子は矢野五左衛門（『譜牒余録後編』天和四年二月矢野五左衛門書上）。

山内意慶　やまうち　いけい

山内松軒の弟。坊主。

蜂須賀至鎮の家臣稲田示植の知行所で医業を営んでいたが、慶長十九年、大坂に上り、長宗我部右衛門太郎方に奉公した。

慶長二十年、大坂より稲田方へ落ち延

びた（『大坂濫妨人并落人改帳』）。

山内権三郎《やまうち ごんざぶろう》

大野治房配下の物頭。

慶長二十年四月二十九日に樫井合戦で戦死。

四月三十日、山内の首を含む十二級は、戦況報告とともに浅野家から二条城に送られた（『駿府記』）。

山岡伝四郎景国《やまおか でんしろう かげくに》

近江国甲賀郡山岡村の出自。近江国栗太郡勢多城主山岡美作守景之の八男。勘兵衛、大炊を称した。

秀頼に仕え、落城後は蟄居（『寛政重修諸家譜』）。

山県三郎右衛門正重《やまがた さぶろ(う)えもん まさしげ》

武田信玄の家臣山県三郎兵衛昌景の次男とされる（『諸系譜』）。『甲斐国志』は、豆州走湯山の大過去帳に「露心草珠居士、甲州山県三郎右衛門尉正重、武田信乃守信玄の家老駿州江尻の城代甲州山県也、明暦三丁酉年」とあることを根拠として、三郎右衛門が昌景の庶子である事は歴然であるとしている。また、不遇により塙団右衛門の手に属し、明暦三年に所縁の人が走湯山で忌日を祭ったのではないかと推定している。昌景との所縁は実否不明。

塙団右衛門の家来（『金万家文書』、『大坂御陣覚書』）、家老（『武家閑談』）。

慶長十九年十二月十六日、本町橋通の夜討ちの時、二宮与三左衛門に続いて二番目に城門の潜戸を出て（『大坂夜討事』）、一番首を挙げた（『金万家文書』金万定右衛門申立之覚）。軍功を立てた二十三士に列せられ、翌十七日、千畳敷御殿で秀頼から引出物として竹流の黄金を拝領した（『石母田文書』、『大坂夜討事』、『武家事紀』）。

慶長二十年三月十七日、妙心寺の僧佐蔵主は山県に書状を送り、小幡景憲は関東の諜者であると告げた（『景憲家伝』）。

四月二十九日、塙と岡部大学は競進して南下し、樫井で浅野長晟先手と交戦した。山県は三十人組を預かり出役。樫井町中では足軽三人を連れて踏み留まった（『武家事紀』）。上田宗固と鑓を合わせ、敵の鑓の柄が折れるや、すかさず組み付いて押し伏せた。上田の家来横関新三郎が、山県を引き倒そうとしたが、かえって主従ともに組み敷かれた。上田の家来横井平左衛門は、敵一人を突き伏せ、振り返ると主が組み伏せられているので、自分の敵を捨てて駆け寄り、山県の高股を斬った。漸く上田は下から起き上がり、横関に山県の首を取らせた。横井は山県の下人を討ち取った。

同日、浅野家では塙団右衛門、芦田左内、横井治左衛門、山内権三郎、須藤忠右衛門、熊谷忠大夫、徳永浅右衛門、坂田庄次郎、山県三郎右衛門など、兜付の首を含む十二級を討ち取り、寺川庄左衛門、関市兵衛に二条城に送致させた（『武家閑談』）。

「諸系譜」は、三郎右衛門の養子として山県昌尚、また、子として山県昌輝を掲げるが実否不明。

山県惣左衛門昌員《やまがた そうざえもん まさかず》

武田信玄の家臣山県三郎兵衛頼実の長男。

大坂城に籠り、落城後、本国に帰郷したという（『織田長猷旧臣系図』）。付会と思われる。

山川帯刀景綱　やまかわ たてわき かげつな

河原林治部左衛門の子（注）。

祖父の河原林越中守は、先祖以来の摂津国武庫郡瓦林村を領知していたが、織田信長に従わず攻め潰された。

父の治部左衛門は、初め豊臣秀次に仕え、後に宇喜多秀家に仕えた（「増補藩臣譜略」）。「摂戦実録」は、山川帯刀を備前者としているが、父の宇喜多家仕官との関連性は不明。

なお「新撰士系録」によると、北川一利の叔母婿に河原林左近右衛門がある。左近右衛門は景綱の一族と思われる。

山川景綱は、天正十三年に誕生。初め河原林小助を称した（「増補藩臣譜略」）。「増補藩臣譜略」に、山川帯刀の名前は秀頼から下賜されたとあるが実否不明。諱は景綱（「山川景綱墓碑銘」）、賢信（『難波戦記』）、信賢（「新撰士系録」）。号は休翁（『大坂陣山口休庵咄』奥書）、旧翁（「見聞集」所載「慶安元年五月十七日付浅田弥次右衛門書状」）。『近史余談』に、肥前平戸では瓦林左近と改称し、後に剃髪して道甫と号したとあるが、他に確認できない。

初め伊達政宗に仕えた（『土屋知貞私記』）。

慶長五年六月、政宗が刈田郡で上杉景勝の白石城を攻撃した時、浜田治部（北川一利）の手に属して出役。浜田とともに山川帯刀、中目大学、木村隼人が一番に城中へ乗り込んだ（「北川遺書記」）。軍功により千人扶持を与えられたという（「増補藩臣譜略」）。伊達家の諸記録に家臣として河原林小助、山川帯刀の名が見えないことから、軽格、または浜田治部の家来だった可能性もある。

北川は慶長九年（『伊達治家記録』）、または十年（「新撰士系録」）に伊達家を牢人し、六、七年間は京都、大坂に居住し、大坂の陣の五、六年前より豊臣家から牢人分として少々扶持を受け、大坂の陣の時、初めて秀頼に拝謁して奉公人分となった（「見聞集」）。山川もこれと行動をともにしていたように思われる。

「北野神社文書　慶長十八年五月二十七日賦青何連歌」（筑波大学付属図書館蔵）に、山川帯刀が連歌の会を興行した旨の書き込みがあり、同文書「慶長七年二月二十八日賦朝何連歌」にも、慶長十九年二月大坂衆山川帯刀が連歌の会を興行した旨の書き込みがあることから、開戦前には大坂衆として豊臣家に出仕していたと推察される。

なお「摂戦実録」、「東遷基業」には、伊達家を牢人した後、浅野幸長に仕えたとあるが実否不明。

慶長十九年、秀頼に招かれ、大坂籠城。騎馬二百五十騎、鉄砲四百挺、雑兵四千余人を預けられたという（「増補藩臣譜略」）。あるいは侍五十人が付属された（『土屋知貞私記』）。あるいは初め兵二千人、後に雑兵を含めて三千人ほどを預けられた（『大坂陣山口休庵咄』）。鉄砲大将（『近史余談』）、物頭を務めた（「北川二郎兵衛筆」）。

北川一利とともに兵一万人ほどで真田丸の後備えとして来援し、真田丸の後背にあたる城門の塀裏を警固した（『大坂陣山口休庵咄』）。後に真田信繁と一緒に出丸に籠り、戦功により金の采幣を許されたという（「増補藩臣譜略」）。

十二月十二日夜、生玉口の藤堂高虎の手より渡辺了らが城に攻めかかった。城方は猿火や松明を投げ下して塀走りや櫓から鉄砲を打ちかけた。鉄砲大将の北川は藤堂勢の勇気に感じ、相役の山川を制して銃撃を止めさせた。その折の配慮により落城後に処罰されなかったという

や

（『公室年譜略』）。『土屋知貞私記』は、北川と山川について「重々子細有之者也」と記しているが、深意不明。

　慶長二十年五月六日未明、後藤又兵衛は平野を発して大和口方面に出陣した。後藤配下の小組頭山川、北川、青野清庵、大谷大学助、植木六右衛門、明石八兵衛と薄田隼人正らがこれに後続して道明寺表に向かった（「北川二郎兵衛筆」、『土屋知貞私記』）。大和口には想定より早く敵が進出していたため、後藤勢は単独で安宿郡片山の山上に前進し、大軍を相手に苦戦した。北川、山川らは、兵三千余人を率いて道明寺表の石川河原に布陣したが、松倉重政勢に後藤との間を押し隔てられ前進できず、そのうちに後藤は戦死した（『大坂御陣覚書』）。

　薄田の近習だった槙尾又兵衛（号は是休斎）の物語によると、二陣の薄田は「すぐに戻る」と言って鑓持一人を連れて先手へ乗り出したが、なかなか戻らないので家中の者が待ちかねているうちに、道明寺表で鬨の声、鉄砲の音が激しくなった。一同心配して、数人が「迎えに行こう」と相談すると、他の侍たちが「我も、我も」と言い出した。槙尾が「そんなことをしたら、あらかじめ定めた陣法も成り立たず、如何なものか」と案じていると、折から並びの備え頭山川が薄田に用事がある様子で馬を寄せて来た。槙尾は山川を迎えると「薄田は夜明け前に『後藤殿に相談することがある。すぐに戻るから』と言って先手に乗り出したが、今になっても戻らない。先手では最早合戦が始まっている様子なので、近習の者が迎えに行こうと相談していると、他の侍たちが『我も、我も』と言い出した。『それでは備えが乱れる』との慎重意見もあってらちが開かない。幸い其許《そこもと》様がお出でになったので、御指図いただきたい」と願った。これに対し山川は「最早戻られるべきところを不審な事だ。隼人殿は二陣なので先手の勝敗を見極めようとされているのか。何れにせよ、合戦が始まるところなので、備えを堅く立てることが肝要である」と指示した。徒士《かち》を預かる権平が「私が預かる徒士は備え立てに関係ないので、旦那を迎えに行きたい」と申し出たので、山川は了承した。権平は徒士を含め三十人ほどで走り出たが、途中で薄田の馬の口を引いて帰る中間に行き合い、後藤、薄田の戦死と先手の敗軍を知ったという（「落穂集」）。

　そのうちに先手の敗残兵が石川河原を渡って、北川、山川の備えに逃げ込んで来た。松平忠明に攻めかけられ、二陣も道明寺を西へ藤井寺まで崩れたが（「北川次郎兵衛筆」、『大坂御陣覚書』）、真田信繁が後援に到着したのでこれに合流した（『譜牒余録』）。真田は山川、植木六右衛門、真田の家来青柳清右衛門（清庵か）と四人一緒になって折敷いて持ち堪えた。四人の手柄は比類なく評判となった（「北川二郎兵衛筆」）。

　夕方七つ刻時分、大坂方は平野へ順次退却した（『大坂御陣覚書』）。

　五月七日、山川は岡山口に備えを立てた（『難波戦記』、「増補藩臣譜略」）。大坂方が総敗北する中でも比類ない軍功を立てた（「北川二郎兵衛筆」）。山川は合戦の様子について「七日の朝、合戦前に秀頼公は桜門まで御馬を出された。大野治長が馬印を押し立て、城外へ出たところに『七組に裏切りの密約があり、秀頼公には御出馬されないように』との偽の密書がもたらされた。治長は一読してそのまま真田に見せ、『毛利豊前にも伝えるべきか』と相談した。真田は『この期に及んでいらざる事』と止め、治長は桜門に戻って秀頼と内談し、出馬は見合わせとなった。治長が馬印を城内に還し、組下の兵も城中に戻ったため、それを見た大坂方は総敗北となった」との直談を遺した（「池田正印老覚書」）。

北川と山川は、西の丸に引き揚げたが、周囲が炎上して為す術がなく、城外へ退去。枚方を経て山城国綴喜郡の雄徳山石清水八幡神社の東方、瀧本坊に潜んだ。すぐに噂となったので立ち退いたが、瀧本坊師弟が拘束されことから、その釈放を求め、北川は知恩院に、山川は本能寺に出頭した。両人は本能寺に拘置されたが、八月二日、家康の駿河帰還に際し、赦免され、そのまま京都に居住した。

元和二年八月、京都牢人払いにより、山川は肥前平戸の松浦隆信に、北川は大村純頼に預けられた（「北川二郎兵衛筆」）。

元和八年、松浦家は財政難につき、佐川利純の進言により寺社領、隠居料などを削減し、新たに制法を定めた。この時、山川の扶持米も半減された（「御家世伝草稿」）。

承応二年六月二十四日、公儀より赦免され、松浦家への出仕も認められた（『寛明日記』）。松浦鎮信へ二百人扶持で召し出され、与力料三百俵を添えて与力五十騎を預けられた（「増補藩臣譜略」）。松浦家中では上座への着座を許された（「吉村系図」）。

明暦二年、大坂夏の陣で北川一利組に属していた小山佐次兵衛隆直が、紀伊国牟婁郡三前郷西向井浦で存命していることを知り、同年七月五日付で書状を送り、那智黒の碁石を無心した。八月三日付の書状が届いた四日後に隆直が病死したため、後日、子の隆安が代わって碁石を用立てた（『紀州小山家文書』）。

十月十三日に義兄の北川一利が肥前大村で病死（「見聞集」）。

平戸松浦家の家臣村越仁左衛門（号は如泥）の物語に「山川帯刀は、秀頼公の妾の兄である。大坂落城後、松浦家に御預けとなり、百人扶持を与えられ、休翁と名を改めた。出入りの職人、町人らに百人扶持の中から一分ほどずつ合力した。また、物数奇で拵えた器物などを知人が誉めると、そのまま与えた。私も若い時分には休翁を実見した。子の孫平治とは友達になった」とある（『大坂陣山口休庵咄』奥書）。

万治三年二月二十八日に死去。享年七十六歳。法名は桂光院殿隆月。葬地は平戸の旧松雲山瑞岩寺（「山川景綱墓碑銘」、「増補藩臣譜略」）〈墓碑写真は巻末「付録」参照〉。

妻の佐五子は、石田三成の家臣松田十太夫秀宣の長女。松田秀友、北川一利の妹で、松田雲沢、松田三太夫の姉（「新撰士系録」）。

長男の坂辺造酒介は、病身のため家督を継がず、別知二百石で坂辺家を立てた。子孫は、松浦家の家臣として続いた。

次男の山川孫平治は、家督を継承し、後に老中となった。子孫は、松浦家の家臣として続いた（「増補藩臣譜略」）。

娘は北川一利の長男松田市左衛門長倫の妻（「新撰士系録」）。

養子は丹羽又兵衛。実は大村純頼の家臣岩永久右衛門前忠の四男助左衛門忠勝。北川一利に養育され、松田又右衛門を称した。後に景綱の養子となり、曾我又兵衛、または丹羽又兵衛を称し、松浦家に仕えた。北川一利の次男覚兵衛がその養子となった（「見聞集」、「新撰士系録」、『大坂陣山口休庵咄』奥書）。

〔注〕 伊達忠宗の医臣虎岩道説が撰した

「仙台人物史」は、伊達政宗の宿老富塚近江守宗綱の次男小平次宗総が、大坂に出奔して秀頼に仕え、山川帯刀を称したとする。しかし、平戸山川家と仙台冨塚家と相互の関係をうかがわせる記録はなく、年齢も慶長五年当時、景綱は十六歳であることから、両者は別人と思われる。伊達重村の家臣佐藤信直が撰した「仙台武鑑」は、小平次は出奔して大坂籠城、柴田五左衛門尉を称したとする。景綱の義兄である北川一利は「北川遺書記」において、慶長五年六月の白石攻城の条に山川帯刀、慶長六年二月の宮代合戦の条に柴田小平治と記し、両者を別人として扱っている。ただし、宮代合戦は慶長五年十月の誤り。

なお「結城系図所載山川氏系譜」は、山川帯刀堅信を結城一族山川中務大輔氏重の次男とするが、これは付会である。

山口勘右衛門 やまぐち　かんえもん

慶長二十年五月七日午刻、茶臼山表に敵味方が七、八町を隔てて対峙した時、寄せ手から三人が乗り出した。大坂方からは今木一政が単騎鐙を取って麦畠を斜めに阿倍野街道筋へ乗り出し、先に進み出た敵一人を討ち取った。この様子は山口勘右衛門が目撃しており、後に前田利常の家臣沢田次左衛門に書状を送って証言した。

落城後、稲葉正勝に仕えた（「浅井一政自記」）。知行二百石、後に五十石を加増された（「稲葉神社所蔵文書」）。

山口喜内重安 やまぐち　きない　しげやす

紀伊国名草郡山口荘の十番頭のうち二番頭易井喜内秀明の次男で、母は山口荘黒谷の二番頭の娘（『山口喜内興廃実録』）。天文二十三年に誕生（『遍照寺文書』）。兄が根来の円明院に出家したため、家督を継ぎ、本姓の山口氏を称した。諱は重安（『山口喜内興廃実録』）。

天正十三年、羽柴秀長の紀州攻略により失領したが、ほどなく秀長に出仕し、神前村の神前中務好勝、三葛村の田所平左衛門、金谷村の金谷次郎左衛門、和佐村の和佐半左衛門らと同様に代官となった（『南紀徳川史』）。山口荘の西端に居館を構えた（『紀伊続風土記』）。

慶長五年、浅野幸長が紀伊に入封することになり、日高郡の財部兵衛、在田郡広の津守与兵衛、海士郡の田所宗閑、名草郡の神前中務とともに伏見の幸長に伺候し、代官役に任じられた（『山口喜内興廃実録』）。二百石を領有し、山口一帯五千石を代官として支配したという（「自得公済美録」）。

慶長二十年四月、在所で一揆を企てたが、未然に露見して浅野長晟に逮捕された（『紀伊続風土記』）。

五月五日に永穂《なんご》河原で処刑。享年六十二歳（『遍照寺文書』）。菩提寺の仏光山遍照寺では松林軒歓喜岳宗喜居士と諡された（『山口喜内興廃実録』、「山口喜内墓碑銘」）。永穂河原で処刑された山口一族は、五月五日に喜内以下十八人、五月六日に喜内の母（七十七歳）以下七人、五月十七日に喜内の妻（五十五歳）以下四人（『遍照寺文書』）。なお、この時山口一族を含めて名草郡和佐村、山口村、河辺村、西村、永穂村、市小路村で一揆一味の者、合計百十四人が処刑された（『浅野家文書』慶長廿年六月十日紀伊国一揆起成敗村数覚書）。

喜内の屋敷は後に紀州家の別館となり、山口御殿と称せられた（『紀伊続風土記』）。

妻は明渡太郎大夫の娘で、明渡五右衛門の姉。高野寺領のつてを頼って那賀郡鞆渕に隠れたが、山口家譜代の山家新左衛門が累恩を忘れて隠れ家を浅野家に出訴したため、捕えられて処刑された（『山口喜内興廃実録』）。

子は山口兵内朝安（「山口兵内朝安」の項参照）。

娘一人は、小嶋兵吉に嫁いだ（『紀伊続風土記』）。

娘一人は、川辺庄屋の市蔵に嫁ぎ、慶長二十年五月六日に永穂河原で処刑された。市蔵は五月五日に同所で十四歳、十一歳、四歳の子供とともに処刑された（『遍照寺文書』）。

娘一人は、町半三郎に嫁ぎ、慶長二十年五月十七日に永穂河原で嬰児とともに処刑された。享年十九歳（『遍照寺文書』）。

娘一人（法名は光月妙寿）は、山口一族が滅亡した時、九歳だったが、浅野出羽守のはからいで助命され、山口喜右衛門の後室に養育された。後に浅野長晟の家臣木村宗慶の子藤重郎に嫁いだ。藤重郎は喜内の猶子婿と定められ、二番頭の血脈を相続し、山口藤兵衛を称し、子孫は山口村で庄屋を務めた。宝永三年五月五日、子孫の山口藤七郎教重が「山口喜内興廃実録」を著した（『山口喜内興廃実録』）。

山口休庵《やまぐち きゅうあん》

秀頼の家臣。

慶長十九年十月一日、玉造口で赤座永成の役所から片桐且元の大坂城退去を見物した。

十一月二十六日、今福口合戦では木村重成方へ目付として赴いた。

十二月四日、玉造口で赤座永成の役所にいたが、組頭木村長門守の先手が南表の防戦に出役すると、見廻りのため八丁目口へ赴いた。その後、石川康勝の小屋場を見廻り、朝からの様子を聴取した。

十二月十六日、千畳敷御殿の庭で大野治長と木村重成が本町橋の夜討ちで功名を立てた二十余人の軍功申述を聴取した際、陪席した。

慶長二十年四月二十七日、紀州より大坂へ内通の者から樫井合戦の様子について注進があり、大野治長と木村重成がこれを聴取した際、陪席した。

五月六日晩、玉造口で長宗我部盛親の帰城を目撃した。

五月七日、秀頼の御側衆が真田信繁の手に加わったので、ともに天王寺表に出役。二度目の合戦より真田の後詰《うしろづめ》にいたが、真田の備えも崩れ、城も炎上したので、所縁の中島の森忠政の陣所に落ち延びた。その後、赤座永成、湯浅直治らとともに京都の妙心寺海山和尚を頼り、同寺に謹慎していたが、ほどなく大坂譜代の家臣は恩免を蒙り、方々に退散した（『大坂陣山口休庵咄』）。

後年書き残した「大坂陣山口休庵咄」〔注〕は、「御陣前大坂衆喧嘩 附御天守怪之事」（慶長十六年春の野田の富士見の喧嘩、慶長十七年九月二十三日の大坂城中の刃傷などについての記載）より起筆し、「大坂冬陣起り之事」、「諸牢人被召抱之事」、「大坂御譜代衆人数高・本知高之事」、「城中手配之事」、「博労ヶ淵取手落去之事」、「後藤又兵衛中嶋出張之事」、「城中浮勢之事」、「伴団右衛門蜂須賀手へ夜討之事」、「志貴野合戦之事」、「十二月四日惣ぜめの事」、「御扱内談之事」、「樫井合戦之事 附伴団右衛門討死之事」、「五月六日・七日合戦 附大坂落去之事」、「天樹院様御城出之事」、「赤座内膳・伊藤丹後・岩佐右近妙心寺へ行候事」、「国松様御生害の事・とき若狭はなし」（慶長二十年五月二十三日、国松処刑などについての記載）で擱筆《かくひつ》する。

〔注〕内閣文庫蔵本「大坂陣山口休庵咄」

は、奥書によると享保十一年丙午四月に、人見行察が村越如泥の蔵本を書写したもの。人見又兵衛美在（字は行察）は幕府儒者人見行衰の長男で、人見友元の孫。貞享四年に誕生。享保十六年、跡目五百石を継ぎ、寄合儒者となった（『名古屋人物史料』、『儒職家系』）。村越仁左衛門（号は如泥）は平戸の人で、松浦家に仕え、同家中小須賀瀬兵衛の門人。軍談に詳しく、故実に精通していた。人見家の食客となり、日録、地理、兵法要行、軍法など著述は数百篇に及んだ（『大坂陣山口休庵咄』奥書、「九鬼舟闘記」序文、「諸国海上道乗之記」後書）。

山口左馬助弘定《やまぐち さまのすけ ひろさだ》

　加賀大聖寺城主山口玄蕃頭正弘の次男。山口右京進修弘の弟（『武家事紀』）。

　父の正弘は、慶長五年、嫡男の修弘とともに石田三成に呼応し、兵千二百人ほどで大聖寺城に籠った。八月三日、前田利長に攻撃され、城中で自害（『大聖寺攻城并浅井畷軍記』、『越登賀三州志』）。享年五十六歳（『京都名家墳墓録』）。修弘も戦死した。利長が首実検に臨んだ際、正弘の首は年老いて痩せていたため損なわれていなかったが、修弘の首は肥満のため形相が早くも変じていた（『大聖寺攻城并浅井畷軍記』）。山口父子の遺骸は、大聖寺福田橋傍に葬られたといわれる。大聖寺の菩提所熊谷山全昌寺に父子の碑があり、正弘の法名は大雄院吹毛機鋒大居士、修弘の法名は英賢院恭温良雄大居士とされる。山城国綴喜郡宇治田原城主の山口甚助秀景が再建した山城国愛宕郡の華嶽山東北寺誠心院にも山口父子の碑がある。正弘の法名は松元院前鴻臚卿珍山宗永大禅定門（『京都名家墳墓録』）、修弘の法名は吸江院玄庵宗龐大居士とされる（『秘要雑集』）。大徳寺三玄院にも正弘の墓碑がある（『京都墓所一覧』）。正弘の妻は、宮部長熙の娘（『参考諸家系図』）。正弘の後妻は、七十歳で死去。法名は春光院重月栄秀禅施尼（『名家墳墓録』）。正弘の娘は、一人は天正十二年に誕生し、下間越前守重利に嫁ぎ、慶長八年に重政を産み、承応二年七月二十四日に死去。享年七十歳（『清和源氏先下間後池田家系譜』）。一人は宇治田原城主山口甚助の孫山口左平太光正に嫁ぎ、慶長十七年に長男の光俊、元和三年に次男の光久を産んだ（『寛政重修諸家譜』）。兄の修弘の妻万は、池田秀雄の娘で、夫の戦死後、岩崎豊後守に再嫁した（『池田正印家譜』）。

　山口弘定は、慶長二年三月十三日、大坂で神谷宗湛を茶湯振舞に招いた（『宗湛日記』）。同じ頃、博多商人年寄衆から丁子二斤を贈呈された（『歴世古文書』）。

　慶長四年一月、大坂城詰衆二番に列せられた（『武家事紀』）。

　慶長十二年四月二十二日申の刻、大坂で鹿苑院の鶴峯宗松を招き、豆腐、吸物、酒を振舞った。六月二十九日、大坂で鶴峯宗松の訪問を受けた（『鹿苑日録』）。

　慶長十六年三月、秀頼の上洛に供奉（『秀頼御上洛之次第』）。

　当時知行七百石。

　慶長十七年、大坂諸大夫衆の一員として禁裏普請助役（『慶長十六年禁裏御普請帳』）。

　慶長十九年七月七日、秀頼の七夕恒例祝賀使として駿府へ赴き、家康に黄金十枚と自身の進物紫皮十枚、太刀、馬を献上（『駿府記』）。

　当時本知二千石（『大坂陣山口休庵咄』）、または三千石。小姓を務めた（『土屋知貞私記』）。

　大坂城に籠り、与力五十騎を付属され

た(『大坂陣山口休庵咄』)。

十一月四日、薄田隼人正とともに軍勢を率いて平野郷に押し入り、東軍へ内通した年寄五人を捕えた。十一月五日明け方、東軍が近在に到着したので、付近に放火して城中へ引き揚げた(『大日本史料』所載「平野郷由緒書」)。

十一月二十六日、鴫野口へ大野治長組中、黄母衣衆《きぼろしゅう》の本郷左近、岡村百々助、七組らと相次いで加勢に出役した(「鴫野今福表合戦覚書」)。組下の加賀九郎右衛門(『武家事紀』)、または加賀九郎右衛門が、鴫野口で首一級を斬獲した(「高松内匠武功」)。

慶長二十年五月六日、木村重成は兵四千七百人を率いて若江に出陣し、玉串川の水堤に鉄砲三百六十余挺を配置。その次に内藤政勝と弘定が二百人ほどで若江村と西郡村の領界の十三街道に押し出し、道の左右の麦畑に備えを立てた。重成の旗本は、二町ほど隔てた若江村の南郊に布陣。左備えとしては、七、八町北の岩田村に木村主計が出向き、右備えとしては、平塚五郎兵衛らが西郡村に出向いた(『大坂御陣覚書』、『山口家伝』、『元和先鋒録』)。辰の半時に開戦(「幸島若狭大坂物語」)。藤堂高虎の家臣梅原勝房らが朝霧にまぎれて木村の先手へ鉄砲六十挺を撃ちかけ、鑓を入れ、若干を討ち取っていったん引き揚げた。若江村の東の出口より十三街道に通じる堤道二町ほどの左右は沼田で、足場が悪かった。そこから先は東方が地高く、二、三町も足場のよい麦畑が広がっていた(『元和先鋒録』)。

そこで木村勢は、井伊直孝の先手庵原朝昌を深田の細道に誘い込んで一戦しようと待ち受けていたが、午の刻になっても堤に乗り上げてこないので、待ちかねた弘定は、先に馬を乗り上げ、庵原の備えに鑓を入れ激戦となった(『山口家伝』)。

弘定は赤母衣を懸け流し、鹿毛馬を乗り回して味方を叱咤していた(『大坂御陣覚書』)。そこへ八田金十郎知当が走り寄り、鑓を入れた。徒士十人ほどが応戦したが、知当の鑓に叩き払われ、弘定も度々の戦闘による疲労で鑓先が下がりがちになり、ついに討たれた(「井伊年譜」)。年の頃は三十七、八歳(『土屋知貞私記』)。

合戦が終わり、未の刻過ぎに直孝が首実検に臨んだ(「幸島若狭大坂物語」)。捕虜に首の名を証言させ、知当の取った首には山口左馬助と札が付けられた(『福富半右衛門親政法名浄安覚書』)。知当は元来耳が不自由だったため(『久昌公御書写』)、敵を組み伏せて名を問うたが山口左門と聞き違えていた(『石原家記』)。七つ半時過ぎに木村重成、内藤政勝および弘定らの首は、枚岡の一里前付近で家康の上覧に供えられた(「幸島若狭大坂物語」、『難波戦記』)。弘定の首は小姓組支配の松平正綱が見知っていて「疑いなし」と言上した(『大坂御陣覚書』)。首は前髪があり、色白く尋常だった。正綱は既に慶長十八年に妻と離別していたが、離別以前、弘定は小舅だった(「慶長見聞書」)。

「大河内支流譜」、『寛政重修諸家譜』に、正綱の妻は山口左馬助の娘とあるが、正綱は、天正四年の誕生で、この時四十歳であることから、舅より小舅の方が適当と思われる。

正綱は初め本多正純を通じて弘定の首の下げ渡しを願ったが、正純が取り次がなかったので、家康に直訴して許された(『難波戦記』、「大河内支流譜」)。正綱は首を星田の寺に納め、帰陣後、葬礼仏事を丁寧に営んだ(「慶長見聞書」)。

首とともに知当が分捕った弘定の兜

は、置手拭形。明暦三年一月の大火で類焼したが、八月には知当の嗣子八田知弘によって修復され、今に伝来する（『決定版図説・戦国の実戦兜』）。

弘定は大徳寺の塔頭大慈院の檀越《だんおち》であり（『龍宝山大徳寺誌』）、同院に墓碑がある（『雍州府志』、『京都墓所一覧』）。

若江に碑があった（「大河内支流譜」）。墓碑は現在大阪府八尾市幸町木村公園内木村重成の墓の傍らにある。第二寝屋川の開削工事により、昭和四十二年に重成の墓碑が現在地に移設された際、近隣の共同墓地にあった弘定の墓碑も、現在地に移設された（「八尾市史」）。

妻について、『大坂御陣覚書』、『元寛日記』、『難波戦記』、『大坂物語』、「井伊年譜」などは木村重成の妹とするが、年齢的に違和感がある。

三男の山口蔵人は、陸奥国伊達郡に浪居し、早死した。その子の山口釆女清晴は、仙台で富塚重信方に寄寓。慶安元年、栗原郡三迫石越邑で開墾した新田の所有を認められ、代官を務めた。後に加増され十四貫七百二十四文を領知。寛文四年十月に病死。子孫は仙台伊達家の家臣として続いた（『伊達世臣家譜』、『仙台藩家臣録』）。

山口甚兵衛　やまぐち　じんひょうえ

秀頼に仕え、落城後、豊後臼杵の稲葉典通に仕えた。二十五苞を与えられ、留守居錠口番を務めた。

子孫は臼杵稲葉家の家臣として続いた（「藩士系図」）。

山口智徳院　やまぐち　ちとくいん

紀伊根来衆。

慶長十九年、人数五十人を率いて大坂籠城（『土屋知貞私記』）。

木村重成組に所属。鉄砲頭となり、足軽二十人を預かった（「高松内匠武功」）。あるいは重成組の足軽大将となり、馬上五十騎、足軽五十人を預かった（『武家事紀』）。あるいは鉄砲百挺を預かった（「大坂口実記」）。黒羅紗羽織を着用（「高松内匠武功」）。

十一月二十六日、今福口に出役（「草加文書」）。奥の柵で軍功を立てた（『武家事紀』）。後日詮議の証拠のためとして、重成から書付が発給された（「高松内匠武功」）。

大坂方は宅間村の堤を堀切り、重成、渡辺内蔵助より鉄砲の者、同組頭、与力衆を添えて二日二夜替番で警固していた。十一月二十八日、二十九日は重成の番で、当番として鉄砲頭井上与右衛門、山口智徳院、添番木原七右衛門、水谷忠助、斎藤加右衛門が出張した。二十九日より敵陣が騒がしく、夜襲の懸念もあったが何事もなく、三十日の朝五つ時分に内蔵助の番衆と交替した。大坂方は同日暮れに自焼して城中に撤収した（「草加文書」）。

天王寺口門脇西方の隅櫓の警固に加わった（『武徳編年集成』）。

慶長二十年五月六日、若江表に出役（『大坂御陣覚書』）。重成の旗本の右手先にあったが、敗軍となり退却した（「草加文書」）。

五月七日、大坂を退去（『土屋知貞私記』）。

元和年間と推定される九月三十日付斎藤加右衛門の書状によると、当時は紀州にいた（『池田光政日記』）。

山口藤左衛門　やまぐち　とうざえもん

慶長二十年五月六日、道明寺表合戦で松倉十左衛門は一番に乗り出し、後藤又兵衛配下の津田茂右衛門を鑓で突き留めた。入れ替わりに後藤配下の山口藤左衛門が名乗りかけ、松倉を突いた。今度は松倉の家来山本義安が走り寄り、藤左衛門の鑓を即時に切り落とし、首を討ち取った（『益池性次文書』）。

山口兵内朝安《やまぐち　ひょうない　ともやす》

山口喜内重安の嫡男。

天正九年に誕生（『遍照寺文書』）。

大野治房の召募に応じ、小嶋兵吉、平村の明渡五右衛門、同息左平次、山口喜右衛門（注）、根来牢人の幸種院秀栄坊、その他、譜代の家人などを伴って、大坂城に籠った（『山口喜内興廃実録』）。

慶長二十年四月二十八日、紀州路の案内役として大野治房の先手に随行した（「南紀士姓旧事記」）。翌二十九日、小嶋兵吉とともに前方偵察に乗り出したところ、蟻通明神の前で、前方偵察に乗り出した浅野方の亀田高綱に出くわし、「その顔、見知っているぞ」と声をかけられた（『大坂御陣覚書』）。樫井合戦で治房の先手が敗北すると、大坂に引き返した（『山口喜内興廃実録』）。

五月七日、幸種院秀栄坊、明渡五右衛門、同息左平次は戦死した（『遍照寺文書』）。

兵内は紀伊へ落ち延びたが、紀伊の町人掃部大夫の要請を受けた稲垣新之丞に討たれた。首は和歌山に送られ、六月四日付で浅野家から稲垣へ会釈があった（「自得公済美録」）。あるいは、一揆の首謀者の子であるため、浅野家の詮索は厳しく、命令を受けた和歌山湊在住の一族木俣屋某に討たれた。首は後の嘉家作丁にあった大路の獄門に晒された。ただし、当時から偽首との取沙汰があったという（『山口喜内興廃実録』）。あるいは主従五人で高野山管内の伊都郡星川に落ち延び、宇野某を頼んで深山の絶頂に隠れたが、山麓の民家で食事中に捕吏に討たれた。兵内の怨恨により宇野家の者は代々精神が錯乱したという（『紀伊続風土記』）。

享年三十五歳（『遍照寺文書』）。山口一族の菩提寺である名草郡山口荘の仏光山遍照寺では、慶長二十年五月七日を命日として、真光院皈屋宗西居士と諡している（「山口朝安墓碑銘」）。

妻は「荒見家系図」によると、那賀郡荒見の喜多源七郎慶政（実は稲垣隼人佐信重の次男）の長女（徳川頼宣の家臣稲垣安之丞成信の姉）とされるが、別本の「荒見家系図」では、慶政の長女について「山口兵内室」という記載に「山口喜内大夫室　俗称菊」と上書きされている。

妻を豊臣秀次の娘菊とする伝承がある。母は淡輪徹斎の娘で、秀次の側妾小督局。父は自害し、母は処刑されたが、逃れて和泉波有手の後藤六郎兵衛興義方で養育された。慶長二十年四月二十一日、山口兵内に嫁いだ。四月二十七日早朝、舅の山口喜内から大坂城中の兵内に宛てた密書を携え、従者二人を連れ立って山口荘を発ち、納経山頂の松樹の下で断髪して男装となり、尾根伝いに長滝村を経て、大坂城に到った。翌二十八日、大坂からの密書を携え山口荘に向う途中、樫井川で密書を紛失した。むなしく波有手の養家に帰ったが、浅野家により逮捕され、六月六日、紀ノ川の田井ノ瀬河原で斬首された。享年二十歳。後藤興義の妻しづが憐れんで菊の木像を作り、波有手の楊柳山法福寺に納め、光徳院法誉妙林大姉と諡して菩提を弔った。菊の木像は寛政七年に本堂とともに焼失したが、安政五年に本堂が再建された際、泥像で新たに作られ、今も供養が絶えない（『みさ

き風土記』、『大阪府全志』、『西鳥取村誌』)。
〔注〕山口喜右衛門は、紀伊の野伏、地士、牢人などと申し合わせ、浅野長晟が和歌山を出陣した背後を襲い、城を焼き払う密命を帯び、家来一人を連れて和泉国日根郡樽井まで潜入したが、浅野家中に捕縛され、尋問の後、刎首された(『山口喜内興廃実録』)。

山口茂左衛門《やまぐち もざえもん》

山口茂介の子。

父の茂介は、初め浅井長政の足軽小頭で、後に千二百石を知行した。浅井家の足軽だった藤堂高虎が赤貧に喘ぐさまを哀れみ、茂介の妻がたびたび食を与えた。

山口茂左衛門は、浅井家の滅亡後、旧恩を思う高虎に招かれ、牢人客分として三百石を与えられた。大坂の陣の時、城中に至り、奉公を願い出ると具足が下賜された。指物は、淀殿に奉公していた娘の菊が、赤白の絹を縫い合わせて作って贈った。茂左衛門は「娘にも大いに世話になった」と喜び、これが今生の別れとなった。

子の甚左衛門は、菊の弟で、安芸に居住し、後に医師となり意朴と号した(「おきく物語」)。

なお、山口茂介父子について藤堂家の記録では確認できない。『高山公実録』は、高虎が姉川合戦の時、既に浅井家の騎士であったことから、「おきく物語」に高虎が足軽だったとあるのは妄説と断じている。

山崎平左衛門郷家《やまざき へいざえもん さといえ》

近江国犬上郡久徳村の住人久徳六左衛門の次男。

牢人となり山崎氏と改めた。後に秀頼に仕えて大坂籠城。

落城後、仙台に下り、元和二年、山岡重長を通じて伊達政宗に出仕。知行三百五十石を与えられ、郡司となった。

寛永十一年四月七日に病死。

実子がないので実弟吉田伊予重勝の次男平太左衛門与貞を養嗣子とした。子孫は仙台伊達家の家臣として続いた(『伊達世臣家譜』、『御知行被下置御帳』延宝七年七月十九日山崎平太左衛門書上)。

山崎与介《やまざき よすけ》

長宗我部元親に仕え、永禄より天正まで七度の武功を顕した(『土佐国編年紀事略』)。鍛冶奉行を務めた(『秦氏政事記』)。

慶長五年より牢人となっていたが、大坂籠城。

慶長二十年五月六日、長宗我部盛親の馬廻として八尾表に出役。藤堂高虎の手より母衣武者二騎が盛親の馬印を目がけて進み寄ったところを、堤の木陰から突き落とした。初めの一騎は浅手だったので起き上がり、渡辺勘兵衛の甥渡辺作左衛門と名乗った。これと渡り合い、ついに首を取った。後の一騎は倒れ伏したままだったが、名を問えば竹中二郎兵衛と答えたので、そのまま首を掻き落とした。

落城後、備後福山に下った。子孫は水野家に仕えたという(『土佐国編年紀事略』)。

山路久右衛門《やまじ きゅうえもん》

本国は伊勢。

秀頼に属して大坂城に籠り戦死。

子の山路権太夫賀堅は、父の戦死後、所々を漂泊して尾張林家の養子となった。養家に実子が出生すると家督を譲って退去した。後に松平定綱に知行百五十石で出仕。最終的には千石を知行した。

子孫は桑名松平家と今治松平家の家臣として続いた（『今治拾遺付録』、「本の籬」、「天明由緒」）。

山田外記重朝《やまだ げき しげとも》

美濃国大野郡宮田村の人山田九蔵重経の長男。

父の重経は、初め土岐頼芸に仕えた。天文十一年八月二十一日、斎藤道三との合戦で戦死。桜尾村平野山に重経のものと称する碑があった（『山県郡志』）。なお『山県郡志』は、別項で重朝の父を宮田城主山田兵庫（注）とする説も掲げている。

山田重朝は、初め弥二郎、後に外記を称した。大桑落城後、武儀郡に退去。

慶長十九年、大坂籠城（『山県郡志』）。後藤又兵衛の家来となり、小組頭を務めた（「後藤合戦記」）。

十一月二十六日、後藤は外記を連れて天守に上り、今福、鴫野口の様子を見極めると直ちに宿に帰り、外記、長沢七右衛門、片山助兵衛に「急ぎ組中を残らず引き連れ出撃せよ」と命じ、自身は先に今福口へ出張した。後藤配下の外記、同息八左衛門、山中藤大夫、湯浅三郎兵衛、田中作左衛門、柏原角左衛門、山中伊兵衛、山脇三郎左衛門、赤堀五郎兵衛、仙石喜四郎、三浦将監、井上源兵衛らもおいおい京橋口に集まり、後藤に続いて今福口に出撃した。後藤は戦場で負傷したので、茜母衣張の馬印と采を外記に預けて城中に引き返した。戦後、今福口の柵は後藤配下の外記、片桐大介、林弥次右衛門、金万平右衛門、井上源兵衛、磯村八左衛門が守備していたが、物構の外側を自焼して城内に撤収することが決まったため、十一月二十九日晩、今福、鴫野両口の小屋に火をかけ、備前島、片原町も自焼した（『大坂御陣覚書』）。

慶長二十年四月二十八日夜、後藤は大和口の先手として、平野に布陣した（「北川次郎兵衛筆」）。

五月一日、後藤配下の外記、長沢七右衛門、片山助兵衛らは組中を引き連れ、誉田表に出張した。長沢の手に東軍の間者二人を捕え、平野に引き揚げた（『長沢聞書』）。

五月五日夜、後藤は平野を先発し大和街道を進み、暁に藤井寺に至り、後続を待った。しかし、後続の到着が遅れたため、独り藤井寺を発して誉田八幡をよぎり、道明寺表に進んだ。外記は後藤の先頭となり、右先頭古沢四郎兵衛とともに先行して石川を渡り、夜のうちに安宿郡片山まで進出した。山の北の尾崎は外記が左巴の幟を押し立て、山の南の嶺筋は古沢が釘抜の幟を押し立て持ち固めた。山麓には大和組松倉重政、奥田忠次が陣取っており、早くも小競り合いが始まった（『大坂御陣覚書』）。外記とこれに続いて小組頭の片山助兵衛が、配下の鉄砲五十挺を斉射させた（『長沢聞書』）。奥田勢が山に攻め上ってきたので、外記の手からまず佐伯治郎大夫、赤堀五郎兵衛が一番に飛び降り、片山大助、寺本八左衛門、湯浅三郎兵衛、金万平右衛門、黒川安左衛門、山田八左衛門らが続いて飛び下りた。物頭の片山助兵衛、外記も加わり、鑓衾《やりぶすま》を作った（『大坂御陣覚書』）。外記、寺本八左衛門、才木助大夫、小熊宋右衛門、片山大助は堀切に進み出た敵十四、五人を追い崩した（「先祖附」寺本多目直温）。奥田勢を追い落とした後、伊達政宗の先手が多勢を以て攻め上ってきたので、後藤は先頭の外記らに「山上を引き払って石川河原の同勢と合流するように」と再三使者を遣わしたが、山上の先頭は退きかねていた。そこで後藤自ら撤退を指揮するため、わずかな人数で山に駆け上がったが被弾して戦死した。これにより河原に控えていた同勢は敗走。山上の人数も敗北した（『後藤合戦記』）。外記父子、片山助兵衛父子、宮木伝右衛門、中川左門ら、討ちもらされた者は河原を渡り、二陣の北川次郎兵衛、山川帯刀の備えに退却した（『大坂御陣覚書』）。

その後、外記は柴船の荷の下に隠れて美濃国山県郡粟野村に落ち延びた（『大三川志』）。粟野に隠棲し、剃髪し永哲と号した。武功練達の士なので徳川頼宣より内々に合力が給せられた（『紀侯言行録』）。

寛永二十年十二月九日に粟野で病死。法名は崑叔永鉄居士。夫妻の五輪塔は、岩野田村粟野の珠泉院門前の南世野木塚にあったが、明治末、粟野の金粟山大龍寺門前に移された（『山県郡志』）。

〔注〕山田兵庫頭正康は、斎藤義龍の家臣（『美濃国諸旧記』）。弟の蘆敷又三郎は、安八郡高田村に要害を構え（『濃陽諸士伝記』）、後に山田丹後守と改名して宮田村に移住した（『新撰美濃志』）。

山田五郎左衛門　やまだ ごろ（う）ざえもん

山田小右衛門の子。

父の小右衛門は、初め備前天神山の浦上宗景に仕え、後に福島正則に知行千石ほどで仕え、足軽二十人を預かった。朝鮮戦役に供奉した（『家中諸士家譜五音寄』寛文九酉年山田市郎左衛門書上、『吉備温故秘録』所載「山田市郎左衛門書上」）。

山田五郎左衛門は、播磨で出生。水野勝成方に牢人分でいたが、後に退去した〔注〕。

慶長十九年、大坂籠城。塙団右衛門組に所属。

十二月十六日、本町筋橋の夜討ちに参加。功名はなかったが、相応の働きがあった。夜討ちの兵を収容する時も、後から引き揚げたことが、団右衛門による吟味でも認められた。

慶長二十年四月二十九日、樫井合戦の時、三人で先駆けした。うち一人は鉄砲に撃たれ即死し、残る二人で敵に打ちかかった。五郎左衛門は鍵鑓、十文字鑓、素鑓の敵三人を向こうに回したが、突き伏せられ、具足の上から四、五か所の太刀打ちも蒙った。しかし、味方が後から駆け付けたので討たれずにすみ、起き上がって味方の中に退いた。次第に敵の人数がかさみ、味方も防戦に努めたが劣勢となった。そこへ団右衛門が駆け付け、しばらく盛り返したものの、結局は崩れ立った。五郎左衛門は腹と腕二か所に深手を負っていたので、同じ組の田屋右馬助が若党を添えて後方に退かせた。五郎左衛門の鑓の相手は、亀田高綱の家臣菅加右衛門だった（『家中諸士家譜五音寄』寛文九酉年山田市郎左衛門書上）。菅野加右衛門はこの日、樫井西の細道で敵二人と競り合い、これを追い払った（『寛永五年正月亀田大隅守高綱入道鉄斎員徳泉州樫井表合戦覚書』）。

大野治房によって樫井合戦における働きの吟味が行われた。聞き手は御宿越前と藤井一二斎が務め、五郎左衛門の働きは右の通り相違なく認められた。秀頼から感状が賜与されるとのことであったが、ほどなく落城となり実現しなかった。

落城後、前田利常方に寓居したという。その後、本多忠政に召し出されたが、発給された折紙に二百石とあるのが不満で立ち退き、牢人となった。

寛永八年、池田光政に知行五百石で出仕。

寛永十一年、上洛に供奉。

寛永十二年に死去。

妹の子市郎左衛門が嗣子となり、遺知

のうち二百五十石を継いだ。子孫は備前池田家の家臣として続いた（『家中諸士家譜五音寄』寛文九酉年山田市郎左衛門書上、『吉備温故秘録』所載「山田市郎左衛門書上」、先祖并御奉公之品書上）。

〔注〕『諸臣分限帳』には水野家が福山在城中に召し抱えた者の中に、山田五郎左衛門（寄合二百石）の名が見える。『備陽六郡志』には福山城の北に山田五郎左衛門の屋敷地一反九畝十五歩との記載がある。『元禄元年正月改水野松之丞家中分限帳』には、山田五郎左衛門（寄合並二百石）の名が見える。これらから、水野家中に山田の家筋が残った可能性がある。

山田惣左衛門《やまだ そうざえもん》

尾張の人（『土屋知貞私記』）。

大坂籠城。城北警固の寄合衆の一人（『難波戦記』）。物頭を務めた（『土屋知貞私記』）。

ちなみに、秀吉の家臣山田惣右衛門善有は、三好実休の家臣山田惣右衛門道慶の長男で、摂津北山田で三百石を知行した。子孫は尾張徳川家の医臣として続いた。家紋は丸に上の字（『士林泝洄』）。惣左衛門と善有が同一人物かは不明。

山田伝助《やまだ でんすけ》

親某は、加賀大聖寺で戦死。

山田伝助は、初め伝蔵を称した。細川忠興に仕え、慶長五年八月二十三日、岐阜城攻撃で軍功があった。

後に大坂城に籠り、大手柄を立てて戦死。

子の実堂は、大徳寺の清厳宗渭和尚の兄（『綿考輯録』）。

山田藤左衛門《やまだ とうざえもん》

稲葉典通の家臣。知行三百石。

慶長十九年夏、典通は前年に改易された高橋元種の旧領日向県城で収納した賦税米を山田と益田九馬数政、白井与兵衛を奉行に任じて大坂へ搬送させた。しかし、勘定が遅れ、決済未了のうちに大坂の陣が起こり、秀頼の家臣井上定利の催促により三士は籠城した。

和睦後、益田は臼杵に帰り、「井上の催促が急で、不本意ながら籠城した」と謝罪、秀頼から給金を受けていなかったこともあって赦免された。山田、白井は秀頼から給金を受けて再度籠城し、落城後、臼杵へ立ち戻った。

元和五年十月九日、典通は籠城の罪科により、山田を稲川源左衛門吉治宅で自害させた。

長女は木辺九左衛門の妻。次女は大谷二郎右衛門の妻。三女は三重中尾村農家の妻。四女は東半左衛門の妻。

長男の山田伝吉は、父と同日に武藤主馬吉利宅で自害。村瀬惣左衛門直光が介錯した。妻は村瀬久兵衛の娘。長女は海添薬師坊常覚院の妻。長男某は父の伝吉と同日に自害（「稲葉家譜」、「籠城藩臣志」、「臼陽氏族誌」）。

山田八左衛門《やまだ はちざえもん》

後藤又兵衛の家来山田外記の子（『金万家文書』先年寅歳大坂籠城之砌之事）。

慶長十九年十一月二十六日、今福口に出役。

慶長二十年五月六日、後藤の先頭山田外記に属して安宿郡片山で戦った（『大坂御陣覚書』）。

後に何右衛門と改め、徳川頼宣に仕えた（「後藤合戦記」、『紀侯言行録』）。

なお『国初御家中知行高』に、御歩行頭衆の中に山田八右衛門（知行七百石）と、大番衆一番の中に山田八右衛門（知行三百石）の名が見える。前者が山田但馬の子山田八右衛門正長で、後者は山田外記重朝の子山田八左衛門と思われる。

山名伊予守義熙《やまな いよのかみ よしひろ》

山名堯熙の長男で、山名堯政の兄（『因幡民談記』）。山名禅高の従弟。

秀頼に仕えた（『譜牒余録』）。

慶長十三年八月二十八日、旧冬の駿府城火事見舞として家康に小袖二重を献上した（『当代記』）。

慶長十九年、大坂籠城（『因幡民談記』、「摂戦実録」）。

「山名家譜略纂補」は、山名伊予守義熙は、山名右衛門佐堯熙と同一人物ではないかと推定している。

山名右衛門佐堯熙《やまな えもんのすけ たかひろ》

清和源氏新田氏族。但馬守護山名右衛門督祐豊入道宗詮の惣領。

永禄元年に誕生。幼名は徳石丸。初め慶五郎を称した。諱は初め氏政。後に剃髪して韶仙と号した。

天正二年、家督を継ぎ、但馬国出石郡有子山城に在城（『寛政重修諸家譜』、「山名系図」、『因幡民談記』）。

天正八年四月、秀吉が但馬に侵攻したため、五月十六日、有子山城を出奔。父の宗詮は城中に留まって五月二十一日に死去。享年七十歳（『但馬考』、『寛政重修諸家譜』）。

天正十年八月二十八日、秀吉より合力として、播磨国加古郡木下将監内で二股三百三十石、山上二百五十三石、新野辺七百七十二石、野添五百七十九石、野寺内七十一石五斗、合計二千石を与えられた（『記録御用所古文書』）。

天正十四年一月五日、大村由己亭（梅庵）で和歌会始があり、山科言経、冷泉為満、四条高昌、薄田古継、三上新栄、山名の家来賀陽真継、山名禅高らとともに参会。九月二十五日、大村由己亭の梅庵で法楽連歌が催され、山科言経、山名禅高、浮田忠家、片岡長雲軒、賀陽真隆らとともに参会（『言経卿記』）。

天正十五年三月、九州出征に従軍（「山名家譜略纂補」）。

十二月二十五日、大村由己亭（梅庵）で法楽連歌が催され、山科言経、山名禅高、浮田安津、溝江長成、平野長治、安宅長康、賀陽真隆らとともに参会。由己の「春もミぬ梅の色香を冬木哉」を受け、「ことの外山の雪の明ほの」と詠んだ（『言経卿記』）。

同年、山名禅高とともに家康に拝謁し、「山名家は新田義重の子孫なので疎略にはするまい」との言葉をかけられた（『寛政重修諸家譜』）。

天正十九年一月六日、四条隆昌と磯部兵部少輔の娘の婚姻に、山科言経、冷泉為満とともに参席。一月十五日、四条隆昌を礼問（『言経卿記』）。

文禄元年三月二十六日、秀吉は京都から名護屋へ発向した。足利昌山、津川三松らとともに十一番手でこれに供奉（『大かうさまくんきのうち』）。

文禄四年四月二四日、命により北条氏規とともに伏見向島堤上八十六間二尺に桜木百七十六本を植樹（『駒井日記』）。

秀頼に仕え、二千石（『武徳編年集成』）。

慶長十九年、大坂籠城（『寛政重修諸家譜』）。落城後、京都六条に浪居（『兵家茶話』、「山名家譜略纂補」）。

没年に諸説がある。寛永四年七月四日に死去（『兵家茶話』）、寛永六年七月三日に死去（「山名系図」）、寛永六年七月四日に死去（「百家系図」、『因幡民談記』）、寛永七年六月に死去（「山名家譜略纂補」）。享年六十九歳（『兵家茶話』）、または七十二歳

（「山名系図」、「百家系図」、『因幡民談記』、「山名家譜略纂補」）。

山中紀伊守幸俊《やまなか きのかみ ゆきとし》
近江国甲賀郡山中村の出自。山中藤太信俊の子。祖父山中橘内長俊の養子（『寛政重修諸家譜』）。

秀頼に仕えた。

慶長四年一月、大坂城詰衆一番に列せられた（『武家事紀』）。

慶長十一年七月二日、二十余歳の時、中風を患い、曲直瀬玄朔に受診した（「玄朔道三配剤録」）。

大坂籠城。落城の時、山林に隠れ、後に赦免され京都に居住した。

後年、浅野長晟に仕えた。道越と号した（『寛政重修諸家譜』）。

山中三右衛門《やまなか さんえもん》
木村重成組に所属。
慶長十九年十一月二十六日、今福口に出役。同じ組の高松内匠、草加次郎左衛門、若松市郎兵衛、大塚勘右衛門、大野半次、小川甚左衛門、斎藤加右衛門とともに佐竹義宣勢に鑓を入れ、軍功があった。後日、塀裏で鉄砲にあたり落命（「高松内匠贈答扣」）。

山中藤次郎忠一《やまなか とうじろう ただかつ》
大坂籠城。城東警固の寄合衆の一人（『難波戦記』）。

山中藤大夫《やまなか とうだゆう》
播磨国加西郡山下の人。後藤又兵衛の従兄弟（『播磨鑑』）。

慶長十九年、大坂城に籠り、後藤組に所属。

十一月二十六日、今福口に出役。後藤組では山中と三浦彦三郎、田中作左衛門、堀太郎兵衛、赤堀五郎兵衛、山脇三郎兵衛が鑓を合わせ、うち山中、堀、赤堀は負傷した（「鴫野蒲生合戦覚書」、『土屋知貞私記』）。

落城後、発心して加西郡法華山一乗寺に籠ったという（『播磨鑑』）。

後に徳川頼宣に仕えた（『土屋知貞私記』）。大番衆四番の一人で、知行五百石（『国初御家中知行高』）。仕官に際し、今福口合戦で佐竹義宣の家老渋江政光と鑓を合わせ、感状を取ったと申し立て、後にそれが偽りであることが露見した。仕官のためには「らう人、皆々うそまて中候」と世間から非難される一因となった（『池田光政日記』）。

妻は津田備中長義（福島正則の舅）の六女（『藩士名寄』）、あるいは長義の五女タケ（『御家中略系譜』）。

『和歌山分限帳』に、延宝四年当時、徳川光貞の代官として山中藤太夫（知行三百石）の名が見えるが、これは二代目と思われる。

山中又左衛門《やまなか またざえもん》
大喜多亀之助の嫡男。
父の亀之助は、信長に従わず攻め潰され、播磨国内に浪居（「先祖附」山中岩木）。「先祖附」は、大喜多亀之助を山中鹿之助の孫とするが確証に欠ける。「水府系纂」によると、亀之介は松永久秀に仕えた山城稲八間の住人大喜多兵庫の子で、松永家没落後は牢人となった。『多聞院日記』によると、奈良明王院坊官大喜多亀介と同兵庫介が、天正三年七月二十六日、山城守護塙九郎左衛門尉の命により久世郡槙島城で自害させられている。『和州国民郷土記』によると、大和国平群郡の出身者として、天正年中の人大喜多杢助、永禄年中の人大喜田権之助がいる。これらの一族と思われる。なお『松屋名物集』に、大喜多兵庫所持の布袋香合、高麗茶碗が見える。

山中又左衛門は、秀吉に仕え、天正十一年四月、賤ヶ岳合戦における軍功により感状を賜与された。鹿之助の子孫なので山中に改めるよう命ぜられ、山中氏に復した。山城国内で領地を拝領。

天正十三年八月、播磨国明石郡内の替地として神東郡大野木村で知行七百石を拝領（「先祖附」山中岩木）。

天正十九年一月八日、廷臣西洞院時慶が白川雅朝を訪問した時、又左衛門尉らも参会（『時慶卿記』）。

文禄三年十二月、河内国交野郡内で百十石余の墨付を拝領（「先祖附」山中岩木）。

文禄元年、肥前名護屋城に在番し、本丸広間番馬廻組の六番速水守之組に所属（『太閤記』）。

慶長八年八月十六日午刻、西笑承兌と鹿苑院の院主鶴峯宗松が大坂の片桐貞隆を訪問した時、黒田如水、東条紀伊守入道、片桐且元、小林家孝、又左衛門が参会。

慶長十年九月二十三日、鶴峯宗松が大坂の片桐且元を訪問した。登城の後、酒が出され又左衛門が相伴した（『鹿苑日録』）。

慶長十五年一月十八日、廷臣九条忠栄と船橋秀賢は、秀頼への惣礼のため大坂城に伺候し、夕刻に帰宿後、又左衛門方へ行き、五明十本を贈った（『慶長日件録』）。

慶長十六年三月、秀頼の上洛に供奉（「秀頼御上洛之次第」）。

大坂七組の速水守之組に所属。知行八百十石（『難波戦記』）。

落城後、旧知行所に浪居して病死した（『綿考輯録』）。

なお「太山寺文書」、「西行雑録」に見える山中又左衛門氏政は同一人物と思われる。

嫡男の大喜多又兵衛氏連は、初め牢人だったが、寛永十一年、姉の右衛門督の願いにより細川忠利に召し出された。山中氏に改め、知行二百石で細川光尚に出仕し、近習を務めた。慶安三年一月十六日に熊本で殉死。法名は直指宗心。子孫は肥後細川家の家臣として続いた（「先祖附」山中岩木、『綿考輯録』、『大日本近世史料 細川家史料』、『肥陽諸士鑑』）。

子の大喜多宗左衛門（号は来兮）は、慶長十四年に誕生。寛永年中、徳川頼房に出仕し、知行百五十石。後に二百石に加増。貞享四年六月九日に死去。享年七十九歳。その子宗左衛門に男子が無く絶家（「水府系纂」）。

山名与五郎堯政　やまな よごろう たかまさ

山名堯熙の子（『寛政重修諸家譜』、「山名家譜略纂補」）。

山名禅高が堯政を家康の家人に加えてほしいと願ったが、許されなかった（『寛政重修諸家譜』）。

秀頼に仕えた（『兵家茶話』）。

慶長十七年九月二十八日、秀頼から黒印状を以て摂津国能瀬郡与野村で五百九十六石二斗を安堵された（『記録書御用古文書』）。

慶長二十年五月七日に戦死（『兵家茶話』、『寛政重修諸家譜』）。享年二十七歳（「山名家譜略纂補」）。

子の平左衛門恒豊は、幼名を徳松という。初名は平三郎熙政。八歳で父に死別し、母と家人に誘われ祖父母と京都六条に潜居した。後に旧臣清水平左衛門正親が自らの采地を譲り、恒豊を幕臣に加えてほしいと願い許容された。清水家の家禄四百八十石を継ぎ、清水氏を称した。元和三年、将軍秀忠に拝謁。元和八年、大番に列せられた。寛文元年六月、大番組頭となった。延宝七年五月十六日に死去。享年七十二歳。子孫は幕臣として続いた（『寛政重修諸家譜』、「山名家譜略纂補」、『兵家茶話』）。

山葉《やまは》左助《さすけ》

秀吉の黄母衣衆山葉又蔵の孫。山葉豊右衛門の兄弟（「大坂御陣の書附大聖寺御陣」）。『竹生島奉加帳』に、秀吉の家臣山羽文蔵、『太閤記』に、秀吉の馬廻山羽虎蔵、「諸方雑砕集」に、大坂七組の野々村吉安組の組子山羽豊蔵（知行百九十六石）の名が見え、この縁者の可能性がある。

大坂城に籠り、御宿越前の組下早川太兵衛勝正組に所属。

慶長二十年五月七日、岡山口に出役（「大坂合戦覚書」）。組頭早川太兵衛、同じ組の山葉豊右衛門とともに前田利常勢と鑓を合わせた（「大坂御陣の書附大聖寺御陣」）。

落城後、丹波国桑田郡野々村に居住。後に角左衛門と改めた（「大坂合戦覚書」）。水野勝成が山葉又蔵と若い時の知音だった関係で、大坂牢人の詮索中は水野家に匿われたという（「大坂御陣の書附大聖寺御陣」）。その後、本多忠義に仕えた（「大坂合戦覚書」）。

山葉《やまは》豊右衛門《ぶんえもん》

秀吉の黄母衣衆山葉又蔵の孫。山葉左助の兄弟（「大坂御陣の書附大聖寺御陣」）。生国は近江。大坂城に籠り、御宿越前の組下早川太兵衛勝正組に所属。

慶長二十年五月七日、岡山口に出役（「大坂合戦覚書」）。組頭の太兵衛、同じ組の兄弟山葉左助とともに前田利常勢と鑓を合わせた（「大坂御陣の書附大聖寺御陣」）。文右衛門は、その場で鑓傷二か所を負い、浅葱の麦藁筋の三尺手拭で手を吊っていた。この様子を見た太兵衛は「戦場で手を吊っている場合か。鑓働きはしたのだから、もはや退去して命を全うせよ」と命じた。文右衛門がなおも自分の鑓働きについて「見たか、見たか」と言うので、太兵衛は重ねて「後日の証人には私がなろう。今は退去して命を全うせよ」と大声で諭し、ようやく文右衛門は後方に退いた。

落城後、牢人のまま病死（「大坂合戦覚書」）。あるいは松倉重政に仕えた（『加賀藩史料』所載「桑華字苑」）。

山本《やまもと》加兵衛《かひょうえ》尚則《なおのり》

山城国愛宕郡岩倉の出自。足利義昭の家臣山本若狭守俊尚の三男。

天文二十三年に誕生。初め源五郎、後に加兵衛と称した（『贈正五位山本尚徳伝』）。諱は尚則（「大洲藩家臣家譜」）、晴友（『難波戦記』）。

初め信長に仕えて武功を立てた。

後に秀吉に仕えて黄母衣組となり、戦功があった（『贈正五位山本尚徳伝』）。ただし『太閤記』、『武家事紀』、『大かうさまくんきのうち』に掲げられた母衣衆には名が見えない。

文禄元年、肥前名護屋城に在番し、二の丸御番馬廻組の六番堀田図書頭組に所属（『太閤記』）。

文禄二年、加藤光泰（甲斐府中二十四万石）が死去し、嗣子の貞泰はまだ十五歳だったため、文禄三年、美濃黒野四万石に減知転封された（『北藤録』）。貞泰が初めて秀吉に謁するため伺候した時、亡父光泰が石田三成と不和だったことに遠慮して、誰も誘導しようとする者がいなかった。このため貞泰が当惑していると、当直の山本加兵衛が見兼ねて、自ら付き添って拝謁の式を調えた（『大洲秘録』）。

　後に秀頼に仕え、大坂七組の堀田図書頭組に所属。知行六百五十石（『難波戦記』）。

　慶長十七年六月十三日朝、織田有楽の茶会に招かれ、高屋情六親子とともに参席（『有楽亭茶湯日記』）。

　慶長十九年、大坂籠城。年の頃は四十余歳。物頭を務めた（『土屋知貞私記』）。

　慶長二十年、桜門の裨将として勇戦（『贈正五位山本尚徳伝』）。

　落城後、伯耆米子の加藤貞泰に招かれたが、老年を以て辞退した。隠居料三十人扶持を給せられ、平生の乗輿を許された。

　元和三年、加藤家の転封に伴い、伊予大洲へ移住。知休と号した。

　寛永十九年九月二十七日に病死。享年八十九歳。葬地は大洲城下の大乗山寿永寺。

　長男の山本源助常尚と次男の山本義尚は戦死。

　三男の山本三郎兵衛則兼は、天正十八年に誕生。幼名は三郎。加藤貞泰に知行五百石で仕えた。先手鉄砲二十挺を預かり、奉行職を務めた。寛永二十年二月十三日に死去。享年五十四歳。葬地は寿永寺。妻は伊木七郎右衛門の娘。男子がなかったので、三女を山本常尚の子又右衛門利尚に娶せ、嗣子とした。子孫は大洲加藤家の家臣として続き、幕末大洲藩大参事加藤尚徳が顕れた。家紋は橘巴（『北藤録』、『大洲秘録』、「大洲藩家臣家譜」、『贈正五位山本尚徳伝』）。

山本勘右衛門常雄　やまもと かんえもん つねお

　山本佐義の嫡男。

　大坂籠城。大坂の役に携行した銘家次の刀、長二尺三寸は、美作国勝南郡宮山村嘉藤次丈八家に伝来した。

　落城後、和泉堺に隠れ、その後、帰郷して勝田郡馬伏村に居住した。森忠政に郷士として召し出され、大庄屋役に就いた。津山城普請、堀普請、検地などに与った。宮山村に居住し、寛永年中に死去。

　弟の四郎右衛門を嗣子とした。子孫は大庄屋役を務めた（『東作志』、『美作名門集』）。

山本九郎義賢　やまもと くろう よしかた

　紀伊国那賀郡杉原の郷士。河内守を称した。天正年中、高野山に属して龍門山雲路の砦を守って殊勲があった。後に真田信繁に従い大坂城に入り、戦死を遂げたという（『和歌山県那賀郡誌』）。

山本左兵衛　やまもと さひょうえ

　尾張の人（『土屋知貞私記』）。『土屋知貞私記』に、幕臣山本新五左衛門の兄とあるが不詳。諱は晴宣（『元寛日記』、「御家中略系譜」、『難波戦記』）。

　豊臣家譜代の家臣で、武功の者。

　大坂城に籠り、鉄砲を預かった（『土屋知貞私記』）。後藤又兵衛に付属されたと推定される（『長沢聞書』）。

　慶長二十年四月二十八日夜、後藤は大坂より平野へ出陣し、薄田隼人、井上小左衛門、山川帯刀、北川次郎兵衛、山本左兵衛らがこれに続いた。

　五月五日夜、大坂方は道明寺表に進発した（『大坂御陣覚書』、「北川次郎兵衛筆」）。

　五月六日、後藤組付の山本左兵衛は、配下の手人数も散り、ただ一騎で銀馬藺《ばりん》の指物を指して安宿郡片山の山際に残っていたが、同じく手勢に離れた井上小左衛門と行き合った。両人涙して又兵衛の弔合戦とばかり、大勢の敵に駆け込み戦死したという（「北川覚書」）。

娘は有馬則頼の家臣坪池八左衛門定正の妻（「御家中略系譜」）。

山本新右衛門義次《やまもと しんえもん よしつぐ》
天正十三年に誕生。長宗我部元親、盛親に仕えた。

慶長五年、長宗我部家の除封により牢人となった。

大坂籠城。落城後、六部となり、阿弥陀仏を背負って土佐に戻り、堂を建て篤く信仰した。

寛文七年十一月十三日に死去。享年八十三歳。法名は清風常寒禅定門。阿弥陀堂の後方に葬られた（「土佐国諸氏系図」）。

山本藤兵衛《やまもと とうびょうえ》
秀頼の家臣。
落城後、水野勝成に知行二百石で出仕。
嫡男の山本兵太夫が病死して、子がないため断絶（『水野記』）。

山本兵右衛門《やまもと ひょうえもん》
長宗我部盛親の家臣。大坂籠城（「大坂濫妨人并落人改帳」）。

山本与左衛門佐義《やまもと よざえもん すけよし》
美作国勝田郡山本の出自。山本主水佐盛の長男。山本与次兵義賢、山本太郎兵衛の兄。

初め三星城主後藤氏に属し、後に宇喜多氏に降伏して領邑を保った。

朝鮮戦役に従軍して軍功があった。繍画金襴地の十六善神の一幅を分捕り、美作国勝南郡百々村観音寺に納めた。知行三百石を与えられ、代官を務めた。勝南郡和気庄倉見村字大屋敷に居住した。

慶長五年、宇喜多家の除封により失領。感状を携え、大坂に出仕した。

慶長二十年、大坂城に籠り、知行千石を与えられた。

落城後、和泉堺に退去して一両年を過ごした。その後、家来九人を連れて帰村し、勝南郡宮山村に隠棲した（『東作志』、『美作名門集』）。

ゆ

湯浅右近将監直勝《ゆあさ うこんのしょうげん なおかつ》
紀伊国有田郡湯浅郷の出自。湯浅甚助直宗の子。

父の直宗は、幼少時に親と死別したため、信長の命により中島主水正の婿となった。天正十年六月二日、宿所から本能寺に駆け込み戦死。享年三十八歳（『湯浅甚助直宗伝記』）。討っ手は斎藤佐渡守利宗という（『寛永諸家系図伝』）。

湯浅直勝は、尾張国春日井郡清州で出生（『湯浅甚助直宗伝記』）。『難波戦記』では、名を湯浅右近大夫正寿とされる。

『織田信雄分限帳』によると、湯浅甚助の子某が天正年中に清州の織田信雄に仕え、尾張国丹羽郡北小淵郷内で百貫文を領知した。『経遠口宣案』によると、文禄三年十月晦日に湯浅長政が従五位下右近将監に任官した。これらは直勝と同一人物と思われる。

秀吉に仕え、近習を務めた（「紀伊国地士由緒書抜」）。

慶長元年四月二十七日、秀吉が伏見の長宗我部元親邸に来臨した際、相伴衆上杉景勝の配膳を務めた(『南路志』)。

秀頼に仕え、寄合頭を務めた(『湯浅甚助直宗伝記』)。

慶長八年十二月十八日、古田織部の茶会に招かれ、織田有楽、津田少兵衛とともに参席(『大日本史料』所載「石州会之留附古田織部日記控」)。

慶長九年五月十八日、湯浅右近の三歳になる息男が罹患して、曲直瀬玄朔に受診した(「玄朔道三配剤録」)。

慶長十三年六月八日夜、主君筒井定次とかねて不和だった中坊秀祐が、密かに伊賀上野を退去した。この時、縁族として布施小太郎、万歳太郎らとともに二百余人で秀祐を警衛した。秀祐は主君を提訴するため駿府に下向し、湯浅らは大坂城に帰った(「増補筒井家記」)。

八月二十八日、旧冬の駿府城失火見舞として家康に鞍五口を献上した(『当代記』)。

慶長十六年三月十四日朝、織田有楽の茶会に招かれ、井上定利、田中清兵衛とともに参席(「有楽亭茶湯日記」)。

三月下旬、秀頼の上洛に供奉(「秀頼御上落之次第」)。

当時、知行三千石(『慶長十六年禁裏御普請帳』)。

慶長十七年四月二十二日、織田有楽の茶会に招かれ、赤座永成、堀田言阿弥とともに参席(「有楽亭茶湯日記」)。

慶長十七年十二月十二日より、大坂諸大夫衆の一員として禁裏普請助役(『慶長十六年禁裏御普請帳』)。

慶長十八年二月二十日、秀頼の近習組頭津田監物忠辰が死去した時、秀頼母子の弔使を務めた(『尾州法華寺蔵織田系図』)。

八月四日朝、織田有楽の茶会に招かれ、赤座永成、菊亭宣季とともに参席(「有楽亭茶湯日記」)。

慶長十九年当時、知行三千石(『公室年譜略』)。大小姓頭を務めた(「慶長録考異」)。

大坂城に籠り、足軽頭を務めた(『大坂陣山口休庵咄』)。兵二千人を指揮した(『公室年譜略』)。年の頃は五十歳ほど(『大坂陣山口休庵咄』)。

慶長二十年五月七日、天王寺表に出役(『難波戦記』)。

落城直後、湯浅や赤座永成、その他小姓十人ほどは方々に隠れていたが、「いずれ捜し出され恥辱を受けるよりは」と妙心寺の海山和尚を通じて二条城に名簿を提出し、切腹を申し出た(『大坂陣山口休庵咄』)。家康と秀忠は「太閤譜代の家臣が秀頼の行く末を見届けるのは当然のこと」として、彼らを赦免した(『大坂陣山口休庵咄』)。

元和二年六月十一日付で、織田有楽は金地院崇伝に書状を送り、湯浅と赤座の取り成しを依頼した(『本光国師日記』)。

元和三年、藤堂高虎に知行三千石で出仕(『宗国史』外編「功臣年表」、「藤堂家古事録」、『公室年譜略』)。侍組三十騎とその料七千石を付属され、侍大将を務めた(『公室年譜略』)。

元和六年、大坂城修築に出張(『高山公実録』)。

元和九年頃の藤堂家軍法により、先手侍大将七人のうちの一人として、組下の騎士二十人と自分の家来とともに一万石の軍役を賦された。

寛永年中、湯浅組は騎士三十二人。組の知行高は、自身の知行三千石と合わせて一万二十石(『公室年譜略』)。

慶安四年一月、織田長好(妻の兄弟織田頼長の子)から、形見分けとして七宝鉢二つを贈られた(『大日本史料』所載「正伝永源院文書」)。

寛永十年に病死(『公室年譜略』)。

妻は、織田有楽の次女（『尾州法華寺蔵織田系図』）。

子は湯浅右近直治（『湯浅甚助直宗伝記』）。初め八十郎、河内、甚九郎を称した（『公室年譜略』）。母は福生院（『尾州法華寺蔵織田系図』）。元和三年、藤堂高虎に別知五百石で出仕し、父直勝の組に所属（『公室年譜略』）。寛永十年、跡目三千石を継ぎ、右近と改名。これまでの別知五百石と亡父に預けられていた侍組は収公され、組外（『公室年譜略』、『宗国史』外編「功臣年表」）。慶安二年に病死（『公室年譜略』）。妻は、中坊秀政の娘（「藤原氏奈良家系」）。子孫は藤堂家の家臣として続き、もう一系統が中坊時祐の養子となり、幕臣として続いた（『公室年譜略』、『寛政重修諸家譜』、「藤原氏奈良家系」）。

湯浅角右衛門　ゆあさ　かくえもん

溝口秀勝の家臣湯浅吉右衛門の子。尾張の出生。

父の死後に牢人となり、池田輝政の家臣若原良長の所にいた。

その後、立ち退いて大坂城に籠り、少々軍功をたて、数か所負傷した。

落城後、美濃へ行き、松平摂津守に知行二百五十石で仕えたとされるが、美濃加納領主松平摂津守忠政は、慶長十九年七月に死去しているので、嗣子の飛騨守忠隆に仕えたものと思われる。

しかし、大坂牢人の召し抱えはまだ禁止されていたので賜暇。

その後、因幡にいる際に、池田光政に本知二百五十石で仕官した。その時に秋田五左衛門と改名した。寛永十四年閏三月五日、五十石を加増された。

寛永十七年六月二十三日に病死。

子孫は、備前岡山池田家の家臣として続いた（『吉備温故秘録』所載「秋田五左衛門書上」）。

湯浅左吉　ゆあさ　さきち

後藤又兵衛組の湯浅三郎兵衛の子。

慶長二十年五月六日、道明寺表合戦には少し遅着した。折から安宿郡片山の山麓で退却中の父と行き合い「又兵衛は討死したようだ。一緒に退却しよう」と止められたが、「主人の側近くに奉公する身なので、又兵衛に御供します。親の行く末を見届けないことをお許しください」と断り、そのまま山上に乗り上げて戦死した（『大坂御陣覚書』）。

湯浅三郎兵衛　ゆあさ　さぶろ（う）びょうえ

諱は正□（「安積文書」）。

「夜久家譜」によると、慶長十八年一月、湯浅三郎兵衛が古沢四郎兵衛言重より譲り受けた炮術伝書六冊が、丹波夜久家に伝来した。

大坂城に籠り、後藤又兵衛組に所属。

慶長二十年四月二十八日、後藤又兵衛は、大和口の先手として平野に出陣し（『大坂御陣覚書』）、五月五日夜四時分に平野を先発（『長沢聞書』）。道明寺方面に進出し、家老山田外記と古沢四郎兵衛を先手として夜間に安宿郡片山の山上に攻め上らせ、山田に北の尾崎を、古沢に南の嶺筋をそれぞれ占拠させた（『大坂御陣覚書』）。あるいは、先鋒を片山助兵衛、山田外記、左翼を湯浅三郎兵衛、右翼を古沢四郎兵衛として道明寺口に向かった（『元寛日記』）。

五月六日の合戦では、山上の山田外記の手より佐伯次郎大夫、赤堀五郎兵衛に続いて湯浅らが鑓を揃えて突き出し、大和組奥田忠次勢を山下へ追い崩した。後藤が戦死して敗軍すると、山田外記らとともに石川河原を渡って後陣に退却した（『大坂御陣覚書』）。

五月七日、命により後藤組は大野治長の指揮下に属することを安積少兵衛に通知した（「安積文書」）。

結城権佐《ゆうき ごんのすけ》

初め斎藤采女を称し、大坂では結城権佐と改名した（『加藤肥後守忠広之事』）。

『加藤肥後守忠広之事』では、斎藤采女は秀頼の乳母の子とされ、「大坂軍記」では、結城権介は右京大夫の子とされる。「向山誠斎丙午雑記及雑綴」によると、斎藤采女は右京大夫の甥で、その養子となったという。

加藤清正に仕えていたが、慶長末に肥後を出奔して大坂に籠城した。実は加藤忠広の家臣加藤政次や、加藤正長、中川正辰が采女を世話しており、いろいろ申し含めて大坂城に送り込んだという。また、政次や正長が籠城後の知行も世話し、落城後は上方で面会したという（「向山誠斎丙午雑記及雑綴」）。

慶長十九年の籠城当初は小身者で、五騎または十騎程度を預かった。大野治長に面会して城の塀裏を警固したが、後に牢人や騎馬の者を追加で預かった（『大坂陣山口休庵咄』）。

慶長二十年五月七日、毛利吉政の相備えの組頭として天王寺表合戦に出役（『安永三年小浜藩家臣由緒書』松田一郎左衛門秀世書上）。組子に早水助兵衛、折下外記吉長、松田一郎左衛門重勝、藤岡縫殿助、橋本十兵衛らがいた（『部分御旧記』所載「早水助兵衛大坂ニ而之働」）。天王寺南門前の毛利吉政本陣の左備えとして、浅井井頼の備えと竹田永翁の備えの間に布陣した（「鵜川佐大夫大坂役天王寺表陣場図」）。合戦では組子の橋本十兵衛が、小笠原秀政の大小姓川手近友らに生け捕られた（『大坂御陣覚書』、「笠系大成」）。

酒井忠勝の家臣松田重勝の家に、大坂で組頭だった結城権佐からの書状などが伝来した（『安永三年小浜藩家臣由緒書』松田一郎左衛門秀世書上）。

湯川軍兵衛《ゆかわ ぐんひょうえ》

大野治長の配下。

慶長十九年十一月二十六日、鴫野口合戦で軍功があった。

元和年中、水野勝成に召し抱えられたが、大坂牢人の召し抱えについては公式に解禁されていなかったため、大坂での軍功は黙秘して仕官した（『因幡志』）。知行二百石。組頭を務めた（『諸臣分限帳』）。福山城の西に一反二畝十一歩の屋敷地があった（『備陽六郡志』）。

寛永十五年、有馬の陣に出役し、二月二十七日、二十八日の戦闘で負傷した（『島原記』）。

水野家中で水野平内組に所属する湯川半四郎（知行百石）は、所縁の者と思われる（『諸臣分限帳』、『因幡志』）。

湯川権八《ゆかわ ごんぱち》

紀伊の地侍。

浅野長晟の統治に不満を持ち、在所を立ち退いて大坂籠城。大野治長の先手に属して戦死。

権八の家来某は、武功の者であったが、戦場を逃れて紀伊に帰り、隠れ住んでいた。訴人があり浅野家に捕われ、治長の生死について尋問されたが「全くお恥ずかしいこと。私は、主人権八の生死もわからないまま不甲斐なく逃げ帰ってきた大臆病者。どうして治長の生死を知っておりましょう。そのような事は武勇の士に尋ねるのがよろしいでしょう」と答えた。その日はいったん返されたが、帰宅するや直ちに切腹して果てた（「校合雑記」）。

湯川治兵衛正満　ゆかわ じひょうえ まさみつ

京都山崎の人。

大野治長に知行百二十石で仕えた。

慶長十九年十一月二十六日、鴫野口合戦で軍功があった。

落城後、若狭小浜の京極忠高に知行五百石で仕え、足軽を預かった。後に番頭になった（「池田正印老覚書」）。累進して知行二千石、うち千石は寛永十三年の加増。鉄砲の者二十三人を預かった（『京極高次分限帳』）。馬廻組。

京極家が減知となって移封後、美作津山の森長継に仕えた（『京極忠高給帳』）。知行二千石。足軽三十人を預かった（「池田正印老覚書」）。

子の湯川十左衛門の子孫は、美作森家の家臣となった（「森家御系譜並諸士方分限帳」）。

湯川孫左衛門　ゆかわ まござえもん

紀伊の侍（「米府紀事略」）。豊臣家の女中御玉の方の弟（『駿府記』）。

大野治長に仕え、家老（「長常記」）、侍大将（『武家事紀』）、組頭（「高松内匠武功」）。器量もあり頼もしい者なので、諸事指図を任されていた（「長常記」）。

慶長十九年十一月二十六日午の刻、鴫野口へ大野治長組、七組などが加勢のため出張（「長常記」、『大坂御陣覚書』）。孫左衛門は備えの少し右の方に出張っていたが、激しい銃撃により若党一人が倒され、続いて孫左衛門の甥と小姓が同時に倒された。このため、心ならずもその場を少し後退した（「長常記」）。同日の合戦では首一級を斬獲した（「高松内匠武功」）。

籠城中は天満口の門を預かった（『米府紀事略』）。

慶長二十年五月六日、大野治長組は藤井寺方面へ出役。大野組の先手が湯川孫左衛門、二の手は堀野甚平、三の手に治長の旗本（『武家事紀』）。

落城後、京極忠高に仕えた。湯川七之丞（二百石）とともに湯川治兵衛組に所属して知行二百石（『京極高次分限帳』）。若狭で四百石、出雲（寛永十一年転封）で千五百石ともいう。忠高の死去（寛永十四年）により松平忠昌に三千五百石で招聘された（「長岡是季事蹟」所載「（寛永十五年か）四月二十四日付関助大夫書状」）。是季に宛てた同書中で関は「大坂者之値段殊他外上り申候」との所感を述べている。

遊木喜蔵　ゆき きぞう

紀伊国牟婁郡新鹿村遊木浦の出自。遊木五右衛門の子。

父の五右衛門は、遊木城主有馬玄蕃の子。堀内氏善に知行二百石で仕えた。朝鮮の陣中で死去。

遊木喜蔵は、大坂で豊臣方に属した。落城の際、逃亡して消息不明（『紀伊続風土記』）。

遊佐新左衛門高教　ゆさ しんざえもん たかのり

畠山昭高の家臣遊佐河内守信教の子。

元亀二年に誕生。

天正二年に父が死去した際は幼少で、河内を逃れて牢人となった。

後に秀吉へ出仕し、河内本領のうちで、内里（山城国綴喜郡内里村か）、青谷（河内国大県郡青谷村か）で知行地を与えられた。詰衆に列し、大坂に勤番（「紀州家中系譜並ニ親類書書上」安政五年十一月遊佐為十郎教忠先祖書）。

『鹿苑日録』に、慶長年中に鹿苑院の院主鶴峰宗松との交流が散見される。

慶長十六年三月、秀頼の上洛に供奉（「秀頼御上洛之次第」）。

十一月下旬、秀頼の使者として駿府に下向し(『本光国師日記』)、十二月二日に駿府で家康に拝謁、徳川義直の疱瘡平癒を祝った(『慶長年録』、『駿府記』)。

慶長十七年、秀頼が片桐且元を奉行として摂津、河内で検地を執行した際、金地院崇伝は金地院の末寺である万松山真観護国禅寺が所有する河内国渋川郡亀井村と鞍作村の田畑について、年貢を免除して堪忍分として同寺に寄進のこととしてもらいたいと願い、且元兄弟に書状を送るとともに、新左衛門に且元への取成しを依頼した。これは、真観寺が遊佐氏の旧主筋畠山昭高の菩提寺であることから、新左衛門に特に力添えを求めたものである。新左衛門の調整の甲斐もあって、崇伝は且元より十二月二十三日付で真観寺領寄進の書出の写しを受け取ることができた。

慶長十八年一月十三日、崇伝は且元と新左衛門に本件に係る礼状を送った(『本光国師日記』)。

大坂の陣では使番を務めた。

落城後、牢人となり江戸に下向した。三女が将軍秀忠の室(崇源院)に奉仕していた所縁を以て、旗本としての召し抱えを望んだが、「大坂者は旗本として召し出し難い」との上意により、不調に終わった。

元和七年、徳川忠長に出仕し、寄合組に属した(「紀州家中系譜並ニ親類書書上」安政五年十一月遊佐為十郎教忠先祖書)。

寛永八年九月から閏十月にかけて甲州の新左衛門と崇伝の間で書状の往来があった(『本光国師日記』)。

寛永十年、忠長が死去した後、牢人となり道佐と号した。足利義輝から拝領の書や軸の物、鷹の絵の掛物、采配、陣扇子、信長から拝領の具足、豊臣秀次から拝領の朱印状、秀吉から拝領の黒印状、忠長から拝領の書を所持した。

寛永十五年十一月六日に病死。享年六十八歳。

長女は垣屋一郎兵衛吉綱の妻。次女は旗本林七左衛門の妻。三女は崇源院に奉仕し、後に三好主殿に嫁いだ。

嗣子の遊佐彦左衛門長正は、実は垣屋一郎兵衛秀政の弟で、寛永十三年、徳川頼宣に仕えた。子孫は紀伊徳川家の家臣として続いた(「紀州家中系譜並ニ親類書書上」安政五年十一月遊佐為十郎教忠先祖書)。

よ

横井作右衛門《よこい　さくえもん》

横井甚左衛門の長男。

父の甚左衛門は、横井主馬助(尾張国海東郡の赤目城主横井時延の次弟)の子(「横井系図并系譜」)。

横井作右衛門は、慶長二十年五月七日、吉松次兵衛、勝間半大夫、原田帯刀、同忠右衛門、同太郎助らとともに玉造口東の仮門を守備。前田利常勢の侵攻を防いだ。塀際で前田家中の黒坂吉左衛門が突き出した鑓を原田太郎助がつかみ取り、引き合いとなったところに作右衛門が駆け付け、黒坂の鑓の柄を切り折って引き離した。そのうち本丸に火がかかり、落城と見えたので各々退去した(『吉備温故秘録』所載「原田理左衛門書上」)。

酒井忠勝は、作右衛門の大坂における働きを聞き及び、前田家中の森権大夫方に事実確認のうえ、寛永十九年八月二十八日朝、若狭小浜で引見し、酒井忠末を通じて帷子、単物、銀五枚を賜与し、九月三日には屋敷を下賜した。十一月十一日、知行三百五十石が与えられ、鉄砲足軽二十人を預けられた。

寛文元年十月十日、忠勝より使者酒井宇左衛門を以て放鷹で捕獲した鴨一羽を下賜された（「酒井家編年史料稿本」所載「忠勝公御在国中日記手扣写」、『寛永十五年分限帳』、『万治元年酒井家分限帳』、「酒井家編年史料稿本」所載「御自分日記」、『酒井家文書』）。

なお、横井時延の四男横井作左衛門時久は別人である。

横井三右衛門《よこい さんえもん》

下間伊豆守の子。母は尾張国海東郡の赤目城主横井雅楽助時延の娘。

秀吉に仕え、摂津須磨田で所領を拝領した。

慶長二十年四月二十九日、大野治房に属し、樫井で戦死（『系図纂要』）。

なお『駿府記』に、樫井合戦で討たれた大坂方の物頭として横井治右衛門の名が見えるが、同一人物か不明。

横田藤右衛門清春《よこた とうえもん きよはる》

横田重兵衛の子。

父の重兵衛は、武田信玄の家臣横田高松の子。信玄より薬の製法を授けられたという。

横田清春は、秀頼に属し、落城後、安芸三原に来住。父から相伝の返魂丹、疵薬を代々製作した（『芸藩通志』）。

横地理右衛門為家《よこち りえもん ためいえ》

大野治房の与力。

慶長十九年十二月十六日、蜂須賀至鎮の陣に夜討ちがあった時、蜂須賀家の先手横目役岩田七左衛門政長が城の戸口の方に向かうと、少し物陰で話している二人を見かけた。そのまま走り寄って言葉をかけると「夜討ちの物頭、大野主馬与力横地理右衛門、ならびに物見の役人吉田弥左衛門」と名乗った。岩田も名乗って鑓を合わせた。横地の鑓は岩田の左脇に当たり、具足を通して肌着で留まった。その後、城の戸口まで追い詰めたが、二人とも城内に引き揚げ、城方が木戸を固く閉ざしたので、岩田も陣所に戻った（『阿府志』慶長十九年十二月十七日付岩田七左衛門言上控）。

和睦後、蜂須賀家の鉄砲頭中内与三右衛門重由は、岩田が横地と鑓を合わせた証拠を固めるため、横地を訪問し、書状も取り交わした。書状の原本は岩田に渡し、写しは所持した。なお、中内の嫡男樫原忠左衛門重勝は、岩田の女婿である（「蜂須賀家家臣成立書并系図」文久元年九月樫原源兵衛正徳書上）。

「兵用拾話」によると、夜討ちの時、岩田が本町橋のたもとまで進むと、橋向こうの欄干に鎮まりかえっている武者を見つけた。岩田は「さては私より先に到着した味方か。後日の証拠に名乗っておこう」と考えて近寄ると、この武者は胸板に金の半月を付けた鎧を着ていた。味方にこのような鎧の者はいないので、敵と認識し、鑓で胸板を突いた。鑓はツンと鳴って鎧を通さず、敵は静かに鍵鑓を取り直した。岩田はまた一突きにと、声を上げて力を込めて突いた。敵はこれを物ともせず、鑓先で少々あしらいつつ、木戸際で「私は汝に突かれるような者ではない。汝を仕留めることはたやすいが、志ある者のようなので仕留めずにおく。名乗られよ」と言った。岩田は名乗ろうとしたが息が切れて、ようやく「岩田、岩田」とだけ連呼して仮名を言うことができなかった。そのうちに敵は城内に戻った。この敵は神子田理右衛門といって、武功の誉れが数度ある無類の勇士であった。落城後、理右衛門は夜討ちでの鑓合わせの事を語ったが、その時まで、「いわた」を「いわさ」と覚えていたという。この逸話の実否は不明であるが、神子田は横地と同一人物を指すものと思われる。

横谷荘八郎《よこや そうはちろう》

上野国吾妻郡横谷の出自。真田昌幸の家臣横谷左近幸重の次男。

慶長五年、父の指示により上田籠城。真田昌幸父子の高野山配流にも随行した。

慶長十九年五月七日に真田信繁に従い戦死とされるが、他に傍証がなく、実否不明(「本藩名士小伝」)。

横山九郎兵衛《よこやま くろ(う)びょうえ》

大坂城に駆け付け、旧主の長宗我部盛親に属した。慶長二十年に戦死(『土佐物語』)。

横山将監《よこやま しょうげん》

長宗我部盛親の物頭。

慶長二十年五月六日朝、盛親の先手吉田内匠に属して若江郡萱振に出役。藤堂高虎の家臣藤堂家信と鑓を合わせたが、突き伏せられた(『高山公実録』所載「藤堂式部延宝書上」、『元和先鋒録』)。高虎の使番沢田元次が後から来て、家信に首を所望した。家信の家来冨永兵庫が「これは今日の一番首なので、やるべきではない」と進言したが、家信は「若い者の奇特な申しかけ」と感心して、元次に首を与えた(『高山公実録』所載「藤堂式部家来冨永兵庫覚書」)。

横山隼人《よこやま はやと》

長宗我部盛親の配下。

慶長二十年五月六日、八尾表合戦では能瀬惣兵衛、倉橋甚太郎とともに敵三人と闘い、盛親の見ている前で兜付の首を討ち取った(『南路志』所載「能瀬惣兵衛大坂陣中覚」)。

横山孫大夫《よこやま まごだゆう》

長宗我部盛親の配下。

慶長二十年五月六日、八尾表合戦で藤堂高虎の黒母衣《くろほろ》使番苗村石見に討たれた(「大三川志」、『高山公実録』所載「武家図象伝」、『高山公実録』所載「元和先鋒録」)。

吉川権右衛門《よしかわ ごんえもん》

吉川主馬之介の猶子。吉川新蔵(後の清兵衛、または瀬兵衛)の実兄(『大和記』)。

猶父の主馬之介は、大和国平群郡吉川郷の出自。吉川善兵衛の子(『武徳編年集成』)。大和磯野の住人磯野善兵衛則次の兄。諱は正親。十市遠光に仕え、二千石を領知した(『武徳編年集成』、『断家譜』、『南紀徳川史』)。あるいは大和布施氏の家老(『大和記』)。天正十年六月、家康が堺から領国に帰還する際、十市氏から派遣され、家康一行の通行の安全を父の善兵衛や物領の次大夫(治大夫か)とともに支援したという(『武徳編年集成』、『南紀徳川史』)。後に吉川郷で病死。子の吉川半助正次は将軍秀忠の代に和州代官を務めた(『断家譜』)。『玉滴隠見』によると、大和に浪居していたが、慶長十九年、子の治大夫とともに根来の者二百人余を率いて大坂城に籠り、大野治房組に所属したという。この時に瀬兵衛と改めたともいうが実否不明。

吉川権右衛門は、弟の新蔵とともに大和における武功練達の士だった(『大和記』)。忍の者(『景憲家伝』)。

布施氏の催告により大坂籠城。大野治房組に付属された。籠城の頃は平山治大夫と称した(『大和記』)。

慶長二十年二月二十六日卯の刻、治房

方で軍議が開かれ、布施新七郎、新宮左馬助、岡部大学、武藤丹波、法華坊主随雲院、小幡景憲とともに参会し、再戦準備について談合した。三月十三日、治房方で軍議が開かれ、布施、新宮、岡部、武藤、随雲院、小幡とともに参会し、備え立てについて談合した（『景憲家伝』）。

大坂方の評定では、大野治長が籠城を主張し、治房が京都への出勢を主張した。その後も様々な事案について治長が賛同しなかった。治房は立腹して治長の暗殺を企て、吉川を呼んで秘かに相談した。吉川は一応思いとどまるよう諫めたが、治房の決意が固いのでついには同意し、元布施忍者の今倉孫治が俊足だったため、これに治長の刺殺を指示し、恩賞の約束を伝えた。治房は今倉に脇差を与えた。

かくて治長の闇討ちは実行（四月九日夜五つ時分）されたが、暗殺は失敗し、下手人はその場で殺害された。治房は治長に召喚されると、変事に備えて次の間まで吉川を伴った。しかし、治長は「徒者《いたずらもの》がこのような事をしでかした。調査されたい」と指示するのみだった。治房はそしらぬふりで帰宅すると、吉川に「今倉は成田勘兵衛の同心だ。ただちに人数を連れて成田を討て。口を封じるのだ」と指示した（『大和記』）。

吉川瀬兵衛　よしかわ　せひょうえ

大和の人吉川主馬之介の猶子。吉川権右衛門の実弟。初め吉川新蔵を称した。兄ともども大和における武功練達の士だった。

布施氏の催告により大坂籠城。大野治房組に付属された。籠城の頃は平山清兵衛と称した。治房から藤堂高虎への計略の使者を務め、大剛の働きがあった（『大和記』）。この計略の使者の名を『大坂御陣覚書』は吉川新蔵、『高山公実録』、『公室年譜略』、『藤堂家覚書』などの藤堂家側の記録および『玉滴隠見』は吉川瀬兵衛とする。吉川新蔵こと平山清兵衛と吉川瀬兵衛は同一人物を指す。

治房から高虎への計略とは、高虎が秀頼への内応を約束した事に対する秀頼の返書をあえて家康本陣に持ち込み、反間《はんかん》の計を以て高虎を陥れようとするものであった。吉川は使者の役を自ら望んだ。かくて吉川は十一月二十一日付の秀頼の印判状を持参し、家康の本陣に届け出た。印判状は「重ねて申し送る。奇特な才覚で両御所を大坂表まで引き出した事、この上なく満足に思う。内々約束の通り、東軍で申し合わせて裏切るべし。成功すれば恩賞として先日申し越した通りの国を宛行い、その他も望み次第に任せる」という趣旨のものであった。家康は反間の計と看破し、吉川の身柄を高虎に引き渡し、手足の指を切断して、額に秀頼と焼き印を当て城中に追い込むよう指示した。高虎は藤堂主膳に上意の通り処置させ、吉川の身柄を黒門付近に遺棄した。城方は夜陰に紛れて収容した（『高山公実録』所載「西島留書」、『高山公実録』所載「秘府蔵書」）。城中ではそのまま徘徊を放置するわけにもいかず、役人を付けて保養させた（『大日本史料』所載「大坂記」）。

落城後については、以下の諸説がある。

（一）大和の郷里に還住して死去（『大和記』）。

（二）播磨明石で病死（『大和記』頭註）。

（三）熊野の山中に隠れていたが、後に福島正則に知行七百石で召し出された。ある正則の家臣が「彼の者に合力を下されても、童子にも劣る働きしかできません。指もない者がどうして太刀の柄を握れま

よ

しょうや」と正則に訴えた。それを聞いた吉川は、日中にその家臣を殺害し、そのまま退去した。正則は討っ手を派遣して吉川を誅殺させた（『玉滴隠見』）。

吉田市左衛門政重《よしだ いちざえもん まさしげ》

長宗我部元親の家臣吉田孫助俊政の長男。

永禄十一年に土佐国安芸郡和食藤之上で誕生。初め勝五郎、後に次郎兵衛、孫助、又左衛門、市左衛門を称した。身長六尺二寸、腕力絶倫の者だった。

天正十年八月、中富川合戦に初陣し、十河家士某を討ち取った。同年九月、中富川合戦で戦死した父の跡を継いだ。

天正十四年、豊後に出役。この頃、元親の命により安芸惣軍代吉田孫左衛門と山川五郎左衛門、黒岩治部左衛門が安芸郡和食村《わじきむら》に蟄居する根来法師専式坊法印以下数人を誅殺した。この時、和食惣右衛門とともに加勢に駆け付け、法印の郎党岩佐六郎左衛門を討ち取った。

文禄二年二月、熊川付近の船軍で、香宗我部左近親氏らとともに敵の番船に斬り込んだ。唐島在陣中は猛虎を打ち、長宗我部元親より感状に康光の刀を添えて賜与された。帰国後、知行千石を加増された。虎の爪は土産として持ち帰り、同家に伝来した。六月、晋州城攻撃で朴好仁を虜にした。

慶長五年、安濃津、関ヶ原に出役した。長宗我部家の除封後、牢人となった。

慶長十九年、大坂城に籠り、長宗我部盛親に属した。

慶長二十年五月六日、八尾表合戦で敵の首を斬獲した。

翌七日、京橋口で首五級を斬獲したが、深手を負い陣所に横臥していたところを一族の者が介抱して阿波に落ち延びた。

一説に落城後、牢人となり、福島正則の家臣梶原外記（番外衆、知行二千九十五石二斗）の養女、実は孫娘を娶って、梶原氏に改めたという。寛永五年、土佐国安芸郡安田に下り、剃髪して和斎、あるいは関叟透無庵と号し、医業を営んだ。本姓吉田に復した。同年九月四日に死去。享年六十一歳。葬地は安田の少林山常行寺。

中富川合戦より大坂の陣に至るまで、自ら斬獲した首は百十五級。首より上に蒙った傷は二十一か所。長宗我部父子より感状七通、刀三口賜ったという。

長男は吉田平左衛門〈「吉田平左衛門」の項参照〉。

次男は吉田猪兵衛〈「吉田猪兵衛」の項参照〉。

三男の吉田宇右衛門政次は、慶長八年に和食で誕生。生母は朝鮮人。庄五郎とも称した。山内忠義に仕えた。万治元年十月十六日に死去。享年五十六歳。葬地は潮江山。その子の吉田次郎左衛門孝世は山内忠豊に仕え、「土佐物語」（宝永五年）を著した。

四男は吉田兵左衛門政茂。生母は横井源兵衛の娘。和食に浪居し、延宝九年に死去。

五男は山城八幡志水の正寿院の住持三易。元和九年に誕生。母は梶原外記の養女。元禄十五年に死去。享年八十歳（『土佐国蠹簡集』所載「吉田系図」、『土佐名家系譜』、『土佐物語』）。

吉田猪兵衛《よしだ いひょうえ》

長宗我部元親の家臣吉田市左衛門政重の次男。

文禄元年に誕生（『土佐名家系譜』）。

長宗我部家の除封後、福島正則に仕えた。

慶長十九年、大坂の陣が勃発した時は江戸詰だったが、主に暇を乞い大坂に急行した。既に四方を囲まれ戦闘中だったため入城できず、藤堂高虎に仕えていた桑名弥次兵衛一孝の陣所に立ち寄り、旧交を温めた。吉田が「私は福島殿に奉公していたが、盛親様が御籠城と承り、何としても旧主と一所になろうと暇を貰ってここまで来たが、寄せ手に厳しく囲まれて入城できない」と事情を語ると、桑名は「足下の籠城の志はもっともである。何としても入城して忠勤を尽くされよ。私も参りたいのだが、藤堂殿から厚恩を蒙っており、いま籠城すれば主君に弓を引く不忠で、不義の罪人となる。しかし、藤堂殿に忠誠を尽くせば、先祖伝来仕えた主君に仇をなすこととなり、これも最も重罪の無道人となる。よって進退窮まった。所詮は大勢の中に駆け入り、闘わずして討ち死にを遂げ、当主への不忠、旧主への不義とならないようにしようと決意している。幸い御辺たちの手にかけてくだされ。今日は今生の暇乞いである」と言って落涙した。互いに盃を交わし、吉田はそこから城中に駆け込んだ。

慶長二十年五月六日、八尾表合戦で桑名は決意の通り戦死し、首が盛親の本陣に届いた。吉田が昨年桑名と対面した時の事を言上すると、盛親は落涙して哀傷した(『土佐物語』)。

落城後は父に従って流浪した。万治三年三月二十六日に阿波国板野郡吹田で死去。享年六十九歳。法名は卜心。葬地は吹田の福蔵寺(『土佐名家系譜』)。

吉田《よしだ》右近《うこん》重年《しげとし》

長宗我部元親の家臣吉田左衛門佐孝俊の長男。

父の孝俊は、吉田伊賀守重康の次男で、香美郡上夜須と安芸郡新庄の城主。天正十年八月二十八日、阿波中富川合戦で戦死。妻は一条房基の伯父鵜冠大膳大夫の六女。

吉田重年は、永禄七年に誕生。初め右近、後に孫左衛門、大坂籠城中は再び右近を称した。諱は重年、または康俊。

天正六年、阿波小松島合戦で敵に腕を斬られても屈せず、桑名将監を敵中から救出した。

天正十年、阿波中富川合戦で軍功があった。阿波滑山城を預かった。

天正十一年、阿波引田合戦で軍功があった。

天正十三年、豊臣秀長の阿波侵攻により土佐へ退去した。後に安芸郡甲浦城を預かり、安芸惣軍代を務めた。

天正十四年、豊後戸次川合戦に参陣。この頃、元親は重年、山川五郎左衛門、黒岩治部左衛門に命じて安芸郡和食村に蟄居する根来法師専式坊法印を誅殺させた。

天正十六年十月、吉良親実が元親の不興を蒙り自害させられ、同時に吉良、比江山の一族も誅殺された。重年は吉良の従弟で、かねて親交があったので、同類とみなされ城地を没収され、蟄居させられた。

文禄二年、朝鮮戦役に従軍して、軍功があった。

慶長五年九月十五日、弓同心を預けられ、関ヶ原合戦に出役。長宗我部盛親は南宮山麓に布陣したが、本戦の勝敗が不分明なため、重年を物見に派遣した。重年は、敵の近くまで乗り寄せて勝敗を見極めた。帰陣する際、乗馬に矢を射込まれたが、矢を抜き捨て、細橋を渡って帰陣すると、「西軍は敗北。敵は勝利してこちらへ押しかけるべく人数を揃えている様子。この陣所は引き払われるがよろしかろう」と言上した。冷静な戦況分析は、盛親から「孫左衛門の武功は今に始まったものではない」と称賛された。土佐へ帰国後、豊永惣右衛門、横山新兵衛、江村孫左衛門、黒岩治部左衛門、同掃部、立石助兵衛、中内惣右衛門とともに盛親に従って大坂へ上った。長宗我部家の除封後、山内一豊に召し出された。

慶長八年十一月、土佐本山一揆の際、野中伝右衛門とともに出役し、一揆勢の近くまで前進し、味方の手負いの士を介抱して戻った。一豊から神妙の働きとして褒賞された。後に浦戸一揆の大将だったと讒言《ざんげん》され、処刑されそうになったが、さまざまに弁明して土佐を退去し、大和に居住した。

慶長十九年、盛親の大坂入城を聞いて、急ぎ大坂に赴き籠城した（『土佐物語』、『土佐国蠹簡集』所載「吉田系図」）。

『土佐名家系譜』によると、落城後、大和郡山の松平忠明に仕え、姫路に移り、寛永十一年三月二十九日に姫路で死去。享年八十四歳とされる。ただし、忠明の姫路転封は寛永十六年である。また、享年は『土佐物語』から算定すれば、七十一歳となる。『土佐名家系譜』の享年から算定すると天文二十年の誕生となる。いずれが正しいか不明。

なお「土佐考証系図雑記」は、右近（重年）は安芸和食に居住し、子の孫左衛門が松平忠明に仕えたとする。「御先祖松平忠明公播州姫路御居城之節御分限帳之写」（「見聞集」所載）に、吉田孫右衛門（組外）、吉田権入（または権八、御咄之衆、百二十石）などの名が見えるが、重年との関係は不明。

長男は吉田三郎右衛門（「吉田三郎右衛門」の項参照）。

次男は吉田勝蔵。

三男の吉田伊右衛門重勝は（『土佐国蠹簡集』所載「吉田系図」）、水野勝成に知行二百石で仕え、後に牢人となり、寛文七年に江戸で死去（『土佐名家系譜』）。

四男の吉田孫太夫俊国は、後に次郎左衛門を称した。慶長十七年より山内康豊に仕え、後に会津の保科正之に知行二百石で仕えた（『南路志』、『土佐名家系譜』）。なお「会津藩諸士系譜」では七男とされる。

五男の吉田勝助は（『土佐国蠹簡集』所載「吉田系図」）、松平忠明に仕えた（『南路志』、『土佐名家系譜』）。知行百五十石。馬廻組の四番牧野久之丞組に属した（「見聞集」所載「御先祖松平忠明公播州姫路御居城之節御分限帳之写」）。万治二年に死去（『土佐名家系譜』）。

六男は吉田十右衛門。

七男は吉田九兵衛。

娘は五人いた（『土佐国蠹簡集』所載「吉田系図」）。うち一人は安芸郡竜松山真慶寺の妻、一人は黒岩伝左衛門重勝（治部左衛門の次男）の妻、一人は毛利家臣香川清介の妻（『土佐名家系譜』）。

吉田《よしだ》玄蕃允《げんばのすけ》重基《しげもと》

松野平助の子。

父の平助は、美濃の人で、初め安藤守就、後に信長に仕えた。天正十年六月二日、本能寺から離れて宿泊していたため、後刻、妙顕寺に駆け込み、追腹して果てた（「信長公記」）。妻は石河杢兵衛光延の長女（「石河系図」）。

吉田玄蕃允は、諱を重基（「譜録」吉田十郎左衛門矩行書上、『吉田家系略草稿』）、または好是とされる（『難波戦記』）。

慶長十六年三月、秀頼の上洛に供奉

(「秀頼御上洛之次第」)。

当時、知行千石(『慶長十六年禁裏御普請帳』)。

慶長十七年十二月十二日より、大坂諸大夫衆の一員として禁裏普請助役(『慶長十六年禁裏御普請帳』)。

慶長十九年、大坂城に籠り、城北警固の寄合衆の一人(『難波戦記』)。

慶長二十年一月二十三日、秀頼の使者として岡崎へ下向し、家康に小夜着物三、蒔絵枕、紅梅枕懸を桐の長持二棹に納めて献上した。また、大野治長の進物羽二重十四、自身の進物鷹の大緒十筋を併せて献上した。家康からは秀頼へ、鷹狩りで自ら放った鷹が捕えた鶴が贈られた(『駿府記』)。

五月七日、天王寺の南西、阿部野街道の東脇筋、堀切を背にして備えを立てた(「鵜川佐大夫大坂役天王寺陣場図」)。同日に戦死(「譜録」吉田十郎左衛門矩行書上、『吉田家系略草稿』)。

長女は、越前松平家の家臣藤田能登に嫁いだ。

長男の吉田十郎左衛門重賢は、元禄六年四月六日に死去。その嗣子の吉田友之允重矩は、松平直政の家臣三島木工兵衛通種の三男で、後に毛利吉広に知行八十石で仕えた。稲葉則道に山鹿流を師事し、山鹿高基より山鹿流三重極秘伝を授かり、以後代々山鹿流軍法を家業とした。子孫は萩毛利家の家臣として続き、後世、吉田松陰が顕れた(「譜録」吉田十郎左衛門矩行書上、『略系』、『吉田氏世次名称略』)。

吉田監物《よしだけんもつ》

秀頼に仕え、大坂城に籠り戦死。

子の吉田市左衛門は前田利常に知行百五十石で仕えた。子孫は前田家の家臣として続いた(「諸士系譜」)。

吉田三郎右衛門《よしださぶろ(う)えもん》

長宗我部元親の家臣吉田右近重年の嫡男。後に孫左衛門を称した(『土佐国蠹簡集』所載「吉田系図」)。

大坂城に籠ることもあると警戒した山内家から目付が置かれていたが、秘かに土佐を脱出して大坂城に入り、長宗我部盛親に属した(『土佐国編年紀事略』)。

慶長二十年五月六日、八尾表合戦で藤堂家の黒母衣組古田内蔵介の他、首五級を斬獲した(『土佐国蠹簡集』所載「吉田系図」)。翌七日に戦死(『土佐物語』)。あるいは落ち延びて、晩年は阿波黒土に隠居したともいう。娘は阿波の賀島四郎左衛門の妻(『土佐名家系譜』)。

吉田三郎左衛門重隆《よしださぶろ(う)ざえもんしげたか》

長宗我部元親の家臣、土佐郡井口城主の吉田弥右衛門重親の長男(『土佐国蠹簡集』所載「吉田系図」)。母は安芸郡奈半利城主の桑名丹後守の娘(『土佐名家系譜』)。

長宗我部家の除封後、父とともに讃岐の生駒正俊に仕えた(『土佐物語』)。

慶長十九年三月十五日までに長宗我部遺臣の重松勘右衛門、本山九郎右衛門、豊永三郎左衛門、吉松左衛門、久万次郎左衛門、立石助兵衛、中内又兵衛、宮平左衛門、谷彦十郎、小川市助、江村藤兵衛、野中三郎左衛門、国見善右衛門、中島七郎兵衛、岩川藤兵衛、桑名三郎左衛門とともに、今度合戦で討ち死にするとも、残った侍は土佐に帰ることなく、紀伊の仏(伊都郡仏谷か)に浪居し、時節が到来したら再び決起し、功名を遂げて討ち死にすることを盟約した(『土佐国編年紀事略』)。

父とともに大坂城に籠り、長宗我部盛親に属した(『土佐物語』)。

慶長二十年五月六日に八尾で父とともに戦死(『土佐国蠧簡集』所載「吉田系図」)。

吉田左平次《よしだ　さへいじ》

長宗我部盛親の配下。

慶長二十年五月六日、八尾表で鑓を合わせた。

子孫は佐渡に居住した(『土佐国編年紀事略』)。

吉田次左衛門《よしだ　じざえもん》

長宗我部盛親の家臣吉田内匠の長男。長宗我部家の除封後も土佐に留まっていたが、慶長十九年、大坂籠城。

慶長二十年五月六日、八尾表合戦では盛親の旗本に属して戦死(「先祖附」吉田二兵)。

吉田次左衛門《よしだ　じざえもん》

市橋九郎兵衛の長男。

父の九郎兵衛は、寺沢広高に仕え、肥前国松浦郡平原村で二百五十石を知行した(「御家中略系譜」、『東松浦郡史』)。

吉田次左衛門は、秀吉、秀頼に歴仕した。

慶長十九年、速水守之に付属され、鉄砲三十挺を預かった。

十一月二十六日、鴫野口が破られた時、同じく鉄砲三十挺を預かる田原清兵衛定勝とともに出役。朝から暮れ方まで鉄砲を指揮していたが、深手を負った。本陣へ退くよう、使番中島仁左衛門が二度まで派遣された。このため、本陣に退き屋敷に帰った。同晩、秀頼、淀殿から保養のためとして鰹節五本と干大根の紙袋二つが贈られた。

十二月四日、敵が天王寺口に攻め寄せた時、傷は癒えていなかったが、鉄砲の者を連れて矢倉に上がり、鉄砲を撃たせ督戦した。

慶長二十年五月七日、田原定勝と城内に詰めていたところ、速水より玉造口東の仮門の防御を命ぜられた。早速駆け付け、押し入る敵を討ち払い、猩々皮羽織の武者を鉄砲で打ち留めた(『米府紀事略』所載「正保四年亥二月七日吉田次左衛門覚」)。

落城の際、秀頼の息女の供をして船で立ち退いた。落城後、田中忠政に知行二百石で仕えた。

元和八年七月、有馬豊氏に出仕し、筑後国竹野郡亀王村で合力米百六十石を与えられた。寛永年中は馬廻組の一番山崎太郎兵衛組に所属。

慶安元年十二月六日、百四十石を加増され、合計知行三百石。先手鉄砲頭、町奉行を歴勤。

寛文十二年、老衰により致仕。延宝二年一月六日に病死。指物は黄母衣出し笠上に鳥毛下白熊。吉田家には秀吉から拝領の鞍と秀頼から拝領の羽織が伝来した(『米府紀事略』)。

子の吉田平八が早世したため、弟市橋弥市左衛門の子理兵衛を養嗣子とした。子孫は有馬家の家臣として続いた。家紋は丸の内梅鉢(「御家中略系譜」)。

なお、秀頼の家臣に吉田次左衛門保好がいる。慶長十一年六月、片桐且元が秀頼の命を奉じて河内天野山金剛寺の大日堂を再興した際に奉行を務めた。また、慶長十二年二月十日、尾張国春日井郡豊橋の住人吉田治左衛門尉が河内国錦部村滝畑村の福玉山光瀧寺に石灯籠を寄進した(『摂河泉金石文』)。これらが本項の吉田次左衛門と同一人物かは不明。

吉田七左衛門《よしだ しちざえもん》

大野治房組に所属。

慶長十九年十二月二十六日、本町橋通の夜討ちに参加。二番土蔵で稲田植元の家老井上九郎右衛門俊武に二度鑓を付けた。井上はその手傷により死亡した。

慶長二十年一月二十一日夜、二宮与三右衛門とともに治房から軍功褒賞として引出物を拝領した（「山本日記」、「石母田文書」）。

吉田次兵衛《よしだ じひょうえ》

浅野長晟の家臣浅野対馬の甥（「自得公済美録」）。

秀吉の馬廻。文禄元年、肥前名護屋城に在番し、本丸広間番馬廻組の一番伊東長次組に所属（『太閤記』）。

秀頼に仕え、奉行を務めた。大坂七組の伊東長次組に所属。知行五百二十石（『難波戦記』）。

大坂籠城（「大坂濫妨人并落人改帳」）。

落城により落ち延びて浅野家に保護された。浅野家からは京都所司代板倉勝重に対し、吉田について問題がなければ、その旨を記帳するよう要請が提出された（「自得公済美録」）。

吉田治部《よしだ じぶ》

吉田権七とともに大坂城に籠り、旧主長宗我部盛親に属した（『南路志』）。

『土佐名家系譜』によると、長宗我部元親の家臣吉田孝俊の兄左馬允の子として治郎、権七郎の兄弟がいる。この兄弟と同一人物の可能性もある。

吉田次郎左衛門《よしだ じろ（う）ざえもん》

長宗我部盛親の家臣吉田内匠の次男（「先祖附」吉田二兵）。『土佐国蠹簡集』所載「吉田系図」、『土佐名家系譜』は、吉田次郎左衛門（初め孫大夫）を弥右衛門重親の次男とするが、いずれが正しいか不明。

大坂籠城の時は十五歳で、人質として秀頼の旗本宇野次郎兵衛方へ預け置かれた。

慶長二十年五月六日の八尾表合戦には出陣しなかったが、翌七日の退却の際は首二つを斬獲する功名を立てた。藤堂高次に仕えたが、後に牢人した（「先祖附」吉田二兵）。

なお、吉田内匠の嫡男吉田三郎兵衛は、寛永二年、または三年、石田清兵衛の取次により、藤堂高虎に知行百五十石で召し出された。長宗我部牢人の戸波又兵衛、長宗我部主水らと同じく、藤堂家信組に付属された。正保元年一月、伊賀を退去した（『公室年譜略』）。この三郎兵衛は、次郎左衛門と同一人物の可能性もある。

次郎左衛門の子吉田善右衛門は、後に源左衛門昌遙を称した。明暦三年十一月、細川忠利に召し出され、児小姓を務めた。寛文元年六月、中小姓となり、五人扶持二十石を給せられた。寛文十一年十二月、新知二百石を与えられ、小姓組に列せられた。その後、目付役、奉行役を歴勤した。元禄十年に二百石、元禄十六年に百石を加増された。宝永五年、病気のため隠居した。子孫は細川家の家臣として続いた（「先祖附」吉田二兵、『肥陽諸士鑑』）。嘉永六年八月、細川家中の吉田次郎左衛門が土佐を訪ね、「山内吉田家系一巻」を披露し、吉田内匠頭重貞の子が細川家に仕え、その子孫であると称したという（『皆山集』）。

吉田内匠重貞《よしだ たくみ しげさだ》

吉田二郎左衛門俊重の子（『皆山集』所載「吉田氏系図書抜」）。一説に吉田伊賀の子（『肥陽諸士鑑』）。

父の俊重は、吉田備中守俊達の長男で、

江村備後守の妻の甥という（『皆山集』所載「吉田氏系図書抜」）。

一説に父とされる伊賀とは吉田伊賀守重康を指すと思われる。重康は香美郡上夜須城主吉田備後守重俊の長男で、江村備後守親家の兄（『土佐国蠧簡集』所載「吉田系図」）。

吉田内匠は、諱を重貞とされる（『皆山集』所載「吉田氏系図書抜」）。長宗我部元親、盛親に仕え、家老職、軍大将を務めた。元親が四国を制圧すると、讃岐に進駐した。

長宗我部家の没落後は備後尾道に居住した。

慶長十九年、大坂の陣の時、盛親より使札を以て召致された（「先祖附」吉田二兵）。慶長二十年五月六日未明、盛親は予定戦場の若江に向けて出陣した。盛親の率いる旗本は、八尾に至った時点で、早くも南下する敵に遭遇した。盛親は若江への進出をあきらめ、備えを東向きに立て直すとともに、先手の吉田内匠に十市縫殿介を派遣し、「敵が進出してきた。旗本が無勢になっているので、至急八尾に引き返し、旗本と合流して戦うように」と指示した。しかし、先手にも敵が迫っていたため、内匠は「こちらにも敵が寄せてきたので、こちらは先手だけで合戦する」と回答した（『大坂御陣覚書』）。

既に藤堂高虎は南下を停止し、西向きに転じ、大和川の堤まで各備えを進ませた。ほどなく若江方面で戦闘が開始されたため、高虎も各備えに攻撃を命令した。中備えの藤堂家信は、中村重久、白井長胤、沢田忠次とともにそれぞれの組下を率いて萱振村に前進した。内匠が率いる先手は、縦列の行軍を停止し、萱振村の所々に三、四十人ずつ固まって敵を待ち受けた。藤堂勢から鉄砲二百挺を撃ちかけられたが、応射の準備が整っておらず動揺をきたした。そこへ藤堂勢が鑓を入れ、真っ先に先手の物頭横山将監を討ち取った（『元和先鋒録』）。内匠組の三宮十助、喜多川助之丞は先駆して功名を立てた（『土佐国編年紀事略』）。

やがて先手は萱振村の西方に押され、藤堂勢はこれを追撃した。家信が高塚地蔵付近まで進むと、腰に黒い采配を指し、八角に削った三間柄の鍵鑓を持った大男の内匠が三尺ほどの石地蔵の陰から現れ、「長宗我部の先手の大将吉田内匠」と名乗るや、鑓を振り上げて打ちかかった。家信は下馬して鍵鑓で受け止め、名乗りをあげて闘い、内匠を突き倒した。内匠は起き上がりざまに、刀を抜いて家信の足を薙《な》いで膝を深く割った。しかし、家信は屈せず、ついに内匠の刀を打ち落とし、首を取った。内匠の差料《さしりょう》は来国次《らいくにつぐ》二尺三寸で、家信はこれを右手に持って杖とし、左手に内匠の首を持って立ち上がり、家来の富永兵庫らに介抱されて、ひとまず陣小屋に戻った。来国次は藤堂式部家に伝来した。家信はこの時の戦傷により、以後歩行が不自由となった（『元和先鋒録』、『高山公実録』所載「藤堂式部家来冨永兵庫覚書」）。

子の吉田三郎兵衛は、実は吉田弥右衛門重親の子で、吉田十三郎の実弟（『高山公実録』所載「元和先鋒録」）。

長男は吉田次左衛門（「吉田次左衛門」の項参照）。

次男は吉田次郎左衛門（「先祖附」吉田二兵）（「吉田次郎左衛門」の項参照）。

三男の吉田弥右衛門は、大坂落城の時は幼少だった。後に堀田正盛に知行三百石で召し出された。旗奉行を務めた。万治三年十月、牢人となり江戸に居住した。細川綱利に召し出され、寛文元年五月、肥後に下向し、九月、新知五百石を与えられた。延宝三年十一月、弓二十張頭となった。延宝五年、老年に及んで隠居した。子孫は細川家の家臣として続いたが、明和四年十一月に断絶した(『先祖附』吉田三郎大夫、『堀田正盛分限帳』、『肥陽諸士鑑』)。なお『土佐国蠹簡集』所載「吉田系図」、『土佐名家系譜』は、吉田弥右衛門重親の三男として吉田弥右衛門を掲げるが、いずれが正しいか不明。

吉田太郎右衛門《よしだ たろ(う)えもん》
大坂城に籠り、旧主長宗我部盛親に属した(『南路志』)。

吉田平左衛門《よしだ へいざえもん》
長宗我部元親の家臣吉田市左衛門政重の嫡男。母は秦泉寺掃部の娘。
天正十九年に誕生。
大坂城に籠り、長宗我部盛親に属した。落城後、紀伊へ行き、後に阿波へ移住した。晩年は剃髪して三悦と号した。板野郡撫養で死去。葬地は板野郡桑島の光徳寺(『土佐名家系譜』)。

吉田弥右衛門重親《よしだ やえもん しげちか》
長宗我部元親の家老上座吉田次郎左衛門貞重(号は宗性)の子(『土佐国蠹簡集』所載「吉田系図」)。

若年寄に列せられ、知行千百石を与えられた(『南路志』)。父祖に続いて土佐郡井口城に居住した(『土佐名家系譜』)。

慶長四年十一月二十五日、吉田弥右衛門尉藤原重親、同七郎兵衛の連名で、江村郷吉田村の杉尾大明神の舞殿を新造した。

慶長五年、長宗我部家の除封後、子の吉田三郎左衛門とともに讃岐の生駒正俊に仕えた。

慶長十九年、致仕して大坂城に籠り、盛親の配下に属した(『土佐国編年紀事略』)。

慶長二十年五月六日に八尾表で戦死(『土佐国蠹簡集』所載「吉田系図」)。八尾表合戦で藤堂高虎勢は、平野方面に敗走する大坂方に追い討ちをかけた。黒母衣士の伊東吉左衛門は西の口で、年の頃は五十歳ほどで独眼、突盔《とっぱい》の兜に糟尾《かすお》の引廻しを付け、猩々緋の羽織を着た騎馬武者と鑓を合わせ、これを討ち取った。若武者が一騎付き添って戦ったが、これは吉左衛門の子伊東吉助が討ち取った。後に二条の獄舎に監禁された盛親に確認したところ、この時討たれたのは、家老分吉田弥右衛門とその子吉田十三郎とのことであった(『高山公実録』所載「元和先鋒録」)。

妻は安芸郡奈半利城主桑名丹後守の娘(『土佐名家系譜』)、あるいは久武内蔵助の娘(『土佐考証系図雑記』)。

長男は吉田三郎左衛門重隆。

次男の吉田孫大夫は、後に次郎左衛門を称した(『土佐国蠹簡集』所載「吉田系図」)。藤堂高虎に仕えた。その子吉田善右衛門は肥後細川家に仕えた(『土佐名家系譜』)。吉田次郎左衛門は吉田内匠の次男とする説もある〈「吉田次郎左衛門」の項参照〉。

三男は吉田弥右衛門(『土佐国蠹簡集』所載「吉田系図」)。初め堀田正盛、正信に歴仕し、後に肥後細川家に五百石で仕えた(『土佐名家系譜』)。吉田弥右衛門を吉田内匠の三男とする説もある〈「吉田内匠重貞」の項参照〉。

吉松五介《よしまつ ごすけ》
長宗我部盛親の配下。
慶長二十年五月六日、八尾表合戦で鑓を合わせた(『土佐国編年紀事略』)。

「高野山正覚院蔵書」に、藤堂家中の長宗我部家旧臣に吉松五助家次の名が見える（『土佐国蠹簡集拾遺』）。これと同一人物の可能性もある。

吉松主膳正澄《よしまつ しゅぜん まさずみ》

『長曾我部系図』、『長曾我部譜』によると、長宗我部元親の女婿〔注〕で、長宗我部盛親の妹婿とされるが、実否不明。大坂籠城（『長曾我部系図』、『長曾我部譜』）。

落城後は伊賀上野にいた。藤堂高虎に仕えたと思われる（『土佐国蠹簡集木屑』所載「安田徳友書留」）。ほどなく死去。

子は吉松弥左衛門（『長曾我部系図』、『長曾我部譜』、「諸家系図纂」）。諱は政信、または正信。瀬戸氏を称した。初め藤堂家中にいたと思われる（『土佐国蠹簡集拾遺』所載「高野山正覚院蔵書」）。次いで毛利秀就に仕え、後に牢人となった（『長曾我部系図』、『長曾我部譜』、「諸家系図纂」）。

娘は伊達綱村の家臣柴田外記朝意の後妻。正保四年に誕生。元禄十年十二月十五日に死去。享年五十一歳。法名は蓮秀院円池日法大姉。葬地は陸奥国登米郡米谷村の蓮華寺（『柴田家歴代略記』）。

〔注〕『柴田家歴代略記』は、吉松正澄の妻を元親の十女とする。なお、元親の女婿吉松氏については諸説がある。『香宗我部氏記録』では、吉松十右衛門が元親の四女を娶り、男子一人をもうけたとされる。『土佐国蠹簡集』では、土佐郡万々村の住人吉松十右衛門が元親の四女を娶ったとされる。「土佐考証諸系図雑記」では、吉松十右衛門光久（吉松播磨守光義の子）が元親の娘を娶り、その子が吉松筑後守光勝、その子が吉松左衛門尉光明とされる。『蜷川家文書』では、吉松弥左衛門が元親の娘（加江蔵人の室の妹）を娶り、吉松道与が出生したとされる。「本山家覚書」（「土佐考証諸系図雑記」所載）では、吉松左衛門丞（吉松備後守の子）が元親の娘を娶ったとされる。

吉松甚左衛門光純《よしまつ じんざえもん みつずみ》

長宗我部元親の家臣吉松左衛門尉光明の子。幼名は熊王丸。豊後戸次川の合戦で父が戦死した際、幼少だったが高岡郡戸波郷で十丁の地を与えられた。

慶長五年、関ヶ原合戦に従軍。

慶長十九年、大坂籠城。

慶長二十年に戦死。

嫡男の吉松与兵衛光成は、長宗我部家の滅亡後、牢人となり母方の西村氏を称した。万治三年二月十六日、山内忠豊に二人扶持切米七石で召し出された。寛文六年五月二十七日に江戸で病死。一族吉松清兵衛の次男半右衛門が養嗣子となり、吉松弥左衛門光恕と称した。子孫は山内家の家臣として続いた（「御侍中先祖書系図牒」）。

吉村喜助《よしむら きすけ》

香宗我部親泰の家臣吉村左衛門の三男。

後に九兵衛を称した。初め親泰、後に長宗我部盛親に仕えた。

慶長十九年、大坂籠城。

慶長二十年五月七日に死去。

子の吉村万右衛門は、大坂から逃れて土佐国香美郡韮生谷根須村に来住し、帰農した。寛文三年四月二十五日に死去（「土佐諸家系図」）。

吉村小助之敬《よしむら こすけ ゆきよし》

大和葛下郡の片岡春利の家臣吉村小兵衛秀之の三男。

大和郡山の筒井定次に仕え、天正十三

年、四国に従軍した。筒井定次の伊賀転封に従った。山辺郡遅瀬の一揆討伐で軍功があった。一揆鎮圧を報告する使者として大坂城に伺候し、秀吉から馬を拝領した。

慶長五年九月十五日、関ヶ原合戦で島新助友勝を吉村新次郎が組み討ちにし、小助が首を取った（「増補筒井家記」）。

慶長十三年に筒井氏が改易されると、大和に帰った（『新訂王寺町史』本文編）。

慶長十九年、片岡弥太郎春之ら大和の国人衆とともに大坂城に籠り、大野治房組に属した（『和州将軍列伝』）。

大坂の陣で戦死。享年五十二歳。

妻は宇智郡岡町の内原源八郎の娘。

長男の吉村嘉之は、大坂籠城の際は二歳だったが、乳母に伴われて落ち延び、葛上郡柏原村で成長した（『新訂王寺町史』本文編）。

吉村小太郎要之　よしむら　こたろう　としゆき

大和葛下郡の片岡春利の家臣吉村小兵衛秀之の子。

永禄七年に誕生（『新訂王寺町史』本文編）。

大和郡山の筒井定次に仕えた（「増補筒井家記」）。

慶長二十年五月七日、天王寺口で戦死。享年五十歳（『新訂王寺町史』本文編）

吉村左門　よしむら　さもん

播磨牢人。後藤又兵衛組に所属。

慶長二十年五月六日、道明寺表合戦で後藤勢が敗退した際、魚住勝左衛門と一緒に退却した。途中、敵の山内八大夫と他の一人が、後藤の自身指物である銀半月を分捕って持ち去るのを見かけた。魚住が返し合わせて山内に鑓を付けたので、吉村も残る一人と鑓を合わせた。

寛永年中、魚住を軍功証人として、保科正之に知行千五百石、または千石で仕えた（『吉備温故秘録』所載「神西伝左衛門書上」）。ほどなく病死（『家中諸士家譜五音寄』神西伝左衛門書上）。

吉村八郎兵衛　よしむら　はちろ（う）びょうえ

千姫に奉仕し、大坂城中で戦死。

長女は有馬豊氏の家臣吉村治兵衛の生母。

長男の吉村八右衛門正忠は、初め福島正則に仕えた。後に秋田俊季、盛季に知行二百石で歴仕。その子新五兵衛政興は千姫付の本多権右衛門政重（本多権右衛門正房の嗣子）の娘を娶って養嗣子となった。この縁組は政重の母妙源と正忠の母妙寿は姉妹だった関係による。

次男の高橋惣太夫は、三河吉田で小笠原忠知に知行百石で仕えた（「岩田氏覚書」、『寛政重修諸家譜』）。

吉村武右衛門　よしむら　ぶえもん

文禄元年に誕生。

初め黒田長政に仕えた。慶長十一年、後藤又兵衛と同じく筑前を退去し、牢人となった。

慶長十九年、後藤の招聘により大坂籠城。

慶長二十年五月六日、道明寺表に出役。安宿郡片山で戦死した後藤の遺命により、首を深田に隠し、それより挟箱持の中間《ちゅうげん》に身をやつして東南に落ち延びた。住吉郡平野喜連村に隠れ住み、水井伝兵衛と改名した。

延宝三年二月十七日に病死。享年八十四歳。法名は即心浄和信士。

子孫は同村に続き、後藤より拝領したという刀、備州《びしゅう》長船《おさふね》祐定《すけさだ》二尺三寸六分を所持した（『喜連村水井六左衛門由緒書』）。昭和五十四年、水井家の子孫が建立した吉村武右衛門之碑が玉手山にある（「吉村武右衛門之碑」）。

後藤の首を隠した者については『難波戦記』に吉村武右衛門、「慶長見聞書」、「後藤又兵衛尉政次伝」、『大坂御陣覚書』に金万平右衛門、「語伝集」に白川八右衛門など諸説がある。

米村《よねむら》市之允《いちのじょう》重昌《しげまさ》

大野治長の家老米村六兵衛の子（「山本日記」、「須藤姓喜多村氏伝」）。米村次大夫の弟（『大坂御陣覚書』）。後に加賀右衛門を称した（『鳥取藩政資料　藩士家譜』米村重規家、「武辺咄聞書」）。諱は重昌（『京都墓所一覧』）。

文禄三年に誕生（「須藤姓喜多村氏伝」）。

慶長十九年十月十二日夜、真木嶋昭光父子、赤座永成は、二百余人の軍勢を率いて堺に出張し、鉄砲、玉薬、武具を接収した。堺政所職の芝山正親は、寡勢かつ眼疾のため戦えず、町人に送られて岸和田の宝隆寺に退去した。大坂方は正親の弟を討ち取り、堺政所を占拠した。

十月十三日、片桐且元は堺政所の危急を聞き、まず家臣の多羅尾半左衛門と富田太郎介盛次を急ぎ派遣し、続いて牧次右衛門と川路五兵衛に兵を授けて後続させた。派遣した兵数は諸説がある。『本光国師日記』は、然るべき者十人ほどと鉄砲の者百人ほど、『駿府記』は、二百余人、「山本日記」は、牧の組下二十騎と川路配下の鉄砲足軽百人、『大坂御陣覚書』は、侍分十騎余と雑兵八十余人、「須藤姓喜多村氏伝」は、牧の配下三十七騎。

多羅尾と富田は茨木を出立し、尼崎から舟二艘に分乗して堺に向かった。同日未明、まず多羅尾が堺政所の門前に到着したが、既に大坂方に制圧されていたため、今井宗薫宅に駆け込んだ。真木嶋と赤座は、手勢二百人で今井宅を取り囲んで周辺を焼き立てた。多羅尾は長刀を振るって数度斬って出て一人を討ち取り、数人を傷付けたが、衆寡敵せず、数寄屋に籠って自害した。片桐家の帳付坊主少斎と多羅尾の配下三十人ほどが同所で戦死し、今井父子は捕縛された。富田は舟上より炎を望み、堺に着岸せず茨木に退去した。牧と川路は、尼崎から馬を返し、船で堺に渡ろうとしたが、尼崎城在番の建部政長、援将池田重利、南部越後、宮城筑後らは、且元の去就を疑って船を貸さず、郭内に入ることも許さなかった。そこで牧と川路の手勢は伊丹に行こうとしたが、郷民が門戸を閉ざしたため、進退窮まり付近を彷徨した。その様子は遠見の者より大坂城に注進され、十月十四日、大野治長は家老の米村六兵衛、嫡男の米村次大夫、その弟米村市之丞、篠崎大膳らに兵三百余人を授け、牧と川路を急襲させた。西成郡野里村長の喜多村政信は、郷民八百余人を催して大坂方に加勢し、神崎より伊丹、森本付近まで追い討ちをかけた。市之允は先駆して神崎川を渡り、日比加左衛門（日比半左衛門可成の子）を討ち取った。黄昏に至り、牧父子、川路、十河久兵衛、梶尾兵左衛門、今村三右衛門以下ほとんどが討たれ、わずかに討ち漏らされた四人が、数日を経て茨木へ帰り着いた（『駿府記』、『慶長年録』、『本光国師日記』、『大日本史料』所載「今井彦右衛門家之覚書」、『大坂御陣覚書』、「山本日記」、『武家事紀』、『寛政重修諸家譜』、「須藤姓喜多村氏伝」、『武徳編年集成』）。

この戦闘で功名を遂げた者には、軍功褒賞として黄金一枚が賜与された（「須藤姓喜多村氏伝」）。特に市之丞は弱年ながら殊勲を賞され、黄金一枚に加えて秀吉の代から伝来する金小札の鎧が賜与され

よ

た（『武徳編年集成』）。

十一月二十六日、大野治長組中と鴫野口合戦に出役。首一級を斬獲した（「高松内匠武功」）。杉森市兵衛、茨木五左衛門、安宅源八郎、湯川治兵衛、田辺八左衛門、廿枝勘解由、平山藤蔵らとともに上杉景勝勢の追撃を防いだ（「武辺咄聞書」）。

慶長二十年四月九日夜、大野治長が桜門で闇討ちに遭った。下手人は即座に討ち果たされたが、翌十日八つ時分に、下手人は大野治房組の成田勘兵衛の配下との訴人が二人出たため、ただちに市之允と日比覚左衛門が検分のため五十騎ほどを率いて本町の成田宅に出向いた。成田は弁明に及ばず、自宅に火を放って自害した（『大坂御陣覚書』、『長沢聞書』）。

落城後、日比加左衛門を討ち取った軍功を以て、姫路で本多忠政に仕官を求めた（「鴫野蒲生合戦覚書」）。

元和年中、池田輝澄の肝煎で備前岡山の池田忠雄に知行四百石で仕えた。大坂籠城の者が幕府より赦免となった後、賜暇を願い出たが許されず、寛永十六年十月十二日、播磨宍粟の池田輝澄に預けられた。岡山池田家での知行は返上したので、寛永十六年分は郡奉行が決定した租額の通り、夫米《ぶまい》、口米《くちまい》分も含めて同年の物成、蔵米を以て支給された。宍粟では知行二千石の内意で百人扶持を給せられた。

寛永十七年七月二十六日、輝澄が改易になると、宍粟から退去した。池田光仲の家老衆より他家奉公を禁じられたため、「二千石以下ではどこへも奉公しない」と誓い、再度賜暇を願った。しかし、「光仲の成長までは、どこへも行かず、合力五百俵を支給するので上方で自由に暮らすように」と命ぜられた。寛永十八年二月二日、輝澄の改易により支給されなかった寛永十七年分の合力米相当分については、鳥取池田家より米四百俵が支給され、うち百俵は大坂の蔵から給付された。その後は毎年合力として蔵米五百俵が支給された。

寛永十八年三月二日以降、寛永二十年九月二十三日以前に、加賀右衛門と改めた。

正保二年に光仲が祝言をあげた時、江戸に下向して賜暇を嘆願したが、家老衆から、「追々二千石にもなるよう子供たちも召し出して、譜代同様に扱う」とまで慰留されたので承引した。

正保四年、いったん播磨国神東郡粟賀村に預けられた。

慶安元年十一月二十九日、鳥取で鉄砲二十挺、その他相夫四人が預けられ、知行千石が与えられた。

慶安三年、光仲が日光東照宮を勧請して鳥取東照宮を創建した際、江戸まで御神体の奉迎を命ぜられた。

承応二年、江戸番に赴任した（「鳥取藩政資料 藩士家譜」米村重規家、『因府年表』）。

万治三年十一月二十六日に死去。墓所は京都黒谷の金戒光明寺（『京都墓所一覧』）。

長男の米村加賀右衛門は、初め安之丞と称した。知行千石を継ぎ、寄合組に属した。寛文十三年二月に死去。子孫は鳥取池田家の家臣として続いた。

次男の米村四郎右衛門は、別知三百石を与えられて別家を立てた。子孫は鳥取池田家の家臣として続いたが、文政九年に断絶した（「鳥取藩政資料 藩士家譜」米村重規家）。

三男の米村六兵衛は、初め喜内、後に軍太夫を称した。光仲の小姓として出仕し、累進して蔵米知行三百石を与えられた。子孫は鳥取池田家の家臣として続い

た（『鳥取藩政資料　藩士家譜』米村具家）。

米村権右衛門《よねむらごんえもん》

大野治長の家来（『駿府記』）。

慶長五年の戦役では治長に従い下野小山から上り、清州城下の寺に投宿した（『落穂集』）。関ヶ原合戦では、治長が物見を終えて戻るところを敵が追尾してきたので、当時まだ草履取だった米村が「殿、返されよ」と声をかけたが、治長は聞こえないふりでそのまま静かに馬を進めて行った。そこで米村は桑の木の茂みに身を潜めて敵を待ち受け、突然躍り出ると敵の鐙を刎ね上げて落馬させ、すかさず押さえつけて首を取った。治長は馬を止めて「世倅《せがれ》めがいらぬことを」とだけ言って、米村を従えまた静かに退却した（『功名咄』）。〈慶長五年の戦役、慶長十九年の和睦交渉および慶長二十年の千姫大坂城退去などにおける働きは「大野修理大夫治長」の項参照〉。

落城後、病死した治長の娘の遺骸を妙心寺で火葬に付した時、米村の娘も火中に飛び込み、棺を抱いて死んだ。米村は主従の骨を一緒にして高野山の骨堂に納めた。それより剃髪して権入と号し、妙心寺の嶺南和尚に随身し、江戸に下向して芝の東禅寺の衆寮に居住し、寺内の掃除などをしていた。

ある日、嶺南和尚は東海寺の沢庵和尚と同道で、浅野長治の振舞に出かけた。その折、沢庵が「御亭主には随分と人材登用に熱心だが、嶺南和尚が持たれているほどの人材はお持ちあるまい」と言った。長治が「それは何者でしょう」と問うと、沢庵は「大野修理の家来米村権右衛門という者だ。その者は修理が配流になった時も従い、関ヶ原合戦では宇喜多中納言の家来高知七郎右衛門という者を組み討ちにした。その後、大坂冬の陣の御和談では、織田有楽、大野修理方より物ごとに心得のある侍が一人ずつ使者を務めることとなったが、有楽方からは村田吉蔵、大野方からは米村が選ばれて、たびたび城中から派遣された。和睦が調う前に、茶臼山の陣所で大御所が両人を引見した際、米村は御前をはばかることなく、堂々と趣意を言上した。米村が退出した後、大御所は米村の態度を特に称賛されたという。その米村が侍をやめ、嶺南和尚のもとにいる」と語った。長治は「その米村なら世間に隠れもない者であり、拙者が召し抱えたい。修理方での知行高をご存知ありませんか」と尋ねると、両和尚は「先知は二百石と聞いておる」と言った。長治が「では、四百石を与えましょう」と提示すると、沢庵は「是非にも五百石与えられよ」と奨めた。長治は「五百石の知行高は少々支障もあるので、その代わりに足軽を預けましょう。また現在、道心者《どうしんじゃ》なら腰に差す刀もないでしょう。当年も暮れに近いが、当年分の年貢をすべて支度料として与えましょう」と言い、それで米村の身代が決まり、長治の家臣となった。

備後三次浅野家中では、物頭役を務めた。江戸にも勤番した。

慶長三年に信濃善光寺の本尊が京都から戻される時のこと、慶長五年に大野治長が配所を出て会津出陣に従軍した時のこと、関ヶ原合戦で高知七郎右衛門を討った時のこと、大仏建立を推進する片桐且元と豊臣家の金銀が費消されることに反発する大野治長の関係が悪化した時のこと、大坂冬の陣で出丸構築を巡って後藤が真田と対立した時のこと、五人衆が成立した時のこと、落城の際に千姫が城から退去した時のことなどを語り残した。また、大坂城中で明石掃部から聞いた、慶長四年の宇喜多騒動の顚末や関ヶ原合戦で敗北した後の動向などについても語り継いだ。

三次浅野家中で町奉行を務めていた槙尾又兵衛（号は是休斎）は、元薄田隼人正の近習だった。ある日、長治が千姫の大坂城退去について尋ねると、槙尾は「世間で取沙汰の通りです。淀殿、秀頼公と最後までご一緒にあるべきところ、女性とは申しながら不甲斐ない事と、当時から言われています」と答えた。後日それを聞いた米村は大いに立腹して、家財道具をすべて処分した上で「槙尾は過日、御前にて千姫様のお噂を申し上げたそうですが、このままでは済まされません。何故なら、千姫様が城を退去されたのは、秀頼公親子の御助命を願っていただきたいという大野修理の強い要請によるものだからです。それを槙尾が申し上げたような事では、千姫様に悪名を被らせることになります。また、修理の身にとっても迷惑というもの。このような片田舎で槙尾を相手にして御裁許を仰いでも世間に対して申し訳がたちません。私は御暇をいただき、江戸表に下向して公儀に願い出ます。千姫様の御恥辱を晴らさずしては、旧主修理に対する私の奉公が成り立ちません」と申し立てた。家老の山田監物や八島若狭が大変難儀して、内証に済ませるべくいろいろ説得したが、米村が納得しないので、長治に事の次第を報告した。長治は内々で槙尾に「その方の旧主薄田は五月六日に道明寺表で後藤とともに討ち死にしたので、薄田の組下は城中に撤退し、家来は六日の晩に城から退去したと聞く。千姫様の退去は七日の事なので、その方が直接知っているはずはない。きっと世間一般の取沙汰を聞いたままに申したまでであろう。その方の手落ちというほどでもないので、米村にありていに説明して納得させよ。内証で済ませる事が望ましく、それが私のためでもある」と指示した。槙尾は十分納得し、米村に「今般は私の大変な不調法でまことに申し訳ない」と謝罪したので、米村も堪忍した（「落穂集」）。

米村は平素、衣服、飲食は粗末だったが、武具だけはきらびやかに調えていた（「武将感状記」）。

八十余歳まで無病息災で存命した（「落穂集」）。墓所は京都黒谷（「山城全国名家墳塋」）。

米村六兵衛《よねむら　ろくびょうえ》

大野治長の家老（「山本日記」）。

慶長十九年十月十四日の夕刻、大野治長は、米村六兵衛、その嫡男米村次大夫、米村市之丞、篠崎大膳らに三百余人を授け、神崎付近を彷徨中の片桐且元の兵を討たせた（「須藤姓喜多村氏伝」、『大坂御陣覚書』）。

『大工頭中井家文書』によると、慶長二十年三月二十二日付で大野治長は、中井正清に書状を送り、常高院、二位局、大蔵卿の駿府下向を知らせ、併せて昨今の雑説につき、京都所司代板倉勝重への斡旋を依頼し、口上の使者として六兵衛という者を添えている。使者は米村六兵衛と思われる。

なお「宇佐美氏覚書」に、米村六兵衛は鴫野口合戦での諸士の働きを検証するため、使者として上杉景勝の陣所に赴いたとあり、「宇佐美先祖代々文書之写」には、慶長十九年十二月二十八日付で米村六兵衛長清より宇佐美勝興に宛てた書状が収載されているが、どちらも信憑性に欠ける。

わ

若林平右衛門《わかばやし へいえもん》

大友義鎮の家臣若林中務少輔鎮興の次男。若林勘兵衛統昌の弟（「鼈城藩臣志」、「臼陽氏族誌」）。

初め大友義統に仕えた。文禄二年、大友氏の除封後、京都に移住した。

大坂籠城。真田信繁の手に属した。

慶長二十年五月七日に天王寺口で戦死（「若林政興覚書」）。

若原勘大夫《わかはら かんだゆう》

大野治房組に所属。

慶長十九年十二月十六日、本町橋の夜討ちに物頭分として参加（『土屋知貞私記』）。

慶長二十年五月七日、明石掃部頭、明石組小倉作左衛門、岡田丹後守、塩川清右衛門、前田主水らとともに戦った（「大坂記」）。

落城後、牢人となり、馬の沓《くつわ》を拾い売りし、夜は淀川で宇治への糞船を牽いて暮らしていた。たまたま行き合った古朋輩が肝煎して、酒井重澄より百人扶持を給せられた。

後に安藤重長に知行五百石で仕えた（「池田正印覚書」）。

若松市郎兵衛宗清《わかまつ いちろ（う）びょうえ むねきよ》

河内国河内郡日下村の日下党の出自。

祖父の日下石見は、河内畠山家に属した。

父の主計は、伯父の若松助兵衛が河内飯盛城で戦死したため、その娘を娶り、若松の名跡を継いだ。畠山家の没落後は、大和国平群郡生駒に浪居した。後に大和郡山の筒井順慶に仕えた。天正十三年、筒井定次の伊賀転封に従ったが、その後、大和松山の福島高晴に転仕した。日下の家跡は、主計の弟久左衛門が継いだ。その子草加次郎左衛門（後に五郎右衛門）は市郎兵衛の従弟にあたる。

若松宗清は、天正十六年に伊賀で誕生（「先祖書上」寛永廿一年ニ若松市郎兵衛書上ル写）。初め市五郎を称した（『若松氏系譜』）。

若い頃から田中忠政に知行二百五十石で仕えた。小塩四郎右衛門という悪人の件で、鍋島直茂より田中家へ連絡があった。市郎兵衛は、在所を退散した小塩に行き合ったので、その場で討ち留め、中村理右衛門に首を持たせて鍋島家に届けた。

その後、兄弟ともども田中家を退去した。

次いで生駒一正に知行二百五十石で仕えたが、家中でいざこざがあり、立ち退いて牢人となり、大坂に居住した。

慶長十九年、秀頼の召募に応じ大坂籠城。鉄砲二十挺を預かり、木村重成組に付属された。重成の左先頭の鉄砲を支配した（「先祖書上」寛永廿一年ニ若松市郎兵衛書上ル写）。重成の手では、上村金右衛門、小川甚左衛門、小倉監物、根来知徳院、井上与右衛門、井上忠兵衛、柳名右衛門、若松市郎兵衛の八人が、足軽二十人ずつを預かり、黒羅紗羽織を着用した（「高松内匠武功」）。

十一月二十三日の夜、大坂より一里ほど北東の堤筋毛間村、滓上江村《かすがえむら》に渡辺内蔵助が張番として鉄砲百挺を駐留させていた。同じ堤筋の今市に敵が詰め寄せ、その間が七、八町ほどになったので、これを懸念した重成が、市郎兵衛に加勢に行くよう命じた。同夜半、内蔵助の番衆が敵地より向かって来る者に気付き、夜襲と思い込み逃げ出した。市郎兵衛はこれを押し止め、鉄砲を撃ちかけるよう下知したが、内蔵助配下の頭分も雑兵も逃げてしまい、鉄砲の者百人のうち、わずかに二人だけが市郎兵衛配下の鉄砲の者に加わった。そこで全員揃って踏み出し、鉄砲を撃たせ、名乗りかけて鑓を入れた。すると敵地より向かってきた者が「秀頼公への内証の使者である」と言うので、侍二人と下人六人を生け捕りにした。侍は片山大助、小出左助と名乗った。城中に連行して同夜のうちに重成に引き渡した。内蔵助も重成の所に来て、その夜の様子を吟味した。市郎兵衛が詳細に言上すると、手柄により鉄砲の者もひとかどの者として取り立てるとのことであった。生け捕りの侍二人は、即刻、重成が城内に連れて行った。この夜の働きは城中でも評判となり、感じ入った重成は、翌日、家来の中村太左衛門を使者として、秀頼から拝領した具足下を下げ渡した(「先祖書上」寛永廿一年ニ若松市郎兵衛書上ル写)。

「高松内匠武功」には、毛間村の堤の堀切は、当初重成と内蔵助が番所を置いて共同で警固しており、十一月十日夜、内蔵助の手の大石平之助以下侍十人と重成の手の市郎兵衛以下侍十人が警備していたところに敵地から駆け入る者があったので、夜討ちかと混乱したが、市郎兵衛が動揺する味方を鎮めつつ、誰何《すいか》すると、籠城を志す三木大介以下七人であることが判明し、これを収容したとある。なお、この件以後、重成と内蔵助が二日二夜交替で鉄砲の者、同頭、与力衆を添えて張番を出すこととなったという。

十一月二十六日の未明、今福口の柵が破られ、片原町まで敵が侵攻したので、重成組より大井何右衛門、川崎和泉、高松内匠、高松半左衛門、市郎兵衛らが早々に防戦のため町口の柵へ駆け付けた。和泉と半左衛門は直後に銃創を蒙って退き、残る人数で柵一つを奪還した。そのうちに組中の者もおいおい参着した。

朝五つ時分より、敵と七、八反を隔てて激しい銃撃戦が始まり、八つ時分まで撃ち合いが続いた。重成は、市郎兵衛が鉄砲の者を指揮して果敢に働く様子を本陣から見届け、使番を派遣して賛辞を贈った。

八つ時分頃、佐竹勢へ大坂方が切りかかると、市郎兵衛も松浦弥左衛門と言葉を合わせ、今福堤筋で一番鑓を合わせ、敵を追い払った。堤の北の原でも鑓合わせがあったので、そこにも加わった。佐竹勢は二番の柵に敗走し、柵の口で取って返したが、息もつかせず柵内に追い込んだ。佐竹勢では鑓を投げ付けにする者もあった。佐竹勢では鑓を投げ付けにする者もあった。二の柵に押し入って、素肌者一人に鑓を付け、重成の家来五岡太兵衛に首を取らせた。なおも進んで三の柵へと敵を追い詰めた時、組外の岸野新左衛門が堤の上から鉄砲に撃たれた。そこで鉄砲を撃った者を目指して堤の上に駆け上がると、その者は既に去っていたので、鑓を持って堤に上がってきた素肌者を鑓で突き捨てにした。続いて猩々皮羽織の武者と、互いに声を掛け合いながら柵越しに鑓を合わせたが、勝負がつかなかった。相手が退いたので、そのまま柵内に押し入って奮戦した。

今福口における軍功により、後日詮議の証拠のためとして、重成の書付が発給された。しかし、その文面が他の者と同じだったので、市郎兵衛は「私の働きはすべて吟味により確定しているはず。私の働きを条書にしていただけるなら受領するが、他と同じ文面の書付なら受領できない」と抗議し、その場で使者の青木四郎右衛門、波田兵庫に返却した。重成から「その方の堤上における一番鑓、そ

わ

の他の働きは、吟味により紛れもなく確定している。秀頼公から直々に感状が下賜されるとのことなので、それまでの手形である」となだめられたが、四郎右衛門に書付を預けたまま、ついに受領しなかった。

十二月四日、天王寺口八町目へ敵が攻め寄せ、石川康勝、長宗我部盛親の持ち口の塀下に取り付いた。重成が加勢に駆け付け、組中の七人は矢切の上で防戦した。このうち市郎兵衛は鉄砲の者を指揮して軍功を励ました。

慶長二十年五月六日、若江表に出役。重成の本陣から三町余隔てた左の先手にいた。重成本陣が合戦に及んだので、市郎兵衛は先手の衆も本陣と合流するように指示して、先に本陣に向かった。しかし、既に敵味方入り乱れ、重成の戦死の様子もわからなかった。そこで、若江村の南の口で馬を止め、味方四、五騎に留まるよう声をかけたが、留まる者はなかった。高松内匠だけがともに留まっていたが、二騎で多勢を相手にしても仕方がないので引き揚げることとし、互いの馬の後先まで吟味して若江村の西口まで同道して退却した。

五月七日の早朝、木村主計より使者が二度派遣され、内匠と市郎兵衛に対して「長門守は討ち死にされた。残った組中を率いて片原町、京口へ出るように」と指示があった。しかし、組中は大多数が討たれて少人数となっていたため、四、五人が相談して「秀頼公が出馬されるとのことなので、馬前にて奉公したい」と返事した。

しかし、早々に大坂方が総敗北となったため、四、五人と申し合わせて本丸に向かったが、城門が閉ざされて入り得ず、仕方なく妻子全員を連れて退去した。

落城後、出雲松江の堀尾忠晴に出仕した。しかし、大坂牢人の召し抱えは禁止されたので、致仕を申し出た。いろいろ慰留されたが、辞去して内々《ないない》大坂に居住した。

その後、旗本畠山政信から使者を以て大和龍田の片桐孝利への仕官を勧められた。「大坂牢人の仕官は禁止されており、いかがなものか」と懸念を示したが、「孝利は小身だから問題ない」と重ねて勧められたので、知行五百石で出仕し、鉄砲の者二十人を預かった。後に三百石加増され、合計千石を知行。鉄砲の者二十六人を預かった。また、養嗣子の文大夫も知行二百石で出仕したので、合計知行千石となった。寛永十五年に片桐家が除封されたため、牢人となった(「先祖書」寛永二十一年九月廿一日若松市郎兵衛書上)。

寛永十六年(六月頃)東大寺の塔頭正源院の住持賢盛が細川忠興に若松の召し抱えについて打診した。忠興は若松の心映えや武功の様子、年齢、今までの処遇など詳細を照会したが、結局細川家への仕官は調わなかった(『大日本近世史料 細川家史料』)。

寛永十八年十一月十一日、江戸で旗本牧野成常と石谷貞清を通じて池田光政への仕官の話があった。知行二千五百石、鉄砲二十挺を預けるとのことであり、早速受諾した。家老池田由成から使者として瀧並弥八郎が来訪し「嗣子の文大夫も連れてくるなら、無足で召し使うのもどうかということで、知行二千五百石のうち五百石を分与するように」との光政の内意が示され、それに従った。十一月十五日、牧野、石谷に付き添われ、父子ともに若松父子と同時に江戸屋敷で光政に拝謁した。十一月二十四日、光政は池田良成に、草加と若松へ銀百枚ずつを遣わすよう指示した。十一月二十八日、備前へと出立した。

寛永十九年三月、備前岡山に到着した。十月、鉄砲の者三十人を預けられた。十二月一日、折紙を頂戴した（「先祖書上」寛永廿一年ニ若松市郎兵衛書上ル写、『池田光政日記』）。なお、落城以後、池田家出仕までは、従弟の草加次郎左衛門父子と同じ軌跡を辿ったものと思われる。

岡山城下二日市町に屋敷があった（『有斐録』）。

正保元年八月二十一日、光政は諸士に家々の先祖の来由、戦功、その他浮沈の事まで巨細となく筆記して提出することを命じた（『池田光政日記』、『吉備温故秘録』）。これにより市郎兵衛は寛永二十一年九月二十一日付で書付を提出した（「先祖書上」寛永廿一年ニ若松市郎兵衛書上ル写）。書付の内容について、斎藤加右衛門との間に紛争が発生した（〈斎藤加右衛門〉の項参照）。

『吉備温故秘録』に、正保年中、若松市郎兵衛、陸田市左衛門が往年の武功を競って争論に及んだところ、深谷助左衛門が双方を戒めた逸話を、その場で目撃した田中真吉の物語として載せている。『池田家履歴略記』には、陸田市左衛門の武功自慢に、生駒半右衛門が怒り、陸田が詫びを入れた逸話を載せている。両史料は御野郡浜野村に池田光政の帰国を迎えた時の事としているが、実否不明。

正保三年冬に病死（『吉備温故秘録』）。享年五十九歳（「先祖書上」寛永廿一年ニ若松市郎兵衛書上ル写）。

子の若松文大夫は、慶長十年に肥後天草で誕生。実父の高畠新三は、河内の人で、寺沢広高に仕え、天草富岡城代を務めた。文大夫も寺沢家中で合力米を給せられていたが、後に兄弟とともに退去した。松倉重政方に牢人分として高二百五十石の物成を蔵米で給付された。寛永七年に重政が死去した後、片桐孝利に仕えていた市郎兵衛の養子となり、養父の知行のうち二百石を配分された。寛永十八年、養父とともに池田光政に出仕し、養父の知行のうち五百石を配分された（「先祖書上」寛永廿一年若松文大夫書上）。

池田数馬組に所属（『備前侍帳』）。正保四年一月二十六日、池田光政は老中に「市郎兵衛の跡目については、長年奉公の者でも先代に引き続き鉄砲の者を預けることはないので、その常例通りとし、知行は他国で親子として千三百石を取っていたとのことなので、遺知二千石のうち本知千三百石を与えよ」と指示し、池田数馬に下達させた。一月二十八日、老中の池田由成を通じて光政に「文大夫が跡目の裁定に得心しないので、草加五郎右衛門と説得を試みたが納得せず、そればかりか『御暇をいただきたい』などとわけのわからないことを言って聞かない」との報告があった。一月二十九日、池田長明を通じて光政に「草加五郎右衛門から池田数馬に通報があり、昨夜文大夫は退散した」との報告があった（『池田光政日記』）。これにより若松家は絶家となった（『吉備温故秘録』）。

『若松氏系譜』によると、市郎兵衛は子の市十郎には日下の名跡を継がせ、娘の伊久には牢人の一学という者を娶せて、若松の名跡を継がせたという。一学は文大夫と同一人物と思われる。

伊久は若松庄左衛門を産んだが、一学とは離別し、茄某に再嫁して吉右衛門と庄三郎を産んだ。吉右衛門は森氏に改め、その子孫は日下村に還住した。この家系から後世、生駒山人（文雄）が顕れた（『若松氏系譜』、『河内名流伝』）。

和気五郎兵衛《わき ごろ(う)びょうえ》

備前国磐梨郡河田原村の出生。

宇喜多秀家の家臣明石掃部頭に仕え、キリスト教を信奉した。

慶長五年の戦役の後、明石は筑前に下り黒田長政の庇護を受け、下座郡で家来中の知行として千二百五十四石を扶助された。五郎兵衛も筑前に随行した。

その後、牢人となり中野氏、一時は岡田氏を称した。

慶長十九年、明石に従い大坂籠城。この時は和気氏に復した。落城の際、生死不詳（「中野五兵衛書付」、「池家譜」）。

子の中野五兵衛は、慶長五年、備前岡山で出生。落城後、備前に浪居した。元和三年、キリスト教より真言宗、次いで禅宗に転じた。寛永年中、因幡で池田光政へ徒士《かち》として奉公したが、慶安三年三月三日、禁教信奉の嫌疑により投獄された。沢田善右衛門と改名。寛文十年一月に牢死。享年七十一歳（「中野五兵衛書付」、「切支丹並類族御帳」）。

脇野糸目《わきの しめ》

木村重成の旗奉行。黄羅紗羽織を着用。

慶長十九年十一月二十六日、今福口に出役。

慶長二十年五月六日、若江表に出役。味方が総敗北したので、山口知徳院とともに退却した（「高松内匠武功」、『大坂御陣覚書』、「草加文書」）。

和久半左衛門宗友《わく はんざえもん むねとも》

和久宗是の次男。初め半左衛門を称していたが、寛永十年十一月、伊達政宗の命により出雲と改めた。寛永十三年九月、半左衛門の名で天下に知られているためとして、伊達忠宗の命により半左衛門に戻した。諱は初め宗友、是成、後に是安（『和久半左衛門安宣書出』）。諱を音読みして宗友と号した（『和久家重修系譜』）。

天正十六年、十一歳で伊達政宗に拝謁した際、政宗がたわむれに懐剣で肘を刺してみせ、「お前もやれるか」と問うと、宗友はその懐剣を押し戴き、自らの肘を刺して顔色ひとつ変えなかった。政宗はこれを賞してそのまま懐剣を与えた。

兄の和久宗作が父より先に死去したため、家督を継いだ。

慶長十四年六月十日、馬術の師森左源太吉則から馬書十三巻を伝授された（「和久半左衛門安宣書出」）。

慶長十六年三月、秀頼の上洛に供奉（「秀頼御上洛之次第」）。四月二十一日付で伊達政宗に書状を送り、秀頼上洛の様子を報じた（「石原重臣氏所蔵文書」）。

慶長十八年十月二十二日付で宗友が父に宛てた書状によると、慶長十七年から右筆となり、家臣一同が加増になった時には、四百石を加増され五百石となった（『和久家重修系譜』）。

慶長十七年九月二十八日付で秀頼から知行について黒印状を発給された（「和久半左衛門安宣書出」）。知行所は摂津太田郡内（『仙台金石志』所載「和久半左衛門尉墓誌之銘」）。

慶長十八年十二月二十八日、政宗に歳暮の祝儀として紫革五枚を贈った。

慶長十九年十月、秀頼から政宗への密使を命ぜられた（「和久半左衛門安宣書出」）。政宗は十月十五日より下野小山に宿陣していたが、十六日朝、宗友の来着を聞き、十七日に面会することとした（『仙台市史』資料編）。秀頼の口上を聴取した政宗は、宗友を送還するため、家臣の目々沢源之丞を添えて木曽路に就かせたが、通行制限が厳しく、江戸に戻った。

政宗は宗友を連れて東海道に就き、箱根の関所に通行可否を伺うよう家臣に指示した。箱根の役人は宗友の身柄を受け取るとともに、用向きについて政宗方へ照会した。十月二十四日、政宗の指示により口上の趣意を書付にして政宗に提出した。十月二十五日、政宗は宗友に書状を送り、書付を披見し、小山での口上と合致し、文言に過不足なく、筆致も八幡流で上出来であるとした上で、一か所欠字があるので書き直すよう指示し、道中につき不行き届きの点を詫びた。宗友は十月二十六日付で書付を清書して提出した。書付によると秀頼からの口上の大意は「今般、駿府に伺候した片桐且元から『家康父子と秀頼の間に将来にわたって問題が生じないよう、大坂城から退去する、または秀頼が江戸に詰める、または淀殿を人質に出す、この三か条のうちいずれかを受諾するよう、家康から内意が示された』との報告があったが、これは真実ではなく且元の偽言である。しかも且元は、登城を拒んでそのまま屋敷に立て籠った。秀頼は且元を切腹させたかったが、家康父子との関係を重視して、追放処分に留めた。家康父子には書中を以て事情説明を試みているところであるが、難航が予想される。政宗は家康父子と特に懇意なので、本件について取り成してほしい」といったものであったという(『伊達政宗記録事蹟考記』)。

十一月二日付で政宗は家臣山岡重長に書状を送り、「幕閣から、宗友は重要人物なので、連行して首枷をも付けて厳重に監視するようにとの指示があったので、早急に伊豆三島で身柄を差し出すように」と命じた(『仙台市史』資料編)。十一月三日、山岡重長は伊豆三島に伺候し、本多正信を通じて、政宗は秀頼の要請を拒絶し、使者を拘束した旨を将軍秀忠に報告した(『駿府記』)。宗友の身柄は、秀忠の指示により三島代官井出正信、佐野正重に預け置かれた(『伊達政宗記録事蹟考記』)。

慶長二十年三月四日付で政宗は宗友に書状を送り、宗友から贈られた鮎鮨について礼を述べるとともに、幕閣や家康の側室を通じて赦免をはたらきかける方針を伝えた。宗友は大野治長への出状を希望したが、三月十八日付で政宗は宗友に書状を送り、時期尚早として許さなかった。その後も政宗は本多正信父子や土井利勝を通じて宗友の赦免をはたらきかけた結果、元和二年五月二十六日、本多正純、土井利勝を通じて政宗に宗友の赦免が通達された(『仙台市史』資料編)。

六月、政宗の招聘により仙台に下向した。八月五日、知行百十一貫二百七十九文を与えられた。栗原郡三迫沼倉村に居館を設けた。

元和五年一月一日、伊達家中で着座に列せられ酒杯を賜った。

元和八年と元和九年に江戸で勤番。

寛永三年十一月、政宗の使者となり京都に上り、十二月二十五日、皇子誕生の祝賀として銀子などを禁裏へ献納した。

寛永十五年八月二十一日に病死。享年六十一歳。法名は光徳院窓月日閑。葬地は栗原郡宮野村の妙円寺。

多才多芸で、近衛信尹に書を学び、大森宗勲に音曲を学び、森左源太吉則に馬術を学んで、それぞれ妙域に達した(『和久半左衛門安宣書出』、『伊達世臣家譜』)。

妻は津田孫十郎信次(号は宗夢)の娘巨陀で、元和年中、宗友に嫁いで嫡男信是を産んだ。寛永二年八月九日に死去。法名は妙秋院殿正了日縁大姉(『和久家重修系譜』)。

嫡男の和久掃部信是は、初め長門、孫十郎を称した。正保元年八月十四日、知行百二十貫文を与えられた。正保四年八月、罪を得て九十貫文を収公された。慶安二年十二月、再び罪を得て三十貫文を収公された。

次男の和久半右衛門信安は、初め猪兵衛を称した。兄が知行没収、禁固に処されたため、慶安二年十二月十九日、三十貫文を以て是友の家跡を継ぎ、その子孫が伊達家の家臣として続いた（「和久半左衛門安宣書出」、『伊達世臣家譜』）。

和久又兵衛宗是《わくまたびょうえそうぜ》

和久掃部頭宗永の子。

父の宗永は、山城に居住し、室町幕府、後に三好家に仕えた。なお『真珠庵文書』の天文二十年十一月十一日付書状に、和久掃部助高徳の署名があるが、同一人物かは不明。

和久宗是は、本来河合氏で、掃部頭の婿養子となり家跡を継いだ。剃髪して諱を音唱して宗是入道と号した。また自庵宗是とも称した。

初め三好家に属し、後に足利将軍家、信長に仕えた。次いで秀吉に仕え、天正十七年九月十七日、所領について朱印状を拝領した（「和久半左衛門安宣書出」、『和久家重修系譜』）。

『和久氏家伝』によると、右の所領は播磨国印南郡内にあった（『和久家重修系譜』）。

天正十七、十八年、伊達政宗と同家中に再三書状を送り、上方の情勢を報じ、上洛と帰順を勧告した（『伊達家文書』）。

文禄元年三月二十日、肥前名護屋城の御詰衆の番手が制定された。一番は杉原伯耆守、早川源三、石川仙、長束藤三、別所孫三郎、安威孫作、木下半介、徳法軒道茂、白井善五郎、二番は戸田内記、生駒二郎四郎、薄田千平次、大野孫一郎、中井平右衛門、堀某、亀田清左衛門、山中橘内、星野新左衛門、和久宗是、三番は松浦伊予守、石川肥後守、丹羽藤三、堀六蔵、日比久二郎、稲田清蔵、安威摂津守、桑原次右衛門、宗補、粟屋彦兵衛尉（「高橋義彦氏所蔵文書」）。

『和久氏家伝』によると、文禄四年、政宗に謀反の嫌疑がかかり、宗是はその無実を弁じた（『和久家重修系譜』）。

慶長五年、政宗から仙台に招かれた。

慶長十七年、再び仙台に招かれ、黒川郡大谷村で二百貫文を給せられ、同所に居館を置いた。閏十月六日、政宗より鷹狩の獲物を頂戴した。十二月二十五日、政宗より歳暮の品として鷹狩の獲物、小袖等を頂戴した。

慶長十八年九月十二日、政宗より鷹狩の獲物を頂戴した。九月二十六日明六時より仙台の旅亭に政宗が入来した時、菜を献じた。夜四時に政宗は帰城した。十月晦日、政宗が入来した時、菜を献じた。十一月九日、政宗より鷹狩の獲物を頂戴した。

慶長十九年三月二日、政宗より鷹狩の獲物の料理を頂戴した。

十月、大坂で開戦の報に接すると、秀吉の恩顧を思い、仙台を辞去し、昼夜兼行で大坂に急行した（「和久半左衛門安宣書出」）。既に開戦となり城中に入ることはできなかったが、和睦後も再戦を見越して大坂に留まった（『伊達世臣家譜』）。

慶長二十年二月、伊達秀宗の病中見舞として栄螺《さざえ》を贈った。政宗は二月二十日付で礼状を送った。

三月頃は中風を患っていた。政宗は三月三日付で書状を送り、病状を見舞った（『伊達政宗記録事蹟考記』）。

五月七日は二の丸の私宅に待機してい

た。既に落城の様相となったため、鉄門から本丸に入ろうとしたが、門扉が閉ざされ入れなかった。そこで白綾に兜のみ戴き、群がる敵に駆け込み、鑓玉に上げられ戦死したという。享年八十一歳（『和久半左衛門安宣書出』）。「治家記録」によると、政宗は宗是の妻に「かねて強い覚悟の方だったので、恐らく討ち死にされたのであろうと思います」と書き送っていることから、戦死の模様は不明というのが実態であろう。法名は本光院殿宗是日浄居士（『和久家重修系譜』）。政宗は五月二十三日付で子の宗友に書状を送り、弔意を示した（『伊達治家記録』）。

　妻の和久氏は、寛永二年七月九日に京都で死去。法名は本持院殿妙有日光大姉（『和久家重修系譜』）。

　長男の和久伊左衛門宗作は、多病のため家督を継がず、慶長十二年四月二十二日に死去。その嫡男和久平八郎是信は、後に伊左衛門を称した。大坂落城後、叔父宗友を頼り仕官を求め、伊達政宗から扶持方八人分を給せられた。正保元年八月十四日、知行二十貫文を与えられ扶持方は収公された。寛文十年九月に病死。実子三郎兵衛が父より先に死去したため、戸田隆時の弟七兵衛定信が養子となって家跡を継ぎ、子孫は伊達家の家臣として続いた（『和久半左衛門安宣書出』、『御知行被下置御帳』延宝五年四月九日和久七兵衛書出、『伊達世臣家譜』、『和久家重修系譜』）。

　次男は和久半左衛門宗友（〈和久半左衛門宗友〉の項参照）。

　長女福は舟橋氏に嫁いだ。

　次女は佐五。

　三女糸は阿波氏に嫁いだ（『和久家重修系譜』）。

分部又四郎《わけべ またしろう》

　伊勢国安濃郡分部村の出自。分部右馬允の子（『勢州御普代慶安年中諸士以下由緒書』）。

　慶長四年に誕生。

　父兄とともに大坂籠城。慶長二十年五月七日、父兄は戦死した。又四郎は細川忠興の家臣続亀之助重久に鑓を付けられたが、家来がその鑓を切り払い、又四郎を肩に掛けて後方に退いた。又四郎は「父と兄が戦死したうえは、命を惜しむべきか。このまま置き捨ててくれ」と喚いたが、柏倉勘左衛門がいさめて、連れて退かせた（『武功雑記』）。

　五月七日、寄せ手が崩れた時、続重久は、藤堂高虎の家臣平佐牛之助、藤堂吉親の家臣不破久大夫と言葉を交わして返し合わせた（『高山公実録』所載「平佐牛之助旧家乗」）。続重久は、先手に進み、佐方友信、吉住正景と同じく敵六、七人と競り合った。その中でも抜きん出た分部又四郎と鑓を合わせ、綿噛の首の付け根に鑓を突き入れた。しかし又四郎の徒士四、五人が後ろから切りかかり、立物や指物を切り折ったので、これらの者を切り払ううちに、又四郎は退き、他の敵も散り散りになった。後年、平佐が有馬に行った際、傷の養生のため湯治に来ていた又四郎と遇い、戦場での様子などを聞き取り、重久に書き送った（『綿考輯録』）。

　又四郎は、近江大溝の分部嘉治に知行百石で仕え、慶安年中には二百石に加増された（『勢州御普代慶安年中諸士以下由緒書』）。『綿考輯録』に、大坂での働きにより加賀の松平加賀守（前田）家に大身で仕えたとあるが、確認できない。

　『集成分部家系譜』によると、分部右馬允宗貞（光定の孫）と、その長男分部弥左衛門光忠は秀頼に仕え、大坂の陣で戦死し、宗貞の三男を分部又左衛門貞清としている。貞清と又四郎は同一人物を指すと考えられる。貞清は豊臣家滅亡後、インドに逃れ、帰国後は天竺又左衛門と渾名された。

　長女に八幡善法寺忠雅を娶らせ、婿養子とした。忠雅は養父とともに京二条鴨川の畔で酒造を営んだが、後に大溝分部家に仕え、分部又左衛門家の祖となった。忠雅の子に長男長四郎、次男助之進清此、三男東寺金勝院寛巌があった。

和佐半左衛門《わさ はんざえもん》

　紀伊国名草郡和佐の人和佐九郎大夫氏実の惣領。

　父の氏実は、天正十二年、家康に呼応して和泉岸和田在番の中村一氏と敵対し没落した。後に豊臣秀長に召し出され、郡代を務めた。浅野長晟にも召し出され、代官を務めた。

　和佐半左衛門は、父の病死後、牢人となり無人と改名した。

　大坂の陣で秀頼に招かれ、半左衛門と復名して山口喜内らとともに豊臣方に味方したため、浅野家に捕えられ処刑された。

　次弟の和佐九郎右衛門豊範は、兄と決別して浅野長晟に従った。森九右衛門と改名して和佐で田畑を耕し隠者となり、同所で病死した。その孫和佐大八範遠は徳川光貞に仕え、射芸に優れた（「紀州家中系譜並ニ親類書書上」享和元年三月和佐森右衛門範武書上）。

渡辺数馬《わたなべ かずま》

　秀頼の家臣。

　慶長年中の六月七日朝、織田有楽の茶会に招かれ、青木法印、河村久目（尾張津島の住人河村久目斎入道宗悦）、森嶋長以とともに参席（「有楽亭茶湯日記」）。右の茶会は、日記の記載順に従えば、慶長十九年となるが、刑部卿法印青木重直は慶長十八年十一月二十一日に大坂で病死しており、年代が特定できない。

　慶長十九年、大坂城に籠り、城北警固の寄合衆（『難波戦記』）。

渡辺内蔵助《わたなべ くらのすけ》

　渡辺宮内少輔の子（「諸寺過去帳」、『寛政重修諸家譜』）。母は正栄尼（「清涼寺過去帳」、「諸寺過去帳」、『土屋知貞私記』、『駿府記』）。曲直瀬玄鑑道三親清（天正五年に誕生）の妻（注）の兄弟（『寛政重修諸家譜』、「官医系譜」、「清涼寺過去帳」）。

　父の宮内少輔は、諱を昌とされる。山城国愛宕郡田中村の住人渡辺出雲守告の次男で、渡辺左馬助重（号は李斎）の弟（『寛政重修諸家譜』）。天正元年二月、足利義昭の挙兵に呼応して岩倉の山本、山中の磯谷らとともに明智光秀に離反（『兼見卿記』）。足利義昭に帰参した（『大日本史料』所載「尋憲記」、『大日本史料』所載「年代記抄節」）。七月、足利義昭の再挙兵に呼応して東山一乗寺城に籠ったが、七月二十三日、稲葉良通の調停により退城（『兼見卿記』、『大日本史料』所載「年代記抄節」、『信長公記』）。後に秀吉に仕えた（『寛政重修諸家譜』）。天正十八年十月十九日、吉田兼見に孫子誕生の祝儀を贈った。十二月四日、兼見から御祓と鯛二匹を贈られた（「兼見卿記」）。年月不詳二十日に死去。法名は源誉道把居士（「清涼寺過去帳」）。墓碑が京都嵯峨野の五台山清凉寺の墓地北域にある。

　渡辺内蔵助は、初め権兵衛を称した（『大坂陣山口休庵咄』）。一時、右衛門佐を称したか（『駿府記』、『医学天正記』、「十竹斎筆記」）。大坂籠城の時に内蔵助を称した（『大坂陣山口休庵咄』）。諱は尚（「諸寺過去帳」）、糺とされる（『寛政重修諸家譜』、『難

波戦記』、「稲葉家譜」、「後藤合戦記」）。

壮年より槍術《そうじゅつ》を好んで妙域に達し、秀頼の槍術師範となったという。門下に学ぶ者が多かったが、秀頼の家臣船津八郎兵衛ら三人が傑出した。後世に船津流、または内蔵助流と唱えて伝来した（『本朝武芸小伝』）。

「清凉寺過去帳」によると、慶長十四年二月一日、渡辺権之助の内室クウが死去し、徳芳妙寿禅定尼と諡されている。権之助は内蔵助と同一人物、またはその一族と思われる。

慶長十六年三月、秀頼の上洛に供奉（「秀頼御上洛之次第」）。

同年春、秀頼の小姓衆十人ほどと詰衆津田出雲守（重信か）や渡辺が、西成郡野田村へ藤の盛りを見物に行き、藤の付近で一日酒盛りし、その後三人、五人ずつ小舟に乗って、福島、海老江村などへ見物に散った。その間出雲守は一人酒に酔って藤の付近で休んでいた。出雲守の家人は野田村の民家に行き、林斎という座頭だけが出雲守の側《そば》にいた。そこへ鐺《こじり》に小さい車を付けた四尺ほどの大刀を指した薩摩者六人が、同じく藤見物に来合わせ、出雲守に無礼をはたらいて口論となった。薩摩者六人は刀を抜き連れて出雲守に斬りかかった。出雲守も十文字鑓で応戦し、六人を野田の浜まで追い詰めた。しかし六人が浜で返し合わせたので、出雲守は九か所の深手を負い危うくなったところを、林斎が浜に積み置かれた割木を薩摩者に投げ付けて加勢した。渡辺も駆け付け長刀で渡り合い、薩摩者を三人まで討ち留め、残る三人も傷付け追い払った。出雲守を助け起こし手当しているうちに出雲守の家人が野田村から駆け付け、方々に見物に出かけていた小姓衆も次第に集まった。出雲守は大坂に帰ったが、傷がもとで死亡した。

慶長十八年頃、私用で天王寺に出かけたところ、関東から来たからくみという悪党たちと出合い、口論となり悪党を追い払ったが、渡辺もほうほうの体で大坂に退いた（『大坂陣山口休庵咄』）。

慶長十九年当時、知行五千石（『土屋知貞私記』）、または千石（『難波戦記』）、または五百石（『大坂陣山口休庵咄』）。

九月二十二日夜、大野治長、木村重成とともに大岡雅楽頭方に寄り合い、片桐且元の追放を謀議した（『片桐家秘記』）。九月二十三日、木村重成とともに表御殿千畳敷に隣接する時計の間の西方に詰め、且元の登城を待ち受けた（「浅井一政自記」）。九月二十五日、大野治長、青木一重、薄田隼人正、織田頼長、木村重成らとともに且元の誅殺を謀り（『駿府記』）、大野、木村とともに武装して諸牢人を率いて本丸に乗り込み、片桐邸への攻撃態勢をとった（『豊内記』）。

籠城に伴い、惣構えの持ち口を籤《くじ》で決めることとなり、大野治長、北川一利とともにくじ取りを奉行した。その際、大野が「追手の黒門二、三十間はくじ取りに及ばず、自分が受け持ちたい」と北川に申し入れた。これに対し渡辺は「そのような我がままが通るなら、黒門は我が持ち口なるぞ。申し分があるなら言え」と激しく反発した。北川が仲裁に入り「まず修理は黙られよ」と大野を制し、渡辺に向かって「内蔵助は無法である。今、両人が刺し違えてよいものか。また、両人はかかる次第で刺し違えましたと私が復命できるはずもない。まずは私を討ち果たしてから修理との争闘に及ばれよ」と強く戒めた。そこへ大野が「内蔵助がそうしたいなら私を斬るがいい。ただ斬り殺してはくれるな。どう斬られても抵

わ

抗するまい」と言い出したため、最早一触即発の事態になりかねず、北川は「今は犬の手をも人手に加えたい折りから、二人なり三人なりが犬死してよいものか」と両人を強く諫めた。渡辺が北川に対し「お許しいただきたい。修理がおよそわけのわからぬ事ばかり言うので、このように反論した次第」と詫びたため、北川は「ただ今のやりとりは、以後双方の御為になるものである。決して互いに遺恨を抱いてはならない」とかたく言い含めて事態を収拾した（「北川次郎兵衛筆」）。

籠城中は、根来法師二頭、鉄砲三百挺（『大坂陣山口休庵咄』）、または馬上千騎、鉄砲千五百梃、雑兵一万三千人を預かった（「大坂口実記」）。

渡辺の配下には、赤川三郎右衛門重令（「蜂須賀家家臣成立書并系図」）、可児伊織、有間四郎三郎らがいた（「高松内匠武功」）。家来には原田七五衛門、田村勘解由、中与吉、大石平之助（「高松内匠武功」）、渡辺長左衛門（「浅井一政自記」）、永田治兵衛広昌（『柏原織田家臣系譜』）、山本伊右衛門、川村外記、山田頼母（『青大録』）、岡本弥次郎左衛門（『南路志』）、青木七左衛門らがいた（『元和先鋒録』所載「林甚右衛門正治書上」）。

東成郡毛馬村の堤の堀切に番所を置いて木村重成と共同で警固していたが、十一月十日以降、渡辺と木村が二日二夜交替で鉄砲の者、同頭、与力衆を張番に出すこととなった。

十一月十一日、寄せ手は島下郡鳥飼村付近から川船を出し、淀川を下ったが、下流の川底に乱杭が打たれていたため、船を中島の堤のうちに引き入れ、あるいは中津川に引き出した。そこで木村重成とともに駆け付け、激しく銃撃してこれを撃退した（「高松内匠武功」）。

十一月二十六日早朝、鴫野柵を上杉景勝勢が奪取したため、午の刻、渡辺が先手となり（『元和先鋒録』所載「林甚右衛門正治書上」）、七組、大野治長組、竹田永翁、木村主計以下一万二千余が鴫野口に出撃。初め多勢の大坂方が上杉勢を追い払い、柵二重を奪還した。しかし上杉勢が反撃に転じ、大和川の横合いから激しい銃撃を浴びたため、大坂方は大和川の外堤まで退却し、そこを足掛かりとして破れた柵を修築した。その後、柵の番将に真野頼包を留め置き、他は城中に引き揚げた（『大坂御陣覚書』）。この日、渡辺の組下では可児伊織、有間四郎三郎、渡辺の家来では中与吉、原田七左衛門、田村勘解由がそれぞれ首一級を斬獲した（「高松内匠武功」）。

鴫野口合戦では、日頃手柄を立てていた渡辺が、どうしたことか敵に追いまくられほうほうの体で城中に逃げ込んだ（『大坂陣山口休庵咄』）。兵法の達人であり、喧嘩口論での働きが目覚ましかったといわれ、本人も普段からこれを鼻にかけていたこともあって、城中で物笑いとなった（「大坂籠城記」、『豊内記』）。後日、門前に「渡辺か浮名を流す鴫野川敵にあひてや目はくらのすけ」との狂歌が書き付けられたという（『難波戦記』）。

木村重成とともに東成郡下滓上江《しもかすがえ》に本陣を置き、引き続き二日交替で毛馬村に張番を出した。十一月三十日朝五つ時分、木村番衆から渡辺番衆に交替した。渡辺番衆は七つ下がりに自焼し、煙に紛れて城中に引き揚げた（「草加文書」寛永廿一年九月十七日草加五郎右衛門書上、「先祖書上」寛永廿一年ニ斎藤加右衛門書上ル写）。

慶長二十年四月十三日、織田有楽が大坂城を退去して、家康に伺候し、「城中は三派に分かれており、七組の番頭、大

野修理大夫、後藤又兵衛が一組、木村長門守、渡辺内蔵助、真田左衛門佐、明石掃部助が一組、大野主馬、長宗我部宮内少輔、毛利豊前守、仙石豊前守が一組」と報じた(『駿府記』)。

五月六日、巳の刻下がりに真田信繁が七、八千人を率い、住吉街道を経由して南河内郡埴生村の北方に進出し、誉田付近に布陣した。福島正守、福島武蔵守、大谷吉治、伊木常紀、渡辺らがこれに後続した(『大坂御陣覚書』)。渡辺は真田と一手となって堤筋へ押し上げ、旗を左右に開かせ銃撃を開始したという(「北川覚書」)。伊達政宗の先手片倉重綱と石母田宗頼が進み出て交戦したが、敗走した。真田勢がこれを誉田の山まで追い立てた。誉田の山では伊達勢が反撃に転じ、大坂方を西へ七、八町ほど追い立てた(『大坂御陣覚書』)。渡辺は昨年の鴫野口合戦で、自身も知らないうちに馬印が他の敗走兵に押し立てられて城中に退いてしまったことを特に無念に思っていた。そのためこの日は大指物を腰に指し、一歩も引かない覚悟で家人の川村外記と山田頼母を従え踏み留まった(『青大録』)。北川一利と連携して奮戦(「北川次郎兵衛筆」)。そのうち伊達勢から三人が突きかかり、渡辺、川村、山田の三人が対峙して半時ばかり渡り合ったが、勝負がつかないうちに渡辺は鉄砲で向こう脛を打ち折られ、落馬した。そのため川村と山田が敵を斬り払い、渡辺を肩に引っかけ退却した(『青大録』)。渡辺が負った銃創は深手だった(「山本日記」)。

五月七日、大谷吉治、伊木常紀、真田大助、福島正守、福島武蔵守らとともに茶臼山南麓に備えを立て、真田信繁の先手となった(『大坂御陣覚書』)。前日の負傷のため、自身は出役せず、配下の人数千五百人を真田の右に配置した(「大坂記」)。

開戦と同時に、渡辺の配下と思われる三星に一文字の紋を付けた五百人ほどの軍勢が、松平忠直の旗本をめがけて激しく突撃した。中でも格別に大将とおぼしき武者が、自ら鑓を振るって奮戦した。吉田好寛の配下から吉村政之丞が進み出たがかなわず、沢山番右衛門、川越治兵衛が挑んだが、両人ともに突き伏せられた(「大坂夏御陣之覚書」)。

渡辺は秀頼に供して詰の丸から東の櫓へ退避したが、その途中の月見櫓付近で切腹した。家人の渡辺長左衛門が介錯したという(「浅井一政自記」)。あるいは秀頼の前で切腹し、家人の川村外記が秀頼から拝領の切刃貞宗一尺八寸で介錯した(『青大録』)。法名は源太静閑信士(「清凉寺過去帳」)。享年三十四歳(『土屋知貞私記』)。墓碑が五台山清凉寺の墓地北域にあり「慶長廿年　渡辺内蔵之助　源太静閑禅定門　五月七日」の刻銘がかすかに見受けられる。

妻は、牧村兵部大輔利貞の娘(「稲葉家譜」)。「天正記聞」に、大坂落城の際、火炎に身を投じて自害したとあるが、実否不明。

幼息の某は、慶長二十年五月七日に死去。法名は雲龍童子(「清凉寺過去帳」)。「諸寺過去帳」は五月八日とする。

娘は、慶長二十年五月七日に死去。法名は量寿栄薫信尼(「清凉寺過去帳」)。

子の渡辺権兵衛守は、慶長十五年に誕生(「続武家閑談」)。初め権之助を称した(『青大録』、「続武家閑談」)。あるいは内蔵助を称した(「清凉寺過去帳」)。慶長二十年五月七日、父の内蔵助は櫓で二男、三男を刺殺し、乳母に惣領権之助を連れて来るよう命じた。乳母は「白小袖を着させますので」と偽ってその場を逃れ、権之助を渋紙に包み、綱で櫓から降ろした。いったん、町屋の不浄所に権之助を隠し、日を経て逃げ去ろうとしたところを敵に捕えられた。拷問を受けたが、内蔵助の家来水谷清兵衛の妻とばかり答え、六歳の権之助も打擲《ちょうちゃく》され尋問されたが、ついに内蔵助の子とは白状しなかった。結局、「金一両を出せば、下賤の子なので赦免する」ということになり、乳母は単身渡辺の郷に行き、百姓たちに協力を頼んだ。土民も渡辺家代々の誼《よしみ》と乳母の忠義に感じ、金子を提供した。これにより乳母は権之助を請け出し、京都に潜伏した。権之助は後に南禅寺の僧となった。寛永四年、十八歳の時、一門の細川忠利、一柳土佐守（土佐守直次の養父直家か）らが還俗させ、所縁の牧村利貞の娘祖心尼を通じて将軍家光への仕官を周旋したが、不調に終わった（『続武家閑談』）。ちなみに「正保二年御扶持方御切米御帳」（『部分御旧記』所載）によると、細川忠利から権兵衛に、合力として金五十両が支給されており、「松井文書」によると、慶安二年十二月、細川光尚の死去に際しては、同月二十九日付で権兵衛が細川家に哀悼の意を表するなど、細川家との所縁がうかがわれる。「貞享四年二月十八日渡辺五郎兵衛久忠書上」（『臼杵稲葉家史料 先祖書』）によると、明智光秀の姪が、光秀の養女となり渡辺宮内少輔に嫁いで、豊臣家の丹波代官野々口五兵衛の妻宝寿院と内蔵助を産んだという。これによれば、渡辺氏は明智氏を介して細川氏と遠戚にあたることになる。また『寛政重修諸家譜』、『一柳家記』、「稲葉家譜」によると、内蔵助の岳父牧村利貞の実家稲葉氏を介して一柳氏とも遠戚にあたることとなる。すなわち稲葉一鉄の庶長子稲葉重通は利貞の実父であり、一鉄の姉の娘は一柳直高に嫁いで直盛を産み、その次男が直家である。数年後、武功至極の内蔵助の子ということで、甲府の徳川綱重に召し抱えられた（『続武家閑談』）。五百俵を与えられ、同心二十六人を預かり、持筒頭を務めた（『甲府殿御分限帳』）。甲府徳川家の桜田邸に勤仕した（『寛政重修諸家譜』）。元禄三年一月四日に死去。法名は陽春院徳林道徹居士（『清凉寺過去帳』）。家紋は三本骨扇の内に三星下に一文字（『甲府様御人衆中分限帳』）。子孫は幕臣として続いた（『寛政重修諸家譜』）。

〔注〕父は渡辺宮内少輔（『寛政重修諸家譜』、「官医系譜」）。母は正栄尼。曲直瀬親清に嫁いで、慶長十三年、嗣子の曲直瀬玄鎮道三親昌を産んだ。万治四年二月二十一日に死去。法名は正心院殿宝樹水安大姉（『清凉寺過去帳』）。

夫の親清は曲直瀬玄朔道三正紹の長男。幼時より徳川秀忠に仕え、小姓を務めた。文禄元年二月二十八日、従五位下典薬助に叙任。次いで兵部大輔に改めた。十六歳で昇殿を許され、後陽成天皇より橘氏と今大路の家号を賜った。後に剃髪して道三、玄鑑または元鑑、亀渓を称した。慶長四年十二月二十八日、法眼に叙せられた。慶長十三年四月五日、法印に昇った。同年上総国武射、下総国印旛両郡内で采地七百石を与えられた。慶長十九年、大坂の陣に供奉。寛永三年九月十九日、京都より江戸下向の途中箱根の駅で病死。享年五十歳（『寛政重修諸家譜』）。

渡辺五兵衛 わたなべ ごひょうえ

伊勢の人。初め伊勢で織田信包に属した（『朝野旧聞裒藁』）。後に秀頼に仕えた。

慶長四年四月二十八日、豊国社に三百文を寄進（『豊国社旧記』）。

慶長五年八月二十六日、伊勢阿野津城

の開城にともない、蒔田広定、山崎定勝、松浦宗清、中江直澄、家所帯刀ら伊勢侍とともに進駐した。関ヶ原の敗報を受けて同城を退去(『朝野旧聞裒藁』)。

　大坂七組の速水守之組に所属。知行八百石(『難波戦記』)。

　慶長十九年八月十六日朝、織田有楽の茶会に招かれ、桑山市左衛門重正、団長次郎衛門とともに参席(『有楽亭茶湯日記』)。

　大坂籠城(『難波戦記』)。

渡辺藤太郎　わたなべ　とうたろう
　出自、経歴は、以下の諸説があるが、実否ともに判然としない。なお、渡辺藤太郎の墓と称される五輪塔が大川郡長尾町(今のさぬき市)に現存する。
(一)「三代物語付録」によると、諱は則綱。天文二十三年に誕生。藤太大夫成綱(隼人高綱の子)の子。寛永十七年二月三日に死去。享年八十七歳。法名貞観信仁居士(『長尾町史』)。
(二)「渡辺藤太郎正直伝」(『讃陽古城伝記』所載)によると、諱は正直。先祖は讃岐の人間嶋政之丞丸虎。文意の混乱があるが、恐らく丸虎の子孫と思われる間嶋六大夫が、天正年間の戦乱により伊勢へ退去し、伊勢山田の市橋又右衛門方に同居して、その娘を娶り、正直が誕生したとされる。二歳の時、父が病死したため母子ともに尾張に移住し、渡辺弥内の養子となった。その後、渡辺家に不満があって牢人となり、大坂に籠城した。大野道犬の配下となり軍功もあったが、落城後は、讃岐国大内郡馬篠村に居住し、後に寒川郡長尾東村に移住した。右の「渡辺藤太郎正直伝」は、渡辺藤太郎正直が花押を据えているが、成立時期は不明。慶長二十年正月(五月か)七日付で大野道犬から与えられたという感状を収載しているが、信憑性に欠ける。
(三)「由緒書」(『讃陽古城伝記』所載)によると、母は伊勢の人山北豊後の娘で、文意の混乱があるが、恐らく父は蜂須賀伊予守の子市橋又左衛門とされる。生国は尾張。藤太郎が二歳の時に上杉景勝の家来渡辺弥内の養子となり、十八歳まで奥州で成長した。養父に不満を抱いて牢人となり、大坂に籠城した。落城後は松平頼重に仕えた。小出吉英の家臣後藤喜助は甥。田中吉官の家臣河坂左源太は甥。松平頼重の家臣木村正庵は妹婿。本多忠義の家臣正木惣左衛門は従弟。右の「由緒書」は、寛文元年七月二十二日付で渡辺藤太郎から渡辺又四郎に書き送ったもの。
(四)「渡辺藤太郎末孫三木郡井戸村明宝院伝」によると、藤太郎の生国は尾張。秀吉に仕え、大坂の陣では軍功により大野道犬から感状を与えられた。落城後、寒川郡長尾東村に来住した。その後、生活に困窮し、江戸に下向して古朋輩の森数馬に仕官の斡旋を求めた。森の上申により松平頼重から国元での居住を命ぜられ、後に米五十俵を支給された。引き続き長尾東村に居住していた。嫡男の助四郎は、生活に困窮して三木郡井戸村の北山田に移住した。次男の清大夫は、備前岡山で池田綱政に仕えた。右の「渡辺藤太郎末孫三木郡井戸村明宝院伝」は、延享四年十一月に渡辺助四郎の子で山伏の明宝院(善性)が記録したもの。
(五)「翁媼夜話」によると、藤太郎の出自は不明。大坂落城の際、大野道犬を見失い、身に十か所以上負傷しながら野田に逃れた。それから京都に至り、偶然八坂の店の奥で病気のため呻吟する道犬を見付けた。看護三日で道犬は死去したため、

わ

遺骸を葬って寒川郡是弘村に落ち延び、村人の娘を娶って帰農した。後に長尾村（後の宝蔵院隠居所）に移住した。往年の勇功を賞して松平頼重から稟食が支給された。常々「たとえ刀、鑓が良くても、良馬に乗らずしては命を保つことはできない。私が生きながらえられたのも良馬の力によるものである。そうでなければ敵に捕えられていたであろう」と述懐した。是弘村で娶った妻との間に生まれた長男は、無頼で後に剃髪して落魄、次男は、早死にした。後に長尾村で娶った妻との間に生まれた一男悪銭は、長じて備前侯に仕え、一女阿姑耶も備前に行った。

和田仁兵衛《わだ にひょうえ》

代々畠山家に仕えたが、牢人となり河内国石川郡一須賀村に来住した。その後、同郡大ヶ塚村に移住した（『河内屋可正旧記』）。

秀頼の家臣遊佐新左衛門に仕えた（『鹿苑日録』）。

大坂の陣では遊佐の手に属して戦死（『河内屋可正旧記』）。あるいは落城後、三河田原の戸田忠能に仕えた（『秘聞郡上古日記』遠藤玄斉大坂陣ニ而高名被仕侯証状之写）。

弟の和田甚七郎は、慶長五年、大津城攻撃に出役したが、乗った馬が狂奔して敵中に駆け込み、戦死した（『河内屋可正旧記』）。

渡部又兵衛《わたべ またびょうえ》

本国は伊賀国山田郡。同郡内の領主だった渡部伊予の子。初め主水、大坂籠城以降は、又兵衛を称した。

初め豊臣秀長に仕え、忍の者を預かった。

秀長の死後、久しく在所にいたが、秀頼に出仕した。大坂の陣では忍の者を預かった。慶長二十年五月七日に戦死。

子の渡部理右衛門は、慶長八年に出生。大坂落城の時、大和宇陀の福島高晴の領内に落ちのびた。母、妹、下人は捕えられ、高力隆長、藤堂嘉以を以て二条城に収監された。理右衛門は出頭して、我が身と引き換えに、母、妹、下人の助命を求めた。祖父の伊予が、家康の伊賀越を案内した者だったので、その由緒により一同は赦免され、高力隆長に引き渡された。後に藤堂嘉以に養育された。寛永五年に嘉以が死去した後は、伊賀に移住した。その後、池田光政に知行二百五十石で仕えていた伯父の渡辺十郎右衛門に引き取られ、因幡で養育された。正保四年、光政に出仕し、児島郡内で新田二百石を与えられた。子孫は備前岡山池田家の家臣として続いた（『家中諸士家譜五音寄』寛文九年渡部理右衛門書上、「先祖并御奉公之品書上」渡辺理源太）。

渡会助右衛門忠次《わたらい すけえもん ただつぐ》

大野治長の家臣。

子孫は三春秋田家の家臣として続いた（『三春町史』）。

渡利三郎左衛門英章《わたり さぶろ（う）ざえもん ひであき》

本国は陸奥（「本多家岡崎藩分限帳」）。大坂籠城。落城後、本多忠政に仕えた（『土屋知貞私記』）。忠政以降、政朝、政勝に知行三百石で歴仕した。

子孫は本多家の家臣として続いた（「本多家岡崎藩分限帳」、『内記政勝公御家中分限帳』）。

大坂の陣 豊臣方人物（女房衆）

饗庭局　あいばのつぼね

近江浅井家一門で海津守護の田屋石見守明政の次女（『東浅井郡志』）。

近江国高島郡に生まれ、後に大坂城の淀殿に出仕した（「高野山小坂坊十輪院過去帳」）。

『高野山文書』および「輝資卿記」（『大日本史料』所載）に、慶長年間における、寺院や廷臣から饗庭局への礼物贈呈などが散見される。

慶長三年三月十五日、醍醐寺の花見に供奉（『東浅井郡志』）。

慶長五年九月、北政所と淀殿より、和議の使者として孝蔵主、高野木食上人とともに大津城へ派遣された（『筑紫家文書』）。

慶長九年頃、豊国社へ石灯籠一基を寄進（『甲子夜話続編』）。

慶長十七年九月二十三日昼、大坂城表御殿の柳の間（御座の間の二の間）で、詰衆饗庭備後守〔注1〕が小姓田屋式部〔注2〕に殺害された。秀頼の御前での刃傷に、城中は大騒ぎとなった。田屋は内々意趣を含んでいたとのことで、即座に切腹させられた（『大日本史料』所載「孝亮宿祢日次記」、『大坂陣山口休庵咄』）。田屋と饗庭は兄弟という（「南部氏記録」）。大坂の御上臈アイバ殿は、慶長十七年九月二十三日を命日として、江州高島郡饗庭備後守の墓を高野山小坂坊十輪院に建てた。法名は清雲院殿前備州大守透活宗徹禅定門。同年十月十五日、アイバ殿は十輪院に自身の逆修《ぎゃくしゅ》墓を建てた。法名は起雲宗桂禅定尼（「高野山小坂坊十輪院過去帳」）。右のアイバ殿は饗庭局で、饗庭備後守は饗庭局の夫と思われる。

慶長十九年十二月二十日夜、常光院、二位局とともに家康の陣所を訪問し、被物三領と緞子三十反を献じて和睦の成立を賀した。家康は、和睦にかかる誓紙に血判して与えた（「大坂冬陣記」）。

慶長二十年五月八日、秀頼母子に殉死（『駿府記』）。高島郡海津の宗正寺に、新崇院青山浄真信女と諡された位牌が祀られている（『マキノ町誌』）。

〔注1〕饗庭備後守は、慶長十六年三月、秀頼の上洛に供奉（「秀頼御上洛之次第」）。慶長十七年、大坂諸大夫衆の一員として禁裏普請助役。当時、知行千石（『慶長十六年禁裏御普請帳』）。

〔注2〕田屋式部について「孝亮宿祢日次記」（『大日本史料』所載）は関川式部とするが、同一人物と思われる。田屋式部少輔は高島郡沢の住人で、慶長十年八月十三日、父の税屋宗槃禅定門と母の税屋寿貞禅定尼のために墓を建てている（『高野山持明院蔵浅井家過去帳』）。関川式部は慶長十六年三月、秀頼の上洛に供奉（「秀頼御上洛之次第」）。慶長十七年、大坂諸大夫衆の一員として禁裏普請助役。当時、知行七百石（『慶長十六年禁裏御普請帳』）。

阿古局　あこのつぼね

伊勢兵庫頭貞景の長女。母は松永久秀の嫡女。名は於菊。法号は青松院。

天正八年に誕生。

十二歳で秀吉に招聘され、秀頼の上臈として出仕。

十三歳で秀頼の参内に随行。武家の娘が参内する場合は、公家を仮親に立てるのが前例だったが、平重盛の子孫の故を以て仮親は不要との勅諚があった。

御局分として三か月間、内裏に奉公し、宰相と称せられた。

後に秀頼に戻され、中将弁宰相阿古大上臈、平素は阿古御局と称せられた。大坂城では淀殿の強い所望により、淀殿に仕え、厚遇された。

慶長二十年五月八日、淀殿に殉死。享年三十六歳（『伊勢系図』）。

なお、秀頼の参内は、慶長元、二、三年であり、没年から逆算すると、参内随行は十七から十九歳のいずれかとなる。

いちや《いちや》

秀頼の勘定頭役矢野五左衛門の母（『譜牒余録続編』天和四年二月矢野五左衛門書上、『義演准后日記』）。

慶長三年五月十一日時点で大蔵卿局内（『義演准后日記』）。慶長十九年一月三日時点で大蔵卿衆（『自得公済美録』）。

『義演准后日記』、『兼見卿記』、『舜旧記』、「輝資卿記」（『大日本史料』所載）、『高野山文書』に、慶長年間に秀頼、淀殿への申次を務めている様子や、寺社、廷臣からいちやへの礼物贈呈が散見される。

慶長十二年十二月二十八日、火事見舞の使者として駿府に下向（『義演准后日記』）。

慶長十九年八月、年寄分の女中（大蔵卿か）とともに、使者として駿府に下向（『譜牒余録続編』）。

慶長二十年五月八日、淀殿に殉死（「北川次郎兵衛筆」）。


る。

伊奈局《いなのつぼね》

伊茶局（いちや）の誤記の可能性もある。

慶長二十年五月八日、秀頼母子に殉死（『武徳編年集成』）。

右京大夫局《うきょうのだいぶのつぼね》

秀頼の乳母（『駿府記』、「向山誠斎丙午雑記」元和四年七月二十三日付下津棒庵宗秀訴状、「寛文九年佐々木氏大坂物語」）。結城権佐のおばで、その養母（「向山誠斎丙午雑記」元和四年七月二十三日付下津棒庵宗秀訴状）。または、結城権佐勝朝の母（「大坂軍記」）。なお『大坂御陣覚書』に木村重成の母とあるが、誤りと思われる。

文禄二年八月三日に大坂城で秀頼が誕生し、これに近侍（『太閤書信』慶長三年五月二十日付豊臣秀吉書状）。

『兼見卿記』に、慶長元年五月十三日に秀頼が参内した際、乳母と小女三人が車に同乗したとある。この乳母は右京大夫と思われる。

慶長三年四月十八日、秀頼の参内に供奉（『お湯殿の上の日記』）。

慶長九年頃、豊国社へ石灯籠一基を寄進（『甲子夜話続編』）。

「輝資卿記」（『大日本史料』所載）および『舜旧記』に、慶長年間に日野輝資、神龍院梵舜からの礼物贈呈などが散見される。

慶長十三年五月二十四日、秀頼の乳母局が秀頼、淀殿の祈祷のため伊勢大神宮に参詣し、大神楽が執行された（『当代記』）。この乳母局は右京大夫の可能性がある。

慶長二十年五月八日、秀頼母子に殉死（『駿府記』）。

お愛の御方《おあいのおかた》

慶長二十年五月八日、秀頼母子に殉死（『大坂御陣覚書』）。

岡田正利著「難波戦記増補抄」（享保十二年成立）に、「船越氏聞書」からの引用として、秀頼の「妾、国松丸ノ母アイ御前」とある。また、『摂津名所図会大成』（安政以降成立）に「秀頼公息女万姫君、御愛殿の生所也」とある。どちらも確証はなく、実否不明。

大蔵卿局《おおくらきょうのつぼね》

大野佐渡守の妻（『雑華院略史』）。佐渡守は尾張国葉栗郡大野村の人（「尾濃百姓由緒留」)。大野治長の母(『駿府記』)。淀殿の乳母(『義演准后日記』、『慶長日件録』)。

『高野山持明院蔵浅井家過去帳』に、「玉巌宗珠禅定門、江州ヲ田ニ村大蔵卿、天正十一年四月廿一日」とある。賤ヶ岳合戦での戦死が推測される。また「秀誉安誓尼公、逆修、江州ヲタニ村大蔵卿、文禄三年六月五日」とある。右は大蔵卿の父の供養と本人の逆修の可能性がある。『義演准后日記』、『高野山文書』、『舜旧記』、『北野社家日記』、『兼見卿記』、「輝資卿記」(『大日本史料』所載)、『上杉家文書』、『吉川家文書』などに、慶長年間を中心として、寺社、廷臣、大名からの礼物贈答や書状往来、取次を務める様子が頻出する。

慶長三年四月十八日、秀頼の参内に供奉(『お湯殿の上の日記』)。

慶長四年三月四日に夫の佐渡守が死去。法名は福厳院殿忠屋元公庵主(『雑華院略史』)。

十月、子の治長が下総結城に配流された(『武徳編年集成』)。

慶長五年六月二日、何らかの事情により京都で拘留された(『義演准后日記』)。六月四日、赦されて大坂に下向(『北野社家日記』)。六月五日、北政所が赦免のため、翌日上洛するとの風聞があった(『時慶記』)。六月六日、北野天満宮祠官の松梅院禅昌が大坂に大蔵卿を見舞い、六月七日、糒《ほしい》十袋を進呈した(『北野社家日記』)。六月八日、北政所は大坂から京都の居所に帰還した(『時慶記』)。

慶長八年五月十日、秀忠の室崇源院と千姫の上洛を、近江に出迎えた。その後、近江の土山宿を経て五月十五日以前に入京(『義演准后日記』)。

八月十八日、秀頼の名代小出秀政に続いて、豊国社に参詣(『兼見卿記』)。

慶長九年五月、南化元興が遷化《せんげ》した後、淀殿の命により二位局とともに京都祥雲寺に赴き、同寺相続の事について協定した(『増補妙心寺史』)。

同年頃、豊国社へ石灯籠一基を寄進(『甲子夜話続編』)。

慶長十年一月三日、北政所に続いて、淀殿の使者として豊国社に参詣(『舜旧記』)。

九月十三日、豊臣家の使者として伏見城に伺候し、家康の東帰に際する餞別を贈った(『義演准后日記』)。

慶長十三年五月七日早朝、駿府へ見舞に伺候した帰路、豊国社に参詣(『舜旧記』)。

慶長十六年、秀頼の上洛の礼物として、徳川家より大蔵卿、二位局に各銀子五十枚、饗庭局、右京大夫局、宮内卿局、三位局、阿古局、正栄尼、いちゃらに各銀子三十枚が贈られた(『御対面御贈答品物』)。

慶長十七年四月、使者として駿府に下向(『義演准后日記』)。

慶長十九年一月下旬、若狭に下向(『時慶卿記』)。

三月、紀伊国牟婁郡熊野本宮の正遷宮に参詣(『自得公済美録』)。

京都の大仏開眼供養は八月三日に予定され、家康からは古式先例に則った運営が指示されていた。ところが、七月十日に南光坊天海が家康に進言して、供養における天台宗と真言宗の座位が問題となり、開眼供養と堂供養を同日に行うという当初の予定にも影響が及ぶこととなった。七月二十一日、家康は鐘銘の文辞に関東にとって不吉の語句が含まれていること、上棟の期日が吉日でないことを聞き及び、これらについて不快感を示した。かくて家康は開眼供養を八月三日、堂供養を八月十八日とするようにと指示したが、秀頼は十八日に秀吉の十七年忌にあたる豊国臨時祭を予定しており、両供養を予定通り三日同日に行いたいとの意向を示した。七月二十六日、家康は同日開催に難色を示すとともに、棟札、鐘銘の草案を取り寄せて文辞を確認するため、上棟、開眼、堂供養すべての日程を延期するよう指示した。供養の延期指示は七月二十九日、京都に達せられ、上方の人心は大いに動揺し、供養の関係者は対応に追われ疲弊した。八月四日、五日、家康は棟札、鐘銘の草案を確認し、銘文がいたずらに長く、家康の諱を書き入れていること、棟札の内容が古式先例に准じていないことなどに不快の念を示し、京都五山の僧にも内容の確認を指示した。また、本来は大仏供養に秀頼が出京する際の供奉の者が諸大夫となるはずだったが、秀頼の上洛が取り止めになったにもかかわらず、大坂衆の諸大夫成が行われたことについても不信感を示した。片桐且元は、本多正純と金地院崇伝から駿府下向を促され、八月十二日、上京して京都所司代板倉勝重と対応を協議した。八月十三日夜、且元は駿府へ出立し、八月十九日晩、駿府に到着した。八月二十日、家康は棟札、鐘銘の文辞に加えて、豊臣家が諸牢人を多数抱えている点についても不快を示した(『本光国師日記』、『義演准后日記』、『駿府記』)。

淀殿はこうした事態を憂慮し大蔵卿に駿府下向を命じた(『山本日記』)。

八月十七日、大蔵卿は北政所に続いて、豊国社に参詣した。銀二枚を奉納するとともに、神龍院梵舜と萩原兼従に湯立神事五釜分の料として各銀五枚を贈った。ちなみに、例年翌十八日は秀頼の名代が参詣して金子一枚と百貫文を奉納してきたが、慶長十九年は前日の湯立神事の対価として銀十枚が支弁されたこともあり、名代(片桐貞隆)の参詣に伴う奉納は百貫文のみだった(『舜旧記』)。

八月二十九日晩、大蔵卿は駿府に到着し(『駿府記』)、子息の大野壱岐守宅に入った(『山本日記』)。七軒町で阿茶局を通じて登城を許され、家康に拝謁した。家康は秀頼母子や千姫の安否を問い、鐘銘の件も問題なしとして、江戸の秀忠の室への伺候も許した(『慶長日記』)。

九月七日、家康は本多正純と金地院崇伝を通じて、且元と大蔵卿に対して、「皆で談合して、将軍と秀頼が今後疎意のないよう、将軍の同意を得よ」と指示した。家康の機嫌は悪くないとのことで、且元も安堵した。

その後、家康は大蔵卿を引見し、「大坂でよく相談して、改めて江戸へ下向し、今後不審にかかることがないよう、堅く約束せよ」と指示し、一方、且元を引見はしなかったが、同様の趣旨を詳細に伝えさせた(『本光国師日記』)。あるいは家康は且元には「鐘銘の件のみならず、大坂が高名な牢人を畿内の方々に扶持していることは反逆の意思の表れである。一応いろいろ弁解もあったので、以下の三か条のうち、一か条なりとも承引するなら宥免する。第一は大坂城を明け渡し、大和郡山に移ること、第二は大坂城の防御設備を破却し、屋敷構にして居住すること、第三に淀殿が江戸へ下向すること。以上具《つぶさ》に報告せよ」と伝えさせたという(『大坂御陣覚書』)。

九月十二日、且元とともに、駿府から大坂への帰途に就いた(『本光国師日記』)。

九月十六日夜、近江土山宿で正栄尼とともに且元の旅宿を訪問したところ、且元から「秀頼存続のためには、他の諸侯並みに秀頼の江戸詰か、証人として淀殿の江戸詰か、または大坂城を退去して他国で現石高の維持を望むか、いずれかが必要」との私案を打ち明けられた。大蔵卿は正栄尼と、夜通しで大坂に帰還し、家康の応対と且元の私案を併せて報告した(『片桐家秘記』)。

且元は九月十七日に伏見へ到着、九月十八日朝、大坂に帰還し(「時慶卿記」)、午刻に登城した(『慶長日記』)。既に大蔵卿の報告により、大坂城中では且元の心底に対する疑念が強まり(『片桐家秘記』)、挙兵を含むさまざまな雑説までが京都へも伝わった(『義演准后日記』)。

十二月十八、十九日、常光院とともに今里の京極忠高の陣所に派遣され、阿茶局と会見して講和の条件を議した(『当代記』)。

慶長二十年三月十三日、先年の旱魃と昨年の兵乱のため、豊臣家の収貢が不足しており、近隣一か国の拝領を願うため、秀頼から青木一重、淀殿から常光院、大蔵卿、二位局、正栄尼が使者として駿府に派遣された。三月十五日、家康は駿府城南殿で五使を引見したが、「将軍家の意向次第」として、青木を江戸に行かせた。四月二日、五使は駿府を発ち、名古屋に至り、うち女中四人は熱田上人宅を旅館とした。四月十日、家康は名古屋で五使を引見し、大坂が依然牢人衆を抱えていることを難詰し、常光院と二位局を大坂に戻し、青木、大蔵卿、正栄尼は京都で待つよう命じた。四月十一日、常光院と二位局は名古屋を発ち、大坂に向かった。大蔵卿と正栄尼は、徳川義直の婚礼取り持ちを命じられた。四月十二日、婚礼諸式が調った。四月十三日、青木、大蔵卿、正栄尼は名古屋を発ち、上京した。四月十八日、家康は二条城に入り、大蔵卿と正永尼に帰坂を命じた。四月二十四日朝、大蔵卿と正栄尼は、大坂に帰還した(『駿府記』、『大坂御陣覚書』、『編年大略』)。

五月八日、秀頼母子に殉死(『駿府記』)。法名は智勝院桂宗春大禅定尼(「清凉寺過去帳」)。

供養の五輪塔が、夫の佐渡守と並び二基、妙心寺の塔頭雑華院にある(『雑華院略史』)。

大坂小上臈の御方《おおざかこじょうろうのおかた》

京都正親町殿の姪(『佐野黒石由緒書』)。「正親町殿」は正親町季秀と思われる。

大坂大上臈の御方《おおざかだいじょうろうのおかた》

京都正親町殿の娘(『佐野黒石由緒書』)。「正親町殿」は正親町季秀と思われる。

お菊《おきく》

山口茂右衛門の娘。

慶長元年に誕生。

祖父と父が浅井家に仕えていた所縁により、幼少の頃から淀殿に出仕した。

慶長二十年五月七日、城中の処々に火の手が上がったため、長局から表御殿の御台所へ逃れ出たところ、豊臣家の金瓢箪の馬印が付近に放置されていたので、おあちゃという御手長の者ともう一人とで打ち壊して捨てた。それから帷子と腰巻を三枚ずつ重ね着して、竹流金二本と秀頼から拝領の鏡を懐中に城外藤堂の陣所を目指したが、途中で退去する常光院の一行に加わり、守口の民家へ落ち延びた。秀頼の侍女で山城宮内少輔の娘が帷子一枚に下帯一筋の姿だったので、見かねて帷子一枚を脱ぎ、下帯一筋を解き与えた。そのうち家康から常光院を迎える乗物が到着した。常光院は「そなたたちは女の身ではあるが、城中にいた者なので、将軍様からどのように仰せ付けられるかわからない。随分と取り成してみるが、しょせん御命令には背けない。覚悟なされよ」と申し渡したので、女中たちは大変嘆き悲しんだが、後刻、常光院が戻り「落着した。皆、望み次第に送り遣わすとの上意である」と告げられ、喜んだ。

それから松の丸殿の所に行こうと考え、京都を目指した。山城宮内少輔の娘も同道を願ったのでこれを連れて、大坂で存知の町人を頼った。城中では軽輩と思っていた町人だったが、思いのほか大店の町人であった。大坂落人のため宿泊を断られ、晒布一疋ずつを贈られた。そこで二人して織田左門の屋敷に行った。なかなか門内にも入れてもらえなかったが、山城宮内少輔の娘は左門の姪であるため、きくが「これは姪御であるが、それでもお入れにならないのか」と言うと邸内に招き入れられ、饗応を受けた。左門は「姪を一人救えた」と厚く礼を述べた。四、五日間、左門の屋敷内の粗末な二階で食事を与えられ匿われた。それから辞去して松の丸へ奉公に出た。

後に備前池田家の医師田中意徳〔注〕の祖父に嫁ぎ、延宝六年に備前で死去。享年八十三歳。

「おきく物語」は、おきくから聞いた話を孫の田中意徳が語ったものとされる（「おきく物語」）。

〔注〕 近江佐々木氏の遺臣田中七右衛門清真の子田中伊右衛門清忠は、信長に千二百石で仕えた。信長が横死した後、山城八幡田中に住居し、地士となった。剃髪して休味と号した。

その子田中伊右衛門は、八幡田中で生まれた。二十四、五歳の時、牢人のまま京都に出て弓の稽古をした。聚楽の大的で織田有楽の家臣と喧嘩に及び、よい働きがあった。南蛮の修道士に金瘡外科の教授を乞い、キリスト教入信を条件に秘法を伝授された。剃髪して意徳と号した。家康の禁教令により、相伝の南蛮の巻物、外科金瘡の道具を奉行所に提出して棄教した。この事が上聞に達したところ、日本の重宝として巻物、道具は公儀より差し下され、以後公式に医業を務めた。二条城で家康の指の痛みに対して投薬し、早々に平癒したため嘉賞された。禁裏へも度々参内し、法橋に叙せられた。皇族への療治、本復の功により法眼に叙せられた。死の前年、京都所司代牧野親成に願い出て、弟の子を養子として南蛮一流金瘡外科の家を継がせ、意徳の名を譲り、自らは常安と号した。万治元年に病死。

二代目の田中意徳は、寛永九年に京都で誕生。先代意徳の甥。あるいは常悦と号した。寛文六年八月二十二日、池田光政に召し出され、知行二百五十石を与えられた。貞享三年に病死。

三代目の田中意徳は、初め意心と号した。遺知のうち百五十石を継いだ。正徳元年に百石を加増された。元文二年に病死。家督相続の時点ではまだ若く、修養熟達の後に旧の家禄二百五十石に復したものと思われる。

四代目の田中意徳は、跡目二百五十石を継ぎ、宝暦五年に病死。その子田中意迪は寛政元年に和泉堺に退去し、嫡流家は廃絶した（『家中諸士家譜五音寄』寛文九年田中意徳書上、『吉備温故秘録』、「奉公書」田中意気揚）。

年代から推定すると、きくの孫田中意徳とは、三代目の田中意徳と思われる。ちなみに細川忠利の家臣田中意徳は、寛永十八年に六十三歳で忠利に殉死しており、同名の別人である。

御ちやあ《おちゃあ》

慶長二十年五月七日、今木一政は、御ちやあ、あい、比丘尼の三人を介錯した（「浅井一政自記」）。

なお『北野社家日記』（天正六年正月二十日の条）や、『義演准后日記』（慶長九年九月十五日の条）に、秀頼や淀殿の取次として、ちやあが散見されるが、同一人物かは不明。

海津局《かいづのつぼね》

田屋石見守明政の長女で、饗場局の姉。明政の甥田屋茂左衛門政高の妻。

慶長三年三月十五日、醍醐寺の花見に供奉。

慶長二十年、落城の際に夫は戦死し、自身は嗣子の左馬助直政を伴い、千姫に従って城外へ退去。将軍秀忠の室崇源院に仕えた。

明暦元年十二月二十日に死去（『東浅井郡志』）。享年九十三歳（「近江大屋形浅井氏年譜」）。法名は光源院正誉妙悟（『東浅井郡志』）。

各務氏《かがみし》

森忠政の家臣各務兵庫元正の五女。淀殿の侍女。

大坂落城の前、淀殿が不憫に思い、立ち退くよう諭したが、固辞して小脇差を腰に帯びて近侍した。

後に京極高知の側妾となり、一女（高知の十一女）と一男（高知の六男）を産んだ。女子は家臣沢図書良政に嫁ぎ、男子は田中三左衛門満吉を称した（『武功雑記』、『寛政重修諸家譜』）。

宮内卿局《くないきょうのつぼね》

木村重成の母（『駿府記』、「寛文九年佐々木氏大坂物語」）。秀頼（文禄二年八月三日に誕生）の乳母（『駿府記』）。

出自については以下の諸説がある。

（一）前田利家の家臣木村加兵衛の長女（「先祖由緒并一類附帳」明治三年十月中村朔二源忠弘書上）。利家が越前府中にいた頃（天正三年九月〜天正九年十月）、加兵衛の娘が一向坊主に嫁ぎ、木村重成を産んだ。この一向坊主は一揆を催して処刑された。加兵衛の娘は後に秀頼の乳母となり、宮内卿を称したという（『可観小説』）。

（二）越前北庄城主青木紀伊守秀以の養嗣子青木右衛門佐俊矩の長女（「青木系図」）。近江国坂田郡息長村大字能登瀬で出生（『近江人物志』）。「青木系図」によると、青木四郎左衛門久矩は俊矩の長男であり、四郎左衛門を重成の伯父とする「高松内匠武功」の記述と整合する。しかし、右の系図や人物志が、木村常陸介を宮内卿の夫、重成の父とするのは誤り。

（三）越前朝倉土佐守の娘。佐々木三郎左衛門に嫁ぎ、秀頼の局として出仕し、宮内卿を称した（「西行雑録」）。

＊

『舜旧記』、『吉川家文書』、『上杉家文書』、「輝資卿記」（『大日本史料』所蔵）などに、慶長年間、寺社、廷臣、大名からの礼物贈呈や取次を務める様子が散見される。

慶長九年八月、豊国社に石灯籠一基を寄進（『甲子夜話続編』）。

北川央氏の「豊臣秀吉像と豊国社」（黒田日出男編『肖像画を読む』第七章）によると、近江の多賀大社に伝来した秀吉像の軸木銘には、慶長十年二月三日、御城の宮内卿から礼銭を受け取った堺南中町の表補屋奈良屋慶観が仕立てた旨の墨書がある。

五月八日、秀頼母子に殉死（『駿府記』）。『武徳編年集成』に享年三十九歳とあることから、天正五年の誕生となるが、『可観小説』の記す一向坊主との婚姻時期と整合しない。

国局《くにのつぼね》

慶長二十年五月八日、秀頼母子に殉死（『武徳編年集成』）。

久我女臈《こがじょうろう》

権大納言久我敦通の娘の可能性もある。

慶長二十年五月八日、秀頼母子に殉死（『武徳編年集成』）。

三位局《さんみのつぼね》

『兼見卿記』および『舜旧記』に、慶長年間、吉田兼見兄弟からの礼物贈呈が散見される。

慶長九年頃、豊国社へ石灯籠一基を寄進（『甲子夜話続編』）。

慶長二十年五月七日暮方に自害（『大坂御陣覚書』）。あるいは五月八日、秀頼母子に殉死（「北川次郎兵衛筆」、『綿考輯録』所載「慶長二十年五月二十四日付細川忠興書状」）。

寿元尼《じゅげんに》

慶長二十年五月八日、秀頼母子に殉死（「北川次郎兵衛筆」、『武徳編年集成』）。

正栄尼《しょうえいに》

永原氏（「諸寺過去帳」）。名は御中とされる（『武功雑記』）。渡辺宮内少輔昌の妻（「諸寺過去帳」）。渡辺内蔵助の母（「清凉寺過去帳」、「諸寺過去帳」、『土屋知貞私記』、『駿府記』）。

出自については以下の諸説がある。

（一）正栄尼と永原弥左衛門の父母は、近江国野洲郡永原に居住。父は某年某月三日に死去。法名は西暢真光信士。供養の石塔が山城国葛野郡嵯峨野の五台山清凉寺にあった。母は慶長十六年六月十二日に死去。法名は永誉寿慶大姉（「清凉寺過去帳」）。『元禄元年十二月井狩十助宗政親類書』によると、永原弥左衛門は永原越前守の弟で、慶長十九年に病死。また『永原氏由緒』に、永原筑前守重頼の七男永原弥左衛門久重の名が見える。

（二）明智光秀の姪は、光秀の養女となり渡辺宮内少輔に嫁ぎ、長女の宝寿院と嫡男の渡辺内蔵助をもうけた。宝寿院は初め北政所に仕え、後に秀吉の丹波代官野々口五兵衛に嫁ぎ、蜂須賀家の足軽頭堀源左衛門の妻と、稲葉信通の家臣渡辺主殿親忠を産んだ。後に離別。細川三斎から京都烏丸通に屋敷を与えられ、主殿を伴い居住した。細川家代々から白銀五十枚が毎年贈られたが、細川光尚の代に倹約のため白銀二十枚に変更された。三斎が死去した後は、稲葉信通（三斎の孫）の京都屋敷に招聘され、稲葉家から十人扶持を給された。寛文五年に病死（「臼杵稲葉家史料　先祖書」貞享四年二月十八日渡辺五郎兵衛久忠書上）。

（三）明智光秀の前妻は、永原塁主永原大炊助の嫡男永原仁左衛門の娘。女子一人を生んで、母子ともに郷里に帰った。女子は長じて渡辺宮内少輔に嫁いで渡辺内蔵助を産んだ（「天正記聞」）。『永原氏由緒』によると、永原筑前守重頼の五男永原大炊助重冬は、天正十年六月十三日に西岡で戦死。法名は永葩寿進居士。弟の永原弥左衛門久重と同腹で、両人の母斎藤氏は、天正八年八月十日に死去。法名は栄養寿慶大姉とされる。没年は異なるが「清凉寺過去帳」にある正栄尼の母の法名永誉寿慶大姉と近似している。

*

（一）から（三）のうち、（三）は信憑性に欠ける。ただし「続武家閑談」によると、寛永四年、渡辺内蔵助の遺子渡辺権兵衛守の仕官について、細川忠利らが一門として周旋している。また「正保二年御扶持方御切米御帳」（『部分御旧記』所載）によると、細川家から権兵衛に合力金五十両が支給されている。細川氏と渡辺氏は、明智氏を介して間接的な関係があったものと思われる。

慶長七年十一月、大坂の正栄尼が掛りとなり、清涼寺の修理料として羽柴長吉（秀弘）、渡辺庄兵衛から判金などを受領して寄進した（「清涼史略」）。

慶長十一年九月一日、五十余歳の時、気を患い、曲直瀬玄朔に受診（「玄朔道三配剤録」）。

慶長十九年八月、大蔵卿、二位局とともに使者として駿府へ下向（『慶長日記』）。

慶長二十年三月十三日、淀殿の使者として常光院、大蔵卿、二位局とともに駿府に下向。その後、大蔵卿とともに名古屋で徳川義直の婚儀を取り持ち、京都に赴き、四月二十四日朝、大坂へ帰還した（『駿府記』、『編年大略』）。

五月七日、子の内蔵助は月見櫓付近で自害。正栄尼は淀殿と秀頼が退避した櫓に移ったが、今木一政に介錯を頼み自害（「浅井一政自記」）。法名は往想院西誉正栄大姉。清涼寺に祠堂があった（「清涼寺過去帳」）。

正永という者が、正栄尼の葬式料、四十八夜別時念仏料、一周忌と三周忌法事料として判金三枚を納めた。この中から銀百二十九匁を支出して石塔が建てられた（「清涼史略」）。「池田正印家譜」に、永原筑前守の娘で池田秀氏の妻正永が見える。右の正永と同一人物の可能性がある。

元和二年五月、黒谷上人を招いて一周忌法要が営まれた。元和三年五月、万福寺長老を招いて清涼寺で三回忌法要が営まれた。元和七年、七回忌に向け三月十九日から清涼寺で四十八夜別時念仏が行われた（「清涼史略」）。

絹本著色正栄尼像図一幅が清涼寺に伝来する。慶長二十年五月七日付で金戒光明寺第二十六世住持琴誉盛林が着賛。平成元年四月十四日京都府有形文化財指定〈巻末「付録」参照〉。

玉《たま》

湯川孫左衛門の姉（『駿府記』）。

和睦成立後、二の丸の堀も埋め立てが始まったため、淀殿は御玉を派遣し、成瀬正成、安藤直次らに工事分担の違約について難詰させた。また、大野治房と御玉を上京させ、本多正信、板倉勝重にも違約を訴えさせたとされる（「翁物語」）。

慶長二十年五月七日、総敗軍となり、先に東の櫓に移った淀殿は、御玉を遣わして、秀頼も速やかに櫓に退避するよう伝えさせた（『豊内記』）。

五月八日、秀頼母子に殉死（『駿府記』）。

豊臣秀頼御局《とよとみひでよりおつぼね》

慶長二十年五月八日に死去。法名は華渓芳春禅定尼（「清涼寺過去帳」）。

二位局《にいのつぼね》

渡辺与右衛門重の長女で、徳川家旗本渡辺筑後守勝（永禄四年に誕生）の姉（『寛政重修諸家譜』）。

父の与右衛門は、堀田弥次左衛門とともに津田信澄の取次衆（『鷺森日記』）。天正十年六月五日、信澄は大坂城中で攻め殺され、堀田、渡辺とともに堺の北端に梟首された（『多聞院日記』、『天王寺屋会記』）。『高野山持明院蔵浅井家過去帳』によると、江州北郡渡辺与右衛門は、天正十年六月五日が命日で、法名は松清禅定門霊位とされる。また、文禄三年六月五日、摂州大坂二ノ丸（淀殿）ノ内である御タケ局より高野山持明院に墓碑が建立されている（『東浅井郡志』）。『寛政重修諸家譜』に、渡辺与右衛門を元亀元年に死去、法名は宗貞とあるが誤りと思われる。妻は速水甲斐守守之の妹。

二位局は、秀吉に仕えた（『寛政重修諸家譜』）。

『義演准后日記』、『兼見卿記』、『舜旧記』、『高野山文書』、「輝資卿記」（『大日本史料』所載）に、文禄から慶長年間に秀頼、淀殿への申次を務めている様子や、寺社、廷臣から二位局への礼物贈呈が散見される。

慶長三年三月、醍醐寺の花見に供奉（『東浅井郡志』）。

慶長九年頃、豊国社へ石灯籠一基を寄進（『甲子夜話続編』）。

慶長十九年八月、大蔵卿、正栄尼とともに使者として駿府へ下向（『慶長日記』）。

十二月二十日、常光院、饗庭局とともに家康の陣所を訪れ、和睦の成立を賀し、家康の誓紙を受け取った（『大坂冬陣記』）。

慶長二十年三月十三日、青木一重、常光院、大蔵卿、正栄尼とともに使者として駿府に下向。その後、名古屋に赴き、四月十一日、常光院とともに大坂に向かった（『駿府記』、『編年大略』）。

五月七日、秀頼に従い糒蔵に退避（「北川次郎兵衛筆」）。

五月八日、家康は二位局を不憫に思い、秀頼母子に大坂出城を勧めるためと称して、間宮尹治を派遣し、二位局を連れ出させた（「村越道半覚書」、「慶長見聞書」、『駿府記』）。本多正純が同道して茶臼山の家康本陣に伺候。秀頼、淀殿の装束、供奉の男女の姓名を報告した（『大坂御陣覚書』）。

その後、剃髪して崇栄尼と号した。東山の高台寺に隠棲。

寛永五年六月二十六日に京都で病死。「高台寺過去帳」によると法名は見性院春林宗栄大姉（『東浅井郡志』）。

乃不殿　のぶどの

織田信秀の七女（『寛政重修諸家譜』）。淀殿の叔母（『武徳編年集成』）。信長の従弟美濃乃夫城主乃不九郎に嫁ぎ、乃不殿と称せられた。

織田貞置入道の口語によると、慶長二十年五月七日、落城の際、退去の途中で石垣より墜落して死去（「織田家雑録」）。あるいは秀頼母子に殉死（『武徳編年集成』）。

織田貞置入道の口語によると、乃不殿の長女は織田信貞に嫁いで貞置の養母となり、次女は村越直吉に嫁いで吉勝の生母となり、三女は堀田図書に嫁いだという（「織田家雑録」）。右の女子三人の事跡は実否不明。『寛政重修諸家譜』は、村越吉勝の母を生駒親正の娘とする。三女は堀田図書ではなく生駒図書の誤りとも思われるが、「諸家系譜」に生駒図書の妻は斯波統銀の娘とあり、結局判然としない。

『藩士名寄』によると、津田九郎次郎元秀が織田信秀の娘を娶り、天正十年六月二日に二条御所で戦死しており、これが乃不殿の夫乃不九郎と同一人物と思われる。また「加島家系図」によると、津田九郎治郎信春の娘は、天正四年に誕生、蜂須賀家政の家臣加島政慶の後妻となり、慶安四年に死去している。おおむね年代的に整合性があり、元秀と信春は同一人物を指すと思われる。なお「織田家雑録」、『寛政重修諸家譜』、「諸氏本系帳」によると、織田信秀の五男で尾張国中島郡の野府城主織田九郎信治が、元亀元年九月十九日、近江坂本宇佐山合戦に出役し、二十六歳で戦死しているが、これは別人と思われる。

三宅善兵衛の妻《みやけぜんひょうえのつま》

秀頼息女（後の鎌倉松岡山東慶寺第二十世住職天秀和尚）の乳母（『大日本史料』所載「老談一言記」）。

夫の三宅善兵衛は、秀吉の馬廻（『太閤記』）（「三宅善兵衛」の項参照）。

「清和源氏向系図」によると、向井忠勝は、大坂落城の際、河口で臨検していたが、加藤嘉明の船に落ち延びた三宅善兵衛の女児九歳と、その乳母ら四人を拘束した。嘉明の家臣佃次郎兵衛がこれらを預かりたいと願い出たので、手形を取り寄せ預け置いた。この措置は向井から土井利勝に報告され、五月二十一日付で追認された（『史料が語る向井水軍とその周辺』）。

ちなみに『米府紀事略』によると、速水守之の配下吉田次左衛門は、落城の際、秀頼の息女の供をして船で立ち退いたという。『駿府記』によると、秀頼の息女は五月十二日、京極忠高に捕えられた。

三宅夫婦は、小出大和守家に所縁があったので、同家に預けられた。その後、同族の小出大隅守家に預け替えられた。子孫は大隅守家で用人まで務めたが、元禄九年に同家断絶により牢人。善兵衛の妻の墓がある京都に行った。石田三成とも所縁があり、石田家の系図を所持していたという（『大日本史料』所載「老談一言記」）。『武徳編年集成』は、善兵衛は落城の時に戦死、妻は小出吉英に預けられたとする。いずれも実否不明。

東慶寺の天秀和尚墓前に、正保二年二月七日に三宅次大夫が寄進した石灯籠一基があるが、善兵衛との関係は不明。

睦の御方《むつのおかた》

慶長二十年五月八日、秀頼母子に殉死（『大坂御陣覚書』）。

由利局《ゆりのつぼね》

慶長二十年五月八日、秀頼母子に殉死（『武徳編年集成』）。

和期局《わこのつぼね》

伊勢国司北畠一族というが、阿古局との混同の可能性もある。

慶長二十年五月八日、秀頼母子に殉死（『武徳編年集成』）。

渡辺五兵衛の妻・娘《わたなべごひょうえのつま・むすめ》

渡辺五兵衛は、伊勢の人で秀頼の家臣（『朝野旧聞裒藁』、『難波戦記』）（「渡辺五兵衛」の項参照）。

渡辺五兵衛の妻は、慶長十一年一月八日当時、壮年であったが、頭部や足腰の緊張が亢進状態となり、曲直瀬玄朔に受診（「玄朔道三配剤録」）。

慶長二十年五月七日、前田利常の家臣大音主馬首貞尊（越前の人大井久兵衛直泰の子で、生国は近江）は、二の丸青屋口より七、八人の女が遁れ出てきたので、家人を尋ねに遣ると、女が「私は渡辺五兵衛の妻です。主馬の手の者ならば助けてほしい」と頼んできた。大音はこの女の姉が知音の娘だったので連れて来させ、隔離した場所に保護した。この時、五兵衛の女房に従っていた下女も同行を望み、持参した五兵衛の女房の所持品金子三枚

女房衆

と地金の板三つを差し出した（「元和元年九月一日付大音貞尊自筆軍功書上」）。

右の大音の書上には、以下の一文がある（傍線、点線は筆者による）。

「一、女房共八日の日渡辺孫左衛門〔注1〕殿方へ渡可申由申候へ共、彼五兵衛のむすめハ、渡辺孫左衛門殿めいハ、秀頼様若君の母ニて御入候故　御所様　御前、渡辺孫左衛門殿如何と被存候哉、分辺内渡辺五兵衛むこニ八日ニ被請取候、京ニて拙者方より五月十七日ニもらひ申候はすに　御所様へ被申上、御さうしやの女房衆文、拙者ニ御ミせ候御事」。

文意が分かりにくいが、これを「渡辺五兵衛の女房たちの身柄は、五月八日に渡辺孫左衛門殿方へ引き渡そうとしたが、このうち五兵衛の娘については、渡辺孫左衛門殿の姪が、秀頼様の若君の母親だった関係から将軍家の手前、孫左衛門殿も如何と存ぜられたのであろうか、（立場上、自分が身元引受人となることを遠慮して）分部光信の家来だった渡辺五兵衛の婿へ八日に受け取られた。（渡辺孫左衛門殿は）京都で拙者方より五月十七日に（渡辺五兵衛の婿が）貰い受ける予定と将軍様に申し上げられ、御奏者の女房衆の文を拙者にお見せになった」と解すれば、秀頼の息男国松の生母は、渡辺孫左衛門の姪であり、渡辺五兵衛の娘とは別人となる。

右の書上について、「五兵衛の娘は孫左衛門の姪で、かつ国松の生母」と解する説もあるが、はたして国松の捜索中に〔注2〕、その生母を外様大名の家来で、身内でもある五兵衛の婿に早々と引き取らせるか疑問である。

〔注1〕渡辺孫左衛門久勝は、信長の家臣渡辺孫左衛門久重の子。天正元年に誕生。慶長十一年より家康に仕え、伊勢国一志郡内で采地千石を与えられた。大坂冬の陣・夏の陣に供奉。元和六年十二月十二日に死去。享年四十八歳。妻は分部光嘉の娘。長女は分部光信の室。長男の渡辺孫助久次が家督を継ぎ、子孫は幕臣として続いた（『寛政重修諸家譜』、『集成分部家系譜』）。

〔注2〕五月十五日、紀伊の浅野家では秀頼の子息が二人いると聞き、二、三歳の子供の落人は捕えるよう家中で申し合わせ、また隠し置いた者は本人のみならず一族、在所の者も成敗する旨を領内に布告した（「自得公済美録」）。五月十五日付で細川忠興も国元に書状を送り、十歳と七歳になる秀頼の子二人が行方不明となっており、諸国に捜索命令が発せられている旨を知らせている（『綿考輯録』）。結局、国松は五月二十一日、伏見の農人橋付近に隠れていたところを捕えられ、五月二十三日の未の刻に六条河原で処刑された。享年八歳（『駿府記』）。

女房衆

主要参考史料（五十音順）

あ

「青木系図」（東京大学史料編纂所蔵）
「青木家系図抄」（東京大学史料編纂所蔵）
「青木忠右衛門一及覚書抜写（宝暦十二壬午年三月）」（宝塚市立中央図書館蔵　森本家文書）
「青木伝記」（東京大学史料編纂所蔵）
「青木氏系図」（東京大学史料編纂所蔵）
「青木氏系譜」（東京大学史料編纂所蔵）
「青木氏過去帳」（東京大学史料編纂所蔵）
「青木宝書」（豊中市教育委員会蔵　中村家原蔵）
「青木民部少輔組高付」（東京大学史料編纂所蔵）
「青地牛之助物語」（金沢市立玉川図書館近世史料館蔵　加越能文庫）
「明石全登子公儀より御尋につき書状継立」（山口県文書館蔵　毛利家文庫）
「赤松系図」（東京大学史料編纂所蔵）
「赤松諸家大系図」（東京大学史料編纂所蔵）
「秋田系図」（東京大学史料編纂所蔵）
「秋田家史料」（東北大学附属図書館蔵）
「芥田文書」（東京大学史料編纂所蔵）
「浅井一政自記」（公益財団法人前田育徳会蔵　尊経閣文庫）
「浅井一政自記」（東京大学史料編纂所蔵）
「浅井家譜」（東京大学史料編纂所蔵　近江大屋形浅井家系図稿本）
「浅井氏年譜」（東京大学史料編纂所蔵）
「安積文書」（東京大学史料編纂所蔵）
「浅野家旧記」（東京大学史料編纂所蔵）
「浅野家諸士伝」（広島県立図書館蔵）
「浅野考譜」（東京大学史料編纂所蔵）
「浅羽本系図」（東京大学史料編纂所蔵）
「阿州伏屋源兵衛家系図」（四国大学附属図書館蔵　凌霄文庫）
「蘆分船」（国立国会図書館蔵）
「熱田加藤家史」（東京大学史料編纂所蔵）
「阿陽忠功伝」（東京大学史料編纂所蔵）
「荒川系図」（東京大学史料編纂所蔵）
「淡路草」（東京大学史料編纂所蔵）
「阿波国古文書」（東京大学史料編纂所蔵）
「粟屋勝久伝記」（東京大学史料編纂所蔵）
「安政内裏造営志」（東京大学史料編纂所蔵）

い

「井伊家文書」（東京大学史料編纂所蔵）
「井伊年譜」（東京大学史料編纂所蔵）
「家忠日記」（国立国会図書館蔵）
「家忠日記増補追加」（国立国会図書館蔵）
「伊木七郎右衛門武勇之記」（智源寺蔵　安政三丙辰年五月成立、原禿翁居士著）
「池家譜」（福岡県立図書館蔵　福岡県史編纂資料福岡藩仰古秘笈　元禄十年成立）
「池田氏家譜集成」（国立公文書館蔵　内閣文庫）
「池田正印家譜」（国立公文書館蔵　内閣文庫）
「池田正印老覚書（蓬斎叢書）」（東北大学附属図書館蔵　狩野文庫）
「池田利隆公大坂御陣御供諸士四十九家之記」（岡山県立図書館蔵）
「生駒家譜」（東京大学史料編纂所蔵）
「生駒分限帳」（東京大学史料編纂所蔵　寛永十六年三月朔日付）
「石井家系」（東京大学史料編纂所蔵）
「石井進氏蒐集史料」（東京大学史料編纂所蔵）
「石川家中難波落城首帳」（国立公文書館蔵　内閣文庫）
「石川家系図」（東京大学史料編纂所蔵）

「石川家先祖覚書」（東京大学史料編纂所蔵）
「石川忠総留書」（宮城県立図書館蔵）
「石河系図」（名古屋市立鶴舞中央図書館蔵）
「石原重臣氏所蔵文書」（東京大学史料編纂所蔵）
「石母田文書」（東京大学史料編纂所蔵）
「和泉国大鳥郡上神谷豊田村小谷家文書」（国文学研究資料館蔵）
「伊丹家系図」（福岡県立図書館蔵）
「伊丹資料」（福岡市総合図書館蔵）
「一条家譜」（東京大学史料編纂所蔵）
「伊東家御系図」（東京大学史料編纂所蔵）
「稲次宗雄年譜略」（東京大学史料編纂所蔵）
「稲葉家譜」（東京大学史料編纂所蔵）
「稲葉神社所蔵文書」（稲葉神社蔵　京都府立総合資料館寄託）
「因幡民談」（東京大学史料編纂所蔵）
「岩城家譜」（東京大学史料編纂所蔵）
「岩佐家文書」（東京大学史料編纂所蔵）
「石清水八幡宮記録」（東京大学史料編纂所蔵）
「岩田氏覚書」（国立公文書館蔵　内閣文庫）
「岩淵夜話集」（愛知県立図書館蔵）

う

「上杉景勝家来任官并大阪陣軍功者書上」（東京大学史料編纂所蔵）
「上杉家大坂御陣之留」（国立公文書館蔵　内閣文庫）
「上杉家将士列伝」（国立公文書館蔵　内閣文庫）
「上杉氏伊達軍記」（米沢市立図書館蔵）
「鵜川佐大夫大坂役天王寺陣場図」（東京大学史料編纂所蔵）
「宇喜多家分限帳」（岡山県立図書館蔵）
「浮橋主水一件」（東京大学史料編纂所蔵）
「宇佐美氏覚書」（東京大学史料編纂所蔵）
「宇佐美先祖代々文書之写」（東京大学史料編纂所蔵）
「臼杵稲葉家史料」（東京大学史料編纂所蔵　諸執役前録、先祖書）
「鵜殿系図并文書」（東京大学史料編纂所蔵）
「梅津政景日記」（東京大学史料編纂所蔵）
「有楽亭茶湯日記」（慶応義塾図書館蔵）
「浦上浮田両家分限帳」（岡山大学附属図書館蔵　池田家文庫）
「卜部遺編」（東京大学史料編纂所蔵）

え

「越前北庄御家中分限御附」（国立公文書館蔵　内閣文庫）
「越前家大坂御陣覚書」（東京大学史料編纂所蔵　大坂両度之御陣覚書、大坂夏御陣之覚書）
「越前家分限帳」（東京大学史料編纂所蔵）
「越前忠直公大坂御陣御備組帳」（東京大学史料編纂所蔵）
「越叟夜話」（国立公文書館蔵　内閣文庫）
「江戸砂子」（国立国会図書館蔵）
「延陵世鑑」（東京大学史料編纂所蔵）

お

「追腹仕候衆妻子并兄弟付」（熊本県立図書館蔵）
「往時聴書」（東京大学史料編纂所蔵）
「大坂合戦覚書」（東京大学史料編纂所蔵）
「大坂合戦口伝書」（国立公文書館蔵　内閣文庫）
「大坂記」（東京大学史料編纂所蔵）
「大坂口実記」（国立公文書館蔵　内閣文庫）
「大坂軍記」（大阪府立中之島図書館蔵　松原自休著）
「大坂御陣の書附大聖寺御陣」（金沢市立玉川図書館近世史料館蔵　加越能文庫）

「大坂城仕寄之図」（国立国会図書館蔵）

「大坂城本丸之図」（早稲田大学図書館蔵）

「大坂夏御陣之覚書」（東京大学史料編纂所蔵）

「大坂夏之役戦功箚子」（東京大学史料編纂所蔵）

「大坂役石川家中留守書」（国立公文書館蔵　内閣文庫）

「大坂陣物語」（国立公文書館蔵　内閣文庫）

「大坂冬陣記」（国立公文書館蔵　内閣文庫　羅山別集）

「大坂夜討事」（国立公文書館蔵　内閣文庫）

「大坂濫妨人并落人改帳」（東京大学史料編纂所蔵）

「大坂両御陣覚書」（東京大学史料編纂所蔵）

「大坂籠城記」（国立公文書館蔵　内閣文庫）

「大洲藩臣家譜」（大洲市立図書館蔵）

「太田牛一雑記」（東京大学史料編纂所蔵）

「太田系図」（東京大学史料編纂所蔵）

「大田家文書」（藤井氏蔵　富山県公文書館寄託系図帳）

「太田由緒書」（東京大学史料編纂所蔵）

「大坪文書」（東京大学史料編纂所蔵）

「大津篭城」（東京大学史料編纂所蔵）

「大橋記」（国立国会図書館蔵）

「小笠原秀政年譜」（東京大学史料編纂所蔵）

「岡部家譜」（東京大学史料編纂所蔵）

「翁物語」（東京大学史料編纂所蔵）

「翁物語後書」（東京大学史料編纂所蔵）

「荻野系図」（東京大学史料編纂所蔵）

「奥宮先祖」（高知県立図書館蔵　『香宗我部家記』巻四）

「奥宮之由緒」（高知県立図書館蔵　『香宗我部家記』巻四）

「小河内蔵允殿咄覚書」（九州大学附属図書館蔵　九大コレクション）

「御侍中先祖書系図牒」（高知県立図書館蔵　原本高知県立高知城歴史博物館所蔵）

「（大和柳本）織田家譜」（東京大学史料編纂所蔵）

「織田長猷旧臣系図」（国立公文書館蔵　内閣文庫）

「小夫氏系譜」（徳島県立図書館蔵　森文庫）

「落穂集」（国立公文書館蔵　内閣文庫）

「落穂集」（早稲田大学図書館蔵）

「小山家系図」（福岡県立図書館蔵）

「折下外記先祖并武功之記（不忍叢書）」（国立国会図書館蔵）

「尾張諸家系譜」（国文学研究資料館蔵　三井文庫旧蔵資料）

「尾張名家志」（茨城大学図書館蔵　菅文庫）

か

「外戚伝」（岩手県立図書館蔵）

「改撰仙石家譜」（東京大学史料編纂所蔵）

「加賀藩史稿」（富山県立図書館）

「春日社司祐範記」（東京大学史料編纂所蔵）

「家蔵記」（東京大学史料編纂所蔵）

「片桐家御内書御朱印等写」（東京大学史料編纂所蔵）

「家中先祖覚」（岡山県立図書館蔵）

「加藤家系譜」（西尾市岩瀬文庫蔵）

「加藤嘉明公御記録」（西尾市岩瀬文庫蔵）

「金森掃部助末葉本家他家略系譜」（東京大学史料編纂所蔵　角竹飛騨郷土史料文庫文書）

「金森系譜」（東京大学史料編纂所蔵　角竹飛騨郷土史料文庫文書）

「可児家系」（東京大学史料編纂所蔵）

「兼見卿記」（東京大学史料編纂所蔵）

「狩野系図」（東京大学史料編纂所蔵）

「鎌田家系碩菴之家所伝之写」（大阪市立大学学術情報総合センター蔵　森文庫　藤原氏鎌田姓之系図）

「蒲生家系」（東京大学史料編纂所蔵　蒲生飛騨守藤原秀行御家中分限帳写）

「蒲生家系図由緒書」（東京大学史料編纂所蔵

氏郷分限帳）
「蒲生氏会津家士名簿」（東京大学史料編纂所蔵）
「蒲生氏会津支配帳」（東京大学史料編纂所蔵）
「蒲生氏源秀院殿宝誉正玉大姉」（岩手県立図書館蔵）
「加陽人持先祖」（金沢市立玉川図書館近世史料館蔵　加越能文庫　寛文七年正月）
「川北道甫覚書」（国立公文書館蔵　内閣文庫）
「河毛系譜」（東京大学史料編纂所蔵）
「河田氏系図」（早稲田大学図書館蔵）
「河鰭家譜」（東京大学史料編纂所蔵）
「官医系譜」（東京大学史料編纂所蔵）
「韓川筆話」（東京大学史料編纂所蔵）
「寛文京極滅亡記」（国立国会図書館蔵）
「寛文九年佐々木道求大坂物語」（金沢市立玉川図書館近世史料館蔵　加越能文庫）

き

「耆旧得聞」（東京大学史料編纂所蔵）
「菊池文書」（富山大学附属図書館蔵　天正以後万治以前之抜書旧記）
「菊亭家譜」（東京大学史料編纂所蔵）
「木曾旧記録」（東京大学史料編纂所蔵）
「北川遺書」（名古屋市蓬左文庫蔵）
「北川遺書記」（国立公文書館蔵　内閣文庫）
「北川覚書」（東北大学附属図書館蔵　狩野文庫蓬斎叢書）
「北川次郎兵衛筆」（大村市立史料館蔵）
「北十左衛門一件外書集」（岩手県立図書館蔵）
「北家文書」（和歌山県立公文書館蔵　北家系図、喜多長左衛門奉願内存書）
「北野神社文書」（筑波大学付属図書館蔵　「慶長十八年五月二十七日賦青何連歌」、「慶長七年二月二十八日賦朝何連歌」）
「紀伊国伊都郡慈尊院村慈尊院中橋家文書」（国文学研究資料館蔵　阿刀姓正裔中橋家世系脉譜并執行家世系略図〈弘化二年正月八日〉、中橋勘之丞弘高軍功記、菊一文字太刀由緒之事、慈尊院村之名寄帳〈天正二十年正月〉、北室院下名寄帳〈寛永九年十一月写〉）
「紀伊国地士由緒書抜」（東京大学史料編纂所蔵）
「紀州家中系譜並ニ親類書書上」（和歌山県立文書館蔵）
「（備中足守）木下家譜」（東京大学史料編纂所蔵）
「木下家文書」（大阪城天守閣蔵）
「木村宗右衛門先祖書」（国立公文書館蔵　内閣文庫）
「絹川図書戦功記并略系」（東京大学史料編纂所蔵）
「旧記雑録後編」（東京大学史料編纂所蔵）
「旧考録」（東京大学史料編纂所蔵）
「臼陽氏族誌」（臼杵市立図書館蔵）
「校合雑記」（国立公文書館蔵　内閣文庫）
「（讃岐丸亀）京極家譜」（東京大学史料編纂所蔵）
「京極家物語書留」（東京大学史料編纂所蔵）
「享和三年略家普堀田家系図」（金沢市立玉川図書館近世史料館蔵　加越能文庫）
「切支丹並類族御帳」（岡山大学附属図書館蔵　池田家文庫　貞享五年三月廿六日付備前国切支丹并類族存命帳、貞享五年三月廿六日付備前国切支丹并類族死人帳）

く

「九鬼系図」（東京大学史料編纂所蔵）
「九鬼家系図物語」（九州大学附属図書館蔵　長沼文庫）
「九鬼家諸侍数代記」（九州大学附属図書館蔵　長沼文庫）
「九鬼舟闘記」（九州大学附属図書館蔵　長沼文庫）
「草加文書」（国立公文書館蔵　内閣文庫）
「国吉之系」（高知県立図書館蔵　『香宗我部家記』巻四）
「国吉之由緒」（高知県立図書館蔵　『香宗我部家

記』巻四）
「国分文書」（東京大学史料編纂所蔵　石合文書）
「熊谷帯刀元貞家譜」（東京大学史料編纂所蔵）
「熊沢家系図」（岡山県立図書館蔵）
「熊沢氏家系」（岡山県立図書館蔵）
「桑名弥次兵衛働覚」（東京大学史料編纂所蔵　寛永九年五月六日桑名又右衛門差出 先弥次兵衛殿一代手柄之書付）
「桑原羊次郎氏所蔵文書」（東京大学史料編纂所蔵）
「熊野独参記」（和歌山県立図書館蔵）
「黒田家臣御系譜草稿」（福岡県立図書館蔵）
「黒田氏関原記」（国立公文書館蔵　内閣文庫）
「黒田美作一成伝」（福岡県立図書館蔵）
「桑名志」（桑名市立中央図書館蔵）

け

「系図」（九州大学附属図書館蔵　九大コレクション）
「系図雑纂」（東京大学史料編纂所蔵）
「慶長元和寛永侍帳」（石川県立図書館蔵）
「慶長見聞書」（国立公文書館蔵　内閣文庫）
「慶長三年三戸在城身帯帳」（盛岡県立図書館蔵）
「慶長三年誓紙前書」（東京大学史料編纂所蔵　慶長三年八月十四日大坂御番之次第）
「慶長十五年二月越前分限帳」（国立公文書館蔵　内閣文庫）
「慶長小説」（国立公文書館蔵　内閣文庫）
「慶長四年諸侯分限帳」（国立公文書館蔵　内閣文庫）
「慶長日記増補」（国立公文書館蔵　内閣文庫）
「慶長録考異」（東京大学史料編纂所蔵）
「慶長日記増補」（国立公文書館蔵　内閣文庫）
「玄朔道三配剤録」（東京大学史料編纂所蔵）
「源氏佐々木党室谷氏之系譜」（東京大学史料編纂所蔵）
「元和大坂役将士自筆軍功文書」（公益財団法人前田育徳会蔵　尊経閣文庫「元和元年九月一日付大音貞尊自筆軍功書上」）
「見夢雑録」（東京大学史料編纂所蔵）
「見聞集」（大村市立史料館蔵）
「見聞集」（行田市歴史博物館蔵　御先祖松平忠明公播州姫路御居城之節御分限帳之写）
「見聞随筆」（東京大学史料編纂所蔵）
「元禄十一年二月二十一日及川助満書上及川氏伝」（秋田県公文書館蔵）
「元禄十七年三月二十八日笈川助満書上」（秋田県公文書館蔵　佐竹文庫）
「元禄四年御家臣先祖由来之記」（福岡県立図書館蔵）

こ

「小出氏由緒書」（東京大学史料編纂所蔵）
「侯家編年録」（行田市歴史博物館蔵）
「幸島若狭大坂物語（摂津徴書）」（国立国会図書館蔵）
「鼈城藩臣志」（臼杵市立図書館蔵）
「上有知旧事録」（東京大学史料編纂所蔵）
「郷村記」（大村市立史料館蔵）
「古今禾輯」（東京大学史料編纂所蔵）
「高代寺日記（塩川家臣日記）」（国立公文書館蔵　内閣文庫）
「高野山文書」（東京大学史料編纂所蔵　北条氏過去帳）
「高力氏系図」（東京大学史料編纂所蔵）
「郡主馬宗保伝記」（東京大学史料編纂所蔵）
「久我家譜」（東京大学史料編纂所蔵）
「御家世伝草稿」（松浦資料博物館蔵）
「御家中変義」（東京大学史料編纂所蔵）
「御家中略系譜」（久留米市立図書館蔵）
「御家老家譜」（東京大学史料編纂所蔵）
「古久保家文書」（京都府立総合資料館蔵　寛永

弐拾年牢人御改帳留未ノ極月十三日上下京）
「梧渓叢書」（仙台市立図書館蔵）
「御降誕考」（東北大学附属図書館蔵　狩野文庫）
「古今武家盛衰記」（東京大学史料編纂所蔵）
「古実咄」（国立公文書館蔵　内閣文庫）
「古証文」（東京大学史料編纂所蔵）
「従古代役人以上寄帳」（東京大学史料編纂所蔵「大河内家記録」）
「御治世以後御加増所替記」（国立公文書館蔵　内閣文庫）
「語伝集」（国立公文書館蔵　内閣文庫）
「後藤合戦記」（国立公文書館蔵　内閣文庫）
「後藤庄三郎家古文書」（東京大学史料編纂所蔵）
「後藤又兵衛尉政次伝」（国立公文書館蔵　内閣文庫）
「御末家御家老家筋略系」（山口県文書館蔵）
「小山家系図」（福岡県立図書館蔵）
「金戒光明寺文書」（東京大学史料編纂所蔵）

さ

「西行雑録」（東京大学史料編纂所蔵）
「斎藤系図」（東京大学史料編纂所蔵　厚見郡上加納村大宝寺伝）
「酒井系譜并事蹟」（東京大学史料編纂所蔵）
「酒井家系譜参考」（東京大学史料編纂所蔵）
「酒井家編年史料稿本」（東京大学史料編纂所蔵）
「酒井氏家譜」（東京大学史料編纂所蔵）
「榊原子爵家伝大坂陣記事」（東京大学史料編纂所蔵）
「崎山氏由緒書」（東京大学史料編纂所蔵）
「向山誠斎丙午雑記」（東京大学史料編纂所蔵）
「佐久間蟄之記」（川越歴史博物館蔵）
「佐々木京極氏古文書」（東京大学史料編纂所蔵）
「佐佐木信綱氏所蔵文書」（東京大学史料編纂所蔵）
「佐竹家大坂今福戦争記」（秋田県公文書館蔵　東山文庫）
「佐竹家旧記」（東京大学史料編纂所蔵）
「雑家系図」（東京大学史料編纂所蔵）
「佐藤金森由緒書」（東京大学史料編纂所蔵）
「佐藤文書」（東京大学史料編纂所蔵）
「真田系譜稿」（東京大学史料編纂所蔵）
「佐野道可一件」（山口県文書館蔵　毛利家文庫）
「讃岐直嶋長三宅氏由緒」（早稲田大学図書館蔵）
「（讃岐丸亀）京極家譜」（東京大学史料編纂所蔵）
「三千院文書」（東京大学史料編纂所蔵）
「三代物語」（香川県歴史博物館蔵）

し

「塩川八右衛門并娘義ニ付一条様より之御書」（岡山大学附属図書館蔵　池田家文庫　寛永二十一年九月十四日付池田光政宛一条昭良書状）
「塩川八右衛門母書出し」（岡山大学附属図書館蔵　池田家文庫　正保二年二月十八日付塩川八右衛門母申分）
「滋賀県人物詳伝」（東京大学史料編纂所蔵）
「鴫野蒲生合戦覚書」（国立公文書館蔵　内閣文庫）
「事実文編」（東京大学史料編纂所蔵）
「宍戸系譜」（山口県文書館蔵　県史編纂所史料宍戸系譜（写））
「自笑居士覚書」（福岡県立図書館蔵）
「七条文書」（東京大学史料編纂所蔵）
「視聴混雑録」（三重県立図書館蔵）
「十竹斎筆記」（東京大学史料編纂所蔵）
「実方院旧記」（東京大学史料編纂所蔵）
「自得公済美録」（和歌山県立図書館蔵）
「渋江系図」（東京大学史料編纂所蔵）
「渋江系譜」（東京大学史料編纂所蔵）

「渋江氏由来」（東京大学史料編纂所蔵）
「渋谷家系（摂津徴書）」（国立国会図書館蔵）
「島津家文書」（埼玉県立文書館蔵）
「持明院家譜」（東京大学史料編纂所蔵）
「聚楽武鑑」（東京大学史料編纂所蔵）
「松花堂行状記」（国立公文書館蔵　内閣文庫）
「松花堂式部卿法印昭乗留書」（国立公文書館蔵　内閣文庫）
「貞享井伊掃部頭家来正木舎人書上」（東京大学史料編纂所蔵）
「常在寺記録」（東京大学史料編纂所蔵）
「正保元年十二月十七日付才崎三太夫儀書付」（岡山大学附属図書館蔵　池田家文庫）
「正保三年三月十六日付丹羽亀之允言上覚」（「秉燭雑録」巻百二十八　熊本県立図書館蔵　上妻文庫）
「正保三年七月十六日付丹羽亀之丞八代侍衆様子申上覚」（「秉燭雑録」巻百二十八　熊本県立図書館蔵　上妻文庫）
「正保三年二月五日付丹羽亀之允言上之覚」（「秉燭雑録」巻百二十八　熊本県立図書館蔵　上妻文庫）
「諸系譜」（国立国会図書館蔵）
「諸家系図」（佐賀県立図書館蔵　鍋島家文庫）
「諸家系図纂」（東京大学史料編纂所蔵）
「諸家系譜」（東北大学附属図書館蔵）
「諸家所蔵文書」（東京大学史料編纂所蔵）
「諸国海上道乗之記」（東北大学附属図書館蔵　狩野文庫　関東秘書監　人見求　誌）
「諸寺過去帳」（東京大学史料編纂所蔵）
「諸士系譜」（金沢市立玉川図書館近世史料館蔵　加越能文庫）
「中川家寄託　諸士系譜」（中川家蔵　竹田市立歴史資料館寄託）
「（会津藩）諸士系譜」（会津若松市立会津図書館蔵）
「諸士先祖之記」（福井県立図書館蔵　松平文庫）
「諸氏本系帳」（東京大学史料編纂所蔵）
「諸士由緒」（北九州市立中央図書館蔵）
「除帳」（岡山大学附属図書館蔵　池田家文庫）
「諸方雑砕集」（国立公文書館蔵　内閣文庫）
「諸流茶人系図」（国立国会図書館蔵）
「史林年表」（東京大学史料編纂所蔵）
「新撰青地本末家譜」（東京大学史料編纂所蔵）
「新撰士系録」（大村市立史料館蔵）
「新当流長太刀之次第」（宝山寺蔵）
「真武内伝」（東京大学史料編纂所蔵）
「真武内伝追加」（東京大学史料編纂所蔵）

す

「水府系纂」（公益財団法人徳川ミュージアム蔵）
「水府系纂抜書」（茨城県立図書館蔵　松蘿館文庫）
「周匝池田家中先祖覚書」（岡山県立図書館蔵）
「須藤姓喜多村氏伝（摂津徴書）」（国立国会図書館蔵）
「駿府政事録」（早稲田大学図書館蔵）
「駿話本別集」（国立公文書館蔵　内閣文庫）

せ

「清光公済美録」（東京大学史料編纂所蔵）
「清良記」（国立国会図書館蔵）
「清涼寺過去帳」（東京大学史料編纂所蔵）
「関ケ原合戦誌記」（公益財団法人土佐山内家宝物資料館蔵　山内文庫）
「関系図」（東京大学史料編纂所蔵）
「石卵余史」（国立公文書館蔵　内閣文庫）
「摂戦実録」（国立公文書館蔵　内閣文庫）
「摂州三田九鬼家数代諸士記」（九州大学附属図書館蔵　長沼文庫）
「摂津太田文書」（東京大学史料編纂所蔵）
「摂津名所図会」（国立国会図書館蔵）
「先公実録」（東京大学史料編纂所蔵　長国寺殿

御事蹟稿、左衛門佐君伝記稿、大鋒院殿御事蹟続編稿）
「先公実録続編」（東京大学史料編纂所蔵　大鋒院殿御事蹟続編稿）
「仙石氏中興家伝」（国立公文書館蔵　内閣文庫）
「仙石秀久家譜」（東京大学史料編纂所蔵）
「仙石文書」（長野県立歴史館蔵　旧記荒増写）
「先祖書上」（岡山大学附属図書館蔵　池田家文庫）
「先祖附」（熊本県立図書館蔵）
「先祖並御奉公之品書上」（岡山大学附属図書館蔵　池田家文庫）
「先祖由緒并一類附帳」（金沢市立玉川図書館近世資料館蔵　加越能文庫）
「泉涌寺文書」（東京大学史料編纂所蔵）

そ

「創業遺事」（東京大学史料編纂所蔵）
「創業記考異」（国立公文書館蔵　内閣文庫）
「増減犂明丹波家興廃略記」（東京大学史料編纂所蔵）
「増訂背書国誌」（東京大学史料編纂所蔵）
「増補筒井家記」（東京大学史料編纂所蔵）
「増補藩臣譜略」（松浦史料博物館蔵）
「続遺老物語」（東京大学史料編纂所蔵　今多清兵衛覚書）
「続武家閑談」（国立公文書館蔵　内閣文庫）

た

「人閤秀吉公御時代分限帳」（国立国会図書館蔵）
「太閤秀吉公時代諸大名分限帳」（国立公文書館蔵　内閣文庫）
「太山寺文書」（東京大学史料編纂所蔵　播磨国明石郡前開村太山寺文書）
「大三川志」（愛知県立図書館蔵）
「太祖公済美録」（東京大学史料編纂所蔵）
「大通寺文書」（東京大学史料編纂所蔵）
「大徳寺文書」（東京大学史料編纂所蔵）
「太平夜談」（国立公文書館蔵　内閣文庫）
「高橋家系図」（長岡京市立図書館蔵）
「高橋義彦氏所蔵文書」（東京大学史料編纂所蔵）
「高松内匠贈答扣」（大館市立図書館蔵　真崎文庫）
「高松内匠武功」（公益財団法人土佐山内家宝物資料館蔵　山内文庫）
「瀧川文書」（東京大学史料編纂所蔵）
「竹腰系譜」（名古屋市鶴舞中央図書館蔵）
「竹田家譜」（東京大学史料編纂所蔵）
「但馬出石仙石家譜」（東京大学史料編纂所蔵）
「橘姓渋江氏由来之事」（東京大学史料編纂所蔵）
「伊達旧記」（東京大学史料編纂所蔵）
「伊達氏史料」（東京大学史料編纂所蔵　三澤初子略伝）
「伊達族譜」（東京大学史料編纂所蔵）
「伊達政宗記録事蹟考記」（東京大学史料編纂所蔵）
「田中文書」（東京大学史料編纂所蔵）
「田辺家文書」（京都府立総合資料館蔵　杉森市兵衛大坂働書付之写（杉森儀兵衛信氏書上））
「棚倉藩阿部家文書　藩士先祖書親類書」（学習院大学蔵）
「淡輪系図」（東京大学史料編纂所蔵）
「淡輪文書」（東京大学史料編纂所蔵）

ち

「長綱記」（東京大学史料編纂所蔵）
「長曽我部系」（高知県立図書館蔵　『香宗我部家記』巻一）
「庁中漫録」（奈良県立図書情報館蔵　寛永七年高付大和国著聞記）
「中納言秀康公御家中」（福井県立文書館蔵　勝見宗左衛門家）
「長府毛利家文書」（東京大学史料編纂所蔵）
「長陽従臣略系」（東京大学史料編纂所蔵）

つ

「津島十一党家伝記及牛頭天皇社記」（名古屋市鶴舞中央図書館蔵）
「津田文書」（金沢市立玉川図書館近世資料館蔵）
「筒井諸記」（東京大学史料編纂所蔵）
「筒井補系」（東京大学史料編纂所蔵）
「坪内文書」（東京大学史料編纂所蔵）

て

「寺西文書」（東京大学史料編纂所蔵）
「寺本八左衛門川村猪右衛門を討果候記録」（熊本県立図書館蔵　藻塩草）
「天正記聞」（奈良県立図書館蔵　今西文庫　『今西伊之吉遺品古写本集』第六）
「天正十二年十一月九日河内国御給人之内より出来目録御蔵入共ニ野帳之うつし」（大阪府立中之島図書館蔵）
「天正廿年詠草」（熊本大学附属図書館蔵）
「天正年中大名帳」（東京大学史料編纂所蔵）
「天保四年七月十五日再校過去帳」（佐賀県立図書館蔵　鍋島家文庫）
「天明由緒」（桑名市立中央図書館蔵）
「東京大学史料編纂所蔵文書」（東京大学史料編纂所蔵）

と

「東西記」（国立公文書館蔵　内閣文庫）
「刀作之事」（東京大学史料編纂所蔵　信濃国小県郡長久保新町石合又一原蔵）
「同志茶話」（西尾市岩瀬文庫蔵）
「東寺百合文書」（東京大学史料編纂所蔵）
「藤姓生駒家系図」（大館市立図書館蔵　真崎文庫）
「東遷基業」（東京大学史料編纂所蔵）
「藤堂家古事録」（東京大学史料編纂所蔵）
「道夢聞書」（東京大学史料編纂所蔵）
「藤龍系図」（国立公文書館蔵　内閣文庫）
「当流長太刀大事」（宝山寺蔵）
「言経卿記」（東京大学史料編纂所蔵）
「篤焉家訓」（岩手県立図書館蔵）
「徳昌寺授戒牒」（東京大学史料編纂所蔵）
「徳富猪一郎氏所蔵文書」（東京大学史料編纂所蔵）
「土佐五藤文書」（東京大学史料編纂所蔵）
「土佐諸家系図」（東京大学史料編纂所蔵）
「土佐国羣書類従」（東京大学史料編纂所蔵）
「土州遺語」（東京大学史料編纂所蔵）
「鳥取池田家記」（東京大学史料編纂所蔵）
「鳥取藩政資料　藩士家譜」（鳥取県立博物館蔵）
「富岡文書」（東京大学史料編纂所蔵）
「富小路家譜」（東京大学史料編纂所蔵）
「友松氏興遺稿」（会津若松市立会津図書館蔵）
「豊国大明神臨時祭日記」（東京大学史料編纂所蔵）
「豊臣太閤秀吉公御治代分限帳」（国立国会図書館蔵）
「豊臣秀頼伝記」（国立公文書館蔵　内閣文庫）
「豊永先祖聞伝記」（東京大学史料編纂所蔵）

な

「内史略」（岩手県立図書館蔵）
「直孝公御咄覚書」（東京大学史料編纂所蔵）
「長井長重日録」（東京大学史料編纂所蔵）
「長岡是季事蹟」（東京大学史料編纂所蔵）
「長尾文書」（東京大学史料編纂所蔵）
「長久手戦話」（国立公文書館蔵　内閣文庫）
「長常記」（名古屋市鶴舞中央図書館蔵）
「長野家系」（東京大学史料編纂所蔵）
「中野五兵衛書付」（岡山大学附属図書館蔵　池田家文庫　慶安三年）
「長政公御入国より二百年町屋由緒記」（福岡

県立図書館蔵　福岡県史編纂資料　福岡藩仰古秘笈）
「中村市右衛門氏所蔵文書」（東京大学史料編纂所蔵）
「中山家系」（東京大学史料編纂所蔵）
「名古屋市史資料」（名古屋市鶴舞中央図書館蔵　竹腰氏家譜抄録）
「名古屋人物史料」（名古屋市鶴舞中央図書館蔵）
「長東系譜」（東京大学史料編纂所蔵）
「難波軍記改録」（公益財団法人土佐山内家宝物資料館蔵　山内文庫）
「鍋島始龍造寺略御系図」（佐賀県立図書館蔵　鍋島家文庫）
「鍋嶋系図」（佐賀県立図書館蔵　鍋島家文庫）
「鍋島御系図」（佐賀県立図書館蔵　鍋島家文庫）
「南紀古士伝」（東京大学史料編纂所蔵）
「南紀士姓旧事記」（和歌山県立図書館蔵）
「南蛮流万捨之一集」（国立歴史民俗博物館蔵　所荘吉旧蔵炮術伝書コレクション）
「南部家譜」（東京大学史料編纂所蔵）
「南部氏記録」（東京大学史料編纂所蔵）

に

「丹羽家譜」（東京大学史料編纂所蔵）

の

「野矢文書」（東京大学史料編纂所蔵）
「則岡氏系図」（東京大学史料編纂所蔵）

は

「剥札」（松平文庫蔵　福井県立図書館寄託）
「橋爪家譜」（東京大学史料編纂所蔵）
「畑系図」（東京大学史料編纂所蔵）
「波多野家譜」（東京大学史料編纂所蔵）
「波多野系図」（東京大学史料編纂所蔵）
「蜂須賀家家臣成立書并系図」（徳島大学附属図書館蔵）
「浜田家文書」（仙台市博物館蔵）
「速見系図」（東京大学史料編纂所蔵）
「播磨国明石郡前開村大山寺文書」（東京大学史料編纂所蔵）
「藩鑑略譜」（上田市立図書館蔵）
「藩士系図」（臼杵市立図書館蔵）
「播州侍帳」（岡山県立図書館蔵）

ひ

「彦根藩家中貞享異譜」（東京大学史料編纂所蔵）
「土方家譜」（東京大学史料編纂所蔵）
「尾州熱田加藤与三右衛門重政系図由緒書」（金沢市立玉川図書館近世資料館蔵　加越能文庫）
「尾州諸家系図集」（名古屋市鶴舞中央図書館蔵）
「肥前名護屋城旧記」（東京大学史料編纂所蔵）
「（備中浅尾）蒔田家譜」（東京大学史料編纂所蔵）
「（備中岡田）伊東家譜」（東京大学史料編纂所蔵）
「秀頼御上落之次第」（山口県文書館蔵　毛利家文庫）
「秀頼物語」（国立公文書館蔵　内閣文庫）
「尾藤氏系図」（東京大学史料編纂所蔵）
「一柳家文書」（国立国会図書館蔵）
「尾濃百姓由緒留」（名古屋市鶴舞中央図書館蔵）
「備藩国臣古証文」（東京大学史料編纂所蔵）
「尾藩諸家系譜」（東京大学史料編纂所蔵）
「美陽勇士伝」（岡山県立図書館蔵）
「平野家譜」（東京大学史料編纂所蔵）
「平山家文書」（倉敷市蔵　明石清左衛門覚書、大坂夏御陣之時松原四郎兵衛手□之覚、平山家先祖戒名没年書付）

ふ

「福島家系譜」（東京大学史料編纂所蔵）
「福嶋家世系之図」（京都大学文学部博物館蔵）

「福嶋略系」（東京大学史料編纂所蔵）
「福富文書」（早稲田大学図書館蔵）
「福山寿久氏所蔵文書」（東京大学史料編纂所蔵）
「福良旧記」（東京大学史料編纂所蔵）
「武芸記録」（東京大学史料編纂所蔵）
「武家閑談」（早稲田大学図書館蔵）
「武家盛衰記」（国立公文書館蔵　内閣文庫）
「武功聞書」（東京大学史料編纂所蔵　『蕗原拾葉』）
「武将文苑」（高野山櫻池院蔵　「十市縫殿助大坂御陣書付」）
「藤原氏奈良家系」（国立公文書館蔵　内閣文庫）
「藤原姓青木氏系并略譜」（九州大学附属図書館蔵　九大コレクション）
「筆のちり」（岡山県立図書館蔵）
「船橋家譜」（東京大学史料編纂所蔵）
「武辺咄聞書」（国立公文書館蔵　内閣文庫）
「古屋幸太郎氏所蔵文書」（東京大学史料編纂所蔵）
「譜録」（山口県文書館蔵　毛利家文庫）
「文禄三年七月猪苗代南山津川伊南伊北高目録帳」（国立公文書館蔵　内閣文庫）

へ

「別本伊達家文書」（東京大学史料編纂所蔵）
「編年文書」（東京大学史料編纂所蔵）

ほ

「蓬州旧勝録」（愛知県図書館蔵）
「宝譜伝万茎」（岩手県立図書館蔵）
「細川家記」（東京大学史料編纂所蔵）
「細川之系図」（九州大学附属図書館蔵　細川文庫）
「（近江宮川）堀田家譜」（東京大学史料編纂所蔵）
「（下総佐倉）堀田家譜」（東京大学史料編纂所蔵）
「堀田家系譜」（金沢市立玉川図書館近世史料館蔵　加越能文庫　享和三年略家普堀田家系図）
「堀田氏系譜」（名古屋市鶴舞中央図書館蔵）
「堀内系図」（東京大学史料編纂所蔵）
「堀内家伝記」（東京大学史料編纂所蔵）
「堀家大系図」（東京大学史料編纂所蔵）
「本経寺記草稿」（大村市立史料館蔵）
「本多家記」（東京大学史料編纂所蔵）
「本多家岡崎藩分限帳」（愛知県図書館蔵）
「本多家由緒」（東京大学史料編纂所蔵）
「本藩廃古諸家略系」（長野県立歴史館蔵　飯島文庫）
「本藩名士小伝」（長野県立歴史館蔵　丸山文庫）
「本法寺文書」（東京大学史料編纂所蔵）

ま

「前田家譜」（東京大学史料編纂所蔵）
「松井家記」（国立公文書館蔵　内閣文庫）
「松下文書」（東京大学史料編纂所蔵）
「松代家中系譜」（長野県立歴史館蔵　飯島文庫）
「松平家譜」（東京大学史料編纂所蔵）
「松平康重家譜」（東京大学史料編纂所蔵）
「松田元心老物語（武辺叢書）」（宮内庁書陵部蔵）
「万治元戊戌歳松林院様御代分限帳」（東京大学史料編纂所蔵　「大河内家記録」）

み

「三雲文書」（東京大学史料編纂所　蔵）
「三沢家譜」（東京大学史料編纂所蔵）
「三沢家軍功覚書」（東京大学史料編纂所蔵）
「皆川家記録」（東京大学史料編纂所蔵）
「美濃盛衰録」（国立公文書館蔵　内閣文庫）
「美濃国諸家系譜」（東京大学史料編纂所蔵）
「宮田平七武辺聞書（武辺叢書）」（宮内庁書陵部蔵）

「妙心寺文書」（東京大学史料編纂所蔵）
「三好家過去帳」（東京大学史料編纂所蔵　高野山持明院小坂坊十輪院過去帳）

む

「向山誠斎丙午雑記及雑綴」（東京大学史料編纂所蔵）
「村田氏系譜」（東京大学史料編纂所蔵）
「村越道半覚書」（東京大学史料編纂所蔵）

め

「名家由緒」（金沢市立玉川図書館近世史料館蔵　加越能文庫）
「名将武勇話」（岡山県立図書館蔵）
「茗話記」（国立公文書館蔵　内閣文庫）

も

「申上書物之事」（熊本大学附属図書館蔵　松井文庫）
「望月氏事蹟」（東京大学史料編纂所蔵）
「毛利氏四代実録考証論断」（東京大学史料編纂所蔵）
「本の籬」（桑名市立中央図書館蔵）
「毛利系伝」（東京大学史料編纂所蔵）
「森家御系譜並諸士方分限帳」（岡山県立図書館蔵）
「森家伝記」（東京大学史料編纂所蔵）
「森古伝記」（東京大学史料編纂所蔵）
「毛利豊前守殿一巻」（東京大学史料編纂所蔵　山内文書）
「森可政系図伝」（東京大学史料編纂所蔵）

や

「柳生家記録」（東京大学史料編纂所蔵）
「夜久家譜」（東京大学史料編纂所蔵）
「安井系譜」（東京大学史料編纂所蔵）
「柳原家記録」（東京大学史料編纂所蔵）
「山川北川大坂物語」（臼杵市立図書館蔵）
「山川朝顕覚書」（東京大学史料編纂所蔵）
「山口家伝」（国立公文書館蔵　内閣文庫）
「山下秘録」（国立公文書館蔵　内閣文庫）
「山城全国名家墳塋」（東京大学史料編纂所蔵）
「山城国愛宕郡賀茂御検地帳」（東京大学史料編纂所蔵）
「大和国衆従国民郷士記」（東京大学史料編纂所蔵）
「大和国大名系図和州十市城主氏姓伝」（奈良県立図書館蔵　今西文庫）
「山名家譜略纂補」（東京大学史料編纂所蔵）
「山本豊久私記」（国立公文書館蔵　内閣文庫）
「山本日記」（国立公文書館蔵　内閣文庫）

ゆ

「結城系図」（東京大学史料編纂所蔵　附録山川氏系譜）
「有故家覚書」（東京大学史料編纂所蔵）
「勇士物語」（国立国会図書館蔵）
「湯橋文書」（東京大学史料編纂所蔵）

よ

「横井系図并家譜」（東京大学史料編纂所蔵）
「横山家譜」（東京大学史料編纂所蔵）
「吉村系図」（東京大学史料編纂所蔵）
「米倉家譜」（東京大学史料編纂所蔵）

り

「笠系大成」（東京大学史料編纂所蔵）
「笠系大成付録」（東京大学史料編纂所蔵）
「龍造寺御先祖様」（佐賀県立図書館蔵）

れ

「礼典」（東京大学史料編纂所蔵）

「歴世因由録」（東京大学史料編纂所蔵）
「歴世古文書」（東京大学史料編纂所蔵）
「烈祖成績」（国立国会図書館蔵）

ろ

「老士語録」（東京大学史料編纂所蔵）
「老人雑話」（東京大学史料編纂所蔵）
「老談記」（国立公文書館蔵　内閣文庫）
「若林政興覚書（豊後若林家文書）」（国立歴史民俗博物館蔵）

わ

「和久半左衛門安宣書出」（宮城県立図書館蔵）
「分部家文書」（東京大学史料編纂所蔵）
「和田千吉氏所蔵文書」（東京大学史料編纂所蔵）
「渡辺又作系図帳」（金沢市立玉川図書館近世史料館蔵　加越能文庫）
「渡辺与右衛門系図并付属之書類」（金沢市立玉川図書館近世史料館蔵　加越能文庫）
「割算書」（早稲田大学図書館蔵）

主要参考文献（五十音順）

＊括弧内の斜線以降に、主な所載史料を示した。

あ

『会津四家合考』（『国史叢書』　黒川真道編　国史研究会　一九一五）
『会津藩家世実紀』第四・五巻（家世実紀刊本編纂委員会編　吉川弘文館　一九七八～一九七九）
『会津若松史』八 史料編Ⅰ（会津若松市　一九六七／「加藤家分限帳（東北大学附属図書館狩野文庫蔵）」）
『明石市史資料』古代・中世篇（黒田義隆編　明石市教育委員会　一九八五／「横河家過去帳」）
『浅井氏家譜大成 古医方小史浅井国幹遺稿』（浅井国幹著　医聖社　一九八〇）
『尼崎志』第一編（尼崎市役所　一九三〇）
『尼崎市史』史料編第五巻近世上（尼崎市役所　一九七四／「清和源氏先下間後池田家系譜」）
『甘木市史資料』近世編第八集（甘木市史　一九八六／「長田加藤家文書」、「慶長十二年未八月八日下座郡百姓帳」）
『阿波国徴古雑抄』（小杉榲邨著　日本歴史地理学会　一九一三）
『阿波国徴古雑抄続編』（『阿波研究叢書』第三集　小杉榲邨著　阿波研究叢書刊行会　一九五八／「長谷川小右衛門内証覚書」）

い

『イエズス会日本年報』上・下（『新異国叢書』三・四　村上直次郎訳　雄松堂書店　一九六九）
「伊賀上野城下の真宗寺院」／首藤善樹著（『日本の歴史と真宗 千葉乗隆博士傘寿記念論集』千葉乗隆著　自照社出版　二〇〇一）
『池田光政公伝』上・下巻（石坂善次郎編・発行　一九三二／「備前侍帳〈寛永十九年侍帳〉」）
『池田光政日記』（藤井駿・水野恭一郎・谷口澄夫編　国書刊行会　一九八三）
『生駒家家臣団所属組・知行高・知行所一覧』（『上坂氏研究史料集成』第九巻　合田學著　理想日本社　一九九〇）
『石田三成とその一族』（白川亨著　新人物往来社　一九九七）
『石原家記』上・下（名著出版　一九七三）
『和泉市史』第一・二巻（和泉市　一九六五～一九六八）
『和泉国郷土記』全（泉州郷土史研究会編　熊取町教育委員会　一九七五／「和泉国三十六人之郷侍衆覚並ニ出仕之侍又没落之次第」、「三十六人ノ外出仕ノ侍中」、「和泉州三十六郷党並ニ二十四郷士之記」、「和泉国出仕之記泉州三十六人之士並仕出之侍之覚」）
『出雲国造家文書』（村田正志編　清文堂出版　一九六八／「出雲国造北島家文書」）
「板倉篭屋証文」一・二／猪熊兼繁著（『法学論叢』六七―二・三　一九六〇）
『伊丹一族』（新井康友編　福岡県文化会館　一九八〇）
『伊都郡学文路村誌』（学文路史蹟調査会編　一九三六／「平野作左衛門先祖書親類書」、「萱野氏系図来由」）
『今井町周辺地域近世初期史料』（森本順子・森本育寛編　一九八六／「越智古老伝」、「根来東悦行寛系図」）
『磐城史料叢書』中（磐城史料刊行会　一九一七）
『岩瀬町史』史料編（岩瀬町　一九八三）
『岩手史叢』第一巻～第五巻（岩手県立図書館編　岩手県文化財愛護協会　一九七三～一九七五）
『因伯叢書』（因伯叢書発行所　一九一五～一九二四／「雪窓夜話抄」、「伯耆志」、「因府年表」、「因幡誌」）

う

『上杉家御年譜』一一・一三（米沢温故会　一九七七／「景勝公年譜」）
『上杉家御年譜』二三・二四（米沢温故会　一九八六／「御家中諸士略系譜」）
『上杉史料集』下巻（井上鋭夫校注　新人物往来社　一九六九／「上杉将士書上」）
『宇智郡誌』（奈良県宇智郡役所　一九二四）

え

『益軒全集』（益軒会編　益軒全集刊行部　一九一一／「朝野雑載」）
『越後史集』天巻（黒川真道編　国史研究会　一九一六／「上杉三代日記」、「上杉将士書上」）
『越前人物志』上（福田源三郎著　玉雪堂　一九一〇）
『閲史筌蹄筑前郷土誌解題』（岸田信敏編　福岡県立図書館　一九三三）
『越登賀三州志』（日置謙校　石川県図書館協会　一九三三）
『越藩史略』（三上一夫校訂　歴史図書社　一九七五）
『江戸幕府撰慶長国絵図集成 付江戸初期日本総図解題』（川村博忠編　柏書房　二〇〇〇／「和泉国慶長国絵図〈福島雅蔵解説〉」、「摂津国慶長国絵図」、「小豆島慶長絵図〈磯永和貴解説〉」）
『NHK歴史への招待』七 大阪城攻防二（日本放送出版協会　一九八〇／「喜連村水井六左衛門由緒書」）
『愛媛県史』資料編 近世上（愛媛県　一九八四／「蒲生家御支配帳〈予州松山御支配帳〉」）

お

『王寺町史』本文編（王寺町　二〇〇〇）
『王寺町史』資料編（王寺町　二〇〇〇／「片岡氏系図〈天理図書館所蔵〉」、「大和葛下郡片岡系図〈池の原片岡氏所蔵文書〉」、「武家片岡氏系図〈門前達磨寺文書〉」）
『近江蒲生郡志』巻三（中川泉三編　滋賀県蒲生郡　一九二二）
『淡海木間攫』（『近江史料シリーズ』　滋賀県地方史研究家連絡会編　滋賀県立図書館　一九九〇）
『近江浅井氏』（『戦国史叢書』　小和田哲男著　新人物往来社　一九七三／「近江国坂田郡飯村島記録」）
『近江坂田郡志』上・中・下巻（滋賀県坂田郡役所　一九一三）
『近江輿地志略』（小島捨市校註　西濃印刷出版部　一九一五）
『大石家外戚枝葉伝―大石神社蔵』（佐佐木杜太郎校注・訳　新人物往来社　一九七九）
『大口村誌』（大口村　一九三五）
『大坂金石志』（木崎愛吉著　上方文化協会　一九二二）
『大坂御陣覚書』（『大阪市史史料』第七六輯　大

阪市史編纂所編　大阪市史料調査会　二〇一一）
『大阪城の七将星』（福本日南著　文会堂書店　一九二一）
『大坂夏の陣と明石藩成立』（明石市立文化博物館　二〇〇九）
『大坂の陣と越前勢』（福井市立郷土歴史博物館　二〇一二）
「大坂の陣に関する新出史料―備前国金万家の記録について―」／内池英樹著（『岡山県立博物館研究報告』第三七号　岡山県立博物館　二〇一七）
『大阪府史蹟名勝天然記念物』（大阪府学務部編　清文堂出版　一九七四）
「大坂冬の陣開戦までの西国大名の動向―黒田長政・島津家久を中心に―」／福田千鶴著（『九州文化史研究所紀要』第五九号　九州大学附属図書館付設記録資料館九州文化史資料部門　二〇一六／「福岡市立総合図書館所蔵三宅剛照史料古事条目」）
『大洲秘録』（『伊予史談会双書』第七集　伊予史談会　一九八三）
「太田牛一とその子孫」／岡部二郎著（『富山史壇』一一七　富山史壇会　一九九五／「先祖由緒并一類附帳慶応二年大田小又助輔一書上」）
『大村郷村記』第一巻（藤野保編　国書刊行会　一九八二／「郷村記」）
『大山崎町史』史料編（大山崎町　一九八一）
『小笠の光』（横井忠直著　小野二郎発行　一九一四／「宗玄寺殿秀政公年譜」、「法性寺殿忠脩公年譜」、「福聚寺殿忠真公年譜」）
『小笠原藩侍帳』（小倉藩研究会編　鵬和出版　一九九四／「小笠原藩士由緒書」、「大坂陣武功余話」、「島原陣武功録」）
『岡山キリシタン類族帳の研究』前編（矢島浩著　日本教育モニター　一九七四／「備前国切支丹并類族存命帳〈貞享五年辰三月廿六日〉」、「備前国切支丹并類族死人帳〈貞享五年辰三月廿六日〉」、「慶安三年吉利支丹之覚〈十一月廿九日〉」）
『岡山県古文書集』第一～四輯（藤井駿編　思文閣出版　一九八一）
『岡山県史』第二五巻（岡山県　一九八一／「森家先代実録」）
『岡山県史』第二六巻（岡山県　一九八三／「足守藩木下家文書御家中由緒書」）
『岡山県後月郡誌』（後月郡役所編　名著出版　一九七二）
『岡山市史』第二（岡山市　一九三六／「友沢清胤氏所蔵文書」、「難波氏文書」）
『岡山藩家中諸士家譜五音寄』一～三（『岡山大学文学部研究叢書』　倉知克直編　岡山大学文学部　一九九三／「家中諸士家譜五音寄」）
『邑久郡史』上・下巻（小林久磨雄編　邑久郡史刊行会　一九五三～一九五四）
「織田上総介の隠し子を育てた埴原加賀守常安」／瀧喜義著（『江南郷土史研究会会報』　一九九一）
『雄の山越え山口一族の興亡』（鴨口正紀著　和歌山山口地区郷土史編纂委員会　一九九五）
『小浜市史』藩政史料編二（小浜市役所　一九八五／「安永三年小浜藩家臣由緒書」、「小浜藩家臣分限帳」：寛永十四年分限帳・寛永十七年小浜分限帳・寛永十八年（十五年か）分限帳・万治元戌年改分限帳・寛文七年空印様御代分限帳・寛文十二年御先代分限帳）
『小山町史』第一巻原始古代中世資料編（小山町　一九九〇／「藤原姓葛山御宿氏系図」）
『尾張志』（深田正韶ほか編　博文社　一八九八）

か

『皆山集』（『土佐之国史料類纂』　高知県立図書館　一九七三～一九七八）
『甲斐叢書』第七巻（甲斐叢書刊行会　一九三四／「甲府殿分限帳」）
『甲斐叢書』第八巻（甲斐叢書刊行会　一九三五／「武田源氏一流系図」、「一本武田系図」、「葛山家譜」）
『甲斐叢書』第九巻（甲斐叢書刊行会　一九三五

／「景憲家伝」）
『甲斐叢書』第十～十二巻（甲斐叢書刊行会　一九三五～一九三六／「甲斐国志」）
『貝塚願泉寺と泉州堺』（堺市博物館　二〇〇七）
『貝塚市史』第三巻 史料（貝塚市　一九五八／「卜半文書」）
『加賀藩史稿』第十三巻（尊経閣　一八八九）
『加賀藩初期の侍帳』（太田敬太郎校訂　石川県図書館協会　一九四二／「慶長十年富山侍帳」、「元和之侍帳」、「寛文十一年侍帳」）
『加賀藩史料』第一～三編（侯爵前田家編輯部著　石黒文吉発行　一九二九～一九三〇）
『各務原市史』史料編古代・中世（各務原市　一九八四／「旧長塚宮梵鐘陰刻銘」）
『香川県史』第八巻 資料編古代・中世史料（香川県　一九九〇／「金比羅宮文書」）
『香川県史』第九巻 資料編 近世史料Ⅰ（香川県　一九九〇／「讃羽綴遺録」）
『香川叢書』第一（香川県　一九三九／「若一大権現縁起」）
『香川叢書』第二（香川県　一九四一／「生駒家廃乱記」、「生駒家廃乱記付録」）
『可観小説』（金沢文化協会　一九三六）
『鹿児島県史料』旧記雑録後編四・五（鹿児島県歴史資料センター黎明館編　鹿児島県　一九八三～一九八四）
『鹿児島県史料』旧記雑録追録一（鹿児島県維新史料編纂所編　鹿児島県　一九七一）
『鹿児島県史料集　第一三』（鹿児島県立図書館　一九七三）
『鹿児島県史料集　第一八』（鹿児島県立図書館　一九七八）『加西市史』第八巻 史料編一古代・中世・近代一（加西市　二〇〇六／「中田文書」）
『河州大井誓願寺の歴史』（大悲山誓願寺　一九八七／「箕浦誓願寺記」）
『柏原織田家臣系譜』（篠川直編・発行　一九一三）
『柏原市史』第五巻 史料編二（柏原市　一九七一／「益池性次文書」）
『華族諸家伝』（鈴木真年著　杉剛英発行　一八八〇）
『片桐且元』（『人物叢書』　曽根勇二著　吉川弘文館　二〇〇一）
『家中由緒書』上・中・下（近代史文庫宇和島研究会　一九七八～一九八〇）
『甲子夜話』（『東洋文庫』　中村幸彦・中野三敏校訂　平凡社　一九七七～一九七八）
『甲子夜話続編』（『東洋文庫』　中村幸彦・中野三敏校訂　平凡社　一九七九～一九八一）
『合戦図屏風と上杉の記録』（米沢市上杉博物館　二〇一三）
『鹿角市史』第二巻上（鹿角市　一九八六）
『加藤清正伝』（中野嘉太郎著　隆文館　一九〇九／「加藤家御侍帳〈元和八年〉」）
『加藤嘉明公』（伊予史談会編　松山市　一九三〇／「加藤家臣録」）
『神奈川県史』資料編第四巻（神奈川県　一九七一／「稲葉氏初期分限帳〈道範様紹太様御代より被召仕候者之書付〉」、「稲葉氏小田原在城時代分限帳〈相州小田原御住城之時分御分限帳〉」、「小田原美濃守様御代御知行高拾萬石御家頼覚〉」、「稲葉氏覚書〈稲葉佐渡守政成覚書〉」）
『金沢墓誌』（和田文次郎著　加越能史談会　一九一九）
『兼見卿記』第一・二（『史料纂集』古記録編　続群書類従完成会　一九七一～一九七六）
『「兼見卿記」（一）～（十二）』／岸本眞実著（『天理図書館報ビブリア』一一八～一三二　二〇〇二～二〇〇九／『兼見卿記』文禄二年～慶長十四年）
『蒲生軍記』（黒川真道編　国史研究会　一九一七）
『刈谷土井家臣録』（『刈谷叢書』　刈谷古文書研究会編　西村書房　一九九八）
『川上村史』通史編（川上村　一九八九）

『河芸町史』史料編（河芸町　二〇〇〇／「勢州御普代慶安年中諸士以下由緒書」）
『河内キリシタンの研究』（松田毅一著　郷土史料刊行会　一九五七）
『河内名流伝』上巻（松尾耕三著・発行　一八九四）
『河内屋可正旧記』（『近世庶民史料』　野村豊・由井喜太郎編　清文堂出版　一九七〇）
『寛永諸家系図伝』（続群書類従完成会　一九八〇～一九九四）
『寛政重修諸家譜』（国民図書　一九二二）
『関東武士・上野国小幡氏の研究』（白石元昭著　群馬文化の会　一九八一）
『関八州古戦録』（中丸和伯校注　新人物往来社　一九七六）

き

『紀伊続風土記』第一～五輯（臨川書店　一九九〇）
『義演准后日記』第一～三（『史料纂集』古記録編　続群書類従完成会　一九七六～一九八五）
『来嶋又兵衛伝』（三原清尭著　来嶋又兵衛翁顕彰会　一九六三）
『紀州小山家文書』（神奈川大学日本常民文化研究所編　日本評論社　二〇〇五）
『北野社家日記』第五・六（『史料纂集』古記録編　続群書類従完成会　一九七三）
『北野天満宮史料』古文書（北野天満宮　一九七八）
『喜多流の成立と展開』（表章著　平凡社　一九九四）
『木下延俊慶長日記　慶長十八年日次記』（二木謙一・荘美知子校訂　新人物往来社　一九九〇／「慶長十八年木下延俊日次記」）
『吉備郡史』巻中（永山卯三郎編　岡山県吉備郡教育会　一九三七／「伊東家雑記」、「水川家先祖書」、「水川姓系譜」、「仙石家系譜」、「慶長中湛井懸り高付写」）
『吉備温故秘録』（『吉備群書集成』第六～十輯　吉備群書集成刊行会編　歴史図書社　一九三二）
『黄薇古簡集』（『岡山県地方史資料叢書』第八　岡山県地方史研究連絡協議会　一九七一）
『岐阜県史』史料編 近世一（岐阜県　一九六五／「慶長六年丑年美濃一国郷牒并寺社領小物成共」、「元和弐年美濃国村高御領知改帳」）
『岐阜県史』史料編 近世二（岐阜県　一九六六／「揖斐川筋国役堤普請帳覚」）
『岐阜県史』史料編 古代中世一（岐阜県　一九六九／「龍徳寺文書」）
『岐阜県史』史料編 古代・中世補遺（岐阜県　一九九九／「日龍峯寺文書」、「玉井文書」）
『畿内戦国軍記集』（青木晃ほか編　和泉書院　一九八九／「大坂物語」）
『久昌公御書写 井伊直孝書下留』（彦根市史近世史部会編　彦根市教育委員会　二〇〇三）
「旧新庄藩家老足立家文書について―足立正興・正詮を中心に―」／田中慶治著（『新庄町歴史民俗資料館年報・紀要かつらぎ』二　新庄町歴史民俗資料館　二〇〇四）
「京極期松江城下町図と分限帳―諸本の比較検討―」／西島太郎著（『松江歴史館研究紀要』第一号　二〇一一）
『行田市金石文集』（『行田市編纂資料』　寺島裕著　行田市役所　一九五五）
『郷土白鳥』第七号（白鳥町文化財保護協会　一九六七／「向山氏系譜」）
『京都の歴史』第五巻 近世の展開（京都市編　学芸書林　一九七九／「誓願寺蔵文書」）
『京都墓所一覧 京都名物名寄 墳墓之部』（西村兼文編・発行　一八九三）
『京都名家墳墓録』（寺田貞次著　村田書店　一九七六）
『曲亭雑記』（渥美正幹著・発行　一八八九／「真葛の老女」）
『記録御用所本古文書』上・下巻（神崎彰利監修　東京堂出版　二〇〇〇～二〇〇一）
『近史余談』（菊池真一編　和泉書院　一九九五）

『近世漢方治験選集』（安井廣迪編　名著出版　一九八五／「医学天正記」、「延寿配剤記」、「処剤座右」）

く

「公家・寺社領と天正十三年検地」／下村信博著（『戦国・織豊期の権力と社会』　吉川弘文館　一九九九）

『九条家歴世記録』（宮内庁書陵部編　明治書院　一九九九／「幸家公記」）

『郡上八幡町史』史料編一（八幡町　一九八五／「秘聞郡上古日記」、「青大録」）

『久世町史』資料編（久世町教育委員会　二〇〇四／「中島本政覚書」）

『朽木家古文書』上・下（『内閣文庫影印叢刊』国立公文書館内閣文庫　一九七七〜一九七八）

『朽木文書』（『史料纂集』古文書編　続群書類従完成会　一九七八）

『九度山町史』（九度山町　一九六五）

『熊谷豊前守元直』（フーベルト・チースリク著　キリシタン文化研究会　一九七九）

『熊野水軍史料 安宅一乱記』（長谷克久編　名著出版　一九七六／「安宅一乱記」、「安宅由来記」）

『熊本県史料』近世編第一（熊本県　一九六五／「部分御旧記」）

『熊本藩侍帳集成』（松本寿三郎編　細川藩政史研究会　一九九六／「肥陽諸士鑑」、「於豊前小倉御侍帳」、「慶安元年真源院様御代御侍免撫帳」、「寛文元年以来御追放御暇・知行被召上候面々名付之覚」）

『久留米市史』九 資料編 近世二（久留米市　一九九三／「米府紀事略」）

『黒田御用記・長政公御代御書出令条』（『九州史料叢書』第十二　三木俊秋校訂　九州史料刊行会　一九六一）

『黒田三藩分限帳』（福岡地方史談話会　一九八〇／「慶長七年諸役人知行割同九年知行書付」、「慶長年中士中寺社知行書附」、「元和九年知行高帳」、「寛永知行役帳」）

『桑名郡人物誌』（桑名郡教育会　一九二一）

『桑山一族の興亡―桑山氏新庄入部四〇〇年記念展―』（新庄町歴史民俗資料館　二〇〇一／「大坂冬陣鳴野今福并翌年若江表ニテ討働討死之覚（村井三郎氏所蔵）」）

『軍記類纂』（黒川真道編　国史研究会　一九一六／「土岐斎藤由来記」）

『群書系図部集』（続群書類従完成会　一九八五／「武衛系図」、「細川系図」、「伊勢系図」、「尾州法華寺蔵織田系図」、「川那部系図」）

『群書類従』第一七輯（経済雑誌社　一八九四／「お湯殿の上の日記」）

『群書類従』第二二輯 武家部（続群書類従完成会　一九七九／「文禄三年卯月八日加賀之中納言殿江御成之事」、「文禄四年御成記」）

け

『系図纂要』（名著出版　一九七三〜一九七七）

『慶長日件録』（『日本古典全集』　日本古典全集刊行会　一九三九）

「「（慶長十一年）二月廿五日付江戸城公儀普請奉行連署状」について―笠谷和比古氏の学説・二重公儀体制論に関する新出史料の紹介―」／白峰旬著（『史学論叢』第四七号　別府大学史学研究会　二〇一七）

「慶長の禁裏普請と「家康之御代大名衆知行高辻」帳」／松尾美恵子著（『学習院女子大学紀要』創刊号　一九九九）

『芸藩輯要』（林保登著　入玄堂　一九三三）

『芸備キリシタン史料』（フーベルト・チースリク著　吉川弘文館　一九六八）

『決定版図説・戦国の実戦兜』（竹村雅夫編著　小和田哲男監修　学研パブリッシング　二〇〇九）

『元和先鋒録』（『三重県郷土資料叢書』　中村勝利校注　三重県郷土資料刊行会　一九七六）

「「元禄元年十二月井狩十助親類書」について」

／南尊融著（『封建社会と近代津田秀夫先生古稀記念』　津田秀夫先生古稀記念会編　同朋舎　一九八九）

こ

『江月宗玩欠伸稿訳注』乾・坤（芳澤勝弘編　思文閣出版　二〇〇九～二〇一〇／「欠伸稿」）
『高山公実録』上・下巻（『清文堂史料叢書』上野市古文献刊行会編　清文堂出版　二〇〇二）
『公室年譜略』（『清文堂史料叢書』　上野市古文献刊行会編　清文堂出版　二〇〇二）
『甲州文庫史料』第六巻（山梨県立図書館　一九七八／「甲府様御人衆中分限帳」）
『公孫樹下にたちて――薄田泣菫評伝』（野田宇太郎著　永田書房　一九八一）
『校本松坂権輿雑集』（桜井祐吉編　三重県史談会　一九一九）
「『功名咄』六（下巻ノ下）」（江本裕編／『大妻女子大学紀要――文系――』第四六号　二〇一四）
『功名咄』前編（報行社　一八八五）
『高野山宝物目録』（井村米太郎編・発行　一九〇九）
『高野山文書』第二冊（小県誌資料編纂委員会　一九五三／「過去帳月坏　信州小県郡分　高野山一心院　蓮華定院」、「過去帳日拝　信州小県郡」）
『高野山文書』第十一巻（高野山史編纂所編　高野山文書刊行会　一九三九／「畠山文書」、「奥家文書」）
『古河市史』資料　近世編（藩政）（古河市　一九七九／「利隆代正保分限帳〈正保四亥年〉」）
『国事昌披問答』（石川県図書館協会　一九三二）
『国事叢記』（『福井県郷土叢書』第八集　福井県立図書館・福井県郷土誌懇談会編　福井県郷土誌懇談会　一九六二）
『国典類抄』（秋田県立秋田図書館　一九八二）
『小倉市誌』上・下編（小倉市市役所　一九二一／「毛利氏系図」）
『古今要覧稿』（屋代弘賢著　国書刊行会　一九〇六）
『古事類苑』神祇部二十四（神宮司庁編・発行　一八九八／「豊国神社金銀注文帳」、「豊国神社御初尾注文帳」）
『五島美術館コレクション茶道具』（五島美術館　一九九八）
『小場家文書』上・下巻（福山市教育委員会編　福山城博物館友の会　一九七四～一九七六）
『御府内備考』第五巻（『大日本地誌大系』　蘆田伊人編・校訂　雄山閣　一九七〇）
『古老遺筆』（『講史資料』　講史会編　松栄堂　一八九六／「老話集」）

さ

『西国武士団関係資料集』六（芥川竜男・福川一徳編　文献出版　一九九二／「臼杵宝岸寺過去帳」）
『堺市史』第三巻（堺市役所　一九三〇／「天満屋彦右衛門書上」）
『堺市史』第四巻（堺市役所　一九三〇／「和蘭国海牙文書館文書」）
『堺市史』第七巻（堺市役所　一九三〇）
「堺町人出身の旗本鹿塩氏について――河内国正保郷帳の補填――」／馬部隆弘著（『史敏』二〇一〇秋号〈通巻七号〉　史敏刊行会　二〇一〇）
『堺と泉州の俳諧』（『大阪経済大学研究叢書』第三〇冊　永野仁著　新泉社　一九九六）
『佐賀県近世史料』第一編第二巻（佐賀県立図書館　一九九四／「勝茂公御年譜」、「勝茂公譜考補」）
『佐賀県近世史料』第八編第一巻（佐賀県立図書館　二〇〇七／「葉隠聞書校補」）
『佐賀県近世史料』第八編第三巻（佐賀県立図書館　二〇〇八／「焼残反故」）
『佐賀県史料集成』第二十七巻（佐賀県立図書館　一九八六／「筑紫家文書」、「肥前有浦家文書」）
『向山周慶翁伝――讃岐糖業の始祖――』（坂口

友太郎著　向山周慶翁顕彰会　一九九五）

『作陽誌』西作誌上巻（矢吹金一郎校　作陽古書刊行会　一九一四）

『佐竹家譜』上巻（東洋書院　一九八九）

『雑華院略史』（渋谷鼎山著　雑華院　一九三八）

『佐々成政関係系譜』（『佐々成政史料大成』第五輯　浅野清編著　佐々成政研究会　二〇〇二）

『雑史集』（国民文庫刊行会　一九一二／「三河物語」、「大坂物語」、「難波戦記」）

『薩藩切支丹史料集成』（茂野幽考著　南日本出版文化協会　一九六六）

『茶道聚錦』第四巻 織部・遠州・宗旦（熊倉功夫編　小学館　一九八三）

『茶道古典全集』第六巻（千宗室ほか編　淡交社　一九五八／「宗湛日記」、「利休百会記」）

『茶道古典全集』第七・八巻（千宗室ほか編　淡交社　一九五九／「天王寺屋会記」）

『茶道古典全集』第十巻（千宗室ほか編　淡交社　一九六一／「今井宗久茶湯日記抜書」）

『茶道古典全集』第十二巻（千宗室ほか編　淡交社　一九六二／「松屋名物集」、「雲州名物」）

『茶道四祖伝書』（松山吟松庵校註　熊倉功夫補訂　思文閣　一九七四／「古織公伝書」）

『真田家文書』下巻（米山一政編　長野市　一九八三）

『真田氏給人知行地検地帳』（『真田町誌調査報告書』第二集　真田町誌編纂室編　真田町教育委員会　一九九八）

『真田氏史料集』（上田市立博物館　一九八七）

「真田幸村の墓・位牌・過去帳」／真田博明著（『真田一族のすべて』　新人物往来社　一九九六）

『ザベリヨと山口』（長富雅二編　白銀日新堂　一九二三）

『三州遺事』（黒本植著　石川県立図書館　一九三一）

『讃州府志』（香川新報社　一九一五）

『三田市史』第四巻 近世資料（三田市　二〇〇六／「三田藩九鬼家臣系譜」）

し

『塩尻』上（国学院大学出版部　一九〇八）

『塩尻』下（帝国書院　一九〇七）

『時慶記』第一～三巻（時慶記研究会編　本願寺出版社　二〇〇一～二〇〇八／『時慶卿記』）

『時慶記』第四・五巻（時慶記研究会編　臨川書店　二〇一三・二〇一六／『時慶卿記』）

『静岡物語』（深津丘華著　深津謙吉　一九二三）

『史籍雑纂』第二（国書刊行会　一九一一／「当代記」、「駿府記」、「有斐録」）

『史籍集覧』第一一冊（近藤出版部　一九二五／「烈公間話」、「武芸小伝」）

『史籍集覧』第一三冊（近藤出版部　一九二九／「佐梯国吉之城粟屋越中以下篭城次第」、「湯浅甚助宗直伝記」、「伊勢国司伝記」）

『史籍集覧』第一四冊（近藤出版部　一九二九／「真田氏大坂陣略記」、「氏郷記」、「蒲生氏郷記」）

『史籍集覧』第一五冊（近藤出版部　一九〇二／「福島太夫殿御事」、「長曾我部譜」、「長曾我部覚書」、「福富半右衛門親政法名浄安覚書」、「藤堂家覚書」、「加藤肥後守忠広之事」）

『史籍集覧』第一六冊（近藤出版部　一九〇二／「片桐家秘記」、「冬夏難波深秘録」、「亀田大隅守高綱泉州表合戦覚書」、「長沢聞書」、「水野日向守覚書」、「渡辺幸庵対話」、「赤城士話」、「吉岡伝」）

『史籍集覧』第一七冊（近藤出版部　一九〇二／「太田和泉守覚書」、「古筆鑑定神田氏由緒書外六則」、「荒木彦四郎村英先生之茶話」）

『史籍集覧』第二二冊（近藤出版部　一九〇二／「山城名勝志」）

『史籍集覧』第二五冊（近藤出版部　一九〇二／「宇野主水記」、「左大史孝亮記」、「豊太閤入御亜相第記」、「戸川記」）

『史籍集覧』第二六冊（近藤出版部　一九〇二／「慶長年中卜斎記」、「島原記」、「石岡道是覚書」、「医学天正記」、「微妙公夜話」）

『信濃史源考』巻十二　武士諸家伝・木曽安曇（小山愛司著　中央学会　一九四二）
『信濃史料叢書』上・中・下（信濃史料編纂会編　歴史図書社　一九六九／「千曲之真砂」、「真武内伝」、「真武内伝附録」、「真武内伝追加」）
『信濃史料』（信濃史料刊行会　一九六八～一九七〇／「林屋辰三郎氏所蔵文書」）
『柴田町史』資料編一（柴田町　一九八三／「柴田家歴代略記」、「船岡妙高山大光寺法名帳」）
『芝村藩主織田家記録摘要』（山縣昌代・谷口延季・小林秀續著　太田直策発行　一九三四）
『若越墓碑めぐり』（石橋重吉編　若越掃苔会　一九三二）
『若州三潟郡佐柿国吉籠城記校註』（須田悦生編　福井県美浜町文化財保護委員会　一九七〇）
『衆臣家譜』（『相馬市史資料集』　相馬市　二〇〇五～二〇一二）
『集成分部家系譜』（『高島町歴史民俗叢書』　笠井劼編　分部会　二〇〇四）
『重要文化財小山寺三重塔保存修理工事報告書』（文化財建造物保存技術協会編　重要文化財小山寺三重塔保存修理委員会　一九九一）
『重要文化財衡梅院本堂修理工事報告書』（京都府教育庁指導部文化財保護課編　京都府教育委員会　一九七八／「衡梅院歴代略記」）
『重要文化財宝塔寺本堂・多宝塔修理工事報告書』（京都府教育委員会編　京都府教育庁指導部文化財保護課　二〇〇三）
『十六・七世紀イエズス会日本報告集』第Ⅰ期第1～3巻・第Ⅱ期第2巻（松田毅一監訳　同朋舎　一九八七～一九九六）
『相国寺蔵西笑和尚文案』（伊藤真昭・上田純一・原田正俊・秋宗康子編　思文閣　二〇〇七）
『舜旧記』第一～四（『史料纂集』古記録編　続群書類従完成会　一九七〇）
『上越市史』別編五（上越市　一九九九／「武功書写元和八年十一月七日佐々四郎兵衛覚書」）
『常山紀談』上・中・下（至誠堂　一九一二）
「招提村片岡家文書の研究」／馬部隆弘著（『枚方市史年報』別冊　枚方市立中央図書館市史資料室　二〇〇九）
『史料が語る向井水軍とその周辺』（鈴木かほる著　新潮社　二〇一四）
『史料集・高田の家臣団』（上越市史専門委員会近世史部会編　上越市　二〇〇〇／「松平越後守三位中将光長家中并知行役附」）
「史料紹介 高野山金剛三昧院所蔵『土佐香宗我部氏過去帳』（一）」／平井上総著（『北海道大学文学部研究科紀要』一四二　二〇一四／「土佐香宗我部氏過去帳」）
「史料紹介 誓円ノ日記（一）」／馬部隆弘著（『枚方市史年報』第一一号　枚方市立中央図書館市史資料室　二〇〇八）
「【史料調査報告】矢島共有文書（滋賀県守山市）について」（『京都橘女子大学研究紀要』一六　一九八五）
「〈史料〉新出の京都御倉町文書について」／菅原憲二著（『千葉大学社会文化科学研究』第五号　二〇〇一／「京都御倉町文書」）
『白石城下町人譜』（阿子島雄二著　刈田民俗資料館　一九七六）
『白鳥町史』（白鳥町　一九八五）
『新東鑑』一～三（黒川真道編　国史研究会　一九一五）
『新修大阪市史』史料編第五巻大坂城編（大阪市　二〇〇六／『元和大坂役将士自筆軍功文書』）
『真宗史料集成』第七巻（同朋舎出版　一九九一／「下間系図」）
『新修関市史』史料編古代・中世・近世一（関市　一九九五／「孤岫録」）
『真宗大系』続第十六巻（真宗典籍刊行会　一九七六／「下間家系図」）
『新修高松市史』第一（高松市　一九六四／「生駒家宝簡集」、「西島町兵衛文書」）
『新修彦根市史』第六巻 史料編近世一（彦根市　二〇〇二／「中村達夫氏蔵木俣留」）

『真書生駒記』（藤田徳太郎校　藤田書店　一九三二／「生駒家士分限帳」）
『新庄藩系図書』一・二（『郷土資料叢書』第十五・十六輯　一九八三〜一九八四）
『新撰美濃志』（一信社出版部　一九三一）
『信長公記』（角川書店　一九六九）
『神道大系』神社編第六巻（坂本太郎他監修　神道大系編纂会　一九八一）
『新版徳川美術館蔵品抄』四 茶の湯道具（徳川美術館　二〇〇〇／「駿府御分物之内色々御道具帳」）
『人物百談』（森繁夫著　三宅書店　一九三七）
『信府統記』（吟天社　一八八四）
『新編青森県叢書』第五・六巻（新編青森県叢書刊行会　歴史図書社　一九七三／「奥富士物語」）
『新編香川叢書』史料篇二（新編香川叢書刊行企画委員会　一九八一／「菅家文書」）
『新編信濃史料叢書』第十七巻（信濃史料刊行会　一九七五／「笠系大成 小笠原秀政年譜」）
『新編信濃史料叢書』第十八巻（信濃史料刊行会　一九七八／「円陽院殿御事蹟稿」、「左衛門佐君伝記稿」、「大鋒院殿御事蹟続編稿」）
『新編武蔵風土記』（相武史料刊行会　一九三〇）

す

『垂憲録・垂憲録拾遺』（『伊予史談会双書』第十二集　伊予史談会　一九八六）
『薄田泣菫考』（松村緑著　教育出版センター　一九七七）
『駿州葛山葛山系図説明』（『静岡県史編纂資料』二七〇　静岡県史編纂係編　静岡県立中央図書館　二〇〇五）
『駿府御分物刀剣と戦国武将画像』（徳川美術館　一九七四／「駿府御分物刀剣元帳〈原題「閑所之刀脇指帳」財団法人水府明徳会彰考館蔵〉」）

せ

『西讃府志』（京極家編　藤田書店　一九二九／「生駒家分限帳」）
『姓氏家系大辞典』第一〜三巻（太田亮編　角川書店　一九六三）
『生誕四〇〇年記念特別展 豊臣秀頼展』（大阪城天守閣　一九九三）
『勢陽五鈴遺響』三（安岡親毅著　鈴木嘉兵衛発行　一八八三）
『関原軍記大成』（『国史叢書』　国史研究会　一九一六）
『摂津麻田陣屋麻田藩古青補』（『城と陣屋』一六〇号　上田一著　日本古城友の会　一九八四
／「重直一重記」）
『戦国から太平の世へ―井伊直政から直孝の時代―』（彦根城博物館　二〇〇七）
『仙石氏史料集』（上田市立博物館　一九八四）
『全国寺院名鑑』（全日本仏教会寺院名鑑刊行会　一九七〇）
『全国寺院名鑑』近畿篇（全国寺院名鑑刊行会編　史学センター　一九七六）
『戦国人名辞典』増補版（高柳光壽・松平年一著　吉川弘文館　一九七三）
『戦国武将 加藤嘉明』（財団法人会津若松市観光公社　二〇〇七）
『戦国細川一族―細川忠興と長岡与五郎興秋―』（戸田敏夫著　新人物往来社　一九八二）
『泉州史料』（寺田兵次郎編　岸和田実業新聞社　一九一〇／「和泉国三拾六士及在役士伝」）
『仙台市史』資料編十一 伊達政宗文書二（仙台市　二〇〇三／「留守家文書」、「政宗君記録引証記」）
『仙台叢書』（仙台叢書刊行会　一九二六／「揚美録」、「仙台武鑑」、「老翁聞書」、「伊達便覧志」、「迎春館遺稿」、「亘理家譜」）
『仙台藩家臣録』（佐々久監修　歴史図書社　一九七八／「御知行被下置御帳」）
『仙台文庫叢書』第十集（作並清亮発行　一八

九九～一九〇〇／「伊達正統世次考」、「伊達世臣家譜略記」）
『泉北史蹟志料』下巻（豊田小八郎輯　大阪府泉北郡役所編輯　大阪府泉北郡役所　一九二三／「坂本家家譜」）
「1614・15年、大坂の陣と日本の教会――1616年3月15日附日本年報とその他のイエズス会の資料によって」／Josef Franz Schütte著（『キリシタン研究』第一七輯　吉川弘文館　一九七七）

そ

『宗国史』上・下巻（上野町教育会　一九三一／「累世記事」）
『贈正五位山本尚徳伝』（足達儀國著　一九二九）
『増補稲田家昔物語』（平野義賢編　稲田会　一九五四）
『増補駒井日記』（藤田恒春編・校訂　文献出版　一九九二／「駒井日記」、「駒井中書日次記」）
『増補三代物語』（坂口友太郎編　三代物語刊行会　一九九二）
『増補妙心寺史』（川上孤山著　荻須純道補述　思文閣　一九七五）
『相馬藩世紀』第一（続群書類従完成会　一九九九）
『続群書類従』第三輯上（続群書類従完成会　一九三八／「豊国大明神祭礼記」）
『続群書類従』第一九輯下（続群書類従完成会　一九四〇／「茶道秘伝」）
『続群書類従』第二五輯上（続群書類従完成会　一九二四／「慶長三年大名帳」、「慶長十六年禁裏御普請帳」、「織田信雄分限帳」、「浮田家分限帳」、「京極高次分限帳」、「小田原衆所領役帳」、「福島正則家中分限帳」、「加藤清正分限帳」）
『続群書類従』第二〇輯下（続群書類従完成会　一九二三／「豊内記」、「佐久間軍記」、「余吾庄合戦覚書」、「中村一氏記」、「渡辺水庵覚書」、「大和記」）
『続国史大系』第九巻（経済雑誌社　一九〇五／「徳川実紀第一編」）
『続史籍集覧』第八冊（近藤瓶城編　近藤出版部　一九三〇／「駿河土産」）
『続々群書類従』第三（続群書類従完成会　一九七〇／「加藤光泰貞泰軍功記」、「曹渓院行状記」、「紀侯言行録」）
『続々群書類従』第四（続群書類従完成会　一九七〇／「香宗我部氏記録」、「忍城戦記」、「石川忠総家臣大坂陣覚書」、「大坂陣山口休庵咄」、「土屋知貞私記」、「嶋原一揆松倉記」）
『続日蓮宗の人びと』（『宝文館叢書』　宮崎英修著　宝文館出版　一九八七）
『続日本殉教録』（ペドゥロ・モレホン著　野間一正訳　キリシタン文化研究会　一九七三）
『続備後叢書』中（得能正通編　歴史図書社　一九七一／「水野家記」、「福山城開基覚」）
『続備後叢書』下（得能正通編　歴史図書社　一九七一／「御当家諸士昔時録」、「福山御家中由緒書」）
『続片聾記』（『福井県郷土叢書』第二集　福井県立図書館・福井県郷土誌懇談会編　福井県立図書館　一九五五）

た

『太閤書信』（桑田忠親著　地人書館　一九四三）
『大日本近世史料細川家史料』（東京大学史料編纂所編　東京大学出版会　一九六九～）
『大日本古文書』家わけ一・二・三・五・六・七・八・九・十一・十二・十六・十七・二十一（東京大学史料編纂所編　東京大学出版会　一九〇一～／「高野山文書」、「浅野家文書」、「伊達家文書」、「相良家文書」、「観心寺文書」、「金剛寺文書」、「毛利家文書」、「吉川家文書」、「小早川家文書」、「伊達家文書」、「上杉家文書」、「島津家文書」、「大徳寺文書」、「大徳寺文書別集〈真珠庵文書〉」、「蜷川家文書」）

『大日本史料』第十一編の一（東京大学史料編纂所編　東京大学出版会　一九六八）
『大日本史料』第十二編（東京大学史料編纂所編　東京大学出版会　一九〇一〜）
『大日本地誌大系』（『諸国叢書』木曾之弐　蘆田伊人編　大日本地誌大系刊行会　一九一七／「木曽考」）
『大日本仏教全書』第一〇二巻（大日本仏教全書刊行会　一九三七／「本朝高僧伝」）
『大日本佛教全書』第一三一巻（仏書刊行会編　大法輪閣　二〇〇七／「高野春秋編年輯録」）
『大日本佛教全書』第一三八〜一四二巻（仏書刊行会編　大法輪閣　二〇〇七／「本光国師日記」）
『大日本名所図会』第一輯第五編（大日本名所図会刊行会　一九一九／「摂津名所図会大成」）
『大かうさまくんきのうち』（『斯道文庫古典叢刊』之三　慶応義塾大学付属研究所斯道文庫編　汲古書院　一九七五）
『大工頭中井家文書』（高橋正彦編　慶応通信　一九八三）
『太閤記』（『新日本古典文学大系』　檜谷輝彦・江本裕校注　岩波書店　一九九六）
『大泉紀年』上・中・下（『鶴岡市史』資料篇荘内史料集　鶴岡市　一九七八〜一九七九）
『高槻市史』第四巻一　史料編二（高槻市役所　一九七四）
『但馬考』（桜井舟山著　黒田篤郎 発行　一八九四）
『田島町史』（田島町　一九八五／「田島町宮本室井家文書」）
『伊達軍団の弓取りたち』（飯田勝彦著　あづま書房　一九八五）
『伊達治家記録』（宝文堂　一九七二）
『伊達世臣家譜』（宝文堂　一九七五）
『伊達世臣家譜略記』（『仙台文庫叢書』第七集　田辺希文著　作並清亮発行　一八九六）
『田中興廃記』（柳川古文書勉強会　一九八二）
「多聞院日記』第五巻（辻善之助編　三教書院　一九三九）
『断家譜』第一・二（続群書類従完成会　一九六八）
『丹後郷土史料集』第一輯（竜灯社出版部　一九四〇／「丹哥府志」）
『丹後郷土史料集』第二輯（竜灯社出版部　一九四〇／「丹後州宮津府志」、「宮津旧記」）
『丹後宮津志』（京都府宮津町　一九一六）
『丹波志』氷上郡之部（氷上文化協会　一九五五）

ち

『近松の研究と資料』（『演劇研究会論文集』一　山根為雄・土田衛・山本とも子・藤尾玲子校訂　演劇研究会　一九五九／「杉森家系譜」、「杉森系図写本次男家之」、「前々より差出候親類書之覚」、「乍恐以書付奉願覚天保十三年十月杉森新六郎」）
「筑前と切支丹」／中島利一郎著（『筑紫史談』第弐拾四集　福岡県文化財資料集刊行会　一九二二）
『千葉県史料』近世篇（千葉県　一九八四／「天保校訂紀氏雑録」）
『茶譜』（谷晃・矢ヶ崎善太郎 校訂　思文閣出版　二〇一〇）
『張州雑志』（愛知県郷土資料刊行会　一九七五〜一九七六）
『長周叢書』（村田峯次郎・稲垣常三郎編・発行　一八九二／「輝元公上洛日記」、「萩古実未定之覚」）
『長宗我部盛親――土佐武士の名誉と意地――』（高知県立歴史民俗資料館　二〇〇六）
『朝野旧聞裒藁』二〇〜二六（『内閣文庫所蔵史籍叢刊』特刊第一　汲古書院　一九八四）

つ

『津田宗及茶湯日記』（松山米太郎 評註　津田宗及茶湯日記刊行後援会　一九三七）

『津村別院誌』（本願寺津村別院　一九一六／「鷺森日記」）

て

『寺沢藩士による天草一揆書上』（寺沢光世・鶴田倉造校注　苓北町　二〇〇〇）

「天正一二年の羽柴秀吉検地」／朝尾直弘著（『朝尾直弘著作集』第三巻　岩波書店　二〇〇四）

『天台宗全書』第一・十四・十六巻（天台宗典刊行会　一九七四／「華頂要略」）

と

『塘叢』（田中豊編・発行　一九九八）

『藤堂氏と家臣の検討』（福井健二著・発行　二〇〇五）

「道頓と道卜——道頓の再検討——」／佐古慶三著（『大大阪』第十二巻第六号　一九三六）

『道頓堀裁判』（牧英正著　岩波書店　一九八一）

『東作誌』第一～五巻（作陽新報社　一九七五）

『言経卿記』一～十四（『大日本古記録』　東京大学史料編纂所編　岩波書店　一九五九～一九九一）

『徳島県史料』第一巻（徳島県史編さん委員会編　徳島県　一九六四／「阿淡年表秘録」）

『徳島県史料』第二巻（徳島県史編さん委員会編　徳島県　一九六七／「阿府志」）

「特別展 大坂再生——徳川幕府の大坂城再築と都市の復興——」（大阪城天守閣　二〇〇二／沢田兼一氏所蔵文書「慶長十九年霜月八日付大道村太郎左衛門・柴島村卯右衛門起請文写」）

『特別展 真田幸村の生涯を彩った人たち』（大阪城天守閣　二〇一六／「真野家系図」）

『特別展 戦国のメモリー～合戦図屏風と上杉の記録～』（米沢市上杉博物館　二〇一三／「大坂御陣之留帳」）

『特別展 大坂の陣と八尾——戦争とその復興——』（八尾市立歴史民俗博物館　二〇〇三）

『特別展 浪人たちの大坂の陣』（大阪城天守閣　二〇一四／「御家人由緒明細録」）

『土佐長宗我部氏』（『戦国史叢書』　山本大著　新人物往来社　一九七四／「秦氏政事記」）

『土佐国群書類従』第二巻（『土佐国史料集成』　高知県立図書館　一九九九／「尾州名護屋御普請御家中人役帳」）

『土佐国群書類従』第三巻（『土佐国史料集成』　高知県立図書館　二〇〇〇／「土老伝記」、「御家老家譜」、「土佐考証系図雑記」）

『土佐国群書類従』第四巻（『土佐国史料集成』　高知県立図書館　二〇〇一／「桑名弥次兵衛一代記」）

『土佐国群書類従』第五巻（『土佐国史料集成』　高知県立図書館　二〇〇三／「御家中名誉」、「淡輪録」、「土佐考証諸系図雑記」）

『土佐国群書類従拾遺』第三巻（『土佐国史料集成』　高知県立図書館　二〇一三／「土佐国古城伝記」）

『土佐国編年記事略』（前田和男校訂　臨川書店　一九七四）

『土佐物語』（岩原信守 校注　明石書店　一九九七）

『鳥取藩史』第一巻世家・藩士列伝（鳥取県　一九六九）

『富加町史』下巻通史編（富加町　一九八〇）

『富山藩士由緒書』（『越中資料集成』二　新田二郎編　桂書房　一九八八）

「豊臣家臣団とキリシタン——リスボンの日本屏風文書を中心に——」／中村質著（『史淵』第一二四号　九州大学文学部　一九八七）

『豊臣期武家口宣案集』（木下聡 編　東京堂出版　二〇一七）

「豊臣政権の算用体制」／谷徹也著（『史学雑誌』第一二三編第十二号　公益財団法人史学会

二〇一四）
『豊臣秀次の研究』（藤田恒春著　文献出版　二〇〇三）
『豊臣秀吉研究』（桑田忠親著　角川書店　一九七五）
「豊臣秀吉像と豊国社」／北川央著（『肖像画を読む』黒田日出男編　角川書店　一九九八）
『豊臣秀吉と大山崎』（大山崎歴史資料館　二〇〇九／「離宮八幡宮文書」）
『豊臣秀吉と亀山城主岡本下野守宗憲――発見された岡本家文書から――』（亀山市歴史博物館　二〇〇一／「岡本家文書」）
『豊臣秀吉の居城』大阪城編（櫻井成廣著　日本城郭資料館出版会　一九七〇）
『豊臣秀頼』（井上安代編著　続群書類従完成会　一九九二）
『豊能町史』史料編（豊能町　一九八四／「長沢家由緒書抜」）
『豊橋市史』第六巻近世史料編上（豊橋市　一九七六／「従古代役人以上寄帳」）

な

『内閣文庫所蔵史籍叢刊』六五（史籍研究会編　汲古書院　一九八六／「慶長見聞録案紙」、「慶長日記」、「慶長年録」、「元和年録」）
『内閣文庫所蔵史籍叢刊』六六（史籍研究会編　汲古書院　一九八六／「元寛日記」、「寛明日記」）
『内閣文庫所蔵史籍叢刊』六七（史籍研究会編　汲古書院　一九八六／「寛明日記」）
『内閣文庫所蔵史籍叢刊』九二・九三（史籍研究会編　汲古書院　一九八九／「武徳大成記」）
「中内重由」／村田丑太郎著（『土佐史談』第六九号　土佐史談会　一九三九）
『長尾町史』（長尾町　一九六五）
『中川氏御年譜』（竹田市教育委員会編　竹田市　二〇〇七）
『中川史料集』（北村清士校注　新人物往来社　一九六九）
『中村一氏伝記　豊臣秀吉麾下の勇将』（小川寿一編　桃山城　一九九〇／「京都七条中村太四郎家所蔵中村家覚書」）
『名古屋叢書』三編第四巻（名古屋市教育委員会　一九八四／「士林泝洄続編」）
『名古屋叢書』第四巻記録編第一（名古屋市教育委員会　一九六二／「編年大略」）
『名古屋叢書』第二四巻雑纂編第一（名古屋市教育委員会　一九六三／「昔咄」）
『名古屋叢書』続編第一三～一六巻（名古屋市教育委員会　一九六五～一九六七／「金城温古録」）
『名古屋叢書』続編第一七～二〇巻（名古屋市教育委員会　一九六六～一九六八／「士林泝洄」）
『浪速叢書』第十六（船越政一郎編　浪速叢書刊行会　一九三〇／「摂陽奇観」）
『名乗辞典』（荒木良造編　東京堂出版　一九五九）
『名張市史料集』第二輯（名張古文書研究会編　名張市立図書館　一九八六／「宮内系譜」）
『奈良県史』第一巻（奈良県　一九八五）
『成田市史』近世史料編史料集一（成田市　一九八二／「堀田正盛分限帳」）
『南紀徳川史』（堀内信編　名著出版　一九七〇～一九七一）
『南紀堀内氏の研究』資料編（長谷克久著　新宮文化センター　一九七七／「寛政八年八月堀内主膳氏春書上先祖書（本宮大社資料）」）
『南国遺事』（寺石正路著　聚景園武内書店　一九一六）
『南総郷土文化研究会叢書　第十二巻』（南総郷土文化研究会　一九七九／「寛永二乙丑年分限帳」、「寛文八戊申年分限帳」）
『南部叢書』第二冊（南部叢書刊行会　一九二八／「聞老遺事」、「奥南旧指録」）
『南部叢書』第三冊（南部叢書刊行会　一九二八／「阿曾沼興廃記」、「祐清私記」）

『南部藩参考諸家系図』（前沢隆重・加藤章・樋口政則・山本實編　国書刊行会　一九八四～一九八五／「参考諸家系図」）
『南路志』第五巻（『土佐国史料集成』　高知県立図書館　一九九三）
『南路志』闔国之部上・下巻（武藤致和編　高知県文教会　一九五九～一九六〇）

に

『西宮市史』第二巻（西宮市役所　一九六〇）
『二〇一六年ＮＨＫ大河ドラマ特別展真田丸』（ＮＨＫ　二〇一六）
『日本案内記』近畿篇下（鉄道省　一九三二）
『日本偉人言行資料』（国史研究会　一九一六／「利家夜話」、「微妙公御夜話」）
『日本切支丹宗門史』上・中巻（吉田小五郎訳　岩波書店　一九三八）
『日本史』一（ルイス・フロイス著　柳谷武夫訳　平凡社　一九六三）
『日本史蹟大系』第十二・十三巻（熊田葦城著　平凡社　一九三六）
『日本庶民文化史料集成』第三巻（芸能史研究会編　三一書房　一九七八／「享保六年六月喜多十太夫定能先祖書」）
『日本随筆大成』第二期第九巻（吉川弘文館　一九九四／「二川随筆」）
『日本随筆大成』第三期第十三～十八巻（吉川弘文館　一九九六／「塩尻」）
『日本随筆大成』第三期第十九～二十四巻（吉川弘文館　一九七八／「翁草」）
『日本戦史大阪役』（参謀本部編　元真社　一八九七）
『日本刀名工伝』（福永酔剣著　雄山閣出版　一九九六）
『日本農民史料聚粋』第四巻（小野武夫編　巌松堂書店　一九四一／「尾濃村々由緒留」）
『日本武道全集』第六巻（今村嘉雄・小笠原清信・岸野雄三編　人物往来社　一九六六）
『二本松市史』第四巻（二本松市　一九八〇／「会津蒲生分限士録稿」）
『二本松市史』第五巻（二本松市　一九八〇／「長重年譜」、「世臣録」）
『日本歴史文庫』十（黒川真道編　集文館　一九一二／「菅利家卿語話」）
『日本歴史文庫』十一（黒川真道編　集文館　一九一二／「氏郷記」）
『日本歴史文庫』十二・十三（黒川真道編　集文館　一九一二／「難波戦記」）
『日本歴史文庫』十三（黒川真道編　集文館　一九一二／「村越道伴物語留書」）

ね

『ねねと木下家文書』（山陽新聞社　一九八二）

の

『濃尾の医術―尾張藩奥医師野間家文書を中心に―』（名古屋大学附属図書館・附属図書館研究開発室　二〇〇八／「系譜」）
『野里誌』（池永悦治著　山治弥生会　一九八九／「喜多村系譜〈北村家文書〉」、「喜多村氏由緒書〈池永家文書〉」、「須藤姓喜多村氏系譜〈北村家文書〉」）
『能勢物語』（森本弌編　能勢郷土史研究会　一九八九）
『野田戦記附・菅沼勲功記』（皆川登一郎著　皆川博発行　一九一六）

は

『葉隠』上・中・下（和辻哲郎・古川哲史校訂　岩波書店　一九四〇～一九四一）
『萩藩諸家系譜』（岡部忠夫編著　琵琶書房　一九八三）
『萩藩閥閲録・萩藩閥閲録遺漏』（山口県文書館　一九六七～一九七一／「閥閲録」）
『橋本左内言行録』（山田秋甫編　橋本左内言行録刊行会　一九三二／「桃井家系図」）

『蜂須賀正勝公顕彰号 在阪徳島県人会雑誌臨時刊行』（在阪徳島県人会事務所　一九二六）

『花房家史料集』一（岡山市教育委員会　一九九一／「花房覚書」、「花房家系譜」）

『花房家史料集』二（岡山市教育委員会　一九九四／「中野系図」）

『林田守隆翁伝』（武藤直治編　久留米報徳会　一九三三）

『林村史』（林村史編集委員会編　高松市役所林支所　一九五三／「鹿島宮再建棟札」）

『播磨鑑』（播磨史談会　一九〇九）

『藩翰譜』（吉川半七発行　一八九四～一八九六）

『藩士名寄』（名古屋市蓬左文庫　一九九四～一九九九）

『播州小野一柳家史料』三将軍・大名・家臣（柴田一校訂　小野市立好古館　二〇〇四／「小野藩家老黒石家由緒書」、「佐野黒石由緒書」）

ひ

『東浅井郡志』（黒田惟信編　滋賀県東浅井郡教育会　一九二七／「高野山持明院蔵浅井家過去帳」、「伊香文書」、「校訂浅井系図」、「竹生島奉加帳」他）

『東かがわ市歴史民俗資料館友の会記念会誌』（東かがわ市歴史民俗資料館　二〇〇九）

『東桜谷志』（東桜谷郷土志編集委員会編　東桜谷公民館　一九八四）

『東鳥取村誌』（東鳥取村　一九五八）

『東成郡神社関係史料』（『大阪市史史料』第六九輯　大阪市史編纂所編　大阪市史料調査会　二〇〇七）

『東松浦郡史』（松代松太郎著　久敬社　一九二五）

『日置川町史』第一巻中世編（日置川町　二〇〇五／「久木小山家由緒書」、「紀州藩士小山家由緒書」、「十河家家伝書」、「久木小山氏系図」、「西向小山氏系図」）

『日置川町誌』通史編（日置川町　一九九六）

『肥後国誌』（九州日日新聞社印刷部　一九一七）

『肥後文献叢書』第二巻（武藤厳男ほか編　隆文館　一九〇九／「続撰清正記」）

『肥後文献叢書』第四巻（武藤厳男ほか編　隆文館　一九一〇／「旦夕覚書」、「堀内伝右衛門覚書一巻」）

『備前キリシタン史』上（尾山茂樹著・発行　一九七八／「正保元年八月廿二日付 池田光政宛阿部重次、阿部忠秋、松平信綱連署状」、「正保元年八月廿二日付池田光政宛井上政重書状」、「正保元年九月廿一日付 池田光政宛 井上政重書状」）

『備前キリシタン史』下（尾山茂樹著・発行　一九七八）

『飛騨編年史要』（岡村利平著　住伊書院　一九二一）

『備中小田物語』（甲弩郷史談会　一九七一）

『姫路市史』史料編一（姫路市　一九七四）

『備陽記』（日本文教出版　一九六五）

『秘要雑集』（『加賀能登郷土図書叢刊』日置謙校訂　石川県図書館協会　一九七一）

『枚岡市史』第四巻史料編二（枚岡市　一九六六／「森家先祖書寛永廿一年九月廿一日若松市郎兵衛宗清書上」、「若松氏系譜」）

『枚方市史』第六・七巻（枚方市　一九六八～一九七〇）

『平田家史』（平田家先祖祭一同編・発行　一九六六）

『広島県史』近世資料編一（広島県　一九七三／「水野記」、「水野様御一代記」）

『広島県史』近世資料編二（広島県　一九七六／「福島正則分限帳」、「浅野長晟侍帳（元和五年侍帳）」、「旧臣録」、「浅野長澄分限帳」、「水野家分限帳（福山城鏡櫓文書館蔵小場家文書水野家福山在城時代諸臣分限帳）」、「松平忠雅分限帳」、「阿部家分限帳」）

『備後叢書』第一巻（備後郷土史会　一九二八／「備陽六郡志」）

ふ

『福井県史』第一冊第一編（福井県　一九二〇／「慶長三年九月吉日越前府中郡在々高目録大谷刑部少輔知行分」）
『福井県南条郡誌』（南条郡教育会　一九三四）
『福井市史』資料編四（福井市　一九八八／「諸士先祖之記」）
『福井藩士履歴』一・二・五（福井県文書館　二〇一二～二〇一三）
『福岡県史』御当家末書　下（福岡県　一九八六）
『福岡県史』細川小倉藩一～三（福岡県　一九九〇～二〇〇三／「日帳」）
『福岡藩分限帳集成』（福岡地方史研究会編　海鳥社　一九九九／「慶長六年正月中津より筑前江御打入之節諸給人分限帳」）
『福岡藩吉田家伝録』上・中巻（檜垣元吉監修　太宰府天満宮　一九八一／「吉田家伝録」）
『福島縣史料集成』第二輯（福島縣史料集成刊行會　一九五二／「棚倉沿革私考」）
「福士文書について」／上杉修著（『奥南史苑』第三号　青森県文化財保護協会八戸支部　一九五八／「福士家系図」）
『福原家文書』上巻（渡辺翁記念文化協会　一九八三）
『福山志料』上・下巻（福山志料発行事務所　一九一〇）
『武芸流派大事典』（綿谷雪・山田忠史編　東京コピィ出版部　一九七八）
『武家事紀』（山鹿素行先生全集刊行会　一九一五～一九一八）
『武家文書の研究と目録　お茶の水図書館蔵成簣堂文庫』上（芥川竜男編著　お茶の水図書館　一九八八／「片桐文書」）
『武功雑記』（松浦詮編　青山清吉発行　一九〇三）
『武術叢書』（国書刊行会　一九一五／「武術流祖録」）
『武将感状記』（三教書院　一九三五）
『布施町誌続編　附録高井田町誌』（布施町誌編纂会　一九三七）
『譜牒余録』上・中・下（『内閣文庫影印叢刊』国立公文書館　一九七四）
『武徳編年集成』上・下巻（名著出版　一九七六）
『武辺咄聞書　京都大学附属図書館蔵』（菊池真一編　和泉書院一九九〇）
『古市氏系図』正・続（西坊義信編・発行　二〇一二・二〇一五）
『古田織部茶書』二（『茶湯古典叢書』三　市野千鶴子校訂　思文閣　一九八四）
『古田織部の茶道』（桑田忠親著　講談社　一九九〇）
『分限帳集成』（埼玉県県民部県史編さん室　一九八七／「万治元年松平信綱分限帳」）

へ

『ベアト・ルイス・ソテーロ伝』（野間一正訳　東海大学出版会　一九六八）
『別冊歴史読本　伝記シリーズ三　戦国の武将二百七傑』（新人物往来社　一九七七）

ほ

『豊公遺物展覧会出品目録』（日本美術協会大阪支会　一九〇三／「大阪市北区龍田町磯野於菟介所蔵品」）
『豊公遺文』（日下寛編　博文館　一九一四／「太閤様御代御配分帳」）
『北藤録』（『伊予史談会双書』第六集　伊予史談会　一九八二）
『北房町史』（北房町史編纂委員会　一九九二年）
『堀内家系考』（堀内一夫著　堀内知行発行　二〇〇二）
『堀鉄団公記』（村松活版印刷所　一九三八／「深見物語」、「鉄団公御着到」）
『本願寺教団の展開―戦国期から近世へ』（青木忠夫著　法藏館　二〇〇三）
『本化別頭仏祖統記』上・下巻（日蓮宗全書出版

会　一九一〇）
『本郷氏八百年史』（山口利夫著　大飯町教育委員会　一九九五）
「翻刻・京都大学附属図書館蔵（大惣本）『兵家茶話』」上／高橋圭一著（『大阪大谷国文』四二号　二〇一二）
「翻刻・京都大学附属図書館蔵（大惣本）『兵家茶話』」中・下／高橋圭一著（『大阪大谷大学紀要』四七・四八号　二〇一三～二〇一四）

ま

『前田氏戦記集』（『加賀能登郷土図書叢刊』日置謙校訂　石川県図書館協会　一九七一／「大聖寺攻城并浅井畷軍記」、「大坂両陣日記」、「大坂両度御出馬雑録」）
『マキノ町誌』（マキノ町　一九八七）
『松井文庫所蔵古文書調査報告書』三・一三（八代市立博物館未来の森ミュージアム　一九九八～二〇〇九）
『松代町史』（『長野県郷土誌叢刊』大平喜間太編　臨川書店　一九八六）
『松山市史』史料集第二巻（松山市　一九八七／「明公秘録」）

み

『三重県安濃郡誌』（三重県安濃郡教育会　一九一四）
『三重県史』資料編近世Ⅰ（三重県　一九八七／「本多家所蔵慶長年中桑名御領分村絵図」、「鳥羽藩九鬼家中分限帳写（志州旧記九鬼文書）」、「鳥羽藩九鬼家中分限帳写（九鬼守隆公志州鳥羽ニテ家中付同久隆公志州ヨリ所替之砌御家来付九鬼文書）」）
『三壺聞書』（石川県図書館協会　一九三一）
『三豊郡史』（香川県三豊郡　一九七三）
『港区文化財総合目録』（東京都港区　二〇〇六）
『美濃国諸旧記・濃陽諸士伝記』（黒川真道編　国史研究会　一九一五）
『美濃市史』史料編（美濃市　一九七九／「州原神社棟札」、「佐藤金森由緒書」、「河村甚右衛門訳事記」）
『美濃明細記』（一信社出版部　一九三二）
『三春町史』近世資料一（三春町　一九七八／「春陽士鑑」）
『美作古簡集註解』上・下巻（矢吹金一郎編　対岳楼書房　一九三六）
『美作古城史』（寺阪五夫編　作陽新報社　一九七七／「浅井甚内手前之義御尋被成候由有増書付候而進之申候」）
『美作名門集』（中村弥平太著・発行　一九一〇）
『美作略史』（矢吹正則著　対岳楼　一八八一）
『三輪叢書』（大輪神社社務所　一九二八／「三輪高宮家系」）

む

『むかしばなし』（『東洋文庫』四三三　中山英子校注　平凡社　一九八四）

め

『明良洪範』（国書刊行会　一九一二）
『綿考輯録』第一～七巻（『出水叢書』土田將雄・今谷明・石田晴男編　汲古書院　一九八八～一九九一／「藤孝公」、「忠興公」、「忠利公」、「光尚公」）

も

「毛利豊前守勝永と其一族」／平尾道雄著（『土佐史談』第四五号　土佐史談会　一九三三）
「森鴎外「阿部一族」―その背景―」／吉村豊雄著（『熊本大学放送公開講座』熊本大学学生部　一九九二）

や

『八尾市史』史料編（八尾市役所　一九六〇）
『安井家文書』（『大阪市史史料』第二〇輯　大阪

市史編纂所編　大阪市史料調査会　一九八七／「寛文十年十一月十五日安井九兵衛道頓堀組合支配由緒書付」、「貞享三年七月十九日安井九兵衛道頓堀組合支配由緒書」、「延宝五年閏十二月十二日安井九兵衛平野次郎兵衛連署由緒書上」、「安井家由緒書」）
『野洲郡史』（橋川正編　野洲郡教育委員会　一九二七／「永原氏由緒」）
『野洲町史』第一巻通史編一（野洲町　一九八七）
『八代市史』近世史料編四（八代市教育委員会　一九九六／「御給人先祖附」）
『八代市史』近世史料編八（八代市教育委員会　一九九九／「松井家先祖由来記」）
『柳本織田家記録』（秋永政孝著　秋永脩子発行　一九七四）
『山内家史料』第二代忠義公紀第一編（山内神社宝物資料館　一九八〇）
『山鹿素行全集』（四元巌・中園繁若・井川直衛編　帝国報徳会出版局　一九三二／「山鹿語類」）
『山口喜内興廃実録』（結城進編・発行　二〇〇九）
『山口県史』史料編近世一（山口県　一九九九／「毛利三代実録」、「毛利三代実録考証」）
『山口県史』史料編近世二（山口県　二〇〇五／「福間彦右衛門覚書」）
『大和郡山市史』（大和郡山市役所　一九六六／「喜多嘉彦氏文書」、「内記政勝公御家中分限帳」、「小泉藩分限帳」、「片桐家旧記写」）
『大和北葛城郡史』上巻（奈良県北葛城郡　一九〇四）
『大和下市史』資料編（下市町史編集委員会　一九七四／「森家文書」）
「山本昭家家系図から見た岩倉の歴史」／中村治著（『洛北岩倉研究』五号　岩倉の歴史と文化を学ぶ会　二〇〇一）

ゆ

『湯浅町誌』（湯浅町　一九六七）

よ

『四座役者目録』（田中允編　わんや書店　一九五五）
『至鎮様御代草案』慶長十四～十八（『国文学研究資料館阿波蜂須賀家文書』　西田猛編・発行　二〇〇七）
『吉田松陰全集』第一巻（山口県教育会　一九四〇）
『甦る宮崎定直と有縁の人びと』（生駒佳三著・発行　二〇〇〇）

り

『利休大事典』（千宗左・千宗室・千宗守監修　淡交社　一九八九／「利休由緒書」）
『李梅渓父子資料』上（平岡繁一著・発行　一九八五）
『龍宝山大徳禅寺世譜』（平野宗浄校訂　思文閣　一九七九）

れ

『歴史群像名城シリーズ一大坂城』（碧水社編　学習研究社　一九九四）

ろ

『鹿苑日録』（辻善之助編　太洋社　一九三四～一九三七）

わ

『和歌山県史』近世史料一（和歌山県　一九七七／「国初御家中知行高」、「和歌山分限帳」）
『和歌山県那賀郡誌』上・下（高田豊次郎編　那賀郡役所　一九二二～一九二三）
『和歌山県日高郡誌』（和歌山県日高郡役所　一九二三／「玉置家系書」）
『和久家重修系譜』（和久安知著・発行　一九八〇）
『和州将軍列伝』（『奈良県史料』第二巻　奈良県史料刊行会編　豊住書店　一九七八）

あとがき

一昨年、北川央先生（大阪城天守閣館長）のご講演を拝聴するに際して、ぶしつけながら二、三の質問を記した手紙を差し上げたところ、電話で丁寧なご教示をいただいた。その後、大坂の陣の豊臣方武将に関する調査データをお届けしたところ、それにまでお目を通してくださり、その上で「大坂衆について本を書いてみませんか」とのお話を承った。金融機関の一職員で、史学を修養した経歴もない私にとって夢のようなお誘いで、興奮して朝まで全く眠れなかった。四十も半ば過ぎて年甲斐なく感情をコントロールできない自分がおかしくもあり、こうした瞬間、人はどんな顔をしているのかと鏡の前でつるりと顔を撫でもしてみた。

私は大坂の陣における豊臣方人物の調査を小学六年生から続けている。最初は郷里の英雄である真田幸村や十勇士の講談本をただケラケラ笑って読んでいたが、次第に綺羅星のように登場する豪傑たちの素性・来歴が今一つわからないことに、どこかもどかしさも感じるようになった。そこで少しずつ調べてはノートにまとめるようになり、以来、あてどなく、それでいて夢中になって河原できれいな石を探し回るように、クヌギ林でカブト虫を探し索めるように、余暇の遊戯として史料を渉猟し、銘々の事跡をまとめ続けてきた。

それにしても、なぜこのテーマなのか、自分でも不思議に思っている。『豊臣秀頼』の著者井上安代先生は、長年私の調査を応援してくださっており、いつも「四百年前からあなたが調べてまとめる、そういうさだめになっていたんですよ」とおっしゃってまことに上品にお笑いになる。そう言われてみれば、大学入試では菊池寛の「忠直卿行状記」が出題され快哉し、家内は小県郡《ちいさがたぐん》（現在の長野県東御市《とうみし》）から娶ることとなり、初めて二人で歩いたのは上田城だった。大坂の陣より四百年の節目となる平成二十六・二十七年は和歌山勤務となり、北川先生の知遇を得て本書を執筆する機会にも恵まれた。折々の小さな偶然を装った何かが私に作用して調査を続けさせてきたのかもしれない。

もともと敗者の常として史料が少ないことから、福本日南の名著『大阪城の七将星』（一九二一年）の後、豊臣方人物に関する書籍の記述は、概して簡素に過ぎ、物足りなさを感じていた。しかし、近年は平山優氏『真田信繁』（角川選書　二〇一五年）、平井上総氏『長宗我部元親・盛親』（ミネルヴァ書房　二〇一六年）、今福匡氏『真田より活躍した男毛利勝永』（宮帯出版社　二〇一六年）、福田千鶴氏『後藤又兵衛』（中公新書　二〇一六年）、大西泰正氏『宇喜多秀家と明石掃部』（岩田書院　二〇一五年）をはじめとする専門家の精緻で革新的な研究成果により、数々の新事実や新解釈が示されている。本書は私の余暇の所産であり、調査の中間報告のようなものにすぎないが、大坂の陣や当時の侍の気質に対する関心を高める一助になれば望外の喜びである。

本書の刊行につき、執筆の機会をつくっていただいた北川先生、百人を抽出して立項する当初企画を、調査した全員（一一一三人）を立項する企画に変更するよう強く推奨してくださった宮帯出版社の社長宮下玄覇様、執筆経験のない私を懇切に導いてくださった同社の中岡ひろみ様をはじめとする編集部の皆さま、そしてこれまでの調査に快くご協力たまわった多くの方々に謹んで感謝申し上げたい。

平成二十八年十一月

柏木輝久

第二版にあたって

本書の初版は、大阪城天守閣の北川央館長に監修いただき、一昨年十二月に出版された。ニッチなテーマの事典であったが、大坂の陣に関心を寄せる皆様の支持をたまわり、また全国の大学や公共図書館にも多数架蔵され、広く手に取っていただけるようになったことは、全く予想外で、心より御礼申し上げる。

しかし、改めて見直すと、私の不手際による錯誤や脱漏が散見され大変心苦しく思っていた。今般ありがたいことに重版の機会を得たので、不備是正と合わせて、発刊後の調査に基づき三十六人を追加立項し、約八十人を補筆した。一例として一昨年十一月、岡山県立博物館が発表した後藤又兵衛の最期の様子を伝える金万家の文書も、今回参照して補筆した。同文書によると、後藤は小姓に「秀頼公に拝領した脇指で我が首をうって、又兵衛はかく討死にせりと申し上げよ」と遺言し、別の小姓は、後藤が討死にした証拠として指物の破片を持ち帰って秀頼に報告したという。後藤の去就が疑われていたことは、遺児の後藤左太郎が後年になって証言しており、大坂籠城した佐々木定治も「後藤の去就を疑った二陣の明石掃部は、後藤の軍から距離を置き、後藤の応援要請にも応じなかった」と記録している。悲痛、悲痛。金万家の文書は、一命を賭して身の潔白を示そうとした又兵衛の最期と、主人の遺志を必死に果たそうとした家来の行動を短節な文章で切々と伝えている。

終わりに臨み、執筆を常に応援くださった北川先生、井上安代様、そして本書の出版がきっかけで知り合えた多くの方々のご励声とご助言に深甚の謝意を表したい。

平成三十年二月

柏木輝久

〔プロフィール〕

著　者　柏木輝久（かしわぎ てるひさ）

1969年、長野県生まれ。1991年、東北大学法学部卒業。金融機関勤務のかたわら、余暇で長年にわたって大坂の陣に関わった豊臣方諸士の事跡を調査。

監修者　北川　央（きたがわ ひろし）

1961年、大阪府生まれ。神戸大学大学院文学研究科修了。現在、大阪城天守閣館長。これまでに、東京国立文化財研究所・国際日本文化研究センター・国立歴史民俗博物館・国立劇場・神戸大学・関西大学など、多くの大学・博物館・研究機関で委員・研究員・講師を歴任。著書に『大坂城と大坂の陣 ── その史実・伝承』（新風書房 2016）、『なにわの事もゆめ又ゆめ ── 大坂城・豊臣秀吉・大坂の陣・真田幸村 ──』（関西大学出版部 2016）など多数。

大坂の陣豊臣方人物事典

2016年12月1日 第1版発行
2018年3月1日 第2版発行

著　者　柏木輝久
監修者　北川　央
発行者　宮下玄覇
発行所　株式会社宮帯出版社
京都本社 〒602-8488
京都市上京区真倉町739-1
営業(075)441-7747　編集(075)441-7722
東京支社 〒160-0017
東京都新宿区左門町21
電話(03)3355-5555
http://www.miyaobi.com/publishing/
振替口座 00960-7-279886

印刷所　モリモト印刷株式会社

定価はカバーに表示してあります。落丁・乱丁本はお取替えいたします。

 ISBN978-4-8016-0007-2 C3021

巻末付録

1. 1～5は、すべて著者(柏木輝久)の作成による。
2. 6～14に、本書の理解の一助となる布陣図、地図などを掲載した。
3. 15～19に、本書に関連する史料図版、墓碑、肖像画などを掲載した。

付録1 慶長16年3月 秀頼の上洛に供奉の家臣

慶長10年5月7日、8日、大坂から市民が荷物を搬出して、人心が大いに動揺する事態が発生した。これは、秀頼の上洛を求める家康の内意が、北政所を通じて大坂に伝えられたところ、淀殿が激しく反発し、「もし上洛を強いるなら秀頼ともども自害する」と強く拒んでいるとの伝聞が広まったためであった。この時は上方大名からも反対意見が密かに大坂に伝えられたため、秀頼の上洛は実現しなかった。

慶長16年3月20日、家康は改めて織田有楽を通じて秀頼に対面を申し送り、秀頼はこれに応じることとなった(『当代記』)。

慶長16年4月21日付で秀頼の家臣和久宗友が伊達政宗に送った書状によると、3月27日巳の刻、秀頼は大坂城を御座船で出立し、途中鷹狩りをしながら淀川を遡上し、その夜は淀の小橋の西、水車のある所で船中泊した(「石原重臣氏所蔵文書」)。御座船は長さ15間の河船だったという(「山本豊久私記」)。翌28日の天気は快晴(『義演准后日記』)。早朝に秀頼は淀を出立(「石原重臣氏所蔵文書」)。秀頼の乗り物は四方が開いた籠だった。籠の右脇には長刀一振、籠の後方には鑓2本が交差して捧げられ、籠の周囲は徒歩の侍により護衛された(「小須賀氏聞書」)。鳥羽の恋塚(下鳥羽の鯉塚か)で池田輝政が本願寺新門跡を同道して参賀した(「佐々木氏大坂物語」)。続いて浅野幸長、加藤清正の介添で徳川義直、頼宣が上鳥羽の河原で出迎え、藤堂高虎も出迎えに伺候した。秀頼は竹田通りを経由して、片桐且元の京屋敷に入り、装束を肩衣、袴に改め(『慶長見聞録案紙』)、辰の刻には二条城に到着し、家康との対面をはたした(『当代記』)。

秀頼と家康の対面について、3月29日付で浅野幸長は埴原二郎右衛門に書状を送り、「昨日秀頼様は御上洛して大御所様と対面された。いずれも御機嫌よく御下向になりめでたく思う」と報じた(「清光公済美録」)。4月22日付で秀頼の家臣小林家孝は島津家久に書状を送り、「上下万民が天下泰平でめでたいと話している」と伝え、同日付で廷臣の近衛信尹も家久に書状を送り、「諸侍、国民までが喜悦している」と伝えた(『旧記雑録後編』)。

「秀頼御上洛之次第」は、山口県文書館の毛利家文庫に伝来する史料で、3月27日・28日、秀頼の上洛に供奉した家臣の名や行列に携行された品々、および豊臣・徳川両家の間で交わされた贈答品が記録されている。作成の経緯、伝来の由来などは不明ながら、京中の男女、貴賤が群集して歓迎したとされる秀頼の行列を詳細に伝える大変貴重な史料である。なお『綿考輯録』(細川重賢の家臣小野景辰編纂)に、「一書、秀頼公御上洛之時、御舟之内、御側之輩之内ニ細川讃岐守と有」とされていることから、「秀頼御上洛之次第」の内容を収載した記録が他に存在していた可能性がある。

次頁以降、「秀頼御上洛之次第」により秀頼の上洛に供奉した家臣の名や、行列に携行された品々を一覧として示す。

「秀頼御上洛之次第」より　＊印は本書で立項した人物。

3月27日 乗船供奉

御座船に同乗の御供衆

細川讃岐守(元勝)＊
京極備前守＊
津川左近将監(近治)＊
片桐東市正(且元)
片桐主膳正(貞隆)
大野修理大夫(治長)＊
神保出羽守＊
饗庭備後守
木村長門守(重成)＊
関川式部少輔
南条中務少輔(元忠)＊
佐々内記(正重)〔注1〕
杉原掃部
浅香勝七＊
山中主水正〔注2〕
大野弥太郎
渡辺権兵衛(内蔵助)＊
高橋山三郎
太田和泉守(牛一)
前羽半入(盛舜)
埴原八蔵＊
(鈴木)悦可＊
(竹田)永翁＊
(重野)宗玄＊
自歳
友阿弥
喜斎
徳斎
林斎
その他、銘々が思い思いに手船、騎馬で供奉

3月28日 供奉

一　御供衆総員の挟箱、その後に秀頼の御挟箱十

一　この間五町措き

奉行 大坂名字の内

大坂助左衛門
大坂九兵衛

奉行 片桐且元家来

[助頭]多羅尾半左衛門尉
[同]根野尾弥左衛門
坂井加右衛門
山田弥左衛門
山田兵三郎
堀辺助九郎

一　この間二町措き

御鷹七居
　うち鷂二居
御弓二張
御鉄砲二挺
御茶弁当
御挟箱二つ
御掛硯二つ
御床几
御馬三疋
御召替乗物
御長刀一振
御持鑓二本
御傘

一　秀頼の御乗物

一　**徒歩の御供衆**

[御太刀持]生駒宮内少輔＊
[同替役]別所蔵人正(信正)＊
[御小刀持]杉原掃部
[同替役]木村長門守＊
[御腰物持]南条中務少輔＊
[同替役]佐々内記
浅香勝七＊
吉田玄蕃頭(重基)＊
三上外記(季正)＊
長谷川吉左衛門尉(清貞)＊
加藤庄兵衛(正方)＊
奥山忠兵衛
堀田小吉＊
片桐采女正(且清)〔注3〕
神保出羽守＊
山中主水正
関川式部少輔
浅野次兵衛〔注4〕
太田右衛門佐＊
土橋加兵衛
蒔田藤五郎
山岡弥平次

武田六左衛門
武藤九郎兵衛
大野弥太郎
村井右近＊
生田清三郎(経朝)＊
大村七兵衛
松岡半右衛門
槙嶋勝太(昭重)＊
赤松太郎八
渡辺長次
津田主殿助
渡辺権兵衛＊
桑山十兵衛(重政)＊
丹羽勘解由＊
山口左馬允(弘定)＊
遊佐新左衛門(高教)＊
加藤九兵衛(明友)＊
森嶋清兵衛(長以)＊
赤座三右衛門＊
簗田久三郎
中井平右衛門〔注5〕
藤懸八右衛門(永元)＊
山田助丞
祝弥三郎＊
長井主馬首
丹羽左平太(正安)＊
堀対馬守＊
下方市左衛門(正弘)＊
丹羽備中守(長正)〔注6〕
小嶋三助＊
篠原又右衛門＊
和久半左衛門(宗友)＊
内藤新十郎(政勝)＊
南条作十郎(宣政)＊
饗庭備後守
薄田隼人正＊
湯浅右近(直勝)＊
赤座内膳正(永成)＊
津田監物(信番)＊
真野半左衛門
速水助七(則守)＊
伊藤甚吉(伊東長昌)＊
野々村次兵衛(幸次)
佐藤孫六(春信)＊
石河伊豆守(貞政)〔注7〕
古田九郎八(重行)＊
一色佐吉

安威八左衛門尉＊
重野忠介＊
[御鷹師頭]吉田助左衛門尉
[同]入江助右衛門尉(春澄)＊
[同]稲田半四郎
[御馬屋別当]埴原八蔵＊
[同]小祝五左衛門尉＊
星野新左衛門尉＊
(重野)宗玄＊
自歳
(竹田)永翁＊
喜斎
友阿弥
頓阿弥＊
(竹田)大阿弥＊
松之坊＊

御傘袋

奉行 大坂名字の内

大坂九右衛門
大坂市右衛門尉
大坂清右衛門尉
大坂与右衛門尉

馬上

片桐東市正
　小姓三十人

一　この間三十間措き

御長鑓三十本
　黒猩々皮の鞘袋、黒柄

一　この間十間措き

騎馬で御供の衆

細川讃岐守＊
京極備前守＊
津川左近＊
羽柴河内守(秀秋)＊
片桐二郎介(元包)〔注8〕
石川肥後守(康勝)＊
片桐主膳正
伊藤丹後守(伊東長次)＊
堀田図書＊
青木民部少輔(一重)＊
野々村伊予守(吉安)＊
土橋右近〔注9〕
真木嶋玄蕃(昭光)＊
溝江新介〔注10〕

付録

一色駿河守〔注11〕
山中又左衛門尉＊
郡主馬首（宗保）＊
上野志摩〔注12〕
太田和泉守
前羽半入

奉行 大坂名字

大坂清兵衛
大坂平右衛門
大坂作右衛門
大坂宗右衛門

奉行 片桐且元家来

［助頭］高野瀬猪右衛門尉
［同］岡嶋忠左衛門尉
中村新五
吉岡作左衛門尉

一　この間五間措き

又小姓共

奉行 大坂名字

大坂勘左衛門
大坂喜兵衛
大坂孫市
大坂喜右衛門

奉行 片桐且元家来

［助頭］林又右衛門尉
［同］舟橋源左衛門尉

一　この間五間措き

総員の持鑓

一　五間措き

又小者共

奉行 大坂名字

大坂忠左衛門
大坂菊助
大坂宗左衛門尉
大坂助左衛門

奉行 片桐且元家来

［助頭］小嶋吉右衛門
［同］津野田喜左衛門

〔注１〕**佐々内記**　慶長10年9月11日、従五位下内記に叙任（「柳原家記録」）。知行500石（『慶長十六年禁裏御普請帳』）。慶長18年10月25日、富田信高に連座して佐々行政、佐々孫介とともに改易（『駿府記』、『武徳編年集成』）。

〔注２〕**山中主水正**　慶長13年5月8日、前年の駿府城失火見舞として家康に銀子10枚を献上（『当代記』）。知行2,000石（『慶長十六年禁裏御普請帳』）。

〔注３〕**片桐采女正**　且元の庶長子（『寛政重修諸家譜』）。慶長10年9月11日、従五位下采女正に叙任（「柳原家記録」）。

〔注４〕**浅野次兵衛**　慶長19年3月3日、紀伊国牟婁郡熊野本宮の正遷宮に秀頼の名代として出向き、浅野忠吉がこれを馳走（「自得公済美録」）。

〔注５〕**中井平右衛門**　秀吉の代には馬廻組頭（『太閤記』）。

〔注６〕**丹羽備中守**　長秀の次男。慶長5年の戦役で失領（「丹羽家譜」）。秀頼に仕え、大坂七組の青木一重組に所属（「諸方雑砕集」）。知行600石（『慶長十六年禁裏御普請帳』）。寛永7年4月4日に越前福井で死去。享年55歳（「丹羽家譜」）。

〔注７〕**石河伊豆守**　光政の長男。知行5,000石（『慶長十六年禁裏御普請帳』）。慶長19年9月28日、妻子を伴い大坂城を退去。徳川家に仕え、5,020石。明暦3年9月6日に京都で死去。享年83歳（『寛政重修諸家譜』、『駿府記』）。

〔注８〕**片桐次郎介**　且元の嫡男。後に薩摩と称した（「時慶卿記」、「北川次郎兵衛筆」）。慶長19年7月28日、従五位下出雲守に叙任（「時慶卿記」）。寛永15年8月1日に死去。享年38歳（『寛政重修諸家譜』）。

〔注９〕**土橋右近**　慶長13年8月28日、前年冬の駿府城失火見舞として家康に小袖二重を献上（『当代記』）。知行5,000石（『慶長十六年禁裏御普請帳』）。

〔注10〕**溝江新介**　大坂籠城か（「浅井一政自記」）。

〔注11〕**一色駿河守**　足利義昭の旧臣（『鹿苑日録』）。

〔注12〕**上野志摩守**　足利義昭の旧臣（『鹿苑日録』）。大和国十市郡倉橋村内で知行300石（「庁中漫録」所載「大和国著聞記寛永七年高付」）。

付録2「慶長十六年禁裏御普請帳」における大坂衆

慶長16年、家康は禁裏修造の役を諸国に課した。6月16日付で山代忠久、村田権右衛門は板倉勝重、米津親勝、中井正清に書状を送り、家康の意向により秀頼も冥加として禁裏普請を分担するべく片桐且元へ通知するよう指示した(『大工頭中井家文書』)。

慶長17年12月12日から禁裏、仙洞御所の塩築地修造が始まり、北面を秀頼と徳川義直が、南・東・西面を他の諸侯が担当した(『慶長日記』)。

秀頼に直仕していたいわゆる「大坂衆」のうち、以下の44人(知行高合計19万7,620石)が普請助役を勤めた(『慶長十六年禁裏御普請帳』)。

『慶長十六年禁裏御普請帳』より　＊印は本書で立項した人物。

氏　名	知 行(石)
羽柴河内守＊	5,000
織田民部少輔(信重)	36,000
片桐東市正	30,000
片桐主膳正	10,000
大野修理亮＊	10,000
伊東丹後守＊	10,300
速水甲斐守＊	10,500
青木民部少輔＊	10,000
野々村伊予守＊	3,000
中島式部少輔＊	2,000
津川左近将監＊	1,400
生駒宮内少輔＊	800
堀田図書助＊	10,000
木村長門守＊	800
村井右近大夫＊	1,000
杉原掃部助	500
佐々内記	500
吉田玄蕃頭＊	1,000
南条中務少輔＊	500
饗庭備後守	1,000
山中主水正	2,000
神保出羽守＊	1,000

氏　名	知 行(石)
関川式部少輔	700
石川肥後守＊	15,000
丹羽備中守(長正)	600
赤座内膳正＊	3,000
別所蔵人＊	420
湯浅右近大夫＊	3,000
大岡雅楽助	500
津田監物＊	1,000
丹羽勘解由＊	500
山口左馬助＊	700
薄田隼人正＊	3,000
大野主馬正＊	1,300
土橋右近将監	5,000
太田和泉守	1,000
石川伊豆守(貞政)	5,000
細川讃岐守＊	1,200
郡主馬首＊	2,000
祝丹波守(重正)＊	1,800
安威摂津守＊	1,000
伏屋飛騨守＊	1,100
渡辺筑後守(勝)	1,500
水原石見守＊	1,000

付録3 大坂七組（速水・真野・伊東・中島・堀田・野々村組）

大坂七組は、秀頼の馬廻衆であるが、制定の時期・経緯は詳らかではない。大坂籠城時の番頭は、速水守之、真野頼包、伊東長次、中島式部少輔、堀田図書頭、野々村吉安、青木一重（夏の陣では青木正重が陣代）である。

「諸方雑砕集」、『武家事紀』、『難波戦記』などに、各組与力の名前と知行高が列記されている（以下、仮に「七組分限」という）。諸史料に収載されている「七組分限」は、共通する体裁として青木組を欠いている。名前や知行高に異同が見られるが、おそらく誤読・誤写によるものであり、特段粉飾の意図は感じられない。なお『新東鑑』は青木組を載せているが、組子はすべて創作である。

「七組分限」には、速水組に「安威伝右衛門」（240石）が載っている。伝右衛門は、天正年間から河内国交野郡茄子作村内を給地としており、文禄3年には秀吉から朱印状を以て同所240石を安堵されている。しかし、慶長17年9月28日には嗣子久大夫が秀頼から黒印状を発給され、同所240石をすべて継承している〈「安威久大夫秀俊」の項参照〉。よって「七組分限」が作成された時期は、少なくとも慶長17年9月28日以前と推定される。

なお、大坂籠城中、伊東組に丹羽忠兵衛（「大坂濫妨人并落人改帳」）、野々村組に宮井三郎左衛門（「福富文書」）、堀田組に青木市左衛門（「桑名志」）などがいるが、「七組分限」に名前がないので、新参で付属された組子の可能性がある。その他、速水配下に吉田次左衛門（「御家中略系譜」）、伊東配下に上坂左近（『家中諸士家譜五音寄』）、中島配下に大庭市兵衛直貞（「中川家寄託諸士系譜」）、堀田配下に伊庭覚兵衛（『家中諸士家譜五音寄』）、水谷久左衛門（「改撰仙石家譜」）などもいるが、これらが新参で付属された組子か、「自分の者」（家来）かは不明。

「諸方雑砕集」、『武家事紀』、『難波戦記』より

※氏名は基本「諸方雑砕集」に依拠したが、誤字と思われる箇所は適宜修正し、諱などを補った。

1. 速水組　＊印は本書で立項した人物。

	氏　名	出身、係累、子孫等	知　行（石）			給　地
			諸方雑砕集	武家事紀	難波戦記	
1	山中又左衛門＊	大喜多亀之介の子／子孫は肥後細川家臣	810	—	810	天正13年播磨国神東郡大野木村で700石、文禄3年河内国交野郡内で110石余（「先祖附」山中岩木）
2	渡辺五兵衛（輝）＊	伊勢	800	—	800	
3	森村左衛門尉		2,040	—	2,000	
4	佐々市蔵（政済）		708	—	700	
5	槙島玄蕃（昭光）＊	山城／真木島信濃守輝光の子／子孫は肥後細川家臣	2,000	—	2,000	
6	槙島十左衛門		615	—		
7	北村惣右衛門＊	喜多村内記正春の兄	700	—	—	

付録

8	槙島三右衛門(重春)*	山城／槙島玄蕃允重利の弟	203	—	500	
9	榊原三左衛門	伊勢榊原氏か	500	—	500	
10	榊原主膳正		500	500	500	
11	一色駿河守		470	470	470	
12	竹田源助(長勝)*	山城／竹田梅松軒の子／竹田永翁の兄	470	470	470	
13	夫馬甚次郎		432	432	432	
14	佐々竹千代		200	200	200	
15	千種又三郎(顕理)*	伊勢／千種常陸助忠治の養子	200	200	300	慶長10年頃、伊勢国三重郡音羽村629石5斗5升を千草又左衛門と相給(『桑名御領分村絵図』)
16	鈴木与一郎	※与十郎とも	200	200	200	
17	一色中務		400	400	400	
18	森新十郎		400	400	400	
19	森民部少輔		312	312	312	
20	速水助七郎(則守)*	近江／速水甲斐守守之の子	312	187	312	
21	沢庄兵衛		303	303	303	
22	山本太郎右衛門		303	303	—	
23	森藤右衛門尉		300	200	200	
24	南孫介		193	193	193	
25	本郷庄右衛門(胤勝)*	若狭／本郷庄左衛門正定の子	193	193	187	
26	北村五助(正長)*	近江／子孫は土佐山内家臣	187	187	187	
27	埒気忠助	近江埒気氏か	187	187	164	
28	宮崎半四郎		164	164	164	
29	安威伝右衛門(源秀)	摂津／子孫は鳥取池田家臣・安芸浅野家臣	240	240	240	文禄3年12月2日河内国交野郡茄子作村の内240石(「鳥取藩政史料 藩士家譜」諏訪槙之助秀文家)
30	山内彦介		200	200	200	

2. 真野組　＊印は本書で立項した人物。

	氏　名	出身、係累、子孫等	諸方雑砕集	武家事紀	難波戦記	給　地
1	飯尾勘十郎		1,460	1,460	1,430	慶長10年頃、伊勢国三重郡内堀322石7斗4升9合、泊村381石9斗5升2合、末永村697石、末永一色23石(『桑名御領分村絵図』)

2	石川八右衛門		800	800	800	
3	家所帯刀＊	伊勢	1,240	1,240	1,240	
4	永原弥左衛門	近江野洲の永原久重か	700	700	700	
5	鈴木藤左衛門		1,020	1,120	1,120	
6	不破平左衛門＊		500	500	500	慶長10年頃、伊勢国三重郡平尾村408石3斗4升6合、うち200石は蔵入地（『桑名御領分村絵図』）
7	津田平八		1,011	1,011	1,011	
8	林小伝次		1,011	1,011	1,011	
9	赤松伊豆（祐高）＊	播磨／赤松下野守政秀の子	1,000	1,000	1,000	
10	河合又八郎		494	494	444	
11	雨森出雲＊	近江／雨森三右衛門貞任の父／子孫は越前松平家臣	494	1,000	1,000	慶長10年頃、伊勢国三重郡山之一色村261石1斗5升、同郡東坂部村261石1斗5升、同郡生桑村四百67石8斗5升（『桑名御領分村絵図』）
12	堀田将監（一幸）＊	尾張／堀田孫右衛門正貞の女婿	440	470	470	慶長10年頃、伊勢国三重郡野田村489石6斗3升7合（『桑名御領分村絵図』）
13	堀田勘左衛門		480	480	480	
14	大原次郎作		370	370	320	
15	宮司助三郎	※高司氏とも	400	400	400	
16	平野甚介		320	320	320	
17	斎藤平吉＊		400	320	320	
18	真野左太郎（佐太郎）＊	尾張	360	360	360	
19	跡部三左衛門	※服部氏とも	392	392	393	
20	金森平左衛門		307	307	307	
21	開文弥作左衛門		330	330	330	
22	堀田茂介（正明）＊	尾張	300	300	300	
23	太田平蔵		300	300	300	
24	河村吉内		300	300	300	
25	前田六左衛門＊		334	330	330	
26	高橋三右衛門		334	330	350	
27	坂井平三郎		320	320	320	
28	大野助左衛門		250	250	250	
29	川北勝左衛門（正勝）＊	伊勢／子孫は幕臣	200	200	200	
30	内田久助		200	200	200	
31	乾彦九郎		200	200	200	

32	河毛源三郎(清之)*	近江/河毛次郎左衛門清政の弟	194	194	194	
33	大津惣兵衛		194	194	194	
34	森村源内		195	195	195	
35	木村長次郎*	木村弥左衛門重正の弟	195	195	185	
36	平野庄兵衛		187	187	187	
37	赤井弥七郎*	丹波,赤井悪右衛門直正の子	187	187	175	
38	清水喜右衛門		173	173	173	
39	野間長三郎(隆宣)*		173	173	173	
40	真野半三郎		160	160	160	
41	河毛次郎右衛門	近江河毛氏か	160	160	160	
42	岡村与八郎		300	300	300	
43	川崎源次郎		—	300	300	

3. 伊東組　*印は本書で立項した人物。

	氏　名	出身、係累、子孫等	諸方雑砕集	武家事紀	難波戦記	給　地
1	水野内記		1,000	1,000	1,000	
2	高橋弥三郎		1,000	1,000	1,000	
3	長野次右衛門		800	800	800	
4	丹羽喜平次		800	800	800	
5	中尾新左衛門	伊勢中尾氏か	1,000	1,000	1,000	伊勢国度会郡葛原村、備中国小田郡尾阪村の合計1,000石(『備中小田物語』)
6	木金文左衛門		500	500	500	
7	上原次郎右衛門		700	700	680	
8	藤堂庄右衛門		250	250	250	
9	三宅源次郎		680	680	680	
10	岡村九郎右衛門*		680	680	680	
11	吉田次兵衛*		520	520	520	
12	柴田弥五右衛門		520	520	520	
13	野須助左衛門		500	500	500	
14	山口藤左衛門		200	200	200	
15	松井加兵衛	※喜兵衛とも	400	400	400	
16	尾関喜助*	子孫は備中岡田伊東家臣	400	400	400	
17	長崎弥右衛門		330	330	330	
18	大館左兵衛		330	330	330	

19	吉田次左衛門		300	300	300	
20	松村善左衛門		300	300	300	
21	村田将監＊	尾張	200	200	190	
22	津田茂右衛門		190	190	190	
23	津田新右衛門＊		190	190	190	
24	三村九郎右衛門		190	190	190	
25	村上兵部少輔	青木組村上次郎兵衛の父か	190	190	190	
26	光枝次郎右衛門	※八郎右衛門とも	185	185	115	

4. 中島組　＊印は本書で立項した人物。

	氏　名	出身、係累、子孫等	諸方雑砕集	武家事紀	難波戦記	給　地
1	青山助左衛門(昌満)＊	尾張／青山伊賀守秀昌の子／子孫は阿波蜂須賀家臣	1,750	1,750	1,750	
2	金森掃部(一吉)＊	美濃／金森七右衛門政近の子／子孫は加賀前田家臣	500	500	500	
3	田中伝右衛門		1,100	1,100	1,100	慶長10年頃、伊勢国三重郡伊倉村297石4斗1合、同郡寺方村523石5斗7升、西野村206石(『桑名御領分村絵図』)
4	安威八左衛門＊	摂津／安威摂津守勝盛の子	500	1,100	1,100	
5	丹羽源太夫		1,000	1,000	1,000	
6	萱野弥三右衛門(長政)	摂津／郡主馬首宗保養女の婿／子孫は筑前黒田・会津松平・庄内酒井家臣	444	444	444	
7	雲林院右兵衛	伊勢雲林院氏か	850	850	850	
8	片岡喜藤次		355	355	350	
9	片岡忠助		830	830	830	
10	上野小平太		353	353	353	
11	堀田小三郎		780	780	780	慶長10年頃、伊勢国三重郡小杉村732石、同郡倉川村50石(『桑名御領分村絵図』)
12	伊東長蔵		350	350	350	
13	杉原清三郎		700	700	700	
14	土方新八郎		700	700	700	
15	遊佐三左衛門	河内遊佐氏か	630	630	630	
16	宮羽清三郎		318	318	318	

17	長谷川四兵衛	※四郎兵衛とも	570	570	570	
18	古田半左衛門(重忠)＊	美濃／子孫は幕臣	315	315	350	
19	寺町惣左衛門(忠弘)＊		320	320	320	
20	林甚内＊	林高兵衛の子	202	202	302	
21	坂井平八郎＊		300	300	300	
22	河村平左衛門		200	200	200	
23	蒔田文右衛門		286	286	286	
24	堀田孫次郎		286	286	286	
25	飯尾兵左衛門		218	218	280	
26	寺西市兵衛尉		218	218	218	
27	小出忠三郎		212	212	213	
28	場屋彦右衛門	※場座氏とも	212	212	212	
29	林忠次郎		250	250	250	
30	池山新八		250	250	250	
31	伊知地半左衛門		209	209	209	
32	船津九郎右衛門		209	209	209	
33	河村庄兵衛		202	206	200	
34	林助十郎		202	206	206	
35	水野与一郎		200	200	200	
36	中原伝右衛門		178	178	170	
37	寺町孫四郎		178	178	178	
38	赤部長助		178	178	178	
39	中嶋才蔵	※沖島氏とも	192	192	192	
40	寺町新助(忠久)＊		185	185	185	
41	福永弥吉		185	185	185	
42	宇野伝十郎(因幡守)		178	178	178	

5. 堀田組　＊印は本書で立項した人物。

	氏　名	出身、係累、子孫等	諸方雑砕集	武家事紀	難波戦記	給　地
1	山本加兵衛(尚則)＊	山城／山本若狭守俊尚の子／子孫は大洲加藤家臣	650	650	650	
2	木下小介		1,000	1,000	1,000	
3	粟屋弥四郎		1,000	1,000	1,000	
4	土肥久介		550	550	550	
5	伊木半七＊	美濃／伊木七郎右衛門常紀の子／子孫は薩摩島津家臣	550	550	550	

6	山田市兵衛		500	500	500	
7	山田太郎兵衛		400	400	400	
8	能勢庄右衛門	※庄左衛門とも	285	285	285	
9	田辺小伝次	田那部式部（近江国坂田郡長沢の人）の惣領か	500	500	500	
10	蒔田庄兵衛	※伝右衛門とも	271	271	272	
11	平野九右衛門		400	400	400	
12	団長右衛門尉		250	250	250	
13	土山庄兵衛		250	250	250	
14	林孫兵衛		250	250	250	
15	仙石清左衛門＊	美濃／子孫は備前池田・安芸浅野家臣	350	350	350	慶長10年頃、伊勢国三重郡川北村597石1斗7升9合（『桑名御領分村絵図』）
16	坂井彦九郎		250	350	350	
17	矢野久三郎		333	303	303	
18	川田九郎左衛門（基親）＊	河田伊豆守憲親の子	208	208	208	
19	図師忠右衛門		300	300	300	
20	館野孫右衛門		300	300	300	
21	中村平介		300	300	300	
22	村路喜三郎		204	204	204	
23	大倉五郎右衛門＊	※大蔵氏とも	200	200	200	
24	中村九郎右衛門		200	200	200	
25	祝井弥十郎		200	200	200	
26	古田宗四郎		193	193	193	
27	小川左助		193	193	193	
28	小川惣五郎		193	193	193	
29	佐々平蔵（氏成）＊	森川助左衛門長次の長男／佐々九郎右衛門の養子	193	193	193	
30	河村彦三郎	※喜三郎とも	190	190	190	
31	落合少兵衛		190	190	190	
32	乾小次郎		180	188	158	
33	大野久兵衛		180	180	180	

6. 野々村組　＊印は本書で立項した人物。

	氏　名	出身、係累、子孫等	諸方雑砕集	武家事紀	難波戦記	給　地
1	白樫主馬頭＊	紀伊／白樫三郎兵衛の兄	2,000	2,000	2,000	慶長5年以前に紀伊国牟婁郡大柳2,000石ほど(「紀伊国地士由緒書抜」)、慶長17年3月17日、備中国窪屋郡内で280石(『慶長中湛井懸り高付写』)
2	清水助十郎		350	350	350	
3	平野弥次右衛門		1,200	1,200	1,200	
4	飯沼久兵衛		320	320	320	
5	白樫三郎兵衛＊	紀伊／白樫主馬助の弟／北条美濃守氏規の女婿	1,000	1,000	1,000	
6	川添式部(吉昌)	近江／孝蔵主の弟／子孫は幕臣・会津松平家臣	300	300	300	天正11年8月1日、近江国神崎郡内で160石(『寛政重修諸家譜』)
7	井上小左衛門(定利)＊	美濃／長井隼人佐道利の子／子孫は幕臣・臼杵稲葉家臣	760	760	749	慶長4年8月7日、美濃国池田郡田畑村560石、河内国志紀郡沢田村内200石(『毛利家文書』), 慶長6年、美濃国不破郡大石村552石8斗9升、同郡式原村7石2斗(『慶長六年丑年美濃一国郷牒并寺社領小物成共』)
8	一柳茂右衛門		760	760	760	慶長4年8月7日、八幡の替地として大和国十市郡田家村内で300石(『毛利家文書』)、大和国十市郡田永村内で300石(「庁中漫録」所載「大和国著聞記寛永七年高付」)
9	平野六左衛門		745	745	745	
10	田中忠左衛門		300	745	745	
11	矢野源六	※水野氏とも	707	707	700	
12	安部清三郎		707	707	707	
13	小笠原金右衛門		711	711	711	
14	河村猪左衛門		270	270	270	
15	広瀬次左衛門		700	700	700	
16	長井藤十郎		207	200	270	
17	桑原勝太＊		600	600	600	慶長10年頃、伊勢国三重郡下鵜川原村内で600石(『桑名御領分村絵図』)
18	津田小右衛門		200	200	200	
19	竹越三郎左衛門	美濃竹腰氏か	570	570	570	

20	岸善右衛門	※峯氏とも	570	570	570	
21	木下猪右衛門（新十郎）		500	500	500	慶長5年以後、河内国交野郡牧郷招提村内で288石（『招提寺内興記并年寄分由緒実録』）
22	日比覚左衛門＊		500	500	500	
23	生駒孫助		478	478	478	
24	山田忠左衛門		478	478	478	慶長4年8月7日、近江国愛知郡吉田村内で150石、吉田喜三郎分50石（『毛利家文書』）
25	大野木五左衛門		425	425	420	
26	大屋助三郎	※大野氏とも	425	425	420	
27	赤座次郎右衛門＊		400	400	400	
28	佐藤助九郎		200	200	400	
29	福富平七郎		360	360	360	
30	粟屋五郎右衛門	若狭粟屋氏か	360	360	360	
31	矢野喜三郎（正茲）＊		200	200	200	
32	岡村百々之助＊		190	190	190	
33	山田九右衛門		196	196	196	
34	山羽豊蔵		196	196	196	
35	橋田源兵衛	※横田氏とも	194	194	194	
36	田中徳兵衛		194	194	190	
37	山口平左衛門		193	193	196	
38	桂次郎吉		184	184	184	
39	蒔田源太郎		190	190	190	
40	日比小十郎		183	183	183	
41	五十君小平次	※五十倉氏とも	183	—	183	

付録4 大坂七組（青木組）

1.「慶長拾八丑正月十日 青木民部少組高付」（東京大学史料編纂所 蔵。以下、「組高付」という）は、麻田青木家の五代目青木一曲の所望により、文化3年3月に家臣の祝亮村が提出した写しの謄写本である。

「組高付」が記す組子の知行宛行の形態は大別すると(1)秀吉の朱印状、(2)奉行衆切手、(3)小出秀政・片桐且元の切手、(4)秀頼の黒印状の四形態がある。

(1) 秀吉の朱印状を受領していた15人のうち3人（小原・安宅・村上）は、朱印状が「市正殿御預り」となっている。慶長18年、家康の一覧に供するため、片桐且元が一時預かりの状態にあったことを指すものと思われる〈「青木民部少輔一重」の項参照〉。

(2) 奉行衆の切手とは、秀吉存命中の奉行衆、もしくは慶長6年、片桐・小出および家康の家臣ら奉行による連署切手と思われる。

(3) 小出（慶長9年3月23日に死去）・片桐の切手は、『士林泝洄』に、秀頼の家臣寺町淡路守忠興が、慶長8年、片桐、小出などから知行宛行証文を発給されたとあることから、これと同じ時期の発給と思われる。また、小出・片桐の切手受領者8名のうち3名（安宅・永原・安見）は、秀吉の朱印状で宛行われていた近江の知行所を河内に移されている。これは、慶長7年に小出・片桐らが近江国内の検地を執行しており、その結果に伴う異動と推測される。

(4) 秀頼の黒印状は、慶長17年9月28日付で、①太田右衛門佐（『大日本史料』所載「前田家所蔵文書」）、②宗外（『武州文書』）、③今枝勘右衛門尉光俊（『土佐国蠹簡集残編』）、④山名与五郎堯政（『記録御用所本古文書』）、⑤毛利兵橘重次（『記録御用所本古文書』）、⑥毛利藤兵衛尉（「秀吉清正記念館所蔵文書」）、⑦堀対馬守（「津田文書」）、⑧和久半左衛門宗友（『伊達世臣家譜』）、⑨安威久大夫秀俊（「鳥取藩政資料 藩士家譜」諏訪槌之助秀文家）などの直臣に発給されている。慶長18年10月22日付の和久宗友の書状によると、跡目継承が認められ、片桐から知行の書付を得ていた者を対象に、改めて秀頼の黒印状が発給されたという（『和久家重修系譜』）。「組高付」では黒印状を受領した8人のうち5人（丹羽、田辺、村上、小崎、矢嶋）について、父親の名前が注記されており、和久の書状の通り跡目継承に伴う発給が推定される。

2.「諸方雑砕集」に掲げられている青木組については、本参の組子に、慶長17年2月11日に死去した矢嶋加兵衛（「近江西勝寺蔵矢嶋加兵衛尉肖像賛」）や大坂の陣以前に大坂城を退去した丹羽備中守が含まれており、新参の組子には、慶長18年9月に土佐山内家から扶持を召し放たれた稲葉清六（『山内家史料』所載「山内家四代記」）が含まれていることから、一時点でのものではなく一定期間の変遷を含めて表記したものと思われる。

新参の組子とは、開戦直前までに新規で秀頼の直臣となったうえで、与力として組に付属された者と思われる。冬の陣では秀頼の家臣杉森市兵衛信成が青木一重に所属しており（『杉森家系譜』）、開戦に伴ってさらなる人数配付が行われた可能性がある。なお『大坂御陣山口休庵咄』によると、大野治長は七組の番頭の心底を疑っていたため、籠城中は配下に牢人を付属させることはなかったという。

1.「慶長拾八丑正月十日 青木民部少輔組高付」より

青木組　＊印は本書で立項した人物。

	氏　名	係　累	知行（石）	給　地（石.斗升合）		宛行形態	
1	中井左平次		1,731	備中国　窪屋郡　西の庄の内	1,001.206	御奉行衆御切手差上ル	
				備中国　窪屋郡　小子位庄村	138		
				備中国　窪屋郡　川入村	172.99		
				備中国　窪屋郡　八王子村	100.323		
				備中国　窪屋（都宇?）郡　中庄	300		
				備中国　都宇郡　帯江村	9.3		
				備中国　都宇（浅口?）郡　西阿知村	9.033		
2	丹羽長介	丹羽備中守長正の子	583	備中国　川上郡　油野村	326.427	御奉行衆御切手差上ル	黒印
				備中国　川上郡　長地村	256.578		
3	甲田弥三郎		500	近江国　栗太郡　太田村	500	御奉行衆御切手差上ル	
4	田辺勘兵衛＊	田辺入道の子	250	丹波国　船井郡　氷所村	245.223	御奉行衆御切手差上ル	黒印
				丹波国　船井郡　青戸村	4.779		
5	多賀長兵衛		300	近江国　高島郡　田井村	300	御奉行衆御切手差上ル	
6	水得正七		200	近江国　蒲生郡　宮井村	148.57	御奉行衆御切手差上ル	
				近江国　蒲生郡　葛巻村	46.25		
7	佐久間葵助＊		260	近江国　栗太郡　平井村	260	御奉行衆御切手差上ル	
8	中川長介		200	丹波国　船井郡　志和賀村	120.332	御奉行衆御切手差上ル	
				丹波国　船井郡　胡麻村	37.668		
				丹波国　船井郡　岡田村	40		
9	酒井理右衛門（下総吉政）＊		1,000	河内国　大方郡　青谷村	100	太閤様御朱印在	
				備中国　小田郡　本堀村	580	御奉行衆御切手差上ル	
				備中国　小田郡　宇内村	320		
10	小原喜七		313	山城国　相楽郡　林村の内	79.26	太閤様御朱印在・市正殿御預り	黒印
				近江国　栗太郡　上砥村	100	御奉行衆御切手差上ル・先知	
				近江国　栗太郡　伊勢村	30	御奉行衆御切手差上ル・先知	

				近江国 高島郡 藁園村	104	御奉行衆御切手差上ル，替地	
11	松原勘平		1,110	摂津国 兔原郡脇浜内 中村	100	太閤様御朱印在	
				備中国 賀陽郡 野山村	1,010	御奉行衆御切手差上ル	
12	安宅源八（信定）＊		116	山城国 綴喜郡 高舟村	28	太閤様御朱印在・市正殿御預り	
				河内国 交野郡 舟橋村	100	太閤様御朱印在	
				河内国 交野郡 津田村の内	57.6	小出播磨殿・片桐市正殿御切手在 ※近江国栗太郡内72石（太閤様御朱印在）の替地	
13	村上次郎兵衛	村上兵部の子	188	河内国 高安郡 恩智村	112	太閤様御朱印在・市正殿御預り	黒印
				河内国 高安郡 恩智村	56	御奉行衆御切手差上ル	
				河内国 交野郡 中宮村の内	20.09	御奉行衆御切手差上ル	
14	茨木兵蔵		200	河内国 大県郡 神宮寺村の内	175	太閤様御朱印在	
				摂津国 兔原村 森村	43	小出播磨殿・片桐市正殿御切手在	
15	美濃部隠岐守		350	摂津国 川辺郡 若王子村	160	小出播磨殿・片桐市正殿御切手在	黒印
				摂津国 豊島郡 桜井村の内	190		
16	永原忠左衛門＊		190	河内国 高安郡 垣内村	126.6	太閤様御朱印在	
				河内国 高安郡 恩智村	23.4	太閤様御朱印在	
				河内国 高安郡 恩智村	40	小出播磨殿・片桐市正殿御切手在 ※近江国神崎郡内50石（太閤様御朱印在）の替地	
17	小崎六兵衛	小崎兵右衛門の子	200	河内国 大県郡 青谷村	100	太閤様御朱印在	黒印
				河内国 河内郡 松原村	100	片桐市正殿切手差上ル・御黒印之時ニ	

18	丹羽源大夫		208	摂津国 矢田郡 鳥原村	86	太閤様御朱印在	
				河内国 錦部郡 西代村の内	122	小出播磨殿・片桐市正殿御切手在	
19	矢嶋牛介	矢嶋加兵衛の子	470	河内国 古市郡 飛鳥村の内	200	太閤様御朱印在	黒印
				摂津国 豊島郡 桜井村の内	270	小出播磨殿・片桐市正殿御切手差上ル・御黒印之時ニ	
20	今枝勘右衛門(光俊)＊		440	河内国 古市郡 碓井村	340	太閤様御朱印在	黒印
				河内国 古市郡 碓井村	100	小出播磨殿・片桐市正殿御切手差上ル・御黒印之時ニ	
21	斎藤勘右衛門		370	河内国 交野郡 灯油村	370	太閤様御朱印在	
22	安見新五郎		191	河内国 高安郡 垣内村の内	159.2	太閤様御朱印在	
				河内国 錦部郡 片添村の内	32	小出播磨殿・片桐市正殿御切手在 ※近江国内40石(太閤様朱印在)の替地	
23	藪田清左衛門		200	河内国 交野郡 舟橋村	200	太閤様御朱印在	
24	岡本平吉		200	近江国 蒲生郡 下迫村	144.2	御奉行衆御切手差上ル	
				近江国 栗太郡 古高村の内	55.8		
25	太田又七＊		300	近江国 高島郡 田井村	267.47	御奉行衆御切手差上ル・本知・太閤様御朱印上ル	
				近江国 高島郡 鴨村	32.53		
26	橋本九右衛門		200	近江国 高島郡 鴨村の内	200	御奉行衆御切手差上ル	

付録

2.「諸方雑砕集」より

青木組　＊印は本書で立項した人物。

	氏　名	係累等	本参/新参	知行(石)	給地
1	雲井右近	※邑井氏か		1,000	
2	生駒宮内＊	生駒式部少輔忠雄の子		500	
3	下方市左衛門(正弘)＊	下方弾正少弼則貞の子		300	
4	森寺善大夫			300	
5	細川讃岐(元勝)＊	細川右京大夫昭元の子		250	
6	友松次右衛門(盛保)＊	友松忠右衛門氏勝の子		250	
7	今枝甚左衛門(是氏)＊	※今枝光俊の子六郎左衛門光重と同一人物か	本参	500	
8	小室左兵衛(三宅四郎左衛門)＊			500	
9	村瀬角左衛門＊		新参	300	
10	稲葉伊織(休斎)＊		新参	300	
11	稲葉清六＊	稲葉清六の子	新参	300	
12	大橋多左衛門			340	
13	水野加右衛門＊			400	
14	松野半平＊		新参	400	
15	酒井下総(吉政)＊	山内壱岐守吉佐の父	本参	130	
16	下村山三郎(加兵衛)＊			—	
17	田辺勘兵衛＊		本参	1,000	
18	太田又七(牛次)＊	太田和泉守牛一の子	本参	300	
19	太田又兵衛(正次)＊	太田又七郎牛次の子		200	
20	松原五兵衛		本参	—	
21	水谷次郎右衛門＊		本参	—	
22	永原忠左衛門＊	永原五兵衛の父	本参	—	
23	薮田清左衛門		本参	—	
24	矢嶋加兵衛		本参	—	
25	構庄七		本参	—	
26	甲田弥左衛門(勝泰)＊	甲田帯刀勝信の子	本参	—	
27	茨木五左衛門		本参	—	
28	丹羽備中(長正)	丹羽長秀の子		—	
29	伊丹因幡(永親)＊	伊丹兵庫頭親興の子	本参	—	
30	中井次郎右衛門＊		本参	—	

31	武田左吉(三信)	武田左吉の子	本参	—	慶長6年美濃国大野郡志名村196石3斗5升、池田郡新宮村154石2斗4升、同郡岡村307石7升9合、合計657石6斗6升(『慶長六年丑年美濃一国郷牒并寺社領小物成共』)
32	安見新五郎		本参	—	
33	安宅源八(信定)*	安宅玄蕃丞春定の嗣子	本参	—	
34	箕部七十郎		本参	—	
35	宮尾四郎右衛門		新参	—	
36	吉原清六		新参	—	
37	樋口次郎右衛門*		新参	—	
38	小倉藤兵衛		新参	—	
39	森嶋太左衛門		新参	—	

付録

付録5 大野治房配下の構成

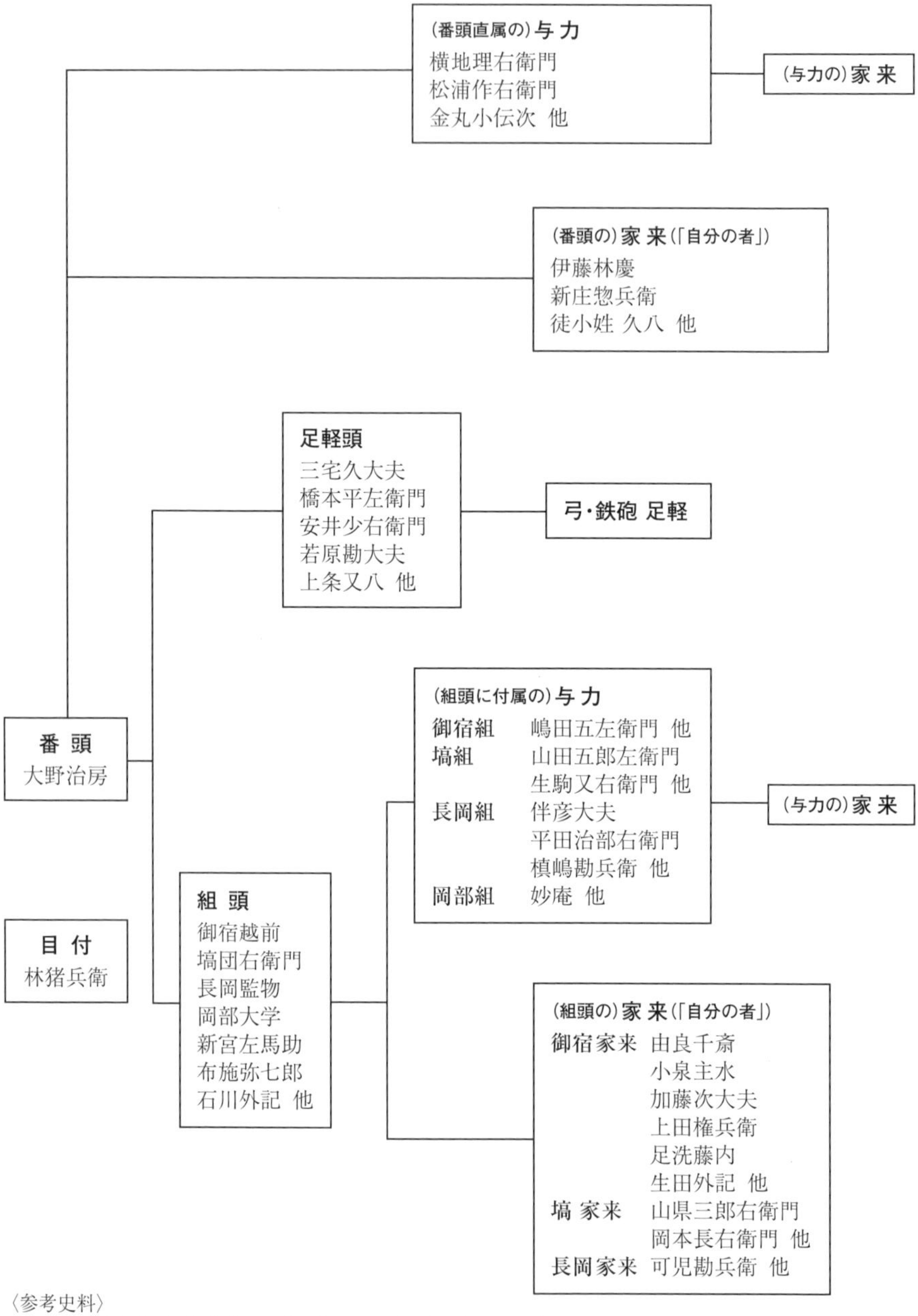

〈参考史料〉
「大坂夜討事」、『大坂御陣覚書』、「山本日記」、『武徳編年集成』、『浅野家文書』、「大坂濫妨人并落人改帳」、「長岡監物是季事蹟」

付録

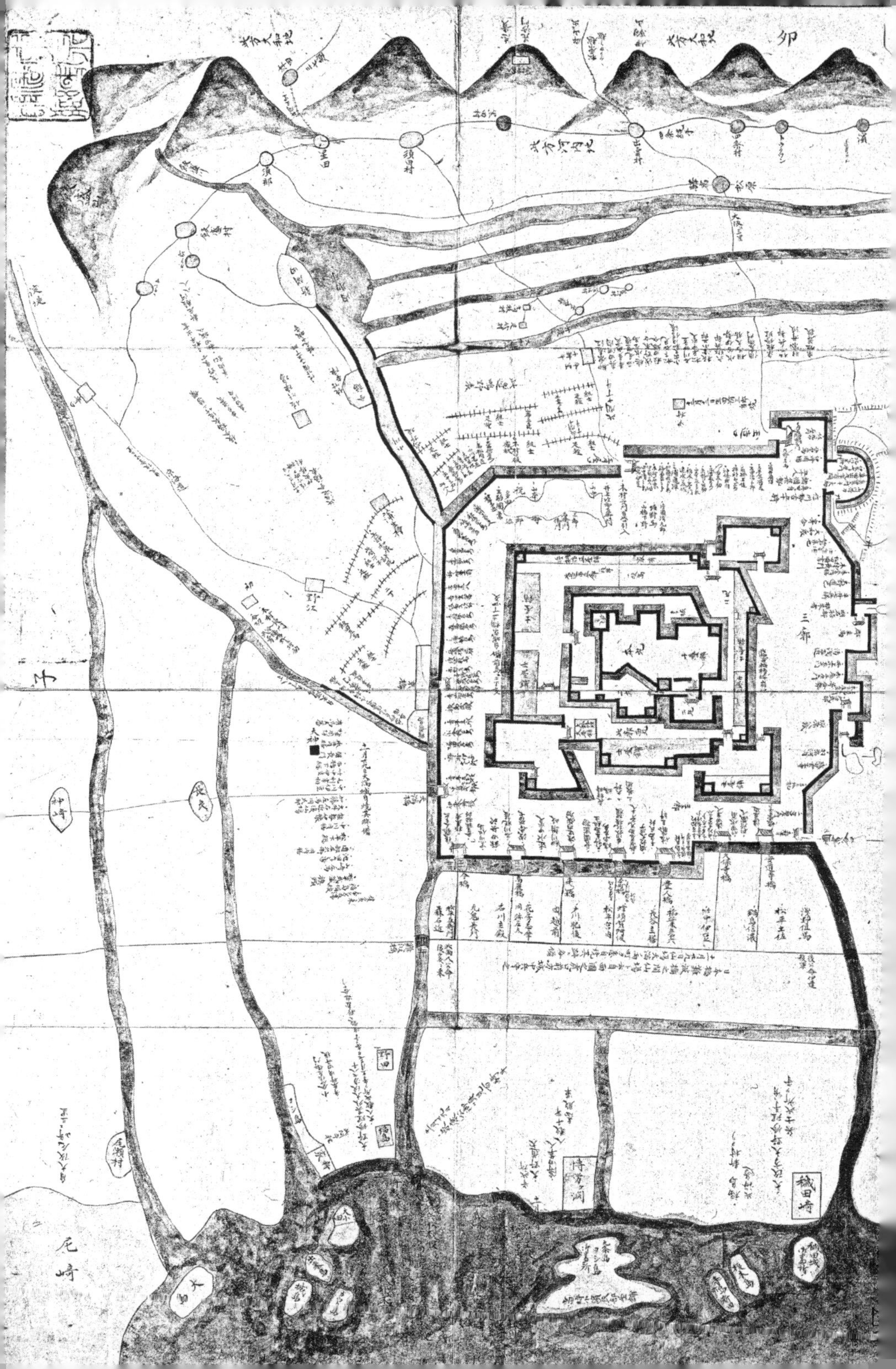
三郭
尼崎

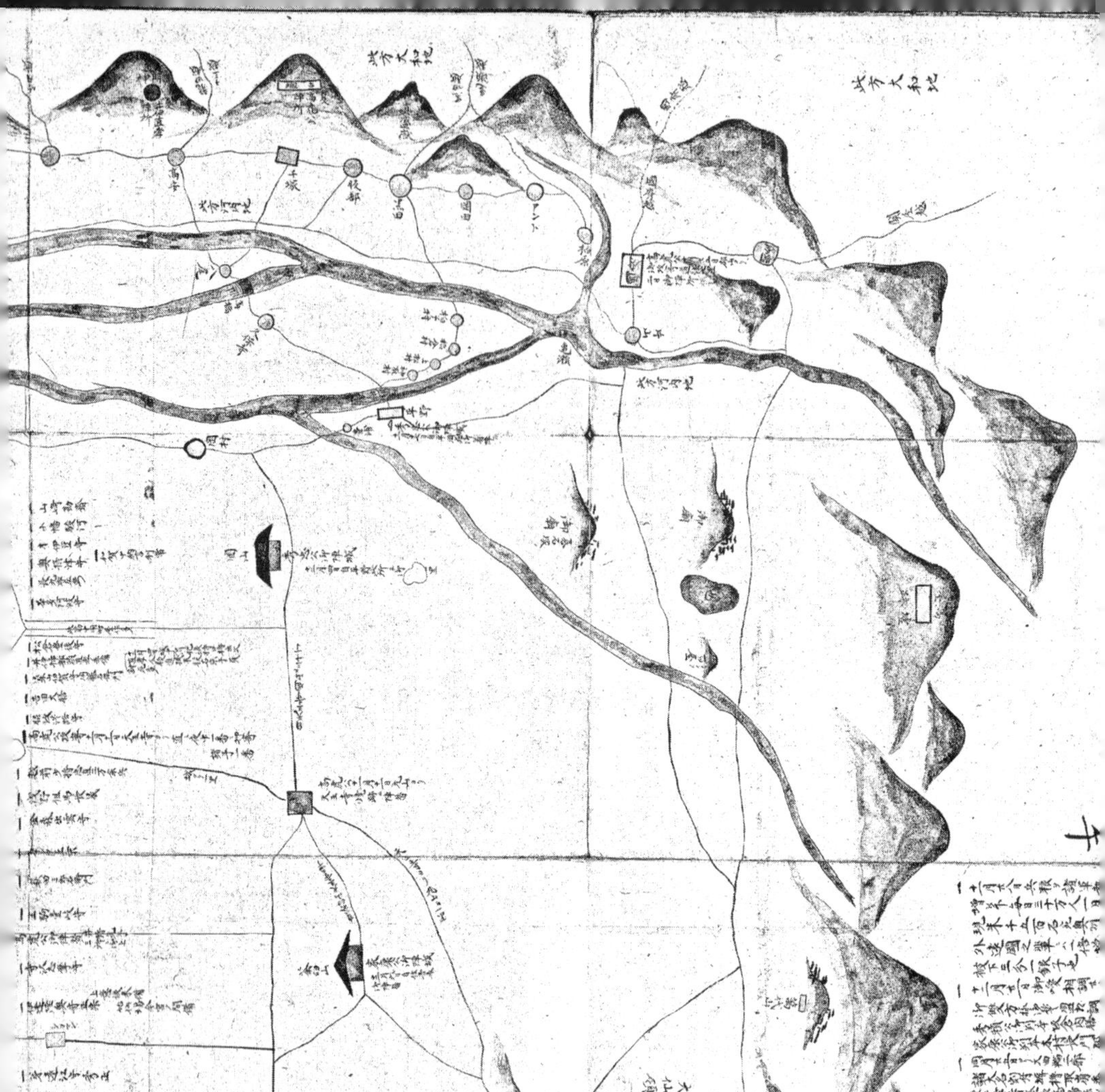

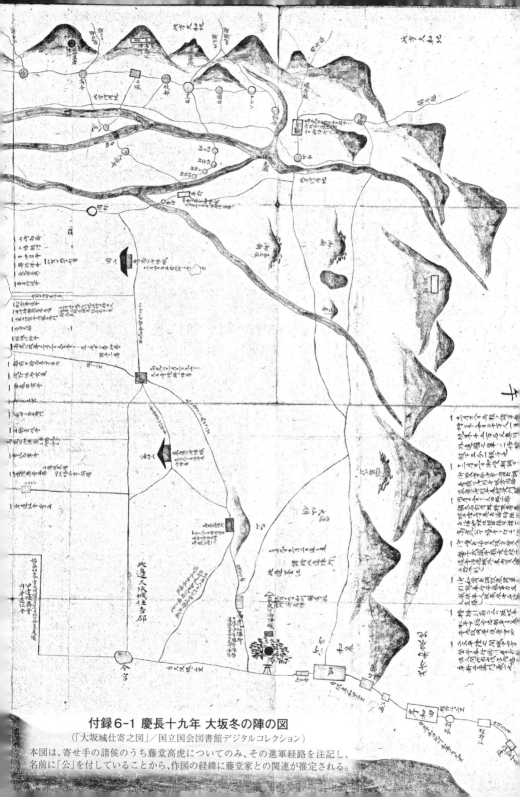

付録6-1 慶長十九年 大坂冬の陣の図

（「大坂城仕寄之図」／国立国会図書館デジタルコレクション）

本図は、寄せ手の諸侯のうち藤堂高虎についてのみ、その進軍経路を注記し、名前に「公」を付していることから、作図の経緯に藤堂家との関連が推定される。

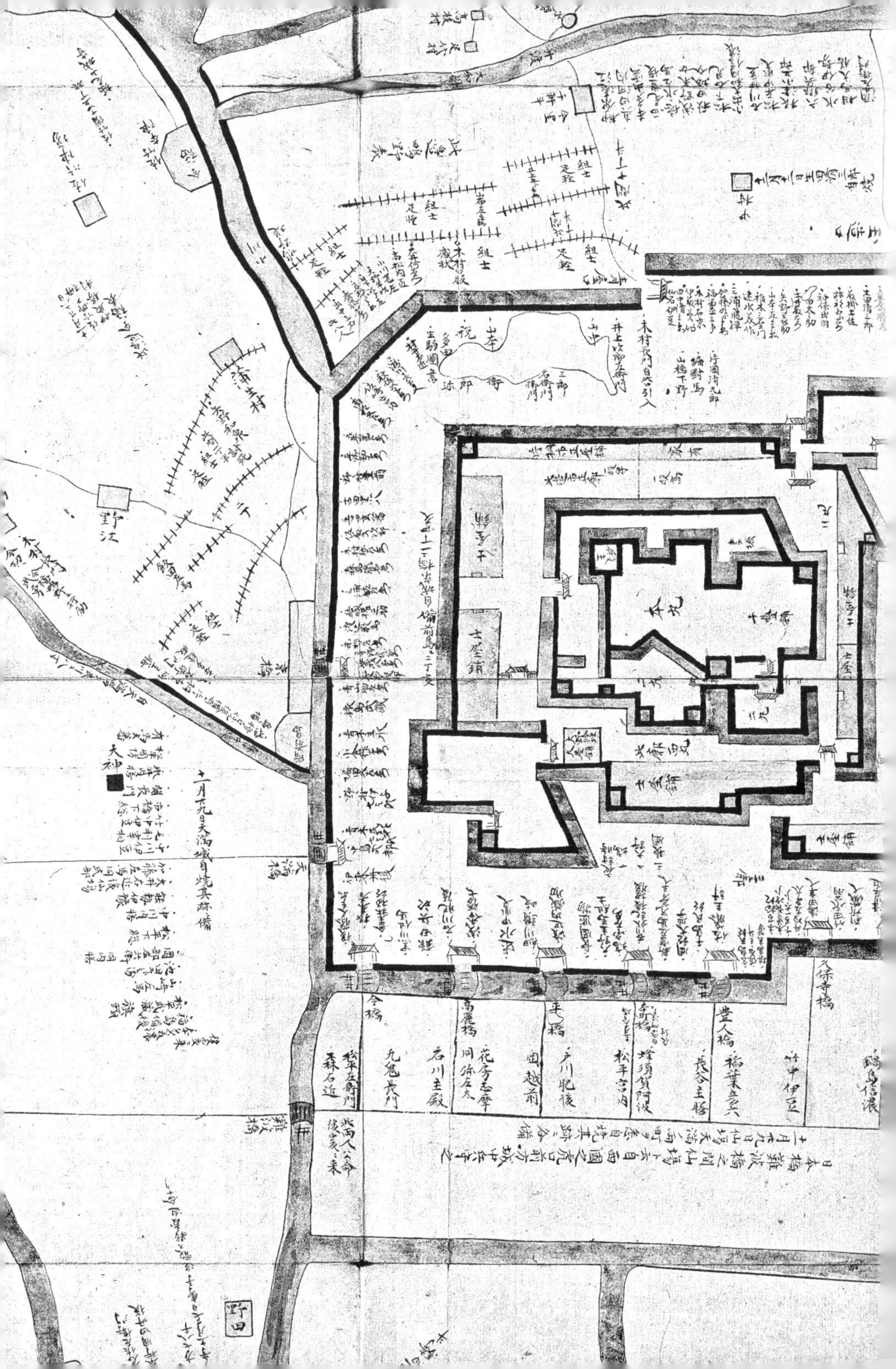
本丸
野江
天神
野田
今橋
高麗橋
平野橋
松平左衛門
森右近
石川主殿
花房志摩
岡越前
戸川肥後
松平宮内
蜂須賀阿波
竹中伊豆
鍋島信濃

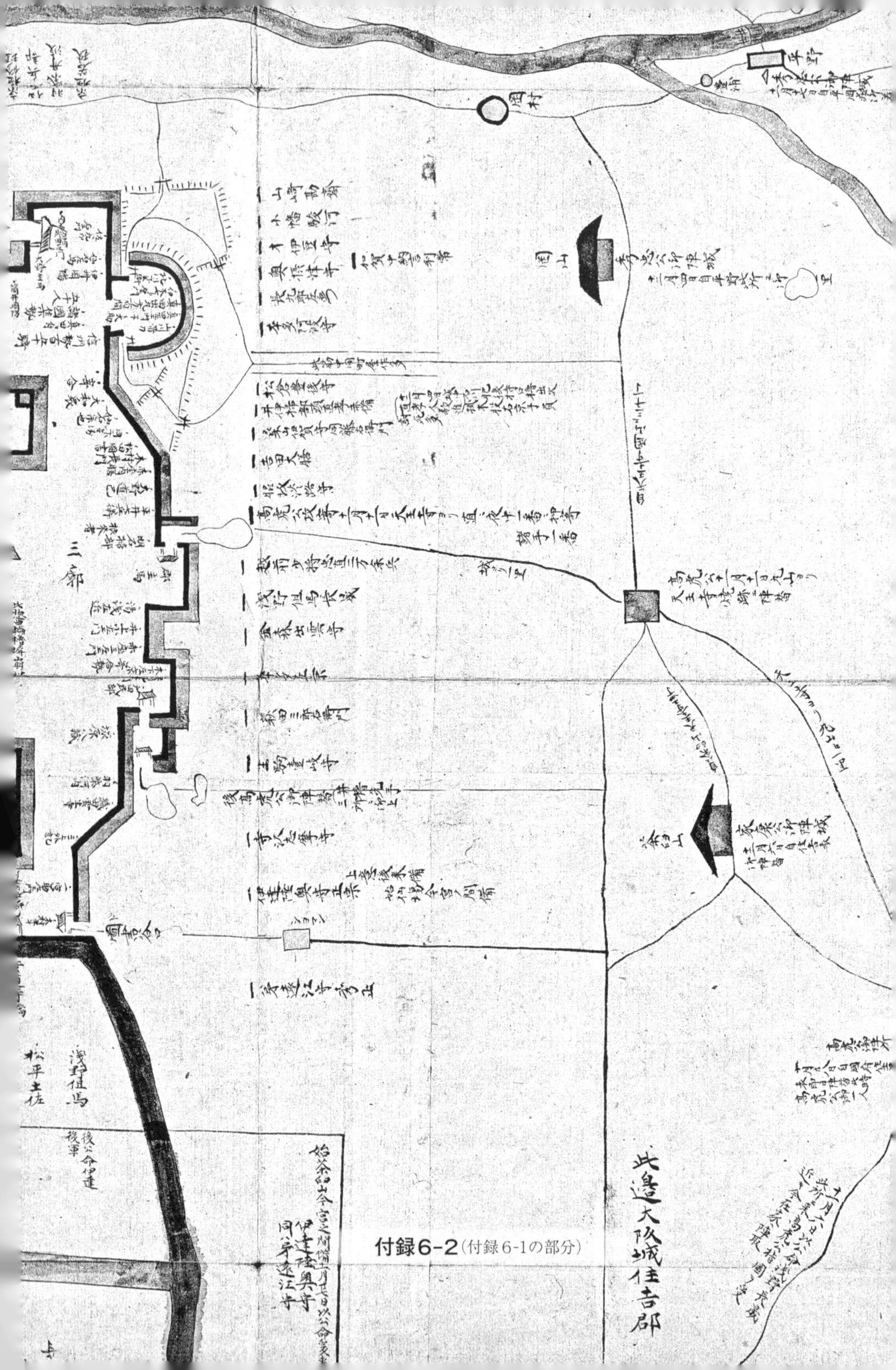

付録6-2（付録6-1の部分）

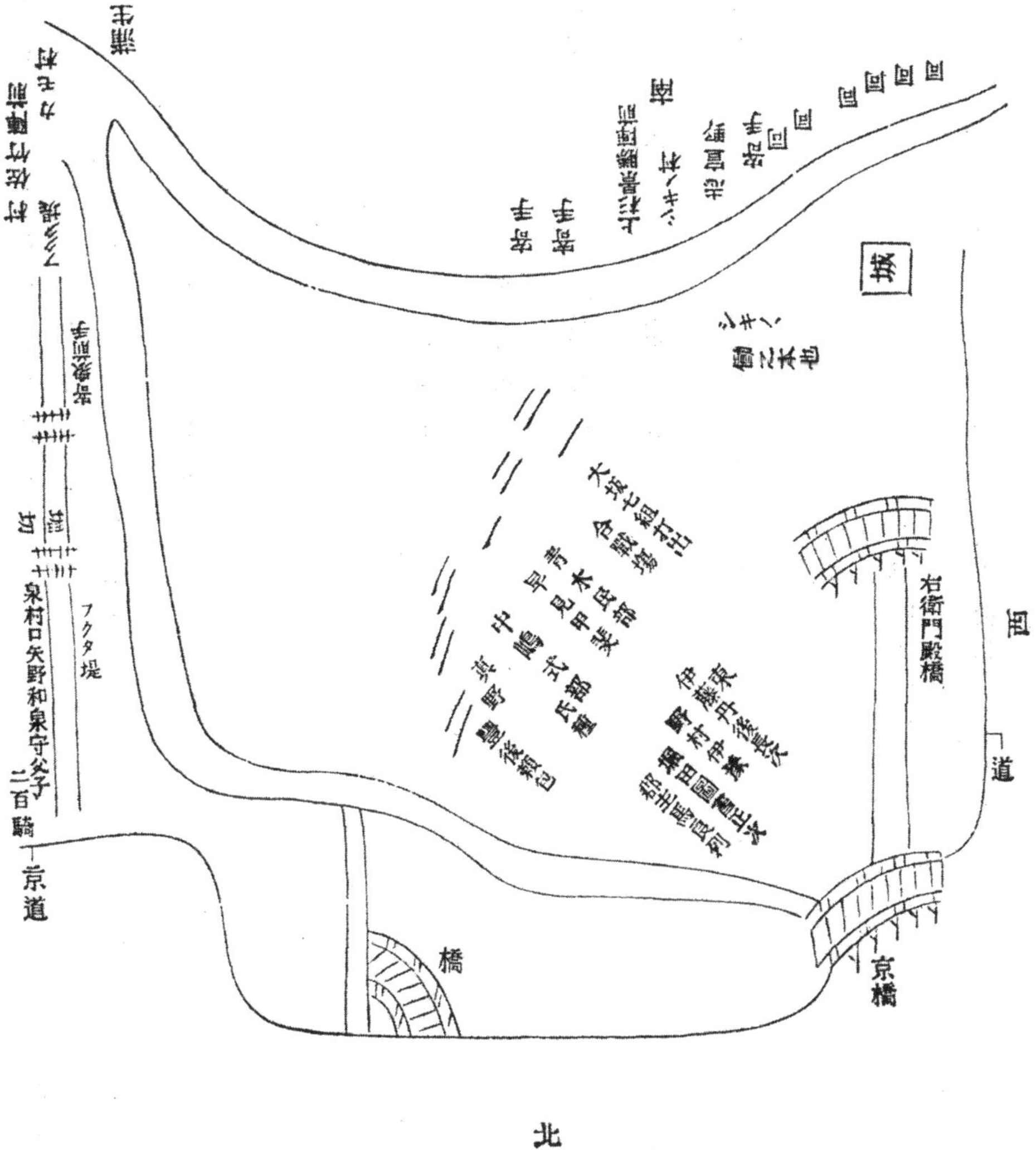

付録7 慶長十九年十一月二十六日 今福・鴫野口合戦の図
（「後藤合戦記」所載「合戦場之図」／『大日本史料』第12編之16）

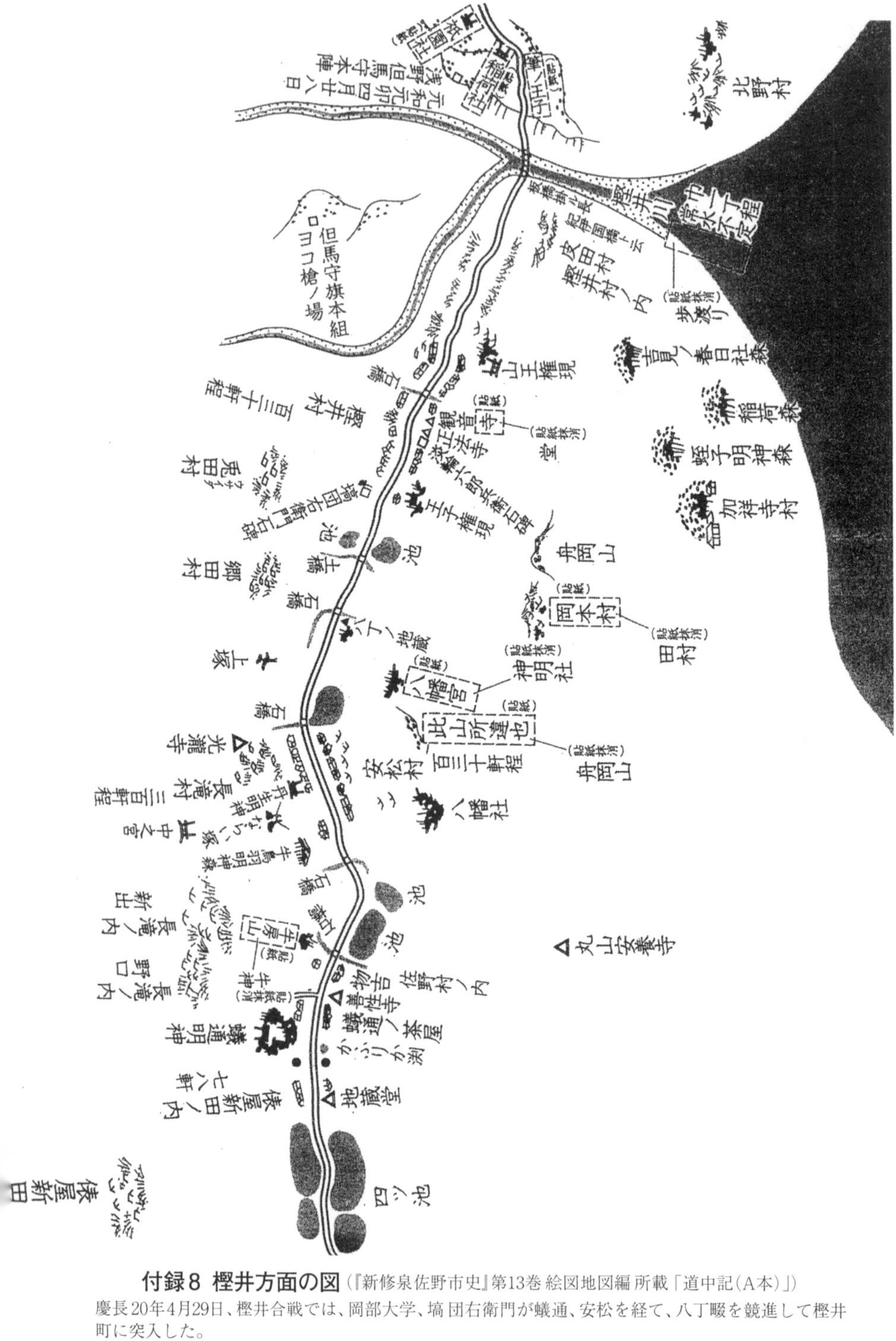

付録8 樫井方面の図（『新修泉佐野市史』第13巻 絵図地図編 所載「道中記（A本）」）

慶長20年4月29日、樫井合戦では、岡部大学、塙 団右衛門が蟻通、安松を経て、八丁畷を競進して樫井町に突入した。

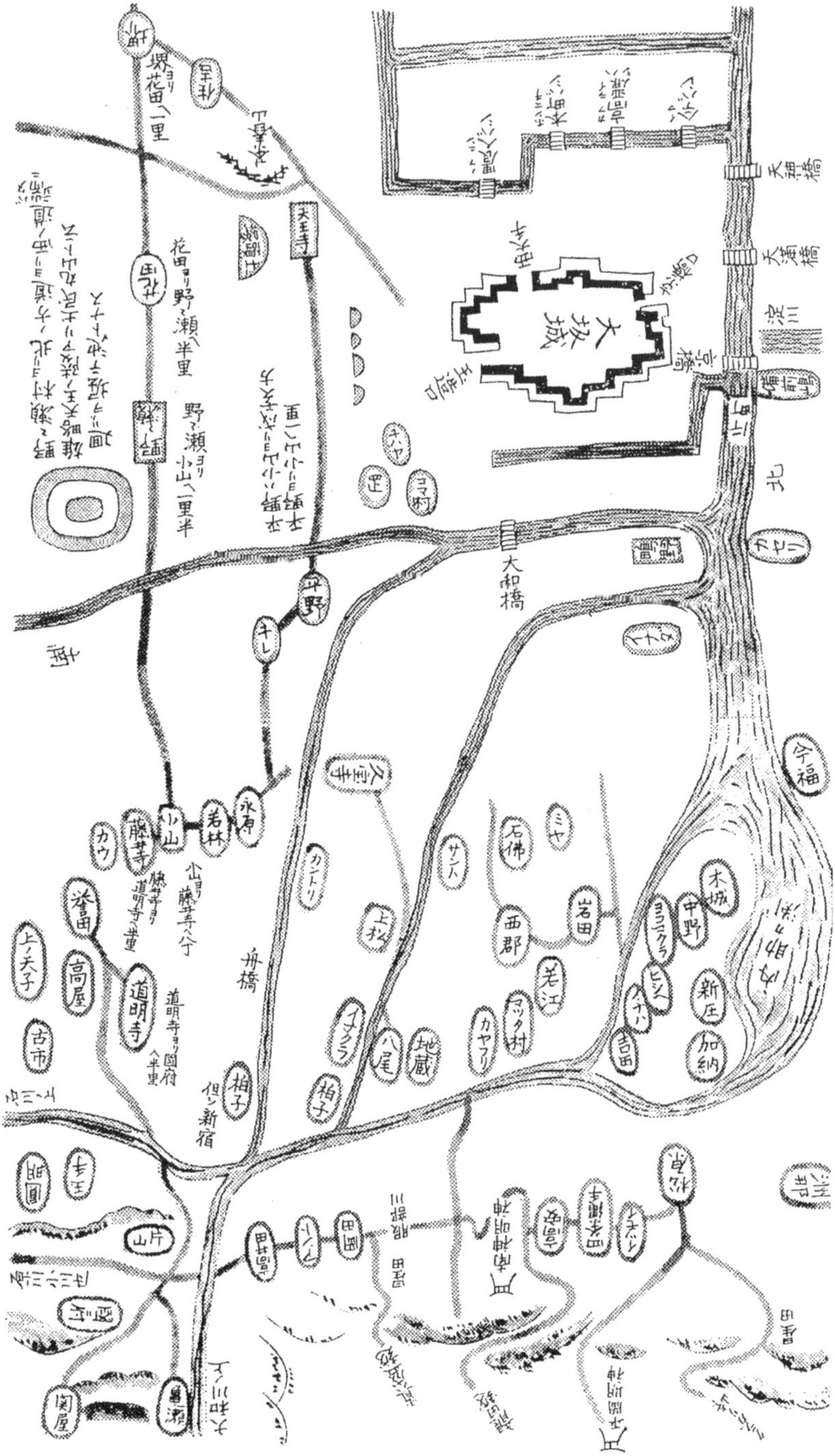

付録9 大坂・道明寺・若江・八尾表方面の図
（「水野記」所載「大坂之図」／『広島県史』近世史料編1）

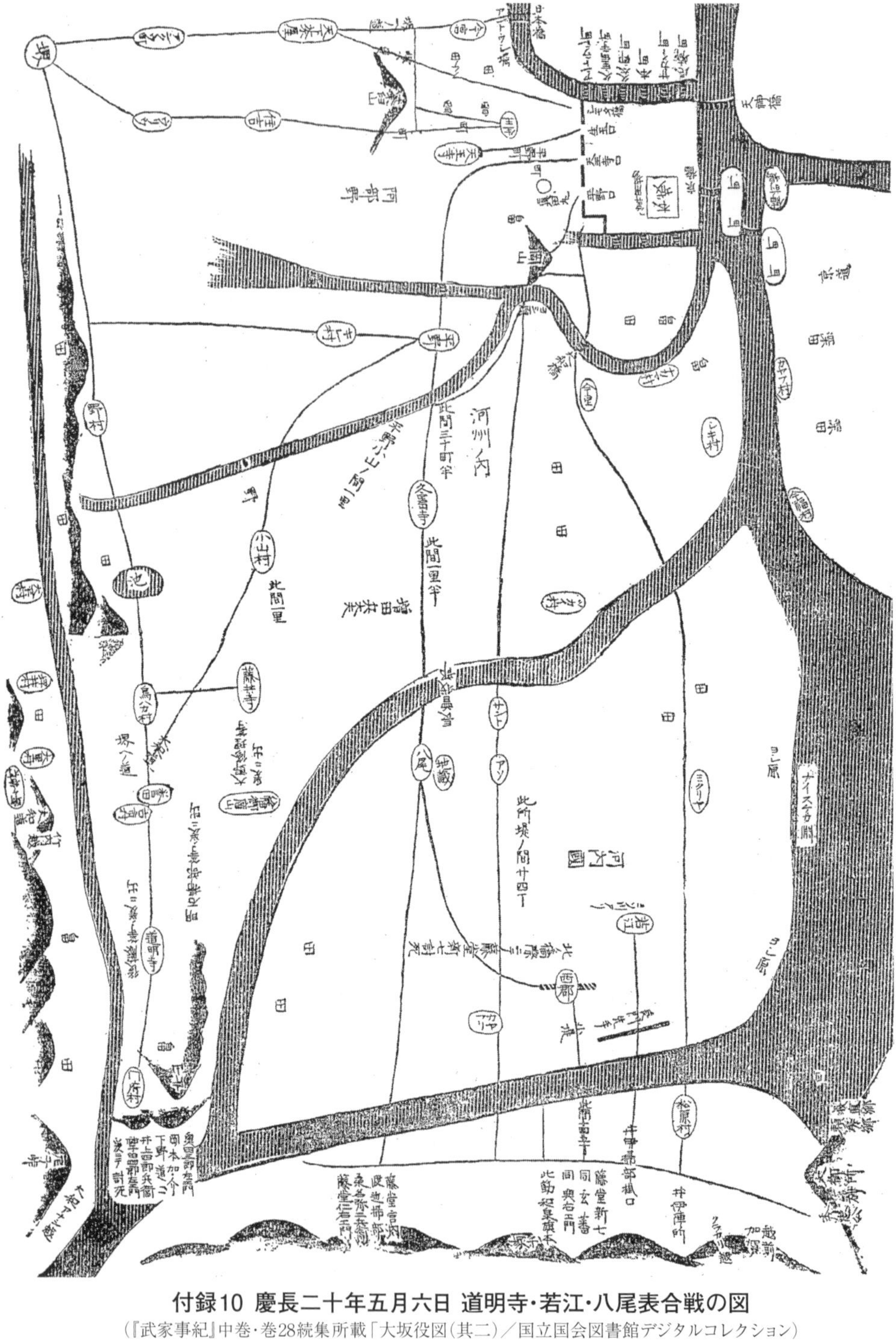

付録10 慶長二十年五月六日 道明寺・若江・八尾表合戦の図

(『武家事紀』中巻・巻28続集所載「大坂役図(其二)/国立国会図書館デジタルコレクション)

付録11　慶長二十年五月六日　道明寺表古戦場の図（「水野記」所載「河内国府之図」／『広島県史』近世史料編1）

本図の上方（西側）から、後藤又兵衛勢は石川河原を越えて片山に進出した。河原と片山の山麓の間には田が入り組んでいて、合戦当時の面影をよく伝えている。

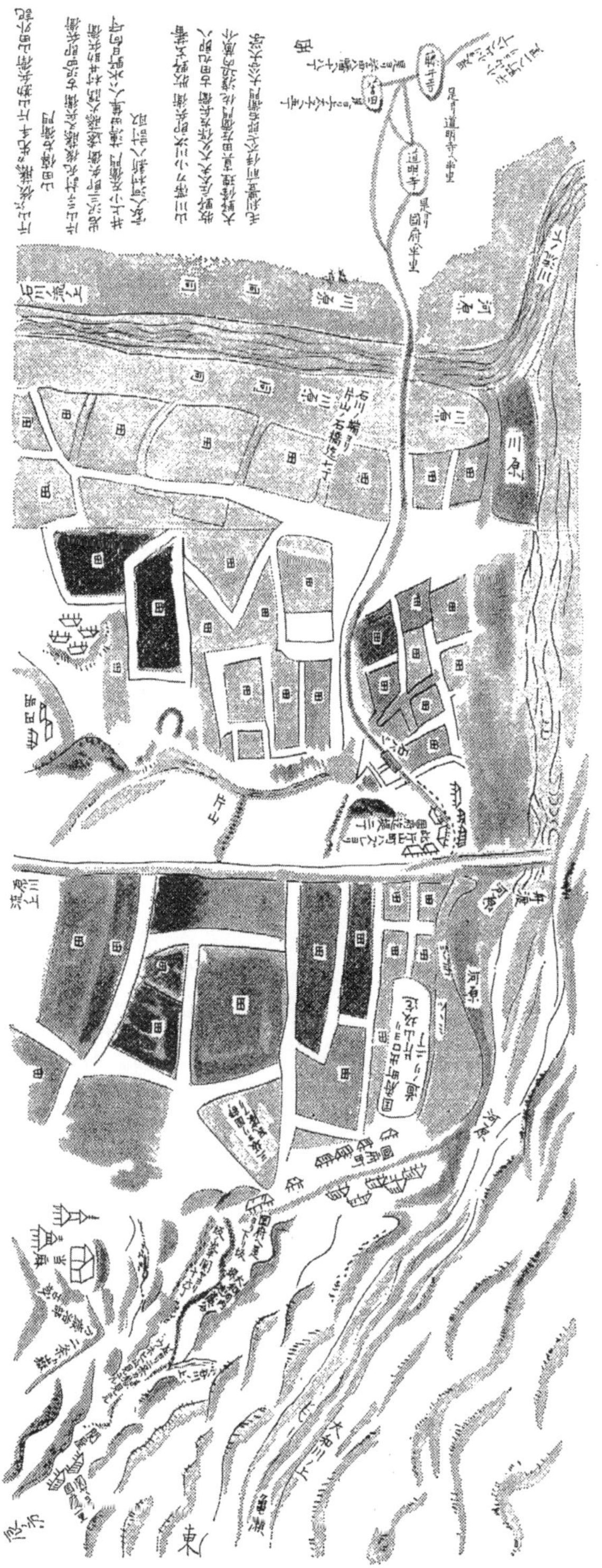

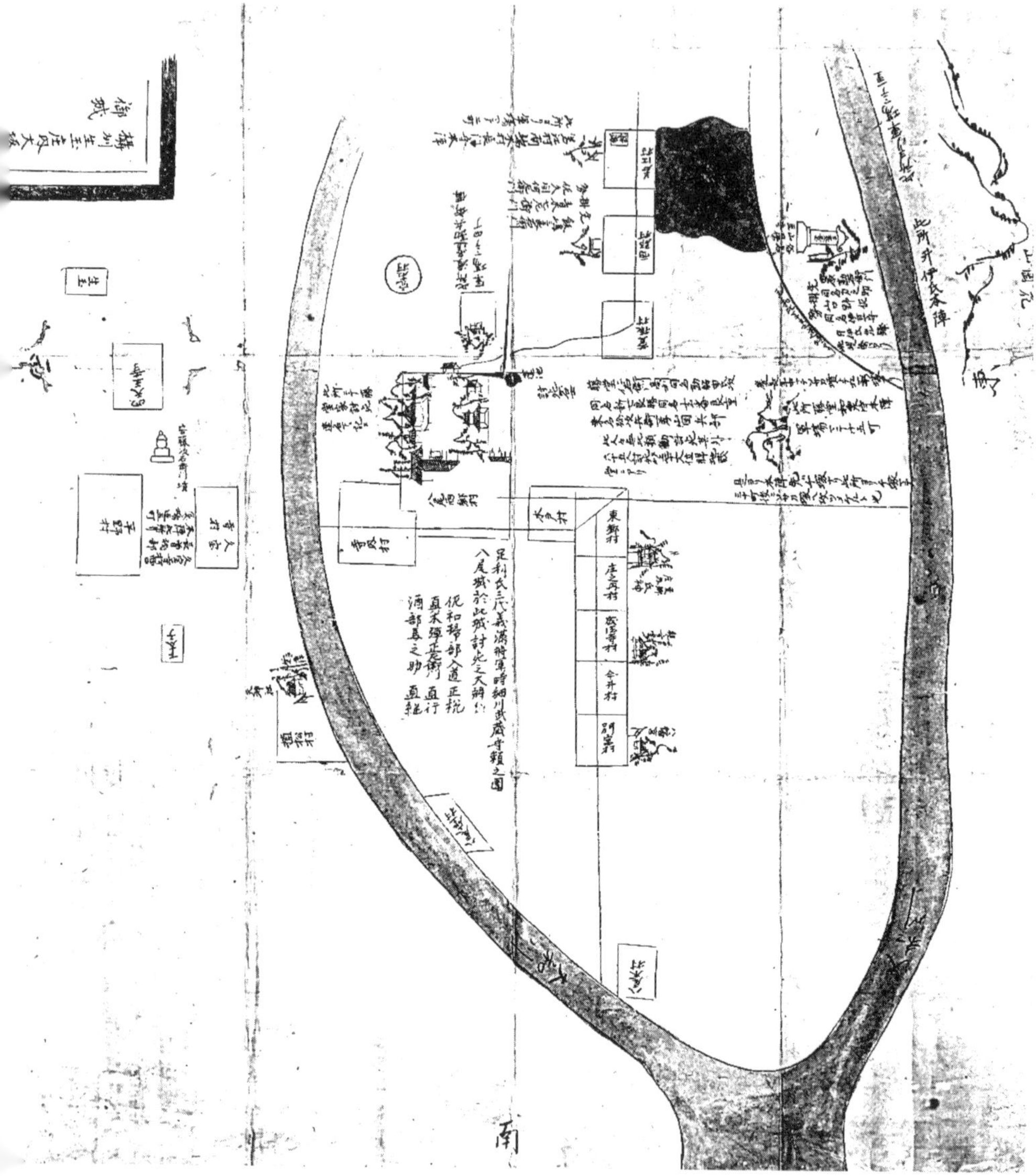

付録12 慶長二十年五月六日 若江・八尾表合戦の図（部分図）
（常光寺蔵「元和元年五月六日 河州八尾表若江表軍場図」／写真提供 八尾市歴史民俗資料館）

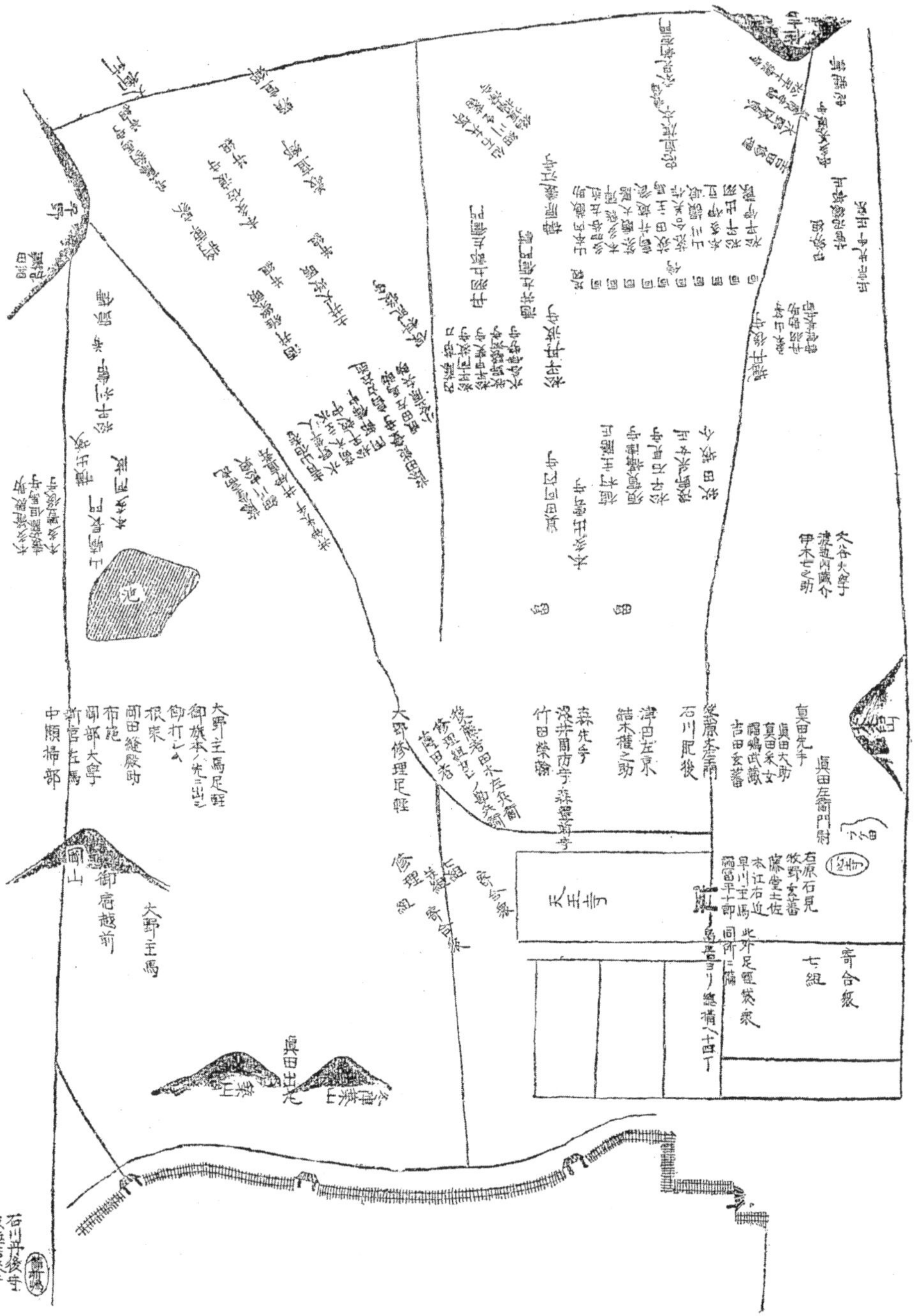

付録13 慶長二十年五月七日 天王寺表合戦の図

（『武家事紀』中巻・巻28続集所載「大坂役図（其三）」／国立国会図書館デジタルコレクション）

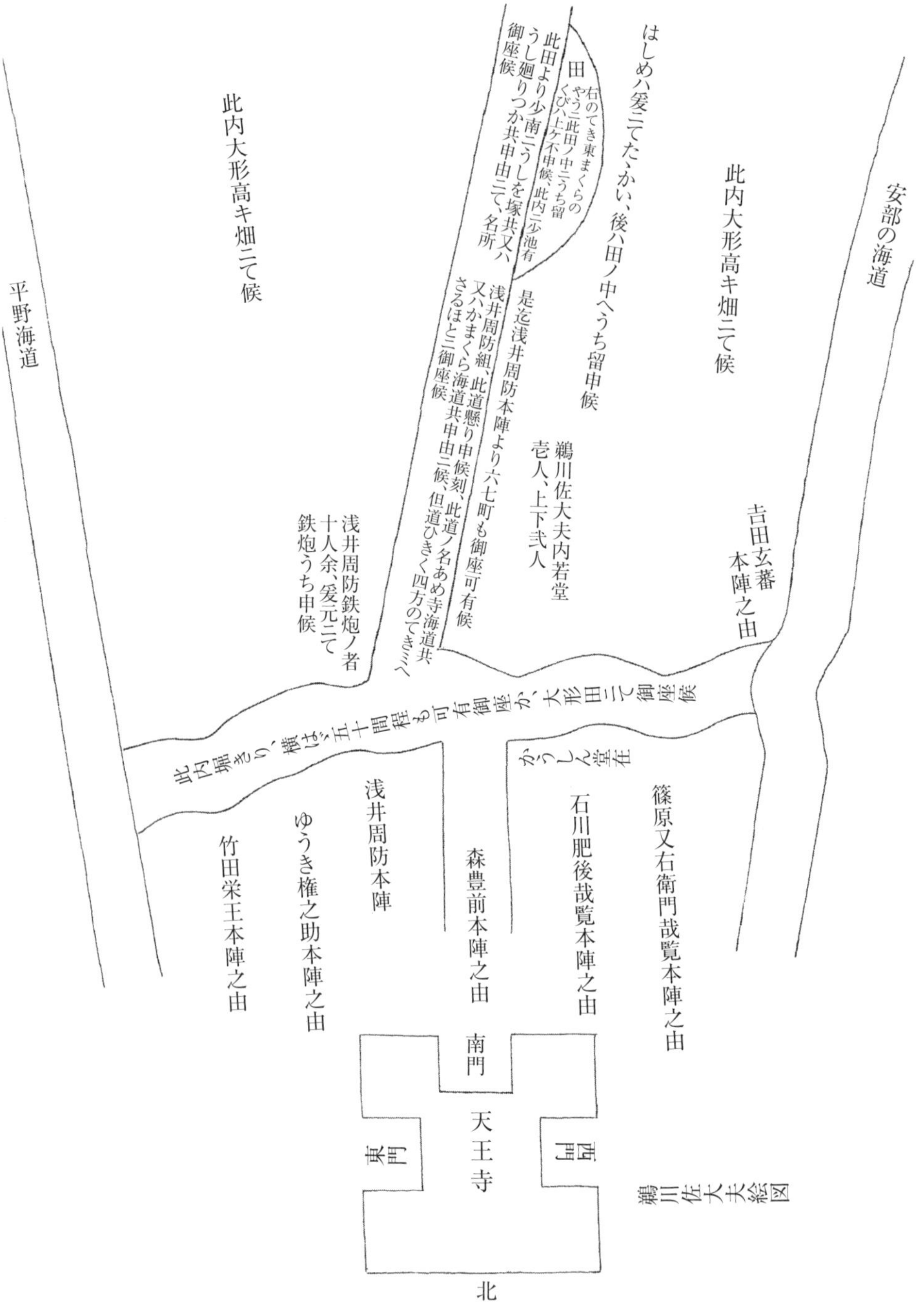

付録14 慶長二十年五月七日 天王寺表合戦の図

(東京大学史料編纂所 蔵「鵜川佐大夫大坂役天王寺陣場図」/著者による翻刻)

原本は、実際に毛利吉政の先手浅井井頼に属して出役した鵜川佐大夫の筆記と推定される。
なお『舜旧記』によると、天王寺の堂塔は慶長19年11月6日、大坂方により焼き払われている。

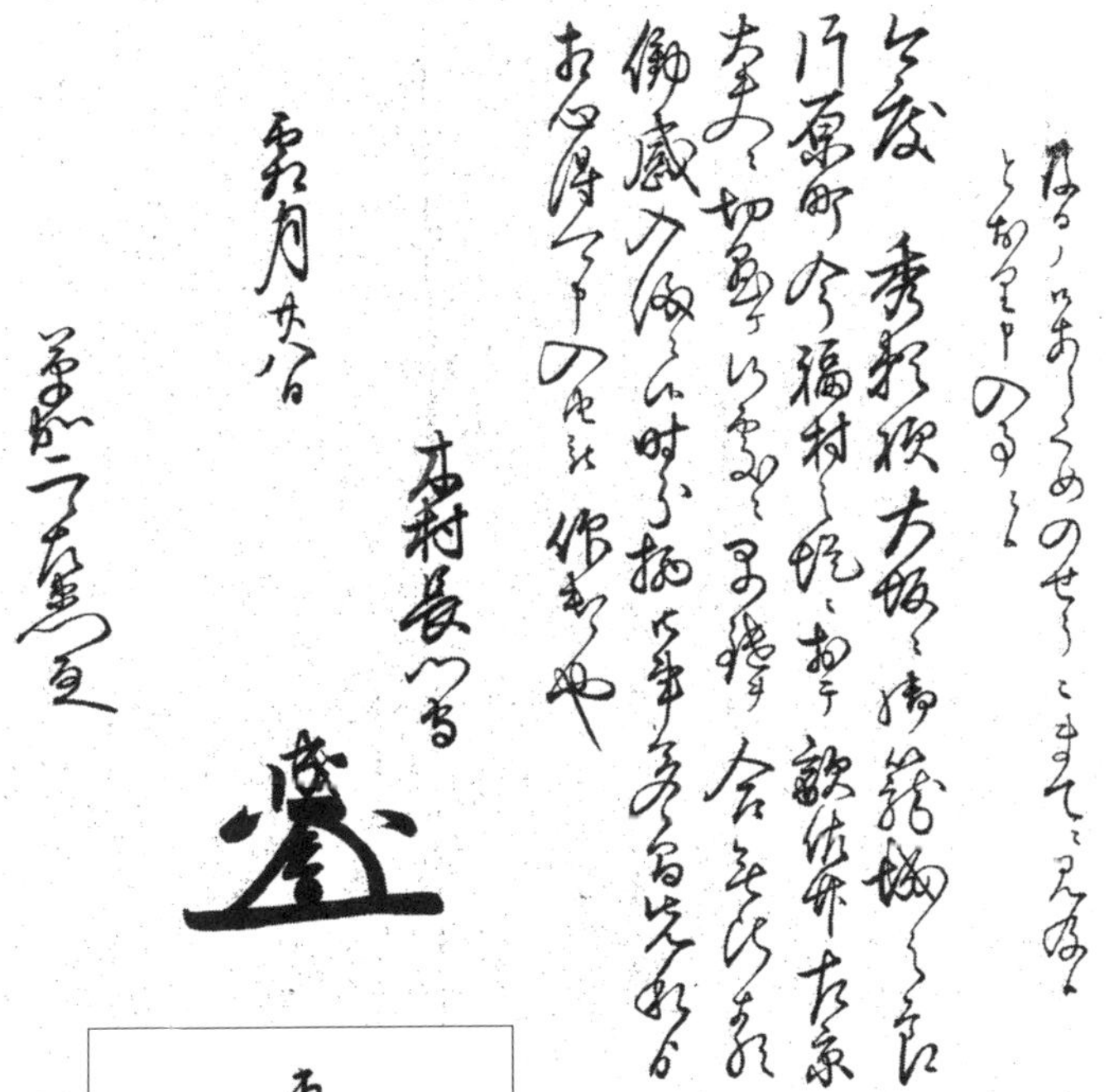

後日ノ御あらためのせうこまて二、見及候
とおり申入事二候、

今度　秀頼様大坂ニ御籠城之節、
片原町今福村之堤ニ於テ、敵佐竹左京
大夫ニ切懸ケ候処ニ、早鑓ヲ合、無比類
働感入儀ニ候、時分柄御事多候間、先私ゟ
相心得可申入由被仰出候也

霜月廿八日　　木村長門守
　　　　　　　　成（花押）

草加二郎左衛門殿

参考
上掲の「黄薇古簡集」所載の花押の写しは、諱（重成）の重の字を欠いているため、「備藩国臣古証文」（東京大学史料編纂所所蔵 写本）所載「草加五郎右衛門所蔵文書」にある花押写しをここに示す。

付録15 慶長十九年十一月二十八日付 木村重成の仮感状

（「黄薇古簡集」所載 「草加五郎右衛門所蔵文書」／東京大学史料編纂所所蔵 謄写本）

後日の秀頼からの感状発給を念頭に置き、当座の軍功認定のため木村重成が発給した書付の写し。付録16の真田信繁による軍功褒賞と比較すると興味深い。なお、「佐竹家旧記」には、高松内匠に発給された重成の仮感状が収載されている。これにも「後日の改めの証拠として見及んだ通り申し入れます」との端書が添えられており、この部分は重成の自筆によるものとされている。草加に発給された仮感状の端書も重成の自筆だった可能性がある。また、『吉備温故秘録』によると、原本は草加五郎右衛門（旧称は次郎左衛門）から主君池田光政の上覧に供された。光政はこれを手許に留め、懸硯に保管していたが、寛文3年春、養嗣子の草加宇右衛門に直接還付した。

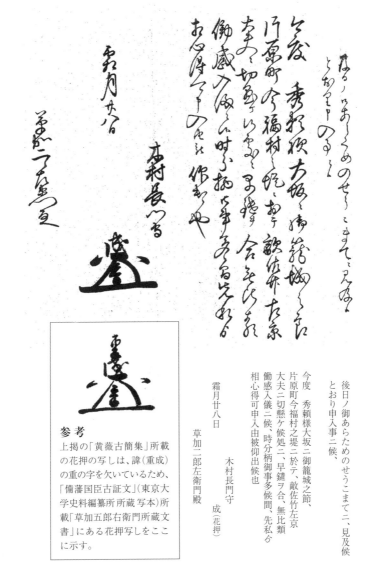

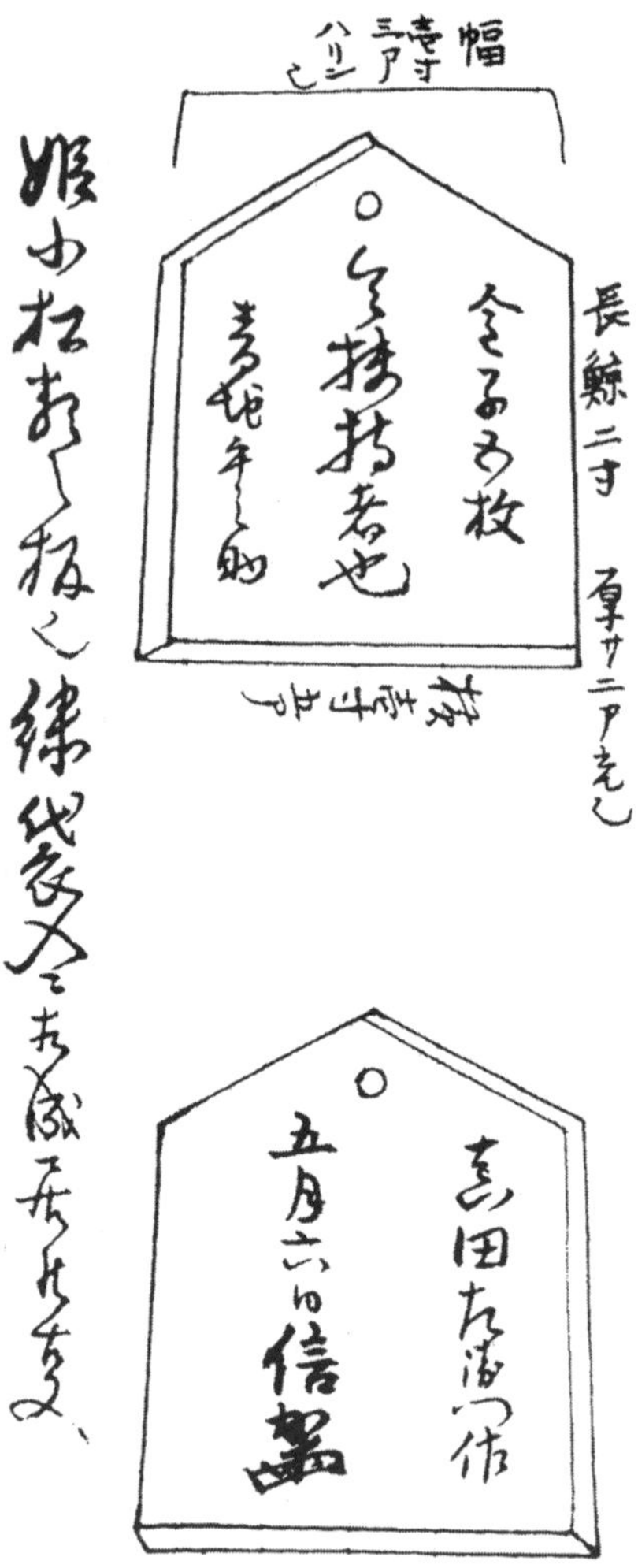

幅
壱寸
三部
八リン
也

長鯨二寸　厚サ二部充也
金子五枚
令扶持者也
青地牛之助
横壱寸五部
姫小松類之板也繡袋入ニ相成居候事

真田左衛門佐
五月六日　信繁（花押）

付録16 慶長二十年五月六日付 真田信繁の軍功褒賞手形

（「青地牛之助物語」／金沢市立玉川図書館蔵 加越能文庫）

道明寺表合戦における青地牛之助の軍功に対して真田信繁が与えた褒賞の手形〈「青地牛之助」の項参照〉。本図のような真田の即物的な褒賞の仕方とは対照的に、木村重成は当座の仮感状（付録15）を自ら発給するとともに、自分の組に秀頼から感状が優先的に賜与されるよう運動した（『大坂御陣覚書』）。「山下秘録」には、そんな木村に対する真田からの苦言が記されている。欠字もあってやや文意を得ない点もあるが、概ね以下の趣意と思われる。「貴殿の褒賞のやり方では、配下の者皆に武辺を堪能させることとなり、ここぞというときに一人も貴殿と死をともにする者はいないだろう。これは若気の勇である。私は度々軍功があった勇士にも証文は与えず、一人も武辺を堪能させていない。それ故、いざという場では、私とともに死なない者はいないだろう。これを老勇と思われよ」。実際のところ、重成が仮感状を発給した8人のうち、1人は冬の陣で戦死したが、残る7人のうち6人までが翌年、若江表合戦の戦場から退去している。

※史料原本にある罫線は本書掲載にあたって消去。

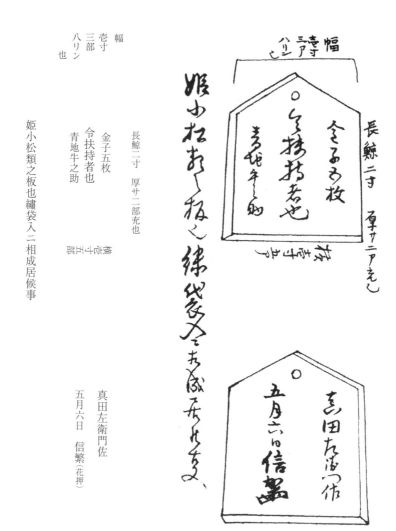

1 樫井の東口

樫井合戦で塙団右衛門と岡部大学が八丁畷を競進して突入した樫井の東口の写真。

2 若江村

若江表合戦で木村重成と井伊直孝が激突した若江村を、玉串川から望んだ写真。

付録17 戦場の古写真

＊『日本史蹟大系』第13巻（国立国会図書館デジタルコレクション）より

1936年（昭和11年）刊行の『日本史蹟大系』（熊田葦城 著／平凡社）の写真は、わずか80年前のものであるが、400年前の往時を彷彿とさせる。

付録

3 玉手山方面

道明寺表合戦で後藤又兵衛が最期を遂げた片山から、南に玉手山方面を望んだ写真。

4 茶臼山南方

天王寺表合戦で真田信繁が陣を敷いた茶臼山を、寄せ手と同じ南面から望んだ写真。

ⓐ 北川次郎兵衛一利の墓碑
（長崎県大村市／大村市指定史跡文化財）

ⓑ 山川帯刀景綱の墓碑
（長崎県平戸市・瑞岩寺墓地跡）

ⓒ 長宗我部宮内少輔盛親の墓碑
（京都市・蓮光寺）

ⓓ 戸波又兵衛貞之の墓碑
（三重県伊賀市・山渓寺）

付録18 墓 碑

＊ⓐ、ⓑ、ⓒ、ⓓ、ⓗは著者撮影。
＊ⓔ、ⓕ、ⓖの『日本史蹟大系』第13巻は昭和11年刊行。国立国会図書館デジタルコレクションより。

ⓔ 塙団右衛門の墓碑
（大阪府泉佐野市／『日本史蹟大系』第13巻より）

ⓕ 淡輪六郎兵衛重政の墓碑
（大阪府泉佐野市／『日本史蹟大系』第13巻より）

ⓖ 坂田庄三郎の墓碑〈「坂田庄次郎」の項参照〉
（大阪府泉佐野市／『日本史蹟大系』第13巻より）

ⓗ 伊木七郎右衛門常紀の墓碑
（京都府宮津市・智源寺）

付録

青木民部少輔一重肖像
（佛日寺蔵／豊中市教育委員会 提供）

郡主馬首宗保肖像
（『別冊歴史読本』「戦国の武将二百七傑」より）

正栄尼肖像
（清涼寺蔵／京都府指定登録文化財）

真野蔵人頭一綱肖像（妙心寺衡梅院蔵・提供）

付録19 肖像画